9ª EDIÇÃO 2022

COMO PASSAR

WANDER GARCIA E ANA PAULA GARCIA

COORDENADORES

CONCURSOS DE TRIBUNAIS TÉCNICO

QUESTÕES COMENTADAS | **3.300**

CB042465

EDITORA FOCO

2022 © Editora Foco

Coordenadores: Ana Paula Dompieri Garcia e Wander Garcia

Autores: Wander Garcia, Ana Paula Garcia, André Nader Justo, André Nascimento, Bruna Vieira, Eduardo Dompieri, Elson Garcia, Enildo Garcia, Fabiano Melo, Fernanda Camargo Penteado, Flavia Barros, Gabriela Rodrigues, Georgia Dias, Gustavo Nicolau, Helder Satin, Henrique Subi, Hermes Cramacon, Ivo Tomita, Leni Mouzinho Soares, Luiz Dellore, Luiz Fabre, Magally Dato, Márcio Alexandre Pereira, Robinson Barreirinhas, Rodrigo Bordalo, Savio Chalita, Teresa Melo e Tony Chalita

Diretor Acadêmico: Leonardo Pereira

Editor: Roberta Densa

Assistente Editorial: Paula Morishita

Revisora Sênior: Georgia Renata Dias

Revisora: Luciana Pimenta

Capa Criação: Leonardo Hermano

Diagramação: Ladislau Lima e Aparecida Lima

Impressão miolo e capa: Gráfica Plena Print

Dados Internacionais de Catalogação na Publicação (CIP) de acordo com ISBD

C735

Como passar em concursos de tribunais: técnicos / Ana Paula Garcia ... [et al.] ; organizado por Wander Garcia, Ana Paula Garcia. - 9. ed. - Indaiatuba, SP : Editora Foco, 2022.

584 p. ; 17cm x 24cm.

ISBN: 978-65-5515-347-7

1. Metodologia de estudo. 2. Concursos públicos. 3. Tribunais. I. Garcia, Ana Paula. II. Justo, André Nader. III. Nascimento, André. IV. Vieira, Bruna. V. Dompieri, Eduardo. VI. Garcia, Elson. VII. Garcia, Enildo. VIII. Melo, Fabiano. IX. Penteado, Fernanda Camargo. X. Barros, Flavia. XI. Rodrigues Gabriela. XII. Dias, Georgia. XIII. Nicolau, Gustavo. XIV. Satin, Helder. XV. Subi, Henrique. XVI. Cramacon, Hermes. XVII. Tomita, Ivo. XVIII. Soares, Leni Mouzinho. XIX. Rossi, Licínia. XX. Dellore, Luiz. XXI. Fabre, Luiz. XXII. Dato, Magally. XXIII. Pereira, Márcio Alexandre. XXIV. Barreirinhas, Robinson. XXV. Chalita, Savio. XXVI. Melo, Teresa. XXVII. Chalita, Tony. XXVIII. Garcia, Wander. XXIX. Título.

2021-2954 | CDD 001.4 | CDU 001.8

Elaborado por Vagner Rodolfo da Silva - CRB-8/9410

Índices para Catálogo Sistemático:

1. Metodologia de estudo 001.4   2. Metodologia de estudo 001.8

Impresso no Brasil (09.2021) – Data de Fechamento (09.2021)

2022

Todos os direitos reservados à
Editora Foco Jurídico Ltda.
Avenida Itororó, 348 – Sala 05 – Cidade Nova
CEP 13334-050 – Indaiatuba – SP

E-mail: contato@editorafoco.com.br
www.editorafoco.com.br

AUTORES

SOBRE OS COORDENADORES

Wander Garcia – @wander_garcia
É Doutor, Mestre e Graduado em Direito pela PUC/SP. É professor universitário e de cursos preparatórios para Concursos e Exame de Ordem, tendo atuado nos cursos LFG e DAMASIO. Neste, foi Diretor Geral de todos os cursos preparatórios e da Faculdade de Direito. Foi diretor da Escola Superior de Direito Público Municipal de São Paulo. É um dos fundadores da Editora Foco, especializada em livros jurídicos e para concursos e exames. É autor *best seller* com mais de 50 livros publicados na qualidade de autor, coautor ou organizador, nas áreas jurídica e de preparação para concursos e exame de ordem. Já vendeu mais de 1,5 milhão de livros, dentre os quais se destacam "Como Passar na OAB", "Como Passar em Concursos Jurídicos", "Exame de Ordem Mapamentalizado" e "Concursos: O Guia Definitivo". É também advogado desde o ano de 2000 e foi procurador do município de São Paulo por mais de 15 anos. É *Coach* Certificado, com sólida formação em *Coaching* pelo IBC e pela *International Association of Coaching*.

Ana Paula Garcia
Procuradora do Estado de São Paulo, Pós-graduada em Direito, Professora do IEDI, Escrevente do Tribunal de Justiça por mais de 10 anos e Assistente Jurídico do Tribunal de Justiça. Autora de diversos livros para OAB e concursos

SOBRE OS AUTORES

André Nader Justo
Economista formado pela UNICAMP.

André Nascimento
Advogado e especialista em Regulação de Petróleo e Derivados, Álcool Combustível e Gás Natural na ANP. Graduado em Direito pela Universidade Presbiteriana Mackenzie/SP. Graduado em Geografia pela USP. Coautor do livro *Estudos de Direito da Concorrência*, publicado pela Editora Mackenzie.

Bruna Vieira
Pós-graduada em Direito. Professora do IEDI, PROORDEM, LEGALE, ROBORTELLA e ÊXITO. Professora de Pós-graduação em Instituições de Ensino Superior. Palestrante. Autora de diversas obras de preparação para Concursos Públicos e Exame de Ordem, por diversas editoras. Advogada.

Eduardo Dompieri
Pós-graduado em Direito. Professor do IEDI. Autor de diversas obras de preparação para Concursos Públicos e Exame de Ordem.

Elson Garcia
Professor e Engenheiro graduado pela Universidade Federal do Rio de Janeiro – UFRJ.

Enildo Garcia
Especialista em Matemática pura e aplicada (UFSJ). Professor tutor de Pós-graduação em Matemática (UFJS – UAB). Analista de sistemas (PUCRJ).

Fabiano Melo
Professor de cursos de graduação e pós-graduação em Direito e Administração da PUC-MG. Professor da Rede LFG.

Fernanda Camargo Penteado
Professora de Direito Ambiental da Faculdade de Direito do Instituto Machadense de Ensino Superior Machado-MG (FUMESC). Mestre em Desenvolvimento Sustentável e Qualidade de Vida (Unifae).

Flavia Barros
Procuradora do Município de São Paulo. Mestre em Direito Administrativo pela PUC/SP. Doutora em Direito Administrativo pela USP. Professora de Direito Administrativo.

Gabriela Rodrigues
Pós-Graduada em Direito Civil e Processual Civil pela Escola Paulista de Direito. Professora Universitária e do IEDI Cursos On-line e preparatórios para concursos públicos exame de ordem. Autora de diversas obras jurídicas para concursos públicos e exame de ordem. Advogada.

Georgia Dias
Especialista em Direito Penal pela Faculdade de Direito Professor Damásio de Jesus. Autora e Organizadora de diversas Obras publicadas pela Editora Foco. Advogada.

Gustavo Nicolau – @gustavo_nicolau
Doutor e Mestre pela Faculdade de Direito da USP. Professor de Direito Civil da Rede LFG/Praetorium. Advogado.

Helder Satin
Graduado em Ciências da Computação, com MBA em Gestão de TI. Professor do IEDI. Professor de Cursos de Pós-graduação. Desenvolvedor de sistemas Web e gerente de projetos.

Henrique Subi
Agente da Fiscalização Financeira do Tribunal de Contas do Estado de São Paulo. Mestrando em Direito Político e Econômico pela Universidade Presbiteriana Mackenzie. Especialista em Direito Empresarial pela Fundação Getúlio Vargas e em Direito Tributário pela UNISUL. Professor de cursos preparatórios para concursos desde 2006. Coautor de mais de 20 obras voltadas para concursos, todas pela Editora Foco.

Hermes Cramacon
Pós-graduado em Direito. Professor do Complexo Damásio de Jesus e do IEDI. Advogado.

Ivo Tomita
Especialista em Direito Tributário pela PUC/SP – Cogeae. Advogado.

Leni Mouzinho Soares
Assistente Jurídico do Tribunal de Justiça do Estado de São Paulo.

Luiz Dellore
Doutor e Mestre em Direito Processual Civil pela USP. Mestre em Direito Constitucional pela PUC/SP. Professor do Mackenzie, EPD, IEDI, IOB/Marcato e outras instituições. Advogado concursado da Caixa Econômica Federal. Ex-assessor de Ministro do STJ. Membro da Comissão de Processo Civil da OAB/SP, do IBDP (Instituto Brasileiro de Direito Processual), do IPDP (Instituto Panamericano de Derecho Procesal) e diretor do CEAPRO (Centro de Estudos Avançados de Processo). Colunista do portal jota.info. Facebook e LinkedIn: Luiz Dellore

Luiz Fabre
Professor de Cursos Preparatórios para Concursos. Procurador do Trabalho. Professor do Complexo Educacional Damásio de Jesus no curso de Pre-

paração para o Concurso da Magistratura e do Ministério Público do Trabalho. Autor de diversas obras na área jurídica, com destaque para Fontes do Direito do Trabalho (ed. LTR), Coletânea de Concursos Trabalhistas (ed. Foco), Como Passar em Concursos de Tribunais (Ed. Foco). Procurador do Trabalho. Ex-Procurador da Fazenda Nacional. Ex--Procurador do Município de São Paulo.

Magally Dato
Professora de Língua Portuguesa. Agente de Fiscalização do Tribunal de Contas do Município de São Paulo.

Márcio Alexandre Pereira
Mestre em Direito Político e Econômico pela Universidade Plesbiteriana Mackenzie. Especialista em Direito Público pela Escola Superior do Ministério Público do Estado de São Paulo. Graduado pela Universidade São Francisco. Advogado, palestrante, professor de graduação, pós-graduação lato sensu e cursos preparatórios.

Robinson Barreirinhas
Secretário Municipal dos Negócios Jurídicos da Prefeitura de São Paulo. Professor do IEDI. Procurador do Município de São Paulo. Autor e coautor de mais de 20 obras de preparação para concursos e OAB. Ex-Assessor de Ministro do STJ.

Rodrigo Bordalo
Doutor e Mestre em Direito do Estado pela Pontifícia Universidade Católica de São Paulo (PUC-SP). Professor de Direito Público da Universidade Presbiteriana Mackenzie (pós-graduação). Professor de Direito Administrativo e Ambiental do Centro Preparatório Jurídico (CPJUR) e da Escola Brasileira de Direito (EBRADI), entre outros. Procurador do Município de São Paulo, atualmente lotado na Coordenadoria Geral do Consultivo da Procuradoria Geral do Município. Advogado. Palestrante.

Savio Chalita
Advogado. Mestre em Direitos Sociais, Difusos e Coletivos. Professor do CPJUR (Centro Preparatório Jurídico), Autor de obras para Exame de Ordem e Concursos Públicos. Professor Universitário. Editor do blog www.comopassarnaoab.com.

Teresa Melo
Procuradora Federal. Assessora de Ministro do STJ. Professora do IEDI.

Tony Chalita
Advogado. Mestrando em Direito. Professor Assistente PUC/SP. Autor da Editora Foco.

SUMÁRIO

AUTORES V

COMO USAR O LIVRO? XV

1. LÍNGUA PORTUGUESA www. 1

1. INTERPRETAÇÃO DE TEXTOS 1
2. VERBO 21
3. PONTUAÇÃO 26
4. REDAÇÃO, COESÃO E COERÊNCIA 30
5. CONCORDÂNCIA 36
6. CONJUNÇÃO 38
7. PRONOMES 44
8. CRASE 48
9. SEMÂNTICA 49
10. PREPOSIÇÃO 54
11. VOZES VERBAIS 55
12. REGÊNCIAS VERBAL E NOMINAL 56
13. ADVÉRBIO 57
14. ORAÇÃO SUBORDINADA 57
15. ACENTUAÇÃO GRÁFICA 59
16. TEMAS COMBINADOS E OUTROS TEMAS 59

2. INFORMÁTICA www. 69

1. HARDWARE 69
2. OFFICE 70
3. BR OFFICE 79
4. INTERNET 80
5. WINDOWS 88
6. OUTRAS QUESTÕES DE INFORMÁTICA 92

www. Acesse o conteúdo on-line. Siga as orientações disponíveis na página III.

3. MATEMÁTICA E RACIOCÍNIO LÓGICO   WWW.   95

1.   RACIOCÍNIO LÓGICO 95

2.   MATEMÁTICA BÁSICA 115

3.   MATEMÁTICA FINANCEIRA 131

4. ADMINISTRAÇÃO PÚBLICA   WWW.   133

1.   PRINCÍPIOS E TEORIAS 133

2.   ESTRUTURAS ORGANIZACIONAIS 136

3.   RECURSOS HUMANOS 137

4.   GESTÃO E LIDERANÇA 141

5.   FERRAMENTAS E TÉCNICAS DE GESTÃO 147

6.   PLANEJAMENTO 150

7.   COMUNICAÇÃO 151

8.   ADMINISTRAÇÃO PÚBLICA FEDERAL 151

9.   OUTROS TEMAS E MATÉRIAS COMBINADAS 153

5. ADMINISTRAÇÃO FINANCEIRA E ORÇAMENTÁRIA   157

1.   PRINCÍPIOS E NORMAS GERAIS 157

2.   LOA, LDO E PPA 159

3.   RECEITAS E DESPESAS 163

4.   CRÉDITOS ADICIONAIS E EXECUÇÃO ORÇAMENTÁRIA 167

5.   LEI DE RESPONSABILIDADE FISCAL 170

6.   OUTRAS MATÉRIAS 172

6. ÉTICA   175

7. REGIMENTO INTERNO E LEGISLAÇÃO LOCAL   WWW.   181

1.   TRIBUNAIS SUPERIORES 181

2.   TRIBUNAIS REGIONAIS DO TRABALHO 181

3.   TRIBUNAIS REGIONAIS ELEITORAIS 185

4.   TRIBUNAIS REGIONAIS FEDERAIS 190

5.   TRIBUNAIS ESTADUAIS E DO DISTRITO FEDERAL 190

8. LEI 8.112/1990 (REGIME JURÍDICO DOS SERVIDORES PÚBLICOS CIVIS FEDERAIS)   WWW.   201

1.   PROVIMENTO, VACÂNCIA, REMOÇÃO, DISTRIBUIÇÃO E SUBSTITUIÇÃO 201

2.   DIREITOS E VANTAGENS 204

3.   REGIME DISCIPLINAR 208

4.   PROCESSO DISCIPLINAR 214

5.   TEMAS COMBINADOS 215

9. LICITAÇÕES E CONTRATOS ADMINISTRATIBOS LEI 14.133/2021 E LEI 8.666/1993 www. ☞   **219**

1.   BREVES COMENTÁRIOS SOBRE A LEI 14.133/2021 219

2.   LICITAÇÃO (LEI 8.666/1993) 222

3.   CONTRATOS (LEI 8.666/1993) 230

4.   PREGÃO (LEI 8.666/1993) 234

5.   QUESTÕES COMBINADAS (LEI 8.666/1993) 235

10. DIREITO ADMINISTRATIVO www. ☞   **239**

1.   REGIME JURÍDICO ADMINISTRATIVO E PRINCÍPIOS DO DIREITO ADMINISTRATIVO 239

2.   PODERES DA ADMINISTRAÇÃO PÚBLICA 244

3.   DEVERES DOS AGENTES PÚBLICOS 251

4.   ATO ADMINISTRATIVO 252

5.   ORGANIZAÇÃO ADMINISTRATIVA 264

6.   AGENTES PÚBLICOS 270

7.   IMPROBIDADE ADMINISTRATIVA (LEI 8.429/1992) 275

8.   BENS PÚBLICOS 287

9.   RESPONSABILIDADE DO ESTADO 288

10. SERVIÇOS PÚBLICOS 290

11. CONTROLE DA ADMINISTRAÇÃO 292

12. PROCESSO ADMINISTRATIVO (LEI 9.784/1999) 294

13. OUTROS TEMAS 301

11. DIREITO CONSTITUCIONAL www. ☞   **305**

1.   TEORIA GERAL DA CONSTITUIÇÃO, NORMAS CONSTITUCIONAIS E PODER CONSTITUINTE 305

2.   PRINCÍPIOS FUNDAMENTAIS E DIREITOS E GARANTIAS FUNDAMENTAIS 306

3.   NACIONALIDADE, DIREITOS POLÍTICOS E PARTIDOS POLÍTICOS 318

4.   ORGANIZAÇÃO DO ESTADO 324

5.   ORGANIZAÇÃO DOS PODERES 332

6.   CONTROLE DE CONSTITUCIONALIDADE 344

7.   FUNÇÕES ESSENCIAIS À JUSTIÇA 345

8.   TRIBUTAÇÃO E ORÇAMENTO 348

9.   ORDEM ECONÔMICA E ORDEM SOCIAL 348

10. QUESTÕES COMBINADAS 348

12. DIREITO PENAL www.   349

1. PRINCÍPIOS E APLICAÇÃO DA LEI NO TEMPO E NO ESPAÇO 349

2. CLASSIFICAÇÃO DOS CRIMES, FATO TÍPICO E TIPO PENAL 350

3. CRIMES DOLOSOS, CULPOSOS E PRETERDOLOS; ERRO DE TIPO, DE PROIBIÇÃO E DEMAIS ERROS 350

4. TENTATIVA, CONSUMAÇÃO E CRIME IMPOSSÍVEL 351

5. ANTIJURIDICIDADE E CAUSAS EXCLUDENTES 352

6. CONCURSO DE PESSOAS 352

7. CULPABILIDADE E CAUSAS EXCLUDENTES 353

8. PENAS 353

9. AÇÃO PENAL 354

10. CRIMES CONTRA A PESSOA 354

11. CRIMES CONTRA A FÉ PÚBLICA E CONTRA A ADMINISTRAÇÃO PÚBLICA 355

12. TEMAS COMBINADOS 364

13. DIREITO PROCESSUAL PENAL www.   367

1. PRINCÍPIOS GERAIS E INTERPRETAÇÃO 367

2. INQUÉRITO POLICIAL E OUTRAS FORMAS DE INVESTIGAÇÃO CRIMINAL 367

3. AÇÃO PENAL E AÇÃO CIVIL *EX DELICTO* 368

4. JURISDIÇÃO E COMPETÊNCIA; CONEXÃO E CONTINÊNCIA 370

5. QUESTÕES E PROCESSOS INCIDENTES 371

6. PROVA 371

7. PRISÃO, MEDIDAS CAUTELARES E LIBERDADE PROVISÓRIA 372

8. SUJEITOS PROCESSUAIS, CITAÇÃO, INTIMAÇÃO E PRAZOS 374

9. PROCESSO, PROCEDIMENTOS E SENTENÇA 379

10. NULIDADES 381

11. RECURSOS 382

12. *HABEAS CORPUS* E REVISÃO CRIMINAL 384

13. LEGISLAÇÃO EXTRAVAGANTE E TEMAS COMBINADOS 384

14. DIREITO CIVIL www.   389

1. LEI DE INTRODUÇÃO ÀS NORMAS DO DIREITO BRASILEIRO 389

2. PARTE GERAL 390

3. OBRIGAÇÕES 399

4. CONTRATOS 402

5. RESPONSABILIDADE CIVIL 405

6. COISAS 407

7. FAMÍLIA E SUCESSÕES 410

15. DIREITO PROCESSUAL CIVIL — 413

1. PRINCÍPIOS DO PROCESSO CIVIL 413

2. JURISDIÇÃO E COMPETÊNCIA...413

3. PARTES, PROCURADORES, SUCUMBÊNCIA, MINISTÉRIO PÚBLICO E JUIZ 414

4. PRAZOS PROCESSUAIS E ATOS PROCESSUAIS....................................415

5. LITISCONSÓRCIO E INTERVENÇÃO DE TERCEIROS.............................417

6. PRESSUPOSTOS PROCESSUAIS, ELEMENTOS DA AÇÃO E CONDIÇÕES DA AÇÃO........418

7. FORMAÇÃO, SUSPENSÃO E EXTINÇÃO DO PROCESSO. NULIDADES 418

8. TUTELA PROVISÓRIA...418

9. INICIAL E CONTESTAÇÃO 419

10. PROVAS...419

11. SENTENÇA, COISA JULGADA E AÇÃO RESCISÓRIA.............................420

12. PROCESSO DE EXECUÇÃO E CUMPRIMENTO DE SENTENÇA..............420

13. RECURSOS 422

14. PROCEDIMENTOS ESPECIAIS 423

15. TEMAS COMBINADOS...425

16. DIREITO DO TRABALHO — 427

1. PRINCÍPIOS E FONTES DO DIREITO DO TRABALHO 427

2. PRESCRIÇÃO E DECADÊNCIA..428

3. CONTRATO DE TRABALHO..429

4. AVULSOS...434

5. DOMÉSTICOS 434

6. TRABALHO DA MULHER..435

7. TRABALHO INFANTIL E DE JOVENS...435

8. PODER DIRETIVO 435

9. REMUNERAÇÃO, SALÁRIO-FAMÍLIA E RESSARCIMENTOS 436

10. JORNADA DE TRABALHO 439

11. TRABALHO NOTURNO...443

12. REPOUSO SEMANAL REMUNERADO 444

13. FÉRIAS 445

14. ACIDENTE, SUSPENSÃO E INTERRUPÇÃO DO CONTRATO DE TRABALHO.........447

15. RESCISÃO DO CONTRATO DE TRABALHO E AVISO-PRÉVIO 451

16. ESTABILIDADE E GARANTIA NO EMPREGO 455

17. SAÚDE E SEGURANÇA NO TRABALHO 456

18. LIBERDADE SINDICAL 459

19. CONVENÇÕES E ACORDOS COLETIVOS DE TRABALHO 460

20. COMISSÃO DE CONCILIAÇÃO PRÉVIA 461

21. COMBINADAS 462

17. DIREITO PROCESSUAL DO TRABALHO www. 467

1. JUSTIÇA DO TRABALHO E MINISTÉRIO PÚBLICO DO TRABALHO 467

2. TEORIA GERAL DO PROCESSO DO TRABALHO 469

3. COMPETÊNCIA 471

4. CUSTAS E EMOLUMENTOS 473

5. PARTES E ADVOGADOS 475

6. NULIDADES 477

7. PROVAS 478

8. PROCEDIMENTOS E ATOS PROCESSUAIS 480

9. LIQUIDAÇÃO E EXECUÇÃO 490

10. RECURSOS 494

11. QUESTÕES COMBINADAS 499

18. DIREITO PREVIDENCIÁRIO 503

19. DIREITO AMBIENTAL 505

20. DIREITO ELEITORAL www. 507

1. FONTES E PRINCÍPIOS DE DIREITO ELEITORAL 507

2. DIREITOS POLÍTICOS, ELEGIBILIDADE E ALISTAMENTO ELEITORAL 508

3. COMPETÊNCIA E ORGANIZAÇÃO DA JUSTIÇA ELEITORAL 511

4. ALISTAMENTO ELEITORAL 516

5. INELEGIBILIDADE 518

6. PARTIDOS POLÍTICOS E REGISTRO DE CANDIDATURAS 518

7. ELEIÇÕES 523

8. SISTEMA ELETRÔNICO DE VOTAÇÃO 535

9. PROCESSO ELEITORAL 535

10. CRIMES ELEITORAIS E PROCESSO PENAL ELEITORAL 536

11. TRANSPORTE DE ELEITORES 537

12. COMBINADAS..537

21. DIREITO TRIBUTÁRIO   539

1. COMPETÊNCIA TRIBUTÁRIA...539

2. SUJEIÇÃO PASSIVA, RESPONSABILIDADE, CAPACIDADE E DOMICÍLIO 539

3. FATO GERADOR, OBRIGAÇÃO TRIBUTÁRIA, LANÇAMENTO E CRÉDITO..539

4. AÇÕES TRIBUTÁRIAS..540

22. REDAÇÃO   www.   541

1. REDAÇÃO OFICIAL 541

23. DIREITO DAS PESSOAS COM DEFICIÊNCIA   545

1. TRIBUNAIS REGIONAIS DO TRABALHO...545

2. TRIBUNAIS REGIONAIS FEDERAIS...549

3. TRIBUNAIS ESTADUAIS 550

4. TRIBUNAIS REGIONAIS ELEITORAIS..551

24. ARQUIVOLOGIA   553

1. CONCEITOS FUNDAMENTAIS DE ARQUIVOLOGIA...553

2. O GERENCIAMENTO DA INFORMAÇÃO E A GESTÃO DE DOCUMENTOS: DIAGNÓSTICOS; ARQUIVOS CORRENTES E INTERMEDIÁRIO; PROTOCOLOS; AVALIAÇÃO DE DOCUMENTOS; ARQUIVOS PERMANENTES...559

3. TIPOLOGIAS DOCUMENTAIS E SUPORTES FÍSICOS: MICROFILMAGEM; AUTOMAÇÃO; PRESERVAÇÃO, CONSERVAÇÃO E RESTAURAÇÃO DE DOCUMENTOS 564

Como usar o livro?

Para que você consiga um ótimo aproveitamento deste livro, atente para as seguintes orientações:

1º Tenha em mãos um *vademecum* ou **um computador** no qual você possa acessar os textos de lei citados.

Neste ponto, recomendamos o **Vade Mecum de Legislação FOCO** – confira em www.editorafoco.com.br.

2º Se você estiver estudando a teoria (fazendo um curso preparatório ou lendo resumos, livros ou apostilas), faça as questões correspondentes deste livro na medida em que for avançando no estudo da parte teórica.

3º Se você já avançou bem no estudo da teoria, leia cada capítulo deste livro até o final, e só passe para o novo capítulo quando acabar o anterior; vai mais uma dica: alterne capítulos de acordo com suas preferências; leia um capítulo de uma disciplina que você gosta e, depois, de uma que você não gosta ou não sabe muito, e assim sucessivamente.

4º Iniciada a resolução das questões, tome o cuidado de ler cada uma delas **sem olhar para o gabarito e para os comentários**; se a curiosidade for muito grande e você não conseguir controlar os olhos, tampe os comentários e os gabaritos com uma régua ou um papel; na primeira tentativa, é fundamental que resolva a questão sozinho; só assim você vai identificar suas deficiências e "pegar o jeito" de resolver as questões; marque com um lápis a resposta que entender correta, e só depois olhe o gabarito e os comentários.

5º **Leia com muita atenção o enunciado das questões.** Ele deve ser lido, no mínimo, duas vezes. Da segunda leitura em diante, começam a aparecer os detalhes, os pontos que não percebemos na primeira leitura.

6º **Grife as palavras-chave, as afirmações e a pergunta formulada.** Ao grifar as palavras importantes e as afirmações você fixará mais os pontos-chave e não se perderá no enunciado como um todo. Tenha atenção especial com as palavras "correto", "incorreto", "certo", "errado", "prescindível" e "imprescindível".

7º Leia os comentários e **leia também cada dispositivo legal** neles mencionados; não tenha preguiça; abra o *vademecum* e leia os textos de leis citados, tanto os que explicam as alternativas corretas, como os que explicam o porquê de ser incorreta dada alternativa; você tem que conhecer bem a letra da lei, já que mais de 90% das respostas estão nela; mesmo que você já tenha entendido determinada questão, reforce sua memória e leia o texto legal indicado nos comentários.

8º Leia também os **textos legais que estão em volta** do dispositivo; por exemplo, se aparecer, em Direito Penal, uma questão cujo comentário remete ao dispositivo que trata de falsidade ideológica, aproveite para ler também os dispositivos que tratam dos outros crimes de falsidade; outro exemplo: se aparecer uma questão, em Direito Constitucional, que trate da composição do Conselho Nacional de Justiça, leia também as outras regras que regulamentam esse conselho.

9º Depois de resolver sozinho a questão e de ler cada comentário, você deve fazer uma **anotação ao lado da questão**, deixando claro o motivo de eventual erro que você tenha cometido; conheça os motivos mais comuns de erros na resolução das questões:

DL – "desconhecimento da lei"; quando a questão puder ser resolvida apenas com o conhecimento do texto de lei;

DD – "desconhecimento da doutrina"; quando a questão só puder ser resolvida com o conhecimento da doutrina;

DJ – "desconhecimento da jurisprudência"; quando a questão só puder ser resolvida com o conhecimento da jurisprudência;

FA – "falta de atenção"; quando você tiver errado a questão por não ter lido com cuidado o enunciado e as alternativas;

NUT - "não uso das técnicas"; quando você tiver se esquecido de usar as técnicas de resolução de questões objetivas, tais como as da **repetição de elementos** ("quanto mais elementos repetidos existirem, maior a chance de a alternativa ser correta"), das **afirmações generalizantes** ("afirmações generalizantes tendem a ser incorretas" - reconhece-se afirmações generalizantes pelas palavras *sempre, nunca, qualquer, absolutamente, apenas, só, somente exclusivamente* etc.), dos **conceitos compridos** ("os conceitos de maior extensão tendem a ser corretos"), entre outras.

obs: se você tiver interesse em fazer um Curso de "Técnicas de Resolução de Questões Objetivas", recomendamos o curso criado a esse respeito pelo IEDI Cursos On-line: www.iedi.com.br.

10º Confie no **bom-senso**. Normalmente, a resposta correta é a que tem mais a ver com o bom-senso e com a ética. Não ache que todas as perguntas contêm uma pegadinha. Se aparecer um instituto que você não conhece, repare bem no seu nome e tente imaginar o seu significado.

11º Faça um levantamento do **percentual de acertos de cada disciplina** e dos **principais motivos que levaram aos erros cometidos**; de posse da primeira informação, verifique quais disciplinas merecem um reforço no estudo; e de posse da segunda informação, fique atento aos erros que você mais comete, para que eles não se repitam.

12º Uma semana antes da prova, faça uma **leitura dinâmica** de todas as anotações que você fez e leia de novo os dispositivos legais (e seu entorno) das questões em que você marcar "DL", ou seja, desconhecimento da lei.

13º Para que você consiga ler o livro inteiro, faça um bom **planejamento**. Por exemplo, se você tiver 30 dias para ler a obra, divida o número de páginas do livro pelo número de dias que você tem, e cumpra, diariamente, o número de páginas necessárias para chegar até o fim. Se tiver sono ou preguiça, levante um pouco, beba água, masque chiclete ou leia em voz alta por algum tempo.

14º Desejo a você, também, muita **energia**, **disposição**, **foco**, **organização**, **disciplina**, **perseverança**, **amor** e **ética**!

Ana Paula Dompieri Garcia e Wander Garcia

Coordenadores

1. LÍNGUA PORTUGUESA

Magally Dato e Henrique Subi*

1. INTERPRETAÇÃO DE TEXTOS

1 Sozinha no mundo, sem pai nem mãe, ela corria,
arfava, muda, concentrada. Às vezes, na fuga, pairava
ofegante num beiral de telhado e enquanto o rapaz galgava
4 outros com dificuldade tinha tempo de se refazer por um
momento. E então parecia tão livre.
Estúpida, tímida e livre. Não vitoriosa como
7 seria um galo em fuga. Que é que havia nas suas vísceras
que fazia dela um ser? A galinha é um ser. É verdade que
não se poderia contar com ela para nada. Nem ela própria
10 contava consigo, como o galo crê na sua crista. Sua única
vantagem é que havia tantas galinhas que morrendo
uma surgiria no mesmo instante outra tão igual como se fora
13 a mesma.

Clarice Lispector. Uma galinha. *In*: Laços de família: contos.
Rio de Janeiro: Rocco, 1998.

(Técnico – MPE/CE – CESPE – 2020) Considerando as ideias, os sentidos e os aspectos linguísticos do texto precedente, julgue os itens que se seguem.

(1) No trecho "pairava ofegante num beiral de telhado" (l. 2 e 3), o verbo **pairar** está empregado com o mesmo sentido de **ameaçar**.

(2) As palavras que formam a frase "Estúpida, tímida e livre" (l.6) qualificam o ser que é o tema do texto: a galinha.

(3) No trecho "É verdade que não se poderia contar com ela para nada" (l. 8 e 9), o uso da próclise justifica-se pela presença da palavra negativa "não".

(4) O trecho "enquanto o rapaz galgava outros com dificuldade" (l. 3 e 4) mostra que havia uma perseguição à galinha pelos telhados da casa.

(5) No trecho "Nem ela própria contava consigo, como o galo crê na sua crista" (l. 9 e 10), existe uma relação de oposição entre as orações que compõem o período.

1: incorreta. "Pairar" é sinônimo de "planar" nessa passagem; **2:** correta. Os adjetivos qualificam a galinha que é descrita no texto; **3:** correta. Trata-se de próclise obrigatória pela presença do advérbio de negação; **4:** correta. Isso também se justifica no fato da galinha estar ofegante; **5:** incorreta. A relação entre as orações é de comparação. **HS**
Gabarito 1E, 2C, 3C, 4C, 5E

Como assistiremos a filmes daqui a 20 anos?

Com muitos cineastas trocando câmeras tradicionais por câmeras 360 (que capturam vistas de todos os ângulos), o momento atual do cinema é comparável aos primeiros

anos intensamente experimentais dos filmes no final do século 19 e início do século 20.

Uma série de tecnologias em rápido desenvolvimento oferece um potencial incrível para o futuro dos filmes – como a realidade aumentada, a inteligência artificial e a capacidade cada vez maior de computadores de criar mundos digitais detalhados.

Como serão os filmes daqui a 20 anos? E como as histórias cinematográficas do futuro diferem das experiências disponíveis hoje? De acordo com o guru da realidade virtual e artista Chris Milk, os filmes do futuro oferecerão experiências imersivas sob medida. Eles serão capazes de "criar uma história em tempo real que é só para você, que satisfaça exclusivamente a você e o que você gosta ou não", diz ele.

(Adaptado de: BUCKMASTER, Luke.
Disponível em: **www.bbc.com**)

(Técnico – TJ/MA – FCC – 2019) O texto tem como tema central:

(A) os avanços da linguagem cinematográfica ocorridos até hoje e, em especial, nos próximos 20 anos.

(B) as novidades do cinema que vêm alterando a maneira como o público tem interagido com os filmes atuais.

(C) as técnicas tradicionais do cinema entre os séculos 19 e 20 em comparação com as do cinema de hoje.

(D) as transformações que estão ocorrendo e que ainda ocorrerão no cinema em virtude das inovações tecnológicas.

(E) os tipos de assuntos e experiências de vida que serão discutidos nos filmes a serem desenvolvidos no futuro.

O texto trata, essencialmente, das transformações tecnológicas na área de criação de filmes e das possibilidades que elas oferecerão no futuro.
Gabarito "D".

(Técnico – TJ/MA – FCC – 2019) De acordo com Chris Milk, diferente de hoje, os filmes do futuro

(A) permitirão ao público vivenciar experiências individualizadas, de acordo com as preferências de cada um.

(B) darão aos espectadores a chance de se aprofundar no universo criativo do autor, acessando os bastidores da produção.

(C) serão produções mais baratas, o que possibilitará a cada cidadão comum custear seu próprio filme.

(D) terão uma linguagem produzida por meio de programas de computadores, que tornarão obsoleta a figura do cineasta.

(E) deixarão de ser tratados como obras ficcionais ou artísticas, pois serão uma reprodução fiel da rotina dos espectadores.

---

* **Henrique Subi** comentou as questões dos concursos de Escrevente Técnico – TJSP – 2015 – VUNESP, TRT/3ª – 2015 – FCC, TRT/2ª – 2014 – FCC, Analista – TRT/16ª – 2014 – FCC, e dos concursos de 2016 e 2017. **Magally Dato** comentou as demais questões.

A única alternativa que corresponde à passagem do texto na qual Chris Milk expõe sua opinião sobre o futuro do cinema é a letra "A", que parafraseia o último parágrafo do texto. HS

Gabarito "A".

Sempre pensei que ser um cidadão do mundo era o melhor que podia acontecer a uma pessoa, e continuo pensando assim. Que as fronteiras são a fonte dos piores preconceitos, que elas criam inimizades entre os povos e provocam as estúpidas guerras. E que, por isso, é preciso tentar afiná-las pouco a pouco, até que desapareçam totalmente. Isso está ocorrendo, sem dúvida, e essa é uma das boas coisas da globalização, embora haja também algumas ruins, como o aumento, até extremos vertiginosos, da desigualdade econômica entre as pessoas.

Mas é verdade que a língua primeira, aquela em que você aprende a dar nome à família e às coisas deste mundo, é uma verdadeira pátria, que depois, com a correria da vida moderna, às vezes vai se perdendo, confundindo-se com outras. E isso é provavelmente a prova mais difícil que os imigrantes têm de enfrentar, essa maré humana que cresce a cada dia, à medida que se amplia o abismo entre os países prósperos e os miseráveis, a de aprender a viver em outra língua, isto é, em outra maneira de entender o mundo e expressar a experiência, as crenças, as pequenas e grandes circunstâncias da vida cotidiana.

(Adaptado de: LLOSA, Mario Vargas. **O regresso à Grécia**. Disponível em: https://brasil.elpais.com)

(Técnico – TJ/MA – FCC – 2019) Para o autor, *a prova mais difícil que os imigrantes têm de enfrentar é provavelmente*

(A) a constante saudade da terra natal, que dificulta o necessário aprendizado de uma nova língua para se viver em um novo país.

(B) a indiferença das autoridades públicas, que se concentram em construir fronteiras com o intuito de proteger a população local.

(C) a necessidade de se adaptarem a uma cultura estrangeira, comunicando-se em um idioma diferente de sua língua nativa.

(D) a resistência do outro em dividir com eles seu espaço, o que inclui emprego e acesso aos serviços públicos.

(E) o medo de serem enviados de volta para o lugar de onde saíram, por não haver lá liberdade de expressão.

Para o autor, a maior dificuldade de um imigrante é a barreira da língua, pois a dificuldade ou incapacidade de se expressar irá, direta ou indiretamente, tolher as possibilidades de sucesso no país de destino e dificultará a inserção do migrante na nova cultura. HS

Gabarito "C".

1. A neurocientista Suzana Herculano-Houzel é autora da coletânea de textos O cérebro nosso de cada dia, que tratam de curiosidades como o mito de que usamos apenas 10% do cérebro, por que bocejo contagia, se café vicia, o endereço do senso de humor, os efeitos dos antidepressivos. A escrita é acessível e descontraída e os exemplos são tirados do cotidiano. Mesmo assim, Suzana descreve o processo de realização de cada pesquisa e discute as questões mais complexas, como a relação entre herança e ambiente, as origens fisiológicas de determinados comportamentos e o conceito de consciência. Leia a entrevista abaixo.

2. **Muitos se queixam da ausência de uma "teoria da mente" satisfatória e dizem que a consciência humana é um mistério que não se poderia resolver – mesmo porque caberia à própria consciência humana resolvê-lo. O que acha?** Acho que, na ciência, mais difícil do que encontrar respostas é formular perguntas boas. A ciência precisa de hipóteses testáveis, e somente agora, quando a neurociência chega perto dos 150 anos de vida, começam a aparecer hipóteses sobre os mecanismos da consciência. Mas "teorias da mente" bem construídas e perfeitamente testáveis já existem. A própria alegação de que deve ser impossível à mente humana desvendar a si mesma, aliás, não passa de uma hipótese esperando ser posta por terra. É uma afirmação desafiadora, e com um apelo intuitivo muito forte. Mas não tem fundamento. De qualquer forma, a neurociência conta hoje com um leque de ferramentas que permite ao pesquisador, se ele assim desejar, investigar por exemplo a ativação em seu cérebro enquanto ele mesmo pensa, lembra, faz contas, adormece e, em seguida, acorda. O fato de o objeto de estudo está situado dentro da cabeça do próprio pesquisador não é necessariamente um empecilho.

3. **Há várias pesquisas descritas em seu livro sobre a influência da fisiologia no comportamento. Você concorda com Edward O. Wilson que "a natureza humana é um conjunto de predisposições genéticas"?** Acredito que predisposições genéticas existem, mas, na grande maioria dos casos, não passam de exatamente isso: predisposições. Exceto em alguns casos especiais, genética não é destino. A meu ver, fatores genéticos, temperados por acontecimentos ao acaso ao longo do desenvolvimento, fornecem apenas uma base de trabalho, a matéria bruta a partir da qual cérebro e comportamento serão esculpidos. Somadas a isso influências do ambiente e da própria experiência de vida de cada um, é possível transcender as potencialidades de apenas 30 mil genes – a estimativa atual do número de genes necessários para "montar" um cérebro humano – para montar os trilhões e trilhões de conexões entre as células nervosas, criando o arco-íris de possibilidades da natureza humana.

4. **Uma dessas influências diz respeito às diferenças entre homens e mulheres, que seu livro menciona. Como evitar que isso se torne motivação de preconceitos ou de generalizações vulgares, como no fato de as mulheres terem menos neurônios?** Se diferenças entre homens e mulheres são evidentes pelo lado de fora, é natural que elas também existam no cérebro. Na parte externa do cérebro, o córtex, homens possuem em média uns quatro bilhões de neurônios a mais. Mas o simples número de neurônios em si não é sinônimo de maior ou menor habilidade. A não ser quando concentrado em estruturas pequenas com função bastante precisa. Em média, a região do cérebro que produz a fala tende a ser maior em mulheres do que em homens, enquanto neles a região responsável por operações espaciais, como julgar o tamanho de um objeto, é maior do que nelas. Essa diferença casa bem com observações da psicologia: elas costumam falar melhor (e não mais!), eles costumam fazer operações espaciais com mais facilidade. O realmente importante é reconhecer que essas diferenças não são limitações, e sim pontos de partida, sobre os quais o aprendizado e a experiência podem agir.

(Adaptado de: PIZA, Daniel. Perfis & Entrevistas. São Paulo, Contexto, 2004)

(Técnico – TRT/15 – FCC – 2018) De acordo com o texto,

(A) afirmações como "café vicia", "bocejo contagia" mostram que a neurociência está presente em nosso dia a dia, uma vez que o cérebro, enquanto matéria bruta, cristaliza hábitos possíveis de acordo com nossa carga genética.

(B) as predisposições genéticas constituem limites importantes que deveriam ser levados em conta na reafirmação de questões éticas, o que é ilustrado pelas diferenças existentes entre homens e mulheres.

(C) a suposta falta de distanciamento crítico nas pesquisas sobre a mente, dado que caberia a ela mesma investigar sobre si própria, é um falso problema, uma vez que a ciência hoje dispõe de instrumental avançado para isso.

(D) a contradição que está na base da neurociência é o fato de que o número de neurônios não é proporcional à proficiência que determinada região do cérebro desenvolve, o que faz com que os problemas genéticos passem a ter um componente ético.

(E) a imutabilidade dos genes é questionada pela própria neurociência, uma vez que não se podem menosprezar as influências do comportamento, adquirido em sociedade, tampouco o ambiente em que as pessoas vivem e estabelecem relações.

A: incorreta. A entrevistada questiona a importância da carga genética, dizendo que ela pode ser temperada com fatos ocorridos ao acaso ao longo do tempo; **B:** incorreta. A entrevistada defende exatamente o contrário no último parágrafo do texto; **C:** correta. Essa é a ideia central do segundo parágrafo; **D:** incorreta. Não se pode inferir isso de qualquer passagem do texto; **E:** incorreta. Os efeitos do mundo exterior servem para moldar nossas predisposições genéticas, mas não para alterar os genes em si. ⛶
Gabarito "C."

Renato Janine Ribeiro: A velocidade ficou maior do que as pessoas conseguem alcançar. Somos bombardeados diariamente sobre novidades na produção do hardware e do software dos computadores. O indivíduo tem um computador e, em pouco tempo, é lançado outro mais potente. Talvez em breve as pessoas se convençam de que não há necessidade de uma renovação tão frequente. A grande maioria das pessoas usam bem pouco dos recursos de seus computadores. Devemos sempre lembrar que as invenções existem para nos servir, e não o contrário. Quer dizer, a demanda é que as pessoas se adaptem às máquinas, e não que as máquinas se adaptem às pessoas.

Flávio Gikovate: Tenho a impressão de que isso não ocorre só com a tecnologia. Tenho a sensação de que sempre chegamos tarde. As pessoas compram muitas coisas desnecessárias. Veja o caso das roupas: só porque a cintura da calça subiu ou desceu ligeiramente, elas trocam todas as que possuíam. Trata-se de um movimento em que as pessoas estão sempre devendo.

(Adaptado de: GIKOVATE, Flávio & RIBEIRO, Renato Janine. Nossa sorte, nosso norte. Campinas: Papirus, 2012)

(Técnico – TRF/4 – FCC – 2019) Depreende-se corretamente do texto:

(A) Ao se referir ao caso das roupas (2º parágrafo), o autor assinala que a indústria da moda impõe estilos de beleza com os quais nem todos concordam.

(B) Com a afirmação de que isso não ocorre só com a tecnologia (2º parágrafo), critica-se o uso inadequado dos recursos oferecidos pelos computadores.

(C) No segmento "e não o contrário" (1º parágrafo), o autor reforça a ideia de que as invenções existem para servir às pessoas.

(D) Com o uso do termo "bombardeados" (1º parágrafo), o autor conclui que, se fosse possível, as pessoas prefeririam ser menos dependentes da tecnologia.

(E) Ao mencionar a "velocidade" (1º parágrafo) dos dias de hoje, o autor enaltece a tendência da indústria tecnológica de estar sempre à procura de ultrapassar a si mesma.

A: incorreta. A ideia central do segundo parágrafo é criticar o consumismo e a aquisição de bens desnecessários; **B:** incorreta. A crítica não é ao uso inadequado, mas à impossibilidade ou incapacidade da maioria das pessoas de usufruir de tudo que os computadores oferecem; **C:** correta. A expressão seria até desnecessária, mas se justifica para reforçar a ideia transmitida pelo autor; **D:** incorreta. Não se pode inferir isso do texto. O termo foi usado para descrever a velocidade e a intensidade com as quais as informações e novidades chegam até nós; **E:** incorreta. O termo se refere à impossibilidade das pessoas acompanharem a evolução tecnológica. ⛶
Gabarito "C."

Tendo em vista a textura volitiva da mente individual, a perene tensão entre o presente e o futuro nas nossas deliberações, entre o que seria melhor do ponto de vista tático ou local, de um lado, e o melhor do ponto de vista estratégico, mais abrangente, de outro, resulta em conflito.

Comer um doce é decisão tática; controlar a dieta, estratégica. Estudar (ou não) para a prova de amanhã é uma escolha tática; fazer um curso de longa duração faz parte de um plano de vida. As decisões estratégicas, assim como as táticas, são tomadas no presente. A diferença é que aquelas têm o longo prazo como horizonte e visam à realização de objetivos mais remotos e permanentes.

O homem, observou o poeta Paul Valéry, "é herdeiro e refém do tempo". A principal morada do homem está no passado ou no futuro. Foi a capacidade de reter o passado e agir no presente tendo em vista o futuro que nos tirou da condição de animais errantes. Contudo, a faculdade de arbitrar entre as premências do presente e os objetivos do futuro imaginado é muitas vezes prejudicada pela propensão espontânea a atribuir um valor desproporcional àquilo que está mais próximo no tempo.

Como observa David Hume, "não existe atributo da natureza humana que provoque mais erros em nossa conduta do que aquele que nos leva a preferir o que quer que esteja presente em relação ao que está distante e remoto, e que nos faz desejar os objetos mais de acordo com a sua situação do que com o seu valor intrínseco".

(Adaptado de: GIANNETTI, Eduardo. Auto-engano. São Paulo: Companhia das Letras, 1997, edição digital)

(Técnico – TRF/4 – FCC – 2019) Considere as afirmações abaixo.

I. Escolhas táticas sabiamente visam à realização de objetivos de longo prazo, cujas consequências positivas podem ser sentidas já no momento presente.

II. Por meio de decisões estratégicas, perseguem-se resultados mais duradouros, embora distantes.

III. Segundo a reflexão de David Hume, seria prudente fazer escolhas no presente considerando suas consequências para o futuro.

Está correto o que consta de

(A) I e III.

(B) I e II.

(C) II e III.

(D) II.

(E) III.

I: incorreta. É o inverso. Escolhas táticas estão voltadas somente para o presente; II: correta. Esse é o conceito de "decisão estratégica" adotado pelo texto; III: correta. A paráfrase está totalmente de acordo com o último parágrafo do texto. HS

Gabarito "C".

(Técnico – TRF/4 – FCC – 2019) De acordo com o texto, o homem comete enganos porque

(A) imagina que renúncias feitas no presente levem a um futuro melhor.

(B) desconsidera os acertos do passado ao planejar o futuro.

(C) tem a propensão de repetir, no presente, os mesmos erros do passado.

(D) tende a dar importância desmedida ao que está mais próximo no tempo.

(E) atribui valor exagerado a objetivos situados em um futuro imaginado.

Segundo o autor, nossos erros mais comuns decorrem do fato de que, ao precisar decidir entre algo que influenciará positivamente nosso presente e algo que nos ajudará somente no futuro, tendemos sempre a supervalorizar aquele em detrimento deste.

Gabarito "D".

Seis de janeiro, Epifania ou Dia de Reis (em referência aos reis magos), fecha o ciclo natalino que, entre os romanos, festejava o renascimento do sol depois do solstício de inverno (o dia mais curto do ano).

Era uma festa de invocação do sol, pelo fim das noites invernais. Durante esses festejos pagãos, os papéis sociais se confundiam. Havia troca de presentes e de identidades. O escravo assumia o lugar de senhor, o homem se vestia de mulher – como se, para agradar à natureza, tivéssemos de reconhecer a arbitrariedade das convenções culturais.

Nesse intervalo de poucos dias, o homem aceitava como natural o que por convenção as relações sociais e de poder não permitiam. Ameaçado pelos caprichos da natureza, reconhecia que as coisas são mais complexas do que estamos dispostos a ver.

É plausível que Shakespeare tenha escrito "Noite de Reis", segundo Harold Bloom sua comédia mais bem-sucedida, pensando nessa carnavalização solar, para comemorar a Epifania. A peça conta a história de Viola e Sebastian, gêmeos que naufragam ao largo do que hoje seria Croácia, Montenegro ou Albânia, e que no texto se chama Ilíria. Viola acredita que o irmão se afogou. Ao oferecer seus serviços ao duque de Ilíria, ela se disfarça de homem, assumindo o nome de Cesário. É o suficiente para pôr em andamento uma

comédia de erros na qual as identidades serão confrontadas com a relatividade das nossas convicções.

O sentido irônico do subtítulo da peça – "o que bem quiserem ou desejarem" – dá a entender que os desejos desafiam as convenções que os encobrem. As convenções se modificam conforme a necessidade. Os desejos as contradizem. Identidade e desejo são muitas vezes incompatíveis.

É o que reivindica a filósofa Rosi Braidotti. Braidotti critica a banalização dos discursos identitários, uma incapacidade de lidar com a complexidade, análoga às soluções simplistas que certos discursos contrapõem às contradições. Diante da complexidade, é natural seguir a ilusão das respostas mais simples.

Sob a graça da comédia, Shakespeare trata da fluidez das identidades. Epifania tem a ver com a luz, com o entendimento e a compreensão. Mas para voltar a ver e compreender é preciso admitir que as contradições são parte constitutiva do mundo. A democracia, em sua imperfeição e irrealização permanentes, depende disso.

(Adaptado de: CARVALHO, Bernardo. Disponível em: www1. folha.uol.com.br)

(Técnico – TRF/4 – FCC – 2019) Depreende-se do texto que, durante os festejos romanos mencionados,

(A) havia troca de presentes entre senhores e escravos, cujos papéis sociais, entretanto, não se confundiam.

(B) eram aceitas com naturalidade certas trocas de identidade habitualmente proibidas pela organização social.

(C) pessoas do povo recuperavam tradições culturais que haviam sido abolidas pelas classes dominantes.

(D) tradições religiosas eram temporariamente suspensas e retomadas após o solstício.

(E) ritos pagãos de veneração à natureza mesclavam-se a manifestações religiosas para homenagear os reis magos.

A: incorreta. A afirmação de que os papéis sociais também eram trocados está no segundo parágrafo do texto; B: correta, conforme consta do terceiro parágrafo do texto; C: incorreta. Não consta qualquer passagem no texto que traga tal informação; D: incorreta. O texto não afirma que as tradições religiosas eram suspensas; E: incorreta. A referência aos reis magos é posterior, quando as festividades foram absorvidas pelo cristianismo. HS

Gabarito "B".

(Técnico – TRF/4 – FCC – 2019) A referência à comédia de Shakespeare acentua a seguinte ideia:

(A) O aspecto lúdico dos rituais de celebração da natureza visa à aceitação dos limites impostos pelas normas sociais.

(B) Normas sociais, ainda que arbitrárias, devem ser impostas no intuito de se dominar a natureza humana.

(C) As convenções sociais lembram ao homem que a soberania da natureza deve ser reconhecida.

(D) O impulso de transpor limites convencionais gera consequências indesejáveis e deve ser evitado.

(E) As convenções sociais são arbitrárias e costumam ir de encontro a desejos humanos.

Conforme consta do segundo parágrafo do texto, as festividades serviam para libertar as pessoas de imposições sociais arbitrárias, que, a despeito de regular a convivência, opõem-se aos desejos humanos. HS
Gabarito "E".

(Técnico – TRF/4 – FCC – 2019) Depreende-se do contexto que a filósofa Rosi Braidotti, mencionada no 6º parágrafo,

(A) lança dúvida sobre a noção de que identidade e desejo possam ser conciliados.

(B) incentiva a busca de respostas simples para problemas intrincados.

(C) critica a simplificação de questões identitárias complexas.

(D) considera ilusória a complexidade dos discursos identitários.

(E) defende a ideia de que ao discurso devem corresponder ações práticas.

Segundo o 6º parágrafo do texto, a filósofa tece críticas àqueles que pretendem simplificar as questões sociais, principalmente aquelas ligadas à identidade humana. HS
Gabarito "C".

Nossa imaginação precisa da literatura mais do que nunca
LIGIA G. DINIZ – 22 FEV 2018 – 18:44

Vamos partir de uma situação que grande parte de nós já vivenciou. Estamos saindo do cinema, depois de termos visto uma adaptação de um livro do qual gostamos muito. Na verdade, até que gostamos do filme também: o sentido foi mantido, a escolha do elenco foi adequada, e a trilha sonora reforçou a camada afetiva da narrativa. Por que então sentimos que algo está fora do lugar? [...]

O que sempre falta em um filme sou eu. Parto dessa ideia simples e poderosa, sugerida pelo teórico Wolfgang Iser em um de seus livros, para afirmar que nunca precisamos tanto ler ficção e poesia quanto hoje, porque nunca precisamos tanto de faíscas que ponham em movimento o mecanismo livre da nossa imaginação. Nenhuma forma de arte ou objeto cultural guarda a potência escondida por aquele monte de palavras impressas na página.

Essa potência vem, entre outros aspectos, do tanto que a literatura exige de nós, leitores. Não falo do esforço de compreender um texto, nem da atenção que as histórias e poemas exigem de nós – embora sejam incontornáveis também. Penso no tanto que precisamos investir de nós, como sujeitos afetivos e como corpos sensíveis, para que as palavras se tornem um mundo no qual penetramos. [...]

Somos bombardeados todo dia, o dia inteiro, por informações. Estamos saturados de dados e de interpretações. A literatura – para além do prazer intelectual, inegável – oferece algo diferente. Trata-se de uma energia que o teórico Hans Ulrich Gumbrecht chama de "presença" e que remete a um contato com o mundo que afeta o corpo do indivíduo para além e para aquém do pensamento racional.

Muitos eventos produzem presença, é claro: jogos e exercícios esportivos, shows de música, encontros com amigos, cerimônias religiosas e relações amorosas e sexuais são exemplos óbvios. Por que, então, defender uma prática eminentemente intelectual, como a experiência literária, com o objetivo de "produzir presença", isto é, de despertar sensações corpóreas e afetos? A resposta

está, como já evoquei mais acima, na potência guardada pela ficção e a poesia para disparar a imaginação. [...]

A leitura de textos literários [...] exige que nosso corpo esteja ele próprio presente no espaço ficcional com que nos deparamos, sob pena de não existir espaço ficcional algum.

Mais ainda, a experiência literária nos dá a chance de vivenciarmos possibilidades que, no cotidiano, estão fechadas a nós: de explorarmos essas possibilidades como se estivéssemos, de fato, presentes. E a imaginação é o palco em que a vivência dessas possibilidades é encenada, por meio do jogo entre identificações e rejeições. [...]

(Adaptado de: <https://brasil.elpais.com/brasil/2018/02/22/opinion/1519332813_987510.html>. Acesso em: 27 mar. 2018)

(Técnico – TRT1 – 2018 – AOCP) Em relação ao texto I, é correto afirmar que

(A) a autora defende que não deve haver adaptações cinematográficas de livros, uma vez que elas fazem com que o espectador sinta que "algo está fora do lugar".

(B) ao ressaltar a potência das palavras impressas na página, a autora considera que livros digitais não colocam em movimento o "mecanismo livre da nossa imaginação".

(C) a literatura oferece dados e interpretações verdadeiros sobre o mundo.

(D) a literatura não proporciona prazer intelectual, apenas o que a autora chama de "presença".

(E) o espaço ficcional dos textos literários é construído a partir da "presença" do leitor.

A: incorreta. Ainda que não seja grande entusiasta, a autora não defende em momento algum que não se façam tais adaptações; **B:** incorreta. A autora se referiu ao formato clássico dos livros de maneira genérica, querendo abraçar todas as mídias, pois o cerne de sua mensagem é a importância da literatura; **C:** incorreta. O texto defende a literatura de ficção e de poesia, justamente porque tais estilos se desprendem e nos desprendem da realidade; **D:** incorreta. A autora afirma expressamente no quarto parágrafo que a literatura produz prazer intelectual; **E:** correta. Essa é a ideia central do texto, que fica mais evidente a partir do quarto parágrafo. HS
Gabarito "E".

(Técnico – TRT1 – 2018 – AOCP) Referente à estruturação do texto I, é correto afirmar que

(A) o primeiro parágrafo apresenta uma sequência descritiva.

(B) o tópico central do segundo parágrafo é a simplicidade e o poder da ideia sugerida pelo teórico Wolfgang Iser.

(C) para responder a pergunta efetuada no primeiro parágrafo, a autora utiliza ideias propostas por dois teóricos, Wolfgang Iser e Hans Ulrich Gumbrecht, além de suas próprias ideias.

(D) o quinto parágrafo do texto apresenta uma listagem de diversas práticas eminentemente intelectuais que, assim como a experiência literária, produzem "presença".

(E) o último parágrafo associa-se ao anterior por meio de uma relação de causa e consequência, uma vez que aquele apresenta os efeitos decorrentes da não construção do espaço ficcional.

A: incorreta. O primeiro parágrafo é essencialmente narrativo; **B:** incorreta. A menção ao teórico é circunstancial. A ideia central é a necessidade de encontrarmos mecanismos que libertem nossa imaginação; **C:** correta. A autora se vale dos argumentos de autoridade para embasar suas próprias reflexões sobre o tema; **D:** incorreta. A lista é de atividades físicas, não intelectuais; **E:** incorreta. A relação é de adição, evidenciada pela locução conjuntiva "mais ainda". **HS**

Gabarito "C".

"Eu era piloto…"

* komsomolka: a jovem que fazia parte do Komsomol, Juventude do Partido Comunista da União Soviética.

Quando ainda estava no sétimo ano, um avião chegou à nossa cidade. Isso naqueles anos, imagine, em 1936. Na época, era uma coisa rara. E então veio um chamado: 'Meninas e meninos, entrem no avião!'. Eu, como era komsomolka*, estava nas primeiras filas, claro. Na mesma hora me inscrevi no aeroclube. Só que meu pai era categoricamente contra. Até então, todos em nossa família eram metalúrgicos, várias gerações de metalúrgicos e operadores de altos-fornos. E meu pai achava que metalurgia era um trabalho de mulher, mas piloto não. O chefe do aeroclube ficou sabendo disso e me autorizou a dar uma volta de avião com meu pai. Fiz isso. Eu e meu pai decolamos, e, desde aquele dia, ele parou de falar nisso. Gostou. Terminei o aeroclube com as melhores notas, saltava bem de paraquedas. Antes da guerra, ainda tive tempo de me casar e ter uma filha.

Desde os primeiros dias da guerra, começaram a reestruturar nosso aeroclube: os homens foram enviados para combater; no lugar deles, ficamos nós, as mulheres. Ensinávamos os alunos. Havia muito trabalho, da manhã à noite. Meu marido foi um dos primeiros a ir para o front. Só me restou uma fotografia: eu e ele de pé ao lado de um avião, com capacete de aviador… Agora vivia junto com minha filha, passamos quase o tempo todo em acampamentos. E como vivíamos? Eu a trancava, deixava mingau para ela, e, às quatro da manhã, já estávamos voando. Voltava de tarde, e se ela comia eu não sei, mas estava sempre coberta daquele mingau. Já nem chorava, só olhava para mim. Os olhos dela são grandes como os do meu marido…

No fim de 1941, me mandaram uma notificação de óbito: meu marido tinha morrido perto de Moscou. Era comandante de voo. Eu amava minha filha, mas a mandei para ficar com os parentes dele. E comecei a pedir para ir para o front…

Na última noite… Passei a noite inteira de joelhos ao lado do berço…"

Antonina Grigórievna Bondareva, tenente da guarda, piloto

(Disponível em: ALEKSIÉVITCH, Svetlana. A guerra não tem rosto de mulher. Tradução de Cecília Rosas. São Paulo: Companhia das Letras, 2016.)

(Técnico – TRT1 – 2018 – AOCP) Referente ao texto II, é correto afirmar que

(A) segundo a narradora, em 1936, "era uma coisa rara" uma mulher estar no sétimo ano da escola.

(B) o chefe do aeroclube autorizou a narradora a dar uma volta de avião com seu pai porque soube que este era contra sua filha tornar-se piloto, pois "metalurgia era um trabalho de mulher, mas piloto não".

(C) quando o marido da narradora foi para o front, a filha do casal tinha 6 anos de idade.

(D) a filha da narradora chorava muito quando esta a deixava para ir trabalhar de madrugada.

(E) na última noite, a narradora ficou ao lado do berço de sua filha porque esta estava doente.

A: incorreta. "Coisa rara" era ver aviões; **B:** correta. Este fato é narrado no primeiro parágrafo do texto; **C:** incorreta. Não há informação no texto sobre a idade da filha, mas pode-se presumir que nessa época ela ainda era um bebê, dadas as referências ao mingau e ao choro; **D:** incorreta. A narradora diz expressamente que a filha não chorava no fim do segundo parágrafo; **E:** incorreta. Ela ficou ao lado do berço porque ia mandar a filha para morar com os parentes do pai. **HS**

Gabarito "B".

TEXTO – Ressentimento e Covardia

Tenho comentado aqui na Folha em diversas crônicas, os usos da internet, que se ressente ainda da falta de uma legislação específica que coíba não somente os usos mas os abusos deste importante e eficaz veículo de comunicação. A maioria dos abusos, se praticados em outros meios, seriam crimes já especificados em lei, como a da imprensa, que pune injúrias, difamações e calúnias, bem como a violação dos direitos autorais, os plágios e outros recursos de apropriação indébita.

No fundo, é um problema técnico que os avanços da informática mais cedo ou mais tarde colocarão à disposição dos usuários e das autoridades. Como digo repetidas vezes, me valendo do óbvio, a comunicação virtual está em sua pré-história.

Atualmente, apesar dos abusos e crimes cometidos na internet, no que diz respeito aos cronistas, articulistas e escritores em geral, os mais comuns são os textos atribuídos ou deformados que circulam por aí e que não podem ser desmentidos ou esclarecidos caso por caso. Um jornal ou revista é processado se publicar sem autorização do autor um texto qualquer, ainda que em citação longa e sem aspas. Em caso de injúria, calúnia ou difamação, também. E em caso de falsear a verdade propositadamente, é obrigado pela justiça a desmentir e dar espaço ao contraditório.

Nada disso, por ora, acontece na internet. Prevalece a lei do cão em nome da liberdade de expressão, que é mais expressão de ressentidos e covardes do que de liberdade, da verdadeira liberdade. (Carlos Heitor Cony, Folha de São Paulo, 16/05/2006 – adaptado)

(Técnico – TJ/AL – 2018 – FGV) O título dado ao texto – Ressentimento e Covardia – se refere:

(A) à motivação de participação de alguns usuários da internet;

(B) aos sentimentos experimentados pelos que se sentem prejudicados pela internet;

(C) respectivamente, aos usuários e autores de matérias na internet;

(D) a todos aqueles que se utilizam da internet, cientes de sua impunidade;

(E) aos usuários que lutam pela autêntica liberdade de expressão.

O autor pretende transmitir a mensagem de que os que abusam da internet para manifestar-se o fazem por ressentimento e covardia, pois sabem que, se tomassem tais atitudes por outros meios de comunicação, acabariam punidos. **HS**

Gabarito "A".

(Técnico – TJ/AL – 2018 – FGV) A crítica central do texto de Carlos Heitor Cony se dirige:

(A) ao excesso de plágios existentes na internet;

(B) à falta de uma legislação específica para a internet;

(C) às ofensas anônimas que são dominantes na internet;

(D) à perda de direitos autorais para quem escreve;

(E) ao anonimato da rede.

O texto tem como ideia central a crítica à ausência de legislação específica para abusos do direito de expressão pela internet, que é feita por meio da comparação do tratamento legislativo dado a outros meios de comunicação. **HS**

Gabarito "B".

(Técnico – TJ/AL – 2018 – FGV) Ao afirmar que, na internet, prevalece a lei do cão, o cronista quer dizer que na internet:

(A) predomina a violência gratuita;

(B) domina a impunidade;

(C) fatos não precisam ser comprovados;

(D) erros são punidos de imediato;

(E) impera a lei do mais forte.

"Lei do cão" é sinônimo de "lei da selva", "lei do mais forte". **HS**

Gabarito "E".

MEDITAÇÃO E FOCO NO MACARRÃO

"Sente os pés no chão", diz a instrutora, com a voz serena de quem há décadas deve sentir os pés no chão, "sente a respiração".

"Inspira, expira", ela diz, mas o narrador dentro da minha cabeça fala mais alto: "Eis então que no início do terceiro milênio, tendo chegado à Lua e à engenharia genética, os seres humanos se voltavam ávidos a técnicas milenares de relaxamento na esperança de encontrar alguma paz e algum sentido para suas vidas simultaneamente atribuladas e vazias".

Um lagarto, penso, jamais faria um curso de meditação. "Sente a pedra. A barriga na pedra. Relaxa a cauda. Agora sente o sol aquecendo as escamas. Esquece as moscas. Esquece as cobras rondando a toca. Inspira. Expira." Eu imagino que o lagarto sinta a pedra. A barriga na pedra. O prazer simples e ancestral de lagartear sob o sol.

Se o lagarto consegue esquecer as moscas ou a cobra rondando a toca, já não sei. A parte mais interna e mais antiga do nosso cérebro é igual à dos répteis. É dali que vem o medo, ferramenta evolutiva fundamental para trazer nossos genes triunfantes e nossos cérebros aflitos através dos milênios até aquela roda, no décimo segundo andar de um prédio na cidade de São Paulo.

Não há nada de místico na meditação. Pelo contrário. Meditar é aprender a estar aqui, agora. Eu acho que

nunca estive aqui, agora. O ansioso está sempre em outro lugar. Sempre pré-ocupado. Às vezes acho que nasci meia hora atrasado e nunca recuperei esses trinta minutos. "Inspira. Expira".

Não é um problema só meu. A revista dominical do "New York Times" fez uma matéria de capa ano passado sobre o tema. Dizia que vivemos a era da ansiedade. Todas as redes sociais são latifúndios produzindo ansiedade. Mesmo o presente mais palpável, como um prato fumegante de macarrão, nós conseguimos digitalizar e transformar em ansiedade. Eu preciso postar a minha selfie dando a primeira garfada neste macarrão, depois nem vou conseguir comer o resto do macarrão, ou sentir o gosto do macarrão, porque estarei ocupado conferindo quantas pessoas estão comentando a minha foto comendo o macarrão que esfria, a minha frente.

"Inspira, expira." A voz da instrutora é tão calma e segura que me dá a certeza de que ela consegue comer o macarrão e me dá a esperança de que também eu, um dia, aprenderei a comer o macarrão. É só o que eu peço a cinco mil anos de tradição acumulada por monges e budas e maharishis e demais sábios barbudos ou imberbes do longínquo Oriente. "Inspira. Expira." Foco no macarrão.

(Adaptado de: PRATA, Antonio. Folha de S. Paulo. Disponível em: www.folha.uol.com.br)

(Técnico – TRT2 – FCC – 2018) "Sente os pés no chão", diz a instrutora, com a voz serena de quem há décadas deve sentir os pés no chão, "sente a respiração". (1° parágrafo)

Esse trecho está corretamente reescrito, com o discurso direto substituído pelo indireto, conservando-se o sentido e a correspondência com o restante do texto, em:

(A) A instrutora disse com a voz serena de quem há décadas deve sentir os pés no chão, para que sentisse os pés no chão e sentisse a respiração.

(B) Dizia a instrutora, com a voz serena de quem há décadas deve sentir os pés no chão: – Sinta os pés no chão, sinta a respiração.

(C) Com a voz serena de quem há décadas deve sentir os pés no chão, a instrutora diz para sentir os pés no chão e sentir a respiração.

(D) Diz a instrutora, com a voz serena de quem há décadas deve sentir os pés no chão que sente os pés no chão e sente a respiração.

(E) A instrutora com a voz serena de quem há décadas deve sentir os pés no chão, disse que sentiria os pés no chão e sentiria a respiração.

Ao transpor o trecho para o discurso indireto, os verbos utilizados no diálogo devem ir para o infinitivo. Correta, portanto, a letra "C". As demais alternativas apresentam problemas no modo verbal ou uso incorreto da pontuação, criando problemas de clareza no texto. **HS**

Gabarito "C".

(Técnico – TRT2 – FCC – 2018) Não há nada de místico na meditação. Pelo contrário. Meditar é aprender a estar aqui, agora. (5° parágrafo) Essa passagem está corretamente reescrita com o sentido preservado, em linhas gerais, em:

(A) Meditar é aprender a estar aqui, agora; exceto quando não há nada de místico na meditação.

(B) Não obstante não há nada de místico na meditação, meditar é aprender a estar aqui, agora.

(C) Meditar é aprender a estar aqui, agora; contanto que não há nada de místico na meditação.

(D) Não há nada de místico na meditação, haja vista que meditar é aprender a estar aqui, agora.

(E) Não há nada de místico na meditação, malgrado meditar é aprender a estar aqui, agora.

A: incorreta. O uso de "exceto" alterou o sentido do texto; **B:** incorreta. A conjunção "não obstante" determina o verbo no subjuntivo ("não obstante não haja..."); **C:** incorreta. "Contanto" não é sinônimo de "pelo contrário"; **D:** correta. A nova redação preserva o sentido original e está conforme o padrão culto da língua; **E:** incorreta. "Malgrado" é sinônimo de "ainda que", "conquanto". **HS**
„Gabarito "D".

(Técnico – TRT2 – FCC – 2018) A repetição do comando "Inspira, expira" ao longo do texto

(A) simboliza o ato de concentrar-se no aqui e agora realizado em sua plenitude pela instrutora, ato que é reproduzido pelo autor quando este reflete sobre seu papel na sociedade do terceiro milênio.

(B) representa textualmente a dificuldade que o autor tem em meditar, tendo em vista que se lança a conjecturas a respeito da condição de ansiedade generalizada da sociedade atual.

(C) enfatiza o esforço do autor em seguir as orientações da instrutora, o qual tem o resultado esperado, evidente quando é invocada a sabedoria que sábios acumularam ao longo dos anos.

(D) explicita uma ação que inicialmente o autor realiza de maneira mecânica, mas que vai sendo cada vez mais reproduzida de modo consciente à medida que ele adentra um profundo estado meditativo.

(E) revela o tom de deboche do autor com relação à postura daqueles que ainda se esforçam em controlar sua ansiedade, já que ele deixa claro seu ceticismo quanto aos benefícios da meditação.

O recurso da repetição no texto do discurso da professora serve para: (i) ambientar o leitor, que se sente na mesma sala que o narrador; (ii) demonstra a falta de concentração do autor e sua dificuldade, portanto, de meditar, porque precisa o tempo todo lembrar das ordens dadas pela professora enquanto seu pensamento transita por diversos outros assuntos. **HS**
„Gabarito "B".

(Técnico – TRT2 – FCC – 2018) Ao comparar o humano ao lagarto, o autor

(A) sugere que o homem deve se inspirar na natureza para perceber o quanto o medo pode ser nocivo, especialmente em situações que exigem o dispêndio de energia criativa.

(B) satiriza a forma como o homem, mesmo após chegar à Lua e dominar a engenharia genética, ainda anseia por ter suas habilidades racionais equiparadas às de um réptil.

(C) elenca as características que tornam o homem superior aos demais animais, frisando que a curiosidade e a capacidade criativa humana garantem sua contínua evolução.

(D) cria um efeito cômico, pois dá a entender que o lagarto se mostra mais evoluído do que o homem, por ser

capaz de viver o instante sem se deixar influenciar pelo medo.

(E) reforça que, em ambos, o medo é crucial para a preservação da vida, destacando que a ansiedade típica do homem está atrelada à necessidade de dar sentido a sua existência.

É preciso ter cuidado com a alternativa "D". Realmente a passagem do texto tem a intenção de criar um efeito cômico e destaca a desnecessidade do lagarto meditar, mas não se afirma que isso faz dele mais evoluído. A alternativa correta é a "E", porque a comparação foi usada para explicar a semelhança do funcionamento do cérebro humano e dos répteis sobre o medo e a consequência dele sobre a ansiedade. **HS**
„Gabarito "E".

(Técnico – TRT2 – FCC – 2018) Observa-se uma relação de causa e consequência, nessa ordem, no seguinte trecho:

(A) A voz da instrutora é tão calma e segura que me dá a certeza de que ela consegue comer o macarrão e me dá a esperança de que também eu, um dia, aprenderei a comer o macarrão. (7o parágrafo)

(B) depois nem vou conseguir comer o resto do macarrão, ou sentir o gosto do macarrão, porque estarei ocupado conferindo quantas pessoas estão comentando a minha foto comendo o macarrão que esfria, a minha frente. (6º parágrafo)

(C) Um lagarto, penso, jamais faria um curso de meditação. "Sente a pedra. A barriga na pedra. Relaxa a cauda. Agora sente o sol aquecendo as escamas. Esquece as moscas. Esquece as cobras rondando a toca. Inspira. Expira." (3º parágrafo)

(D) os seres humanos se voltavam ávidos a técnicas milenares de relaxamento na esperança de encontrar alguma paz e algum sentido para suas vidas simultaneamente atribuladas e vazias". (2º parágrafo)

(E) Eu acho que nunca estive aqui, agora. O ansioso está sempre em outro lugar. Sempre pré-ocupado. (5º parágrafo)

Correta a letra "A", que apresenta ideias que se relacionam como causa e consequência: como a voz da instrutora é calma (causa), o narrador tem certeza de que ela consegue comer o macarrão (consequência). Tenha atenção com a letra "B", que também traz uma relação de consequência e causa, isto é, em ordem diferente da solicitada no enunciado (não vou conseguir comer o macarrão é consequência e ficar conferindo os comentários). **HS**
„Gabarito "A".

(Escrevente Técnico Judiciário – TJSP – VUNESP – 2017) Leia o texto, para responder às questões de números abaixo.

Há quatro anos, Chris Nagele fez o que muitos executivos no setor de tecnologia já tinham feito – ele transferiu sua equipe para um chamado escritório aberto, sem paredes e divisórias.

Os funcionários, **até então**, trabalhavam de casa, mas ele queria que todos estivessem juntos, para se conectarem e colaborarem mais facilmente. Mas em pouco tempo ficou claro que Nagele tinha cometido um grande erro. Todos estavam distraídos, a produtividade caiu, e os nove empregados estavam insatisfeitos, sem falar do próprio chefe.

Em abril de 2015, quase três anos após a mudança para o escritório aberto, Nagele transferiu a empresa para um espaço de 900 m² onde hoje todos têm seu próprio espaço, com portas e tudo.

Inúmeras empresas adotaram o conceito de escritório aberto – cerca de 70% dos escritórios nos Estados Unidos são assim – e até onde se sabe poucos retornaram ao modelo de espaços tradicionais com salas e portas.

Pesquisas, **contudo**, mostram que podemos perder até 15% da produtividade, desenvolver problemas graves de concentração e até ter o dobro de chances de ficar doentes em espaços de trabalho abertos – fatores que estão contribuindo para uma reação contra esse tipo de organização.

Desde que se mudou para o formato tradicional, Nagele já ouviu colegas do setor de tecnologia dizerem sentir falta do estilo de trabalho do escritório fechado. "Muita gente concorda – simplesmente não aguentam o escritório aberto. Nunca se consegue terminar as coisas e é preciso levar mais trabalho para casa", diz ele.

É improvável que o conceito de escritório aberto caia em desuso, mas algumas firmas estão seguindo o exemplo de Nagele e voltando aos espaços privados.

Há uma boa razão que explica por que todos adoram um espaço com quatro paredes e uma porta: foco. A verdade é que não conseguimos cumprir várias tarefas ao mesmo tempo, e pequenas distrações podem desviar nosso foco por até 20 minutos.

Retemos mais informações quando nos sentamos em um local fixo, afirma Sally Augustin, psicóloga ambiental e de design de interiores.

(Bryan Borzykowski, "Por que escritórios abertos podem ser ruins para funcionários." Disponível em:<www1.folha.uol. com.br>. Acesso em: 04.04.2017. Adaptado)

(Escrevente Técnico Judiciário – TJSP – VUNESP – 2017) Segundo o texto, são aspectos desfavoráveis ao trabalho em espaços abertos compartilhados

(A) a distração e a possibilidade de haver colaboração de colegas e chefes.

(B) o isolamento na realização das tarefas e a vigilância constante dos chefes.

(C) a dificuldade de propor soluções tecnológicas e a transferência de atividades para o lar.

(D) a impossibilidade de cumprir várias tarefas e a restrição à criatividade.

(E) a dispersão e a menor capacidade de conservar conteúdos.

O texto enumera como desvantagens do espaço de trabalho aberto a distração (ou dispersão), queda de produtividade, problemas de concentração, aumento do risco de doenças do trabalho, aumento do trabalho em casa, impossibilidade de cumprir várias tarefas ao mesmo tempo e menor capacidade de conservar informações. HS
Gabarito "E".

(Escrevente Técnico Judiciário – TJSP – VUNESP – 2017) Assinale a frase do texto em que se identifica expressão do ponto de vista do próprio autor acerca do assunto de que trata.

(A) Os funcionários, até então, trabalhavam de casa, mas ele queria que todos estivessem juntos... (2º parágrafo).

(B) É improvável que o conceito de escritório aberto caia em desuso... (7º parágrafo).

(C) Inúmeras empresas adotaram o conceito de escritório aberto... (4º parágrafo).

(D) Retemos mais informações quando nos sentamos em um local fixo, afirma Sally Augustin... (último parágrafo).

(E) "Nunca se consegue terminar as coisas e é preciso levar mais trabalho para casa", diz ele. (6º parágrafo).

A: incorreta. O trecho expõe um pensamento do empresário do qual se fala; **B:** correta. A improbabilidade de se revisar o conceito de escritório aberto é uma opinião do autor inserida no texto; **C:** incorreta. O trecho destaca um fato utilizado pelo autor para construir sua mensagem; **D:** incorreta. A afirmação não é do autor, mas da especialista entrevistada, como o próprio texto deixa claro; **E:** incorreta. Mais uma vez, a passagem é uma transcrição do que diz o empresário de que trata o texto, não de seu autor. HS
Gabarito "B".

(Escrevente Técnico Judiciário – TJSP – VUNESP – 2017) Leia o texto dos quadrinhos, para responder às questões de números abaixo.

(Charles M. Schulz. Snoopy – Feliz dia dos namorados!)

(Escrevente Técnico Judiciário – TJSP – VUNESP – 2017) É correto afirmar que, na fala da personagem, no último quadrinho, está implícita a ideia de que

(A) sua causa está perdida de antemão, graças à ameaça que fez.

(B) o processo, para ela, não passa de um artifício para ganhar tempo.

(C) é irrelevante que seu advogado tenha a competência reconhecida.

(D) a garota se convence da opinião de quem ela quer processar.

(E) a representação de seu advogado é garantia de sucesso na ação.

A ideia transmitida, responsável também pelo humor da tirinha, é que se mostra totalmente irrelevante o fato do "advogado" compreender bem a causa para representar seus interesses: o que pretende é apenas causar transtornos ao seu interlocutor. **HS**

Gabarito "C".

(Escrevente Técnico Judiciário – TJSP – VUNESP – 2017) A relação de sentido que há entre as partes sinalizadas no período – (I) Se você não me ajudar com a lição de casa, (II) eu vou processar você – é:

(A) (I) expressa modo da ação já realizada; (II) expressa sua causa.

(B) (I) expressa uma ação possível; (II) expressa uma ação precedente realizada.

(C) (I) expressa uma condição; (II) expressa uma possível ação consequente.

(D) (I) expressa uma causa; (II) expressa o momento da ação.

(E) (I) expressa uma comparação; (II) expressa seu efeito futuro.

A palavra "se", nesse caso, ajuda a identificar que a primeira oração carrega uma **condição**, algo que pode ou não ocorrer. Se ocorrer, haverá uma **consequência:** o processo iniciado pela outra parte. **HS**

Gabarito "C".

(Escrevente Técnico Judiciário – TJSP – VUNESP – 2017) Leia o texto, para responder às questões abaixo.

O ônibus da excursão subia lentamente a serra. Ele, um dos garotos no meio da garotada em algazarra, deixava a brisa fresca bater-lhe no rosto e entrar-lhe pelos cabelos com dedos longos, finos e sem peso como os de uma mãe. Ficar às vezes quieto, sem quase pensar, e apenas sentir – era tão bom. A concentração no sentir era difícil no meio da balbúrdia dos companheiros.

E mesmo a sede começara: brincar com a turma, falar bem alto, mais alto que o barulho do motor, rir, gritar, pensar, sentir, puxa vida! Como deixava a garganta seca.

A brisa fina, antes tão boa, agora ao sol do meio-dia tornara-se quente e árida e ao penetrar pelo nariz secava ainda mais a pouca saliva que pacientemente juntava.

Não sabia como e por que mas agora se sentia mais perto da água, pressentia-a mais próxima, e seus olhos saltavam para fora da janela procurando a estrada, penetrando entre os arbustos, espreitando, farejando.

O instinto animal dentro dele não errara: na curva inesperada da estrada, entre arbustos estava... o chafariz de pedra, de onde brotava num filete a água sonhada.

O ônibus parou, todos estavam com sede mas ele conseguiu ser o primeiro a chegar ao chafariz de pedra, antes de todos.

De olhos fechados entreabriu os lábios e colou-os ferozmente no orifício de onde jorrava a água. O primeiro gole fresco desceu, escorrendo pelo peito até a barriga.

Era a vida voltando, e com esta encharcou todo o seu interior arenoso até se saciar. Agora podia abrir os olhos.

Abriu-os e viu bem junto de sua cara dois olhos de estátua fitando-o e viu que era a estátua de uma mulher e que era da boca da mulher que saía a água.

E soube então que havia colado sua boca na boca da estátua da mulher de pedra. A vida havia jorrado dessa boca, de uma boca para outra.

Intuitivamente, confuso na sua inocência, sentia-se intrigado. Olhou a estátua nua.

Ele a havia beijado.

Sofreu um tremor que não se via por fora e que se iniciou bem dentro dele e tomou-lhe o corpo todo estourando pelo rosto em brasa viva.

(Clarice Lispector, "O primeiro beijo". *Felicidade clandestina.* Adaptado)

(Escrevente Técnico Judiciário – TJSP – VUNESP – 2017) É correto afirmar que o texto tem como personagem um garoto, descrevendo

(A) a perda da inocência provocada pela gritaria dos companheiros.

(B) experiências sensoriais que o levam a provar a sensualidade.

(C) a confusão mental ocasionada pela sede não saciada.

(D) uma viagem de ônibus em que ele ficou indiferente ao que acontecia.

(E) o trajeto percorrido pela alma infantil em busca de amizade.

A única alternativa que guarda correspondência com o texto é a letra "B", que deve ser assinalada. O texto trata da descoberta da sensualidade de forma inesperada pelo garoto, que, ao saciar sua sede, notou que o fazia junto a uma estátua que representava uma mulher nua. **HS**

Gabarito "B".

(Escrevente Técnico Judiciário – TJSP – VUNESP – 2017) Para responder às questões abaixo, observe a charge que retrata uma cena em que uma família faz *selfie* ao lado de um corpo caído no chão.

(João Montanaro. Disponível em:<https://www.facebook.com>. Acesso em 21.04.2017)

(Escrevente Técnico Judiciário – TJSP – VUNESP – 2017) Assinale a alternativa que expressa ideia compatível com a situação representada na charge.

(A) A novidade tecnológica reforça a individualidade, levando as pessoas a ficar alheias à realidade que as cerca.

(B) O verdadeiro sentido da solidariedade está em comover-se com o semelhante desamparado.

(C) Um fato violento corriqueiro não justifica a preocupação com a desgraça alheia.

(D) Hoje, a tecnologia leva a uma compreensão mais ética da realidade circundante.

(E) Não se pode condenar a postura ética das pessoas que se deixam encantar com os modismos.

A: correta. A alternativa contempla com precisão a crítica estampada na charge; **B:** incorreta. Apesar do que diz a alternativa ser verdade, ela não condiz com a ilustração, que mostra o inverso; **C:** incorreta. Um homicídio não deve ser considerado um fato corriqueiro em qualquer hipótese, por mais comum que ele seja. Além disso, a preocupação com o ser humano deveria estar acima das outras; **D:** incorreta, pelas mesmas razões expostas no comentário à letra "B"; **E:** incorreta. Tanto se pode criticar que é justamente isso que a charge está fazendo. **HS**

(Escrevente Técnico Judiciário – TJSP – VUNESP – 2017) Assinale a alternativa contendo uma ideia implícita a partir dos fatos retratados na charge.

(A) O grupo familiar posa unido.

(B) A violência está banalizada.

(C) O pau de *selfie* permite fotografar várias pessoas.

(D) As pessoas sorriem para a câmera.

(E) O corpo está estendido no chão.

Correta a letra "B", que é a única que traz um fato **implícito**, não desenhado na charge. Todas as demais traduzem fatos expressos na imagem: todos posando juntos, o pau de *selfie* cumprindo sua função de fotografar um grupo grande, as pessoas sorrindo, o corpo no chão – tudo isso podemos ver no desenho. **HS**

(Escrevente Técnico Judiciário – TJSP – VUNESP – 2017) Leia o texto, para responder às questões abaixo.

O problema de São Paulo, dizia o Vinicius, "é que você anda, anda, anda e nunca chega a Ipanema". Se tomarmos "Ipanema" ao pé da letra, a frase é absurda e cômica. Tomando "Ipanema" como um símbolo, no entanto, como um exemplo de alívio, promessa de alegria em meio à vida dura da cidade, a frase passa a ser de um triste realismo: o problema de São Paulo é que você anda, anda, anda e nunca chega a alívio algum. O Ibirapuera, o parque do Estado, o Jardim da Luz são uns raros respiros perdidos entre o mar de asfalto, a floresta de lajes batidas e os Corcovados de concreto armado.

O paulistano, contudo, não é de jogar a toalha – prefere estendê-la e se deitar em cima, caso lhe concedam dois metros quadrados de chão. É o que vemos nas avenidas abertas aos pedestres, nos fins de semana: basta liberarem um pedacinho do cinza e surgem revoadas de patinadores, maracatus, *big bands*, corredores evangélicos, góticos satanistas, praticantes de ioga, dançarinos de tango, barraquinhas de *yakissoba* e barris de cerveja artesanal.

Tenho estado atento às agruras e oportunidades da cidade porque, depois de cinco anos vivendo na Granja Viana, vim morar em Higienópolis. Lá em Cotia, no fim da tarde, eu corria em volta de um lago, desviando de patos e assustando jacus. Agora, aos domingos, corro pela Paulista ou Minhocão e, durante a semana, venho testando diferentes percursos. Corri em volta do parque Buenos Aires e do cemitério da Consolação, ziguezagueei por Santa Cecília e pelas encostas do Sumaré, até que, na última terça, sem querer, descobri um insuspeito parque noturno com bastante gente, quase nenhum carro e propício a todo tipo de atividades: o estacionamento do estádio do Pacaembu.

(Antonio Prata. "O paulistano não é de jogar a toalha. Prefere estendê-la e deitar em cima." Disponível em:<http://www1. folha.uol.com.br/colunas>. Acesso em: 13.04.2017. Adaptado)

(Escrevente Técnico Judiciário – TJSP – VUNESP – 2017) É correto afirmar que, do ponto de vista do autor, o paulistano

(A) toma Ipanema como um símbolo daquilo que se pode alcançar, apesar de muito andar e andar.

(B) tem feito críticas à cidade, porque ela não oferece atividades recreativas a seus habitantes.

(C) sabe como vencer a rudeza da paisagem de São Paulo, encontrando nesta espaços para o lazer.

(D) se vê impedido de realizar atividades esportivas, no mar de asfalto que é São Paulo.

(E) busca em Ipanema o contato com a natureza exuberante que não consegue achar em sua cidade.

A: incorreta. A comparação com Ipanema não é feita pelo autor, mas por Vinicius de Moraes, citado por aquele; **B:** incorreta. Ao contrário, o autor enaltece as opções criadas aos fins de semana; **C:** correta. A alternativa traduz bem a ideia central do texto; **D:** incorreta. O autor exemplifica diversos lugares onde se pode praticar esportes ou passear na cidade; **E:** incorreta. Em nenhum momento o autor afirma que vai até Ipanema, apenas usa o lugar como um símbolo de alívio para a vida na cidade grande. **HS**

Internet e as novas mídias: contribuições para a proteção do meio ambiente no ciberespaço

A sociedade passou por profundas transformações em que a realidade socioeconômica modificou-se com rapidez junto ao desenvolvimento incessante das economias de massas. Os mecanismos de produção desenvolveram-se de tal forma a adequarem-se às necessidades e vontades humanas. Contudo, o homem não mediu as possíveis consequências que tal desenvolvimento pudesse causar de modo a provocar o desequilíbrio ao meio ambiente e a própria ameaça à vida humana.

Desse modo, a preocupação com o meio ambiente é questionada, sendo centro de tomada de decisões, diante da grave problemática que ameaça romper com o equilíbrio ecológico do Planeta. E não apenas nos tradicionais meios de comunicação, tais como jornais impressos, rádio, televisão, revistas, dentre outros, como também nos espaços virtuais de interatividade, por meio das novas mídias, as quais representam novos meios de comunicação, tem-se o debate sobre a problemática ambiental.

O capitalismo foi reestruturado e a partir das transformações científicas e tecnológicas deu-se origem a um novo estabelecimento social, em que por meio de redes e da cultura da virtualidade, configura-se a chamada sociedade informacional, na qual a comunicação e a informação constituem-se ferramentas essenciais da Era Digital.

As novas mídias, por meio da utilização da *Internet*, estão sendo consideradas como novos instrumentos de proteção do meio ambiente, na medida em que proporcionam a expansão da informação ambiental, de práticas sustentáveis, de reivindicações e ensejo de decisões em prol do meio ambiente.

No *ciberespaço*, devido à conectividade em tempo real, é possível promover debates de inúmeras questões como a construção da hidrelétrica de Belo Monte, o Novo Código Florestal, Barra Grande, dentre outras, as quais ensejam por tomada de decisões políticas, jurídicas e sociais. [...]

Vislumbra-se que a *Internet* é um meio que aproxima pessoas e distâncias, sendo utilizada por um número ilimitado de pessoas, a custo razoável e em tempo real. De fato, a *Internet* proporciona benefícios, pois, além de promover a circulação de informações, a curto espaço de tempo, muitos debates virtuais produzem manifestações sociais. Assim sendo, tem-se a democratização das informações através dos espaços virtuais, como *blogs, websites*, redes sociais, jornais virtuais, *sites* especializados, *sites* oficiais, dentre outros, de modo a expandir conhecimentos, promover discussões e, por vezes, influenciando nas tomadas de decisões dos governantes e na proliferação de movimentos sociais. Desse modo, os cidadãos acabam participando e exercendo a cidadania de forma democrática no *ciberespaço*. [...]

Faz-se necessária a execução de ações concretas em prol do meio ambiente, com adaptação e intermédio do novo padrão de democracia participativa fomentado pelas novas mídias, a fim de enfrentar a gestão dos riscos ambientais, dentre outras questões socioambientais. Ainda, são necessárias discussões aprofundadas sobre a complexidade ambiental, agregando a interdisciplinaridade para escolhas sustentáveis e na difusão do conhecimento. E, embora haja inúmeros desafios a percorrer com a utilização das tecnologias de comunicação e informação (novas TIC's), entende-se que a atuação das novas mídias é de suma importância, pois possibilita a expansão da informação, a práxis ambiental, o debate e as aspirações dos cidadãos, contribuindo, dessa forma, para a proteção do meio ambiente.

(SILVA NUNES, Denise. Internet e as novas mídias: contribuições para a proteção do meio ambiente no ciberespaço. In: **Âmbito Jurídico**, Rio Grande, XVI, n. 115, ago. 2013. Disponível em: http://ambito-juridico.com.br/site/?n_link=revista_artigos_leitura&artigo_id=13051& revista_caderno=17. Acesso em: jan. 2017. Adaptado.)

(Técnico Judiciário – TRF2 – Consulplan – 2017) De acordo com as informações e ideias acerca do assunto tratado no texto, marque V para as afirmativas verdadeiras e F para as falsas.

( ) O meio virtual tornou-se um espaço que propicia não só a participação do cidadão em questões de relevância social, mas também o exercício efetivo da cidadania advinda de tal prática.

( ) Em uma sociedade de característica predominantemente informacional, é notório que a comunicação atua como um dos elementos transformadores de ideias e estruturas anteriores que preconizavam um sistema inconsequente.

( ) As transformações vistas na sociedade refletem o crescimento econômico desordenado na medida em que as preocupações se voltam para os interesses capitalistas através dos meios mais diversos de comunicação, entre eles, os virtuais.

A sequência está correta em

(A) V, V, F.

(B) F, F, F.

(C) V, F, F.

(D) V, V, V.

I: verdadeira. Esta é a ideia central exposta no sexto parágrafo do texto; **II:** verdadeira. A ideia é trabalhada nos parágrafos terceiro e quarto do texto; **III:** falsa. O texto exalta as possibilidades que a comunicação virtual criou para a conscientização da problemática

ambiental e da necessidade de imposição de limites ao crescimento capitalista. HS

Gabarito "A".

(Técnico Judiciário – TRF2 – Consulplan – 2017) O último parágrafo do texto, principalmente,

(A) apresenta a simples reordenação de argumentos já elaborados ao longo do texto através da retomada de elementos utilizados durante o seu desenvolvimento.

(B) expressa a realidade atual da situação apresentada ao longo do texto propondo a conscientização, através de políticas públicas, do cidadão sobre essa realidade.

(C) pressupõe que os direitos do cidadão são garantidos pelo Estado de modo que a execução de ações em favor do meio ambiente depende, de forma exclusiva, de tal garantia.

(D) propõe o desempenho de um conjunto de práticas cidadãs cujo objetivo é atender às questões apresentadas de modo real e transformador.

A: incorreta. A conclusão é mais que uma mera reordenação de argumentos. Trata-se de seu inter-relacionamento para demonstrar a validade daquilo que foi apresentado como solução para o problema debatido; **B:** incorreta. A conclusão é prospectiva, ou seja, traz diretrizes que ainda não foram implementadas; **C:** incorreta. A conclusão do texto destaca a interdisciplinaridade como fator preponderante dos novos mecanismos de defesa do meio ambiente; **D:** correta, conforme destacado nos comentários anteriores. HS

Gabarito "D".

(Técnico Judiciário – TRT24 – FCC – 2017) Atenção: Considere o texto abaixo para responder às questões abaixo.

Aspectos Culturais de Mato Grosso do Sul

A cultura de Mato Grosso do Sul é o conjunto de manifestações artístico-culturais desenvolvidas pela população sul-mato-grossense muito influenciada pela cultura paraguaia. Essa cultura estadual retrata, também, uma mistura de várias outras contribuições das muitas migrações ocorridas em seu território.

O artesanato, uma das mais ricas expressões culturais de um povo, no Mato Grosso do Sul, evidencia crenças, hábitos, tradições e demais referências culturais do Estado. É produzido com matérias primas da própria região e manifesta a criatividade e a identidade do povo sul-mato-grossense por meio de trabalhos em madeira, cerâmica, fibras, osso, chifre, sementes, etc.

As peças em geral trazem à tona temas referentes ao Pantanal e às populações indígenas, são feitas nas cores da paisagem regional e, além da fauna e da flora, podem retratar tipos humanos e costumes da região.

(Adaptado de: CANTU, Gilberto. Disponível em: http://profgMbertocantu.blogspot.com.br/2013/08/aspectos-culturais-de-mato-grosso-do- sul.html)

(Técnico Judiciário – TRT24 – FCC – 2017) Depreende-se corretamente do texto que a cultura de Mato Grosso do Sul é

(A) formada principalmente pela influência da cultura de vários povos migrantes e também pela influência secundária da cultura paraguaia.

(B) formada não apenas pela influência da cultura paraguaia, mas também pela influência da cultura dos povos que migraram para essa região.

(C) muito influenciada pela cultura paraguaia, mas também o é pela cultura de povos de outros países sul-americanos.

(D) fortemente influenciada pela cultura de nações sul-americanas, mas o é também pela cultura de povos de outras regiões do Brasil.

(E) reflexo de uma forte influência da cultura paraguaia, e a cultura de outras regiões não a influenciou de forma relevante.

O texto afirma que a cultura sul-matogrossense é formada principalmente a partir da influência da cultura paraguaia e, em paralelo, mas denotando uma influência menor, por diversos outros povos que migraram para a região. É preciso ter cuidado para responder, porque em nenhum momento o texto afirma que essa migração veio de outros países da América do Sul. **HS**

Gabarito "B".

(Técnico Judiciário – TRT24 – FCC – 2017) Atenção: Considere o texto abaixo para responder às questões que se seguem.

Instituições financeiras reconhecem que é cada vez mais difícil detectar se uma transação é fraudulenta ou verdadeira

Os bancos e as empresas que efetuam pagamentos têm dificuldades de controlar as fraudes financeiras on-line no atual cenário tecnológico conectado e complexo. Mais de um terço (38%) das organizações reconhece que é cada vez mais difícil detectar se uma transação é fraudulenta ou verdadeira, revela pesquisa realizada por instituições renomadas.

O estudo revela que o índice de fraudes on-line acompanha o aumento do número de transações on-line, e 50% das organizações de serviços financeiros pesquisadas acreditam que há um crescimento das fraudes financeiras eletrônicas. Esse avanço, juntamente com o crescimento massivo dos pagamentos eletrônicos combinado aos novos avanços tecnológicos e às mudanças nas demandas corporativas, tem forçado, nos últimos anos, muitas delas a melhorar a eficiência de seus processos de negócios.

De acordo com os resultados, cerca de metade das organizações que atuam no campo de pagamentos eletrônicos usa soluções não especializadas que, segundo as estatísticas, não são confiáveis contra fraude e apresentam uma grande porcentagem de falsos positivos. O uso incorreto dos sistemas de segurança também pode acarretar o bloqueio de transações. Também vale notar que o desvio de pagamentos pode causar perda de clientes e, em última instância, uma redução nos lucros.

Conclui-se que a fraude não é o único obstáculo a ser superado: as instituições financeiras precisam também reduzir o número de alarmes falsos em seus sistemas a fim de fornecer o melhor atendimento possível ao cliente.

(Adaptado de: computerworld.com.br. Disponível em: http://computerworld.com.br/quase-40-dos-bancos-nao-sao-capazes-de-diferenciar-um-ataque-de-atividades-normais-de-clientes)

(Técnico Judiciário – TRT24 – FCC – 2017) Infere-se corretamente do texto que

(A) está cada vez mais fácil, no atual cenário tecnológico, verificar se uma transação *on-line* é falsa ou verdadeira.

(B) bem mais da metade das organizações atuantes no campo de pagamentos eletrônicos usa soluções não especializadas.

(C) as instituições financeiras precisam acabar não só com as fraudes no sistema *on-line,* mas também com os alarmes falsos.

(D) o único obstáculo a ser superado ainda pelas instituições financeiras, no atual cenário tecnológico, são os alarmes falsos.

(E) o uso de sistemas de segurança especializados pode provocar o bloqueio de transações, mas sem perda da clientela.

A: incorreta. Afirma-se exatamente o oposto no título e no primeiro parágrafo do texto; **B:** incorreta. Lê-se no terceiro parágrafo que a estatística é de "cerca de metade", ou seja, em torno de metade, não "bem mais de"; **C:** correta. Esta é exatamente a ideia exposta no último parágrafo; **D:** incorreta. Além deles, também as transações fraudulentas, que é o tema central do texto; **E:** incorreta. No terceiro parágrafo temos a informação que o uso incorreto desses sistemas pode acarretar o bloqueio de transações, que levam, junto com o desvio de pagamentos, à perda de clientela. **HS**

Gabarito "C".

(Técnico Judiciário – TRT11 – FCC – 2017) Atenção: Considere o texto abaixo para responder às questões seguintes.

Muito antes das discussões atuais sobre as mudanças climáticas, os cataclismos naturais despertam interesse no homem. Os desastres são um capítulo trágico da história da humanidade desde tempos longínquos. Supostas inundações catastróficas aparecem em relatos de várias culturas ao longo dos tempos, desde os antigos mesopotâmicos e gregos até os maias e os vikings.

Fora da rota dos grandes furacões, sem vulcões ativos e desprovido de zonas habitadas sujeitas a terremotos, o Brasil não figura entre os países mais suscetíveis a desastres naturais. Contudo, a aparência de lugar protegido dos humores do clima e dos solavancos da geologia deve ser relativizada. Aqui, cerca de 85% dos desastres são causados por três tipos de ocorrências: inundações bruscas, deslizamentos de terra e secas prolongadas. Esses fenômenos são relativamente recorrentes em zonas tropicais, e seus efeitos podem ser atenuados por políticas públicas de redução de danos.

Dois estudos feitos por pesquisadores brasileiros indicam que o risco de ocorrência desses três tipos de desastre deverá aumentar até o final do século. Eles também sinalizam que novos pontos do território nacional deverão se transformar em áreas de risco significativo para esses mesmos problemas. "Os impactos tendem a ser maiores no futuro, com as mudanças climáticas, o crescimento das cidades e a ocupação de mais áreas de risco", comenta o pesquisador José A. Marengo.

Além da suscetibilidade natural a secas, enchentes, deslizamentos e outros desastres, a ação do homem tem um peso considerável em transformar o que poderia ser um problema de menor monta em uma catástrofe. Os pesquisadores estimam que um terço do impacto dos deslizamentos de terra e metade dos estragos de inundações poderiam ser evitados com alterações de práticas humanas ligadas à ocupação do solo e a melhorias nas condições socioeconômicas da população em áreas de risco.

Moradias precárias em lugares inadequados, perto de encostas ou em pontos de alagamento, cidades superpopulosas e impermeabilizadas, que não escoam a água da chuva; esses fatores da cultura humana podem influenciar o desfecho de uma situação de risco. "Até hábitos cotidianos, como não jogar lixo na rua, e o nível de solidariedade de uma população podem ao menos mitigar os impactos de um desastre", pondera a geógrafa Lucí Hidalgo Nunes.

(Adaptado de PIVETTA, Marcos.Disponível em: http://revista-pesquisa.fapesp.br)

(Técnico Judiciário – TRT11 – FCC – 2017) Depreende-se do texto que

(A) atitudes cotidianas simples, como não jogar lixo na rua, são capazes de prevenir desastres naturais, com potencial de ocasionar consequências graves.

(B) o Brasil, dado que está fora do alcance dos grandes furacões, não tem vulcões ativos ou regiões sujeitas a terremotos, não está exposto a catástrofes geológicas e climáticas.

(C) algumas regiões brasileiras tendem a se tornar mais vulneráveis a inundações bruscas, deslizamentos de terra e secas prolongadas nas próximas décadas.

(D) políticas públicas eficazes podem evitar a ocorrência de cataclismos naturais como inundações e longos períodos de secas.

(E) a remoção da população que ocupa áreas de risco, perto de encostas, apesar de considerada controversa, é apontada como uma medida imprescindível para evitar abalos geológicos.

A: incorreta. O último parágrafo do texto não afirma que a mudança de hábitos pode impedir desastres naturais, mas sim mitigá-los; **B:** incorreta. O texto todo expõe as três catástrofes naturais a que o Brasil está sujeito: inundações, deslizamentos de terra e secas prolongadas; **C:** correta, como se depreende do terceiro parágrafo do texto; **D:** incorreta. Novamente, não se afirma que as políticas públicas são capazes de prevenir os desastres, mas de atenuar os seus efeitos; **E:** incorreta. A remoção das pessoas não evitaria abalos geológicos, mas diminuiria os danos causados pelas catástrofes naturais. **HS**
Gabarito "C"

Atenção: Considere o texto abaixo para responder às questões abaixo.

Freud uma vez recebeu carta de um conhecido pedindo conselhos diante de uma escolha importante da vida. A resposta é surpreendente: para as decisões pouco importantes, disse ele, vale a pena pensar bem. Quanto às grandes escolhas da vida, você terá menos chance de errar se escolher por impulso.

A sugestão parece imprudente, mas Freud sabia que as razões que mais pesam nas grandes escolhas são inconscientes, e o impulso obedece a essas razões. Claro que Freud não se referia às vontades impulsivas proibidas. Falava das decisões tomadas de "cabeça fria", mas que determinam o rumo de nossas vidas. No caso das escolhas profissionais, as motivações inconscientes são decisivas. Elas determinam não só a escolha mais "acertada", do ponto de vista da compatibilidade com a profissão, como são também responsáveis por aquilo que chamamos de talento. Isso se decide na infância, por mecanismos que chamamos de identificações. Toda criança leva na baga-

gem alguns traços da personalidade dos pais. Parece um processo de imitação, mas não é: os caminhos das identificações acompanham muito mais os desejos não realizados dos pais do que aqueles que eles seguiram na vida.

Junto com as identificações formam-se os ideais. A escolha profissional tem muito a ver com o campo de ideais que a pessoa valoriza. Dificilmente alguém consegue se entregar profissionalmente a uma prática que não represente os valores em que ela acredita.

Tudo isso está relacionado, é claro, com a almejada satisfação na vida profissional. Mas não vamos nos iludir. Satisfação no trabalho não significa necessariamente prazer em trabalhar. Grande parte das pessoas não trabalharia se não fosse necessário. O trabalho não é fonte de prazer, é fonte de sentido. Ele nos ajuda a dar sentido à vida. Só que o sentido da vida profissional não vem pronto: ele é o efeito, e não a premissa, dos anos de prática de uma profissão. Na contemporaneidade, em que se acredita em prazeres instantâneos, resultados imediatos e felicidade instantânea, é bom lembrar que a construção de sentido requer tempo e persistência. Por outro lado, quando uma escolha não faz sentido o sujeito percebe rapidamente.

(Adaptado de KEHL, Maria Rita. Disponível em: rae.fgv.br / sites/rae.fgv.br/files/artigos)

(Técnico Judiciário – TRT11 – FCC – 2017) De acordo com o texto, é correto afirmar:

(A) Por motivações inconscientes, que remetem à primeira infância, ou de ordem prática, os indivíduos costumam optar pela mesma área de atuação profissional dos pais.

(B) O talento para exercer um determinado trabalho está intimamente relacionado à capacidade de ponderar cuidadosamente sobre a escolha profissional.

(C) As escolhas profissionais mais apropriadas são aquelas derivadas de motivações latentes no indivíduo desde a infância.

(D) As pessoas bem-sucedidas profissionalmente, em sua maioria, creditam o sucesso obtido ao alto nível de esforço e ao empenho com que se dedicam ao trabalho diário.

(E) No cenário competitivo da contemporaneidade, para concretizar suas ambições profissionais, o indivíduo, muitas vezes, precisa abrir mão dos ideais utópicos formados na infância.

A: incorreta. O segundo parágrafo do texto, em seu último período, afirma que é mais comum os filhos seguirem os desejos não realizados dos pais do que a mesma carreira deles; **B:** incorreta. O texto defende, sob os argumentos de Freud, que decisões importantes geram resultados melhores se tomadas por impulso; **C:** correta, conforme exposto no segundo e terceiro parágrafos do texto; **D:** incorreta. Esta ideia não se encontra em qualquer passagem do texto; **E:** incorreta. Também não se encontra esta conclusão em nenhuma passagem. **HS**
Gabarito "C"

(Técnico Judiciário – TRT11 – FCC – 2017) Atente para as afirmações abaixo.

I. Embora aprove o conselho oferecido por Freud, a autora, ao afirmar que *A sugestão parece imprudente,* assinala que a ideia de Freud pareceria desajustada ao senso comum.

II. No texto, estabelece-se o contraste entre as vontades impulsivas proibidas e as razões inconscientes às quais o impulso deve obedecer.

III. No primeiro parágrafo, o sinal de dois-pontos introduz uma síntese do que foi dito antes.

Está correto o que se afirma APENAS em

(A) I e II.

(B) II e III.

(C) I e III.

(D) I.

(E) II.

I: correta. É exatamente essa a ideia que o trecho quer debater; II: correta. A ideia é defendida no segundo parágrafo do texto; III: incorreta. Os dois-pontos anunciam o aposto, elemento do período que explica o que foi dito antes. HS

Gabarito "A".

Texto CG3A1BBB

1   Competência é uma palavra polissêmica. Uma das
razões da variabilidade de seu significado é a diversidade dos
contextos e dos campos de conhecimento em que ela é usada.

4   Em 1986, o **Novo Dicionário Aurélio da Língua Portuguesa**
apresentou o seguinte verbete para os usos correntes à época:
Competência (do latim *competentia*) s. f. 1. Faculdade

7   concedida por lei para um funcionário, juiz ou tribunal
para apreciar e julgar certos pleitos ou questões. 2.
Qualidade de quem é capaz de apreciar e resolver certo

10   assunto, fazer determinada coisa; capacidade,
habilidade, aptidão, idoneidade. 3. Oposição, conflito,
luta.

13   Os dois primeiros sentidos, transpostos para o mundo
do trabalho, indicam que a palavra competência refere-se ou
às atribuições do cargo ou à capacidade do trabalhador

16   de apreciar, resolver ou fazer alguma coisa.
Posteriormente, o **Dicionário Houaiss** atribuiu dez
significados ao termo. Os sete primeiros são especificações ou

19   derivações dos três sentidos já registrados no **Novo Dicionário
Aurélio da Língua Portuguesa**. Os outros três sentidos são
relacionados à gramática, à hidrografia, à linguística, à

22   medicina e à psicologia.
Acompanhando essa tendência, a área educacional, em
especial a da educação profissional, tem multiplicado os

25   sentidos e usos da palavra competência. Por exemplo, ao se
discutir uma proposta educacional baseada em competências,
é importante especificar o conceito de competência adotado e

28   a forma como ele é utilizado para se discutir o modelo
pedagógico decorrente.

J. A. Küller e N. de F. Rodrigo. **Metodologia de desenvolviento de competências**. Rio de Janeiro: SENAC Nacional, 2014, p. 39 (com adaptações).

(Técnico Judiciário – TRE/PE – CESPE – 2017) Segundo o texto CG3A1BBB,

(A) o **Novo Dicionário Aurélio da Língua Portuguesa** e o **Dicionário Houaiss** exaurem os sentidos atualmente em uso atribuídos à palavra competência.

(B) apenas quatro registros dos usos e das variações da palavra competência não constam do **Dicionário Houaiss**.

(C) novos sentidos foram-se incorporando à palavra competência em função de seu uso em diversas áreas do conhecimento.

(D) as acepções da palavra competência na esfera trabalhista resumem-se ao potencial de um operário realizar certa atividade para a qual seja designado.

(E) a polissemia da palavra competência decorre da sua etimologia latina.

A: incorreta. O autor discute exatamente outros sentidos ao termo "competência" adotados atualmente que não foram incorporados aos dicionários; B: incorreta. O texto estabelece uma crescente gama de significados para a palavra, mas não indica quantos com precisão; C: correta. Esta é a ideia central do texto, exposta já no primeiro parágrafo; D: incorreta. Também se relaciona com o trabalho o sentido que indica as atribuições do cargo exercido pelo trabalhador; E: incorreta. Segundo o primeiro parágrafo do texto, decorre de seu uso em áreas diferentes do conhecimento. HS

Gabarito "C".

(Técnico Judiciário – TRE/SP – FCC – 2017) Atenção: Para responder às questões abaixo, considere o texto abaixo.

Centro de Memória Eleitoral – CEMEL

O Centro de Memória Eleitoral do TRE-SP foi criado em agosto de 1999 e tem por objetivo a execução de ações que possibilitem cultivar e difundir a memória político--eleitoral como instrumento eficaz do aprofundamento e alargamento da consciência de cidadania, em prol do aperfeiçoamento do regime democrático brasileiro.

Seu acervo reúne títulos eleitorais desde a época do Império, urnas de votação (de madeira, de lona e eletrônicas), quadros, fotografias e material audiovisual, entre outros itens.

A realização de exposições temáticas, o lançamento de livros, a realização de palestras, além de visitas escolares monitoradas na sede do tribunal e o desenvolvimento de um projeto de história oral, são algumas das iniciativas do CEMEL.

(Disponível em: www.tre-sp.jus.br)

(Técnico Judiciário – TRE/SP – FCC – 2017) Da leitura do texto, compreende-se que

(A) a preservação da memória político-eleitoral consiste em resgatar o regime imperialista.

(B) o acervo do CEMEL preserva um material tão antigo que antecede a época do Império.

(C) a consciência de cidadania é condição necessária para a consolidação da democracia.

(D) o estudo da história é garantia do estabelecimento de um governo pautado pela cidadania.

(E) a meta do CEMEL é assegurar o arquivamento sigiloso da documentação da justiça eleitoral.

A: incorreta. O período imperial é mencionado apenas como ilustração do acervo do museu; **B:** incorreta. Isso não se pode depreender do texto, porque ele menciona como exemplo historicamente mais antigo documento da época do Império; **C:** correta. Essa é a ideia central do primeiro parágrafo do texto; **D:** incorreta. Isso não se pode depreender do texto, que tem caráter fortemente informativo, sem qualquer opinião pessoal do autor; **E:** incorreta. Ao contrário, a ideia é tornar pública toda a história eleitoral brasileira. **HS**

Gabarito "C".

Atenção: Para responder às questões abaixo, considere o texto abaixo.

As crianças de hoje estão crescendo numa nova realidade, na qual estão conectadas mais a máquinas e menos a pessoas, de uma maneira que jamais aconteceu na história da humanidade. A nova safra de nativos do mundo digital pode ser muito hábil nos teclados, mas encontra dificul-dades quando se trata de interpretar comportamentos alheios frente a frente, em tempo real.

Um estudante universitário observa a solidão e o isola-mento que acompanham uma vida reclusa ao mundo virtual de atualizações de status e "postagens de fotos do meu jantar". Ele lembra que seus colegas estão perdendo a habilidade de manter uma conversa, sem falar nas discussões profundas, capazes de enriquecer os anos de universidade. E acrescenta: "Nenhum aniversário, show, encontro ou festa pode ser desfrutado sem que você se distancie do que está fazendo", para que aqueles no seu

mundo virtual saibam instantaneamente como está se divertindo.

De algumas maneiras, as intermináveis horas que os jovens passam olhando fixamente para aparelhos eletrô-nicos podem ajudá-los a adquirir habilidades cognitivas específicas. Mas há preocupações e questões sobre como essas mesmas horas podem levar a déficits de habilidades emocionais, sociais e cognitivas essenciais.

(Adaptado de: GOLEMAN, Daniel. **Foco**: a atenção e seu papel fundamental para o sucesso. Trad. Cássia Zanon. Rio de Janeiro, Objetiva, 2013, p. 29-30)

(Técnico Judiciário – TRE/SP – FCC – 2017) Na opinião do autor,

(A) a constante conexão às máquinas não tem o potencial de contribuir para o desenvolvimento intelectual dos jovens.

(B) a atenção exagerada que se dá aos meios virtuais tem como efeito o surgimento de problemas na interação social.

(C) a superficialidade das conversas travadas nas redes sociais é fruto da redução gradual de eventos coletivos.

(D) o isolamento em um mundo virtual se torna preocu-pante quando o jovem deixa de frequentar eventos sociais.

(E) o ambiente virtual tornou-se mais atraente ao jovem na medida em que este se viu inábil para lidar com conflitos reais.

A: incorreta. O autor afirma que há habilidades específicas nas quais os nativos virtuais têm maior rendimento, como o uso dos teclados e "habilidades cognitivas específicas"; **B:** correta. Esta é a ideia central do primeiro parágrafo do texto e o permeia até o fim; **C:** incorreta. Segundo o autor, é fruto do abuso da vivência no mundo virtual em detrimento das relações sociais reais; **D:** incorreta. Isso não pode ser depreendido do texto. Até porque, dele consta que os jovens participam de eventos sociais, porém não o aproveitam integralmente porque precisam publicar no mundo virtual imediatamente como estão se divertindo; **E:** incorreta. A relação de causa e consequência está errada. A preferência pelo ambiente virtual é natural desta geração e isso causa uma crescente inabilidade de se relacionar no mundo real, segundo o autor. **HS**

Gabarito "B".

(Técnico Judiciário – TRE/SP – FCC – 2017) Uma frase redigida em conformidade com as informações do texto é:

(A) De tanto que tem dificuldade em interpretar as pessoas face a face, o nativo digital é hábil nos teclados.

(B) A despeito de ser hábil nos teclados, o nativo digital tem dificuldade em interpretar as pessoas face a face.

(C) Diante da dificuldade em interpretar as pessoas face a face, o nativo digital, portanto, é hábil nos teclados.

(D) O nativo digital tem dificuldade em interpretar as pes-soas face a face, em virtude de ser hábil nos teclados.

(E) À presunção de ser hábil nos teclados, o nativo digital tem dificuldade em interpretar as pessoas face a face.

A única alternativa que traduz com precisão uma das principais ideias do texto é a letra "B", que deve ser assinalada. Em todas as demais, as conjunções utilizadas alteram o sentido original. **HS**

Gabarito "B".

Leia o texto, para responder às questões seguintes.

Ser gentil é um ato de rebeldia. Você sai às ruas e insiste, briga, luta para se manter gentil. O motorista quase te mata de susto buzinando e te xingando porque você usou a faixa de pedestres quando o sinal estava fechado para ele. Você posta um pensamento gentil nas redes sociais apesar de ler dezenas de comentários xenofóbicos, homofóbicos, irônicos e maldosos sobre tudo e todos. Inclusive você. Afinal, você é obviamente um idiota gentil.

Há teorias evolucionistas que defendem que as sociedades com maior número de pessoas altruístas sobreviveram por mais tempo por serem mais capazes de manter a coesão. Pesquisadores da atualidade dizem, baseados em estudos, que gestos de gentileza liberam substâncias que proporcionam prazer e felicidade.

Mas gentileza virou fraqueza. É preciso ser macho pacas para ser gentil nos dias de hoje. Só consigo associar a aversão à gentileza à profunda necessidade de ser – ou parecer ser – invencível e bem-sucedido. Nossas fragilidades seriam uma vergonha social. Um empecilho à carreira, ao acúmulo de dinheiro.

Não ter tempo para gentilezas é bonito. É justificável diante da eterna ambivalência humana: queremos ser bons, mas temos medo. Não dizer bom-dia significa que você é muito importante. Ou muito ocupado. Humilhar os que não concordam com suas ideias é coisa de gente forte. E que está do lado certo. Como se houvesse um lado errado. Porque, se nenhum de nós abrir a boca, ninguém vai reparar que no nosso modelo de felicidade tem alguém chorando ali no canto. Porque ser gentil abala sua autonomia. Enfim, ser gentil está fora de moda. Estou sempre fora de moda. Querendo falar de gentileza, imaginem vocês! Pura rebeldia. Sair por aí exibindo minhas vulnerabilidades e, em ato de pura desobediência civil, esperar alguma cumplicidade. Deve ser a idade.

(Ana Paula Padrão, Gentileza virou fraqueza. Disponível em: <*http://www.istoe.com.br*>. Acesso em: 27 jan 2015. *Adaptado*)

(Escrevente Técnico – TJSP – 2015 – VUNESP) É correto inferir que, do ponto de vista da autora, a gentileza

(A) é prerrogativa dos que querem ter sua importância reconhecida socialmente.

(B) é uma via de mão dupla, por isso não deve ser praticada se não houver reciprocidade.

(C) representa um hábito primitivo, que pouco afeta as relações interpessoais.

(D) restringe-se ao gênero masculino, pois este representa os mais fortes.

(E) é uma qualidade desvalorizada em nossa sociedade nos dias atuais.

O texto expõe o ponto de vista da autora de que agir com gentileza virou algo ruim em nossa sociedade, uma característica que não deve ser demonstrada. Em outras palavras, é uma virtude que anda desvalorizada em nosso tempo.
Gabarito "E"

(Escrevente Técnico – TJSP – 2015 – VUNESP) No final do último parágrafo, a autora caracteriza a gentileza como "ato de pura desobediência civil"; isso permite deduzir que

(A) assumir a prática da gentileza é rebelar-se contra códigos de comportamento vigentes, mesmo que não declarados.

(B) é inviável, em qualquer época, opor-se às práticas e aos protocolos sociais de relacionamento humano.

(C) é possível ao sujeito aderir às ideias dos mais fortes, sem medo de ver atingida sua individualidade, no contexto geral.

(D) há, nas sociedades modernas, a constatação de que a vulnerabilidade de alguns está em ver a felicidade como ato de rebeldia.

(E) obedecer às normas sociais gera prazer, ainda que isso signifique seguir rituais de incivilidade e praticar a intolerância.

O último parágrafo é escrito em tom irônico para chamar a atenção do leitor ao absurdo que vivemos ao dar uma conotação ruim aos atos de gentileza. Quando a autora afirma que a gentileza é um ato de desobediência civil, quer dizer que essa prática representa uma rebeldia contra esse hábito vigente e espraiado, ainda que não escrito, mas seguido por todos.
Gabarito "A"

(Escrevente Técnico – TJSP – 2015 – VUNESP) No trecho – **Há** teorias evolucionistas… –, a substituição do verbo destacado está de acordo com a norma-padrão de concordância em:

(A) Deve existir.

(B) Vão haver.

(C) Podem haver.

(D) Existem.

(E) Podem existirem.

O verbo "haver", no sentido de existir, é impessoal, ou seja, não se flexiona em número, sendo grafado sempre no singular. No trecho original, o verbo "haver" está conjugado no presente do indicativo e é seguido de expressão no plural ("teorias evolucionistas"), portanto deve ser substituído pelo verbo "existir" na terceira pessoa do plural do presente do indicativo: "existem".
Gabarito "D"

Há teorias evolucionistas que defendem que as sociedades com maior número de pessoas altruístas sobreviveram por mais tempo por serem mais capazes de manter a coesão.

(Escrevente Técnico – TJSP – 2015 – VUNESP) É correto afirmar que a frase destacada na passagem expressa, em relação à que a antecede, o sentido de

(A) tempo.

(B) adição.

(C) causa.

(D) condição.

(E) finalidade.

A oração destacada é subordinada adverbial causal, ou seja, traduz a causa, o motivo, da passagem anterior.
Gabarito "C"

(Escrevente Técnico – TJSP – 2015 – VUNESP) Para responder à questão, considere a seguinte passagem, no contexto geral da crônica:

Não ter tempo para gentilezas é bonito. […] Não dizer bom-dia significa que você é muito importante.

Ou muito ocupado. Humilhar os que não concordam com suas ideias é coisa de gente forte. E que está do lado certo.

Com essas afirmações, a autora

(A) informa literalmente efeitos positivos que vê na falta de gentileza.

(B) revela que também tolera atitudes não gentis e grosseiras.

(C) aponta, ironicamente, o ponto de vista de pessoas não adeptas da gentileza.

(D) expõe o que realmente pensa de quem é gentil com os semelhantes.

(E) adere às ideias dos não corteses, com os quais acaba se identificando.

Temos mais uma vez a ironia como marco determinante do estilo da autora nessa passagem. Ela narra como a sociedade vê as pessoas que não são gentis como pessoas fortes, ocupadas e bem-sucedidas.
Gabarito "C".

(Escrevente Técnico – TJSP – 2015 – VUNESP) Observa-se que, no 1º parágrafo, a autora emprega os pronomes *te* e *você* para se referir a um virtual leitor e, no 3º parágrafo, emprega a expressão *pacas* (*É preciso ser macho pacas*).

Essas duas escolhas permitem inferir que ela

(A) rejeita um linguajar jovem, embora formal, contando com a adesão dos leitores mais habituados a ler.

(B) escreve para um público leitor de textos nas redes sociais, razão pela qual é obrigada a deixar de lado a norma culta do português.

(C) evita atrair a atenção do público mais escolarizado e menos exigente em relação à informalidade da língua.

(D) pode conseguir maior identificação com seu público leitor, optando por soluções de linguagem de feição mais informal.

(E) despreza convenções da língua-padrão, por crer na inaptidão do leitor para compreender estruturas complexas.

As passagens assinaladas, tanto os pronomes de uso cotidiano quanto a gíria, denotam a intenção da autora de aproximar-se do leitor, conquistando um público maior a partir da identificação deste com a linguagem informal utilizada.
Gabarito "D".

Leia o texto, para responder às questões de abaixo.

O fim do direito é a paz, o meio de que se serve para consegui-lo é a luta. Enquanto o direito estiver sujeito às ameaças da injustiça – e isso perdurará enquanto o mundo for mundo –, ele não poderá prescindir da luta. A vida do direito é a luta: luta dos povos, dos governos, das classes sociais, dos indivíduos.

Todos os direitos da humanidade foram conquistados pela luta; seus princípios mais importantes tiveram de enfrentar os ataques daqueles que a ele se opunham; todo e qualquer direito, seja o direito de um povo, seja o direito do indivíduo, só se afirma por uma disposição ininterrupta para a luta. O direito não é uma simples ideia, é uma força viva. Por isso a justiça sustenta numa das mãos a balança com que pesa o direito, enquanto na outra segura a espada por meio da qual o defende.

A espada sem a balança é a força bruta, a balança sem a espada, a impotência do direito. Uma completa a outra, e o verdadeiro estado de direito só pode existir quando a justiça sabe brandir a espada com a mesma habilidade com que manipula a balança.

O direito é um trabalho sem tréguas, não só do Poder Público, mas de toda a população. A vida do direito nos oferece, num simples relance de olhos, o espetáculo de um esforço e de uma luta incessante, como o despendido na produção econômica e espiritual. Qualquer pessoa que se veja na contingência de ter de sustentar seu direito participa dessa tarefa de âmbito nacional e contribui para a realização da ideia do direito.

É verdade que nem todos enfrentam o mesmo desafio.

A vida de milhares de indivíduos desenvolve-se tranquilamente e sem obstáculos dentro dos limites fixados pelo direito. Se lhes disséssemos que o direito é a luta, não nos compreenderiam, pois só veem nele um estado de paz e de ordem.

(Rudolf von Ihering, *A luta pelo direito*)

(Escrevente Técnico – TJSP – 2015 – VUNESP) É correto concluir que, do ponto de vista do autor,

(A) toda luta é uma forma de injustiça.

(B) a luta é indispensável para o direito.

(C) o direito termina quando há paz.

(D) as injustiças perdurarão enquanto os povos lutarem.

(E) nada justifica a luta, nem mesmo a paz.

O trecho do famoso livro de Rudolf von Ihering destaca que a luta é um instrumento de realização do direito, de forma que este não existe sem aquela, sob pena de tornar-se impotente frente aos obstáculos sociais.
Gabarito "B".

(Escrevente Técnico – TJSP – 2015 – VUNESP) Deve-se concluir, com base nas ideias do autor, que a balança e a espada sustentadas pela justiça simbolizam, respectivamente,

(A) mediação e brutalidade.

(B) pacificação e insubordinação.

(C) ponderação e proteção.

(D) solenidade e coerção.

(E) persuasão e perenidade.

O autor usa a imagem de Têmis, deusa da Justiça, para ilustrar a simbiose entre a justiça, a ponderação, o direito (a balança) e a proteção, a força bruta, a luta (a espada).
Gabarito "C".

Leia o texto, para responder às questões de abaixo.

O fim do direito é a paz, o meio de que se serve para consegui-lo é a luta. Enquanto o direito estiver sujeito às ameaças da injustiça – e isso perdurará enquanto o mundo for mundo –, ele não poderá prescindir da luta. A vida do direito é a luta: luta dos povos, dos governos, das classes sociais, dos indivíduos.

Todos os direitos da humanidade foram conquistados pela luta; seus princípios mais importantes tiveram de enfrentar os ataques daqueles que a ele se opunham; todo e qualquer direito, seja o direito de um povo, seja o direito do indivíduo, só se afirma por uma disposição ininterrupta para a luta. O direito não é uma simples ideia, é uma força viva. Por isso a justiça sustenta numa das mãos a balança com que pesa o direito, enquanto na outra segura a espada por meio da qual o defende.

A espada sem a balança é a força bruta, a balança sem a espada, a impotência do direito. Uma completa a outra, e o verdadeiro estado de direito só pode existir quando a justiça sabe brandir a espada com a mesma habilidade com que manipula a balança.

O direito é um trabalho sem tréguas, não só do Poder Público, mas de toda a população. A vida do direito nos oferece, num simples relance de olhos, o espetáculo de um esforço e de uma luta incessante, como o despendido na produção econômica e espiritual. Qualquer pessoa que se veja na contingência de ter de sustentar seu direito participa dessa tarefa de âmbito nacional e contribui para a realização da ideia do direito.

É verdade que nem todos enfrentam o mesmo desafio.

A vida de milhares de indivíduos desenvolve-se tranquilamente e sem obstáculos dentro dos limites fixados pelo direito. Se lhes disséssemos que o direito é a luta, não nos compreenderiam, pois só veem nele um estado de paz e de ordem.

(Rudolf von Ihering, *A luta pelo direito*)

(Escrevente Técnico – TJSP – 2015 – VUNESP) Observe os verbos destacados nas passagens – ... enfrentar os ataques daqueles que a ele se **opunham**... / ... só **veem** nele um estado de paz e de ordem... – e assinale a alternativa em que estão corretamente conjugados os verbos **opor**, **ver** e os demais assinalados, que seguem o mesmo padrão de conjugação destes.

(A) **Opormos** resistência à liderança dele foi um erro; agora querem que **revemos** nossa posição.

(B) Se os interessados não se **opuserem** nem **previrem** razão para protelar o ato, amanhã mesmo será escolhido o síndico do condomínio.

(C) Se não se **indisporem** com as amigas do filho, os pais permitirão que elas o **revejam** quando ele retornar.

(D) Haverá problema se ele **ver** que houve manipulação de dados; certamente se **predisporá** a cancelar tudo.

(E) Cada vez que **prever** resistência dos funcionários às decisões do chefe, ele intervirá, antes que todos se **indisponham**.

A: incorreta. "Rever", na primeira pessoa do plural do presente do subjuntivo, conjuga-se "revejamos"; **B:** correta. Os verbos estão con-

jugados conforme a norma culta da língua; **C:** incorreta. "Indispor", na terceira pessoa do plural do pretérito imperfeito do subjuntivo, conjuga-se "indispuserem"; **D:** incorreta. O verbo "ver", na terceira pessoa do singular do pretérito imperfeito do subjuntivo, conjuga-se "vir"; **E:** incorreta. O futuro do subjuntivo da terceira pessoa do singular do verbo "prever" é "previr".

Gabarito "B"

(Escrevente Técnico – TJSP – 2015 – VUNESP) De acordo com a norma-padrão, o pronome destacado pode ser colocado também depois do verbo no trecho:

(A) Se **lhes** disséssemos que o direito é a luta ...

(B) ... só **se** afirma por uma disposição ininterrupta para a luta...

(C) ... o meio de que **se** serve para consegui-lo ...

(D) A vida do direito **nos** oferece ...

(E) ... segura a espada por meio da qual **o** defende.

A: incorreta. A próclise é obrigatória pela conjunção condicional "se"; **B:** incorreta. A próclise é obrigatória pela presença do advérbio "só"; **C:** incorreta. A próclise é obrigatória pela presença do pronome relativo "que"; **D:** correta. Aqui, a próclise é facultativa, por não haver nenhuma ocorrência que a exija; **E:** incorreta. A próclise é obrigatória por força da locução pronominal relativa "da qual".

Gabarito "D"

(Escrevente Técnico – TJSP – 2015 – VUNESP) Assinale a alternativa em que o pronome destacado está empregado de acordo com a norma-padrão.

(A) O mundo conhece a paz graças aos povos, governos, classes sociais e indivíduos, **cuja** luta a garante.

(B) Há milhares de indivíduos **onde** a sua vida se desenvolve tranquilamente e sem obstáculos.

(C) A luta garante a conquista dos direitos da humanidade, **o qual** os princípios mais importantes dela foram atacados.

(D) A Justiça tem numa das mãos uma balança, **cuja** representa a garantia de que o direito será pesado, ponderado.

(E) O direito é uma força viva, **onde** os homens batalham incessantemente para manter.

A: correta. O pronome relativo "cuja" está empregado nos exatos termos prescritos pela norma padrão da língua; **B:** incorreta. "Onde" traz a ideia de lugar, portanto não pode estar associado a indivíduos. Melhor seria "cuja vida"; **C:** incorreta. Aqui também deveria constar "cujos"; **D:** incorreta. "Cuja" não foi utilizado corretamente; deveria constar "a qual"; **E:** incorreta, pela mesma razão do comentário à alternativa "B". Melhor seria "pela qual".

Gabarito "A"

As questões abaixo referem-se ao texto que segue.

A matéria abaixo, que recebeu adaptações, é do jornalista Alberto Dines, e foi veiculada em 9/05/2015, um dia após as comemorações pelos 70 anos do fim da Segunda Guerra Mundial.

Quando a guerra acabar...

1   *Abre parêntese: há momentos – felizmente raros – em que a história pessoal se impõe às percepções conjunturais e o relato na primeira pessoa, embora singular, parcial, às vezes suspeito, sobrepõe-se à narrativa impessoal, ampla, genérica. Fecha parêntese.*
O descaso e os indícios de esquecimento que, na sexta-feira (8/5), rodearam os setenta anos do fim da fase europeia da
5   *Segunda Guerra Mundial sobressaltaram. O ano de 1945 pegou-me com 13 anos e a data de 8 de maio incorporou-se ao meu*
calendário íntimo e o cimentou definitivamente às efemérides históricas que éramos obrigados a decorar no ginásio.

Seis anos antes (1939), a invasão da Polônia pela Alemanha hitlerista – e logo depois pela Rússia soviética – empurrou a guerra para dentro da minha casa através dos jornais e do rádio: as vidas da minha avó paterna, tios, tias, primos e primas dos dois lados corriam perigo. Em 1941, quando a Alemanha rompeu o pacto com a URSS e a invadiu com fulminantes
10 *ataques, inclusive à Ucrânia, instalou-se a certeza: foram todos exterminados.*
A capitulação da Alemanha tornara-se inevitável, não foi surpresa, sabíamos que seria esmagada pelos Aliados. Nova era a sensação de paz, a certeza que começava uma nova página da história e perceptível mesmo para crianças e adolescentes. A prometida quimera embutida na frase "quando a guerra acabar" tornara-se desnecessária, desatualizada.

A guerra acabara para sempre. Enquanto o retorno dos combatentes brasileiros vindos da Itália era saudado
15 *delirantemente, matutinos e vespertinos – mais calejados do que a mídia atual – nos alertavam que a guerra continuava feroz não apenas no Extremo-Oriente, mas também na antiquíssima Grécia, onde guerrilheiros de direita e de esquerda, esquecidos*
do inimigo comum – o nazifascismo – se enfrentavam para ocupar o vácuo de poder deixado pela derrotada barbárie.

Sete décadas depois – porção ínfima da história da humanidade –, aquele que foi chamado Dia da Vitória e comemorado loucamente nas ruas do mundo metamorfoseou-se em Dia das Esperanças Perdidas: a guerra não acabou. Os Aliados
20 *desvincularam-se, tornaram-se adversários. A guerra continua, está aí, espalhada pelo mundo, camuflada por diferentes nomenclaturas, inconfundível, salvo em breves hiatos sem hostilidades, porém com intensos ressentimentos.*

(Reproduzido da **Gazeta do Povo** (Curitiba, PR) e do **Correio Popular** (Campinas, SP), 9/5/2015; intertítulo do *Observatório da Imprensa*, edição 849)

(TRT/3ª – 2015 – FCC) Nesse texto, o jornalista,

(A) ao organizar minuciosa e cronologicamente os episódios da Segunda Guerra Mundial, ressalta os fatos que foram mal retratados nas comemorações dos 70 anos do fim do conflito.

(B) ao trazer sua visão pessoal sobre os principais acontecimentos da Segunda Guerra Mundial, defende que a imprensa privilegie o ângulo particular com que o profissional observa os fatos.

(C) ao apresentar informações e comentários sobre a Segunda Guerra Mundial, toma-a como legítima justificativa para a publicação de matéria que tem como objeto questões pessoais e íntimas.

(D) ao confessar sobressalto pelo que tinha ocorrido no dia anterior, 8/5, explica-o tanto pela associação de fatos históricos a questões pessoais, quanto pela interpretação de que há um Dia das Esperanças Perdidas.

(E) ao citar a volta dos combatentes brasileiros, critica a euforia das saudações, pois evidenciava que o povo não tinha percebido que o conflito, na mesma configuração de 1939 a 1945, continuava.

A: incorreta. Sua narrativa nos fatos não é minuciosa ou cronológica, mas sim lembranças um tanto desordenadas. Além disso, sua intenção não é ressaltar os fatos que foram mal retratados nas comemorações, mas a total ausência de comentários sobre o tema; **B:** incorreta. Seu comentário sobre a visão pessoal serve para justificar a ausência de objetividade com a qual tratará do tema; **C:** incorreta. O texto trata do

atual cenário beligerante em que o mundo se encontra, fazendo uma alegoria com a data considerada final da guerra em 1945; **D:** correta. A alternativa reflete bem as ideias passadas pelo texto; **E:** incorreta. Não houve crítica à euforia das saudações, mas uma evidenciação da desilusão com a notícia de que, ao contrário do que todos imaginavam, a guerra não havia acabado.

(TRT/3ª – 2015 – FCC) O excerto legitima a seguinte compreensão:

(A) Dines considera a imprensa de 1945 menos aperfeiçoada do que a imprensa contemporânea.

(B) O primeiro parágrafo é apresentado como "entre parênteses" porque é tomado como simples anexo, de conteúdo genérico, sobre a análise de conjunturas, sem conter menção ao que virá no texto.

(C) Dada a natureza do texto, expressões como *empurrou a guerra para dentro da minha casa* devem ser desaprovadas, pois, ferindo o rigor lógico, prejudicam a compreensão.

(D) Dines considera a Segunda Guerra Mundial conflito constituído por mais de um estágio.

(E) Em sua análise de ambientes de guerra, Dines trata a Grécia como exemplo de conflito interno, descolado do contexto da Guerra Mundial.

A: incorreta. O termo "calejados" foi utilizado para indicar que a imprensa da época não tinha o "jogo de cintura" para narrar os fatos de

forma menos abrupta, menos chocante; **B:** incorreta. Os "parênteses" foram utilizados para justificar as impressões e experiências pessoais que permeariam o texto; **C:** incorreta. Expressões como a selecionada não atingem a lógica do texto. Servem, ao contrário, para deixá-lo mais informal e aproximar o autor do leitor; **D:** correta. Isso se vê pela sua abordagem do conflito atual como uma sucessão do anterior; **E:** incorreta. O conflito interno na Grécia somente começou pelo vácuo de poder deixado pela guerra – logo, não estava dela descolado.
Gabarito "D".

(TRT/3ª – 2015 – FCC) *Sete décadas depois – porção ínfima da história da humanidade –, aquele que foi chamado Dia da Vitória e comemorado loucamente nas ruas do mundo metamorfoseou-se em Dia das Esperanças Perdidas: a guerra não acabou. Os Aliados desvincularam-se, torna-ram-se adversários. A guerra continua, está aí, espalhada pelo mundo, camuflada por diferentes nomenclaturas, inconfundível, salvo em breves hiatos sem hostilidades, porém com intensos ressentimentos.*

Comenta-se com propriedade sobre o parágrafo acima, em seu contexto:

(A) Os travessões encerram forte argumento para a defesa das ideias de Dines, pois o segmento alerta para o fato de que, em muito breve intervalo de tempo, a humanidade conheceu significativo revés de sentimentos.

(B) As expressões *Dia da Vitória* e *Dia das Esperanças Perdidas* concentram a crítica que Dines faz aos profissionais do jornalismo brasileiro e internacional, ao cunharem bordões que pouco explicam a natureza dos fatos.

(C) O emprego do adjetivo *camuflada* retoma o que se diz anteriormente por meio da expressão *metamorfoseou-se.*

(D) A expressão *tornaram-se adversários* exprime a consequência inevitável da ação mencionada anteriormente na frase.

(E) Em *salvo em* breves hiatos sem hostilidades, a substituição do segmento destacado por "a exceção de" preserva o sentido e a correção originais.

A: correta. Os travessões foram utilizados para dar destaque ao argumento de que o intervalo de tempo é suficientemente breve para a humanidade viver uma reviravolta tão grande em seus sentimentos; **B:** incorreta. Não se pode extrair essa conclusão do texto, até porque o "dia das esperanças perdidas" é criação do próprio autor; **C:** incorreta. São imagens diferentes do texto, a transformação do significado da data e a guerra sorrateira que hoje está instalada; **D:** incorreta. Ao se desvincularem, os Aliados não precisavam necessariamente ter se tornado adversários – poderiam permanecer neutros uns aos outros. Logo, não é uma "consequência inevitável"; **E:** incorreta. Deveria haver o acento grave indicativo da crase em "à exceção de".
Gabarito "A".

(TRT/3ª – 2015 – FCC) *A capitulação da Alemanha tornara-se inevitável, não foi surpresa, sabíamos que seria esmagada pelos Aliados. Nova era a sensação de paz, a certeza que começava uma nova página da história e percep-tível mesmo para crianças e adolescentes. A prometida quimera embutida na frase "quando a guerra acabar" tornara-se desnecessária, desatualizada.*

É correta a seguinte assertiva sobre o que se tem no trecho acima:

(A) A causa de o fato ser *inevitável* está expressa em *não foi surpresa.*

(B) O emprego de *mesmo* confirma que era natural esperar que crianças e adolescentes, como os adultos, tivessem a certeza de que um novo período da história começava.

(C) A palavra *quimera* equivale, quanto ao sentido, a "utopia".

(D) Em *tornara-se desnecessária, desatualizada*, as palavras destacadas estão dispostas em ordem crescente de valor.

(E) O emprego de *Nova* justifica-se somente pelo contexto em que as três linhas acima estão inseridas, pois, nelas, não há nenhuma palavra ou expressão a que a palavra *Nova* possa ser associada.

A: incorreta. A ausência de surpresa é consequência do fato ser ine-vitável; **B:** incorreta. Ao contrário, o uso da palavra "mesmo" indica a surpresa do autor ao verificar o sentimento em crianças e adolescentes; **C:** correta. "Quimera" é sinônimo de "utopia", "sonho", "devaneio"; **D:** incorreta. Não há gradação nesse caso, nem positiva nem negativa. As palavras têm significados diferentes; **E:** incorreta. A palavra "nova" está associada a "sensação de paz".
Gabarito "C".

2. VERBO

1. A neurocientista Suzana Herculano-Houzel é autora da coletânea de textos O cérebro nosso de cada dia, que tratam de curiosidades como o mito de que usamos apenas 10% do cérebro, por que bocejo contagia, se café vicia, o endereço do senso de humor, os efeitos dos antidepressivos. A escrita é acessível e descontraída e os exemplos são tirados do cotidiano. Mesmo assim, Suzana descreve o processo de realização de cada pesquisa e discute as questões mais complexas, como a relação entre herança e ambiente, as origens fisiológicas de determina-dos comportamentos e o conceito de consciência. Leia a entrevista abaixo.

2. **Muitos se queixam da ausência de uma "teoria da mente" satisfatória e dizem que a consciência humana é um mistério que não se poderia resolver – mesmo porque caberia à própria consciência humana resolvê-lo. O que acha?** Acho que, na ciência, mais difícil do que encontrar respostas é formular perguntas boas. A ciência precisa de hipóteses testáveis, e somente agora, quando a neurociência chega perto dos 150 anos de vida, começam a aparecer hipóteses testáveis sobre os mecanismos da consciência. Mas "teorias da mente" bem construídas e perfeitamente testáveis já existem. A própria alegação de que deve ser impossível à mente humana desvendar a si mesma, aliás, não passa de uma hipótese esperando ser posta por terra. É uma afirmação desafiadora, e com um apelo intuitivo muito forte. Mas não tem fundamento. De qualquer forma, a neurociência conta hoje com um leque de ferramentas que permite ao pesquisador, se ele assim desejar, investigar por exemplo a ativação em seu cérebro enquanto ele mesmo pensa, lembra, faz contas, adormece e, em seguida, acorda. O fato de que o objeto de estudo está situado dentro da cabeça do próprio pes-quisador não é necessariamente um empecilho.

3. **Há várias pesquisas descritas em seu livro sobre a influência da fisiologia no comportamento. Você con-corda com Edward O. Wilson que "a natureza humana é um conjunto de predisposições genéticas"?** Acredito que predisposições genéticas existem, mas, na grande maioria

dos casos, não passam de exatamente isso: predisposições. Exceto em alguns casos especiais, genética não é destino. A meu ver, fatores genéticos, temperados por acontecimentos ao acaso ao longo do desenvolvimento, fornecem apenas uma base de trabalho, a matéria bruta a partir da qual cérebro e comportamento serão esculpidos. Somadas a isso influências do ambiente e da própria experiência de vida de cada um, é possível transcender as potencialidades de apenas 30 mil genes – a estimativa atual do número de genes necessários para "montar" um cérebro humano – para montar os trilhões e trilhões de conexões entre as células nervosas, criando o arco-íris de possibilidades da natureza humana.

4.   Uma dessas influências diz respeito às diferenças entre homens e mulheres, que seu livro menciona. Como evitar que isso se torne motivação de preconceitos ou de generalizações vulgares, como no fato de as mulheres terem menos neurônios? Se diferenças entre homens e mulheres são evidentes pelo lado de fora, é natural que elas também existam no cérebro. Na parte externa do cérebro, o córtex, homens possuem em média uns quatro bilhões de neurônios a mais. Mas o simples número de neurônios em si não é sinônimo de maior ou menor habilidade. A não ser quando concentrado em estruturas pequenas com função bastante precisa. Em média, a região do cérebro que produz a fala tende a ser maior em mulheres do que em homens, enquanto neles a região responsável por operações espaciais, como julgar o tamanho de um objeto, é maior do que nelas. Essa diferença casa bem com observações da psicologia: elas costumam falar melhor (e não mais!), eles costumam fazer operações espaciais com mais facilidade. O realmente importante é reconhecer que essas diferenças não são limitações, e sim pontos de partida, sobre os quais o aprendizado e a experiência podem agir.

(Adaptado de: PIZA, Daniel. Perfis & Entrevistas. São Paulo, Contexto, 2004)

(Técnico – TRT/15 – FCC – 2018) Em "O fato de que o objeto de estudo está situado dentro da cabeça do próprio pesquisador não é necessariamente um empecilho", caso se substitua o segmento sublinhado por "A possibilidade", as formais verbais deverão ser alteradas, respectivamente, para:

(A) esteja situado   – seja

(B) estivesse situado – seria

(C) teria se situado – teria sido

(D) estivesse situado – seja

(E) se situe – fosse

Se estamos trocando um fato por uma possibilidade, os verbos devem ser conjugados no subjuntivo ou no futuro do pretérito do indicativo, modos verbais que expressam incerteza. Assim, para manter a correção e coerência do trecho, deveríamos usar "estivesse situado" e "seria". HS
„B.˙oʇıɹɐqɐ⅁

TEXTO – Ressentimento e Covardia

Tenho comentado aqui na Folha em diversas crônicas, os usos da internet, que se ressente ainda da falta de uma legislação específica que coíba não somente os usos mas os abusos deste importante e eficaz veículo de

comunicação. A maioria dos abusos, se praticados em outros meios, seriam crimes já especificados em lei, como a da imprensa, que pune injúrias, difamações e calúnias, bem como a violação dos direitos autorais, os plágios e outros recursos de apropriação indébita.

No fundo, é um problema técnico que os avanços da informática mais cedo ou mais tarde colocarão à disposição dos usuários e das autoridades. Como digo repetidas vezes, me valendo do óbvio, a comunicação virtual está em sua pré-história.

Atualmente, apesar dos abusos e crimes cometidos na internet, no que diz respeito aos cronistas, articulistas e escritores em geral, os mais comuns são os textos atribuídos ou deformados que circulam por aí e que não podem ser desmentidos ou esclarecidos caso por caso. Um jornal ou revista é processado se publicar sem autorização do autor um texto qualquer, ainda que em citação longa e sem aspas. Em caso de injúria, calúnia ou difamação, também. E em caso de falsear a verdade propositadamente, é obrigado pela justiça a desmentir e dar espaço ao contraditório.

Nada disso, por ora, acontece na internet. Prevalece a lei do cão em nome da liberdade de expressão, que é mais expressão de ressentidos e covardes do que de liberdade, da verdadeira liberdade. (Carlos Heitor Cony, Folha de São Paulo, 16/05/2006 – adaptado)

(Técnico – TJ/AL – 2018 – FGV) "Tenho comentado aqui na Folha"; o tempo verbal destacado nesse segmento inicial do texto indica uma ação que:

(A) se iniciou e terminou no passado;

(B) mostra início indeterminado e continuidade no presente;

(C) indica repetição sem determinação de tempo;

(D) se iniciou no passado e termina no presente;

(E) se localiza antes de outra ação também passada.

A construção verbal indica uma ação que se iniciou em algum momento indeterminado no passado e que continua ocorrendo no presente. HS
„B.˙oʇıɹɐqɐ⅁

(Técnico – TJ/AL – 2018 – FGV) "E em caso de falsear a verdade propositadamente, é obrigado pela justiça a desmentir e dar espaço ao contraditório".

O verbo falsear apresenta como forma errada de conjugação:

(A) falseiamos;

(B) falseias;

(C) falseemos;

(D) falseie;

(E) falseiam.

A conjugação do verbo "falsear" na primeira pessoa do plural do presente do indicativo é "falseamos". HS
„A.˙oʇıɹɐqɐ⅁

(Escrevente Técnico Judiciário – TJSP – VUNESP – 2017) Leia o texto, para responder às questões de números abaixo.

Há quatro anos, Chris Nagele fez o que muitos executivos no setor de tecnologia já tinham feito – ele transferiu sua equipe para um chamado escritório aberto, sem paredes e divisórias.

Os funcionários, **até então**, trabalhavam de casa, mas ele queria que todos estivessem juntos, para se conectarem e colaborarem mais facilmente. Mas em pouco tempo ficou claro que Nagele tinha cometido um grande erro. Todos estavam distraídos, a produtividade caiu, e os nove empregados estavam insatisfeitos, sem falar do próprio chefe.

Em abril de 2015, quase três anos após a mudança para o escritório aberto, Nagele transferiu a empresa para um espaço de 900 m² onde hoje todos têm seu próprio espaço, com portas e tudo.

Inúmeras empresas adotaram o conceito de escritório aberto – cerca de 70% dos escritórios nos Estados Unidos são assim – e até onde se sabe poucos retornaram ao modelo de espaços tradicionais com salas e portas.

Pesquisas, **contudo**, mostram que podemos perder até 15% da produtividade, desenvolver problemas graves de concentração e até ter o dobro de chances de ficar doentes em espaços de trabalho abertos – fatores que estão contribuindo para uma reação contra esse tipo de organização.

Desde que se mudou para o formato tradicional, Nagele já ouviu colegas do setor de tecnologia dizerem sentir falta do estilo de trabalho do escritório fechado. "Muita gente concorda – simplesmente não aguentam o escritório aberto. Nunca se consegue terminar as coisas e é preciso levar mais trabalho para casa", diz ele.

É improvável que o conceito de escritório aberto caia em desuso, mas algumas firmas estão seguindo o exemplo de Nagele e voltando aos espaços privados.

Há uma boa razão que explica por que todos adoram um espaço com quatro paredes e uma porta: foco. A verdade é que não conseguimos cumprir várias tarefas ao mesmo tempo, e pequenas distrações podem desviar nosso foco por até 20 minutos.

Retemos mais informações quando nos sentamos em um local fixo, afirma Sally Augustin, psicóloga ambiental e de design de interiores.

(Bryan Borzykowski, "Por que escritórios abertos podem ser ruins para funcionários." Disponível em:<www1.folha.uol.com.br>. Acesso em: 04.04.2017. Adaptado)

(Escrevente Técnico Judiciário – TJSP – VUNESP – 2017) Iniciando-se a frase – **Retemos** mais informações quando nos **sentamos** em um local fixo... (último parágrafo) – com o termo **Talvez**, indicando condição, a sequência que apresenta correlação dos verbos destacados de acordo com a norma-padrão será:

(A) retínhamos ... sentássemos

(B) retivemos ... sentaríamos

(C) retivéssemos ... sentássemos

(D) reteremos ... sentávamos

(E) reteríamos ... sentarmos

O advérbio "talvez" determina a conjugação verbal no pretérito imperfeito do subjuntivo: "retivéssemos" e "sentássemos". **HS**
Gabarito "C".

(Escrevente Técnico Judiciário – TJSP – VUNESP – 2017) Leia o texto, para responder às questões abaixo.

O problema de São Paulo, dizia o Vinicius, "é que você anda, anda, anda e nunca chega a Ipanema". Se tomarmos "Ipanema" ao pé da letra, a frase é absurda e cômica. Tomando "Ipanema" como um símbolo, no entanto, como um exemplo de alívio, promessa de alegria em meio à vida dura da cidade, a frase passa a ser de um triste realismo: o problema de São Paulo é que você anda, anda, anda e nunca chega a alívio algum. O Ibirapuera, o parque do Estado, o Jardim da Luz são uns raros respiros perdidos entre o mar de asfalto, a floresta de lajes batidas e os Corcovados de concreto armado.

O paulistano, contudo, não é de jogar a toalha – prefere estendê-la e se deitar em cima, caso lhe concedam dois metros quadrados de chão. É o que vemos nas avenidas abertas aos pedestres, nos fins de semana: basta liberarem um pedacinho do cinza e surgem revoadas de patinadores, maracatus, *big bands,* corredores evangélicos, góticos satanistas, praticantes de ioga, dançarinos de tango, barraquinhas de *yakissoba* e barris de cerveja artesanal.

Tenho estado atento às agruras e oportunidades da cidade porque, depois de cinco anos vivendo na Granja Viana, vim morar em Higienópolis. Lá em Cotia, no fim da tarde, eu corria em volta de um lago, desviando de patos e assustando jacus. Agora, aos domingos, corro pela Paulista ou Minhocão e, durante a semana, vou testando diferentes percursos. Corri em volta do parque Buenos Aires e do cemitério da Consolação, ziguezagueei por Santa Cecília e pelas encostas do Sumaré, até que, na última terça, sem querer, descobri um insuspeito parque noturno com bastante gente, quase nenhum carro e propício a todo tipo de atividades: o estacionamento do estádio do Pacaembu.

(Antonio Prata. "O paulistano não é de jogar a toalha. Prefere estendê-la e deitar em cima." Disponível em:<http://www1.folha.uol.com.br/colunas>. Acesso em: 13.04.2017. Adaptado)

(Escrevente Técnico Judiciário – TJSP – VUNESP – 2017) Assinale a alternativa em que a substituição dos trechos destacados na passagem – O paulistano, contudo, não é de jogar a toalha – **prefere estendê-la e se deitar em cima**, caso lhe **concedam** dois metros quadrados de chão. – está de acordo com a norma-padrão de crase, regência e conjugação verbal.

(A) prefere estendê-la a desistir – põe a disposição.

(B) prefere estendê-la a desistir – ponham à disposição.

(C) prefere estendê-la do que desistir – põem a disposição.

(D) prefere mais estendê-la do que desistir – põe à disposição.

(E) prefere estendê-la à desistir – ponham a disposição.

A: incorreta. O verbo "por" deve ser conjugado na terceira pessoa do plural do presente do subjuntivo – "ponham" – e a expressão "à disposição" leva o acento grave indicativo da crase; **B:** correta, vez que todas as regras atinentes à crase, regência e concordância foram respeitadas; **C:** incorreta. O verbo "preferir" rege a preposição "a", além dos erros já destacados na letra "A"; **D:** incorreta. "Preferir mais" é pleonasmo, porque o verbo já traz consigo a ideia de comparação, além dos equívocos já destacados nas outras alternativas; **E:** incorreta. Não ocorre crase antes de verbo e a expressão "à disposição" leva o acento grave. **HS**
Gabarito "B".

Internet e as novas mídias: contribuições para a proteção do meio ambiente no *ciberespaço*

A sociedade passou por profundas transformações em que a realidade socioeconômica modificou-se com rapidez junto ao desenvolvimento incessante das economias de massas. Os mecanismos de produção desenvolveram-se de tal forma a adequarem-se às necessidades e vontades humanas. Contudo, o homem não mediu as possíveis consequências que tal desenvolvimento pudesse causar de modo a provocar o desequilíbrio ao meio ambiente e a própria ameaça à vida humana.

Desse modo, a preocupação com o meio ambiente é questionada, sendo centro de tomada de decisões, diante da grave problemática que ameaça romper com o equilíbrio ecológico do Planeta. E não apenas nos tradicionais meios de comunicação, tais como jornais impressos, rádio, televisão, revistas, dentre outros, como também nos espaços virtuais de interatividade, por meio das novas mídias, as quais representam novos meios de comunicação, tem-se o debate sobre a problemática ambiental.

O capitalismo foi reestruturado e a partir das transformações científicas e tecnológicas deu-se origem a um novo estabelecimento social, em que por meio de redes e da cultura da virtualidade, configura-se a chamada sociedade informacional, na qual a comunicação e a informação constituem-se ferramentas essenciais da Era Digital.

As novas mídias, por meio da utilização da *Internet*, estão sendo consideradas como novos instrumentos de proteção do meio ambiente, na medida em que proporcionam a expansão da informação ambiental, de práticas sustentáveis, de reivindicações e ensejo de decisões em prol do meio ambiente.

No *ciberespaço*, devido à conectividade em tempo real, é possível promover debates de inúmeras questões como a construção da hidrelétrica de Belo Monte, o Novo Código Florestal, Barra Grande, dentre outras, as quais ensejam por tomada de decisões políticas, jurídicas e sociais. [...]

Vislumbra-se que a *Internet* é um meio que aproxima pessoas e distâncias, sendo utilizada por um número ilimitado de pessoas, a custo razoável e em tempo real. De fato, a *Internet* proporciona benefícios, pois, além de promover a circulação de informações, a curto espaço de tempo, muitos debates virtuais produzem manifestações sociais. Assim sendo, tem-se a democratização das informações através dos espaços virtuais, como *blogs*, *websites*, redes sociais, jornais virtuais, *sites* especializados, *sites* oficiais, dentre outros, de modo a expandir conhecimentos, promover discussões e, por vezes, influenciando nas tomadas de decisões dos governantes e na proliferação de movimentos sociais. Desse modo, os cidadãos acabam participando e exercendo a cidadania de forma democrática no *ciberespaço*. [...]

Faz-se necessária a execução de ações concretas em prol do meio ambiente, com adaptação e intermédio do novo padrão de democracia participativa fomentado pelas novas mídias, a fim de enfrentar a gestão dos riscos ambientais, dentre outras questões socioambientais. Ainda, são necessárias discussões aprofundadas sobre a complexidade ambiental, agregando a interdisciplinaridade para escolhas sustentáveis e na difusão do conhe-cimento. E, embora haja inúmeros desafios a percorrer com a utilização das tecnologias de comunicação e informação (novas TIC's), entende-se que a atuação das novas mídias é de suma importância, pois possibilita a expansão da informação, a práxis ambiental, o debate e as aspirações dos cidadãos, contribuindo, dessa forma, para a proteção do meio ambiente.

(SILVA NUNES, Denise. Internet e as novas mídias: contribuições para a proteção do meio ambiente no ciberespaço. In: **Âmbito Jurídico**, Rio Grande, XVI, n. 115, ago. 2013. Disponível em: http://ambito-juridico.com.br/site/?n_link=revista_artigos_leitura&artigo_id=13051& revista_caderno=17. Acesso em: jan. 2017. Adaptado.)

(Técnico Judiciário – TRF2 – Consulplan – 2017) Analise os trechos a seguir.

I. "[...] adequarem-se às necessidades e vontades humanas." (1º§)

II. "Contudo, o homem não mediu as possíveis consequências [...]" (1º§)

III. "Desse modo, a preocupação com o meio ambiente é questionada, [...]" (2º§)

IV. "[...]por meio das novas mídias, as quais representam novos meios de comunicação, [...]" (2º§)

Os verbos que, no contexto, exigem o mesmo tipo de complemento verbal, foram empregados em apenas

(A) I e II.

(B) I, III e IV.

(C) II e IV.

(D) II, III e IV.

I: o verbo "adequar" é transitivo indireto, ou seja, demanda objeto indireto (complemento preposicionado); II: o verbo "medir" é transitivo direto, ou seja, rege objeto direto (complemento sem preposição); III: "ser" é verbo de ligação do sujeito com o predicativo do sujeito; IV: o verbo "representar" é transitivo direto, ou seja, rege objeto direto (complemento sem preposição). HS

Gabarito "C"

(Técnico Judiciário – TRT24 – FCC – 2017) Atenção: Considere o texto abaixo para responder às questões que se seguem.

Instituições financeiras reconhecem que é cada vez mais difícil detectar se uma transação é fraudulenta ou verdadeira

Os bancos e as empresas que efetuam pagamentos têm dificuldades de controlar as fraudes financeiras on-line no atual cenário tecnológico conectado e complexo. Mais de um terço (38%) das organizações reconhece que é cada vez mais difícil detectar se uma transação é fraudulenta ou verdadeira, revela pesquisa realizada por instituições renomadas.

O estudo revela que o índice de fraudes on-line *acompanha o aumento do número de transações* on-line, *e 50% das organizações de serviços financeiros pesquisadas acreditam que há um crescimento das fraudes financeiras eletrônicas. Esse avanço, juntamente com o crescimento massivo dos pagamentos eletrônicos combinado aos novos avanços tecnológicos e às mudanças nas demandas corporativas, tem forçado, nos últimos anos, muitas delas a melhorar a eficiência de seus processos de negócios.*

De acordo com os resultados, cerca de metade das organizações que atuam no campo de pagamentos eletrônicos usa soluções não especializadas que, segundo as estatísticas, não são confiáveis contra fraude e apresentam uma grande porcentagem de falsos positivos. O uso incorreto dos sistemas de segurança também pode acarretar o bloqueio de transações. Também vale notar que o desvio de pagamentos pode causar perda de clientes e, em última instância, uma redução nos lucros.

Conclui-se que a fraude não é o único obstáculo a ser superado: as instituições financeiras precisam também reduzir o número de alarmes falsos em seus sistemas a fim de fornecer o melhor atendimento possível ao cliente.

(Adaptado de: computerworld.com.br. Disponível em: http://computerworld.com.br/quase-40-dos-bancos-nao-sao-capazes-de-diferenciar-um-ataque-de-atividades-normais-de-clientes)

(Técnico Judiciário – TRT24 – FCC – 2017) No texto, as formas verbais flexionadas no presente do indicativo "têm" (1º parágrafo), "acompanha" (2º parágrafo) e "apresentam" (3º parágrafo) indicam eventos que

(A) já aconteceram e certamente não acontecerão mais.

(B) ocorrem em condições hipotéticas.

(C) se repetem com os passar dos dias.

(D) não se repetirão num futuro próximo.

(E) raramente aconteceram ou acontecem.

O tempo presente do modo indicativo transmite a ideia de que os eventos estão acontecendo agora ou que são corriqueiros, acontecem todos os dias. HS

Gabarito "C"

Atenção: Considere o texto abaixo para responder às questões abaixo.

Freud uma vez recebeu carta de um conhecido pedindo conselhos diante de uma escolha importante da vida. A resposta é surpreendente: para as decisões pouco importantes, disse ele, vale a pena pensar bem. Quanto às grandes escolhas da vida, você terá menos chance de errar se escolher por impulso.

A sugestão parece imprudente, mas Freud sabia que as razões que mais pesam nas grandes escolhas são inconscientes, e o impulso obedece a essas razões. Claro que Freud não se referia às vontades impulsivas proibidas. Falava das decisões tomadas de "cabeça fria", mas que determinam o rumo de nossas vidas. No caso das escolhas profissionais, as motivações inconscientes são decisivas. Elas determinam não só a escolha mais "acertada", do ponto de vista da compatibilidade com a profissão, como são também responsáveis por aquilo que chamamos de talento. Isso se decide na infância, por mecanismos que chamamos de identificações. Toda criança leva na bagagem alguns traços da personalidade dos pais. Parece um processo de imitação, mas não é: os caminhos das identificações acompanham muito mais os desejos não realizados dos pais do que aqueles que eles seguiram na vida.

Junto com as identificações formam-se os ideais. A escolha profissional tem muito a ver com o campo de ideais que a pessoa valoriza. Dificilmente alguém consegue se entregar profissionalmente a uma prática que não represente os valores em que ela acredita.

Tudo isso está relacionado, é claro, com a almejada satisfação na vida profissional. Mas não vamos nos iludir. Satisfação no trabalho não significa necessariamente prazer em trabalhar. Grande parte das pessoas não trabalharia se não fosse necessário. O trabalho não é fonte de prazer, é fonte de sentido. Ele nos ajuda a dar sentido à vida. Só que o sentido da vida profissional não vem pronto: ele é o efeito, e não a premissa, dos anos de prática de uma profissão. Na contemporaneidade, em que se acredita em prazeres instantâneos, resultados imediatos e felicidade instantânea, é bom lembrar que a construção de sentido requer tempo e persistência. Por outro lado, quando uma escolha não faz sentido o sujeito percebe rapidamente.

(Adaptado de KEHL, Maria Rita. Disponível em: rae.fgv.br / sites/rae.fgv.br/files/artigos)

(Técnico Judiciário – TRT11 – FCC – 2017) O verbo que pode ser corretamente flexionado em uma forma do plural, sem que nenhuma outra modificação seja feita na frase, está em:

(A) ... em que se acredita em prazeres instantâneos... (4º parágrafo)

(B) Grande parte das pessoas não trabalharia... (4º parágrafo)

(C) ... o campo de ideais que a pessoa valoriza. (3º parágrafo)

(D) ... que não represente os valores... (3º parágrafo)

(E) ...não se referia às vontades impulsivas... (2º parágrafo)

A única expressão que admite dupla concordância é "grande parte das pessoas". É possível fazer a concordância natural com "parte", colocando o verbo no singular, ou a concordância atrativa com o termo mais próximo – "pessoas" – permanecendo o verbo no plural. HS

Gabarito "B"

(Técnico Judiciário – TRE/SP – FCC – 2017) A forma verbal empregada corretamente está na frase:

(A) Notam-se a probabilidade de problemas emocionais e de déficits de habilidades sociais.

(B) Dedica-se ao manejo de aparelhos eletrônicos, desde a mais tenra idade, as crianças de hoje.

(C) Cercam-se de solidão e isolamento uma vida reclusa ao mundo virtual de atualizações de *status*.

(D) Findaram as discussões profundas, com as quais poderia se enriquecer os anos de universidade.

(E) Interpretam-se, com dificuldade, comportamentos alheios frente a frente, em tempo real.

A: incorreta. O verbo "notar" deveria estar na terceira pessoa do singular para concordar com "probabilidade"; **B:** incorreta. O verbo "dedicar" concorda com "crianças", portanto deveria estar na terceira pessoa do plural; **C:** incorreta. O verbo "cercar" concorda com "vida", então deveria estar na terceira pessoa do singular; **D:** incorreta. O verbo "poder" deveria estar na terceira pessoa do plural ("poderiam") para concordar com "anos"; **E:** correta. Todas as normas de concordância foram respeitadas. HS

Gabarito "E"

3. PONTUAÇÃO

Como assistiremos a filmes daqui a 20 anos?

Com muitos cineastas trocando câmeras tradicionais por câmeras 360 (que capturam vistas de todos os ângulos), o momento atual do cinema é comparável aos primeiros anos intensamente experimentais dos filmes no final do século 19 e início do século 20.

Uma série de tecnologias em rápido desenvolvimento oferece um potencial incrível para o futuro dos filmes – como a realidade aumentada, a inteligência artificial e a capacidade cada vez maior de computadores de criar mundos digitais detalhados.

Como serão os filmes daqui a 20 anos? E como as histórias cinematográficas do futuro diferem das experiências disponíveis hoje? De acordo com o guru da realidade virtual e artista Chris Milk, os filmes do futuro oferecerão experiências imersivas sob medida. _Eles_ serão capazes de "criar uma história em tempo real que é só para você, que satisfaça exclusivamente a você e o que você gosta ou não", diz ele.

(Adaptado de: BUCKMASTER, Luke.
Disponível em: **www.bbc.com**)

(Técnico – TJ/MA – FCC – 2019) No 2º parágrafo, a informação introduzida pelo travessão corresponde a

(A) uma síntese das consequências da revolução ocorrida no cinema recentemente.

(B) uma explicação das técnicas da maior parte das produções cinematográficas atuais.

(C) uma exemplificação das tecnologias que terão impacto sobre o futuro dos filmes.

(D) um apanhado das produções cinematográficas que se destacaram por serem inovadoras.

(E) uma ressalva sobre os aspectos positivos dos avanços técnicos da linguagem do cinema.

O travessão, na passagem indicada, introduz o aposto: uma lista de exemplos de tecnologias que mudarão a forma de fazer filmes no futuro. HS

Gabarito "C".

1. A neurocientista Suzana Herculano-Houzel é autora da coletânea de textos O cérebro nosso de cada dia, que tratam de curiosidades como o mito de que usamos apenas 10% do cérebro, por que boceja contagia, se café vicia, o endereço do senso de humor, os efeitos dos antidepressivos. A escrita é acessível e descontraída e os exemplos são tirados do cotidiano. Mesmo assim, Suzana descreve o processo de realização de cada pesquisa e discute as questões mais complexas, como a relação entre herança e ambiente, as origens fisiológicas de determinados comportamentos e o conceito de consciência. Leia a entrevista abaixo.

2. Muitos se queixam da ausência de uma "teoria da mente" satisfatória e dizem que a consciência humana é um mistério que não se poderia resolver – mesmo porque caberia à própria consciência humana resolvê-lo. O que acha? Acho que, na ciência, mais difícil do que encontrar respostas é formular perguntas boas. A ciência precisa de hipóteses testáveis, e somente agora,

quando a neurociência chega perto dos 150 anos de vida, começam a aparecer hipóteses testáveis sobre os mecanismos da consciência. Mas "teorias da mente" bem construídas e perfeitamente testáveis já existem. A própria alegação de que deve ser impossível à mente humana desvendar a si mesma, aliás, não passa de uma hipótese esperando ser posta por terra. É uma afirmação desafiadora, e com um apelo intuitivo muito forte. Mas não tem fundamento. De qualquer forma, a neurociência conta hoje com um leque de ferramentas que permite ao pesquisador, se ele assim desejar, investigar por exemplo a ativação em seu cérebro enquanto ele mesmo pensa, lembra, faz contas, adormece e, em seguida, acorda. O fato de que o objeto de estudo está situado dentro da cabeça do próprio pesquisador não é necessariamente um empecilho.

3. Há várias pesquisas descritas em seu livro sobre a influência da fisiologia no comportamento. Você concorda com Edward O. Wilson que "a natureza humana é um conjunto de predisposições genéticas"? Acredito que predisposições genéticas existem, mas, na grande maioria dos casos, não passam de exatamente isso: predisposições. Exceto em alguns casos especiais, genética não é destino. A meu ver, fatores genéticos, temperados por acontecimentos ao acaso ao longo do desenvolvimento, fornecem apenas uma base de trabalho, a matéria bruta a partir da qual o cérebro e comportamento serão esculpidos. Somadas a isso influências do ambiente e da própria experiência de vida de cada um, é possível transcender as potencialidades de apenas 30 mil genes – a estimativa atual do número de genes necessários para "montar" um cérebro humano – para montar os trilhões e trilhões de conexões entre as células nervosas, criando o arco-íris de possibilidades da natureza humana.

4. Uma dessas influências diz respeito às diferenças entre homens e mulheres, que seu livro menciona. Como evitar que isso se torne motivação de preconceitos ou de generalizações vulgares, como no fato de as mulheres terem menos neurônios? Se diferenças entre homens e mulheres são evidentes pelo lado de fora, é natural que elas também existam no cérebro. Na parte externa do cérebro, o córtex, homens possuem em média uns quatro bilhões de neurônios a mais. Mas o simples número de neurônios em si não é sinônimo de maior ou menor habilidade. A não ser quando concentrado em estruturas pequenas com função bastante precisa. Em média, a região do cérebro que produz a fala tende a ser maior em mulheres do que em homens, enquanto neles a região responsável por operações espaciais, como julgar o tamanho de um objeto, é maior do que nelas. Essa diferença casa bem com observações da psicologia: elas costumam falar melhor (e não mais!), eles costumam fazer operações espaciais com mais facilidade. O realmente importante é reconhecer que essas diferenças não são limitações, e sim pontos de partida, sobre os quais o aprendizado e a experiência podem agir.

(Adaptado de: PIZA, Daniel. Perfis & Entrevistas.
São Paulo, Contexto, 2004)

(Técnico – TRT/15 – FCC – 2018) As frases abaixo referem-se à pontuação do texto.

I. A vírgula antes da conjunção "e", no segmento "precisa de hipóteses testáveis, e somente agora" (2º parágrafo) deve-se à separação de duas orações com sujeitos distintos.

II. "Em fatores genéticos, temperados por aconteci-mentos" (3º parágrafo), caso se suprimisse a vírgula, o texto daria margem a se pensar em outros fatores genéticos para além dos que são "temperados por acontecimentos".

III. A vírgula presente no segmento "evidentes pelo lado de fora, é natural que elas" (último parágrafo) deve-se à ausência de conjunção em duas orações coordena-das.

Está correto o que consta de

(A) I e III, apenas.

(B) I, II e III.

(C) II, apenas.

(D) II e III, apenas.

(E) I e II, apenas.

I: correta. O uso da vírgula antes da conjunção "e" é justificado pelos sujeitos distintos das duas orações; II: correta, pois a oração subordinada adjetiva reduzida de particípio deixaria de ter valor explicativo para ter valor restritivo; III: incorreta. A vírgula indica a alteração da ordem direta do período, que poderia ser reescrito sem o sinal de pontuação dessa forma: "É natural que elas também existam no cérebro se as diferenças entre homens e mulheres são evidentes pelo lado de fora." HS
Gabarito "E".

TEXTO – Ressentimento e Covardia

Tenho comentado aqui na Folha em diversas crônicas, os usos da internet, que se ressente ainda da falta de uma legislação específica que coíba não somente os usos mas os abusos deste importante e eficaz veículo de comunicação. A maioria dos abusos, se praticados em outros meios, seriam crimes já especificados em lei, como a da imprensa, que pune injúrias, difamações e calúnias, bem como a violação dos direitos autorais, os plágios e outros recursos de apropriação indébita.

No fundo, é um problema técnico que os avanços da informática mais cedo ou mais tarde colocarão à disposi-ção dos usuários e das autoridades. Como digo repetidas vezes, me valendo do óbvio, a comunicação virtual está em sua pré-história.

Atualmente, apesar dos abusos e crimes cometidos na internet, no que diz respeito aos cronistas, articulistas e escritores em geral, os mais comuns são os textos atribuídos ou deformados que circulam por aí e que não podem ser desmentidos ou esclarecidos caso por caso. Um jornal ou revista é processado se publicar sem autorização do autor um texto qualquer, ainda que em citação longa e sem aspas. Em caso de injúria, calúnia ou difamação, também. E em caso de falsear a verdade propositadamente, é obrigado pela justiça a desmentir e dar espaço ao contraditório.

Nada disso, por ora, acontece na internet. Prevalece a lei do cão em nome da liberdade de expressão, que é mais expressão de ressentidos e covardes do que de liberdade,

da verdadeira liberdade. (Carlos Heitor Cony, Folha de São Paulo, 16/05/2006 – adaptado)

(Técnico – TJ/AL – 2018 – FGV) "Tenho comentado aqui na Folha em diversas crônicas, os usos da internet, que se ressente ainda da falta de uma legislação específica que coíba não somente os usos mas os abusos deste importante e eficaz veículo de comunicação".

O problema de norma culta identificado nesse segmento do texto é:

(A) a redundância desnecessária de "aqui/na Folha";

(B) a ausência de vírgula antes de "mas";

(C) a ausência de vírgula depois de "Folha";

(D) o emprego de plural indevido em "os usos";

(E) a repetição de adjetivos antes de "veículo".

Há erro de pontuação. Deveria haver vírgula após "Folha", para separar o adjunto adverbial "em diversas crônicas" que está deslocado da ordem direta do período. HS
Gabarito "C".

(Escrevente Técnico Judiciário – TJSP – VUNESP – 2017) Leia o texto, para responder às questões abaixo.

O ônibus da excursão subia lentamente a serra. Ele, um dos garotos no meio da garotada em algazarra, deixava a brisa fresca bater-lhe no rosto e entrar-lhe pelos cabelos com dedos longos, finos e sem peso como os de uma mãe. Ficar às vezes quieto, sem quase pensar, e apenas sentir – era tão bom. A concentração no sentir era difícil no meio da balbúrdia dos companheiros.

E mesmo a sede começara: brincar com a turma, falar bem alto, mais alto que o barulho do motor, rir, gritar, pensar, sentir, puxa vida! Como deixava a garganta seca.

A brisa fina, antes tão boa, agora ao sol do meio-dia tornara-se quente e árida e ao penetrar pelo nariz secava ainda mais a pouca saliva que pacientemente juntava.

Não sabia como e por que mas agora se sentia mais perto da água, pressentia-a mais próxima, e seus olhos saltavam para fora da janela procurando a estrada, penetrando entre os arbustos, espreitando, farejando.

O instinto animal dentro dele não errara: na curva ines-perada da estrada, entre arbustos estava... o chafariz de pedra, de onde brotava num filete a água sonhada.

O ônibus parou, todos estavam com sede mas ele con-seguiu ser o primeiro a chegar ao chafariz de pedra, antes de todos.

De olhos fechados entreabriu os lábios e colou-os feroz-mente no orifício de onde jorrava a água. O primeiro gole fresco desceu, escorrendo pelo peito até a barriga.

Era a vida voltando, e com esta encharcou todo o seu interior arenoso até se saciar. Agora podia abrir os olhos.

Abriu-os e viu bem junto de sua cara dois olhos de estátua fitando-o e viu que era a estátua de uma mulher e que era da boca da mulher que saía a água.

E soube então que havia colado sua boca na boca da estátua da mulher de pedra. A vida havia jorrado dessa boca, de uma boca para outra.

Intuitivamente, confuso na sua inocência, sentia-se intri-gado. Olhou a estátua nua.

Ele a havia beijado.

Sofreu um tremor que não se via por fora e que se iniciou bem dentro dele e tomou-lhe o corpo todo estourando pelo rosto em brasa viva.

(Clarice Lispector, "O primeiro beijo". *Felicidade clandestina.* Adaptado)

(Escrevente Técnico Judiciário – TJSP – VUNESP – 2017) Redigida com base em passagem do texto, a frase que apresenta emprego da vírgula de acordo com a norma-padrão é:

(A) Ele conseguiu ser, o primeiro a chegar antes de todos ao chafariz de pedra.

(B) Sentia-se intrigado intuitivamente confuso, na sua inocência.

(C) Antes tão boa a brisa fina, tornara-se quente e árida ao sol do meio-dia.

(D) No meio da balbúrdia dos amigos, a concentração no sentir era difícil.

(E) Do chafariz de pedra entre arbustos brotava num filete, a água sonhada.

A: incorreta. Não se separa com vírgula o verbo de ligação do predicativo do sujeito – "(...) ser o primeiro (...)"; **B:** incorreta. Faltou vírgula depois de "intrigado" para separar o aposto do restante da oração; **C:** incorreta. Não se separa com vírgula o sujeito do verbo. Ela deveria estar após "boa", para separar o adjunto adverbial deslocado da ordem direta: "Antes tão boa, a brisa fina tornara-se (...)"; **D:** correta. A vírgula está empregada seguindo o padrão culto da linguagem; **E:** incorreta. Faltou vírgula depois de "brotava" para separar o adjunto adverbial deslocado da ordem direta – "(...) brotava, num filete, a água sonhada.". O período também ficaria correto sem qualquer vírgula. O que não se admite é o uso de uma só. Gabarito "D". HS

(Técnico Judiciário – TRT24 – FCC – 2017) Atenção: Considere o texto abaixo para responder às questões abaixo.

Aspectos Culturais de Mato Grosso do Sul

A cultura de Mato Grosso do Sul é o conjunto de manifestações artístico-culturais desenvolvidas pela população sul-mato-grossense muito influenciada pela cultura paraguaia. Essa cultura estadual retrata, também, uma mistura de várias outras contribuições das muitas migrações ocorridas em seu território.

O artesanato, uma das mais ricas expressões culturais de um povo, no Mato Grosso do Sul, evidencia crenças, hábitos, tradições e demais referências culturais do Estado. É produzido com matérias primas da própria região e manifesta a criatividade e a identidade do povo sul-mato-grossense por meio de trabalhos em madeira, cerâmica, fibras, osso, chifre, sementes, etc.

As peças em geral trazem à tona temas referentes ao Pantanal e às populações indígenas, são feitas nas cores da paisagem regional e, além da fauna e da flora, podem retratar tipos humanos e costumes da região.

(Adaptado de: CANTU, Gilberto. Disponível em: http://pro-fgMbertocantu.blogspot.com.br/2013/08/aspectos-culturais-de-mato-grosso-do- sul.html)

(Técnico Judiciário – TRT24 – FCC – 2017) *As peças em geral trazem à tona temas referentes ao Pantanal e às populações indígenas, são feitas em cores da paisagem regional e,* **além da fauna e da flora***, podem retratar tipos humanos e costumes da região.* (3º parágrafo)

Após o deslocamento da expressão destacada, sem alterar o sentido da frase original, o uso da vírgula fica correto em:

(A) As peças em geral além da fauna e da flora, trazem à tona temas referentes ao Pantanal e às populações indígenas, são feitas nas cores da paisagem regional e podem retratar tipos humanos e costumes da região.

(B) As peças em geral trazem à tona temas referentes ao Pantanal e às populações indígenas, são feitas nas cores da paisagem regional e podem além da fauna e da flora, retratar tipos humanos e costumes da região.

(C) As peças em geral trazem à tona temas referentes ao Pantanal e às populações indígenas, além da fauna e da flora são feitas nas cores da paisagem regional e podem retratar tipos humanos e costumes da região.

(D) Além da fauna e da flora as peças em geral trazem à tona temas referentes ao Pantanal e às populações indígenas, são feitas nas cores da paisagem regional e, podem retratar tipos humanos e costumes da região.

(E) As peças em geral trazem à tona temas referentes ao Pantanal e às populações indígenas, são feitas nas cores da paisagem regional e podem retratar tipos humanos e costumes da região, além da fauna e da flora.

Quando o adjunto adverbial estiver deslocado da ordem direta do período, ou seja, for colocado em qualquer outro lugar que não ao final do trecho, deverá vir separado por vírgulas. Quando está em seu devido lugar, ao final, em períodos muito longos, o uso da vírgula para separá-lo é facultativo. Por isso está correta a alternativa "E". Gabarito "E". HS

Texto CG3A1AAA

1   A moralidade, que deve ser uma característica do
    conjunto de indivíduos da sociedade, deve caracterizar de
    modo mais intenso ainda aqueles que exercem funções

4   administrativas e de gestão pública ou privada. Com relação a
    essa ideia, vale destacar que o alcance da moralidade

    vincula-se a princípios ou normas de conduta, aos padrões de

7   comportamento geralmente reconhecidos, pelos quais são
    julgados os atos dos membros de determinada coletividade.

    Disso é possível deduzir que os membros de uma corporação

10 profissional — no caso, funcionários e servidores da
    administração pública — também devem ser submetidos ao

    julgamento ético-moral. A administração pública deve

13 pautar-se nos princípios constitucionais que a regem. É
    necessário, ainda, que tais princípios estejam pública e

    legalmente disponíveis ao conhecimento de todos os cidadãos,

16 para que estes possam respeitá-los e vivenciá-los. Nesse
    contexto, destacam-se os princípios constitucionais tidos como

    base da função pública e que, sem dúvida, constituem pilares

19 de sustentabilidade da função gestora.
    O Estado constitui uma esfera ético-política

    caracterizada pela união de partes que lhe conferem a

22 característica de um organismo vivo, composto pela
    participação dos cidadãos e de todos aqueles que se abrigam

    em sua circunscrição constitucional e legal, ou seja, se abrigam

25 sob a égide de uma Constituição.
    A ética e a cidadania não se desvinculam da questão

    dos princípios da ação do Estado e da moralidade

28 administrativa, uma vez que, por mais alargados que pareçam
    os direitos e as esferas individuais — as quais parecem ser

    extremamente flexíveis nos atuais contextos —, urge que sejam

31 regulamentadas as vinculações estreitas que existem entre
    esferas individuais e esferas coletivas, pressupondo-se, assim,

    níveis de avanço no campo do progresso moral da sociedade.

Z. A. L. Rodriguez. **Ética na gestão pública**. Curitiba: InterSaberes, 2016, p. 130-1 (com adaptações).

(Técnico Judiciário – TRE/PE – CESPE – 2017) A correção gramatical do texto CG3A1AAA seria mantida caso

(A) fosse suprimida a vírgula empregada imediatamente após o travessão na linha 30.
(B) fosse inserida uma vírgula imediatamente após "gestão" (l. 4).
(C) fosse suprimida a vírgula empregada logo após "dúvida" (l. 18).
(D) fossem suprimidas as vírgulas que isolam o conectivo "ou seja" (l. 24).
(E) fosse empregada vírgula imediatamente após o travessão na linha 11.

A: incorreta. A questão é levemente polêmica, porque há gramáticos que não veem erro na ausência de vírgula após o travessão que isola o aposto da oração, mesmo se antes dele outro elemento deve estar separado com vírgula. Para eles, o travessão faz a dupla função de separar ambos os elementos. Para a maioria, é bem verdade, se foi utilizada a vírgula e o travessão, ambos devem ser usados para retomar o período; **B:** correta. Os adjetivos poderiam constituir um aposto sem qualquer perda de sentido; **C:** incorreta. O adjunto adverbial deslocado da ordem direta da oração deve ficar obrigatoriamente separado por vírgulas; **D:** incorreta. O conectivo explicativo, nesse caso, fica obrigatoriamente separado por vírgulas; **E:** incorreta. Apesar da polêmica comentada no comentário à alternativa "A", é fato que, se não há vírgula antes, não deve haver vírgula depois do travessão. HS

(TRT/3ª – 2015 – FCC) A frase pontuada em conformidade com as orientações da gramática normativa é:

(A) Não fica muito claro, como os veteranos estudiosos da área poderiam abrigar o pensamento desse jovem pesquisador, porque o ponto de vista dele é agudo e sobretudo, excêntrico.

(B) Seria um equívoco atribuir ao procurador, daquela pessoa idosa, doente, e fragilizada a responsabilidade pelos malfeitos que foram descobertos, pois ele a tem em alta consideração.

(C) Se é justo valorizar a experiência de nossos antepassados, o saber advindo de nossas próprias vivências, não deve ser tido como menos valoroso; ao contrário pode harmonizar-se com o saber herdado.

(D) O conferencista comprovou que a contextualização é o traço mais forte na área da história das ideias que mais avançou na última década: a história do pensamento político.

(E) Sempre voltou seu olhar para as flores mais sensíveis e, de cultivo mais difícil, porém, ao longo de sua trajetória valeu-se de cautelas mais adequadas ao cultivo de espécies mais resistentes.

A: incorreta. A vírgula depois de "claro" está errada e deveria haver o mesmo sinal antes de "sobretudo"; **B:** incorreta. Não deve ser colocada vírgula depois de "procurador" nem de "doente", que deve ser retirada e colocada após "fragilizada"; **C:** incorreta. Não há vírgula após "vivências" e deveria haver uma após "contrário"; **D:** correta. O período atende a todas as normas de pontuação da gramática; **E:** incorreta. Não há vírgula antes de "de cultivo" e deveria haver uma após "trajetória".
Gabarito "D".

4. REDAÇÃO, COESÃO E COERÊNCIA

(Técnico – MPE/CE – CESPE – 2020) Julgue os próximos itens, com base no Manual de Redação da Presidência da República (MRPR).

(1) O MRPR prevê somente dois fechos diferentes para as modalidades de comunicação oficial entre autoridades da administração pública: Respeitosamente, caso o destinatário seja autoridade de hierarquia superior à do remetente; e Atenciosamente, caso o destinatário seja autoridade de mesma hierarquia ou de hierarquia inferior à do remetente. Ficam excluídas dessa norma as comunicações dirigidas a autoridades estrangeiras, que atendem a rito e tradição próprios.

(2) Os assuntos objetos dos expedientes oficiais devem ser tratados de forma estritamente impessoal, uma vez que a redação oficial é elaborada sempre em nome do serviço público e sempre em atendimento ao interesse geral dos cidadãos.

1: correta, nos termos do item 5.1.7 do MRPR; **2:** correta, nos termos do item 3.5 do MRPR. HS
Gabarito 1C, 2C

(Técnico – MPE/CE – CESPE – 2020) Com base no **Manual de Redação da Presidência da República**, julgue os próximos itens.

(1) A formalidade e a precisão da redação oficial dependem do uso correto da norma padrão da língua portuguesa, ainda que isso implique falta de clareza.

(2) O texto de um documento oficial deve seguir a estrutura padronizada de introdução, desenvolvimento e conclusão, exceto em casos de encaminhamento de documentos.

(3) Entre os documentos oficiais, o *email* é o que apresenta maior flexibilidade formal, uma vez que, nesse tipo de comunicação, se admite o uso de abreviações como vc e pq.

1: incorreta. Conforme consta do item 3.1 do MRPR, a clareza é qualidade básica de todo texto oficial, não se admitindo que sua redação se torne incompreensível ainda que pelo uso extremamente formal do idioma; **2:** correta, nos termos do item 5.1.6 do MRPR; **3:** incorreta. Mesmo em mensagens eletrônicas deve-se evitar a informalidade, mormente pelo uso de abreviaturas não reconhecidas pelo padrão culto da língua (item 3.6 do MRPR). HS
Gabarito 1E, 2C, 3E

Como assistiremos a filmes daqui a 20 anos?

Com muitos cineastas trocando câmeras tradicionais por câmeras 360 (que capturam vistas de todos os ângulos), o momento atual do cinema é comparável aos primeiros anos intensamente experimentais dos filmes no final do século 19 e início do século 20.

Uma série de tecnologias em rápido desenvolvimento oferece um potencial incrível para o futuro dos filmes – como a realidade aumentada, a inteligência artificial e a capacidade cada vez maior de computadores de criar mundos digitais detalhados.

Como serão os filmes daqui a 20 anos? E como as histórias cinematográficas do futuro diferem das experiências disponíveis hoje? De acordo com o guru da realidade virtual e artista Chris Milk, os filmes do futuro oferecerão experiências imersivas sob medida. Eles serão capazes de "criar uma história em tempo real que é só para você, que satisfaça exclusivamente a você e o que você gosta ou não", diz ele.

(Adaptado de: BUCKMASTER, Luke. Disponível em: **www.bbc.com**)

(Técnico – TJ/MA – FCC – 2019) O pronome "Eles", em destaque no 3º parágrafo, faz referência aos

(A) artistas individualistas do futuro.

(B) filmes da atualidade.

(C) espectadores do futuro.

(D) diretores hoje renomados.

(E) filmes do futuro.

O pronome foi usado como elemento de coesão para resgatar "filmes do futuro". HS
Gabarito "E".

Renato Janine Ribeiro: A velocidade ficou maior do que as pessoas conseguem alcançar. Somos bombardeados diariamente sobre novidades na produção do hardware e do software dos computadores. O indivíduo tem um computador e, em pouco tempo, é lançado outro mais potente. Talvez em breve as pessoas se convençam de que não há necessidade de uma renovação tão frequente. A grande maioria das pessoas usam bem pouco dos recursos de seus computadores. Devemos sempre lembrar que as invenções existem para nos servir, e não o contrário. Quer dizer, a demanda é que as pessoas se adaptem às máquinas, e não que as máquinas se adaptem às pessoas.

Flávio Gikovate: Tenho a impressão de que isso não ocorre só com a tecnologia. Tenho a sensação de que sempre chegamos tarde. As pessoas compram muitas coisas desnecessárias. Veja o caso das roupas: só porque a cintura da calça subiu ou desceu ligeiramente, elas trocam todas as que possuíam. Trata-se de um movimento em que as pessoas estão sempre devendo.

(Adaptado de: GIKOVATE, Flávio & RIBEIRO, Renato Janine. *Nossa sorte, nosso norte.* Campinas: Papirus, 2012)

(Técnico – TRF/4 – FCC – 2019) "Flávio Gikovate: Tenho a impressão de que isso não ocorre só com a tecnologia". (2º parágrafo) Transposto para o discurso indireto, o trecho acima assume a seguinte redação:

(A) Flávio disse que teria a impressão de que isso não ocorrerá só com a tecnologia.

(B) Flávio afirmou que teve a impressão de que isso não ocorreria só com tecnologia.

(C) Tem-se a impressão, conforme afirma Flávio, de que isso não ocorrerá só com a tecnologia.

(D) Flávio disse que tinha a impressão de que isso não ocorreu só com a tecnologia.

(E) Flávio afirmou que tinha a impressão de que isso não ocorria só com a tecnologia.

Na transposição para o discurso indireto, a oração principal fica com o verbo no pretérito perfeito e as subordinadas trazem a ação verbal no pretérito imperfeito, para manter a coerência temporal do discurso. A única alternativa que respeitou a norma foi a letra "E", que deve ser assinalada. **HS**

Gabarito "E".

Seis de janeiro, Epifania ou Dia de Reis (em referência aos reis magos), fecha o ciclo natalino que, entre os romanos, festejava o renascimento do sol depois do solstício de inverno (o dia mais curto do ano).

Era uma festa de invocação do sol, pelo fim das noites invernais. Durante esses festejos pagãos, os papéis sociais se confundiam. Havia troca de presentes e de identidades. O escravo assumia o lugar de senhor, o homem se vestia de mulher – como se, para agradar à natureza, tivéssemos de reconhecer a arbitrariedade das convenções culturais.

Nesse intervalo de poucos dias, o homem aceitava como natural o que por convenção as relações sociais e de poder não permitiam. Ameaçado pelos caprichos da natureza, reconhecia que as coisas são mais complexas do que estamos dispostos a ver.

É plausível que Shakespeare tenha escrito "Noite de Reis", segundo Harold Bloom sua comédia mais bem-sucedida, pensando nessa carnavalização solar, para comemorar a Epifania. A peça conta a história de Viola e Sebastian, gêmeos que naufragam ao largo do que hoje seria Croácia, Montenegro ou Albânia, e que no texto se chama Ilíria. Viola acredita que o irmão se afogou. Ao oferecer seus serviços ao duque de Ilíria, ela se disfarça de homem, assumindo o nome de Cesário. É o suficiente para pôr em andamento uma comédia de erros na qual

as identidades serão confrontadas com a relatividade das nossas convicções.

O sentido irônico do subtítulo da peça – "o que bem quiserem ou desejarem" – dá a entender que os desejos desafiam as convenções que os encobrem. As convenções se modificam conforme a necessidade. Os desejos às contradizem. Identidade e desejo são muitas vezes incompatíveis.

É o que reivindica a filósofa Rosi Braidotti. Braidotti critica a banalização dos discursos identitários, uma incapacidade de lidar com a complexidade, análoga às soluções simplistas que certos discursos contrapõem às contradições. Diante da complexidade, é natural seguir a ilusão das respostas mais simples.

Sob a graça da comédia, Shakespeare trata da fluidez das identidades. Epifania tem a ver com a luz, com o entendimento e a compreensão. Mas para voltar a ver e compreender é preciso admitir que as contradições são parte constitutiva do mundo. A democracia, em sua imperfeição e irrealização permanentes, depende disso.

(Adaptado de: CARVALHO, Bernardo. Disponível em: www1. folha.uol.com.br)

(Técnico – TRF/4 – FCC – 2019) É plausível que Shakespeare tenha escrito "Noite de Reis" [...] para comemorar a Epifania. A peça conta a história de Viola e Sebastian, gêmeos que naufragam ao largo do que hoje seria Croácia, Montenegro ou Albânia... (4º parágrafo)

Está correta a redação da seguinte frase, em que se contemplam as principais ideias do segmento transcrito acima:

(A) Admite-se que "Noite de Reis", de Shakespeare, em cuja a peça se conta a história dos gêmeos, Viola e Sebastian, que naufragam ao largo do que hoje seria Croácia, Montenegro ou Albânia, fora escrita em comemoração à Epifania.

(B) A peça "Noite de Reis", em que se conta a história dos gêmeos Viola e Sebastian, naufragados ao largo do que hoje seria Croácia, Montenegro ou Albânia, pode ter sido escrita por Shakespeare em comemoração da Epifania.

(C) A fim de comemorar a Epifania, conforme se atesta, Shakespeare escreveu "Noite de Reis", peça à qual revela a história dos gêmeos Viola e Sebastian naufragando ao largo do que hoje seria Croácia, Montenegro ou Albânia.

(D) A partir da presunção de que Shakespeare escrevera "Noite de Reis" em comemoração à Epifania, têm-se, na peça, a história dos gêmeos Viola e Sebastian cujo naufrágio se deu ao largo do que hoje seria Croácia, Montenegro ou Albânia.

(E) Conforme se atribui à Shakespeare a comemoração da Epifania por meio da peça "Noite de Reis", em que conta-se a história dos gêmeos Viola e Sebastian, que naufragam ao largo do que hoje seria Croácia, Montenegro ou Albânia.

A: incorreta. A construção "em cuja a peça" está errada, devendo ser substituída por "na qual". Não já vírgula após "gêmeos"; **B**: correta. A redação respeita a norma padrão da linguagem e está de acordo com o sentido original; **C**: incorreta. O verbo "atestar" traz a ideia de certeza de que Shakespeare escreveu a peça para comemorar a

Epifania, o que não é verdade. Não cabe usar "à qual" nesse caso, devendo ser substituída por "que"; **D**: incorreta. Falta vírgula após "Sebastian"; **E**: incorreta. A redação dá a entender que somente por conta da obra de Shakespeare é que se comemora a Epifania, o que não é verdade. Além disso, o pronome "se" deveria estar proclítico em "em que se conta". **HS**

Gabarito "B".

TEXTO – Ressentimento e Covardia

Tenho comentado aqui na Folha em diversas crônicas, os usos da internet, que se ressente ainda da falta de uma legislação específica que coíba não somente os usos mas os abusos deste importante e eficaz veículo de comunicação. A maioria dos abusos, se praticados em outros meios, seriam crimes já especificados em lei, como a da imprensa, que pune injúrias, difamações e calúnias, bem como a violação dos direitos autorais, os plágios e outros recursos de apropriação indébita.

No fundo, é um problema técnico que os avanços da informática mais cedo ou mais tarde colocarão à disposição dos usuários e das autoridades. Como digo repetidas vezes, me valendo do óbvio, a comunicação virtual está em sua pré-história.

Atualmente, apesar dos abusos e crimes cometidos na internet, no que diz respeito aos cronistas, articulistas e escritores em geral, os mais comuns são os textos atribuídos ou deformados que circulam por aí e que não podem ser desmentidos ou esclarecidos caso por caso. Um jornal ou revista é processado se publicar sem autorização do autor um texto qualquer, ainda que em citação longa e sem aspas. Em caso de injúria, calúnia ou difamação, também. E em caso de falsear a verdade propositadamente, é obrigado pela justiça a desmentir e dar espaço ao contraditório.

Nada disso, por ora, acontece na internet. Prevalece a lei do cão em nome da liberdade de expressão, que é mais expressão de ressentidos e covardes do que de liberdade, da verdadeira liberdade. (Carlos Heitor Cony, Folha de São Paulo, 16/05/2006 – adaptado)

(**Técnico – TJ/AL – 2018 – FGV**) O segmento do texto que mostra um problema de coerência é:

(**A**) "Atualmente, apesar dos abusos e crimes cometidos na internet, no que diz respeito aos cronistas, articulistas e escritores em geral";

(**B**) "...os mais comuns são os textos atribuídos ou deformados que circulam por aí e que não podem ser desmentidos ou esclarecidos caso por caso";

(**C**) "Um jornal ou revista é processado se publicar sem autorização do autor um texto qualquer, ainda que em citação longa e sem aspas";

(**D**) "Em caso de injúria, calúnia ou difamação, também";

(**E**) "E em caso de falsear a verdade propositadamente, é obrigado pela justiça a desmentir e dar espaço ao contraditório".

A única passagem com vício de coerência é a letra "C", que deve ser assinalada. O uso da conjunção "ainda que" dá a entender que a citação longa e sem aspas não configuraria plágio, o que manifestamente não é verdade – trata-se, ao contrário, de sua forma mais comum. **HS**

Gabarito "C".

(**Escrevente Técnico Judiciário – TJSP – VUNESP – 2017**) Leia o texto, para responder às questões de números abaixo.

Há quatro anos, Chris Nagele fez o que muitos executivos no setor de tecnologia já tinham feito – ele transferiu sua equipe para um chamado escritório aberto, sem paredes e divisórias.

Os funcionários, **até então**, trabalhavam de casa, mas ele queria que todos estivessem juntos, para se conectarem e colaborarem mais facilmente. Mas em pouco tempo ficou claro que Nagele tinha cometido um grande erro. Todos estavam distraídos, a produtividade caiu, e os nove empregados estavam insatisfeitos, sem falar do próprio chefe.

Em abril de 2015, quase três anos após a mudança para o escritório aberto, Nagele transferiu a empresa para um espaço de 900 m² onde hoje todos têm seu próprio espaço, com portas e tudo.

Inúmeras empresas adotaram o conceito de escritório aberto – cerca de 70% dos escritórios nos Estados Unidos são assim – e até onde se sabe poucos retornaram ao modelo de espaços tradicionais com salas e portas.

Pesquisas, **contudo**, mostram que podemos perder até 15% da produtividade, desenvolver problemas graves de concentração e até ter o dobro de chances de ficar doentes em espaços de trabalho abertos – fatores que estão contribuindo para uma reação contra esse tipo de organização.

Desde que se mudou para o formato tradicional, Nagele já ouviu colegas do setor de tecnologia dizerem sentir falta do estilo de trabalho do escritório fechado. "Muita gente concorda – simplesmente não aguentam o escritório aberto. Nunca se consegue terminar as coisas e é preciso levar mais trabalho para casa", diz ele.

É improvável que o conceito de escritório aberto caia em desuso, mas algumas firmas estão seguindo o exemplo de Nagele e voltando aos espaços privados.

Há uma boa razão que explica por que todos adoram um espaço com quatro paredes e uma porta: foco. A verdade é que não conseguimos cumprir várias tarefas ao mesmo tempo, e pequenas distrações podem desviar nosso foco por até 20 minutos.

Retemos mais informações quando nos sentamos em um local fixo, afirma Sally Augustin, psicóloga ambiental e de design de interiores.

(Bryan Borzykowski, "Por que escritórios abertos podem ser ruins para funcionários." Disponível em:<www1.folha.uol.com.br>. Acesso em: 04.04.2017. Adaptado)

(**Escrevente Técnico Judiciário – TJSP – VUNESP – 2017**) Assinale a alternativa em que a nova redação dada ao seguinte trecho do primeiro parágrafo apresenta concordância de acordo com a norma-padrão:

Há quatro anos, Chris Nagele fez o que muitos executivos no setor de tecnologia já tinham feito.

(**A**) Faz exatamente quatro anos que Chris Nagele fez o que já tinham sido feitos por outros executivos do setor.

(B) Muitos executivos já havia transferido suas equipes para o chamado escritório aberto, como feito por Chris Nagele.

(C) Devem fazer uns quatro anos que Chris Nagele transferiu sua equipe para escritórios abertos, tais como foi transferido por muitos executivos.

(D) Mais de um executivo já tinham transferido suas equipes para escritórios abertos, o que só aconteceu com Chris Nagele fazem mais de quatro anos.

(E) O que muitos executivos fizeram, transferindo suas equipes para escritórios abertos, também foi feito por Chris Nagele, faz cerca de quatro anos.

A: incorreta. O correto seria: "(...) fez o que já tinha sido feito por outros executivos (...)"; **B:** incorreta. O verbo "haver", na condição de verbo auxiliar, concorda com o sujeito: "Muitos executivos já haviam transferido (...)"; **C:** incorreta. A expressão "deve fazer", para indicar passagem do tempo, é impessoal: "Deve fazer uns quatro anos (...)". Além disso, a expressão "tal como" também deve ficar no singular nesse caso; **D:** incorreta. A expressão "mais de um" é singular: "Mais de um executivo já tinha transferido (...)". Além disso, o verbo "fazer", para indicar passagem do tempo, é impessoal: "(...) faz mais de quatro anos."; **E:** correta. A concordância verbal e nominal está conforme o padrão culto da língua. [HS]

Gabarito "E".

Internet e as novas mídias: contribuições para a proteção do meio ambiente no *ciberespaço*

A sociedade passou por profundas transformações em que a realidade socioeconômica modificou-se com rapidez junto ao desenvolvimento incessante das economias de massas. Os mecanismos de produção desenvolveram-se de tal forma a adequarem-se às necessidades e vontades humanas. Contudo, o homem não mediu as possíveis consequências que tal desenvolvimento pudesse causar de modo a provocar o desequilíbrio ao meio ambiente e a própria ameaça à vida humana.

Desse modo, a preocupação com o meio ambiente é questionada, sendo centro de tomada de decisões, diante da grave problemática que ameaça romper com o equilíbrio ecológico do Planeta. E não apenas nos tradicionais meios de comunicação, tais como jornais impressos, rádio, televisão, revistas, dentre outros, como também nos espaços virtuais de interatividade, por meio das novas mídias, as quais representam novos meios de comunicação, tem-se o debate sobre a problemática ambiental.

O capitalismo foi reestruturado e a partir das transformações científicas e tecnológicas deu-se origem a um novo estabelecimento social, em que por meio de redes e da cultura da virtualidade, configura-se a chamada sociedade informacional, na qual a comunicação e a informação constituem-se ferramentas essenciais da Era Digital.

As novas mídias, por meio da utilização da *Internet*, estão sendo consideradas como novos instrumentos de proteção do meio ambiente, na medida em que proporcionam a expansão da informação ambiental, de práticas sustentáveis, de reivindicações e ensejo de decisões em prol do meio ambiente.

No *ciberespaço*, devido à conectividade em tempo real, é possível promover debates de inúmeras questões como a construção da hidrelétrica de Belo Monte, o Novo Código Florestal, Barra Grande, dentre outras, as quais ensejam por tomada de decisões políticas, jurídicas e sociais. [...]

Vislumbra-se que a *Internet* é um meio que aproxima pessoas e distâncias, sendo utilizada por um número ilimitado de pessoas, a custo razoável e em tempo real. De fato, a *Internet* proporciona benefícios, pois, além de promover a circulação de informações, a curto espaço de tempo, muitos debates virtuais produzem manifestações sociais. Assim sendo, tem-se a democratização das informações através dos espaços virtuais, como *blogs*, *websites*, redes sociais, jornais virtuais, *sites* especializados, *sites* oficiais, dentre outros, de modo a expandir conhecimentos, promover discussões e, por vezes, influenciando nas tomadas de decisões dos governantes e na proliferação de movimentos sociais. Desse modo, os cidadãos acabam participando e exercendo a cidadania de forma democrática no *ciberespaço*. [...]

Faz-se necessária a execução de ações concretas em prol do meio ambiente, com adaptação e intermédio do novo padrão de democracia participativa fomentado pelas novas mídias, a fim de enfrentar a gestão dos riscos ambientais, dentre outras questões socioambientais. Ainda, são necessárias discussões aprofundadas sobre a complexidade ambiental, agregando a interdisciplinaridade para escolhas sustentáveis e na difusão do conhecimento. E, embora haja inúmeros desafios a percorrer com a utilização das tecnologias de comunicação e informação (novas TIC's), entende-se que a atuação das novas mídias é de suma importância, pois possibilita a expansão da informação, a práxis ambiental, o debate e as aspirações dos cidadãos, contribuindo, dessa forma, para a proteção do meio ambiente.

(SILVA NUNES, Denise. Internet e as novas mídias: contribuições para a proteção do meio ambiente no ciberespaço. In: **Âmbito Jurídico**, Rio Grande, XVI, n. 115, ago. 2013. Disponível em: http://ambito-juridico.com.br/site/?n_link=revista_artigos_leitura&artigo_id=13051& revista_caderno=17. Acesso em: jan. 2017. Adaptado.)

(Técnico Judiciário – TRF2 – Consulplan – 2017) A reescrita de *"Contudo, o homem não mediu as possíveis consequências que tal desenvolvimento pudesse causar de modo a provocar o desequilíbrio ao meio ambiente e a própria ameaça à vida humana"* (1º§) em que a correção gramatical e o sentido foram preservados pode ser indicada em:

(A) Assim, o homem não mensurou as possíveis consequências que seriam causadas por tal de modo a provocar o desequilíbrio ao meio ambiente e a própria ameaça e à vida humana.

(B) Não obstante, o homem não mediu as possíveis consequências que poderiam ser causadas por tal desenvolvimento provocando o desequilíbrio ao meio ambiente e a própria ameaça e à vida humana.

(C) As possíveis consequências que tal desenvolvimento pudesse causar de modo a provocar o desequilíbrio ao meio ambiente e a própria ameaça e à vida humana, entretanto, não foram logradas.

(D) Contudo, o homem não mediu as possíveis consequências que tal desenvolvimento pudesse causar de modo a provocar o desequilíbrio e a própria ameaça ao meio ambiente e à vida humana.

A: incorreta. As conjunções "contudo" e "assim" expressam ideias diferentes, portanto não podem ser usadas uma pela outra. Além disso, há diversos erros de regência no período, como em "por tal de modo" e "a própria ameaça e à vida humana"; **B:** incorreta. Deveria haver vírgula após "desenvolvimento" e não se justifica a conjunção em "e à vida humana"; **C:** incorreta. A nova redação ficou totalmente obscura e ininteligível; **D:** correta. O período respeita integralmente a norma culta e o sentido original do texto. **HS**

Gabarito "D".

(Técnico Judiciário – TRT11 – FCC – 2017) <u>Atenção:</u> Considere o texto abaixo para responder às questões seguintes.

Muito antes das discussões atuais sobre as mudanças climáticas, os cataclismos naturais despertam interesse no homem. Os desastres são um capítulo trágico da história da humanidade desde tempos longínquos. Supostas inundações catastróficas aparecem em relatos de várias culturas ao longo dos tempos, desde os antigos mesopotâmicos e gregos até os maias e os vikings.

Fora da rota dos grandes furacões, sem vulcões ativos e desprovido de zonas habitadas sujeitas a terremotos, o Brasil não figura entre os países mais suscetíveis a desastres naturais. Contudo, a aparência de lugar protegido dos humores do clima e dos solavancos da geologia deve ser relativizada. Aqui, cerca de 85% dos desastres são causados por três tipos de ocorrências: inundações bruscas, deslizamentos de terra e secas prolongadas. Esses fenômenos são relativamente recorrentes em zonas tropicais, e seus efeitos podem ser atenuados por políticas públicas de redução de danos.

Dois estudos feitos por pesquisadores brasileiros indicam que o risco de ocorrência desses três tipos de desastre deverá aumentar até o final do século. Eles também sinalizam que novos pontos do território nacional deverão se transformar em áreas de risco significativo para esses mesmos problemas. "Os impactos tendem a ser maiores no futuro, com as mudanças climáticas, o crescimento das cidades e a ocupação de mais áreas de risco", comenta o pesquisador José A. Marengo.

Além da suscetibilidade natural a secas, enchentes, deslizamentos e outros desastres, a ação do homem tem um peso considerável em transformar o que poderia ser um problema de menor monta em uma catástrofe. Os pesquisadores estimam que um terço do impacto dos deslizamentos de terra e metade dos estragos de inundações poderiam ser evitados com alterações de práticas humanas ligadas à ocupação do solo e a melhorias nas condições socioeconômicas da população em áreas de risco.

Moradias precárias em lugares inadequados, perto de encostas ou em pontos de alagamento, cidades superpopulosas e impermeabilizadas, que não escoam a água da chuva; esses fatores da cultura humana podem influenciar o desfecho de uma situação de risco. "Até hábitos cotidianos, como não jogar lixo na rua, e o nível de solidariedade de uma população podem ao menos mitigar os impactos de um desastre", pondera a geógrafa Lucí Hidalgo Nunes.

(Adaptado de PIVETTA, Marcos. Disponível em: **http://revista-pesquisa.fapesp.br**)

(Técnico Judiciário – TRT11 – FCC – 2017) *"Os impactos tendem a ser maiores no futuro, com as mudanças climáticas, o crescimento das cidades e a ocupação de mais áreas de risco"...* (3º parágrafo)

Sem prejuízo para a correção e a lógica, uma redação alternativa para o segmento acima, em que se preserva, em linhas gerais, o sentido original, está em:

(A) A fim de que os impactos sejam menores no futuro, tem-se as mudanças climáticas e o crescimento das cidades, juntamente com a ocupação de mais áreas de risco.

(B) Devido à mudanças climáticas, ao crescimento das cidades e o aumento das áreas de risco ocupadas, os impactos tendem a ser maiores no futuro.

(C) Conquanto houvessem mudanças climáticas, crescimento das cidades e ocupação de mais áreas de risco, os impactos tendem a ser maiores no futuro.

(D) À medida que ocorrem mudanças climáticas, juntamente com o crescimento das cidades e a ocupação de mais áreas de risco, os impactos tendem a aumentar.

(E) Posto que se vê mudanças climáticas e o crescimento das cidades, além da ocupação de mais áreas de risco, os impactos tendem a aumentar no futuro.

A: incorreta. A redação está confusa e obscura; **B:** incorreta. Não ocorre crase em "a mudanças climáticas", porque a ausência de concordância com o plural que lhe segue demonstra que o "a" é preposição isolada. Além disso, deveria constar "ao aumento"; **C:** incorreta. O verbo "haver", no sentido de "existir", é impessoal e não se flexiona: "houvesse". Além disso, "conquanto" é conjunção concessiva, sinônimo de "embora", "mesmo que" – seu uso deixou o período sem sentido; D: correta. A nova redação respeita o padrão culto e está clara e inteligível; **E:** incorreta. "Posto que" também é conjunção concessiva. Logo, seu uso alterou o sentido do texto. **HS**

Gabarito "D".

(Técnico Judiciário – TRT11 – FCC – 2017) A frase redigida com correção e lógica está em:

(A) Os chamados eventos extremos, que podem se manifestar de diferentes formas, deve se tornar mais frequentes haja visto as mudanças climáticas atuais.

(B) Países desenvolvidos que apresentam risco mais baixo, de serem afetados por cataclismos, por ostentarem maior índice de solidariedade social.

(C) Se alguns desastres naturais já ocorreram em um lugar específico, cedo ou tarde tende a se repetir neste mesmo local.

(D) A maior vulnerabilidade de algumas regiões a deslizamentos deve-se a fatores humanos e problemas de ordem socioeconômica que poderiam ser prevenidos.

(E) Há desastres naturais de tal intensidade que até mesmo uma população extremamente solidária como a brasileira têm dificuldades em enfrentar.

A: incorreta. O verbo "dever" concorda com "eventos extremos", devendo ser conjugado na terceira pessoa do plural do presente do indicativo ("devem"). Além disso, a expressão correta é "haja vista"; **B:** incorreta. Não há vírgula depois de "baixo". Além disso, a redação é obscura e ilógica, porque das causas não decorre uma consequência razoável; **C:** incorreta. O verbo "tender" deve ser conjugado na terceira pessoa do plural para concordar com "desastres" ("tendem"); **D:** correta. A redação atende ao padrão culto da língua e à clareza textual;

E: incorreta. O verbo "ter" deve ser conjugado na terceira pessoa do singular para concordar com "população" ("tem", sem acento). HS

Gabarito "D".

(Técnico Judiciário – TRE/SP – FCC – 2017) A frase redigida com clareza e correção é:

(A) A humanidade assiste a uma revolução tecnológica e comportamental inédita, cujas consequências ainda não são passíveis de mensuração.

(B) As duas primeiras décadas deste século, tem assistido uma transformação vertiginosa que entretanto, não satisfaz os desejos de expansão humano.

(C) É comum pessoas negligenciarem ao instante presente para tirar fotos de que serão apreciadas por amigos virtuais, com o qual não se tem intimidade.

(D) É possível que o cérebro da nova safra de nativos digitais, adapta-se ao contato exacerbado com as máquinas, afim de aproveitar-lhe ao máximo.

(E) Os jovens que obterem melhor desempenho com as novas tecnologias farão jus à mais sucesso, porém há outras habilidades, que podem prejudicá-lo.

A: correta. O período é claro, coeso e coerente, além de respeitar o padrão culto da língua; **B:** incorreta. Não há vírgula depois de "século", o verbo "ter" deveria estar no plural para concordar com "duas décadas", a partir daí o texto sofre de incorrigível incoerência, além do erro de concordância nominal ao final ("expansão humana"); **C:** incorreta. O verbo "negligenciar" não rege preposição e não há razão gramatical também para a presença da preposição "de" após "fotos"; **D:** incorreta. Não há vírgula depois de "digitais", o verbo "adaptar" deveria estar no modo subjuntivo ("adapte-se") e a conjunção que exprime finalidade é "a fim de" (separado); **E:** incorreta. O verbo "obter" deveria estar no futuro do subjuntivo ("obtiverem"), não ocorre crase antes de advérbio ("farão jus a mais sucesso"), a partir daí o texto está obscuro e incoerente. HS

Gabarito "A".

(TRT/3ª – 2015 – FCC) Considerando a norma-padrão da língua e o emprego de forma verbal, é correta a seguinte frase:

(A) Embora não apoiemos, não nos opomos a que gaste tanto tempo com assuntos supérfluos, contanto que não interrompe a faculdade.

(B) Independentemente de onde provierem os recursos, convirjam ou não os pareceres dos técnicos consultados, eles, sempre destemidos, iniciarão a obra.

(C) Eles proveem de uma região em que a destruição de bens naturais ou culturais de importância reconhecida é considerada crime de lesa-pátria.

(D) Os jogadores pleitearam que os juízes não intervissem a cada pequena confusão provocada por um choque de corpos ou por discussão banal.

(E) Enquanto aquela norma vigiu, não houve como solucionar o impasse e retirar o depósito que a justiça reteve em prol dos menores de idade.

A: incorreta. A conjugação do verbo "interromper" na terceira pessoa do singular do presente do subjuntivo é "interrompa"; **B:** correta. O período está redigido e os verbos conjugados conforme a norma padrão; **C:** incorreta. O verbo "provir" é derivado de "vir" e como ele se conjuga – na terceira pessoa do plural do presente do indicativo fica "provêm"; **D:** incorreta. "Intervir" também é derivado de "vir", portanto temos "interviessem" na terceira pessoa do plural do presente do subjuntivo; **E:** incorreta. A terceira pessoa do singular do pretérito perfeito do indicativo do verbo "viger" conjuga-se "vigeu".

Gabarito "B".

(TRT/3ª – 2015 – FCC) Considere o trecho abaixo, extraído da ***Nova gramática do português contemporâneo***, de Celso Cunha e Luís F. Lindley Cintra.

...o gerúndio apresenta duas formas: uma simples [...], outra composta [...].

A forma composta é de caráter perfeito e indica uma ação concluída anteriormente à que exprime o verbo da oração principal

[...].

O que está exposto acima justifica o emprego do gerúndio na frase:

(A) Sendo considerada em plena posse de seu juízo no momento de depor, pôde falar a favor da sobrinha.

(B) Combinamos que, no horário das 13 às 15h, estarei atendendo aos fornecedores de laticínios.

(C) Os alunos estão indo para o laboratório porque já vai começar a aula de Biologia.

(D) Tendo já se consumido em lágrimas, despediu-se de todos e partiu.

(E) A professora lia sorrindo a narrativa do aluno espirituoso.

A, C e E: incorretas. O gerúndio foi utilizado para indicar um fato contemporâneo ao narrado; **B:** incorreta. O gerúndio aqui foi utilizado de forma indevida, no grave erro gramatical conhecido como "gerundismo". O verbo "atender" deveria estar conjugado no futuro do presente do indicativo ("atenderei"); **D:** correta. Note que primeiro a pessoa se consumiu em lágrimas e só depois de ter parado de chorar é que se despediu e partiu. Logo, o gerúndio composto indica um fato pretérito e já acabado, como na definição do enunciado.

Gabarito "D".

(TRT/3ª – 2015 – FCC) Dentre as frases abaixo, a que está clara e correta, segundo a norma-padrão, é:

(A) Pelo o que distintas matérias informaram, o artista encerrou de modo brilhante o espetáculo que ele havia cobrado apenas uma libra esterlina de cachê para tocar.

(B) Considerado eleições fraudulentas pelo partido Amarelo vencidas pelo partido Branco, o pleito poderá ser anulado se assim o considerar o tribunal.

(C) No depoimento, acentuava a fragilidade da infância e repetiu várias vezes "Sou filha de pais separados desde os 10 anos de idade".

(D) Dando preferência pelo projeto comunitário, comentou que um dos projetos individuais havia sido excluído por fraude e que o surgimento da denúncia estava ligada a plágio, sempre condenável.

(E) A oficina gráfica é muito mais bem conhecida do que os outros estágios da produção e difusão de livros, por ser um tema de estudos muito valorizado no campo da bibliografia analítica.

A: incorreta. Deve-se retirar o artigo definido "o" em "pelo o que" (ele já está aglutinado na palavra "pelo") e deveria haver a preposição "em" na passagem "no espetáculo em que ele havia..."; **B:** incorreta. O período peca pela falta de clareza. A melhor redação seria: "consideradas fraudulentas pelo Partido Amarelo as eleições vencidas pelo Partido Branco, o pleito poderá ser anulado se assim o considerar o tribunal"; **C:** incorreta. Há dubiedade no fim do período: não está claro se os pais são separados desde os 10 anos de idade dele ou da filha. Além disso, a melhor técnica de redação não autoriza a mistura de tempos verbais: o ideal seria constar "acentuou" e "repetiu" ou "acentuava" e "repetia"; **D:** incorreta. Há repetição desnecessária da palavra "projeto" e erro de concordância em "surgimento da denúncia estava ligado..."; **E:** correta. O período está claro e atende a todas as normas gramaticais.

Gabarito "E".

(TRT/3ª – 2015 – FCC) A redação que está clara, concisa e, segundo a norma-padrão, correta é:

(A) A pesquisa concluiu por um lugar-comum que muitos estudiosos da área também concordam, a saber: que o século XVIII realmente, pensava de modo burguês.

(B) O que tornou-se um lugar-comum entre muitos estudiosos da área – o século XVIII realmente pensava de modo burguês – foi a conclusão da pesquisa, indo ao encontro daquele.

(C) A conclusão da pesquisa vai ao encontro do que se tornou um lugar-comum entre muitos estudiosos da área – a saber, o século XVIII realmente pensava de modo burguês.

(D) O século XVIII, que pensava de modo burguês, é a conclusão da pesquisa e isso tornou-se um lugar-comum entre muitos estudiosos da área, o que veio ao encontro desses últimos.

(E) Um lugar-comum que a pesquisa concluiu, a saber: muitos estudiosos da área vão ao encontro de que o século XVIII realmente pensava de modo burguês, demonstrando concordância com isso.

O único período que está claro, conciso e correto é o da alternativa "C", que deve ser assinalada. Perceba que somente nessa configuração que as ideias estão concatenadas de forma lógica e permitem a perfeita compreensão da mensagem que se quer transmitir.

Gabarito "C".

5. CONCORDÂNCIA

Como assistiremos a filmes daqui a 20 anos?

Com muitos cineastas trocando câmeras tradicionais por câmeras 360 (que capturam vistas de todos os ângulos), o momento atual do cinema é comparável aos primeiros anos intensamente experimentais dos filmes no final do século 19 e início do século 20.

Uma série de tecnologias em rápido desenvolvimento oferece um potencial incrível para o futuro dos filmes – como a realidade aumentada, a inteligência artificial e a capacidade cada vez maior de computadores de criar mundos digitais detalhados.

Como serão os filmes daqui a 20 anos? E como as histórias cinematográficas do futuro diferem das experiências disponíveis hoje? De acordo com o guru da realidade virtual e artista Chris Milk, os filmes do futuro oferecerão experiências imersivas sob medida. Eles serão capazes de "criar uma história em tempo real que é só para você, que satisfaça exclusivamente a você e o que você gosta ou não", diz ele.

(Adaptado de: BUCKMASTER, Luke. Disponível em: **www.bbc.com**)

(Técnico – TJ/MA – FCC – 2019) Quanto à concordância, o segmento do texto reescrito corretamente está em:

(A) Como são possíveis diferenciar as histórias cinematográficas do futuro das experiências disponíveis hoje?

(B) Um potencial incrível para o futuro dos filmes é oferecido por tecnologias em rápido desenvolvimento.

(C) Análogos aos anos experimentais dos filmes no final do século 19 e início do 20 é o momento atual do cinema.

(D) No futuro será possível que se criem uma história em tempo real só para o espectador.

(E) Experiências imersivas sob medida é o que parecem aptas a oferecer os filmes do futuro.

A: incorreta. A expressão "é possível", nesse caso, tem valor de advérbio e não se flexiona; **B:** correta. Todas as normas de concordância foram respeitadas na redação; **C:** incorreta. O adjetivo "análogo" deveria estar no singular para concordar com "momento"; **D:** incorreta. O verbo "criar" deveria estar conjugado na terceira pessoa do singular, assim como todos os termos do período; **E:** incorreta. Há diversos erros de concordância. A clareza e correção do período exigem a seguinte redação: "Experiências imersivas sob medida são o que os filmes do futuro parecem aptos a oferecer". **HS**

Gabarito "B".

Renato Janine Ribeiro: A velocidade ficou maior do que as pessoas conseguem alcançar. Somos bombardeados diariamente sobre novidades na produção do hardware e do software dos computadores. O indivíduo tem um computador e, em pouco tempo, é lançado outro mais potente. Talvez em breve as pessoas se convençam de que não há necessidade de uma renovação tão frequente. A grande maioria das pessoas usam bem pouco dos recursos de seus computadores. Devemos sempre lembrar que as invenções existem para nos servir, e não o contrário. Quer dizer, a demanda é que as pessoas se adaptem às máquinas, e não que as máquinas se adaptem às pessoas.

Flávio Gikovate: Tenho a impressão de que isso não ocorre só com a tecnologia. Tenho a sensação de que sempre chegamos tarde. As pessoas compram muitas coisas desnecessárias. Veja o caso das roupas: só porque a cintura da calça subiu ou desceu ligeiramente, elas trocam todas as que possuíam. Trata-se de um movimento em que as pessoas estão sempre devendo.

(Adaptado de: GIKOVATE, Flávio & RIBEIRO, Renato Janine. Nossa sorte, nosso norte. Campinas: Papirus, 2012)

(Técnico – TRF/4 – FCC – 2019) No contexto, o verbo que pode ser flexionado no singular, sem prejuízo das relações de sentido e da correção, está sublinhado em:

(A) que as invenções existem para nos servir.

(B) que as máquinas se adaptem às pessoas.

(C) elas trocam todas as que possuíam.

(D) A velocidade ficou maior do que as pessoas conseguem alcançar.

(E) A grande maioria das pessoas usam bem pouco dos recursos de seus computadores.

A única hipótese de dupla concordância dentre os casos propostos ocorre com o termo "maioria". O verbo pode concordar com ele, indo para o singular, ou com "pessoas", como usado no texto. Todas as demais alternativas trazem uma única concordância verbal possível conforme a norma culta da linguagem. HS

Gabarito "E".

Nossa imaginação precisa da literatura mais do que nunca

LIGIA G. DINIZ – 22 FEV 2018 – 18:44

Vamos partir de uma situação que grande parte de nós já vivenciou. Estamos saindo do cinema, depois de termos visto uma adaptação de um livro do qual gostamos muito. Na verdade, até que gostamos do filme também: o sentido foi mantido, a escolha do elenco foi adequada, e a trilha sonora reforçou a camada afetiva da narrativa. Por que então sentimos que algo está fora do lugar? [...]

O que sempre falta em um filme sou eu. Parto dessa ideia simples e poderosa, sugerida pelo teórico Wolfgang Iser em um de seus livros, para afirmar que nunca precisamos tanto ler ficção e poesia quanto hoje, porque nunca precisamos tanto de faíscas que ponham em movimento o mecanismo livre da nossa imaginação. Nenhuma forma de arte ou objeto cultural guarda a potência escondida por aquele monte de palavras impressas na página.

Essa potência vem, entre outros aspectos, do tanto que a literatura exige de nós, leitores. Não falo do esforço de compreender um texto, nem da atenção que as histórias e poemas exigem de nós – embora sejam incontornáveis também. Penso no tanto que precisamos investir de nós, como sujeitos afetivos e como corpos sensíveis, para que as palavras se tornem um mundo no qual penetramos. [...]

Somos bombardeados todo dia, o dia inteiro, por informações. Estamos saturados de dados e de interpretações. A literatura – para além do prazer intelectual, inegável – oferece algo diferente. Trata-se de uma energia que o teórico Hans Ulrich Gumbrecht chama de "presença" e que remete a um contato com o mundo que afeta o corpo do indivíduo para além e para aquém do pensamento racional.

Muitos eventos produzem presença, é claro: jogos e exercícios esportivos, shows de música, encontros com amigos, cerimônias religiosas e relações amorosas e sexuais são exemplos óbvios. Por que, então, defender uma prática eminentemente intelectual, como a experiência literária, com o objetivo de "produzir presença", isto é, de despertar sensações corpóreas e afetos? A resposta está, como já evoquei mais acima, na potência guardada pela ficção e a poesia para disparar a imaginação. [...]

A leitura de textos literários [...] exige que nosso corpo esteja ele próprio presente no espaço ficcional com que nos deparamos, sob pena de não existir espaço ficcional algum.

Mais ainda, a experiência literária nos dá a chance de vivenciarmos possibilidades que, no cotidiano, estão fechadas a nós: de explorarmos essas possibilidades como se estivéssemos, de fato, presentes. E a imaginação é o palco em que a vivência dessas possibilidades é encenada, por meio do jogo entre identificações e rejeições. [...]

(Adaptado de: <https://brasil.elpais.com/brasil/2018/02/22/opinion/1519332813_987510.html>. Acesso em: 27 mar. 2018)

(**Técnico – TRT1 – 2018 – AOCP**) Referente à concordância verbal e nominal no texto I, assinale a alternativa correta.

(A) Em "Vamos partir de uma situação que grande parte de nós já <u>vivenciou</u>.", o verbo em destaque poderia estar no plural, concordando com o pronome "nós".

(B) Em "<u>Nenhuma forma de arte ou objeto cultural</u> guarda a potência escondida por aquele monte de palavras impressas na página.", o sujeito em destaque é composto por dois núcleos ligados por "ou". Nesses casos, a concordância deve se dar sempre no singular, como no excerto em questão.

(C) Considere o seguinte excerto: "Essa potência <u>vem</u>, entre outros aspectos, do tanto que a literatura exige de nós, leitores.". Caso o sujeito do verbo em destaque estivesse no plural, tal verbo seria grafado com o acento agudo.

(D) Considere o seguinte excerto: "Trata-se de <u>uma energia</u> que o teórico Hans Ulrich Gumbrecht chama de 'presença' [...]". Caso a expressão em destaque estivesse no plural, o verbo "tratar-se" estaria flexionado também no plural.

(E) Em "[...] a experiência literária nos dá a chance de <u>vivenciarmos</u> possibilidades [...]", o verbo em destaque está empregado no infinitivo, em sua forma não flexionada.

A: correta. Os termos "maioria", "minoria", "grande parte" admitem dupla concordância; **B:** incorreta. O verbo está no singular para concordar com "nenhum", independentemente da existência ou quantidade de alternativas; **C:** incorreta. Na terceira pessoa do plural, o verbo se conjugaria "vêm", com acento circunflexo, não agudo; **D:** incorreta. A forma "Trata-se" indica sujeito indeterminado, ou seja, ela fica sempre no singular, mesmo que seu complemento seja plural; **E:** incorreta. Trata-se, sim, de infinitivo verbal, porém flexionado na primeira pessoa do plural. HS

Gabarito "A".

(**Escrevente Técnico Judiciário – TJSP – VUNESP – 2017**) Leia o texto, para responder às questões abaixo.

O problema de São Paulo, dizia o Vinicius, "é que você anda, anda, anda e nunca chega a Ipanema". Se tomarmos "Ipanema" ao pé da letra, a frase é absurda e cômica. Tomando "Ipanema" como um símbolo, no entanto, como um exemplo de alívio, promessa de alegria em meio à vida dura da cidade, a frase passa a ser de um triste realismo: o problema de São Paulo é que você anda, anda, anda e nunca chega a alívio algum. O Ibirapuera, o parque do Estado, o Jardim da Luz são uns raros respiros perdidos entre o mar de asfalto, a floresta de lajes batidas e os Corcovados de concreto armado.

O paulistano, contudo, não é de jogar a toalha – prefere estendê-la e se deitar em cima, caso lhe concedam dois metros quadrados de chão. É o que vemos nas avenidas abertas aos pedestres, nos fins de semana: basta liberarem um pedacinho do cinza e surgem revoadas de patinadores, maracatus, *big bands*, corredores evangélicos, góticos satanistas, praticantes de ioga, dançarinos de tango, barraquinhas de *yakissoba* e barris de cerveja artesanal.

Tenho estado atento às agruras e oportunidades da cidade porque, depois de cinco anos vivendo na Granja Viana, vim morar em Higienópolis. Lá em Cotia, no fim da tarde, eu corria em volta de um lago, desviando de patos e assustando jacus. Agora, aos domingos, corro pela Paulista ou Minhocão e, durante a semana, venho testando diferentes percursos. Corri em volta do parque Buenos Aires e do cemitério da Consolação, ziguezagueei por Santa Cecília e pelas encostas do Sumaré, até que, na última terça, sem querer, descobri um insuspeito parque noturno com bastante gente, quase nenhum carro e propício a todo tipo de atividades: o estacionamento do estádio do Pacaembu.

(Antonio Prata. "O paulistano não é de jogar a toalha. Prefere estendê-la e deitar em cima." Disponível em:<http://www1.folha.uol.com.br/colunas> Acesso em: 13.04.2017. Adaptado)

(**Escrevente Técnico Judiciário – TJSP – VUNESP – 2017**) Assinale a alternativa que dá nova redação à passagem – O paulistano, contudo, não é de jogar a toalha – prefere estendê-la e se deitar em cima, caso lhe concedam dois metros quadrados de chão. – atendendo à norma-padrão de concordância.

(A) Para os paulistanos, não se joga a toalha – é preferível que seja estendida, para que possam deitar-se sobre ela, caso lhes sejam dados dois metros quadrados de chão.

(B) A maior parte dos paulistanos, contudo, não são de jogarem a toalha – acha preferível elas serem estendidas e deitar-se em cima, caso lhe seja dado dois metros de chão.

(C) Os paulistanos não jogam a toalha – acham preferíveis estendê-la e se deitar em cima, caso lhes deem dois metros quadrados de chão.

(D) Cem por cento dos paulistanos não joga a toalha – acha preferível estendê-la para que se deite sobre elas, caso seja dado a eles dois metros quadrados de chão.

(E) Mais de um paulistano não são de jogar a toalha – acham preferíveis estendê-la e se deitarem em cima, caso se dê a eles dois metros de chão.

Gabarito "A"

A: correta. A alternativa respeita os ditames da norma culta da língua; **B:** incorreta. "A maior parte" é expressão que determina o singular – "não é de jogar a toalha"; **C:** incorreta. "Preferível" é advérbio e, como tal, não se flexiona: "acham preferível", **D:** incorreta. Se é "toalha", no singular, é preferível que se deite "sobre ela", também no singular; **E:** incorreta. A expressão "mais de um" é singular, devendo assim ser feita a concordância em todo o período ("não é de jogar", "acha preferível" e "se deitar"). HS

(**Técnico Judiciário – TRE/SP – FCC – 2017**) Atenção: Para responder às questões abaixo, considere o texto abaixo.

Centro de Memória Eleitoral – CEMEL

O Centro de Memória Eleitoral do TRE-SP foi criado em agosto de 1999 e tem por objetivo a execução de ações que possibilitem cultivar e difundir a memória político-eleitoral como instrumento eficaz do aprofundamento e alargamento da consciência da cidadania, em prol do aperfeiçoamento do regime democrático brasileiro.

Seu acervo reúne títulos eleitorais desde a época do Império, urnas de votação (de madeira, de lona e eletrônicas), quadros, fotografias e material audiovisual, entre outros itens.

A realização de exposições temáticas, o lançamento de livros, a realização de palestras, além de visitas escolares monitoradas na sede do tribunal e o desenvolvimento de um projeto de história oral, são algumas das iniciativas do CEMEL.

(Disponível em: www.tre-sp.jus.br)

(**Técnico Judiciário – TRE/SP – FCC – 2017**) A frase em que a concordância se estabelece em conformidade com a norma-padrão da língua é:

(A) Voltados ao cultivo e à difusão da memória político-eleitoral, foi criado o CEMEL, em 1999.

(B) Dão-se com regularidade a ocorrência de visitas escolares monitoradas na sede do tribunal.

(C) Faz parte do acervo títulos eleitorais, urnas de votação, quadros, fotografias e material audiovisual.

(D) Entre as iniciativas do CEMEL, destaca-se a realização de exposições e o lançamento de livros.

(E) O acervo do CEMEL contém, entre outros itens, títulos de eleitor que remontam à época do Império.

A: incorreta. O partício do verbo "voltar" deveria estar no singular, para concordar com "CEMEL": "voltado ao cultivo…"; **B:** incorreta. O verbo pronominal "dar-se" deveria estar no singular, para concordar com "ocorrência": "dá-se a ocorrência…"; **C:** incorreta. O sujeito é composto, logo o verbo "fazer" deveria estar na terceira pessoa do plural: "fazem parte do acervo…"; **D:** correta. Todas as regras de concordância foram respeitadas; **E:** incorreta. A forma "contêm", com acento circunflexo, é a conjugação da terceira pessoa do **plural** do presente do indicativo do verbo "conter". No caso, é patente que o verbo concorda com o sujeito simples "acervo", logo a grafia correta (a terceira pessoa do singular do verbo no presente do indicativo) é "contém" (com acento agudo). HS

Gabarito "D"

(**Escrevente Técnico – TJSP – 2015 – VUNESP**) Assinale a alternativa que preenche, respectivamente, as lacunas do enunciado a seguir, observando a concordância nominal e verbal de acordo com a norma-padrão.

Mais de um conhecido meu não _____ gentilezas, infelizmente. Para alguns, certos gestos _____ fora de coisa de idiota, de gente _____ paciência. Com esses, é _____ moda. Com esses, é _____ paciência.

(A) praticam … constituem … meia … necessária

(B) pratica … constitui … meia … necessária

(C) pratica … constitui … meio … necessária

(D) praticam … constitui … meio … necessário

(E) pratica … constituem … meio … necessário

"Pratica", no singular, para concordar com "conhecido"; "constituem", no plural, para concordar com "gestos"; "meio", advérbio invariável (escreve-se sempre no "masculino"), que significa "um pouco"; "necessário", no masculino, porque assim se escreve na construção do adjetivo que acompanha o verbo "ser" se não vier seguido de artigo: "é necessário paciência" ou "é necessária a paciência".

Gabarito "E"

6. CONJUNÇÃO

Sempre pensei que ser um cidadão do mundo era o melhor que podia acontecer a uma pessoa, e continuo pensando assim. Que as fronteiras são a fonte dos piores preconceitos, que elas criam inimizades entre os povos e provocam as estúpidas guerras. E que, por isso, é preciso tentar afiná-las pouco a pouco, até que desapareçam *totalmente. Isso está ocorrendo, sem dúvida, e essa é uma das boas coisas da globalização, embora haja também algumas ruins, como o aumento, até extremos vertiginosos, da desigualdade econômica entre as pessoas.*

Mas é verdade que a língua primeira, aquela em que você aprende a dar nome à família e às coisas deste mundo, é uma verdadeira pátria, que depois, com a correria da vida moderna, às vezes vai se perdendo, confundindo-se com outras. E isso é provavelmente a prova mais difícil que os imigrantes têm de enfrentar, essa maré humana que cresce a cada dia, à medida que se amplia o abismo entre os países prósperos e os miseráveis, a de aprender a viver em outra língua, isto é, em outra maneira de entender o mundo e expressar a experiência, as crenças, as pequenas e grandes circunstâncias da vida cotidiana.

(Adaptado de: LLOSA, Mario Vargas. **O regresso à Grécia**. Disponível em: https://brasil.elpais.com)

(Técnico – TJ/MA – FCC – 2019) O vocábulo *Mas*, destacado ao início do 2º parágrafo, evidencia o contraste entre as seguintes ideias:

(A) a desigualdade econômica entre os indivíduos; a luta por direitos iguais entre compatriotas.

(B) as vantagens de não ter de deixar a terra natal; as desvantagens de desconhecer uma língua estrangeira.

(C) as causas dos preconceitos e das guerras; as consequências das inimizades entre os povos.

(D) a dificuldade de ter de abandonar a pátria; a facilidade em ser acolhido por um povo cordial.

(E) a importância de conhecer outros idiomas e culturas; a necessidade de preservar o idioma e a cultura nativos.

Foi considerada correta a alternativa "E" pelo gabarito oficial, mas nos parece que a questão deveria ter sido anulada. A nosso ver, as ideias que se está a contrastar são as vantagens da globalização, com a facilitação da locomoção dos indivíduos, com as dificuldades de se adaptar a uma nova cultura sem falar fluentemente o idioma de seu país de destino. **HS**
Gabarito "E".

1. A neurocientista Suzana Herculano-Houzel é autora da coletânea de textos O cérebro nosso de cada dia, que tratam de curiosidades como o mito de que usamos apenas 10% do cérebro, por que boceJo contagia, se café vicia, o endereço do senso de humor, os efeitos dos antidepressivos. A escrita é acessível e descontraída e os exemplos são tirados do cotidiano. Mesmo assim, Suzana descreve o processo de realização de cada pesquisa e discute as questões mais complexas, como a relação entre herança e ambiente, as origens fisiológicas de determinados comportamentos e o conceito de consciência. Leia a entrevista abaixo.

2. **Muitos se queixam da ausência de uma "teoria da mente" satisfatória e dizem que a consciência humana é um mistério que não se poderia resolver – mesmo porque caberia à própria consciência humana resolvê-lo. O que acha?** Acho que, na ciência, mais difícil do que encontrar respostas é formular perguntas boas. A ciência precisa de hipóteses testáveis, e somente agora, quando a neurociência chega perto dos 150 anos de vida, começam a aparecer hipóteses testáveis sobre os mecanismos da consciência. Mas "teorias da mente" bem construídas e perfeitamente testáveis já existem. A própria alegação de que deve ser impossível à mente humana desvendar a si mesma, aliás, não passa de uma hipótese esperando ser posta por terra. É uma afirmação desafiadora, e com um apelo intuitivo muito forte. Mas não tem fundamento. De qualquer forma, a neurociência conta hoje com um leque de ferramentas que permite ao pesquisador, se ele assim desejar, investigar por exemplo a ativação em seu cérebro enquanto ele mesmo pensa, lembra, faz contas, adormece e, em seguida, acorda. O fato de que o objeto de estudo está situado dentro da cabeça do próprio pesquisador não é necessariamente um empecilho.

3. **Há várias pesquisas descritas em seu livro sobre a influência da fisiologia no comportamento. Você concorda com Edward O. Wilson que "a natureza humana é um conjunto de predisposições genéticas"?** Acredito que predisposições genéticas existem, mas, na grande maioria dos casos, não passam de exatamente isso: predisposições. Exceto em alguns casos especiais, genética não é destino. A meu ver, fatores genéticos, temperados por acontecimentos ao acaso ao longo do desenvolvimento, fornecem apenas uma base de trabalho, a matéria bruta a partir da qual cérebro e comportamento serão esculpidos. Somadas a isso influências do ambiente e da própria experiência de vida de cada um, é possível transcender as potencialidades de apenas 30 mil genes – a estimativa atual do número de genes necessários para "montar" um cérebro humano – para montar os trilhões e trilhões de conexões entre as células nervosas, criando o arco-íris de possibilidades da natureza humana.

4. **Uma dessas influências diz respeito às diferenças entre homens e mulheres, que seu livro menciona. Como evitar que isso se torne motivação de preconceitos ou de generalizações vulgares, como no fato de as mulheres terem menos neurônios?** Se as diferenças entre homens e mulheres são evidentes pelo lado de fora, é natural que elas também existam no cérebro. Na parte externa do cérebro, o córtex, homens possuem em média uns quatro bilhões de neurônios a mais. Mas o simples número de neurônios em si não é sinônimo de maior ou menor habilidade. A não ser quando concentrado em estruturas pequenas com função bastante precisa. Em média, a região do cérebro que produz a fala tende a ser maior em mulheres do que em homens, enquanto neles a região responsável por operações espaciais, como julgar o tamanho de um objeto, é maior do que nelas. Essa diferença casa bem com observações da psicologia: elas costumam falar melhor (e não mais!), eles costumam fazer operações espaciais com mais facilidade. O realmente importante é reconhecer que essas diferenças não são limitações, e sim pontos de partida, sobre os quais o aprendizado e a experiência podem agir.

(Adaptado de: PIZA, Daniel. Perfis & Entrevistas. São Paulo, Contexto, 2004)

(Técnico – TRT/15 – FCC – 2018) Caso se altere o segmento "... com mais facilidade. O realmente importante é..." (último parágrafo) para "com mais facilidade, ____ o realmente importante é", preenche corretamente a lacuna, mantendo, em linhas gerais, o sentido, a conjunção que se encontra em:

(A) mas

(B) uma vez que

(C) embora

(D) para que

(E) como

As orações originalmente separadas por ponto trazem ideias contrárias entre si, então podem ser unidas dentro de um período por uma conjunção adversativa. A única oferecida é "mas". HS

Gabarito "A"

Tendo em vista a textura volitiva da mente individual, a perene tensão entre o presente e o futuro nas nossas deliberações, entre o que seria melhor do ponto de vista tático ou local, de um lado, e o melhor do ponto de vista estratégico, mais abrangente, de outro, resulta em conflito.

Comer um doce é decisão tática; controlar a dieta, estratégica. Estudar (ou não) para a prova de amanhã é uma escolha tática; fazer um curso de longa duração faz parte de um plano de vida. As decisões estratégicas, assim como as táticas, são tomadas no presente. A diferença é que aquelas têm o longo prazo como horizonte e visam à realização de objetivos mais remotos e permanentes.

O homem, observou o poeta Paul Valéry, "é herdeiro e refém do tempo". A principal morada do homem está no passado ou no futuro. Foi a capacidade de reter o passado e agir no presente tendo em vista o futuro que nos tirou da condição de animais errantes. Contudo, a faculdade de arbitrar entre as premências do presente e os objetivos do futuro imaginado é muitas vezes prejudicada pela propensão espontânea a atribuir um valor desproporcional àquilo que está mais próximo no tempo.

Como observa David Hume, "não existe atributo da natureza humana que provoque mais erros em nossa conduta do que aquele que nos leva a preferir o que quer que esteja presente em relação ao que está distante e remoto, e que nos faz desejar os objetos mais de acordo com a sua situação do que com o seu valor intrínseco".

(Adaptado de: GIANNETTI, Eduardo. Auto-engano. São Paulo: Companhia das Letras, 1997, edição digital)

(Técnico – TRF/4 – FCC – 2019) Contudo, a faculdade de arbitrar entre as premências do presente e os objetivos do futuro imaginado... (3º parágrafo)

O elemento sublinhado acima introduz, em relação ao que se afirmou antes, uma

(A) oposição.

(B) causa.

(C) consequência.

(D) finalidade.

(E) conclusão.

"Contudo" é conjunção adversativa, sinônimo de "mas", "porém". As conjunções adversativas introduzem uma ideia oposta ao que se disse antes. HS

Gabarito "A"

TEXTO – Ressentimento e Covardia

Tenho comentado aqui na Folha em diversas crônicas, os usos da internet, que se ressente ainda da falta de uma legislação específica que coíba não somente os usos mas os abusos deste importante e eficaz veículo de comunicação. A maioria dos abusos, se praticados em outros meios, seriam crimes já especificados em lei, como a da imprensa, que pune injúrias, difamações e calúnias, bem como a violação dos direitos autorais, os plágios e outros recursos de apropriação indébita.

No fundo, é um problema técnico que os avanços da informática mais cedo ou mais tarde colocarão à disposição dos usuários e das autoridades. Como digo repetidas vezes, me valendo do óbvio, a comunicação virtual está em sua pré-história.

Atualmente, apesar dos abusos e crimes cometidos na internet, no que diz respeito aos cronistas, articulistas e escritores em geral, os mais comuns são os textos atribuídos ou deformados que circulam por aí e que não podem ser desmentidos ou esclarecidos caso por caso. Um jornal ou revista é processado se publicar sem autorização do autor um texto qualquer, ainda que em citação longa e sem aspas. Em caso de injúria, calúnia ou difamação, também. E em caso de falsear a verdade propositadamente, é obrigado pela justiça a desmentir e dar espaço ao contraditório.

Nada disso, por ora, acontece na internet. Prevalece a lei do cão em nome da liberdade de expressão, que é mais expressão de ressentidos e covardes do que de liberdade, da verdadeira liberdade. (Carlos Heitor Cony, Folha de São Paulo, 16/05/2006 – adaptado)

(Técnico – TJ/AL – 2018 – FGV) O texto mostra uma série de elementos aditivados por meio de diferentes processos; o trecho em que NÃO ocorre qualquer tipo de aditivação é:

(A) "... que se ressente ainda da falta de uma legislação específica que coíba não somente os usos mas os abusos deste importante e eficaz veículo de comunicação";

(B) "A maioria dos abusos, se praticados em outros meios, seriam crimes já especificados em lei, como a da imprensa";

(C) "... que pune injúrias, difamações e calúnias";

(D) "...bem como a violação dos direitos autorais";

(E) "... a violação dos direitos autorais, os plágios e outros recursos de apropriação indébita.

A "aditivação" a que se refere o enunciado é a conexão de elementos da oração com a mesma função sintática por meio de conjunção aditiva. Encontramos conjunção aditiva em todas as alternativas ("não somente..., mas"; "e"; "bem como"; "e", respectivamente), com exceção da letra "B", que deve ser assinalada. HS

Gabarito "B"

(Escrevente Técnico Judiciário – TJSP – VUNESP – 2017) Leia o texto, para responder às questões de números abaixo.

Há quatro anos, Chris Nagele fez o que muitos executivos no setor de tecnologia já tinham feito – ele transferiu sua equipe para um chamado escritório aberto, sem paredes e divisórias.

Os funcionários, **até então**, trabalhavam de casa, mas ele queria que todos estivessem juntos, para se conectarem e colaborarem mais facilmente. Mas em pouco tempo ficou claro que Nagele tinha cometido um grande erro. Todos estavam distraídos, a produtividade caiu, e os nove empregados estavam insatisfeitos, sem falar do próprio chefe.

Em abril de 2015, quase três anos após a mudança para o escritório aberto, Nagele transferiu a empresa para um espaço de 900 m² onde hoje todos têm seu próprio espaço, com portas e tudo.

Inúmeras empresas adotaram o conceito de escritório aberto – cerca de 70% dos escritórios nos Estados Unidos são assim – e até onde se sabe poucos retornaram ao modelo de espaços tradicionais com salas e portas.

Pesquisas, **contudo**, mostram que podemos perder até 15% da produtividade, desenvolver problemas graves de concentração e até ter o dobro de chances de ficar doentes em espaços de trabalho abertos – fatores que estão contribuindo para uma reação contra esse tipo de organização.

Desde que se mudou para o formato tradicional, Nagele já ouviu colegas do setor de tecnologia dizerem sentir falta do estilo de trabalho do escritório fechado. "Muita gente concorda – simplesmente não aguentam o escritório aberto. Nunca se consegue terminar as coisas e é preciso levar mais trabalho para casa", diz ele.

É improvável que o conceito de escritório aberto caia em desuso, mas algumas firmas estão seguindo o exemplo de Nagele e voltando aos espaços privados.

Há uma boa razão que explica por que todos adoram um espaço com quatro paredes e uma porta: foco. A verdade é que não conseguimos cumprir várias tarefas ao mesmo tempo, e pequenas distrações podem desviar nosso foco por até 20 minutos.

Retemos mais informações quando nos sentamos em um local fixo, afirma Sally Augustin, psicóloga ambiental e de design de interiores.

(Bryan Borzykowski, "Por que escritórios abertos podem ser ruins para funcionários." Disponível em:<www1.folha.uol. com.br>. Acesso em: 04.04.2017. Adaptado)

(Escrevente Técnico Judiciário – TJSP – VUNESP – 2017) É correto afirmar que a expressão – **contudo** –, destacada no quinto parágrafo, estabelece uma relação de sentido com o parágrafo

(A) anterior, introduzindo informações que se contrapõem à visão positiva acerca dos escritórios abertos.

(B) posterior, contestando com dados estatísticos o formato tradicional de escritório fechado.

(C) posterior, expondo argumentos favoráveis à adoção do modelo de escritórios abertos.

(D) anterior, atestando a eficiência do modelo aberto com base em resultados de pesquisas.

(E) anterior, confirmando com estatísticas o sucesso das empresas que adotaram o modelo de escritórios abertos.

A conjunção adversativa "contudo" foi usada como elemento de coesão com o parágrafo anterior, com o fim de apresentar ideias contrárias ao que fora exposto imediatamente antes. Correta, portanto, a alternativa "A". HS
Gabarito "A".

(Técnico Judiciário – TRT11 – FCC – 2017) Atenção: Considere o texto abaixo para responder às questões seguintes.

Muito antes das discussões atuais sobre as mudanças climáticas, os cataclismos naturais despertam interesse no homem. Os desastres são um capítulo trágico da his-

tória da humanidade desde tempos longínquos. Supostas inundações catastróficas aparecem em relatos de várias culturas ao longo dos tempos, desde os antigos mesopotâmicos e gregos até os maias e os vikings.

Fora da rota dos grandes furacões, sem vulcões ativos e desprovido de zonas habitadas sujeitas a terremotos, o Brasil não figura entre os países mais suscetíveis a desastres naturais. Contudo, a aparência de lugar protegido dos humores do clima e dos solavancos da geologia deve ser relativizada. Aqui, cerca de 85% dos desastres são causados por três tipos de ocorrências: inundações bruscas, deslizamentos de terra e secas prolongadas. Esses fenômenos são relativamente recorrentes em zonas tropicais, e seus efeitos podem ser atenuados por políticas públicas de redução de danos.

Dois estudos feitos por pesquisadores brasileiros indicam que o risco de ocorrência desses três tipos de desastre deverá aumentar até o final do século. Eles também sinalizam que novos pontos do território nacional deverão se transformar em áreas de risco significativo para esses mesmos problemas. "Os impactos tendem a ser maiores no futuro, com as mudanças climáticas, o crescimento das cidades e a ocupação de mais áreas de risco", comenta o pesquisador José A. Marengo.

Além da suscetibilidade natural a secas, enchentes, deslizamentos e outros desastres, a ação do homem tem um peso considerável em transformar o que poderia ser um problema de menor monta em uma catástrofe. Os pesquisadores estimam que um terço do impacto dos deslizamentos de terra e metade dos estragos de inundações poderiam ser evitados com alterações de práticas humanas ligadas à ocupação do solo e a melhorias nas condições socioeconômicas da população em áreas de risco.

Moradias precárias em lugares inadequados, perto de encostas ou em pontos de alagamento, cidades superpopulosas e impermeabilizadas, que não escoam a água da chuva; esses fatores da cultura humana podem influenciar o desfecho de uma situação de risco. "Até hábitos cotidianos, como não jogar lixo na rua, e o nível de solidariedade de uma população podem ao menos mitigar os impactos de um desastre", pondera a geógrafa Lucí Hidalgo Nunes.

(Adaptado de PIVETTA, Marcos. Disponível em: http://revista-pesquisa.fapesp.br)

(Técnico Judiciário – TRT11 – FCC – 2017) *Contudo,* a aparência de lugar protegido dos humores do clima e dos solavancos da geologia deve ser relativizada. (2º parágrafo). Considerado o contexto, o elemento sublinhado na frase acima introduz uma

(A) ressalva.

(B) consequência.

(C) causa.

(D) explicação.

(E) condição.

"Contudo" é conjunção adversativa, sinônimo de "mas", "porém", "todavia". Todas elas expressam a ideia de ressalva, de que se dirá a seguir algo oposto àquilo que foi dito antes. HS
Gabarito "A".

Atenção: Considere o texto abaixo para responder às questões abaixo.

Freud uma vez recebeu carta de um conhecido pedindo conselhos diante de uma escolha importante da vida. A resposta é surpreendente: para as decisões pouco importantes, disse ele, vale a pena pensar bem. Quanto às grandes escolhas da vida, você terá menos chance de errar se escolher por impulso.

A sugestão parece imprudente, mas Freud sabia que as razões que mais pesam nas grandes escolhas são inconscientes, e o impulso obedece a essas razões. Claro que Freud não se referia às vontades impulsivas proibidas. Falava das decisões tomadas de "cabeça fria", mas que determinam o rumo de nossas vidas. No caso das escolhas profissionais, as motivações inconscientes são decisivas. Elas determinam não só a escolha mais "acertada", do ponto de vista da compatibilidade com a profissão, como são também responsáveis por aquilo que chamamos de talento. Isso se decide na infância, por mecanismos que chamamos de identificações. Toda criança leva na bagagem alguns traços da personalidade dos pais. Parece um processo de imitação, mas não é: os caminhos das identificações acompanham muito mais os desejos não realizados dos pais do que aqueles que eles seguiram na vida.

Junto com as identificações formam-se os ideais. A escolha profissional tem muito a ver com o campo de ideais que a pessoa valoriza. Dificilmente alguém consegue se entregar profissionalmente a uma prática que não represente os valores em que ela acredita.

Tudo isso está relacionado, é claro, com a almejada satisfação na vida profissional. Mas não vamos nos iludir. Satisfação no trabalho não significa necessariamente prazer em trabalhar. Grande parte das pessoas não trabalharia se não fosse necessário. O trabalho não é fonte de prazer, é fonte de sentido. Ele nos ajuda a dar sentido à vida. Só que o sentido da vida profissional não vem pronto: ele é o efeito, e não a premissa, dos anos de prática de uma profissão. Na contemporaneidade, em que se acredita em prazeres instantâneos, resultados imediatos e felicidade instantânea, é bom lembrar que a construção de sentido

requer tempo e persistência. Por outro lado, quando uma escolha não faz sentido o sujeito percebe rapidamente.

(Adaptado de KEHL, Maria Rita. Disponível em: rae.fgv.br / sites/rae.fgv.br/files/artigos)

(Técnico Judiciário – TRT11 – FCC – 2017) <u>*Só que*</u> *o sentido da vida profissional não vem pronto...* (4º parágrafo)

Considerado o contexto e fazendo-se as devidas alterações na pontuação da frase acima, o segmento sublinhado pode ser substituído por:

(A) Porém

(B) Embora

(C) Porquanto

(D) Já que

(E) Mesmo que

A locução conjuntiva "só que" tem valor adversativo, ou seja, é sinônima de "mas", "porém", "contudo", "todavia", "entretanto". **HS**
Gabarito "A".

(Técnico Judiciário – TRT11 – FCC – 2017) *A escolha profissional tem muito a ver com o campo de ideais que a pessoa valoriza. Dificilmente alguém consegue se entregar profissionalmente a uma prática que não represente os valores em que ela acredita.* (3º parágrafo)

Consideradas as relações de sentido, as duas frases acima podem ser articuladas em um único período, fazendo-se as devidas alterações na pontuação e entre minúscula e maiúscula, com o uso, no início, de:

(A) Apesar de

(B) Na medida em que

(C) Em contrapartida

(D) Conquanto

(E) Em detrimento de

Os períodos se articulam como uma relação de causa e consequência, de forma que a conjunção deve transmitir esse mesmo valor (causal). Dentre as opções, a única que tem essa função é "na medida em que", sinônima de "porque", "tendo em vista que". **HS**
Gabarito "B".

Texto CG3A1AAA

1   A moralidade, que deve ser uma característica do
conjunto de indivíduos da sociedade, deve caracterizar de
modo mais intenso ainda aqueles que exercem funções

4   administrativas e de gestão pública ou privada. Com relação a
essa ideia, vale destacar que o alcance da moralidade
vincula-se a princípios ou normas de conduta, aos padrões de

7   comportamento geralmente reconhecidos, pelos quais são
julgados os atos dos membros de determinada coletividade.
Disso é possível deduzir que os membros de uma corporação

10   profissional — no caso, funcionários e servidores da
administração pública — também devem ser submetidos ao
julgamento ético-moral. A administração pública deve

13   pautar-se nos princípios constitucionais que a regem. É
necessário, ainda, que tais princípios estejam pública e
legalmente disponíveis ao conhecimento de todos os cidadãos,

16 para que estes possam respeitá-los e vivenciá-los. Nesse
contexto, destacam-se os princípios constitucionais tidos como

base da função pública e que, sem dúvida, constituem pilares

19 de sustentabilidade da função gestora.
O Estado constitui uma esfera ético-política

caracterizada pela união de partes que lhe conferem a

22 característica de um organismo vivo, composto pela
participação dos cidadãos e de todos aqueles que se abrigam

em sua circunscrição constitucional e legal, ou seja, se abrigam

25 sob a égide de uma Constituição.
A ética e a cidadania não se desvinculam da questão

dos princípios da ação do Estado e da moralidade

28 administrativa, uma vez que, por mais alargados que pareçam
os direitos e as esferas individuais — as quais parecem ser

extremamente flexíveis nos atuais contextos —, urge que sejam

31 regulamentadas as vinculações estreitas que existem entre
esferas individuais e esferas coletivas, pressupondo-se, assim,

níveis de avanço no campo do progresso moral da sociedade.

Z. A. L. Rodriguez. **Ética na gestão pública**. Curitiba: InterSaberes, 2016, p. 130-1 (com adaptações).

(Técnico Judiciário – TRE/PE – CESPE – 2017) No texto CG3A1AAA, a locução "uma vez que" (l. 28) introduz no período em que ocorre uma ideia de

(A) causa.

(B) consequência.

(C) conclusão.

(D) finalidade.

(E) condição.

"Uma vez que" é locução conjuntiva causal, sinônima de "já que", "tendo em vista que". HS

Gabarito "A".

Palavras, percebemos, são pessoas. Algumas são sozinhas: Abracadabra. Eureca. Bingo. Outras são promíscuas (embora prefiram a palavra "gregária"): estão sempre cercadas de muitas outras: Que. De. Por.

Algumas palavras são casadas. A palavra caudaloso, por exemplo, tem união estável com a palavra rio – você dificilmente verá caudaloso andando por aí acompanhada de outra pessoa. O mesmo vale para frondosa, que está sempre com a árvore. Perdidamente, coitado, é um advérbio que só adverbia o adjetivo apaixonado. Nada é ledo a não ser o engano, assim como nada é crasso a não ser o erro. Ensejo é uma palavra que só serve para ser aproveitada. Algumas palavras estão numa situação pior, como calculista, que vive em constante ménage(*), sempre acompanhada de assassino, frio e e.

Algumas palavras dependem de outras, embora não sejam grudadas por um hífen – quando têm hífen elas não são casadas, são siamesas. Casamento acontece quando se está junto por algum mistério. Alguns dirão que é amor, outros dirão que é afinidade, carência, preguiça e outros sentimentos menos nobres (a palavra engano, por exemplo, só está com ledo por pena – sabe que ledo, essa palavra moribunda, não iria encontrar mais nada a essa altura do campeonato).

Esse é o problema do casamento entre as palavras, que por acaso é o mesmo do casamento entre pessoas.

Tem sempre uma palavra que ama mais. A palavra árvore anda com várias palavras além de frondosa. O casamento é aberto, mas para um lado só. A palavra rio sai com várias outras palavras na calada da noite: grande, comprido, branco, vermelho – e caudaloso fica lá, sozinho, em casa, esperando o rio chegar, a comida esfriando no prato.

Um dia, caudaloso cansou de ser maltratado e resolveu sair com outras palavras. Esbarrou com o abraço que, por sua vez, estava farto de sair com grande, essa palavra tão gasta. O abraço caudaloso deu tão certo que ficaram perdidamente inseparáveis. Foi em Manuel de Barros.

Talvez pra isso sirva a poesia, pra desfazer ledos enganos em prol de encontros mais frondosos.

(Gregório Duvivier, Abraço caudaloso. Disponível em: <http://www1.folha.uol.com.br/>. Acesso em: 02 fev 2015. Adaptado)

(*) ménage: coabitação, vida em comum de um casal, unido legitimamente ou não.

(Escrevente Técnico – TJSP – 2015 – VUNESP) Assinale a alternativa que reescreve, com correção e sem alteração de sentido, a passagem – Algumas palavras dependem de outras, embora não sejam grudadas por um hífen.

(A) Contanto que não sejam grudadas por um hífen, algumas palavras dependem de outras.

(B) Algumas palavras dependem de outras, exceto se são grudadas por um hífen.

(C) Algumas palavras dependem de outras, quando não são grudadas por um hífen.

(D) Apesar de não serem grudadas por um hífen, algumas palavras dependem de outras.

(E) Desde que não sejam grudadas por um hífen, algumas palavras dependem de outras.

"Embora" é conjunção concessiva, portanto somente pode ser substituída por outra de mesmo sentido: "apesar de", "ainda que", "conquanto". Por isso, a única alternativa que mantém o sentido da oração original é a letra "D".

Gabarito "D".

Quando a guerra acabar...

1   *Abre parêntese: há momentos – felizmente raros – em que a história pessoal se impõe às percepções conjunturais e o relato na primeira pessoa, embora singular, parcial, às vezes suspeito, sobrepõe-se à narrativa impessoal, ampla, genérica. Fecha parêntese.*

O descaso e os indícios de esquecimento que, na sexta-feira (8/5), rodearam os setenta anos do fim da fase europeia da
5   *Segunda Guerra Mundial sobressaltaram. O ano de 1945 pegou-me com 13 anos e a data de 8 de maio incorporou-se ao meu*
calendário íntimo e o cimentou definitivamente às efemérides históricas que éramos obrigados a decorar no ginásio.

Seis anos antes (1939), a invasão da Polônia pela Alemanha hitlerista – e logo depois pela Rússia soviética – empurrou
a guerra para dentro da minha casa através dos jornais e do rádio: as vidas da minha avó paterna, tios, tias, primos e primas
dos dois lados corriam perigo. Em 1941, quando a Alemanha rompeu o pacto com a URSS e a invadiu com fulminantes
10   *ataques, inclusive à Ucrânia, instalou-se a certeza: foram todos exterminados.*
A capitulação da Alemanha tornara-se inevitável, não foi surpresa, sabíamos que seria esmagada pelos Aliados. Nova
era a sensação de paz, a certeza que começava uma nova página da história e perceptível mesmo para crianças e
adolescentes. A prometida quimera embutida na frase "quando a guerra acabar" tornara-se desnecessária, desatualizada.
A guerra acabara para sempre. Enquanto o retorno dos combatentes brasileiros vindos da Itália era saudado
15   *delirantemente, matutinos e vespertinos – mais calejados do que a mídia atual – nos alertavam que a guerra continuava feroz*
não apenas no Extremo Oriente, mas também na antiquíssima Grécia, onde guerrilheiros de direita e de esquerda, esquecidos
do inimigo comum – o nazifascismo – se enfrentavam para ocupar o vácuo de poder deixado pela derrotada barbárie.

Sete décadas depois – porção ínfima da história da humanidade –, aquele que foi chamado Dia da Vitória e comemorado
loucamente nas ruas do mundo metamorfoseou-se em Dia das Esperanças Perdidas: a guerra não acabou. Os Aliados
20   *desvincularam-se, tornaram-se adversários. A guerra continua, está aí, espalhada pelo mundo, camuflada por diferentes*
nomenclaturas, inconfundível, salvo em breves hiatos sem hostilidades, porém com intensos ressentimentos.

(Reproduzido da **Gazeta do Povo** (Curitiba, PR) e do **Correio Popular** (Campinas, SP), 9/5/2015; intertítulo do *Observatório da Imprensa*, edição 849)

(TRT/3ª – 2015 – FCC) *Abre parêntese: há momentos – felizmente raros – em que a história pessoal se impõe às percepções conjunturais e o relato na primeira pessoa, embora singular, parcial, às vezes suspeito, sobrepõe-se à narrativa impessoal, ampla, genérica. Fecha parêntese.*

Sem que haja prejuízo do sentido e correção originais, a conjunção acima destacada pode ser substituída por:

(A) contudo.

(B) apesar de.

(C) quando.

(D) porque.

(E) já que.

"Embora" é conjunção concessiva, sinônima de "apesar de", "ainda que", "conquanto".

Gabarito "B".

7. PRONOMES

1.   A neurocientista Suzana Herculano-Houzel é autora da coletânea de textos O cérebro nosso de cada dia, que tratam de curiosidades como o mito de que usamos apenas 10% do cérebro, por que boceja contagia, se café vicia, o endereço do senso de humor, os efeitos dos antidepressivos. A escrita é acessível e descontraída e os exemplos são tirados do cotidiano. Mesmo assim, Suzana descreve o processo de realização de cada pesquisa e discute as questões mais complexas, como a relação entre herança e ambiente, as origens fisiológicas de determinados comportamentos e o conceito de consciência. Leia a entrevista abaixo.

2.   **Muitos se queixam da ausência de uma "teoria da mente" satisfatória e dizem que a consciência humana é um mistério que não se poderia resolver – mesmo porque caberia à própria consciência humana resolvê-lo. O que acha?** Acho que, na ciência, mais difícil do que encontrar respostas é formular perguntas boas. A ciência precisa de hipóteses testáveis, e somente agora, quando a neurociência chega perto dos 150 anos de vida, começam a aparecer hipóteses testáveis sobre os mecanismos da consciência. Mas "teorias da mente" bem construídas e perfeitamente testáveis já existem. A própria alegação de que deve ser impossível à mente humana desvendar a si mesma, aliás, não passa de uma hipótese esperando ser posta por terra. É uma afirmação desafiadora, e com um apelo intuitivo muito forte. Mas não tem fundamento. De qualquer forma, a neurociência conta hoje com um leque de ferramentas que permite ao pesquisador, se ele assim desejar, investigar por exemplo a ativação em seu cérebro enquanto ele mesmo pensa, lembra, faz contas, adormece e, em seguida, acorda. O fato de que o objeto de estudo está situado dentro da cabeça do próprio pesquisador não é necessariamente um empecilho.

3.   **Há várias pesquisas descritas em seu livro sobre a influência da fisiologia no comportamento. Você concorda com Edward O. Wilson que "a natureza humana é um conjunto de predisposições genéticas"?** Acredito que predisposições genéticas existem, mas, na grande maioria dos casos, não passam de exatamente isso: predisposições. Exceto em alguns casos especiais, genética não é destino. A meu ver, fatores genéticos, temperados por acontecimentos

ao acaso ao longo do desenvolvimento, fornecem apenas uma base de trabalho, a matéria bruta a partir da qual cérebro e comportamento serão esculpidos. Somadas a isso influências do ambiente e da própria experiência de vida de cada um, é possível transcender as potencialidades de apenas 30 mil genes – a estimativa atual do número de genes necessários para "montar" um cérebro humano – para montar os trilhões e trilhões de conexões entre as células nervosas, criando o arco-íris de possibilidades da natureza humana.

4.   **Uma dessas influências diz respeito às diferenças entre homens e mulheres, que seu livro menciona. Como evitar que isso se torne motivação de preconceitos ou de generalizações vulgares, como no fato de as mulheres terem menos neurônios?** Se diferenças entre homens e mulheres são evidentes pelo lado de fora, é natural que elas também existam no cérebro. Na parte externa do cérebro, o córtex, homens possuem em média uns quatro bilhões de neurônios a mais. Mas o simples número de neurônios em si não é sinônimo de maior ou menor habilidade. A não ser quando concentrado em estruturas pequenas com função bastante precisa. Em média, a região do cérebro que produz a fala tende a ser maior em mulheres do que em homens, enquanto neles a região responsável por operações espaciais, como julgar o tamanho de um objeto, é maior do que nelas. Essa diferença casa bem com observações da psicologia: elas costumam falar melhor (e não mais!), eles costumam fazer operações espaciais com mais facilidade. O realmente importante é reconhecer que essas diferenças não são limitações, e sim pontos de partida, sobre os quais o aprendizado e a experiência podem agir.

(Adaptado de: PIZA, Daniel. Perfis & Entrevistas. São Paulo, Contexto, 2004)

(Técnico – TRT/15 – FCC – 2018) que permite ao pesquisador (2º parágrafo)

que seu livro menciona (4º parágrafo)

quando concentrado em estruturas pequenas (4º parágrafo)

Os termos sublinhados acima referem-se respectivamente a

(A) ferramentas – diferenças – número

(B) neurociência – diferenças – número

(C) leque – influências – sinônimo

(D) leque – diferenças – número

(E) neurociência – influências – sinônimo

O pronome relativo "que", na primeira passagem, retoma o termo "leque"; na segunda, o termo "influências". Já "concentrado" refere-se a "número", constante do período anterior. HS

Gabarito "D".

TEXTO – Ressentimento e Covardia

Tenho comentado aqui na Folha em diversas crônicas, os usos da internet, que se ressente ainda da falta de uma legislação específica que coíba não somente os usos mas os abusos deste importante e eficaz veículo de comunicação. A maioria dos abusos, se praticados em outros meios, seriam crimes já especificados em lei, como a da imprensa, que pune injúrias, difamações e calúnias, bem como a violação dos direitos autorais, os plágios e outros recursos de apropriação indébita.

No fundo, é um problema técnico que os avanços da informática mais cedo ou mais tarde colocarão à disposição dos usuários e das autoridades. Como digo repetidas vezes, me valendo do óbvio, a comunicação virtual está em sua pré-história.

Atualmente, apesar dos abusos e crimes cometidos na internet, no que diz respeito aos cronistas, articulistas e escritores em geral, os mais comuns são os textos atribuídos ou deformados que circulam por aí e que não podem ser desmentidos ou esclarecidos caso por caso. Um jornal ou revista é processado se publicar sem autorização do autor um texto qualquer, ainda que em citação longa e sem aspas. Em caso de injúria, calúnia ou difamação, também. E em caso de falsear a verdade propositadamente, é obrigado pela justiça a desmentir e dar espaço ao contraditório.

Nada disso, por ora, acontece na internet. Prevalece a lei do cão em nome da liberdade de expressão, que é mais expressão de ressentidos e covardes do que de liberdade, da verdadeira liberdade. (Carlos Heitor Cony, Folha de São Paulo, 16/05/2006 – adaptado)

(Técnico – TJ/AL – 2018 – FGV) "Tenho comentado aqui na Folha em diversas crônicas, os usos da internet, que se ressente ainda da falta de uma legislação específica que coíba não somente os usos mas os abusos deste importante e eficaz veículo de comunicação".

Sobre as ocorrências do vocábulo que, nesse segmento do texto, é correto afirmar que:

(A) são pronomes relativos com o mesmo antecedente;

(B) exemplificam classes gramaticais diferentes;

(C) mostram diferentes funções sintáticas;

(D) são da mesma classe gramatical e da mesma função sintática;

(E) iniciam o mesmo tipo de oração subordinada.

Ambos são pronomes relativos que exercem função sintática de sujeito da oração subordinada. Correta, portanto, a alternativa "D". A letra "A" só está errada porque cada pronome se refere a um antecedente diferente ("internet" e "legislação"). HS

Gabarito "D".

(Escrevente Técnico Judiciário – TJSP – VUNESP – 2017) Leia o texto dos quadrinhos, para responder às questões de números abaixo.

(Charles M. Schulz. Snoopy – Feliz dia dos namorados!)

(Escrevente Técnico Judiciário – TJSP – VUNESP – 2017) Assinale a alternativa em que a frase baseada nas falas dos quadrinhos apresenta emprego e colocação de pronomes de acordo com a norma-padrão.

(A) Em resposta à menina, o garoto resolveu perguntá-la onde estava o advogado dela.

(B) O garoto respondeu à menina, perguntando-a onde estava o advogado dela.

(C) A menina ameaçou processar-lhe, caso o garoto não ajudasse-a com a lição de casa.

(D) A menina afirmou ao garoto que poderia processá-lo, se este não a ajudasse com a lição de casa.

(E) A menina afirmou ao garoto que poderá processar ele, caso este não ajudar-lhe com a lição de casa.

A e B: incorretas. O verbo "perguntar", nesse caso, é transitivo indireto (perguntar a alguém). Logo, o pronome correto é "lhe" – "resolveu perguntar-lhe"; **C:** incorreta. "Processar" é verbo transitivo direto, não rege preposição. Logo, o pronome correto é "o" – "ameaçou processá-lo". Além disso, o advérbio de negação "não" determina a próclise – "não a ajudasse"; **D:** correta. Todos os pronomes estão empregados e colocados conforme a norma culta; **E:** incorreta. O objeto direto posposto ao verbo deve ser feito com pronome oblíquo – "poderá processá-lo". E aqui, novamente, temos o advérbio de negação a determinar a próclise – "não o ajude". **HS**

Gabarito "D".

(Escrevente Técnico Judiciário – TJSP – VUNESP – 2017) Leia o texto, para responder às questões abaixo.

O ônibus da excursão subia lentamente a serra. Ele, um dos garotos no meio da garotada em algazarra, deixava a brisa fresca bater-lhe no rosto e entrar-lhe pelos cabelos com dedos longos, finos e sem peso como os de uma mãe. Ficar às vezes quieto, sem quase pensar, e apenas sentir – era tão bom. A concentração no sentir era difícil no meio da balbúrdia dos companheiros.

E mesmo a sede começara: brincar com a turma, falar bem alto, mais alto que o barulho do motor, rir, gritar, pensar, sentir, puxa vida! Como deixava a garganta seca.

A brisa fina, antes tão boa, agora ao sol do meio-dia tornara-se quente e árida e ao penetrar pelo nariz secava ainda mais a pouca saliva que pacientemente juntava.

Não sabia como e por que mas agora se sentia mais perto da água, pressentia-a mais próxima, e seus olhos saltavam para fora da janela procurando a estrada, penetrando entre os arbustos, espreitando, farejando.

O instinto animal dentro dele não errara: na curva inesperada da estrada, entre arbustos estava... o chafariz de pedra, de onde brotava num filete a água sonhada.

O ônibus parou, todos estavam com sede mas ele conseguiu ser o primeiro a chegar ao chafariz de pedra, antes de todos.

De olhos fechados entreabriu os lábios e colou-os ferozmente no orifício de onde jorrava a água. O primeiro gole fresco desceu, escorrendo pelo peito até a barriga.

Era a vida voltando, e com esta encharcou todo o seu interior arenoso até se saciar. Agora podia abrir os olhos.

Abriu-os e viu bem junto de sua cara dois olhos de estátua fitando-o e viu que era a estátua de uma mulher e que era da boca da mulher que saía a água.

E soube então que havia colado sua boca na boca da estátua da mulher de pedra. A vida havia jorrado dessa boca, de uma boca para outra.

Intuitivamente, confuso na sua inocência, sentia-se intrigado. Olhou a estátua nua.

Ele a havia beijado.

Sofreu um tremor que não se via por fora e que se iniciou bem dentro dele e tomou-lhe o corpo todo estourando pelo rosto em brasa viva.

(Clarice Lispector, "O primeiro beijo". *Felicidade clandestina.* Adaptado)

(Escrevente Técnico Judiciário – TJSP – VUNESP – 2017) Assinale a alternativa em que o pronome em destaque está empregado com o mesmo sentido de posse que tem o pronome "lhe", na passagem – Ele, um dos garotos no meio da garotada em algazarra, deixava a brisa fresca bater-**lhe** no rosto e entrar-**lhe** pelos cabelos...

(A) Não vá forçá-**lo** a assumir função para a qual não se acha preparado.

(B) Não esperávamos entregar-**lhes** nossos documentos naquele momento.

(C) Faça-**a** ver que ninguém está questionando sua atitude.

(D) Chegou-**nos** a notícia do desaparecimento do helicóptero.

(E) Pegou-**me** a mão, tentando encorajar-me a tomar uma decisão.

Na passagem transcrita no enunciado, o pronome oblíquo faz a mesma função dos pronomes possessivos. Note que ele pode ser substituído por "bater no seu rosto" e "entrar pelos seus cabelos". Não é um uso corriqueiro desses pronomes, ficando normalmente restrito à literatura. Das alternativas apresentadas, somente na letra "E" encontramos a mesma interpretação: "pegou a minha mão (...)". Nas demais, temos o uso normal do pronome oblíquo como complemento verbal. **HS**

Gabarito "E".

(Técnico Judiciário – TRT24 – FCC – 2017) Atenção: Considere o texto abaixo para responder às questões que se seguem.

Instituições financeiras reconhecem que é cada vez mais difícil detectar se uma transação é fraudulenta ou verdadeira

Os bancos e as empresas que efetuam pagamentos têm dificuldades de controlar as fraudes financeiras on-line no atual cenário tecnológico conectado e complexo. Mais de um terço (38%) das organizações reconhece que é cada vez mais difícil detectar se uma transação é fraudulenta ou verdadeira, revela pesquisa realizada por instituições renomadas.

O estudo revela que o índice de fraudes on-line acompanha o aumento do número de transações on-line, e 50% das organizações de serviços financeiros pesquisadas acreditam que há um crescimento das fraudes financeiras eletrônicas. Esse avanço, juntamente com o crescimento massivo dos pagamentos eletrônicos combinado aos novos avanços tecnológicos e às mudanças nas demandas corporativas, tem forçado, nos últimos anos, muitas delas a melhorar a eficiência de seus processos de negócios.

De acordo com os resultados, cerca de metade das organizações que atuam no campo de pagamentos eletrônicos usa soluções não especializadas que, segundo as estatísticas, não são confiáveis contra fraude e apresentam uma grande porcentagem de falsos positivos. O uso incorreto dos sistemas de segurança também pode acarretar o bloqueio de transações. Também vale notar que o desvio de pagamentos pode causar perda de clientes e, em última instância, uma redução nos lucros.

Conclui-se que a fraude não é o único obstáculo a ser superado: as instituições financeiras precisam também reduzir o número de alarmes falsos em seus sistemas a fim de fornecer o melhor atendimento possível ao cliente.

(Adaptado de: computerworld.com.br. Disponível em: http://computerworld.com.br/quase-40-dos-bancos-nao-sao-capazes--de-diferenciar-um-ataque-de-atividades-normais-de-clientes)

(Técnico Judiciário – TRT24 – FCC – 2017) No trecho *Os bancos e as empresas que efetuam pagamentos,* no início do primeiro parágrafo, o "que" exerce função pronominal. Outro trecho do texto em que essa palavra exerce a mesma função é:

(A) *De acordo com os resultados, cerca de metade das organizações* **que** *atuam no campo de pagamentos eletrônicos...* (3º parágrafo)

(B) *Mais de um terço (38%) das organizações reconhece* **que** *é cada vez mais difícil detectar se uma transação é fraudulenta ou verdadeira...* (1º parágrafo)

(C) *O estudo revela* **que** *o índice de fraudes on-line acompanha o aumento do número de transações on-line...* (2º parágrafo)

(D) *Também vale notar* **que** *o desvio de pagamentos pode causar perda de clientes...* (3º parágrafo)

(E) *Conclui-se* **que** *a fraude não é o único obstáculo a ser superado...* (4º parágrafo)

A: correta. Aqui também a palavra "que" exerce a função de pronome relativo; **B, C, D** e **E**: incorretas. O "que" destacado é conjunção integrante: une a oração principal à oração subordinada. HS

Gabarito "A".

(Técnico Judiciário – TRT24 – FCC – 2017) No segundo parágrafo do texto, o termo "delas" refere-se a

(A) *fraudes financeiras eletrônicas.*

(B) *organizações de serviços financeiros.*

(C) *demandas corporativas.*

(D) *transações on-line.*

(E) *mudanças.*

O pronome "delas" foi usado como elemento de coesão que remete a "organizações de serviços financeiros". HS

Gabarito "B".

Texto CG3A1AAA

1   A moralidade, que deve ser uma característica do
conjunto de indivíduos da sociedade, deve caracterizar de
modo mais intenso ainda aqueles que exercem funções
4   administrativas e de gestão pública ou privada. Com relação a
essa ideia, vale destacar que o alcance da moralidade
vincula-se a princípios ou normas de conduta, aos padrões de
7   comportamento geralmente reconhecidos, pelos quais são
julgados os atos dos membros de determinada coletividade.
Disso é possível deduzir que os membros de uma corporação
10   profissional — no caso, funcionários e servidores da
administração pública — também devem ser submetidos ao
julgamento ético-moral. A administração pública deve
13   pautar-se nos princípios constitucionais que a regem. É
necessário, ainda, que tais princípios estejam pública e
legalmente disponíveis ao conhecimento de todos os cidadãos,
16   para que estes possam respeitá-los e vivenciá-los. Nesse
contexto, destacam-se os princípios constitucionais tidos como
base da função pública e que, sem dúvida, constituem pilares
19   de sustentabilidade da função gestora.
O Estado constitui uma esfera ético-política
caracterizada pela união de partes que lhe conferem a
22   característica de um organismo vivo, composto pela
participação dos cidadãos e de todos aqueles que se abrigam
em sua circunscrição constitucional e legal, ou seja, se abrigam
25   sob a égide de uma Constituição.
A ética e a cidadania não se desvinculam da questão
dos princípios da ação do Estado e da moralidade
28   administrativa, uma vez que, por mais alargados que pareçam
os direitos e as esferas individuais — as quais parecem ser
extremamente flexíveis nos atuais contextos —, urge que sejam
31   regulamentadas as vinculações estreitas que existem entre
esferas individuais e esferas coletivas, pressupondo-se, assim,
níveis de avanço no campo do progresso moral da sociedade.

Z. A. L. Rodriguez. **Ética na gestão pública**. Curitiba: InterSaberes, 2016, p. 130-1 (com adaptações).

(Técnico Judiciário – TRE/PE – CESPE – 2017) Na linha 16 do texto CG3A1AAA, a forma pronominal "los", em "respeitá-los" e "vivenciá-los", remete a

(A) "todos os cidadãos" (l. 15).

(B) "princípios constitucionais" (l. 13).

(C) "estes" (l. 16).

(D) "os membros de uma corporação profissional" (l. 9 e 10).

(E) "funcionários e servidores da administração pública" (l. 10 e 11).

Os pronomes foram utilizados como elemento de coesão e de clareza, para evitar a repetição, do termo "princípios constitucionais". HS

Gabarito "B".

Atenção: Para responder às questões abaixo, considere o texto abaixo.

As crianças de hoje estão crescendo numa nova realidade, na qual estão conectadas mais a máquinas e menos a pessoas, de uma maneira que jamais aconteceu na história da humanidade. A nova safra de nativos do mundo digital pode ser muito hábil nos teclados, mas encontra dificuldades quando se trata de interpretar comportamentos alheios frente a frente, em tempo real.

Um estudante universitário observa a solidão e o isolamento que acompanham uma vida reclusa ao mundo virtual de atualizações de status e "postagens de fotos do meu jantar". Ele lembra que seus colegas estão perdendo a habilidade de manter uma conversa, sem falar nas discussões profundas, capazes de enriquecer os anos de universidade. E acrescenta: "Nenhum aniversário, show, encontro ou festa pode ser desfrutado sem que você se distancie do que está fazendo", para que aqueles no seu mundo virtual saibam instantaneamente como está se divertindo.

De algumas maneiras, as intermináveis horas que os jovens passam olhando fixamente para aparelhos eletrônicos podem ajudá-los a adquirir habilidades cognitivas específicas. Mas há preocupações e questões sobre como essas mesmas horas podem levar a déficits de habilidades emocionais, sociais e cognitivas essenciais.

(Adaptado de: GOLEMAN, Daniel. **Foco**: a atenção e seu papel fundamental para o sucesso. Trad. Cássia Zanon. Rio de Janeiro, Objetiva, 2013, p. 29-30)

(Técnico Judiciário – TRE/SP – FCC – 2017) Considere a relação entre o vocábulo "que" e a expressão entre colchetes nas seguintes passagens do texto.

I. *... estão conectadas mais a máquinas e menos a pessoas, de [uma maneira] que jamais aconteceu na história da humanidade.* (1º parágrafo)

II. *Um estudante universitário observa [a solidão e o isolamento] que acompanham uma vida reclusa ao mundo virtual...* (2º parágrafo)

III. *Ele lembra que [seus colegas] estão perdendo a habilidade de manter uma conversa...* (2º parágrafo)

IV. *[Nenhum aniversário, show, encontro ou festa] pode ser desfrutado sem que você se distancie...* (2º parágrafo)

V. *... [as intermináveis horas] que os jovens passam olhando fixamente para aparelhos eletrônicos...* (3º parágrafo)

Tem função pronominal, por se referir à expressão entre colchetes e equivaler a ela em termos de sentido, o vocábulo "que" sublinhado APENAS em

(A) II, III e V.

(B) I, III e IV.

(C) I, II e V.

(D) I, II e IV.

(E) III, IV e V.

"Que" é pronome relativo nos períodos I, II e V. No período III, é conjunção integrante, pois une a oração principal à subordinada substantiva objetiva direta. No período IV, também é conjunção que inaugura a oração subordinada adverbial de modo. HS

Gabarito "C".

8. CRASE

Meditação e foco no macarrão

"Sente os pés no chão", diz a instrutora, com a voz serena de quem há décadas deve sentir os pés no chão, "sente a respiração".

"Inspira, expira", ela diz, mas o narrador dentro da minha cabeça fala mais alto: "Eis então que no início do terceiro milênio, tendo chegado à Lua e à engenharia genética, os seres humanos se voltavam ávidos a técnicas milenares de relaxamento na esperança de encontrar alguma paz e algum sentido para suas vidas simultaneamente atribuladas e vazias".

Um lagarto, penso, jamais faria um curso de meditação. "Sente a pedra. A barriga na pedra. Relaxa a cauda. Agora sente o sol aquecendo as escamas. Esquece as moscas. Esquece as cobras rondando a toca. Inspira. Expira." Eu imagino que o lagarto sinta a pedra. A barriga na pedra. O prazer simples e ancestral de lagartear sob o sol.

Se o lagarto consegue esquecer as moscas ou a cobra rondando a toca, já não sei. A parte mais interna e mais antiga do nosso cérebro é igual à dos répteis. É dali que vem o medo, ferramenta evolutiva fundamental para trazer nossos genes triunfantes e nossos cérebros aflitos através dos milênios até aquela roda, no décimo segundo andar de um prédio na cidade de São Paulo.

Não há nada de místico na meditação. Pelo contrário. Meditar é aprender a estar aqui, agora. Eu acho que nunca estive aqui, agora. O ansioso está sempre em outro lugar. Sempre pré-ocupado. Às vezes acho que nasci meia hora atrasado e nunca recuperei esses trinta minutos. "Inspira. Expira".

Não é um problema só meu. A revista dominical do "New York Times" fez uma matéria de capa ano passado sobre o tema. Dizia que vivemos a era da ansiedade. Todas as redes sociais são latifúndios produzindo ansiedade. Mesmo o presente mais palpável, como um prato fumegante de macarrão, nós conseguimos digitalizar e transformar em ansiedade. Eu preciso postar a minha selfie dando a primeira garfada neste macarrão, depois nem vou conseguir comer o resto do macarrão, ou sentir o gosto do macarrão, porque estarei ocupado conferindo quantas pessoas estão comentando a minha foto comendo o macarrão que esfria, a minha frente.

"Inspira, expira." A voz da instrutora é tão calma e segura que me dá a certeza de que ela consegue comer

o macarrão e me dá a esperança de que também eu, um dia, aprenderei a comer o macarrão. É só o que eu peço a cinco mil anos de tradição acumulada por monges e budas e maharishis e demais sábios barbudos ou imberbes do longínquo Oriente. "Inspira. Expira." Foco no macarrão.

(Adaptado de: PRATA, Antonio. Folha de S. Paulo. Disponível em: www.folha.uol.com.br)

(Técnico – TRT2 – FCC – 2018) O sinal indicativo de crase pode ser acrescido, por ser facultativo, à expressão destacada em:

(A) Meditar é aprender **a estar** aqui, agora. (5º parágrafo)

(B) se voltavam ávidos **a técnicas** milenares de relaxamento... (2º parágrafo)

(C) Agora sente o sol aquecendo **as escamas**. (3º parágrafo)

(D) o macarrão que esfria, **a minha** frente. (6º parágrafo)

(E) Esquece **as moscas**. (3º parágrafo)

A: incorreta. Não ocorre crase antes de verbo; **B:** incorreta. Como o termo seguinte está no plural, isso demonstra que não há artigo aglutinado com a preposição – logo, não ocorre crase; **C:** incorreta. "Aquecer" é verbo transitivo direto, ou seja, não rege preposição. Sem preposição, não há crase; **D:** correta. É facultativa a crase antes de pronomes possessivos; **E:** incorreta. "Esquecer" é verbo transitivo direto, ou seja, não rege preposição. Sem preposição, não há crase. HS

Gabarito "D".

> A crase ocorre quando há a fusão do artigo a e da preposição a. De modo geral, só poderá ocorrer a crase diante de palavras que aceitam o artigo a – vocábulos femininos – e que estejam regidas pela preposição a.

(Técnico Judiciário – TRT11 – FCC – 2017) Atente para as frases abaixo, redigidas a partir de frases do texto modificadas.

I. O Brasil não figura entre os países mais suscetíveis à catástrofes naturais.

II. Em alguns locais, existe uma suscetibilidade natural à ocorrência de desastres, como secas, enchentes e deslizamentos.

III. Certas atitudes relacionadas à cultura humana podem impactar o desfecho final de uma situação de risco.

O sinal de crase está empregado corretamente APENAS em

(A) II e III.

(B) I e III.

(C) I e II.

(D) II.

(E) III.

I: incorreta. Como o termo seguinte está no plural, "catástrofes naturais", a falta de concordância denota que o "a" é preposição isolada, sem o artigo definido feminino. Portanto, não ocorre crase; **II:** correta. O termo "suscetibilidade" rege a preposição "a", que seguida de palavra feminina implica a ocorrência da crase pela aglutinação com o artigo; **III:** correta. O verbo "relacionar", aqui usado no particípio, rege a preposição "a", levando à crase nos mesmos termos da oração anterior. HS

Gabarito "A".

9. SEMÂNTICA

"Eu era piloto…"

* komsomolka: a jovem que fazia parte do Komsomol, Juventude do Partido Comunista da União Soviética.

Quando ainda estava no sétimo ano, um avião chegou à nossa cidade. Isso naqueles anos, imagine, em 1936. Na época, era uma coisa rara. E então veio um chamado: 'Meninas e meninos, entrem no avião!'. Eu, como era komsomolka*, estava nas primeiras filas, claro. Na mesma hora me inscrevi no aeroclube. Só que meu pai era categoricamente contra. Até então, todos em nossa família eram metalúrgicos, várias gerações de metalúrgicos e operadores de altos-fornos. E meu pai achava que metalurgia era um trabalho de mulher, mas piloto não. O chefe do aeroclube ficou sabendo disso e me autorizou a dar uma volta de avião com meu pai. Fiz isso. Eu e meu pai decolamos, e, desde aquele dia, ele parou de falar nisso. Gostou. Terminei o aeroclube com as melhores notas, saltava bem de paraquedas. Antes da guerra, ainda tive tempo de me casar e ter uma filha.

Desde os primeiros dias da guerra, começaram a reestruturar nosso aeroclube: os homens foram enviados para combater; no lugar deles, ficamos nós, as mulheres. Ensinávamos os alunos. Havia muito trabalho, da manhã à noite. Meu marido foi um dos primeiros a ir para o front. Só me restou uma fotografia: eu e ele de pé ao lado de um avião, com capacete de aviador… Agora vivia junto com minha filha, passamos quase o tempo todo em acampamentos. E como vivíamos? Eu a trancava, deixava mingau para ela, e, às quatro da manhã, já estávamos voando. Voltava de tarde, e se ela comia eu não sei, mas estava sempre coberta daquele mingau. Já nem chorava, só olhava para mim. Os olhos dela são grandes como os do meu marido…

No fim de 1941, me mandaram uma notificação de óbito: meu marido tinha morrido perto de Moscou. Era comandante de voo. Eu amava minha filha, mas a mandei para ficar com os parentes dele. E comecei a pedir para ir para o front…

Na última noite… Passei a noite inteira de joelhos ao lado do berço…"

Antonina Grigórievna Bondareva, tenente da guarda, piloto

(Disponível em: ALEKSIÉVITCH, Svetlana. A guerra não tem rosto de mulher. Tradução de Cecília Rosas. São Paulo: Companhia das Letras, 2016.)

(Técnico – TRT1 – 2018 – AOCP) Quanto às expressões de circunstâncias de tempo no texto II, assinale a alternativa correta.

(A) Em "Quando ainda estava no sétimo ano, um avião chegou à nossa cidade.", a oração em destaque indica que o avião chegou à cidade da narradora quando ela tinha 7 anos de idade.

(B) Em "Até então, todos em nossa família eram metalúrgicos […]", a expressão em destaque indica o momento em que os membros da família da narradora começaram a exercer a profissão de metalúrgicos.

(C) Em "No fim de 1941, me mandaram uma <u>notificação</u> de óbito [...]", a palavra em destaque poderia ser substituída por "termo", sem prejuízo sintático ou semântico.

(D) Em "Voltava <u>de</u> tarde, e se ela comia eu não sei [...]", a preposição em destaque poderia ser omitida, sem causar prejuízo sintático ou semântico.

(E) Em "Havia muito trabalho, <u>da manhã à noite</u>.", a expressão em destaque poderia ser substituída por "de manhã e à noite", sem causar prejuízo sintático ou semântico.

A: incorreta. Ainda que não possamos ter certeza da idade da narradora, o mais comum é que a escola comece por volta dos 5 a 7 anos de idade, ou seja, no sétimo ano é bem provável que ela contasse cerca de 14 anos; **B:** incorreta. A expressão indica o marco temporal no qual a narradora analisa a profissão de seus familiares; **C:** correta. As expressões são sinônimas; **D:** incorreta. A supressão da preposição alteraria o sentido do texto: "voltar de tarde" indica o retorno "no período da tarde", quanto que "voltar tarde" transmite a ideia de "tarde da noite"; **E:** incorreta. Haveria alteração de sentido, pois no trecho original há a ideia de que o trabalho se prolongava ao longo de todo o dia, ao passo que na nova proposta ele se concentraria de manhã e de noite, liberando o período da tarde. HS
Gabarito "C."

(Técnico – TRT1 – 2018 – AOCP) Assinale a alternativa em que a palavra em destaque NÃO pode ser substituída por aquela entre parênteses sem que isso resulte em mudança de significado.

(A) "E então veio um <u>chamado</u>: 'Meninas e meninos, entrem no avião!'". (chamamento)

(B) "Só que meu pai era <u>categoricamente</u> contra.". (inevitavelmente)

(C) "Antes da <u>guerra</u> ainda tive tempo de me casar e ter uma filha.". (conflagração)

(D) "[...] os homens foram enviados para <u>combater</u> [...]". (pugnar)

(E) "Agora vivia junto com minha filha, passamos quase o tempo todo em <u>acampamentos</u>.". (bivaques)

Todos os termos propostos são sinônimos das palavras respectivamente destacadas, com exceção de "inevitavelmente", que significa "algo que não pode ser evitado, contornado", em face de "categoricamente", que equivale a "absolutamente". HS
Gabarito "B."

TEXTO – Ressentimento e Covardia

Tenho comentado aqui na Folha em diversas crônicas, os usos da internet, que se ressente ainda da falta de uma legislação específica que coíba não somente os usos mas os abusos deste importante e eficaz veículo de comunicação. A maioria dos abusos, se praticados em outros meios, seriam crimes já especificados em lei, como a da imprensa, que pune injúrias, difamações e calúnias, bem como a violação dos direitos autorais, os plágios e outros recursos de apropriação indébita.

No fundo, é um problema técnico que os avanços da informática mais cedo ou mais tarde colocarão à disposição dos usuários e das autoridades. Como digo repetidas vezes, me valendo do óbvio, a comunicação virtual está em sua pré-história.

Atualmente, apesar dos abusos e crimes cometidos na internet, no que diz respeito aos cronistas, articulistas e escritores em geral, os mais comuns são os textos atribuídos

ou deformados que circulam por aí e que não podem ser desmentidos ou esclarecidos caso por caso. Um jornal ou revista é processado se publicar sem autorização do autor um texto qualquer, ainda que em citação longa e sem aspas. Em caso de injúria, calúnia ou difamação, também. E em caso de falsear a verdade propositadamente, é obrigado pela justiça a desmentir e dar espaço ao contraditório.

Nada disso, por ora, acontece na internet. Prevalece a lei do cão em nome da liberdade de expressão, que é mais expressão de ressentidos e covardes do que de liberdade, da verdadeira liberdade. (Carlos Heitor Cony, Folha de São Paulo, 16/05/2006 – adaptado)

(Técnico – TJ/AL – 2018 – FGV) O segmento do texto em que o emprego da preposição EM indica valor semântico diferente dos demais é:

(A) "Tenho comentado aqui na Folha em diversas crônicas";

(B) "A maioria dos abusos, se praticados em outros meios";

(C) "... seriam crimes já especificados em lei";

(D) "...a comunicação virtual está em sua pré-história";

(E) "...ainda que em citação longa e sem aspas".

Em todas as alternativas a preposição "em" encerra valor de lugar, com exceção da letra "D", que deve ser assinalada, quando expressa noção de tempo. HS
Gabarito "D."

(Escrevente Técnico Judiciário – TJSP – VUNESP – 2017) Leia o texto, para responder às questões de números abaixo.

Há quatro anos, Chris Nagele fez o que muitos executivos no setor de tecnologia já tinham feito – ele transferiu sua equipe para um chamado escritório aberto, sem paredes e divisórias.

Os funcionários, **até então**, trabalhavam de casa, mas ele queria que todos estivessem juntos, para se conectarem e colaborarem mais facilmente. Mas em pouco tempo ficou claro que Nagele tinha cometido um grande erro. Todos estavam distraídos, a produtividade caiu, e os nove empregados estavam insatisfeitos, sem falar do próprio chefe.

Em abril de 2015, quase três anos após a mudança para o escritório aberto, Nagele transferiu a empresa para um espaço de 900 m^2 onde hoje todos têm seu próprio espaço, com portas e tudo.

Inúmeras empresas adotaram o conceito de escritório aberto – cerca de 70% dos escritórios nos Estados Unidos são assim – e até onde se sabe poucos retornaram ao modelo de espaços tradicionais com salas e portas.

Pesquisas, **contudo**, mostram que podemos perder até 15% da produtividade, desenvolver problemas graves de concentração e até ter o dobro de chances de ficar doentes em espaços de trabalho abertos – fatores que estão contribuindo para uma reação contra esse tipo de organização.

Desde que se mudou para o formato tradicional, Nagele já ouviu colegas do setor de tecnologia dizerem sentir falta do estilo de trabalho do escritório fechado. "Muita gente concorda – simplesmente não aguentam o escritório aberto. Nunca se consegue terminar as coisas e é preciso levar mais trabalho para casa", diz ele.

É improvável que o conceito de escritório aberto caia em desuso, mas algumas firmas estão seguindo o exemplo de Nagele e voltando aos espaços privados.

Há uma boa razão que explica por que todos adoram um espaço com quatro paredes e uma porta: foco. A verdade é que não conseguimos cumprir várias tarefas ao mesmo tempo, e pequenas distrações podem desviar nosso foco por até 20 minutos.

Retemos mais informações quando nos sentamos em um local fixo, afirma Sally Augustin, psicóloga ambiental e de design de interiores.

(Bryan Borzykowski, "Por que escritórios abertos podem ser ruins para funcionários." Disponível em:<www1.folha.uol. com.br>. Acesso em: 04.04.2017. Adaptado)

(Escrevente Técnico Judiciário – TJSP – VUNESP – 2017) O termo **privado** está em relação de sentido com **público**, seu antônimo, da mesma forma que estão as palavras

(A) improvável e inaceitável.

(B) conectar e interligar.

(C) insatisfeitos e desabonados.

(D) distraídos e atentos.

(E) tradicional e usual.

A: incorreta. O antônimo de "improvável" é "provável"; **B:** incorreta. "Conectar" e "interligar" são sinônimos, não antônimos; **C:** incorretas. O antônimo de "insatisfeitos" é "satisfeitos"; **D:** correta. "Atentos" é antônimo de "distraídos": **E:** incorreta. O antônimo de "tradicional" é "incomum". HS

Gabarito "D"

(Escrevente Técnico Judiciário – TJSP – VUNESP – 2017) Na frase – É improvável que o conceito de escritório aberto **caia em desuso** ... (7º parágrafo) – a expressão em destaque tem o sentido de

(A) mereça sanção.

(B) mostre-se alterado.

(C) sofra censura.

(D) seja substituído.

(E) torne-se obsoleto.

"Cair em desuso" é expressão equivalente a "tornar-se obsoleto", "ser dispensado", "ser esquecido". HS

Gabarito "E"

(Escrevente Técnico Judiciário – TJSP – VUNESP – 2017) O trecho destacado na passagem – Todos estavam distraídos, a produtividade caiu, e os nove empregados estavam insatisfeitos, **sem falar** do próprio chefe. – tem sentido de:

(A) apesar do próprio chefe.

(B) portanto o próprio chefe.

(C) diante do próprio chefe.

(D) exceto o próprio chefe.

(E) até mesmo o próprio chefe.

A expressão "sem falar" tem sentido de "até mesmo", "inclusive". HS

Gabarito "E"

(Escrevente Técnico Judiciário – TJSP – VUNESP – 2017) Leia o texto, para responder às questões abaixo.

O ônibus da excursão subia lentamente a serra. Ele, um dos garotos no meio da garotada em algazarra, deixava a brisa fresca bater-lhe no rosto e entrar-lhe pelos cabelos com dedos longos, finos e sem peso como os de uma mãe. Ficar às vezes quieto, sem quase pensar, e apenas sentir – era tão bom. A concentração no sentir era difícil no meio da balbúrdia dos companheiros.

E mesmo a sede começara: brincar com a turma, falar bem alto, mais alto que o barulho do motor, rir, gritar, pensar, sentir, puxa vida! Como deixava a garganta seca.

A brisa fina, antes tão boa, agora ao sol do meio-dia tornara-se quente e árida e ao penetrar pelo nariz secava ainda mais a pouca saliva que pacientemente juntava.

Não sabia como e por que mas agora se sentia mais perto da água, pressentia-a mais próxima, e seus olhos saltavam para fora da janela procurando a estrada, penetrando entre os arbustos, espreitando, farejando.

O instinto animal dentro dele não errara: na curva inesperada da estrada, entre arbustos estava... o chafariz de pedra, de onde brotava num filete a água sonhada.

O ônibus parou, todos estavam com sede mas ele conseguiu ser o primeiro a chegar ao chafariz de pedra, antes de todos.

De olhos fechados entreabriu os lábios e colou-os ferozmente no orifício de onde jorrava a água. O primeiro gole fresco desceu, escorrendo pelo peito até a barriga.

Era a vida voltando, e com esta encharcou todo o seu interior arenoso até se saciar. Agora podia abrir os olhos.

Abriu-os e viu bem junto de sua cara dois olhos de estátua fitando-o e viu que era a estátua de uma mulher e que era da boca da mulher que saía a água.

E soube então que havia colado sua boca na boca da estátua da mulher de pedra. A vida havia jorrado dessa boca, de uma boca para outra.

Intuitivamente, confuso na sua inocência, sentia-se intrigado. Olhou a estátua nua.

Ele a havia beijado.

Sofreu um tremor que não se via por fora e que se iniciou bem dentro dele e tomou-lhe o corpo todo estourando pelo rosto em brasa viva.

(Clarice Lispector, "O primeiro beijo". *Felicidade clandestina*. Adaptado)

(Escrevente Técnico Judiciário – TJSP – VUNESP – 2017) Assinale a alternativa cuja frase contém apenas palavras empregadas em sentido próprio.

(A) ... deixava a brisa fresca bater-lhe no rosto e entrar-lhe pelos cabelos com dedos longos...

(B) ... e seus olhos saltavam para fora da janela, procurando a estrada, penetrando entre os arbustos...

(C) Sofreu um tremor que [...] se iniciou bem dentro dele e tomou-lhe o corpo todo estourando pelo rosto em brasa viva.

(D) Era a vida voltando, e com esta encharcou todo o seu interior arenoso até se saciar.

(E) O ônibus da excursão subia lentamente a serra. Ele, um dos garotos no meio da garotada em algazarra...

A: incorreta. "Com dedos longos" é prosopopeia, figura de linguagem que personifica coisas inanimadas (a brisa não tem dedos); **B:** incorreta. Também aqui temos prosopopeia – os olhos, na verdade, não saltam, procuram ou penetram; **C:** incorreta. "Estourando (...) em brasa viva" é metáfora, uma comparação implícita entre dois termos – o rosto do menino ardia como brasa; **D:** incorreta. Novamente a prosopopeia (vida voltando) e a metáfora (interior seco como areia); **E:** correta. Esta é a única alternativa na qual todas as palavras estão usadas em sentido próprio, denotativo, sem figuras de linguagem. HS

Gabarito "E".

(Escrevente Técnico Judiciário – TJSP – VUNESP – 2017) Leia o texto, para responder às questões abaixo.

O problema de São Paulo, dizia o Vinicius, "é que você anda, anda, anda, anda e nunca chega a Ipanema". Se tomarmos "Ipanema" ao pé da letra, a frase é absurda e cômica. Tomando "Ipanema" como um símbolo, no entanto, como um exemplo de alívio, promessa de alegria em meio à vida dura da cidade, a frase passa a ser de um triste realismo: o problema de São Paulo é que você anda, anda, anda e nunca chega a alívio algum. O Ibirapuera, o parque do Estado, o Jardim da Luz são uns raros respiros perdidos entre o mar de asfalto, a floresta de lajes batidas e os Corcovados de concreto armado.

O paulistano, contudo, não é de jogar a toalha – prefere estendê-la e se deitar em cima, caso lhe concedam dois metros quadrados de chão. É o que vemos nas avenidas abertas aos pedestres, nos fins de semana: basta liberarem um pedacinho do cinza e surgem revoadas de patinadores, maracatus, *big bands*, corredores evangélicos, góticos satanistas, praticantes de ioga, dançarinos de tango, barraquinhas de *yakissoba* e barris de cerveja artesanal.

Tenho estado atento às agruras e oportunidades da cidade porque, depois de cinco anos vivendo na Granja Viana, vim morar em Higienópolis. Lá em Cotia, no fim da tarde, eu corria em volta de um lago, desviando de patos e assustando jacus. Agora, aos domingos, corro pela Paulista ou Minhocão e, durante a semana, venho testando diferentes percursos. Corri em volta do parque Buenos Aires e do cemitério da Consolação, ziguezagueei por Santa Cecília e pelas encostas do Sumaré, até que, na última terça, sem querer, descobri um insuspeito parque noturno com bastante gente, quase nenhum carro e propício a todo tipo de atividades: o estacionamento do estádio do Pacaembu.

(Antonio Prata. "O paulistano não é de jogar a toalha. Prefere estendê-la e deitar em cima." Disponível em:<http://www1. folha.uol.com.br/colunas>. Acesso em: 13.04.2017. Adaptado)

(Escrevente Técnico Judiciário – TJSP – VUNESP – 2017) Assinale a alternativa cuja frase contém palavras empregadas em sentido figurado, no contexto em que se encontram.

(A) Lá em Cotia, no fim da tarde, eu corria em volta de um lago, desviando de patos...

(B) É o que vemos nas avenidas abertas aos pedestres, nos fins de semana...

(C) Corri em volta do parque Buenos Aires e do cemitério da Consolação...

(D) ... parque noturno com bastante gente, quase nenhum carro e propício a todo tipo de atividades...

(E) O Ibirapuera, o parque do Estado, o Jardim da Luz são uns raros respiros perdidos entre o mar de asfalto...

A, B, C e D: incorretas. Nelas não se encontra qualquer palavra em sentido figurado. Estão todas utilizadas em sentido próprio, denotativo; **E:** correta. Aqui sim temos a metáfora, figura de linguagem que altera o sentido das palavras "respiros" e "mar", que não foram usadas no sentido literal. HS

Gabarito "E".

(Técnico Judiciário – TRT11 – FCC – 2017) Atenção: Considere o texto abaixo para responder às questões seguintes.

Muito antes das discussões atuais sobre as mudanças climáticas, os cataclismos naturais despertam interesse no homem. Os desastres são um capítulo trágico da história da humanidade desde tempos longínquos. Supostas inundações catastróficas aparecem em relatos de várias culturas ao longo dos tempos, desde os antigos mesopotâmicos e gregos até os maias e os vikings.

Fora da rota dos grandes furacões, sem vulcões ativos e desprovido de zonas habitadas sujeitas a terremotos, o Brasil não figura entre os países mais suscetíveis a desastres naturais. Contudo, a aparência de lugar protegido dos humores do clima e dos solavancos da geologia deve ser relativizada. Aqui, cerca de 85% dos desastres são causados por três tipos de ocorrências: inundações bruscas, deslizamentos de terra e secas prolongadas. Esses fenômenos são relativamente recorrentes em zonas tropicais, e seus efeitos podem ser atenuados por políticas públicas de redução de danos.

Dois estudos feitos por pesquisadores brasileiros indicam que o risco de ocorrência desses três tipos de desastre deverá aumentar até o final do século. Eles também sinalizam que novos pontos do território nacional deverão se transformar em áreas de risco significativo para esses mesmos problemas. "Os impactos tendem a ser maiores no futuro, com as mudanças climáticas, o crescimento das cidades e a ocupação de mais áreas de risco", comenta o pesquisador José A. Marengo.

Além da suscetibilidade natural a secas, enchentes, deslizamentos e outros desastres, a ação do homem tem um peso considerável em transformar o que poderia ser um problema de menor monta em uma catástrofe. Os pesquisadores estimam que um terço do impacto dos deslizamentos de terra e metade dos estragos de inundações poderiam ser evitados com alterações de práticas humanas ligadas à ocupação do solo e a melhorias nas condições socioeconômicas da população em áreas de risco.

Moradias precárias em lugares inadequados, perto de encostas ou em pontos de alagamento, cidades superpopulosas e impermeabilizadas, que não escoam a água da chuva; esses fatores da cultura humana podem influenciar o desfecho de uma situação de risco. "Até hábitos cotidianos, como não jogar lixo na rua, e o nível de solidariedade de uma população podem ao menos mitigar os impactos de um desastre", pondera a geógrafa Lucí Hidalgo Nunes.

(Adaptado de PIVETTA, Marcos. Disponível em: http://revista-pesquisa.fapesp.br)

(Técnico Judiciário – TRT11 – FCC – 2017) No contexto, as palavras *longínquos* (1º parágrafo) e *mitigar* (5º parágrafo) adquirem, respectivamente, sentidos de:

(A) contíguos – atenuar

(B) adjacentes – aplacar

(C) antigos – exasperar

(D) imemoráveis – impedir

(E) remotos – abrandar

"Longínquo" é sinônimo de "remoto", "distante". Já "mitigar" é o mesmo que "abrandar", "aliviar", "reduzir", "atenuar". HS

Gabarito "E".

Texto CG3A1AAA

1   A moralidade, que deve ser uma característica do
    conjunto de indivíduos da sociedade, deve caracterizar de
    modo mais intenso ainda aqueles que exercem funções

4   administrativas e de gestão pública ou privada. Com relação a
    essa ideia, vale destacar que o alcance da moralidade
    vincula-se a princípios ou normas de conduta, aos padrões de

7   comportamento geralmente reconhecidos, pelos quais são
    julgados os atos dos membros de determinada coletividade.
    Disso é possível deduzir que os membros de uma corporação

10 profissional — no caso, funcionários e servidores da
    administração pública — também devem ser submetidos ao
    julgamento ético-moral. A administração pública deve

13 pautar-se nos princípios constitucionais que a regem. É
    necessário, ainda, que tais princípios estejam pública e
    legalmente disponíveis ao conhecimento de todos os cidadãos,

16 para que estes possam respeitá-los e vivenciá-los. Nesse
    contexto, destacam-se os princípios constitucionais tidos como
    base da função pública e que, sem dúvida, constituem pilares

19 de sustentabilidade da função gestora.
    O Estado constitui uma esfera ético-política
    caracterizada pela união de partes que lhe conferem a

22 característica de um organismo vivo, composto pela
    participação dos cidadãos e de todos aqueles que se abrigam
    em sua circunscrição constitucional e legal, ou seja, se abrigam

25 sob a égide de uma Constituição.
    A ética e a cidadania não se desvinculam da questão
    dos princípios da ação do Estado e da moralidade

28 administrativa, uma vez que, por mais alargados que pareçam
    os direitos e as esferas individuais — as quais parecem ser
    extremamente flexíveis nos atuais contextos —, urge que sejam

31 regulamentadas as vinculações estreitas que existem entre
    esferas individuais e esferas coletivas, pressupondo-se, assim,
    níveis de avanço no campo do progresso moral da sociedade.

Z. A. L. Rodriguez. **Ética na gestão pública**. Curitiba: InterSaberes, 2016, p. 130-1 (com adaptações).

(Técnico Judiciário – TRE/PE – CESPE – 2017) No texto CG3A1AAA, a forma verbal "devem", no trecho "os membros de uma corporação profissional (...) também devem ser submetidos ao julgamento ético-moral" (l. 9 a 12), foi empregada no sentido de

(A) probabilidade.
(B) capacidade.
(C) permissão.
(D) obrigação.
(E) necessidade.

No trecho assinalado, o verbo "dever" foi usado em sentido próprio, denotativo – exprime sentido de obrigação, dever de agir. HS

Gabarito "D".

(Técnico Judiciário – TRE/SP – FCC – 2017) Atenção: Para responder às questões abaixo, considere o texto abaixo.

Centro de Memória Eleitoral – CEMEL

O Centro de Memória Eleitoral do TRE-SP foi criado em agosto de 1999 e tem por objetivo a execução de ações que possibilitem cultivar e difundir a memória político-eleitoral como instrumento eficaz do aprofundamento e alargamento da consciência de cidadania, em prol do aperfeiçoamento do regime democrático brasileiro.

Seu acervo reúne títulos eleitorais desde a época do Império, urnas de votação (de madeira, de lona e eletrônicas), quadros, fotografias e material audiovisual, entre outros itens.

A realização de exposições temáticas, o lançamento de livros, a realização de palestras, além de visitas escolares monitoradas na sede do tribunal e o desenvolvimento de um projeto de história oral, são algumas das iniciativas do CEMEL.

(Disponível em: www.tre-sp.jus.br)

(Técnico Judiciário – TRE/SP – FCC – 2017) *O Centro de Memória Eleitoral do TRE-SP foi criado em agosto de 1999 e tem por objetivo a execução de ações...* (1° parágrafo) O segmento sublinhado estará corretamente substituído, com o sentido preservado, por:

(A) visa à

(B) propõe-se da

(C) promove à

(D) reivindica à

(E) promulga a

O exato sinônimo para "tem por objetivo" é o verbo "visar". Vale lembrar que, com esse sentido, ele é transitivo indireto e rege a preposição "a" – por isso que é seguido, na alternativa, por "a" com acento grave indicativo da crase (a palavra que se segue no texto original é feminina). Esquecer dessa preposição é um erro bastante comum. O verbo "visar", como transitivo direto (sem preposição", é sinônimo de "assinar": "O advogado visou o contrato" (assinou o contrato). **HS**

Gabarito "A".

10. PREPOSIÇÃO

(Escrevente Técnico Judiciário – TJSP – VUNESP – 2017) Leia o texto, para responder às questões de números abaixo.

Há quatro anos, Chris Nagele fez o que muitos executivos no setor de tecnologia já tinham feito – ele transferiu sua equipe para um chamado escritório aberto, sem paredes e divisórias.

Os funcionários, **até então**, trabalhavam de casa, mas ele queria que todos estivessem juntos, para se conectarem e colaborarem mais facilmente. Mas em pouco tempo ficou claro que Nagele tinha cometido um grande erro. Todos estavam distraídos, a produtividade caiu, e os nove empregados estavam insatisfeitos, sem falar do próprio chefe.

Em abril de 2015, quase três anos após a mudança para o escritório aberto, Nagele transferiu a empresa para um espaço de 900 m² onde hoje todos têm seu próprio espaço, com portas e tudo.

Inúmeras empresas adotaram o conceito de escritório aberto – cerca de 70% dos escritórios nos Estados Unidos são assim – e até onde se sabe poucos retornaram ao modelo de espaços tradicionais com salas e portas.

Pesquisas, **contudo**, mostram que podemos perder até 15% da produtividade, desenvolver problemas graves de concentração e até ter o dobro de chances de ficar doentes em espaços de trabalho abertos – fatores que estão contribuindo para uma reação contra esse tipo de organização.

Desde que se mudou para o formato tradicional, Nagele já ouviu colegas do setor de tecnologia dizerem sentir falta do estilo de trabalho do escritório fechado. "Muita gente concorda – simplesmente não aguentam o escritório aberto. Nunca se consegue terminar as coisas e é preciso levar mais trabalho para casa", diz ele.

É improvável que o conceito de escritório aberto caia em desuso, mas algumas firmas estão seguindo o exemplo de Nagele e voltando aos espaços privados.

Há uma boa razão que explica por que todos adoram um espaço com quatro paredes e uma porta: foco. A verdade é que não conseguimos cumprir várias tarefas ao mesmo tempo, e pequenas distrações podem desviar nosso foco por até 20 minutos.

Retemos mais informações quando nos sentamos em um local fixo, afirma Sally Augustin, psicóloga ambiental e de design de interiores.

(Bryan Borzykowski, "Por que escritórios abertos podem ser ruins para funcionários." Disponível em:<www1.folha.uol.com.br>. Acesso em: 04.04.2017. Adaptado)

(Escrevente Técnico Judiciário – TJSP – VUNESP – 2017) É correto afirmar que a expressão – **até então** –, em destaque no início do segundo parágrafo, expressa um limite, com referência

(A) temporal ao dia em que Nagele decidiu seguir o exemplo de outros executivos, e espacial ao tipo de escritório que adotou.

(B) espacial ao novo tipo de ambiente de trabalho, e temporal às mudanças favoráveis à integração.

(C) espacial aos escritórios fechados onde trabalhava a equipe de Nagele antes da mudança para locais abertos.

(D) temporal ao momento em que se deu a transferência da equipe de Nagele para o escritório aberto.

(E) espacial ao caso de sucesso de outros executivos do setor de tecnologia que aboliram paredes e divisórias.

A expressão destacada demarca um limite de tempo, o momento em que os funcionários deixaram de trabalhar em casa para irem ao escritório aberto. **HS**

Gabarito "D".

Internet e as novas mídias: contribuições para a proteção do meio ambiente no *ciberespaço*

A sociedade passou por profundas transformações em que a realidade socioeconômica modificou-se com rapidez junto ao desenvolvimento incessante das economias de massas. Os mecanismos de produção desenvolveram-se de tal forma a adequarem-se às necessidades e vontades humanas. Contudo, o homem não mediu as possíveis consequências que tal desenvolvimento pudesse causar de modo a provocar o desequilíbrio ao meio ambiente e a própria ameaça à vida humana.

Desse modo, a preocupação com o meio ambiente é questionada, sendo centro de tomada de decisões, diante da grave problemática que ameaça romper com o equilíbrio ecológico do Planeta. E não apenas nos tradicionais meios de comunicação, tais como jornais impressos, rádio, televisão, revistas, dentre outros, como também nos espaços virtuais de interatividade, por meio das novas mídias, as quais representam novos meios de comunicação, tem-se o debate sobre a problemática ambiental.

O capitalismo foi reestruturado e a partir das transformações científicas e tecnológicas deu-se origem a um novo estabelecimento social, em que por meio de redes e da cultura da virtualidade, configura-se a chamada sociedade informacional, na qual a comunicação e a informação constituem-se ferramentas essenciais da Era Digital.

As novas mídias, por meio da utilização da *Internet*, estão sendo consideradas como novos instrumentos de proteção do meio ambiente, na medida em que proporcionam a expansão da informação ambiental, de práticas sustentáveis, de reivindicações e ensejo de decisões em prol do meio ambiente.

No *ciberespaço*, devido à conectividade em tempo real, é possível promover debates de inúmeras questões como a construção da hidrelétrica de Belo Monte, o Novo Código Florestal, Barra Grande, dentre outras, as quais ensejam por tomada de decisões políticas, jurídicas e sociais. [...]

Vislumbra-se que a *Internet* é um meio que aproxima pessoas e distâncias, sendo utilizada por um número ilimitado de pessoas, a custo razoável e em tempo real. De fato, a *Internet* proporciona benefícios, pois, além de promover a circulação de informações, a curto espaço de tempo, muitos debates virtuais produzem manifestações sociais. Assim sendo, tem-se a democratização das informações através dos espaços virtuais, como *blogs*, *websites*, redes sociais, jornais virtuais, *sites* especializados, *sites* oficiais, dentre outros, de modo a expandir conhecimentos, promover discussões e, por vezes, influenciando nas tomadas de decisões dos governantes e na proliferação de movimentos sociais. Desse modo, os cidadãos acabam participando e exercendo a cidadania de forma democrática no *ciberespaço*. [...]

Faz-se necessária a execução de ações concretas em prol do meio ambiente, com adaptação e intermédio do novo padrão de democracia participativa fomentado pelas novas mídias, a fim de enfrentar a gestão dos riscos ambientais, dentre outras questões socioambientais. Ainda, são necessárias discussões aprofundadas sobre a complexidade ambiental, agregando a interdisciplinaridade para escolhas sustentáveis e na difusão do conhecimento. E, embora haja inúmeros desafios a percorrer com a utilização das tecnologias de comunicação e informação (novas TIC's), entende-se que a atuação das novas mídias é de suma importância, pois possibilita a expansão da informação, a práxis ambiental, o debate e as aspirações dos cidadãos, contribuindo, dessa forma, para a proteção do meio ambiente.

(SILVA NUNES, Denise. Internet e as novas mídias: contribuições para a proteção do meio ambiente no ciberespaço. In: **Âmbito Jurídico**, Rio Grande, XVI, n. 115, ago. 2013. Disponível em: http://ambito-juridico.com.br/site/?n_link=revista_artigos_leitura&artigo_id=13051& revista_caderno=17. Acesso em: jan. 2017. Adaptado.)

(Técnico Judiciário – TRF2 – Consulplan – 2017) Acerca dos elementos linguísticos empregados em *"Os mecanismos de produção desenvolveram-se de tal forma a adequarem-se às necessidades e vontades humanas."* (1º§), assinale o comentário cujas informações estão corretas de acordo com a norma padrão da língua.

(A) A forma verbal *"adequarem"* é responsável pela exigência da preposição *"a"* que lhe antecede e que lhe sucede.

(B) A ausência de preposição diante do complemento *"vontades humanas"* demonstra que tal termo não mantém uma relação com o elemento regente.

(C) A regência da forma verbal *"adequarem"* inclui os termos coordenados *"necessidades"* e *"vontades humanas"*.

(D) A forma verbal *"desenvolveram"* constitui termo regente exigindo o emprego da preposição *"de"* e *"a"* conforme pode ser indicado no período em análise.

A: incorreta. A preposição "a" que antecede o verbo é regida pela expressão "de forma"; B: incorreta. Trata-se de zeugma, figura de linguagem que autoriza a supressão de um elemento utilizado anteriormente na oração e que pode ser deduzido pelo contexto (no caso, a contração "às"); C: correta. Ambos são objetos indiretos do verbo "adequar"; D: incorreta, nos termos do comentário à alternativa "A". **HS**

Gabarito "C"

11. VOZES VERBAIS

(Técnico Judiciário – TRT24 – FCC – 2017) Atenção: Considere o texto abaixo para responder às questões abaixo.

Aspectos Culturais de Mato Grosso do Sul

A cultura de Mato Grosso do Sul é o conjunto de manifestações artístico-culturais desenvolvidas pela população sul-mato-grossense muito influenciada pela cultura paraguaia. Essa cultura estadual retrata, também, uma mistura de várias outras contribuições das muitas migrações ocorridas em seu território.

O artesanato, uma das mais ricas expressões culturais de um povo, no Mato Grosso do Sul, evidencia crenças, hábitos, tradições e demais referências culturais do Estado. É produzido com matérias primas da própria região e manifesta a criatividade e a identidade do povo sul-mato-grossense por meio de trabalhos em madeira, cerâmica, fibras, osso, chifre, sementes, etc.

As peças em geral trazem à tona temas referentes ao Pantanal e às populações indígenas, são feitas nas cores da paisagem regional e, além da fauna e da flora, podem retratar tipos humanos e costumes da região.

(Adaptado de: CANTU, Gilberto. Disponível em: http://profgMbertocantu.blogspot.com.br/2013/08aspectos-culturais-de-mato-grosso-do- sul.html)

(Técnico Judiciário – TRT24 – FCC – 2017) Está na voz passiva o verbo do seguinte fragmento do texto:

(A) *É produzido com matérias primas da própria região...* (2º parágrafo)

(B) *Essa cultura estadual retrata, também, uma mistura de várias outras contribuições das muitas migrações... (1º parágrafo)*

(C) *A cultura de Mato Grosso do Sul é o conjunto de manifestações artístico-culturais...* (1º parágrafo)

(D) *O artesanato, uma das mais ricas expressões culturais de um povo, no Mato Grosso do Sul, evidencia crenças, hábitos, tradições e demais referências culturais do Estado.* (2º parágrafo)

(E) *As peças em geral trazem à tona temas referentes ao Pantanal e às populações indígenas...* (3º parágrafo)

Todas as alternativas trazem o verbo na voz ativa, com exceção da letra "A", que deve ser assinalada. Com efeito, ali se encontra o verbo auxiliar "ser" com o particípio do verbo principal "produzir", formando a voz passiva. HS

Gabarito "A".

12. REGÊNCIAS VERBAL E NOMINAL

(Técnico Judiciário – TRT11 – FCC – 2017) Uma criança pode revelar grande interesse por uma profissão os pais sonharam, mas nunca exerceram.

Preenche corretamente a lacuna da frase acima o que está em:

(A) por que

(B) de que

(C) à qual

(D) na qual

(E) com que

"Sonhar" é verbo transitivo indireto que rege a preposição "com". Logo, a lacuna deve ser preenchida com "com que". HS

Gabarito "E".

Palavras, percebemos, são pessoas. Algumas são sozinhas: Abracadabra. Eureca. Bingo. Outras são promíscuas (embora prefiram a palavra "gregária"): estão sempre cercadas de muitas outras: Que. De. Por.

Algumas palavras são casadas. A palavra caudaloso, por exemplo, tem união estável com a palavra rio – você dificilmente verá caudaloso andando por aí acompanhada de outra pessoa. O mesmo vale para frondosa, que está sempre com a árvore. Perdidamente, coitado, é um advérbio que só adverbia o adjetivo apaixonado. Nada é ledo a não ser o engano, assim como nada é crasso a não ser o erro. Ensejo é uma palavra que só serve para ser aproveitada. Algumas palavras estão numa situação pior, como calculista, que vive em constante ménage(*), sempre acompanhada de assassino, frio e e.

Algumas palavras dependem de outras, embora não sejam grudadas por um hífen – quando têm hífen elas não são casadas, são siamesas. Casamento acontece quando se está junto por algum mistério. Alguns dirão que é amor, outros dirão que é afinidade, carência, preguiça e outros sentimentos menos nobres (a palavra engano, por exemplo, só está com ledo por pena – sabe que ledo, essa

palavra moribunda, não iria encontrar mais nada a essa altura do campeonato).

Esse é o problema do casamento entre as palavras, que por acaso é o mesmo do casamento entre pessoas.

Tem sempre uma palavra que ama mais. A palavra árvore anda com várias palavras além de frondosa. O casamento é aberto, mas para um lado só. A palavra rio sai com várias outras palavras na calada da noite: grande, comprido, branco, vermelho – e caudaloso fica lá, sozinho, em casa, esperando o rio chegar, a comida esfriando no prato.

Um dia, caudaloso cansou de ser maltratado e resolveu sair com outras palavras. Esbarrou com o abraço que, por sua vez, estava farto de sair com grande, essa palavra tão gasta. O abraço caudaloso deu tão certo que ficaram perdidamente inseparáveis. Foi em Manuel de Barros.

Talvez pra isso sirva a poesia, pra desfazer ledos enganos em prol de encontros mais frondosos.

(Gregório Duvivier, Abraço caudaloso. Disponível em:

<http://www1.folha.uol.com.br/>.Acesso em: 02 fev 2015. Adaptado)

(*) ménage: coabitação, vida em comum de um casal, unido legitimamente ou não.

(Escrevente Técnico – TJSP – 2015 – VUNESP) Na passagem – Outras são promíscuas (embora prefiram a palavra "gregária"): estão sempre cercadas de muitas outras: Que. **De. Por.** –, as palavras destacadas são preposições. Assinale a alternativa em que elas estão empregadas de acordo com a norma-padrão de regência verbal e nominal.

(A) Persiste **de** falar conosco, que somos os responsáveis **por** tudo.

(B) Ele insiste **de** negar tudo, mas é suspeito **por** ter recebido propina.

(C) Há um que hesita **de** fazer o negócio; os demais são favoráveis **por** comprar o terreno.

(D) Recusa-se **de** ajudar, ficando indiferente **por** nosso problema.

(E) Eles se admiram **de** que tenhamos preferência **por** funcionários mais experientes.

A: incorreta. "Persistir", nesse caso, rege a preposição "em"; **B:** incorreta. "Insistir", nesse caso, rege também a preposição "em" e o adjetivo "suspeito" rege a preposição "de"; **C:** incorreta. "Hesitar" rege a preposição "em" e "favoráveis" rege a preposição "a"; **D:** incorreta. "Recusar-se" rege a preposição "a", assim como "indiferente"; **E:** correta. "Admirar-se" rege a preposição "de" e "preferência" rege a preposição "por".

Gabarito "E".

(Escrevente Técnico – TJSP – 2015 – VUNESP) O sinal indicativo de crase está empregado de acordo com a norma-padrão em:

(A) Todos os documentos serão encaminhados às partes à partir da próxima semana.

(B) Todos tiveram de comparecer perante à autoridade, prestando contas à ela.

(C) Recusa-se à entregar às certidões antes do final do expediente.

(D) Encaminhamos à V.Exª os documentos à que se refere o Edital.

(E) O caso exige tratamento igual às partes, sem fazer exceção à ré.

A: incorreta. Não ocorre crase na expressão "a partir", porque formada por verbo; **B:** incorreta. "Perante" já é preposição, de forma que o "a" que a sucede é somente artigo definido. Logo, não ocorre crase; **C:** incorreta. Não ocorre crase antes de verbo e "certidões" é objeto direto, portanto não vem precedido de preposição; **D** incorreta. Não ocorre crase antes de pronomes pessoais de tratamento e o "a" que sucede "documentos" é unicamente uma preposição; **E:** correta. O advérbio "igual" e o substantivo "exceção" regem a preposição "a", que se aglutina com o artigo definido a seguir para formar a crase.
Gabarito "E".

13. ADVÉRBIO

(Escrevente Técnico Judiciário – TJSP – VUNESP – 2017) Leia o texto, para responder às questões abaixo.

O ônibus da excursão subia lentamente a serra. Ele, um dos garotos no meio da garotada em algazarra, deixava a brisa fresca bater-lhe no rosto e entrar-lhe pelos cabelos com dedos longos, finos e sem peso como os de uma mãe. Ficar às vezes quieto, sem quase pensar, e apenas sentir – era tão bom. A concentração no sentir era difícil no meio da balbúrdia dos companheiros.

E mesmo a sede começara: brincar com a turma, falar bem alto, mais alto que o barulho do motor, rir, gritar, pensar, sentir, puxa vida! Como deixava a garganta seca.

A brisa fina, antes tão boa, agora ao sol do meio-dia tornara-se quente e árida e ao penetrar pelo nariz secava ainda mais a pouca saliva que pacientemente juntava.

Não sabia como e por que mas agora se sentia mais perto da água, pressentia-a mais próxima, e seus olhos saltavam para fora da janela procurando a estrada, penetrando entre os arbustos, espreitando, farejando.

O instinto animal dentro dele não errara: na curva inesperada da estrada, entre arbustos estava... o chafariz de pedra, de onde brotava num filete a água sonhada.

O ônibus parou, todos estavam com sede mas ele conseguiu ser o primeiro a chegar ao chafariz de pedra, antes de todos.

De olhos fechados entreabriu os lábios e colou-os ferozmente no orifício de onde jorrava a água. O primeiro gole fresco desceu, escorrendo pelo peito até a barriga.

Era a vida voltando, e com esta encharcou todo o seu interior arenoso até se saciar. Agora podia abrir os olhos.

Abriu-os e viu bem junto de sua cara dois olhos de estátua fitando-o e viu que era a estátua de uma mulher e que era da boca da mulher que saía a água.

E soube então que havia colado sua boca na boca da estátua da mulher de pedra. A vida havia jorrado dessa boca, de uma boca para outra.

Intuitivamente, confuso na sua inocência, sentia-se intrigado. Olhou a estátua nua.

Ele a havia beijado.

Sofreu um tremor que não se via por fora e que se iniciou bem dentro dele e tomou-lhe o corpo todo estourando pelo rosto em brasa viva.

(Clarice Lispector, "O primeiro beijo".*Felicidade clandestina.*
Adaptado)

(Escrevente Técnico Judiciário – TJSP – VUNESP – 2017) Na passagem do 4º parágrafo – Não sabia **como** e **por que** mas agora se sentia mais perto da água, pressentia-a **mais** próxima – as expressões destacadas trazem ao contexto, correta e respectivamente, as ideias de

(A) comparação, dúvida e tempo.

(B) modo, causa e lugar.

(C) modo, causa e intensidade.

(D) modo, dúvida e lugar.

(E) comparação, causa e tempo.

"Como" é advérbio de modo, indica a forma que fazemos algo; "por que" introduz a ideia de causa, a razão daquilo que se expõe (equivale a "por qual razão"); por fim, "mais" é advérbio de intensidade, aumenta o volume, a quantidade, daquilo a que se refere. HS
Gabarito "C".

14. ORAÇÃO SUBORDINADA

(Técnico Judiciário – TRT24 – FCC – 2017) <u>Atenção</u>: Considere o texto abaixo para responder às questões abaixo.

Aspectos Culturais de Mato Grosso do Sul

A cultura de Mato Grosso do Sul é o conjunto de manifestações artístico-culturais desenvolvidas pela população sul-mato-grossense muito influenciada pela cultura paraguaia. Essa cultura estadual retrata, também, uma mistura de várias outras contribuições das muitas migrações ocorridas em seu território.

O artesanato, uma das mais ricas expressões culturais de um povo, no Mato Grosso do Sul, evidencia crenças, hábitos, tradições e demais referências culturais do Estado. É produzido com matérias primas da própria região e manifesta a criatividade e a identidade do povo sul-mato-grossense por meio de trabalhos em madeira, cerâmica, fibras, osso, chifre, sementes, etc.

As peças em geral trazem à tona temas referentes ao Pantanal e às populações indígenas, são feitas nas cores da paisagem regional e, além da fauna e da flora, podem retratar tipos humanos e costumes da região.

(Adaptado de: CANTU, Gilberto. Disponível em: http://pro-fgMbertocantu.blogspot.com.br/2013/08/aspectos-culturais--de-mato-grosso-do- sul.html)

(Técnico Judiciário – TRT24 – FCC – 2017) *O artesanato, **uma das mais ricas expressões culturais de um povo**, no Mato Grosso do Sul, evidencia crenças, hábitos, tradições e demais referências culturais do Estado. (2º parágrafo)*

No contexto, o trecho destacado veicula a ideia de

(A) explicação.

(B) proporção.

(C) concessão.

(D) finalidade.

(E) conclusão.

O trecho destacado exerce função sintática de aposto, elemento que explica outro anterior. HS
Gabarito "A".

Atenção: Considere o texto abaixo para responder às questões abaixo.

Freud uma vez recebeu carta de um conhecido pedindo conselhos diante de uma escolha importante da vida. A resposta é surpreendente: para as decisões pouco importantes, disse ele, vale a pena pensar bem. Quanto às grandes escolhas da vida, você terá menos chance de errar se escolher por impulso.

A sugestão parece imprudente, mas Freud sabia que as razões que mais pesam nas grandes escolhas são inconscientes, e o impulso obedece a essas razões. Claro que Freud não se referia às vontades impulsivas proibidas. Falava das decisões tomadas de "cabeça fria", mas que determinam o rumo de nossas vidas. No caso das escolhas profissionais, as motivações inconscientes são decisivas. Elas determinam não só a escolha mais "acertada", do ponto de vista da compatibilidade com a profissão, como são também responsáveis por aquilo que chamamos de talento. Isso se decide na infância, por mecanismos que chamamos de identificações. Toda criança leva na bagagem alguns traços da personalidade dos pais. Parece um processo de imitação, mas não é: os caminhos das identificações acompanham muito mais os desejos não realizados dos pais do que aqueles que eles seguiram na vida.

Junto com as identificações formam-se os ideais. A escolha profissional tem muito a ver com o campo de ideais que a pessoa valoriza. Dificilmente alguém consegue se entregar profissionalmente a uma prática que não represente os valores em que ela acredita.

Tudo isso está relacionado, é claro, com a almejada satisfação na vida profissional. Mas não vamos nos iludir.

Satisfação no trabalho não significa necessariamente prazer em trabalhar. Grande parte das pessoas não trabalharia se não fosse necessário. O trabalho não é fonte de prazer, é fonte de sentido. Ele nos ajuda a dar sentido à vida. Só que o sentido da vida profissional não vem pronto: ele é o efeito, e não a premissa, dos anos de prática de uma profissão. Na contemporaneidade, em que se acredita em prazeres instantâneos, resultados imediatos e felicidade instantânea, é bom lembrar que a construção de sentido requer tempo e persistência. Por outro lado, quando uma escolha não faz sentido o sujeito percebe rapidamente.

(Adaptado de KEHL, Maria Rita. Disponível em: rae.fgv.br / sites/rae.fgv.br/files/artigos)

(Técnico Judiciário – TRT11 – FCC – 2017) *Freud uma vez recebeu carta de um conhecido <u>pedindo</u> conselhos...*

Sem prejuízo da correção e do sentido, o elemento sublinhado acima pode ser substituído por:

(A) através de que se pedia

(B) que lhe pedia

(C) da qual pedia-lhe

(D) onde pedia-se

(E) em que se pedia

A oração destacada classifica-se como oração reduzida de gerúndio e pode ser estendida como "que lhe pedia" – note que a conjunção "que" é a única que não altera o sentido original do texto e respeita as normas gramaticais. HS

Gabarito "B".

Texto CG3A1BBB

1   Competência é uma palavra polissêmica. Uma das
      razões da variabilidade de seu significado é a diversidade dos
      contextos e dos campos de conhecimento em que ela é usada.

4   Em 1986, o **Novo Dicionário Aurélio da Língua Portuguesa**
      apresentou o seguinte verbete para os usos correntes à época:
      Competência (do latim *competentia*) s. f. 1. Faculdade

7   concedida por lei para um funcionário, juiz ou tribunal
      para apreciar e julgar certos pleitos ou questões. 2.
      Qualidade de quem é capaz de apreciar e resolver certo

10   assunto, fazer determinada coisa; capacidade,
      habilidade, aptidão, idoneidade. 3. Oposição, conflito,
      luta.

13   Os dois primeiros sentidos, transpostos para o mundo
      do trabalho, indicam que a palavra competência refere-se ou
      às atribuições do cargo ou à capacidade do trabalhador

16   de apreciar, resolver ou fazer alguma coisa.
      Posteriormente, o **Dicionário Houaiss** atribuiu dez
      significados ao termo. Os sete primeiros são especificações ou

19   derivações dos três sentidos já registrados no **Novo Dicionário
      Aurélio da Língua Portuguesa**. Os outros três sentidos são
      relacionados à gramática, à hidrografia, à linguística, à

22   medicina e à psicologia.

Acompanhando essa tendência, a área educacional, em
especial a da educação profissional, tem multiplicado os
25 sentidos e usos da palavra competência. Por exemplo, ao se
discutir uma proposta educacional baseada em competências,
é importante especificar o conceito de competência adotado e
28 a forma como ele é utilizado para se discutir o modelo
pedagógico decorrente.

J. A. Külller e N. de F. Rodrigo. **Metodologia de desenvolvimento de competências**. Rio de Janeiro:
SENAC Nacional, 2014, p. 39 (com adaptações).

(Técnico Judiciário – TRE/PE – CESPE – 2017) No texto CG3A1BBB, a oração "ao se discutir uma proposta educacional baseada em competências" (l. 25 e 26) exprime, no período em que ocorre, uma ideia de

(A) finalidade.
(B) conclusão.
(C) causa.
(D) consequência.
(E) tempo.

A oração se classifica como subordinada adverbial temporal, ou seja, expressa noção de tempo: **quando** se discutir a proposta, é importante que se especifique o conceito de competência. Note que alterando a conjunção fica mais claro que a oração pretende indicar o **momento** em que deve se delimitar o conceito de competência. [HS]
Gabarito "E".

15. ACENTUAÇÃO GRÁFICA

(Técnico – TJ/AL – 2018 – FGV) Duas palavras que obedecem à mesma regra de acentuação gráfica são:

(A) indébita / também;
(B) história / veículo;
(C) crônicas / atribuídos;
(D) coíba / já;
(E) calúnia / plágio.

A: incorreta. "Indébita" é acentuada porque é proparoxítona, já "também" é acentuada porque é oxítona terminada em "em"; **B:** incorreta. "História" leva acento por ser paroxítona terminada em ditongo crescente, ao passo que "veículo" é proparoxítona, além de ter o "i" sozinho no hiato; **C:** incorreta. "Crônicas" é proparoxítona, mas em "atribuídos" acentuou-se o "i" sozinho no hiato; **D:** incorreta. "Coíba" também tem o "i" sozinho no hiato, mas "já" é monossílabo tônico terminado em "a"; **E:** considerada correta pelo gabarito oficial, porém merece críticas a escolha das palavras. Não há consenso entre os dicionaristas e gramáticos sobre a separação das sílabas de ambas as palavras, que para uns são consideradas trissílabas (e, nesse caso, seriam acentuadas por serem paroxítonas terminadas em ditongo crescente) e para outros são polissílabas (hipótese em que se acentuariam por serem proparoxítonas). É comum, porém, que o mesmo dicionário ou gramático teórico classifique uma como paroxítona e outra como proparoxítona, o que invalida a questão. [HS]
Gabarito "E".

16. TEMAS COMBINADOS E OUTROS TEMAS

1   Entre todos os fatores técnicos da mobilidade,
um papel particularmente importante foi desempenhado
pelo transporte da informação – o tipo de comunicação
4   que não envolve o movimento de corpos físicos ou só
o faz secundária e marginalmente. Desenvolveram-se,
de forma consistente, meios técnicos que também
7   permitiram à informação viajar independentemente dos seus
portadores físicos – e independentemente também dos
objetos sobre os quais informava: meios que libertaram
10 os "significantes" do controle dos "significados". A separação
dos movimentos da informação em relação aos movimentos
dos seus portadores e objetos permitiu, por sua vez,
13 a diferenciação de suas velocidades; o movimento da
informação ganhava velocidade num ritmo muito mais
rápido que a viagem dos corpos ou a mudança da situação
16 sobre a qual se informava. Afinal, o aparecimento da rede
mundial de computadores pôs fim – no que diz respeito
à informação – à própria noção de "viagem" (e de
19 "distância" a ser percorrida), o que tornou a informação
instantaneamente disponível em todo o planeta, tanto na
teoria como na prática.

Zygmunt Bauman. Globalização: as consequências humanas. Trad. Marcus Penchel. Rio de Janeiro: Zahar, 1999 (com adaptações).

(Técnico – MPE/CE – CESPE – 2020) Com relação aos aspectos linguísticos e aos sentidos do texto precedente, julgue os itens a seguir.

(1) O termo "Desenvolveram-se" (l.5) poderia ser substituído pela locução **Foram desenvolvidos**, sem prejuízo do sentido e da correção gramatical do texto.

(2) A "rede mundial de computadores" a que o autor se refere nas linhas 16 e 17 do texto corresponde à Internet.

(3) As formas pronominais "os quais" (l.9) e "a qual" (l.16) referem-se, respectivamente, a "portadores físicos" (l.8) e "situação" (l.15).

(4) A supressão do acento indicativo de crase em "à própria noção de 'viagem'" (l.18) manteria os sentidos e a correção gramatical do texto.

(5) A substituição do conectivo "Afinal" (l.16) por **Contudo** manteria os sentidos originais do texto.

1: correta. Haveria apenas a transposição da voz passiva sintética para a voz passiva analítica; **2:** correta. Convencionou-se traduzir o termo de origem inglesa "Internet" como rede mundial de computadores; **3:** incorreta. "Os quais" refere-se a "objetos"; **4:** incorreta. Trata-se de crase obrigatória, ante a regência da locução "dizer respeito" – portanto, sua supressão acarretaria erro gramatical; **5:** incorreta. "Afinal" é conjunção conclusiva, ou seja, introduz uma oração que irá apresentar uma conclusão em relação ao que foi dito anteriormente. Já "contudo" é conjunção adversativa, sinônimo de "mas", "porém", de maneira que o sentido e a coerência do texto seriam afetados. HS

Gabarito: 1C, 2C, 3E, 4E, 5E

---

1   Em qualquer tempo ou lugar, a vida social é sempre
    marcada por rituais. Essa afirmação pode ser inesperada
    para muitos, porque tendemos a negar tanto a existência
4   quanto a importância dos rituais na nossa vida cotidiana.
    Em geral, consideramos que rituais seriam eventos de
    sociedades históricas, da vida na corte europeia, por exemplo,
7   ou, em outro extremo, de sociedades indígenas. Entre nós,
    a inclinação inicial é diminuir sua relevância. Muitas vezes
    comentamos "Ah, foi apenas um ritual", querendo enfatizar
10 exatamente que o evento em questão não teve maior
    significado e conteúdo. Por exemplo, um discurso pode receber
    esse comentário se for considerado superficial em relação
13 à expectativa de um importante comunicado. Ritual, nesse
    caso, é a dimensão menos importante de um evento, sinal
    de uma forma vazia, algo pouco sério — e, portanto,
19 "apenas um ritual". Agimos como se desconhecêssemos que
    forma e conteúdo estão sempre combinados e associamos
    o ritual apenas à forma, isto é, à convencionalidade, à rigidez,
19 ao tradicionalismo. Tudo se passa como se nós, modernos,
    guiados pela livre vontade, estivéssemos liberados desse
    fenômeno do passado. Em suma, usamos o termo ritual no
22 dia a dia com uma conotação de fenômeno formal e arcaico.

Mariza Peirano. Rituais ontem e hoje. Rio de Janeiro: Jorge Zahar Editor, 2003, p. 7-8 (com adaptações).

(Técnico – MPE/CE – CESPE – 2020) Com relação às ideias, aos sentidos e aos aspectos linguísticos do texto anterior, julgue os itens a seguir.

(1) O texto apresentado é predominantemente descritivo, já que exemplifica uma das acepções do termo **ritual**.

(2) A substituição do trecho "se for considerado" (l.12) por **quando considerado** preservaria a coerência e a correção gramatical do texto.

(3) A acepção de **ritual** empregada nos dois primeiros períodos do texto afasta-se, segundo a autora, do sentido corrente dessa palavra, explorado no restante do texto.

(4) A substituição da conjunção "porque" (l.3) pela locução **de modo que** preservaria os sentidos originais do texto.

(5) No trecho "em relação à expectativa de um importante comunicado" (l. 12 e 13), a retirada do sinal indicativo de crase no vocábulo "à" prejudicaria a correção gramatical do texto.

(6) A expressão "sua relevância" (R.8) refere-se a "rituais" (l.5).

(7) Depreende-se do trecho "Tudo se passa como se nós, modernos, guiados pela livre vontade, estivéssemos liberados desse fenômeno do passado" (l. 19 a 21) que a autora, ao se declarar moderna, repudia o que pertence ao passado.

(8) O texto defende que, em uma manifestação social, o ritual é a dimensão que mais contribui para a transmissão dos valores e conteúdos implicados nessa manifestação.

(9) A expressão "do passado" (l.21) foi empregada no texto com o mesmo sentido de **obsoleto**.

1: incorreta. Trata-se de texto dissertativo, no qual a autora defende um determinado ponto de vista; **2:** correta. "Quando" pode também ser utilizado com valor condicional, como na alteração proposta, o que manteria a coerência e a correção do texto; **3:** correta. É exatamente essa oposição de sentidos que compõe a ideia central do texto; **4:** incorreta. "Porque" tem valor explicativo, ao passo que "de modo que" tem valor conclusivo – haveria, portanto, alteração de sentido no período; **5:** correta. Trata-se de crase obrigatória diante da regência da expressão "em relação a"; **6:** correta. O pronome "sua" retoma o substantivo "rituais" como elemento de coesão textual; **7:** incorreta. Ao contrário, a autora critica a noção geral de modernidade. Não obstante ser, obviamente, uma pessoa que vive em nossos tempos, ela destoa desta maioria ao expor que, na verdade, não estamos liberados dos fenômenos do passado; **8:** incorreta. O texto defende que a sociedade moderna perdeu a noção do significado do termo "ritual" e torno-o limitado a formalidades, quando seu alcance é mais amplo do que isso; **9:** correta. Os termos são realmente sinônimos e podem ser empregados um pelo outro sem alteração de sentido. **HS**

Gabarito: 1E, 2C, 3C, 4E, 5C, 6C, 7E, 8E, 9C

Nossa imaginação precisa da literatura mais do que nunca
LIGIA G. DINIZ – 22 FEV 2018 – 18:44

Vamos partir de uma situação que grande parte de nós já vivenciou. Estamos saindo do cinema, depois de termos visto uma adaptação de um livro do qual gostamos muito. Na verdade, até que gostamos do filme também: o sentido foi mantido, a escolha do elenco foi adequada, e a trilha sonora reforçou a camada afetiva da narrativa. Por que então sentimos que algo está fora do lugar? [...]

O que sempre falta em um filme sou eu. Parto dessa ideia simples e poderosa, sugerida pelo teórico Wolfgang Iser em um de seus livros, para afirmar que nunca precisamos tanto ler ficção e poesia quanto hoje, porque nunca precisamos tanto de faíscas que ponham em movimento o mecanismo livre da nossa imaginação. Nenhuma forma de arte ou objeto cultural guarda a potência escondida por aquele monte de palavras impressas na página.

Essa potência vem, entre outros aspectos, do tanto que a literatura exige de nós, leitores. Não falo do esforço de compreender um texto, nem da atenção que as histórias e poemas exigem de nós – embora sejam incontornáveis também. Penso no tanto que precisamos investir de nós, como sujeitos afetivos e como corpos sensíveis, para que as palavras se tornem um mundo no qual penetramos. [...]

Somos bombardeados todo dia, o dia inteiro, por informações. Estamos saturados de dados e de interpretações. A literatura – para além do prazer intelectual, inegável – oferece algo diferente. Trata-se de uma energia que o teórico Hans Ulrich Gumbrecht chama de "presença" e que remete a um contato com o mundo que afeta o corpo do indivíduo para além e para aquém do pensamento racional.

Muitos eventos produzem presença, é claro: jogos e exercícios esportivos, shows de música, encontros com amigos, cerimônias religiosas e relações amorosas e sexuais são exemplos óbvios. Por que, então, defender uma prática eminentemente intelectual, como a experiência literária, com o objetivo de "produzir presença", isto é, de despertar sensações corpóreas e afetos? A resposta está, como já evoquei mais acima, na potência guardada pela ficção e a poesia para disparar a imaginação. [...]

A leitura de textos literários [...] exige que nosso corpo esteja ele próprio presente no espaço ficcional com que nos deparamos, sob pena de não existir espaço ficcional algum.

Mais ainda, a experiência literária nos dá a chance de vivenciarmos possibilidades que, no cotidiano, estão fechadas a nós: de explorarmos essas possibilidades como se estivéssemos, de fato, presentes. E a imaginação é o palco em que a vivência dessas possibilidades

é encenada, por meio do jogo entre identificações e rejeições. [...]

(Adaptado de: <https://brasil.elpais.com/brasil/2018/02/22/opinion/1519332813_987510.html>. Acesso em: 27 mar. 2018)

(Técnico – TRT1 – 2018 – AOCP) Em relação ao excerto "Somos bombardeados todo dia, o dia inteiro, por informações. Estamos saturados de dados e de interpretações. A literatura – para além do prazer intelectual, inegável – oferece algo diferente.", assinale a alternativa correta.

(A) O trecho "[...] todo dia, o dia inteiro [...]" poderia ser reescrito da seguinte forma: "todo dia, o dia todo". Nesse último caso, a palavra "todo" funcionaria como adjetivo nas duas ocorrências, indicando totalidade.

(B) Em "Somos bombardeados todo dia [...]", é utilizada a figura de linguagem que leva o nome de anáfora, uma vez que é atribuída a um ser inanimado (informações) a característica de um ser animado (a capacidade de bombardear).

(C) O excerto é constituído por períodos simples, típicos de textos argumentativos. Esse tipo de construção proporciona o desenvolvimento detalhado de ideias, com adição de circunstâncias e de caracterizações mais apuradas dos eventos.

(D) O verbo "somos", flexionado no presente do indicativo, denota uma ação que ocorre concomitantemente ao momento da fala.

(E) É possível substituir a palavra "saturados" por "fartos", sem com isso causar prejuízo sintático ou semântico.

A: incorreta. Na primeira passagem, "todo" é advérbio; **B:** incorreta. Trata-se de metáfora, que consiste no uso de uma palavra com sentido conotativo, figurado (as informações atuam como bombas); **C:** incorreta. Textos argumentativos têm como base períodos compostos. O excerto é uma exceção, usada como recurso estilístico para causar mais impacto durante essa passagem; **D:** incorreta. O presente do indicativo, nesse caso, expressa a ideia de continuidade; **E:** correta. Os termos são sinônimos. **HS**

Gabarito "E"

TEXTO – Ressentimento e Covardia

Tenho comentado aqui na Folha em diversas crônicas, os usos da internet, que se ressente ainda da falta de uma legislação específica que coíba não somente os usos mas os abusos deste importante e eficaz veículo de comunicação. A maioria dos abusos, se praticados em outros meios, seriam crimes já especificados em lei, como a da imprensa, que pune injúrias, difamações e calúnias, bem como a violação dos direitos autorais, os plágios e outros recursos de apropriação indébita.

No fundo, é um problema técnico que os avanços da informática mais cedo ou mais tarde colocarão à disposição dos usuários e das autoridades. Como digo repetidas vezes, me valendo do óbvio, a comunicação virtual está em sua pré-história.

Atualmente, apesar dos abusos e crimes cometidos na internet, no que diz respeito aos cronistas, articulistas e escritores em geral, os mais comuns são os textos atribuídos ou deformados que circulam por aí e que não podem ser desmentidos ou esclarecidos caso por caso. Um jornal ou revista é processado se publicar sem autorização do autor um texto qualquer, ainda que em citação longa e sem aspas. Em caso de injúria, calúnia ou difamação, também. E em caso de falsear a verdade propositadamente, é obrigado pela justiça a desmentir e dar espaço ao contraditório.

Nada disso, por ora, acontece na internet. Prevalece a lei do cão em nome da liberdade de expressão, que é mais expressão de ressentidos e covardes do que de liberdade, da verdadeira liberdade. (Carlos Heitor Cony, Folha de São Paulo, 16/05/2006 – adaptado)

(Técnico – TJ/AL – 2018 – FGV) "Como digo repetidas vezes, me valendo do óbvio, a comunicação virtual está em sua pré-história".

A utilização do termo "pré-história" mostra um tipo de linguagem figurada denominado:

(A) metáfora;

(B) metonímia;

(C) pleonasmo;

(D) paradoxo;

(E) hipérbole.

O uso do termo em sentido figurado, conotativo, demonstra a ocorrência de metáfora. Metonímia é o uso de um termo no lugar de outro que lhe seja conexo (o continente pelo conteúdo – "copo de água", a parte pelo todo – "cheguei na porta" etc.). Pleonasmo é a redundância, o uso de termos desnecessários à compreensão da mensagem ("subir para cima", "sair para fora"). Paradoxo é uma ideia absurda, incoerente ("homem desonesto e leal"). Hipérbole é o exagero desmedido para criar efeito estilístico ("chorou rios de lágrimas"). HS

Gabarito "A".

Meditação e foco no macarrão

"Sente os pés no chão", diz a instrutora, com a voz serena de quem há décadas deve sentir os pés no chão, "sente a respiração".

"Inspira, expira", ela diz, mas o narrador dentro da minha cabeça fala mais alto: "Eis então que no início do terceiro milênio, tendo chegado à Lua e à engenharia genética, os seres humanos se voltavam ávidos a técnicas milenares de relaxamento na esperança de encontrar alguma paz e algum sentido para suas vidas simultaneamente atribuladas e vazias".

Um lagarto, penso, jamais faria um curso de meditação. "Sente a pedra. A barriga na pedra. Relaxa a cauda. Agora sente o sol aquecendo as escamas. Esquece as moscas. Esquece as cobras rondando a toca. Inspira. Expira." Eu imagino que o lagarto sinta a pedra. A barriga na pedra. O prazer simples e ancestral de lagartear sob o sol.

Se o lagarto consegue esquecer as moscas ou a cobra rondando a toca, já não sei. A parte mais interna e mais antiga do nosso cérebro é igual à dos répteis. É dali que vem o medo, ferramenta evolutiva fundamental para trazer nossos genes triunfantes e nossos cérebros aflitos através dos milênios até aquela roda, no décimo segundo andar de um prédio na cidade de São Paulo.

Não há nada de místico na meditação. Pelo contrário. Meditar é aprender a estar aqui, agora. Eu acho que nunca estive aqui, agora. O ansioso está sempre em outro lugar. Sempre pré-ocupado. Às vezes acho que nasci meia hora atrasado e nunca recuperei esses trinta minutos. "Inspira. Expira".

Não é um problema só meu. A revista dominical do "New York Times" fez uma matéria de capa ano passado sobre o tema. Dizia que vivemos a era da ansiedade. Todas as redes sociais são latifúndios produzindo ansiedade. Mesmo o presente mais palpável, como um prato fumegante de macarrão, nós conseguimos digitalizar e transformar em ansiedade. Eu preciso postar a minha selfie dando a primeira garfada neste macarrão, depois nem vou conseguir comer o resto do macarrão, ou sentir o gosto do macarrão, porque estarei ocupado conferindo quantas pessoas estão comentando a minha foto comendo o macarrão que esfria, a minha frente.

"Inspira, expira." A voz da instrutora é tão calma e segura que me dá a certeza de que ela consegue comer o macarrão e me dá a esperança de que também eu, um dia, aprenderei a comer o macarrão. É só o que eu peço a cinco mil anos de tradição acumulada por monges e budas e maharishis e demais sábios barbudos ou imberbes do longínquo Oriente. "Inspira. Expira." Foco no macarrão.

(Adaptado de: PRATA, Antonio. Folha de S. Paulo. Disponível em: www.folha.uol.com.br)

(Técnico – TRT2 – FCC – 2018) Considere a seguinte passagem do 7º parágrafo:

É só o que eu peço a cinco mil anos de tradição acumulada por monges e budas e maharishis e demais sábios barbudos ou imberbes do longínquo Oriente.

Uma análise correta da linguagem empregada na passagem está na alternativa:

(A) A conjunção **ou** estabelece entre os vocábulos barbudos e imberbes sentido de comparação.

(B) A repetição da conjunção **e** organiza uma enumeração em que o último elemento tem sentido mais genérico que os anteriores.

(C) O termo **sábios** está empregado com a mesma função sintática que na frase: "O sofrimento nos deixa mais sábios".

(D) A preposição **a** introduz um vocativo, a quem o autor se dirige com acentuada deferência.

(E) A preposição **por** estabelece relação de causa, assim como na frase: "A reunião foi adiada por falta de quórum".

A: incorreta. A conjunção "ou" estabelece uma relação de alternância; **B:** correta. Trata-se da figura de linguagem conhecida como polissíndeto; **C:** incorreta. No trecho original, "sábios" é substantivo, enquanto na alternativa ele foi usado como adjetivo; **D:** incorreta. A preposição introduz o objeto indireto; **E:** incorreta. Ela estabelece no trecho original uma relação de propriedade. HS

Gabarito "B".

(Escrevente Técnico Judiciário – TJSP – VUNESP – 2017) Leia o texto dos quadrinhos, para responder às questões de números abaixo.

(Charles M. Schulz. Snoopy – Feliz dia dos namorados!)

(Escrevente Técnico Judiciário – TJSP – VUNESP – 2017) Assinale a alternativa que dá outra redação à fala dos quadrinhos, seguindo a norma-padrão de regência, conjugação de verbos e emprego do sinal indicativo de crase.

(A) Caso você não me acuda quando eu fizer a lição de casa, apelarei à justiça.

(B) Espero que você nomeie à alguém que trata disso melhor do que seu advogado.

(C) Pergunto à você onde está seu advogado; não creio que ele resolva ao caso.

(D) Vou acionar à polícia se você não vir me ajudar com à lição de casa.

(E) Se você não se dispor em ajudar à fazer a lição de casa, vou processar você.

A: correta. A norma-padrão foi integralmente respeitada na redação; **B:** incorreta. O verbo "nomear" é transitivo direto, não rege preposição: "espero que você nomeia alguém". Além disso, o verbo "tratar" deveria estar conjugado no presente do subjuntivo: "que trate"; **C:** incorreta. Antes de pronome pessoal de tratamento não ocorre crase: "pergunto a você". Além disso, o verbo "resolver" é transitivo direto, não rege preposição: "resolva o caso"; **D:** incorreta. O verbo "acionar" é transitivo direto, não rege preposição e, portanto, não determina crase: "vou acionar a polícia". Além disso, o verbo "vir", na terceira pessoa do singular do pretérito imperfeito do subjuntivo, conjuga-se "vier"; **E:** incorreta. O verbo "dispor", na terceira pessoa do singular do pretérito imperfeito do subjuntivo, conjuga-se "dispuser". Além disso, não ocorre crase antes de verbo: "a fazer". **HS**
Gabarito "A".

(Técnico Judiciário – TRT24 – FCC – 2017) A frase que está escrita em conformidade com a norma-padrão da língua é:

(A) A cultura e os costumes de um povo representam aspectos sócio-culturais que tendem a ser reproduzidas pelos seus membros em geral e passadas a seus descendentes, geração a geração.

(B) A cultura e os costumes de um povo representa aspectos sócio-culturais que tendem a ser reprodu-

das pelos seus membros em geral e passadas a seus decendentes, geração à geração.

(C) A cultura e os costumes de um povo representa aspectos socioculturais que tendem à ser reproduzido pelos seus membros em geral e passados a seus descendentes, geração a geração.

(D) A cultura e os costumes de um povo representam aspectos socioculturais que tendem a ser reproduzidos pelos seus membros em geral e passados a seus descendentes, geração a geração.

(E) A cultura e os costumes de um povo representam aspectos socioculturais que tendem a serem reproduzidos pelos seus membros em geral e passados à seus decendentes, geração a geração.

A: incorreta. O verbo particípio do verbo "reproduzir" deveria estar no masculino para concordar com "aspectos". Além disso, nos termos do Novo Acordo Ortográfico, grafa-se "socioculturais"; **B:** incorreta. O verbo "representar" deveria estar no plural para concordar com "a cultura e os costumes". "Reproduzidas" deveria estar no masculino, como já destacado, além da nova redação de "socioculturais". A grafia correta é "descendentes" e a expressão "geração a geração" não leva o acento grave indicativo da crase; **C:** incorreta. Além dos erros já destacados nas alternativas anteriores, não ocorre crase antes de verbo – "a ser"; **D:** correta. A alternativa respeita todas as normas do padrão culto da língua; **E:** incorreta. Além do erro de ortografia em "descendentes", também não ocorre crase antes de pronome possessivo masculino – "a seus". **HS**
Gabarito "D".

Atenção: Considere o texto abaixo para responder às questões abaixo.

Freud uma vez recebeu carta de um conhecido pedindo conselhos diante de uma escolha importante da vida. A resposta é surpreendente: para as decisões pouco importantes, disse ele, vale a pena pensar bem. Quanto às grandes escolhas da vida, você terá menos chance de errar se escolher por impulso.

A sugestão parece imprudente, mas Freud sabia que as razões que mais pesam nas grandes escolhas são inconscientes, e o impulso obedece a essas razões. Claro que Freud não se referia às vontades impulsivas proibidas. Falava das decisões tomadas de "cabeça fria", mas que determinam o rumo de nossas vidas. No caso das escolhas profissionais, as motivações inconscientes são decisivas. Elas determinam não só a escolha mais "acertada", do ponto de vista da compatibilidade com a profissão, como são também responsáveis por aquilo que chamamos de talento. Isso se decide na infância, por mecanismos que chamamos de identificações. Toda criança leva na bagagem alguns traços da personalidade dos pais. Parece um processo de imitação, mas não é: os caminhos das identificações acompanham muito mais os desejos não realizados dos pais do que aqueles que eles seguiram na vida.

Junto com as identificações formam-se os ideais. A escolha profissional tem muito a ver com o campo de ideais que a pessoa valoriza. Dificilmente alguém consegue se entregar profissionalmente a uma prática que não represente os valores em que ela acredita.

Tudo isso está relacionado, é claro, com a almejada satisfação na vida profissional. Mas não vamos nos iludir. Satisfação no trabalho não significa necessariamente prazer em trabalhar. *Grande parte das pessoas não trabalharia se não fosse necessário. O trabalho não é fonte de prazer, é fonte de sentido. Ele nos ajuda a dar sentido à vida. Só que o sentido da vida profissional não vem pronto: ele é o efeito, e não a premissa, dos anos de prática de uma profissão. Na contemporaneidade, em que se acredita em prazeres instantâneos, resultados imediatos e felicidade instantânea, é bom lembrar que a construção de sentido requer tempo e persistência. Por outro lado, quando uma escolha não faz sentido o sujeito percebe rapidamente.*

(Adaptado de KEHL, Maria Rita. Disponível em: rae.fgv.br / sites/rae.fgv.br/files/artigos)

(Técnico Judiciário – TRT11 – FCC – 2017) Está correto o que se afirma em:

(A) O segmento sublinhado em *... que não represente os valores em que ela acredita...* (3º parágrafo) pode ser substituído por "no qual".

(B) Ambos os elementos sublinhados em *... Freud sabia que as razões que mais pesam...* (2º parágrafo) são pronomes.

(C) A frase *... você terá menos chance de errar se escolher por impulso...* (1º parágrafo) pode ser redigida do seguinte modo: "devem haver menos chances de errar na escolha impulsiva".

(D) O elemento sublinhado em *... aqueles que eles seguiram na vida...* (2º parágrafo) refere-se a "ideais".

(E) Na frase *Parece um processo de imitação, mas não é:...* (2º parágrafo), o sinal de dois-pontos pode ser substituído por "pois", precedido de vírgula.

A: incorreta. O elemento pode ser substituído por "nos quais", para concordar com o plural "valores"; **B:** incorreta. O primeiro "que" é conjunção integrante, porque une as orações do período. O segundo "que" é pronome relativo, porque se refere a "razões"; **C:** incorreta. O verbo "haver", no sentido de "existir", é impessoal, ou seja, não sofre flexão de número. Consequentemente, quando integrar uma locução verbal, a mesma regra se aplica ao verbo auxiliar: "deve haver menos chances"; **D:** incorreta. Refere-se a "desejos"; **E:** correta. Como o aposto tem valor explicativo, pode ser introduzido pela conjunção "pois", que transmite o mesmo valor. **HS**

Gabarito "E"

Texto CG3A1BBB

1   Competência é uma palavra polissêmica. Uma das
      razões da variabilidade de seu significado é a diversidade dos
      contextos e dos campos de conhecimento em que ela é usada.

4   Em 1986, o **Novo Dicionário Aurélio da Língua Portuguesa**
      apresentou o seguinte verbete para os usos correntes à época:
      Competência (do latim *competentia*) s. f. 1. Faculdade

7   concedida por lei para um funcionário, juiz ou tribunal
      para apreciar e julgar certos pleitos ou questões. 2.
      Qualidade de quem é capaz de apreciar e resolver certo

10   assunto, fazer determinada coisa; capacidade,
      habilidade, aptidão, idoneidade. 3. Oposição, conflito,
      luta.

13   Os dois primeiros sentidos, transpostos para o mundo
      do trabalho, indicam que a palavra competência refere-se ou
      às atribuições do cargo ou à capacidade do trabalhador

16   de apreciar, resolver ou fazer alguma coisa.
      Posteriormente, o **Dicionário Houaiss** atribuiu dez
      significados ao termo. Os sete primeiros são especificações ou

19   derivações dos três sentidos já registrados no **Novo Dicionário
      Aurélio da Língua Portuguesa**. Os outros três sentidos são
      relacionados à gramática, à hidrografia, à linguística, à

22   medicina e à psicologia.
      Acompanhando essa tendência, a área educacional, em
      especial a da educação profissional, tem multiplicado os

25   sentidos e usos da palavra competência. Por exemplo, ao se
      discutir uma proposta educacional baseada em competências,
      é importante especificar o conceito de competência adotado e

28   a forma como ele é utilizado para se discutir o modelo
      pedagógico decorrente.

J. A. Külller e N. de F. Rodrigo. **Metodologia de desenvolvimento de competências.** Rio de Janeiro: SENAC Nacional, 2014, p. 39 (com adaptações).

(Técnico Judiciário – TRE/PE – CESPE – 2017) Em relação aos sentidos e aos aspectos linguísticos do texto CG3A1BBB, assinale a opção correta.

(A) No terceiro parágrafo, os vocábulos "significados" (l. 18) e "sentidos" (l. 20) foram empregados como sinônimos.

(B) Seria mantida a correção gramatical do texto caso o trecho "é utilizado" (l. 28) fosse substituído por se utiliza.

(C) A correção gramatical do texto seria mantida caso a forma verbal "é" (l. 2) fosse flexionada no plural — são — para concordar com "razões".

(D) O vocábulo "correntes" (l. 5) foi empregado no texto no sentido de fluentes.

(E) Seria mantida a correção gramatical do texto caso fosse suprimido o acento indicativo de crase em "à capacidade do trabalhador" (l. 15).

A: correta. Sim, as palavras podem ser tomadas uma pela outra sem qualquer alteração de sentido dentro de cada oração; **B:** incorreta. A construção resultante – "ele se utiliza" – demonstraria reflexividade, ou seja, algo que o sujeito faz com si mesmo. Isso não faz sentido no contexto (o conceito de competência não pode "se utilizar"); **C:** incorreta. O texto trata de apenas **uma** das razões, de sorte que a oração está no singular mesmo. A concordância não pode ser feita com o termo "razões"; **D:** incorreta. "Correntes" foi usada com sentido de "corriqueiros", "em uso"; **E:** incorreta. Trata-se de crase obrigatória. Sua retirada causaria erro de regência. HS

Gabarito "A".

(Escrevente Técnico – TJSP – 2015 – VUNESP) Leia o texto da tira.

(Pryscila. Disponível em:<http://www1.folha.uol.com.br/>. Acesso em: 02 fev 2015. Adaptado)

Assinale a alternativa que preenche, correta e respectivamente, as lacunas da tira.

(A) veio em ... houvesse ... o

(B) foi em ... houvessem ... o

(C) foi a ... houvesse ... o

(D) veio a ... houvessem ... lhe

(E) foi à ... houvessem ... lhe

"Foi a", porque o contexto deixa claro que as personagens não estão em Curitiba, nome de cidade que não é antecedido por artigo, portanto não ocorre crase; "houvesse", porque o verbo "haver", no sentido de "existir", é impessoal, está sempre no singular; "o", pronome oblíquo utilizado para substituir o objeto direto ("ver" é verbo transitivo direto).

Gabarito "C".

Palavras, percebemos, são pessoas. Algumas são sozinhas: Abracadabra. Eureca. Bingo. Outras são promíscuas (embora prefiram a palavra "gregária"): estão sempre cercadas de muitas outras: Que. De. Por.

Algumas palavras são casadas. A palavra caudaloso, por exemplo, tem união estável com a palavra rio – você dificilmente verá caudaloso andando por aí acompanhada de outra pessoa. O mesmo vale para frondosa, que está sempre com a árvore. Perdidamente, coitado, é um advérbio que só adverbia o adjetivo apaixonado. Nada é ledo a não ser o engano, assim como nada é crasso a não ser o erro. Ensejo é uma palavra que só serve para ser aproveitada. Algumas palavras estão numa situação pior, como calculista, que vive em constante ménage(*), sempre acompanhada de assassino, frio e e.

Algumas palavras dependem de outras, embora não sejam grudadas por um hífen – quando têm hífen elas não são casadas, são siamesas. Casamento acontece quando se está junto por algum mistério. Alguns dirão que é amor, outros dirão que é afinidade, carência, preguiça e outros sentimentos menos nobres (a palavra engano, por exemplo, só está com ledo por pena – sabe que ledo, essa palavra moribunda, não iria encontrar mais nada a essa altura do campeonato).

Esse é o problema do casamento entre as palavras, que por acaso é o mesmo do casamento entre pessoas.

Tem sempre uma palavra que ama mais. A palavra árvore anda com várias palavras além de frondosa. O casamento é aberto, mas para um lado só. A palavra rio sai com várias outras palavras na calada da noite: grande, comprido, branco, vermelho – e caudaloso fica lá, sozinho, em casa, esperando o rio chegar, a comida esfriando no prato.

Um dia, caudaloso cansou de ser maltratado e resolveu sair com outras palavras. Esbarrou com o abraço que, por sua vez, estava farto de sair com grande, essa palavra tão gasta. O abraço caudaloso deu tão certo que ficaram perdidamente inseparáveis. Foi em Manuel de Barros.

Talvez pra isso sirva a poesia, pra desfazer ledos enganos em prol de encontros mais frondosos.

(Gregório Duvivier, Abraço caudaloso. Disponível em: <http:// www1.folha.uol.com.br/>. Acesso em: 02 fev 2015. Adaptado)
(*) ménage: coabitação, vida em comum de um casal, unido legitimamente ou não.

(Escrevente Técnico – TJSP – 2015 – VUNESP) A partir da ideia de que palavras "são pessoas", o autor atribui às palavras caracterização própria de humanos. É correto afirmar que, nesse procedimento, ele emprega

(A) palavras de gíria de jovens.

(B) palavras em sentido figurado.

(C) palavras ainda não dicionarizadas.

(D) termos de uso regional.

(E) expressões de vocabulário técnico.

O autor se vale da metáfora, das palavras em sentido conotativo, em sentido figurado.
Gabarito "B".

Leia o texto, para responder às questões de abaixo.

O fim do direito é a paz, o meio de que se serve para consegui-lo é a luta. Enquanto o direito estiver sujeito às ameaças da injustiça – e isso perdurará enquanto o mundo for mundo –, ele não poderá prescindir da luta. A vida do direito é a luta: luta dos povos, dos governos, das classes sociais, dos indivíduos.

Todos os direitos da humanidade foram conquistados pela luta; seus princípios mais importantes tiveram de enfrentar os ataques daqueles que a ele se opunham; todo e qualquer direito, seja o direito de um povo, seja o direito do indivíduo, só se afirma por uma disposição ininterrupta para a luta. O direito não é uma simples ideia, é uma força viva. Por isso a justiça sustenta numa das mãos a balança com que pesa o direito, enquanto na outra segura a espada por meio da qual o defende.

A espada sem a balança é a força bruta, a balança sem a espada, a impotência do direito. Uma completa a outra, e o verdadeiro estado de direito só pode existir quando a justiça sabe brandir a espada com a mesma habilidade com que manipula a balança.

O direito é um trabalho sem tréguas, não só do Poder Público, mas de toda a população. A vida do direito nos oferece, num simples relance de olhos, o espetáculo de um esforço e de uma luta incessante, como o despendido na produção econômica e espiritual. Qualquer pessoa que se veja na contingência de ter de sustentar seu direito participa dessa tarefa de âmbito nacional e contribui para a realização da ideia do direito.

É verdade que nem todos enfrentam o mesmo desafio.

A vida de milhares de indivíduos desenvolve-se tranquilamente e sem obstáculos dentro dos limites fixados pelo direito. Se lhes disséssemos que o direito é a luta, não nos compreenderiam, pois só veem nele um estado de paz e de ordem.

(Rudolf von Ihering, *A luta pelo direito*)

(Escrevente Técnico – TJSP – 2015 – VUNESP) Assinale a alternativa em que uma das vírgulas foi empregada para sinalizar a omissão de um verbo, tal como ocorre na passagem – A espada sem a balança é a força bruta, a balança sem a espada, a impotência do direito.

(A) O direito, no sentido objetivo, compreende os princípios jurídicos manipulados pelo Estado.

(B) Todavia, não pretendo entrar em minúcias, pois nunca chegaria ao fim.

(C) Do autor exige-se que prove, até o último centavo, o interesse pecuniário.

(D) É que, conforme já ressaltei várias vezes, a essência do direito está na ação.

(E) A cabeça de Jano tem face dupla: a uns volta uma das faces, aos demais, a outra.

A única alternativa na qual a vírgula foi utilizada para indicar a elipse (supressão) do verbo é a letra "E", que deve ser assinalada. Na parte final, a vírgula após "demais" substitui o verbo "voltar", para evitar repetições desnecessárias.
Gabarito "E".

(TRT/3ª – 2015 – FCC) O texto e a norma-padrão legitimam a seguinte afirmação:

(A) (linha 1) Em *há momentos*, se o verbo viesse acompanhado de auxiliar, a forma a ser empregada seria "devem haver".

(B) (linhas 15 e 16) Em *a guerra continuava feroz não apenas no Extremo Oriente, mas também na antiquíssima Grécia*, a correlação estabelecida entre as regiões se dá por meio dos segmentos destacados.

(C) (linha 17) Em *se enfrentavam para ocupar o vácuo de poder*, a substituição da palavra grifada por "afim de" mantém o sentido e a correção originais.

(D) (linhas 16 e 17) Em *onde guerrilheiros de direita e de esquerda [...] se enfrentavam*, a palavra destacada pode ser substituída por "pela qual", sem prejuízo do sentido e da correção originais.

(E) (linhas 14 e 15) Transpondo a frase *o retorno dos combatentes brasileiros vindos da Itália era saudado delirantemente* para a voz ativa, pode-se ter a forma verbal "saudava" ou "saudavam", na dependência de se considerar como agente da ação, por exemplo, "o povo" ou "as pessoas".

A: incorreta. Quando utilizado no sentido de "existir", o verbo "haver" é impessoal mesmo que acompanhado de verbo auxiliar, permanecendo sempre na terceira pessoa do singular. O correto, portanto, seria "deve haver"; **B:** incorreta. A correlação é feita pelas expressões "não apenas" e "mas também"; **C:** incorreta. "Para" é sinônimo de "a fim de", separado, com o sentido de "com o fim de", "com a finalidade de"; **D:** incorreta. O pronome "onde" transmite ideia de lugar, ao passo que "pela qual" indica finalidade, objetivo; **E:** correta. Como o agente da passiva não está expresso na oração, é possível utilizar qualquer dos exemplos dados como sujeito, o que pode alterar a conjugação do verbo.
Gabarito "E".

(TRT/3ª – 2015 – FCC) *Perguntando-me a mim mesmo por que processo de associação ela me viera à memória, não atinei com o porquê. Pensei, então, no motivo de eu lastimar sua ausência e não obtive de imediato a resposta. Passaram-se muitos meses quando, de repente, percebi o sentido disso tudo: ela era, sempre fora e sempre seria a concretização da fantasia primeira da minha adolescência.*

Considere o trecho acima e as afirmações que seguem:

I. Em *Perguntando-me a mim mesmo*, há duas formas – *me* e a *mim mesmo* – que expressam reflexividade da ação, motivo pelo qual uma delas pode ser elidida sem prejuízo do sentido.

II. Em *por que processo de associação ela me viera à memória*, o segmento destacado está grafado segundo as normas gramaticais.

III. Em *não atinei com o porquê*, a palavra destacada apresenta erro de grafia: o acento gráfico não é justificável.

IV. Em *percebi o sentido disso tudo*, a palavra destacada resume as razões citadas após os dois-pontos.

Está correto o que se afirma APENAS em

(A) I.

(B) I e II.

(C) II e III.

(D) III e IV.

(E) II e IV.

I: correta. Trata-se de pleonasmo literário, figura de estilo que pretende dar ênfase ao que se fala usando elementos redundantes, de forma que qualquer deles pode ser suprimido sem alterar o sentido do texto; II: correta. Nessa passagem, temos a preposição "por" associada ao pronome relativo "que", sinônimo de "qual" ("por qual razão..."); III: incorreta. A grafia está certa: "porquê", junto e com acento, é substantivo – sinônimo de "motivo", "razão"; IV: incorreta. O advérbio "tudo" refere-se aos fatos descritos **antes** dos dois-pontos.

Gabarito "B"

2. Informática

Helder Satin

1. HARDWARE

(Técnico – TRE/CE – 2012 – FCC) Adquirir um disco magnético (HD) externo de 1 TB (*terabyte*) significa dizer que a capacidade nominal de armazenamento aumentará em

(A) 1000^3 *bytes* ou 10^9 *bytes*.

(B) 1000^4 *bytes* ou 10^{12} *bytes*.

(C) 1024^3 *bytes* ou 2^{30} *bytes*.

(D) 1024^4 *bytes* ou 2^{40} *bytes*.

(E) 1024^3 *bytes* ou 16^8 *bytes*.

Um *terabyte*, unidade de grandeza usada para representar o tamanho de informações, representa 2^{40} *bytes* ou 1024^4 *bytes*, portanto apenas a alternativa D está correta.
Gabarito "D".

(Técnico – TRE/PR – 2012 – FCC) Uma barreira protetora que monitora e restringe as informações passadas entre o seu computador e uma rede ou a Internet e fornece uma defesa por *software* contra pessoas que podem tentar acessar seu computador de fora sem a sua permissão é chamada de

(A) ActiveX.

(B) Roteador.

(C) Chaves públicas.

(D) Criptografia.

(E) Firewall.

A: errada, o ActiveX é uma tecnologia da Microsoft para o desenvolvimento de páginas dinâmicas. **B:** errada, roteador é um dispositivo de rede que conecta vários outros computadores e realiza o gerenciamento dos pacotes da rede. **C:** errada, Chave pública é um termo relacionado à criptografia de dados. **D:** errada, Criptografia é uma tecnologia usada na proteção de arquivos e dados. **E:** correta, o Firewall é uma ferramenta que auxilia na prevenção de pragas virtuais controlando o acesso de programas à rede.
Gabarito "E".

(Técnico – TRE/SP – 2012 – FCC) Durante a operação de um computador, caso ocorra interrupção do fornecimento de energia elétrica e o computador seja desligado, os dados em utilização que serão perdidos estão armazenados:

(A) no disco rígido e na memória RAM.

(B) em dispositivos removidos com segurança.

(C) no disco rígido.

(D) na memória RAM.

(E) no disco rígido decorrentes de atividades dos programas que estavam em execução.

A: errada, os dados armazenados no disco rígido não são apagados caso o computador desligue. **B:** errada, dispositivos deste tipo não perdem seu conteúdo caso não estejam energizados. **C:** errada, o disco rígido não perde seu conteúdo caso fique sem energia. **D:** correta, a memória RAM é de armazenamento volátil e perde seu conteúdo caso o computador seja desligado. **E:** errada, o disco rígido não perde seu conteúdo caso fique sem energia.
Gabarito "D".

(Técnico – TRE/SP – 2012 – FCC) Para que o computador de uma residência possa se conectar à Internet, utilizando a rede telefônica fixa, é indispensável o uso de um *hardware* chamado

(A) *hub*.

(B) *modem*.

(C) *access point*.

(D) *adaptador 3G*.

(E) *switch*.

A: Errada, o hub é um item de *hardware* usado para conectar vários computadores em rede por meio de cabos ethernet. **B:** Correta, o modem *dial-up* é usado para a conexão de Internet por meio da rede telefônica convencional. **C:** Errada, o *access point* é usado em conexões de rede *Wi-fi*. **D:** Errada, o adaptador 3G é usado para conexões por meio da rede de telefonia móvel. **E:** Errada, o *switch* é um equipamento de rede usado para interligar vários computadores.
Gabarito "B".

(Técnico – TRE/SP – 2012 – FCC) O sistema operacional de um computador consiste em um

(A) conjunto de procedimentos programados, armazenados na CMOS, que é ativado tão logo o computador seja ligado.

(B) conjunto de procedimentos programados, armazenados na BIOS, que é ativado tão logo o computador seja ligado.

(C) conjunto de dispositivos de *hardware* para prover gerenciamento e controle de uso dos componentes de *hardware*, *software* e *firmware*.

(D) *hardware* de gerenciamento que serve de interface entre os recursos disponíveis para uso do computador e o usuário, sem que este tenha que se preocupar com aspectos técnicos do *software*.

(E) *software* de gerenciamento, que serve de interface entre os recursos disponíveis para uso do computador e o usuário, sem que este tenha que se preocupar com aspectos técnicos do *hardware*.

A: errada, CMOS é uma tecnologia usada na fabricação de circuitos. **B:** errada, a BIOS armazena apenas as instruções de inicialização do computador. **C:** errada, o sistema operacional é um item de *software*, e não de *hardware*. **D:** errada, o sistema operacional é um item de *software*, e não de *hardware*. **E:** correta, o sistema operacional é o *software* que funciona como interface entre o usuário e o computador.
Gabarito "E".

(Técnico Judiciário – TJAM – 2013 – FGV) Atualmente é comum o uso de CD-R de 80 minutos na realização de *backup*, tendo em vista o baixo custo da mídia e a facilidade de manuseio. Esse dispositivo oferece a seguinte capacidade máxima de armazenamento:

(A) 1,2 MBytes.

(B) 4,7 GBytes.

(C) 2 TBytes.

(D) 500 G Bytes.

(E) 700 MBytes

A capacidade de armazenamento de CDs de 80 minutos é de 700Mega-Bytes, portanto apenas a alternativa E está correta.
Gabarito "E".

(Técnico Judiciário – TJAM – 2013 – FGV) Atualmente, o *mouse* constitui um dos principais dispositivos utilizados na operação de microcomputadores. Na ligação do *mouse* com fio aos microcomputadores, *notebooks* e *netbooks*, têm sido empregados os seguintes tipos de conexão:

(A) PS/2 ou USB.

(B) USB ou R.I11.

(C) R.I11 ou SMA.

(D) SMA ou RJ45.

(E) RJ45 ou PS/2.

R.I11 não é um conector usado para computadores, SMA é usado para cabos do tipo Coaxial, RJ45 é usado para cabos de rede do tipo Ethernet. Apenas os conectores USB e PS/2 podem ser usados para *mouses*, portanto apenas a alternativa A está correta.
Gabarito "A".

(Técnico Judiciário – TJ/GO – 2010 – UFG) Memória RAM refere-se à

(A) memória principal, que faz a inicialização (*boot*) da máquina.

(B) memória principal, que é volátil.

(C) memória auxiliar, que precisa de energia elétrica para funcionar.

(D) memória somente de leitura, que é volátil.

A: errada, a memória que faz a parte do processo de inicialização é a ROM. **B:** correta, a memória RAM é uma memória que não mantém os dados escritos quando o computador é reiniciado. **C:** errada, as memórias auxiliares mantem os dados gravados mesmo com o computador desligado, o que não é o caso da memória RAM. **D:** errada, a memoria RAM permite escrita de dados.
Gabarito "B".

(Técnico Judiciário – TRE/PI – CESPE – 2016) Um usuário necessita realizar uma cópia de segurança do disco rígido do computador, cujo tamanho total é de 4 GB. Para atender a essa demanda de becape, ele deve utilizar um

(A) CD-RW virgem.

(B) disquete de alta densidade formatado.

(C) *pendrive* que contenha 3.800 MB de espaço livre.

(D) *smartphone* com cartão SD que tenha 3.800 MB de espaço livre.

(E) DVD-RW virgem.

A: Errada, um CD-RW virgem tem capacidade de armazenamento de 700MB ou 0.7GB, portanto, não suporta o volume de dados deste caso. **B:** Errada, um disquete tem capacidade de armazenamento de 1.44MB, portanto, não suporta o volume de dados deste caso. **C:** Errada, um pedrive de 3800MB ou 3.8GB não tem capacidade para armazenar os 4GB deste caso. **D:** Errada, um smartphone de 3800MB ou 3.8GB não

tem capacidade para armazenar os 4GB deste caso. **E:** Correta, um DVD-RW tem capacidade de armazenamento de 4.7GB, o que é mais que suficiente para o volume de dados deste caso.
Gabarito "E".

(Técnico – TRT1 – 2018 – AOCP) Um computador normalmente é composto por um conjunto de hardware, incluindo seus periféricos. Qual das alternativas a seguir NÃO é um exemplo de periférico?

(A) Monitor.

(B) Leitor de digitais.

(C) Impressora.

(D) CPU.

(E) Teclado.

A: Errada, o monitor é um exemplo de periférico de saída, usado para exibir as interações feitas pelo usuário com o computador. **B:** Errada, o Leitor de digitais é um exemplo de periférico de entrada, usado para capturar as digitais de um usuário e digitaliza-la para ser usado por alguma aplicação. **C:** Errada, uma impressora é um exemplo de periférico de saída, usado para imprimir documentos e imagens. **D:** Correta, o CPU (do inglês Central Processing Unit, ou Unidade Central de Processamento) não é um periférico, mas sim um dos componentes principais do computador, encarregado de executar os cálculos necessários para realizar o processamento das informações. **E:** Errada, o teclado é um exemplo de periférico de entrada, usado para que o usuário possa enviar instruções e comandos e interagir com o computador.
Gabarito "D".

2. OFFICE

(Técnico Judiciário – TRT11 – FCC – 2017) Ao se fazer uma comparação entre o ambiente Microsoft Office 2010 e o LibreOffice versão 5, é correto afirmar:

(A) O pacote da Microsoft tem a desvantagem de não ser compatível e não funcionar em nenhum celular e *tablet* que não tenha instalado o sistema operacional Windows.

(B) O LibreOffice está disponível para todos os sistemas operacionais e sua interface é muito amigável, sendo totalmente compatível com as ferramentas similares do pacote Microsoft Office.

(C) O Microsoft Office pode ser usado a partir de um pen drive e sem exigir instalação, através da versão denominada VLC Portable.

(D) Ambos os pacotes trabalham com diversos tipos de arquivos como .doc, .ppt, .xls, .docx, .pptx, .xlsx, .odt e PDF.

(E) O LibreOffice tem uma ferramenta de desenho, denominada *Impress,* que não tem concorrente na suíte Microsoft, sendo mais vantajoso em relação ao Microsoft Office por ser gratuito e oferecer mais programas.

A: Errada, existem versões mobile dos aplicativos do pacote Office para outros sistemas operacionais como o iOS e o Android. **B:** Errada, o LibreOffice não é suportado por todos os sistemas operacionais, não tendo versões para Android ou iOS. **C:** Errada, o VLC Portable é um programa que pode ser executado a partir de um pendrive, porém tem como função a exibição de arquivos de vídeo. **D:** Correta, o LibreOffice consegue trabalhar com os formatos padrão do MS Office mencionados na alternativa. **E:** Errada, o Impress é uma ferramenta que permite a criação de apresentações de slides, que possui como equivalente no MS Office o PowerPoint.

Gabarito "D".

(Técnico Judiciário – TRT20 – FCC – 2016) Em aplicativos do pacote Office 2007 para Windows, um Técnico deseja colocar senha em um arquivo para garantir confidencialidade. A senha deve ser informada

(A) no momento de salvar o arquivo, em opção adequada de Ferramentas, na janela aberta a partir de Salvar Como.

(B) após concluir o arquivo, clicando-se no menu Ferramentas, em Criptografia e, em seguida, na opção Segurança.

(C) no momento da criação do arquivo, após se clicar no menu Arquivo e na opção Novo.

(D) após o arquivo ser concluído e salvo, utilizando os recursos do Painel de Controle do Windows.

(E) após concluir e salvar o arquivo, utilizando a ferramenta Microsoft Security integrada ao Office.

No MS Word é possível inserir uma senha para que o arquivo possa ser lido por terceiros, garantindo assim que apenas aqueles em poder da senha tenham acesso ao conteúdo do documento. Para isso é necessário, durante o momento de salvar o arquivo, selecionar a opção Ferramentas e então o item "Opções Gerais" e informar a senha desejada no campo Senha de Proteção, portanto, apenas a alternativa A está correta.

Gabarito "A".

2.1. Excel

(Escrevente - TJ/SP - 2018 - VUNESP) Considere a seguinte tabela, editada no MS-Excel 2016 (versão em português e em sua configuração padrão).

	A	B	C
1	2	3	4
2	1	2	8
3	5	5	6
4	10	11	12

Suponha, ainda, que a fórmula a seguir tenha sido digitada na célula D6.

=SE(MENOR(A1:C4;5)<>MAIOR(A1:C4;6); MENOR(A2:B3;2);MAIOR(A1:B4;3))

O resultado produzido em D6 é:

(A) 12

(B) 3

(C) 2

(D) 1

(E) 11

A fórmula =SE é usada para validar uma condição e retornar valores diferentes caso esta seja verdadeira ou falsa. Neste caso, a condição (primeiro parâmetro da função) é MENOR(A1:C4;5)<>MAIOR(A1:C4;6) que verifica se o quinto menor valor do intervalo de A1 a C4 (MENOR(A1:C4;5)) é diferente (<>) do sexto maior valor do mesmo intervalo (MAIOR(A1:C4;6). Caso seja verdadeiro é retornado o segundo parâmetro da função SE, neste, caso o segundo menor valor do intervalo A2 a B3 (MENOR(A2:B3;2)) e caso a verificação seja falsa é retornado o terceiro parâmetro, neste exemplo o terceiro maior valor do intervalo de A1 a B4 (MAIOR(A1:B4;3)). Considerando que nas funções MAIOR e MENOR os valores repetidos também são contados, o quinto menor valor de A1 a C4 é 4 e o sexto maior valor deste mesmo intervalo é 5, assim, a condição resulta em verdadeiro (os valores são diferentes) e a resposta será o segundo menor valor de A2 a B3, que é 2, logo, apenas a alternativa C está correta.

Gabarito "C".

(Escrevente - TJ/SP - 2018 - VUNESP) Analise a seguinte janela, gerada quando um usuário estava imprimindo a sua planilha no MS-Excel 2016 (versão em português e em sua configuração padrão).

Ao se apertar o botão Imprimir... dessa janela, em todas as páginas impressas da planilha, será(ão) repetida(s), na parte superior da folha,

(A) as linhas 1 e 3, apenas.

(B) a linha 2, apenas.

(C) a linha 1, apenas.

(D) a linha 3, apenas.

(E) as linhas de 1 a 3.

Conforme pode ser identificado no item Linhas a repetir na parte superior, foi utilizada a notação $1:$3, que por usar o símbolo de dois pontos denota um intervalo completo, portanto, neste caso serão repetidas as linhas de 1 a 3, logo, apenas a alternativa E está correta.
Gabarito "E".

(Escrevente - TJ/SP - 2018 - VUNESP) Um usuário do MS-Excel 2016 (versão em português e em sua configuração padrão) possui uma planilha com o seguinte conteúdo:

	A	B
1	1	2
2	3	4

Em um dado momento, esse usuário selecionou as células do intervalo A1 até C3, conforme apresentado a seguir:

Caso, a partir do botão **Σ▴** (disponível a partir da guia Página Inicial do aplicativo), seja selecionada a opção Soma, o resultado produzido nas células A3, B3, C1, C2 e C3 será:

Dado: O símbolo "–" representa "célula não alterada".

(A) A3: 4; B3: 6; C1: 3; C2: 7; C3: 10

(B) A3: –; B3: –; C1: 3; C2: –; C3: –

(C) A3: –; B3: –; C1: 3; C2: 7; C3: –

(D) A3: 4; B3: –; C1: –; C2: –; C3: –

(E) A3: 4; B3: 6; C1: –; C2: –; C3: –

No MS Excel, a função AutoSoma é usada para realizar a soma das células selecionadas e aplicar o resultado ao final da linha e/ou coluna selecionadas. Neste caso, temos 5 conjuntos a serem somados, sendo eles o conteúdo das Colunas A e B, das Linhas 1 e 2 e de todas as células selecionadas, sendo a primeira célula vazia em cada caso, respectivamente, A3, B3, C1, C2 e C3. Sendo assim, a soma da Coluna A resulta em 4, da Coluna B resulta em 6, da Linha 1 em 3, da Linha 2 em 7 e de todas as células selecionadas em 10, logo, apenas a alternativa A está correta.
Gabarito "A".

(Escrevente Técnico – TJSP – 2015) Supondo-se que os valores das células D3 a D8, B8 e C8 foram calculados utilizando-se funções do MS-Excel 2010, é correto afirmar que

(A) B8=SOMAT(B3:B7)

(B) C8=SOMA(C3-C7)

(C) D8=SOMA(D3:D7)

(D) D8=SOMAT(B3...C7)

(E) D6=SUM(B6:C6)

A: Errada, não existe função chamada SOMAT no MS Excel. **B:** Errada, embora a função SOMA seja válida a definição de intervalos de soma é feita com o uso de dois pontos e não de um traço. **C:** Correta, a função apresentada atribui à célula D8 o somatório dos valores das células no intervalo de D3 até D7. **D:** Errada, não existe função chamada SOMAT no MS Excel. **E:** Errada, por se tratar da versão em língua portuguesa a função deve estar escrita em português.

Gabarito "C".

(Escrevente Técnico – TJSP – 2015) Elaborou-se o seguinte gráfico a partir da planilha apresentada, após a seleção de algumas células:

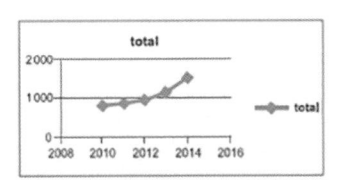

Esse tipo de gráfico é denominado Gráfico de

(A) Radar.

(B) Dispersão.

(C) Ações.

(D) Área.

(E) Colunas.

A: Errada, o gráfico do tipo radar, ou teia de aranha, exibe os valores de cada categoria ao longo de um eixo separado que se inicia no centro do gráfico e termina em um anel externo. **B:** Correta, este é um gráfico de dispersão, que permite identificar relações de causa e efeito e a relação entre duas variáveis. **C:** Errada, o gráfico de ações ilustra a flutuações de valores dentro de um eixo, como variações de preços de ações ou médias de temperaturas, sua exibição é composta de colunas verticais. **D:** Errada, os gráficos de área possuem toda a área abaixo da linha de um valor preenchida com alguma cor. **E:** Errada, um gráfico de colunas exibe os valores na forma de colunas, cujo topo atinge a marca do eixo Y que representa seu valor.

Gabarito "B".

(Escrevente Técnico – TJSP – 2015) Elaborou-se uma planilha de grandes dimensões no MS-Excel 2010 (versão para a língua portuguesa), em sua configuração padrão, e deseja-se manter sempre visíveis as linhas e colunas de importância da planilha, como os títulos de cada linha e coluna.

O botão do recurso Congelar Painéis que possibilita essa ação é:

(A)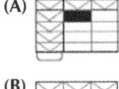

(B)

(C)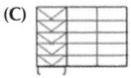

(D)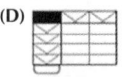

(E)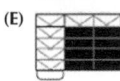

A: Correta, esta opção permite manter as linhas e colunas visíveis enquanto se rola o resto da planilha. **B:** Errada, esta opção mantem apenas a linha superior visível enquanto se rola o resto da planilha. **C:** Errada, esta opção mantem apenas a primeira coluna visível enquanto se rola o resto da planilha. **D:** Errada, este ícone não representa um botão do recurso Congelar Painéis do MS Excel 2010. **E:** Errada, este ícone não representa um botão do recurso Congelar Painéis do MS Excel 2010.

Gabarito "A".

(Escrevente Técnico – TJSP – 2015) Um usuário do MS-Excel 2010 (versão para a língua portuguesa), em sua configuração padrão, elaborou uma planilha e protegeu todas suas células para que outros usuários não as alterem. Caso algum usuário deseje remover essa proteção, ele deve

(A) selecionar a aba Proteção do Menu, clicar no ícone Desbloquear Planilha do grupo Proteção.

(B) selecionar a aba Proteção do Menu, clicar no ícone Senha de Desproteção do grupo Proteção e digitar a senha solicitada.

(C) selecionar a aba Revisão do Menu, clicar no ícone Destravar Planilha do grupo Proteção.

(D) selecionar a aba Revisão do Menu, clicar no ícone Desproteger Planilha do grupo Alterações e digitar a senha solicitada.

(E) ter privilégios de Administrador quando da abertura do arquivo.

O MS Excel permite que o usuário proteja o conteúdo de uma planilha para que ela não sofra alterações em células, seja de conteúdo ou formato, podendo também inserir uma senha de proteção. Para remover essa funcionalidade de uma planilha basta selecionar a guia Revisão e dentro do grupo Alterações pressionar a opção Desproteger Planilha informando em seguida a senha usada no ato de proteção. Portanto apenas a alternativa D está correta.

Gabarito "D".

Observe a planilha a seguir, elaborada no MS-Excel 2016, em sua configuração padrão, para responder às questões a seguir.

	A	B	C	D	E
1	3	5	9		
2	4	6	7		
3	9	7	8		
4					

(Escrevente Técnico Judiciário – TJSP – VUNESP – 2017) Suponha que a seguinte fórmula tenha sido colocada na célula **D4** da planilha:

=MÁXIMO(A1;A1:B2;A1:C3)

O resultado produzido nessa célula é:

(A) 8

(B) 6

(C) 7

(D) 3

(E) 9

A fórmula =MÁXIMO exibe o maior número dentre um intervalo de valores, neste caso foram passados três argumentos, sendo eles a célula A1, um intervalo entre A1 e B2 e um intervalo entre A1 e C3, o maior número presente nas células informadas é o 9, portanto, apenas a alternativa E está correta.

Gabarito "E".

(Escrevente Técnico Judiciário – TJSP – VUNESP – 2017) Na célula **E4** da planilha, foi digitada a seguinte fórmula:

=CONCATENAR(C3;B2;A1;A3;C1)

O resultado produzido nessa célula é:

(A) 3689

(B) 36899

(C) 8;6;3;9;9

(D) 86399

(E) 8+6+3+9+9

A fórmula =CONCATENAR tem como resultado a junção do conteúdo informado nos parâmetros, que neste caso compreendem as células C3, B2, A1, A3 e C1, que resultam em 86399, portanto, apenas a alternativa D está correta.

Gabarito "D".

(Escrevente Técnico Judiciário – TJSP – VUNESP – 2017) No MS-Excel 2016, por meio do ícone Área de Impressão, localizado no grupo Configuração de Página da guia Layout da Página, tem-se acesso ao recurso "Limpar área de impressão", utilizado quando se deseja

(A) esvaziar a área de transferência do aplicativo.

(B) retirar todas as fórmulas calculadas automaticamente na planilha.

(C) imprimir toda a planilha.

(D) imprimir uma planilha vazia.

(E) retirar todas as planilhas colocadas na fila de impressão.

No MS Excel é possível definir área de impressão para delimitar as células que devem ser impressas pela função Imprimir, ao limpar as áreas definidas toda a planilha será impressa, portanto, apenas a alternativa C está correta.

Gabarito "C".

(Técnico Judiciário – TRT24 – FCC – 2017) Considere que um Técnico de Informática está utilizando o Microsoft Excel 2007, em português, e deseja utilizar uma função para procurar um item em um intervalo de células e, então, retornar a posição relativa desse item no intervalo. Por exemplo, se o intervalo A1:A3 contiver os valores 5, 7 e 38, a fórmula

(A) =interv(7,a1:A3) retorna o número 2, pois 7 é o segundo item no intervalo.

(B) =corresp(7,a1:A3) retorna *true*, pois 7 é um item no intervalo.

(C) =intervalo(7,a1:A3,3) retorna o número 2, pois 7 é o segundo item no intervalo de 3 valores.

(D) =corresp(7;A1:A3;0) retorna o número 2, pois 7 é o segundo item no intervalo.

(E) =intervalo(7;A1:A3;0) retorna *true*, pois 7 é um item no intervalo.

A: Errada, não existe uma função chamada =INTERV no MS Excel. **B:** Errada, a função =CORRESP retorna a posição relativa de um item em uma matriz e não um valor booleano do tipo verdadeiro ou falso. **C:** Errada, não existe uma função chamada =INTERVALO no MS Excel. **D:** Correta, a função =CORRESP(7;A1:A3;0) retorna a posição do primeiro argumento, que neste caso é 7, em uma matriz representada pelo segunda argumento, que neste caso é A1:A3 e recebe como terceiro argumento um valor que pode representar uma correspondência exata (0), maior que (-1) ou menor que (1), neste caso, como o primeiro argumento 7 está presente na matriz A1:A3 na segunda posição, o valor retornado será 2. **E:** Errada, não existe uma função chamada =INTERVALO no MS Excel.

Gabarito "D".

(Técnico Judiciário – TRT20 – FCC – 2016) Considere a planilha abaixo, criada no Microsoft Excel 2007 em português.

	A	B	C	D
1	Matrícula	Cargo	Nome	Salário
2	12901	Analista	Ana Maria	R$ 5.000,00
3	12900	Assistente	João Paulo	R$ 3.900,00
4	12905	Assistente	Marcela Moreira	R$ 3.900,00
5	12904	Juiz	Marcos Figueira	R$ 18.000,00
6	12903	Perito	Fernando Andrade	R$ 7.300,00
7	12902	Técnico	Marcos Paulo	R$ 3.500,00
8				
9	R$ 23.400,00			

Na célula A9 foi utilizada uma fórmula que, a partir de uma busca no intervalo de células de A2 até D7, retorna o salário do funcionário com matrícula 12904 e calcula um aumento de 30% sobre este salário. A fórmula utilizada foi

(A) =PROCV(12904;A2:D7;4;FALSO)*1,3

(B) =D5+D5*30/100

(C) =PROCV(12904;A2:D7;4;FALSO)*30%

(D) =PROCH(12904;A2:D7;4;FALSO)+30%

(E) =LOCALIZE(A2:D7;12904;4)*1,3

A função que permite a busca de um elemento em um intervalo e retorna um valor correspondente em outra coluna é a =PROCV, que recebe como primeiro argumento o valor a ser buscado, neste caso 12904, o intervalo onde o valor será buscado como segundo argumento, neste caso de A2:D7, a coluna de onde o resultado deverá ser retornado, neste caso a quarta coluna do intervalo e um indicador de VERDADEIRO ou FALSO onde FALSO indica uma busca para o valor idêntico ao pedido, portanto, a escrita correta seria =PROCV(12904;A2:"D7;4;FALSO) e para calcular um aumento de 30% basta adicionar ao final *1.3, assim apenas a alternativa A está correta.

Gabarito "A".

(Técnico Judiciário – TRE/SP – FCC – 2017) Considere, por hipótese, a planilha abaixo, digitada no Microsoft Excel 2013 em português.

	A	B	C
1	Programa de TV	Tempo	Partido/Coligação
2	A	01:30	P
3	A	02:10	Q
4	B	03:45	R
5	B	03:15	S
6	B	04:01	T
7	C	01:56	U
8	C	03:00	V
9	Tempo Total	19:37	

Na célula B9, para somar o intervalo de células de B2 até B8, foi utilizada a fórmula

(A) =SOMATEMPO(B2:B8)

(B) =SOMAT(B2;B8)

(C) =SOMATEMP(B2:B8)

(D) =SOMA(B2:B8)

(E) =SOMA(TEMPO(B2:B8))

A função =SOMA pode realizar a soma de valores numéricos e também dados em outros formatos, como por exemplo períodos de tempo. Neste caso a fórmula correta seria =SOMA(B2:B8) e, portanto, apenas a alternativa D está correta.
Gabarito "D".

(Técnico Judiciário – TRE/PI – CESPE – 2016) Considere que, utilizando uma máquina com sistema operacional Windows, um usuário tenha inserido uma linha em branco em uma planilha do Microsoft Excel, em sua configuração padrão. Assinale a opção que apresenta a tecla que deverá ser acionada, nessa situação, para repetir essa última ação do usuário.

(A) F5

(B) F1

(C) F2

(D) F3

(E) F4

A: Errada, no MS Excel a tecla F5 exibe a caixa de diálogo da função Ir para. **B:** Errada, no MS Excel, assim como em diversos outros programas, a tecla F1 abre a função de Ajuda do programa. **C:** Errada, no MS Excel a tecla F2 edita a célula ativa e coloca o ponto de inserção ao final do seu conteúdo atual. **D:** Errada, no MS Excel a tecla F3 apenas exibe a caixa de diálogo Colar Nome, disponível somente se foram definidos nomes na pasta de trabalho. **E:** Correta, no MS Excel a tecla F4 faz com que seja repetida a última ação tomada pelo usuário, se possível.
Gabarito "E".

2.2. Word

(Escrevente - TJ/SP - 2018 - VUNESP) Em um documento em edição no MS-Word 2016 (versão em português e em sua configuração padrão), tem-se um parágrafo conforme apresentado a seguir.

mercado de Peixe.

Com esse parágrafo inteiramente selecionado, acionou-se uma das opções disponibilizadas por meio do botão

Aa▾ , presente no grupo Fonte da guia Página Inicial do aplicativo, e o resultado foi o seguinte:

Mercado De Peixe.

Assinale a alternativa que apresenta a opção acionada a partir desse botão.

(A) minúscula

(B) aLTERNAR mAIÚSC./mINÚSC.

(C) Colocar Cada Palavra em Maiúscula

(D) Primeira letra da frase em maiúscula.

(E) MAIÚSCULAS

A: Errada, esta opção transforma todas os caracteres em minúscula, portanto, o resultado seria mercado de peixe. **B:** Errada, esta opção inverte os caracteres entre maiúscula e minúscula, portanto, o resultado seria MERCADO DE pEIXE. **C:** Correta, esta opção transforma a primeira letra de cada palavra em maiúscula e o restante em minúscula. **D:** Errada, esta opção transforma apenas a primeira letra de uma frase em maiúscula, portanto, o resultado seria Mercado de peixe. **E:** Errada, esta opção transforma todos os caracteres em maiúscula, portanto, o resultado seria MERCADO DE PEIXE.
Gabarito "C".

(Escrevente - TJ/SP - 2018 - VUNESP) Considere o seguinte botão, presente na guia Página Inicial do MS-Word 2016 (versão em português e em sua configuração padrão).

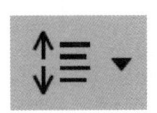

Por meio dele, pode-se adicionar espaçamento

(A) antes e depois de parágrafo, apenas.

(B) entre linhas de parágrafo, bem como antes e depois de parágrafo.

(C) antes de parágrafo, apenas.

(D) depois de parágrafo, apenas.

(E) entre linhas de parágrafo, apenas.

O botão em questão se chama Espaçamento de Linha e Parágrafo e tem por função alterar o espaçamento entre linhas de um texto e entre os parágrafos, portanto, apenas a alternativa B está correta.
Gabarito "B".

(Escrevente - TJ/SP - 2018 - VUNESP) Uma caixa de texto foi inserida em um documento que estava sendo editado no MS-Word 2016 (versão em português e em sua configuração padrão), por meio da guia Inserir, grupo Texto, botão Caixa de Texto. Caso se deseje alterar a cor da linha dessa caixa de texto, basta ajustar esse parâmetro após se

(A) selecionar a caixa de texto e pressionar a tecla de atalho Ctrl+T, que esse parâmetro será apresentado em um quadro.

(B) dar um duplo click com o botão esquerdo do mouse, em sua configuração padrão, sobre a borda dessa caixa, que esse parâmetro será apresentado em um quadro.

(C) dar um click com o botão direito do mouse, em sua configuração padrão, dentro dessa caixa de texto e selecionar a opção "Formatar Borda...".

(D) dar um click com o botão direito do mouse, em sua configuração padrão, sobre a borda dessa caixa de texto e selecionar a opção "Formatar Forma...".

(E) dar um duplo click com o botão esquerdo do mouse, em sua configuração padrão, dentro dessa caixa, que esse parâmetro será apresentado em um quadro.

A: Errada, o atalho Ctrl + T é usado para selecionar todo o texto do documento. **B:** Errada, um duplo clique com o botão esquerdo trará as opções de *layout* da caixa de texto e não de sua borda. **C:** Errada, não existe a opção Formatar Borda entre os itens presentes na lista de opções de configuração apresentada através do clique com o botão direito. **D:** Correta, ao clicar com o botão direito do mouse sobre a borda será apresentado o item Formatar Forma, que permite realizar alterações não só nas bordas, mas também a aplicação de efeitos e modificações de *layout*. **E:** Errada, um duplo clique com o botão esquerdo dentro da caixa de texto apenas fará com que seja selecionado uma parte do texto.
Gabarito "D".

(Técnico – TRT/11ª – 2012 – FCC) À esquerda do Controle de Zoom, localizado no lado direito do rodapé da tela de um documento *Word 2010*, encontram-se cinco botões em miniatura cujas funções podem também ser acessadas em botões na guia

(A) Início.

(B) Inserir.

(C) Exibição.

(D) Revisão.

(E) *Layout* da Página.

No MS Word 2010, as opções de alteração do modo de visualização podem ser acessadas ao lado do ícone do *zoom* no canto inferior direito ou pela guia Exibição, portanto apenas a alternativa C está correta.
Gabarito "C".

(Escrevente Técnico – TJSP – 2015) Em um documento do MS-Word 2010, existia uma Tabela com a seguinte aparência:

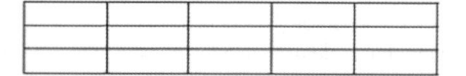

Um usuário realizou duas ações sobre essa tabela, ambas feitas com ela selecionada, de modo que essa tabela ficou com a aparência apresentada a seguir:

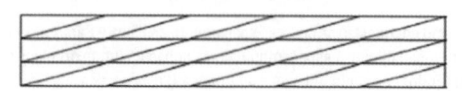

Considerando que essas ações foram realizadas por meio da seleção de opções de borda acessíveis a partir do grupo Parágrafo, da guia Página Inicial, assinale a alternativa que contém duas possíveis opções de terem sido selecionadas e que produzem esse efeito.

(A)

(B)

(C)

(D)

(E)

A: Errada, esta opção removeria as bordas internas verticais e horizontais e adicionaria linhas diagonais no sentido oposto ao da imagem. **B:** Errada, esta opção removeria todas as bordas da imagem e adicionaria linhas diagonais no sentido oposto ao da imagem. **C:** Errada, a primeira opção removeria as bordas externas da tabela e não as bordas verticais internas. **D:** Errada, essa opção removeria as bordas horizontais internas da tabela e adicionaria linhas diagonais no sentido oposto ao da imagem. **E:** Correta, essa opção faz com que a bordas internas verticais sejam removidas e adiciona linhas diagonais que se iniciam no canto superior direito de cada célula e terminam em seu canto inferior esquerdo.
Gabarito "E".

(Escrevente Técnico – TJSP – 2015) Considere a seguinte palavra, editada em um documento no MS-Word 2010:

```
engenheiro
```

Um usuário selecionou a letra "o" dessa palavra e, em seguida, clicou sobre o botão 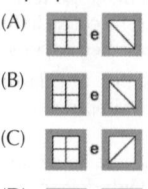, localizado no grupo Fonte da guia Página Inicial. Essa palavra ficará escrita na forma:

(A) `engenheira`

(B) `engenheirº`

(C) `engenheir°`

(D) `engenheirO`

(E) `engenheirA`

A: Errada, o botão descrito apenas aumenta o tamanho da fonte usada no texto selecionado e não o altera para uma forma feminina da palavra selecionada. **B:** Errada, para obter o efeito descrito nesta alternativa deveriam ser usadas as opções sublinhado (Ctrl + S) e superscrito (Ctrl + Shift + +). **C:** Errada, para obter o efeito descrito nesta alternativa deveria ser usada a opção superscrito (Ctrl + Shift + +). **D:** Correta, note que a letra 'o' não está em maiúsculo, mas sim escrita com um tamanho de fonte maior que as demais, efeito gerado pelo botão que permite incrementar o tamanho de fonte do trecho de texto selecionado. **E:** Errada, o botão descrito apenas aumenta o tamanho da fonte usada no texto selecionado e não o altera para uma forma feminina e maiúscula da palavra selecionada.
Gabarito "D".

(Escrevente Técnico – TJSP – 2015 – VUNESP) No MS-Word 2010, é possível a inserção de objetos como, por exemplo, Clip-arts. Ao se clicar sobre o botão Clip-art, do grupo Ilustrações da guia Inserir, pode-se inserir

(A) uma imagem de um arquivo, como por exemplo nos formatos JPEG, GIF, TIFF e BMP.

(B) um gráfico do tipo Coluna, Linha, Pizza, Barra, Área, Dispersão, Ações, Superfície, Rosca, Bolhas e Radar.

(C) um elemento gráfico do tipo Lista, Processo, Ciclo, Hierarquia, Relação, Matriz e Pirâmide.

(D) linhas, formas básicas, setas largas, fluxogramas, textos explicativos, estrelas e faixas.

(E) desenhos, filmes, sons ou fotos de catálogo para ilustrar um determinado conceito.

A: Errada, para a inserção de imagens nos tipos especificados deve-se usar no botão Imagem do grupo Ilustrações da guia Inserir. **B:** Errada, para a inserção de gráficos dos tipos mencionados nesta alternativa deve-se utilizar o botão Gráfico do grupo Ilustrações da guia Inserir. **C:** Errada, para a inserção de gráficos dos tipos mencionados nesta alternativa deve-se utilizar o botão SmartArt do grupo Ilustrações da guia Inserir. **D:** Errada, para a inserção de linhas e formas básicas deve-se utilizar o botão Formas do grupo Ilustrações da guia Inserir. **E:** Correta, o botão Clip-Art do grupo Ilustrações da guia Inserir permite adicionar desenhos, filmes, sons e fotos de catálogo em um documento Word.
Gabarito "E".

(Escrevente Técnico Judiciário – TJSP – VUNESP – 2017) A Área de Transferência do MS-Office 2016 permite que dados sejam transferidos entre os diversos aplicativos. Suponha que um usuário tenha aberto um arquivo do MS-Excel 2016 e outro do MS-Word 2016 e que, no Excel, algumas células tenham sido copiadas com o comando Ctrl + C. Observe a figura do MS-Word 2016.

Caso a seta ao lado do texto "Área de Transferência" na figura seja clicada,

(A) o último elemento copiado para a Área de Transferência será copiado para a posição após o cursor no texto, na forma "Manter Formatação Original".

(B) todo o conteúdo da Área de Transferência será copiado para a posição após o cursor no texto.

(C) o último elemento copiado para a Área de Transferência será copiado para a posição após o cursor no texto, na forma "Colar Especial".

(D) a Área de Transferência será limpa.

(E) uma janela lateral será aberta, exibindo todos os elementos colocados na Área de Transferência, além de botões diversos.

A seta localizada ao lado do texto "Área de Transferência" na parte de baixo da imagem fará com que seja exibida o Painel de Tarefas da Área de Transferência que mostra o conteúdo da Área de Transferência assim como as opções de colar todo o conteúdo ou limpar o conteúdo, portanto, apenas a alternativa E está correta.
Gabarito "E".

(Escrevente Técnico Judiciário – TJSP – VUNESP – 2017) No MS-Word 2016, são elementos gráficos do tipo *SmartArt* que podem ser inseridos em um documento:

(A) Processo, Ciclo e Hierarquia.

(B) Matriz, Link e Comentário.

(C) Pirâmide, Imagem Online e Forma.

(D) Ciclo, Caixa de Texto e Vídeo Online.

(E) Imagem, Processo e Gráfico.

No MS-Word os elementos gráficos do tipo SmartArt disponíveis para serem usados pelo usuário são: Lista, Processo, Ciclo, Hierarquia, Relação, Matriz, Pirâmide, Image e Office.com, portanto, apenas a alternativa A está correta.
Gabarito "A".

(Escrevente Técnico Judiciário – TJSP – VUNESP – 2017) Durante o processo de edição de um documento no MS-Word 2016, um usuário decidiu formatar um parágrafo selecionado, clicando sobre o botão "Justificar", presente no grupo

Parágrafo da guia Página Inicial. Essa ação fará com que o texto do parágrafo selecionado seja

(A) alinhado apenas à margem direita.

(B) alinhado apenas à margem esquerda.

(C) distribuído uniformemente entre as margens superior e inferior.

(D) centralizado na página.

(E) distribuído uniformemente entre as margens esquerda e direita.

A: Errada, para isso deveria ter sido selecionada a opção Alinhar texto à direita. **B:** Errada, para isso deveria ter sido selecionada a opção Alinhar texto à esquerda. **C:** Errada, a opção justificar fará a distribuição pelas margens laterais e não superiores e inferiores. **D:** Errada, para isso deveria ter sido selecionada a opção Centralizar. **E:** Correta, o alinhamento do tipo Justificado faz com que o texto seja distribuído de forma uniforme por toda a extensão horizontal da linha.
Gabarito "E".

(Escrevente Técnico Judiciário – TJSP – VUNESP – 2017) A colocação de um cabeçalho em um documento editado no MS-Word 2016 pode ser feita por meio da guia

(A) Design, no grupo Efeitos, no botão Cabeçalho.

(B) Inserir, no grupo Cabeçalho e Rodapé, no botão Cabeçalho.

(C) Layout da Página, no grupo Margens, no botão Inserir Cabeçalho.

(D) Inserir, no grupo Comentários, no botão Cabeçalho e Rodapé.

(E) Layout da Página, no grupo Design, no botão Cabeçalho e Rodapé.

Para realizar a inserção de cabeçalho em um documento em edição no MS Word a partir da versão 2010 basta selecionar o item Cabeçalho, localizado no grupo Cabeçalho e Rodapé da aba Inserir, portanto, apenas a alternativa B está correta.
Gabarito "B".

(Escrevente Técnico Judiciário – TJSP – VUNESP – 2017) Um usuário do MS-Word 2016 selecionou uma letra de uma palavra e, em seguida, pressionou simultaneamente duas teclas: Ctrl e =. Essa ação aplicará, no caractere selecionado, a formatação

(A) Subscrito.

(B) Tachado.

(C) Sobrescrito.

(D) Itálico.

(E) Sublinhado.

A: Correta, o atalho Ctrl + = ativa a formatação subscrita no MS Word. **B:** Errada, não há um atalho de teclado que ative a formatação tachado. **C:** Errada, o atalho correto para ativar a formatação Sobrescrito é o Ctrl + Shift + +. **D:** Errada, o atalho correto para ativar a formatação itálico é o Ctrl + i. **E:** Errada, o atalho corretado para ativar a formatação sublinhado é o Ctrl + s.
Gabarito "A".

(Técnico Judiciário – TRE/PE – CESPE – 2017) Com referência aos ícones da interface de edição do MS Word disponíveis na guia Página Inicial, assinale a opção que apresenta associação correta entre o(s) ícone(s) e a descrição de sua(s) funcionalidade(s).

(A)

Permitem alternar, no texto selecionado, palavras maiúsculas e minúsculas.

(B) ▦ ▾

Permite acesso a opções de edição de bordas das células de uma tabela inserida dentro do documento.

(C) ≣ ≣ ≣ ≣

Exibem o texto em forma de tópicos para permitir a visualização da estrutura do documento.

(D) ⇚ ⇛

Permitem alternar as páginas do documento.

(E) ✒ Pincel de Formatação

Tem a função exclusiva de realçar com cores palavras do texto.

A: Errada, os estilos têm por função aplicar uma formatação específica a um trecho de texto selecionado ou a um novo texto em edição. **B:** Correta, o ícone apresentado permite alterar as opções de bordas de tabelas inseridas no texto. **C:** Errada, o ícone apresentado se refere as funções de formatação de alinhamento do texto. **D:** Errada, os ícones apresentados se referem as ações de aumentar o diminuir o recuo do texto. **E:** Errada, o pincel de formatação tem por função aplicar à um trecho de texto a mesma formatação presente em outro trecho previamente selecionado.
Gabarito "B".

(Escrevente Técnico – TJSP – 2015 – VUNESP) Considere os seguintes botões, presentes na guia Página Inicial, grupo Parágrafo do MS-Word 2010. Cada botão recebeu um número para ser referenciado.

O botão que permite alterar o espaçamento entre linhas de texto é o de número

(A) 5.

(B) 1.

(C) 2.

(D) 3.

(E) 4.

A: Correta, o botão número 5 permite alterar o espaçamento entre as linhas de um texto. **B:** Errada, o botão número 1 alinha o texto à esquerda. **C:** Errada, o botão número 2 alinha o texto de forma centralizada. **D:** Errada, o botão número 3 alinha o texto à direita. **E:** Errada, o botão número 4 alinha o texto de forma justificada.
O enunciado a seguir será utilizado para responder às próximas duas questões.
A planilha a seguir foi elaborada no MS-Excel 2010 (versão para a língua portuguesa), em sua configuração padrão.

▲	A	B	C	D
1		número de processos		
2	ano	1º Semestre	2º Semestre	total
3	2010	420	380	800
4	2011	450	400	850
5	2012	500	450	950
6	2013	600	550	1150
7	2014	800	700	1500
8	total dos 5 anos	2770	2480	5250

Gabarito "A".

(Técnico – TRE/SP – 2012 – FCC) João está concluindo um curso de pós-graduação e resolveu iniciar sua monografia utilizando o Microsoft Word 2010. Ao criar um novo documento, adicionou cinco páginas vazias (por meio de ações de quebra de página) para criar posteriormente a capa, sumário e outras partes iniciais. Na sexta página, iniciará a introdução do trabalho. De acordo com as recomendações da Universidade, João deverá iniciar a numeração das páginas a partir da Introdução, ou seja, da sexta página do documento. Para isso, João deve

(A) adicionar uma quebra de seção imediatamente antes da página em que começará a numeração.

(B) concluir que a única maneira de realizar a tarefa será criar dois documentos, um para as cinco primeiras páginas e outro para o restante da monografia.

(C) clicar na guia Inserir, na opção Número da Página e na opção Numeração Personalizada.

(D) clicar na guia Inserir, na opção Quebras e na opção Quebra de Página com Numeração.

(E) inserir o rodapé com o cursor posicionado na sexta página e adicionar uma numeração de página personalizada por meio do menu Design.

Ao criar uma quebra de seção no documento é possível criar cabeçalhos distintos para cada seção, e a numeração após a quebra será iniciada normalmente sem que seja afetada pelas páginas da seção anterior, portanto apenas a alternativa A está correta.
Gabarito "A".

(Técnico Judiciário – TJAM – 2013 – FGV) No Word 2010 BR para Windows, a execução do atalho de teclado Ctrl + P tem por objetivo

(A) imprimir texto.

(B) inserir número de página.

(C) salvar texto em um arquivo.

(D) alterar fonte aplicado ao texto.

(E) aplicar recurso capitular em um parágrafo.

A: correta, o atalho Ctrl + P permite imprimir o documento atual ou partes dele. **B:** errada, não há atalhos para esta função. **C:** errada, o atalho para salvar um documento é Ctrl + B. **D:** errada, o atalho para esta função é Ctrl + Shift + F. **E:** errada, não há atalho específico para esta função.
Gabarito "A".

(Técnico Judiciário – TJAM – 2013 – FGV) No uso dos recursos do Word 2010 BR para Windows, para fins de correção no texto, visando substituir uma palavra por outra, particularmente no caso de mais de uma ocorrência da palavra incorreta, é comum o uso de um atalho de teclado para abrir a janela representada a seguir .

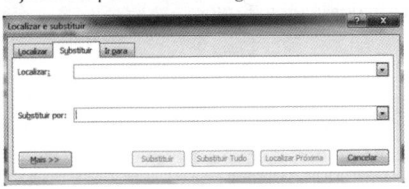

O atalho de teclado para essa função é

(A) Ctrl + R

(B) Ctrl + S

(C) Ctrl + U

(D) Ctrl + F5

(E) Ctrl + F6

A: errada, o atalho Ctrl + R tem como função refazer a última ação. **B:** errada, o atalho Ctrl + S formata as letras como sublinhado. **C:** correta, o atalho Ctrl + U permite substituir texto, uma formatação específica e itens especiais. **D:** errada, o atalho Ctrl + F5 não tem função específica no Word 2010. **E:** errada, o atalho Ctrl + F6, alterna para a próxima janela, quando houver mais de uma aberta.
Gabarito "C".

(Técnico Judiciário – TJSP – 2013 – VUNESP) Um documento editado no MS-Word XP, na sua configuração padrão, possui 45 páginas no total. O usuário informou o seguinte intervalo de páginas: 4;7;28-33;36 em local próprio da janela Imprimir. Assinale a alternativa que contém as páginas que serão impressas.

(A) 4 a 36, exceto a página 33 e duplicando a 7 e 28.

(B) 4, 5, 6, 7, 28, 33 e 36.

(C) 1 a 3, 8 a 27 e 37 a 45.

(D) 1 a 3, 5, 6, 8 a 27, 34, 35 e 37 a 45.

(E) 4, 7, 28, 29, 30, 31, 32, 33 e 36.

No processo de impressão é possível definir intervalos e/ou páginas específicas para serem impressas, para isso é usado o símbolo; (ponto e vírgula) para separar páginas e – (sinal de menos) para definir intervalos, portanto 4;7;28-33;36 imprime as páginas 4, 7, de 28 a 33 e 36, logo apenas a alternativa E está correta.
Gabarito "E".

2.3. PowerPoint

(Escrevente Técnico – TJSP – 2015) No MS-PowerPoint 2010, um usuário deseja efetuar a verificação da ortografia do conteúdo presente em seus *slides*. Uma das formas para realizar tal tarefa é acessar o botão Verificar Ortografia, que, na configuração padrão do MS-PowerPoint 2010, é acessível por meio da aba

(A) Exibição.

(B) Revisão.

(C) Inserir.

(D) Início.

(E) Animações.

A: Errada, nesta aba se encontram apenas opções relacionadas à exibição do documento atual, como modo de exibição, zoom, régua,

organização de janela, entre outras. **B:** Correta, na aba Revisão se encontram as opções de idioma, dicionário de sinônimos, verificação de ortografia e edição de comentários e alterações. **C:** Errada, na guia Inserção é possível adicionar à apresentação tabelas, imagens, ilustrações, links, textos, símbolos e itens de mídia. **D:** Errada, não há uma aba denominada Início no MS PowerPoint, mas sim Página Inicial. **E:** Errada, a aba Animações permite a criação e gerenciamento das animações internas e de transição dos slides da apresentação.
Gabarito "B".

(Escrevente Técnico – TJSP – 2015) No MS-PowerPoint 2010, a finalidade da função Ocultar Slide, acionável por meio do botão de mesmo nome, é fazer com que o *slide* selecionado

(A) tenha bloqueadas tentativas de alteração de seu conteúdo.

(B) seja designado como o último a ser exibido na apresentação de *slides*.

(C) tenha sua resolução reduzida até o mínimo suportado pelo computador em uso.

(D) não seja exibido no modo de apresentação de *slides*.

(E) tenha sua velocidade de transição entre *slides* fixada no valor médio.

A ordem dos slides durante a apresentação pode ser alterada arrastando-o no painel de slides na lateral esquerda. A velocidade das transições é ajustada através da aba Transições por meio da alteração do tempo de transição do slide. Por fim a função Ocultar Slide presente no grupo Configurar da aba Apresentação de Slides faz com que o slide selecionado seja ocultado da apresentação de slides no modo tela inteira e não bloqueia o slide contra alteração de conteúdo, portanto apenas a alternativa D está correta.
Gabarito "D".

3. BR OFFICE

3.1. Writer

(Técnico – TRE/CE – 2012 – FCC) No *BrOffice.org Writer*, versão 3.2, o botão que mostra ou oculta os caracteres não imprimíveis no texto é exibido normalmente na barra de ferramentas

(A) padrão.

(B) de formatação.

(C) de objeto de texto.

(D) de controles de formulários.

(E) de marcadores e numeração.

No Writer o botão que exibe ou oculta caracteres não imprimíveis se encontra na barra de ferramentas padrão, portanto apenas a alternativa A está correta.
Gabarito "A".

(Técnico – TRE/PR – 2012 – FCC) Sobre o utilitário *Writer* do pacote *BR Office*, considere:

I. É possível definir o idioma para a verificação ortográfica individualmente do texto selecionado, do parágrafo ou de todo o texto.

II. Uma das opções do menu Ferramentas permite ao usuário exibir rapidamente o número de palavras e caracteres presentes no texto, tanto do texto selecionado para o parágrafo ou de todo o texto.

III. Uma opção do menu Tabela permite que o texto selecionado seja convertido em tabelas, utilizando tabulações como possíveis separadores entre as colunas.

Está correto o que se afirma em

(A) I e II, apenas.

(B) I, II e III.

(C) II e III, apenas.

(D) I e III, apenas.

(E) III, apenas.

Todas as afirmativas estão corretas, portanto apenas a alternativa B está correta.
Gabarito "B".

(Técnico – TRT1 – 2018 – AOCP) Considerando o padrão de arquivos utilizado pelo LibreOffice (ODF – Open Document Format), quais são, respectivamente, as extensões utilizadas para arquivos de texto, apresentações e planilhas?

(A) .txt, .ppt e .xls

(B) .doc, .ppt e .xls

(C) .pdf, .odt e .csv

(D) .odt, .odp e .ods

(E) .docx, .csv e .xml

As extensões usadas pelo LibreOffice são .odt para os arquivos de texto (Writer), .odp para apresentações de slide (Impress) e ods para planilhas eletrônicas (Calc). A extensão txt é usada para arquivos de texto simples, ppt é a extensão padrão do programa de edição de slides MS PowerPoint, a extensão doc e docx são usadas pelo editor de textos MS Word (a extensão docx substitui a extensão doc a partir da versão 2007 do MS Office), a extensão xls é usada pelo editor de planilhas eletrônicas MS Excel e a extensão xml é usada para a criação de arquivos de dados estruturados usados principalmente na troca de informações entre sistemas. Portanto apenas a alternativa D está correta.
Gabarito "D".

3.2. Calc

(Técnico –TRE/CE – 2012 – FCC) A barra de fórmulas do BrOffice. org Calc, versão 3.2, NÃO contém

(A) o ícone da função de soma.

(B) o ícone do assistente de funções.

(C) o ícone que exibe a visualização de página.

(D) uma caixa de nome de células ou intervalo.

(E) uma linha de entrada de fórmulas.

De todos os itens apresentados, o Calc apenas não possui um ícone para exibir a visualização de página, portanto apenas a letra C está correta.
Gabarito "C".

(Técnico – TRT/11ª – 2012 – FCC) Ao abrir o BrOffice.org Apresentação (*Impress*) será aberta a tela do Assistente com as opções: Apresentação vazia,

(A) Usar meus *templates* e Abrir uma apresentação existente, apenas.

(B) A partir do modelo e Abrir uma apresentação existente, apenas.

(C) A partir do modelo, Abrir uma apresentação existente e Acessar o construtor on-line, apenas.

(D) Usar meus *templates* Abrir uma apresentação existente e Acessar o construtor on-line, apenas.

(E) A partir do modelo, Usar meus *templates* Abrir uma apresentação existente e Acessar o construtor on-line.

As outras opções são A partir do modelo e Abrir uma apresentação existente, portanto apenas alternativa B está correta.
Gabarito "B".

4. INTERNET

4.1. Rede e Internet

(Escrevente - TJ/SP - 2018 - VUNESP) Um usuário de um computador digitou o seguinte endereço na Barra de endereços do navegador Internet Explorer:

https://www.google.com.br

Com relação ao endereço digitado, é correto afirmar que

(A) é um site de uma organização sem fins lucrativos.

(B) a troca de dados entre o navegador e o servidor do site é criptografada.

(C) é um site de uma organização não governamental.

(D) o site visitado é seguro, ou seja, livre de vírus e outros códigos maliciosos.

(E) é um site de uma organização governamental.

A: Errada, o Google é uma ferramenta de buscas que tem na exibição de propagandas a maior fonte de suas receitas, sendo também uma empresa privada parte do grupo Alphabet. **B:** Correta, por utilizar o protocolo HTTPS, que pode ser identificado no início da URL digitada, toda a troca de informações entre o computador e o servidor do site acessado é feita de forma criptografada, conferindo maior segurança à navegação. **C:** Errada, as organizações não governamentais utilizando o domínio de topo .org, o Google é uma empresa comercial, usando, portanto, o domínio de topo.com.br. **D:** Errada, não há nenhuma indicação presente na URL de um site que assegure que este seja livre de vírus ou códigos maliciosos. **E:** Errada, as organizações governamentais utilizando o domínio de topo.gov.
Gabarito "B".

(Escrevente - TJ/SP - 2018 - VUNESP) Utilizando o site de busca Google, deseja-se pesquisar apenas as páginas que contenham exatamente a frase: feriados no Brasil. Para isso, deve-se digitar, na Barra de Pesquisa do site, o seguinte:

(A) (feriados no Brasil)

(B) feriados-no-Brasil

(C) feriados&no&Brasil

(D) feriadosANDnoANDBrasil

(E) "feriados no Brasil"

Existem alguns elementos que podem ser adicionados aos termos buscados no Google para definir melhor os resultados esperados, como por exemplo utilizar o símbolo de menos antes de uma palavra para excluir resultados que contenham aquela palavra. Para a busca de termos ou frases exatas, deve-se coloca-la entre aspas duplas, portanto, apenas a alternativa E está correta.
Gabarito "E".

(Técnico – TRT/16ª – 2015 – FCC) As empresas estão cada vez mais necessitando centralizar suas informações e melhorar os métodos de comunicação interna para reduzir custos. A **I** pode possibilitar isso, além de tudo o que a própria **II** dispõe. Porém, a principal diferença entre ambas é que a **III** é restrita a um certo público, por exemplo, os colaboradores de uma empresa. Neste caso, os colaboradores podem acessá-la com um nome de usuário e senha devidamente validados. Geralmente este acesso é feito em um servidor da **IV** da empresa.

(http://www.oficinadanet.com.br/artigo/1276/)

As lacunas do texto acima são, correta e respectivamente, preenchidas por

(A) rede social - internet -rede social - rede virtual

(B) intranet - extranet -extranet - rede virtual

(C) rede virtual - rede global - rede virtual - intranet

(D) rede virtual - intranet - intranet - extranet

(E) intranet - internet -intranet - rede local

As intranets são redes privadas de computadores com acesso restrito que se baseiam nos protocolos da Internet e podem prover os mesmos tipos de serviço. Por ter seu acesso restrito a certos ambientes, diferentemente da internet que é publica, para que entes externos possam se conectar a estas redes é necessário o uso de redes virtuais privadas, ou VPNs. Já os colaboradores que fazem parte desta rede podem acessar através da rede local por meio de credenciais de usuário e senha. Portanto apenas a alternativa E está correta.
Gabarito "E".

(Técnico – TRT/11ª – 2012 – FCC) Em relação à tecnologia e aplicativos associados à internet, é correto afirmar:

(A) Na internet, o protocolo HTTP (Hypertext Transfer Protocol) é usado para transmitir documentos formatados em HTML (*Hypertext Mark-up Language*).

(B) No *Internet Explorer 8* é possível excluir o histórico de navegação apenas pelo menu Ferramentas.

(C) Intranet pode ser definida como um ambiente corporativo que importa uma coleção de páginas de internet e as exibe internamente, sem necessidade do uso de senha.

(D) Serviços de *webmail* consistem no uso compartilhado de *software* de grupo de discussão instalado em computador.

(E) No *Thunderbird 2*, a agenda permite configurar vários tipos de alarmes de compromissos.

A: correta, o HTTP é usado na navegação em páginas de *hyperlink*. **B:** errada, também é possível excluir o histórico através do Painel de Controle. **C:** errada, a intranet não importa páginas da internet por definição. **D:** errada, o *webmail* é uma ferramenta que permite visualizar os *e-mails* através do navegador. **E:** errada, o Thunderbird não possui função própria de agenda.
Gabarito "A".

(Técnico – TRT/11ª – 2012 – FCC) Quando um navegador de Internet apresenta em sua barra de status um ícone de cadeado fechado, significa que

(A) somente *spams* de *sites* confiáveis serão aceitos pelo navegador.

(B) o navegador está protegido por um programa de antivírus.

(C) a comunicação está sendo monitorada por um *firewall*.

(D) o *site* exige senha para acesso às suas páginas.

(E) a comunicação entre o navegador e o *site* está sendo feita de forma criptografada.

O ícone de um cadeado fechado indica que a comunicação entre seu navegador e o servidor no qual a página está hospedada está sendo feita utilizando criptografia, em geral a página também usará o protocolo HTTPS ao invés do HTTP, portanto apenas a alternativa E está correta.
Gabarito "E".

(Escrevente Técnico – TJSP – 2015) Os endereços de correio eletrônico (*e-mail*) são padronizados quanto à sua composição para possibilitar a correta identificação e o envio das mensagens pela internet. Dentre as alternativas apresentadas, a que contém um endereço de *e-mail* de acordo com a padronização é:

(A) marcos.com.br@

(B) @carlos.com.br

(C) #marcos@.eng.br

(D) marcos@#com.br

(E) carlos@casa.br

O padrão de escrita de endereços de email é composto por "username@domínio", onde username representa o nome do usuário dono do correio eletrônico e não pode conter certos caracteres como @, #, !, *, espaços em branco entre outros. Já o domínio indica o servidor ao qual o endereço de e-mail pertence e é composto por um nome (que também não pode conter caracteres especiais) seguido de uma extensão ou domínio de topo (como exemplos podemos citar .com.br, .gov.br, .com, .net, .org). Portanto apenas a alternativa E respeita essas regras e está correta.
Gabarito "E".

(Escrevente Técnico – TJSP – 2015) Para que uma mensagem possa ser enviada pelo serviço de correio eletrônico (*e-mail*), é imprescindível a inclusão

(A) do nome completo do destinatário no campo Para:.

(B) de pelo menos uma palavra no campo Assunto ou *Subject*.

(C) do endereço de *e-mail* nos campos Para:, ou Cc: ou Cco:.

(D) de pelo menos uma letra no corpo da mensagem.

(E) da mensagem em formato texto.

A: Errada, uma mensagem pode ser enviada sem a inclusão do nome completo do destinatário, porém é necessário o endereço de email completo do mesmo. **B:** Errada, é possível, ainda que não recomendado, enviar mensagens de correio eletrônico sem o campo Assunto preenchido. **C:** Correta, uma mensagem não pode ser enviada sem que haja um destinatário, seja no campo. Para ou nos campos de Cópia (Cc) ou Cópia Oculta (Cco). **D:** Errada, é possível enviar um e-mail sem um conteúdo em seu corpo. **E:** Errada, a mensagem pode estar em formato texto, HTML ou mesmo não haver nenhum conteúdo no corpo da mensagem.
Gabarito "C".

(Técnico Judiciário – TJSP – 2013 – VUNESP) Observe o URL a seguir.

http://www.vunesp.com.br/tjsp1207/

Assinale a alternativa que identifica corretamente a máquina ou o servidor, um dos componentes do URL, conforme as normas descritas na RFC 1738.

(A) http://www

(B) .com.br/tjsp1207/

(C) /tjsp1207/

(D) www.vunesp.com.br

(E) http://

A: errada, http:// identifica o protocolo e www um subdomínio ou máquina. **B:** errada, .com.br é o domínio de topo da URL e /tjsp1207 uma pasta dentro do domínio. **C:** errada, /tjsp1207/ identifica uma pasta dentro do domínio. **D:** correta, www.vunesp.com.br identifica um servidor onde está hospedada a página em questão. **E:** errada, http:// identifica o protocolo sendo utilizado.
Gabarito "D".

(Técnico Judiciário – TJDFT – 2013 – CESPE) Com relação ao ambiente Windows e a aplicativos de edição de textos e de navegação na Internet, julgue os itens seguintes.

(1) No Internet Explorer, a opção de armazenamento de histórico de navegação na Web permite o armazenamento de informações dos sítios visitados e selecionados pelo usuário, de modo que, em acesso futuro, elas sejam encontradas diretamente a partir do menu Favoritos.

(2) Uma URL contém o nome do protocolo utilizado para transmitir a informação ou arquivo e informações de localização da máquina onde esteja armazenada uma página *web*.

(3) O aplicativo Writer, do BrOffice, utilizado para a edição de textos, não permite a realização de cálculos com valores numéricos, por exemplo, cálculos com valores em uma tabela inserida no documento em edição.

1: errada, o armazenamento de histórico de navegação salva a URL de todos os *sites* visitados. **2:** correta, a URL é composta de um protocolo a ser utilizado e o endereço ou nome do servidor a ser acessado. **3:** errada, o Writer permite que cálculos com valores numéricos sejam feitos.
Gabarito 1E, 2C, 3E

(Escrevente Técnico Judiciário – TJSP – VUNESP – 2017) Em geral, a especificação completa do *Uniform Resource Locator* (URL) apresenta os seguintes campos:

esquema://domínio:porta/caminhorecurso?querystring #fragmento

Sobre esses campos, é correto afirmar que

(A) o esquema pode ser apenas http ou https.

(B) o domínio determina o servidor que torna disponível o recurso ou o documento solicitado.

(C) a porta sempre será um número menor ou igual a 40.

(D) o caminho especifica as redes por meio das quais a solicitação será encaminhada.

(E) o fragmento é uma parte obrigatória, presente em qualquer URL.

A: Errada, há outros protocolos que podem ser usados em uma URL como por exemplo o ftp. **B:** Correta, o domínio representa um servidor que irá responder pelo recurso que se deseja acessar através da URL. **C:** Errada, a porta está ligada ao protocolo usado e pode ser um número menor que 40, como por exemplo para o FTP que utiliza por padrão a porta 21. **D:** Errada, o caminho especifica o local dentro do servidor que contém o recurso que se deseja acessar. **E:** Errada, o fragmento é opcional e em geral está presente em URLs ligadas a documentos web.
Gabarito "B".

(Técnico Judiciário – TRE/SP – FCC – 2017) Um Técnico Judiciário precisa mudar o nome e a senha da rede *wireless* do escritório onde trabalha, pois desconfia que ela está sendo utilizada por pessoas não autorizadas. Para isso, ele deve entrar na área de configuração do *modem* que recebe a internet e que também é roteador. Para acessar essa área, no computador ligado ao modem-roteador, deve abrir o navegador web e, na linha de endereço, digitar o

(A) comando http://ipconfig.

(B) endereço de memória do roteador.

(C) comando http://setup.

(D) comando http://settings.

(E) IP de acesso ao roteador.

Para acessar um dispositivo na rede como um roteador é necessário saber seu endereço de IP e digitá-lo no navegador, assim você terá acesso a sua interface de configuração, portanto, apenas a alternativa E está correta.
Gabarito "E".

4.2. Ferramentas e Aplicativos de Navegação

(Técnico – TRE/CE – 2012 – FCC) Para fazer uma pesquisa na página ativa do navegador Mozilla Firefox 8.0, selecione no menu

(A) Editar a opção Visualizar.

(B) Exibir a opção Selecionar.

(C) Editar a opção Selecionar.

(D) Exibir a opção Localizar.

(E) Editar a opção Localizar.

Para fazer uma pesquisa na página basta usar a opção Localizar que se encontra no menu Editar, portanto apenas a alternativa E está correta.
Gabarito "E".

(Técnico – TRE/PR – 2012 – FCC) Devido ao modo de armazenamento do histórico de acesso em navegadores, é possível para diferentes usuários acessando um mesmo computador visualizar e até utilizar informações de outro usuário deste histórico ou arquivos armazenados pelos navegadores (*Cookies*). No Internet Explorer 8, é possível navegar de forma privada onde não será mantido o histórico de navegação. Este recurso é chamado de

(A) Trabalhar *Offline*.

(B) *InPrivate*.

(C) Modo de compatibilidade.

(D) Gerenciador de Favoritos.

(E) *Incognito*.

A navegação no IE8, e versões posteriores, não são registrados dados como *sites* visitados e outras informações temporárias se chama InPrivate, portanto apenas a alternativa B está correta. A navegação Incognito pertence ao Google Chrome.
Gabarito "B".

(Técnico – TRE/SP – 2012 – FCC) A conexão entre computadores por meio de internet ou intranet é feita pela utilização de endereços conhecidos como endereços IP. Para que os usuários não precisem utilizar números, e sim nomes, como por exemplo www.seuendereco.com.br, servidores especiais são estrategicamente distribuídos e convertem os nomes nos respectivos endereços IP cadastrados. Tais servidores são chamados de servidores

(A) FTP.

(B) DDOS.

(C) TCP/IP.

(D) HTTP.

(E) DNS.

A: errada, FTP é um protocolo de troca de arquivos em rede. **B:** errada, DDOS é um tipo de ataque que nega um serviço para o resto dos usuários. **C:** errada, TCP/IP é o protocolo no qual a internet é baseada. **D:** errada, HTTP é o protocolo usado na navegação de páginas da internet. **E:** correta, os servidores DNS fazem a conversão de nomes de domínios em seus respectivos endereços IP.
Gabarito "E".

(Escrevente Técnico Judiciário – TJSP – VUNESP – 2017) Alguns navegadores utilizados na internet, como o Microsoft Edge e o Chrome, permitem um tipo de navegação conhecida como privada ou anônima. Sobre esse recurso, é correto afirmar que ele foi concebido para, normalmente,

(A) permitir que *sites* sejam acessados sem que sejam guardados quaisquer dados ou informações que possam ser usados para rastrear, a partir do navegador, as visitas efetuadas pelo usuário.

(B) impedir que o provedor de internet e os *sites* visitados tenham acesso aos dados relativos à navegação do usuário.

(C) não permitir o armazenamento de "favoritos" durante uma navegação.

(D) não permitir que sejam realizados *downloads* de quaisquer tipos de arquivos.

(E) substituir os dados do usuário por outros fictícios, definidos pelo próprio usuário, e evitar que propaganda comercial e *e-mails* do tipo *spam* sejam posteriormente encaminhados ao usuário.

A: Correta, a navegação privada ou anônima não guarda registros no computador dos sites acessados, textos digitados em campos ou cookies das páginas, de modo que não seja possível visualizar os dados de navegação do usuário. **B:** Errada, os provedores de internet e os próprios sites têm acesso os dados do usuário independentemente do modo de navegação utilizado. **C:** Errada, durante a navegação privada a opção adicionar ao favoritos pode ser usada normalmente. **D:** Errada, mesmo durante a navegação privada a realização de downloads pode ser feito normalmente pelo usuário. **E:** Errada, os dados do usuário não são substituídos pelo navegador no modo privado, apenas não é feito registro no computador do histórico de navegação e dados imputados pelo usuário.
Gabarito "A".

(Técnico Judiciário – TRT24 – FCC – 2017) O Internet Explorer 11, em português, tem uma opção no menu Ferramentas que oferece diversas funcionalidades, dentre as quais encontram-se:

– Excluir histórico de navegação
– Navegação InPrivate
– Habilitar proteção contra rastreamento
– Desativar filtro SmartScreen
– Relatar site não seguro

A opção do menu Ferramentas que oferece estas funcionalidades é:

(A) Gerenciar complementos.
(B) Segurança.
(C) Configurações do modo de exibição de compatibilidade.
(D) Relatar problemas do site.
(E) Gerenciar opções de navegação na internet.

Os itens mencionados são todos relacionados à segurança de navegação do usuário e podem ser acessados a partir da opção Segurança do menu Ferramentas, portanto, apenas a alternativa B está correta.
Gabarito "B".

(Técnico Judiciário – TRT11 – FCC – 2017) Um usuário está utilizando o navegador Google Chrome em português, em condições ideais, e deseja desativar o mecanismo de salvar senhas da *web* automaticamente. Para acessar este serviço, o usuário deve digitar na barra de endereços do navegador:

(A) chrome://system/
(B) chrome: //inspect/#devices
(C) chrome:// configurações/
(D) chrome:// components/
(E) chrome://settings/

Para desativar o mecanismo de salvar senhas da web o usuário deve acessar o item Gerenciar Senhas presente no grupo Senhas e formulários nas opções avançadas de configuração do Chrome que podem ser acessadas através do endereço chrome://settings/. Portanto, apenas a alternativa E está correta.
Gabarito "E".

(Técnico Judiciário – TRE/PI – CESPE – 2016) Assinale a opção que apresenta a combinação de teclas que permite abrir uma nova aba no navegador Mozilla Firefox, em sua versão mais recente e com configuração padrão, instalada em uma máquina com sistema operacional Windows.

(A) Ctrl + B
(B) Ctrl + D
(C) Ctrl + E
(D) Ctrl + T
(E) Ctrl + A

A: Errada, o atalho Ctrl + B abre a função Favoritos. **B:** Errada, o atalho Ctrl + D é usado para adicionar o site atualmente aberto na lista de favoritos. **C:** Errada, o atalho Ctrl + E leva o cursor de texto para o campo de pesquisa. **D:** Correta, o atalho Ctrl + T, assim como em outros navegadores, é usado para abrir uma nova aba no navegador. **E:** Errada, o atalho Ctrl + A ativa a função Selecionar tudo.
Gabarito "D".

(Técnico – TRT1 – 2018 – AOCP) Considerando o navegador Mozilla Firefox (Versão 57), se você deseja salvar um site que visita com frequência nos seus favoritos, qual dos ícones a seguir deve ser utilizado?

(A)

(B)

(C)

(D)

(E)

A: Errada, o botão apresentado é usado para levar o usuário para a página principal definida nas configurações do navegador. Outros navegadores possuem a mesma funcionalidade atrelada ao mesmo símbolo, uma casa. **B:** Correta, o símbolo de estrela é usado no Firefox e também em diversos outros navegadores para sinalizar a opção de favoritos, uma forma de criar um atalho rápido para acesso aos sites escolhidos pelo usuário para compor esta lista. **C:** Errada, o símbolo apresentado, assim como em outros navegadores, é usado para recarregar a página atual. D: Errada, o símbolo de uma lupa é usado para ativar a função de pesquisar/procurar, usado para encontrar algum texto dentro da página sendo acessada. **E:** Errada, o botão referido é usado para criar uma nova aba de navegação.
Gabarito "B".

4.3. Correio Eletrônico

(**Escrevente - TJ/SP - 2018 - VUNESP**) Quando se recebe uma mensagem por meio do correio eletrônico, há diversas opções de resposta, sendo que na opção encaminhar,

(A) na mensagem de encaminhamento, não pode ser editado ou alterado o campo Assunto da mensagem original recebida.

(B) se houver anexos na mensagem original recebida, esta só pode ser enviada para um destinatário.

(C) se houver anexos na mensagem original recebida, apenas um deles pode ser incorporado à mensagem de encaminhamento.

(D) tanto o texto da mensagem original recebida quanto eventuais anexos são incorporados à mensagem de encaminhamento.

(E) não pode haver destinatários em cópia, se houver mais de um anexo na mensagem original recebida.

A: Errada, ao responder uma mensagem com a opção encaminhar é possível alterar normalmente o assunto da mensagem. **B:** Errada, no encaminhamento pode-se incluir ou não eventuais anexos e enviá--los para mais de um destinatário. **C:** Errada, no encaminhamento de mensagens o usuário pode escolher manter todos, alguns ou nenhum anexo da mensagem original. **D:** Correta, ao encaminhar uma mensagem de correio eletrônico o conteúdo da mensagem os anexos são incorporados automaticamente, podendo o usuário alterar livremente tanto a mensagem e assunto quando os anexos. **E:** Errada, mensagens encaminhadas podem possuir destinatários simples, em cópia e em cópia oculta, independentemente da existência de anexos.
Gabarito "D".

(**Técnico – TRE/SP – 2012 – FCC**) Em relação ao formato de endereços de *e-mail*, está correto afirmar que

(A) todos os endereços de *e-mail* possuem o símbolo @ (arroba).

(B) todos os endereços de *e-mail* terminam com .br (ponto br).

(C) dois endereços de *e-mail* com o mesmo texto precedendo o símbolo @ (arroba) são da mesma pessoa.

(D) o texto após o símbolo @ (arroba) especifica onde o destinatário trabalha.

(E) uma mesma pessoa não pode ter mais de um endereço de *e-mail*.

A: correta, todo e qualquer endereço de *e-mail* deve possuir o símbolo de @. **B:** errada, apenas os *e-mails* de domínios registrados no Brasil terminam com .br. **C:** errada, pessoas diferentes podem possuir o mesmo precedente do símbolo de @ caso sejam de domínios diferentes. **D:** errada, o texto depois da arroba especifica o domínio a que pertence o *e-mail*. **E:** errada, uma pessoa pode possuir vários endereços de *e-mail*.
Gabarito "A".

(**Escrevente Técnico Judiciário – TJSP – VUNESP – 2017**) Considerando o uso de correio eletrônico, ao se preparar uma mensagem para envio,

(A) o número de destinatários em cópia oculta não pode ser superior ao número de destinatários em cópia aberta.

(B) se esta for um encaminhamento de uma mensagem recebida, não é possível alterar o assunto presente na mensagem original.

(C) o número de destinatários em cópia aberta deve ser igual ao número de destinatários em cópia oculta.

(D) é possível enviá-la sem a especificação de seu assunto.

(E) se esta for um encaminhamento de uma mensagem recebida, não é possível enviá-la a destinatários em cópia oculta.

A: Errada, não há limitação quanto ao número de destinatários nos campos de cópia ou cópia oculta. **B:** Errada, ao encaminhar uma mensagem é possível alterar todos os campos desta, seja o assunto, corpo da mensagem, anexos ou outros destinatários. **C:** Errada, não há relação entre o número de destinatários de cópia ou cópia oculta em uma mensagem. **D:** Correta, uma mensagem pode ser enviada sem um assunto ou mesmo sem nenhum conteúdo no corpo da mensagem, é necessário apenas que haja um destinatário. **E:** Errada, sempre é possível realizar o envio de uma mensagem, seja ela encaminhada ou redigida pelo usuário, utilizando-se a opção de cópia oculta.
Gabarito "D".

(**Técnico Judiciário – TRT11 – FCC – 2017**) No computador de uma empresa, um usuário pode ter acesso à internet, à intranet, ao serviço de *webmail* e a uma ferramenta de gerenciamento de *e-mails* (como o Microsoft Outlook), ambos para o seu *e-mail* corporativo. Neste cenário,

(A) sempre que o usuário acessar a intranet e a internet ao mesmo tempo, a intranet ficará vulnerável, deixando as informações corporativas em risco.

(B) o usuário deve configurar a ferramenta de gerenciamento de *e-mails* para que não esteja habilitada a opção de apagar o *e-mail* do *site* assim que ele for recebido, senão não poderá acessá-lo mais pelo *webmail*.

(C) a senha do *e-mail* corporativo deve ser diferente quando este for acessado pelo *webmail* e quando for acessado pelo Microsoft Outlook.

(D) devem ser instalados no computador um navegador *web* para acesso à internet e outro navegador *web* para acesso à intranet, para evitar conflitos de *software*.

(E) o acesso ao *webmail* somente poderá ser feito através da intranet.

A: Errada, a intranet e a internet funcionam de forma semelhante, ambas são redes baseadas nos mesmo protocolos com a diferença estando no fato da intranet ter seu acesso limitado a um grupo de pessoas, o uso de uma não interfere no uso da outra. **B:** Correta, caso a ferramenta gerenciadora de correio eletrônico tiver habilitada a opção de apagar a mensagem do servidor de e-mails ao baixá-los para o computador do usuário, a mensagem não estará disponível para acesso via webmail, que permite através do navegador do usuário visualizar as mensagens presentes na conta do usuário que estão no servidor de e-mail. **C:** Errada, a senha é a mesma, uma vez que o Microsoft Outlook e Webmail são apenas formas diferentes de acessar e gerenciar as mensagens de correio eletrônico de um usuário. **D:** Errada, internet e intranet funcionam sob os mesmos protocolos e não há qualquer tipo de interferência no uso entre ambas, um mesmo navegador pode acessar sites de ambas as redes sem qualquer problema. **E:** Errada, não há menção sobre o fato da conta de e-mail ser interna ou funcionar apenas na intranet, portanto, o acesso pode ser feito através da internet.
Gabarito "B".

(Técnico – TJ/MA – FCC – 2019) Quando um usuário acessa um *site* utilizando o protocolo HTTPS e ocorre uma das situações:

– um cadeado com um "X" vermelho é apresentado na barra de endereço;

– a identificação do protocolo HTTPS é apresentado em vermelho e riscado;

– a barra de endereço muda de cor, ficando totalmente vermelha;

– um indicativo de erro do certificado é apresentado na barra de endereço;

– um recorte colorido com o nome do domínio do *site* ou da instituição (dona do certificado) é mostrado ao lado da barra de endereço e, ao passar o *mouse* sobre ele, é informado que uma exceção foi adicionada.

Isso indica que

(A) o usuário deveria ter usado o protocolo HTTP e não HTTPS.

(B) a página do site utiliza os dois protocolos: seguro (HTTP) e não seguro (HTTPS).

(C) o navegador identificou que o usuário está navegando em modo anônimo.

(D) o navegador do usuário não reconhece a cadeia de certificação.

(E) o site possui conexão com EV SSL, que não provê requisitos de segurança como a conexão HTTPS.

Os comportamentos indicados nas situações descritas apontam para a existência de um certificado para acesso ao site porém que não é válido ou não é reconhecido como seguro pelo navegador, portanto apenas a alternativa D está correta.
„Ɑ„ oʇıɹɐqɐפ

4.4. Segurança

(Técnico – TRT/16ª – 2015 – FCC) Considere a seguinte situação hipotética:

A equipe que administra a rede de computadores do Tribunal Regional do Trabalho da 16ª Região utiliza um programa projetado para monitorar as atividades de um sistema e enviar as informações coletadas. Este programa é usado de forma legítima, pois é instalado nos computadores com o objetivo de verificar se outras pessoas estão utilizando os computadores do Tribunal de modo abusivo ou não autorizado.

Mas, recentemente, o Tribunal foi vítima de um programa de monitoramento deste tipo. Neste caso, foi instalado de forma maliciosa e o *malware* estava projetado para executar ações que podiam comprometer a privacidade dos funcionários e a segurança dos seus computadores, monitorando e capturando informações referentes à navegação dos usuários.

O tipo de *malware* instalado de forma ilegítima nos computadores do Tribunal é conhecido como

(A) *Webware*.

(B) *Trojan*.

(C) *Spyware*.

(D) *Rootdoor*.

(E) *Worm*.

A: Errada, Webware descreve uma nova gama de aplicativos acessados de forma online através do navegador do usuário. **B:** Errada, o Trojan é um tipo de malware que se disfarça como um software legítimo, porém abre uma porta de conexão para o invasor. **C:** Correta, os Spywares são malwares que monitoram a atividade do usuário, registrando sites acessados, informações digitadas e outros costumes do usuário, enviando essa informação para o cracker. **D:** Errada, Rootdoor não é um termo que designa um tipo de malware. **E:** Errada, o Worm é um software que espalha cópias de si mesmo pela rede de forma autônoma, sem a necessidade de um software hospedeiro.
„Ɔ„ oʇıɹɐqɐפ

(Técnico – TRT/16ª – 2015 – FCC) O sistema operacional Linux, em todas as suas distribuições (versões), utiliza uma estrutura de diretórios (pastas) padronizada, na qual diferentes tipos de arquivos são armazenados em diferentes diretórios. O diretório para a instalação de programas não oficiais da distribuição é o:

(A) /etc

(B) /bin/tmp

(C) /dev

(D) /usr/local

(E) /sbin

A: Errada, o diretório /etc é usado para arquivos de configuração do sistema e de programas instalados. **B:** Errada, não existe diretório /tmp dentro do diretório /bin, que armazena programas usados frequentemente pelos usuários. **C:** Errada, o diretório /dev armazena dispositivos de hardware, sendo um arquivo para cada dispositivo. **D:** Correta, o diretório /usr/local atualmente é usado para armazenar programas de terceiros ou programas auto compilados. **E:** Errada, o diretório /sbin armazena programas utilizados pelo usuário root para administração e controle do funcionamento do sistema.
„Ɑ„ oʇıɹɐqɐפ

(Técnico – TRT/16ª – 2015 – FCC) O recurso de criptografia é amplamente utilizado nos serviços de comunicação da internet para assegurar a confidencialidade da informação transmitida. O acesso às páginas Web que requerem a identificação por usuário e senha, é feito por meio do protocolo HTTPS, que utiliza o esquema de criptografia de chaves

(A) elípticas.

(B) compartilhadas.

(C) híbridas.

(D) ortogonais.

(E) públicas.

O protocolo HTTPS utiliza uma camada de proteção para garantir a segurança das comunicações entre o servidor e o computador que está requisitando a página. Para isso, o servidor deve estar configurado com um certificado de chave pública que é então assinado por uma autoridade de certificação. Este método é conhecido como criptografia assimétrica ou de chave pública. Portanto, apenas a alternativa E está correta.
„Ǝ„ oʇıɹɐqɐפ

I. Proteger o computador conectado à Internet, de ataques, invasões, intrusões, infecções e mantê-lo automaticamente atualizado com as novas versões (*Windows Update*). Para tanto, deve-se ativar todos os Dados Básicos de Segurança na Central de Segurança (Windows XP edição doméstica).

(Técnico Judiciário – TJDFT – 2013 – CESPE) Acerca de redes de computadores e segurança da informação, julgue os itens subsequentes.

(1) Autenticidade é um critério de segurança para a garantia do reconhecimento da identidade do usuário que envia e recebe uma informação por meio de recursos computacionais.

(2) *Nobreak* é um equipamento que mantém, durante determinado tempo, em caso de falta de energia elétrica na rede, o funcionamento de computadores que a ele estiverem conectados.

(3) Nas empresas, um mesmo endereço IP é, geralmente, compartilhado por um conjunto de computadores, sendo recomendável, por segurança, que dez computadores, no máximo, tenham o mesmo endereço IP.

(4) A criptografia, mecanismo de segurança auxiliar na preservação da confidencialidade de um documento, transforma, por meio de uma chave de codificação, o texto que se pretende proteger.

(5) *Backdoor* é uma forma de configuração do computador para que ele engane os invasores, que, ao acessarem uma porta falsa, serão automaticamente bloqueados.

1: errada, a autenticidade é a característica que garante que um documento provém de sua fonte anunciada e não foi alterado ao longo do processo de envio. **2:** correta, o Nobreak possui uma carga elétrica que permite sustentar um equipamento ligado por um breve período de tempo até que este seja desligado ou que a alimentação normal seja reestabelecida. **3:** errada, cada computador deve possuir um endereço de IP único. **4:** correta, a criptografia é processo que dificulta o acesso a uma informação de forma a garantir sua confidencialidade, isso é feito através de um algoritmo criptográfico que utiliza uma chave de codificação. **5:** errada, Backdoor é um tipo de ameaça que mantém uma parte de conexão aberta para que algum *cracker* possa acessar a máquina infectada.
Gabarito 1E, 2C, 3E, 4C, 5E

(Técnico – TRE/SP – 2012 – FCC) Para criar uma cópia de segurança com o objetivo de preservar os dados de um computador, NÃO é apropriado

(A) copiar os dados para um *pendrive*.

(B) copiar os dados para um DVD gravável.

(C) copiar os dados para a pasta Meus Documentos.

(D) copiar os dados para uma pasta compartilhada em outro computador.

(E) enviar os dados por *e-mail*.

Todas as maneiras apresentadas permitem realizar a cópia dos dados com segurança com a exceção da alternativa C; copiar os arquivos para a pasta Meus Documentos não garante que eles sejam recuperados caso haja algum dano ao computador, portanto a alternativa correta é a C.
Gabarito "C"

(Técnico Judiciário – TRT24 – FCC – 2017) Um Técnico de Informática, ao acessar o *site* da organização para a qual trabalha, encontrou-o totalmente desfigurado, com o conteúdo das páginas alterado. Ao buscar razões para este tipo de ataque que viola a segurança das informações, verificou que um atacante, para desfigurar uma página *web*, pode:

– explorar erros da aplicação *web*;

– explorar vulnerabilidades do servidor de aplicação *web*;

– explorar vulnerabilidades da linguagem de programação ou dos pacotes utilizados no desenvolvimento da aplicação *web*;

– invadir o servidor onde a aplicação *web* está hospedada e alterar diretamente os arquivos que compõem o *site*;

– furtar senhas de acesso à interface *web* usada para administração remota.

O Técnico concluiu, corretamente, que este tipo de ataque é conhecido como

(A) inundação UDP.

(B) engenharia social

(C) *wardriving*.

(D) IP *spoofing*.

(E) *Defacement*.

A: Errada, os ataques deste tipo consistem no envio de uma enorme quantidade de requisição de um servidor visando sobrecarregar seus recursos, indisponibilizando-os. **B:** Errada, os ataques de engenharia social são feitos por indivíduos que se aproveitam de pessoas para obter informações as quais normalmente não teriam acesso. **C:** Errada, *wardriving* corresponde à prática de procurar redes sem fio enquanto se dirige um automóvel. **D:** Errada, ataques de IP *spoofing* consistem em mascarar pacotes IP utilizando-se endereços de remetentes falsificados. **E:** Correta, ataques de *defacement* visam modificar páginas da internet e alterar seu conteúdo.
Gabarito "E"

(Técnico Judiciário – TRT11 – FCC – 2017) Considere que um usuário, embora tenha procurado seguir regras de proteção e segurança da informação, teve seu computador infectado por um *malware*. Dentre as razões abaixo, a que pode ter contribuído para este fato é o

(A) programa *antimalware* ter sido atualizado, incluindo o arquivo de assinaturas.

(B) computador ter um *firewall* pessoal instalado e ativo.

(C) programa leitor de *e-mails* ter a autoexecução de arquivos anexados a mensagens habilitada.

(D) sistema operacional do computador ter como configuração padrão não ocultar a extensão de tipos de arquivos.

(E) computador estar configurado para solicitar senha na tela inicial.

A: Errada, a atualização de um programa *antimalware* é uma medida que auxilia na proteção e prevenção de infecção por este tipo de ameaça. **B:** Errada, ter um firewall instalado no computador ajuda na proteção contra infecção de ameaças, uma vez que este monitora as portas de comunicação mantendo abertas apenas aquelas confiáveis. **C:** Correta, a autoexecução de arquivos anexos é altamente perigosa uma vez que o envio de ameaças eletrônicas via correio eletrônico na forma de anexos é muito comum. **D:** Errada, a não ocultação da extensão de arquivos e programas ajuda a identificar arquivos executáveis que podem estar disfarçados tentando enganar o usuário. **E:** Errada, a solicitação de senha ao iniciar o Windows é uma medida de segurança que não contribui negativamente, de forma alguma, na infecção de vírus ao computador.
Gabarito "C"

(Técnico Judiciário – TRE/PE – CESPE – 2017) Acerca da realização de cópias de segurança ou becape do Windows, assinale a opção correta.

(A) Para que sejam efetivamente recuperados, os dados do becape são armazenados em outra pasta da mesma unidade de armazenamento dos dados originais.

(B) O becape é uma atividade executada exclusivamente por administradores de redes.

(C) Após a realização da cópia de segurança, gera-se um arquivo em formato .bkf, o qual não pode ser alterado para outra extensão.

(D) Na cópia de segurança, são copiados todos os arquivos existentes no computador.

(E) No becape incremental, são copiados apenas os arquivos novos ou os que foram alterados a partir do último becape.

A: Errada, os dados de backup devem ser mantidos fisicamente separados dos dados originais, pois do contrário, em caso de perda total do equipamento que armazena estes arquivos, seja possível a recuperação das informações. **B:** Errada, o backup pode ser feito por qualquer usuário que deseje manter seus dados em segurança. **C:** Errada, não há uma extensão específica para backups de arquivos, podendo variar de acordo com o método e programa usado para a realização do backup. **D:** Errada, em uma cópia de segurança o usuário pode definir quais arquivos devem sofrer o backup. **E:** Correta, no backup incremental são salvos apenas os novos arquivos ou aqueles que foram alterados desde o ultimo backup, seja ele incremental, completo ou diferencial.

Gabarito "E".

(Técnico Judiciário – TRE/PE – CESPE – 2017) O mecanismo de embaralhamento ou codificação utilizado para proteger a confidencialidade de dados transmitidos ou armazenados denomina-se

(A) assinatura digital.

(B) certificação digital.

(C) biometria.

(D) criptografia.

(E) *proxy*.

A: Errada, a assinatura digital é usada para garantir a autenticidade, integridade e não repudio de um elemento. **B:** Errada, a certificação digital é um elemento que se utiliza da técnica mencionada para garantir autenticidade, integridade e não repúdio à comunicação através de um conjunto de chaves de criptografia. **C:** Errada, a biometria é uma técnica usada para garantir o não repúdio e a autenticidade de um documento, uma vez que garante que alguém é quem realmente alega ser. **D:** Correta, as técnicas de criptografia são usadas para embaralhar o conteúdo de uma mensagem ou arquivo de forma que apenas o destinatário correto da mensagem possa visualizar seu conteúdo, garantindo, assim, confidencialidade da comunicação. **E:** Errada, o proxy é um servidor que age como intermediário na comunicação do computador com a rede, podendo filtrar o conteúdo da navegação ou providenciar anonimato na navegação.

Gabarito "D".

(Técnico – TRT1 – 2018 – AOCP) Suponha que o banco no qual você movimenta a sua empresa se chame "Banco Verdadeiro", e o site dele seja "www.bancoverdadeiro.com. br". No e-mail da sua empresa, você recebe um e-mail do remetente "seguranca@bancoverdadeiro.com.br" solicitando que você atualize o módulo de segurança do seu computador para acesso de serviços bancários através da Internet, conforme a imagem a seguir:

Banco Verdadeiro: <seguranca@bancoverdadeiro.com.br>
Para: <seunome@suaempresa.com.br>

Prezado cliente,

Para que possa continuar utilizando nossos serviços através da Internet, solicitamos que atualize imediatamente o seu módulo de segurança através do site abaixo:

https://banco-verdadeiro.security-updates.com/modulo

Atenciosamente,

Banco Verdadeiro

Observando os detalhes da mensagem, qual das alternativas a seguir está correta e seria a mais recomendada para não comprometer a segurança do computador e dos seus dados pessoais?

(A) Acessar o site indicado no texto da mensagem, já que o e-mail do remetente pertence ao mesmo domínio do site do banco, mantendo, assim, o módulo de segurança atualizado.

(B) Verificar se o e-mail não contém um vírus anexado. Se não tiver vírus, acessar o site tranquilamente.

(C) Se a sua empresa utiliza sistemas *antispam*, não há razão para se preocupar, podendo acessar o site tranquilamente.

(D) Não acessar o site indicado, pois, pelas características da mensagem, deve se tratar de um *torrent*. Se necessário, pedir auxílio da equipe responsável pela administração da T.I.

(E) Não acessar o site indicado, pois, pelas características da mensagem, deve se tratar de um *phishing*.

A: Errada, embora o endereço que aparece como remetente aparente ser do domínio correto do banco o link indicado na mensagem é diferente, indicando uma tentativa de fraude. Note que o domínio utilizado é security-updates.com com o subdomínio banco-verdadeiro. **B:** Errada, nem sempre a ameaça estará presente na forma de um anexo, ela também pode, como no caso em questão, se apresentar como um link falso que irá lhe levar a uma página que tentará obter seus dados e/ou instalar o vírus em seu computador ou navegador. **C:** Errada, os sistemas antispam possuem uma série de regras que os ajudam a identificar possíveis e-mails indesejados, porém, não há garantia de 100% de acerto ou seja, algumas mensagens podem acabar passando por ele. Nestes casos é sempre bom utilizar a opção de reportar spam, assim você ajuda a treinar a ferramenta para que ela seja sempre mais assertiva. **D:** Errada, não há indicações suficientes no link apresentado para deduzir que seja o link de um torrent, entretanto realmente não se deve acessar o link pois este direciona para um domínio diferente daquele utilizado pelo banco. **E:** Correta, além do link apresentado direcionar para um domínio diferente do banco, este tipo de solicitação nunca é feita por e-mail. Quando necessário o usuário é alertado diretamente no site da instituição, por isso na dúvida é sempre importante acessar o site de forma direta, escrevendo o endereço no navegador sem clicar em links apresentados em e-mails, e conferir a informação no site oficial.

Gabarito "E".

Se o ransomware for do tipo bloqueador que impede totalmente o acesso ao computador, então o usuário tem três opções para removê-lo: reinstalar o sistema operacional; executar um programa antivírus de uma unidade externa ou inicializável; ou executar uma restauração do sistema e recuperar o Windows para um momento antes que o ransomware foi carregado. Para restaurar o sistema em computadores com Windows 7, em português e em condições ideais, o usuário deve seguir os passos:

*1. Quando o computador estiver iniciando, **pressione uma tecla** várias vezes para exibir o menu de opções avançadas de inicialização (boot).*

2. Escolha reparar o seu computador e depois tecle Enter.

3. Entre com o nome de usuário do Windows e senha. Este campo pode ser deixado em branco se não tiver nenhum.

4. Selecione Restauração do Sistema.

(Adaptado de: **https://blog.avast.com/pt-br/guia-essencial-como-se-proteger-dos-ransomwares**)

(Técnico – TJ/MA – FCC – 2019) Considerando esses passos, deve ser pressionada a tecla

(A) DEL.

(B) F8.

(C) ESC.

(D) Windows + B.

(E) F4.

No Windows 7 é possível acessar as opções de inicialização pressionando a tecla F8 durante o processo de boot do sistema operacional. Para o Windows 8 e 10 embora o atalho seja válido, como o processo de inicialização é extremamente rápido, é difícil acessar esta opção por meio dele, sendo alternativas possíveis clicar na opção de reiniciar o computador mantendo a tecla Shift pressionada, interromper o processo normal de boot por três vezes seguidas, usar um disco de inicialização ou unidade USB inicializável. Portanto, apenas a alternativa B está correta.
„.B„ otirabaG

(Técnico – TJ/MA – FCC – 2019) Um usuário estava utilizando o Microsoft Word 2010, em português, e decidiu inserir uma marca d'água com o nome TJMA nas páginas do documento. Ele clicou em Marca D'água > Personalizar Marca D'água, selecionou Marca d'água de texto e escreveu TJMA, finalizando corretamente. Este recurso pode ser acessado a partir da guia

(A) Layout da Página.

(B) Inserir.

(C) Exibição.

(D) Design.

(E) Iniciar.

No Microsoft Word 2010 as opções de Marca D'agua se encontram na guia Layout de Página no grupo 'Plano de Fundo da Página', porém

atenção: nas versões 2013 e 2016 essa opção foi realocada para a guia Design. Como a questão trata da versão 2010 a alternativa A está correta.
„A„ otirabaG

5. WINDOWS

(Escrevente - TJ/SP - 2018 - VUNESP) O Windows 10 permite que o seu Explorador de Arquivos possa ser configurado em relação aos arquivos e pastas que manipula. Uma das configurações permitidas é ocultar

(A) os arquivos criptografados ou protegidos por senha.

(B) os arquivos de aplicativos não licenciados para o Windows 10.

(C) as extensões dos tipos de arquivo conhecidos.

(D) os arquivos que não foram ainda avaliados pelo antivírus.

(E) os arquivos não manipulados há pelo menos um ano.

O Windows Explorer possui uma série de configurações que podem ser modificadas para definir a forma como os arquivos serão exibidos. Algumas podem ser alteradas através da aba Modo de Exibição das Opções de Pasta e outros diretamente na barra de ferramentas. Dentre as mencionadas nesta questão, apenas ocultar ou exibir as extensões dos tipos de arquivo é uma opção válida existente, portanto, apenas a alternativa C está correta.
„C„ otirabaG

(Escrevente - TJ/SP - 2018 - VUNESP) Um usuário de um computador com o sistema operacional Windows 10 clicou no seguinte botão presente na Barra de Tarefas:

Esse botão permite que

(A) a tela seja estendida em um segundo monitor de vídeo conectado no computador.

(B) a tela do computador seja reproduzida em um projetor.

(C) todas as janelas abertas sejam fechadas.

(D) múltiplas áreas de trabalho possam ser criadas ou gerenciadas.

(E) a lupa do Windows seja ativada para ampliar as informações exibidas na tela.

O botão indicado ativa a função Visão de Tarefas, que faz com que sejam exibidas todas as janelas na área de trabalho ativa e também permite a criação e gerenciamento de mais de uma área de trabalho, portanto, apenas a alternativa D está correta.
„D„ otirabaG

(Escrevente - TJ/SP - 2018 - VUNESP) A seguir, é apresentada uma parte do Explorador de Arquivos do Windows 10.

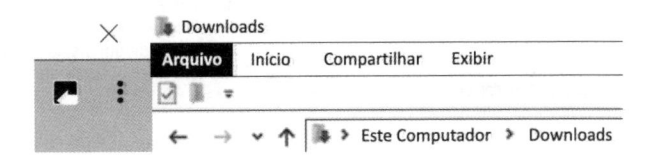

A seta para cima presente antes da Barra de Endereço se destina a

(A) levar à tela seguinte.

(B) levar ao nível acima do atual, ou seja, Este Computador.

(C) desfazer a última ação realizada.

(D) levar à tela anterior.

(E) levar ao nível abaixo do atual Downloads, se existir.

As três setas presentes ao lado esquerdo da barra de navegação do Windows Explorer são usadas para facilitar a navegação entre as pastas. A primeira, apontando para a esquerda, retornará o usuário à última pasta aberta; a segunda, apontando para a direita, irá avançar novamente para uma pasta já visitada, estando apenas ativa após a seta de voltar ser utilizada; a terceira, apontando para cima, é usada para acessar a pasta pai do diretório atual. Portanto, apenas a alternativa B está correta.
Gabarito "B".

(Escrevente - TJ/SP - 2018 - VUNESP) O Windows 10, em sua configuração padrão, permite que o usuário configure o Menu Iniciar, por exemplo, para

(A) mostrar os aplicativos mais usados.

(B) bloquear os aplicativos que possam estar infectados por vírus.

(C) indicar os aplicativos que não foram certificados para o Windows 10.

(D) ativar automaticamente a Ajuda do Windows a cada erro do usuário.

(E) restaurar programas apagados acidentalmente.

Dentre as alternativas apresentas apenas a possibilidade de mostrar os aplicativos mais usados existe e é possível de ser configurada pelo usuário, todas as outras são opções inexistentes, portanto, apenas a alternativa A está correta.
Gabarito "A".

(Escrevente - TJ/SP - 2018 - VUNESP) No sistema operacional Windows 10, uma das maneiras de encontrar algum programa ou aplicativo disponível no computador é

(A) digitar o nome do programa ou aplicativo na Barra de Pesquisa do Edge.

(B) pressionar a tecla do logotipo do Windows + P, que provocará a exibição de todos os programas disponíveis.

(C) selecionar o ícone Busca de Programas no Painel de Controle e digitar o nome do programa ou aplicativo.

(D) selecionar o ícone Programas e Aplicativos na Barra de Tarefas, que exibe todos os programas ou aplicativos instalados.

(E) digitar o nome do programa ou aplicativo na Caixa de Pesquisa na Barra de Tarefas.

A: Errada, ao usar a barra de pesquisa do Edge é feita uma busca na internet e não no computador do usuário. **B:** Errada, o atalho mencionado permite alterar opções de exibição do Windows em múltiplos monitores. **C:** Errada, não existe ícone denominado Busca de Programas no Painel de Controle. **D:** Errada, não existe ícone denominado Programas e Aplicativos na Barra de Tarefas. **E:** Correta, a Caixa de Pesquisa presente na Barra de Tarefas pode ser usada para encontrar arquivos ou programas no computador do usuário.
Gabarito "E".

Atenção: Figura para a questão seguinte.

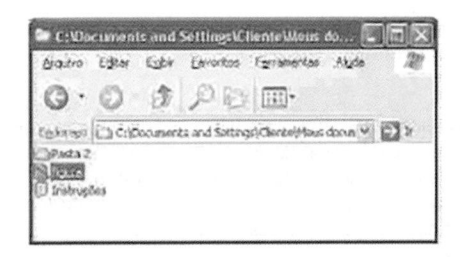

(Técnico – TRT/11ª – 2012 – FCC) No *Windows Explorer do Windows XP*, teclas e *mouse* podem ser usados para copiar ou mover arquivos entre pastas, na mesma unidade (*drive*) de disco. Dessa forma, é INCORRETO afirmar que

(A) ao se manter pressionada a tecla *Shift* e arrastar e soltar o arquivo com o botão esquerdo do *mouse*, o arquivo é movido.

(B) ao se manter pressionada a tecla *Ctrl* e arrastar e soltar o arquivo com o botão esquerdo do *mouse*, o arquivo é copiado.

(C) ao se manter pressionada a tecla *Alt* e arrastar e soltar o arquivo com o botão esquerdo do *mouse*, apenas o atalho para o arquivo é copiado.

(D) simplesmente arrastar e soltar o arquivo com o botão esquerdo do *mouse* faz com que o arquivo seja copiado.

(E) simplesmente arrastar e soltar o arquivo com o botão direito do *mouse* faz com que seja exibido um menu *pop-up* para escolha da ação a ser tomada.

Todas as afirmativas estão corretas menos o texto da letra D, pois simplesmente arrastar e soltar o arquivo com o botão esquerdo apenas o muda de lugar, portanto a alternativa correta para esta questão é a D.
Gabarito "D".

(Técnico – TRE/PR – 2012 – FCC) No *Windows XP*, com a utilização do *Windows Explorer*, é possível associar uma pasta compartilhada em uma rede a uma letra de unidade no computador. Para efetuar esse procedimento, é necessário escolher no menu Ferramentas a opção

(A) Criar Atalho de rede.

(B) Inserir compartilhamento.

(C) Mapear unidade de rede.

(D) Adicionar *Drive* Remoto.

(E) Novo atalho de Rede.

A função que permite mapear pastas compartilhadas como se fossem unidades de disco se chama Mapear unidade de rede, portanto apenas a alternativa C está correta.
Gabarito "C".

(Técnico Judiciário – TJAM – 2013 – FGV) No Windows Explorer, o arquivo Parecer_150313.doc está armazenado na pasta DOCS. Para alterar seu nome, ele deve ser selecionado, deve ser executado um atalho de teclado e, para concluir, deve ser digitado o novo nome na seleção.

Esse atalho de teclado é

(A) Ctrl + F2

(B) Alt + F2

(C) F2

(D) Del + F2

(E) Shift + F2

Para renomear um arquivo basta clicar nele e apertar a tecla F2, portanto apenas a alternativa C está correta.
Gabarito "C".

(Escrevente Técnico – TJSP – 2015) Em um computador com o sistema operacional Windows 7, em sua configuração padrão, diversos atalhos de teclado estão associados ao uso da Área de Transferência. O atalho de teclado destinado a desfazer a ação anterior é o:

(A) Ctrl+D

(B) Alt+U

(C) Ctrl+Z

(D) Alt+Z

(E) Ctrl+U

A: Errada, o atalho Ctrl + D não está associado a nenhuma função do Windows. **B:** Errada, o atalho Alt + U não está associado a nenhuma função do Windows. **C:** Correta, o atalho Ctrl + Z desfaz a última ação feita pelo usuário em diversos locais, inclusive na Área de Transferência. **D:** Errada, o atalho Alt + Z não está associado a nenhuma função do Windows. **E:** Errada, o atalho Ctrl + U não está associado a nenhuma função do Windows.
Gabarito "C".

(Escrevente Técnico – TJSP – 2015 – VUNESP) Um usuário de um computador com o sistema operacional Windows 7, em sua configuração padrão, deletou um atalho presente na Área de Trabalho. Sobre essa ação, é correto afirmar que

(A) o atalho será colocado na Lixeira e o arquivo associado ao atalho será preservado.

(B) o atalho será destruído, sem ser colocado na Lixeira.

(C) o atalho será retirado da Área de Trabalho e transferido para a pasta na qual se encontra o arquivo associado ao atalho.

(D) tanto o atalho como o arquivo associado ao atalho serão colocados na Lixeira.

(E) tanto o atalho como o arquivo associado ao atalho serão destruídos, sem serem colocados na Lixeira.

A: Correta. Ao ser excluído, um atalho é enviado para a Lixeira como qualquer outro arquivo e, por ser apenas uma referência ao endereço do arquivo original, o mesmo não será afetado. **B:** Errada, apenas são destruídos sem passar pela Lixeira os arquivos provenientes de unidades removíveis e os arquivos apagados a partir do atalho Shift + Delete. **C:** Errada, arquivos removidos vão para a Lixeira até que sejam excluídos permanentemente, mesmo que sejam atalhos. **D:** Errada, a remoção de um atalho não afeta em nada o arquivo original. **E:** Errada, a remoção de um atalho não afeta em nada o arquivo original.
Gabarito "A".

(Escrevente Técnico – TJSP – 2015) Um usuário de um computador com o sistema operacional Windows 7, em sua configuração padrão, arrastou um arquivo presente em uma pasta da unidade de disco C para uma pasta da unidade de disco D. Sobre essa ação, é correto afirmar que o

(A) arquivo e sua pasta serão movidos para a pasta da unidade de disco D.

(B) arquivo será copiado para a pasta da unidade de disco D.

(C) arquivo será movido para a pasta da unidade de disco D.

(D) arquivo e sua pasta serão copiados para a pasta da unidade de disco D.

(E) comando não terá efeito, pois só se pode arrastar arquivos em uma mesma unidade de disco.

A: Errada, mover um arquivo seja para outra unidade ou para outro local dentro da mesma unidade não afeta a pasta de origem. **B:** Correta, mover um arquivo de uma unidade para outra sem utilizar nenhuma tecla modificadora irá fazer com que seja criada uma cópia do arquivo original no local de destino. **C:** Errada, para que o arquivo seja movido ao ser arrastado de uma unidade para outra é necessário utilizar a tecla Shift antes de soltar o arquivo em seu destino. **D:** Errada, mover um arquivo seja para outra unidade ou para outro local dentro da mesma unidade não afeta a pasta de origem. **E:** Errada, é possível arrastar um arquivo de uma unidade de disco para outra, ação que criará uma cópia do arquivo em seu local de destino.
Gabarito "B".

(Escrevente Técnico Judiciário – TJSP – VUNESP – 2017) No sistema operacional Windows 10, em sua configuração padrão, um usuário aciona o Explorador de Arquivos, seleciona um arquivo e pressiona a tecla F3. Em seguida,

(A) o arquivo será deletado e colocado na Lixeira.

(B) o arquivo será deletado definitivamente.

(C) o cursor será colocado no campo de busca da Ferramenta de Pesquisa.

(D) as propriedades do arquivo serão exibidas.

(E) a Ajuda do Windows 10 será ativada.

A: Errada, para que o arquivo seja deletado e colocado na Lixeira deve-se usar a tecla Delete. **B:** Errada, para que o arquivo seja deletado definitivamente deve-se utilizar o atalho Shift + Delete. **C:** Correta, dentro do Windows Explorer na versão 10 do Windows o atalho F3 leva o curso de digitação até a caixa de pesquisa. **D:** Errada, para exibir os detalhes do arquivo deve-se clicar com o botão direito do mouse e selecionar o item Propriedades. **E:** Errada, para abrir a ajuda do Windows 10 deve-se utilizar o botão F1.
Gabarito "C".

(Escrevente Técnico Judiciário – TJSP – VUNESP – 2017) No sistema operacional Windows 10, em sua configuração padrão, um usuário clicou com o botão direito do *mouse* em um espaço livre da Área de Trabalho, e a seguinte lista de opções surgiu na tela.

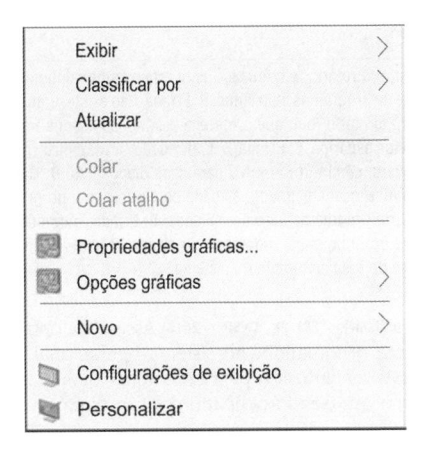

Exibir	>
Classificar por	>
Atualizar	
Colar	
Colar atalho	
Propriedades gráficas...	
Opções gráficas	>
Novo	>
Configurações de exibição	
Personalizar	

Esse usuário deseja criar um atalho para um arquivo na Área de Trabalho, e, para isso, ele deve clicar em

(A) "Novo", em seguida, selecionar "Atalho" na lista de opções que surge na tela, e seguir as orientações na janela "Criar Atalho".

(B) "Exibir", em seguida, digitar o nome do atalho na janela que surge na tela.

(C) "Atualizar", em seguida, selecionar "Atalho" na lista de opções que surge na tela, e seguir as orientações na janela "Criar Atalho".

(D) "Novo", em seguida, digitar o nome do atalho na janela que surge na tela.

(E) "Exibir", em seguida, selecionar "Atalho" na lista de opções que surge na tela, e seguir as orientações na janela "Criar Atalho".

A: Correta, dentro do item Novo há a possibilidade de criar uma série de arquivos assim como atalhos para outros arquivos ou programas, para isso basta selecionar a opção Atalho e indicar qual o arquivo ou programa desejado. **B:** Errada, o item Exibir contém opções relacionadas à exibição dos ícones da área de trabalho como o tamanho dos ícones e sua organização. **C:** Errada, a opção atualizar irá apenas atualizar os itens exibidos na área de trabalho. **D:** Errada, ao selecionar o item novo será exibida uma nova lista de opções que podem ser escolhidas pelo usuário, para a criação de atalho basta selecionar o item "Atalho". **E:** Errada, não há opção Atalho no item Exibir, que trata da exibição dos ícones da área de trabalho.
Gabarito "A".

(Escrevente Técnico Judiciário – TJSP – VUNESP – 2017) No sistema operacional Windows, em sua configuração padrão, os nomes de arquivos ou pastas seguem algumas regras, sobre as quais é correto afirmar que

(A) os nomes dos arquivos no Windows 10 podem ter até 128 caracteres.

(B) o nome do arquivo no Windows 10 não pode ter caracteres como \ /: * ? " < > |, mas o nome do seu caminho pode incluí-los.

(C) caracteres como \ /: * ? " < > | podem ser utilizados nos nomes no Windows 10.

(D) o tamanho máximo de caracteres que pode ser utilizado no Windows 10 inclui o nome do arquivo e do seu caminho.

(E) o nome do arquivo no Windows 10 não pode ter caracteres como \ /: * ? " < > |, mas a sua extensão pode incluí-los.

A: Errada, arquivos no Windows 10 podem ter nomes com mais de 128 caracteres desde que não atinjam o limite de 260 caracteres para o caminho completo até o arquivo. **B:** Errada, assim como arquivos, pastas não podem conter os caracteres mencionados. **C:** Errada, estes caracteres não podem ser usados em nomes de arquivos ou pastas. **D:** Correta, no Windows 10 há um limite de 260 caracteres para o caminho completo até um arquivo mais seu nome. **E:** Errada, os caracteres mencionados não podem estar presentes no nome de um arquivo ou pasta ou em extensões de arquivos.
Gabarito "D".

(Técnico Judiciário – TRT24 – FCC – 2017) Quando uma pasta ou um arquivo é criado, o Windows 7 em português atribui permissões padrão a esse objeto. Modificar é a permissão mínima necessária para concluir esse procedimento. Para um usuário definir, exibir, alterar ou remover permissões de arquivos e pastas deve-se, inicialmente:

– Clicar com o botão direito do mouse no arquivo ou na pasta para o qual deseja definir permissões, clicar em Propriedades e clicar na guia ....I.....

– Clicar em ...II... para abrir a caixa de diálogo Permissões para <objeto>.

As lacunas I e II são, correta e respectivamente, preenchidas com

(A) Compartilhamento – Compartilhar

(B) Geral – Escolher Arquivo

(C) Segurança – Editar

(D) Geral – Atributos

(E) Compartilhamento – Adicionar

Na janela de propriedades de uma pasta ou arquivo, as opções de permissão podem ser gerenciadas a partir da aba Segurança, que contém a lista de Nomes de grupo ou de usuários e tela de Permissões para <grupo> onde é possível permitir ou negar uma série de ações por parte do grupo em edição, portanto, apenas a alternativa C está correta.
Gabarito "C".

(Técnico Judiciário – TRT20 – FCC – 2016) Um Técnico precisa enviar 80 arquivos que estão na pasta relatórios de um computador com Windows 7 Professional em português, pelo *webmail*. Antes de compactar o conteúdo da pasta, para verificar o tamanho em disco ocupado pelos arquivos, o Técnico deve clicar

(A) no menu **Propriedades** e selecionar a opção **Tamanho**.

(B) com o botão direito do *mouse* sobre o nome da pasta e selecionar a opção **Propriedades**.

(C) no menu **Arquivo** e na opção **Propriedades**.

(D) com o botão direito do *mouse* sobre o nome da pasta e selecionar a opção **Resumo**.

(E) no menu **Opções** e na opção **Propriedades**.

Para visualizar o tamanho ocupado em disco pelos arquivos contidos em uma pasta é necessário clicar com o botão direito no mouse sobre o ícone da pasta e selecionar a opção Propriedades, que irá exibir essa informação como Tamanho em disco, portanto, apenas a alternativa B está correta.
Gabarito "B".

(Técnico Judiciário – TRT20 – FCC – 2016) Um usuário está navegando na intranet da organização onde trabalha utilizando um computador com o Windows 7, quando ocorre um erro. Ao entrar em contato com o suporte técnico, foi solicitado a tirar um *print* da tela e enviar por *e-mail* para que o problema seja analisado e resolvido. Para tirar o *print* da tela, o usuário deve

(A) pressionar **Ctrl + P** e, em seguida, selecionar a opção **Enviar** por *e-mail*.

(B) clicar no botão **Iniciar** e, em seguida, na opção **Print Screen** do menu Acessórios.

(C) pressionar a tecla **Print Screen**, que pode estar abreviada, dependendo do teclado.

(D) pressionar a tecla **Windows**, a opção **Tela** e, em seguida, a opção Fotografar.

(E) clicar no botão **Iniciar**, na opção **Acessórios** e, em seguida, na opção **Quadro Instantâneo**.

O ato de capturar a tela do computador em forma de imagem chamamos de Print Screen. No Windows há algumas formas de realizar essa ação, entre elas temos a Ferramenta de Captura, um programa nativo do Windows que permite selecionar a área da tela que deseja capturar e também o botão do teclado chamado Print Screen, que também pode ser apresentado como "Prt Sc" dependendo do teclado utilizado, que armazena na área de transferência uma imagem da tela sendo exibida. Portanto, apenas a alternativa C está correta.
Gabarito "C".

(Técnico – TRT1 – 2018 – AOCP) Para movimentar um arquivo entre dois diretórios, de modo que não fique uma réplica desse arquivo no diretório onde ele estava inicialmente, qual é a sequência de atalhos de teclado que deve ser executada após selecionar o arquivo através do mouse?

(Obs.: O caractere "+" foi utilizado apenas para interpretação.)

(A) CTRL + C no diretório inicial e, depois, CTRL + V no diretório de destino.

(B) CTRL + C no diretório inicial e, depois, CTRL + C no diretório de destino.

(C) CTRL + X no diretório inicial e, depois, CTRL + X no diretório de destino.

(D) CTRL + X no diretório inicial e, depois, CTRL + V no diretório de destino.

(E) CTRL + X no diretório inicial e, depois, CTRL + C no diretório de destino.

Para criar uma cópia de um arquivo removendo-o do local de origem deve-se utilizar a função Recortar representada pelo atalho Ctrl + X e posteriormente utilizar o atalho Ctrl + V na pasta de destino, note que a função Ctrl + C também pode ser usada para copiar um arquivo, porém ele mantém o arquivo original na pasta de origem, portanto apenas a alternativa D está correta.
Gabarito "D".

6. OUTRAS QUESTÕES DE INFORMÁTICA

(Técnico – TRT/16ª – 2015 – FCC) O sistema operacional Linux, em todas as suas distribuições (versões), utiliza uma estrutura de diretórios (pastas) padronizada, na qual diferentes tipos de arquivos são armazenados em diferentes diretórios. O diretório para a instalação de programas não oficiais da distribuição é o:

(A) /etc

(B) /bin/tmp

(C) /dev

(D) /usr/local

(E) /sbin

A: Errada, o diretório /etc é usado para arquivos de configuração do sistema e de programas instalados. **B:** Errada, não existe diretório /tmp dentro do diretório /bin, que armazena programas usados frequentemente pelos usuários. **C:** Errada, o diretório /dev armazena dispositivos de hardware, sendo um arquivo para cada dispositivo. **D:** Correta, o diretório /usr/local atualmente é usado para armazenar programas de terceiros ou programas auto compilados. **E:** Errada, o diretório /sbin armazena programas utilizados pelo usuário root para administração e controle do funcionamento do sistema.
Gabarito "D".

(Técnico Judiciário – TRE/PI – CESPE – 2016) Assinale a opção que apresenta o comando, no sistema operacional Linux, que deve ser utilizado para determinar quanto espaço em disco está sendo ocupado por um diretório e seus subdiretórios.

(A) pwd

(B) file

(C) du

(D) head

(E) lshw

A: Errada, o comando pwd é usado para alterar a senha de um usuário. **B:** Errada, o comando file é usado para determinar o tipo de um arquivo. **C:** Correta, o comando du é usado para estimar o uso de espaço em disco por arquivos e pastas. **D:** Errada, o comando head é usado para imprimir as primeiras 10 linhas de um arquivo. **E:** Errada, o comando lshw é usado para listar informações detalhadas dos itens de hardware do computador.
Gabarito "C".

(Técnico Judiciário – TRT20 – FCC – 2016) Uma das funções da lógica de programação é definir os passos para se resolver problemas do mundo real através de programas de computador criados nas linguagens de programação. Considere, nesse contexto, a estrutura de passos em pseudolinguagem abaixo.

```
var salary: real
início
 leia(salary)
 se(salary<1000)
    então salary ∧ salary + 100
    senão se (salary<2000)
        então salary ∧ salary + 200
        senão se (salary<3000){
            então salary ∧ salary + 300
            senão se (salary<4000){
                então salary ∧ salary + 400
                senão salary ∧ salary + 1000
                fim_se
            fim_se
        fim_se
 fim_se
 exiba(salary)
fim
```

Se for informado o valor **4000** para a variável **salary** será exibido o valor

(A) 4400

(B) 4300

(C) 5000

(D) 4200

(E) 9000

O código escrito em pseudolinguagem se inicia pela declaração de uma variável que deve armazenar um valor real, em seguida é recebido um valor que neste caso foi definido como 4000. Após isso, começam a ser feitas verificações lógicas encadeadas na forma de verificações do tipo "se .. senão" onde caso a condição seja atingida é realizada uma função, caso não seja é feita outra verificação. Seguindo a lógica do código apresentado e considerando um valor inicial de 4000, a primeira validação lógica seria a comparação salary < 1000, que resultaria em falso, passando então para a clausula "senão se" que faria a comparação salary<2000, que também resultaria em falso, passando então para próxima clausula "senão se" que realiza a comparação salary<3000, que novamente resulta em falso e leva para uma nova verificação "senão se" que compara salary<4000 que novamente retornaria falso levando então a última clausula "senão se" que faria o cálculo salary = salary + 1000 e exibindo então o valor final que resultaria em 5000. Portanto apenas a alternativa C está correta.

3. MATEMÁTICA E RACIOCÍNIO LÓGICO

Enildo Garcia e André Nader Justo*

1. RACIOCÍNIO LÓGICO

1.1. Introdução e Estruturas Lógicas

(**Escrevente Técnico Judiciário – TJSP – VUNESP – 2017**) Uma negação lógica para a afirmação "João é rico, ou Maria é pobre" é:

(A) Se João não é rico, então Maria não é pobre.

(B) João é rico, e Maria não é pobre.

(C) João não é rico, ou Maria não é pobre.

(D) João não é rico, e Maria não é pobre.

(E) Se João é rico, então Maria é pobre.

Resolução

Sejam as premissas

p: João é rico

q; Maria é pobre

e a afirmação r = p ∨ q.

Pede-se a negação lógica de r, isto é,-r,

Sabe-se, da Lógica formal, que –r = ~(´p v q) = ~p ∧ ~q, ou seja,

João não é rico e Maria não é pobre. ⟹ Letra D

Trata-se da aplicação das leis de de Morgan: a negação transforma a conjunção lógica em disjunção e vice-versa. EG

Gabarito "D".

(**Escrevente Técnico Judiciário – TJSP – VUNESP – 2017**) "Existe um lugar em que não há poluição" é uma negação lógica da afirmação:

(A) Em alguns lugares, não há poluição.

(B) Em alguns lugares, pode não haver poluição.

(C) Em todo lugar, não há poluição.

(D) Em alguns lugares, há poluição.

(E) Em todo lugar, há poluição.

Solução

A negação do quantificador existencial ∃x(x não tem poluição) é o quantificador universal ∀ seguido de negação:

∀x: (x tem poluição), ou seja, em todo lugar há poluição. => Letra E

Trata-se da aplicação das segundas leis de de Morgan: a negação transforma o quantificador universal em quantificador existencial seguido de negação e vice-versa. EG

Gabarito "E".

1.2. Lógica de Argumentação

(**Técnico Judiciário – TRF/1 – 2011 – FCC**) Em 2010, três Técnicos Judiciários, Alfredo, Benício e Carlos, viajaram em suas férias, cada um para um local diferente. Sabe-se que: – seus destinos foram: uma praia, uma região montanhosa e uma cidade do interior do Estado; – as acomodações por ele utilizadas foram: uma pousada, um pequeno hotel e uma casa alugada;

– o técnico que foi à praia alojou-se em uma pousada;

– Carlos foi a uma cidade do interior;

– Alfredo não foi à praia;

– quem hospedou-se em um hotel não foi Carlos.

Nessas condições, é verdade que

(A) Alfredo alugou uma casa.

(B) Benício foi às montanhas.

(C) Carlos hospedou-se em uma pousada.

(D) aquele que foi à cidade hospedou-se em uma pousada.

(E) aquele que foi às montanhas hospedou-se em um hotel.

1ª solução

Representemos Alfredo, Benício e Carlos por A, B e C, respectivamente. Em um primeiro esquema temos, a partir das informações dadas. Ver tabela abaixo

		----------acomod.----------		
		pousada	hotel	casa
local	praia	C,B	B	B
	montanha	A	A,B	A
	interior	A,C	A,B	A

2ª solução

Ao verificar as respostas, notamos que

(C) está errada porque quem ficou em uma pousada foi à praia e Carlos foi a uma cidade do interior.

(D) está errada porque aquele que foi à praia é que se hospedou em uma pousada.

Gabarito "E".

1.3. Compreensão e Elaboração da Lógica das Situações por Meio de Raciocínio Matemático

(**Técnico – TJ/MA – FCC – 2019**) Do total que Carlos gastou em uma loja, 36% foi adquirindo uma calça, 21% uma camisa e o restante um sapato. Se o sapato custou R$ 63,00 a mais que a calça, o valor pago por Carlos pela camisa, em reais, foi igual a:

(A) 179,00.

(B) 159,00.

(C) 169,00.

(D) 149,00.

(E) 189,00.

---

* **Enildo Garcia** comentou as questões dos concursos de Técnico – TRT/16ª – 2015 – FCC, Técnico – TRT/19ª – 2015 – FCC, Escrevente Técnico – TJSP – 2015 – VUNESP, e os concursos de 2016 e 2017. **André Nader Justo** comentou as demais questões.

Resolução

Seja T o total que Carlos gastou.
Tem-se, então,
36%T = 0,36T para a calça,
21%T = 0,21T para a camisa e
T – 0,36T – 0,21T = T – 0,57T = 0,43T para o sapato.

Uma vez que o sapato custou R$ 63,00 a mais que a calça, tem-se
0,43T = 0,36T + 63,00
0,07T = 63
T = 900

Logo, o valor pago por Carlos pela camisa, em reais, foi igual a
0,21T =0,21 x 900 = 189.

Opção de resposta correta é a da Letra E.

0,07T = 63
T = 900

Logo, o valor pago por Carlos pela camisa, em reais, foi igual a
0,21T =0,21 x 900 = 189.

Opção de resposta correta é a da Letra E. **EG**
Gabarito "E".

(Técnico – TJ/MA – FCC – 2019) Em uma manhã, Helena saiu de casa quando o relógio de sua cozinha marcava 5h18. Ela foi caminhando até a universidade e se encontrou com o professor Cláudio na porta da biblioteca. Assim que se encontraram, ele falou: "Oi, são exatamente 5h19". Helena sabia que Cláudio sempre falava a hora correta, e como ela leva mais de um minuto de casa até a universidade concluiu que seu relógio de cozinha estava errado. Helena e Cláudio continuaram conversando no mesmo lugar por certo tempo e, quando Helena disse que voltaria para casa, Cláudio disse: "Tchau, são exatamente 8h33". Na mesma manhã, Helena voltou caminhando para casa, levando o mesmo tempo que levara antes para ir até a universidade. Assim que chegou em casa, viu o relógio da cozinha marcando 9h16 e prontamente ajustou o relógio para a hora correta, que era:

(A) 8h45.
(B) 9h00.
(C) 8h55.
(D) 8h50.
(E) 9h05.

1ª solução
Se o relógio da cozinha estivesse correto, Helena teria gastado 9h16 - 8h33" = 43 min para chegar em casa.
Há, porém, uma diferença de A minutos entre os relógios.
Então e o tempo gasto foi de 43 - A.
E de manhã, gastou (5h19 - 5h18) = 1 min mais a diferença A, ou seja, 1 + A, para ir até a universidade.

Tem-se o mesmo tempo:
43 – A = 1 + A
2A = 42
A = 21 min

Helena ajustou, então, o relógio da cozinha para 9h16 - 21 min = 8h55.

Opção de resposta correta é a da Letra C.

2ª solução
Observa-se que o relógio da cozinha está com um atraso A.
Tem-se, então,

/----------- relógio --------------------\
evento   da cozinha(com atraso A) correto   tempo gasto
chegou   5h18min   5h19min   para ir: 1min + A
voltou   9h16min   8h33min   para voltar: 43min - A
Tem-se o mesmo tempo para ir e para voltar:
1 + A = 43 – A
2A = 42
A = 21 min

Helena ajustou, então, o relógio da cozinha para 9h16 - 21 min = 8h55.

Opção de resposta correta é a da Letra C. **EG**
Gabarito "C".

(Técnico – TRT/15 – FCC – 2018) Um curso de segurança do trabalho ministrado para servidores estaduais terá 35 horas de aula. Os servidores podem se inscrever nesse curso em módulos de duas aulas semanais de 1 hora e 10 minutos cada (opção 1), ou em módulos de três aulas semanais de 50 minutos cada (opção 2). Considerando que as duas opções de cursos iniciarão em uma segunda-feira e que não haverá feriados nas datas das aulas dos cursos, a opção de maior duração, em semanas, é a

(A) 1, superando a 2 em uma semana.
(B) 1, superando a 2 em duas semanas.
(C) 2, superando a 1 em uma semana.
(D) 1 superando a 2 em três semanas.
(E) 2 superando a 1 em duas semanas.

Resolução
Opção 1: 2 x 1h10 min = 2h 20 min por semana = 140 min/semana
Opção 2: 3x 50 min por semana = 150 min/semana
Para as 35 horas do curso, tem-se,
35 horas =35 x 60 = 2.100 min,
Opção 1 => 2.100min/(140min/semana) = 15 semanas
Opção 2 => 2.100min/(150min/semana) = 14 semanas
Assim, a opção 1 tem maior duração com 1 semana a mais que a outra opção. **EG**
Gabarito "A".

(Técnico – TRT/15 – FCC – 2018) Para ser aprovado em um concurso, um candidato deve fazer uma prova de matemática, no valor de 25 pontos, uma prova de português, no valor de 30 pontos, e uma redação, no valor de 15 pontos. Zerar a pontuação em duas ou mais das três provas elimina o candidato. Além desse critério de eliminação, pontuação inferior a 15 pontos em qualquer uma das três provas também elimina o candidato, a menos que ele tenha obtido pontuação máxima em pelo menos uma das provas.

De acordo com os dois critérios descritos, a menor pontuação total inteira que pode NÃO eliminar um candidato do concurso é igual a

(A) 30.
(B) 15.
(C) 16.
(D) 25.
(E) 45.

Resolução

Pelo primeiro critério não pode zerar uma prova tendo, portanto de tirar, no mínimo, 1 nela .

E o segundo critério exige pontuação de 15 pontos na prova de redação. Logo,

a menor pontuação total inteira que pode NÃO eliminar é de 1 + 15 = 16 pontos. Gabarito "C."

(Técnico – TRF/4 – FCC – 2019) Lívia leu um livro nas férias em 4 dias. No 1º dia, leu um terço do livro. No 2º dia, leu um terço do que faltava. No 3º dia, leu 10 páginas a mais do que tinha lido no 2º dia. No 4º dia, Lívia leu as 30 páginas que faltavam para acabar o livro. O número de páginas do livro de Lívia é

(A) 240

(B) 180

(C) 150

(D) 480

(E) 360

Resolução

Seja X o número de páginas do livro.

Assim, leu

1º dia: X/3

2º dia: $(X -X/3)/3 = 2X/3/3 = 2X/9$

3º dia: $2X/9 + 10$

4º dia: 30

Logo,

$30 = X – (X/3 + 2X/9 + 2X/9 + 10)$

$30 = X – (7X/9 + 10)$

$30 = 2X/9 – 10$

$40 = 2X/9$

$X = 180.$ Gabarito "B."

(Técnico – TRF/4 – FCC – 2019) Maria tem 3 anos de diferença do seu irmão mais velho. Daqui a 9 anos o produto das idades de ambos irá aumentar 288 unidades. A idade de Maria é

(A) 10

(B) 11

(C) 20

(D) 12

(E) 9

Resolução

Seja x a idade de Maria.

Seu irmão tem, então, (x + 3) anos de idade.

O produto das idades é de $x(x +3) = x2 + 3x$.

Daqui a 9 anos ocorrerá:

O produto das idades aumentará 288:

$x^2 + 3x + 288 = (x+9)[(x + 9) + 3]$, onde o segundo fator será a idade do irmão dela.

$x^2 + 3x + 288 = (x+9)(x+12)$

$x^2 +3x + 288 = x^2 + 21x + 108$

$3x + 288 = 21x + 108$

$180 = 18x$

$x = 10$ anos. Gabarito "A".

(Técnico Judiciário – TJAM – 2013 – FGV) Em um fórum há 60 processos judiciais, sendo que o menor tem 30 páginas e o maior tem 42 páginas.

Considere que cada processo tenha um número inteiro de páginas. Sobre esses 60 processos judiciais, é obrigatoriamente verdadeiro que

(A) o total de páginas é maior que 2400.

(B) cada processo tem, em média, 36 páginas.

(C) nenhum processo tem exatamente 36 páginas.

(D) pelo menos um processo tem exatamente 36 páginas.

(E) há pelo menos cinco processos com exatamente o mesmo número de páginas.

1ª solução

Ao analisar as alternativas, observa-se que

A: Incorreto pois se são, por exemplo, 58 processos de 31p=1.798, 1 de 30p e 1 de 42p. temos 1.870 páginas;

B: Incorreto porque não há afirmação que confirme isso;

C: Também incorreto por não haver afirmação que confirme isso;

D: Idem – nada confirma tal afirmação;

E: Correto – fora os processos de 30 e de 42 p. temos 11 quantidades diferentes de páginas, de 31 a 41 que, ao dividir-se 58 por 11, dá 5 processos com o mesmo número de páginas.

2ª solução

Há 12 números distintos de quantidade de páginas (42-30 = 12) e existem 60 processos. Assim: 60/12 = 5. Quer dizer que existem no mínimo 5 processos com o mesmo número de páginas. Gabarito "E".

(Técnico Judiciário – TJAM – 2013 – FGV) A respeito de um conjunto de cem processos judiciais, sabe-se que

I.   pelo menos um deles é de 2º grau;

II. entre quaisquer quatro desses processos, pelo menos um é de 1º grau.

Sobre esse conjunto de processos judiciais tem-se que

(A) exatamente setenta e cinco são de 1º grau.

(B) no máximo noventa e sete são de 2º grau.

(C) no mínimo noventa e sete são de 1º grau.

(D) no máximo vinte e cinco são de 2º grau.

(E) no máximo setenta e cinco são de 1º grau.

1ª solução

Como não podem haver 4 processos quaisquer todos de 2° grau porque se alguém os verificasse, não encontraria, entre eles, um de 1° grau ou seja, dos 100 processos, tem-se, até agora, no mínimo, que 96 são de 1° grau.

Restam, portanto, 4 processos e, entre eles, um é, pelo menos, de 1° grau. Logo, no mínimo, noventa e sete são de 1° grau.   → Letra C

2ª solução

Como devem haver um ou mais processos de 2° grau, isto é, 1 processo de 2° grau, restariam 99 de 1° grau ou

2 processos, restariam 98 ou

3 restariam 97 de 1° grau ou

4 restariam 96 – não pode ocorrer pois não teríamos entre quaisquer quatro desses processos, pelo menos um é de 1° grau.

Com isso, no mínimo, noventa e sete são de 1° grau.   → Letra C

Gabarito "C".

(Técnico Judiciário – TJAM – 2013 – FGV) Em um determinado fórum, dezessete processos foram analisados em uma semana, de 2ª feira a 6ª feira.

Assim, é necessariamente verdade que

(A) em algum dia da semana foram analisados quatro ou mais processos.

(B) em cada dia da semana foi analisado pelo menos um processo.

(C) em cada dia da semana foram analisados pelo menos dois processos.

(D) em nenhum dia da semana foram analisados mais de dez processos.

(E) em algum dia da semana não foi analisado processo algum.

Solução

Ao analisar as alternativas, observa-se que

B: Incorreto porque não há afirmação que confirme isso;

C: Também incorreto por não haver afirmação que confirme isso;

D: Idem – nada confirma tal afirmação;

E: Incorreto – não há afirmação que confirme isso.

A: com a média de 3 e pouco processos por dia: 17 = 3x5 + 2, é verdade que, em algum dia da semana, foram analisados quatro ou mais processos. → Letra A

Gabarito "A".

(Técnico Judiciário – TJAM – 2013 – FGV) Dona Maria tem quatro filhos: Francisco, Paulo, Raimundo e Sebastião.

A esse respeito, sabe-se que

I. Sebastião é mais velho que Raimundo.

II. Francisco é mais novo que Paulo.

III. Paulo é mais velho que Raimundo.

Assim, é obrigatoriamente verdadeiro que

(A) Paulo é o mais velho.

(B) Raimundo é o mais novo.

(C) Francisco é o mais novo.

(D) Raimundo não é o mais novo.

(E) Sebastião não é o mais novo.

1ª solução

Temos, indicando ">" como sendo mais velho que,

S>R

P>F

P>R

que leva ás ordens decrescentes de idades, por exemplo,

S,P,R,F ou S,P,F,R ...

Logo, a alternativa correta é a da letra E.

2ª solução

(a) errado – a sequência SPRF pode existir

(b) errado – a sequência SPRF pode existir

(c) errado – a sequência SPFR pode existir

(d) a sequência SPFR pode existir

(e) a sequencia com S no final não pode existir já que S>R → Letra E

Gabarito "E".

(Técnico Judiciário – TJAM – 2013 – FGV) Abel, Bruno, Carlos, Diogo, Elias e Fernando estão, respectivamente, sobre os vértices A, B, C, D, E e F de um hexágono regular, dispostos nessa ordem e no sentido horário.

Sejam a, b, c, d e e as distâncias de Fernando, respectivamente, a Abel, Bruno, Carlos, Diogo e Elias, então é correto afirmar que

(A) $a = b = c = d = e$

(B) $a < b < c < d < e = 2a$

(C) $a = e < b = d < c = 2a$

(D) $a = b < d = e < c = 2a$

(E) $a = c < b = d < e = 2a$

Resolução

Temos

. os comprimentos OA, e e a são iguais: OA = a = e por serem lados dos triângulos equiláteros OAF e OEF;

. c = CF = 2OA = 2a;

. b=d pois são lados do triângulo equilátero BDF;

. como a=e tem-se que e < 2a=c.

Assim a alternativa correta é a da letra C.

Gabarito "C".

(TRT9 – 2012 – FCC) Em nosso calendário, há dois tipos de anos em relação à sua duração: os bissextos, que duram 366 dias, e os não bissextos, que duram 365 dias. O texto abaixo descreve as duas únicas situações em que um ano é bissexto.

– Todos os anos múltiplos de 400 são bissextos – exemplos: 1600, 2000, 2400, 2800;

– Todos os anos múltiplos de 4, mas não múltiplos de 100, também são bissextos – exemplos: 1996, 2004, 2008, 2012.

Disponível em: <http://www.tecmundo.com.br/mega-curioso/20049-como-funciona-o-ano-bissexto-.htm>.
Acesso em 16.12.12)

Sendo n o total de dias transcorridos no período que vai de 01 de janeiro de 1898 até 31 de dezembro de 2012, uma expressão numérica cujo valor é igual a n é

(A) 29 + 365 x (2012 – 1898 + 1).

(B) 28 + 365 x (2012 – 1898).

(C) 28 + 365 x (2012 – 1898 + 1).

(D) 29 + 365 x (2012 – 1898).

(E) 30 + 365 x (2012 – 1898).

Solução

Observe que o período vai de 01/01/1898 a 31/12/2012, ou seja, 2012 – 1898 +1.

Uma vez que temos 28 anos bissextos no período:

1904,08,12,16,20,24,28,

32,36,40,44.48.52,56,

60,64,68,72,76,80.84,

88,92,96,2000,04,08 e 2012 e

os não bissextos são em número de (2012 – 1898 + 1), o valor de n é 28 + 365 x (2012 – 1898 + 1).   → Letra C

Gabarito "C".

(Escrevente Técnico – TJSP – 2015 – VUNESP) Em um laboratório, há 40 frascos contendo amostras de drogas distintas. Esses frascos estão numerados de 01 a 40, sendo que os frascos de numeração par estão posicionados na prateleira Q e os de numeração ímpar estão posicionados na prateleira R. Sabe-se que o volume, em cm^3, de cada amostra é igual à soma dos algarismos do número de cada frasco.

Nessas condições, é correto afirmar que a quantidade de frascos cujas amostras têm mais de 8 cm3é

(A) maior na prateleira R do que na Q.

(B) maior na prateleira Q do que na R.

(C) igual em ambas as prateleiras.

(D) igual a 8.

(E) maior que 13.

3. MATEMÁTICA E RACIOCÍNIO LÓGICO

Resolução:

Os frascos que têm mais de 8cm³ são os de numeração 09, 19, 27, 29, 37 e 39, da prateleira R e 18, 28 e 36, da Q.

Logo, a quantidade de frascos cujas amostras têm mais de 8 cm³ é maior na prateleira R do que na Q.

Gabarito "A".

(Técnico – TJ/MA – FCC – 2019) Considerando o padrão de formação da sequência infinita (85, 97, 88, 104, 91, 111, 94, 118, 97, 125, ...), o número de seus termos que possuem exatamente 3 algarismos é:

(A) 427.

(B) 428.

(C) 431.

(D) 430.

(E) 429.

1ª solução

Observa-se que a sequência do enunciado
85, 97, **88**, 104, **91**, 111, **94**, 118, **97**, 125, ...
é composta de duas subsequências:

I) 85, 88, 91, 94, 97, ...
II) 97, 104, 111, 118, 125, ...

Verifica-se, então, que
a subsequência I é uma progressão aritmética com razão 3 e 1º termo 85.
e
a subsequência II é uma progressão aritmética com razão 7 e 1º termo 97.

Uma vez que é pedido o número de seus termos que possuem exatamente 3 algarismos, deve-se ter, para a subsequência I, o 1º termo 100 e o enésimo termo 997.
Com 3 algarismos tem-se:
(997-100)/ 3 + 1 = 299 + 1 = 300 termos

E, para a subsequência II, o 1º termo 104 e o último termo 993.
(993-104)/ 7 + 1 = 127 + 1 = 128 termos.

Então,
300 + 128 = 428 termos que possuem exatamente 3 algarismos.
Opção de resposta correta é a da Letra B.

2ª solução

Pela fórmula da progressão aritmética, tem-se:
a**n** = a**0** + r(n − 1)

para a subsequência I, o 1º termo 100 e o enésimo termo 997.
997 = 100 + 3(n − 1)
897 = 3n - 3
n =900/3
n = 300

E, para a subsequência II, o 1º termo 104 e o último termo 993.
993 = 104 + 7(m − 1)
889 = 7m - 7
m =896/7
m = 128
Então,
300 + 128 = 428 termos que possuem exatamente 3 algarismos.

Opção de resposta correta é a da Letra B. 🆔
Gabarito "B".

(Técnico – TRT/16ª – 2015 – FCC) A sequência de números a seguir foi criada com um padrão lógico.

1; 2; 2; 3; 3; 3; 4; 4; 4; 4; 5; 5; 5; 5; 5; 6; 6; 6; 6; 6; 6; 7; 7; ...

A soma de uma adição cujas parcelas são o 7º, 11º, 27º e o 29º termos dessa sequência é igual a

(A) 31.

(B) 42.

(C) 24.

(D) 32.

(E) 17.

Resolução:

Para mais bem observada, a sequência pode ser assim disposta:
1
2 2
3 3 3
4 4 4 4
5 5 5 5 5
6 6 6 6 6 6
7 7 7 7 7 7 7
8 8 8 8 8 8 8 8
9 9 9 9 9 9 9 9 9   cuja estrutura é, agora, facilmente identificada.
...
Logo, os 7º, 11º, 27º e o 29º termos, assinalados, somam 4 + 5 + 7 +8 = 24.

Gabarito "C".

(Escrevente Técnico Judiciário – TJSP – VUNESP – 2017) Em um edifício com apartamentos somente nos andares de 1º ao 4º, moram 4 meninas, em andares distintos: Joana, Yara, Kelly e Bete, não necessariamente nessa ordem. Cada uma delas tem um animal de estimação diferente: gato, cachorro, passarinho e tartaruga, não necessariamente nessa ordem. Bete vive reclamando do barulho feito pelo cachorro, no andar imediatamente acima do seu. Joana, que não mora no 4º, mora um andar acima do de Kelly, que tem o passarinho e não mora no 2º andar. Quem mora no 3º andar tem uma tartaruga. Sendo assim, é correto afirmar que

(A) Joana mora no 3º andar e tem um gato.

(B) o gato é o animal de estimação da menina que mora no 1º andar.

(C) Yara mora no 4º andar e tem um cachorro.

(D) Kelly não mora no 1º andar.

(E) Bete tem um gato.

Resolução

Construímos um esquema com os dados

1) Quem mora no 3º andar tem uma tartaruga

4º		
3º		tartaruga
2º		
1º		
andar	pessoa	animal

2) Bete vive reclamando do barulho feito pelo cachorro, no andar imediatamente acima do seu

Esquema 2.1

4º		
3º		tartaruga
2º		cachorro
1º	Bete	

Ou

Esquema 2.2

4º		cachorro
3º	Bete	tartaruga
2º		
1º		

3) Joana, que não mora no 4º, mora um andar acima do de Kelly, que tem o passarinho e não mora no 2º andar

Esquema 2.1 não serve pois há contradição: Kelly moraria no 2º andar e/ou tem um passarinho.

Logo, o Esquema 2.2, pode ser completado

4º	Yara	cachorro
3º	Bete	tartaruga
2º	Joana	gato
1º	Kelly	passarinho

Logo, ara mora no 4º andar e tem um cachorro, => letra C. **EG**

Gabarito "C".

(Escrevente Técnico Judiciário – TJSP – VUNESP – 2017) Carlos é o único atleta que tem patrocínio de 3 empresas: A, B e C. Em se tratando de atletas que recebem patrocínios de apenas 2 dessas empresas, temos: Leandro e Hamilton, das empresas A e B; Marta e Silas, das empresas A e C; e Amanda, Renata e Sérgio, das empresas B e C. Se esses atletas fazem parte de um grupo contendo, ao todo, 18 atletas que recebem patrocínio das empresas A, B ou C, e cada empresa tem, pelo menos, 1 atleta recebendo patrocínio somente dela, então é correto afirmar que os números mínimo e máximo de atletas que a empresa B pode patrocinar são, respectivamente,

(A) 7 e 14.

(B) 4 e 8.

(C) 5 e 10.

(D) 6 e 12.

(E) 8 e 16.

Solução

1) A empresa B já patrocina Leandro e Hamilton, Amanda, Renata e Sérgio.

E também o Carlos. Uma vez que cada empresa tem, pelo menos, 1 atleta recebendo patrocínio somente dela ,

B tem que patrocinar mais esse exclusivo. Ou seja, 7 atletas. B, então, patrocina 7 atletas no mínimo.

2) Uma vez que Marta e Silas, são patrocinadas por A e C, essas empresas só podem terr mais um patrocínio

exclusivo cada uma.

Portanto, devemos retirar esses quatro, e a empresa B pode, assim, no máximo, patrocinar 18 – 4 = 14 atletas.

Resposta: letra A. **EG**

Gabarito "A".

(Escrevente Técnico Judiciário – TJSP – VUNESP – 2017) Na sequência numérica 2, 3, 5, 9, 17, 33, 65, 129, ..., mantida a ordem preestabelecida, o próximo elemento é

(A) 249

(B) 265

(C) 281

(D) 273

(E) 257

Resolução

Observando-se a sequência, vê-se que um elemento é o dobro do anterior – 1.

Matematicamente,

$a_{n+1} = 2a_n - 1$.

Para $a_n = 129$, obtemos

$a_{n+1} = 2 \times 129 - 1$

$a_{n+1} = 258 - 1$

$a_{n+1} = 257$ Letra E. **EG**

Gabarito "E".

(Escrevente Técnico Judiciário – TJSP – VUNESP – 2017) Observe as 4 primeiras figuras de uma sequência, em que cada figura contém 5 símbolos:

♣♦♥♠●	♦♣♥♠●	♣♦♠♥●	●♦♥♠♣
Figura 1	Figura 2	Figura 3	Figura 4

Nessa sequência, as figuras 5, 6, 7 e 8 correspondem, respectivamente, às figuras 1, 2, 3 e 4, assim como as figuras 9, 10, 11 e 12, e assim por diante, mantendo-se essa correspondência. Com relação à ordem dos símbolos, o 1º dessa sequência é ♣, o 8º é ♥, o 15º é ●, e assim por diante. Nestas condições, o 189º símbolo é

(A) ♣

(B) ♦

(C) ♠

(D) ♥

(E) ●

Solução

Os 20 símbolos repetem-se seguidamente.

E, na sequência, o 189º símbolo será o nono após 20x9 repetições.

Matematicamente, tem-se 189(mod 20) = 9.

Tal símbolo é o ª ♠ letra C. **EG**

Gabarito "C".

(Técnico Judiciário – TRF2 – Consulplan – 2017) Quatro amigos: Alexandre, Breno, Cássio e Diogo pretendem fazer uma viagem em um automóvel, porém apenas um deles tem a carteira de habilitação em dia. Considere que eles fizeram as afirmações a seguir e que somente um deles disse a verdade:

• Alexandre: *a carteira de Breno está em dia;*

• Breno: *a carteira de Diogo está em dia;*

• Cássio: *minha carteira está vencida; e,*

• Diogo: *minha carteira não está em dia.*

Quem tem a habilitação para dirigir o automóvel nessa viagem?

(A) Cássio.

(B) Diogo.

(C) Breno.

(D) Alexandre.

Resolução

Temos as afirmações

i. Alexandre: a carteira de Breno está em dia;

ii. Breno: a carteira de Diogo está em dia;

iii. Cássio: minha carteira está vencida; e,

iv. Diogo: minha carteira não está em dia.

1) Digamos que i é verdadeira, ié, Alexandre diz a verdade.

Então Breno é falso, ou seja, a carteira de Diogo não está em dia.

Cássio também é falso: sua carteira está vencida.

E Diogo, falso: carteira em dia, o que contradiz Breno.

Logo, a afirmação i é absurda.

2) Seja Breno verdadeiro (ii). Tem-se

Alexandre falso: carteira de Breno está vencida.

Cássio falso, então sua carteira está em dia.

Diogo falso: carteira está em dia: absurdo pois só há uma carteira em dia.

Logo, ii é inválida.

3) Cássio verdadeiro(iii):

Alexandre falso: carteira de Breno está vencida.

Breno falso: a carteira de Diogo não está em dia.

Diogo falso: carteira está em dia, o que contradiz a afirmação de Breno.

Logo, iii é inválida.

4) Diogo verdadeiro(iv):

Alexandre falso: carteira de Breno está vencida.

Breno falso: a carteira de Diogo não está em dia.

Cássio falso, então sua carteira está em dia.

Resposta: só Cássio tem a habilitação. → Letra A. **EG**

Gabarito "A".

(Técnico Judiciário – TRF2 – Consulplan – 2017) Sobre uma mesa encontram-se 3 garrafas de mesma capacidade e materiais distintos contendo em cada uma delas uma certa bebida em quantidades diferentes, estando uma delas cheia, uma quase cheia e a outra pela metade:

- a garrafa que está quase cheia é a de plástico ou a de alumínio;
- a garrafa cujo líquido está pela metade tem suco e não é a de plástico;
- o volume contido na garrafa de refrigerante é inferior ao volume contido na garrafa de leite; e,
- o leite não está armazenado na garrafa de vidro e o refrigerante não está armazenado na garrafa de plástico.

As garrafas com menor e maior volume de líquido são, respectivamente, as de

(A) plástico e vidro.

(B) vidro e alumínio.

(C) alumínio e plástico.

(D) vidro e plástico.

Solução

Uma vez que a garrafa com suco não é a de plástico, suponha que ela seja a de alumínio.

Então a quase cheia é a de plástico.

Com isso, resta a garrafa de vidro para o leite, o que contradiz o enunciado da questão.

Logo, a garrafa com suco é de vidro e está pela metade.

Como o volume contido na garrafa de refrigerante é inferior ao volume contido na garrafa de leite, a garrafa de refrigerante ou está pela metade ou está quase cheia,

Mas garrafa pela metade já é a do refrigerante.

Então, o refrigerante está na garrafa quase cheia.

Resulta, assim, que o leite está na garrafa cheia só e é de plástico.

Temos

Bebida	Material da garrafa	Quantidade
suco	**vidro**	**Metade**
refrigerante	alumínio	quase
leite	**plástico**	**cheia**

As garrafas com menor e maior volume de líquido são, respectivamente, as de vidro e plástico. → Letra D. **EG**

Gabarito "D".

(Técnico Judiciário – TRF2 – Consulplan – 2017) Três amigos compraram lapiseiras em uma papelaria da seguinte forma:

- *Marcos comprou duas lapiseiras de 0,7 mm e uma de 0,9 mm e pagou R$ 20,00;*
- *Marcelo comprou duas lapiseiras de 0,5 mm e uma de 0,7 mm e pagou R$ 19,00; e,*
- *Maurício comprou uma lapiseira de 0,5 mm, uma de 0,7 mm e uma de 0,9 mm e pagou R$ 22,00.*

Nessa papelaria a lapiseira mais cara e a mais barata são, respectivamente, aquelas cujas espessuras dos grafites são iguais a:

(A) 0,5 mm e 0,7 mm.

(B) 0,7 mm e 0,5 mm.

(C) 0,9 mm e 0,7 mm.

(D) 0,9 mm e 0,5 mm.

Resolução

Sejam

A: preço da lapiseira de 0,5 mm

B: preço da lapiseira de 0,7 mm

C: preço da lapiseira de 0,9 mm

Tem-se que

Marcos comprou 2B +C e pagou R$ 20,00;

Marcelo:2A+B por 19;

Maurício: A + B + C por R$ 22,00.

Ou

$2B+C=20$ (i)

$2A+B=19$ (ii)

$A+B+C=22$ (iii)

Subtraindo-se (iii) de (ii) tem-se

$A - C = -3$ (iv)

Subtraindo-se (iii) de (i) obtém-se

$A - B = 2$ (v)

De (iv) – (v)

$B - C = -5$

(i)+(v) resulta

$3B = 15$

$B = 5$

Em (v):

$A = B + 2$

$A = 7$

Em (iv):

$C = A+ 3$

$C = 10$

Logo,

C.> A > B

Mais cara: lapiseira de 0,9 mm

Mais barata: lapiseira de 0,7 mm → Letra C. 🔲

(Técnico Judiciário – TRT24 – FCC – 2017) Uma avenida que possui 7 km de extensão teve o seu limite máximo de velocidade alterado de 50 km/h para 60 km/h. Levando-se em consideração apenas a extensão da avenida e veículos trafegando nas velocidades máximas permitidas, com a alteração do limite máximo permitido de velocidade, o tempo para percorrer a extensão total da avenida diminuiu em

(A) 2 minutos e 45 segundos.

(B) 1 minuto e 8 segundos.

(C) 1 minuto e 40 segundos.

(D) 2 minutos e 40 segundos.

(E) 1 minuto e 24 segundos.

Solução

Sabe-se que e = vt, espaço igual a velocidade vezes tempo.

Temos, então,

$7 = 50t_1 \Rightarrow 7 = t_1 = 7/50$

$7 = 60t_2 \Rightarrow 7 = t_2 = 7/60$

Logo, o tempo diminuiu em

$t_1 - t_2 = 7/50 - 7/60$

$t_1 - t_2 = 7(1/50 - 1/60)$

$t_1 - t_2 = (7/10)(1/5 - 1/6)$

$t_1 - t_2 = (7/10)(1/30)$

$t_1 - t_2 = 7/300$ hora = (7/300)60min

$t_1 - t_2 = 7/5$ min

$t_1 - t_2 = 1,4$ min

$t_1 - t_2 = 1$ min (4/10)s

$t_1 - t_2 = 1$min 24s $\Rightarrow$ Letra E

Ou

$7/5$ min = (7/5)60) s =84 s = 1 min e 24 s. 🔲

(Técnico Judiciário – TRT24 – FCC – 2017) Um funcionário arquivou certo número de processos ao longo dos cinco dias úteis de trabalho de uma semana. Na terça-feira ele arquivou 2/3 do número de processos que havia arquivado na segunda-feira. Na quarta-feira ele arquivou o dobro do que havia arquivado na terça-feira. Tanto na quinta-feira quanto na sexta-feira ele arquivou 5 processos a mais do que havia arquivado na terça-feira. Sabendo-se que esse funcionário arquivou 49 processos de segunda a sexta-feira dessa semana, a soma do número de processos arquivados por ele nos três dias da semana em que arquivou mais processos foi igual a

(A) 32

(B) 41

(C) 31

(D) 34

(E) 38

Resolução

Tem-se

terça = (2/3) seg

quarta = 2(2/3) seg = (4/3)seg

quinta = terça + 5

sexta = terça + 5

Mas

seg + terça + quarta + quinta + sexta = 49

seg + (2/3) seg + (4/3) seg + (2/3) seg + 5 + (2/3) seg + 5 = 49

seg(1 +(2/3 + 4/3 + 2/3 +2/3) + 10 = 49

seg(13/3) = 39

seg = 3x39/13

seg = 9

Daí

Terça = (2/3)x9 = 6

Quarta (4/3)x9 = 12

Quinta seta = 6+ 5 = 11

Arquivou mais processos na quarta, quinta e sexta:12 +11 + 11 = 34. → Letra D. 🔲

(Técnico Judiciário – FCC – 2017) O cadastro de veículos de uma pequena cidade registra 40 veículos de carga e 245 veículos de passeio. Desses 285 veículos cadastrados, 32 são movidos a diesel. Utilizando apenas essas informações, a respeito desses veículos cadastrados, é correto afirmar que,

(A) no máximo, 213 são de passeio movidos a diesel.

(B) no mínimo, 32 são de carga movidos a diesel.

(C) algum veículo de carga é movido a diesel.

(D) no mínimo, 20% dos veículos de carga não são movidos a diesel.

(E) pelo menos, 8 veículos de passeio são movidos a diesel.

Solução

Com os dados do enunciado, construímos a tabela

Combustível	veículo		total
	de carga	de passeio	
diesel	a	b	32
outro	c	d	253
total	40	245	285

Tem-se a regra de três

Carga diesel

40 -- 32

100 -- x

x = 100x32/40

x = 80%

Ou seja, 80% os veículos de carga, no máximo, são movidos a diesel. Logo, no mínimo, no mínimo, 20% dos veículos de carga não são movidos a diesel. ⇒ Letra D. 🔲

(Técnico Judiciário – TRT11 – FCC – 2017) A frase que corresponde à negação lógica da afirmação: *Se o número de docinhos encomendados não foi o suficiente, então a festa não acabou bem,* é

(A) Se o número de docinhos encomendados foi o suficiente, então a festa acabou bem.

(B) O número de docinhos encomendados não foi o suficiente e a festa acabou bem.

(C) Se a festa não acabou bem, então o número de docinhos encomendados não foi o suficiente.

(D) Se a festa acabou bem, então o número de docinhos encomendados foi o suficiente.

(E) O número de docinhos encomendados foi o suficiente e a festa não acabou bem.

Solução
Sejam as proposições
p: o número de docinhos foi o suficiente
q: a festa acabou bem
Pede-se a negação da condicional ~p → ~q.

1ª Solução
Seja a tabela-verdade

p	~p	q	~q	~p →~q	~p ∧ q
V	F	V	F	V	F
V	F	F	V	V	F
F	V	V	F	**F**	V
F	V	F	V	V	F

Nota-se que a negação de (~p →~q) só é verdadeira se ~p e q são verdadeiros.

2ª Solução
Sabe-se que a negação de (~p →~q) é ~p ∧ q, isto é,
o número de docinhos não foi o suficiente **e** a festa acabou bem. →
Letra B. EG
Gabarito "B".

(**Técnico Judiciário – TRT11 – FCC – 2017**) O início de uma corrida de percurso longo é realizado com 125 atletas. Após uma hora de prova, o atleta João Carlos ocupa a 39° posição dentre os 83 atletas que ainda participam da prova. Na segunda e última hora dessa corrida, aconteceram apenas quatro fatos, que são relatados a seguir na mesma ordem em que ocorreram:

1º) 18 atletas que estão à frente de João Carlos, desistem da prova;

2º) 7 atletas que até então estavam atrás de João Carlos, o ultrapassam;

3º) 13 atletas que estavam atrás de João Carlos desistem de prova;

4º) perto da chegada João Carlos ultrapassa 3 atletas.

O número de atletas que chegaram depois de João Carlos nessa prova superou o número daqueles que chegaram antes de João Carlos em

(A) 4
(B) 7
(C) 2
(D) 3
(E) 8

Resolução
Dados
JC: João Carlos
X: número de atletas atrás de JC
Y: número de atletas à frente de JC
Início da corrida: 125 atletas
Temos
1ª hora
Pictoricamente podemos representar:

```
        →
   X   JC    Y
||||||....||| 39 |||||...|||   .chegada
```
Y = 38
X = (83 – 1- 38 = 44 (sendo esse 1 o JC)
2ª hora
Fato 1)
Y – 18 → Y = 38 – 18 = 20
Fato 2)
X-7 → X=37

Esses 7 atletas ultrapassam JC → Y + 7 → **Y = 27**
Fato 3)
X -13 ⇒ **X = 37 – 7 = 30**
Fato 4)
JC ultrapassa 3 → Y = 27 – 3 = 24
Temos, então, X – Y = 30 – 27 = 3 atletas. → Letra D. EG
Gabarito "D".

(**Técnico Judiciário – TRT11 – FCC – 2017**) Uma construtora convoca interessados em vagas de pedreiros e de carpinteiros. No dia de apresentação, das 191 pessoas que se interessaram, 113 disseram serem aptas para a função pedreiro e 144 disseram serem aptas para a função carpinteiro. A construtora contratou apenas as pessoas que se declararam aptas em apenas uma dessas funções. Agindo dessa maneira, o número de carpinteiros que a construtora contratou a mais do que o número de pedreiros foi igual a

(A) 65.
(B) 47.
(C) 31.
(D) 19.
(E) 12.

Solução

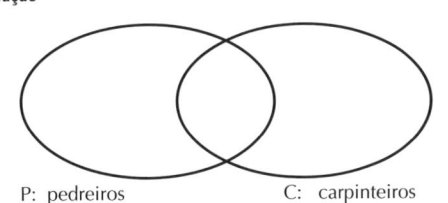

P: pedreiros   C: carpinteiros

Sendo #C a cardinalidade, ié, o número de elemento do conjunto C, temos
P+ # C – #P ∩C = 191
113 + 144 -# P∩C = 191
257 – #P∩C = 191
#P∩C = 257 – 191
#P∩C = 66 exercem as 2 profissões
Só carpinteiro: 144 – 66 = 78
Só pedreiro: 113 – 66 = 47
Número de carpinteiro – número pedreiros = 78 – 47 = 31. → Letra C. EG
Gabarito "C".

(**Técnico Judiciário – TRT20 – FCC – 2016**) Juliana consegue arquivar 16 pastas de documentos em uma hora e vinte minutos. Mantendo esse mesmo padrão, em duas horas e quarenta e cinco minutos Juliana conseguirá arquivar um número de pastas de documentos igual a

(A) 32.
(B) 40.
(C) 35.
(D) 38.
(E) 33.

Resolução
Juliana arquiva 16 pastas em 1 h 20 mi, ou seja, em 80 min.
Para 2 h 45 min ou 165 min, arquivará?
Utilizamos a regra de três
16 -- 80
x -- 165
x = 16x165/80
x = 33 pastas → Letra E. EG
Gabarito "E".

(Técnico Judiciário – TRT20 – FCC – 2016) Em um dia de atendimento externo, João atendeu 56 pessoas. No dia seguinte, João atendeu 25% a mais do número de pessoas que havia atendido no dia anterior. No terceiro dia, João novamente aumentou o número de atendimentos em 30% do número de atendimentos do dia anterior. O número de atendimentos realizados por João, nesses três dias, foi igual a

(A) 195.

(B) 217.

(C) 161.

(D) 184.

(E) 111.

Resolução

João atendeu:

1º dia: 56 pessoas

2º dia: 56 + 56/4 = 56 + 14 = 70

3º dia: 70 + 30% de 70 = 70 + 21 = 91

O total de atendimento nesses três dias foi de

56 + 70 + 91 = 217 pessoas. → Letra B. **EG**

Gabarito "B".

(Técnico Judiciário – TRT20 – FCC – 2016) Considere que todo técnico sabe digitar. Alguns desses técnicos sabem atender ao público externo e outros desses técnicos não sabem atender ao público externo. A partir dessas afirmações é correto concluir que

(A) os técnicos que sabem atender ao público externo não sabem digitar.

(B) os técnicos que não sabem atender ao público externo não sabem digitar.

(C) qualquer pessoa que sabe digitar também sabe atender ao público externo.

(D) os técnicos que não sabem atender ao público externo sabem digitar.

(E) os técnicos que sabem digitar não atendem ao público externo.

Solução

Analisando as opções:

A: Errado pois todos os técnicos sabem digitar, segundo o enunciado da questão;

B: Errado porque todos os técnicos sabem digitar, segundo o enunciado da questão;

C: Errado pois somente técnicos podem atender ao público externo, segundo o enunciado da questão;

D: Correto;

E: Errado porque os técnicos sabem digitar, e podem atender ao público externo. **EG**

Gabarito "D".

(Técnico Judiciário – TRT20 – FCC – 2016) A sequência de números 1; 13; 1; 2; 13; 1; 2; 3; 13; 1; 2; . . ., foi criada com um padrão e possui vinte termos. A soma dos termos: 20º, 15º e 13º é um número

(A) múltiplo de 5.

(B) múltiplo de 9.

(C) divisor de 2.

(D) múltiplo de 8.

(E) divisor de 6.

Resolução

Escrevendo a sequência de outra maneira para visualização dos termos:

1; 13;

1; 2; 13

1;2;3;13;

1; 2;3;4; 13;

1; 2;3;4;5; 13;

20º: 13

15º: 1

13º:4

Soma: 13 + 1 + 4 = 18 é múltiplo de 9. → Letra B. **EG**

Gabarito "B".

1.4. Conceitos Básicos de Raciocínio Lógico

(Técnico – TRT/16ª – 2015 – FCC) Não gosto de ficar em casa e vou ao cinema todos os dias.

Do ponto de vista lógico, uma afirmação que corresponde a uma negação dessa afirmação é:

(A) Não gosto de sair de casa e não vou ao cinema todos os dias.

(B) Vou ao cinema todos os dias e gosto de ficar em casa.

(C) Não vou ao cinema todos os dias ou não gosto de ficar em casa.

(D) Se não gosto de ficar em casa, então vou ao cinema todos os dias.

(E) Gosto de ficar em casa ou não vou ao cinema todos os dias.

Solução:

Sejam as afirmações

p: ficar em casa

q: ir ao cinema todos os dias

No caso temos $\neg p \wedge q$.

Então, a negação dessa afirmação é

$\neg(\neg p \wedge q) = \neg(\neg p \vee q) = \neg(\neg p) \vee \neg q = p \vee \neg q$.

Ou seja,

Gosto de ficar em casa ou não vou ao cinema todos os dias.

Gabarito "E".

(Técnico – TRT/16ª – 2015 – FCC) Ou como macarronada ou como arroz e feijão. Se estou com muita fome, então como arroz e feijão. Se não estou com muita fome, então como saladas. Hoje, na hora do almoço, não comi saladas.

A partir dessas informações, pode-se concluir corretamente, que hoje, na hora do almoço,

(A) não estava com muita fome.

(B) não comi arroz e feijão.

(C) comi saladas no jantar.

(D) comi arroz e feijão.

(E) comi macarronada.

Resolução:

Sejam as afirmações

p: estou com muita fome

q: como macarronada

r: como arroz e feijão

s:como saladas
E as condicionais
p⇒r
¬ p⇒r
No caso ocorreu ¬s
Logo ocorreu p e, consequentemente, ocorreu r: comi arroz e feijão.
Gabarito "D".

(Técnico – TRT/19ª – 2014 – FCC) Considere verdadeiras as afirmações:

I. Se Ana for nomeada para um novo cargo, então Marina permanecerá em seu posto.
II. Marina não permanecerá em seu posto ou Juliana será promovida.
III. Se Juliana for promovida então Beatriz fará o concurso.
IV. Beatriz não fez o concurso.

A partir dessas informações, pode-se concluir corretamente que

(A) Beatriz foi nomeada para um novo cargo.
(B) Marina permanecerá em seu posto.
(C) Beatriz não será promovida.
(D) Ana não foi nomeada para um novo cargo.
(E) Juliana foi promovida.

Solução:
Sejam as afirmações
p: Ana é nomeada para um novo cargo
q:Marina permanece em seu posto
r:Juliana é promovida
s: Beatriz faz o concurso
e as condicionais
I.   p⇒q
II. ¬q∨r
III. r⇒s
IV. ¬s
Como aconteceu IV, isto é, a negação de s, temos que ¬s⇒¬r
E, de II, tem-se que q →r é Falsa e ocorre ~q o que implica em ~p.
Gabarito "D".

(TRT/1ª – 2012 – FCC) Um vereador afirmou que, no último ano, compareceu a todas as sessões da Câmara Municipal e não empregou parentes em seu gabinete. Para que essa afirmação seja falsa, é necessário que, no último ano, esse vereador

(A) tenha faltado em todas as sessões da Câmara Municipal ou tenha empregado todos os seus parentes em seu gabinete.
(B) tenha faltado em pelo menos uma sessão da Câmara Municipal e tenha empregado todos os seus parentes em seu gabinete.
(C) tenha faltado em pelo menos uma sessão da Câmara Municipal ou tenha empregado um parente em seu gabinete.
(D) tenha faltado em todas as sessões da Câmara Municipal e tenha empregado um parente em seu gabinete.
(E) tenha faltado em mais da metade das sessões da Câmara Municipal ou tenha empregado pelo menos um parente em seu gabinete.

Solução
Seja **p** a afirmação de que compareceu a todas as sessões da Câmara e **q** a de que não empregou parentes em seu gabinete.
A conjunção (p ∧ q) é verdadeira se p **e** q forem verdadeiras, caso

contrário, será falsa. Isto é, segundo a lógica proposicional:
Se (p∧p), então, a negação é ~(p∧q), onde:
~(p∧q) = (~p ∨ ~q). Logo, a negação é
Faltar em pelo menos uma sessão
OU
Empregar pelo menos um parente.
Então,
~p implica faltar em pelo menos a uma sessão ou
~q empregar pelo menos um parente.
Gabarito "C".

(Escrevente Técnico – TJSP – 2015 – VUNESP) Considere verdadeira a seguinte afirmação: "Todos os primos de Mirian são escreventes".

Dessa afirmação, conclui-se corretamente que

(A) se Pâmela não é escrevente, então Pâmela não é prima de Mirian.
(B) se Jair é primo de Mirian, então Jair não é escrevente.
(C) Mirian é escrevente.
(D) Mirian não é escrevente.
(E) se Arnaldo é escrevente, então Arnaldo é primo de Mirian.

Solução:
Sejam as afirmações
p: ser primo de Mirian
q: ser escrevente
Tem-se "p"⇒"q." Condicional que só é verdadeira se p e q forem ambas verdadeiras ou falsas.
Gabarito "A".

(Escrevente Técnico – TJSP – 2015 – VUNESP) Marta confeccionou três cartões em papel cartolina e carimbou figuras em somente uma das faces de cada cartão. Ao encontrar um de seus amigos, Marta informou-lhe que todo cartão de cor amarela tinha carimbada, em uma das faces, uma figura em tinta na cor azul. Após dizer isso, ela mostrou a esse amigo três cartões: o primeiro cartão, de cor amarela, continha uma figura carimbada em tinta na cor azul; o segundo cartão, de cor vermelha, continha uma figura carimbada em tinta na cor preta; o terceiro cartão, na cor branca, continha uma figura carimbada em tinta na cor azul.

Com base no que foi apresentado, pode-se afirmar corretamente que

(A) apenas o terceiro cartão mostrado contradiz a afirmação de Marta.
(B) apenas o segundo cartão mostrado contradiz a afirmação de Marta.
(C) todos os cartões mostrados contradizem a afirmação de Marta.
(D) nenhum dos cartões mostrados contradiz a afirmação de Marta.
(E) apenas o segundo e o terceiro cartões mostrados contradizem a afirmação de Marta.

Solução:
Sejam as afirmações
p: o cartão é amarelo
q: contém uma figura em tinta na cor azul.
p⇒q.

Tabela Verdade da implicação

P	q	p ⇒ q
V	V	V
V	F	F
F	V	F
F	F	V

Tabula-se a apresentação

Cartão apresentado	p	q	contradiz
1º	V	V	não
2º	F	F	não
3º	F	V	não

Então, nenhum dos cartões mostrados contradiz a afirmação de Marta.

Gabarito "D".

1.5. Implicações Lógicas

(Escrevente – TJ/SP – 2018 – VUNESP) Considere os primeiros 8 elementos da sequência de figuras:

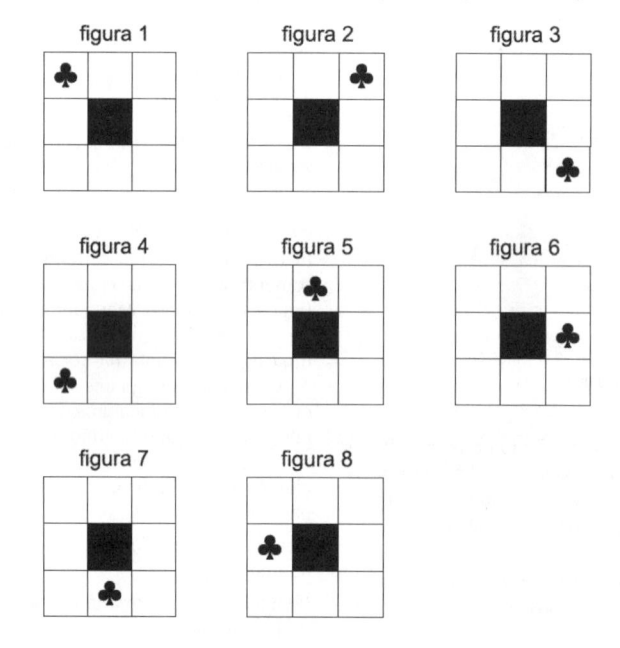

figura 1   figura 2   figura 3

figura 4   figura 5   figura 6

figura 7   figura 8

Nesta sequência, as figuras 9, 10, 11, 12, 13, 14, 15 e 16 correspondem, respectivamente, às figuras 1, 2, 3, 4, 5, 6, 7, 8, assim como as figuras 17, 18, 19, 20, 21, 22, 23 e 24, e assim segue, mantendo-se esta correspondência. Sobrepondo-se as figuras 109, 131 e 152, obtém-se a figura

(A)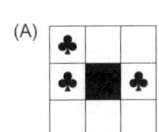

(B)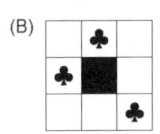

(C)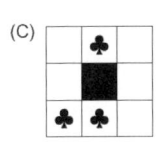

(D)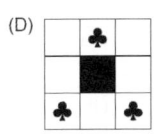

(E)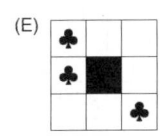

Resolução
Os números 109, 131 e 152, quando divididos por 8 dão restos 5, 3 e 0, respectivamente. Ou seja, na sequência das figuras corresponderão às figuras 5, 3 e 8, respectivamente. Assim na sobreposição delas obtém-se a figura da letra B. **EG**

Gabarito "B".

(Escrevente – TJ/SP – 2018 – VUNESP) Na sequência numérica 1, 2, 3, 6, 7, 8, 21, 22, 23, 66, 67, 68, ..., os termos se sucedem segundo um padrão. Mantido o padrão, o décimo quarto termo é o número

(A) 202.

(B) 282.

(C) 229.

(D) 308.

(E) 255.

Resolução
Separando-se a sequência de 3 em 3 termos – que estão em ordem numérica –, e cuja soma fornece o próximo, exibe-se um padrão:
1+ 2 + 3 = 6 que é o próximo termo, seguido, então, de 7 e 8
6 + 7 + 8 = 21   "   "
21 + 22 + 23= 66   "   "
66 + 67 + 68 = 201
Portanto, 13º termo vale 201
Temos, agora,
201 **202** 203 ...
14º termo vale 202.
EG

Gabarito "A".

(Escrevente – TJ/SP – 2018 – VUNESP) Em um grupo de 100 esportistas que praticam apenas os esportes A, B ou C, sabe-se que apenas 12 deles praticam os três esportes. Em se tratando dos esportistas que praticam somente dois desses esportes, sabe-se que o número dos que praticam os esportes A e B é 2 unidades menor que o número dos que praticam os esportes A e C, e o número dos esportistas que praticam B e C excede em 2 unidades o número de esportistas que praticam os esportes A e C. Sabe-se, ainda, que exatamente 26, 14 e 12 esportistas praticam, respectivamente, apenas os esportes A, B e C. Dessa forma, o número total de esportistas que praticam o esporte A é

(A) 54.

(B) 60.

(C) 58.

(D) 56.

(E) 62.

Resolução
Colocam-se os dados em uma figura
Sendo
x: esportistas que praticam A e B
y: esportistas que praticam A e C
z: esportistas que praticam B e C, tem-se
$x = y - 2 => y = x + 2$
$z = x - 2$
Colocam-se os dados do enunciado na figura

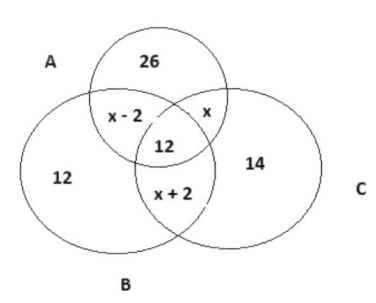

Daí,
$100 = 26 + (x - 2) + 12 + (x - 2) + 12 + x$
$100 = 64 + 3x$
$3x = 36$
$x = 12$
Logo,
O número total de esportistas que praticam o esporte A é
$26 + (x - 2) + 12 + x$
$26 + 10 + 12 + 12 = 60$
EG

Gabarito "B".

(Escrevente – TJ/SP – 2018 – VUNESP) "Carlos tem apenas 3 irmãs, e essas 3 irmãs cursam o ensino superior."

Supondo verdadeira a afirmação apresentada, é correto afirmar que

(A) Carlos cursa o ensino superior.

(B) Carlos não cursa o ensino superior.

(C) se Ana cursa o ensino superior, então ela é irmã de Carlos.

(D) se Rute não cursa o ensino superior, então ela não é irmã de Carlos.

(E) se Bia não é irmã de Carlos, então ela não cursa o ensino superior.

Resolução
Ao verificar as opções de respostas, nota-se:
A: incorreto pois o enunciado não afirma isso; **B:** errado pois o enunciado não afirma isso; **C:** incorreto porque há muitas pessoas que cursam o ensino superior e não são irmãs de Carlos; **E:** errado pois há inúmeras pessoas que não são irmãs de Carlos e que não cursam o ensino superior.

EG
Gabarito "D".

(Escrevente – TJ/SP – 2018 – VUNESP) Se Maria é bonita, então Carlos é rico. Se Ana é feliz, então José é um herói. Sabe-se que Maria é bonita e Ana não é feliz. Logo, pode-se afirmar corretamente que

(A) Carlos é rico ou José é um herói.

(B) Carlos não é rico.

(C) José não é um herói.

(D) José não é um herói e Carlos é rico.

(E) José é um herói.

Resolução
Sejam as proposições
p: Maria é bonita
q: Carlos é rico
r: Ana é feliz
s: José é herói
E as condicionais
p $\rightarrow$ q
r $\rightarrow$ s
Sabe-se que p é Verdadeira e r falsa, isto é, tem-se p e ~r: (p ∧ ~r).

1) p ∧ ~r). só é Verdadeira se p é Verdade E r é Falsa.

Tem-se, então, p, ou seja, Carlos é rico.

2) r $\rightarrow$ s só é Verdadeira se r e s forem Verdade.

A contrária de r $\rightarrow$ s, ~r $\rightarrow$ ~s NÃO são equivalentes, portanto não se pode dizer que José não é herói.
Ao verificar as opções de respostas, nota-se:
B: errado pois Carlos é rico; **C:** incorreto porque não se pode afirmar isso; **D:** Errado pois não se tem a conjunção (~s ∧ p); **E:** Errado pois não se pode afirmar isso. **EG**
Gabarito "A".

(Escrevente – TJ/SP – 2018 – VUNESP) Quatro amigos, Paulo, João, Fábio e Caio, nasceram em anos distintos, a saber 1970, 1977, 1981 ou 1990, não necessariamente nessa ordem. Cada um exerce, também não necessariamente nessa ordem, uma das profissões entre arquiteto, fotógrafo, engenheiro e advogado. Sabe-se que Paulo não nasceu em 1970, que o arquiteto nasceu antes de Caio e antes do fotógrafo João, que Fábio nasceu antes do advogado, que o advogado não nasceu em 1977 e que o engenheiro, que não é Caio, nasceu em 1981. Sendo assim, é correto afirmar que

(A) Fábio é advogado.

(B) Paulo nasceu antes de Caio.

(C) Caio é arquiteto.

(D) João nasceu antes de Fábio.

(E) o engenheiro nasceu antes do fotógrafo.

Resolução
Cria-se uma tabela com os dados iniciais

	adv	arq	eng	fot	70	77	81	90
Caio			n	n				
Fábio				n				
João	n	n	n	S				
Paulo				n	n			
70			n					
77	n		n					
81	n	n	S	n				
90			n					

Atualiza-se a tabela:
Caio não é arq. nem eng, logo Caio é adv; e pode-se completar a coluna adv. Restam as datas de 70 e 90 para Fábio e para o adv.
Uma vez que Fábio nasceu antes, ele é de 70 e o adv é de 90.
O fot é de 77.
Tem-se, então,

	adv	arq	eng	fot	70	77	81	90
Caio	S	n	n	n	n	n	n	
Fábio	n			n	S	n	n	n
João	n	n	n	S	n	S		

	adv	arq	fot	eng	70	77	81	90
Caio	S	n	n	n	n	n	n	S
Fábio	n		n		S	n	n	n
João	n	n	S	n	n	n		
Paulo	n		n					
70								
77	n							
81	n	n	n	S				
90	S	n	n	n				

data nasc. arq < data nasc. Caio e de João => arq nasceu em 70 ou 77.
1) Na tabela nota-se que Caio é adv. e
completa-se a coluna adv.
2) Fábio nasceu em 70 e o adv em 90.
Em relação às opções de resposta à questão, tem-se
A: Errado: o advogado é o Caio; **C:** Errado. Caio é advogado; **D:** Incorreto pois Fábio nasceu antes de João; **E:** Errado porque o fotógrafo nasceu em 77 e o eng em 81.
EG
Gabarito "B".

(Escrevente – TJ/SP – 2018 – VUNESP) Considere falsa a afirmação "Se hoje estudo, então amanhã não trabalho."

Nesse caso, é necessariamente verdade que

(A) Hoje não estudo e amanhã trabalho.

(B) Amanhã não trabalho.

(C) Se amanhã trabalho, então hoje não estudo.

(D) Hoje não estudo ou amanhã não trabalho.

(E) Hoje estudo e amanhã trabalho.

Resolução
p: hoje estudo
q: amanhã trabalho
Tem-se que p $\rightarrow$ q é Falso.
Uma implicação é Falsa quando o antecedente é V E o consequente

é F, ou seja,

p é V e ~q é F, isto é, q é Verdadeiro.

Assim, é necessariamente verdade que

Hoje estudo e amanhã trabalho.

EG

Gabarito "E".

(Escrevente – TJ/SP – 2018 – VUNESP) Uma negação lógica para a afirmação "Se Patrícia não é engenheira, então Maurício é empresário" está contida na alternativa:

(A) Patrícia é engenheira e Maurício não é empresário.

(B) Patrícia é engenheira ou Maurício não é empresário.

(C) Patrícia não é engenheira e Maurício não é empresário.

(D) Se Maurício não é empresário, então Patrícia é engenheira.

(E) Se Patrícia é engenheira, então Maurício não é empresário.

Resolução

Sejam as premissas

p: Patrícia é engenheira

q: Maurício é empresário

Pede-se ~(-p → q).

Sabe-se que a negação da condicional tem a seguinte equivalência:

$$\sim(\sim p \to q) \Leftrightarrow (\sim p \wedge \sim q)$$

Ou seja

Patrícia não é engenheira **e** Maurício não é empresário.

EG

Gabarito "C".

(Escrevente – TJ/SP – 2018 – VUNESP) Considere falsa a afirmação "Hélio é bombeiro e Cláudia é comissária de bordo" e verdadeira a afirmação "Se Hélio é bombeiro, então Cláudia é comissária de bordo".

Nessas condições, é necessariamente verdade que

(A) Hélio é bombeiro.

(B) Cláudia não é comissária de bordo.

(C) Hélio não é bombeiro.

(D) Cláudia é comissária de bordo.

(E) Hélio é bombeiro ou Cláudia não é comissária de bordo.

Resolução

Sejam as premissas

p: Hélio é bombeiro

q: Cláudia é comissária de bordo

É falsa

$p \wedge q$

E verdadeira

$p \to q$

1ª solução

Sendo Falsa ($p \wedge q$) e Verdadeira ($p \to q$), tem-se

i) A contrapositiva de $p \to q$ é $\sim q \to \sim p$ e

ii) como ~ ($p \wedge q$) é equivalente a ($\sim p \vee \sim q$)(regra de de Morgan), tem-se necessariamente ~p, isto é, Hélio não é bombeiro.

2ª solução

Fazendo-se a tabela-verdade, obtém-se

p	q	$p \to q$	$p \wedge q$
V	V	V	V
V	F	F	F
F	V	V	F
F	F	V	F

Nota-se que nos casos em que se tem ($p \wedge q$) Falsa e ($p \to q$) Verdadeira, necessariamente, p é falso, isto é, Hélio é bombeiro

EG

Gabarito "C".

(Escrevente – TJ/SP – 2018 – VUNESP) Considere a afirmação "Marta não atende ao público interno ou Jéssica cuida de processos administrativos".

Uma afirmação equivalente à afirmação apresentada é:

(A) se Jéssica não cuida de processos administrativos, então Marta atende ao público interno.

(B) se Marta não atende ao público interno, então Jéssica cuida de processos administrativos.

(C) se Marta atende ao público interno, então Jéssica não cuida de processos administrativos.

(D) se Marta atende ao público interno, então Jéssica cuida de processos administrativos.

(E) se Marta não atende ao público interno, então Jéssica não cuida de processos administrativos.

Resolução

Sejam as premissas

p: Marta atende ao público interno

q: Jéssica cuida de processos administrativos

E a disjunção

~p $\vee$ q.

Sabe-se, ainda, que é verdadeira a equivalência

$(p \vee q) \Leftrightarrow (\sim p \to q)$.

Pede-se a afirmação equivalente a "Marta não atende ao público interno ou Jéssica cuida de processos administrativos".

Assim, tem-se que a equivalência é

se Marta não atende ao público interno, então Jéssica cuida de processos administrativos

EG

Gabarito "B".

(Técnico – TRT/16ª – 2015 – FCC) Em uma oficina de automóveis há mecânicos, eletricistas e lanterneiros. São 7 os mecânicos que podem atuar como eletricistas, mas não como lanterneiros. São 4 os mecânicos que podem atuar também nas outras duas funções. Aqueles que atuam apenas como eletricistas e apenas lanterneiros são, respectivamente, 3 e 1 funcionários. Nessa oficina são ao todo 20 pessoas que exercem uma, duas ou três dessas funções. Dessas 20 pessoas, aquelas que não foram descritas anteriormente atuam apenas como mecânicos. Desse modo, o número de funcionários que podem exercer a função de mecânico supera o número daqueles que podem exercer a função de lanterneiro em

(A) 4.

(B) 9.

(C) 2.

(D) 11.

(E) 0.

Solução:
Colocando os dados no diagrama de Venn, temos

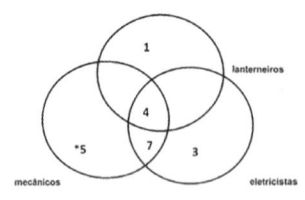

* 5= 20 - (1+4+7+3)

Número de funcionários que podem exercer a função de mecânico:
5+7+4 = 16 e a de lanterneiro, 4+1 = 5.
Assim, o número de funcionários que podem exercer a função de mecânico supera o número daqueles que podem exercer a função de lanterneiro em
16 − 5 = 11.
Gabarito "D".

(Técnico – TRT/19ª – 2015 – FCC) Dos 46 técnicos que estão aptos para arquivar documentos 15 deles também estão aptos para classificar processos e os demais estão aptos para atender ao público. Há outros 11 técnicos que estão aptos para atender ao público, mas não são capazes de arquivar documentos. Dentre esses últimos técnicos mencionados, 4 deles também são capazes de classificar processos. Sabe-se que aqueles que classificam processos são, ao todo, 27 técnicos. Considerando que todos os técnicos que executam essas três tarefas foram citados anteriormente, eles somam um total de

(A) 58.

(B) 65.

(C) 76.

(D) 53.

(E) 95.

Resolução:
Colocando-se os dados no diagrama de Venn

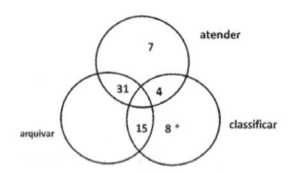

* 8= 27 -(15+4)
Com, isso, temos 7 + 31 + 4 +15 + 8 = 65 técnicos
Gabarito "B".

(Técnico – TRT/19ª – 2015 – FCC) Considere a seguinte afirmação:

Se José estuda com persistência, então ele faz uma boa prova e fica satisfeito.

Uma afirmação que é a negação da afirmação acima é

(A) José estuda com persistência e ele não faz uma boa prova e ele não fica satisfeito.

(B) José não estuda com persistência e ele não faz uma boa prova ou fica satisfeito.

(C) José estuda com persistência ou ele faz uma boa prova ou ele não fica satisfeito.

(D) José estuda com persistência e ele não faz uma boa prova ou ele não fica satisfeito.

(E) Se José fica satisfeito então ele fez uma boa prova e estudou com persistência.

Solução:
p:José estuda com persistência
q:José faz uma boa prova
r:José fica satisfeito
s:p$\Rightarrow$q$\wedge$r
Pede-se a negação de **s**, isto é, **p** Verdadeiro e conclusão Falsa, ou seja,
$\neg s$: $p \Rightarrow \neg \boxed{q} \wedge r \square$

Mas $\neg \boxed{q} \wedge r \boxminus \neg q \vee \neg r$

Então, José estuda com persistência e ele não faz uma boa prova **ou** ele não fica satisfeito.
Gabarito "D".

(Técnico – TRT/19ª – 2015 – FCC) Em uma sala um grupo de 21 pessoas criou um jogo no qual, após um apito, uma das pessoas da sala coloca um chapéu e conta um segredo para outras duas pessoas e sai da sala. Após o segundo apito, cada um daqueles que ouviram o segredo coloca um chapéu e conta o segredo para duas pessoas que estão sem chapéu, e saem da sala. O terceiro apito soa e cada um daqueles que ouviram o segredo coloca um chapéu, conta para duas pessoas e sai da sala. Após o quarto apito o mesmo procedimento acontece. Após o quinto e último apito, o mesmo procedimento acontece e todos haviam ouvido o segredo pelo menos uma vez e, no máximo, duas vezes, exceto a primeira pessoa. O número daqueles que ouviram o segredo duas vezes é igual a

(A) 8.

(B) 10.

(C) 11.

(D) 12.

(E) 9.

Resolução:
Tem-se um grupo de 21 pessoas. e
1º apito: 1ª pessoa →2ª ,3ª ; 1ª sai
2º apito: 2ª → 2 outras → 2ª sai
 3ª →2 outras → 3ª sai
3º apito: 4ª → 6ª e 7ª → 4ª sai
 5ª → 8ª e 9ª → 5ª sai
4º apito: 6ª → 10ª e 11ª → 6ª sai
 7ª → 12ª e 13ª → 7ª sai
5º apito: 8ª → 10ª e 11ª → 8ª sai
 9ª → 12ª e 13ª → 9ª sai

Então saíram 9 e ficaram 12 pessoas.
E dessas 12, as duas últimas ouviram o segredo só uma vez.
Portanto, o número daqueles que ouviram o segredo duas vezes é igual a 10.
Gabarito "B".

(Escrevente Técnico – TJSP – 2015 – VUNESP) Se todo estudante de uma disciplina A é também estudante de uma disciplina B e todo estudante de uma disciplina C não é estudante da disciplina B, então é verdade que

(A) algum estudante da disciplina A é estudante da disciplina C.

(B) algum estudante da disciplina B é estudante da disciplina C.

(C) nenhum estudante da disciplina A é estudante da disciplina C.

(D) nenhum estudante da disciplina B é estudante da disciplina A.

(E) nenhum estudante da disciplina A é estudante da disciplina B.

Resolução:
Esquematicamente

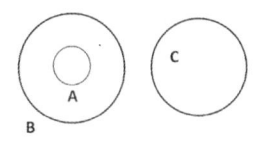

Todo estudante de uma disciplina **A** é também estudante de uma disciplina **B**: **A** está contido em **B**.
Todo estudante de uma disciplina **C** não é estudante da disciplina **B**: **B** e **C** são disjuntos.
Logo, nenhum estudante da disciplina **A** é estudante da disciplina **C**.
Gabarito "C".

(Técnico Judiciário – TJAM – 2013 – FGV) Considere como verdadeiras as sentenças a seguir.

I. Se André não é americano, então Bruno é francês.
II. Se André é americano então Carlos não é inglês.
III. Se Bruno não é francês então Carlos é inglês.

Logo, tem-se obrigatoriamente que

(A) Bruno é francês.
(B) André é americano.
(C) Bruno não é francês.
(D) Carlos é inglês.
(E) André não é americano.

Solução
Sejam as afirmações
p: André é americano
q: Bruno é francês
r: Carlos é inglês

São dadas as condicionais
I. $\sim p \Rightarrow q$
II. $p \Rightarrow \sim r$
III. $\sim q \Rightarrow r$

Temos, também, que as contra positivas de I, II e II são

I'. $\sim q \Rightarrow p$
II'. $r \Rightarrow \sim p$
III'. $\sim r \Rightarrow q$

Logo,
1) Se p, temos $p \Rightarrow \sim r$ e como $\sim r \Rightarrow q$ que resulta $p \Rightarrow q$ e
2) Se $\sim p$, temos $\sim p \Rightarrow q$.
Ou seja, com p ou $\sim p$, o resultado é q, isto é, Bruno é francês.
Gabarito "A".

(Técnico Judiciário – TJAM – 2013 – FGV) Considere como verdadeiras as sentenças a seguir.

I. Alguns matemáticos são professores.
II. Nenhum físico é matemático.
Então, é necessariamente verdade que

(A) algum professor é físico.
(B) nenhum professor é físico.
(C) algum físico é professor.
(D) algum professor não é físico.
(E) nenhum físico é professor.

Resolução
Com base nas afirmações temos dois possíveis diagramas de Venn-Euler:
I.

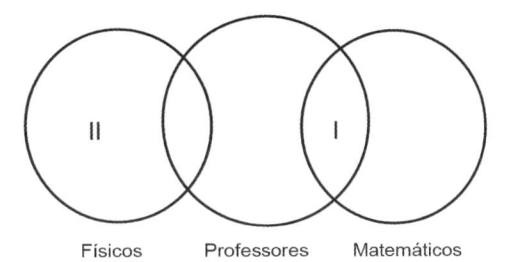

Físicos   Professores   Matemáticos

II.

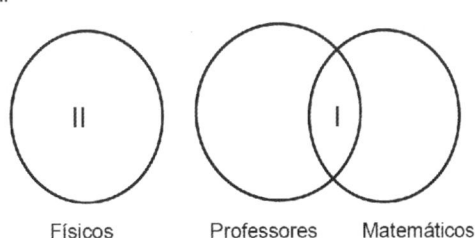

Físicos   Professores   Matemáticos

A alternativa A é incorreta porque podemos ter a situação II.
Também incorretas B, C e E pois pode ocorrer a situação I.
Gabarito "D".

(Técnico Judiciário – TJAM – 2013 – FGV) Se não é verdade que "Todos assistentes judiciários de determinado fórum são formados em advocacia", então é necessariamente verdade que

(A) nenhum assistente judiciário desse fórum é formado em advocacia.
(B) todos assistentes judiciários desse fórum não são formados em advocacia.
(C) ninguém formado em advocacia é assistente judiciário desse fórum.
(D) alguém formado em advocacia é assistente judiciário desse fórum.
(E) algum assistente judiciário desse fórum não é formado em advocacia.

1ª solução
A negação de "Todos são formados em advocacia" é "existe algum que não é formado". → Letra E
2ª solução
se chamarmos proposição de p

então ~p seria:
"nem todos os assistentes judiciários são formados em advocacia"
o que remete a letra E. "Algum assistente judiciário não é formado em advocacia'
Gabarito "E".

(Técnico – TRT/16ª – 2015 – FCC) Considere as figuras abaixo:

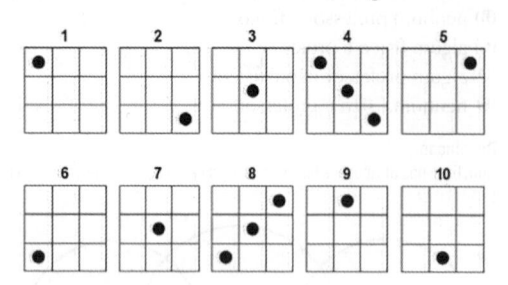

Seguindo o mesmo padrão de formação das dez primeiras figuras dessa sequência, a décima primeira figura é

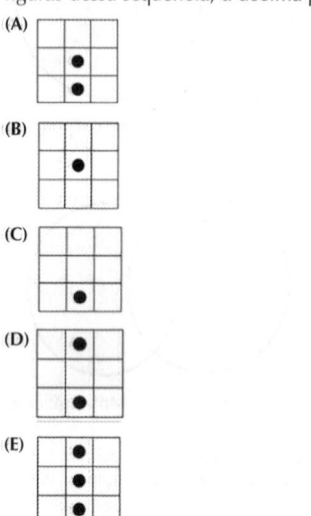

Resolução:
Observando as figuras da sequência, nota-se:
i) uma bola no canto superior esquerdo, uma no canto oposto, uma no centro e três na diagonal correspondente – figuras1 a 4;
ii) nas figuras 5 a 8, parte-se do superior direito;
iii) nas figuras 9 e 10, tem-se a coluna do meio.
Conclui-se que, seguindo o mesmo padrão de formação das dez primeiras figuras dessa sequência, na décima primeira figura a bola ficará no centro.
Gabarito "B".

(Técnico –TRT/19ª – 2015 – FCC) Gabriel descobriu pastas antigas arquivadas cronologicamente, organizadas e etiquetadas na seguinte sequência:

07_55A; 07_55B; 08_55A; 09_55A; 09_55B; 09_55C; 09_55D; 09_55E; 10_55A; 10_55B; 11_55A; 12_55A; 12_55B; 12_55C; 01_56A; 01_56B; 02_56A; 02_56B; 03_56A; xx_xxx; yy_yyy; zz_zzz; 04_56B.

Sabendo-se que as etiquetas xx_xxx; yy_yyy; zz_zzz representam que o código foi encoberto, a etiqueta com as letras yy_yyy deveria, para manter o mesmo padrão das demais, conter o código

(A) 03_56C.
(B) 04_57C.
(C) 04_56C.
(D) 03_56B.
(E) 04_56A.

Solução:
Temos a sequência
07_55A; 07_55B
08_55A
09_55A; 09_55B; 09_55C; 09_55D; 09_55E
10_55A; 10_55B
11_55A
12_55A; 12_55B; 12_55C
01_56A; 01_56B
02_56A; 02_56B;
03_56A; xx_xxx; yy_yyy; ⇒   03_56A;03_56B; 03_56**C**
zz_zzz; 04_56B
Nota-se que yy_yyy corresponde a 03_56C.
Gabarito "A".

(Escrevente Técnico – TJSP – 2015 – VUNESP) Para que seja falsa a afirmação "todo escrevente técnico judiciário é alto", é suficiente que

(A) alguma pessoa alta não seja escrevente técnico judi-ciário.
(B) nenhum escrevente técnico judiciário seja alto.
(C) toda pessoa alta seja escrevente técnico judiciário.
(D) alguma pessoa alta seja escrevente técnico judiciário.
(E) algum escrevente técnico judiciário não seja alto.

Solução
A negação do quantificador universal ∀x (escrevente técnicojudiciário) x é alto (todos são altos) é nem todos são altos ou existe algum que não é alto.
Gabarito "A".

(Escrevente Técnico – TJSP – 2015 – VUNESP) Uma equivalente da afirmação "Se eu estudei, então tirei uma boa nota no concurso" está contida na alternativa:

(A) Não estudei e não tirei uma boa nota no concurso.
(B) Se eu não tirei uma boa nota no concurso, então não estudei.
(C) Se eu não estudei, então não tirei uma boa nota no concurso.
(D) Se eu tirei uma boa nota no concurso, então estudei.
(E) Estudei e tirei uma boa nota no concurso.

Solução:
Sejam as afirmações
p: estudei
q: tirei uma boa nota no concurso
Sabe-se que
p⇒q
Portanto,
¬q⇒¬p.
Ou seja, se eu não tirei uma boa nota no concurso, então não estudei.
Gabarito "B".

(Escrevente Técnico – TJSP – 2015 – VUNESP) A afirmação "canto e danço" tem, como uma negação, a afirmação contida na alternativa

(A) não canto e não danço.
(B) canto ou não danço.

(C) não danço ou não canto.

(D) danço ou não canto.

(E) danço ou canto.

Solução:
Sejam as afirmações
p: eu canto
q: danço
Pede-se a negação de" (p∧q)."
isto é, a negação da conjunção lógica.
Sabe-se que
¬(p∧q)=¬p∨¬q, ou seja,
¬p: não canto OU
¬q: não danço
Gabarito "C".

(Escrevente Técnico – TJSP – 2015 – VUNESP) Se Márcio é dentista, então Rose não é enfermeira.

Débora não é médica ou Marcelo não é professor. Identificado que Marcelo é professor e que Rose é enfermeira, conclui-se corretamente que

(A) Débora não é médica e Márcio não é dentista.

(B) Débora é médica e Márcio é dentista.

(C) Débora é médica e Márcio não é dentista.

(D) Débora não é médica e Márcio é dentista.

(E) Se Débora não é médica, então Márcio é dentista.

Solução:
Sejam as afirmações
p:Márcio é dentista
q: Rose é enfermeira
r: Débora é médica
s: Marcelo é professor,
a implicaçãop ⇒ ¬ q.
E, ainda, disjunção (¬r∽s),Verdadeira.

No entanto, pelo enunciado, s e q são Verdadeiras.
i) Assim, o equivalente de
p ⇒ ¬ q é ¬ (¬ q) ⇒ ¬ pouq ⇒ ¬p.

Ou seja, se Rose é enfermeira então Márcio **não** é dentista.
ii) Como(¬r∨¬s)é Verdadeira,mas ocorreu **s**, então deve-se ter ~r verdadeira para a disjunção ser válida.
Logo, Débora **não** é médica.
Gabarito "A".

(Escrevente Técnico Judiciário – TJSP – VUNESP – 2017) Considerando falsa a afirmação "Se Ana é gerente, então Carlos é diretor", a afirmação necessariamente verdadeira é:

(A) Ana é gerente, e Carlos é diretor.

(B) Ana é gerente.

(C) Ana não é gerente, ou Carlos é diretor.

(D) Carlos é diretor.

(E) Ana não é gerente, e Carlos não é diretor.

Resolução
Sejam as premissas
p: Ana é gerente
q; Carlos é diretor
e a condicional p → q.
Temos a tabela-verdade

p	q	p → q
V	V	V
V	F	F
F	V	V
F	F	V

Nota-se, na segunda linha, que, sendo falsa p → q, necessariamente p é Verdadeira, ou seja,
Ana é gerente. → Letra B. **EG**
Gabarito "B".

(Escrevente Técnico Judiciário – TJSP – VUNESP – 2017) Uma afirmação equivalente para "Se estou feliz, então passei no concurso" é:

(A) Estou feliz e passei no concurso.

(B) Passei no concurso e não estou feliz.

(C) Se passei no concurso, então estou feliz.

(D) Não passei no concurso e não estou feliz.

(E) Se não passei no concurso, então não estou feliz.

Solução
Sejam as premissas
p: estou feliz
q; passei no concurso
e a condicional p → q.
Tem-se a tabela-verdade

p	q	p → q
V	V	V
V	F	F
F	V	V
F	F	V

Para haver uma afirmação equivalente as tabelas-verdade devem ser idênticas.
Então completamos a tabela para as opções da questão

p	~p	q	~q	A p ∧ q	B p ∧ ~q	C q → p	D ~q ∧ ~p	E ~q → ~p
V	F	V	F	V	F	F	F	V
V	F	F	V	F	V	F	V	F
F	V	V	F	F	F	V	F	V
F	V	F	V	F	F	V	V	V

Observe que a letra E é resposta correta. → Letra E. **EG**
Gabarito "E".

(Escrevente Técnico Judiciário – TJSP – VUNESP – 2017) Sabendo que é verdadeira a afirmação "Todos os alunos de Fulano foram aprovados no concurso", então é necessariamente verdade:

(A) Fulano não foi aprovado no concurso.

(B) Se Roberto não é aluno de Fulano, então ele não foi aprovado no concurso.

(C) Fulano foi aprovado no concurso.

(D) Se Carlos não foi aprovado no concurso, então ele não é aluno de Fulano.

(E) Se Elvis foi aprovado no concurso, então ele é aluno de Fulano.

Resolução

Sejam as proposições

p: aluno de Fulano

q; aprovado no concurso

e a afirmação ∀ p:(p passou no concurso ou p → q),

Graficamente

Não aprovados   Aprovados

Analisando as opções

A e **C**: não há informação no enunciado se Fulano concorreu. Opção errada;

B: Roberto pode estar entre os aprovados não alunos de Fulano. Opção incorreta;

D: Carlos está entre os não aprovados. Logo não pode pertencer a F. Correto → Letra D **E**: Elvis pertence ao conjunto dos Aprovados mas necessariamente não pertence a F: opção errada. EG

Gabarito "D".

(Escrevente Técnico Judiciário – TJSP – VUNESP – 2017) Se Débora é mãe de Hugo, então Marcelo é baixo. Se Carlos não é filho de Débora, então Neusa não é avó dele. Sabendo-se que Marcelo é alto ou que Neusa é avó de Carlos, conclui-se corretamente que

(A) Hugo e Carlos não são irmãos.

(B) Neusa é mãe de Débora.

(C) Débora não é mãe de Hugo, ou Carlos é filho de Débora.

(D) Débora não é mãe de Hugo, e Carlos é filho de Débora.

(E) Hugo e Carlos são irmãos.

Solução

Sejam as premissas

p: Débora é mãe de Hugo

q; Marcelo é baixo

r: Carlos é filho de Débora

s: Neusa é avó de Carlos

e as condicionais

i) p → q

ii) ~r → ~s.

Sabe-se que ~q **v** s é verdadeiro, o que implica ~q verdadeiro e s também verdadeiro.

Logo, de ii) temos s → r (proposição contrapositiva).

De ~q verdadeiro e i) verdadeiro, tem-se ~p (contrapositiva).

Ou seja, Débora não é mãe de Hugo e Carlos é filho de Débora. → Letra C. EG

Gabarito "C".

1.6. Raciocínio sequencial

(Técnico Judiciário – TRT/24ª – 2011 – FCC) Certo escritório anunciou uma vaga para escriturários e uma das formas de seleção dos candidatos era testar sua habilidade em digitar textos, em que cada um recebia uma lista com uma sucessão de códigos, que deveria ser copiada. Embora não fosse um bom digitador, Salomão concorreu a essa vaga e o resultado de seu teste é mostrado abaixo.

Lista original da empresa

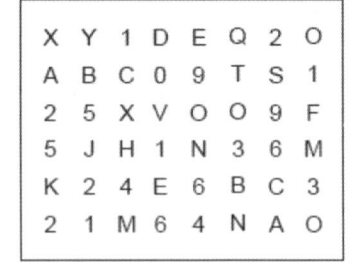

Lista digitada por Salomão

X	Y	I	D	E	O	2	Q
A	B	C	0	9	T	S	1
2	5	X	U	O	O	9	F
5	J	H	1	N	3	6	M
K	2	4	F	6	B	C	3
2	1	N	9	4	M	A	O

O número de erros cometidos por Salomão foi igual a

(A) 11.

(B) 10.

(C) 9.

(D) 8.

(E) 7.

Ao verificar o teste de Salomão notamos que errou 9 vezes

na linha 1, trocou 1 por I, Q por O, O por Q

na linha 2 , trocou 0 por O,

na linha 3, trocou V por U

na linha 5, trocou E por F

na linha 6, trocou M por N, 6 por 9, N por M.

Gabarito "C".

(Técnico Judiciário – TJ/PE – 2007 – FCC) Considere a sequência de figuras abaixo.

A figura que substitui corretamente a interrogação é:

(A)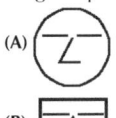

(D)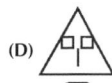

(B)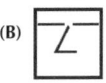

(E)

(C)

Observando o quadro apresentado, percebemos que temos 3 figuras geométricas (quadrado, círculo e triângulo) formando o desenho de um rosto (com olhos e nariz). Em cada nova fileira temos uma alternância na posição de cada uma das figuras em relação à fileira anterior. Dito isso, podemos concluir que a figura que falta é um círculo. Entretanto, resta saber o formato do olho (quadrado, circular ou linear) e do nariz (virado para esquerda, direita ou linear). Observando a variação do "nariz" do triângulo da 1ª até a 3ª fileira, podemos inferir que o movimento do nariz segue a sequência "linear-esquerda-direita", o quadrado segue a sequência "esquerda-direita-linear" e o círculo segue a mesma lógica: "direita-linear-ESQUERDA". Portanto, a alternativa correta é aquela que apresenta um círculo com um nariz virado para a esquerda.

Gabarito "A".

2. MATEMÁTICA BÁSICA

2.1. Matrizes, Determinantes e Solução de Sistemas Lineares

(**Escrevente – TJ/SP – 2018 – VUNESP**) Uma concessionária que vai recapear uma faixa de rolamento de uma pista em certa rodovia, em um trecho de x quilômetros, possui uma determinada quantidade y de balizadores refletivos disponíveis para a sinalização desse trecho e, com base nessa quantidade, constatou que, se colocar um número n de balizadores a cada quilômetro, precisará adquirir mais 40 unidades. Porém, se colocar (n – 4) balizadores a cada quilômetro, sobrarão 20 unidades. Se a razão X/Y é de 3 para 52, nessa ordem, então a quantidade de balizadores disponíveis para sinalizar o trecho a ser recapeado é igual a

(A) 350.

(B) 280.

(C) 330.

(D) 230.

(E) 260.

Resolução

Para o recapeamento, a razão X/Y passa a ser

.para n sinalizadores: (Y + 40)/X = n sinalizadores por quilômetro
para (n – 4) sinalizadores: (Y – 20)/X = n – 4 sinalizadores por quilômetro
Ou
(260+ 40)/X = n
(260 – 20)/X = n – 4
Tem-se, então,
300/X = n
240/X = n – 4 que subtraídas, resulta em
60/X = 4
X = 15 km

Substituindo em X/Y = 3/52 obtém-se
15/Y = 3/52
Y = 260 sinalizadores

EG

Gabarito "E".

(**Técnico Judiciário – TJ/PR – 2009**) Classifique o sistema

$$\begin{cases} 3x - 2y + z = 7 \\ x + y - z = 0 \\ 2x + y - 2z = -1 \end{cases}$$

(A) $(1, 2, 3)$ → SPD.

(B) $(1, 2, 3)$ → SI.

(C) $(2, 1, 3)$ → SPD.

(D) $(2, 1, 3)$ → SPI.

Um sistema de equações pode ser classificado como "sistema possível e determinado" (SPD), "sistema possível e indeterminado" (SPI) ou "Sistema impossível" (SI). Quando o sistema tem solução única ele é SPD, e quando tem mais de uma solução é SPI.
Reescrevendo a 1ª equação: z = 7 + 2y – 3x (I)
Substituindo (I) na 2ª equação:
x + y – (7 + 2y – 3x) = 0
x + y – 7 – 2y + 3x = 0
4x – y = 7
X = (II)
Substituindo (II) e (I) na 3ª equação:
2.() + y – 2.(7 + 2y – 3x) = -1
()+y – 4y + 6.() = -1 + 14
() – 3y + () = 13
= 13
-4y + 56 = 52
-4y = -4
Y = 1 (III)
Substituindo (III) em (II):
X = = =
X = 2 (IV)
Substituindo (III) e (IV) em (I):
z = 7 + 2y – 3x = 7 + 2.(1) – 3.(2)
z = 3
Portanto, x=2 ; y=1 ; z=3. O sistema é possível e determinado: (x, y, z) = (2,1,3).

Gabarito "C".

2.2. Álgebra e geometria analítica

(**Escrevente Técnico – TJSP – 2015 – VUNESP**) Observe a sequência de espaços identificados por letras

6								5	
a	b	c	d	e	f	g	h	i	j

Cada espaço vazio deverá ser preenchido por um número inteiro e positivo, de modo que a soma dos números de três espaços consecutivos seja sempre igual a 15. Nessas condições, no espaço identificado pela letra g deverá ser escrito o número

(A) 5.

(B) 6.

(C) 4.

(D) 7.

(E) 3.

Resolução:

Temos

6+b+c=15 ⇒b+c=9

b+c+d=15 ⇒ d=6

c+d+f=15 ⇒ c+f=9

d+e+f=15d=g=6

e+f+g=15

f+g+h=15   ⇒e=f

g+h-6=15⇒g+h=9

h+6=j=15⇒h+j=9   ⇒g=j

Resumo

d=6

g=6 → Letra B

j=6

b=e=f

Gabarito "B".

(**Escrevente Técnico – TJSP – 2015 – VUNESP**) Mantendo-se a regularidade da sequência numérica – 3, 1, – 5, 3, – 7, 5, ..., os dois próximos elementos dessa sequência serão, respectivamente,

(A) – 10 e 6.

(B) – 9 e 7.

(C) – 11 e 5.

(D) – 12 e 4.

(E) – 13 e 3.

Resolução:

1ª solução

Calculando-se as diferenças entre cada dois termos, obtém-se

– 3, 1,– 5, 3, – 7,   5, ...

+4-6 +8 -10 +12, ...   – > sequência facilmente identificada

Então, os próximos números serão somados ou subtraídos de 14 e 16

5 -14 = -9) e

-9 +16 = 7   => Letra B

2ª solução

– **3**, 1,– **5**, 3, – **7**,   5, ...

Nas posições ímpares, temos – 3, – 5, – 7, – > próximo: -9

Nas posições pares, temos 1, 3, 5   – > próximo: 7

Gabarito "B".

(**Técnico – TRF/4 – FCC – 2019**) Maria tem 3 anos de diferença do seu irmão mais velho. Daqui a 9 anos o produto das idades de ambos irá aumentar 288 unidades. A idade de Maria é

(A) 10

(B) 11

(C) 20

(D) 12

(E) 9

Resolução

Seja x a idade de Maria.

Seu irmão tem, então, (x + 3) anos de idade.

O produto das idades é de x(x +3) = x2 + 3x.

Daqui a 9 anos ocorrerá:

O produto das idades aumentará 288:

x^2 + 3x + 288 = (x+9)[(x + 9) + 3], onde o segundo fator será a idade do irmão dela.

x^2 + 3x + 288 = (x+9)(x+12)

x^2 +3x + 288 = x^2 + 21x + 108

3x + 288 = 21x + 108

180 = 18x

x = 10 anos. EG

Gabarito "A".

(**Escrevente Técnico Judiciário – TJ/SP – 2011 – VUNESP**) Uma empresa comprou 30 panetones iguais da marca K e 40 panetones iguais da marca Y, pagando um total de R$ 1.800,00. Sabendo-se que a razão entre os preços unitários dos panetones K e Y é de 2 para 3, nessa ordem, pode-se afirmar que se essa empresa tivesse comprado todos os 70 panetones somente da marca Y, ela teria gasto, a mais,

(A) R$ 600,00.

(B) R$ 500,00.

(C) R$ 400,00.

(D) R$ 300,00.

(E) R$ 200,00.

Temos:

K/Y = 2/3 e 30K + 40Y = 1 800.

Então K = 2Y/3.

Daí,

30(2Y/3) + 40Y = 1 800

20Y+40Y=1 800 ⇒ 60Y=1 800 ⇒ Y=30eK=2Y/3=20.

Para 70 panetones da marca Y, gastaria 70x30 = 2 100.

Logo, ela teria gasto, a mais, 2 100 – 1 800 = R$300,00

Gabarito "D".

2.3. Geometria Básica

(**Escrevente – TJ/SP – 2018 – VUNESP**) Um estabelecimento comercial possui quatro reservatórios de água, sendo três deles de formato cúbico, cujas respectivas arestas têm medidas distintas, em metros, e um com a forma de um paralelepípedo reto retângulo, conforme ilustrado a seguir.

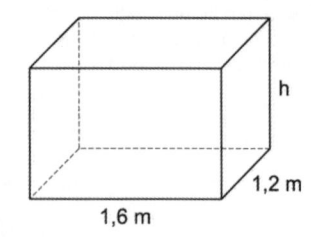

Sabe-se que, quando totalmente cheios, a média aritmética dos volumes de água dos quatro reservatórios é igual a 1,53 m³, e que a média aritmética dos volumes de água dos reservatórios cúbicos, somente, é igual a 1,08 m³. Desse modo, é correto afirmar que a medida da altura do reservatório com a forma de bloco retangular, indicada por h na figura, é igual a

(A) 1,40 m.

(B) 1,50 m.

(C) 1,35 m.

(D) 1,45 m.

(E) 1,55 m.

Resolução
Média dos 3 reservatórios cúbicos = 1,08 e dos 4 é de 1,53.
O outro tem o volume de área da base x altura = 1,6x1,2h = 1,92h.
Portanto,
Uma vez que os 3 cúbicos têm o volume de 3x1,08, tem-se a média
$1,53 = (1,92h + 1,08x3) /4$
$6,12 = 1,92h + 3,24$
$2.88 = 1,92h$
$h = 1,5$ m
EG
Gabarito "B".

(**Escrevente – TJ/SP – 2018 – VUNESP**) Inaugurado em agosto de 2015, o Observatório da Torre Alta da Amazônia (Atto, em inglês) é um projeto binacional Brasil-Alemanha que busca entender o papel da Amazônia no clima do planeta e os efeitos das mudanças climáticas no funcionamento da floresta. Construída numa região de mata preservada, dentro da Reserva de Desenvolvimento Sustentável do Uamatã, a torre Atto tem 325 m de altura e é a maior estrutura de pesquisa desse tipo em florestas tropicais no mundo.

Comparativo

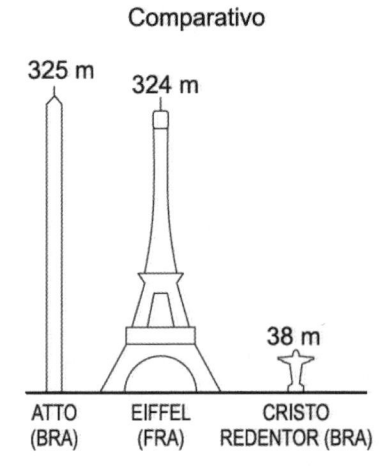

ATTO (BRA)   EIFFEL (FRA)   CRISTO REDENTOR (BRA)

Sustentação

Cabos tensionados prendem diversos pontos da torre a fundações de concreto

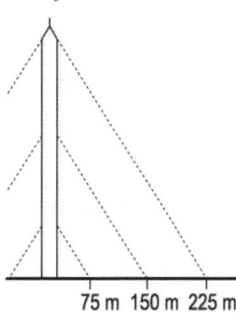

(*O Estado de S.Paulo*, 16.10.2017. Adaptado)

Considere a torre posicionada perpendicularmente ao solo e admita que o cabo tensionado fixado no solo a uma distância de 75 m da base da torre esteja preso à torre em um determinado ponto, cuja altura, em relação ao solo, seja igual a 100 m. Nesse caso, é correto afirmar que o comprimento desse cabo é igual a

(A) 135 m.
(B) 150 m.
(C) 130 m.
(D) 110 m.
(E) 125 m.

Resolução
Pelo Teorema de Pitágoras, tem-se

100m ⌐ᶜ
75m

$C^2 = 100^2 + 75^2$
$C^2 = 10.000 + 5.625$
$C^2 = 15.625 = 5^2 \times 25^2$
$C = 5x25$
$C = 125$ m
EG
Gabarito "E".

(**Técnico Judiciário – TRT9 – 2012 – FCC**) Em um terreno plano, uma formiga encontra-se, inicialmente, no centro de um quadrado cujos lados medem 2 metros. Ela caminha, em linha reta, até um dos vértices (cantos) do quadrado. Em seguida, a formiga gira 90 graus e recomeça a caminhar, também em linha reta, até percorrer o dobro da distância que havia percorrido no primeiro movimento, parando no ponto P. Se V é o vértice do quadrado que se encontra mais próximo do ponto P, então a distância, em metros, entre os pontos P e V é

(A) igual a 1.
(B) um número entre 1 e 2.
(C) igual a 2.
(D) um número entre 2 e 4.
(E) igual a 4.

Resolução
Temos que PA = 2AC e AC é a metade da diagonal do quadrado.
Como a diagonal **d** do quadrado vale $d^2 = 2(AV)^2 \Rightarrow d = AV\sqrt{2} = 2\sqrt{2}$, temos
$AC = \sqrt{2}$ e $PA = 2AC = 2\sqrt{2}$.
Donde $PV^2 = PA^2 - AV^2 = 8 - 4 = 4. \Rightarrow PV = 2$ m. $\Rightarrow$ Letra C

Outra solução
Na figura nota-se que PD = 2AV e PA= AD = d.
Daí, no triângulo retângulo **PAD**, temos:
$PD^2 = (2PV)^2 = d^2 + PA^2 = d^2 + d^2 = 2d^2 = 2 (2\sqrt{2})^2 = 2.8 =16.$
$4PV^2 = 16$
$PV^2 = 4 \Rightarrow PV = 2$ m.
Gabarito "C".

(Técnico Judiciário – TJSP – 2013 – VUNESP) A figura mostra um terreno retangular cujas dimensões indicadas estão em metros.

O proprietário cedeu a um vizinho a região quadrada indicada por Q na figura, com área de 225 m². O perímetro (soma das medidas dos lados), em metros, do terreno remanescente, após a cessão, é igual a

(A) 240.

(B) 210.

(C) 200.

(D) 230.

(E) 260.

Resolução

O quadrado Q tem área $x_2 = 225$ x = 15 m.
Logo, o terreno tem medidas 5x = 75 m e 40 m, com perímetro 2x75 + 2x40 = 150 + 80 = 230 m.
Gabarito "D".

(Técnico Judiciário – TJSP – 2013 – VUNESP) Uma empresa comprou um determinado número de folhas de papel sulfite, embaladas em pacotes de mesma quantidade para facilitar a sua distribuição entre os diversos setores.

Todo o material deverá ser entregue pelo fornecedor acondicionado em caixas, sem que haja sobras. Se o fornecedor colocar 25 pacotes por caixa, usará 16 caixas a mais do que se colocar 30 pacotes por caixa. O número total de pacotes comprados, nessa encomenda, foi

(A) 2 200.

(B) 2 000.

(C) 1 800.

(D) 2 400.

(E) 2 500.

Resolução

Seja **N** o número de pacotes.
Na primeira situação colocará (N/25) pacotes em cada caixa e usará 16 caixas a mais que N/30, na segunda situação.
Temos, então, que
N/25 = N/30 + 16
(6N – 5N)/150 = 16 ⇒ N = 16x150 = 2.400 pacotes.
Gabarito "D".

(Técnico Judiciário – TJSP – 2013 – VUNESP) Em um dia de muita chuva e trânsito caótico, dos alunos de certa escola chegaram atrasados, sendo que dos atrasados tiveram mais de 30 minutos de atraso. Sabendo que todos os demais alunos chegaram no horário, pode-se afirmar que nesse dia, nessa escola, a razão entre o número de alunos que chegaram com mais de 30 minutos de atraso e o número de alunos que chegaram no horário, nessa ordem, foi de

(A) 2:3.

(B) 1:3.

(C) 1:6.

(D) 3:4.

(E) 2:5.

1ª solução

Suponha que existam 20 alunos na escola. Então,
2/5 chegaram atrasados: 8 alunos não atrasados: 12;
Desses, 1/ 4 com mais de 30 min de atraso: 2 alunos.

Razão entre alunos atrasados com mais de 30 min/ não atrasados:
2/12 =1/6

2ª solução

Dos **N** alunos da escolas, 2N/5 chegaram atrasados e (N – 2N/5) = 3N/5 chegaram no horário.
1/ 4 dos que chegaram atrasados, ou seja, (1/ 4) de (2N/5) = 2N/20 = N/10 tiveram mais de 30 min de atraso.
Então,
Razão entre alunos atrasados com mais de 30 min/ não atrasados:
(N/10)/(3N/5) = (N/10).(5/3N) =5/30 = 1/6
Gabarito "C".

(Escrevente Técnico – TJSP – 2015 – VUNESP) Em um jardim, um canteiro de flores, formado por três retângulos congruentes, foi dividido em cinco regiões pelo segmento AB, conforme mostra a figura.

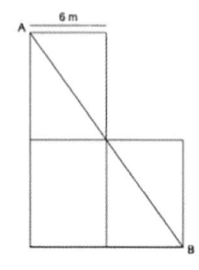

Se $\overline{AB}$ mede 20 m, então a área total desse canteiro é, em m², igual a

(A) 126.

(B) 135.

(C) 144.

(D) 162.

(E) 153.

Resolução:

Pelo teorema de Pitágoras, tem-se
$AB^2 = AC^2 + BC^2$
$20^2 = AC^2 + 12^2$ ⇒ $AC^2 = 400 – 144 = 256$ ⇒ $AC = 16$
Como AC é igual a 2 vezes o lado maior do retângulo, esse lado mede, então, 8 m.
Com isso, a área de cada retângulo vale 8x6 = 48 m².
Então o canteiro tem a área total de 3x48 = 144 m². ⇒ Letra C
Gabarito "C".

(Escrevente Técnico – TJSP – 2015 – VUNESP) Na figura, o trapézio retângulo ABCD é dividido por uma de suas diagonais em dois triângulos retângulos isósceles, de lados

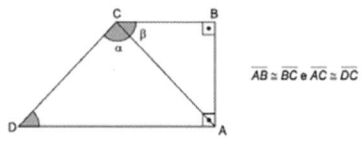

$\overline{AB} \cong \overline{BC}$ e $\overline{AC} \cong \overline{DC}$

Desse modo, é correto afirmar que a soma das medidas dos ângulos a e b é igual a

(A) 125°.

(B) 115°.

(C) 110°.

(D) 135°.

(E) 130°.

3. MATEMÁTICA E RACIOCÍNIO LÓGICO

3. MATEMÁTICA E RACIOCÍNIO LÓGICO

Resolução:
O ângulo á vale 90° porque ACD é triângulo retângulo.
O ângulo â vale 45° por ABC ser isósceles.
Portanto a soma das medidas dos ângulos á e â b é igual a 90 + 45= 135°.

Gabarito "D".

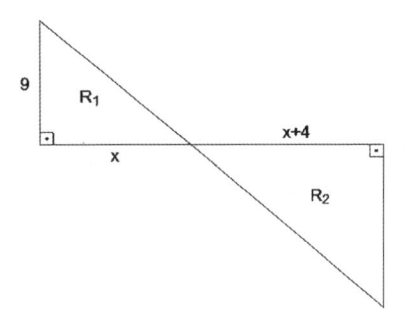

(Escrevente Técnico – TJSP – 2015 – VUNESP) Considere as seguintes figuras de uma sequência de transparências, todas enumeradas:

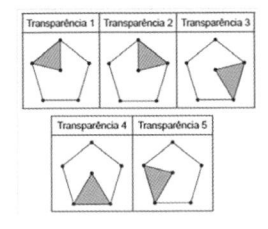

Na referida sequência, a transparência 6 tem a mesma figura da transparência 1, a transparência 7 tem a mesma figura da transparência 2, a transparência 8 tem a mesma figura da transparência 3, e assim por diante, obedecendo sempre essa regularidade.

Dessa forma, sobrepondo-se as transparências 113 e 206, tem-se a figura

(A)

(B)

(C)

(D)

(E)

Resolução:
A figura de uma dada transparência N é a do resto divisão de N por 5, pois a sequência se repete de 5 em 5.
Assim, temos
113= 22x 5 + 3 ⟹ 3a figura
206= 41x5 + 1 ⟹ 1a figura.
Logo, sobrepondo-se as transparências 113 e 206, obtém-se a figura

Gabarito "E".

(Escrevente Técnico Judiciário – TJSP – VUNESP – 2017) A figura seguinte, cujas dimensões estão indicadas em metros, mostra as regiões R_1 e R_2, ambas com formato de triângulos retângulos, situadas em uma praça e destinadas a atividades de recreação infantil para faixas etárias distintas.

Se a área de R_1 é 54 m², então o perímetro de R_2 é, em metros, igual a

(A) 42.
(B) 54.
(C) 40.
(D) 36.
(E) 48.

Solução

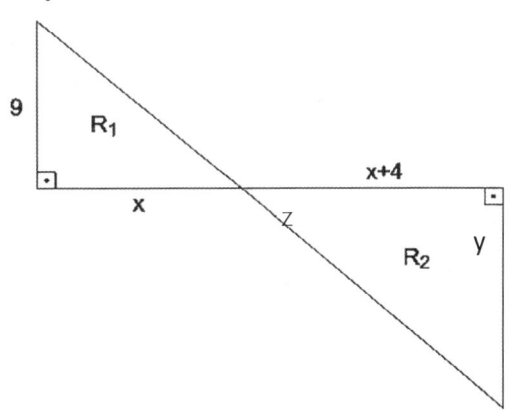

Área de R_1 = 54, isto é,
$$\frac{9x}{2} = 54$$

$$x = \frac{108}{9}$$

x= 12 m
Como os triângulos das regiões R_1 e R_1 são semelhantes por terem três ângulos congruentes, tem-se

$$\frac{9}{x} = \frac{y}{x+4}$$

$$\frac{9}{12} = \frac{y}{12+4}$$

$$\frac{9}{12} = \frac{y}{16}$$

$$y = \frac{9(16)}{12}$$

y = 12 m
Pelo Teorema de Pitágoras,
$z^2 = y^2 + (x + 4)^2$
$z^2 = 12^2 + 16^2$

$z^2 = 144 + 256$
$z^2 = 400$
$z = 20$ m
E então, o perímetro de $R_2 = (x + 4) + y + z =$
$= 16 + 12 + 20 = 48$ m $\Rightarrow$ Letra E.

Gabarito "E".

(Escrevente Técnico Judiciário – TJSP – VUNESP – 2017) Para segmentar informações, de modo a facilitar consultas, um painel de formato retangular foi dividido em 3 regiões quadradas, Q1, Q2 e Q3, e uma região retangular R, conforme mostra a figura, com dimensões indicadas em metros.

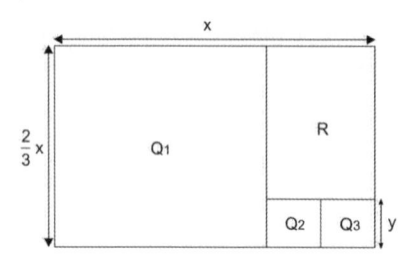

A área, em m², da região retangular R é corretamente representada por:

(A) 1/4 x2

(B) 1/12 x2

(C) 1/6 x2

(D) 1/8 x2

(E) 1/3 x2

Solução
Na figura vemos que

$$x = \frac{2x}{3} + 2y$$

$$2y = x - \frac{2x}{3}$$

$$2y = \frac{x}{3}$$

$$y = \frac{x}{6}$$

Então, a área A (comprimento x altura) da região R é

$$A = 2y\left(\frac{2x}{3} - y\right)$$

$$A = \frac{2x}{6}\left(\frac{2x}{3} - \frac{x}{6}\right)$$

$$A = \frac{x}{3}\left(\frac{2x}{3} - \frac{x}{6}\right)$$

$$A = \frac{x}{3} \cdot \frac{3x}{6}$$

$$A = \frac{3x^2}{18}$$

$$A = \frac{x^2}{6}$$

Resposta: Letra C.

Gabarito "C".

(Escrevente Técnico Judiciário – TJSP – VUNESP – 2017) As figuras seguintes mostram os blocos de madeira A, B e C, sendo A e B de formato cúbico e C com formato de paralelepípedo

reto retângulo, cujos respectivos volumes, em cm³, são representados por V_A, V_B e V_C.

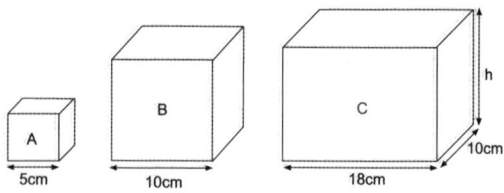

Se $V_A + V_B = \frac{1}{2}V_C$, então a medida da altura do bloco C, indicada por h na figura, é, em centímetros, igual a

(A) 14.

(B) 16.

(C) 11.

(D) 12,5.

(E) 15,5.

Resolução
TEM-SE

$V_A + V_B = V_C/2$ e o volume é calculado por altura x largura x comprimento.
$125 + 1.000 = 18$x10h$/2$
$1125 = 90$h
h $= 1125/90$
h $= 12,5 \rightarrow$ Letra D.

Gabarito "D".

2.4. Contagens, Combinações, Arranjos e Permutação

(Técnico Judiciário – TRT9 – 2012 – FCC) Uma senha formada por três letras distintas de nosso alfabeto possui exatamente duas letras em comum com cada uma das seguintes palavras: ARI, RIO e RUA. Em nenhum dos três casos, porém, uma das letras em comum ocupa a mesma posição na palavra e na senha. A primeira letra dessa senha é

(A) R

(B) O

(C) L

(D) I

(E) A

Solução
Nota-se que a letra R deve pertencer à senha.
Restam AI, IO e UA e, dessas, o A e o O também fazem parte da senha porque o I não pode pois teria três letras em comum e não duas.
Tem-se, até agora, senha = RAO ou RAU e permutações.
RAU também não pode ser senão haveria três letras em comum.
A senha seria RAO, ROA, AOR, ARO, OAR ou ORU.
Uma vez que nenhuma das letras em comum ocupa a mesma posição na palavra e na senha, eliminam-se
RAO, **R**OA, **A**OR, **A**RO: ocupam a mesma letra na mesma posição e ORU que não possui duas letras em comum com a palavra ARI.
Ficamos com a senha OAR.

Gabarito "B".

(TRT/6ª – 2012 – FCC) Para fazer um trabalho, um professor vai dividir os seus 86 alunos em 15 grupos, alguns formados por cinco, outros formados por seis alunos. Dessa forma, sendo C o número de grupos formados por cinco e S o número de grupos formados por seis alunos, o produto C.S será igual a

(A) 56.
(B) 54.
(C) 50.
(D) 44.
(E) 36.

Solução
Como C é o número de grupos de cinco pessoas, 5C é o total de pessoas nesses grupos, e 6S, o total de pessoas nos de 6. logo temos
15 = C + S
86 = 5C + 6S
Ao substituir C = 15 − S, que é a quantidade total de grupos menos a quantidade de grupos de 6 pessoas, na segunda equação, obtemos
86 = 5(15 − S) + 6S
86 = 75 − 5S + 6S   ⇒ 11 = S e C = 4. Logo, C.S = 4.11 = 44.
Gabarito "D".

(TRT/6ª – 2012 – FCC) Em um torneio de futebol, as equipes ganham 3 pontos por vitória, 1 ponto por empate e nenhum ponto em caso de derrota. Na 1ª fase desse torneio, as equipes são divididas em grupos de quatro, realizando um total de seis jogos (dois contra cada um dos outros três times do grupo). Classificam-se para a 2ª fase as duas equipes com o maior número de pontos. Em caso de empate no número de pontos entre duas equipes, prevalece aquela com o maior número de vitórias.

A tabela resume o desempenho dos times de um dos grupos do torneio, após cada um ter disputado cinco jogos.

Equipe	Jogos realizados	Vitórias	Empates	Derrotas
Arranca Toco	5	3	1	1
Bola Murcha	5	2	0	3
Canela Fina	5	1	3	1
Espanta Sapo	5	1	2	2

Sabendo que, na última rodada desse grupo, serão realizados os jogos Arranca Toco X Espanta Sapo e Bola Murcha X Canela Fina, avalie as afirmações a seguir.

I.   A equipe Arranca Toco já está classificada para a 2ª fase, independentemente dos resultados da última rodada.
II. Para que a equipe Canela Fina se classifique para a 2ª fase, é necessário que ela vença sua partida, mas pode não ser suficiente.
III. Para que a equipe Espanta Sapo se classifique para a 2ª fase, é necessário que ela vença sua partida, mas pode não ser suficiente.

Está correto o que se afirma em

(A) I, II e III.
(B) I, apenas.
(C) I e II, apenas.
(D) II e III, apenas.
(E) I e III, apenas.

Resolução
Tem-se na 1ª fase:
AT: 3x3 + 1x1 + 1x0 = 10 pts
BM: 2x3 + 0x1 + 3x0 = 6 pts
CF: 1x3 + 3x1 + 1x0 = 6 pts
ES: 1x3 + 2x1 + 2x0 = 5 pts
I: correto, pois o AT já está classificado para a 2ª fase pois os outros times não passarão de 10 pontos;
II: incorreto, pois se a equipe Canela Fina vencer, irá para 9 pontos e 2 vitórias passando a equipe Bola Murcha que continuará com 6 pontos. Isto é suficiente, ao contrário do que afirma a sentença.
III: correto – Espanta Sapo precisa vencer e o outro jogo tem de empatar. para que Espanta Sapo fique com 8 pontos e as equipes Bola Murcha e Canela Fina fiquem com 7 pontos.
Gabarito "E".

(TRT9 – 2012 – FCC) Em uma loja de bijuterias, todos os produtos são vendidos por um dentre os seguintes preços: R$ 5,00, R$ 7,00 ou R$ 10,00. Márcia gastou R$ 65,00 nessa loja, tendo adquirido pelo menos um produto de cada preço. Considerando apenas essas informações, o número mínimo e o número máximo de produtos que Márcia pode ter comprado são, respectivamente, iguais a

(A) 9 e 10.
(B) 8 e 11.
(C) 8 e 10.
(D) 9 e 13.
(E) 7 e 13.

Sejam a,b e c as quantidades de cada produto comprado por ela. Temos, então, 5a + 7b +10c = 65 (*).
1ª solução
Procuram-se valores possíveis, variando c:

tentativa	c	a equação fica	certo?	a+ b + c
1	6	5a + 7b = 5	não	-
2	5	5a + 7b = 15	não	-
3	4	5a + 7b = 25	não	-
4	3	5a + 7b = 35	não	-
5	2	5a + 7b = 45	Sim a=2 e b=5	9
6	1	5a + 7b = 55	Sim a=4 e b=5	10

⇒ Letra A
2ª solução
Ao verificar as alternativas, constata-se que
A) i) número mínimo
a + b + c = 9 (x5)
5a + 5b + 5c = 45 que, subtraído de (*), dá
2b + 5c = 20
Onde b não pode ser 1, 2, 3, 4. Com b = 5, temos c =2 e a solução (2,5,2).
ii) número máximo
a + b + c = 10 (x5)
5a + 5b + 5c = 50 que, subtraído de (*), dá
2b + 5c = 15
Onde b não pode ser 1, 2, 3, 4. Com b = 5, temos c =1 e a solução (4,5,1).
Opção correta. ⇒ Letra A
3ª solução
Ao agrupar os múltiplos de 5 na equação (*) temos
7b = 65 − 5a − 10c = 5(13 −a − 2c)
Donde 5 divide b ⇒ b =5 e a equação fica 5a + 10c = 30 ⇒ a + 2c = 6.
E, para c=1, a = 4 e, para c=2, a = 2.
Com as soluções (2,5,2) e (4,5,2). ⇒ Letra A
Gabarito "A".

(TRT9 – 2012 – FCC) Em um campeonato de futebol, as equipes ganham 5 pontos sempre que vencem um jogo, 2 pontos em caso de empate e 0 ponto nas derrotas. Faltando apenas ser realizada a última rodada do campeonato, as equipes Bota, Fogo e Mengo totalizam, respectivamente, 68, 67 e 66 pontos, enquanto que a quarta colocada possui menos de 60 pontos. Na última rodada, ocorrerão os jogos:

Fogo x Fla e Bota x Mengo

Sobre a situação descrita, considere as afirmações abaixo, feitas por três torcedores

I.   Se houver uma equipe vencedora na partida Bota x Mengo, ela será, necessariamente, a campeã.

II. Para que a equipe Fogo seja a campeã, basta que ela vença a sua partida.

III. A equipe Bota é a única que, mesmo empatando, ainda poderá ser a campeã.

Está correto o que se afirma em

(A) I e II, apenas.

(B) I, apenas.

(C) III, apenas.

(D) II, apenas.

(E) I, II e III.

Resolução

I: errado, pois se o time Mengo ganhar e o time Fogo também ganhar, Mengo não será campeão pois ficará com 71 pontos e Fogo com 72.

II: incorreto porque, para que o time Fogo seja campeão, é necessário que ele ganhe, passando para 72 pontos e a equipe Bota perca ou empate, ficando com no máximo 70 pontos.

III: está correto: se Bota empata, vai a 70 pontos, sendo vitoriosa se Fogo também empatar, pois irá a 69 pontos. No caso de Fogo empatar e ficar com 69 pontos, ela não poderá ser campeão, já que se Bota empata fica com 70, se bota ganhar fica com 73 pontos e se Bota perde, Mengo fica com 71 pontos.   ⇒ Letra C

Gabarito "C".

(Técnico Judiciário – TJ/AM – 2013 – FGV) Ana deseja formar uma senha de cinco caracteres usando as três letras de seu nome e os dois algarismos da dezena do ano de seu nascimento, 1994. Ela decidiu que manterá a ordem das letras de seu nome, ANA, bem como a ordem dos dois algarismos, 94, mas não manterá, necessariamente, as três letras juntas e os dois algarismos juntos. Além disso, decidiu que a senha começará por uma letra.

Assim, por exemplo, AN94A é uma possível senha para Ana.

Assinale a alternativa que indica a quantidade de escolhas que Ana tem para a sua senha, de acordo com os critérios que ela estabeleceu.

(A) 6

(B) 7

(C) 8

(D) 9

(E) 10

1ª solução (enumeração dos casos)

AN94A,AN94A,A94NA,AN94A,A9N4A,A9NA4

2ª solução

tem-se a permutação com repetição,

$PR_{4,2} = 4!/2 = 4.3.2.1/2 = 12$ mas a senha deve começar com letra: só 6 casos. ⇒ Letra A

Gabarito "A".

(TRT1ª – 2012 – FCC) A rede de supermercados "Mais Barato" possui lojas em 10 estados brasileiros, havendo 20 lojas em cada um desses estados. Em cada loja, há 5.000 clientes cadastrados, sendo que um mesmo cliente não pode ser cadastrado em duas lojas diferentes. Os clientes cadastrados recebem um cartão com seu nome, o nome da loja onde se cadastraram e o número "Cliente Mais Barato", que é uma sequência de quatro algarismos. Apenas com essas informações, é correto concluir que, necessariamente,

(A) existe pelo menos um número "Cliente Mais Barato" que está associado a 100 ou mais clientes cadastrados.

(B) os números "Cliente Mais Barato" dos clientes cadastrados em uma mesma loja variam de 0001 a 5000.

(C) não há dois clientes cadastrados em um mesmo estado que possuam o mesmo número "Cliente Mais Barato".

(D) existem 200 clientes cadastrados no Brasil que possuem 0001 como número "Cliente Mais Barato".

(E) não existe um número "Cliente Mais Barato" que esteja associado a apenas um cliente cadastrado nessa rede de supermercados.

Resolução

Ao analisar as alternativas, observa-se que

A: Correto – como existem 200 lojas com 5.000 clientes cadastrados em cada uma, num total de 1.000.000 clientes cadastrados e há 10.000 números possíveis, então existe pelo menos um número "Cliente Mais Barato" que está associado a 100 ou mais clientes cadastrados pois \1 milhão/10.000 = 100 clientes com o mesmo número, no mínimo.

B: Incorreto porque, em uma loja, os números podem variam de 0000 a 9999, não sendo cadastrados necessariamente em ordem ou iniciando em 0001, isto é, pode haver outra sequência, como 0000 a 4999 ou outras;

C: Também incorreto, pois pode ocorrer em duas lojas diferentes;

D: Incorreto – nada confirma tal afirmação;

E: Incorreto – pode existir tal número e Isso ocorre quando apenas uma das lojas da rede o utiliza, não sendo utilizado pelas outras lojas da rede.

Gabarito "A".

Escrevente Técnico Judiciário – TJSP – VUNESP – 2017) Sabe-se que 16 caixas K, todas iguais, ou 40 caixas Q, todas também iguais, preenchem certo compartimento, inicialmente vazio. Também é possível preencher totalmente esse mesmo compartimento completamente vazio utilizando 4 caixas K mais certa quantidade de caixas Q. Nessas condições, é correto afirmar que o número de caixas Q utilizadas será igual a

(A) 30

(B) 10

(C) 22

(D) 28

(E) 18

Resolução

Seja n o número de caixas Q.

Temos

1) 16K = 40Q

2K = 5Q

e

2) 4K + nQ = 40Q

Substituindo-se o valor de K em 2), obtemos

$4\frac{5Q}{2} + nQ = 40Q$

10Q + nQ = 40Q
nQ = 30Q
n = 30 => Letra A. [EG]

Gabarito "A".

(Escrevente Técnico Judiciário – TJSP – VUNESP – 2017) Os preços de venda de um mesmo produto nas lojas X, Y e Z são números inteiros representados, respectivamente, por x, y e z. Sabendo-se que x + y = 200, x + z = 150 e y + z = 190, então a razão x / y é:

(A) 4/9

(B) 2/3

(C) 3/8

(D) 1/3

(E) 3/5

Solução

Temos as equações
x + y = 200 (1)
x + z = 150 (2)
y + z = 190 (3)
Subtraindo-se (2) de (3) obtém-se
y – x = 40
que, somada à equação (1) resulta em
2y = 240
y = 120
Colocando-se o valor de y em (1), temos
x+ 120 = 200,
x = 80
Daí,
x/y = 80/120
x/y = 2/3 ⟹ Letra B. [EG]

Gabarito "B".

2.5. Operações, propriedades, problemas envolvendo as quatro operações nas formas fracionária e decimal

(TRT/1ª – 2012 – FCC) Somando-se um mesmo número ao numerador e ao denominador da fração 3/5, obtém-se uma nova fração, cujo valor é 50% maior do que o valor da fração original. Esse número está entre

(A) 1 e 4.

(B) 5 e 8.

(C) 9 e 12.

(D) 13 e 16.

(E) 17 e 20.

Resolução

Seja **x** o número procurado.
Temos, então, a nova fração
que é 50% maior que a original 3/5, isto é, a/b = 3/5 + 50% de 3/5.
Ou seja,
Daí,
⟹ 30 + 10x = 45 + 9x x = 15.

Gabarito "D".

(Escrevente Técnico Judiciário – TJSP – VUNESP – 2017) A empresa Alfa Sigma elaborou uma previsão de receitas trimestrais para 2018. A receita prevista para o primeiro trimestre é de 180 milhões de reais, valor que é 10% inferior ao da receita prevista para o trimestre seguinte. A receita prevista para o primeiro semestre é 5% inferior a prevista para o segundo semestre. Nessas condições, é correto afirmar que a receita média trimestral prevista para 2018 é, em milhões de reais, igual a

(A) 195

(B) 190

(C) 203

(D) 198

(E) 200

Resolução

Receita 1º trimestre = 180 mi = 0,9 receita 2º trimestre.
Logo
receita 2º trimestre 180 mi/ 0,9 = 200 mi.
Temos que Receita 1º semestre = 180 mi + receita 2º trimestre = 180 mi + 200 mi = 380 mi.
Mas receita 1º semestre = 0,95 receita 2º semestre.
Então
380 mi = 0,95 receita 2º semestre, ou
receita 2º semestre = 380 mi / 0,95
receita 2º semestre = 400 mi
A receita prevista para o ano será de 380 mi + 400 mi = 780 mi.
Daí, a média trimestral é de780 mi / 4 = 195 mi. ⟹ Letra A. [EG]

Gabarito "A".

2.6. Conjuntos numéricos complexos. Números e grandezas proporcionais. Razão e proporção. Divisão proporcional. Regra de três simples e composta. Porcentagem

(Técnico – TJ/MA – FCC – 2019) Uma pista circular tem 200 metros de comprimento. Dois corredores partiram de um mesmo ponto dessa pista e começaram a dar voltas, cada um deles mantendo sempre uma mesma velocidade. O corredor mais rápido completou a primeira volta quando o corredor mais lento tinha percorrido 185 metros. No momento em que o corredor mais lento tiver completado 39 voltas na pista, o número de voltas completas que o corredor mais rápido terá completado é igual a:

(A) 43.

(B) 42.

(C) 45.

(D) 44.

(E) 41.

1ª solução

Uma vez que o corredor mais rápido completou a primeira volta quando o corredor mais lento tinha percorrido 185 metros, tem-se que a cada volta completa do corredor mais rápido, o mais lento percorre 185 m. Assim,
Quando o corredor mais lento tiver completado 39 voltas na pista, ou seja, 39x200m = 7.800 m, o corredor mais rápido terá completado

$\frac{7.800}{185} = 42,16$ voltas = 42 voltas completas mais 0,16 x 200 = 32m,

pois 0,16 de 1 volta corresponde a 32m(*), aproximadamente.
Logo, a opção de resposta correta é a da Letra B.

2ª solução

Tem-se a Regra de Três Simples
corredor mais lento   corredor mais rápido
    185m   --   200m (= **1** volta)
    39x200m   --   V

$V = \dfrac{39x200x1}{185} = \dfrac{7.800}{185}$

V = 42,162 voltas = 42 voltas completas mais 0,16 x 200 = 32m(ver * acima).
Logo, a opção de resposta correta é a da Letra B. (EG)

Gabarito "B".

(Técnico –TRT/15 – FCC – 2018) O consumo de combustível de um veículo utilizado no transporte de magistrados é de 8 km por litro de gasolina em uso urbano, e de 12 km por litro de gasolina com uso em estrada. No percurso entre os tribunais das cidades A e B, que estão a 90 km um do outro, 12 km são de trecho urbano e o restante é de trecho em estrada. Ao custo de R$ 4,20 por litro de gasolina, uma boa estimativa do gasto com combustível no transporte de um magistrado entre esses dois tribunais é de

(A) R$ 44,10.
(B) R$ 37,80.
(C) R$ 31,50.
(D) R$ 39,90.
(E) R$ 33,60.

Resolução
Tem se o consumo
Trecho urbano:
8 km -- 1 L
12   -- x
x = 12/8 = 1,5 L
Trecho de estrada:
90 – 12 = 78 km:
12 km -- 1 L
78   -- y
y = 78/12 = 6,5 L
Consumo total = x + y = 1,5 + 6,5 = 8 L.
Logo, o gasto foi de 8 x 4,20 = R$ 33,60.
Gabarito "E."

(Técnico – TRT/15 – FCC – 2018) Em uma situação hipotética, um Tribunal julgou procedente o recurso de um jogador profissional que atua num clube do interior paulista, e manteve o reconhecimento da unicidade contratual no período de 5/8/2013 a 22/9/2015, desconsiderando, assim, a dispensa ocorrida em 27/7/2015. A decisão colegiada também aumentou de R$ 5 mil para R$ 32 mil a multa compensatória a ser paga pelo clube ao jogador, pela dispensa imotivada.
(Adaptado de: http://portal.trt15.jus.br/. Acessado em: 29/03/18)

De acordo com a notícia, o aumento percentual da multa compensatória a ser paga ao jogador foi de

(A) 185%.
(B) 156%.
(C) 540%.
(D) 640%.
(E) 590%.

Resolução
A multa passou de 5 para 32, ou seja, aumentou 32 mil – 25 mil = 27 mil.
Em termos percentuais, tem-se, pela Regra de Três, um aumento de
5 -- 27
100 -- x
X = (100x27)/5 = 540 %.
Gabarito "C".

(Técnico Judiciário – TRT9 – 2012 – FCC) Em uma repartição pública em que 64% dos funcionários têm salário superior a R$ 7.000,00, 60% dos funcionários têm curso superior e 40% possuem apenas formação de ensino médio. Dentre os servidores com nível superior, 80% ganham mais do que R$ 7.000,00. Dessa forma, dentre os funcionários que têm somente formação de Ensino Médio, aqueles que recebem salário maior do que R$ 7.000,00 correspondem a

(A) 48%
(B) 44%
(C) 40%
(D) 50%
(E) 56%

Resolução
Suponha que são em número de 100 os funcionários.
Então 64 têm salário superior a R$ 7.000,00 e 60 têm curso superior.
80% desses 60, isto é, 48 ganham mais do que R$ 7.000,00.
Temos, com isso, 64 – 48 = 16 com Ensino Médio com salário > 7.000.
Uma vez que são 40 com Ensino Médio, no total, temos a regra de três
40 – 16
100 – x   ⇒ x =40%.
Gabarito "C".

(Técnico Judiciário – TRT9 – 2012 – FCC) Em um tribunal, trabalham 17 juízes, divididos em três níveis, de acordo com sua experiência: dois são do nível I, cinco do nível II e os demais do nível III. Trabalhando individualmente, os juízes dos níveis I, II e III conseguem analisar integralmente um processo em 1 hora, 2 horas e 4 horas, respectivamente. Se os 17 juízes desse tribunal trabalharem individualmente por 8 horas, então o total de processos que será analisado integralmente pelo grupo é igual a

(A) 28
(B) 34
(C) 51
(D) 56
(E) 68

Solução
Temos, portanto, 17 juízes assim divididos:
2 do nível I que analisam 1 processo em 1 h ⇒ em 8h, os 2 analisarão 8x2 = 16 processos;
5 do nível II que analisam 1 processo em 2 h ⇒ em 8h, os 5 analisarão 4x5 = 20 processos;
10 do nível III que analisam 1 processo em 4 h ⇒ em 8h, os 10 analisarão 2x10 = 20 processos.
Tem-se o total de 16+20+20 = 56 processos que será analisado integralmente pelo grupo.
Gabarito "D".

(TRT9 – 2012 – FCC) Atendendo ao pedido de um cliente, um perfumista preparou 200 mL da fragrância X. Para isso, ele misturou 20% da essência A, 25% da essência B e 55% de veículo. Ao conferir a fórmula da fragrância X que fora encomendada, porém, o perfumista verificou que havia se enganado, pois ela deveria conter 36% da essência A, 20% da essência B e 44% de veículo. A quantidade de essência A, em mL, que o perfumista deve acrescentar aos 200 mL já preparados, para que o perfume fique conforme a especificação da fórmula é igual a
(A) 32.
(B) 36.
(C) 40.
(D) 45.
(E) 50.

Resolução
Da essência A, ele colocou 20% de 200 mL = 40 mL.

Deve, então, acrescentar **x** mL dela para acertar a fórmula que ficará com a nova quantidade 200 + x.
Portanto, 40 + x = 36%(200 + x) para o perfume se adequar ao desejado.
40 + x = 0,36(200 + x)
40 + x = 72 + 0,36x
0,64x = 32 ⇒ x = 50 mL. ⇒ Letra E
Gabarito "E".

(TRT/1ª – 2012 – FCC) Em uma escola privada, 22% dos alunos têm bolsa de estudo, sendo os demais pagantes. Se 2 em cada 13 alunos pagantes ganharem bolsa de estudo, a escola passará a contar com 2.210 alunos bolsistas. Dessa forma, o número atual de alunos bolsistas é igual a
(A) 1.430.
(B) 340.
(C) 910.
(D) 1.210.
(E) 315.

1ª solução
Seja **N** o número total de alunos.
Então, os alunos bolsistas são **B** = 22% de N = (22/100)N = 22N/100 e os pagantes, N – 22N/100 = 78N/100.
No caso de 2 em cada 13 alunos pagantes ganharem bolsa de estudo, teremos a regra de três
2 – 13
x – 78N/100 ⇒ 13x = 2.78N/100 = 78N/50 ⇒ 650x = 78N ⇒ x = 78N/650
Ou x = 6N/50, isto é, (6N/50) novos alunos bolsistas.
Logo, ficaremos com o total de bolsistas, anteriores e novos:
22N/100 + 6N/50 = 22N/100 + 12N/100 = (34N/100) alunos bolsistas.
Ou seja
34N/100 = 2.210 ⇒ N = 221000/34 = 6.500 alunos.
O número atual de alunos bolsistas é igual a 22% de 6500 =1.430.
Letra A
2ª solução
Suponha que o número de alunos seja igual a 100.
Então, 22 são bolsistas e 78, pagantes.
Se 2 em cada 13 alunos pagantes ganharem bolsa de estudo, teremos
13 – 2
78 – x   ⇒ x = 12 novos bolsistas, perfazendo o total de
22(anteriores) + 12(novos bolsistas) = 34 alunos bolsistas.
Assim temos
34 – 2210
A – 100   ⇒ A = 6.500 alunos no total, e o número atual de bolsistas é de
22 % de 6500 = 1.430.
Gabarito "A".

(TRT9 – 2012 – FCC) Em uma disciplina de um curso superior, dos alunos matriculados foram aprovados em novembro, logo após as provas finais.
Todos os demais alunos fizeram em dezembro uma prova de recuperação. Como desses alunos conseguiram aprovação após a prova de recuperação, o total de aprovados na disciplina ficou igual a 123. O total de alunos matriculados nessa disciplina é igual a
(A) 136.
(B) 127.
(C) 130.
(D) 135.
(E) 126.

Resolução
Seja **n** o número total de alunos.
Então, 7n/9 foram aprovados em novembro, e 2n/9 não o foram.
E 3/5 desses obtiveram aprovação na prova de recuperação, isto é, 3/5 de 2n/9 = 6n/45.
Com isso, o total de aprovados ficou 7n/9 + 6n/45 =123, ou
35n/45 + 6n/45 =41n/45 = 123 ⇒ n = 135 alunos. ⇒ Letra D
Gabarito "D".

(TRT/1ª – 2012 – FCC) Em um planeta fictício X, um ano possui 133 dias de 24 horas cada, dividido em 7 meses de mesma duração. No mesmo período em que um ano terrestre não bissexto é completado, terão sido transcorridos no planeta X, exatamente,
(A) 1 ano, 6 meses e 4 dias.
(B) 2 anos e 4 dias.
(C) 2 anos e 14 dias.
(D) 2 anos, 5 meses e 14 dias.
(E) 2 anos, 5 meses e 4 dias.

Resolução
O mês no planeta X tem 133/7 = 19 dias.
Como esse ano terrestre possui 365 dias, ou seja
365 = 2x133 + 99 dias, no planeta X, e os 99 dias são, pelo padrão do cálculo do ano em X, 5x19 dias + 4 dias = 5 meses e 4 dias.
Gabarito "E".

(Escrevente Técnico – TJSP – 2015 – VUNESP) Uma avaliação com apenas duas questões foi respondida por um grupo composto por X pessoas. Sabendo- se que exatamente 160 pessoas desse grupo acertaram a primeira questão, que exatamente 100 pessoas acertaram as duas questões, que exatamente 250 pessoas acertaram apenas uma das duas questões, e que exatamente 180 pessoas erraram a segunda questão, é possível afirmar, corretamente, que X é igual a
(A) 520.
(B) 420.
(C) 370.
(D) 470.
(E) 610.

Solução:
Seja **P** o conjunto das pessoas que acertaram só a primeira questão,
S o das que apenas acertaram a segunda,
P∩S, acertaram as duas e
Z as que não acertaram questão alguma.
Então, o grupo composto por X pessoas é:
X=P∪S∪(P∩S)∪Z.
Sendo P∩S os que acertaram as duas, tem-se que P = 160 – P∩S =
160 – 100 = 60 acertaram só a primeira, errando, portanto, a segunda.
Além disso, S = 250 – 60 = 190 acertaram somente a segunda questão.
Das 180 que erraram a segunda, subtraem-se as 60 citadas acima, e tem-se que X = 60 + 190 + 100 + 120 =470
Esquematicamente

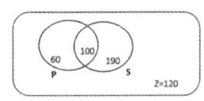

Gabarito "D".

(Escrevente TJ/SP – 2011 – VUNESP) Uma pessoa pagou 30% do valor total de uma dívida e o restante dela irá pagar em 30 dias, sem acréscimo. Se R$ 3.500,00 correspondem a 20% do valor restante a ser pago, então é correto afirmar que, ao pagar 30% do valor da dívida, a pessoa desembolsou

(A) R$ 5.200,00.

(B) R$ 6.800,00.

(C) R$ 7.500,00.

(D) R$ 7.850,00.

(E) R$ 8.200,00.

Seja r o valor restante a ser pago.
Então,
3 550 = 20% de r = 0,20r ⇒ 0,2r = 3 500 ⇒ r = 3 550/0,2 ⇒ r=17 500.
Sendo d a dívida, temos
O restante r da dívida corresponde a 70% dela, isto é,
70% de d = 0,7d = 17 500. Então a dívida foi d = 17 500/0,7 = 25 000.
E, ao pagar 30% do valor da dívida, a pessoa desembolsou 30% de d = 30% de 25 000 = R$ 7.500,00.
Gabarito "C"

(Escrevente Técnico – TJSP – 2015 – VUNESP) Um determinado recipiente, com 40% da sua capacidade total preenchida com água, tem massa de 428 g. Quando a água preenche 75% de sua capacidade total, passa a ter massa de 610 g. A massa desse recipiente, quando totalmente vazio, é igual, em gramas, a

(A) 338.

(B) 208.

(C) 200.

(D) 182.

(E) 220.

(Proporções) Resolução:
Seja **r** a massa do recipiente e **c** sua capacidade.
Com 40% de c, a massa total vale r + 0,4c = 428g (i) e com 75% de c, essa massa total é r + 0,75c = 610g (ii).
Ao subtrair (i) de (ii), temos 0,35c = 182.
Ou seja, c = 182/0,35 = 520.
Substituindo em (i), encontra-se
r + 0,4x520 = 428
r + 208 = 428
r = 220g.
Gabarito "E"

(Escrevente Técnico – TJSP – 2015 – VUNESP) Para a montagem de molduras, três barras de alumínio deverão ser cortadas em pedaços de comprimento igual, sendo este o maior possível, de modo que não reste nenhum pedaço nas barras. Se as barras medem 1,5 m, 2,4 m e 3 m, então o número máximo de molduras quadradas que podem ser montadas com os pedaços obtidos é

(A) 3.

(B) 6.

(C) 4.

(D) 5.

(E) 7.

Resolução:
Uma vez que os pedaços devem ser de mesmo comprimento, calcula-se o MDC (máximo divisor comum) dos comprimentos, em cm:
150 240 300 | 3
5080 100   10 → MDC = 3x10 = 30cm, ou seja, cada pedaço terá 30cm.
  5   810
Com o total de 5+8+10 = 23 pedaços, podem ser montadas 23/4 = 5 molduras quadradas de lado 30cm.   => Letra D
Gabarito "D"

(Escrevente Técnico – TJSP – 2015 – VUNESP) Para fazer 200 unidades do produto P, uma empresa utilizou $\frac{3}{4}$ do estoque inicial (E) do insumo Q. Para fazer mais 300 unidades do produto P, vai utilizar a quantidade que restou do insumo Q e comprar a quantidade adicional necessária para a produção das 300 unidades, de modo que o estoque do insumo Q seja zerado após a produção desse lote. Nessas condições, deverá ser comprada, do insumo Q, uma quantidade que corresponde, do estoque inicial E, a

(A) $\frac{2}{3}$

(B) $\frac{7}{8}$

(C) $\frac{1}{4}$

(D) $\frac{3}{8}$

(E) $\frac{9}{8}$

Resolução:
Seja a regra de três para o produto P:
200 unid- - (3/4)E
300 unidades- - x ⇒ x = [300(3/4)E]/200 = 3x3/4)E/2 = 9E/8: quantidade necessária para fazer300 unidades do produto P.
Como já foram gastos 3/4E, sobrou (1/4) e precisa-se comprar
9E/8 – (1/4)E = 9E/8 – 2E/8 = 7E/8.
Gabarito "B"

(Escrevente Técnico – TJSP – 2015 – VUNESP) Levantamento feito pelo CRA-SP questionou qual reforma deve ser priorizada pelo governo. Entre as opções estavam os setores previdenciário, trabalhista, político, tributário e judiciário, sendo que apenas um deles deveria ser apontado. O gráfico mostra a distribuição porcentual arredondada dos votos por setor.

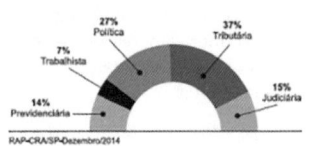

QUAL REFORMA DEVE SER PRIORIZADA PELO GOVERNO?

RAP-CRA/SP-Dezembro/2014

Sabendo que o setor político recebeu 87 votos a mais do que o setor judiciário, é correto afirmar que a média aritmética do número de apontamentos por setor foi igual a

(A) 128.

(B) 130.

(C) 137.

(D) 140.

(E) 145.

Resolução:

Seja T o total de votos.

Como foi de 87 a diferença entre os votos do setor político eos do setor judiciário, tem-se

87 = 27%T -15%T

87 = 12%T

Então T = 87/12%

T = 87/0,12

T = 725 votos nos 5 setores

Portanto, a média aritmética do número de apontamentos por setor foi igual a

725/5 = 145 votos/setor.

Gabarito "E".

(Escrevente Técnico – TJSP – 2015 – VUNESP) Dois recipientes (sem tampa), colocados lado a lado, são usados para captar água da chuva. O recipiente A tem o formato de um bloco retangular, com 2 m de comprimento e 80 cm de largura, e o recipiente B tem a forma de um cubo de 1 m de aresta. Após uma chuva, cuja precipitação foi uniforme e constante, constatou-se que a altura do nível da água no recipiente B tinha aumentado 25 cm, sem transbordar.

Desse modo, pode-se concluir que a água captada pelo recipiente A nessa chuva teve volume aproximado, em m^3, de

(A) 0,40.

(B) 0,36.

(C) 0,32.

(D) 0,30.

(E) 0,28.

Resolução:

Dadas as condições de precipitação, os dois recipientes captarão água da chuva com a mesma altura de 0,25 m.

O recipiente B, em uma área de $1m^2$ e o recipiente A, na área de 2 x 0,80 = 1,6 m^2.

Logo, o recipiente A captará 1,6 x 0,25 = 0,40 m^3.   Letra   A

Gabarito "A".

(Escrevente Técnico – TJSP – 2015 – VUNESP) Aluísio e Berilo aplicaram, respectivamente, R$ 4.000,00 e R$ 5.000,00 a uma mesma taxa mensal de juros simples durante quatro meses. Se o valor dos juros recebidos por Berilo foi R$50,00 maior que o valor dos juros recebidos por Aluísio, então a taxa anual de juros simples dessas aplicações foi de

(A) 10,8%.

(B) 12%.

(C) 12,6%.

(D) 14,4%.

(E) 15%.

Resolução:

Sejam J_A e J_B os juros recebidos por Aluísio e Berilo, respectivamente.

Tem-se $J_B = J_A + 50$

ComoJ = Cit, com C capital, i taxa de juros e t o tempo em meses, temos

5.000i.4 =4.000i.4 + 50

20.000i = 16.000i + **50**

4.000i = 50 ou

i = 50/4.000

i = 1,25/100=   1,25% ao mês

E a taxa anual de juros simples dessas aplicações foi de 112x1,25% = 15%.

Gabarito "E".

(Técnico Judiciário – TRT24 – FCC – 2017) Uma corda será dividida em três pedaços de comprimentos diretamente proporcionais a 3, 5 e 7. Feita a divisão, verificou-se que o maior pedaço ficou com 1 metro a mais do que deveria ser o correto para a medida do maior pedaço, e que o menor pedaço ficou com 1 metro a menos do que deveria ser o correto para a medida do menor pedaço. Se o único pedaço que saiu na medida correta ficou com 12 metros de comprimento, o menor dos três pedaços saiu com comprimento, em metros, igual a

(A) 8,6

(B) 7,5

(C) 6,2

(D) 4,8

(E) 5,6

Solução

Sejam a, b e c os três pedaços, com c > b >a.

Temos a divisão diretamente proporcional doa pedaços:

$$\frac{a}{3} = \frac{b}{5} = \frac{c}{7}$$

Para b = 12, ou seja, não ser o menor nem o maior pedaço:

$$\frac{a}{3} = \frac{12}{5}$$

a= 36/5

a = 7,2

$$\frac{c}{7} = \frac{12}{5}$$

c= 84/5

c= 16,8

Uma vez que o menor pedaço ficou com 1 metro a menos, saiu, então com 7,2 – 1 = 6,2 m. ⟹ Letra C.

Gabarito "C".

(Técnico Judiciário – TRT11 – FCC – 2017) O valor que corresponde ao resultado correto da expressão numérica $(13^2 - 11^2) \div (12^2 \div 3) \div (10^2 - 9^2 - 4^2)$ é

(A) 3/4

(B) 1/5

(C) 1/3

(D) 2/5

(E) ¼

Resolução

Temos

$$\frac{\dfrac{13^2-11^2}{12^2}}{10^2-9^2-4^2} = \frac{\dfrac{169-121}{144}}{100-81-16}$$

Para calcular fração sobre fração inverte-se o denominador e o multiplica-se pelo numerador.

$$\frac{48}{144} \times \frac{100-81-16}{3} = \frac{48}{144} \times \frac{3}{3}$$

$$= \frac{1}{3} \Rightarrow \text{Letra C.} \; \boxed{\text{EG}}$$

Gabarito "C".

2.7. Progressões Aritmética e Geométrica e sequências numéricas

Técnico – TRF/4 – FCC – 2019) Considere a sequência

$$\frac{2^0}{3^{-1}} ; \frac{-2^1}{3^0} ; \frac{2^2}{3^1} ; \frac{-2^2}{3^2}$$ em que o primeiro termo é $\frac{2^0}{3^{-1}}$

O sétimo termo dessa sequência é

(A) $\dfrac{64}{243}$

(B) $-\dfrac{64}{243}$

(C) $\dfrac{32}{81}$

(D) $-\dfrac{32}{81}$

(E) $\dfrac{32}{243}$

1ª solução

Trata-se de um progressão geométrica com 1º termo $a_1 = 2^0/3^{-1} = 3$ e razão $q = a_2/a_1 = (-2)/3 = -2/3$, ou seja, tem-se a P.G.

3 ; -2 ; 4/3 ; -8/9 ; 16/27 ; -32/81 ; **64/243** ; ....

Assim o sétimo termo é

$a_7 = 3(-2/3)^6$

$a_7 = 2^6/3^5$

$a_7 = 64/243$

2ª solução

Nota-se a lei de formação dos

Numeradores: 2^0 -2^1 2^2-$2^3$$2^4$ -2^5 2^6

Denominadores: 3^{-1} 3^0 3^1 3^2 3^3 3^4 3^5

Assim, o sétimo termo é $2^6/3^5 = 64/243$ $\boxed{\text{EG}}$

Gabarito "A".

(Técnico Judiciário – TRT/24ª – 2011 – FCC) Na sequência de operações seguinte, os produtos obtidos obedecem a determinado padrão.

Assim sendo, é correto afirmar que, ao se efetuar 111 111 111 . 111 111 111, obtém-se um número cuja soma dos algarismos está compreendida entre:

(A) 25 e 40.

(B) 40 e 55.

(C) 55 e 70.

(D) 70 e 85.

(E) 85 e 100.

1ª Solução

Temos

Nota-se que a lei empírica de formação do produto de dois números, cada um deles formado por n 1s, parece dizer que o produto terá a soma S de seus algarismos igual a n**2**. (Tem que ser provado – veja a 2ª Solução)

A questão pede o valor de S para o produto com nove 1s. Então S = **9**2 =81. Então, letra D.

2ª Solução.

O número formado pelo produto tem a estrutura "1,2,3,...,(n-1), n,(n+1),...3,2,1".

Logo, a soma S de seus algarismos será a soma de duas PAs(progressões aritméticas de razão 1, último termo n-1 e primeiro termo 1 $= n(n-1)/2$) e mais o número n, ié,

$S = 2[n(n-1)/2] + n$

$S = n(n-1) + n$

$S = n$**2**.

Para $n = 9$, temos $S = $**9**2 =81.

Gabarito "D".

2.8. Questões de conteúdo variado de matemática básica

(Técnico – TRF/4 – FCC – 2019) Na granja de Celso, há codornas, galinhas e patas. Por dia, Celso recolhe 15 ovos de codorna, 12 ovos de galinha e 9 ovos de pata. O menor número de Dias necessários para Celso ter certeza de que recolheu, pelo menos, 1 800 ovos de galinha e 1 500 de pata é

(A) 150

(B) 316

(C) 156

(D) 167

(E) 100

Resolução

Para 1.800 ovos de galinha, ele necessita de 1.800/12 = 150 dias.

Para 1.500 ovos de pata são necessários 1.500/9 = 166,7 ~ 167 dias.

Logo, para ter certeza de conseguir essa quantidades de ovos ele precisa de 167 dias. $\boxed{\text{EG}}$

Gabarito "D".

(7 – TRF/4 – FCC – 2019) João escolheu um número do conjunto {90, 91, 92, 93, 94, 95, 96, 97, 98} que Pedro deve adivinhar. João fez três afirmações mas só uma é verdadeira:

– o número é par.

– o número é múltiplo de 5.

– o número é divisível por 3.

O número máximo de tentativas para que Pedro adivinhe o número escolhido por João é

(A) 9

(B) 7

(C) 6

(D) 5

(E) 4

Resolução

De acordo com as afirmações, os únicos números que Pedro pode escolher pertencem ao conjunto

{92, 93, 94, 95, 98} num total de 5 tentativas.

Note que

90 não pode pois é par, é múltiplo de 5 e divisível por 3 implica 3 afirmações verdadeiras;

91, 97 não atendem ao enunciado;

96 é par e múltiplo de 3: não pode ter 2 afirmações verdadeiras. $\boxed{\text{EG}}$

Gabarito "D".

(Escrevente – TJ/SP – 2018 – VUNESP) Ontem, os ciclistas Afonso e Bernardo iniciaram os respectivos treinamentos, feitos em uma mesma pista, exatamente no mesmo horário, às 8h 12min. Ambos percorreram a pista no mesmo sentido, sendo que Afonso partiu de um ponto P dessa pista e Bernardo partiu de um ponto Q, situado 1,26 km à frente de P. Por determinação do técnico, no treinamento desse dia, ambos mantiveram ritmos uniformes e constantes: Afonso percorreu 420 metros a cada 1 minuto e 20 segundos, e Bernardo percorreu, a cada 1 minuto e 20 segundos, 80% da distância percorrida por Afonso. Nessas condições, Afonso alcançou Bernardo às

(A) 8h 30min.

(B) 8h 45min.

(C) 8h 38min.

(D) 8h 32min.

(E) 8h 28min.

Solução

Cada 1min 20s correspondem a 80s.

A velocidade de Afonso é de v_A = 420m/80s = 5,25 m/s e a de Bernardo, v_B = 336/80 = 4,20 m/s.

Assim,

Após o mesmo empo t tem-se que a

Posição de Afonso: $e_A = v_A \cdot t$ e a

a de Bernardo, e_B = 1.260 + $v_B \cdot t$

Para ser o ponto de encontro dos dois, deve=se ter

$e_A = e_B$

5,25 t = 1.260 + 4,2t

1,05 t = 1.260

t = 1.200s = 20 min

Logo, Afonso alcançou Bernardo às 8h 12min + 20 min = 8h 32min.

EG

Gabarito "D".

(Escrevente – TJ/SP – 2018 – VUNESP) No posto Alfa, o custo, para o consumidor, de um litro de gasolina é R$ 3,90, e o de um litro de etanol é R$ 2,70. Se o custo de um litro de uma mistura de quantidades determinadas desses dois combustíveis é igual a R$ 3,06, então o número de litros de gasolina necessários para compor 40 litros dessa mistura é igual a

(A) 12.

(B) 24.

(C) 28.

(D) 20.

(E) 16.

Resolução

Seja **x** a quantidade de gasolina a R$ 3,90 o litro e **y** a de etanol a R$ 2,70, na mistura.

Para x + y = 40 litros da mistura ter-se-á o custo de

40(3,06) = 3,9x + 2,7y

122,4 = 3,9x + 2,7y

1224 = 39x + 27y

Simplificando por3:

408 = 13x + 9y

Substituindo y = 40 –x, obtém-se

408 = 13x + 9(40 –x)

408 = 13x + 360 – 9x

48 = 4x

x = 12 litros de gasolina

EG

Gabarito "A".

(Técnico Judiciário – TJAM – 2013 – FGV) Considere que, para se deslocar no espaço bidimensional, uma partícula só possa fazer movimentos nos sentidos norte (N), sul (S), leste (L), oeste (O) e que, cada deslocamento corresponda a uma unidade de comprimento.

Suponha que, partindo de um ponto A, uma partícula tenha se deslocado até um ponto B percorrendo a trajetória N N L N L L N N O S O N.

Outra trajetória que essa partícula poderia percorrer para se deslocar do ponto A até o ponto B é

(A) L L S S N N N N N N O

(B) S L N L S SO OS O S S

(C) N N L N N L N N L S O

(D) N L L N N N N O

(E) L L N N N N L

1ª **solução**

As figuras mostram os esboços da trajetória e das alternativas apresentadas

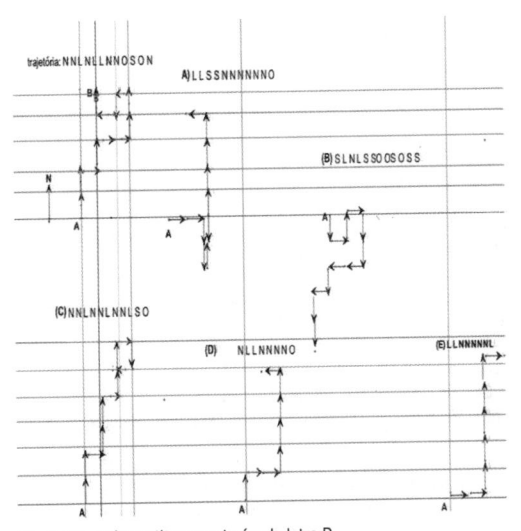

Vê-se que a alternativa correta é a da letra D.

2ª **solução**

Se considerarmos (0,0) como as coordenadas do ponto A e cada N como +1, S como -1, L como +1 e O como -1, o ponto B estará em (1,5).

Na alternativa A, o ponto B estaria em (1,4) – alternativa incorreta;

Na alternativa B, o ponto B estaria em (-1,-4) – alternativa incorreta;

Na alternativa C, o ponto B estaria em (2,5) – alternativa incorreta;

Na alternativa D, o ponto B estaria em (1,5) – alternativa correta; $\Rightarrow$ Letra D

Na alternativa E, o ponto B estaria em (3,5) – alternativa incorreta.

Gabarito "D".

(TRT/6ª – 2012 – FCC) Uma faculdade possui cinco salas equipadas para a projeção de filmes (I, II, III, IV e V). As salas I e II têm capacidade para 200 pessoas e as salas III, IV e V, para 100 pessoas. Durante um festival de cinema, as cinco salas serão usadas para a projeção do mesmo filme. Os alunos serão distribuídos entre elas conforme a ordem de chegada, seguindo o padrão descrito abaixo:

1ª pessoa: sala I

2ª pessoa: sala III

3ª pessoa: sala II

4ª pessoa: sala IV

5ª pessoa: sala I

6ª pessoa: sala V

7ª pessoa: sala II

A partir da 8ª pessoa, o padrão se repete (I, III, II, IV, I, V, II...). Nessas condições, a 496ª pessoa a chegar assistirá ao filme na sala

(A) V.

(B) IV.

(C) III.

(D) II.

(E) I.

Solução

Com a repetição do padrão, temos 496 =7(70 repetições) + 6 posições, isto é, a 496ª pessoa estará na 6ª posição do padrão, na V sala.

Gabarito "A".

(TRT/6ª – 2012 – FCC) Em um determinado ano, o mês de abril, que possui um total de 30 dias, teve mais domingos do que sábados. Nesse ano, o feriado de 1º de maio ocorreu numa

(A) segunda-feira.

(B) terça-feira.

(C) quarta-feira.

(D) quinta-feira.

(E) sexta-feira.

Solução

Para que existam mais domingos que sábados num mesmo mês, é necessário que o mês inicie num domingo. Como 30 não é múltiplo de 7, começando num domingo, nunca vai terminar num sábado, tendo assim mais domingos que sábados.

Suponha que o dia 1º de abril caiu num domingo.

Teremos domingos em 1-8-15-22 e 29 de abril.

E sábados em 7-14-21-28 de abril.

Logo, 30 foi na segunda-feira e 1º de maio ocorreu numa terça-feira.

Gabarito "B".

(Técnico Judiciário – TRT11 – FCC – 2017) Um ciclista cumpriu seu trajeto de treinamento com uma velocidade média de 20 km/h e um tempo de 6 horas e 24 minutos. No dia seguinte, ao voltar, o ciclista cumpriu o mesmo trajeto em exatamente 8 horas. Nesse dia sua velocidade média caiu, em relação ao treinamento do dia anterior, um valor igual a

(A) 7 km/h.

(B) 4 km/h.

(C) 6 km/h.

(D) 1,5 km/h

(E) 3 km/h.

Solução

Sendo e =vt (distância é igual a velocidade vezes o tempo),temos

e = 20 x (6h 24min)

$e = 20 \times (6\frac{24}{60})$

$e = 20 \times (6\frac{2}{5})$

e = 20x 6,4

e = 128 km

Então, no dia seguinte, ele fez a velocidade de

v = e/t

v = 128/8

v = 16 km/h

Logo, sua velocidade média caiu de 20 para 16, isto é, 4 km/h. $\Rightarrow$ Letra B. EG

Gabarito "B".

(Técnico Judiciário – TRT11 – FCC – 2017) O preço de um sapato, após um aumento de 15%, é R$ 109,25. Se o preço do sapato não tivesse sofrido esse aumento de 15%, mas um aumento de 8%, a diferença, em reais, entre os preços do sapato com cada aumento seria de

(A) R$ 7,65.

(B) R$ 5,80.

(C) R$ 14,25.

(D) R$ 7,60.

(E) R$ 6,65.

Resolução

Seja p o preço do sapato.

Então

p x1 ,15 = 109,25 (aumento de 15%)

p= 109,25/ 1,15

p == 95

p x 1,08 = 95 x 1.08 = 102,60 (aumento de 8%)

Logo, a diferença, em reais, entre os preços do sapato com cada aumento seria de

109,25 – 102,60 = 6,65. $\Rightarrow$ Letra E. EG

Gabarito "E".

(Técnico Judiciário – TRT11 – FCC – 2017) Na festa de fim de ano de uma empresa estavam presentes X pessoas. Para agradar os participantes foram encomendados docinhos especiais. A ideia era dar 7 docinhos para cada pessoa presente, mas verificou-se que faltariam 19 docinhos. Se fossem dados 6 docinhos para cada pessoa, sobrariam 98 docinhos. O número de docinhos que haviam sido encomendados para essa festa era igual a

(A) 800.

(B) 750.

(C) 600.

(D) 950.

(E) 100.

Solução

Seja Total o número de docinhos.

Dando-se 7 para cada pessoa faltariam 19, isto é

Total = 7X -19

Dando-se 6 para cada pessoa sobrariam 98, isto é

Total 6X + 98

Então

7X -19 = 6X + 98

7X – 6X 98 + 19

X = 117 pessoas

e Total = 7x117 – 19

Total = 819 – 19

Total = 800 docinhos. $\Rightarrow$ Letra A. EG

Gabarito "A".

(Técnico Judiciário – TRT11 – FCC – 2017) Do seu salário líquido Raimundo separa 1/3 para pagar os gastos com moradia. Para alimentação Raimundo separa 2/5 do restante do dinheiro. Exatamente 1/3 do que restou, após os gastos com moradia e alimentação, Raimundo deposita em uma conta de investimento que, nesse mês, recebeu como depósito a quantia de R$ 780,00. Nesse mês, a quantia do salário que Raimundo separou para moradia e alimentação, somadas, foi igual a

(A) R$3.820,00

(B) R$3.240,00

(C) R$3.730,00

(D) R$3.510,00

(E) R$3.190,00

Resolução

Seja s o salário líquido, m o gasto com moradia e a despesa com alimentação.

Temos

m = s/3

a = (2/5)(s – m)

a = (2/5)(s – s/3)

a = (2/5)(2s/3)

a = 4s/15

Investimento:

(s – m – a)/3 = 780

s – s/3 – 4s/15 = 780x3 = 2340

s(1 -1/3 – 4/15) = 2340

s(15 -5 -4)/15 = 2340

6s/15 = 2340

s = 5.850

m= s/3 = 5850/3 = 1950

a= 4x5850/15

a = 1560

Logo,

m + a = 1.950 + 1.560 = 3.510⇒ Letra D.

Gabarito "D".

3. MATEMÁTICA FINANCEIRA

3.1. Juros simples. Montante e juros. Taxa real e taxa efetiva.Taxas equivalentes. Capitais equivalentes

(Escrevente – TJ/SP – 2018 – VUNESP) Um investidor adquiriu um terreno por R$ 74.000,00. Algum tempo depois, o terreno foi vendido, e o lucro obtido pelo investidor foi igual a 20% do valor da venda. Se esse investidor conceitua lucro como sendo a diferença entre os valores de venda e de compra, então o lucro obtido por ele nessa negociação foi de

(A) R$ 16.600,00.

(B) R$ 17.760,00.

(C) R$ 18.500,00.

(D) R$ 15.870,00.

(E) R$ 14.400,00.

Resolução

Lucro = Venda – Compra

Lucro = 0,20Venda

Então

0,20Venda = Venda – Compra

Ou

Compra = 0,8Venda

Venda = Compra/0,8

Venda = 74.000/0,8

Venda = 92.500 e

Lucro = 92.500 – 74.000

Lucro = 18.500

Gabarito "C".

(Técnico Judiciário – TRT9 – 2012 – FCC) No mês de dezembro de certo ano, cada funcionário de uma certa empresa recebeu um prêmio de R$ 320,00 para cada mês do ano em que tivesse acumulado mais de uma função, além de um abono de Natal no valor de R$ 1.250,00. Sobre o valor do prêmio e do abono, foram descontados 15% referentes a impostos. Paula, funcionária dessa empresa, acumulou, durante 4 meses daquele ano, as funções de secretária e telefonista. Nos demais meses, ela não acumulou funções. Dessa forma, uma expressão numérica que representa corretamente o valor, em reais, que Paula recebeu naquele mês de dezembro, referente ao prêmio e ao abono, é

(A) $0,85 \times [(1250 + 4) \times 320]$

(B) $(0,85 \times 1250) + (4 \times 320)$

(C) $(4 \times 320 + 1250) - 0,15$

(D) $(0,15 \times 1250) + (4 \times 320)$

(E) $0,85 \times (1250 + 4 \times 320)$

Solução

Ela receberia, sem desconto, 1.250 do abono mais 4x320 dos meses com dupla função.

No entanto, há o desconto de 15% desse total, ou seja, ela recebeu 85% = 0,85 desse valor, isto é, 0,85(1.250 + 4x320).

Gabarito "E".

(Técnico Judiciário – TJSP – 2013 – VUNESP) Acessando o site de determinada loja, Lucas constatou que, na compra pela internet, com prazo de entrega de 7 dias úteis, o *notebook* pretendido custava R$ 110,00 a menos do que na loja física que, por outro lado, oferecia a entrega imediata do aparelho. Como ele tinha urgência, foi até a loja física e negociou com o gerente, obtendo um desconto de 5% e, dessa forma, comprou o aparelho, pagando o mesmo preço que pagaria pela internet. Desse modo, é correto afirmar que o preço que Lucas pagou pelo *notebook*, na loja física, foi de

(A) R$ 2.110,00.

(B) R$ 2.200,00.

(C) R$ 2.000,00.

(D) R$ 2.310,00.

(E) R$ 2.090,00.

Solução

Seja **P** o preço do *notebook* sem desconto.

Como 5%P = 110, temos que 0,05P = 110 e P = R$ 2.200,00.

E, com o desconto de R$ 110,00, ele pagou 2200 – 110 = R$ 2.090,00.

Gabarito "E".

(**Técnico Judiciário – TRT/4ª – 2011 – FCC**) Na compra de um par de sapatos, Lucimara pode optar por duas formas de pagamento:

– à vista, por R$ 225,00;

– R$ 125,00 no ato da compra mais uma parcela de R$ 125,00, um mês após a compra.

Se Lucimara optar por fazer o pagamento parcelado, a taxa mensal de juros simples cobrada nesse financiamento é de

(A) 10%.

(B) 20%.

(C) 25%.

(D) 27%.

(E) 30%.

O valor total da compra parcelada será de 2xR$ 125,00 = 250 e os juros serão de 250-225 = 25 para um mês, para uma compra de 225-125 = R$ 100,00, já que pagará a primeira parcela no ato da compra.
Então, a taxa mensal de juros valerá

100 – 25

100 – x ⇒ x = 25x100/100 = 25/100 = 25%.

Gabarito "C".

4. ADMINISTRAÇÃO PÚBLICA

Robinson Barreirinhas

1. PRINCÍPIOS E TEORIAS

(Técnico – MPE/CE – CESPE – 2020) Julgue os itens subsequentes, no que se refere à evolução da administração pública no Brasil, ao modelo de gestão e excelência nos serviços públicos, bem como às convergências e divergências entre gestão pública e privada.

(1) A reforma gerencial ocorrida na administração pública a partir de 1995 possibilitou a seleção de servidores com alta qualidade profissional, favorecendo a busca pela eficiência do Estado.

(2) As mudanças de gestão na alta administração de empresas públicas e privadas são frequentes e caracterizam uma descontinuidade que dificulta a execução do planejamento e das ações de longo prazo.

(3) A excelência dos serviços públicos pode ser mensurada e aprimorada a partir da avaliação dos resultados obtidos nas ações dos órgãos administrados pelo governo.

(4) O domínio analítico e restrito aos processos de trabalho sob a gestão de um único servidor público é um dos fundamentos da gestão pública contemporânea.

1: correta, apesar de ser afirmação bastante subjetiva. De fato, a reforma indicada pelo Plano Diretor da Reforma do Aparelho do Estado – PDRAE/1995 foi um marco positivo para o serviço público federal; **2:** incorreta, embora, mais uma vez, seja afirmação bastante subjetiva. A adoção de ferramentas de gestão das organizações e, em especial, dos processos tornam essas organizações, públicas ou privadas, menos sujeitas ao risco de descontinuidade. No caso das empresas públicas, há também um corpo funcional concursado mais estável (não no sentido de estabilidade do servidor público, mas estabilidade na estrutura organizacional), o que também pode ser um fator que minora os riscos de descontinuidade; **3:** correta, sendo a avaliação por resultados absolutamente essencial e apta à mensurar a qualidade e, principalmente, a eficiência do serviço público; **4:** incorreta, pois essa personalização implica em gravíssimo risco de perda de conhecimento e descontinuidade do processo (se o servidor se aposenta ou de outra forma se desliga perde-se o conhecimento).

Gabarito 1C, 2E, 3C, 4E

(Técnico – TJ/MA – FCC – 2019) O setor público atua em diversas esferas de serviços, tais como saúde, educação, segurança, transporte, dentre outros, sendo que há alta demanda e complexidade para a prestação desses serviços com eficiência. Nesse sentido, é correto afirmar que o aprimoramento de estratégias e técnicas administrativas, aliados ao desenvolvimento e aplicação de novas tecnologias, podem ser considerados como

(A) gestão burocrática gerencial, a fim de preservar o patrimônio público em todas as esferas de serviços.

(B) modelo de Administração pública gerencial, que emprega principalmente um controle rígido dos processos.

(C) modelo de gestão patrimonialista, que vem sendo empregado nos dias atuais a fim de garantir sustentabilidade e inovação no setor público.

(D) empreendedorismo no setor público, que se refere a processos de aperfeiçoamento e de inovação.

(E) modelo de gestão de inovação gerencial burocrática, com o objetivo de garantir que haja impessoalidade e combate à corrupção.

A doutrina se refere à *administração pública patrimonialista*, à *administração pública burocrática* e à *administração pública gerencial*. A *administração pública patrimonialista* é aquela arcaica, anterior à *administração pública burocrática* (descrita por Max Weber) e à moderna *administração pública gerencial*. Na administração pública patrimonialista, "o aparelho do Estado funciona como uma extensão do poder do soberano". A *administração pública burocrática* é uma resposta ao patrimonialismo anterior, visando a combater a corrupção e o nepotismo, enfatizando os controles prévios, nos procedimentos. Tem como características a profissionalização, a ideia de carreira, a hierarquia funcional, a impessoalidade, o formalismo. Entretanto, a *administração pública burocrática* caracteriza-se também pelo direcionamento de esforços para a própria manutenção do poder estatal (o governo voltado para si mesmo, não para o cidadão). Isso tende a levar ao engessamento da estrutura do governo, refratária à evolução e eficiência. Após as experiências da *administração pública patrimonialista* e da *administração pública burocrática*, ganhou força, nos anos 1990, o conceito de *administração pública gerencial* como paradigma a ser adotado, buscando redução de custos e aumento da qualidade dos serviços, tendo sempre em foco seu beneficiário: o cidadão. A estratégia da moderna *administração pública gerencial* exige (i) definição precisa dos objetivos que o administrador público deverá atingir em sua unidade, (ii) garantia de autonomia do administrador na gestão dos recursos humanos, materiais e financeiros que lhe forem colocados à disposição para que possa atingir os objetivos contratados, e (iii) controle ou cobrança *a posteriori* dos resultados, além da (iv) competição administrada no interior do próprio Estado, quando há a possibilidade de estabelecer concorrência entre unidades internas (Capítulo 2 do Plano Diretor da Reforma do Aparelho do Estado – PDRAE/1995).

Isso permite descartar as alternativas "A", "B", "C" e "E", pois claramente incorretas.

De qualquer forma, o processo de aperfeiçoamento e de inovação é conhecido por empreendedorismo no setor público, de modo a confirmar a alternativa "D" como correta.

Gabarito "D".

(Técnico - TRT/15 - FCC - 2018) O modelo de Administração gerencial que se procurou implementar no Brasil a partir do Plano Diretor da Reforma do Aparelho do Estado, nos idos de 1995, apresentou o conceito de publicização, consistente

(A) nos mecanismos de transparência e governança aplicáveis à Administração, com foco no atendimento do cidadão.

(B) no modelo oposto ao de privatização, mantendo sob a prestação direta do Estado todos os serviços públicos.

(C) na atuação do Estado na economia como indutor do crescimento, mediante a encampação de atividades de interesse nacional.

(D) na criação de agências reguladoras e agências executivas, para substituírem os mecanismos de regulação de mercado.

(E) na transferência de serviços públicos não exclusivos para entidades não estatais, qualificadas como organizações sociais.

O Plano Diretor da Reforma do Aparelho do Estado de 1995 denominou "publicização" a descentralização para o setor público não estatal da execução de serviços que não envolvem o exercício do poder de Estado, mas devem ser subsidiados pelo Estado, como é o caso dos serviços de educação, saúde, cultura e pesquisa científica. Por essa razão, a alternativa "E" é a correta.
Gabarito "E".

(Técnico Judiciário – TRT11 – FCC – 2017) A atuação da Administração é pautada por determinados princípios, alguns positivados em âmbito constitucional ou legal e outros consolidados por construções doutrinárias. Exemplo de tais princípios são a tutela ou controle e a autotutela, que diferem entre si nos seguintes aspectos:

(A) a autotutela é espontânea e se opera de ofício, enquanto a tutela é exercida sempre mediante provocação do interessado ou de terceiros prejudicados.

(B) a autotutela se dá no âmbito administrativo, de ofício pela Administração direta ou mediante representação, e a tutela é exercida pelo Poder Judiciário.

(C) ambas são exercidas pela própria Administração, sendo a tutela expressão do poder disciplinar e a autotutela do poder hierárquico.

(D) a tutela decorre do poder hierárquico e a autotutela é expressão da supremacia do interesse público fundamentando o poder de polícia.

(E) é através da tutela que a Administração direta exerce o controle finalístico sobre entidades da Administração indireta, enquanto pela autotutela exerce controle sobre seus próprios atos.

A: incorreta, pois a tutela, exercida pela administração direta sobre entidades da administração indireta, pode ser por representação, reclamação, mas também de ofício; **B:** incorreta, pois a tutela é controle finalístico exercido pela administração direta sobre entidades da administração indireta; **C:** incorreta, pois a tutela é controle finalístico, conforme comentários anteriores, não disciplinar; **D:** incorreta, pois o poder hierárquico se refere especialmente à autotutela, exercido internamente pela administração direta; **E:** correta, conforme comentários anteriores. RB
Gabarito "E".

(Técnico – TRE/CE – 2012 – FCC) A inclusão e incorporação à gestão pública de características como competição na prestação de serviços, perspectiva de empreendedorismo, descentralização, ênfase no resultado e orientação para o mercado é conhecida como

(A) Administração pública societal.

(B) Governança corporativa.

(C) Racional-legal.

(D) Pós-burocrática.

(E) Gestão da qualidade total.

Identificam-se três formas de administração pública: administração pública *patrimonialista, burocrática* e *gerencial*. A *administração pública patrimonialista* é aquela arcaica, anterior à *administração pública burocrática* (descrita por Max Weber) e à moderna *administração pública gerencial*. Na administração pública patrimonialista, "o aparelho do Estado funciona como uma extensão do poder do soberano". A *administração pública burocrática* é uma resposta ao patrimonialismo anterior, visando a combater a corrupção e o nepotismo, enfatizando os controles prévios, nos procedimentos. Tem como características a profissionalização, a ideia de carreira, a hierarquia funcional, a impessoalidade, o formalismo. Entretanto, a *administração pública burocrática* caracteriza-se também pelo direcionamento de esforços para a própria manutenção do poder estatal (o governo voltado para si mesmo, não para o cidadão). Isso tende a levar ao engessamento da estrutura do governo, refratária à evolução e à eficiência. Após as experiências da *administração pública patrimonialista* e da *administração pública burocrática*, ganhou força, nos anos 1990, o conceito de *administração pública gerencial* como paradigma a ser adotado, buscando redução de custos e aumento da qualidade dos serviços, tendo sempre em foco seu beneficiário: o cidadão. A estratégia da moderna *administração pública gerencial* exige (i) definição precisa dos objetivos que o administrador público deverá atingir em sua unidade, (ii) garantia de autonomia do administrador na gestão dos recursos humanos, materiais e financeiros que lhe forem colocados à disposição para que possa atingir os objetivos contratados, e (iii) controle ou cobrança *a posteriori* dos resultados, além da (iv) competição administrada no interior do próprio Estado, quando há a possibilidade de estabelecer concorrência entre unidades internas (Capítulo 2 do Plano Diretor da Reforma do Aparelho do Estado – PDRAE/1995). A *administração pública gerencial* não abandona as conquistas da *administração pública burocrática*, em especial o combate aos vícios da *administração pública patrimonialista* (corrupção, personalismo, confusão entre o patrimônio do soberano e o público, nepotismo etc.). Perceba que a assertiva refere-se à *administração pública gerencial* ou pós-burocrática (= aquela que vem historicamente após a administração pública burocrática), de modo que a alternativa "D" é a correta.
Gabarito "D".

(Técnico – TRT/11ª – 2012 – FCC) De acordo com o princípio da legalidade o administrador público pode fazer

(A) tudo o que a lei não proibir expressamente.

(B) tudo aquilo que julgar compatível com o interesse público.

(C) apenas aquilo que as normas sociais considerarem moralmente adequado.

(D) apenas aquilo que as leis expressamente autorizarem ou determinarem.

(E) aquilo que o bom senso e a ética aprovarem.

No âmbito privado, pode-se fazer tudo que não for proibido por lei (autonomia da vontade – art. 5º, II, da CF). No âmbito público, entretanto, a Administração somente pode fazer aquilo que é permitido por lei (estrita legalidade – art. 37, *caput*, da CF). Por essa razão, a alternativa "D" é a correta.
Gabarito "D".

(Técnico – TRE/CE – 2012 – FCC) A busca pela capacidade de promover a sintonia entre os governos e as novas condições socioeconômicas, políticas e culturais, em que a competição inter-regional, ou interurbana configura-se, entre outras, através de construção por meio de parcerias com empresas de ambientes urbanos dotados de opções de consumo turístico-cultural, centro de convenções, estádios ou parques esportivos, hotéis de lazer, marinas, centros culturais urbanos, bem como investimentos objetivando prover a cidade com aeroportos e sistema de comunicações modernos, centros bancários e financeiros, centros de treinamento, escolas de negócios e informática e distritos industriais com tecnologia de ponta, são características de

(A) novas lideranças.

(B) *Public Service Orientation*.

(C) competências Essenciais.

(D) empreendedorismo governamental.

(E) gestão patrimonialista.

A narrativa remete ao movimento "Reinventando o Governo", que incorporou à gestão pública características como a competição na prestação de serviços, a perspectiva empreendedora, a descentralização, o foco em resultados e a orientação para o mercado (gabarito da ESAF). Isso se refere ao chamado empreendedorismo governamental, de modo que a alternativa "D" é a correta.

Gabarito "D".

(Técnico – TRE/CE – 2012 – FCC) Na chamada Nova Gestão Pública há três principais vertentes, ou correntes conceituais importantes, as quais possuem vários traços em comum como, por exemplo, uma ênfase significativa nos resultados da ação governamental, ou seja, um deslocamento do foco nos processos para enfatizar os resultados. Uma delas tem sido denominada como um "neotaylorismo", isto é, uma proposta calcada na busca da produtividade e na implantação do modelo de gestão da empresa privada no setor público, outra busca a flexibilização da gestão pública, em que se observa a passagem da lógica do planejamento para a lógica da estratégia e nesta são levadas em conta as relações entre os atores envolvidos em cada política, de modo a montar cenários que permitam a flexibilidade necessária para eventuais alterações nos programas governamentais. A terceira utiliza-se de conceitos como *accountability*, transparência, participação política, equidade e justiça, em que é preciso que no processo de aprendizado social na esfera pública se consiga criar uma nova cultura cívica, que congregue políticos, funcionários e cidadãos. Esta última corrente é conhecida como

(A) *Balanced Scorecard* – BSC.

(B) *Activity Based Management* – ABM.

(C) Consumerísmo.

(D) Gerencialísmo Puro.

(E) *Public Service Orientation* – PSO.

Indicam-se como modelos da NGP: (a) o gerencialismo puro, com foco na eficiência, (b) o consumerismo, com foco na flexibilidade de gestão, qualidade dos serviços e prioridade nas demandas do consumidor e (c) o *public service oriented* (PSO), com foco na equidade, no conceito de esfera pública e *accountability*. Por essa razão, a alternativa "E" é a correta.

Gabarito "E".

(Técnico – TRE/CE – 2012 – FCC) A administração pública gerencial constitui um avanço e afirma-se que deve ser permeável a maior participação dos agentes privados e/ou das organizações da sociedade civil e deslocar a ênfase dos procedimentos (meios) para os resultados (fins), em que o beneficiário seja o cidadão. Esse deslocamento de foco caracteriza o paradigma na gestão pública, conhecido como

(A) burocrático.

(B) do cliente.

(C) do acionista.

(D) do processo.

(E) estratégico.

O foco da administração pública gerencial é em seu cliente: o cidadão. Por essa razão, a alternativa "B" é a correta.

Gabarito "B".

(Técnico – TRT/6ª – 2012 – FCC) Para a consecução de fins organizacionais é preciso organizar a atividade humana de modo estável. Trata-se do objetivo da

(A) cultura organizacional.

(B) produtividade.

(C) dependência de recursos.

(D) burocracia.

(E) relacionalidade.

A: incorreta. Cultura organizacional é o conjunto de valores em uma organização, seus princípios, crenças políticas, clima organizacional, relações e hierarquia, definindo os padrões de comportamento e de atitudes que governam as ações e decisões mais importantes da administração; **B:** incorreta, pois produtividade refere-se à eficiência, eficácia e efetividade da organização; **C:** incorreta, pois dependência de recursos não tem relação com a organização da atividade humana na organização; **D:** essa é a correta, pois a burocracia remete à ideia de organização com estruturas profissionais e estáveis; **E:** incorreta, pois essa palavra não indica organização da atividade humana.

Gabarito "D".

(Técnico – TRT/6ª – 2012 – FCC) O controle administrativo é o poder de fiscalização e correção que a Administração pública exerce sobre

(A) seus próprios atos.

(B) os atos da sociedade.

(C) a intenção entre a comunidade e os tribunais.

(D) o número de atos aprovados e os de interesse dos tribunais de Justiça.

(E) a contabilidade e as finanças das entidades privadas.

A assertiva refere-se ao controle feito no âmbito da própria administração que exerce esse controle em relação aos seus próprios atos (distinto do controle legislativo ou judicial, que é externo em relação ao Executivo) – ver as Súmulas 346 e 473/STF.

Gabarito "A".

(Técnico Judiciário – TRT/23ª – 2011 – FCC) No cumprimento estrito do princípio da legalidade, o agente público só pode agir

(A) quando não houver custo elevado para a administração pública.

(B) se tiver certeza de não ferir interesses privados.

(C) de acordo com a consciência do cumprimento do dever.

(D) depois de consultados seus superiores hierárquicos.

(E) nos termos estabelecidos explicitamente pela lei.

No âmbito privado, o princípio da legalidade significa que as pessoas podem fazer qualquer coisa que não seja proibida por lei – art. 5º, II, da CF. Já no âmbito público, o princípio da legalidade indica que o agente público somente pode fazer o que a lei autoriza (ou deve fazer o que a lei impõe) – art. 37, *caput*, da CF. **A:** incorreta, pois o custo elevado não afasta, em princípio, o dever de o agente público agir, quando assim determinado por lei; **B:** incorreta, pois a atuação do agente público pode, muitas vezes, ferir interesses privados, o que é admitido pelo princípio da supremacia do interesse público; **C:** incorreta, pois o agente público deve cumprir a lei, ainda que, eventualmente, contra os ditames de sua consciência; **D:** incorreta, pois a legalidade impõe a atuação do agente público independentemente de consulta a superiores hierárquicos, especialmente no caso de atos vinculados; **E:** assertiva correta, conforme comentário inicial.

Gabarito "E".

2. ESTRUTURAS ORGANIZACIONAIS

(Técnico – TJ/MA – FCC – 2019) No que concerne aos tipos de estruturas organizacionais, aquela denominada matricial possui como característica marcante a

(A) aplicação de uma matriz de apuração de resultados, com ponderação de fatores individuais e coletivos.

(B) apuração de resultados de forma centralizada, admitindo-se a departamentalização apenas de atividades operacionais.

(C) divisão dos processos de trabalho por critérios estritamente regionais, como forma de otimização dos resultados.

(D) existência de centros de resultados de duração limitada a determinados projetos.

(E) utilização de um fluxograma para ordenar os *inputs* e *outputs* existentes nos processos de trabalho.

A estrutura organizacional matricial combina a estrutura funcional (divisão por funções na organização – por exemplo, departamentos comercial, financeiro, jurídico etc.) com a estrutura por projetos, serviços ou produtos. Assim, uma unidade organizacional temporária (por exemplo, unidade de desenvolvimento de um novo remédio para dor de cabeça) relaciona-se com departamentos permanentes (por exemplo, departamentos comercial, financeiro, jurídico etc.)
A: incorreta, pois o termo "matriz" não se refere à apuração de resultados, mas à própria estrutura organizacional; **B:** incorreta, pois a estrutura matricial apresenta as características de departamentalização, típica da estrutura funcional; **C:** incorreta, pois essa divisão por critério geográfico não é determinante para a estrutura matricial; **D:** correta, conforme comentários iniciais; **E:** incorreta, pois o fluxograma é ferramenta que se refere aos processos, não especificamente à estrutura organizacional.

Gabarito "D".

(Técnico - TRT/15 - FCC - 2018) Suponha que determinada organização apresente características de uma estrutura funcional, o que significa, entre outros aspectos, que

(A) utiliza a função como critério para dividir áreas e responsabilidades, porém apura resultados dentro de sistema contábil único para o conjunto da empresa.

(B) atua de forma descentralizada, por região ou produto, sendo que cada unidade apura lucros ou prejuízos de forma autônoma.

(C) possui órgãos com duração limitada, vinculados a projetos, e outros permanentes, voltados a atividades de suporte.

(D) é mutável e ajusta suas divisões internas de trabalho às variações do ambiente ou mercado em que atua.

(E) possui centros de resultados, que funcionam de forma independente, atrelados a funções de gerenciamento e execução.

A estrutura funcional apresenta divisão por funções ou especializações na organização – por exemplo, departamento comercial, financeiro,

jurídico etc.). Essa estrutura permite a clara visualização das divisões de trabalho, responsabilidade e autoridade no organograma. Tende à estabilidade e à baixa adaptabilidade. Por essas razões, a alternativa "A" é a correta.

Gabarito "A".

(Técnico Judiciário – TRT/4ª – 2011 – FCC) A característica básica da departamentalização funcional é

(A) o desenvolvimento do foco nas variáveis do ambiente externo.

(B) a maior formalização da estrutura administrativa levando a uma hierarquia de autoridade com maior número de níveis.

(C) o agrupamento das atividades e tarefas de acordo com as funções principais desenvolvidas dentro da empresa.

(D) a diferenciação lógica de acordo com as funções, seguindo o princípio da especialização ocupacional.

(E) a estabilização de organizações que requerem desempenho constante e repetitivo de tarefas rotineiras.

A estrutura funcional indica divisão em unidades pelo critério da especialização em cada função (como diz o nome). Por exemplo, departamentos comercial, financeiro, jurídico etc. **A** e **E:** incorretas, pois a departamentalização refere-se à organização interna, não ao foco nas variáveis internas ou externas, ou à sua estabilização; **B:** incorreta, pois a assertiva refere-se à estrutura linear, hierarquizada; **C** e **D:** a distinção entre as assertivas é sutil. "D" é a melhor alternativa, pois se refere à *especialização*, que é característica essencial da departamentalização por funções.

Gabarito "D".

(Técnico Judiciário – TRE/BA – 2010 – CESPE) Acerca da administração pública, julgue os itens subsequentes.

(1) Uma estrutura organizacional, privada ou pública, pode ser entendida como a integração entre as estruturas formal e informal. A estrutura formal da organização é oficialmente constituída de seus padrões vigentes, normas e composições, a exemplo da cultura organizacional, que apresenta crenças, valores, símbolos e demais instrumentais adotados pela organização.

(2) A oposição da estrutura informal à estrutura formal normalmente não gera impactos, pois a vontade e os desejos dos indivíduos, como integrantes da organização, são subordinados aos objetivos dessa organização.

(3) O nível de centralização ou de descentralização de uma organização está intrinsecamente ligado ao nível da amplitude de controle dos seus principais gestores; quanto mais capacitados forem os dirigentes, mais pessoas estarão sob o seu controle e mais centralizada a organização tenderá a ser.

1: incorreta, pois a cultura organizacional, suas crenças, valores, símbolos aproximam-se dos valores que orientam a estrutura informal, ou seja, aquela formada espontaneamente pelas relações interpessoais; **2:** incorreta, pois, embora possa haver uma complementariedade saudável entre as estruturas formais e informais, podem ocorrer conflitos, considerando que a estrutura informal não observa, necessariamente, a hierarquia e as lideranças indicadas pela estrutura formal; **3:** incorreta, pois a centralização não decorre, necessariamente, da maior ou menor capacidade dos dirigentes, mas sim de uma opção organizacional.

Dito de outra forma, a maior capacidade dos gestores não implica, necessariamente, maior centralização organizacional.

Gabarito 1E, 2E, 3E

(Técnico Judiciário – MPU – 2010 – CESPE) Julgue os itens seguintes, relativos a tipos de estrutura organizacional, natureza e finalidades das organizações formais modernas.

(1) Chefias generalistas, estabilidade e constância nas relações são características próprias da estrutura organizacional linear.

(2) Os órgãos de assessoria da organização em estrutura linha-*staff* exercem autoridade de linha sobre os colaboradores dos demais setores, com o intuito de alcançar os objetivos organizacionais.

(3) A estrutura matricial é indicada para organizações que lidam com projetos específicos.

(4) A organização estruturada de forma simples e centralizada em torno de uma autoridade máxima adota estrutura funcional.

1: correta. Na estrutura linear, de forma triangular (autoridade máxima no topo, seguido de níveis cada vez maiores em direção à base, cada órgão ou indivíduo é subordinado diretamente a apenas um superior), não se prestigia, em princípio, a divisão por especializações (típica da estrutura funcional) ou a interação entre os departamentos (típica da estrutura matricial). A estrutura linear é a clássica, hierarquizada e estável; **2:** incorreta. A estrutura organizacional linha-*staff* combina características da estrutura linear (cada órgão ou indivíduo subordina--se a apenas um superior) com as da estrutura funcional, pois há assessores especializados (*staff*). As áreas de execução correspondem aos órgãos de linha (hierarquizados), enquanto as assessorias e os serviços especializados correspondem aos órgãos de *staff*. A assertiva é incorreta pois, nessa estrutura, os órgãos de assessoria (*staff*) não exercem autoridade sobre os órgãos de linha; **3:** correta. A estrutura organizacional matricial combina a estrutura funcional (divisão por funções na organização – por exemplo, departamentos comercial, financeiro, jurídico etc.) com a estrutura por projetos, serviços ou produtos. Assim, uma unidade organizacional temporária (por exemplo, unidade de desenvolvimento de um novo remédio para dor de cabeça) relaciona-se com departamentos permanentes (por exemplo, departamentos comercial, financeiro, jurídico etc.); **4:** errada, pois a estrutura funcional indica divisão em unidades pelo critério da especialização em cada função (como diz o nome). A simplicidade e centralização em torno de uma autoridade máxima sugere a estrutura linear, em forma triangular.

Gabarito 1C, 2E, 3C, 4E

(Técnico Judiciário – MPU – 2010 – CESPE) Acerca de departamentalização, julgue os itens que se seguem.

(1) A departamentalização por produto permite uma visão única acerca da organização e o controle eficaz sobre seu conjunto.

(2) A departamentalização funcional é adequada para o desenvolvimento de atividades continuadas e rotineiras em que sejam utilizados recursos especializados.

(3) A departamentalização por processos favorece a rápida adaptação da empresa às mudanças organizacionais.

(4) De acordo com um dos princípios da departamentalização, as atividades de controle devem estar separadas das que serão objeto de controle.

(5) A departamentalização por clientes atende de forma mais apropriada a organização cujos objetivos principais sejam o lucro e a produtividade.

(6) O enfraquecimento da especialização constitui uma desvantagem da departamentalização geográfica.

1: incorreta, pois, como diz o nome, essa departamentalização refere-se à organização em unidades pelo critério de cada produto da organização (por exemplo, departamento de produtos de higiene, departamento de produtos de limpeza pesada, departamento de produtos de lavanderia etc.), o que não favorece, por si, uma visão única ou um controle do conjunto; **2:** assertiva correta, pois a estrutura funcional prestigia a especialização de suas unidades (por exemplo, departamento financeiro, departamento comercial, departamento jurídico), o que se harmoniza com atividades continuadas e rotineiras atinentes a cada uma dessas especialidades; **3:** incorreta. Na departamentalização por processos há divisão em conformidade com o processo produtivo (por exemplo, departamento de análise de mercado e pesquisa, departamento de aquisição de imóveis, departamento de reforma de imóveis, departamento de venda de imóveis reformados). Embora a estrutura favoreça a especialização, ela é rígida, não flexível, o que pode dificultar a adaptação a mudanças organizacionais; **4:** assertiva correta, pois é regra aplicável a todas as estruturas, necessária para que o controle seja imparcial e efetivo (quem fiscaliza ou controla não pode se envolver com as atividades de quem é fiscalizado ou controlado); **5:** assertiva incorreta. A departamentalização por cliente pode ser adotada por entidades sem fins lucrativos, sem prejuízo à produtividade, a depender de suas características. Ademais, qualquer empresa privada tem como principal objetivo o lucro, que decorre, em grande medida, da produtividade, de modo que isso não é critério relevante para se identificar as organizações que teriam maior vantagem na adoção da departamentalização por clientes; **6:** assertiva correta. A departamentalização geográfica, como diz o nome, refere-se à divisão pelo critério da localização (por exemplo, divisão sudeste, divisão nordeste, divisão centro-oeste etc.). Embora isso favoreça o atendimento às peculiaridades de cada área de atuação, a especialização não é prestigiada.

Gabarito 1E, 2C, 3E, 4C, 5E, 6C

3. RECURSOS HUMANOS

(Técnico – MPE/CE – CESPE – 2020) A respeito de aspectos da gestão de pessoas, julgue os itens seguintes.

(1) Para favorecer o alcance de resultados em um sistema organizacional, é necessário que o conjunto de recursos organizacionais, o capital humano e o capital social sejam capazes de satisfazer as demandas habituais e as expectativas das pessoas.

(2) A gestão de competências é um processo unilateral, uma vez que os empregados colocam seus conhecimentos, suas habilidades e suas atitudes a serviço da organização, mas não recebem outra contrapartida além de recompensas financeiras.

(3) O gerenciamento consiste em monitorar, supervisionar e controlar pessoas e suas atividades, ao passo que a liderança transmite a visão empresarial e promove inspiração aos empregados, fazendo as organizações funcionarem de maneira mais fluida para alcance da estratégia organizacional.

(4) A educação corporativa tem foco no conhecimento acadêmico e visa incorporar ao ambiente organizacional metodologias e conhecimentos advindos da educação formal praticada nas escolas tradicionais.

1: correta, referindo-se à efetividade, ao atendimento das necessidades a que se dedica a organização; **2:** incorreta. A gestão de pessoas por competências consiste em planejar, identificar, captar, desenvolver e avaliar, nos diferentes níveis da organização (individual, grupal e organizacional), as competências necessárias à consecução dos objetivos organizacionais. Os empregados, no caso, são destinatários dessa gestão, sendo capacitados e treinados, incorporando esses conhecimentos e habilidades, o que os valoriza (não se trata apenas de serem remunerados em troca de seu trabalho); **3:** correta, distinguindo adequadamente gestão e liderança; **4:** incorreta, pois a educação corporativa não foca no conhecimento acadêmico, escolar, mas prático, empírico, voltado às necessidades da organização e de seus colaboradores e clientes.

Gabarito 1C, 2E, 3C, 4E

(Técnico – TJ/MA – FCC – 2019) A motivação no ambiente organizacional envolve diferentes abordagens, ora estudando os fatores motivacionais, intrínsecos ou extrínsecos, denominadas Teorias de Conteúdo, ora estudando o processo que conduz à motivação, denominadas Teorias de Processo. Nesse contexto, constitui exemplo dessa última abordagem a Teoria

I. da Hierarquia das Necessidades Humanas, de David McClelland, que destaca três motivos que orientam as necessidades humanas: preservação, pertencimento e autorrealização.

II. das Necessidades Adquiridas, de Abraham Maslow, que apresenta as necessidades humanas segundo uma escala de atendimento representada por uma pirâmide.

III. da Expectância, de Victor H. Vroom, que advoga que o comportamento humano é orientado para resultados e apresenta como elementos desse processo: valência, instrumentalidade e expectativa.

Está correto o que se afirma APENAS em

(A) II e III.

(B) I e III.

(C) III.

(D) II.

(E) I.

I: incorreta. A teoria da motivação de McCleland reconhece a existência de necessidades adquiridas ao longo da vida das pessoas, que orientam seu comportamento. São as necessidades de realização, afiliação e poder. Não há prioridade ou hierarquia entre essas necessidades (diferentemente da teoria de Maslow, por exemplo) – todos temos as três necessidades, embora a prevalência de cada uma seja diferente para cada indivíduo. **II:** incorreta, pois "necessidades adquiridas" se refere a McClelland (ver comentário anterior). Para Maslow, há de fato uma hierarquia de necessidades que as pessoas buscam atender, na seguinte ordem: fisiológicas, segurança, sociais, estima e autorrealização. **III:** correta. A teoria da expectativa ou da expectância, da qual Victor Vroom é referência, indica que a motivação é orientada pela expectativa de um resultado positivo, baseada nos conceitos de (a) valência, (b) instrumentalidade e (c) expectativa. A valência se refere à atração que determinado resultado exerce sobre o indivíduo, a importância que ele dá às recompensas; a instrumentalidade tem relação com a convicção que esse indivíduo tem de que suas ações e a realização do desempenho esperado levarão ao resultado positivo, à recompensa esperada por ele; e a expectativa atine à convicção de que determinado esforço implica bom desempenho, ou seja, que se ele aumentar esse esforço, melhorará o desempenho.

Gabarito "C"

(Técnico - TRT/15 - FCC - 2018) No que concerne aos conceitos de análise de cargos, recrutamento e seleção no âmbito das organizações, tem-se que:

I. A seleção constitui uma etapa prévia ao recrutamento, por meio da qual são identificados os melhores candidatos para o cargo disponível.

II. O recrutamento é um procedimento externo à organização, normalmente utilizado para novas contratações, enquanto a seleção é interna, voltada a promoções dos que já integram a organização.

III. A análise é feita a partir da descrição do cargo, procurando determinar os requisitos físicos e mentais que seu ocupante deve possuir.

Está correto o que consta APENAS de

(A) II.

(B) I e III.

(C) I e II.

(D) III.

(E) I.

Recrutamento é um conjunto de técnicas e procedimentos para atrair candidatos para ocupar cargos dentro da organização. Os meios de recrutamento são (a) interno, dentre os funcionários da própria organização, (b) externo, com candidatos de fora da organização, e (c) misto, abrangendo pessoas de dentro e de fora. Após o recrutamento, com a captação e filtragem dos candidatos, há o processo de seleção, para identificação daquele adequado para o cargo. Os modelos de seleção são (i) colocação, quando há apenas um candidato para a única vaga, (ii) seleção, com vários candidatos para a mesma vaga e (iii) classificação, quando há diversos candidatos para cada vaga e várias vagas para cada candidato (Chiavenato). I: incorreta, pois o recrutamento é prévio em relação à seleção; **II:** incorreta, pois o recrutamento pode ser interno, externo ou misto; **III:** correto, descrevendo adequadamente a análise de cargos para fins de recrutamento e seleção.

Gabarito "D"

(Técnico Judiciário – TRE/PE – CESPE – 2017) As tendências de gestão de pessoas no setor público incluem

(A) fortalecer a avaliação de desempenho com a criação de incentivos para elevar o desempenho dos servidores e corrigir distorções salariais.

(B) priorizar a definição de atribuições especializadas para os cargos públicos para que os integrantes das carreiras atuem em órgãos específicos no Poder Executivo.

(C) rever a política remuneratória das carreiras de nível superior para recompor as perdas acumuladas pela inflação e uniformizar os índices de reajustes.

(D) instituir programas de capacitação continuada com o objetivo de ampliar a formação acadêmica dos servidores.

(E) estabelecer política de concursos públicos para constituir quadro de reserva que garanta a existência de candidatos habilitados no período de vigência do concurso.

A: correta, pois a administração pública moderna foca no desempenho, no atingimento de metas fixadas previamente, atrelando, na medida do possível, a remuneração do servidor a isso; **B:** incorreta, pois a tendência moderna é de transversalidade e estrutura matricial, com servidores de carreiras especializadas, mas com atuação em diversos órgãos da administração pública. Por exemplo, a tendência não é haver cargos de técnicos e gestores exclusivos para determinado ministério, mas para atuarem em qualquer órgão do Executivo; **C:** incorreta, pois, embora haja evidente preocupação em relação à política remuneratória, não se pode afirmar que seja uma tendência da gestão de pessoas; **D:** incorretas, pois os programas de capacitação se referem ao desenvolvimento (voltado para as habilidades necessárias para atividades futuras) e treinamento (voltado para o desempenho nas atividades atuais), não especificamente

na formação acadêmica, voltada para a pesquisa e o ensino; **E:** incorreta, pois não há tendência em se constituir quadro de reserva, o que pode implicar, inclusive, direito do aprovado a ser nomeado no momento em que houver vaga – ver RE 837.311/PI. 🆁🅱
„A".

(Técnico Judiciário – TRE/PI – CESPE – 2016) As competências de uma organização são muito mais do que a soma dos conhecimentos gerais de cada empregado individualmente; outros aspectos estão incluídos no conceito de competência organizacional, inclusive no setor público. Acerca desse assunto, assinale a opção correta.

(A) Perenes são competências que têm o papel de distinguir um desempenho superior de um desempenho mediano.

(B) Transitórias são competências que, durante um tempo, são importantes para a organização e para as atividades desenvolvidas, mas que tendem a ser superadas.

(C) Declinantes são competências que precisam ser mobilizadas durante processos de mudança, embora sejam pontuais e menos enfatizadas na estratégia organizacional.

(D) Emergentes são competências que podem não ser relevantes para as atividades atuais da organização, mas que, caso se considerem a estratégia e a visão de futuro, serão enfatizadas posteriormente.

(E) Diferenciais são competências de um grupo fundamental de competências organizacionais intimamente relacionadas à obtenção do desempenho desejado, e que permanecem relevantes para as tarefas ao longo do tempo, independentemente da direção estratégica da organização.

A: incorreta, pois as competências estáveis ou perenes são aquelas fundamentais que permanecem relevantes para a organização ao longo do tempo; **B:** imprecisa, pois as transitórias se referem àquelas competências imprescindíveis em momentos críticos, de transição, não diretamente relacionadas à atividade regular da organização; **C:** incorreta, pois se refere mais precisamente às competências transitórias. As declinantes são as competências que já foram importantes para a organização, mas vêm perdendo relevância com a evolução; **D:** correta, definindo adequadamente as competências emergentes; **E:** incorreta, pois se refere às competências estáveis ou perenes. 🆁🅱
„D".

(Técnico Judiciário – STM – 2011 – CESPE) Considere que determinado gerente, percebendo que todas as suas ideias eram recebidas com irritação por seus subordinados, tenha, em uma reunião de trabalho com sua equipe, anunciado que tomaria, a partir de então, decisões de cima para baixo, pois estava desapontado com a equipe de trabalho. Com base nessa situação, julgue os itens a seguir.

(1) A postura adotada pelo gerente não pode ser percebida como um problema de relacionamento interpessoal com sua equipe, visto que seus subordinados demonstraram resistência a suas ideias.

(2) Os objetivos pessoais e profissionais do gerente, nesse caso, não se alinham nem aos objetivos pessoais de seus subordinados nem aos objetivos organizacionais.

(3) O referido gerente tem dificuldades em priorizar decisões que contemplem os anseios pessoais dos membros de sua equipe de trabalho.

1: incorreta, pois o problema é claramente nas relações pessoais, entre o gerente e seus subordinados; **2:** incorreta, pois a questão não menciona quais são os objetivos pessoais e organizacionais, nem, muito menos, que haja desalinhamento entre eles. O problema relatado refere-se à coordenação e cooperação entre as pessoas, o que prejudica o atingimento desses objetivos; **3:** a assertiva é muito subjetiva, razão pela qual foi anulada. A questão não menciona os anseios pessoas dos membros da equipe, não permitindo concluir que o gerente tem dificuldade em relação a isso.
Gabarito 1E, 2E, 3 ANULADA

(Técnico Judiciário – STM – 2011 – CESPE) Acerca de relacionamento interpessoal e trabalho em equipe, julgue os itens abaixo.

(1) O trabalho pode ser compreendido como a forma pela qual o homem interage com o meio ambiente e o transforma, assegurando a sobrevivência e a construção de relações interpessoais que reforcem sua identidade e seu senso de contribuição.

(2) Aquele que reclama de seu salário e não se capacita para desafios futuros na organização em que trabalha pode apresentar dificuldade em priorizar ações no trabalho, o que prejudica suas relações interpessoais.

(3) Os primeiros comportamentos observados em uma equipe de trabalho muitas vezes estabelecem um precedente para as expectativas posteriores de seus membros, revelando os eventos críticos na história da equipe.

(4) A competência interpessoal é revelada na relação indivíduo-indivíduo e nas relações indivíduo-grupo, englobando, assim, atitudes individuais e coletivas que jamais são indissociáveis.

(5) Os fatores capazes de influenciar a eficácia do trabalho em equipe são o contexto organizacional, o tipo, as características e a composição da equipe.

(6) Uma equipe verticalizada tem mais chances de ser eficaz do que uma equipe horizontalizada, pois naquela há uma cadeia formal de comando entre o gerente e seus subordinados.

(7) Na estrutura da organização, uma equipe duradoura, às vezes até permanente, criada para lidar com tarefas que se repetem regularmente, pode ser definida como um comitê.

(8) Os avanços na tecnologia da informação, as mudanças nas expectativas de funcionários e a globalização dos negócios resultaram em novas abordagens para o trabalho em equipe.

(9) Coesão do trabalho em equipe refere-se a um padrão de conduta compartilhado pelos membros da equipe e que guia o seu comportamento.

1: correta, pois define o trabalho por aspectos técnicos (transformação do ambiente para sua sobrevivência) e sociológico (construção de relações interpessoais); **2:** incorreta, pois a reclamação e a falta de capacitação não implicam, necessariamente, dificuldade em priorizar ações no trabalho ou prejuízo às relações interpessoais. A reclamação reflete, aparentemente, insatisfação com a retribuição dada a seu trabalho, o que pode, isso sim, prejudicar sua dedicação à organização. A não capacitação para trabalhos futuros pode prejudicar o crescimento do indivíduo na organização ou, mesmo, sua continuidade nela, mas não, em princípio, sua dedicação ao trabalho atual ou suas relações interpessoais; **3:** incorreta, pois eventos ou incidentes críticos referem-se a fatos excepcionalmente positivos ou negativos no desempenho, que não correspondem, necessariamente, os primeiros comportamentos observados na equipe; **4:** correta, pois se refere adequadamente à competência interpessoal, que envolve aspectos pessoais e coletivos e que podem ser dissociados; **5:** incorreta, pois não há referência às competência interpessoais, incluindo aquelas atinentes à liderança, essenciais para a eficácia do trabalho em equipe; **6:** incorreta, pois a maior ou menor eficácia da estrutura vertical em relação à horizontal depende de diversos fatores, a começar pelo objetivo a ser alcançado pela equipe (determinado projeto pode ser favorecido pela estrutura horizontal, eventualmente); **7:** correta, sendo possível a departamentalização por funções ou por processos, por exemplo, definidas como comitês para lidar com tarefas determinadas; **8:** a assertiva é bastante subjetiva e genérica, mas é claro que avanços na tecnologia da informação, mudanças nas expectativas de funcionários e globalização dos negócios influenciam praticamente todas as organizações, incluindo as abordagens para o trabalho em equipe; **9:** assertiva também bastante genérica e subjetiva. A coesão refere-se, primordialmente a uma característica da equipe, decorrente das relações interpessoais harmoniosamente coordenadas para um objetivo comum. A assertiva foi considerada errada pelo examinador porque a coesão não se confunde com um padrão de conduta (é, como dito, uma característica da equipe). Gabarito 1C, 2E, 3E, 4C, 5E, 6E, 7C, 8C, 9E

(Técnico Judiciário – TRT/24ª – 2011 – FCC) Na competência interpessoal grupal, são fatores trabalhados:

(A) a interdependência de subsistemas e o trabalho em equipe, para o desempenho organizacional como um todo.

(B) a busca do autoconhecimento e conscientização, as habilidades de percepção, diagnose e comunicação para expressão verbal e emocional, para dar e receber *feedback*.

(C) as motivações, os objetivos pessoais, a problemática de inter-relação, de afetividade e intimidade.

(D) as motivações e objetivos individuais, grupais e organizacionais, e a problemática de diferenciação e integração de subsistemas.

(E) as motivações e objetivos comuns ao conjunto e a vários subconjuntos, bem como questões sobre poder, autoridade, controle e influência social.

A: incorreta, pois a interdependência de subsistemas e o desempenho organizacional global indicam a competência interpessoal *organizacional*; **B** e **C:** incorretas, pois as assertivas referem-se à competência interpessoal *individual*; **D:** incorreta, pois a assertiva indica a competência interpessoal em seus três aspectos (individual, grupal e organizacional); **E:** essa é a assertiva correta, pois se refere adequadamente à competência interpessoal no nível grupal. Gabarito "E".

(Técnico Judiciário – MPU – 2010 – CESPE) Julgue os itens a seguir, referentes a gestão de pessoas nas organizações.

(1) Em virtude de sua relevância nas organizações, a gestão de pessoas não deve ficar restrita aos profissionais dessa área, sendo responsabilidade de todos os gerentes de linha aos quais outras pessoas estejam subordinadas ou vinculadas.

(2) Considere que Carlos, técnico administrativo do MPU, esteja desenvolvendo um trabalho de descrição e análise dos cargos que compõem a estrutura administrativa desse Ministério. Nessa situação, Carlos está desenvolvendo ações de uma política de recursos humanos do processo de agregar pessoas.

(3) As primeiras ideias acerca da gestão de pessoas fomentaram a divisão do trabalho nas organizações, visto

que enfatizavam a especialização dos funcionários em tarefas específicas.

1: assertiva correta, considerando que a gestão de pessoas é atividade essencial dos gestores da organização, a que estejam subordinados ou vinculados outros colaboradores da organização (órgãos de linha); **2:** incorreta, pois a atuação de Carlos refere-se à fase de planejamento, prévio em relação à efetiva ação de recursos humanos; **3:** assertiva correta, pois a divisão da organização por critério de especialização pressupõe a identificação das competências pessoais, essencial na gestão de pessoas. Gabarito 1C, 2E, 3C

(Técnico Judiciário – MPU – 2010 – CESPE) Julgue os itens a seguir, relativos ao gerenciamento de conflitos nas organizações.

(1) Nas organizações, cabe à área de recursos humanos garantir o equilíbrio nas relações entre os funcionários e a organização, e sua ação envolve o gerenciamento de potenciais conflitos, do que é exemplo a percepção negativa de funcionários que não são recompensados de forma compatível com o seu trabalho na organização.

(2) Aquele que utiliza a estratégia da acomodação para gerenciar conflitos satisfaz os interesses do outro em detrimento dos próprios interesses.

(3) A estratégia de evitar o conflito é a melhor maneira de garantir o "ganha-ganha" quando uma das partes não quer negociar.

(4) Em situações vitais para o bem-estar da organização, a competição é a estratégia mais adequada para o gerenciamento de conflito no caso de uma das partes saber que está com razão.

(5) Denomina-se abordagem processual a estratégia de resolução de conflito embasada na modificação das condições antecedentes desse conflito.

1: correta, pois descreve adequadamente a função da área de recursos humanos dentro da organização e um exemplo de conflito bastante comum (insatisfação com a retribuição pelo trabalho – remuneração, promoção etc.); **2:** incorreta, pois a acomodação e a pacificação dos conflitos atende o interesse também daquele que utiliza a estratégia (harmonia nas relações interpessoais, produtividade etc.); **3:** incorreta, pois evitar o conflito, no caso, não garante o ganho em favor da outra parte (aquela que quer negociar). Para que todos tenham a percepção de que ganharam (ganha-ganha), é preciso a colaboração de ambas as partes envolvidas; **4:** assertiva correta, pois se admite que a competição seja a melhor solução para o conflito, com resolução ganha-perde, quando a prioridade é o resultado, e não o relacionamento interpessoal. Caso o foco no relacionamento fosse mais importante, a solução poderia ser a cooperação (perde-ganha). Se ambos fossem igualmente relevantes (resultado e relacionamento), a negociação seria indicada, para se buscar o ganha-ganha. Finalmente, se a questão não fosse o resultado, nem o relacionamento, a solução poderia ser evitar o conflito, simplesmente; **5:** incorreta, pois indica a abordagem *estrutural*, e não a *processual*. A doutrina se refere às abordagens *estrutural*, *processual* e *mista* para resolução de conflitos. A *estrutural* atua sobre as condições antecedentes do conflito. A *processual* busca modificar o episódio do conflito. A *mista* mescla as duas outras abordagens. Gabarito 1C, 2E, 3E, 4C, 5E

(Técnico Judiciário – MPU – 2010 – CESPE) O novo diretor de determinado órgão público, objetivando apagar da memória dos servidores a máxima "manda quem quer, obedece quem tem juízo", instituída na cultura da organização pelo antigo diretor, que permanecera no cargo durante trinta anos, anunciou a realização de certame para a escolha de uma canção comemorativa dos quarenta anos de existência do órgão, por meio da qual seriam enaltecidos valores e princípios positivos que norteiam o órgão. O anúncio foi feito durante a tradicional reunião de prestação de contas mensal, em que são comunicadas notícias internas, como promoções, exonerações e apresentação de novos colaboradores. Considerando essa situação hipotética, julgue os próximos itens, a respeito de clima e cultura organizacional.

(1) O antigo diretor do órgão é exemplo de herói na cultura organizacional desse órgão.

(2) A máxima instituída na organização pelo antigo diretor não constitui símbolo da cultura organizacional.

(3) A referida reunião mensal corresponde a um rito da cultura organizacional.

(4) Infere-se da situação apresentada que o objetivo do novo diretor do órgão está voltado para a mudança da cultura organizacional, que, envolvendo aspectos mais superficiais, reflete o clima organizacional, relacionado a aspectos mais enraizados na organização.

(5) A canção escolhida para representar o órgão constitui um valor da cultura organizacional.

1: correta, pois o antigo diretor é o instituidor da norma "manda quem quer, obedece quem tem juízo" e personifica esse valor dentro da cultura organizacional; **2:** discutível, pois, dada a relevância da máxima como identificador daquele órgão, é possível considerá-la um símbolo imaterial da cultura organizacional; **3:** correta, pois o evento tradicional compõe ritual na cultura organizacional; **4:** incorreta, pois os valores da cultura organizacional, a serem alteradas pelo novo diretor, não são aspectos superficiais, mas profundamente enraizados na organização; **5:** incorreta, pois a canção constituirá um símbolo da cultura organizacional, caso seja efetivamente adotado pelo órgão, não um valor (interessante notar que, eventualmente, a letra da canção pode se referir a valores da cultura organizacional).
Gabarito 1C, 2E, 3C, 4E, 5E

(Técnico Judiciário – MPU – 2010 – CESPE) Julgue os itens que se seguem, com relação a recrutamento, seleção e gestão por competências.

(1) Em regra, o processo de recrutamento interno é mais rápido e econômico que o externo.

(2) A técnica de entrevista diretiva, utilizada para a seleção de recursos humanos, caracteriza-se pela realização de uma série de perguntas padronizadas.

(3) Para a realização de um processo eficaz de recrutamento e seleção, deve-se proceder, primeiramente, à descrição e análise do cargo ofertado.

1: correta. No recrutamento interno a seleção tende a envolver quantidade menor de candidatos, já conhecidos da organização e incorporados à sua cultura organizacional e que demandarão menos custos de treinamento para exercício de suas novas funções; **2:** incorreta, pois a entrevista diretiva é conduzida fortemente pelo entrevistador, que busca determinadas respostas desejadas, sem padronização das perguntas; **3:** correta, pois esse é, a rigor, pressuposto para qualquer seleção.
Gabarito 1C, 2E, 3C

(Técnico Judiciário – MPU – 2010 – CESPE) Julgue os itens seguintes, relativos a avaliação de desempenho.

(1) A opção pelo método de escolha forçada para a avaliação do desempenho profissional em uma organização possibilita alta probabilidade de ocorrência do efeito Halo.

(2) A avaliação de desempenho bem estruturada deve ter como objetivo a apreciação sistemática do desempenho dos colaboradores no exercício do cargo bem como a do seu potencial de desenvolvimento.

(3) A técnica de incidentes críticos constitui método de avaliação pautado nos fatos excepcionalmente negativos e excepcionalmente positivos relacionados ao desempenho do avaliado.

(4) Considere que, em determinada organização, o coordenador de uma equipe de trabalho utilize a técnica de frases descritivas para avaliar o desempenho dos membros dessa equipe. Nessa situação, o referido coordenador está livre para escolher e avaliar, entre as frases disponibilizadas, as que sejam mais representativas do comportamento dos avaliados.

(5) A ocorrência de prejulgamento e subjetividade constitui uma das desvantagens da adoção do método da escala gráfica para a avaliação de desempenho dos profissionais em uma organização.

1: incorreta. O efeito halo refere-se a uma indesejável interferência na avaliação de desempenho decorrente de eventual empatia ou antipatia do avaliador em relação ao avaliando. Ocorre, por exemplo, quando a avaliação positiva relativa a determinado quesito tende a ser aplicada automaticamente a outros (generalização). O método de escolha forçada procura afastar a subjetividade, pois a avaliação se dá por meio de frases descritivas dos comportamentos, a serem escolhidas pelo avaliador. Havendo menor subjetividade, diminui-se o risco do efeito halo; **2:** correta, pois a avaliação prestigia não apenas a situação presente, mas também as perspectivas em relação ao avaliado; **3:** correta, pois descreve adequadamente o método dos incidentes críticos; **4:** correta, referindo-se ao método avaliativo da escolha forçada; **5:** assertiva correta, pois o método das escalas gráficas é altamente subjetivo. O examinador anota, em linhas horizontais, a posição do avaliado em relação ao aspecto avaliado (por exemplo, escala de 1 a 10 em produtividade). Veja, a seguir, exemplos de representação das escalas gráficas contínuas (em que apenas os extremos são pré-fixados e o avaliador poderá indicar qualquer ponto entre eles) e semicontínuas (método intermediário, em que há indicação de determinados pontos entre os extremos, para simplificar e orientar o trabalho do avaliador).
Gabarito 1E, 2C, 3C, 4C, 5C

4. GESTÃO E LIDERANÇA

(Técnico – MPE/CE – CESPE – 2020) A respeito da gestão organizacional, julgue os itens subsecutivos.

(1) É necessário que as empresas, inclusive as nacionais, realizem planejamento adaptativo para enfrentar as mudanças no contexto econômico mundial e adequar-se às contingências mercadológicas.

(2) O planejamento de metas estratégicas para alcance dos resultados pretendidos deve ser concentrado no nível estratégico da organização, cabendo aos níveis tático e operacional o cumprimento dos objetivos estabelecidos pela alta administração.

(3) Por meio da análise SWOT, é possível analisar o ambiente externo à organização mediante a identificação de oportunidades e ameaças.

(4) Pela metodologia BSC (*balanced scorecard*), um objetivo estratégico que vise à expansão de receitas e ao aumento de valor para os clientes deve ser devidamente classificado na perspectiva interna do mapa estratégico.

1: correta, sendo a adaptação ao contexto sempre mutável premissa necessária para a sobrevivência das organizações; **2:** incorreta, pois todos os níveis de planejamento (estratégico, tático e operacional) pressupõem a fixação de objetivos a serem atingidos. A questão foi anulada pois, de fato, há uma concentração no nível estratégico nessa fixação de metas e resultados; **3: correta**. A Matriz SWOT permite a análise do ambiente interno, no que se refere às forças (Strenghts) e fraquezas (Weaknesses) da organização, e do ambiente externo, quanto às oportunidades (Opportunities) e ameaças (Threats); **4: incorreta**, referindo-se às perspectivas financeira e de clientes do BSC. O Balanced Scorecard (BSC) é uma ferramenta de gestão de desempenho, que permite alinhar as ações da organização com sua missão e visão, e quatro perspectivas – (i) financeira, (ii) clientes, (iii) processos internos e (iv) de aprendizado e crescimento.

Gabarito 1C, 2anulada,3C, 4E

(Técnico – MPE/CE – CESPE – 2020) Acerca de gestão de projetos e solução de problemas, julgue os próximos itens.

(1) As atividades referentes ao encerramento de um projeto devem ser identificadas e realizadas apenas após a conclusão do projeto, com a finalidade de permitir reflexões pós-projeto.

(2) As organizações possuem contextos econômicos, financeiros e culturais diferenciados; por isso, é recomendável que organizações distintas tomem decisões diferenciadas para um mesmo fato econômico, de acordo com seu próprio objetivo.

(3) A tomada de decisão faz parte do papel da liderança, por isso um líder deve trabalhar na busca da certeza e do consenso, para minimizar a tensão que é inerente ao processo decisório.

1: incorreta, até porque é paradoxal. Não há como concluir o projeto sem que as atividades por ele abrangidas sejam concluídas; **2:** correta, sendo irreal, inclusive, imaginar que organizações distintas tomem decisões idênticas diante dos mesmos desafios e contextos; **3:** incorreta, sendo que consenso é uma forma possível para o processo decisório, mas não o único e, mais importante, nem sempre possível ou mesmo recomendável. Num sentido genérico, é intuitivo que o consenso é preferível ao conflito. Entretanto, conflitos são inevitáveis e refletem naturalmente as divergências entre as pessoas e a busca dos melhores caminhos. A solução desses conflitos pode ser oportunidade de ganhos para os colaboradores e para a organização (ver as abordagens *estrutural*, *processual* e *mista* para resolução dos conflitos). A competição pode ser a melhor solução para o conflito, com resolução ganha-perde, quando a prioridade é o resultado, e não o relacionamento interpessoal. Caso o foco no relacionamento seja mais importante, a solução poderia ser a cooperação (perde-ganha). Se ambos forem igualmente relevantes (resultado e relacionamento), a negociação seria indicada, para se buscar o ganha-ganha. Finalmente, se a questão não focasse o resultado, nem o relacionamento, a solução poderia ser evitar o conflito, simplesmente. O conflito de relacionamento atine às interações entre as pessoas. Há também o conflito de processo, relativo à forma como o trabalho é realizado.

Gabarito 1E, 2C, 3E

(Técnico – TJ/MA – FCC – 2019) Considere as afirmações relacionadas aos conceitos abaixo:

I. Eficiência é um indicador relacionado à otimização ou melhor uso possível de insumos na produção de bens e serviços.

II. Eficácia é um indicador exclusivamente financeiro, mensurando a economia de custos na produção de resultados.

III. Efetividade constitui uma medida de mensuração do tempo de duração de um projeto.

Está correto o que se afirma APENAS em

(A) III.

(B) II.

(C) I.

(D) I e III.

(E) II e III.

Para Lucas Furtado, a economicidade, que deve orientar a administração pública (ver art. 70 da CF), possui três aspectos, quais sejam a eficiência, a eficácia e a efetividade. A eficiência requer a adequada aplicação dos recursos públicos, com correta análise da relação custo/benefício. A eficácia exige a análise do resultado, se a ação gerou benefícios para a sociedade. Finalmente, a efetividade, que pressupõe eficiência e eficácia, implica comparação entre (a) os objetivos e metas fixados e (b) os resultados efetivamente alcançados. Entretanto, é importante destaca a divergência doutrinária a respeito. O CESPE adota o entendimento de que a *eficiência* caracteriza-se pelo uso racional dos recursos disponíveis; a *eficácia*, pelo alcance dos objetivos e metas previamente estipulados; e a efetividade, pelos resultados obtidos pela ação governamental (gabarito de questão no concurso Administrador – MDS – 2006 – CESPE) – Ver ABNT NBR ISO 9000:2000.

I: correta, conforme comentários iniciais; **II:** incorreta, até porque o aspecto financeiro, de relação entre custos e resultados, se refere mais diretamente à eficiência; **III:** incorreta, até porque o tempo, como variável relacionada diretamente a custos, está mais diretamente relacionada à eficiência.

Gabarito "C"

(Técnico – TJ/MA – FCC – 2019) Entre os estilos de liderança apontados pela literatura, aqueles que se caracterizam como liderança situacional, fundados no modelo de Fiedler, sustentam que

(A) a liderança deve ser modulada de acordo com a posição em que o líder se situa no organograma da organização.

(B) situações adversas impedem o exercício de uma liderança cooperativa.

(C) o conflito interpessoal ou de equipes deve ser estimulado, pois reforça o controle da situação pelo líder.

(D) as características pessoais do líder, como por exemplo carisma, determinam o ambiente da organização.

(E) o comportamento do líder deve variar conforme o grau de maturidade dos liderados.

A gestão situacional se refere à flexibilidade em face do ambiente em que se encontra a organização.

A única alternativa que se refere a essa flexibilidade, à adaptação do comportamento do líder em função da situação, é a "E", alternativa correta, portanto.

O modelo de Fiedler se refere ao estilo de liderança baseado em tarefa ou em relacionamento.

É muito comum, especialmente nos gabaritos do CESPE, essa abordagem da liderança centrada nas tarefas, em contraposição à liderança centrada nas pessoas (relacionamento). O estilo centrado nas tarefas refere-se à preocupação com a execução dessas tarefas e com o atingimento dos resultados, adotando-se métodos preestabelecidos de trabalho. O líder centrado nas tarefas tende a planejar e definir quem realizará e como cada colaborador realizará suas tarefas, além de monitorar seu desempenho. O estilo centrado nas pessoas refere-se à preocupação com as características e competências dos subordinados, com ênfase no trabalho em equipe e nas metas a serem atingidas, mais do que nos métodos. O líder centrado nas pessoas busca apoiar os subordinados, respeitando suas características, necessidades e privilegia as relações interpessoais.

É também comum a classificação dos estilos de liderança em autocrática (centralização das decisões, sem participação dos subordinados, focada nas tarefas), democrática (com participação dos liderados nas decisões) e liberal ("laissez-faire", decisões tomadas por cada indivíduo).

Veja a seguinte tabela, com características de dois estilos de liderança (gabarito da CESPE):

Líder centrado nas tarefas	Líder centrado nas pessoas
– preocupa-se com os métodos de trabalho das pessoas; – define claramente os padrões de trabalho a serem desenvolvidos pelas pessoas; – atribui as responsabilidades de acordo com a tarefa desenvolvida pelas pessoas; – focaliza a produtividade e a qualidade das atividades das pessoas; – monitora os resultados do desempenho das pessoas;	– expõe os objetivos do trabalho para as pessoas; – atua como apoio e retaguarda para as pessoas; – respeita os sentimentos das pessoas; – procura ensinar as tarefas e desenvolver as pessoas; – demonstra confiança nas pessoas; – preocupa-se com as metas mais do que com os métodos.

Aproveitamos para apresentar esta outra tabela, com atitudes típicas de três tipos de personalidade de líderes executivos, conforme Richard W. Wallen, o Batalhador, o Auxiliador e o Crítico (gabarito da FCC):

Características	Batalhador	Auxiliador	Crítico
Julga os outros por:	Poder	Afetividade	Aptidão cognitiva
Influencia os outros pela:	Intimidação	Compreensão	Argumentação
Receia:	Dependência	Rejeição	Emoções
Necessita de:	Afeto	Firmeza	Conscientização de sentimentos

(Técnico – TJ/MA – FCC – 2019) Entre as metodologias consagradas para administração de materiais e gestão de estoques está a denominada Curva ABC,

(A) também conhecida como análise de Pareto, segundo a qual 80% dos problemas de estoque são causados por 20% dos fatores.

(B) que se baseia na perecibilidade dos itens de estoque, propondo que a gestão deve ser mais efetiva conforme o maior risco de perda de validade.

(C) fundada na importância econômica dos itens de estoque, de acordo com a equação Kanban, que propõe a concentração em 30% dos itens.

(D) que busca o denominado estoque zero, com base no conceito *just in time*, segundo o qual os itens devem ser adquiridos conforme a demanda efetiva.

(E) a qual propõe uma matriz, conhecida como SWOT, onde são apresentados os três itens de maior relevância na produção da organização.

A análise quantitativa das causas dos problemas pode ser feita por meio do Gráfico ou Diagrama de Pareto. Parte-se da premissa de que a maior parte dos problemas advém de um número reduzido de causas, cujo enfrentamento deve ser priorizado. O gráfico ou diagrama apresenta barras verticais indicando determinadas ocorrências, das quantidades maiores para as menores, e uma linha representando o percentual acumulado.

É comum se referir a curva ABC, sendo que o item "A" se refere a 80% dos problemas, correspondentes a 20% dos fatores (regra 80/20).

Por essas razões, a alternativa "A" é a correta.

Considere o texto abaixo sobre Administração pública:

I é a capacidade do governo de praticar as decisões tomadas, enquanto que a II diz respeito às condições necessárias das quais o governo precisa para exercer o poder. III trata da prestação de contas por parte do governo, sendo considerada um aspecto central da IV, que por sua vez, está estreitamente correlacionada à V.

(Técnico – TJ/MA – FCC – 2019) Preenchem correta e respectivamente as lacunas I, II, III, IV e V:

	I	II	III	IV	V
(A)	Governabilidade	governança	Governança	governabilidade	*accountability*
(B)	Governança	governabilidade	*Accountability*	governança	governabilidade
(C)	*Accountability*	governabilidade	Governança	*accountability*	governança
(D)	Governança	*accountability*	Governabilidade	governança	*accountability*
(E)	Governabilidade	governança	*Accountability*	governabilidade	*accountability*

Governança refere-se à capacidade de governo do Estado de implementar as decisões tomadas, de viabilizar as condições financeiras e administrativas indispensáveis à execução das decisões que o governo toma.

Governabilidade refere-se ao poder para governar, dada sua legitimidade democrática e o apoio com que conta na sociedade civil.

Accountability se refere à prestação de contas de modo transparente e acessível, e a correspondente ampliação e facilitação do controle social

Por essas razões, a alternativa "B" é a correta.

(Técnico Judiciário – TRT11 – FCC – 2017) Nas últimas décadas, a Administração pública vem buscando a excelência nos serviços públicos, fazendo uso de conceitos, metodologias e ferramentas consagradas, com vistas a atingir o grau ótimo de prestação de serviços ao cidadão. Nesse contexto, o modelo criado pela Fundação Nacional da Qualidade – FNQ desenvolveu critérios de excelência

(A) correspondentes às melhores práticas importadas de organizações modelo, entre as quais o aprendizado organizacional.

(B) que representam o grau de maturidade dos colaboradores, entre os quais se inclui o pensamento sistêmico.

(C) que permitem medir o grau de excelência da organização, entre os quais se incluem estratégias e planos.

(D) utilizados exclusivamente para obtenção de certificação de acordo com a pontuação atribuída a cada um de seus itens.

(E) consistentes em insumos para aplicação de métodos de gerenciamento de processos, objetivando a otimização dos recursos materiais e humanos disponíveis na organização.

A: incorreta, pois o modelo de excelência da gestão – MEG, da FNQ, não é baseado ou orientado a determinada organização, sendo modelo de referência e aprendizagem, aplicável a qualquer tipo de organização – ver na página www.fnq.org.br; **B:** incorreta, pois, embora o pensamento sistêmico seja um dos fundamentos da excelência, não se refere ao grau de maturidade dos colaboradores, mas sim à inter-relação e interdependência entre os diversos componentes da organização; **C:** correta, pois os sistemas de medição são essenciais no MEG; **D:** incorreta, pois a obtenção de certificação pode ser um reflexo da aplicação do MEG, não seu objetivo; **E:** incorreta, pois não se reduz à metodologia para gerenciamento de processos, focando diversos outros aspectos da organização, incluindo pensamento sistêmico, aprendizado organizacional, liderança transformadora, adaptabilidade etc. **RB**
Gabarito "C"

(Técnico Judiciário – TRT11 – FCC – 2017) No que diz respeito à gestão por projetos, é importante ter em mente que nem todas as atividades desenvolvidas por uma organização correspondem a um projeto. Para que possam ser assim enquadradas devem ostentar algumas características, entre as quais:

I. Singularidade, na medida em que todo o produto ou serviço gerado por um projeto se distingue de outros.

II. Prioridade, eis que o projeto é sempre ligado aos indicadores de planejamento estratégico.

III. Temporalidade, pois todo projeto possui início e fim definidos.

Está correto o que se afirma APENAS em

(A) I e III.

(B) I e II.

(C) II e III.

(D) III.

(E) II.

Projeto é sempre um esforço temporário (com prazo definido) e distinto das atividades regulares da organização, desenvolvido por etapas, e do qual resulta um produto, serviço ou outro resultado singular, distinto de outros realizados anteriormente. Por essa razão, apenas as assertivas I e III são corretas. **RB**
Gabarito "A"

(Técnico Judiciário – TRE/PI – CESPE – 2016) Acerca do BSC *(balanced scorecard)* nas organizações, assinale a opção correta.

(A) No processo de formulação do BSC, comunicar e estabelecer vinculações ajuda no compartilhamento das informações entre os colaboradores, que se esforçarão para estabelecer um alinhamento entre o objetivo estratégico e as metas da organização.

(B) A qualidade, o tempo, o preço e a funcionalidade dos serviços ofertados ao mercado são referentes genéricos da proposta de valor para a perspectiva financeira do BSC.

(C) Investir em pesquisa e desenvolvimento constitui uma estratégia de utilização de ativos organizacionais para melhoria de desempenho da perspectiva cliente do BSC.

(D) No processo de formulação do BSC, esclarecer a visão e a estratégia para todos os níveis da organização é uma desvantagem na perspectiva de aprendizado e crescimento do BSC.

(E) Na perspectiva financeira do BSC, para que a organização concretize sua visão, é necessário que sua equipe questione-se sobre como a organização pode sustentar a capacidade de mudar e melhorar sua atividade produtiva.

O *balanced scorecard* – BSC é um método de avaliação da performance organizacional e também uma ferramenta de gestão estratégica. Por meio do BSC é possível verificar e alinhar as operações da organização à estratégia definida pela alta administração, sua missão e visão. São adotados indicadores financeiros e não financeiros para fins de comparação da realidade da organização com determinadas metas. O modelo mais disseminado abrange quatro perspectivas (dimensões): (1) Financeira, (2) Clientes, (3) Negócio interno e (4) Inovação, aprendizagem e crescimento. **A:** correta, sendo que a promoção da comunicação e dos vínculos entre colaboradores da organização está inserida no BSC; **B:** incorreta, pois a perspectiva financeira refere-se aos resultados financeiros (lucro, retorno sobre investimento, criação de valor econômico, geração de caixa) e sua relação com a execução da estratégia; **C:** incorreta, pois pesquisa e desenvolvimento refere-se mais precisamente à perspectiva de inovação, aprendizagem e crescimento; **D:** incorreta, conforme comentário à primeira alternativa; **E:** incorreta, pois a assertiva adequa-se melhor à perspectiva de inovação, aprendizagem e crescimento. **RB**
Gabarito "A"

(Técnico Judiciário – TRE/PI – CESPE – 2016) A respeito da gestão por competência nas organizações, assinale a opção correta.

(A) Caminhos alternativos, flexíveis e adaptáveis para o desenvolvimento de competências resultam de processos de diagnóstico de lacunas de competências nas organizações.

(B) Na avaliação de competências nas organizações, os questionários, as entrevistas e os grupos focais são as principais técnicas utilizadas, pois proporcionam mensurações mais fidedignas que as demais técnicas.

(C) Em uma perspectiva processual, os componentes da competência podem ser constituídos por demandas de contexto organizacional, social ou econômico.

(D) No mapeamento de competências, a construção de descrições longas, constituídas por múltiplas ideias, auxilia na caracterização do espaço ocupacional dos profissionais na organização.

(E) Competências com maior grau de transversalidade entre as diversas áreas de uma organização configuram-se como emergentes quanto à relevância, bem como gerais quanto à amplitude.

Gestão por competência é a gestão da capacitação orientada para o desenvolvimento do conjunto de conhecimentos, habilidades e atitudes necessárias ao desempenho das funções dos servidores, visando ao alcance dos objetivos da instituição – ver art. 2º, II, do Decreto 5.707/2006. **A:** incorreta, pois do processo de diagnóstico de lacunas de competências, o resultado evidente é o treinamento ou desenvolvimento de profissionais ou o recrutamento (interno ou externo); **B:** incorreta, pois, embora os questionários e entrevistas (individuais ou em grupos focais) sejam amplamente utilizados, não se pode dizer que sejam os mais fidedignos; **C:** correta, referindo-se às necessidades que indicam as competências profissionais necessárias para competência organizacional; **D:** incorreta, pois o ideal são descrições objetivas e específicas, distintivas das diversas competências; **E:** incorreta, pois competências com maior grau de transversalidade (referem-se a diversas áreas da organização, em linhas distintas de hierarquia) tendem a ser estáveis ou perenes, necessárias ao longo do tempo para a organização. **RB**
Gabarito "C".

(Técnico Judiciário – TRE/PI – CESPE – 2016) Com relação ao planejamento organizacional nas organizações contemporâneas, assinale a opção correta.

(A) Em uma organização, as metas operacionais e departamentais são estabelecidas de forma exclusiva, respectivamente, para pessoas/equipes e departamentos/divisões.

(B) Os planos estratégicos representam as etapas de ação, pelas quais uma organização tem intenção de alcançar as metas estratégicas em um espaço de tempo definido.

(C) As metas táticas auxiliam na execução dos planos estratégicos de uma organização, assim como na realização de parte específica da estratégia organizacional.

(D) O planejamento estratégico estabelece planos sucessivos de metas e ações que são desempenhadas repetidamente nas organizações, visto que planos de uso único não fazem parte do escopo da estratégia.

(E) Planos e metas táticas fornecem meios para que a organização responda a situações específicas, como emergências, contratempos ou condições inesperadas.

O planejamento é um modelo teórico para a ação futura, composto por objetivos e planos detalhados de como atingir seus objetivos da melhor maneira possível (gabarito da FGV). É o ato de determinar os objetivos da organização e os meios para alcançá-los (gabarito da FUNRIO). O planejamento pode ser classificado em estratégico, tático ou operacional, pelo critério de abrangência. O planejamento estratégico é o mais amplo, relativo aos objetivos e estratégias de longo prazo para toda a organização. O planejamento tático refere-se a cada área funcional da organização. O planejamento operacional corresponde ao nível básico da organização, a suas atividades rotineiras. O planejamento estratégico busca definir ou reconhecer a missão, a visão, os valores e os objetivos da organização, com análise global da situação interna e externa e formulação de estratégias, voltando-se ao longo prazo. A missão é o objetivo fundamental da organização, sua razão de existência. A visão volta-se para o futuro, para onde a organização pretende ir, o que ela quer ser num futuro previsível e está ligada à missão da organização, ao seu objetivo fundamental. As etapas do planejamento estratégico são (1ª) análise da situação atual (recursos humanos, financeiros, materiais

disponíveis, possibilidades do mercado), (2ª) análise do ambiente externo (ameaças e oportunidades), (3ª) análise do ambiente interno (pontos fortes e fracos dentro da organização), (4ª) definição do plano estratégico (objetivos e estratégias) – depois disso vêm a implementação da estratégia, seu monitoramento e controle. **A:** incorreta. As metas táticas ou departamentais, relativas ao planejamento tático ou departamental, referem-se aos fatores internos (preponderantemente) e externos ligados ao departamento ou à divisão em questão. As metas operacionais referem-se ao planejamento operacional, relacionadas aos fatores internos ligados diretamente ao setor, integrante de determinado departamento; **B:** correta, conforme comentário preliminar; **C:** incorreta, já que as metas táticas referem-se ao planejamento tático ou departamental; **D:** incorreta, pois há um plano estratégico, com várias etapas e ações, mas não planos sucessivos e repetitivos; **E:** incorreta, pois os planos e metas táticas se referem ao planejamento de médio prazo, departamental. **RB**
Gabarito "B".

(Técnico – TRE/CE – 2012 – FCC) O Modelo de Excelência em Gestão Pública adotado pelo governo federal é composto por critérios que juntos compõem um sistema de gestão para as organizações do setor público brasileiro. Esses critérios incluem os citados, com EXCEÇÃO de:

(A) Liderança.

(B) Diferenciação do Produto.

(C) Estratégia e Planos.

(D) Resultados.

(E) Informação e Conhecimento.

Os critérios prestigiados pelo Programa Nacional de Gestão Pública e Desburocratização, utilizados para avaliação dos concorrentes ao Prêmio Nacional da Gestão Pública (PQGF), são (a) liderança, (b) estratégia e planos, (c) cidadãos, (d) sociedade, (e) informações e conhecimento, (f) pessoas, (g) processos e (h) resultados – Instrumento para Avaliação da Gestão Pública, também ver Decreto 5.378/2005. Por essa razão, a alternativa "B" deve ser indicada. Atenção: o Programa Nacional de Gestão Pública e Desburocratização (Gespública) foi descontinuado pelo Decreto 9.904/2017, que revogou o Decreto 5.378/2005.
Gabarito "B".

(Técnico – TRT/11ª – 2012 – FCC) Uma gestão pública voltada para a excelência deve

(A) estar focada em resultados e orientada para o cidadão.

(B) concentrar seus recursos nos serviços mais rentáveis.

(C) priorizar, acima de tudo, a racionalização dos gastos.

(D) se pautar apenas no cumprimento das regras formais.

(E) enfatizar as demandas dos setores mais necessitados.

A: essa é a alternativa correta. A moderna administração pública gerencial, orientada pela excelência e pela qualidade, foca os resultados e é orientada para o cidadão (não há foco nos procedimentos e orientação para ela própria, situação tipicamente relacionada à administração burocrática); **B** e **C:** incorretas, pois a gestão pública, embora deva ser eficiente, não tem por objetivo a rentabilidade, mas o pleno e adequado atendimento ao interesse público. Embora a racionalização de gastos seja essencial, é incorreto afirmar que essa deve ser a prioridade "acima de tudo"; **D:** incorreta, pois, o foco deve ser nos resultados, não no procedimento, conforme comentário à alternativa "A"; **E:** incorreta, pois, embora as demandas dos setores mais necessitados sejam realmente prioritários, isso não tem relação direta com a gestão voltada para a excelência, expressão que remete à ideia de foco nos resultados com ação eficiente, eficaz e efetiva.
Gabarito "A".

(Técnico Judiciário – TRT/4ª – 2011 – FCC) Com relação às melhores práticas de gestão de projetos, considere as afirmativas abaixo:

I. Para realizar os projetos é necessário concentrar esforços em projetos menores, que tenham entregas alcançáveis e cujos prazos possam ser cumpridos.

II. O gerente de projeto deve se posicionar de forma a que todas as áreas diretamente envolvidas no sucesso do projeto estejam comprometidas e disponíveis na medida da necessidade.

III. Não existe um tamanho ideal para a equipe, mas uma boa regra é ter sempre mais de uma pessoa para cada papel ou mais de um papel para cada pessoa.

IV. O planejamento deve garantir que as pessoas não estejam envolvidas em mais projetos do que seria racional, o que geraria disputa de recursos entre os projetos.

V. Equipes de projeto que já estejam se esforçando para cumprir seus escopos e prazos devem se dedicar às atividades essenciais que agregam valor ao projeto, e a estrutura deve se esforçar para adaptar- se a estas condições.

Estão corretas SOMENTE:

(A) I, II, IV e V.

(B) I, II, III e IV.

(C) II e IV.

(D) I, II e IV.

(E) III, IV e V.

Todas as assertivas indicam boas práticas de gestão de projetos, com exceção da "III". Isso porque mais de uma pessoa para o mesmo papel pode gerar conflito ou ineficiência, por ausência de quem seja efetivamente responsável por ele. Ademais, o ideal é que cada pessoa tenha um papel específico no projeto, e não vários.

Gabarito "A".

(Técnico Judiciário – TRT/4ª – 2011 – FCC) Uma gestão adequada do desempenho em uma organização pressupõe que

(A) todos os que estão envolvidos no processo estejam bem treinados para alcançar as metas propostas.

(B) a organização estabeleça previamente remunerações adequadas ao melhor desempenho esperado.

(C) os funcionários aceitem punições de acordo com o desempenho de cada um, caso necessário.

(D) os funcionários já tenham as competências correspondentes aos desafios que lhes serão propostos.

(E) o gestor deixe clara a razão da sua implantação e determine quais são os resultados esperados.

A e D: assertivas imprecisas, pois, embora o adequado treinamento seja essencial na gestão de pessoas, a gestão de desempenho foca a avaliação dos resultados; B e C: incorretas, pois a gestão de desempenho não pressupõe promessas de remuneração ou punição, embora seus resultados sejam importantes para a avaliação dos gestores; E: essa é a alternativa correta, pois a transparência e a prévia fixação de critérios objetivos são essenciais para a adequada gestão de desempenho.

Gabarito "E".

(Técnico Judiciário – TRT/23ª – 2011 – FCC) Entre as funções administrativas no processo organizacional, o controle compreende a

(A) emissão de ordens, instruções, comunicação, motivação, liderança e coordenação.

(B) definição de objetivos, o diagnóstico da situação e um prognóstico a partir das informações diagnosticadas.

(C) definição de missão, visão, metas estratégicas e cenários prospectivos.

(D) definição de padrões, avaliação do desempenho, comparação do desempenho com o padrão estabelecido e ação corretiva.

(E) definição de metas, controle de processos, correção de procedimentos e *feedback* do processo.

A: incorreta, pois a assertiva indica atos de execução ou direção do projeto (o "Do" do ciclo PDCA); B e C: incorretas, pois indicam atos de planejamento (o "Plan" do PDCA); D: essa é a assertiva correta, pois indica atos de controle (o "Check" do ciclo PDCA; E: incorreta, pois a definição de metas indica a fase de planejamento ("Plan" do PDCA) e as correções e o *feedback* do processo referem-se à ação após o controle (o "Act" do PDCA).

Gabarito "D".

Veja uma representação simplificada do ciclo PDCA, com indicação de quatro passos, correspondendo a cada quadrante do círculo: Planejar (Plan), Executar (Do), Verificar (Check) e Agir (Act):

(Técnico Judiciário – TRT/24ª – 2011 – FCC) Em relação à Gestão Estratégica, analise:

I. Estratégia é o conjunto de decisões fixadas em consonância com a missão.

II. Estratégia é a razão de ser de uma organização.

III. Estratégia é processo contínuo e sistemático que direciona a organização para atingir sua missão.

Está correto o que consta APENAS em

(A) I e II.

(B) I e III.

(C) II.

(D) II e III.

(E) III.

I e III: assertivas corretas, pois caracterizam adequadamente a estratégia; II: incorreta, pois a estratégia é uma ferramenta da gestão, para que a organização atinja seus objetivos (prestação adequada de serviços públicos, lucro etc.), mas com eles não se confunde.

Gabarito "B".

(Técnico Judiciário – TRT/23ª – 2011 – FCC) Por administração gerencial entende-se um modelo de gestão que

(A) privilegia a descentralização, a autonomia dos níveis gerenciais na aplicação da lei aos casos concretos e a desburocratização de toda a estrutura administrativa.

(B) enfatiza a aplicação rigorosa das leis contra corrupção e centralização dos processos de controle formal para garantir a eficiência do governo.

(C) procura alcançar resultados financeiros crescentes com base na privatização e nomeação por critérios políticos de indicação dos níveis gerenciais.

(D) incentiva a profissionalização do corpo operacional da administração descentralizada e a elevação horizontal dos níveis médios de remuneração dos gerentes.

(E) pressupõe a transferência das funções de planejamento e controle para os níveis operacionais, mas preserva o controle centralizado das funções finalísticas.

A: a assertiva indica adequadamente características da *administração gerencial* – ver o Capítulo 2 do Plano Diretor da Reforma do Aparelho do Estado – PDRAE/1995; **B:** incorreta, pois a assertiva aproxima-se da administração burocrática, especificamente no que se refere à centralização dos processos de controle formal; **C:** incorreta, pois a *administração pública gerencial* aceita a profissionalização e a impessoalidade como paradigmas, o que vai contra a nomeação por critérios políticos; **D:** incorreta, pois o objetivo não é a elevação do nível médio de remuneração, mas sim sua adequação às exigências dos cargos, sua complexidade, observando-se a realidade do mercado – ver item 4.4 do PDRAE/1995; **E:** incorreta, pois, embora a *administração pública gerencial* privilegie a autonomia dos gestores, inclusive dos níveis operacionais, estes observam e se submetem ao planejamento e ao controle superior dos resultados.

Gabarito "A".

5. FERRAMENTAS E TÉCNICAS DE GESTÃO

(Técnico - TRT/15 - FCC - 2018) Considere que uma entidade integrante da Administração indireta tenha iniciado a aplicação da metodologia *Balanced scorecard* (BSC) no bojo da estruturação de seu planejamento estratégico. Nesse contexto, deverá

(A) definir a missão da entidade, ou seja, o seu objetivo de excelência, representado por metas de curto, médio e longo prazo.

(B) identificar, em uma análise interna, as forças e fraquezas da entidade e, analisando o cenário externo, também os desafios e oportunidades que se apresentam.

(C) identificar a visão da organização, que é a forma como a mesma é percebida por aqueles que com ela interagem no cenário externo.

(D) proceder a um diagnóstico das competências necessárias para o atingimento das metas fixadas, que correspondem à visão de organização.

(E) instituir indicadores de desempenho para identificar o cumprimento da missão da entidade, estabelecida a partir da visão de seus integrantes.

O *balanced scorecard* – BSC é método de avaliação da performance organizacional e também ferramenta de gestão estratégica. Por meio do BSC é possível verificar e alinhar as operações da organização à estratégia definida pela alta administração, sua missão e visão. São adotados indicadores financeiros e não financeiros para fins de comparação da realidade da organização com determinadas metas. O modelo mais disseminado abrange quatro perspectivas (dimensões): (1) Financeira, (2) Clientes, (3) Negócio interno e (4) Inovação e aprendizagem. Comumente, o BSC é combinado com a análise SWOT. A Matriz SWOT é ferramenta de análise do ambiente interno, no que se refere às forças (Strenghts) e às fraquezas (Weaknesses) da organização, e do ambiente externo, quanto às oportunidades (Opportunities) e às ameaças (Threats). O planejamento estratégico busca definir ou reconhecer a missão, a visão, os valores e os objetivos da organização, com análise global da situação interna e externa e formulação de estratégias, voltando-se ao longo prazo. A missão é o objetivo fundamental da organização, sua razão de existência. A visão volta-se para o futuro, para onde a organização pretende ir, o que ela quer ser num futuro previsível e está ligada à missão da organização, ao seu objetivo fundamental. **A:** incorreta, pois a missão é o objetivo fundamental da organização; **B:** correta, referindo-se à adoção da ferramenta SWOT; **C:** incorreta, pois a visão se refere à própria organização, o que ela quer ser num futuro

previsível; **D:** incorreta, conforme comentário anterior relativo à visão; **E:** incorreta, conforme comentários anteriores.

Gabarito "B".

(Técnico - TRT/15 - FCC - 2018) Constitui ferramenta utilizada no âmbito da etapa de mapeamento dos processos de uma organização:

(A) a Matriz SWOT, que indica a inter-relação de áreas e atividades com produtos e insumos envolvidos nos processos da organização.

(B) o organograma, que indica, de forma detalhada, as principais atividades da organização, ou seja, seus macroprocessos.

(C) o fluxograma, que representa graficamente o fluxo de atividades, com todas as entradas e saídas para consecução do produto ou serviço.

(D) o Diagrama de Pareto, que possui como quadrantes: clientes; fornecedores; insumos e produtos.

(E) a Curva ABC, que divide os processos da organização em três eixos principais: planejamento, execução e entrega.

A: incorreta. A Matriz SWOT é ferramenta de análise do ambiente interno, no que se refere às forças (Strenghts) e às fraquezas (Weaknesses) da organização, e do ambiente externo, quanto às oportunidades (Opportunities) e às ameaças (Threats); **B:** incorreta, pois organograma é a representação gráfica da estrutura organizacional; **C:** correta, definindo adequadamente o fluxograma; **D:** incorreta. A análise quantitativa das causas dos problemas pode ser feita por meio do Gráfico ou Diagrama de Pareto. Parte-se da premissa de que a maior parte dos problemas advém de um número reduzido de causas, cujo enfrentamento deve ser priorizado. O gráfico ou diagrama apresenta barras verticais indicando determinadas ocorrências, das quantidades maiores para as menores, e uma linha representando o percentual acumulado; **E:** incorreta. A curva ABC tem sentido semelhante ao diagrama de pareto, considerando que 80% dos problemas são geralmente causados por 20% dos fatores, ou de que 20% dos produtos de uma empresa representam 80% de sua margem de lucro. Enfim, que um percentual pequeno em um dos eixos (20%) representa um percentual elevado no outro eixo (80%).

Gabarito "C".

(Técnico – TRE/CE – 2012 – FCC) O Programa Nacional de Gestão Pública e Desburocratização criado em 2005 com a finalidade de contribuir para a melhoria da qualidade dos serviços públicos prestados aos cidadãos brasileiros e para o aumento da competitividade do país, utiliza-se de um conjunto de tecnologias de gestão como cartas de serviços, pesquisas de satisfação, indicadores de desempenho, gestão de processos e avaliação do nível de gestão, tendo por referência principal o Modelo de Excelência em Gestão Pública. Uma dessas ferramentas da Gestão da Qualidade Total está voltada para a melhoria contínua, ou kaizen, e representa uma sequência que inicia em planejar uma melhoria ou mudança em algum processo da organização, para ganhar em desempenho ou resolver determinado problema. Colocada em prática, averigua-se os resultados da implementação e atua-se na correção de desvios ou reforça-se aspectos corretos da medida. A ferramenta comentada é conhecida por

(A) diagrama de Deming.

(B) diagrama de Ishikawa.

(C) ciclo PDCA.

(D) gráfico de controle ou de dispersão.

(E) gráfico de Pareto.

O ciclo PDCA, de Shewhart ou de Deming é uma ferramenta de gestão (de processos, de qualidade etc.), que parte do planejamento, passa pela execução, pelo controle do que foi executado e, por fim, pelas ações corretivas e realimentação do círculo, para que as próximas ações sejam aprimoradas. Por essa razão, a alternativa "C" é a correta. O ciclo PDCA indica quatro passos, correspondendo a cada quadrante do círculo: Planejar (Plan), Executar (Do), Verificar (Check) e Agir (Act). Veja uma representação simplificada do ciclo PDCA:

Gabarito "C".

Veja uma representação simplificada do ciclo PDCA, com indicação de quatro passos, correspondendo a cada quadrante do círculo: Planejar (Plan), Executar (Do), Verificar (Check) e Agir (Act):

(Técnico Judiciário – TRT/4ª – 2011 – FCC) O Ciclo PDCA tem como objetivo

(A) o aceleramento da qualificação do quadro funcional.

(B) o aperfeiçoamento do benchmarking da organização.

(C) a melhoria do ambiente concorrencial da organização.

(D) a melhoria contínua de processos de gestão.

(E) a definição dos objetivos estratégicos da organização.

O ciclo PDCA, de Shewhart ou de Deming é uma ferramenta de gestão (de processos, de qualidade etc.), que parte do planejamento, passa pela execução, pelo controle do que foi executado e, por fim, pelas ações corretivas e realimentação do círculo, para que as próximas ações sejam aprimoradas. Por essas razões, a alternativa "D" é a correta.

Gabarito "D".

(Técnico Judiciário – TRT/23ª – 2011 – FCC) Com relação ao método PDCA, considere as afirmativas abaixo.

I. A primeira etapa do PDCA exige o estabelecimento de metas e procedimentos técnicos aptos a alcançar os resultados propostos.

II. A fase C do ciclo PDCA exige a punição severa dos erros cometidos na fase de execução.

III. A terceira etapa do ciclo PDCA compreende a correção dos processos que não alcançaram os resultados desejados.

IV. A fase de execução do planejado também implica a formação e o treinamento dos funcionários para a correta realização das metas estipuladas.

V. O ciclo PDCA visa a melhoria contínua dos processos e a normalização dos procedimentos mais eficientes.

Está correto o que se afirma APENAS em

(A) I, IV e V.

(B) II, III e IV.

(C) I e V.

(D) II, IV e V.

(E) I, III, IV e V.

I: correta, pois se refere ao planejamento ("Plan" do PDCA); II: incorreta, pois o PDCA indica a necessidade de controle, e não de punição; III: incorreta, pois a terceira etapa é a de controle ("Check" do PDCA). A quarta etapa refere-se às ações corretivas ("Act" do PDCA); IV: correta, referindo-se à execução ("Do" do PDCA); V: correta, pois descreve os objetivos básicos do PDCA.

Gabarito "A".

(Técnico Judiciário – TRT/24ª – 2011 – FCC) O ciclo de controle de *Deming* é identificado pela sigla

(A) PADC.

(B) ACDP.

(C) PCAD.

(D) PDCA.

(E) DAPC.

Ciclo de Deming ou Ciclo de Shewhart são expressões sinônimas, que se referem ao Ciclo PDCA.

Gabarito "D".

(Técnico Judiciário – TRE/AC – 2010 – FCC) A principal característica do *Balanced Scorecard* (BSC) é

(A) possibilitar o acompanhamento da gestão estratégia por meio de indicadores de desempenho.

(B) estabelecer a relação de causa e efeito entre as ações e resultados.

(C) assegurar os recursos orçamentários necessários para a execução da estratégia.

(D) assegurar que a gestão estratégica ocorra em um determinado período de tempo.

(E) constatar os motivos e causas de problemas.

O *Balanced Scorecard (BSC)* é uma ferramenta de gestão de desempenho, que permite alinhar as ações da organização com sua missão e visão, e quatro perspectivas – (i) financeira, (ii) clientes, (iii) processos internos e (iv) de aprendizado e crescimento. Por essa razão, a alternativa "A" é a correta. Interessante notar que os tribunais têm utilizado essa ferramenta para a elaboração de seus Planos Estratégicos, com base no modelo de excelência do Programa Nacional de Gestão Pública e Desburocratização – e na normatização do Conselho Nacional de Justiça (Resolução 70/2009 do CNJ) [revogada pela Resolução 198/2014]. Atenção: o Programa Nacional de Gestão Pública e Desburocratização (Gespública) foi descontinuado pelo Decreto 9.904/2017, que revogou o Decreto 5.378/2005.

Gabarito "A".

(Técnico Judiciário – TRE/AC – 2010 – FCC) A matriz GUT é uma ferramenta utilizada para

(A) verificar o treinamento e conhecimento do pessoal.

(B) analisar o grau técnico e único de pessoal.

(C) análise das priorizações na empresa.

(D) comparar e garantir a agilidade nos trâmites processuais e administrativos.

(E) analisar os resultados projetados com os resultados obtidos.

A Matriz GUT (Gravidade, Urgência e Tendência) é uma ferramenta pela qual o gestor prioriza estratégias, decisões e soluções de problemas na organização. Para cada problema, confere-se índice em relação à gravidade (de 1 a 5), à urgência (de 1 a 5) e à tendência (também de 1 a 5). Pela multiplicação dos 3 índices, listam-se os problemas (do maior número para o menor), indicando aqueles cuja solução é prioritária. A Matriz GUT é utilizada muitas vezes em conjunto com a Matriz SWOT, em que se analisa o ambiente interno no que se refere às forças (Strenghts) e fraquezas (Weaknesses) da organização, e o ambiente externo, quanto às oportunidades (Opportunities) e ameaças (Threats). Depois de levantar as forças, fraquezas, oportunidades e ameaças (pela Matriz SWOT), o gestor verifica a gravidade, a urgência e a tendência de cada uma delas (com a Matriz GUT). Por essas razões, a alternativa "C" é a correta.

Gabarito "C".

Veja um modelo de matriz Swot:

Pontos fortes (Streghts)		Ambiente interno	
		Pontos fracos (Weaknesses)	
Ambiente externo	Oportunidades (Opportunities)	– a organização deve capitalizar as oportunidades; – Estratégias de Desenvolvimento: de mercado, de produtos e serviços, financeiro, de capacidades, de estabilidade, de diversificação;	– a organização deve melhorar, corrigir seus pontos fracos e identificar as oportunidades que podem ser aproveitadas; – Estratégias de Crescimento: inovação, internacionalização, parceria, expansão;
	Ameaças (Threats)	– a organização deve monitorar as ameaças; – Estratégias de Manutenção: estabilidade, nicho, especialização;	– a organização deve eliminar os pontos fracos; – Estratégias de Sobrevivência: redução de custos, desinvestimento, liquidação.

(Técnico Judiciário – TRT/22ª – 2010 – FCC) Na gestão da qualidade da administração pública a pesquisa, a avaliação e a apropriação dos melhores modelos de serviços e processos de trabalho de organizações reconhecidas como representantes das melhores práticas, denomina-se

(A) Reengenharia.

(B) *Benchmarking.*

(C) Matriz GUT.

(D) Método Ishikawa.

(E) Método de Pareto.

A: incorreta, pois a reengenharia é um mecanismo de inovação dos processos empresariais, de reformulação profunda da organização; **B:** essa é a assertiva correta, pois a questão descreve o *benchmarking*, em que se comparam os indicadores da organização com os modelos, ou seja, com os melhores indicadores encontrados em outras organizações; **C:** incorreta, pois a Matriz GUT (Gravidade, Urgência e Tendência) é uma ferramenta pela qual o gestor prioriza estratégias, decisões e soluções de problemas na organização; **D:** incorreta, pois o Diagrama Ishikawa, Diagrama de Causa e Efeito, Diagrama 6M ou Diagrama Espinha de Peixe é uma ferramenta gráfica que indica as causas e os efeitos de determinado evento. As causas podem ser classificados em 6 tipos, no caso da indústria (método, matéria-prima, mão de obra, máquinas, medição e meio-ambiente); **E:** incorreta, pois o Gráfico ou Diagrama de Pareto apresenta barras verticais indicando determinadas ocorrências, das quantidades maiores para as menores, e uma linha representando o percentual acumulado, permitindo fácil visualização dos problemas a serem priorizados.
Gabarito "B".

(Técnico Judiciário – TRT/22ª – 2010 – FCC) Na gestão da qualidade dos serviços públicos, a representação gráfica que permite a visualização dos passos do processo do serviço ofertado ao cidadão, denomina-se

(A) Organograma.

(B) Ciclo PDCA.

(C) Histograma.

(D) Fluxograma.

(E) Gráfico de Pareto.

A assertiva se refere ao fluxograma, que permite identificar e analisar as fases de execução do processo e as relações entre elas. Por essa razão, a alternativa "D" é a correta.
Gabarito "D".

A seguir, um exemplo simplificado de fluxograma para o estudo desta questão:

(Técnico Judiciário – TRE/AC – 2010 – FCC) A técnica de grupo empregada para incentivar o pensamento criativo, e que costuma ser utilizada como a primeira etapa para facilitar a coleta de dados verbais, denomina-se:

(A) Coaching.

(B) Briefing.

(C) Empowerment.

(D) Benchmark.

(E) Brainstorm.

A assertiva descreve o *brainstorm* ou agitação de ideias, em que as pessoas se reúnem e, de modo livre e espontâneo, buscam identificar os fatos, gerar ideias e encontrar soluções. Tudo isso é feito com muitas opiniões, sem críticas ou restrições, e com muito diálogo. Por essa razão, a alternativa "E" é a correta.
Gabarito "E".

(Técnico Judiciário – TRE/RS – 2010 – FCC) O Balanced Scorecard, segundo o modelo de Kaplan e Norton, traduz missão e estratégia em objetivos e medidas, organizados nas seguintes perspectivas:

(A) financeira, da concorrência, do aprendizado e crescimento, dos fornecedores.

(B) do cliente, dos fornecedores, dos compradores, da concorrência.

(C) dos processos internos, do aprendizado e crescimento, dos concorrentes entrantes potenciais.

(D) financeira, do cliente, dos processos internos e do aprendizado e crescimento.

(E) do aprendizado e crescimento, dos fornecedores, do cliente e dos processos internos.

O *Balanced Scorecard (BSC)* é uma ferramenta de gestão de desempenho, que permite alinhar as ações da organização com sua missão e visão, e quatro perspectivas – (i) financeira, (ii) clientes, (iii) processos internos e (iv) de aprendizado e crescimento. Por essa razão, a alternativa "D" é a correta.
Gabarito "D".

(Técnico Judiciário – TRE/RS – 2010 – FCC) Na gestão da qualidade

I. o ciclo PDCA é um método gerencial para a promoção da melhoria contínua e reflete, em suas quatro fases, a base da filosofia do melhoramento contínuo.

II. no diagrama de causa e efeito as causas são agrupadas por categorias (máquinas, métodos, mão de obra, materiais) e semelhanças previamente estabelecidas, ou percebidas durante o processo de classificação.

III. a matriz GUT é o gráfico de causa e efeito que representa os riscos potenciais, por meio de quantificações que buscam estabelecer resultados para abordá-los, visando minimizar os custos do processo.

IV. a ferramenta 5W2H é utilizada principalmente no mapeamento e padronização de processos, na elaboração de planos de ação e no estabelecimento de procedimentos associados a indicadores.

V. processo é um grupo de atividades realizadas numa sequência intermitente com o objetivo de produzir bem ou serviço que tem valor para a empresa.

Está correto o que consta SOMENTE em

(A) II, III e V.

(B) I, II e IV.

(C) III e IV.

(D) II e V.

(E) I, III e IV.

I: correta. O ciclo PDCA, de Shewhart ou de Deming é uma ferramenta de gestão (de processos, de qualidade etc.), que parte do planejamento, passa pela execução, pelo controle do que foi executado e, por fim, pelas ações corretivas e realimentação do círculo, para que as próximas ações sejam aprimoradas; **II:** correta. O Diagrama Ishikawa, Diagrama de Causa e Efeito, Diagrama 6M ou Diagrama Espinha de Peixe é uma ferramenta gráfica que indica as causas e os efeitos de determinado evento. As causas podem ser classificadas em 6 tipos, no caso da indústria (método, matéria-prima, mão de obra, máquinas, medição e meio-ambiente); **III:** incorreta, pois a Matriz GUT (Gravidade, Urgência e Tendência) é uma ferramenta pela qual o gestor prioriza estratégias, decisões e soluções de problemas na organização; **IV:** assertiva correta. A sigla 5W2H indica as perguntas *what* (o que, identificação do problema), *why* (por que, explicação conhecida), *where* (onde, localização do problema), *when* (quando, tempo do problema), *who* (quem, identificação da pessoa envolvida), *how* (como ocorreu) e *how much* (quanto, quantificação); **V:** incorreta, pois há continuidade, não intermitência das ações em um processo. *Processo* refere-se às atividades coordenadas que recebem entrada (*input*) de um fornecedor, agregam-lhe valor e geram saída (*output*) para um cliente interno ou externo. *Macroprocesso* é o conjunto ordenado de processos, que normalmente envolve mais de uma função da organização e gera efeitos significativos em toda a estrutura organizacional. *Subprocesso* é um desdobramento do macroprocesso, uma parcela específica, cujas entradas e saídas ocorrem usualmente no mesmo departamento – ver o Guia de Gestão de Processos de Governo, produzido no âmbito do Programa Nacional de Gestão Pública e Desburocratização – Gespública, anotando que esse programa foi descontinuado pelo Decreto 9.904/2017, que revogou o Decreto 5.378/2005
Gabarito "B".

6. PLANEJAMENTO

(Técnico – TRT/11ª – 2012 – FCC) O principal desafio do gestor envolvido com o planejamento estratégico no nível tático é

(A) definir claramente os objetivos gerais a serem alcançados.

(B) articular os níveis estratégico e operacional do planejamento.

(C) tomar decisões quanto às questões de longo prazo da empresa.

(D) aplicar os planos específicos definidos no planejamento operacional.

(E) adaptar as decisões do planejamento geral às tendências do mercado.

Aceita-se que os três níveis organizacionais, administrativos ou de responsabilidade são (a) institucional ou estratégico (nível mais ele-vado, em que se realiza o planejamento estratégico), (b) intermediário, gerencial ou tático (recebe as decisões estratégicas e permite sua implementação pelo nível operacional, realizando o planejamento tático) e (c) operacional ou técnico (administra a execução da operação, realiza o planejamento operacional). **A** e **C:** incorretas, pois referem-se ao nível estratégico ou institucional; **B:** essa é a correta, conforme comentários iniciais; **D:** incorreta, pois indica a aplicação do plano operacional nesse nível (operacional ou técnico); **E:** incorreta, pois a adaptação do planejamento geral (gestão situacional, flexibilidade em face das influências do ambiente externo) é feita pelos próprios gestores do nível estratégico, com intensa participação dos níveis tático e operacional.
Gabarito "B".

(Técnico Judiciário – TRT/23ª – 2011 – FCC) A criação de diversos cenários no processo de planejamento estratégico é fundamental para que a organização possa

(A) compensar a falta de cultura cooperativa dos funcionários.

(B) combater os efeitos sinérgicos derivados de uma visão estratégica crítica.

(C) eliminar a indefinição quanto a sua missão secundária.

(D) lidar com a incerteza ambiental que a envolve.

(E) reduzir o conhecimento tácito necessário ao planejamento estratégico.

A criação de diversos cenários permite que a organização se prepare para qualquer um deles que possa efetivamente ocorrer. Ou seja, está relacionado com a incerteza quanto ao futuro, especialmente por conta de fatores externos à organização, e a previdência da organização, de modo que a alternativa "D" é a correta.
Gabarito "D".

(Técnico Judiciário – TRT/23ª – 2011 – FCC) Uma característica específica do Plano Plurianual como instrumento de planejamento é

(A) definir as metas quantitativas que devem ser incorporadas ao orçamento do mesmo ano.

(B) incentivar a continuidade das metas de médio e longo prazos na administração pública.

(C) aumentar a liberdade do Presidente da República para demitir funcionários públicos.

(D) obrigar os governantes a aumentar seus gastos com o custeio da máquina.

(E) reduzir a competição entre os partidos que disputam o poder no nível federal.

A: incorreta, pois essa é função da Lei de Diretrizes Orçamentárias – LDO – art. 165, § 2º, da CF; **B:** essa é a assertiva correta, pois o Plano Plurianual – PPA, relativo a 4 exercícios financeiros, estabelece, de forma regionalizada, as diretrizes, objetivos e metas da administração pública federal para as despesas de capital e outras delas decorrentes e para as relativas aos programas de duração continuada; **C** e **D:** incorretas, até porque o PPA refere-se a despesas de capital (investimentos, por exemplo), e não a despesas correntes (relativa a pessoal e a custeio, por exemplo); **E:** incorreta, pois, ainda que o PPA favoreça a continuidade nas políticas de investimento, isso não reduz a disputa inerente à democracia representativa partidária.
Gabarito "B".

(Técnico Judiciário – TRT/23ª – 2011 – FCC) Como recurso para a implantação do planejamento estratégico, o *Balanced Scorecard*

(A) procura subordinar as missões de cada funcionário aos objetivos estratégicos dos membros da direção da organização.

(B) foca o equilíbrio entre objetivos estratégicos pessoais e as metas gerais da organização.

(C) implica a criação de uma série de indicadores de desempenho voltados para a realização dos objetivos estratégicos da organização.

(D) define os objetivos táticos da organização com base na avaliação mútua de todos os funcionários, os parceiros e os clientes.

(E) desenvolve o equilíbrio entre as habilidades e os comportamentos dos funcionários necessários a um bom clima organizacional.

O *Balanced Scorecard (BSC)* é uma ferramenta de gestão de desempenho, que permite alinhar as ações da organização com sua missão e visão, e quatro perspectivas – (i) financeira, (ii) clientes, (iii) processos internos e (iv) de aprendizado e crescimento. Toda gestão de desempenho exige adoção de indicadores, que permitam mensurar e avaliar a atividade dos colaboradores em relação aos objetivos da organização, de modo que a alternativa "C" é a correta. Interessante notar que os tribunais têm utilizado essa ferramenta para a elaboração de seus Planos Estratégicos, com base no modelo de excelência do Programa Nacional de Gestão Pública e Desburocratização – Gespública e na normatização do Conselho Nacional de Justiça (Resolução 70/2009 do CNJ) [revogada pela Resolução 198/2014]. Atenção: o Programa Nacional de Gestão Pública e Desburocratização (Gespública) foi descontinuado pelo Decreto 9.904/2017, que revogou o Decreto 5.378/2005.
Gabarito "C".

(Técnico Judiciário – TRT/24ª – 2011 – FCC) Sobre o Planejamento Estratégico, analise:

I. É o mesmo que planejamento, mas com ênfase no aspecto de longo prazo dos objetivos.

II. É o mesmo que planejamento, porém com ênfase no aspecto de curto prazo dos objetivos.

III. É o mesmo que planejamento, mas com ênfase na análise global do cenário.

Está correto o que consta APENAS em

(A) I e II.

(B) I e III.

(C) II.

(D) II e III.

(E) III.

I: assertiva correta, pois o planejamento estratégico busca definir ou reconhecer a missão, a visão, os valores e os objetivos da organização, com análise global da situação interna e externa e formulação de estratégias, voltando-se ao longo prazo; **II:** incorreta, conforme comentário anterior; **III:** assertiva correta, conforme comentário à primeira assertiva.
Gabarito "B".

(Técnico Judiciário – TRT/24ª – 2011 – FCC) O nível de planejamento que tem como objetivo otimizar determinada área, e não a organização como um todo, é o

(A) tático.

(B) setorial.

(C) operacional.

(D) estratégico.

(E) departamental.

O planejamento pode ser classificado em estratégico, tático ou operacional, pelo critério de abrangência. O planejamento estratégico é o mais amplo, relativo aos objetivos e estratégias de longo prazo para toda a organização. O planejamento tático refere-se a cada área funcional da organização. O planejamento operacional corresponde ao nível básico da organização, à suas atividades rotineiras. A assertiva se refere, portanto, ao planejamento tático, de modo que a alternativa "A" é a correta.
Gabarito "A".

7. COMUNICAÇÃO

(Técnico Judiciário – MPU – 2010 – CESPE) Paulo, novo diretor de uma organização pública, pretende desenvolver um sistema de controle capaz de apontar erros cometidos durante a execução dos serviços. Para a consecução de seu objetivo, definiu novas formas de controle com base em informações que coletou pessoalmente, ao interagir com colaboradores de todos os setores da instituição, sem se restringir aos métodos tradicionais de obtenção de dados. Considerando essa situação hipotética, julgue os seguintes itens, que dizem respeito ao processo organizacional.

(1) Ao coletar as informações para definir as novas formas de controle, Paulo privilegiou o fluxo comunicativo circular.

(2) Para atender às demandas mais instáveis e urgentes da organização, Paulo deve utilizar a rede formal de comunicação.

1: Paulo coletou as informações informalmente, interagindo com todos os setores da organização, o que caracteriza o fluxo circular de comunicação. O fluxo descendente ou vertical é formal, seguindo o organograma da organização de cima para baixo. O fluxo ascendente indica, com diz o nome, a direção oposta, de cima para baixo dentro do organograma. O fluxo horizontal ou lateral se dá entre pessoas ou órgãos de nível semelhante na organização. O fluxo transversal se dá em todas as direções dentro da hierarquia organizacional; **2:** incorreta, pois a rede formal de comunicação tende a ser mais lenta e menos fluída. A rede informal, embora nem sempre tão confiável, permite obtenção de informações de modo mais rápido e, muitas vezes, eficaz.
Gabarito 1C, 2E.

8. ADMINISTRAÇÃO PÚBLICA FEDERAL

(Técnico – TRT/6ª – 2012 – FCC) A Resolução 49 do CNJ em seu artigo 1.º, § 2.º, estabelece que o núcleo de estatística e gestão estratégica deve auxiliar o tribunal na racionalização do processo de modernização institucional, e tem caráter

(A) provisório.

(B) permanente.

(C) de força tarefa.

(D) de ação emergencial.

(E) operacional transitório.

O art. 1º, § 2º, da Resolução 49/2007 do CNJ dispõe que o núcleo de estatística e gestão estratégica tem caráter permanente e deve auxiliar o Tribunal na racionalização do processo de modernização institucional. Por essa razão, a alternativa "B" é a correta.
Gabarito "B".

(Técnico – TRE/CE – 2012 – FCC) Conforme Resolução nº 394/2010 do Tribunal Regional Eleitoral do Ceará, o Mapa Estratégico da Justiça Eleitoral, deve conter a sua missão, visão, valores e objetivos estratégicos, sendo que para esses últimos, necessitam-se de

(A) projetos, programas e atividades específicas.

(B) fatores-chave de desempenho.

(C) indicadores de resultado.

(D) indicadores de desempenho.

(E) metas de longo prazo, apenas.

Nos termos do art. 2º, § 1º, II, da Resolução 70/2009 do CNJ [revogada pela Resolução 198/2014 do CNJ], que orienta o planejamento estratégico dos tribunais, cada objetivo estratégico conterá pelo menos um indicador de resultado. Por essa razão, a alternativa "C" é a correta.
Gabarito "C".

(Técnico Judiciário – TRT/14ª – 2011 – FCC) O núcleo de estatística e gestão estratégica, subordinado ao Presidente ou Corregedor do Tribunal, deve subsidiar o processo decisório dos magistrados conforme princípios estritamente

(A) discricionários e análogos.

(B) profissionais, científicos e éticos.

(C) objetivos e profissionais.

(D) absolutos e objetivos.

(E) objetivos e mistos.

Nos termos do art. 2º, *caput*, da Resolução 49/2007 do CNJ, o núcleo de estatística e gestão estratégica, subordinado ao Presidente ou Corregedor do Tribunal, deve subsidiar o processo decisório dos magistrados conforme princípios estritamente profissionais, científicos e éticos. Por essa razão, a alternativa "B" é a correta.
Gabarito "B".

(Técnico Judiciário – TRT/14ª – 2011 – FCC) Para auxiliá-lo na coordenação de assuntos afins ou interdependentes, que interessem a mais de um Ministério, o Presidente da República poderá incumbir de missão coordenadora um dos Ministros de Estado, cabendo essa missão, na ausência de designação específica ao Ministro de Estado Chefe

(A) da Secretaria de Planejamento.

(B) do Departamento Administrativo do Serviço Público.

(C) do Serviço Nacional de Informações.

(D) do Conselho de Segurança Nacional.

(E) do Conselho de Desenvolvimento Econômico.

Nos termos do art. 36 do DL 200/1967, o Presidente da República poderá incumbir de missão coordenadora um dos Ministros de Estado para auxiliá-lo na coordenação de assuntos afins ou interdependentes, que interessem a mais de um Ministério, cabendo essa missão, na ausência de designação específica, ao Ministro de Estado Chefe da Secretaria de Planejamento. Por essa razão, a alternativa "A" é a correta. Importante notar, entretanto, que, atualmente, não se trata de secretaria com estatura de Ministério, mas do próprio Ministério do Planejamento, Orçamento e Gestão.
Gabarito "A".

(Técnico Judiciário – TRT/14ª – 2011 – FCC) Os Tribunais promoverão Reuniões de Análise da Estratégia – RAE, para acompanhamento dos resultados das metas fixadas,

(A) semestralmente.

(B) anualmente.

(C) mensalmente.

(D) bimestralmente.

(E) trimestralmente.

Nos termos do art. 5º da Resolução 70/2009 do CNJ [revogada pela Resolução 198/2014], os tribunais promoverão Reuniões de Análise da Estratégia – RAE trimestrais para acompanhamento dos resultados das metas fixadas, oportunidade em que poderão promover ajustes e

outras medidas necessárias à melhoria do desempenho. Por essa razão, a alternativa "E" é a correta.
Gabarito "E".

(Técnico Judiciário – TRT/23ª – 2011 – FCC) Segundo o artigo 1º da Resolução 49 do Conselho Nacional de Justiça, a organização de unidade administrativa para elaboração de estatística e plano de gestão estratégica é obrigatória

(A) apenas para o Superior Tribunal de Justiça.

(B) preferencialmente para os Tribunais Regionais do Trabalho.

(C) para todos os órgãos que compõem o Poder Judiciário.

(D) exclusivamente para o Conselho Nacional de Justiça.

(E) para os Tribunais Regionais Federais.

Nos termos do art. 1º, *caput*, da Resolução 49/2007 do CNJ, os órgãos do Poder Judiciário relacionados no art. 92 incisos II ao VII da CF (ou seja, todos os órgãos do Judiciário) devem organizar em sua estrutura unidade administrativa competente para elaboração de estatística e plano de gestão estratégica do Tribunal.
Gabarito "C".

(Técnico Judiciário – TRT/23ª – 2011 – FCC) O Decreto-Lei nº 200/1967 baseou-se no diagnóstico de que a administração federal, na época, caracterizava-se

(A) pela informalidade na tramitação dos processos governamentais.

(B) pelo excesso de nepotismo nos níveis operacionais.

(C) por excesso de focalização nas atividades-fim.

(D) por funcionar de modo excessivamente autoritário.

(E) por excessiva concentração de atribuições nos órgãos de cúpula.

A reforma administrativa operada pelo DL 200/1967 é marco na tentativa de superação da rigidez burocrática, em que se buscou combater a excessiva concentração funcional, transferindo-se atividades para entidades da administração indireta (autarquias, fundações, empresas públicas e entidades de economia mista). Instituíram-se como princípios de racionalidade administrativa o planejamento e o orçamento, o descongestionamento das chefias executivas superiores (desconcentração/ descentralização), a tentativa de reunir competência e informação no processo decisório, a sistematização, a coordenação e o controle – item 3.2 do Plano Diretor da Reforma do Aparelho do Estado – PDRAE/1995. A alternativa "E" é a correta, portanto.
Gabarito "E".

(Técnico Judiciário – TRE/AL – 2010 – FCC) O programa criado pela Controladoria Geral da União, cujo objetivo é fazer com que o cidadão, no município, atue para a melhor aplicação dos recursos públicos, denomina-se:

(A) Aonde vai o Dinheiro Público.

(B) De Olho no Orçamento Público.

(C) Controlando o Dinheiro Público.

(D) Olho Vivo no Dinheiro Público.

(E) Olho Vivo no Orçamento Público.

A Controladoria Geral da União desenvolve, desde setembro de 2003, o Programa Olho Vivo no Dinheiro Público para incentivar o controle social. O objetivo é fazer com que o cidadão, no município, atue para a melhor aplicação dos recursos públicos. Com a iniciativa, a CGU busca sensibilizar e orientar conselheiros municipais, lideranças locais, agentes públicos municipais, professores e alunos sobre a importância da transparência na administração pública, da responsabilização e do

cumprimento dos dispositivos legais. Por essa razão, a alternativa "D" é a correta.
Gabarito "D".

(Técnico Judiciário – TRE/AL – 2010 – FCC) O governo Federal está desenvolvendo um projeto que consiste na obtenção de uma rede de comunicação de voz, dados e imagens de alta velocidade, com abrangência nacional, o que irá permitir a integração de todos os órgãos da administração pública federal no País, denominado:

(A) E-Brasil.

(B) Brasil Online.

(C) Rede Brasil.

(D) Web Brasil.

(E) Infovia Brasil.

A implantação do Infovia Brasília, infraestrutura de rede ótica interligando os órgãos do governo federal na capital, foi a primeira etapa para o projeto Infovia Brasil, abrangendo uma rede de comunicação de voz, dados e imagens de alta velocidade de âmbito nacional, permitindo a integração de todos os órgãos da administração pública federal no País. Por essa razão, a alternativa "E" é a correta.
Gabarito "E".

(Técnico Judiciário – TRE/AL – 2010 – FCC) Buscando oferecer equipamentos de informática recondicionados, em plenas condições operacionais, para apoiar a disseminação de telecentros comunitários e a informatização das escolas públicas e bibliotecas, a administração federal e seus parceiros, estão desenvolvendo o projeto:

(A) IB – Informatização Brasil.

(B) CI – Computadores para Inclusão.

(C) Brasil e-gov.

(D) Web Brasil.

(E) BD – Brasil Digital.

O projeto Computadores para Inclusão – CI recondiciona equipamentos de informática usados e os distribui para iniciativas de inclusão digital de todo o Brasil. Por essa razão, a alternativa "B" é a correta.
Gabarito "B".

9. OUTROS TEMAS E MATÉRIAS COMBINADAS

(Técnico Judiciário – TRT/14ª – 2011 – FCC) A Administração Federal compreende, dentre outra, a Administração Direta, que se constitui dos serviços integrados na estrutura administrativa da Presidência da República e

(A) das Sociedades de Economia Mista.

(B) das Fundações Públicas.

(C) das Autarquias.

(D) dos Ministérios.

(E) das Empresas Públicas.

Nos termos do art. 4º, I, do DL 200/1967, que dispõe sobre a organização da Administração Federal, ela compreende a administração direta, constituída pelos serviços integrados na estrutura administrativa da Presidência da República e dos Ministérios. A alternativa "D" é, portanto, a correta. Interessante lembrar que a administração indireta compreende as autarquias, empresas públicas, sociedades de economia mista e fundações públicas (art. 4º, II, do DL 200/1967).
Gabarito "D".

(Técnico Judiciário – TRT/24ª – 2011 – FCC) Considerando as fases do ciclo de vida genérico de um projeto, o estudo da viabilidade do projeto, até a sua aprovação, refere-se à fase

(A) inicial.

(B) conceitual.

(C) de planejamento e organização.

(D) de implementação.

(E) de encerramento.

As fases comum do ciclo de vida de um projeto são a *conceitual*, a de *planejamento*, a fase de *implementação* e a fase de finalização. Na fase conceitual, avalia-se a ideia de projeto, sua viabilidade, seus custos, riscos, requisitos etc. A fase de planejamento é de organização, previsão das ações a serem desenvolvidas no projeto, sua preparação, a divisão de tarefas e responsabilidades etc. A fase de implementação é a da efetiva realização das ações que compõem o projeto, sua execução. Na fase de finalização, avalia-se e entrega-se o resultado, realocam-se os recursos etc. A assertiva refere-se à fase conceitual, de modo que a alternativa "B" é a correta.
Gabarito "B".

(Técnico Judiciário – TRT/24ª – 2011 – FCC) Segundo Schaffer Prochonw, projeto é um empreendimento planejado que consiste em um conjunto de atividades inter-relacionadas e coordenadas, sendo uma de suas características a

(A) imperatividade.

(B) integralidade.

(C) continuidade.

(D) generalidade.

(E) exclusividade.

O projeto é um esforço temporário para criação de um produto ou serviço exclusivo. Por essa razão, a alternativa "E" é a única correta.
Gabarito "E".

(Técnico Judiciário – TRT/24ª – 2011 – FCC) Na Administração Pública, uma das influências externas sofridas por um projeto é de ordem

(A) ecológica, com enfoque em gestão ambiental e sustentabilidade.

(B) psicoestrutural, envolvendo técnicas de empreendedorismo.

(C) psicoestrutural, envolvendo a gestão integrada da qualidade do projeto.

(D) psicoestrutural, envolvendo a gestão econômico-financeira do projeto.

(E) psicoestrutural, abrangendo a administração de conflitos entre os membros da equipe do projeto.

A: essa é a assertiva correta, pois as exigências de sustentabilidade e respeito às normas ambientais é influência externa sobre o projeto na administração pública; **B, C, D** e **E:** incorretas, pois essas assertivas referem-se a influências internas da organização, ligadas à atuação das pessoas (da própria organização) envolvidas no projeto.
Gabarito "A".

(Técnico Judiciário – TRT/9º – 2010 – FCC) O contrato administrativo pelo qual o Estado transfere ao particular a exploração de um serviço público é denominado

(A) permissão.

(B) agenciamento.

(C) autorização.

(D) licitação.

(E) concessão.

A: inadequada, pois a permissão é simples delegação, a título precário (ou seja, pode ser, em princípio, revogada a qualquer momento, sem a bilateralidade típica dos contratos), mediante licitação, da prestação de serviços públicos, feita pelo poder concedente à pessoa física ou jurídica que demonstre capacidade para seu desempenho, por sua conta e risco – art. 2º, IV, da Lei 8.987/1995. É importante ressaltar, entretanto, que o art. 40 da Lei 8.987/1995 exige a formalização da permissão por contrato, ainda que de adesão; **B:** incorreta, pois agenciamento não tem relação direta com a realização de serviços públicos; **C:** incorreta, pois autorização é também ato discricionário e precário da administração, podendo ser, em princípio, revogado a qualquer momento, sem a bilateralidade típica dos contratos (não se exige, nesse caso, a formalização contratual, bastando o ato administrativo); **D:** incorreta, pois licitação é meio pelo qual a administração seleciona a proposta mais vantajosa, não se confundindo com o contrato dela resultante; **E:** essa é a melhor alternativa, pois concessão de serviço público é a delegação de sua prestação, feita pelo poder concedente, mediante licitação, na modalidade de concorrência, à pessoa jurídica ou consórcio de empresas que demonstre capacidade para seu desempenho, por sua conta e risco e por prazo determinado – art. 2º, II, da Lei 8.987/1995. Nesse caso, não há precariedade, sendo possível falar em transferência da exploração do serviço.

Gabarito "E".

(Técnico Judiciário – TRT/9º – 2010 – FCC) Autarquia e fundação governamental ou pública são entidades da administração pública

(A) mista.

(B) direta.

(C) centralizada.

(D) indireta.

(E) licitante.

A administração indireta compreende as autarquias, empresas públicas, sociedades de economia mista e fundações públicas (art. 4º, II, do DL 200/1967), razão pela qual a alternativa "D" é a correta.

Gabarito "D".

(Técnico Judiciário – TRT/22ª – 2010 – FCC) A Administração Pública brasileira é classificada em administração direta e indireta. É correto afirmar que

(A) a administração direta não é exercida pelos órgãos centrais diretamente integrados à estrutura do Poder Público.

(B) empresa pública é a entidade dotada de personalidade jurídica de Direito Privado, com criação autorizada por lei para a prestação de serviço público ou a exploração de atividade econômica e pertence à administração indireta.

(C) a administração indireta é exercida por entidades centralizadas que mantêm vínculos com o Poder Público, e estão diretamente integradas na sua estrutura.

(D) autarquia é um ente autônomo, com personalidade jurídica de Direito Público, patrimônio e recursos próprios e pertence à administração direta.

(E) fundação governamental ou pública é um patrimônio total ou parcialmente público, instituído pelo Estado e cuja função é a realização de determinados fins, pertence à administração direta.

A e C: incorretas, pois as assertivas descrevem a administração direta – ver art. 4º, I, do DL 200/1967; **B:** assertiva correta, conforme a definição de empresa pública – art. 5º, II, do DL 200/1967; **D** e **E:** incorretas,

pois as autarquias e as fundações públicas integram a administração indireta – art. 4º, II, *a* e *d*, do DL 200/1967.

Gabarito "B".

(Técnico Judiciário – TRT/22ª – 2010 – FCC) Na organização da Administração Pública, a concessão de um serviço alinha-se com o modelo de estrutura organizacional, denominado

(A) Estruturação matricial.

(B) Desconcentração administrativa.

(C) Descentralização administrativa.

(D) Departamentalização por programas e serviços.

(E) Desconcentração funcional.

A *descentralização administrativa* indica atribuição de funções da administração direta para outras entidades. A *desconcentração* refere-se à distribuição de funções no âmbito da própria entidade. A concessão de serviço público refere-se à *descentralização*, pois é a delegação de sua prestação, feita pelo poder concedente, mediante licitação, na modalidade de concorrência, à pessoa jurídica ou consórcio de empresas que demonstre capacidade para seu desempenho, por sua conta e risco e por prazo determinado – art. 2º, II, da Lei 8.987/1995.

Gabarito "C".

(Técnico Judiciário – TRT/22ª – 2010 – FCC) Arquivos constituídos de documentos em curso ou frequentemente consultados para orientações de trabalho, controles ou tomada de decisões, conservados nos escritórios ou em dependências próximas de fácil acesso, são denominados

(A) Correntes ou de primeira idade.

(B) Intermediários.

(C) Permanentes.

(D) Intermediários de primeira idade.

(E) Permanentes setoriais.

Arquivo corrente ou de primeira idade refere-se aos documentos estritamente vinculados aos objetivos imediatos para os quais foram produzidos e recebidos no cumprimento de atividades-fim e meio e que se conservam junto aos órgãos produtores em razão de sua vigência e da frequência com que são por eles consultados. Arquivo intermediário ou de segunda idade refere-se aos documentos originários de arquivo corrente, com uso pouco frequente, que aguardam, em depósito de armazenamento temporário, sua destinação final. Arquivo permanente ou de terceira idade refere-se a documentos custodiados em caráter definitivo, em função do seu valor. A assertiva refere-se aos arquivos correntes ou de primeira idade, de modo que a alternativa "A" é a correta.

Gabarito "A".

(Técnico Judiciário – TRE/AL – 2010 – FCC) Importante instrumento de complementação da democracia representativa, que estimula o exercício da cidadania, o compromisso da população com o bem público e a corresponsabilização entre governo e sociedade sobre a gestão municipal:

(A) Orçamento Social.

(B) Orçamento Participativo.

(C) Orçamento Democrático.

(D) Orçamento Fiscal.

(E) Orçamento Deliberativo.

O governo federal define o orçamento participativo no âmbito municipal como importante instrumento de complementação da democracia representativa, pois permite que o cidadão debata e defina os destinos de uma cidade. Nele, a população decide as prioridades de investimentos em obras e serviços a serem realizados a cada ano, com os recursos do orçamento da prefeitura. Além disso, ele estimula o exercício da cidadania, o compromisso da população com o bem público e a corresponsabilização entre governo e sociedade sobre a gestão da cidade. Por essa razão, a alternativa "B" é a correta.

Gabarito "B".

(Técnico Judiciário – TRE/AL – 2010 – FCC) Os encargos, poderes, deveres e direitos atribuídos aos órgãos, aos cargos e também aos agentes públicos, intitulam-se, no campo de ação da Administração Pública, de

(A) atribuição.

(B) designação.

(C) carreira.

(D) cargo.

(E) função.

Função, cargo e emprego público podem ser definidos como tipos de vínculo de trabalho com a administração (Odete Medauar). A função pública, que pode ou não estar vinculada a cargo ou emprego público, indica o exercício de atividades da competência da administração, em nome desta e de acordo com suas finalidades (atendimento ao interesse público). Cargo público é o conjunto de atribuições e responsabilidades, criado por lei em número determinado, com nome certo e remuneração especificada. Todo cargo implica o exercício de função pública. O emprego público refere-se à contratação pelas normas da CLT (não estatutárias). Perceba que a assertiva refere-se à função, indicando, inclusive, sua atribuição a cargos públicos, de modo que a alternativa "E" é a correta.

Gabarito "E".

(Técnico Judiciário – TRE/RS – 2010 – FCC) Na gestão por processo,

I. a organização otimiza a cadeia de processos e assegura o melhor desempenho do sistema integrado, a partir da mínima utilização de recursos e do máximo índice de acertos.

II. identifica-se os processos críticos de negócio; para que a organização existe; quais os recursos necessários para gerar produtos que a organização deseja produzir e ofertar ao mercado.

III. identifica-se na organização as categorias básicas: 1) de processos de negócios ou de clientes; 2) organizacionais ou de integração; e 3) gerenciais.

IV. a hierarquia dos processos é definida pelo seu grau de relevância estratégica e operacional e são estruturados em macroprocessos, processos, atividades e tarefas.

V. é importante a modelagem dos processos organizacionais com base no conhecimento dos processos críticos da concorrência.

Está correto o que consta SOMENTE em

(A) I, III e IV.

(B) I, II e IV.

(C) III e V.

(D) II e IV.

(E) I e III.

I: assertiva correta, pois uma finalidade essencial da gestão por processos é tornar a organização mais produtiva, reduzindo custos operacionais – ver o Guia de Gestão de Processos de Governo, produzido no âmbito do Programa Nacional de Gestão Pública e Desburocratização – Gespública;anotando que esse programa foi descontinuado pelo Decreto 9.904/2017, que revogou o Decreto 5.378/2005; II: discutível. Embora a identificação de processos críticos seja elemento da gestão de processos, o enfoque não é na identificação dos recursos necessários para isso, mas sim na alocação eficiente, evitado-se processos

desnecessários ou redundantes; III: assertiva correta. Processos de negócios indicam a atividade essencial da organização, resultam no produto ou serviço oferecido ao cliente, agregando-lhes valor. Processos organizacionais são os internos da organização, permitindo a realização da atividade essencial, apoiando os processos de negócios. Processos gerenciais permitem, como diz o nome, o gerenciamento da organização, permitindo seu funcionamento adequado; IV: assertiva correta, sendo comum a representação gráfica em forma triangular, em que, no topo, indicam-se os macroprocessos, mais abaixo os processos, e, em sequência, os subprocessos, as atividades e as tarefas; V: incorreta, pois essa espécie de *benchmarking* não é da essência da gestão por processos.

Gabarito "A".

(Técnico Judiciário – TRE/RS – 2010 – FCC) Tratando-se do Mapa Estratégico do TRE-RS, os objetivos estratégicos: 1) prestar serviços com excelência; 2) fortalecer as relações institucionais e 3) responsabilidade socioambiental são vinculados às perspectivas:

(A) Sociedade e Processos Internos.

(B) Visão e Sociedade.

(C) Visão, Processos Internos e Recursos.

(D) Processos Internos e Recursos.

(E) Sociedade, Processos Internos e Recursos.

Os tribunais federais têm produzido Planos Estratégicos com base no modelo de excelência do Programa Nacional de Gestão Pública e Desburocratização – Gespública e na normatização do Conselho Nacional de Justiça (Resolução 70/2009 do CNJ) [revogada pela Resolução 198/2014]. Esses planos estratégicos são acessíveis pelos sítios dos tribunais na internet, em regra (v.g. www.tre-rs.jus.br). No caso do TRE-RS, os objetivos estratégicos relacionados à perspectiva da sociedade são (i) promover a efetividade jurisdicional, (ii) garantir a legitimidade do processo eleitoral e (iii) prestar serviços com excelência. Na perspectiva dos processos internos, os objetivos incluem (i) fortalecer as relações institucionais, (ii) relativos à efetividade, (iii) à responsabilidade socioambiental, (iv) ao acesso aos serviços e (v) à comunicação. Por essas razões, a alternativa "A" é a correta. . Atenção: o Programa Nacional de Gestão Pública e Desburocratização (Gespública) foi descontinuado pelo Decreto 9.904/2017, que revogou o Decreto 5.378/2005.

Gabarito "A".

(Técnico Judiciário – TRE/AC – 2010 – FCC) No Mapa Estratégico do TRE-AC, em seus processos internos, dentre outras, uma das finalidades da eficiência operacional é

(A) fomentar a interação e a troca de experiências entre Tribunais.

(B) aprimorar continuamente a segurança do processo eleitoral.

(C) promover a cidadania.

(D) fortalecer e harmonizar as relações entre os Poderes, setores e instituições.

(E) melhorar a relação com o meio ambiente.

Os tribunais federais têm produzido Planos Estratégicos com base no modelo de excelência do Programa Nacional de Gestão Pública e Desburocratização – Gespública (ver em www.gespublica.gov.br) e na normatização do Conselho Nacional de Justiça (Resolução 70/2009 do CNJ) [revogada pela Resolução 198/2014]. Esses planos estratégicos são acessíveis pelos sítios dos tribunais na internet, em regra (v.g. www.tre-ac.jus.br). No caso do TRE-AC, na perspectiva dos processos internos são indicados objetivos de (i) eficiência operacional, (ii) alinhamento e integração, (iii) atuação institucional e (iv) responsabilidade social. Os objetivos relativos à eficiência operacional são (i) garantir a agilidade nos trâmites judiciais e administrativos, (ii) buscar a excelência na gestão de custos operacionais, (iii) aprimorar continuamente a segurança do processo eleitoral e (iv) aperfeiçoar o planejamento de eleições. Por essas razões, a alternativa "B" é a correta.

Gabarito "B".

(Técnico Judiciário – TRE/BA – 2010 – CESPE) Julgue o item seguinte, acerca da gestão pública e do paradigma do cliente.

(1) A gestão de organizações públicas e privadas possui regulamentos, manuais e normas que norteiam suas ações.

A assertiva é incorreta, pois peremptória. Embora seja comum, não se pode afirmar que a gestão de organizações possuam regulamentos, manuais e normais que norteiam suas ações. A rigor, *na administração pública gerencial*, o controle passa a focar os resultados, não as ações e processos em si.

Gabarito 1E

(Técnico Judiciário – MPU – 2010 – CESPE) Paulo, novo diretor de uma organização pública, pretende desenvolver um sistema de controle capaz de apontar erros cometidos durante a execução dos serviços. Para a consecução de seu objetivo, definiu novas formas de controle com base em informações que coletou pessoalmente, ao interagir com colaboradores de todos os setores da instituição, sem se restringir aos métodos tradicionais de obtenção de dados. Considerando essa situação hipotética, julgue os seguintes itens, que dizem respeito ao processo organizacional.

(1) O sistema que Paulo pretende desenvolver apresenta uma das principais características de um sistema de controle efetivo: a instantaneidade.

(2) A concepção de uma nova política de controle constitui ação de planejamento no nível operacional.

(3) A definição de novas formas de controle resulta do processo de planejamento.

1: assertiva correta, pois a instantaneidade é uma característica ideal do controle, embora nem sempre possível, pois permite a percepção imediata de eventuais erros ou desvios em relação ao planejamento e sua pronta correção; **2:** assertiva incorreta. O planejamento pode ser classificado em estratégico, tático e operacional, pelo critério de abrangência. O planejamento estratégico é o mais amplo, relativo aos objetivos e estratégias de longo prazo para toda a organização. O planejamento tático refere-se a cada área funcional da organização. O planejamento operacional corresponde ao nível básico da organização, à suas atividades rotineiras. O controle a ser desenvolvido por Paulo refere-se ao planejamento estratégico ou, eventualmente, ao tático, mas não ao operacional; **3:** assertiva correta, pois na gestão organizacional, o controle é previsto no planejamento e presta-se a aferir o cumprimento daquilo que foi planejado.

Gabarito 1C, 2E, 3C

(Técnico Judiciário – MPU – 2010 – CESPE) Julgue os itens a seguir, relativos a administração de recursos materiais.

(1) A manutenção preventiva é realizada mediante o acompanhamento direto e constante dos componentes ou equipamentos e com base em análises feitas com sensores ou parâmetros específicos, prescindindo das indicações do fabricante.

(2) Considere que, em certa organização, serão estocadas, por um ano, 60.000 unidades de determinado item. Considere, ainda, que o preço de cada item seja igual a R$ 3,00 e que a taxa anual de armazenagem de cada item seja equivalente a 15% do seu preço. Nessa situação, o custo de armazenagem anual de todos esses itens será igual a R$ 30.000,00.

(3) De acordo com a classificação ABC, utilizada como método de administração de estoques, incluem-se na categoria C os itens presentes em menor quantidade no estoque.

(4) No Brasil, a utilização do método UEPS nas organizações é proibida tendo em vista aspectos de contabilidade de custos presentes na legislação tributária brasileira.

(5) No que se refere à armazenagem de recursos materiais, o uso de prateleiras é adequado à estocagem de materiais de dimensões variadas.

(6) Considere que o responsável pelo setor de estoque de certa organização pretenda adotar um método de inventário físico que permita que os artigos de alta rotatividade sejam contados com mais frequência que os de baixa rotatividade. Nessa situação, o responsável pelo referido setor deve adotar o método de inventário periódico.

1: incorreta, pois a manutenção preventiva deve ser feita em conformidade com as indicações do fabricante; **2:** assertiva incorreta, pois 15% de R$ 3,00 são R$ 0,45 que multiplicados por 60.000 unidades resultam em R$ 27.000,00 de custo anual; **3:** assertiva incorreta, pois a classificação ABC parte da premissa de que os itens de maior valor nos estoques apresentam-se em quantidade relativamente pequena (classe A), enquanto itens de menor valor compõe parcela numericamente maior do total (classe C). Entre essas duas classes (A e C) encontram-se os itens de valor e quantidade intermediários (classe B). Por exemplo, em determinado estoque, os itens da classe A representam 20% da quantidade, mas 80% do valor, enquanto os itens da classe B representam 30% da quantidade e 15% do valor e, finalmente, os itens da classe C representam 50% da quantidade, mas apenas 5% do valor; **4:** o método UEPS (último que entra, primeiro que sai) não é aceito pela legislação tributária, pois distorce o valor adicionado pela organização e, portanto, o lucro apurado no período (os itens que entram posteriormente no estoque tendem a ter preço maior, pelo efeito da inflação, diminuindo o lucro apurado) – ver art. 289 e seguinte do Regulamento do Imposto de Renda, por exemplo; **5:** assertiva correta. As prateleiras também são utilizadas na politização ou para acomodação de caixas e gavetas; **6:** incorreta, pois o método a ser adotado é do inventário rotativo, indicado para itens de alta rotatividade.

Gabarito 1E, 2E, 3E, 4C, 5C, 6E

5. ADMINISTRAÇÃO FINANCEIRA E ORÇAMENTÁRIA

Robinson Barreirinhas

1. PRINCÍPIOS E NORMAS GERAIS

(Técnico – TJ/MA – FCC – 2019) Entre os princípios orçamentários apontados pela doutrina, presentes no regramento constitucional e legal relativo à matéria, insere-se

(A) o Duplo grau, segundo o qual a Lei de Diretrizes Orçamentárias deve ser editada após a aprovação da Lei Orçamentária Anual, como condição de eficácia desta.

(B) a Prudência, que determina que as despesas devem ser autorizadas sempre em montante inferior à receita estimada.

(C) a Economicidade, que obriga a prévia pesquisa de preços para fixação de despesas de investimento.

(D) a Anterioridade, que somente permite a abertura de créditos orçamentários após a efetiva realização da receita.

(E) a Universalidade, que significa que o orçamento deve conter todas as receitas e despesas do exercício a que se refere.

A: incorreta, não há esse princípio, até porque a LDO deve ser aprovada antes da LOA, já que traz orientações para elaboração desta última – art. 165, § 2°, da CF; **B:** incorreta, pois as despesas devem ser equivalentes às receitas estimadas; **C:** incorreta, pois não há essa exigência de pesquisa prévia para fins de elaboração da LOA; **D:** incorreta, pois a LOA aprovada já apresenta todos os valores de receitas e despesas previstas; **E:** correta, pois a universalidade é princípio que rege o orçamento – arts. 3° e 4° da Lei 4.320/1964.
Gabarito "E".

(Técnico – TRT/15 – FCC – 2018) Todo o processo do orçamento público está orientado por princípios sobre os quais é correto afirmar que:

(A) As deduções devem ser consideradas apenas para o balanceamento das transferências intragovernamentais por força do princípio do orçamento bruto.

(B) A proibição à realização de despesas que excedam os créditos orçamentários ou adicionais decorre do princípio da legalidade.

(C) Segundo o princípio da discriminação, a lei de orçamento não consignará dotações globais destinadas a atender indiferentemente a despesas de pessoal, material, programas especiais de trabalho que não possam cumprir-se subordinadamente às normas gerais de execução de despesa, serviços de terceiros e transferências.

(D) Pelo princípio da exclusividade, a lei de orçamento anual não conterá dispositivo estranho à previsão da receita e à fixação da despesa, excetuando-se, porém, a autorização para abertura de créditos suplementares e especiais.

(E) Deverá existir um único orçamento para o ente da Federação por força do princípio da universalidade.

Atenção: Para responder às duas questões abaixo, considere a Lei n. 4.320/1964.

A: incorreta. O princípio do orçamento bruto está relacionado ao princípio da universalidade e determina a indicação de receitas e despesas sem qualquer dedução (ou seja, pelos valores brutos, jamais líquidos). Por exemplo, um salário de R$ 1 mil reais corresponde a uma despesa exatamente desse valor, ainda que o IR retido na fonte seja receita do ente público (o valor do imposto não é abatido do montante da despesa com salário). Esse princípio se aplica a todas as receitas e despesas, sejam aquelas previstas originariamente na LOA, como aquelas atinentes a créditos adicionais; **B:** correta. A vedação de realização de despesa sem prévio empenho (art. 60 da Lei 4.320/1964) decorre da vedação constitucional à realização de despesas além dos créditos orçamentários ou adicionais disponibilizados (art. 167, II, da CF). Isso significa que somente o montante de despesa autorizada e discriminada em lei (a lei orçamentária) pode ser realizada pela administração pública, o que se relaciona ao princípio da legalidade (a administração só pode realizar o que for autorizado por lei); **C:** incorreta, pois os programas especiais de trabalho que, por sua natureza, não possam cumprir-se subordinadamente às normas gerais de execução da despesa poderão ser custeadas por dotações globais, classificadas entre as Despesas de Capital – art. 20, parágrafo único, c/c art. 5° da Lei 4.320/1964; D: incorreta, pois a exceção à exclusividade se refere apenas à autorização para abertura de créditos suplementares e para contratação de operações de crédito – art. 165, § 8°, da CF; **E:** incorreta, pois a LOA refere-se a um único ato normativo, mas compreende os orçamentos fiscal, de investimento e da seguridade social – art. 165, § 5°, da CF/1988 e art. 1° da Lei 4.320/1964.
Gabarito "B".

(Técnico – TRT/15 – FCC – 2018) A Constituição Federal traz vários dispositivos que regulam o processo orçamentário da Administração, dentre os quais consta que

(A) a assunção de obrigações que exceda o crédito orçamentário correspondente deverá ser objeto de crédito adicional extraordinário aberto até o encerramento do exercício.

(B) não é necessária a prévia autorização legislativa na transposição de recursos de uma categoria de programação para outra no âmbito de ciência, tecnologia e inovação, com o objetivo de viabilizar os resultados de projetos restritos a essas funções.

(C) a autorização específica nas respectivas leis de diretrizes orçamentárias e leis orçamentárias anuais é requisito exigido pela Constituição Federal a investimento cuja execução adentre 3 exercícios financeiros.

(D) as despesas decorrentes de guerra ou comoção interna deverão ser atendidas por crédito adicional especial, cuja finalidade é dar suporte a despesas para as quais não haja dotação orçamentária específica.

(E) a lei orçamentária anual compreenderá o orçamento fiscal dos Poderes da União, enquanto lei específica tratará do orçamento da seguridade social, abrangendo todas as entidades e órgãos a ela vinculados.

A: incorreta, pois é vedada a assunção de obrigação sem prévio empenho, excedendo a disponibilidade orçamentária – art. 60 da Lei 4.320/1964 e art. 167, II, da CF; **B:** correta, pois essa exceção à vedação de transposição (art. 167, VI, da CF) é expressamente prevista pelo art. 167, § 5º, da CF; **C:** incorreta, sendo exigida a inclusão no PPA ou lei que autorize a inclusão para investimento cuja execução ultrapasse um exercício financeiro – art. 167, § 1º, da CF; **D:** incorreta, pois o caso de guerra ou comoção é relacionado ao crédito extraordinário – art. 167, § 3º, da CF e art. 41, III, da Lei 4.320/1964; **E:** incorreta, pois a LOA compreende os orçamentos fiscal, de investimento e da seguridade social – art. 165, § 5º, da CF/1988 e art. 1º da Lei 4.320/1964.

Gabarito "B".

(Técnico – TRT/11ª – 2012 – FCC) O princípio orçamentário que determina que a lei orçamentária anual não conterá dispositivo estranho à previsão de receita e à fixação de receita, não se incluindo nessa proibição a autorização para abertura de créditos suplementares e a contratação de operações de crédito é denominado princípio da

(A) especificação.

(B) isonomia.

(C) exclusividade.

(D) anualidade.

(E) não afetação de receitas.

A: incorreta, pois o princípio da especificação indica que a Lei Orçamentária Anual – LOA deve indicar pormenorizadamente receitas e despesas, não cabendo dotações globais ou ilimitadas, nos termos do art. 167, VII, da CF e do art. 5º da Lei 4.320/1964, que estatui Normas Gerais de Direito Financeiro para elaboração e controle dos orçamentos e balanços da União, dos Estados, do Distrito Federal e dos Municípios; **B:** incorreta, pois a isonomia refere-se a princípio geral do direito, segundo o qual as pessoas na mesma situação devem ser tratadas igualmente, assim como as pessoas em situações diferentes, desigualmente, na medida de sua desigualdade – art. 5º, *caput*, da CF; **C:** correta, pois a questão refere-se exatamente ao princípio da exclusividade, conforme dispõe o art. 165, § 8º, da CF: "A lei orçamentária anual não conterá dispositivo estranho à previsão da receita e à fixação da despesa, não se incluindo na proibição a autorização para abertura de créditos suplementares e contratação de operações de crédito, ainda que por antecipação de receita, nos termos da lei"; **D:** incorreta. O princípio da anualidade indica que a LOA é anual, de modo que suas dotações orçamentárias referem-se a um único exercício financeiro – art. 165, III e § 5º, da CF; **E:** incorreta, pois a não afetação refere-se à proibição de vinculação de receita de impostos a órgão, fundo ou despesa, com as exceções previstas no art. 167, IV, da CF (ademais, os arts. 80 e 82 do ADCT preveem outras hipóteses de vinculação de receitas de impostos específicas).

Gabarito "C".

Veja a seguinte tabela com os mais importantes princípios orçamentários, para estudo e memorização:

Princípios orçamentários	
Anualidade	A lei orçamentária é anual (LOA), de modo que suas dotações orçamentárias referem-se a um único exercício financeiro – art. 165, § 5º, da CF
Universalidade	A LOA inclui todas as despesas e receitas do exercício – arts. 3º e 4º da Lei 4.320/1964
Unidade	A LOA refere-se a um único ato normativo, compreendendo os orçamentos fiscal, de investimento e da seguridade social – art. 165, § 5º, da CF e art. 1º da Lei 4.320/1964. Ademais, cada esfera de governo (União, Estados, Distrito Federal e Municípios) terá uma única LOA para cada exercício, o que também é indicado como princípio da unidade
Exclusividade	A LOA não conterá dispositivo estranho à previsão da receita e à fixação da despesa, admitindo-se a autorização para abertura de créditos suplementares e para contratação de operações de crédito – art. 165, § 8º, da CF
Equilíbrio	Deve haver equilíbrio entre a previsão de receitas e a autorização de despesas, o que deve também ser observado na execução orçamentária. Isso não impede a realização de superávits – ver art. 48, *b*, da Lei 4.320/1964 e arts. 4º, I, *a*, e 31, § 1º, II, da LC 101/2000 (a chamada Lei da Responsabilidade Fiscal – LRF)
Especificação, especialização ou discriminação	Deve haver previsão pormenorizada de receitas e despesas, não cabendo dotações globais ou ilimitadas – art. 167, VII, da CF e art. 5º da Lei 4.320/1964
Unidade de tesouraria	As receitas devem ser recolhidas em caixa único, sendo vedada qualquer fragmentação para criação de caixas especiais – art. 56 da Lei 4.320/1964
Não afetação ou não vinculação da receita dos impostos	É vedada a vinculação de receita de impostos a órgão, fundo ou despesa, com as exceções previstas no art. 167, IV, da CF

(Técnico Judiciário – TRT/23ª – 2011 – FCC) O princípio orçamentário que estabelece que a lei orçamentária anual não conterá dispositivo estranho à previsão da receita e à fixação da despesa, ressalvadas as exceções mencionadas no art. 165, § 8º, da Constituição Federal, é denominado princípio da

(A) não afetação das receitas.

(B) unidade.

(C) exclusividade.

(D) legalidade.

(E) universalidade.

A: incorreta, pois o princípio da não afetação das receitas normalmente é relacionado à vedação prevista no art. 167, IV, da CF, aplicável aos impostos; **B:** incorreta, pois o princípio da unidade indica que a Lei Orçamentária Anual – LOA refere-se a um único ato normativo, compreendendo os orçamentos fiscal, de investimento e da seguridade social – art. 165, § 5º, da CF e art. 1º da Lei 4.320/1964. Ademais, cada esfera de governo (União, Estados, Distrito Federal e Municípios) terá uma única LOA para cada exercício, o que também é indicado como princípio da unidade; **C:** essa é a alternativa correta, pois a questão refere-se ao princípio da exclusividade; **D:** incorreta, pois o princípio da

legalidade refere-se à exigência de lei para veiculação de determinadas matérias, especificamente as leis orçamentárias (art. 165, I, II e III, da CF), e não à limitação de conteúdo da LOA; **E**: incorreta, pois o princípio da universalidade indica que todas as despesas e receitas do exercício devem constar da LOA – arts. 3° e 4° da Lei 4.320/1964.
ָ"C" otireteb

(Técnico Judiciário – TRT/22ª – 2010 – FCC) A exclusividade concedida ao Poder Executivo para propor a Lei do Plano Plurianual, Lei de Diretrizes Orçamentárias e a Lei Orçamentária Anual é garantida pelo princípio da

(A) legalidade.

(B) exclusividade.

(C) não afetação e quantificação dos créditos orçamentários.

(D) reserva legal.

(E) discriminação ou da especificação.

A, B, C e **E**: assertivas incorretas, conforme comentários às questões anteriores; **D**: essa é a melhor alternativa, por exclusão das demais. Entendemos, entretanto, que a expressão "reserva legal" é melhor empregada para se referir à necessidade de lei para veicular as leis orçamentárias (PPA, LDO e LOA), conforme o art. 165, I, II e III, da CF, e não, especificamente, à exclusividade de iniciativa em favor do Poder Executivo.
ָ"D" otireteb

(Técnico Judiciário – TRT/23ª – 2007 – FCC) Para explicar a atividade financeira do Estado foram propostas diversas teorias, a exemplo daquela em que o Estado fundamenta essa atividade financeira no princípio da necessidade, ou seja, a necessidade do indivíduo é igual à necessidade do Estado. Nesse caso, é conhecida como teoria

(A) da produção.

(B) do consumo.

(C) da troca.

(D) da utilidade relativa.

(E) do sistema de preços.

A: incorreta, pois essa teoria enfoca a produção de valor pelo Estado; **B**: incorreta, pois o foco dessa teoria é no Estado como consumidor de riquezas; **C**: incorreta, uma vez que relaciona o serviço público prestado como retribuição pelos tributos pagos pelos cidadãos, e vice-versa; **D**: correta, pois a questão se refere à teoria da utilidade relativa, na qual o Estado baseia sua atividade financeira no princípio da necessidade, e a necessidade do indivíduo corresponde à necessidade do Estado; **E**: incorreta, pois esta teoria vê o Estado como agente econômico prestador de serviço, que cobra preço por essa atividade executada.
ָ"D" otireteb

(Técnico Judiciário – TRE/MT – 2005 – CESPE) Acerca dos princípios orçamentários, assinale a opção correta.

(A) Os princípios orçamentários podem ser divididos em quatro categorias: fundamentais, assessórios, técnicos e operacionais.

(B) Existe uma liberdade na fixação de receitas e despesas que não precisam ser necessariamente proporcionais e o eventual desequilíbrio entre elas está previsto no princípio do desequilíbrio orçamentário.

(C) O princípio da unidade determina que cada programa orçamentário só é válido por um único período fiscal.

(D) O princípio da especificação determina que o montante das despesas deve ser especificado, permitindo,

contudo, no que tange às receitas, que apenas montantes agregados sejam utilizados.

(E) O princípio da exclusividade determina que a lei orçamentária não contenha qualquer matéria estranha à estimativa de receita e fixação de despesa.

O art. 165, § 5°, da CF dispõe que a Lei Orçamentária Anual – LOA (princípio da anualidade) compreenderá os orçamentos fiscal, de investimento e da seguridade social, incluindo todas as receitas e despesas (princípio da universalidade – arts. 3° e 4° da Lei 4.320/1964), em um único documento (princípio da unidade). Cada esfera de governo (União, Estados, Distrito Federal e Municípios) terá uma única LOA para cada exercício (também indicado como princípio da unidade). A LOA não conterá dispositivo estranho à previsão da receita e à fixação da despesa, admitindo-se a autorização para abertura de créditos suplementares e contratação de operações de crédito (princípio da exclusividade – art. 165, § 8°, da CF). Deve haver equilíbrio entre a previsão de receitas e a autorização de despesas, o que deve também ser observado na execução orçamentária (o desequilíbrio orçamentário não é princípio que deva orientar o orçamento – ver art. 48, *b*, da Lei 4.320/1964). O princípio da especificação, especialização ou discriminação refere-se à necessidade de previsão pormenorizada de receitas e despesas, sendo vedadas, em regra, dotações globais ou ilimitadas – art. 167, VII, da CF e art. 5° da Lei 4.320/1964.
ָ"E" otireteb

(Técnico Judiciário – TRE/RN – 2005 – FCC) A legislação vigente estabelece que a Lei de Orçamento conterá a discriminação da receita e despesa, obedecendo aos Princípios:

(A) Competência, Universalidade e Anualidade.

(B) Prudência, Universalidade e Tempestividade.

(C) Custo histórico, Prudência e Continuidade.

(D) Custo histórico, Entidade e Continuidade.

(E) Unidade, Universalidade e Anualidade.

A: incorreta, pois apenas as despesas são contabilizadas pelo regime de competência (não é um princípio) – art. 35, II, da Lei 4.320/1964; **B**: incorreta, pois prudência e tempestividade não são princípios relacionados especificamente à LOA; C e D: incorretas, pois custo hitórico, prudência, entidade e continuidade não são princípios relacionados especificamente à LOA; **E**: correta, pois são princípios aplicáveis à LOA – veja a tabela antes apresentada.
ָ"E" otireteb

(Técnico Judiciário – TRE/RN – 2005 – FCC) O período no qual às atividades administrativas e financeiras relativas à execução do orçamento são exercidas é denominado de

(A) Exercício de Execução Pública.

(B) Período de Gestão Orçamentária.

(C) Exercício Financeiro.

(D) Período do Plano Plurianual.

(E) Exercício de Competência.

A assertiva traz a definição referente ao exercício financeiro que, na contabilidade pública, correspondente ao ano civil – art. 165, § 9°, I, da CF e art. 34 da Lei 4.320/1964.
ָ"C" otireteb

2. LOA, LDO E PPA

(Técnico – TJ/MA – FCC – 2019) Considere que o Estado tenha sofrido uma condenação em processo judicial que lhe impôs a obrigação de pagamento de gratificação a inativos, nos mesmos moldes concedidos a servidores ativos. A decisão determinou a inclusão imediata do benefício em folha, bem como o pagamento de parcelas vencidas mediante precatório. No momento da elaboração da Lei Orçamentária Anual (LOA), o Estado já tinha conhecimento da referida ação judicial e de seu potencial impacto, porém, não havia certeza da decisão desfavorável e em que momento seria proferida. Diante da situação descrita,

(A) caberia elencar a referida demanda no Anexo de Riscos Fiscais, que compõe a Lei de Diretrizes Orçamentárias, de modo que as despesas geradas com a inclusão do benefício na folha de pagamento dos inativos possam ser suportadas com a reserva de contingência prevista na LOA.

(B) o Estado deveria inserir na proposta de LOA dotação orçamentária contingente, fixada em percentual da receita corrente líquida de acordo com o montante estimado para as eventuais despesas decorrentes da condenação.

(C) as despesas decorrentes da condenação devem ser inscritas na dívida ativa do Estado, para pagamento no exercício em curso com antecipação de receitas do próximo exercício, salvo aquelas objeto de precatório.

(D) o Estado poderá emitir títulos da dívida pública para fazer frente a tais despesas extraordinárias, mediante autorização judicial específica.

(E) as despesas poderão ser suportadas com dotações abertas por decreto de descontingenciamento, tendo como fonte de receita o saldo financeiro de exercícios anteriores.

A: correta, conforme o art. 4º, § 3º, da LRF; **B:** incorreta, pois as dotações orçamentárias devem ser nominais, com valores exatos, jamais fixadas em percentuais de qualquer outra grandeza, sendo vedadas dotações globais ou ilimitadas – art. 167, VII, da CF e art. 5º da Lei 4.320/1964; **C:** incorreta, pois as despesas decorrentes de condenações para pagamento de valores determinados devem ter seus valores incluídos em precatórios, conforme o art. 100 da CF; **D:** incorreta, pois o endividamento público tem condicionantes próprias, que não incluem ou são preenchidas por autorização judicial (ou seja, não é porque há autorização judicial que o Estado pode se endividar) – ver art. 32 da LRF; **E:** incorreta, pois o saldo financeiro de exercícios anteriores por si só não autorizam a realização de despesas (podem permitir a abertura de créditos suplementares e especiais – art. 43 da Lei 4.320/1964).
Gabarito "A".

(Técnico – TJ/MA – FCC – 2019) Um dos instrumentos introduzidos pela Lei de Responsabilidade Fiscal, dentro do escopo da gestão fiscal responsável, é o denominado Anexo de Metas Fiscais, o qual integra, obrigatoriamente,

(A) a Lei de Diretrizes Orçamentárias, englobando metas de receitas, despesas, resultados nominal e primário e montante da dívida pública, para o exercício a que se referirem e para os dois seguintes.

(B) o Plano Plurianual, sendo elaborado juntamente com este, a cada 4 anos, e referindo-se à projeção de receitas e despesas dos 5 exercícios subsequentes.

(C) a Lei Orçamentária Anual, descrevendo, de forma pormenorizada, as receitas tributárias e não tributárias do exercício correspondente.

(D) o Decreto de Execução Orçamentária, sendo editado juntamente com tal diploma para fins de ajustar as estimativas consignadas na Lei Orçamentária Anual.

(E) os relatórios quadrimestrais que devem ser editados no curso da execução orçamentária, sendo elaborados e aprovados juntamente com o primeiro relatório encaminhado ao Tribunal de Contas do Estado.

O Anexo de Metas Fiscais integra a LDO, nos termos do art. 4º, § 1º, da LRF, de modo que a alternativa "A" é a correta.
Gabarito "A".

(Técnico – TRT/15 – FCC – 2018) Um projeto de lei orçamentária teve tramitação pelo Poder Legislativo, ocasião em que foram apresentadas três emendas parlamentares:

I. A primeira indicou recurso proveniente de anulação de despesa destinada a serviços da dívida.

II. A segunda indicou recurso proveniente de anulação de despesa relacionada a dotação para encargos de pessoal.

III. A terceira indicou recurso proveniente de anulação de despesa para construção de escola de ensino fundamental.

De acordo com a Constituição Federal, está em condições de ser aprovado o que consta APENAS de

(A) I.

(B) I e III.

(C) II.

(D) II e III.

(E) III.

Nos termos do art. 166, § 3º, da CF, não pode ser admitida, para fins de emendas ao projeto de lei orçamentária anual, anulação de despesas com (i) dotações para pessoal e seus encargos, (ii) serviço da dívida ou (iii) transferências tributárias constitucionais para Estados, Municípios e Distrito Federal. Por essa razão, a alternativa "E" é a correta.
Gabarito "E".

(Técnico – TRT/15 – FCC – 2018) Considere os seguintes eventos registrados no encerramento do orçamento referente ao exercício financeiro de 2017, em 31 de dezembro:

I. Despesas empenhadas no total de R$ 5.000.000,00, despesas liquidadas no total de R$ 3.000.000,00 e despesas pagas no total de R$ 2.000.000,00.

II. Despesa anulada na data de 30/10/2017, no valor de R$ 200.000,00.

III. R$ 5.500.000,00 foi o total das receitas tributárias arrecadadas no exercício financeiro de 2017, sendo R$ 4.000.000,00 correspondentes a tributos lançados no próprio exercício financeiro de 2017 e R$ 1.500.000,00 correspondentes a tributos lançados no exercício financeiro de 2015 e arrecadados por meio de cobrança de créditos da Fazenda Pública que haviam sido inscritos na dívida ativa em 31/12/2016.

Tomando-se por base esses eventos, de acordo com a Lei n. 4.320/1964,

(A) a despesa anulada de R$ 200.000,00 reverte à dotação orçamentária do exercício de 2017.

(B) os créditos arrecadados de R$ 1.500.000,00 serão escriturados no orçamento como receitas do exercício de 2015, ano do lançamento dos tributos.

(C) a diferença de R$ 1.000.000,00 entre o total das despesas liquidadas e o total das despesas pagas será considerada como "despesas de exercícios encerrados".

(D) os restos a pagar do exercício de 2017 correspondem a R$ 2.000.000,00.

(E) os créditos arrecadados de R$ 1.500.000,00 serão escriturados no orçamento como receitas do exercício de 2016, ano da inscrição em dívida ativa.

A: correta, pois o empenho cancelado implica disponibilidade orçamentária para o exercício corrente (2017); **B:** incorreta, pois a receita é sempre escriturada no exercício em que realizada (2017), conforme o regime de caixa – art. 35, I, da Lei 4.320/1964; **C:** incorreta, podendo ser objeto de restos a pagar no exercício seguinte – art. 36 da Lei 4.320/1964; **D:** incorreta. Sabemos que os restos a pagar processados serão de R$ 1 milhão (despesas empenhadas e não pagas). Os restos a pagar não processados podem chegar a R$ 1,8 milhão (valores empenhados, subtraídos os cancelamentos e os liquidados e que não foram pagos até o final do exercício), desde que realmente se refiram a serviços ou aquisições realizadas – art. 36 da Lei 4.320/1964; **E:** incorreta, pois a receita é sempre escriturada no exercício em que realizada (2017), conforme o regime de caixa – art. 35, I, da Lei 4.320/1964.

Gabarito "A".

(Técnico – TRF5 – FCC – 2017) Em 05/01/2017, um ente público promulgou e publicou dispositivo legal que compreendia, entre outros conteúdos, o orçamento fiscal e o orçamento de investimento das empresas em que detinha a maioria do capital social com direito a voto. Estes orçamentos foram apresentados com as funções de reduzir desigualdades inter-regionais, segundo critério populacional, conforme dispõe a Constituição Federal de 1988. O dispositivo legal promulgado e publicado corresponde

(A) ao Plano Plurianual.

(B) ao Relatório de Gestão Fiscal.

(C) ao Relatório Resumido de Execução Orçamentária.

(D) à Lei Orçamentária Anual.

(E) à Lei de Diretrizes Orçamentárias.

A, B, C e **E:** incorretas, pois o orçamento fiscal e o de investimento compõem a LOA – art. 165, § 5º, I e II, da CF; **D:** correta, conforme comentário anterior.

Gabarito "D".

(Técnico Judiciário – TRT11 – FCC – 2017) O gestor de uma entidade do Poder Judiciário Federal

(A) pode propor emendas à Lei Orçamentária Anual, desde que indique que os recursos necessários serão provenientes de operações de crédito.

(B) pode encaminhar a Lei Orçamentária Anual referente ao Poder Judiciário destacadamente da Lei Orçamentária Anual do Poder Executivo para aprovação pelo Poder Legislativo.

(C) pode realizar a despesa orçamentária com construção de um prédio, cujo prazo de execução é superior a dois anos, desde que compatível com o Plano Plurianual e a Lei de Diretrizes Orçamentárias.

(D) deve inserir um dispositivo com a autorização para a abertura de créditos adicionais especiais e para a contratação de operação de crédito por antecipação da receita orçamentária na Lei Orçamentária Anual.

(E) deve abrir créditos adicionais extraordinários para reforçar uma dotação já existente para despesas com Outros Serviços de Terceiros – Pessoa Jurídica.

A: incorreta, pois compete ao chefe do Executivo propor modificações no projeto da lei orçamentária anual, no prazo fixado no art. 166, § 5º,

da CF; **B:** incorreta, pois os Tribunais elaboram suas propostas orçamentárias, dentro dos limites estipulados conjuntamente com os demais Poderes na LDO e encaminham para a consolidação pelo Executivo (art. 99, § 1º, da CF). É sempre o chefe do Executivo que envia o projeto de lei ao Legislativo (o Judiciário, o MP e a Defensoria jamais enviam a proposta diretamente ao Legislativo); **C:** correta, considerando que o gestor é ordenador da despesa, tendo competência para executar a correspondente rubrica orçamentária, lembrando que os investimentos (caso de obras) cuja execução ultrapasse um exercício financeiro devem estar incluídos no PPA, ou em lei que autorize a inclusão, sob pena de crime de responsabilidade – art. 167, § 1º, da CF; **D:** incorreta, até porque a LOA não pode conter autorização para abertura de crédito adicional especial, mas apenas de créditos adicionais suplementares – art. 165, § 8º, da CF; **E:** incorreta, pois os créditos extraordinários somente podem ser abertos por decreto do Executivo – art. 44 da Lei 4.320/1964, lembrando que o art. 167, § 3º, da CF refere-se a medida provisória e, efetivamente, é esse o instrumento utilizado pela União. RB

Gabarito "C".

(Técnico Judiciário – TRT/4ª – 2011 – FCC) Em relação a conceito de Orçamento Público, considere as afirmativas abaixo:

I. O Orçamento Público é uma lei formal, isto é, ela obriga o Poder Público a realizar uma despesa autorizada pelo Legislativo.

II. O Orçamento Público é uma lei temporária, pois tem vigência limitada a quatro anos.

III. O conceito tradicional ou clássico de Orçamento Público compreende apenas a fixação da despesa e a previsão da receita, sem nenhuma espécie de planejamento das ações do governo.

IV. O Orçamento Público é uma lei especial que possui processo legislativo diferenciado e trata de matéria específica.

V. O orçamento-programa é um plano de trabalho que estabelece objetivos e metas a serem implementados, bem como a previsão dos custos a ele relacionados.

Estão corretas, SOMENTE:

(A) I, II, III e IV.

(B) II, III, IV e V.

(C) II e IV.

(D) I, II e IV.

(E) III, IV e V.

I: incorreta, pois a Lei Orçamentária Anual – LOA é autorizativa, e não impositiva. Significa dizer que as despesas são autorizadas, mas não impostas ao executor do orçamento (ele pode ou não realizá-las) – art. 167, I, II e III, da CF; É importante destacar, entretanto, que a EC 86/2015 tornou o orçamento impositivo em relação às emendas individuais ao projeto de lei orçamentária, até o limite de 1,2% da receita corrente líquida realizada no exercício anterior, nos termos do art. 166, §§ 9º a 12 da CF **II:** incorreta, pois a LOA é anual. O Plano Plurianual – PPA é que se refere ao período de quatro exercícios financeiros, correspondentes a quatro anos civis; **III:** correta. O orçamento tradicional era focado nas necessidades das unidades governamentais (não nos objetivos a serem atingidos), dissociado das ideias de planejamento, programação e avaliação. Atualmente, adota-se o orçamento-programa (arts. 7º, c, e 16 a 18 do Decreto-lei 200/1967), em que o planejamento é conceito central, focando-se os objetivos a serem atingidos – art. 2º da Lei 4.320/1964; **IV:** correta. Trata-se de lei que se refere especificamente a um único exercício financeiro, cujo projeto é proposto pelo Poder Executivo (art. 165, III, da CF) e tramita no Poder Legislativo na forma prevista no art. 166 da CF; **V:** correta, conforme comentários à assertiva "III".

Gabarito "E".

(Técnico Judiciário – TRT/4ª – 2011 – FCC) Com relação às características do Orçamento Público de acordo com a Constituição Federal, considere as afirmativas abaixo:

I. A Lei Orçamentária Anual é composta de três orçamentos diferentes: fiscal, da seguridade social e de investimentos das estatais.

II. O orçamento da seguridade social corresponde à ação do governo em três setores: saúde, previdência e assistência social.

III. A Lei de Diretrizes Orçamentárias (LDO) prioriza as metas do PPA e orienta a elaboração do Orçamento Geral da União que terá validade para o ano seguinte.

IV. A finalidade do PPA é a de estabelecer objetivos e metas que comprometam o Poder Executivo e o Poder Legislativo a dar continuidade aos programas na distribuição dos recursos.

V. Com base na LDO, o Poder Executivo elabora o Plano Plurianual (PPA) para os quatro anos seguintes, com a participação dos Ministérios (órgãos setoriais) e das unidades orçamentárias dos Poderes Legislativo e Judiciário.

Estão corretas SOMENTE:

(A) II, IV e V.

(B) I, II, III, IV.

(C) I, II, III e V.

(D) II, III e V.

(E) I, III e IV.

I: correta, nos termos do art. 165, § 5º, da CF; **II**: correta, pois são as três vertentes da seguridade social – arts. 165, § 5º, III, e 194 da CF; **III**: correta, nos termos do art. 165, § 2º, da CF; **IV**: correta, em conformidade com o art. 165, § 1º, da CF; **V**: incorreta, pois a LDO baseia-se no PPA previamente aprovado – art. 165, §§ 1º e 2º, da CF.
Gabarito "B".

(Técnico Judiciário – TRT/23ª – 2011 – FCC) A Lei das Diretrizes Orçamentárias (LDO) deve

(A) ser compatível com o Plano Plurianual e orientar a elaboração da lei orçamentária anual.

(B) fixar o montante de despesas de capital destinados às empresas públicas no exercício corrente.

(C) prever a concessão de créditos ilimitados para algumas das unidades orçamentárias julgadas mais importantes para se alcançarem as metas do Plano Plurianual.

(D) fixar o montante das operações de crédito que podem exceder o valor das despesas de capital.

(E) estimar receitas e fixar despesas para o exercício financeiro seguinte.

A: correta, conforme dispõem o art. 165, § 2º, da CF e os arts. 4º e 5º da Lei de Responsabilidade Fiscal – LRF (LC 101/2000); **B**: incorreta, pois o orçamento de investimento das empresas públicas consta da LOA – art. 165, § 5º, II, da CF. Perceba que investimento é espécie de despesa de capital – art. 12 da Lei 4.320/1964; **C**: incorreta, até porque a Constituição veda expressamente a concessão ou a utilização de créditos ilimitados – art. 167, VII, da CF; **D**: incorreta, considerando, inclusive, que o montante das operações de crédito não pode exceder o valor das despesas de capital, nos termos e com a exceção prevista no art. 167, III, da CF ("regra de ouro") – ver também o art. 12, § 2º, da LRF; **E**: incorreta, pois a estimativa de receitas e a fixação de despesas constam da LOA, e não da LDO – art. 165, § 8º, da CF.
Gabarito "A".

(Técnico Judiciário – TRT/24ª – 2011 – FCC) Analise:

I. O orçamento-programa é o elo entre o planejamento e as funções executivas da organização.

II. O controle do orçamento-programa visa avaliar a honestidade dos agentes governamentais e a legalidade do seu cumprimento.

III. No orçamento-programa, as decisões orçamentárias são tomadas com base em avaliações e análises técnicas das alternativas possíveis.

Está correto o que consta APENAS em

(A) I.

(B) I e II.

(C) I e III.

(D) II e III.

(E) III.

I: correta, pois o orçamento-programa indica os objetivos e metas planejadas e a serem atingidas pelo executor, nos termos do que dispõe o art. 16 do Decreto-Lei 200/1967; **II**: incorreta, pois o controle refere-se à observância da lei e dos objetivos e das metas estabelecidos para o orçamento, e não, imediatamente, a honestidade dos agentes governamentais; **III**: correta, tendo-se em vista que a concepção de orçamento-programa está associada à ideia de planejamento.
Gabarito "C".

(Técnico Judiciário – TRT/24ª – 2011 – FCC) Por força do disposto na Constituição Federal, a lei orçamentária anual

(A) compreenderá e estabelecerá a política de aplicação das agências financeiras oficiais de fomento.

(B) compreenderá metas e prioridades da Administração Pública Federal, incluindo as despesas de capital para o exercício financeiro.

(C) compreenderá o orçamento fiscal, apenas.

(D) compreenderá o orçamento fiscal, o de investimentos das empresas estatais e o da seguridade social.

(E) disporá sobre as alterações na legislação tributária.

Nos termos do art. 165, § 5º, da CF, a lei orçamentária anual compreenderá: (I) o orçamento fiscal referente aos Poderes da União, seus fundos, órgãos e entidades da administração direta e indireta, inclusive fundações instituídas e mantidas pelo Poder Público; (II) o orçamento de investimento das empresas em que a União, direta ou indiretamente, detenha a maioria do capital social com direito a voto; e (III) o orçamento da seguridade social, abrangendo todas as entidades e órgãos a ela vinculados, da administração direta ou indireta, bem como os fundos e fundações instituídos e mantidos pelo Poder Público. **A**: incorreta, pois a política de aplicação das agências financeiras oficiais de fomento é estabelecida pela LDO – art. 165, § 2º, da CF; **B**: incorreta, pois as diretrizes, objetivos e metas da Administração Pública para as despesas de capital e outras delas decorrentes são estabelecidas pelo PPA – art. 165, § 1º, da CF; **C**: incorreta, conforme comentário inicial, compreendendo, ainda, o orçamento de investimento das empresas estatais e o orçamento da seguridade social (art. 165, II e III, da CF); **D**: essa é a alternativa correta, conforme o comentário inicial; **E**: incorreta, pois cabe à LDO dispor sobre as alterações na legislação tributária, conforme a parte final do art. 165, § 2º, da CF.
Gabarito "D".

(Técnico Judiciário – TRT/9º – 2010 – FCC) No planejamento da Administração Pública brasileira, o PPA (Plano Plurianual)

(A) tem a função de estabelecer, de forma regionalizada, as diretrizes, objetivos e metas da administração para as despesas de capital e outras delas decorrentes, abrangendo um período de quatro anos.

(B) estabelece os parâmetros necessários à alocação dos recursos no orçamento anual, de forma a garantir a realização das metas e objetivos contemplados na LDO – Lei de Diretrizes Orçamentárias.

(C) indica os rumos a serem seguidos e priorizados no decorrer do exercício financeiro.

(D) é o instrumento de gerenciamento orçamentário e financeiro, cuja principal finalidade é gerenciar o equilíbrio entre receitas e despesas públicas.

(E) compreende o ingresso de recursos que se integram ao patrimônio público sem quaisquer reservas, condições ou correspondências no passivo.

A: correta, conforme os exatos termos do art. 165, § 1º, da CF, bem como da legislação especial dos entes políticos; **B**: incorreta, pois cabe ao PPA estabelecer as diretrizes, objetivos e metas da Administração Pública Federal para as despesas de capital e outras delas decorrentes e para as relativas aos programas de duração continuada – art. 165, § 1º, da CF, e não parâmetros para alocação dos recursos no orçamento anual; **C**: incorreta, pois isso é feito, em princípio, pela LDO – art. 165, § 2º, da CF; **D**: incorreta, pois administrar o equilíbrio entre receitas e despesas públicas é objeto essencial da LOA, prevista no art. 165, § 5º, da CF e no art. 4º, I, *a*, da Lei de Responsabilidade Fiscal – LRF (LC 101/2000), e perseguido na execução orçamentária; **E**: incorreta, pois a assertiva descreve as receitas que constam da LOA, e não, em princípio, do PPA. Receita pública, conforme a doutrina clássica, é a entrada de recursos que, integrando-se ao patrimônio público sem quaisquer reservas, condições ou correspondência no passivo, vem acrescer o seu vulto, como elemento novo e positivo.
Gabarito "A".

(Técnico Judiciário – TRT/22ª – 2010 – FCC) O plano plurianual, as diretrizes orçamentárias e os orçamentos anuais são estabelecidos por leis de iniciativa do Poder

(A) Executivo.

(B) Legislativo.

(C) Judiciário.

(D) Executivo e do Legislativo.

(E) Executivo, do Legislativo e do Judiciário.

A iniciativa das leis relativas ao plano plurianual (PPA), diretrizes orçamentárias (LDO) e orçamentos anuais (LOA) é exclusiva do Poder Executivo, nos termos do art. 165 da CF, razão pela qual a alternativa "A" é a correta.
Gabarito "A".

(Técnico Judiciário – TRT/22ª – 2010 – FCC) O instrumento que compreende as metas e prioridades da administração pública federal, incluindo as despesas de capital para o exercício financeiro subsequente, orienta a elaboração da lei orçamentária anual, dispõe sobre as alterações na legislação tributária e estabelece a política de aplicação das agências financeiras oficiais de fomento, denomina-se

(A) Parceria Público-Privada.

(B) Plano Plurianual.

(C) Lei de Diretrizes Orçamentárias.

(D) Lei de Responsabilidade Fiscal.

(E) Fundo de Participação.

A assertiva reproduz a definição da lei de diretrizes orçamentárias (LDO), trazida no art. 165, § 2º, da CF, razão pela qual a alternativa "C" é a correta.
Gabarito "C".

(Técnico Judiciário – TRT/22ª – 2010 – FCC) A Lei Orçamentária Anual compreende o

(A) orçamento fiscal, as diretrizes orçamentárias e o orçamento de investimento das empresas.

(B) plano plurianual, o orçamento fiscal e o orçamento de investimento das empresas.

(C) plano plurianual, as diretrizes orçamentárias e o orçamento fiscal.

(D) orçamento fiscal, o orçamento da seguridade social e as diretrizes orçamentárias.

(E) orçamento fiscal, o orçamento de investimento das empresas e o orçamento da seguridade social.

Nos termos do art. 165, § 5º, da CF, a lei orçamentária anual compreenderá: (I) o orçamento fiscal referente aos Poderes do ente político federal, seus fundos, órgãos e entidades da administração direta e indireta, inclusive fundações instituídas e mantidas pelo Poder Público; (II) o orçamento de investimento das empresas em que o ente político federal, direta ou indiretamente, detenha a maioria do capital social com direito a voto; e (III) o orçamento da seguridade social, abrangendo todas as entidades e órgãos a ela vinculados, da administração direta ou indireta, bem como os fundos e fundações instituídos e mantidos pelo Poder Público. Por essa razão, a alternativa "E" é a única correta.
Gabarito "E".

3. RECEITAS E DESPESAS

(Técnico – TJ/MA – FCC – 2019) Suponha que, em função do fechamento de diversas indústrias e forte queda de arrecadação de impostos, o Estado tenha decidido adotar medidas de redução de despesas e de aumento de receitas extraordinárias, especialmente com a alienação de imóveis de sua titularidade. Considerando as disposições da Lei de Responsabilidade Fiscal relativas à gestão financeira e patrimonial,

(A) as medidas voltadas à obtenção de receitas extraordinárias somente poderão ser implementadas após esgotadas as de redução de despesas correntes.

(B) as receitas obtidas com a alienação de imóveis não poderão ser aplicadas em despesas correntes, salvo se destinadas por lei a regime de previdência geral e próprio dos servidores.

(C) as receitas obtidas com alienação de imóveis devem ser aplicadas prioritariamente no pagamento de folha de pagamento de pessoal ativo e nos proventos de inativos e pensionistas.

(D) o Estado poderá paralisar o pagamento de dívida pública junto à União se as medidas adotadas não forem suficientes para a cobertura de suas despesas correntes.

(E) a aplicação dos recursos obtidos com alienação de imóveis em despesas de pessoal somente estará autorizada se ainda não atingido o limite prudencial de gastos.

A: incorreta, pois não há essa limitação ou condicionante na lei; **B**: correta, pois o art. 44 da LRF veda expressamente a aplicação da receita de capital derivada da alienação de bens e direitos que integram o patrimônio público para o financiamento de despesa corrente, salvo se destinada por lei aos regimes de previdência social, geral e próprio dos servidores públicos; **C**: incorreta, sendo inviável sua aplicação nessas despesas correntes, conforme comentário anterior; **D**: incorreta, pois

não existe essa regra; **E**: incorreta, pois é inviável essa aplicação em despesas correntes, conforme o art. 44 da LRF.
Gabarito "B".

(Técnico – TJ/MA – FCC – 2019) Considere as afirmativas abaixo, relativas às transferências voluntárias e à destinação de recursos ao setor privado, na forma disciplinada pela Constituição Federal e pela Lei de Responsabilidade Fiscal:

I. A destinação de recursos públicos para subvenção de entidades privadas com fins lucrativos depende de autorização em lei e deve atender às condições estabelecidas na Lei de Diretrizes Orçamentárias e estar prevista no Orçamento ou em créditos adicionais.

II. Os Estados que extrapolarem o limite de endividamento fixado pelo Senado Federal e não procederem à recondução a tais limites no prazo fixado pela LRF ficam proibidos de receber transferências voluntárias da União.

III. Os Municípios que ultrapassarem o limite máximo de gastos com despesa de pessoal fixado na LRF ficam impedidos de receber o produto da participação em impostos estaduais nos percentuais fixados na Constituição Federal.

Está correto o que se afirma APENAS em

(A) I.

(B) II e III.

(C) I e III.

(D) I e II.

(E) II.

I: correta, conforme art. 26 da LRF; II: correta, conforme art. 31, § 2º, da LRF; III: incorreta, pois os recursos decorrentes da repartição constitucional de receitas não podem, em regra, ser retidos – art. 160 da CF, que traz duas exceções (pagamento de créditos e cumprimento do piso de despesa com saúde).
Gabarito "D".

(Técnico – TRT/15 – FCC – 2018) Considere:

I. Prévia dotação orçamentária suficiente para atender às projeções das despesas decorrentes.

II. Crédito adicional aprovado por lei específica.

III. Autorização específica na Lei de Diretrizes Orçamentárias.

IV. Previsão no Plano Plurianual.

De acordo com a Constituição Federal, a concessão de qualquer vantagem ou aumento de remuneração pelos órgãos e entidades da Administração direta está condicionada ao que consta APENAS de

(A) I e IV.

(B) III e IV.

(C) II.

(D) I e II.

(E) I e III.

Nos termos do art. 169, § 1º, da CF, a concessão de qualquer vantagem ou aumento de remuneração, a criação de cargos, empregos e funções ou alteração de estrutura de carreiras, bem como a admissão ou contratação de pessoal, a qualquer título, pelos órgãos e entidades da administração direta ou indireta, inclusive fundações instituídas e mantidas pelo poder público, só poderão ser feitas (i) se houver prévia dotação orçamentária suficiente para atender às projeções de

despesa de pessoal e aos acréscimos dela decorrentes e (ii) se houver autorização específica na lei de diretrizes orçamentárias, ressalvadas as empresas públicas e as sociedades de economia mista. Por essa razão, a alternativa "E" é a correta.
Gabarito "E".

(Técnico – TRF5 – FCC – 2017) De acordo com as determinações do Ementário da Natureza de Receita, as receitas orçamentárias classificadas quanto ao tipo em "Aluguéis e Arrendamentos – Principal" e "Tarifa Aeroportuária – Principal" pertencem, respectivamente, às seguintes categorias econômicas e origens:

(A) Receita de Capital – Receita Patrimonial; Receita Corrente – Contribuições.

(B) Receita de Capital – Exploração do Patrimônio Imobiliário; Receita Corrente – Impostos, Taxas e Contribuições de Melhoria.

(C) Receita Corrente – Receita Patrimonial; Receita Corrente – Receita de Serviços.

(D) Receita Corrente – Exploração do Patrimônio Imobiliário; Receita de Capital – Receita de Serviços.

(E) Receita Corrente – Receita Patrimonial; Receita Corrente – Impostos, Taxas e Contribuições de Melhoria.

Receitas de aluguéis e arrendamentos são aquelas decorrentes de exploração do patrimônio, classificadas como receitas correntes patrimoniais – art. 11, § 1º, da Lei 4.320/1964. A tarifa aeroportuária é uma receita corrente, classificada como de serviços, nos termos do art. 11, § 1º, da Lei 4.320/1964. Por essas razões, a alternativa "C" é a correta. RB
Gabarito "C".

(Técnico – TRF5 – FCC – 2017) Em 04/10/2017, o ordenador de despesa de uma determinada entidade pública emitiu empenho no valor de R$ 3.000,00 referente à aquisição de material de expediente, sendo a despesa liquidada e paga em 09/10/2017. O material de expediente foi adquirido para ser utilizado pelo pessoal alocado na entidade pública para o desenvolvimento de suas atividades. Assim, de acordo com as determinações do Manual de Contabilidade Aplicada ao Setor Público, a despesa orçamentária executada foi classificada

(A) no grupo de natureza da despesa 30 – Material de Consumo.

(B) no elemento de despesa 52 – Equipamentos e Material Permanente.

(C) no elemento de despesa 30 – Material de Consumo.

(D) na modalidade de aplicação 30 – Material de Consumo.

(E) na modalidade de aplicação 52 – Equipamentos e Material Permanente.

Material de expediente é material de consumo, despesa corrente da unidade. No termos do item 4.2.4.5 do Manual de Contabilidade Aplicada ao Setor Público (que pode ser consultado no site do Tesouro Nacional), o elemento de despesa relativo à aquisição de material de consumo é o de número 30. Por essas razões, a alternativa "C" é a correta. RB
Gabarito "C".

(Técnico Judiciário – TRT11 – FCC – 2017) Em um Tribunal Regional do Trabalho, as

(A) despesas com telefone e material de expediente são despesas de capital.

(B) despesas com a aquisição de um terreno para a construção de um prédio são classificadas como investimentos.

(C) despesas com passagens e diárias são classificadas como inversões financeiras.

(D) receitas com a alienação de bens móveis são classificadas como receitas correntes.

(E) receitas de prestação de serviços são classificadas como receitas de capital.

A: incorreta, pois as despesas do dia a dia das repartições, necessárias para o funcionamento do serviço público, são despesas de custeio, espécie de despesa corrente, não de capital – art. 12, § 1º, da Lei 4.320/1964; **B:** correta – art. 12, § 4º, da Lei 4.320/1964; **C:** incorreta, pois são despesas correntes. Inversões financeiras são relativas a (i) aquisição de imóveis, ou de bens de capital já em utilização, (ii) aquisição de títulos representativos do capital de empresas ou entidades de qualquer espécie, já constituídas, quando a operação não importe aumento do capital ou (iii) constituição ou aumento do capital de entidades ou empresas que visem a objetivos comerciais ou financeiros, inclusive operações bancárias ou de seguros – art. 12, § 5º, da Lei 4.320/1964; **D:** incorreta, pois a receita decorrente de alienação de imóvel é receita de capital – art. 11, § 2º, da Lei 4.320/1964; **E:** incorreta, pois são receitas correntes – art. 11, § 1º, da Lei 4.320/1964. RB

Gabarito "B".

(Técnico Judiciário – TRT/23ª – 2011 – FCC) Segundo a Lei nº 4.320/1964, pertencem ao exercício financeiro as receitas

(A) nele arrecadadas e as despesas nele efetivamente liquidadas.

(B) previstas na lei de orçamento e as despesas nele efetivamente desembolsadas.

(C) nele arrecadadas e as despesas nele legalmente empenhadas.

(D) previstas na lei de orçamento e as despesas nele efetivamente liquidadas.

(E) nele arrecadas e as despesas nele pagas após sua liquidação.

Na Administração Pública, a despesa é contabilizada pelo regime de competência e a receita é contabilizada pelo regime de caixa. Significa que as receitas pertencem ao exercício em que são arrecadadas e as despesas pertencem ao exercício em que são empenhadas – art. 35, I e II, da Lei 4.320/1964. Por essa razão, a alternativa "C" é a correta.

Gabarito "C".

(Técnico Judiciário – TRT/24ª – 2011 – FCC) Configuram apenas receitas extraorçamentárias:

(A) imposto de renda retido na fonte e convênios recebidos.

(B) alienação de bens e depósito de terceiros.

(C) cauções e consignações.

(D) ICMS e ARO.

(E) ganhos com aplicação financeira e cauções.

Receita orçamentária é aquela prevista na LOA, ou que deveria estar prevista na LOA, objeto da execução orçamentária. Receita extraorçamentária é aquela à margem do orçamento público, que ingressa apenas temporariamente aos cofres públicos, caso dos depósitos, cauções, consignações, fianças etc., cuja restituição não onera dotação orçamentária (independe de autorização legal). Trata-se de classificação bastante usual na prática orçamentária. É interessante

notar que essa classificação não se identifica exatamente com a distinção feita pela doutrina clássica entre (i) receitas públicas e (ii) simples ingressos ou entradas. Para Aliomar Baleeiro, receita pública é a entrada que, integrando-se ao patrimônio público sem quaisquer reservas, condições ou correspondência no passivo, vem acrescer o seu vulto, como elemento novo e positivo. Simples entradas ou ingressos ou movimentos de fundos, sempre de acordo com Aliomar Baleeiro, não implicam incremento ao patrimônio governamental, desde que estejam condicionados à restituição posterior ou representam mera recuperação de valores emprestados ou cedidos pelo governo. Essa definição doutrinária de receita pública exclui os empréstimos recebidos e as amortizações daqueles concedidos (seriam meros ingressos ou entradas, já que os empréstimos devem ser devolvidos e as amortizações são restituição do que foi emprestado). Ocorre que, nos termos do art. 11, § 2º, da Lei 4.320/1964, os empréstimos e as amortizações correspondem a receitas de capital (são receitas orçamentárias, portanto).

A: incorreta, pois os impostos são receitas correntes e os valores recebidos por conta de convênios podem ser classificados como receitas correntes ou de capital, a depender da destinação – art. 11, §§ 1º e 2º, da Lei 4.320/1964; **B:** incorreta, pois os valores decorrentes da alienação de bens são receitas de capital – art. 11, § 2º, da Lei 4.320/1964; **C:** essa é a alternativa que indica, apenas, receitas extraorçamentárias ou, segundo a classificação doutrinária clássica, simples entradas ou ingressos (não são, sequer, receitas públicas); **D:** incorreta, pois o imposto é receita corrente. Os valores decorrentes de operação de crédito por antecipação de receitas orçamentárias – ARO são, excepcionalmente, consideradas extraorçamentárias, conforme o art. 3º, parágrafo único, da Lei 4.320/1964 (as receitas relativas às demais operações de crédito são receitas de capital – art. 11, § 2º, da Lei 4.320/1964); **E:** incorreta, pois os ganhos com aplicações financeiras são receitas correntes (art. 11, § 1º, da Lei 4.320/1964).

Gabarito "C".

(Técnico Judiciário – TRT/24ª – 2011 – FCC) As seguintes informações referentes à "Prefeitura XYZ" foram extraídas no final do exercício financeiro de 2010

Despesas Orçamentárias e Extraorçamentárias	Valores (R$)
Pessoal Ativo	10.000
Consignações em folha de pagamento repassadas ao ente destinatário	3.000
Encargos trabalhistas (patronal)	2.000
Depósitos de terceiros restituídos	5.000
Aquisição de computadores	4.000
TOTAL	31.000

O valor das despesas extraorçamentárias, em R$, é igual a

(A) 4.000.

(B) 5.000.

(C) 7.000.

(D) 8.000.

(E) 12.000.

As despesas com pessoal, encargos trabalhistas e para aquisição de computadores oneram o orçamento público, ou seja, são realizadas dentro da execução orçamentária. Receitas extraorçamentárias são aquelas que não oneram a dotação orçamentária, ou seja, são realizadas à margem do orçamento público, como as consignações em folha e a restituição de depósitos (repare que essas saídas não reduzem o patrimônio público). No exercício, a soma dos valores relativos a essas receitas extraorçamentárias é R$ 8.000,00 (= R$ 3.000,00 + R$ 5.000,00), de modo que a alternativa "D" é a correta.

Gabarito "D".

(Técnico Judiciário – TRT/9º – 2010 – FCC) Tratando-se da Lei nº 4.320/1964, as dotações para despesas as quais não corresponda contraprestação direta em bens ou serviços, inclusive para contribuições e subvenções destinadas a atender à manifestação de outras entidades de direito público ou privado, classificam-se como

(A) despesas de custeio.

(B) transferências correntes.

(C) subvenções econômicas.

(D) transferências de capital.

(E) inversões financeiras.

A: incorreta, pois despesas de custeio são as dotações para manutenção de serviços anteriormente criados, inclusive as destinadas a atender a obras de conservação e adaptação de bens imóveis (art. 12, § 1º, da Lei 4.320/1964), ou seja, aquelas despesas com pessoal (civil ou militar), material de consumo, serviços de terceiros e encargos diversos – art. 13 da Lei 4.320/1964; **B**: essa é a correta, conforme a exata definição de transferências correntes do art. 12, § 2º, da Lei 4.320/1964; **C**: incorreta, pois subvenções econômicas são as transferências que se destinam a empresas públicas ou privadas de caráter industrial, comercial, agrícola ou pastoril – art. 12, § 3º, II, da Lei 4.320/1964; **D**: incorreta, pois transferências de capital referem-se às dotações para investimentos ou inversões financeiras que outras pessoas de direito público ou privado devem realizar, independentemente de contraprestação direta em bens ou serviços, constituindo essas transferências auxílios ou contribuições, segundo derivem diretamente da Lei de Orçamento ou de lei especialmente anterior, bem como as dotações para amortização da dívida pública – art. 12, § 6º, da Lei 4.320/1964; **E**: incorreta, já que inversões financeiras referem-se às dotações destinadas a (i) aquisição de imóveis, ou de bens de capital já em utilização, (ii) aquisição de títulos representativos do capital de empresas ou entidades de qualquer espécie, já constituídas, quando a operação não importe aumento do capital e (iii) constituição ou aumento do capital de entidades ou empresas que visem a objetivos comerciais ou financeiros, inclusive operações bancárias ou de seguros (art. 12, § 5º, da Lei 4.320/1964).

Gabarito "B".

Veja as seguintes tabelas, para estudo e memorização da discriminação da despesa por elementos, conforme as categorias econômicas – art. 13 da Lei 4.320/1964:

DESPESAS CORRENTES	Despesas de Custeio	Pessoa Civil Pessoal Militar Material de Consumo Serviços de Terceiros Encargos Diversos
	Transferências Correntes	Subvenções Sociais Subvenções Econômicas Inativos Pensionistas Salário-Família e Abono Familiar Juros da Dívida Pública Contribuições de Previdência Social Diversas Transferências Correntes

DESPESAS DE CAPITAL	Investimentos	Obras Públicas Serviços em Regime de Programação Especial Equipamentos e Instalações Material Permanente Participação em Constituição ou Aumento de Capital de Empresas ou Entidades Industriais ou Agrícolas
	Inversões Financeiras	Aquisição de Imóveis Participação em Constituição ou Aumento de Capital de Empresas ou Entidades Comerciais ou Financeiras Aquisição de Títulos Representativos de Capital de Empresa em Funcionamento Constituição de Fundos Rotativos Concessão de Empréstimos Diversas Inversões Financeiras
	Transferências de Capital	Amortização da Dívida Pública Auxílios para Obras Públicas Auxílios para Equipamentos e Instalações Auxílios para Inversões Financeiras Outras Contribuições

(Técnico Judiciário – STJ – 2008 – CESPE) Julgue o item a seguir, que versa acerca de noções de administração financeira e administração de recursos humanos.

(1) Uma organização que adota o regime de competência reconhece as receitas e despesas apenas quando ocorrem entradas e saídas efetivas do caixa da organização.

1: errada; o regime de competência refere-se à contabilização em conformidade com o exercício em que a despesa ou a receita foi efetivamente realizada (por exemplo, se uma venda foi realizada neste ano, será contabilizada neste mesmo exercício, ainda que o pagamento ocorra apenas no ano seguinte). O regime de caixa refere-se à contabilização pelo critério do momento em que a despesa é efetivamente paga ou valor correspondente à receita é efetivamente recebido (naquele mesmo exemplo, a contabilização da receita ocorrerá apenas no ano seguinte – data de pagamento – ainda que a venda tenha sido realizada no presente exercício). Na Administração Pública, a despesa é contabilizada pelo regime de competência e a receita é contabilizada pelo regime de caixa – art. 35, I e II, da Lei 4.320/1964.

Gabarito 1E

Veja a seguinte tabela, para estudo e memorização da classificação das receitas por categorias econômicas – art. 11, § 4º, da Lei 4.320/1964:

RECEITAS	Correntes	Receita tributária (Impostos, Taxas, Contribuições de melhoria) Receita de contribuições Receita patrimonial Receita agropecuária Receita industrial Receita de serviços Transferências correntes Outras receitas correntes

		Operações de crédito
RECEITAS	de Capital	Alienação de bens móveis e imóveis
		Amortização de empréstimos concedidos
		Transferências de capital
		Outras receitas de capital

(Técnico Judiciário – TRT/23ª – 2007 – FCC) No que se refere à classificação de despesa pública, quanto à sua duração, considere:

I. Aquela que pode ocorrer, mas que o Estado não sabe quando ocorrerá, por isso deixa de constar do orçamento, a exemplo de uma desapropriação, denomina-se despesa especial.

II. Aquela considerada comum, ou seja, a constante do orçamento, a exemplo do pagamento de servidores aposentados, denomina-se despesa ordinária.

III. Aquela de natureza excepcional, decorrentes de situações imprevisíveis, mas constante do orçamento, a exemplo da situação de guerra, denomina-se despesa de custeio.

Nesses casos, está correto o que se afirma APENAS em

(A) I.

(B) I e II.

(C) I e III.

(D) II.

(E) II e III.

I e II: assertivas corretas, pois as assertivas descrevem adequadamente as despesas especial e ordinária; III: incorreta, pois a despesa extraordinária não conta, em regra, com previsão no orçamento, podendo ser suportada por crédito adicional extraordinário aberto diretamente pelo Executivo – art. 167, § 3º da CF, arts. 41, III e 44 da Lei 4.320/1964. Ademais, não se confunde com despesa de custeio, que é aquela relacionada à manutenção de serviços anteriormente criados (salários, material de consumo, limpeza etc. – art. 12, § 1º, da Lei 4.320/1964).
Gabarito "B".

4. CRÉDITOS ADICIONAIS E EXECUÇÃO ORÇAMENTÁRIA

(Técnico – TJ/MA – FCC – 2019) Considerando a legislação que rege os orçamentos públicos, em especial a Lei 4.320/1964 e a Lei de Responsabilidade Fiscal, os restos a pagar

(A) se materializam após a liquidação da despesa e passam a constituir despesa pertencente ao exercício subsequente, podendo ser cancelados se não houver receita para suportá-los.

(B) devem ser cancelados ao final do exercício, sendo vedado o seu pagamento em exercício diverso daquele em que ocorreu o empenho da despesa.

(C) constituem despesas não pagas no exercício em que foram empenhadas, as quais, para efeito do exercício subsequente, são consideradas despesas extraorçamentárias.

(D) decorrem de insuficiência financeira no curso do exercício, podendo ser suportados com receitas decorrentes de operações de crédito realizadas no exercício em curso ou no subsequente.

(E) são apurados ao final de cada quadrimestre do exercício, podendo ensejar medidas de ajustes como limita-ção de empenho ou cancelamento de programações orçamentárias.

A: incorreta, pois os restos a pagar se materializam ao final do exercício em que as despesas foram empenhadas, mas não pagas – art. 36 da Lei 4.320/1964; **B:** incorreta, pois os restos a pagar podem ser pagos no exercício seguinte, como despesas extraorçamentárias. No ano em que há empenho (ano X), ocorre uma despesa orçamentária, mas não há o pagamento ao credor, o que implica restos a pagar. No exercício seguinte (ano X+1, em regra), ocorre o pagamento desses restos a pagar, mas, como o empenho é do exercício anterior (do ano X, não há empenho no ano X+1), há uma despesa extraorçamentária nesse exercício seguinte (no ano X+1). Para compensar isso, há contabilização de uma receita extraorçamentária nesse exercício seguinte (no ano X+1) – art. 103 da Lei 4.320/1964; **C:** correta, conforme comentários anteriores; **D:** incorreta, pois os restos a pagar não se referem a insu-ficiência financeira, pelo contrário. Os valores relativos a restos a pagar devem em regra ser cobertos pelas disponibilidades financeiras no final do exercício (para que possam ser pagos no ano seguinte como despesa extraorçamentária) – art. 42 da LRF; **E:** incorreta, pois restos a pagar não têm relação com indisponibilidades financeiras, nem, portanto, com limitações de empenho ou cancelamento de programações.
Gabarito "C".

(Técnico – TJ/MA – FCC – 2019) Suponha que, no curso do exercício financeiro, o Tribunal tenha sido surpreendido com um gasto imprevisto, decorrente da necessidade de aditar um contrato de prestação de serviços de vigilân-cia. O aditamento em questão ampliou os quantitativos contratados, nos limites autorizados pela legislação, de forma a incluir a vigilância de prédio que estava cedido a outro órgão público e foi devolvido antes do prazo previsto. Verificou-se, contudo, que as dotações previstas na Lei Orçamentária Anual não seriam suficientes para suportar as despesas decorrentes do aditamento. Diante de tal cenário,

(A) é possível a assinatura do aditivo sem indicação de dotação específica, com a subsequente suplementa-ção, mediante o cancelamento de empenhos relativos a outras despesas.

(B) é possível a abertura de crédito extraordinário, por Decreto do Chefe do Executivo, mediante cancela-mento de outras programações orçamentárias.

(C) caberá a abertura de crédito adicional especial, por ato do Presidente do Tribunal, nos limites autorizados pelo Plano Plurianual.

(D) poderá o Presidente do Tribunal proceder o remane-jamento de outras dotações orçamentárias, desde que originalmente destinadas a outras despesas de custeio.

(E) caberá a abertura de crédito adicional suplementar, mediante prévia autorização legislativa.

A: incorreto, é preciso indicar a dotação específica no termo aditivo, conforme o art. 55, V, da Lei 8.666/1993, sendo inviável a realização de qualquer despesa sem prévio empenho (art. 167, II, da CF e arts. 59 e 60 da Lei 4.320/1964), o que exige disponibilidade orçamentária; **B:** incorreta, pois não se trata de hipótese de crédito extraordinário, cabível apenas casos de despesas imprevisíveis e urgentes, como as decorrentes de guerra, comoção interna ou calamidade pública (art. 167, § 3º, da CF e art. 41, III, da Lei 4.320/1964); **C:** incorreta, pois o crédito adicional especial depende de lei – art. 41, II, da Lei 4.320/1964; **D:** incorreta, pois esse remanejamento depende da abertura de crédito adicional suplementar, desde que autorizada por lei art. 41, I, da Lei 4.320/1964; **E:** correta, conforme comentário anterior.
Gabarito "E".

(Técnico – TRT/15 – FCC – 2018) Ao processamento da despesa pública, aos créditos adicionais e ao exercício financeiro, está fixado que

(A) o pagamento de despesa anterior à sua regular liquidação tem como exceção legal a natureza do objeto adquirido.

(B) o empenho da despesa por estimativa é prática incompatível com o princípio da especificação.

(C) o uso da diferença positiva entre o ativo financeiro e o passivo financeiro do exercício anterior, conjugando-se ainda aos saldos dos créditos adicionais transferidos e as operações de crédito a ele vinculadas, é admitido para a abertura de créditos adicionais suplementares e especiais.

(D) a vedação à realização de despesas sem o prévio empenho é excetuada por lei para aquelas realizadas sob o regime de adiantamento (suprimento de fundos).

(E) os créditos da Fazenda Pública, exigíveis pelo transcurso do prazo para pagamento, serão inscritos em registro próprio como dívida ativa, momento a partir do qual todos os créditos, não importando a origem, adquirem a natureza de dívida ativa tributária.

A: incorreta, pois o pagamento somente pode ocorrer após a liquidação da despesa – art. 62 da Lei 4.320/1964; **B:** incorreta, pois admite-se o empenho por estimativa para despesas cujo montante não se possa determinar – art. 60, § 2º, da Lei 4.320/1964; **C:** correta – art. 43, § 1º, da Lei 4.320/1964; **D:** incorreta, pois mesmo no regime de adiantamento deve haver prévio empenho – art. 68 da Lei 4.320/1964; **E:** incorreta, pois a dívida ativa pode ser tributária ou não tributária – art. 39 da Lei 4.320/1964.
Gabarito "C"

(Técnico – TRT/15 – FCC – 2018) Sobre os créditos adicionais:

(A) é vedada a edição de decreto executivo para a abertura de créditos adicionais suplementares.

(B) o produto de operações de crédito pode ser usado como fonte de recurso apenas para o crédito adicional especial.

(C) um crédito adicional suplementar, cujo ato de autorização for promulgado em agosto de determinado ano, poderá viger até dezembro do ano seguinte, caso seja reaberto nos limites dos seus saldos.

(D) por expressa disposição, somente os créditos especiais e extraordinários possuem hipóteses de exceção à regra da vigência adstrita ao exercício financeiro da abertura do crédito adicional.

(E) os recursos que, em decorrência de veto, emenda ou rejeição do projeto de lei orçamentária anual, ficarem sem despesas correspondentes poderão ser automaticamente utilizados para créditos adicionais especiais ou suplementares.

A: incorreta, pois o crédito adicional suplementar autorizado por lei é aberto por meio de decreto do executivo – art. 42 da Lei 4.320/1964; **B:** incorreta, pois o produto da operação de crédito pode ser usado como fonte de recursos para créditos suplementares e especiais – art. 43, *caput* e § 1º, IV, da Lei 4.320/1964; **C:** incorreta, pois somente os créditos especiais e extraordinários abertos nos últimos quatro meses do exercício (a partir de setembro) podem ser incorporados ao orçamento do exercício seguinte nos limites dos seus saldos – art. 167, § 2º, da CF; **D:** correta, conforme comentário anterior; **E:** incorreta, pois

essa utilização depende de prévia e específica autorização legislativa – art. 166, § 8º, da CF.
Gabarito "D".

(Técnico – TRF5 – FCC – 2017) Em 07/08/2017, um agente público, responsável pelo almoxarifado de uma determinada entidade pública, recebeu mercadorias adquiridas pela entidade. O agente, no momento do recebimento, confrontou as mercadorias recebidas com aquelas que estavam descritas na nota fiscal e assinou o comprovante de entrega das mercadorias pelo fornecedor. Desse modo, em 07/08/2017, as ações realizadas pelo agente público fazem parte da etapa da despesa orçamentária denominada

(A) pagamento.

(B) inscrição.

(C) lançamento.

(D) liquidação.

(E) empenho.

A: incorreta, pois o pagamento é efetuado pela tesouraria ou pagadoria, somente após a liquidação da despesa – art. 65 da Lei 4.320/1964; **B:** incorreta, pois não se trata de inscrição, que, em princípio, não é etapa da realização da despesa; **C:** incorreta, pois não se trata de lançamento, que, em princípio, não é etapa da realização da despesa; **D:** correta, conforme o art. 63 da Lei 4.320/1964; **E:** incorreta, pois o empenho deve ser anterior à realização da despesa, onerando a correspondente rubrica orçamentária – arts. 58 e 60 da Lei 4.320/1964. **RB**
Gabarito "D".

(Técnico – TRF5 – FCC – 2017) Em 07/11/2016, o ordenador de despesa de uma determinada entidade pública emitiu empenho no valor de R$ 10.000,00 referente à aquisição de 10 mesas. Em 25/11/2016, a despesa foi liquidada pelo valor de R$ 8.000,00, uma vez que somente parte das mesas foram entregues, e em 01/12/2016 foi pago o valor de R$ 3.000,00 referente ao empenho emitido em 07/11/2016. Assim, em 31/12/2016, foi inscrito em restos a pagar

(A) processados o valor de R$ 2.000,00.

(B) processados o valor de R$ 5.000,00.

(C) processados o valor de R$ 7.000,00.

(D) não processados o valor de R$ 5.000,00.

(E) não processados o valor de R$ 7.000,00.

O valor da despesa realizada e não paga no exercício deve ser inscrito em restos a pagar. No caso, o valor da despesa efetivamente realizada foi inferior ao valor empenhado, sendo que a diferença poderia ter sido cancelada (cancelamento parcial do empenho). O valor de despesa realizada, mas não pago no exercício foi de R$ 5.000,00. Como essa despesa foi anteriormente liquidada, trata-se de restos a pagar de despesa processada, conforme o art. 36 da Lei 4.320/1964. Por essas razões, a alternativa "B" é a correta. **RB**
Gabarito "B".

(Técnico – TRF5 – FCC – 2017) Em 03/07/2017, o gestor de uma determinada entidade pública abriu crédito adicional no valor de R$ 800.000,00 para a construção do estacionamento da entidade que estava prevista no Plano Plurianual, porém, não havia dotação orçamentária específica para a execução da despesa na Lei Orçamentária Anual ou em créditos adicionais abertos até 03/07/2017. Assim, de acordo com as determinações da Lei no 4.320/1964, para a construção do estacionamento foi aberto um crédito adicional

(A) extraordinário.

(B) especial.

(C) extraorçamentário.

(D) complementar.

(E) suplementar.

Quando não há dotação orçamentária específica, não é possível a abertura de crédito suplementar. Nesse caso, é necessária a abertura de crédito adicional especial, mediante prévia autorização legal, ou, muito excepcionalmente, crédito extraordinário. O caso é de crédito especial, nos termos do art. 41, II, da Lei 4.320/1964. Por essas razões, a alternativa "B" é a correta. 🔲

Gabarito "B".

(Técnico – TRT/11ª – 2012 – FCC) Os créditos especiais, um dos tipos possíveis de créditos adicionais,

(A) prescindem, para sua abertura, de indicação dos recursos para financiá-los.

(B) não podem ser financiados por operações de crédito de antecipação de receitas, em nenhuma hipótese.

(C) são autorizados pelo Poder Legislativo atender despesas imprevisíveis e urgentes como as decorrentes de guerra ou calamidade pública.

(D) têm por objetivo reforçar dotação já existente no orçamento em vigor.

(E) são destinados ao financiamento de despesas para as quais não haja dotação orçamentária específica.

A: incorreta, pois a abertura de créditos adicionais especiais não prescinde da indicação de recursos (ou seja, é necessário indicar tais recursos) – art. 43 da Lei 4.320/1964; **B**: discutível. As operações de crédito por antecipação de receita orçamentária (ARO) não implicam nova receita orçamentária (como diz o nome, apenas antecipa-se a receita orçamentária durante o exercício, que já estava prevista no orçamento), de modo que não podem, em princípio, suportar abertura de crédito adicional. A própria Banca Examinadora da FCC já apresentou gabarito no sentido de que "as operações de crédito por antecipação de receita (ARO) [não] podem também amparar créditos adicionais" (Técnico – TER-PB – 2007 – a assertiva era afirmativa e foi considerada errada). Provavelmente a FCC considerou a incorreta nesta questão porque afirma peremptoriamente "em nenhuma hipótese", podendo-se imaginar a hipótese excepcional de ARO realizada concomitantemente com reestimativa ampliativa da receita (excesso da arrecadação prevista), embora questionável. De qualquer forma, a alternativa "E" deve ser indicada, como veremos, pois claramente correta; **C**: incorreta, pois a assertiva se refere aos créditos extraordinários, previstos no art. 167, § 3º da CF e no art. 41, III, da Lei 4.320/1964; **D**: incorreta, pois a assertiva indica os créditos adicionais suplementares, previstos no art. 41, I, da Lei 4.320/64; **E**: essa é a correta. Os créditos adicionais especiais são os destinados a despesas para as quais não haja dotação orçamentária específica. São autorizados por lei, abertos por decreto executivo e dependem da existência de recursos disponíveis para suportar a despesa, nos termos dos arts. 40 e seguintes da Lei 4.320/1964.

Gabarito "E".

Veja a seguinte tabela com os créditos adicionais, para estudo e memorização:

Créditos Adicionais		
Suplementares	Destinados a reforço de dotação orçamentária já existente	- autorizados por lei e abertos por decreto executivo, conforme art. 42 da Lei nº 4.320/1964
Especiais	Destinados a despesas para as quais não haja dotação orçamentária específica	- dependem da existência de recursos disponíveis para suportar a despesa, conforme art. 43, caput, da Lei nº 4.320/1964
Extraordinários	Para atender a despesas imprevisíveis e urgentes, como as decorrentes de guerra, comoção interna ou calamidade pública	- abertos por decreto do Executivo, que dele dará imediato conhecimento ao Legislativo, conforme art. 44 da Lei nº 4.320/1964 (o art. 167, § 3º, da CF refere-se à medida provisória – art. 62 da CF)

(Técnico Judiciário – TRT/23ª – 2011 – FCC) Os créditos adicionais que se destinam a prover recursos para financiar despesas para as quais não haja dotação orçamentária suficiente são denominados créditos

(A) suplementares.

(B) extraordinários.

(C) complementares.

(D) específicos.

(E) especiais.

Classificam-se como suplementares os créditos adicionais destinados a reforço de dotação orçamentária já existente – art. 41, I, da Lei 4.320/1964.

Gabarito "A".

(Técnico Judiciário – MPU – 2010 – CESPE) Julgue o seguinte item, referente a noções de administração financeira e orçamentária.

(1) A autorização de crédito extraordinário para a reconstrução de cidades atingidas por enchentes depende da existência de recursos específicos destinados a tal fim.

1: incorreta, pois, diferentemente dos créditos adicionais suplementares e especiais, a abertura de créditos extraordinários não depende da comprovação de existência de recursos disponíveis para a despesa, sendo abertos por decreto do Poder Executivo, que deles dará imediato conhecimento ao Poder Legislativo, conforme se depreende dos arts. 43 e 44 da Lei 4.320/1964.

Gabarito 1E

(Técnico Judiciário – MPU – 2010 – CESPE) Julgue o seguinte item, referente a noções de administração financeira e orçamentária.

(1) A lei orçamentária pode ser legalmente alterada, no decorrer de sua execução, mediante a inclusão de créditos adicionais, sendo denominado crédito especial o crédito adicional autorizado para atender despesas novas para as quais não haja dotação orçamentária específica.

1: Correta, pois se refere adequadamente ao crédito adicional especial, conforme o art. 41, II, da Lei 4.320/1964.
Gabarito 1C

5. LEI DE RESPONSABILIDADE FISCAL

(Técnico – TJ/MA – FCC – 2019) De acordo com a disciplina estabelecida pela Lei de Responsabilidade Fiscal para dívida e endividamento dos entes públicos,

(A) é vedada a aquisição, por Estados e Municípios, bem como por entidades integrantes da Administração indireta de ambos, de títulos da dívida pública emitidos pela União.

(B) são expressamente vedadas operações de crédito por Antecipação de Receita Orçamentária – AROs.

(C) as operações de crédito contraídas por Estados devem, obrigatoriamente, contar com contragarantia da União.

(D) é vedada a concessão de garantia a operações de crédito contraídas por Municípios, inclusive mediante vinculação do produto da participação nos impostos estaduais.

(E) integram a dívida consolidada os precatórios judiciais não pagos durante a execução do orçamento em que foram incluídos.

A: incorreta, pois não há essa vedação – art. 35, § 2º, da LRF; **B:** incorreta, pois são possíveis as operações de ARO – art. 38 da LRF; **C:** incorreta, pois não há essa obrigatoriedade – art. 40 da LRF; **D:** incorreta, pois não há essa vedação em relação a ARO – art. 167, IV, da CF; **E:** correta – art. 30, § 7º, da LRF.
Gabarito "E".

(Técnico – TRT/11ª – 2012 – FCC) Analise as afirmações a seguir, cotejando-as com as disposições da Lei de Responsabilidade Fiscal.

I. Os atos que aumentarem ou criarem despesa obrigatória de caráter continuado para um ente da federação deverão demonstrar a origem de recursos para seu custeio.

II. As despesas de pessoal dos Estados da Federação não podem ultrapassar 60% da sua receita corrente líquida.

III. É expressamente vedada a destinação de recursos para, direta ou indiretamente, cobrir necessidades de pessoas físicas ou *déficits* de pessoas jurídicas.

IV. Considera-se aumento permanente da receita o proveniente de elevação de alíquotas, ampliação da base de cálculo e majoração ou criação de tributo ou contribuição.

Está em consonância com a referida Lei o que consta APENAS em

(A) I e II.

(B) I e III.

(C) II e III.

(D) I, II e IV.

(E) I, III e IV.

I: correta, conforme o art. 17, § 1º, da Lei de Responsabilidade Fiscal – LRF (LC 101/2000); **II:** correta, conforme o art. 19, II, da LRF; **III:** incorreta, pois essa destinação é possível, desde que autorizada por lei específica, atenda às condições estabelecidas na lei de diretrizes orçamentárias e esteja prevista no orçamento ou em seus créditos adicionais, conforme preceitua o art. 26 da LRF; **IV:** correta, nos termos do art. 17, § 3º, da LRF.
Gabarito "D".

(Técnico Judiciário – TRT/23ª – 2011 – FCC) De acordo com a Lei da Responsabilidade Fiscal,

(A) os entes públicos não podem utilizar a limitação de empenho quando sua dívida pública exceder os limites para ela fixados.

(B) o limite para as despesas de pessoal da União é maior que os respectivos limites para os Estados, o Distrito Federal e os Municípios.

(C) o projeto de lei orçamentária anual conterá Anexo de Metas Fiscais, em que serão estabelecidas metas anuais, em valores correntes e constantes, relativas a receitas, despesas, resultados nominal e primário e montante da dívida pública para o exercício a que se referirem.

(D) a lei de diretrizes orçamentárias conterá Anexo de Riscos Fiscais, onde serão avaliados os passivos contingentes e outros riscos capazes de afetar as contas públicas.

(E) é permitida a operação de crédito entre uma instituição financeira estatal e o ente da Federação que a controla na qualidade de beneficiário do empréstimo, desde que seja aprovada pelo Senado Federal.

A: incorreta, pois, caso a dívida consolidada ultrapasse o respectivo limite ao final de um quadrimestre, o ente federado deverá promover, entre outras medidas, a limitação de empenho para obtenção de resultado primário necessário para a recondução ao limite – art. 31, § 1º, II, da Lei de Responsabilidade Fiscal – LRF (LC 101/2000); **B:** incorreta, pois o limite para despesas com pessoal da União (50% da receita corrente líquida) é menor que aquele fixado para Estados e Municípios (60%) – art. 19 da LRF; **C:** incorreta, pois o Anexo de Metas Fiscais refere-se à Lei de Diretrizes Orçamentárias – LDO, e não à Lei Orçamentária Anual – LOA. Ademais, o Anexo trata do exercício financeiro a que se refere à LDO e aos dois exercícios seguintes – art. 4º, § 1º, da LRF; **D:** essa é a correta, nos exatos termos do art. 4º, § 3º, da LRF; **E:** incorreta, pois o art. 36, *caput*, da LRF veda a operação de crédito entre uma instituição financeira estatal e o ente da Federação que a controle, na qualidade de beneficiário do empréstimo, com a ressalva prevista em seu parágrafo único, de que a instituição financeira controlada pode adquirir, no mercado, títulos da dívida pública para atender investimento de seus clientes, ou títulos da dívida de emissão da União para aplicação de recursos próprios.
Gabarito "D".

Para estudo e memorização, veja a seguinte tabela com os limites para despesas com pessoal em relação à receita corrente líquida de cada ente político, com a repartição entre Executivo, Legislativo e Judiciário (arts. 19 e 20 da LRF):

Limites para despesas com pessoal % sobre a receita corrente líquida		
União	5050%	2,5% para o Legislativo, incluindo o Tribunal de Contas da União
		6% para o Judiciário
		40,9% para o Executivo
		0,6% para o Ministério Público da União
Estados	60%	3% para o Legislativo, incluindo o Tribunal de Contas Estadual
		6% para o Judiciário
		49% para o Executivo
		2% para o Ministério Público Estadual
Municípios	60%	6% para o Legislativo, incluindo o Tribunal de Contas Municipal, quando houver
		54% para o Executivo.

ATENÇÃO: a EC 95/2016 (decorrente da "PEC do Teto dos gastos públicos") instituiu o Novo Regime Fiscal no âmbito dos Orçamentos Fiscal e da Seguridade Social da União, que vigorará por 20 anos, basicamente limitando a despesa de cada ano ao limite do exercício anterior, corrigido pelo IPCA (há regra específica para o exercício de 2017) – art. 107, § 1º, II, do ADCT. Em relação às ações e serviços públicos de saúde e desenvolvimento do ensino, foram fixados patamares mínimos de despesa a partir de 2018 correspondentes aos valores calculados para as aplicações mínimas do exercício imediatamente anterior, corrigidos na forma estabelecida pelo inciso II do § 1º do art. 107 do ADCT [IPCA]

(Técnico Judiciário – TRT/22ª – 2010 – FCC) De acordo com a Lei Complementar nº 101/2000, que estabelece normas de finanças públicas voltadas para a responsabilidade na gestão fiscal e dá outras providências, é correto afirmar:

(A) O Anexo de Metas Fiscais integrará o projeto de Lei de Diretrizes Orçamentárias.

(B) Os ativos contingentes serão avaliados por meio do Anexo de Riscos Fiscais.

(C) A despesa total com pessoal dos Estados e Municípios, em cada período de apuração, não poderá exceder a 50% da receita corrente líquida.

(D) A Lei de Diretrizes Orçamentárias e o relatório resumido da execução orçamentária não são instrumentos de transparência da gestão fiscal.

(E) A despesa e a assunção de compromisso serão registrados segundo o regime de competência, não se apurando, em caráter permanente, o resultado dos fluxos financeiros pelo regime de caixa.

A: correta, conforme o art. 4º, § 1º, da LRF; **B**: incorreta, pois os passivos contingentes (e não os ativos, como indica a assertiva) serão avaliados no Anexo de Riscos Fiscais – art. 4º, § 3º, da LRF; **C**: incorreta, pois o limite de despesas com pessoal aplicável aos Estados e aos Municípios é de 60% da receita corrente líquida – art. 19, II e III, da LRF; **D**: incorreta, pois os planos, orçamentos e leis de diretrizes

orçamentárias, as prestações de contas e o respectivo parecer prévio, o Relatório Resumido da Execução Orçamentária e o Relatório de Gestão Fiscal, e as versões simplificadas desses documentos são considerados instrumentos de transparência da gestão fiscal, aos quais será dada ampla divulgação, inclusive em meios eletrônicos de acesso público, nos termos do art. 48 da LRF; **E**: incorreta, pois os resultados dos fluxos financeiros são apurados, em caráter suplementar, pelo regime de caixa – art. 50, II, da LRF.
Gabarito "A".

(Técnico Judiciário – TRE/AL – 2010 – FCC) A Lei Complementar nº 131/2009 que altera a Lei de Responsabilidade Fiscal no que se refere à transparência pública, determina a disponibilização de informações sobre a execução orçamentária e financeira da União, Estados, Distrito Federal e Municípios. Essa Lei estabelece que todos os gastos e receitas públicos deverão ser divulgados em meios eletrônicos. O prazo para os Municípios que tenham entre 50.000 (cinquenta mil) e 100.000 (cem mil) habitantes se adequarem a nova norma é de

(A) seis meses.

(B) quatro anos.

(C) três anos.

(D) dois anos.

(E) um ano.

O art. 73-B da LRF estabelece os seguintes prazos para o cumprimento das determinações dispostas nos incisos II e III do parágrafo único do art. 48 e do art. 48-A, contados a partir da publicação da LC 131/2009 (que introduziu esses dispositivos na LRF): (i) 1 ano para a União, os Estados, o Distrito Federal e os Municípios com mais de 100.000 (cem mil) habitantes; (ii) 2 anos para os Municípios que tenham entre 50.000 (cinquenta mil) e 100.000 (cem mil) habitantes; e (iii) 4 anos para os Municípios que tenham até 50.000 (cinquenta mil) habitantes. Por essa razão, a alternativa "D" é a correta.
Gabarito "D".

(Técnico Judiciário – MPU – 2010 – CESPE) Com base na Lei de Responsabilidade Fiscal, julgue os seguintes itens.

(1) Os restos a pagar processados correspondem a despesas orçamentárias do ano anterior pagas com atraso.

(2) O Poder Executivo deve desdobrar as receitas previstas em metas bimestrais de arrecadação, que servirão de parâmetro para a limitação do empenho e da movimentação financeira.

(3) Cabe ao MPU acompanhar a legalidade das operações com títulos públicos realizadas entre a União e o BACEN.

1: incorreta, pois se consideram restos a pagar as despesas empenhadas, mas não pagas até o dia 31 de dezembro do exercício correspondente – art. 36 da Lei 4.320/1964. Restos a pagar processados são aqueles já liquidados, enquanto os não processados são os que ainda não haviam sido liquidados; **2**: correta, conforme o art. 13 c/c o art. 9º da LRF; **3**: incorreta, pois não há essa atribuição específica. Interessante lembrar que as relações do Bacen com os entes da Federação estão sujeitas às vedações contidas nos arts. 35 e 39 da LRF. Ademais, o Bacen não emite mais títulos da dívida pública, a partir de 2 anos contados da publicação da Lei de Responsabilidade Fiscal – art. 34 da LRF.
Gabarito 1E, 2C, 3E.

(Técnico Judiciário – TRT/23ª – 2007 – FCC) No que diz respeito aos limites da dívida pública, é correto afirmar que

(A) as propostas que estabelecem limites para o montante da dívida pública mobiliária federal dispensam a metodologia de apuração dos resultados primário e nominal.

(B) a alteração dos fundamentos das propostas dos limites globais para o montante da dívida consolidada, em razão de instabilidade econômica, impede a solicitação de revisão dos limites.

(C) os precatórios judiciais não pagos durante a execução do orçamento em que houverem sido incluídos integram a dívida consolidada, para fins de aplicação dos limites.

(D) para os fins de verificação do atendimento do limite constante das propostas encaminhadas ao Poder Legislativo, a apuração do montante da dívida consolidada será efetivada ao final de cada ano.

(E) na proposta de limite global para o montante da dívida consolidada do Poder Público, é possível a aplicação de limites diferenciados a todos os entes da Federação, constituindo, para cada um deles, limites mínimos.

A: incorreta, pois compete ao Congresso Nacional legislar sobre o montante da dívida mobiliária federal – art. 48, XIV, da CF. Ao Senado Federal compete estabelecer limites globais e condições para o montante da dívida mobiliária dos Estados, do Distrito Federal e dos Municípios, mas não da União, embora fixe limites globais da dívida consolidada para todos os entes (inclusive União) – art. 52, VI e IX, da CF. A lei, de competência do Congresso Nacional (art. 48, XIV, da CF), atenderá ao disposto no art. 30, § 1º, da LRF, o que inclui a metodologia de apuração dos resultados primário e nominal (inciso IV); **B**: incorreta, pois a alteração dos fundamentos, conforme descrito na assertiva, permite o encaminhamento, pelo Presidente da República ao Senado Federal ou ao Congresso Nacional, de solicitação de revisão dos limites – art. 30, § 6º, da LRF; **C**: correta, nos exatos termos do art. 30, § 7º, da LRF; **D**: incorreta, pois a apuração do montante da dívida consolidada, para verificação do atendimento do limite, será efetuada ao final de cada quadrimestre – art. 30, § 4º, da LRF; **E**: incorreta, pois os limites serão fixados em percentual da receita corrente líquida para cada esfera de governo e aplicados igualmente a todos os entes da Federação que a integrem, constituindo, para cada um deles, limites máximos – art. 30, § 3º, da LRF. ATENÇÃO: Note que a EC 94/2016 criou hipóteses de operação de crédito para pagamento de precatórios excetuados dos limites de endividamento (art. 100, § 19, da CF e art. 101, § 2º, III, do ADCT). Gabarito "C".

6. OUTRAS MATÉRIAS

(Técnico Judiciário – TRT/24ª – 2011 – FCC) O Conselho Nacional de Justiça coordena a realização de Encontros Anuais do Poder Judiciário, preferencialmente no mês de fevereiro, com o objetivo de

(A) estruturar as atividades dos Núcleos de Gestão Estratégica.

(B) implementar a gestão do planejamento estratégico.

(C) regulamentar o Comitê Gestor Nacional.

(D) auxiliar as atividades de planejamento e gestão estratégica do Poder Judiciário, a serem coordenadas pelo Presidente da Comissão de Estatística e Gestão Estratégica.

(E) divulgar o desempenho dos tribunais no cumprimento das ações, projetos e metas nacionais no ano findo.

Nos termos do art. 6º-A da Res. 70/2009 do CNJ [revogada pela Resolução 198/2014], o Conselho Nacional de Justiça coordenará a realização de Encontros Anuais do Poder Judiciário, preferencialmente

no mês de fevereiro, com os seguintes objetivos, entre outros: (i) avaliar a Estratégia Nacional, (ii) divulgar o desempenho dos tribunais no cumprimento das ações, projetos e metas nacionais no ano findo e (iii) definir as novas ações, projetos e metas nacionais prioritárias. Por essa razão, a alternativa "E" é a correta. Gabarito "E".

(Técnico Judiciário – TRT/24ª – 2011 – FCC) A fase preparatória do pregão observará que a autoridade competente

(A) justificará a necessidade de contratação e definirá o objeto do certame, juntamente com as exigências de habilitação, e apenas definirá as cláusulas do contrato, sem necessidade de expressa fixação dos prazos para fornecimento.

(B) justificará a necessidade de contratação e definirá o objeto do certame, as exigências de habilitação, os critérios de aceitação das propostas, as sanções por inadimplemento e as cláusulas do contrato, inclusive com fixação dos prazos para fornecimento.

(C) justificará apenas a necessidade de contratação e definirá as cláusulas do contrato, excluindo-se fixação dos prazos para fornecimento.

(D) definirá o objeto do certame e aceitará as fixações dos prazos para fornecimento definidas pelo contratado.

(E) delegará total competência para ajustar as sanções por inadimplemento e as cláusulas do contrato, inclusive com fixação dos prazos para fornecimento que favoreça ao terceiro.

A: incorreta, pois, na fase preparatória do pregão, a autoridade competente justificará a necessidade de contratação e definirá as cláusulas do contrato, inclusive com fixação dos prazos para fornecimento – art. 3º, I, da Lei 10.520/2002; **B**: correta, pois reflete exatamente o disposto no art. 3º, I, da Lei 10.520/2002; **C, D e E**: assertivas incorretas, conforme comentários anteriores. Gabarito "B".

(Técnico Judiciário – TRT/22ª – 2010 – FCC) De acordo com a Lei nº 4.320/1964, que dispõe sobre normas gerais de Direito Financeiro para elaboração e controle dos orçamentos e balanços, é correto afirmar:

(A) O sumário geral da receita por fontes e da despesa por funções de governo, não integrarão a Lei de Orçamento.

(B) As receitas tributária, patrimonial e industrial classificam-se na categoria econômica receitas correntes.

(C) O quadro de cotas trimestrais da despesa que cada unidade orçamentária fica autorizada a utilizar será aprovado pelo Poder Legislativo, após a promulgação da Lei de Orçamento.

(D) Créditos adicionais são as autorizações de despesas computadas ou suficientemente dotadas na Lei do Orçamento.

(E) Os créditos adicionais não terão vigência adstrita ao exercício financeiro em que forem abertos, salvo expressa disposição legal em contrário, quanto aos créditos especiais e extraordinários.

A: incorreta, pois o sumário geral da receita por fontes e das despesas por funções de governo integra a Lei Orçamentária Anual – LOA – art. 2º, § 1º, I, da Lei 4.320/1964; **B**: essa é a correta, pois são receitas correntes as receitas tributária, de contribuições, patrimonial, agropecuária, industrial, de serviços e outras e, ainda, as provenientes de recursos financeiros recebidos de outras pessoas de direito público ou privado, quando destinadas a atender despesas classificáveis em Despesas Correntes – art. 11, § 1º, da Lei 4.320/1964; **C**: incorreta, pois cabe ao Poder Executivo (e não ao Poder Legislativo) aprovar o quadro de cotas trimestrais, imediatamente após a promulgação da LOA – art. 47 da Lei 4.320/1964; **D**: incorreta, pois, ao contrário do trazido na referida assertiva, constituem créditos adicionais as autorizações de despesa não computadas ou insuficientemente dotadas na Lei de Orçamento – art. 40 da Lei 4.320/1964; **E**: incorreta, pois os créditos adicionais terão vigência adstrita ao exercício financeiro em que forem abertos, salvo expressa disposição legal em contrário, quanto aos especiais e extraordinários – art. 45 da Lei 4.320/1964. Interessante lembrar que, nos temos do art. 167, § 2º, da CF, os créditos especiais e extraordinários terão vigência no exercício financeiro em que forem autorizados, salvo se o ato de autorização for promulgado nos últimos quatro meses daquele exercício, caso em que, reabertos nos limites de seus saldos, serão incorporados ao orçamento do exercício financeiro subsequente.

Gabarito "B".

(Técnico Judiciário – STJ – 2008 – CESPE) Julgue o item a seguir, que versa acerca de noções de administração financeira e administração de recursos humanos.

(1) Para se obter um resumo financeiro dos resultados das operações da organização durante um período específico, deve-se utilizar o balanço patrimonial.

1: incorreta, pois é a Demonstração do Resultado do Exercício que fornece um resumo financeiro dos resultados das operações durante um período específico (acompanha o período relativo ao balanço patrimonial). O balanço patrimonial apresenta os bens, direitos e obrigações da entidade em determinado momento (data específica). A Demonstração do Resultado atende à necessidade descrita na assertiva,

referindo-se ao lucro ou ao prejuízo em determinado período de tempo (normalmente, o exercício).

Gabarito 1E

(Técnico Judiciário – TRT/23ª – 2007 – FCC) Em matéria de crédito público é correto afirmar:

(A) O Estado utiliza o empréstimo sempre com o objetivo de atender certas atividades, sem necessidade de assumir a dívida pública.

(B) A captação de empréstimo, decorrente do uso do crédito público, só será possível ao Estado quando o investidor for nacional.

(C) Sua natureza é contratual quando o Estado utilizando-se de sua soberania arrecada empréstimo unilateralmente.

(D) A captação de empréstimo pelo Estado é um ato excepcional e independe da confiança do investidor.

(E) Na captação de empréstimo o Estado pode procurar tanto o investidor nacional como o estrangeiro.

A: incorreta; o empréstimo público é tomado para financiar despesas de capital (art. 167, III, da CF) e atender insuficiências de caixa durante o exercício financeiro (operação de crédito por antecipação de receita orçamentária – art. 38 da LRF), hipóteses em que implica aumento da dívida pública. Há o caso do empréstimo compulsório, que é tributo e não se refere à dívida pública em sentido estrito; **B** e **E**: admite-se a captação de empréstimo internacional, desde que autorizada pelo Senado Federal – art. 52, V, da CF; **C** e **D**: assertivas incorretas, pois o empréstimo contratual não é tomado com base na soberania estatal, mas depende da confiança e da concordância do investidor.

Gabarito "E".

6. ÉTICA

Robinson Barreirinhas

A respeito de moral, ética e valores, julgue os itens que se seguem.

(1) Os valores éticos são imutáveis em relação ao tempo.

(2) Os valores éticos possuem origem na natureza e são independentes da cultura social.

(3) A pessoa moral e os valores são elementos constitutivos do campo ético.

(4) O imperativo categórico, para ser considerado ético, deve limitar-se a determinado grupo social e, portanto, não possuir caráter universal.

(5) A tradição é um dos elementos que formam a moral de uma sociedade.

1: incorreta, pois os valores éticos evoluem com a sociedade; o que era aceitável há 50 anos, em em termos de relações profissionais, por exemplo, pode ser inaceitável hoje; **2:** incorreto, ainda que haja entendimentos no sentido de valores naturais, extrínsecos, aceita-se que os valores éticos são valores sociais, inseridos na cultura social; **3:** correta, o campo ético é constituído pelo agente/pessoa moral ou sujeito ético e pelos valores; **4:** incorreta, pois o imperativo categórico kantiano é universal, o comportamento ético é aquele correto para todos (universal), conforme a razão humana; **5:** correta, considerando a tradição como o comportamento historicamente reiterado e aceito como adequado naquela sociedade.

Gabarito 1E, 2E, 3C, 4E, 5C

No que se refere à Comissão de Ética do Tribunal Regional do Trabalho da 1ª Região, assinale a alternativa correta.

(A) A Comissão de Ética será composta por seis servidores indicados pelo presidente do Tribunal.

(B) Os membros da Comissão de Ética somente deverão ser afastados quando o grau de parentesco entre eles e o investigado for de primeiro ou de segundo grau.

(C) A participação do servidor público na Comissão de Ética lhe garantirá uma remuneração extra especial, bem como lhe servirá como atenuante na hipótese de eventual condenação ética.

(D) A Comissão de Ética será responsável por instaurar, de ofício ou em razão de denúncia fundamentada, processo sobre conduta que considerar passível de violação às normas éticas.

(E) O fato de o servidor público já ter sofrido punição administrativa, ou penal, é indiferente para que ele possa fazer parte da Comissão de Ética.

A: incorreta, pois a Comissão é composta por 3 servidores e respectivos suplentes – art. 15 do Código de Ética do TRT-1; **B:** incorreta, pois há afastamento quando ao assunto envolver parentes até terceiro grau – art. 16 do Código de Ética do TRT-1; **C:** incorreta, pois não há remuneração, nem atenuante – art. 19 do Código de Ética do TRT-1; **D:** correta, conforme o art. 20, IV, do Código de Ética do TRT-1; **E:** incorreta, pois o servidor que já sofreu punição administrativa ou penal não poderá ser designado para a Comissão – art. 15 do Código de Ética do TRT-1.

Gabarito "D"

Julgue os itens a seguir, relativos à ética no serviço público.

(1) O servidor que trabalha em harmonia com a estrutura organizacional, respeitando seus colegas e cada concidadão, colabora para o bem-estar de todos e de todos recebe colaboração.

(2) Para desempenhar suas atribuições com rapidez, perfeição e rendimento, o servidor público deve, de imediato, comunicar a seus superiores todo e qualquer ato ou fato de interesse público.

(3) É legalmente permitido que um servidor público atrase o seu trabalho quando estiver participando de movimentos e estudos que se relacionem com a melhoria do exercício de suas funções, com o objetivo de realizar o bem comum.

(4) Um servidor público que atrase prestação de serviço por não possuir informações e capacitação adequadas para isso poderá ser responsabilizado por atitude antiética ou por causar danos morais aos usuários dos serviços públicos.

(5) A globalização e a intensificação do comércio internacional reforçam a necessidade da adoção de condutas éticas no serviço público.

(6) O servidor público deve apresentar comportamentos e atitudes direcionadas para a preservação da honra e da tradição dos serviços públicos, tanto no exercício de seu cargo ou função quanto fora dele.

(7) O trabalho desenvolvido pelo servidor público perante a comunidade deve ser entendido como acréscimo ao bem-estar do próximo e ao seu próprio bem-estar.

(8) A função pública caracteriza-se como um exercício profissional que deve ser incorporado à vida particular do servidor público.

(9) Quando um servidor falta ao trabalho, em qualquer circunstância, contribui para a desmoralização do serviço público e para a desordem nas relações humanas.

1: correta, pois o respeito, a cortesia e a urbanidade são deveres fundamentais dos servidores públicos e essenciais para o bem-estar de todos – item XIII do Código de Ética Profissional do Servidor Público Civil do Poder Executivo Federal, entre outros; **2:** incorreta, pois o dever de comunicar imediatamente os superiores refere-se a atos contrários ao interesse público (não a quaisquer atos ou fatos de interesse público) – item XIV, *b* e *m*, do Código de Ética Profissional do Servidor Público Civil do Poder Executivo Federal; **3:** incorreta, pois, embora seja dever fundamental do servidor participar dos movimentos e estudos que se relacionem com a melhoria do exercício de suas funções, isso não justifica prejudicar o trabalho. De fato, tal dever deve ser cumprido em harmonia com o desempenhar, com zelo e eficácia, as atribuições do cargo ou função – item XIV, *a* e *o*, do Código de Ética Profissional do Servidor Público Civil do Poder Executivo Federal **4:** incorreta, pois o atraso pode eventualmente ser justificado por ausência de culpa do servidor em questão (pode ser que ele não possua a informação ou a capacitação necessária por falha na organização do serviço) – ver o art. 7º, X, do CE-JM. É preciso lembrar, entretanto, que o servidor deve, na medida do possível, buscar as informações necessárias para bem cumprir suas funções, além da capacitação profissional para essa mesma finalidade – art. 6º, XII, do CE-JM; v. tb., itens X e XIV, *q*, do Código de Ética Profissional do Servidor Público Civil do Poder Executivo Federal; **5**: a assertiva é altamente subjetiva e genérica, mas pode ser considerada adequada, pois a necessidade da adoção de condutas éticas no serviço público tende a ser reforçada continuamente – ver item II do Código de Ética Profissional do Servidor Público Civil do Poder Executivo Federal (CE-Executivo – Dec. 1.171/1994); **6**: correta, considerando que, nos termos do art. 2º do CE-JM (v. tb., item I do Código de Ética Profissional do Servidor Público Civil do Poder Executivo Federal), a dignidade, o decoro, o zelo, a eficácia, a preservação do patrimônio, da honra e da tradição dos serviços públicos e a conduta ética devem ser observados pelos servidores da Justiça Militar da União com vistas ao atendimento do princípio da moralidade da Administração Pública; **7**: correta, pois o bem-estar da população em geral e, por consequência, do próprio servidor, é objetivo do serviço público – ver item V do CE-Executivo; **8**: correta, pois os fatos e atos verificados na conduta do dia a dia em sua vida particular poderão acrescer ou diminuir o seu bom conceito na vida funcional – ver item VI do CE-Executivo; **9**: incorreta, pois, embora a assiduidade e a frequência ao serviço sejam deveres fundamentais do servidor público, há faltas justificadas que não agridem a ética (por exemplo, ausência em caso de doença ou força maior), sendo as ausências injustificadas que contribuem para a desmoralização e que pode conduzir à desordem nas relações humanas – ver item VI do CE-Executivo.

Gabarito 1C, 2E, 3E, 4E, 5C, 6C, 7C, 8C, 9E

(Técnico Judiciário – STM – 2011 – CESPE) Julgue os itens abaixo, relativos à qualidade no atendimento ao público.

(1) Um bom atendimento ao público é resultado da coerência entre as palavras e os atos do servidor.

(2) Quando a mensagem transmitida por uma pessoa que busque atendimento em um órgão público for carregada de emoções, o servidor que atender essa pessoa deverá utilizar um meio de registro escrito das informações e emoções para não haver dificuldades de interpretação.

(3) Ao atender um cidadão, o servidor público precisa escolher o canal de comunicação que melhor traduza a mensagem a ser transmitida.

(4) O servidor público deve ser sensível às necessidades, percepções, atitudes e emoções do cidadão no momento do atendimento. Por isso, deve demonstrar empatia tanto na comunicação verbal quanto na comunicação não verbal.

(5) Ao esclarecer uma dúvida com um colega de trabalho, o servidor que atende ao público utiliza o que se denomina comunicação lateral.

(6) No momento de realizar um atendimento, a linguagem corporal do servidor público pode revelar até que ponto ele se interessa em solucionar os problemas trazidos pelo cidadão e pode até mesmo indicar seu *status* de nível superior ou inferior.

(7) Quando uma pessoa reclamar do atendimento que recebeu, o servidor público deverá ouvir atentamente a insatisfação e perguntar se a pessoa pode oferecer opções para ajudar a melhorar o atendimento.

1: correta. Palavras adequadas, mas acompanhadas de atos inadequados frustram o destinatário do serviço, inexistindo efetivo atendimento às suas necessidades. Por outro lado, palavras inadequadas geram insegurança, ainda que os atos correspondentes sejam corretos; **2**: incorreta, pois, se o atendimento ao público é verbal e imediato, con-

forme as normas que regem a atividade, não há como exigir registro escrito das informações prestadas pelo usuário. Ademais, tais normas podem prever outras formas de registro por parte do atendente, que não a escrita (por exemplo, gravação de ligação telefônica); **3**: incorreta, pois o servidor não tem total discricionariedade na escolha dos canais de comunicação. Por exemplo, se a norma exige publicação de informação no diário oficial, isso não pode ser substituído livremente por uma ligação telefônica, ainda que seja mais efetiva; **4**: correta, pois o atendimento adequado se dá por meio da comunicação verbal (palavras, frases utilizadas) e da não verbal (postura, apresentação do servidor); **5**: correta, pois a comunicação entre os pares (de mesmo nível hierárquico) é lateral ou horizontal (não é vertical, entre pessoas de níveis hierárquicos distintos); **6**: correta. Basta imaginar servidor que atenda usuário com o cotovelo na mesa, apoiando a lateral do rosto na mão, bocejando e com os olhos entreabertos – é claro que a linguagem corporal, no caso, demonstra descaso, desinteresse e desrespeito. O *status* superior ou inferior não deve alterar a linguagem corporal do atendente, que deve ser sempre adequada, respeitosa e cortês, qualquer que seja o servidor ou o cidadão atendido; **7**: correta, pois a crítica representa oportunidade para melhoria do atendimento e, como tal, deve ser captada, analisada e, sendo o caso, acolhida para alteração de posturas e procedimentos. A atitude de pedir ao crítico sugestões para a melhoria do atendimento demonstra, ademais, atenção e respeito ao cidadão.

Gabarito 1C, 2E, 3E, 4C, 5C, 6C, 7C

(Técnico Judiciário – STF – 2008 – CESPE) Acerca do Código de Ética dos Servidores do STF, julgue o item seguinte.

(1) Um dos objetivos do referido código é preservar a imagem e a reputação do servidor do STF, cuja conduta esteja de acordo com as normas éticas previstas nesse código.

1: correta, pois, segundo o art. 1º do Código de Ética dos Servidores do STF (CE-STF – Res. 246/2002), os objetivos do referido Código de Ética são (I) estabelecer as regras éticas de conduta dos servidores e (II) preservar a imagem e a reputação do servidor do Tribunal, cuja conduta esteja de acordo com as normas éticas previstas no Código.

Gabarito 1C

(Técnico Judiciário – STF – 2008 – CESPE) Em cada um dos itens a seguir, é apresentada uma situação hipotética seguida de uma assertiva a ser julgada, com base no Código de Ética dos Servidores do STF.

(1) Pedro é técnico de informática do STF. João, seu superior, pretende montar uma rede de computadores, sem fio, em sua residência e exigiu que Pedro fizesse as instalações e configurações dos computadores integrantes daquela rede. Nessa situação, Pedro, conforme o Código de Ética dos Servidores do STF, não deve cumprir essa ordem.

(2) Para Josias, servidor público do STF, a estrutura da rede de informática do tribunal está em péssimas condições podendo comprometer a estrutura administrativa. Nessa situação, é seu dever representar contra esse comprometimento da estrutura administrativa do tribunal, independentemente da hierarquia a que esteja subordinado.

(3) Paulo, servidor público do STF, foi nomeado para cargo em comissão em determinado setor do tribunal, no qual trabalha a servidora Maria, sua sobrinha, que será sua subordinada hierárquica. Nessa situação, Paulo não cometerá qualquer infração ao Código de Ética se mantiver Maria no cargo.

(4) Gustavo, técnico judiciário do STF e filho único de João e Maria, recebeu de seus pais, como adiantamento de herança, uma grande fazenda localizada no interior do estado de Minas Gerais, avaliada em cinco milhões de reais. Nessa situação, Gustavo deverá comunicar esse fato, de forma imediata, à Comissão de Ética do STF, sob pena de responder por infração ao Código de Ética.

1: correta, uma vez que João pretende desviar servidor do STF para atendimento de interesse particular, o que é expressamente vedado pelo art. 7º, VIII, do Código de Ética dos Servidores do STF (CE-STF – Res. 246/2002). Ver também o art. 117, XVI, da Lei 8.112/1990; **2**: correta, uma vez que é dever ético do servidor do STF representar contra comprometimento indevido da estrutura da Administração Pública, independentemente da hierarquia a que esteja subordinado, nos termos do art. 6º, V, do CE-STF; **3**: incorreta, tendo-se em vista que é vedado ao servidor público manter sob subordinação hierárquica cônjuge ou parente, em linha reta ou colateral, até o 3º grau, conforme determina o art. 7º, XVIII, do CE-STF (perceba que a Lei 8.112/1990 é mais permissiva, referindo-se a parente até o segundo grau civil – art. 117, VIII); **4**: incorreta; em princípio, somente os servidores nomeados ou designados para o exercício dos cargos em comissão de níveis CJ-3 e CJ-4 (Alta Administração) devem comunicar à Comissão de Ética do STF alterações relevantes no valor ou na natureza de seu patrimônio pessoal – art. 10, I, c/c art. 8º do CE-STF.

Gabarito 1C, 2C, 3E, 4E

(Técnico Judiciário – STJ – 2008 – CESPE) No serviço público, o funcionário deve-se guiar pela conduta ética, que abrange aspectos da atuação e da relação com os públicos externo e interno. Julgue os itens a seguir, acerca do comportamento ético do servidor público e suas implicações.

(1) O funcionário, ao atender o usuário de seu serviço, deve ser cortês e interessado, mesmo que este usuário apresente comportamento irritado e indelicado ou seja de classe socioeconômica inferior à sua ou, ainda, ostente símbolos religiosos diferentes de sua religião.

(2) O funcionário que, no exercício de suas funções, deixa o usuário de seu serviço à espera enquanto atende ligação telefônica particular por 20 minutos causa danos morais a esse usuário.

(3) Caso o chefe de um órgão público determine a seu subordinado a execução de ato vetado pelo código de ética no serviço público, o servidor deverá obedecer prontamente à determinação, pois é seu dever respeitar a hierarquia em todas as situações.

(4) Caso ocorra uma tentativa de suborno por parte do usuário, compete ao funcionário recusar a proposta e registrar a ocorrência, omitindo a identificação do usuário porque, mesmo nessas condições, o funcionário tem o compromisso ético de preservar a idoneidade moral do usuário.

(5) Em situações únicas, se o servidor necessitar de mão de obra, equipamento ou material do órgão público para atender necessidades de superiores ou imprevistos pessoais, estará impedido pelo código de ética, mas poderá pedir auxílio a colega prestador de serviço temporário e não remunerado, pois, nessa categoria, o trabalhador não é considerado servidor público e não está submetido às mesmas restrições éticas.

1: correta; o servidor público, como diz o próprio nome, deve atender à população, com cortesia e interesse, respeitando a capacidade e as limitações individuais dos usuários do serviço, sem distinção de etnia, sexo, religião, condição socioeconômica, orientação sexual, faixa etária, condição física especial etc. Vide, o art. 6º, IV, do CE-STF e o item XIV, g, do CE-Executivo; **2**: correta, pois o constrangimento causado ao cidadão, por conta da falta de comprometimento do servidor com seu trabalho, implica dano moral. Ver o art. 7º, XII, do CE-STF e item X do CE-Executivo; **3**: incorreta, pois o respeito ao princípio da hierarquia no serviço público não justifica desvios éticos, que deverão ser repelidos por todos os servidores. Ver o art. 116, IV e XII, da Lei 8.112/1990, o art. 2º do CC-STJ, o art. 6º, VI, do CE-STF e o item XIV, h, do CE-Executivo; **4**: incorreta, pois o servidor deve denunciar o cidadão que, no caso, não apenas atenta contra a moralidade administrativa, mas também comete crime contra o serviço público (corrupção ativa, nos termos do art. 333 do CP) – Ver o art. 6º, VI, do CE-STF e item XIV, i, do CE-Executivo; **5**: incorreta, pois qualquer pessoa que preste serviço público, ainda que temporário e não remunerado, se sujeita ao compromisso ético e não pode ter seu esforço desviado em favor de terceiros – art. 2º, parágrafo único, do CC-STJ. Ver também o item XV, j, do CE-Executivo.

Gabarito 1C, 2C, 3E, 4E, 5E

(Técnico Judiciário – TST – 2008 – CESPE) Com relação à ética no serviço público, julgue os itens a seguir.

(1) O respeito à hierarquia e à disciplina não impede que o servidor público represente contra ato que caracterize omissão ou abuso de poder, ainda que esse ato tenha emanado de superior hierárquico.

(2) O servidor público deve abster-se de exercer sua função, poder ou autoridade com finalidade estranha ao interesse público, mesmo não cometendo qualquer violação expressa à lei.

(3) É dever do servidor público guardar sigilo sobre assuntos da repartição que envolvam questões relativas à segurança da sociedade.

(4) O servidor público pode retirar da repartição documento pertencente ao patrimônio público, sem prévia autorização da autoridade competente, se exercer cargo de confiança ou função à qual esse documento esteja relacionado.

1: correta, pois o respeito ao princípio da hierarquia no serviço público não serve de justificativa para desvios éticos, que deverão ser repelidos por todos os servidores. Ver, a propósito, o art. 116, IV e XII, da Lei 8.112/1990, o art. 2º do CC-STJ, o art. 6º, VI, do CE-STF e o item XIV, h, do CE-Executivo; **2**: correta; o compromisso ético não se restringe ao cumprimento da letra da lei, mas também à finalidade no serviço público, que é, em última análise, o bem comum e o interesse público. Ver, a propósito, o art. 6º, XV, do CE-STF e o item III do CE-Executivo; **3**: correta, pois o respeito ao sigilo, quando exigido pelo serviço público, é elemento ético essencial a ser observado pelo servidor. Ver, a propósito, o art. 8º do CC-STJ e o art. 7º, XIV, do CE-STF; **4**: incorreta, pois é vedado ao servidor público retirar da repartição, sem estar legalmente autorizado, qualquer documento, livro ou bem pertencente ao patrimônio público. Ver, a propósito, o art. 117, II, da Lei 8.112/1990 e o item XV, l, do CE-Executivo.

Gabarito 1C, 2C, 3C, 4E

(Técnico Judiciário – TST – 2008 – CESPE) O servidor público deve ter consciência de que seu trabalho é regido por princípios éticos que se materializam na adequada prestação dos serviços públicos. Em cada item a seguir é apresentada uma situação hipotética, seguida de uma assertiva que deve ser julgada considerando os princípios éticos do serviço público.

(1) Cláudio é servidor público e, para aumentar a sua renda, comercializa, em seu ambiente de trabalho, mas fora do horário normal de expediente, cópias de CDs e DVDs. Nessa situação, a conduta de Cláudio não pode ser considerada imprópria ao serviço público, pois envolve uma atividade que não guarda relação direta com as atribuições de seu cargo.

(2) Marcos é servidor público e, todos os dias, sai para bares com amigos e ingere grande quantidade de bebida alcoólica. Por conta disso, Marcos é conhecido por embriagar-se habitualmente, e, ainda que isso não interfira na sua assiduidade ao serviço, tem afetado reiteradamente a sua pontualidade, situação que Marcos busca compensar trabalhando além do horário de expediente. Nesse caso, o comportamento de Marcos não pode ser considerado incompatível com o serviço público.

(3) Há algum tempo, Bruno, servidor público responsável pelo controle do material de expediente do setor em que trabalha, observa que Joana, servidora pública lotada nesse mesmo setor, utiliza recursos materiais da repartição em atividades particulares. Em razão de seu espírito de solidariedade e da amizade que nutre por Joana, Bruno se abstém de levar ao conhecimento do chefe do setor os atos praticados por sua colega de trabalho. Nessa situação, Bruno age de forma correta, pois compete ao chefe detectar, por si mesmo, quaisquer irregularidades no setor, caracterizando ofensa à ética o servidor público denunciar colega de trabalho.

(4) Ricardo, servidor público, enquanto participava da preparação de um edital de licitação para contratação de fornecimento de refeições para o órgão em que trabalha, antecipou algumas das regras que iriam fazer parte do edital para Carlos, dono de uma empresa de fornecimento de marmitas, famosa pela boa qualidade e ótimos preços dos seus produtos, a fim de que esse pudesse adequar alguns procedimentos de sua empresa ao edital. A iniciativa de Ricardo deveu-se somente ao fato de ele conhecer bem os produtos da empresa de Carlos, não lhe trazendo qualquer vantagem pecuniária. Nessa situação, é correto afirmar que Ricardo agiu em prol do interesse coletivo e que a sua atitude não fere a ética no serviço público.

1: incorreta. Cláudio exerce o comércio no ambiente de trabalho, o que é eticamente condenável, com o enorme agravante de se tratar de bens ilícitos, violando direitos autorais (CD e DVD piratas). Ver, a propósito, o art. 117, XVIII, da Lei 8.112/1990; **2**: incorreta, pois a embriaguez habitual e notória é desvio ético, na medida em que prejudica a assiduidade e a pontualidade de Marcos e configura conduta que, em princípio, ofende a dignidade do serviço público. Ver, a propósito, o art. 116, IX e X, da Lei 8.112/1990, o item XV, *n*, do CE-Executivo e os arts. 3º e 7º, X, do CE-STF; **3**: incorreta. Joana comete ilícito contra a Administração Pública (art. 117, XVI, da Lei 8.112/1990) e Bruno tem o dever de denunciá-la, ainda mais em se tratando do responsável pelo controle de materiais de expediente. Ver, a propósito, o art. 6º, IX, do CE-STF e o item XIV, *m*, do CE-Executivo; **4**: incorreta; a atitude de Ricardo é eticamente condenável, pois não poderia prestigiar determinado particular em detrimento dos demais licitantes, violando o princípio da impessoalidade – art. 37, *caput*, da CF. Ver também o art. 7º, IX, do CE-STF, o art. 8º do CC-STJ e o item XV, *m*, do CE-Executivo.

Gabarito 1E, 2E, 3E, 4E

(Técnico Judiciário – TRT/10ª – 2004 – CESPE) Em cada um dos itens a seguir, é apresentada uma situação hipotética acerca da ética e qualidade de atendimento no serviço público, seguida de uma assertiva a ser julgada.

(1) Hélio é servidor público do setor de atendimento de um tribunal judiciário. Ele tem muitos afazeres e, por isso, deixa os clientes à espera de atendimento enquanto resolve os problemas internos do setor. Nessa situação, o comportamento de Hélio caracteriza atitude contrária à ética no serviço público.

(2) Gabriel é um servidor público exemplar, cortês, disponível e atencioso no trabalho. Ele resiste a todas as pressões de seus superiores hierárquicos e não aceita nenhum presente de clientes em troca de suas ações no trabalho. Nessa situação, Gabriel está cumprindo com ética o desempenho de seu cargo público.

(3) Marilena é servidora pública de um tribunal judiciário. Ela zela pelo material sob sua guarda, é assídua e pontual, respeita os colegas e privilegia o atendimento de seus superiores hierárquicos, demonstrando total prontidão às requisições deles em detrimento das solicitações de seus colegas e dos usuários do setor. Nessa situação, Marilena apresenta comportamento profissional ético e compatível com a função pública.

(4) Rodrigo é servidor público e trabalha no setor de assistência social de um tribunal judiciário. Ele atende dezenas de pessoas por dia, é sempre cortês, justo e prestativo no atendimento, e mesmo quando não detém a informação solicitada pelo usuário, ele inova, sugerindo alguma alternativa conforme sua opinião. Nessa situação, o atendimento prestado por Rodrigo é de muita qualidade, pois atende às expectativas dos usuários.

1: correta, considerando, inclusive, que Hélio é do setor de atendimento, a demora em relação aos clientes implica desvio incompatível com o serviço público. Ver, a propósito, os itens X e XIV, *b* e *e*, do CE-Executivo e art. 7º, XII, do CE-STF; **2**: correta. Ver o art. 117, XII, da Lei 8.112/1990, os itens IX, XIV, *e*, *g*, *h* e *i*, e XV, *g*, do CE-Executivo e o arts. 6º, IV, VI e 7º, VI, do CE-STF; **3**: incorreta, pois o respeito de Marilena aos superiores hierárquicos não justifica o descuido com solicitações lícitas dos colegas e, principalmente, dos usuários do serviço público. Ver, a propósito, o item XIV, *h*, do CE-Executivo; **4**: incorreta, pois se Rodrigo não detém a informação solicitada pelo usuário, deve estudar o assunto e instruir-se a respeito, inclusive com seus colegas e superiores. Caso não consiga a informação, deve avisar o usuário, sem nunca faltar com a verdade. Ver, a propósito, o art. 5º do CE-STF e o item VIII do CE-Executivo.

Gabarito 1C, 2C, 3E, 4E

(Técnico Judiciário – TJ/MA – 2009 – IESES) A ética é uma consideração importante no entendimento e no funcionamento das organizações. Estão corretas as afirmativas abaixo sobre a ética, EXCETO:

(A) A ética está relacionada com as escolhas morais que uma pessoa faz.

(B) O comportamento ético dos membros da organização exerce uma força importante na maneira pela qual uma empresa é vista pelos que estão fora e dentro dela.

(C) A ética se baseia nas crenças do indivíduo sobre o que é certo e o que é errado ou o que é bom e o que é mau.

(D) A ética pode ser vista como o veículo que converte ações em restrições.

Interessante a leitura das Regras Deontológicas contidas no Código de Ética Profissional do Servidor Público Civil do Poder Executivo Federal, previsto no Decreto 1.171/1994 (CE-Executivo), especialmente seu item III: "A moralidade da Administração Pública não se limita à distinção entre o bem e o mal, devendo ser acrescida da ideia de que o fim é sempre o bem comum. O equilíbrio entre a legalidade e a finalidade, na conduta do servidor público, é que poderá consolidar a moralidade do ato administrativo".

Gabarito "D".

7. Regimento Interno e Legislação Local

Leni Mouzinho Soares

1. TRIBUNAIS SUPERIORES

(Técnico – STF – 2013 – CESPE) A respeito da organização e das competências do STF, previstas em seu Regimento Interno, julgue os próximos itens.

(1) É vedado ao ministro assinar correspondência oficial em nome do STF concernente a processo de sua relatoria, pois esta é uma atribuição exclusiva do presidente e do vice-presidente do tribunal.

(2) Ao deixar a presidência do STF, o ministro deverá retornar à turma que integrava originariamente.

(3) Para atingir o *quorum* em uma das turmas do tribunal, os ministros da outra podem ser convocados para completá-la, obedecida a ordem crescente de antiguidade.

(4) As comissões permanentes do tribunal são compostas de três ministros, ao passo que as temporárias podem ter qualquer número de membros.

1: incorreta – No art. 21, XVI, do RISTF, está previsto que uma das atribuições do Relator consiste na autorização de "assinar a correspondência oficial, em nome do Supremo Tribunal Federal, nas matérias e nos processos sujeitos à sua competência jurisdicional, podendo dirigir-se a qualquer autoridade pública, inclusive aos Chefes dos Poderes da República"; **2:** incorreta – Ao deixar a presidência do STF, o ministro passará a integrar a turma da qual sair o novo Presidente (art. 4º, § 8º, do RISTF); **3:** correta – O art. 41 do RISTF contém disposição expressa no sentido de que será obedecida a ordem crescente de antiguidade, no caso de convocação de ministros para completar o quórum em uma das Turmas; **4:** correta – De acordo com o art. 27, § 3º, do RISTF, "as Comissões Permanentes compõem-se de três membros, podendo funcionar com a presença de dois, sendo que a Comissão de Regimento possui um membro suplente", enquanto que o § 4º do mesmo dispositivo prevê que "as Comissões Temporárias podem ter qualquer número de membros". **LM**
Gabarito 1E, 2E, 3C, 4C

(Técnico – STF – 2013 – CESPE) Acerca dos serviços do tribunal e das disposições finais do Regimento Interno do STF, julgue os itens seguintes.

(1) Deliberação é um ato sem caráter normativo pelo qual o tribunal dá solução a determinados casos em matéria administrativa.

(2) A Secretaria do tribunal é dirigida pelo diretor-geral, após ter sido indicado pelo presidente e aprovado pela maioria absoluta do tribunal, em votação secreta.

1: correta – A definição está contemplada pelo art. 361, II, "c", do RISTF; **2:** correta – À época da aplicação da prova, a assertiva estava correta. Contudo, após as alterações trazidas ao Regimento Interno pela Emenda Regimental nº 50, de 19 de abril de 2016, o art. 355 passou a ter a seguinte redação: "À Secretaria do Tribunal incumbe a execução dos serviços administrativos, e será dirigida pelo Diretor-Geral, com habilitação universitária em direito, administração, economia ou ciências contábeis, nomeado, em comissão, pelo Presidente, nos termos da lei".

Sendo assim, não se exige mais a aprovação do Tribunal, bastando a nomeação pelo Presidente daquela Corte. **LM**
Gabarito 1C, 2C

(Técnico – STF – 2013 – CESPE) Com base nas disposições do Código de Ética dos Servidores do STF, julgue os itens a seguir.

(1) Uma servidora do STF não poderá manter sua tia sob subordinação hierárquica.

(2) Atos da vida particular do servidor do STF não guardam relação com os deveres éticos que lhe são impostos pelo código em apreço.

(3) Servidor do STF que responda a processo por quebra ilícita de contrato de locação poderá compor o Conselho de Ética do tribunal, mas estará impedido de integrá-lo se for réu em ação penal.

1: correta – A vedação era contemplada pelo art. 7º, XVIII, da Resolução 246/2002. No entanto, esta Resolução foi revogada e, no atual Código de Ética dos Servidores do STF, instituído pela Resolução 592 de 2016, não existe mais esta previsão; **2:** incorreta – O art. 3º, I, da Resolução 592 de 2016, que instituiu o atual Código de Ética dos Servidores do STF e revogou as Resoluções nº 246, de 18 de dezembro de 2002, e nº 249, de 5 de fevereiro de 2003, determina que é compromisso dos servidores observar os princípios e normas estabelecidos neste Código e atentar para que os atos da vida particular não comprometam o exercício de suas atribuições; **3:** incorreta – Com a edição do atual Código de Ética dos Servidores do STF, está previsto no art. 7º, § 3º, que servidores que estejam respondendo a processo civil, penal ou administrativo ficam impedidos de compor ou secretariar a Comissão de Ética. **LM**
Gabarito 1C, 2E, 3E

(Técnico – STF – 2013 – CESPE) Julgue o próximo item à luz do Regimento Interno do STF.

(1) O cargo de secretário de turma do STF é de livre provimento e recrutamento amplo.

1: incorreta – O secretário de turma do STF será designado pelo Presidente do Tribunal (art. 355, § 5º, do RISTF). **LM**
Gabarito 1E

2. TRIBUNAIS REGIONAIS DO TRABALHO

(Técnico – TRT/15 – FCC – 2018) No que concerne às eleições para os cargos de direção do Tribunal Regional do Trabalho da 15a Região, será considerado eleito o Desembargador que obtiver a maioria dos votos dos membros efetivos

(A) do Tribunal Pleno, respeitado o quórum de metade mais um de seus membros, deduzidos os afastamentos legais e regimentais.

(B) do Órgão Especial, respeitado o quórum de metade mais um de seus membros, deduzidos os afastamentos legais e regimentais.

(C) de Sessão Especializada, respeitado o quórum de metade de seus membros, deduzidos os afastamentos legais e regimentais.

(D) do Tribunal Pleno, respeitado o quórum de 1/3 de seus membros, acrescidos os afastamentos legais e regimentais.

(E) do Órgão Especial, respeitado o quórum de 1/3 de seus membros, acrescidos os afastamentos legais e regimentais.

De acordo com previsões constantes do art. 14, § 3º, c. c. o art. 18, ambos do Regimento Interno do TRT-15, serão eleitos para cargos de direção (Art. 6º. Constituem cargos de direção do Tribunal os de Presidente, Vice-Presidente Administrativo, Vice-Presidente Judicial, Corregedor Regional e Vice-Corregedor Regional), os Desembargadores que obtiverem a maioria dos votos do Tribunal Pleno (composto por todos os Desembargadores do Tribunal), respeitado o quórum de metade mais um de seus membros .
Gabarito "A".

(Técnico – TRT/15 – FCC – 2018) As Seções Especializadas

(A) serão compostas pelos Desembargadores do Trabalho, incluídos os eleitos para cargos de Administração do Tribunal enquanto vigente o mandato.

(B) terão suas vagas preenchidas pelo critério de merecimento, vedada a remoção ou a permuta.

(C) funcionarão em dias diversos daqueles destinados às sessões das Câmaras, do Órgão Especial e do Tribunal Pleno.

(D) terão suas vagas preenchidas pelo critério de antiguidade, vedada a remoção ou a permuta.

(E) funcionarão em dias diversos daqueles destinados às sessões das Câmaras, mas poderão funcionar nos mesmos dias das sessões do Órgão Especial ou do Tribunal Pleno.

As Seções Especializadas serão compostas, conforme art. 42 do Regimento Interno do TRT-15, pelos Desembargadores do Trabalho, à exceção dos eleitos para os cargos de Administração do Tribunal e enquanto vigente o mandato, preenchidas as vagas pelo critério de antiguidade, permitida a remoção ou a permuta, na forma regimental, enquanto o art. 43 do mesmo Regimento estabelece que "as Seções Especializadas funcionarão em dias diversos daqueles destinados às sessões das Câmaras, do Órgão Especial e do Tribunal Pleno ". Portanto, a alternativa correta é a **C**.
Gabarito "C".

(Técnico – TRT/15 – FCC – 2018) O Órgão Especial do Tribunal Regional do Trabalho da 15ª Região é composto pelo Presidente do Tribunal, além de doze Desembargadores mais antigos e doze Desembargadores eleitos na forma prevista no Regimento Interno do Tribunal. A propósito do tema, considere a seguinte situação hipotética: José, Desembargador do Trabalho do Tribunal Regional do Trabalho da 15a Região, foi eleito para integrar o Órgão Especial. Assim, em seus afastamentos ou impedimentos, José será substituído

(A) pelo critério de antiguidade.

(B) por aquele que obteve maior votação no escrutínio realizado.

(C) pelo critério de merecimento.

(D) pelo Desembargador do Trabalho com maior idade, desde que não integre qualquer outro órgão do Tribunal.

(E) pelo Vice-Presidente Administrativo, obrigatoriamente.

A composição do Órgão Especial está prevista no art. 21-A do Regimento Interno do TRT-15. Quanto à forma de substituição de membro eleito, em casos de afastamentos ou impedimentos, no art. 21-B, § 5º, da mesma norma, dispõe que "os Desembargadores eleitos na forma do *caput* deste artigo serão substituídos, nas mesmas ocasiões, por aquele que obteve maior votação no escrutínio realizado". Dessa forma, a alternativa correta a ser assinalada é a **B**.
Gabarito "B".

(Técnico – TRT/15 – FCC – 2018) Considere a seguinte situação hipotética: Ícaro, Presidente do Tribunal Regional do Trabalho da 15ª Região, convocará o Órgão Especial, quando requerido

(A) pela totalidade dos membros do respectivo colegiado, obrigatoriamente.

(B) pela metade, no mínimo, dos membros do respectivo colegiado.

(C) por dois terços, pelo menos, dos membros do respectivo colegiado.

(D) por um terço, pelo menos, dos membros do respectivo colegiado.

(E) por um quinto, pelo menos, dos membros do respectivo colegiado.

Ao Presidente do Tribunal, nos termos do art. 22, 3º, do Regimento Interno, compete convocar o Tribunal Pleno ou o Órgão Especial, quando requerido por um terço, pelo menos, dos membros do respectivo colegiado. Portanto, a alternativa **D** está correta.
Gabarito "D".

(Técnico – TRT1 – 2018 – AOCP) De acordo com o que dispõe o Regimento Interno do Tribunal Regional do Trabalho da 1ª Região, em relação aos recursos, assinale a alternativa correta.

(A) O recurso de qualquer interessado que se seguir à análise de Agravo de Instrumento será distribuído por prevenção.

(B) Contra a decisão proferida em conflito de competência cabe Agravo Regimental.

(C) O prazo para interposição de Agravo Regimental é de quinze dias.

(D) Compete ao Tribunal Pleno julgar os recursos contra atos ou decisões do Presidente do Tribunal em matéria administrativa.

(E) Cabe ao revisor apreciar o pedido de tutela provisória nos recursos e nos processos de competência originária do tribunal.

A: Correta – O recurso de qualquer interessado que se seguir à análise de agravo de instrumento será distribuído ao mesmo órgão colegiado e ao mesmo relator ou, se for o caso, ao relator designado, nos termos do art. 92, II, do Regimento Interno do TRT-1; **B:** Incorreta – Das decisões proferidas em conflito de competência não caberá recurso (art. 189 do Regimento Interno); **C:** Incorreta – O prazo para interposição de agravo regimental, regulado neste Regimento, é de oito dias (art. 102); **D:** Incorreta – Compete ao Órgão Especial julgar os recursos mencionados na assertiva (art. 15, III); **E:** Incorreta – A competência para a apreciação do pedido de tutela provisória nos recursos e processos de competência originária do tribunal é do Relator sorteado (art. 46, II).
Gabarito "A".

(Técnico – TRT1 – 2018 – AOCP) De acordo com o que dispõe o Regimento Interno do Tribunal Regional do Trabalho da 1ª Região, em relação às sessões, assinale a alternativa correta.

(A) A edição, alteração ou cancelamento de Súmula ou de Precedente Normativo somente poderão ser efetuados através de sessão solene.

(B) O quórum nas sessões dos órgãos colegiados, via de regra, será o de maioria absoluta de seus membros.

(C) As sessões de julgamento em segredo de justiça prosseguirão no mesmo local, permanecendo apenas os magistrados e advogados das partes.

(D) Nas sessões das turmas, ocorrendo empate na votação por estar ausente um de seus integrantes, será imediatamente convocado para desempate o magistrado mais moderno da Turma seguinte, excluído o seu Presidente ou aquele que o estiver substituindo.

(E) O magistrado poderá modificar o voto antes de proclamada a decisão.

A: Incorreta – As sessões de deliberação sobre edição ou alteração de Súmulas e Precedentes Normativos deverão ser públicas e divulgadas com antecedência mínima de 30 (trinta) dias (art. 121, § 3º). As hipóteses de realização de sessões solenes estão previstas no art. 162 do Regimento Interno; **B:** Incorreta – O quórum nas sessões dos órgãos colegiados, salvo nas exceções de que cuida o artigo 165 deste Regimento, será o de maioria simples de seus membros (art. 136); **C:** Incorreta – As sessões de julgamento em segredo de justiça prosseguirão no mesmo local, permanecendo, além dos magistrados, o representante do Ministério Público do Trabalho, os advogados das partes e, conforme o caso, o secretário do colegiado (art. 175); **D:** Incorreta – Ocorrendo empate na votação porque ausente um de seus integrantes, o julgamento será adiado para a sessão seguinte e, persistindo a ausência, aplicar-se-á o critério do parágrafo primeiro. §1º Quando o empate decorrer de impedimento ou suspeição de algum dos integrantes do órgão, será convocado para desempate o magistrado mais moderno da Turma seguinte, excluído o seu Presidente ou aquele que o estiver substituindo (art. 173); **E:** Correta – Art. 157 do Regimento Interno do TRT-1.
Gabarito "E".

(Técnico – TRT1 – 2018 – AOCP) O Artigo 25 da Resolução n. 230/2016 do CNJ disciplina que, se houver qualquer tipo de estacionamento interno nos órgãos do Poder Judiciário, será garantida ao servidor com deficiência que possua comprometimento de mobilidade vaga no local mais próximo ao seu local de trabalho. Nesse sentido, havendo mais servidores com deficiência lotados no órgão do judiciário do que vagas reservadas para eles, dever-se-á

(A) respeitar o mesmo percentual legal previsto para os estacionamentos externos dos órgãos.

(B) determinar que parte dos servidores com comprometimento de mobilidade trabalhem por meio do sistema *home office*.

(C) determinar que os servidores com mobilidade comprometida se submetam a uma escala, de modo que parte do tempo de trabalho seja desenvolvido por meio do sistema *home office* e parte de forma presencial em seu órgão de lotação, adequando, assim, o número de servidores ao de vagas disponíveis no estacionamento interno.

(D) decidir, de maneira fundamentada, qual servidor terá direito a usufruir das vagas internas, podendo se utilizar da antiguidade como um dos critérios de escolha.

(E) garantir vaga no estacionamento interno a cada servidor com mobilidade comprometida, independentemente do percentual legal de reserva de vagas previsto para os estacionamentos externos.

Nos termos do art. 25, § 1º, da Resolução nº 230/2016 do CNJ, "O percentual aplicável aos estacionamentos externos a que se referem o art. 4º, § 6º, desta Resolução e o art. 47 da Lei 13.146/2015 não é aplicável ao estacionamento interno do órgão, devendo-se garantir vaga no estacionamento interno a cada servidor com mobilidade comprometida". Portanto, a assertiva a ser assinalada é a E.
Gabarito "E".

Atenção: Responda às cinco questões a seguir de acordo com o Regimento Interno do Tribunal Regional do Trabalho da 3ª Região.

(Técnico – TRT/3ª – 2015 – FCC) Um Técnico do Tribunal Regional do Trabalho da 3ª Região ficou incumbido de estabelecer a lista de Magistrados conforme o critério da antiguidade. Dessa forma, o primeiro critério de classificação é

(A) o tempo de serviço público.

(B) a classificação no concurso.

(C) o tempo de serviço na Magistratura do Trabalho na 3ª Região.

(D) a data da publicação do ato de nomeação ou de promoção.

(E) a data da posse.

A data da posse é o primeiro dos critérios previstos para classificação de antiguidade (art. 72 do novo Regimento Interno do Tribunal Regional do Trabalho da 3ª Região (RA 51/2020)).
Gabarito "E".

(Técnico – TRT/3ª – 2015 – FCC) É competente para aprovar a remoção de Juiz mais antigo para a Vara de Trabalho e antecipar ou prorrogar o expediente do Tribunal o

(A) Órgão Especial e o Presidente do Tribunal, respectivamente.

(B) Órgão Especial.

(C) Presidente do Tribunal.

(D) Presidente de Turma.

(E) Presidente de Turma e o Presidente do Tribunal, respectivamente.

A competência para aprovar a remoção de Juiz mais antigo para a Vara de Trabalho é do Órgão Especial (art. 22, X, do novo RITRT/3ª), cabendo ao Presidente antecipar ou prorrogar o expediente do Tribunal, *ad referendum* do Órgão Especial (art. 23, XII, do novo RITRT/3ª).
Gabarito "A".

(Técnico – TRT/3ª – 2015 – FCC) Flávio, após passar em concurso público de âmbito federal, foi nomeado e tomou posse no respectivo cargo público. No entanto, Flávio não satisfez as condições do estágio probatório. Nos termos da Lei 8.112/1990, Flávio será

(A) punido com suspensão de quinze dias.

(B) exonerado de ofício.

(C) demitido.

(D) punido com advertência.

(E) punido com suspensão de noventa dias.

Flávio será exonerado a pedido, ou de ofício, de acordo com o art. 34, parágrafo único, I, e art. 20, § 2º, ambos da Lei 8.112/1990.
Gabarito "B".

(Técnico – TRT/3ª – 2015 – FCC) Márcia, servidora do Tribunal Regional do Trabalho da 3ª Região, foi chamada pelo setor competente do referido Tribunal para atualizar seus dados cadastrais, recusando-se a assim o fazer. Nos termos da Lei 8.112/1990, a ação disciplinar para a penalidade a que está sujeita Márcia prescreverá em

(A) 180 dias.
(B) 2 anos.
(C) 5 anos.
(D) 3 anos.
(E) 120 dias.

A penalidade disciplinar a ser imposta é a de advertência, sendo que a ação prescreverá em 180 dias (art. 117, XIX, c. c. o art. 129 e art. 142, III, todos da Lei 8.112/1990).
Gabarito "A".

(Técnico – TRT/3ª – 2015 – FCC) Justina, técnica do Tribunal Regional do Trabalho da 3ª Região, saiu antecipadamente do serviço em dois dias no mês de maio de 2015. Ambas as saídas antecipadas ocorreram para levar suas filhas, Amanda e Larissa, ao médico, em consultas de rotina. Seu horário de saída é 17 h, porém, em ambas as oportunidades, saiu às 16 h do serviço. Justina não perderá a parcela de remuneração diária, proporcional às saídas antecipadas, se houver compensação de horário, a ser estabelecida pela chefia imediata. Nos termos da Lei 8.112/1990, deverá compensar as duas horas até o

(A) mês de julho de 2015.
(B) último dia útil de maio de 2015.
(C) mês de junho de 2015.
(D) último dia útil do ano de 2015.
(E) mês de agosto de 2015.

Justina deverá compensar as duas horas até o mês subsequente ao da ocorrência (art. 44, II, da Lei 8.112/1990).
Gabarito "C".

(Técnico – TRT/3ª – 2015 – FCC) Marlon, chefe de determinada repartição pública, ao aplicar penalidade ao servidor Milton, equivocou-se, e aplicou pena de advertência, ao invés da pena de suspensão. No caso narrado, há

(A) mera irregularidade, inexistindo qualquer vício no ato administrativo.
(B) vício relativo ao objeto do ato administrativo.
(C) vício de finalidade do ato administrativo.
(D) vício de motivo do ato administrativo.
(E) vício relativo à forma do ato administrativo.

As penalidades de advertência e suspensão têm fundamentos distintos para sua aplicação (art. 129 e art. 130 da Lei 8.112/1990) e a imposição da penalidade deve sempre conter o fundamento legal e a causa da sanção disciplinar (parágrafo único do art.128 da Lei 8.112/1990), há vício relativo ao objeto do ato administrativo, que implica o resultado imediato do ato.
Gabarito "B".

(Técnico – TRT/3ª – 2015 – FCC) José, servidor público federal e chefe de determinado setor, emitiu ofício aos seus subordinados, em caráter oficial, contendo matéria admi-

nistrativa pertinente à organização dos trabalhos. O ato administrativo em questão classifica-se como

(A) ordinatório.
(B) enunciativo.
(C) normativo.
(D) negocial.
(E) punitivo.

O ato administrativo é ordinatório e tem como finalidade disciplinar o funcionamento da Administração e a conduta de seus agentes.
Gabarito "A".

(Técnico – TRT/3ª – 2015 – FCC) O Supremo Tribunal Federal, em importante julgamento, ocorrido no ano de 2001, entendeu não caber ao Banco "X" negar, ao Ministério Público, informações sobre nomes de beneficiários de empréstimos concedidos pela instituição, com recursos subsidiados pelo erário federal, sob invocação do sigilo bancário, em se tratando de requisição de informações e documentos para instruir procedimento administrativo instaurado em defesa do patrimônio público. Trata-se de observância ao princípio da

(A) impessoalidade.
(B) proporcionalidade.
(C) publicidade.
(D) motivação.
(E) supremacia do interesse privado.

O único princípio que se enquadra na questão é o princípio da publicidade, contemplado pelo art. 37 do texto constitucional e, neste caso, em atendimento à requisição do Ministério Público para apuração da lisura do ato público praticado pelo servidor.
Gabarito "C".

(Técnico – TRT/3ª – 2015 – FCC) Considere a seguinte situação hipotética: o Tribunal Regional do Trabalho da 3ª Região instaurou processo disciplinar contra dois servidores públicos do Tribunal, Mauricio e Rafael, para apurar responsabilidade por prática de conduta grave, passível da penalidade de demissão. Após iniciada a fase do inquérito e tipificada a infração disciplinar com a indiciação dos servidores, ambos foram citados para apresentar defesa escrita. O prazo para a apresentação das defesas será

(A) individual, sendo de quinze dias para cada servidor.
(B) individual, sendo de dez dias para cada servidor.
(C) comum e de trinta dias.
(D) comum e de vinte dias.
(E) comum e de quinze dias.

O prazo para apresentação da defesa será comum e de vinte dias, conforme determinação expressa contida no § 2º do art. 161 da Lei 8.112/1990.
Gabarito "D".

(Técnico Judiciário – Área Administrativa – TRT12 – 2013 – FCC) Compete ao Tribunal, em sua composição plena, dentre outras atribuições,

(A) nomear os Juízes do Trabalho Substitutos aprovados em concurso.
(B) dirigir e representar o Tribunal.
(C) julgar os conflitos de competência.

(D) conceder e autorizar o pagamento de diárias aos Magistrados e servidores da região.

(E) conceder e autorizar o pagamento de ajudas de custo aos Magistrados e servidores da Região.

A: incorreta – A nomeação dos Juízes do Trabalho Substitutos é atribuição do Presidente do Tribunal (art. 31, III, do RITRT-12); **B:** incorreta – A atribuição de direção e representação do Tribunal é do Presidente (art. 31, I, do RITRT-12); **C:** correta – Os conflitos de competência devem ser julgados pelo Tribunal em sua composição plena (art. 15, II, "f", do RITRT-12); **D:** incorreta -Compete ao Presidente do Tribunal conceder e autorizar o pagamento de diárias aos Magistrados (art. 31, XII, do RITRT-12ª); **E:** incorreta – Também é do Presidente, a atribuição para conceder e autorizar o pagamento de ajudas de custo (art. 31, XII, do RITRT-12).

Gabarito "C".

(Técnico Judiciário – Área Administrativa – TRT18 – 2013 – FCC) O mandato do Presidente e do Vice-Presidente do Tribunal será de

(A) dois anos, iniciando-se no dia 30 de janeiro dos anos pares ou, caso seja domingo ou feriado, no primeiro dia útil subsequente, e a eleição dos Desembargadores que ocuparão os referidos cargos será feita no mês de novembro dos anos ímpares.

(B) dois anos, iniciando-se no dia 30 de janeiro dos anos ímpares ou, caso seja domingo ou feriado, no primeiro dia útil subsequente, e a eleição dos Desembargadores que ocuparão os referidos cargos será feita no mês de novembro dos anos pares.

(C) dois anos, iniciando-se no dia 1º de fevereiro dos anos ímpares ou, caso seja domingo ou feriado, no primeiro dia útil subsequente, e a eleição dos Desembargadores que ocuparão os referidos cargos será feita no mês de dezembro dos anos pares.

(D) dois anos, iniciando-se no dia 1º de fevereiro dos anos pares ou, caso seja domingo ou feriado, no primeiro dia útil subsequente, e a eleição dos Desembargadores que ocuparão os referidos cargos será feita no mês de dezembro dos anos ímpares.

(E) três anos, iniciando-se no dia 1º de fevereiro dos anos ímpares ou, caso seja domingo ou feriado, no primeiro dia útil subsequente, e a eleição dos Desembargadores que ocuparão os referidos cargos será feita no mês de dezembro dos anos pares.

À época da aplicação da prova, a alternativa "B" estava correta, com base nos artigos 9º e 10, § 1º, ambos do RITRT-18. Contudo, após a edição do novo Regimento Interno, o art. 9º passou a ter a seguinte redação: "Os mandatos do Presidente e do Vice-Presidente do Tribunal iniciar-se-ão na primeira sexta-feira útil posterior ao dia 1º de fevereiro dos anos ímpares que não anteceda ou suceda, imediatamente, a terça--feira de carnaval. No que concerne à data da eleição, de acordo com a redação contida no art. 7º do atual Regimento Interno, deverá ser na primeira quinzena do mês de outubro dos anos pares.

Gabarito "B".

(Técnico Judiciário – Área Administrativa – TRT18 – 2013 – FCC) Sobre a Ordem do Serviço no Tribunal Regional do Trabalho da 18ª Região, especificamente em relação às pautas, independe de inclusão em pauta, dentre outros casos,

(A) as medidas cautelares nos autos dos processos de competência do Tribunal.

(B) o agravo de petição.

(C) os recursos ordinários previstos na CLT.

(D) o agravo regimental.

(E) a homologação de acordo em dissídio coletivo ou conflito de competência.

E: correta – Prevê o art. 109, com a redação dada ao novo RITRT-18 que "independem de publicação e inclusão em pauta: "habeas corpus; embargos de declaração, exceto se houver efeito modificativo; homologação de acordo em dissídio coletivo; conflito de competência; matéria administrativa reputada urgente pelo Presidente do Tribunal, podendo o Tribunal Pleno deliberar pela inclusão em pauta se a matéria não demandar apreciação urgente; exceção de impedimento e de suspeição; recurso em que tiver que ser proferido apenas voto de desempate; e os dissídios coletivos, nos casos de urgência, como o previsto no art. 196 deste Regimento Interno para o caso de paralisação já deflagrada. (art. 39, III, do RITRT-18).

Gabarito "E".

3. TRIBUNAIS REGIONAIS ELEITORAIS

(Técnico Judiciário – TRE/PE – CESPE – 2017) A respeito das carreiras dos servidores do Poder Judiciário da União, assinale a opção correta.

(A) A progressão funcional só ocorrerá após o cumprimento do interstício de um ano de efetivo exercício em cada padrão, e a promoção, somente após o interstício de dois anos em cada classe.

(B) As funções comissionadas devem ser exercidas apenas por servidores integrantes das carreiras dos quadros de pessoal do Poder Judiciário da União.

(C) A gratificação de atividade de segurança, devida exclusivamente aos ocupantes dos cargos de analista judiciário e de técnico judiciário, somente será paga aos servidores que participarem de programa de reciclagem anual.

(D) É vedada a remoção de servidores entre órgãos das justiças eleitoral, militar e do trabalho.

(E) Compete aos servidores da carreira de técnico judiciário a execução de atividades básicas de apoio operacional.

A: incorreta – A progressão funcional é a movimentação do servidor de um padrão para o seguinte dentro de uma mesma classe, observado o interstício de um ano, sob os critérios fixados em regulamento e de acordo com o resultado de avaliação formal de desempenho (art. 9º, § 1º), enquanto que a promoção é a movimentação do servidor do último padrão de uma classe para o primeiro padrão da classe seguinte (art. 9º, § 2º), observado o interstício de um ano em relação à progressão funcional imediatamente anterior, dependendo, cumulativamente, do resultado de avaliação formal de desempenho e da participação em curso de aperfeiçoamento oferecido, preferencialmente, pelo órgão, na forma prevista em regulamento (art. 9º da Lei 11.416/2006); **B:** incorreta – na medida em que cada órgão destinará, no mínimo, 80% (oitenta por cento) do total das funções comissionadas para serem exercidas por servidores integrantes das Carreiras dos Quadros de Pessoal do Poder Judiciário da União, podendo designar-se para as restantes servidores ocupantes de cargos de provimento efetivo que não integrem essas carreiras ou que sejam titulares de empregos públicos, observados os requisitos de qualificação e de experiência previstos em regulamento. (art. 5º, § 1º, da Lei 11.416/2006); **C:** correta – art. 17 da Lei 11.416/2006; **D:** incorreta – Poderá haver remoção do servidor, nos termos da lei, no âmbito da Justiça Federal, da Justiça do Trabalho, da Justiça Eleitoral e da Justiça Militar (art. 20 da Lei 11.416/2006); **E:** incorreta – À carreira de Técnico Judiciário compete a execução de tarefas de suporte técnico e administrativo (art. 4º, inc. II, da Lei 11.416/2006). LM

Gabarito "C".

(**Técnico Judiciário – TRE/SP – FCC – 2017**) Em uma situação hipotética, Gabriela, juíza de direito, escolhida e nomeada para integrar o Tribunal Regional Eleitoral de São Paulo – TRE-SP, serviu por dois biênios consecutivos. De acordo com o Regimento Interno do Tribunal Regional Eleitoral de São Paulo, em regra, após servir por dois biênios consecutivos, Gabriela;

(**A**) não poderá voltar a integrar o TRE-SP na mesma classe ou em classe diversa, salvo se transcorridos dois anos do término do segundo biênio.

(**B**) não poderá voltar a integrar o TRE-SP na mesma classe ou em classe diversa, salvo se transcorridos cinco anos do término do segundo biênio.

(**C**) poderá voltar a integrar o TRE-SP em classe diversa imediatamente, havendo restrição apenas para integrar a mesma classe.

(**D**) poderá voltar a integrar, imediatamente, o TRE-SP na mesma classe ou em classe diversa não havendo restrição.

(**E**) não poderá voltar a integrar o TRE-SP na mesma classe ou em classe diversa, salvo se transcorridos três anos do término do segundo biênio.

A: correta – Nenhum Juiz efetivo poderá voltar a integrar o Tribunal, na mesma classe ou em classe diversa, após servir por dois biênios consecutivos, salvo se transcorridos dois anos do término do segundo biênio (Art. 8º do Regimento Interno do TRE-SP); **B, C e D:** incorretas, de acordo com art. 8º, *caput*, do RI-TRE/SP. LM

Gabarito "A".

(**Técnico Judiciário – TRE/SP – FCC – 2017**) Com relação à ordem de serviço no Tribunal, considere:

I. Nos processos de *habeas corpus,* mandado de segurança e medida cautelar se, a qualquer título, ocorrer afastamento do Relator por mais de três dias e, nos demais feitos, por prazo superior a quinze dias, serão eles redistribuídos ao seu substituto ou, na falta deste, aos demais Juízes, mediante oportuna compensação.

II. Em caso de vaga, o novo Juiz funcionará como Relator dos feitos já distribuídos a seu antecessor, devendo a Secretaria proceder à redistribuição, mediante despacho fundamentado.

III. Independem de distribuição, competindo ao Presidente encaminhar à apreciação do Tribunal, dentre outros, os expedientes relativos à designação de Juízes Eleitorais e à nomeação de auxiliares eleitorais, para compor as Mesas Receptoras e as Juntas Eleitorais.

IV. Independem de distribuição, competindo ao Presidente encaminhar à apreciação do Tribunal, dentre outros, o expediente relativo à requisição de força policial necessária ao cumprimento da lei e das decisões do Tribunal, solicitando, quando necessário, ao Tribunal Superior a requisição de força federal.

De acordo com o Regimento Interno do TRE-SP, está correto o que consta APENAS em

(**A**) I e IV.

(**B**) I, II e III.

(**C**) II, III e IV.

(**D**) I, III e IV.

(**E**) II e III.

As afirmativas I, III e IV são verdadeiras. **I:** correta – art. 41 do RI-TRE/SP; **II:** incorreta – a redistribuição independe de despacho (art. 43 do RI-TRE/SP); **III e IV:** corretas – art. 46 do RI-TRE/SP. LM

Gabarito "D".

Atenção: Para responder às questões abaixo, considere a Portaria 214/2015, que institui o Código de Ética dos Servidores do Tribunal Regional Eleitoral de São Paulo.

(**Técnico Judiciário – TRE/SP – FCC – 2017**) Quando da concessão de audiências ou por ocasião de reuniões com particulares, o servidor deve,

(**A**) obrigatoriamente, fazer-se acompanhar de, pelo menos, um outro servidor público.

(**B**) preferencialmente, fazer-se acompanhar de, pelo menos, um outro servidor público.

(**C**) preferencialmente, fazer-se acompanhar de, pelo menos, dois outros servidores públicos.

(**D**) realizar o atendimento sozinho, mas comunicar, imediatamente, o teor da audiência ou reunião a seu superior hierárquico.

(**E**) obrigatoriamente, fazer-se acompanhar de seu superior hierárquico.

A, C, D e E: incorretas – não é obrigatório o acompanhamento de outro servidor, mas, sim, preferencial. Tampouco na companhia de seu superior hierárquico (art. 18 da Portaria 214/2015); **B:** correta – art. 18 da Portaria 214/2015. LM

Gabarito "B".

(**Técnico Judiciário – TRE/SP – FCC – 2017**) Considere:

I. A participação do servidor em atividades externas poderá suscitar conflito de interesses.

II. As atividades externas de interesse pessoal não poderão ser exercidas em prejuízo das atividades normais inerentes ao cargo.

III. Depende de prévia autorização a participação em eventos de interesse pessoal, não enquadrada na condição de ativa, ainda que fora do horário de expediente.

IV. Quando a participação do servidor em atividades externas for de interesse institucional, é vedada, em qualquer hipótese, a cobertura pelo promotor ou patrocinador do evento, de despesas decorrentes da participação do servidor indicado pelo TRE-SP.

Nos termos do Código de Ética dos Servidores do TRE-SP, é correto o que consta APENAS em

(**A**) I e III.

(**B**) II e IV.

(**C**) III e IV.

(**D**) I.

(**E**) II.

I: incorreta – em hipótese alguma a participação do servidor em atividades externas poderá suscitar conflito de interesses (art. 20, § 1º, da Portaria 214/2015); **II:** correta – art. 20, § 2º, da Portaria nº 214/2015; **III:** incorreta – independe de prévia autorização (art. 20, § 5º); **IV:** incorreta – porque o dispositivo prevê exceções (art. 21 da Portaria 214/2015). Portanto, a alternativa "E" é a correta, porque apenas a assertiva II é verdadeira. LM

Gabarito "E".

Atenção: Para responder às questões abaixo, considere a Resolução 367/2016 que estabelece o Plano Estratégico do Tribunal Regional Eleitoral de São Paulo.

(Técnico Judiciário – TRE/SP – FCC – 2017) Para a elaboração do Plano Estratégico do Tribunal Regional Eleitoral de São Paulo, utilizou-se a metodologia BSC – *Balanced Scorecard* – que aloca os diversos objetivos estratégicos (macrodesafios) em perspectivas de análise. Nesse caso, as perspectivas são

(A) Processos Internos, Sociedade e Eleitorado.

(B) Receitas, Processos Externos e Cidadania.

(C) Recursos, Processos Externos e Governança.

(D) Receitas, Processos Internos e Governança.

(E) Recursos, Processos Internos e Sociedade.

As perspectivas estão definidas no Anexo I da Resolução 367/2016, sendo elas: os recursos, processos internos e a sociedade. 🔳
„E" otirebaⅩ

(Técnico Judiciário – TRE/SP – FCC – 2017) No tocante ao Mapa Estratégico, *"Consolidar a credibilidade da Justiça Eleitoral, especialmente quanto à efetividade, transparência e segurança"* trata-se especificamente

(A) da visão.

(B) dos valores.

(C) da missão.

(D) do objetivo a consolidar.

(E) do objetivo consolidado.

A visão do Mapa Estratégico é "Consolidar a credibilidade da Justiça Eleitoral, especialmente quanto à efetividade, transparência e segurança", enquanto que a missão é de "Garantir a legitimidade do processo eleitoral"; e os valores são: "Ética, Transparência, Comprometimento, Acessibilidade, Modernidade e Responsabilidade Social" (Anexo I da Resolução 367/2016). 🔳
„A" otirebaⅩ

(Técnico Judiciário – TRE/PI – CESPE – 2016) Acerca do funcionamento das sessões do TRE/PI, assinale a opção correta à luz do Regimento Interno desse tribunal.

(A) Os juízes e o procurador regional eleitoral poderão submeter ao conhecimento do tribunal, antes de esgotada a pauta publicada, qualquer outra matéria que dela não tenha constado.

(B) A pauta das sessões de julgamento é única e cumula processos judiciais e administrativos.

(C) A observância do quórum para as sessões de julgamento não afasta a necessária presença do procurador regional eleitoral.

(D) O relator, por decisão fundamentada, pode determinar preferência, que terá prioridade sobre as preferências legais.

(E) A pauta deve ser publicada pelo menos cinco dias úteis antes da sessão de julgamento.

A: incorreta – Os Juízes e o Procurador Regional Eleitoral poderão submeter ao conhecimento do Tribunal qualquer outra matéria, sendo que somente aquelas pertinentes à própria ordem dos trabalhos ou de excepcional relevância poderão ser suscitadas antes de esgotada a pauta publicada (art. 44, § 4º, do RI-TRE/PI); B: incorreta – As pautas, elaboradas pela Secretaria Judiciária, serão distintas para os processos judiciais e os administrativos, e serão organizadas com o número

de processos que possam realmente ser julgados, obedecendo-se rigorosamente à ordem da devolução dos mesmos à Secretaria pelo relator ou revisor, ressalvadas as preferências determinadas por lei ou por este Regimento (art. 45, § 1º); C: correta – O Tribunal deliberará com a presença de, no mínimo, quatro dos seus membros, além do Presidente, devendo contar com a presença do Procurador Regional Eleitoral (art. 46); D: incorreta – Sem prejuízo das preferências legais, o relator, não obstante a ordem da pauta, poderá requerer preferência, justificando-a para o julgamento dos feitos que se acharem em mesa (art. 44, § 2º); E: incorreta – A relação dos feitos a serem julgados será mandada afixar, pela Secretaria Judiciária, em lugar próprio, no edifício do Tribunal, devendo ser publicada no Diário da Justiça Eleitoral, pelo menos vinte e quatro horas antes da sessão de julgamento (art. 45). 🔳
„C" otirebaⅩ

(Técnico Judiciário – TRE/PI – CESPE – 2016) Com relação ao preparo e julgamento dos feitos no TRE/PI, assinale a opção correta conforme o Regimento Interno desse tribunal.

(A) A declaração de inconstitucionalidade pelo tribunal possui eficácia contra todos nos limites de sua jurisdição.

(B) As notas taquigráficas integrarão o respectivo acórdão na forma de anexo.

(C) Na hipótese de rejeição de preliminar, os juízes vencidos que tiverem votado por seu acolhimento não estarão impedidos de votar quanto ao mérito.

(D) Nos feitos administrativos, sendo relator o presidente do tribunal, seu voto, no caso de empate, será computado como dois votos.

(E) Não se admite a modificação de voto pelos juízes, salvo se se tratar de erro material e ainda não tiver ocorrido a publicação do acórdão.

A: incorreta – Porque "a eficácia da decisão acerca da inconstitucionalidade restringir-se-á sempre à causa examinada" (art. 79, § 2º, do RI-TRE/PI); B: incorreta – Conforme art. 68, § 1º, do RI-TRE/PI, "as notas taquigráficas não integram o acórdão, podendo a sua juntada aos autos ser requerida pelas partes ou pelo Ministério Público ao Relator do feito, ou ser ordenada por este quando entender pertinente"; C: correta – De acordo com disposição constante do art. 65, § 3º, do RI-TRE/PI, "rejeitada a preliminar ou a questão considerada prejudicial, julgar-se-á o mérito, não podendo se eximirem de votar os Juízes vencidos na preliminar", ou seja, eles não estão impedidos de votar e, sim, deverão se manifestar quanto a matéria de mérito; D: incorreta – Nos feitos administrativos em que o Presidente do Tribunal atuar como Relator, não caberá o voto de desempate (art. 66, § 3º, do RI – TRE/PI); E: incorreta: o art. 66, *caput*, apenas prevê que "os Juízes não poderão modificar seus votos, depois de proclamado o resultado do julgamento, salvo em se tratando de erro material", não fazendo ressalva quanto ao fato de ter ou não sido publicado o acórdão". 🔳
„C" otirebaⅩ

(Técnico Judiciário – TRE/PI – CESPE – 2016) A respeito da Comissão Permanente de Ética e Sindicância (CPES) do TRE/PI, assinale a opção correta.

(A) Será automaticamente excluído da CPES membro que for acusado de ter subtraído celular de outro servidor do tribunal.

(B) Antes de arquivar processo instaurado a partir de denúncia não identificada, a CPES deverá promover diligência para averiguar a veracidade de ato infracional denunciado.

(C) Ainda que não esteja investida em função jurisdicional, a CPES poderá dirimir dúvidas sobre a interpretação do Código de Ética.

(D) Em decorrência do princípio da transparência e do da impessoalidade, a CPES terá de dar conhecimento ao processado da identidade do denunciante.

(E) Técnico judiciário bacharel em direito poderá ser presidente da CPES após o primeiro ano de mandato como membro dessa comissão.

A: incorreta – "Ficará suspenso da Comissão, até o trânsito em julgado, o membro que vier a ser indiciado criminalmente, responder a processo administrativo disciplinar ou transgredir a qualquer dos preceitos deste Código" (art. 8º, § 3º, do Código de Ética do TRE/PI); **B:** incorreta – A Comissão Permanente de Ética deve "arquivar *ex officio* as denúncias sem identificação do denunciante ou que não atendam aos preceitos deste Código" (art. 9º, III); **C:** correta – Art. 9º, VI, do Código de Ética; **D:** incorreta – A Comissão Permanente de Ética deve manter a "proteção à identidade do denunciante, que deverá ser mantida sob reserva, se este assim o desejar, e em observância à legislação" (art. 11, II); **E:** incorreta – O Técnico Judiciário não poderá presidir a Comissão Permanente de Ética, de acordo com o art. 8º, § 2º ("O presidente da Comissão será indicado pelo Presidente do Tribunal dentre os servidores ocupantes do cargo de Analista Judiciário, preferencialmente ocupantes de cargos em comissão e funções de comissionadas"). LM
Gabarito "C"

(Técnico Judiciário – TRE/PI – CESPE – 2016) De acordo com o que estabelece o Código de Ética do TRE/PI, o servidor

(A) terá direito adquirido quanto à participação de atividade de capacitação necessária.

(B) não poderá recusar-se a trabalhar em razão da inadequação psicológica do ambiente.

(C) deverá ter conhecimento prévio da sua exoneração, ainda que se trate de cargo em comissão.

(D) poderá não ser tratado com equidade em situações específicas, relacionadas a lotação.

(E) não poderá discutir com os colegas aspectos controvertidos em matéria de instrução processual.

A: incorreta – De fato, é um direito do servidor participar de atividades de capacitação e treinamento necessários ao seu desenvolvimento profissional, custeadas ou facilitadas pela Administração. Contudo, devem ser respeitadas as limitações orçamentárias e financeiras. Sendo assim, não se pode falar em direito adquirido (art. 4º, III); **B:** incorreta – ao servidor é garantido o direito de "trabalhar em ambiente adequado que preserve a sua integridade física, moral e psicológica". Sendo assim, poderá recusar-se a trabalhar em locais que não forneçam tais condições (art. 4º, I); **C:** correta – É direito do servidor ser cientificado, prévia e diretamente, sobre exoneração de cargo em comissão ou dispensa de função comissionada, bem como de alteração de sua lotação (art. 4º, VI, do Código de Ética); **D:** incorreta – outro direito do servidor é o de "ser tratado com equidade nos sistemas de avaliação e reconhecimento de desempenho individual, remuneração, promoção e lotação, bem como ter acesso às informações a eles inerentes" (art. 4º, II). **E:** incorreta – O servidor possui o direito de "estabelecer interlocução livre com colegas e superiores, podendo expor ideias, pensamentos e opiniões, inclusive para discutir aspecto controverso em instrução processual" (art. 4º, IV). LM
Gabarito "C"

(Técnico – TRE/CE – 2012 – FCC) Nos casos omissos, serão fontes subsidiárias deste Regimento, os Regimentos de outros Tribunais, na seguinte ordem:

(A) Tribunal Superior Eleitoral, Supremo Tribunal Federal e Superior Tribunal de Justiça.

(B) Tribunal Superior Eleitoral, Supremo Tribunal Federal e Tribunal de Justiça do Estado.

(C) Supremo Tribunal Federal, Tribunal Superior Eleitoral e Tribunal de Justiça do Estado.

(D) Supremo Tribunal Federal, Tribunal Superior Eleitoral e Superior Tribunal de Justiça.

(E) Supremo Tribunal Federal, Superior Tribunal de Justiça e Tribunal Superior Eleitoral.

Nos casos omissos, serão aplicados, de forma subsidiária ou supletiva e nessa ordem, o Regimento Interno do Tribunal Superior Eleitoral, do Tribunal de Justiça do Estado do Ceará e do Supremo Tribunal Federal. (art. 191 – Artigo alterado pela Resolução TRE-CE n.º 794/2020). LM
Gabarito "B".

(Técnico – TRE/CE – 2012 – FCC) O TRE-CE, com sede na Capital e jurisdição em todo o Estado, compõe-se como previsto na Constituição Federal brasileira. NÃO podem fazer parte do Colegiado cônjuges, companheiros(as) ou pessoas que tenham entre si parentesco consanguíneo ou afim, até o:

(A) quarto grau, excluindo-se, nesta hipótese, a que possuir maior grau de parentesco.

(B) segundo grau, excluindo-se, nesta hipótese, a que tiver sido escolhida por último.

(C) segundo grau, excluindo-se, nesta hipótese, a que possuir maior grau de parentesco.

(D) terceiro grau, excluindo-se, nesta hipótese, a que possuir maior grau de parentesco.

(E) terceiro grau, excluindo-se, nesta hipótese, a que tiver sido escolhida por último.

À época da aplicação da prova, a alternativa E estava correta. No entanto, atualmente, de acordo com disposição constante do art. 2º, § 2º, do RITRE/CE, "não podem fazer parte do Pleno cônjuges, companheiros(as) ou pessoas que tenham entre si parentesco consanguíneo ou afim, até o quarto grau, excluindo-se, nesta hipótese, quem tiver sido escolhido por último". LM
Gabarito "E".

(Técnico – TRE/PR – 2012 – FCC) De acordo com o Regimento Interno do Tribunal Regional Eleitoral do Estado do Paraná, em regra, nenhum juiz poderá voltar a integrar o Tribunal na mesma classe ou em classe diversa, após servir por:

(A) dois biênios consecutivos, salvo se transcorrerem dois anos do término do segundo biênio.

(B) três biênios consecutivos, salvo se transcorrerem um ano do término do terceiro biênio.

(C) dois biênios consecutivos, salvo se transcorrerem um ano do término do segundo biênio.

(D) três biênios consecutivos, não havendo mais possibilidade de fazer parte da composição do Tribunal por expressa vedação legal.

(E) seis anos, não havendo mais possibilidade de fazer parte da composição do Tribunal por expressa vedação legal.

Art. 4º, § 1º, do RITRE-PR..
Gabarito "A".

(Técnico – TRE/PR – 2012 – FCC) De acordo com o Regimento Interno do Tribunal Regional Eleitoral do Estado do Paraná, a Sigla RE corresponde à classificação:

(A) da Representação.

(B) do Recurso em *Habeas Corpus*.

(C) do Recurso Eleitoral.

(D) da Revisão de Eleitorado.

(E) do Recurso em Mandado de Segurança.

Art. 46 do RITRE/PR.
Gabarito "C".

(Técnico – TRE/PR – 2012 – FCC) Considere os seguintes feitos:

I. Recurso contra a expedição de diploma.

II. Ação de impugnação de mandato eletivo.

III. Revisão Criminal.

IV. Embargos de Declaração em ação penal relativa à infração apenada com reclusão.

De acordo com o Regimento Interno do Tribunal Regional Eleitoral do Estado do Paraná, sujeitam-se à revisão, dentre outros, os feitos indicados APENAS em:

(A) I, II e IV.

(B) I, II e III.

(C) I, III e IV.

(D) II e III.

(E) I e IV.

I: correta – Art. 57, I, do RITRE/PR; **II**: correta – Art. 57, II, do RITRE/PR; **III**: correta – Art. 57, IV, do RITRE/PR; **IV**: incorreta. Não haverá revisor nos Embargos de Declaração (parágrafo único do art. 57 do RITRE/PR). Sendo assim, as assertivas I, II e III são verdadeiras e a alternativa "B" correta.
Gabarito "B".

(Técnico – TRE/SP – 2012 – FCC) Felipe, Presidente do Tribunal Regional Eleitoral de São Paulo, faleceu após um ano de exercício na Presidência. Em razão da vacância do cargo, assumiu o Vice-Presidente, Ricardo, que convocará nova eleição, no prazo máximo de:

(A) trinta dias.

(B) quarenta dias.

(C) quarenta e cinco dias.

(D) sessenta dias.

(E) noventa dias.

A: correta – O prazo para convocar nova eleição é de trinta dias (art. 4°, § 4°, do RITRE/SP)
Gabarito "A".

(Técnico – TRE/SP – 2012 – FCC) Xisto, Desembargador do Tribunal de Justiça de São Paulo, com 68 anos de idade, é membro do Tribunal Regional Eleitoral de São Paulo. Em março de 2012, Xisto aposentar-se-á na Justiça Comum. Nesse caso, Xisto:

(A) perderá a jurisdição eleitoral apenas se formular requerimento expresso nesse sentido.

(B) permanecerá com a jurisdição eleitoral até o término do ano de 2012.

(C) perderá automaticamente a jurisdição eleitoral.

(D) permanecerá com a jurisdição eleitoral até completar 70 anos.

(E) permanecerá com a jurisdição eleitoral até o término de seu biênio (e de eventual prorrogação).

Xisto perderá automaticamente a jurisdição eleitoral – art. 11 do RITRE/SP.
Gabarito "C".

(Técnico – TRE/SP – 2012 – FCC) Em razão de exigência do serviço eleitoral, o Tribunal Regional Eleitoral de São Paulo solicitou o afastamento do juiz José de seu cargo efetivo na Justiça Comum. Referido afastamento:

(A) será sempre por prazo certo e com prejuízo dos seus vencimentos.

(B) não será válido, pois o Regimento Interno do TRESP não prevê tal modalidade de afastamento.

(C) será sempre por prazo indeterminado.

(D) perdurará enquanto subsistirem os motivos que o justifique, mediante solicitação fundamentada da Corregedoria do Tribunal.

(E) dar-se-á sem prejuízo dos seus vencimentos.

O afastamento do juiz dar-se-á por tempo certo ou enquanto subsistirem os motivos que o justifiquem e sem prejuízo dos vencimentos (art. 20 do RITRE/SP). Desse modo, a alternativa E está correta.
Gabarito "E".

(Técnico – TRE/SP – 2012 – FCC) Genésio é Vice-Presidente do Tribunal Regional Eleitoral de São Paulo e está substituindo o Presidente do Tribunal, que se encontra em gozo de férias. Nessa situação, Genésio:

(A) será substituído nos feitos em que seja Relator pelo Corregedor Regional Eleitoral.

(B) não será substituído nos feitos em que seja Relator e terá voto nas mesmas condições que os demais.

(C) não será substituído nos feitos em que seja Relator, porém seu voto terá peso maior que os demais, uma vez que representa o Presidente.

(D) será substituído nos feitos em que seja Relator pelo Juiz integrante do Tribunal Regional Federal da 3ª Região.

(E) deverá comunicar o fato ao Pleno do Tribunal, que suspenderá o julgamento de feitos nos quais Genésio seja Relator.

Genésio não será substituído nos feitos em que seja relator e terá voto nas mesmas condições dos demais (art. 27, § 1°, do RITRE/SP).
Gabarito "B".

(Técnico – TRE/SP – 2012 – FCC) NÃO se inclui na competência do Presidente do Tribunal Regional Eleitoral de São Paulo:

(A) comunicar a diplomação de militar candidato a cargo eletivo federal e estadual à autoridade à qual esteja aquele subordinado.

(B) despachar os expedientes dirigidos ao Tribunal, inclusive inquéritos policiais.

(C) relatar as tomadas de contas de verba federal e estadual e os recursos administrativos.

(D) aplicar aos funcionários da Secretaria penas disciplinares, excluída a de demissão, que compete ao Pleno do Tribunal.

(E) designar data para a renovação de eleições.

A competência para aplicar aos funcionários da Secretaria penas disciplinares, inclusive a de demissão é do Presidente do Tribunal, nos

termos do art. 24, XLVIII, do RITRE/SP. DICA: destacar no enunciado que deverá ser escolhida a alternativa que NÃO se inclui na competência.
Gabarito "D".

4. TRIBUNAIS REGIONAIS FEDERAIS

(Técnico – TRF5 – FCC – 2017) Nos termos da Resolução no 147/2011 que institui o Código de Conduta do Conselho e da Justiça Federal de primeiro e segundo graus, considere:

I. O Código de Conduta do Conselho e da Justiça Federal de primeiro e segundo graus integrará todos os contratos de estágio, de forma a assegurar o alinhamento entre os colaboradores, não integrando, porém, os contratos de prestação de serviços.

II. O Conselho e a Justiça Federal de primeiro e segundo graus não serão tolerantes com atitudes discriminatórias ou preconceituosas de qualquer natureza, em relação a etnia, a sexo, a religião, a estado civil, a orientação sexual, a faixa etária ou a condição física especial, excetuando-se os atos que caracterizem proselitismo partidário.

III. Recursos, espaço e imagem do Conselho e da Justiça Federal de primeiro e segundo graus não poderão, sob qualquer hipótese, ser usados para atender a interesses pessoais, políticos ou partidários.

Está correto o que se afirma APENAS em

(A) III.
(B) I e II.
(C) II e III.
(D) I e III.
(E) II.

I : incorreta. O Código de Conduta do Conselho e da Justiça Federal integrará, além dos contratos de estágios, todos os contratos de prestação de serviços, a fim de assegurar o alinhamento entre os colaboradores (art. 3°); II: incorreta. Além da intolerância com as atitudes discriminatórias ou preconceituosas descritas, não serão tolerados atos que caracterizem proselitismo partidário, intimidação, hostilidade ou ameaça, humilhação por qualquer motivo ou assédio moral e sexual (art. 5°); III: correta. Art. 7° da Resolução 147/2011. Sendo assim, a alternativa correta é a A.
Gabarito "A".

(Técnico – TRF5 – FCC – 2017) De acordo com a Resolução no 147/2011 do Conselho da Justiça Federal, com relação as informações à Imprensa, os contatos com os órgãos de imprensa serão promovidos,

(A) exclusivamente, por porta-vozes autorizados pelo Conselho, não podendo ser porta-voz autorizado por qualquer outro órgão do Poder Judiciário.

(B) exclusivamente, por porta-vozes autorizados pelo Conselho, Tribunais Regionais Federais e seções judiciárias, conforme o caso.

(C) preferencialmente, por porta-vozes autorizados pelo Conselho e Tribunais Regionais Federais, sendo permitido excepcionalmente, porta-vozes autorizados por autoridades do Poder Executivo.

(D) preferencialmente, por porta-vozes autorizados pelo Conselho, sendo permitido porta-vozes locais designados pelos Presidentes dos Tribunais Regionais Federais e pelo Presidente da Ordem dos Advogados do Brasil.

(E) preferencialmente, por porta-vozes autorizados pelo Conselho, sendo permitido porta-vozes autorizados pelo Supremo Tribunal Federal.

Os contatos com os órgãos de imprensa serão promovidos, exclusivamente, por porta-vozes autorizados pelo Conselho, tribunais regionais federais e seções judiciárias, conforme o caso (art. 14 da Resolução 147/2011 do CJF).
Gabarito "B".

5. TRIBUNAIS ESTADUAIS E DO DISTRITO FEDERAL

(Técnico – TJ/AL – 2018 – FGV) Em relação à remoção do serventuário da justiça, o Código de Organização Judiciária do Estado de Alagoas dispõe que:

(A) expedir-se-á edital convocatório dos integrantes da categoria, quando abrir vaga em cargo de Serventuário, fixando-lhes prazo de cinco dias para inscrição, prevalecendo a remoção daquele que contar com maior tempo de serviço público.

(B) ocorrerá a remoção quando requererem conjuntamente dois serventuários interessados, por meio de permuta, não cabendo à Corregedoria Geral da Justiça juízo de valor sobre a conveniência e a oportunidade do ato;

(C) poderão ser removidos apenas aqueles que contem com pelo menos dois anos de efetivo exercício na carreira, bem como não tenham sofrido, no biênio imediatamente precedente, a imposição de censura ou outra sanção mais grave;

(D) poderão pleitear a remoção por permuta serventuários que já contem com pelo menos um ano de efetivo exercício na carreira, desde que haja concordância do Juiz Titular da Vara onde estiverem lotados;

(E) dar-se-á preferência, na hipótese da manifestação de interesse por mais de um serventuário, ao que possuir maior qualificação profissional, aferida por graduação e pós-graduação e, ocorrendo empate, será removido o mais idoso.

A: Incorreta – A incorreção da assertiva está apenas no prazo fixado para a inscrição, que é de dez dias (art. 222, caput, e art. 223, ambos do Código de Organização Judiciaria do TJ/AL); B: Incorreta – Essa espécie de transferência de funcionários é denominada permuta, que terá a conveniência e oportunidade da medida analisadas pela Corregedoria-Geral de Justiça (art. 225 do COJ/TJAL); C: Correta – Art. 222, parágrafo único, do Código de Organização Judiciária do TJ/AL: "Art. 222. Abrindo-se, em qualquer juízo, vaga em cargo de Serventuário da Justiça, expedir-se-á edital convocatório dos integrantes da categoria, fixando-lhes prazo de dez dias para o fim de que, em o querendo, manifestem possível interesse em se verem mobilizados, mediante remoção, para a unidade judiciária em que se deva dar o preenchimento. Parágrafo único. Apenas poderão ser removidos Serventuários da Justiça que contem com pelo menos dois anos de efetivo exercício na carreira, bem como não tenham sofrido, no biênio imediatamente precedente, a imposição de censura ou outra sanção mais grave"; D: Incorreta – As permutas somente poderão ser solicitadas por Serventuários da Justiça que já tenham pelo menos dois anos de efetivo exercício na carreira, ficando a apreciação de sua conveniência e oportunidade a cargo da Corregedoria Geral de Justiça (art. 226); E: Incorreta – A preferência, em casos de remoção, será dada ao mais antigo na carreira e, no caso de empate, remover-se-á aquele que contar com maior tempo de serviço público. Persistindo o impasse, será removido o mais idoso (art. 223).
Gabarito "C".

(Técnico – TJ/AL – 2018 – FGV) De acordo com o Código de Organização Judiciária do Estado, compete ao Presidente do Tribunal de Justiça de Alagoas:

(A) supervisionar os cartórios quanto à organização do arquivo, às condições de higiene e à ordem dos trabalhos, dando aos serventuários da Justiça as instruções convenientes;

(B) deferir férias e licenças aos funcionários do Tribunal de Justiça, observada, no primeiro caso, a escala pertinente ao ano de fruição;

(C) apreciar os recursos das decisões dos Juízes de Direito que aplicarem penas em procedimento instaurado contra serventuários da Justiça;

(D) fazer instaurar sindicâncias e processos administrativos disciplinares destinados à apuração de faltas atribuídas a serventuários da Justiça;

(E) receber e processar as reclamações contra Juízes, funcionando como Relator no correspondente julgamento pelo Conselho Estadual da Magistratura.

A: Incorreta – A incumbência de supervisionar os cartórios quanto à organização do arquivo, às condições de higiene e à ordem dos trabalhos, dando aos serventuários da Justiça as instruções convenientes é do Corregedor-Geral de Justiça (art. 42, XIV, do COJ); **B:** Correta – De acordo com o disposto no art. 39, VI, do COJ, compete ao Presidente do Tribunal o deferimento das férias e licenças aos funcionários; **C:** Incorreta – Incumbe ao Corregedor-Geral a apreciação dos recursos mencionados na assertiva (art. 42, IX, do COJ); **D:** Incorreta – A determinação de instauração de sindicâncias e processos administrativos disciplinares destinados à apuração de faltas atribuídas aos serventuários caberá ao Corregedor-Geral (art. 42, III, do COJ); **E:** Incorreta – A incumbência para o recebimento e processamento das referidas reclamações é do Corregedor-Geral (art. 42, VIII, do COJ).
Gabarito "B".

(Técnico – TJ/AL – 2018 – FGV) Ao tratar do ingresso e investidura nos cargos de provimento efetivo das carreiras dos servidores do Poder Judiciário do Estado de Alagoas, a Lei Estadual nº 7.889/2017 estabelece que:

(A) o Poder Judiciário não pode incluir, em qualquer hipótese, como etapa do concurso público, programa de formação, de caráter eliminatório, classificatório e eliminatório, ou, apenas, classificatório;

(B) o candidato nomeado e empossado no primeiro padrão da classe "A" respectiva terá sua lotação decidida por critérios discricionários, sendo irrelevante, para tal fim, a ordem de classificação no certame público;

(C) o servidor nomeado, ao entrar em exercício, cumprirá estágio probatório pelo período de dois anos a partir da data da posse, durante o qual sua aptidão e capacidade serão objeto de avaliação, para fins de estabilidade;

(D) os candidatos aprovados para os cargos de Analista Judiciário e de Técnico Judiciário das áreas Administrativa ou, ainda, de Apoio Especializado, terão suas lotações iniciais necessariamente em órgãos de primeira instância;

(E) a posse e o exercício do recém-nomeado ficam condicionados apresentação de declaração dos bens e valores que compõem o seu patrimônio privado, resguardado o sigilo de dados.

A: Incorreta – Nos termos do art. 9º, parágrafo único, da Lei Estadual nº 7.889/2017, "o Poder Judiciário do Estado de Alagoas poderá incluir como etapa do concurso público, programa de formação, de caráter eliminatório, classificatório e eliminatório, ou, apenas, classificatório, bem assim teste de aptidão física quando a natureza ou a especialidade do cargo assim o exigir"; **B:** Incorreta – O ingresso em qualquer dos cargos de provimento efetivo da Carreira Judiciária de que trata esta Lei, dar-se-á no primeiro padrão da classe "A" respectiva, respeitada a ordem de classificação no certame público, cabendo ao candidato melhor classificado, para fins de lotação, escolher, nos moldes do correspondente edital, uma das unidades indicadas pela Presidência, dentre as que tiverem sido disponibilizadas (art. 12); **C:** Incorreta – O período de estágio probatório será de 36 (trinta e seis) meses a partir da data da posse (art. 14); **D:** Incorreta – A lotação inicial dos aprovados para os cargos de Analista e Técnico Judiciários – ambos das Áreas Administrativa ou, ainda, de Apoio Especializado – poderá se dar tanto em órgãos de primeira como de segunda instância, observando-se, para fim de escolha, os critérios de classificação no certame cumulados com aqueles estabelecidos na parte final do § 1º do presente artigo (art. 12, § 2º, da Lei Estadual nº 7.889/2017); **E:** Correta – A assertiva está de acordo com previsão constante do art. 13 da Lei Estadual nº 7.889/2017.
Gabarito "E".

(Técnico – TJ/AL – 2018 – FGV) José, Técnico Judiciário do Tribunal de Justiça do Estado de Alagoas, foi aposentado por invalidez. Ocorre que, seis meses depois, foi realizada perícia por junta médica oficial, que declarou insubsistentes os motivos da sua aposentadoria.

De acordo com o Regime Jurídico Único dos servidores públicos civis do Estado de Alagoas, o retorno de José às suas atividades ocorrerá por meio do provimento derivado da:

(A) reintegração, que far-se-á em cargo de atribuições e responsabilidades compatíveis com a limitação que tenha sofrido;

(B) readaptação, que far-se-á no mesmo cargo de origem, aproveitado em outro cargo, ou, ainda, posto em disponibilidade, respeitado o interesse do serviço público;

(C) recondução, que far-se-á em cargo de atribuições e responsabilidades compatíveis com a limitação que tenha sofrido em sua capacidade física ou mental;

(D) reversão, que far-se-á no mesmo cargo ou no cargo resultante de sua transformação;

(E) ascensão, que far-se-á em um cargo efetivo de igual denominação, com mesma remuneração do cargo originário.

A: Incorreta – Reintegração é a reinvestidura do servidor estável no cargo anteriormente ocupado, ou no cargo resultante de sua transformação, quando invalidada a sua demissão por decisão administrativa ou judicial com ressarcimento de todas as vantagens (art. 22 da Lei Est. 5247/1991 – Regime Jurídico Único); **B:** Incorreta – Readaptação é a investidura do servidor em cargo de atribuições e responsabilidades compatíveis com a limitação que tenha sofrido em sua capacidade física ou mental, verificada em inspeção médico-oficial (art. 18); **C:** Incorreta – Recondução é o retorno do servidor estável ao cargo anteriormente ocupado (art. 23); **D:** Correta – A reversão é o retorno à atividade de servidor aposentado por invalidez, quando, por junta médica oficial, forem declarados insubsistentes os motivos da aposentadoria (art. 19); **E:** Incorreta – Ascensão é uma forma derivada de provimento de cargo público (art. 8º).
Gabarito "D".

(Técnico – TJ/AL – 2018 – FGV) Maria, Técnica Judiciária do Tribunal de Justiça do Estado de Alagoas, lotada em determinada Vara Cível da Capital, até então com sua folha de assentamentos funcionais imaculada, opôs resistência injustificada ao andamento de certo processo de inventário que era de sua responsabilidade funcional.

Consoante dispõe Lei Estadual nº 5.247/1991, que trata do Regime Jurídico Único dos servidores públicos civis do Estado de Alagoas, em matéria de penalidade disciplinar, após regular processo administrativo, Maria, em tese, está sujeita à sanção de:

(A) censura, que será aplicada oralmente;

(B) advertência, que será aplicada por escrito;

(C) repreensão, que será aplicada oralmente;

(D) suspensão, que não poderá exceder noventa dias;

(E) demissão, que será precedida do contraditório e ampla defesa.

A: Incorreta – A censura não é uma espécie de sanção disciplinar. Fazem parte deste rol a advertência; suspensão; demissão; cassação de aposentadoria ou disponibilidade; e a destituição de função comissionada (art. 129); **B:** Correta – Com base em previsão constante do art. 131, Maria estará sujeita à aplicação de advertência, que será aplicada por escrito, nos casos de violação de proibição constante do Art. 119, incisos I a VIII, e de inobservância de dever funcional previsto em lei, regulamentação ou norma interna, que não justifique imposição de penalidade mais grave; **C:** Incorreta – Não constitui espécie de sanção disciplinar; **D:** Incorreta – A suspensão será aplicada em caso de reincidência nas faltas punidas com advertência e de violação das demais proibições que não tipifiquem infração sujeita a penalidade de demissão, não podendo exceder de 90 (noventa) dias (art. 132); **E:** Incorreta – A demissão será aplicada nos casos previstos no art. 134 da referida Lei Estadual.
Gabarito "B".

(Técnico – TJ/AL – 2018 – FGV) Município do interior do Estado de Alagoas editou lei municipal sobre matéria tributária frontalmente lesiva Constituição Estadual.

De acordo com o ordenamento jurídico, a ação direta de inconstitucionalidade em razão deste ato normativo municipal deve ser processada e julgada, originariamente, no:

(A) Supremo Tribunal Federal;

(B) Superior Tribunal de Justiça;

(C) Juízo da Vara Cível competente de primeiro grau de jurisdição;

(D) Tribunal de Contas do Estado de Alagoas;

(E) Tribunal de Justiça do Estado de Alagoas.

A alternativa E deve ser assinalada, em observância ao disposto no art. 133, IX, "o", da Constituição do Estado de Alagoas.
Gabarito "E".

(Técnico – TJ/AL – 2018 – FGV) As garantias atribuídas ao Judiciário possuem relevante papel no cenário da tripartição de Poderes, pois asseguram a necessária independência ao magistrado, que poderá decidir livremente, sem se abalar com qualquer tipo de pressão que venha dos outros Poderes.

De acordo com o texto das Constituições Estadual de Alagoas e Federal, os juízes gozam da garantia da:

(A) vitaliciedade, que, no primeiro grau, só será adquirida após três anos de exercício, dependendo a perda do cargo, nesse período, de deliberação do Tribunal de Justiça, e, nos demais casos, de sentença judicial transitada em julgado;

(B) estabilidade, adquirida pelos magistrados após três anos de efetivo exercício, de maneira que, após tal período, só podem perder o cargo em virtude de sentença judicial transitada em julgado;

(C) inamovibilidade, salvo por motivo de interesse público, por voto da maioria absoluta do Tribunal de Justiça ou do Conselho Nacional de Justiça, assegurada a ampla defesa;

(D) irredutibilidade de vencimentos, com remuneração não superior a noventa por cento do subsídio dos Ministros do Supremo Tribunal Federal;

(E) autonomia financeira, cabendo-lhes promover a fiscalização contábil, orçamentária, operacional e patrimonial das entidades da administração direta e indireta.

A: Incorreta – A vitaliciedade será adquirida após dois anos de exercício (art. 124, I, da Constituição Estadual de Alagoas); **B:** Incorreta – Os juízes gozam da garantia da vitaliciedade, proteção mais abrangente que a estabilidade; **C:** Correta – A inamovibilidade está prevista no art. 124, II, da Constituição Estadual; **D:** Incorreta – O limite previsto para o subsídio dos Juízes é de noventa inteiros e vinte e cinco centésimos por cento do subsídio mensal, em espécie, dos Ministros do Supremo Tribunal Federal, no âmbito do Poder Judiciário, aplicável este limite aos membros do Ministério Público, aos Procuradores e aos Defensores Públicos (art. 124, III, da Constituição Estadual de Alagoas e art. 37, XI, da CF); **E:** Incorreta – A autonomia financeira é garantida ao Poder Judiciário (art. 99 da CF).
Gabarito "C".

(Escrevente Técnico Judiciário – TJSP – VUNESP – 2017) As Normas da Corregedoria Geral de Justiça definem a correição ordinária como sendo a fiscalização

(A) direcionada à verificação da regularidade de funcionamento da unidade.

(B) excepcional, realizada a qualquer momento e sem prévio anúncio.

(C) prevista e efetivada segundo as referidas normas e leis de organização judiciária.

(D) virtual, com vistas ao controle permanente das atividades subordinadas à correição.

(E) para o saneamento de irregularidades constatadas em visitas correicionais.

A: incorreta – trata-se de visita correcional (art. 6º, § 3º, das NCGJ); **B:** incorreta – trata-se da correição extraordinária (art. 6º, § 2º); **C:** correta – Art. 6º, § 1º das NCGJ; **D:** incorreta (art. 6º, § 5º); **E:** incorreta – este é mais um objetivo da visita correcional (art. 6º, § 1º). **LM**
Gabarito "C".

(Escrevente Técnico Judiciário – TJSP – VUNESP – 2017) Assinale a alternativa que corretamente aborda aspectos do sistema informatizado oficial previstos nas Normas da Corregedoria Geral de Justiça.

(A) As vítimas identificadas na denúncia ou queixa e as testemunhas de processo criminal não terão suas qualificações lançadas no sistema informatizado oficial, exceto quando requererem expressamente ao juízo tal providência.

(B) Quando uma parte estiver vinculada a processos que tramitam em outros ofícios de justiça, nos quais tenha havido expedição de certidão de homonímia, as eventuais retificações de seus dados deverão ser aplicadas a todos os feitos.

(C) As cartas precatórias serão cadastradas no sistema informatizado diferentemente dos processos comuns, consignando-se apenas a indicação completa do juízo deprecante, a natureza da ação e a diligência deprecada.

(D) O funcionário credenciado poderá ceder a respectiva senha do sistema ou permitir que outrem, funcionário ou não, use-a, desde que seja para acesso de informações abertas ao público em geral.

(E) O sistema informatizado atribuirá, a cada processo distribuído, um número de controle interno da unidade judicial, sem prejuízo do número do processo (número do protocolo que seguirá série única).

A: incorreta – As vítimas identificadas na denúncia ou queixa, e também as testemunhas de processo criminal – sejam estas de acusação, defesa ou comuns –, terão suas qualificações lançadas no sistema informatizado oficial, exceto quando, ao darem conta de coação ou grave ameaça, após deferimento do juiz, pedirem para não haver identificação de seus dados de qualificação e endereço (art. 55, § 3º, das NCGJ); **B:** incorreta – Quando a mesma parte estiver vinculada a processos que tramitam em outros ofícios de justiça, as eventuais retificações de seus dados não serão aplicadas aos feitos de outro juízo (art. 62); **C:** incorreta – Ao contrário, as cartas precatórias serão cadastradas no sistema informatizado seguindo as mesmas regras dos processos comuns, consignando-se, ainda, a indicação completa do juízo deprecante, e não apenas da comarca de origem, os nomes das partes, a natureza da ação e a diligência deprecada (art. 58); **D:** incorreta – É vedado ao funcionário credenciado ceder a respectiva senha ou permitir que outrem, funcionário ou não, use-a para acessar indevidamente o sistema informatizado (art. 49, § 1º); **E:** correta – De acordo com o previsto no art. 52, os distribuidores e os ofícios de justiça deverão, no sistema informatizado oficial, cadastrar todos os feitos distribuídos ao respectivo juízo, anotar a movimentação e a prática dos atos processuais (citações, intimações, juntadas de mandados e respectiva data, termos, despachos, cargas, sentenças, remessas à instância superior para recurso, entrega ou remessa de autos que não importem em devolução etc.), assim como consignar os serviços administrativos pertinentes (desarquivamentos, inutilização ou destruição de autos etc.). 🔲 Gabarito "E".

(Escrevente Técnico Judiciário – TJSP – VUNESP – 2017) Em relação ao protocolo e à juntada de petições, as Normas da Corregedoria de Justiça preveem que

(A) o lançamento do termo de juntada deverá ser efetuado na própria petição ou no documento a ser encartado aos autos, sendo certificado o ato de juntada nos autos e anotado no sistema informatizado oficial.

(B) é vedado aos ofícios de justiça receber e juntar petições que não tenham sido encaminhadas pelo setor de protocolo, salvo, em hipóteses excepcionais, como quando houver, em cada caso concreto, expressa decisão fundamentada do juiz do feito dispensando o protocolo no setor próprio.

(C) se a petição inicial ou intermediária for acompanhada de objetos de inviável entranhamento aos autos do processo, o escrivão deverá conferir, arrolar e quantificá-los, lavrando certidão, na presença do interessado, a quem caberá mantê-los sob sua guarda e responsabilidade até encerramento da demanda.

(D) os ofícios de justiça devem receber todas as petições e juntá-las aos autos respectivos, remetendo ao protocolo aquelas que sejam pertinentes a processos que tramitem em outros ofícios daquela Comarca.

(E) os ofícios de justiça não podem receber diretamente petições de requerimento de juntada de procuração ou de substabelecimento apresentadas pelo interessado, casos em que uma informação na petição mencionará essa circunstância.

A: incorreta – É vedado o lançamento do termo de juntada na própria petição ou documento a serem encartados aos autos (art. 93, § 2º); **B:** correta – Art. 92 das NCGJ; **C:** incorreta – Recebida petição inicial ou intermediária acompanhada de objetos de inviável entranhamento aos autos do processo, o escrivão deverá conferir, arrolar e quantificá-los, lavrando certidão, sempre que possível na presença do interessado, mantendo-os sob sua guarda e responsabilidade até encerramento da demanda (art. 93, § 4º); **D:** incorreta – É vedado aos ofícios de justiça receber e juntar petições que não tenham sido encaminhadas pelo setor de protocolo (art. 92, *caput*); **E:** incorreta – apesar de ser vedado aos ofícios de justiça o recebimento e a juntada de petições que não tenham sido encaminhadas pelo serviço de protocolo, admite-se a juntada de procuração ou de substabelecimento apresentadas pelo interessado diretamente ao ofício de justiça (art. 92, inc. I). 🔲 Gabarito "B".

(Escrevente Técnico Judiciário – TJSP – VUNESP – 2017) Acerca da consulta ao processo eletrônico no sítio do Tribunal de Justiça do Estado de São Paulo, as Normas da Corregedoria Geral de Justiça preveem que

(A) a consulta, no sítio do Tribunal de Justiça do Estado de São Paulo, às movimentações processuais, ao inteiro teor das decisões, às sentenças, aos votos, aos acórdãos e aos mandados de prisão registrados no BNMP – Banco Nacional de Mandados de Prisão não é livre, pois depende do recolhimento da taxa judicial.

(B) os defensores públicos, os procuradores e os membros do Ministério Público, não vinculados a processo, previamente identificados, poderão acessar todos os atos e documentos processuais armazenados, mesmo nos casos de processos em sigilo ou segredo de justiça, prerrogativa não estendida aos advogados.

(C) o advogado, o defensor público e o membro do Ministério Público terão acesso a todo o conteúdo do processo eletrônico se forem cadastrados e habilitados nos autos, ou seja, somente se atuarem no processo, independentemente de estarem os autos em segredo de justiça ou não.

(D) a indicação de sigilo ou segredo de justiça não implica a impossibilidade de consulta dos autos por quem não é parte no processo, a qual é presumida válida, até decisão judicial em sentido contrário, de ofício ou a requerimento da parte.

(E) os advogados, os defensores públicos, os procuradores e membros do Ministério Público, não vinculados a processo, previamente identificados, poderão acessar todos os atos e documentos processuais armazenados, salvo nos casos de processos em sigilo ou segredo de justiça.

A: incorreta – a consulta às movimentações processuais, ao inteiro teor das decisões, às sentenças, aos votos, acórdãos e mandados de prisão registrados no BNMP é livre, independendo do recolhimento de taxa (art. 1.224, *caput*, das NCGJ); **B:** incorreta – Os advogados assim como os defensores públicos, procuradores e membros do Ministério Público, não vinculados a processo, previamente identificados, poderão acessar todos os atos e documentos processuais armazenados, salvo nos casos de processos em sigilo ou segredo de justiça, ou seja, a regra vale também para os advogados (art. 1.224, § 2º, das NCGJ); **C:** incorreta – O advogado, o defensor público, as partes e o membro do Ministério Público, cadastrados e habilitados nos autos, terão acesso a todo o conteúdo do processo eletrônico. Contudo, aos advogados, defensores públicos, procuradores e membros do Ministério Público, não vinculados a processo, desde que previamente identificados, o acesso será restringido nos casos de processos em sigilo ou segredo de justiça (art. 1.224, §§ 1º e 2º, das NCGJ); **D:** incorreta – A indicação implica impossibilidade de consulta dos autos por quem não seja parte no processo, nos termos da legislação específica, e é presumida válida, até decisão judicial em sentido contrário, de ofício ou a requerimento da parte (art. 1.225, § 2º, das NCGJ); **E:** correta – art. 1.224, § 2º, das NCGJ. **LM**

Gabarito "E".

(Escrevente Técnico Judiciário – TJSP – VUNESP – 2017) Na elaboração dos documentos, serão utilizados os modelos de expediente institucionais padronizados, autorizados e aprovados pela Corregedoria Geral da Justiça, podendo ser criados modelos de grupo ou usuário no ofício de justiça, a partir dos modelos institucionais ou da autoria intelectual do magistrado, o que somente será permitido para, entre outras, as seguintes categorias:

(A) ajuizamentos, certidões de cartório, despachos, decisões, requerimentos e sentenças.

(B) respostas do réu, incidentes, ajuizamentos, atos ordinatórios, despachos e termos de audiência.

(C) contestações, incidentes, saneadores, requerimentos, sentenças e termos de audiência.

(D) instrução processual, provas documentais, sentenças, termos de audiência, Setor Técnico – Assistente Social e Setor Técnico – Psicologia.

(E) respostas do réu, incidentes, instrução processual, despachos, decisões e sentenças.

Art. 1.237 e art. 1.238, ambos das NCGJ. A criação de modelos de grupo ou usuário realizar-se-á a partir dos modelos institucionais ou da autoria intelectual do magistrado e somente será permitida para as categorias elencadas no dispositivo. **LM**

Gabarito "A".

Fernando, serventuário da justiça, lotado em vara no interior, obteve licença para cursar mestrado em Fortaleza – CE; Júlio, serventuário da justiça, lotado em vara da capital, obteve licença para cursar doutorado em Fortaleza – CE; Carlos, serventuário da justiça, lotado em vara no interior, obteve licença para cursar doutorado em Fortaleza – CE; e Caio, serventuário da justiça, lotado em vara da capital, obteve licença para cursar mestrado em Fortaleza – CE.

(Técnico – TJ/CE – 2013 – CESPE) Nessa situação hipotética,

(A) apenas as licenças de Júlio e Caio serão consideradas afastamento das respectivas funções.

(B) apenas as licenças de Fernando e Caio serão consideradas afastamento das respectivas funções.

(C) as licenças de todos os serventuários citados serão consideradas afastamento das respectivas funções.

(D) apenas as licenças de Fernando e Carlos serão consideradas afastamento das respectivas funções.

(E) nenhuma das licenças citadas será considerada afastamento das respectivas funções.

Conforme previsão inserida no § 4º do art. 447 do Código de Divisão e Organização Judiciária do Estado do Ceará, não será considerado afastamento de suas funções a licença de serventuário para cursar mestrado ou doutorado, mesmo em comarca diferente da sua. Portanto, nenhuma das alternativas será considerada afastamento das respectivas funções. **LM**

Gabarito "E".

(Técnico – TJ/CE – 2013 – CESPE) Se, em determinado processo que esteja tramitando originariamente em uma das câmaras cíveis no TJCE, for arguida, por meio de exceção, a suspeição do desembargador relator, a relatoria da arguição caberá

(A) ao desembargador mais antigo da câmara cível onde tramita o processo originário.

(B) ao vice-presidente do TJCE.

(C) ao corregedor-geral da justiça do TJCE.

(D) a qualquer desembargador do TJCE, por designação do respectivo presidente.

(E) ao presidente do TJCE.

O Presidente funcionará como relator nas exceções de suspeição do desembargador (art. 53, IV, *a*, do Código de Divisão e Organização Judiciária do Estado do Ceará.

Gabarito "E".

(Técnico – TJ/CE – 2013 – CESPE) Em relação às varas da comarca de Fortaleza-CE, assinale a opção correta.

(A) O diretor de secretaria de cada vara pode ser bacharel em ciências sociais.

(B) O diretor de secretaria de cada uma das varas da comarca é nomeado por livre escolha do presidente do TJCE.

(C) Cada uma dessas varas é supervisionada e dirigida pelo respectivo juiz titular.

(D) O diretor de secretaria de cada uma dessas varas é nomeado em comissão pelo respectivo juiz titular.

(E) O cargo de diretor de secretaria de cada uma dessas varas deve ser ocupado pelo analista judiciário mais antigo da vara.

O Diretor de Secretaria será nomeado, em comissão, pelo Presidente do Tribunal de Justiça após livre indicação por escrito do respectivo Juiz Titular da Vara, dentre Bacharéis em Direito, Administração, Ciências Contábeis, Economia e Ciências Sociais (art. 387 do Código de Organização Judiciária do Estado do Ceará).

Gabarito "A".

(Técnico – TJ/CE – 2013 – CESPE) Servidor nomeado para o TJCE somente entrará em exercício no cargo caso o título de nomeação seja devidamente anotado na

(A) Secretaria de Recursos Humanos do TJCE.

(B) Divisão de Apoio Administrativo do TJCE.

(C) Secretaria de Administração e Finanças do TJCE.

(D) Secretaria Judiciária do TJCE.

(E) Secretaria de Gestão de Pessoas do TJCE.

A necessidade de anotação do título de nomeação na Secretaria de Administração e Finanças do Tribunal, está prevista no art. 430, *caput*, do Código de Divisão e Organização Judiciária do Estado do Ceará.

Gabarito "C".

Ana foi aprovada e nomeada para o cargo de servidora do TJCE; Joaquina, servidora do TJCE, foi promovida para outro cargo no mesmo órgão; Cristina foi designada para ocupar função gratificada no TJCE; Elaine, servidora do TJCE, foi removida para outro cargo em outra comarca.

(Técnico – TJ/CE – 2013 – CESPE) Nessa situação, a obrigatoriedade de prestar compromisso de desempenhar com honra e lealdade as funções do cargo a ser assumido atinge:

(A) Joaquina e Elaine.

(B) somente Cristina.

(C) somente Ana.

(D) somente Elaine.

(E) Ana e Cristina.

Somente Ana deverá prestar o compromisso de desempenhar com honra e lealdade as funções do cargo que estará assumindo, já que a obrigatoriedade é imposta pelo art. 430, § 1º, do Código de Organização Judiciária do Estado do Ceará.
Gabarito "C".

Argemiro, serventuário de justiça no interior, necessita de seis meses de licença para tratamento de saúde; Tito, serventuário de Justiça lotado no TJCE, necessita de três meses de licença para tratamento de saúde; e Gabriel, serventuário de justiça lotado em secretaria de vara na capital, necessita de três meses de licença para tratamento de saúde.

(Técnico – TJ/CE – 2013 – CESPE) Nessa situação hipotética, é competente para conceder a(s) licença(s)

(A) de Gabriel, o vice-presidente do TJCE.

(B) de Argemiro, o juiz titular da vara no interior.

(C) de Argemiro e de Gabriel, o diretor do fórum.

(D) de Tito, o vice-presidente do TJCE.

(E) de Argemiro e de Tito, o presidente do TJCE.

A licença de Argemiro deverá ser concedida pelo Presidente do Tribunal porque excede três meses (art. 444, parágrafo único, do CDOJ-CE), enquanto que a de Tito, apesar de ser igual a três meses, também deverá ser concedida pelo Presidente do Tribunal, por se tratar de servidor lotado no Tribunal (art. 444, "a", do Código de Divisão e Organização Judiciária do Estado do Ceará). LM
Gabarito "E".

(Técnico Judiciário – TJDFT – 2013 – CESPE) Com base nas disposições do Regimento Interno do TJDFT, julgue os itens a seguir.

(1) Vencido o relator na questão principal, a lavratura do acórdão competirá ao prolator do primeiro voto vencedor.

(2) Somente a Turma do tribunal tem autorização para rever jurisprudência compendiada em súmula.

(3) Havendo divergência entre o acórdão subscrito pelo relator e as notas taquigráficas da sessão do TJDFT em que tiver sido tomada decisão em processo contencioso, prevalecerá o acórdão em detrimento das notas.

1: correta – Art. 129 do RITJDFT; **2:** incorreta – A revisão da súmula poderá ser proposta por qualquer desembargador ou pela Comissão de Jurisprudência (art. 334 do RITJDFT); **3:** incorreta, em caso de divergência, os votos prevalecerão em face da ementa (art. 128, § 3º, do RITJDFT). LM
Gabarito 1C, 2E, 3E

(Técnico Judiciário – TJDFT – 2013 – CESPE) A respeito da organização judiciária do DF e dos territórios, julgue os itens a seguir com base nas disposições da Lei n. 11.697/2008 e suas alterações.

(1) As atribuições dos oficiais de justiça incluem atuar como perito oficial na determinação de valores nos casos indicados em lei.

(2) Os tribunais do júri compõem a justiça do DF e dos territórios.

(3) Considere que determinado partido político com representação na Câmara Legislativa tenha ajuizado ação direta de inconstitucionalidade perante o TJDFT discutindo norma da Lei Orgânica do DF. Nessa situação, no processo e julgamento da ação, o procurador-geral de justiça deverá, obrigatoriamente, ser ouvido.

(4) Caso esteja vago, o cargo em comissão de diretor da Secretaria de Ofícios Judiciais poderá ser ocupado por bacharel em direito, em administração ou em ciências contábeis, independentemente de o bacharel ser do quadro de pessoal do TJDFT.

1: correta (art. 71, parágrafo único, da Lei 11.697/2008); **2:** correta (art. 2º, IV, da Lei 11.697/2008); **3:** correta (art. 8º, § 4º, I, da Lei 11.697/2008); **4:** incorreta – o cargo somente poderá ser ocupado por bacharel em direito em efetivo exercício no Tribunal de Justiça (art. 78 da Lei 11.697/2008).
Gabarito 1C, 2C, 3C, 4E

(Técnico Judiciário – TJSP – 2013 – VUNESP) Com relação às atribuições dos ofícios de justiça em geral, é correto afirmar:

(A) a inutilização ou incineração de processos de execuções fiscais só poderá ocorrer em relação àqueles arquivados há mais de 6 (seis) meses, em virtude de anistia, pagamento ou qualquer outro fato extintivo.

(B) em cada comarca de terceira entrância, há dois ofícios de distribuição judicial aos quais incumbem os serviços de distribuição cível e criminal, além de um terceiro ofício de arquivo geral.

(C) em cada comarca de terceira entrância, há um ofício de distribuição judicial ao qual incumbem os serviços de distribuição cível e criminal, além do arquivo geral.

(D) nas comarcas em que há uma única vara e um único ofício de justiça, as atribuições dos serviços de distribuição caberão ao ofício de distribuição judicial da comarca de terceira entrância mais próxima.

(E) a inutilização ou incineração de processos de execuções fiscais só poderá ocorrer em relação àqueles arquivados há mais de 10 (dez) meses, em virtude de anistia, pagamento ou qualquer outro fato extintivo.

A: incorreta – Os autos de processos de execuções fiscais arquivados há mais de 1 (um) ano, em virtude de anistia, pagamento ou qualquer outro fato extintivo, serão inutilizados e encaminhados a reciclagem, observado o procedimento previsto em regulamentação própria (art. 296 das Normas de Serviço da Corregedoria Geral da Justiça – NSCGJ do TJSP); **B:** incorreta – Há apenas um ofício de distribuição judicial (art. 29, § 1º, das NGCGJ); **C:** correta – (item 2.1, do Cap. II, das NSCGJ do TJSP); **D:** incorreta – A atribuição é do ofício de justiça (art. 29, § 2º, das NSCGJ do TJSP); **E:** incorreta – A incineração é permitida após 1 (um) ano (art. 296 das NSCGJ do TJSP). LM
Gabarito "C".

(Escrevente Técnico – TJSP – 2015 – VUNESP) Escrivão-Diretor da 1ª Vara Cível da Comarca X determina que Escrevente Técnico Judiciário, a ele subordinado, destrua um documento, colocando-o em uma fragmentadora de papel. O Escrevente Técnico Judiciário percebe que o documento é uma petição assinada e devidamente protocolada, que deveria ser encartada em um processo que tramitava naquela Vara e que ainda não havia sido sentenciado. O Escrevente Técnico Judiciário deverá, nos termos do Estatuto dos Funcionários Públicos Civis do Estado de São Paulo,

(A) cumprir a ordem, pois é dever do servidor público cooperar e manter espírito de solidariedade com os companheiros de trabalho.

(B) utilizar-se do documento como papel de rascunho para seu trabalho, considerando que é dever do servidor público zelar pela economia do material do Estado.

(C) representar ao Juiz da Vara, já que é dever do servidor público representar contra ordens manifestamente ilegais.

(D) desempenhar com zelo e presteza os trabalhos de que for incumbido, destruindo o documento.

(E) proceder conforme ordenado pelo Escrivão-Diretor, nada dizendo sobre o assunto, pois é dever do servidor público guardar sigilo sobre os assuntos da repartição.

O inc. II do art. 241 da Lei 10.261/1968 – Estatuto dos Funcionários Públicos Civis do Estado de São Paulo é expresso no sentido de que o servidor deve cumprir as ordens de superiores, havendo ainda a ressalva do dever de representar as que forem manifestamente ilegais. O cumprimento da ordem ilegal, todavia, não pode ser exigido do servidor, em razão do princípio da legalidade determinando na CF/1988.
„Gabarito "C".

(Escrevente Técnico – TJSP – 2015 – VUNESP) Acerca das penalidades previstas pelo Estatuto dos Funcionários Públicos Civis do Estado de São Paulo, é correto afirmar que

(A) a pena de repreensão será aplicada verbalmente, nos casos de indisciplina ou falta de cumprimento dos deveres.

(B) praticar ato definido como crime contra a administração pública enseja a aplicação da demissão a bem do serviço público.

(C) a pena de suspensão, que não excederá 30 (trinta) dias, será aplicada em caso de falta grave ou de reincidência.

(D) a autoridade que aplicar a pena de suspensão poderá converter essa penalidade em multa, na base de 75% (setenta e cinco por cento) por dia de remuneração.

(E) em restando configurado o abandono de cargo, caberá a aplicação da pena de suspensão.

A: incorreta, a pena de repreensão será aplicada por escrito (art. 253 do Estatuto dos Funcionários Públicos); **B**: correta, o art. 257, II, do Estatuto dos Funcionários Públicos, determina a aplicação da pena de demissão a bem do serviço público, de funcionário público que pratica ato definido como crime contra a administração pública; **C**: incorreta, a pena de suspensão não poderá exceder a 90 (noventa) dias (art. 254 do Estatuto dos Funcionários Públicos Civis do Estado de São Paulo); **D**: incorreta: a autoridade poderá converter a penalidade em multa na base de 50% (cinquenta por cento) por dia de remuneração (art. 254, § 2°, do Estatuto dos Funcionários Públicos Civis do Estado de São Paulo; **E**: incorreta: a pena aplicada no caso de abandono é a de

demissão (art. 256, I, do Estatuto dos Funcionários Públicos Civis do Estado de São Paulo).
„Gabarito "B".

(Escrevente Técnico – TJSP – 2015 – VUNESP) João, Escrevente Técnico Judiciário lotado em uma Vara Criminal, praticou ato de insubordinação grave, em 20 de janeiro de 2012. Iniciou-se a apuração preliminar dos fatos de imediato, logo no dia 22 de janeiro de 2012. Mas esta somente veio a ser concluída em dezembro de 2014, concluindo pela prática da infração disciplinar consistente na insubordinação grave, com a ressalva de que João sempre foi um servidor exemplar sem nunca ter sofrido qualquer penalidade disciplinar anteriormente. Nesse caso, a conduta a ser adotada pela autoridade competente, na data de hoje, nos termos do Estatuto dos Funcionários Públicos Civis do Estado de São Paulo, é a

(A) declaração da extinção da punibilidade pela prescrição, que, neste caso, em razão da natureza menos grave da insubordinação, ocorreu em dois anos.

(B) decisão do processo pela aplicação da pena de demissão a bem do serviço público, face à natureza grave do ato de insubordinação.

(C) aplicação imediata da pena de suspensão a João, pois esta é a penalidade cabível para ato de insubordinação.

(D) instauração do processo administrativo disciplinar, assegurados o contraditório e a ampla defesa, para que se decida acerca da penalidade aplicável.

(E) aplicação imediata da pena de repreensão a João, pois esta é a penalidade cabível para ato de insubordinação.

Na aplicação das penas disciplinares serão consideradas a natureza e a gravidade da infração e os danos que dela provierem para o serviço público (art. 252), a pena aplicada neste caso não seria a de demissão, mas a de repreensão (art. 253) e assim, estaria extinta a punibilidade pela prescrição (art. 261, I).
„Gabarito "D".

(Escrevente Técnico – TJSP – 2015 – VUNESP) Em relação aos Procedimentos Disciplinares, nos termos do Estatuto dos Funcionários Públicos Civis do Estado de São Paulo, é correto afirmar que

(A) a contagem do prazo será efetuada computando-se o dia inicial, antecipando-se o vencimento, que incidir em sábado, domingo, feriado ou facultativo, para o primeiro dia útil anterior.

(B) o servidor absolvido pela Justiça, mediante simples comprovação do trânsito em julgado de decisão que o absolveu por falta de provas, será reintegrado ao serviço público, no cargo que ocupava e com todos os direitos e vantagens devidas.

(C) o pedido de reconsideração, que não poderá ser renovado, poderá ser deduzido diante de decisão tomada por Secretário do Estado em única instância, no prazo de 15 (quinze) dias.

(D) o prazo para recorrer da decisão em sindicância é de 10 (dez) dias, contados da publicação da decisão impugnada no Diário Oficial do Estado ou da intimação pessoal do servidor, quando for o caso.

(E) o processo administrativo deverá ser instaurado por portaria, no prazo improrrogável de 8 (oito) dias do recebimento da determinação, e concluído no de 90 (noventa) dias da citação do acusado.

A: incorreta, conforme dispõe o parágrafo único do art. 323, parágrafo único, não se computará no prazo o dia inicial, prorrogando-se o vencimento, que incidir em sábado, domingo, feriado ou facultativo, para o primeiro dia útil seguinte; **B**: incorreta, somente será reintegrado ao serviço público se a absolvição do servidor for decorrente de decisão que negue a existência de sua autoria ou do fato que deu origem à sua demissão (art. 250, § 2º); **C**: incorreta. Caberá pedido de reconsideração, que não poderá ser renovado, da decisão do Governador do Estado em única instância, no prazo de 30 (trinta) dias (art. 313); **D**: incorreta. O prazo para recorrer é de 30 (trinta) dias (art. 312, § 1º); **E**: correta, disposição expressa neste sentido contida no art. 277 do Estatuto dos Funcionários Públicos Civis do Estado de São Paulo.
Gabarito "E".

(Escrevente Técnico – TJSP – 2015 – VUNESP) Os servidores da justiça darão atendimento prioritário às pessoas portadoras de deficiência, aos idosos, às gestantes, às lactantes e às pessoas acompanhadas por crianças de colo, mediante, exemplificativamente,

(A) garantia de lugar privilegiado em filas ou distribuição de senhas com numeração adequada ao atendimento preferencial.

(B) atendimento imediato obrigatório quando da chegada das pessoas em tais condições ao balcão de atendimento.

(C) instalação de cadeiras para que as pessoas em tais condições esperem sentadas, pelo tempo que for necessário.

(D) triagem para atendimento das pessoas em tais condições em sala separada do restante do público, que deverá existir em todos os fóruns.

(E) fila única para atendimento em balcão, atendendo-se às pessoas rigorosamente por ordem de chegada, independentemente de sua condição.

Nos termos do art. 27 das NSCGJ, os servidores da justiça darão atendimento prioritário às pessoas portadoras de deficiência, aos idosos, às gestantes, às lactantes e às pessoas acompanhadas por crianças de colo, mediante garantia de lugar privilegiado em filas, distribuição de senhas com numeração adequada ao atendimento preferencial, alocação de espaço para atendimento exclusivo no balcão, ou implantação de qualquer outro sistema que, observadas as peculiaridades existentes, assegure a prioridade Sendo assim, a alternativa correta é a A.
Gabarito "A".

(Escrevente Técnico – TJSP – 2015 – VUNESP) Acerca da autuação, abertura de volumes e numeração de feitos, preveem as Normas da Corregedoria Geral da Justiça que

(A) todas as conclusões ao juiz serão anotadas no sistema informatizado, acrescendo-se a carga, em meio físico ou eletrônico, no número máximo de 50 (cinquenta) processos por dia.

(B) deverá ser feita conclusão dos autos no prazo de 48 (quarenta e oito) horas e executados os atos processuais no prazo de 3 (três) a 5 (cinco) dias, dependendo da complexidade do ato a ser realizado.

(C) os autos de processos não excederão de 200 (duzentas) folhas em cada volume, salvo determinação judicial expressa em contrário ou para manter peça processual com seus documentos anexos, podendo, nestes casos, ser encerrado com mais ou menos folhas.

(D) para a juntada, na mesma oportunidade, de duas ou mais petições ou documentos, será confeccionado um termo de juntada para cada uma das peças, com a devida descrição pormenorizada do conteúdo delas.

(E) ao receber a petição inicial ou a denúncia, o ofício de justiça providenciará, em 48 (quarenta e oito) horas, a autuação, nela afixando a etiqueta que, gerada pelo sistema informatizado e oriunda do distribuidor, atribui número ao processo.

Não há limitação do número de processos a serem conclusos ao juiz (art. 98, §§ 3º e 5º das NSCGJ); B: incorreta -. Deverá ser feita conclusão dos autos no prazo de 1 (um) dia e executados os atos processuais no prazo de 5 (cinco) dias (art. 97); C: correta – O art. 89 das NSCGJ determina o limite de 200 (duzentas) folhas em cada volume; D: incorreta – Para a juntada, na mesma oportunidade, de duas ou mais petições ou documentos, será confeccionado um único termo de juntada com a relação das peças (art. 93, § 1º); E: incorreta – A autuação deverá ser providenciada em 24 horas (art. 87). **LM**
Gabarito "C".

(Escrevente Técnico – TJSP – 2015 – VUNESP) Consoante as Normas da Corregedoria Geral da Justiça, os mandados de prisão

(A) não serão entregues aos oficiais de justiça, mas encaminhados ao Instituto de Identificação Ricardo Gumbleton Daunt – IIRGD.

(B) não serão objeto de recolhimento de guias de despesas, mas deverão ser cumpridos pelos oficiais de justiça a serviço daquele juízo.

(C) serão entregues diretamente, por meio eletrônico, ao Departamento de Capturas da Polícia Civil do Estado, que tomará as providências cabíveis.

(D) serão distribuídos aos oficiais de justiça que realizaram as devidas buscas com o apoio da Polícia Civil.

(E) serão remetidos por sistema eletrônico ao Comando de Operações – COPOM da Polícia Militar, responsável pelas medidas cabíveis.

Os mandados e contramandados de prisão serão remetidos por correio eletrônico diretamente ao Instituto de Identificação Ricardo Gumbleton Daunt (IIRGD), que se incumbirá da remessa aos demais órgãos competentes para cumprimento. (art. 420 das NSCGJ, Alterado pelo Provimento CG Nº 14/2019). **LM**
Gabarito "A".

(Escrevente Técnico – TJSP – 2015 – VUNESP) Nos termos das Normas da Corregedoria Geral da Justiça, o uso inadequado do sistema de processamento eletrônico do Tribunal de Justiça do Estado de São Paulo que venha a causar prejuízo às partes ou à atividade jurisdicional importará

(A) desconto nos vencimentos do usuário que for servidor público.

(B) bloqueio do cadastro do usuário, sem prejuízo das demais cominações legais.

(C) a devolução dos prazos às partes e a anulação dos atos judiciais.

(D) suspensão do processo para a realização de incidente de saneamento.

(E) a aplicação de medida disciplinar, não havendo responsabilização civil ou criminal.

O bloqueio do cadastro do usuário está previsto no parágrafo único do art. 1.191 das NSCGJ.
Gabarito "B".

(Técnico Judiciário – TJSP – 2013 – VUNESP) Excetuados os casos especiais, decididos pelo juiz, os autos de processos não poderão exceder-se de

(A) 100 (cem) folhas em cada volume.

(B) 500 (quinhentas) folhas em cada volume.

(C) 200 (duzentas) folhas em cada volume.

(D) 50 (cinquenta) folhas em cada volume.

(E) 30 (trinta) folhas em cada volume.

Conforme previsão do art. 89 das NSCGJ do TJSP, os autos de processos não excederão de 200 (duzentas) folhas em cada volume, salvo determinação judicial expressa em contrário ou para manter peça processual com seus documentos anexos, podendo, nestes casos, ser encerrado com mais ou menos folhas.
Gabarito "C".

(Técnico Judiciário – TJSP – 2013 – VUNESP) Mediante controle de movimentação física para garantia do direito de acesso aos autos que não corram em segredo de justiça, poderá ser deferida ao advogado ou estagiário de Direito, regularmente inscritos na OAB, que não tenham sido constituídos procuradores de quaisquer das partes, a carga rápida, pelo período de

(A) 24 (vinte e quatro) horas.

(B) 1 (uma) hora.

(C) 48 (quarenta e oito) horas.

(D) 2 (duas) horas.

(E) 6 (seis) horas.

A carga rápida poderá ser deferida pelo período de 1 (uma) hora (art. 158 das NSCGJ) **LM**
Gabarito "B".

(Técnico Judiciário – TJSP – 2013 – VUNESP) O acesso aos autos judiciais e administrativos, por meio do exame em balcão do Ofício Judicial ou Seção Administrativa, de processos em andamento ou findos, quando não estejam sujeitos a segredo de justiça, é

(A) vedado aos estagiários de Direito.

(B) assegurado somente aos advogados e estagiários de Direito que possuam procuração juntada aos autos.

(C) assegurado somente aos advogados que possuam procuração juntada aos autos.

(D) vedado ao público em geral.

(E) assegurado ao público em geral.

O acesso aos autos judiciais e administrativos de processos em andamento ou findos, mesmo sem procuração, quando não estejam sujeitos a segredo de justiça, é assegurado aos advogados, estagiários de Direito e ao público em geral, por meio do exame em balcão do ofício de justiça ou seção administrativa (art. 157 das NSCGJ). **LM**
Gabarito "E".

(Técnico Judiciário – TJAM – 2013 – FGV) A Lei n. 3.226/08 expressa os princípios norteadores que orientam sua formulação e interpretação. São esses princípios previstos no referido diploma:

I. valorização do servidor da justiça por meio do programa de aperfeiçoamento profissional.

II. crescimento funcional baseado exclusivamente no decurso do tempo de serviço.

III. vencimentos compatíveis com as peculiaridades pessoais dos servidores, a despeito das funções que ocupem.

Assinale:

(A) se somente o princípio I estiver correto.

(B) se somente o princípio III estiver correto.

(C) se somente os princípios I e II estiverem corretos.

(D) se somente os princípios II e III estiverem corretos.

(E) se todos os princípios estiverem corretos.

I: correta (art. 1º, III, da Lei 3.226/08 que dispõe sobre o Plano de Cargos, Carreira e Salários dos Servidores e Serventuários dos Órgãos do Poder Judiciário do Estado do Amazonas); **II**: incorreta, o crescimento funcional é baseado no mérito próprio, mediante avaliação de desempenho (art. 1º, IV, da Lei 3.226/08); **III**: incorreta, os vencimentos são compatíveis com as funções (art. 1º, VI, da Lei 3.226/08).
Gabarito "A".

(Técnico Judiciário – TJAM – 2013 – FGV) A Lei n. 1.762/86 – Estatuto dos Funcionários Públicos Civis do Estado do Amazonas – prevê diversas espécies de licença que podem ser concedidas aos servidores.

As alternativas a seguir apresentam espécie de licença que consta expressamente da referida lei, à exceção de uma. Assinale-a.

(A) Licença para tratamento de interesse particular.

(B) Licença para cumprimento de pena criminal superior a quatro anos.

(C) Licença para tratamento de saúde.

(D) Licença à gestante.

(E) Licença por motivo de doença em pessoa da família.

A alternativa B é a incorreta, por ser a única exceção. Todas as demais alternativas estão previstas no art. 65 da Lei 1.762/86.
Gabarito "B".

(Técnico Judiciário – TJAM – 2013 – FGV) Segundo a LC n. 17/97, o Tribunal de Justiça do Estado do Amazonas terá os seguintes órgãos auxiliares de direção e gerenciamento:

I. Secretaria do Tribunal Pleno;

II. Secretaria de Infraestrutura;

III. Secretaria de Planejamento e Gestão;

IV. Secretaria de Informatização;

V. Secretaria Judiciária.

Assinale:

(A) se somente os itens I, II e IV estiverem corretos.

(B) se somente os itens III e IV estiverem corretos.

(C) se somente os itens II, III e V estiverem corretos.

(D) se somente os itens I e V estiverem corretos.

(E) se todos os itens estiverem corretos.

A Secretaria Geral do Tribunal de Justiça é órgão auxiliar de direção e gerenciamento, sendo composta pelas seguintes secretarias: Secretaria do Tribunal Pleno, Secretaria das Câmaras Reunidas, Secretaria da Primeira Câmara Cível, Secretaria da Segunda Câmara Cível, Secretaria da Primeira Câmara Criminal, Secretaria da Segunda Câmara Criminal, Secretaria da Corregedoria Geral de Justiça, Secretaria de Distribuição de Processos, Secretaria Administrativo-Financeira, Secretaria Judiciária, Secretaria Judiciária de Adoção Internacional e Secretaria e Distribuição do Segundo Grau. Sendo assim, estão corretas as alternativas **I e V, nos termos** do art. 386, II, a, a.1, e a.10, da LC 17/97.
Gabarito "D".

(Técnico Judiciário – TJAM – 2013 – FGV) Com base na LC n. 17/97, o Serviço de Distribuição do Fórum Judicial da Comarca de Manaus terá as seguintes seções especializadas:

(A) uma para os feitos cíveis, uma para os feitos de natureza penal, e uma para os feitos de competência das Varas de Família.

(B) uma para os feitos cíveis, uma para os feitos de natureza penal, e uma para as execuções fiscais e ações delas decorrentes.

(C) uma para os feitos cíveis, uma para os feitos de natureza penal, e uma para os feitos empresariais.

(D) uma para os feitos de natureza penal, uma para os feitos de competência das Varas de Família, e uma para as execuções fiscais e ações delas decorrentes.

(E) uma para os feitos de natureza penal, uma para os feitos empresariais, e uma para os feitos de competência das Varas de Família.

O Serviço de Distribuição do Forum Judicial da Comarca de Manaus terá três (03) Seções especializadas: uma, para os feitos cíveis; uma, para os feitos de natureza penal; e uma, para as execuções fiscais e ações delas decorrentes. Portanto, com base no art. 390 da LC 17/97, a alternativa B está correta.

Gabarito "B".

(Técnico Judiciário – TJAM – 2013 – FGV) Segundo a LC n. 17/97, durante as correições, ao Corregedor compete

(A) sindicar se os Juízes e Serventuários de Justiça têm residência nos lugares onde servem e se cumprem, com exatidão seus deveres.

(B) expedir certidões extraídas de autos, livros, fichas e demais papéis sob sua guarda.

(C) expedir mandados, ofícios, cartas precatórias, cartas rogatórias e outros expedientes determinados pelo Juiz da Vara.

(D) encaminhar autos à Contadoria.

(E) encaminhar os autos para baixa na distribuição e arquivo, quando determinado pelo Juiz.

A: Correta – Art. 89, a, da LC 17/97. B, C, D e E: Incorretas – Os demais atos descritos nas assertivas são de competência do Diretor da Secretaria (art. 404, "e", "h", "l" e "r").; .

Gabarito "A".

(Técnico Judiciário – TJAM – 2013 – FGV) A Lei n. 1.762/86 – Estatuto dos Funcionários Públicos Civis do Estado do Amazonas – tem um capítulo dedicado ao processo disciplinar.

A esse respeito, é correto afirmar que o inquérito administrativo será conduzido por uma Comissão, permanente ou especial, composta por

(A) três funcionários estáveis, dos quais um, no mínimo, será Bacharel em Direito.

(B) cinco funcionários estáveis, dos quais um, no mínimo, será Bacharel em Direito.

(C) três funcionários estáveis, dos quais dois, no mínimo, serão Bacharéis em Direito.

(D) sete funcionários estáveis, dos quais dois, no mínimo, serão Bacharéis em Direito.

(E) cinco funcionários estáveis, dos quais dois, no mínimo, serão Bacharéis em Direito.

Art. 181, *caput* e § 1º, da Lei 1.762/86 – Estatuto dos Funcionários Públicos do Estado do Amazonas.

Gabarito "E".

(Técnico Judiciário – TJAM – 2013 – FGV) Acerca da estrutura do Plano de Cargos, Carreira e Salários, prevista na Lei Estadual n. 3.226/08, o Quadro de Pessoal do Poder Judiciário do Amazonas é constituído de

I. Cargos de provimento efetivo, estruturados em grupos organizacionais.

II. Cargos de provimento em comissão, reunindo os cargos comissionados.

III. Cargos em extinção, compreendendo os cargos de qualquer natureza, sem correspondência no novo quadro, que serão extintos à medida que vagarem.

Assinale:

(A) se somente o item I estiver correto.

(B) se somente o item II estiver correto.

(C) se somente o item III estiver correto.

(D) se somente os itens II e III estiverem corretos.

(E) se todos os itens estiverem corretos.

Todos os itens estão corretos (art. 3º da Lei 3.226/08).

Gabarito "E".

8. Lei 8.112/1990 (Regime Jurídico dos Servidores Públicos Civis Federais)

Rodrigo Bordalo, Ana Paula Garcia, Flavia Barros, Georgia Dias e Ivo Tomita*

1. PROVIMENTO, VACÂNCIA, REMOÇÃO, DISTRIBUIÇÃO E SUBSTITUIÇÃO

1.1. Provimento

(Técnico Judiciário – TRT11 – FCC – 2017) Flora é servidora pública federal e, por preencher os requisitos legais, foi recentemente, promovida. Sua promoção foi concedida em 10 de outubro de 2016 e, um mês depois, ou seja, em 10 de novembro de 2016, ocorreu a publicação do ato de promoção. Nos termos da Lei 8.112/1990, a promoção

(A) não interrompe o tempo de exercício, que será contado no novo posicionamento na carreira a partir de 10 de novembro de 2016.

(B) interrompe o tempo de exercício, sendo contado no novo posicionamento na carreira a partir de 10 de outubro de 2016.

(C) não interrompe o tempo de exercício, que será contado no novo posicionamento na carreira a partir de 10 de outubro de 2016.

(D) interrompe o tempo de exercício, sendo contado no novo posicionamento na carreira a partir de 10 de novembro de 2016.

(E) interrompe o tempo de exercício, sendo contado no novo posicionamento na carreira a partir de 01 de novembro de 2016, ou seja, no primeiro dia do mês seguinte à promoção.

Dispõe o art. 17 da Lei 8.112/1990 que: "a promoção não interrompe o tempo de exercício, que é contado no novo posicionamento na carreira a partir da data de publicação do ato que promover o servidor". **GD**
Gabarito "A".

(Técnico Judiciário – TRE/PI – CESPE – 2016) Com base no disposto na Lei 8.112/1990, assinale a opção correta acerca do estágio probatório.

(A) Se o servidor não for aprovado no estágio probatório, ele será demitido.

(B) O técnico judiciário em estágio probatório poderá acumular seu cargo público com um emprego público no Banco do Brasil, caso haja compatibilidade de horários.

(C) Os vencimentos de técnico judiciário em estágio probatório poderão ser reduzidos, caso essa redução seja de interesse público.

(D) Se, em razão de doença de genitor, o servidor usufruir de licença durante o período de seu estágio probatório, este ficará suspenso durante a licença e será retomado a partir do término do impedimento.

(E) Devido ao fato de ainda não ter adquirido a estabilidade, o técnico judiciário que esteja em estágio probatório não poderá exercer função de chefia, em seu órgão de lotação, durante o estágio.

A: incorreta, será exonerado (art. 20, § 2º, da Lei 8.112/199); **B:** incorreta, tal cumulação é vedada (art. 118 da Lei 8.112/1990 e art. 37, XVI, da CF); **C:** incorreta, os vencimentos são irredutíveis (art. 41, § 3º, da Lei 8.112/1990); **D:** correta (arts. 20, § 5º e 81, I, da Lei 8.112/1990); **E:** incorreta, pois poderá exercer (art. 20, § 3º, da Lei 8.112/1990). **GD**
Gabarito "D".

(Técnico Judiciário – Área Administrativa – TRT8 – 2013 – CESPE) A respeito da Lei n.º 11.416/2006, que dispõe sobre as carreiras dos servidores do Poder Judiciário da União, assinale a opção correta.

(A) Para fins de identificação funcional, aos ocupantes do cargo da carreira de técnico judiciário – área administrativa cujas atribuições estejam relacionadas às funções de segurança é conferida a denominação de inspetor de segurança judiciária.

(B) As funções comissionadas de natureza gerencial em que haja poder de decisão devem ser exercidas por servidores com formação superior.

(C) As carreiras de analista judiciário, técnico judiciário e auxiliar técnico integram os quadros de pessoal efetivo do Poder Judiciário da União.

(D) O adicional de qualificação não será considerado no cálculo dos proventos e das pensões.

(E) É possível o recebimento do adicional de qualificação por técnico judiciário que tenha apresentado certificado de curso de especialização em área de interesse do órgão do Poder Judiciário da União em que esteja lotado.

A: Incorreta. Para fins de identificação funcional, aos ocupantes de cargo da carreira de *Técnico Judiciário* – área administrativa cujas atribuições estejam relacionadas às funções de segurança são conferidas a denominação de *Agente de Segurança Judiciária*. Por outro lado, a denominação de *Inspetor de Segurança Judiciária*, mencionada na alternativa, é atribuída aos ocupantes da carreira de *Analista Judiciário – área administrativa* (art. 4º, § 2º, da Lei 11.416/2006); **B:** Incorreta. As funções comissionadas de natureza gerencial serão exercidas *preferencialmente* por servidores com formação superior (art. 5º, § 2º, da Lei 11.416/2006); **C:** Incorreta. Conforme dispõe o art. 2º da Lei 11.416/2006, os Quadros de Pessoal efetivo do Poder Judiciário são compostos pelas carreiras de Analista Judiciário, Técnico Judiciário e *Auxiliar Judiciário*, constituídas pelos respectivos cargos de provimento efetivo, diferentemente do que afirma a alternativa "C" (auxiliar técnico); **D:** Incorreta. O Adicional de Qualificação, destinados aos servidores mencionados no art. 2º da Lei 11.416/2006, será considerado no cálculo dos proventos e das pensões (art. 14, § 5º, da Lei 11.416/2006); **E:**

---

* **Georgia Dias** comentou as questões dos concursos CESPE – 2013, e todos os concursos de 2016 e 2017. **Ivo Tomita** comentou as questões dos concursos Técnico – STF – 2013 – CESPE, Técnico – TRT/2ª Região – 2014 – FCC, Técnico Judiciário – Área Administrativa – TRT8 – 2013 – CESPE, Técnico Judiciário – Área Administrativa – TRT/12ª – 2013 – FCC, Técnico – TRT/19ª Região – 2014 – FCC e Técnico – TRF/3ª Região – 2014 – FCC. **Ana Paula Garcia** comentou as demais questões.

Correta, pois o adicional de qualificação é destinado aos servidores das Carreiras de Analista Judiciário, Técnico Judiciário e Auxiliar Judiciário (art. 14 da Lei 11.416/2006).
Gabarito "E"

(Técnico Judiciário – Área Administrativa – TRT8 – 2013 – CESPE) Ainda sobre a Lei n.º 11.416/2006, assinale a opção correta.

(A) A remuneração dos cargos em comissão é composta pelo vencimento básico do cargo e pela gratificação judiciária.

(B) Devem ser enquadrados na especialidade de oficial de justiça avaliador federal os ocupantes do cargo de analista judiciário – área administrativa cujas atribuições estejam relacionadas com a execução de mandados e atos processuais de natureza externa, na forma estabelecida pela legislação processual civil, penal, trabalhista e demais leis especiais.

(C) A progressão funcional é a movimentação do servidor do último padrão de uma classe para o primeiro padrão da classe seguinte.

(D) O TRT da 8.ª Região, órgão integrante do Poder Judiciário da União, é autorizado a transformar, sem aumento de despesa, no âmbito de suas competências, as funções comissionadas de seu quadro de pessoal, vedada a transformação de função em cargo.

(E) Na elaboração dos regulamentos de que trata a lei em questão, não é possível contar com a participação de entidades sindicais.

A: Incorreta. "A remuneração dos **cargos de provimento efetivo** das Carreiras dos Quadros de Pessoal do Poder Judiciário é composta pelo Vencimento Básico do cargo e pela Gratificação Judiciária (GAJ), acrescida das vantagens pecuniárias permanentes estabelecidas em lei" (art. 11, *caput*, da Lei 11.416/2006); **B**: Incorreta. Serão enquadrados na especialidade de Oficial de Justiça Avaliador Federal os ocupantes do cargo de Analista Judiciário – **área judiciária** cujas atribuições estejam relacionadas com a execução de mandados e atos processuais de natureza externa, na forma estabelecida pela legislação processual civil, penal, trabalhista e demais leis especiais (art. 4º, § 1º, da Lei 11.416/2006); **C**: Incorreta. A progressão funcional é a movimentação do servidor de um padrão para o seguinte **dentro de uma mesma classe**, observado o interstício de um ano, sob os critérios fixados em regulamento e de acordo com o resultado de avaliação formal de desempenho (art. 9º, § 1º, da Lei 11.416/2006); **D**: Correta. Não somente o TRT da 8ª Região, como todos os órgãos do Poder Judiciário da União estão autorizados a transformar, sem aumento de despesa, no âmbito de suas competências, as funções comissionadas e os cargos em comissão de seu quadro de pessoal, vedada a transformação de função em cargo ou vice-versa (art. 24, parágrafo único, da Lei 11.416/2006); **E**: Incorreta. É possível, conforme dispõe o art. 27 da Lei 11.416/2006, a participação de entidades sindicais na elaboração dos regulamentos de que trata a Lei recentemente mencionada.
Gabarito "D"

(Técnico Judiciário – Área Administrativa – TRT/12ª – 2013 – FCC) Segundo a Lei 8.112/1990, especificamente no que concerne ao regime jurídico dos servidores públicos da União, é INCORRETO:

(A) A posse, em regra, ocorrerá no prazo de trinta dias contados da publicação do ato de provimento.

(B) Não se abrirá novo concurso enquanto houver candidato aprovado em concurso anterior com prazo de validade não expirado.

(C) As universidades e instituições de pesquisa científica e tecnológica federais poderão prover seus cargos com professores, técnicos e cientistas estrangeiros, de acordo com as normas e os procedimentos previstos em lei.

(D) Para as pessoas portadoras de deficiência serão reservadas até 10% (dez por cento) das vagas oferecidas no concurso público para provimento de cargo com atribuições compatíveis com a deficiência de que são portadoras.

(E) Só haverá posse nos casos de provimento de cargo por nomeação.

A: Correta (art. 13, § 1º, da Lei 8.112/1990); **B**: Correta (art. 12, § 2º, da Lei 8.112/1990); **C**: Correta (art. 5º, § 3º, da Lei 8.112/1990); **D**: Incorreta, devendo ser assinalada, pois, nos termos do § 2º do art. 5º da Lei 8.112/1990, às pessoas com deficiência serão reservadas até 20% (vinte por cento) das vagas oferecidas no concurso público; **E**: Correta (art. 13, § 4º, da Lei 8.112/1990).
Gabarito "D"

(Técnico – TRE/CE – 2012 – FCC) A Lei nº 11.416/2006 estabeleceu que os órgãos do Poder Judiciário da União fixarão em ato próprio a lotação dos cargos efetivos, das funções comissionadas e dos cargos em comissão nas unidades componentes de sua estrutura. A referida Lei

(A) vedou expressamente qualquer espécie de alteração, exclusão ou transformação de funções comissionadas e os cargos em comissão de seu quadro de pessoal.

(B) não autorizou os mencionados órgãos a transformar, sem aumento de despesa, no âmbito de suas competências, as funções comissionadas e os cargos em comissão de seu quadro de pessoal.

(C) autorizou os mencionados órgãos a transformar, sem aumento de despesa, no âmbito de suas competências, as funções comissionadas e os cargos em comissão de seu quadro de pessoal, inclusive a transformação de função em cargo ou vice-versa.

(D) autorizou os mencionados órgãos a transformar, sem aumento de despesa, no âmbito de suas competências, apenas 50% das funções comissionadas e os cargos em comissão de seu quadro de pessoal, inclusive a transformação de função em cargo ou vice-versa.

(E) autorizou os mencionados órgãos a transformar, sem aumento de despesa, no âmbito de suas competências, as funções comissionadas e os cargos em comissão de seu quadro de pessoal, sendo vedada a transformação de função em cargo ou vice-versa.

Art. 24, parágrafo único, da Lei 11.416/2006.
Gabarito "E"

(Técnico – TRE/CE – 2012 – FCC) Considere as assertivas abaixo a respeito das funções comissionadas de natureza gerencial.

I. As funções comissionadas de natureza gerencial serão exercidas obrigatoriamente por servidores com formação superior.

II. Os servidores designados para o exercício de função comissionada de natureza gerencial que não tiverem participado de curso de desenvolvimento gerencial oferecido pelo órgão deverão fazê-lo no prazo de até um ano da publicação do ato, a fim de obterem a certificação.

III. Consideram-se funções comissionadas de natureza gerencial aquelas em que não haja vínculo de subordinação e poder de decisão, sendo suas funções especificadas em regulamento.

De acordo com a Lei nº 11.416/2006 está correto o que se afirma APENAS em

(A) I.

(B) II.

(C) I e II.

(D) II e III.

(E) III.

I: incorreta, pois as funções comissionadas de natureza gerencial serão exercidas preferencialmente por servidores com formação superior (art. 5º, § 2º, da Lei 11.416/2006); **II:** correta (art. 5º, § 4º, da Lei 11.416/2006); **III:** incorreta, pois consideram-se funções comissionadas de natureza gerencial aquelas em que haja vínculo de subordinação e poder de decisão, especificados em regulamento, exigindo-se do titular participação em curso de desenvolvimento gerencial oferecido pelo órgão (art. 5º, § 3º, da Lei 11.416/2006).
Gabarito "B".

(Técnico – TRE/PR – 2012 – FCC) De acordo com a Lei Federal n. 8.112/1990, aos deficientes físicos é assegurado o direito

(A) subjetivo à nomeação para cargo efetivo na administração pública, ainda que não sejam nomeados os demais aprovados no concurso do qual participaram.

(B) a participar de concurso público para provimento de cargo efetivo, reservando-se às pessoas nessas condições prioridade em relação à aprovação de todos os demais participantes, em percentual de 10% das vagas.

(C) à nomeação para emprego público, independentemente da participação em concurso público de provas e títulos, em percentual de 5% das vagas não ocupadas.

(D) de se inscreverem em concurso público para provimento de cargo, cujas atribuições sejam compatíveis com a deficiência de que são portadores, devendo ser reservado para pessoas nessas condições até 20% das vagas oferecidas no concurso.

(E) à nomeação para 20% das vagas oferecidas no concurso público, independentemente da nomeação dos demais aprovados e da deficiência apresentada.

Art. 5º, § 2º, da Lei 8.112/1990.
Gabarito "D".

1.2. Vacância

(Técnico – TRE/SP – 2012 – FCC) Cecília, servidora pública federal, foi reintegrada no cargo anteriormente ocupado. Porém, referido cargo estava provido por Francisco. Nesse caso, Francisco será, dentre outras alternativas,

(A) reconduzido ao cargo de origem, sem direito à indenização.

(B) revertido ao cargo de origem, com direito à indenização.

(C) posto em disponibilidade remunerada, com indenização a critério da administração.

(D) removido ao cargo de origem ou para outro cargo, vedada qualquer indenização.

(E) redistribuído a outro cargo de provimento efetivo de maior remuneração.

Art. 28, § 2º, da Lei 8.112/1990.
Gabarito "A".

(Técnico Judiciário – TRF/1ª – 2011 – FCC) Dentre outras hipóteses, a vacância do cargo público decorrerá de

(A) reintegração.

(B) readaptação.

(C) reversão.

(D) aproveitamento.

(E) remoção.

Art. 33, VI, da Lei 8.112/1990, as demais alternativas são formas de provimento.
Gabarito "B".

(TRT/16ª – 2014 – FCC) Poliana, após tomar posse em determinado cargo público, não entrou em exercício no prazo estabelecido. Nos termos da Lei nº 8.112/90, a conduta de Poliana acarretará sua

(A) demissão.

(B) exoneração de ofício.

(C) cassação de disponibilidade.

(D) suspensão por noventa dias, até que regularize a falta cometida.

(E) advertência, compelindo-a a regularizar a falta cometida.

A, C, D e E: incorretas, pois se o servidor não entrar em exercício no prazo legal, será exonerado do cargo (art. 15, § 2º, da Lei 8.112/90); **B:** correta (art. 15, § 2º, da Lei 8.112/90).
Gabarito "B".

1.3. Remoção, redistribuição e substituição

(Técnico Judiciário – TRT9 – 2012 – FCC) Carlos, servidor público federal ocupante de cargo efetivo, estável, é casado com Ana, também servidora pública, e ambos possuem a mesma localidade de exercício funcional. Ocorre que Ana foi deslocada para outra cidade, no interesse da Administração. De acordo com as disposições da Lei nº 8.112/1990, Carlos

(A) pode ser removido a pedido, no interesse da Administração, desde que Ana tenha ingressado no serviço público antes dele.

(B) possui direito à remoção a pedido, a critério da Administração, desde que Ana seja servidora federal.

(C) pode ser removido de ofício, independentemente do interesse da Administração.

(D) possui direito à remoção a pedido, mesmo que Ana seja servidora estadual ou municipal.

(E) não pode ser removido a pedido, mas apenas de ofício e desde que conte com mais de cinco anos de serviço público.

Nos termos do art. 36, parágrafo único, III, "a", da Lei 8.112/1990, cabe remoção a pedido, para outra localidade, independentemente do interesse da Administração Pública, para acompanhar cônjuge (ou companheiro), desde que este seja servidor de qualquer dos Poderes de todos os entes federativos, que tenha sido deslocado no interesse da Administração Pública. Dessa forma, apenas a alternativa "D" é correta.
Gabarito "D".

2. DIREITOS E VANTAGENS

2.1. Vencimentos e remuneração

(Técnico Judiciário – Área Administrativa – TRT8 – 2013 – CESPE) A propósito das vantagens previstas na Lei n.º 8.112/1990 que podem ser pagas ao servidor, assinale a opção correta.

(A) Ao servidor ocupante de cargo efetivo investido em função de chefia é devido o pagamento de adicional pelo seu exercício.

(B) A gratificação por encargo de curso ou concurso será devida ao servidor que, em caráter eventual, participar de banca examinadora para exames orais e somente será paga se a referida atividade for exercida sem prejuízo das atribuições de seu cargo, ou mediante compensação de carga horária, quando desempenhada durante a jornada de trabalho.

(C) As gratificações, os adicionais e as indenizações incorporam-se ao vencimento, nos casos e condições indicados em lei.

(D) É possível a concessão de auxílio-moradia para o servidor cujo deslocamento tenha ocorrido por força de alteração de lotação resultante de concurso de remoção a pedido.

(E) A ajuda de custo consiste em vantagem indenizatória que se destina a compensar as despesas de instalação do servidor que, no interesse do serviço, passar a ter exercício em nova sede, com mudança de domicílio em caráter transitório ou permanente.

A: Incorreta. Ao servidor ocupante de cargo efetivo investido em função de chefia é devida retribuição pelo seu exercício (art. 62 da Lei 8.112/1990); **B:** Correta, conforme art. 76-A, II, e § 2°, da Lei 8.112/1990; **C:** Incorreta. Apenas as gratificações e os adicionais incorporam-se ao vencimento ou provento, diferentemente das indenizações (art. 49, §§ 1° e 2°, da Lei 8.112/1990); **D:** Incorreta. O auxílio-moradia não será concedido se o deslocamento decorrer por força de alteração de lotação ou nomeação para cargo efetivo (art. 60-A, VIII, da Lei 8.112/1990); **E:** Incorreta. A ajuda de custo consiste em vantagem indenizatória que se destina a compensar as despesas de instalação do servidor que, *no interesse do serviço*, passar a ter exercício em nova sede, com mudança de domicílio em caráter permanente (art. 53, *caput*, da Lei 8.112/1990).
Gabarito "B".

(Técnico Judiciário – Área Administrativa – TRT/12ª – 2013 – FCC) De acordo com a Lei 8.112/1990, considere:

I. Amarildo é servidor público nomeado para um cargo em cidade que conta com imóvel funcional disponível para o servidor.

II. Marilda, companheira do servidor Naldo, ocupa um imóvel funcional na cidade onde trabalha.

III. Plínio, servidor público federal, é casado e tem dois filhos. Sua filha mais velha reside com ele e recebe auxílio-moradia.

IV. Pafúncio é nomeado para um cargo em determinada cidade onde já foi proprietário de um imóvel, vendido cinco anos antes de sua nomeação.

NÃO terão direito ao auxílio-moradia, os servidores indicados

APENAS nas hipóteses

(A) I, II e III.

(B) I, II e IV.

(C) III e IV.

(D) I e III.

(E) II e IV.

I: Correta (art. 60-B, I, da Lei 8.112/1990); **II:** Correta (art. 60-B, II, da Lei 8.112/1990); **III:** Correta (Art. 60-B, IV, da Lei 8.112/1990); **IV:** Incorreta. "O servidor que não tenha sido domiciliado ou tenha residido no Município, nos últimos doze meses, aonde for exercer o cargo em comissão ou função de confiança, desconsiderando-se prazo inferior a sessenta dias dentro desse período" terá direito ao auxílio-moradia (art. 60-B, VII, da Lei 8.112/1990).
Gabarito "A".

2.2. Vantagens (indenização, ajuda de custo, diária, indenização de transporte, auxílio-moradia, gratificações e adicionais, redistribuição, gratificação natalina, gratificação por encargo de cursos ou concurso) e férias

(Técnico – TRT2 – FCC – 2018) De acordo com a Lei no 8.112/1990, o servidor que, a serviço, afastar-se da sede em caráter eventual ou transitório para outro ponto do território nacional ou para o exterior

(A) terá direito ao recebimento de diária, sendo que, na hipótese de o servidor retornar à sede em prazo menor do que o previsto para o seu afastamento, não terá obrigatoriedade de restituir o que recebeu em excesso, uma vez que a diária é devida em razão do deslocamento e não do tempo de permanência, recebendo o excesso a título de indenização.

(B) não terá direito ao recebimento de diária, uma vez que a diária só é devida nos casos em que o deslocamento da sede constituir exigência permanente do cargo e não eventual ou temporária.

(C) terá direito ao recebimento de diária, sendo que, na hipótese de o servidor receber diárias e não se afastar da sede, por qualquer motivo, fica obrigado a restituí--las integralmente, no prazo de sessenta dias.

(D) terá direito ao recebimento de diária somente na hipótese de afastamento dentro do território nacional, sendo indevida por expressa vedação legal quando o deslocamento ocorrer para o exterior.

(E) terá direito ao recebimento de diária que será concedida por dia de afastamento, sendo devida pela metade quando o deslocamento não exigir pernoite fora da sede, ou quando a União custear, por meio diverso, as despesas extraordinárias cobertas por diárias.

A: incorreta – como regra estabelecida no artigo 58 da lei n° 8.112/1990, o servidor que, a serviço, afastar-se da sede em caráter eventual ou transitório para outro ponto do território nacional ou para o exterior, fará jus a passagens e diárias destinadas a indenizar as parcelas de despesas extraordinária com pousada, alimentação e locomoção urbana. Logicamente, **as diárias são concedidas por dia de afastamento para cobertura relativas ao período em que esteve a serviço do ente público**. Diante dessa premissa, deve devolver a diária em caso de retorno em prazo menor que seu afastamento; **B:** incorreta – artigo 59 da lei n° 8.112/1990; **C:** incorreta – a lei fala no prazo de 05 dias para restituição – artigo 59 da lei n° 8.112/1990; **D:** incorreta – como regra estabelecida no artigo 58 da lei nº 8.112/1990, o servidor que, a serviço, afastar-se da sede em caráter eventual ou transitório **para outro ponto do território nacional ou para o exterior**, fará jus a passagens e diárias destinadas a indenizar as parcelas de despesas extraordinária com pousada, alimentação e locomoção urbana; E: correta – a diária será concedida por dia de afastamento, sendo devida pela metade quando o deslocamento não exigir pernoite fora da sede, ou quando a União custear, por meio diverso, as despesas extraordinárias cobertas por diárias – artigo 58 §1º da lei nº 8.112/1990. FMB

Gabarito "E".

(Técnico – TRF5 – FCC – 2017) Breno, servidor público ocupante de cargo efetivo, viajou à Fortaleza a trabalho por alguns dias. Com a proximidade do fim de semana, adiou o retorno para seu domicílio, permanecendo na cidade por mais dois dias, que custeou pessoalmente no mesmo local de hospedagem em que já estava. De volta ao trabalho, pleiteou o recebimento de diárias por todo o período ausente de seu local de classificação, como forma de ressarcimento pelas despesas de hospedagem e alimentação. A conduta do servidor

(A) é condizente com seus direitos e obrigações, na medida em que tem direito ao recebimento de algumas vantagens além dos vencimentos, tendo as diárias natureza jurídica indenizatória pelas despesas incorridas.

(B) viola os direitos legalmente previstos na Lei no 8.112/1990, na medida em que não obteve prévia autorização para permanecer na cidade de deslocamento por mais dois dias, com direito a diárias.

(C) pode configurar ato de improbidade, na medida em que intencionalmente buscou indenização por despesas que não se consubstanciam em fundamento para recebimento de diárias, devidas apenas para os dias em que estivesse em serviço.

(D) configura infração disciplinar e civil, esta sob a modalidade de ato de improbidade, processando-se as responsabilidades de forma subsequente, iniciando-se pelo processo administrativo que poderá ensejar a extinção do vínculo funcional, com a aplicação de penalidade de demissão, o que impedirá a condenação por improbidade.

(E) pode ser compatível com a legislação vigente, desde que o servidor demonstre que as despesas de hospedagem e alimentação no período equivalem ou superam o montante pleiteado a título de diárias, para que não reste configurado enriquecimento ilícito.

Como regra estabelecida no artigo 58 da lei nº 8.112/1990, o servidor que, a serviço, afastar-se da sede em caráter eventual ou transitório para outro ponto do território nacional ou para o exterior, fará jus a passagens e diárias destinadas a indenizar as parcelas de despesas extraordinária com pousada, alimentação e locomoção urbana. Logicamente, as diárias são concedidas por dia de afastamento para cobertura relativas ao período em que esteve a serviço do ente público. Fora isso, como no caso em tela, configura ato de improbidade que importa enriquecimento ilícito do servidor a indenização pelo período em que passou em uma cidade para fins pessoais. FMB

Gabarito "C".

(Técnico Judiciário – TRE/SP – FCC – 2017) Joaquim é servidor público federal e está cursando o terceiro ano da faculdade de Direito da sua cidade. Ocorre que Joaquim terá que mudar de sede, no interesse da Administração pública. Nos termos da Lei 8.112/90, desde que preenchi-

dos os demais requisitos legais, será assegurada matrícula em instituição de ensino congênere,

(A) apenas no início do próximo ano letivo e desde que exista vaga, arcando a Administração com eventual prejuízo pelo período em que eventualmente fique sem estudar.

(B) na localidade da nova residência ou na mais próxima e em qualquer época do ano, independentemente de vaga.

(C) exclusivamente na localidade da nova residência, independentemente de vaga.

(D) em qualquer época do ano, mas desde que exista vaga, arcando a Administração com eventual prejuízo pelo período em que eventualmente fique sem estudar.

(E) apenas no início do próximo ano letivo, independentemente de vaga.

A letra "B" corresponde ao disposto no art. 99 da Lei 8.112/1990. GD

Gabarito "B".

(Técnico Judiciário – TRT/23ª – 2011 – FCC) Sobre as férias dos servidores públicos civis federais, prevista na Lei nº 8.112/1990, é correto afirmar que:

(A) O servidor fará jus a trinta dias de férias, que não podem, em qualquer hipótese, ser acumuladas com outro período.

(B) As férias poderão ser parceladas em até três etapas, desde que assim requeridas pelo servidor, e no interesse da Administração Pública.

(C) O pagamento da remuneração das férias será efetuado até um dia antes do início do respectivo período, observando-se os demais preceitos estabelecidos em lei.

(D) É facultado ao servidor público levar à conta de férias qualquer falta ao serviço.

(E) A indenização relativa ao período de férias do servidor exonerado será calculada com base na remuneração do mês posterior àquele em que for publicado o ato exoneratório.

A: incorreta, pois o servidor fará jus a trinta dias de férias, que podem ser acumuladas, até o máximo de dois períodos, no caso de necessidade do serviço, ressalvadas as hipóteses em que haja legislação específica (art. 77, *caput*, da Lei 8.112/1990); **B:** correta (art. 77, § 3º, da Lei 8.112/1990); **C:** incorreta, pois o pagamento da remuneração das férias será efetuado até 2 (dois) dias antes do início do respectivo período (art. 78, *caput*, da Lei 8.112/1990); **D:** incorreta, pois é vedado levar à conta de férias qualquer falta ao serviço (art. 77, § 2º, da Lei 8.112/1990); **E:** incorreta, pois a indenização será calculada com base na remuneração do mês em que for publicado o ato exoneratório (art. 78, § 4º, da Lei 8.112/1990).

Gabarito "B".

(Técnico Judiciário – TRE/AL – 2010 – FCC) Antonia, servidora pública federal, recebeu R$ 1.000,00 (um mil reais) a título de diárias. Entretanto, atendendo a ordens superiores, não houve necessidade de afastar-se da sede. Nesse caso, no que se refere às diárias, Antonia

(A) ficará obrigada a restituí-las, integralmente, no prazo de cinco dias.

(B) deverá restituí-las, pela metade, no prazo de cinco dias.

(C) não deverá restituí-las, por ter cumprido ordens superiores.

(D) poderá compensar um terço do valor como dias trabalhados, mas restituindo o saldo.

(E) deverá restituí-las, de imediato, no valor de dois terços e o restante até trinta dias.

Art. 59, *caput*, da Lei 8.112/1990.

Gabarito "A".

(Técnico – TRE/CE – 2012 – FCC) Gioconda Monalisa é técnica judiciária do Tribunal Regional Eleitoral do Estado do Ceará, exercendo cargo efetivo. Apesar de não exigido para o exercício do cargo de técnico, Gioconda Monalisa é graduada pela Universidade X no curso de Direito (não possuindo especialização, mestrado ou doutorado). Neste caso, de acordo com a Lei nº 11.416/2006, com relação ao adicional de qualificação – AQ ela

(A) não terá direito uma vez que este adicional é devido somente para cargo em comissão.

(B) terá direito na proporção de 5% sobre seu vencimento básico.

(C) terá direito na proporção de 2,5% sobre seu vencimento básico.

(D) não terá direito por ausência de previsão legal.

(E) terá direito na proporção de 1,5% sobre seu vencimento básico.

De acordo com o disposto no art. 14 da Lei 11.416/2006, o adicional de qualificação foi instituído aos servidores das Carreiras dos Quadros de Pessoal do Poder Judiciário, em razão dos conhecimentos adicionais adquiridos em ações de treinamento, títulos, diplomas ou certificados de cursos de pós-graduação, em sentido amplo ou estrito, em áreas de interesse dos órgãos do Poder Judiciário a serem estabelecidas em regulamento. Ou seja, não há previsão de pagamento de adicional de qualificação para o caso descrito da questão, de servidor com graduação, mas apenas em caso de ações de treinamento, títulos, diplomas ou certificados de cursos de pós-graduação, em sentido amplo ou estrito, em áreas de interesse dos órgãos do Poder Judiciário a serem estabelecidas em regulamento.

Gabarito "D".

2.3. Licenças E AFASTAMENTOS

(Técnico – TRF/4 – FCC – 2019) Um servidor público recém nomeado para cargo efetivo na Administração direta foi convidado para representar o Brasil em conselho internacional situado no exterior, com competência deliberativa em matéria comercial. O servidor, que conta apenas com 15 meses de cargo público, mas possui notório conhecimento na área, o que motivou o convite,

(A) não poderá representar o Brasil para a finalidade indicada, o que é permitido apenas aos servidores titulares de cargos efetivos que já tenham sido devidamente confirmados.

(B) não poderá aceitá-lo, pois o estágio probatório em curso não permite ao servidor a concessão de nenhuma licença ou afastamento, privativos de servidores efetivos.

(C) poderá assumir a representação do Brasil, ficando antecipadamente concluído o período de estágio probatório em razão da superioridade das funções a serem desempenhadas em nível internacional.

(D) poderá pleitear afastamento, prosseguindo com o cumprimento do estágio probatório na localidade onde se situa o organismo internacional que passará a integrar, sendo de rigor adaptação dos critérios de avaliação às novas atividades desenvolvidas.

(E) poderá ser afastado para desempenhar as funções no organismo internacional, operando-se a suspensão do estágio probatório, que voltará a transcorrer após o encerramento da representação no exterior.

Art. 20, § 5º, da Lei 8.112/1990. FB

Gabarito "E".

(Técnico – TRT2 – FCC – 2018) Suponha que determinado servidor público federal tenha solicitado licença para tratar de interesses particulares, a qual, contudo, restou negada pela Administração. Entre os possíveis motivos legalmente previstos para negativa, nos termos disciplinados pela Lei no 8.112/1990, se insere(m):

I. Estar o servidor no curso de estágio probatório.

II. Ser o servidor ocupante exclusivamente de cargo em comissão.

III. Razões de conveniência da Administração.

Está correto o que se afirma em

(A) I, II e III.

(B) II, apenas.

(C) II e III, apenas.

(D) I e III, apenas.

(E) I e II, apenas.

Dia o artigo 91 da lei nº 8.112/1990 que: "**a critério da Administração**, poderão ser concedidas **ao servidor ocupante de cargo efetivo, desde que não esteja em estágio probatório**, licenças para o trato de assuntos particulares pelo prazo de até três anos consecutivos, sem remuneração". Portanto, pode ser negada a licença para tratar de assuntos particulares: por conveniência da Administração, se o servidor não for ocupante de cargo efetivo e se estiver ainda em estágio probatório. FMB

Gabarito "A".

(Técnico Judiciário – TRT20 – FCC – 2016) Aristides, servidor público do Tribunal Regional do Trabalho da 20ª Região, usufruiu de afastamento para estudar no exterior, tendo o mencionado período perdurado por quatro anos, ou seja, até 2014. Aristides pretende novo afastamento para estudo em Paris. Nos termos da Lei 8.112/1990, além da autorização do Presidente

(A) do Tribunal Regional do Trabalho da 20ª Região, deverá aguardar até 2017, ou seja, é necessário aguardar o transcurso de três anos para que tenha direito a nova ausência.

(B) da República, não necessitará aguardar qualquer lapso temporal, pois já faz jus ao novo afastamento.

(C) do Supremo Tribunal Federal, deverá aguardar até 2018, ou seja, é necessário aguardar o transcurso de quatro anos para que tenha direito a nova ausência.

(D) do Tribunal Regional do Trabalho da 20ª Região, não necessitará aguardar qualquer lapso temporal, pois já faz jus ao novo afastamento.

(E) do Supremo Tribunal Federal, deverá aguardar até 2017, ou seja, é necessário aguardar o transcurso de três anos para que tenha direito a nova ausência.

Dispõe o art. 95, *caput* e § 1º da Lei 8.112/1990: "art. 95. O servidor não poderá ausentar-se do País para estudo ou missão oficial, sem autorização do Presidente da República, Presidente dos Órgãos do Poder Legislativo e Presidente do Supremo Tribunal Federal. § 1º A ausência não excederá a 4 (quatro) anos, e finda a missão ou estudo, somente decorrido igual período, será permitida nova ausência". 🅖🅓
Gabarito "C".

(Técnico Judiciário – TRE/SP – FCC – 2017) Considere:

I. Exercício de cargo ou função de governo ou administração, em qualquer parte do território nacional, por nomeação do Presidente da República.

II. Desempenho de mandato eletivo federal, estadual, municipal ou do Distrito Federal, inclusive para promoção por merecimento.

III. Participação em competição desportiva nacional ou convocação para integrar representação desportiva nacional, no País ou no exterior, conforme disposto em lei específica.

IV. Licença por motivo de acidente em serviço.

Nos termos da Lei 8.112/1990, são considerados como de efetivo exercício os afastamentos constantes APENAS em

(A) I, II e III.

(B) I e III.

(C) I, II e IV.

(D) I, III e IV.

(E) III e IV.

I: correta (art. 102, III, da Lei 8.112/1990); **II**: incorreta, *exceto* para a promoção por merecimento (art. 102, V, da Lei 8.112/1990); **III**: correta (art. 102, X, da Lei 8.112/1990); **IV**: correta (art. 102, VIII, *d*, da Lei 8.112/1990). 🅖🅓
Gabarito "D".

(Técnico Judiciário – Área Administrativa – TRT8 – 2013 – CESPE) No que tange às licenças e aos afastamentos disciplinados pela Lei n.º 8.112/1990, assinale a opção correta.

(A) Um dos requisitos necessários para a autorização de afastamento de servidor público, para estudo no exterior, destinado à realização de programa de doutorado, consiste na exigência de que o servidor titular de cargo efetivo esteja no respectivo órgão há pelo menos quatro anos, incluído o período de estágio probatório.

(B) O servidor público federal investido em mandato de deputado federal será afastado do cargo, sendo-lhe facultado optar pela sua remuneração.

(C) A licença para capacitação concedida dentro de noventa dias do término de outra da mesma espécie será considerada como prorrogação.

(D) O estágio probatório deve ser interrompido durante a licença para atividade política e será reiniciado a partir do término do impedimento.

(E) É assegurado ao servidor o direito a licença, sem prejuízo da remuneração, para o desempenho de mandato classista.

A: Correta, nos termos do art. 96-A, § 2º, da Lei 8.112/1990. **B**: Incorreta. Ao servidor investido em mandato eletivo federal, estadual ou distrital, a Lei menciona tão somente o afastamento do cargo. A possibilidade de optar pela remuneração decorrente do exercício do mandato eletivo ocorrerá apenas na hipótese de investidura no mandato de vereador, desde que não haja compatibilidade de horário, ocasião

em que será afastado do cargo (art. 94, III, *b*, da Lei 8.112/1990); **C**: Incorreta. As licenças do art. 81 da Lei 8.112/1990 concedidas dentro do prazo de 60 (sessenta) dias do término da outra da mesma espécie serão consideradas como prorrogação (art. 82 da Lei 8.112/1990); **D**: Incorreta. O estágio probatório ficará **suspenso** durante a licença para atividade política e será retomado a partir do término do impedimento (art. 20, § 5º, da Lei 8.112/1990); E: Incorreta. À luz do art. 92, *caput*, é assegurado ao servidor o direito à licença **sem remuneração** para o desempenho de mandato classista. Sobre o tema, é importante analisar o art. 92 em sua integralidade, após a recente alteração pela Lei 12.998, de 18 de junho de 2014.
Gabarito "A".

(Técnico – TRT/6ª – 2012 – FCC) Determinado servidor em estágio probatório requereu que lhe fosse concedido afastamento para exercício de mandato eletivo. O pedido foi indeferido pela Administração. A decisão, nos termos da Lei nº 8.112/1990, deve ser

(A) revista, somente se o pedido de afastamento for para exercício de mandato eletivo na esfera federal.

(B) revista, na medida em que o servidor em estágio probatório tem direito a todos os afastamentos previstos para o servidor estável.

(C) mantida, na medida em que o servidor somente adquire direito a pleitear afastamento do serviço público, após o término do estágio probatório.

(D) mantida, se o pedido de afastamento for para exercício de mandato eletivo em esfera diversa da federal.

(E) revista, na medida em que o afastamento para exercício de mandato eletivo estende-se ao servidor em estágio probatório.

De acordo com o disposto no art. 20, § 4º, da Lei 8.112/1990, ao servidor em estágio probatório poderá ser concedido o afastamento previsto no art. 94 da citada Lei, que trata do afastamento para exercício de mandato eletivo.
Gabarito "E".

(Técnico – TRE/CE – 2012 – FCC) Caroline, servidora pública efetiva, é candidata a cargo eletivo na localidade onde desempenha suas funções e que exerce cargo de direção. Neste caso, de acordo com a Lei nº 8.112/1990, Caroline

(A) será afastada do cargo público que exerce, a partir do dia imediato ao do registro de sua candidatura perante a Justiça Eleitoral, até o décimo dia seguinte ao do pleito.

(B) não será afastada do cargo público que exerce até a proclamação final do resultado das eleições na qual ela é candidata.

(C) será afastada do cargo público que exerce, a partir do dia imediato ao do registro de sua candidatura perante a Justiça Eleitoral, até a proclamação final do resultado das eleições.

(D) será afastada do cargo público que exerce, a partir do dia imediato ao do registro de sua candidatura perante a Justiça Eleitoral, até o dia seguinte ao do pleito.

(E) será afastada do cargo público que exerce, a partir do dia imediato ao do registro de sua candidatura perante a Justiça Eleitoral, até o dia do pleito.

Art. 86, § 1º, da Lei 8.112/1990.
Gabarito "A".

(Técnico – TRE/SP – 2012 – FCC) Alexandre, analista judiciário (área judiciária), ausentou-se do Brasil, pelo período de 4 (quatro) anos, para a realização de um trabalho científico de natureza jurídica em instituição de ensino superior na Inglaterra, com a regular autorização do Presidente do Supremo Tribunal Federal. Referida situação diz respeito

(A) à licença para capacitação.

(B) ao afastamento para servir em outra entidade.

(C) ao afastamento para estudo no exterior.

(D) à licença para tratar de assuntos particulares.

(E) ao afastamento para participação em programa de pós-graduação *stricto sensu*.

A hipótese descrita está prevista no art. 95 da Lei 8.112/1990.
Gabarito "C".

2.4. Direito de Petição

(Técnico –TRT/2ª Região – 2014 – FCC) No que concerne ao direito de petição, previsto constitucionalmente, e sua aplicação aos servidores públicos, é correto afirmar que

(A) embora haja regramento constitucional, inexistindo previsão na Lei n. 8.112/1990, não se pode considerar aplicável o direito nas relações travadas na esfera administrativa.

(B) é assegurado ao servidor público na Lei n. 8.112/1990, inclusive com previsão de cabimento de pedido de reconsideração e recurso administrativo.

(C) não se aplica diretamente aos servidores, que podem, no entanto, fazê-lo por intermédio de sua chefia imediata.

(D) é aplicável ao servidor público na esfera administrativa, com possibilidade de apresentação de pedido de reconsideração, vedada, no entanto, a interposição de recurso em razão daquela decisão.

(E) é garantido aos servidores, do qual decorre o direito de recorrer, uma única vez, às autoridades superiores, vedada interposição de recursos sucessivos

A: Incorreta. O direito de petição, constitucionalmente prescrito no art. 5º, XXXIV, *a*, é previsto também na Lei 8.112/1990, nos arts. 104 e seguintes, sendo, portanto, aplicável nas relações travadas na esfera administrativa; B: Correta. O *pedido de reconsideração* deverá ser encaminhado à autoridade competente que houver expedido o ato ou proferido a primeira decisão, não podendo ser renovado (art. 106 da Lei 8.112/1990). É importante dizer que o recurso administrativo será cabível nas hipóteses do art. 107 da Lei 8.112/1990; C: Incorreta. O art. 104 da Lei 8.112/1990 assegura ao servidor o direito de requerer aos Poderes Públicos, em defesa de direito ou interesse legítimo. Note-se que a lei não faz alusão ao intermédio de sua chefia imediata. Por fim, a Constituição Federal prevê que "a *todos* são assegurados, independentemente do pagamento de taxas, o direito de petição aos poderes públicos e, defesa de direitos ou contra ilegalidade ou abuso de poder" (art. 5º, XXXIV, *a*); D: Incorreta, pois a Lei 8.112/1990 possibilita a interposição de recursos, conforme art. 107 da Lei 8.112/1990; E: Incorreta. É cabível recurso das decisões sobre os recursos sucessivamente impostos (art. 107, II, da Lei 8.112/1990).
Gabarito "B".

(Técnico – TRE/CE – 2012 – FCC) Segundo o art. 104 da Lei nº 8.112/1990 "*é assegurado ao servidor o direito de requerer aos Poderes Públicos, em defesa de direito ou interesse legítimo*". A respeito do Direito de Petição, considere:

I. Cabe pedido de reconsideração à autoridade que houver expedido o ato ou proferido a primeira decisão, não podendo ser renovado.

II. Caberá das decisões sobre os recursos sucessivamente interpostos.

III. O direito de requerer prescreve em três anos quanto aos atos de demissão e de cassação de aposentadoria ou disponibilidade.

IV. Para o exercício do direito de petição, é assegurada vista do processo ou documento, na repartição, ao servidor ou a procurador por ele constituído.

Está correto o que se afirma APENAS em

(A) II e IV.

(B) I e II.

(C) III e IV.

(D) I, II e III.

(E) I, II e IV.

I: correta (art. 106, *caput*, da Lei 8.112/1990); II: correta (art. 107, II, da Lei 8.112/1990); III: incorreta, pois o direito de requerer prescreve em 5 (cinco) anos quanto aos atos de demissão e cassação de aposentadoria ou disponibilidade (art. 110, I, da Lei 8.112/1990); IV: correta (art. 113 da Lei 8.112/1990).
Gabarito "E".

(Técnico – TRE/SP – 2012 – FCC) A Walter, como servidor público federal, é assegurado o direito de requerer do Poder Público, em defesa de direito ou interesse legítimo. Diante disso, Walter deverá observar peculiaridades do direito de petição, dentre outras, o fato de que

(A) esse pedido e os recursos, quando cabíveis, não interrompem a prescrição.

(B) não caberá recurso das decisões sobre os recursos sucessivamente interpostos.

(C) o prazo para a interposição do pedido é de 10 (dez) dias, improrrogáveis, a partir da decisão recorrida.

(D) esse pedido deve ser dirigido à autoridade superior do órgão, podendo ser renovado por até duas vezes.

(E) no caso do provimento do pedido de reconsideração, os efeitos da decisão retroagirão à data do ato impugnado.

A: incorreta (art. 111 da Lei 8.112/1990); B: incorreta (art. 107, II, da Lei 8.112/1990); C: incorreta, pois o prazo é de 30 dias, a contar da publicação ou da ciência, pelo interessado, da decisão recorrida (art. 108 da Lei 8.112/1990); D: incorreta, pois o pedido deve ser dirigido à autoridade que houver expedido o ato ou proferido a primeira decisão, não pode ser renovado (art. 106, *caput*, da Lei 8.112/1990); E: correta (art. 109, parágrafo único, da Lei 8.112/1990).
Gabarito "E".

3. REGIME DISCIPLINAR

3.1. Deveres

(CESPE– 2013) Com base no regime disciplinar do servidor público, assinale a opção correta.

(A) A penalidade de demissão não poderá ser aplicada ao servidor caso não haja registro, em sua vida funcional, de imposição prévia de qualquer outra sanção disciplinar.

(B) Constitui penalidade administrativa a decisão que conclui pela inabilitação do servidor em razão do não preenchimento dos requisitos do estágio probatório.

(C) A conduta do servidor que se vale do cargo para lograr proveito pessoal em detrimento da função pública não enseja a aplicação da penalidade de demissão.

(D) Em decorrência do princípio da legalidade, é vedada a conversão da penalidade de suspensão em multa.

(E) Na hipótese de acumulação ilegal de cargos, a infração será apurada mediante processo administrativo disciplinar sumário conduzido por comissão disciplinar composta por apenas dois servidores estáveis.

A: incorreta, a demissão independe de imposição prévia de outra sanção disciplinar. Vide trecho de jurisprudência do STJ, MS 14.856/DF, 3ª Seção, j. 12.09.2009, rel. Min. Marco Aurélio Bellizze, *DJe* 25.09.2012: "(...)Servidor cuja vida funcional pregressa não registra imposição de nenhuma sanção disciplinar; Fato que, por si só, não impede a aplicação da pena de demissão, mormente em razão da gravidade da sanção (...)". Os casos em que será aplicada a penalidade de demissão estão previstos no art. 132 da Lei 8.112/1990; **B:** incorreta, não constitui penalidade administrativa, tanto que não está elencada nas penalidades disciplinares do art. 127 da Lei 8.112/1990. O servidor é "desligado" (exonerado ou, se estável, reconduzido ao cargo anteriormente ocupado) do serviço público por não ter preenchido os requisitos do art. 20, I a V, da Lei 8.112/1990; **C:** incorreta, pois enseja a aplicação da penalidade de demissão (art. 132, XIII, c/c o art. 117, IX, da Lei 8.112/1990); **D:** incorreta, se houver conveniência para o serviço, é possível tal conversão (§ 2º do art. 130 da Lei 8.112/1990); **E:** correta, de acordo com o inc. I do art. 133 da Lei 8.112/1990.

Gabarito "E".

3.2. Proibições

(Técnico Judiciário – TRT/4ª – 2011 – FCC) Dentre outras proibições previstas ao servidor público federal, consta a de

(A) atuar, como procurador, junto a repartições públicas, salvo quando se tratar de benefícios assistenciais de parentes até segundo grau.

(B) manter sob sua chefia imediata, em função de confiança, primos.

(C) aceitar pensão, emprego ou comissão da União Federal, seja na Administração direta ou indireta.

(D) utilizar recursos materiais da repartição ou pessoal no serviço público.

(E) recusar-se a atualizar os seus dados cadastrais quando solicitado por terceiros, que não a Administração.

A: correta: "atuar, como procurador ou intermediário, junto a repartições públicas, salvo quando se tratar de benefícios previdenciários ou assistenciais de parentes até o segundo grau, e de cônjuge ou companheiro" (art. 117, XI, da Lei 8.112/1990); **B:** incorreta, pois é proibido manter sob sua chefia imediata, em cargo ou função de confiança, cônjuge, companheiro ou parente até segundo grau civil (art. 117, VIII, da Lei 8.112/1990), não incluindo primos, que são parentes de quarto grau; **C:** incorreta, pois é proibido aceitar comissão, emprego ou pensão de estado estrangeiro (art. 117, XIII, da Lei 8.112/1990); **D:** incorreta, pois é proibido utilizar pessoal ou recursos materiais da repartição em serviços ou atividades particulares (art. 117, XVI, da Lei 8.112/1990); **E:** incorreta, pois é proibido recusar-se a atualizar os seus dados cadastrais quando solicitado (art. 117, XIX, da Lei 8.112/1990). RB

Gabarito "A".

(Técnico – TRE/SP – 2012 – FCC) Em matéria de proibições aos servidores públicos federais, analise a situação de cada um deles:

I. Marcílio distribuiu propaganda de uma associação profissional para servidores não subordinados.

II. Miriam praticou usura destinada a uma entidade de assistência social.

III. Marta, na qualidade de cotista, participa de uma sociedade não personificada.

IV. Manoel promoveu, no horário de folga, manifestação de apreço no recinto da repartição.

Nesses casos, NÃO constituem proibições as situações apresentadas em

(A) I e II.

(B) I e III.

(C) I e IV.

(D) II e IV.

(E) III e IV.

I: correta. Não constitui proibição, apenas no caso de coação ou aliciamento de servidores subordinados (art. 117, VII, da Lei 8.112/1990); **II:** incorreta. Constitui proibição prevista no art. 117, XIV, da Lei 8.112/1990; **III:** correta. Não constitui proibição, pois a qualidade de cotista está prevista na exceção do art. 117, X, da Lei 8.112/1990; **IV:** incorreta. Constitui proibição prevista no art. 117, V, da Lei 8.112/1990.

Gabarito "B".

(Técnico – TRE/SP – 2012 – FCC) Silvio Souza é juiz eleitoral, sendo casado com Paula Souto, mas é companheiro de Vanessa Silva, com quem mantém união estável. O juiz Silvio é irmão de Murilo Souza, tem um tio Ronaldo Corrêa e é primo de Leonardo Corrêa. Os referidos parentes do magistrado não são ocupantes de cargo de provimento efetivo do Quadro de Pessoal do Poder Judiciário. Nesse caso, no âmbito da jurisdição do Tribunal Regional Eleitoral, NÃO é vedada a designação para função comissionada na pessoa de

(A) Murilo Souza.

(B) Vanessa Silva.

(C) Ronaldo Corrêa.

(D) Leonardo Corrêa.

(E) Paula Souto.

De acordo com o disposto no art. 6º, da Lei 11.416/2006, é vedada a nomeação ou designação, para os cargos em comissão e funções comissionadas, de cônjuge, companheiro, parente ou afim, em linha reta ou colateral, *até o terceiro grau, inclusive,* dos respectivos membros e juízes vinculados. No caso da questão, Leonardo Corrêa é primo do juiz Silvio Souza, parente de quarto grau e, por isso, poderia ser designado para a função comissionada. Os demais são cônjuge, companheira e parentes até o terceiro grau, que se enquadram na proibição do artigo citado.

Gabarito "D".

3.3. Acumulação

(Técnico Judiciário – TRT/9º – 2010 – FCC) Sobre a acumulação prevista na Lei nº 8.112/1990, é correto afirmar:

(A) Considera-se acumulação proibida a percepção de vencimento de cargo ou emprego público efetivo com proventos da inatividade, salvo quando os cargos de que decorram essas remunerações forem acumuláveis na atividade.

(B) A proibição de acumular não se estende a cargos, empregos e funções em autarquias, fundações públicas, sociedades de economia mista e empresas públicas da União, dos Estados, dos Territórios e dos Municípios.

(C) É permitida a acumulação de cargo em comissão com dois cargos efetivos cumuláveis, desde que haja compatibilidade de horários e autorização dos superiores hierárquicos do servidor.

(D) A acumulação de cargos, sendo lícita, não fica condicionada à comprovação da compatibilidade de horários.

(E) É proibida a acumulação de dois cargos em comissão, mesmo que um deles seja cargo de confiança interino.

A: correta (art. 118, § 3º, da Lei 8.112/1990); **B:** incorreta, pois a proibição de acumular estende-se a cargos, empregos e funções em autarquias, fundações públicas, empresas públicas, sociedades de economia mista da União, do Distrito Federal, dos Estados, dos Territórios e dos Municípios (art. 118, § 1º, da Lei 8.112/1990); **C:** incorreta, pois não há necessidade de autorização dos superiores hierárquicos do servidor (art. 118, § 2º, da Lei 8.112/1990); **D:** incorreta, pois há necessidade de comprovação de compatibilidade de horários (art. 118, § 2º, da Lei 8.112/1990); **E:** incorreta, pois o servidor não poderá exercer mais de um cargo em comissão, exceto no caso previsto no parágrafo único do art. 9º da Lei 8.112/1990, nem ser remunerado pela participação em órgão de deliberação coletiva (art. 119, *caput*, da Lei 8.112/1990). Gabarito "A".

(Técnico Judiciário – TRT/20ª – 2011 – FCC) Detectada a qualquer tempo a acumulação ilegal de cargos, empregos ou funções públicas, a autoridade notificará o servidor para apresentar opção, e, na hipótese de omissão, adotará procedimento sumário para a sua apuração e regularização imediata, cujo processo administrativo disciplinar se desenvolverá de acordo com a Lei nº 8.112/1990 que dispõe sobre o Regime Jurídico dos Servidores Públicos Civis da União, das autarquias e das fundações públicas federais. Desta forma, podemos afirmar que

(A) o prazo para a conclusão do processo administrativo disciplinar submetido ao rito sumário não excederá trinta dias, admitida sua prorrogação por igual período, quando as circunstâncias o exigirem.

(B) a primeira fase do processo administrativo disciplinar corresponde à instauração, com a publicação do ato que constituir a comissão, a ser composta por cinco servidores estáveis.

(C) o prazo para o servidor apresentar a opção é improrrogável.

(D) o prazo para o servidor apresentar a opção é de quinze dias.

(E) a opção pelo servidor até o último dia de prazo para defesa configurará sua boa-fé, hipótese em que se converterá automaticamente em demissão do outro cargo.

Art. 133, *caput*, da Lei 8.112/1990. Gabarito "C".

(Técnico Judiciário – TRT/23ª – 2011 – FCC) Considere as assertivas abaixo sobre o Regime Disciplinar dos servidores públicos civis federais, nos termos da Lei nº 8.112/1990.

I. Ao servidor público é permitido atuar, como procurador ou intermediário, junto a repartições públicas,

para tratar de benefícios previdenciários ou assistenciais de cônjuge ou companheiro.

II. O servidor que acumular licitamente dois cargos efetivos, quando investido em cargo de provimento em comissão, ficará afastado de ambos os cargos efetivos, ainda que houver compatibilidade de horário e local com o exercício de um deles.

III. A penalidade administrativa de suspensão será aplicada em caso de reincidência das faltas punidas com advertência e de violação das demais proibições que não tipifiquem infração sujeita a penalidade de demissão, não podendo exceder sessenta dias.

Está correto o que se afirma APENAS em:

(A) III.

(B) I e III.

(C) II e III.

(D) I.

(E) I e II.

I: correta.: "atuar, como procurador ou intermediário, junto a repartições públicas, salvo quando se tratar de benefícios previdenciários ou assistenciais de parentes até o segundo grau, e de cônjuge ou companheiro" (art. 117, XI, da Lei 8.112/1990); **II:** incorreta, pois o servidor vinculado ao regime desta Lei que acumular licitamente dois cargos efetivos, quando investido em cargo de provimento em comissão, ficará afastado de ambos os cargos efetivos, **salvo na hipótese em que houver compatibilidade de horário e local com o exercício de um deles, declarada pelas autoridades máximas dos órgãos ou entidades envolvidos** (art. 120 da Lei 8.112/1990); **III:** incorreta, pois a suspensão será aplicada em caso de reincidência das faltas punidas com advertência e de violação das demais proibições que não tipifiquem infração sujeita a penalidade de demissão, **não podendo exceder de 90 (noventa) dias** (art. 130, *caput*, da Lei 8.112/1990). RB Gabarito "D".

3.4. Responsabilidades

(Técnico – TRF/4 – FCC – 2019) Um particular que sofreu danos morais e materiais em razão de acidente de trânsito causado por agente público, que estava conduzindo viatura pública durante período de licença-saúde,

(A) não pode demandar o servidor público diretamente para pleitear indenização, considerando que no momento do acidente este não se enquadraria no conceito formal de agente público, em razão do afastamento a que estava sujeito.

(B) deve demandar o servidor em caráter pessoal e integral, tendo em vista que este, além da responsabilidade civil que se lhe imputa, agia em desacordo com as normas disciplinares.

(C) deve representar o servidor por infração disciplinar, bem como seu superior hierárquico imediato, em razão do desempenho de função pública em período de afastamento, somente após o que poderá haver apuração de responsabilidade civil.

(D) pode demandar diretamente o servidor público causador do acidente, que responde objetivamente em razão da prática flagrante de infração disciplinar.

(E) pode demandar a Administração pública para pleitear indenização pelos danos sofridos, sem prejuízo de poder processar diretamente o servidor público, ainda que este estivesse exercendo suas funções irregularmente.

A: incorreta, trata-se de típico caso em que se dá a responsabilidade objetiva do Estado por atos cometidos por seus agentes públicos, ainda que estivesse em licença saúde – Art. 37, § 6º, CF/1988; **B:** incorreta – há a faculdade do particular em acionar, com base na responsabilidade subjetiva, o agente público responsável pelo dano. Mas o fato é que há no caso a responsabilidade objetiva do Estado, em que só se deve comprovar a ação, o resultado danoso e o nexo causal entre eles, sem a necessidade da configuração da culpa – Art. 37, § 6º, CF/1988; **C:** incorreta. A responsabilidade administrativa independe da civil e pode se dar de ofício, sem que haja o dever de representação pelo particular; **D:** incorreta, a responsabilidade do agente público sempre é de natureza subjetiva, ou seja, sempre dependerá da comprovação de sua culpa. Não existe responsabilidade objetiva de servidor público; **E:** correta. A responsabilidade civil do Estado estabelece a obrigação deste em reparar eventuais danos causados a terceiros em decorrência de ações ou omissões praticadas por seus agentes, independentemente de comprovação de culpa. Adota-se, aqui, a chamada teoria do risco administrativo ou teoria objetiva. Nesse caso, a Administração Pública pode ingressar regressivamente contra o agente público. Mas há outra possibilidade igualmente lícita: a. vítima também pode ingressar diretamente em face do agente público causador do dano comprovando sua culpa. **FB**
Gabarito "E".

(Técnico Judiciário – TRT/2ª – 2008 – FCC) A respeito das responsabilidades do servidor público civil da União, em conformidade com a Lei nº 8.112/1990, é correto afirmar:

(A) A responsabilidade penal do servidor abrange tão só os crimes contra a Administração Pública.

(B) A obrigação de reparar o dano não se estende aos sucessores.

(C) A responsabilidade civil do servidor decorre de ato omissivo ou comissivo, doloso ou culposo, que resulte em prejuízo ao erário ou a terceiros.

(D) Sendo independentes as instâncias, a responsabilidade administrativa do servidor não será afastada, mesmo no caso de absolvição criminal que negue a existência do fato.

(E) Tratando-se de dano causado a terceiros, a responsabilidade será da União, respondendo o servidor apenas no âmbito administrativo.

A: incorreta (art. 123 da Lei 8.112/1990); **B:** incorreta (art. 122, § 3º, da Lei 8.112/1990); **C:** correta (art. 122, *caput*, da Lei 8.112/1990); **D:** incorreta (art. 126 da Lei 8.112/1990); **E:** incorreta (art. 122, § 2º, da Lei 8.112/1990).
Gabarito "C".

(Técnico Judiciário – TRT/18ª – 2008 – FCC) Com referência à responsabilidade do servidor, de acordo com a Lei que dispõe sobre o Regime Jurídico dos Servidores Públicos Civis da União, é correto afirmar:

(A) Mesmo que o servidor seja absolvido em processo criminal por decisão que negue a existência do fato, o servidor responderá administrativamente.

(B) O servidor demitido em processo administrativo pela prática de ato irregular no exercício do cargo, não responderá civilmente pelo mesmo ato.

(C) A responsabilidade penal abrange apenas os crimes imputados ao servidor, nessa qualidade.

(D) A obrigação de reparar o dano causado ao erário ou a terceiros estende-se aos sucessores e contra eles será executada, até o limite do valor da herança recebida.

(E) Se o terceiro prejudicado for ressarcido pelo Poder Público em regular ação judicial, o servidor não responderá pelo dano a ele causado.

A: incorreta (art. 126 da Lei 8.112/1990); **B:** incorreta (art. 125 da Lei 8.112/1990); **C:** incorreta (art. 123 da Lei 8.112/1990); **D:** correta (art. 122, § 3º, da Lei 8.112/1990); **E:** incorreta (art. 122, § 2º, da Lei 8.112/1990).
Gabarito "D".

3.5. Penalidades

(Técnico – TRT1 – 2018 – AOCP) De acordo com a Lei nº 8.112/1990, que dispõe sobre o regime jurídico dos servidores públicos federais, analise as assertivas e assinale a alternativa que apontas as corretas.

I. Considera-se inassiduidade habitual a falta ao serviço, sem causa justificada, por 60 (sessenta) dias, interpoladamente, durante o período de 12 (doze) meses.

II. O prazo para conclusão da sindicância não excederá 30 (trinta) dias, podendo ser prorrogado por igual período, a critério da autoridade superior.

III. No tocante à advertência, a respectiva ação disciplinar prescreve em 2 (dois) anos da data em que o fato se tornou conhecido.

IV. A responsabilidade administrativa do servidor será afastada no caso de absolvição criminal por falta de provas.

(A) Apenas I e II.

(B) Apenas II e IV.

(C) Apenas I, II e III.

(D) Apenas I, III e IV.

(E) Apenas II, III e IV.

I: correta. -Entende-se por inassiduidade habitual a falta ao serviço, sem causa justificada, por sessenta dias, interpoladamente, durante o período de doze meses – Art. 139 da Lei 8112/1990; **II:** correta – Art. 145, parágrafo único, da Lei 8112/1990; **III:** incorreta, o prazo de prescrição efetivamente se conta da data em que o fato se tornou conhecido, mas no tocante à advertência, a ação disciplinar prescreve em 180 dias – Art. 142, III, da Lei 8.112/1990; **IV** – incorreta. –"A responsabilidade administrativa do servidor será afastada no caso de absolvição criminal que negue a existência do fato ou sua autoria – Art. 126 da Lei 8.112/1990". **FB**
Gabarito "A".

(Técnico Judiciário – TRF2 – Consulplan – 2017) "Fernanda, servidora do Tribunal Regional Federal, se ausenta imotivadamente do serviço por quarenta dias consecutivos, no período de doze meses. Nesse sentido, foi aberta sindicância, a qual concluiu pela demissão da servidora do cargo, em decisão do Presidente do Tribunal Regional Federal." Sobre a hipótese, assinale a alternativa correta com base na Lei 8.112/1990.

(A) A demissão foi correta, uma vez que respeitada a tipicidade da conduta, o procedimento e a competência para a aplicação da sanção.

(B) A demissão foi irregular, uma vez que a pena de demissão de servidor público federal somente pode ser tomada pelo Presidente da República.

(C) A demissão foi irregular, uma vez que a pena de demissão de servidor público federal deve ser apurada em processo administrativo disciplinar e não em sindicância.

(D) A demissão foi irregular, uma vez somente se configura abandono de cargo para fins de demissão quando há falta imotivada por sessenta dias consecutivos.

Conforme o art. 146 da Lei 8.112/1990, "sempre que o ilícito praticado pelo servidor ensejar a imposição de penalidade de suspensão por mais de 30 (trinta) dias, de demissão, cassação de aposentadoria ou disponibilidade, ou destituição de cargo em comissão, será obrigatória a instauração de processo disciplinar". **GD**
Gabarito "C."

(Técnico Judiciário – TRT24 – FCC – 2017) Claudia e Joana são servidoras públicas federais, tendo praticado faltas disciplinares no exercício de suas atribuições. Claudia faltou ao serviço, sem causa justificada, por sessenta dias, interpoladamente, durante o período de doze meses. Joana, de histórico exemplar vez que nunca sofrera qualquer penalidade administrativa, opôs resistência injustificada à execução de determinado serviço. Cumpre salientar que ambas as servidoras ainda não foram processadas administrativamente embora a Administração já tenha conhecimento dos fatos praticados. Nos termos da Lei 8.112/1990, as ações disciplinares relativas às infrações praticadas pelas servidoras prescreverão em

(A) 5 anos e 2 anos, respectivamente, contados tais prazos a partir da data em que os fatos se tornaram conhecidos pela Administração.

(B) 2 anos e 180 dias, respectivamente, contados tais prazos a partir da data em que os fatos se tornaram conhecidos pela Administração.

(C) 5 anos e 180 dias, respectivamente, contados tais prazos a partir da data em que os fatos se tornaram conhecidos pela Administração.

(D) 2 anos, contado tal prazo da data em que praticadas as condutas.

(E) 5 anos, contado tal prazo da data em que praticadas as condutas.

Cláudia praticou inassiduidade pontual, descrita no art. 139 da Lei 8.112/1990. O art. 132, III, da mesma lei dispõe que tal conduta é punida com demissão, cuja ação disciplinar prescreve em 5 anos, conforme determina o art. 142, I, dessa lei. Joana praticou resistência injustificada (art. 117, IV), cuja pena é a advertência (art. 127, I), e a ação disciplinar prescreve em 180 dias (art. 142, III). **GD**
Gabarito "C."

(Técnico Judiciário – TRT24 – FCC – 2017) Luciana, servidora pública federal, faltou justificadamente ao serviço em razão de forte enchente que atingiu local próximo à sua residência, impedindo-a de se deslocar até seu local de seu trabalho. Nos termos da Lei 8.112/1990, a falta de Luciana

(A) poderá ser compensada a critério da chefia imediata, mas não será considerada como efetivo exercício.

(B) poderá ser compensada a critério da chefia imediata, sendo assim considerada como efetivo exercício.

(C) não poderá ser compensada, haja vista a natureza da falta.

(D) poderá ser compensada a critério da chefia mediata e não será considerada como efetivo exercício.

(E) poderá ser compensada a critério da chefia mediata, sendo assim considerada como efetivo exercício.

A letra B corresponde ao disposto no art. 44, parágrafo único, da Lei 8.112/1990. **GD**
Gabarito "B."

(Técnico Judiciário – TRT20 – FCC – 2016) Luciana é técnica administrativa do Tribunal Regional do Trabalho da 20ª Região há quinze anos, tendo, dentre outras atribuições, a de classificar e autuar os processos. Cumpre salientar que Luciana detém um histórico funcional exemplar, haja vista nunca ter sofrido qualquer penalidade administrativa. Em 2015, opôs resistência injustificada à autuação de determinados processos, retardando propositadamente os seus andamentos. Nos termos da Lei 8.112/1990, a ação disciplinar quanto à infração praticada por Luciana prescreverá em

(A) 5 anos.

(B) 2 anos.

(C) 180 dias.

(D) 1 ano.

(E) 90 dias.

Luciana praticou resistência injustificada capitulada no art. 117, IV, da Lei 8.112/1990, cuja pena é a advertência, e a ação disciplinar prescreve em 180 dias. **GD**
Gabarito "C."

(Técnico Judiciário – TRE/PI – CESPE – 2016) Após regular processo administrativo disciplinar, servidor público estável, ocupante do cargo de técnico judiciário, regido pela Lei 8.112/1990, foi demitido, tendo sua demissão sido posteriormente invalidada por meio de decisão judicial.

A partir dessa situação hipotética, assinale a opção correta.

(A) O referido servidor não terá direito ao ressarcimento das vantagens decorrentes de sua reinvestidura no cargo.

(B) Caso a demissão houvesse sido invalidada por decisão administrativa, o servidor teria de recorrer ao Poder Judiciário para ser reinvestido no cargo anteriormente ocupado.

(C) O servidor em questão deverá ser reinvestido no cargo anteriormente ocupado por meio da recondução.

(D) Na hipótese de o cargo de técnico judiciário ter sido extinto, esse servidor terá de ser removido para cargo com atribuições semelhantes.

(E) Na hipótese de o cargo de técnico judiciário em questão estar ocupado, o seu eventual ocupante poderá ser reconduzido ao cargo de origem, sem direito à indenização.

A: incorreta, terá direito ao ressarcimento das vantagens (art. 28 da Lei 8.112/1990); **B:** incorreta, não necessita recorrer ao judiciário para ser reintegrado (art. 28 da Lei 8.112/1990); **C:** incorreta, o servidor deve ser reintegrado (art. 28 da Lei 8.112/1990); **D:** incorreta, o servidor será colocado em disponibilidade (art. 28, § 1º, da Lei 8.112/1990); **E:** correta (art. 28, § 2º, da Lei 8.112/1990). **GD**
Gabarito "E."

(Técnico Judiciário – TRE/PI – CESPE – 2016) Com relação à conduta que a Lei 8.112/1990 impõe ao servidor público, assinale a opção correta.

(A) O servidor pode emprestar dinheiro e cobrar juros similares aos bancários, desde que observada a taxa média do mercado.

(B) O servidor pode, no turno contrário a sua jornada de trabalho, exercer o comércio, mantendo, por exemplo, pequena padaria no bairro em que resida.

(C) O servidor público não pode recusar fé a documentos públicos.

(D) O servidor não pode atuar como procurador junto a repartições públicas, para tratar de benefício previdenciário de seu irmão.

(E) O servidor pode ausentar-se do serviço, durante o expediente, para tratar de assunto particular, sem prévia autorização do chefe imediato, desde que reponha o tempo em outra oportunidade.

A: incorreta, é proibido ao servidor praticar usura (art. 117, XIV, da Lei 8.112/1990); **B:** incorreta art. 117, X, da Lei 8.112/1990); **C:** correta, art. 117, III, da Lei 8.112/1990); **D:** incorreta, pode atuar "quando se tratar de benefícios previdenciários ou assistenciais de parentes até o segundo grau e de cônjuge ou companheiro" (art. 117, XI, da Lei 8.112/1990); **E:** incorreta, não pode ausentar-se sem autorização do chefe imediato (art. 117, I, da Lei 8.112/1990). GD

Gabarito "C".

(Técnico Judiciário – TRE/PI – CESPE – 2016) Ainda sobre a disciplina legal acerca dos servidores públicos, assinale a opção correta.

(A) A abertura de sindicância punitiva não interrompe a prescrição.

(B) A responsabilidade civil do servidor público pode decorrer de ato comissivo, doloso ou culposo, que resulte em prejuízo ao erário ou a terceiros, mas não de ato omissivo.

(C) Não se admite a cumulação de sanções civis, penais e administrativas.

(D) A incontinência pública do servidor sujeita-se à pena de suspensão.

(E) A ação disciplinar prescreve em cinco anos quanto às infrações punidas com demissão, cassação de aposentadoria ou disponibilidade e destituição de cargo em comissão.

A: incorreta, interrompe a prescrição (art. 142, § 3º, da Lei 8.112/1990); **B:** incorreta, também pode ocorrer por ato omissivo (art. 122 da Lei 8.112/1990); **C:** incorreta, tal cumulação é permitida (art. 121 da Lei 8.112/1990) **D:** incorreta, sujeita-se a pena de demissão (art. 132, V, da Lei 8.112/1990); **E:** correta (art. 142, I, da Lei 8.112/1990). GD

Gabarito "E".

(Técnico Judiciário – Área Administrativa – TRT12 – 2013 – FCC) Gertrudes é servidora pública do Tribunal Regional do Trabalho da 12ª Região e, no exercício de seu cargo, opõe resistência injustificada ao andamento de um processo. Após regular processo administrativo, Gertrudes é punida no ano de 2012 com pena de advertência. Neste ano de 2012, a referida funcionária pratica nova falta funcional e novamente opõe resistência injustificada ao andamento de alguns processos. Neste caso, de acordo com a Lei 8.112/1990, Gertrudes, após regular processo administrativo, será apenada com

(A) repreensão.

(B) advertência, pela última vez.

(C) demissão.

(D) suspensão, que não poderá exceder 60 dias.

(E) suspensão, que não poderá exceder 90 dias.

Nos termos do art. 130, *caput*, da Lei 8.112/1990, "a suspensão será aplicada em caso de reincidência das faltas punidas com advertência e de violação das demais proibições que não tipifiquem infração sujeita a penalidade de demissão, não podendo exceder de 90 (noventa) dias". Portanto, correta é a opção "E".

Gabarito "E".

(Técnico – TRT/19ª Região – 2014 – FCC) Alice, servidora pública do Tribunal Regional do Trabalho da 19ª Região, encontrava-se em seu local de trabalho, exercendo normalmente suas atribuições, quando foi surpreendida por um particular que lhe dirigiu graves xingamentos, ofensivos à sua moral. Alice, abalada emocionalmente, ofendeu fisicamente o particular. Nos termos da Lei 8.112/1990, Alice

(A) está sujeita à pena de repreensão.

(B) não sofrerá punição, haja vista ter agido em legítima defesa.

(C) cometeu ato de improbidade e pode sofrer a suspensão dos seus direitos políticos por 8 (oito) anos.

(D) está sujeita à pena de demissão.

(E) não sofrerá punição, mas terá o episódio registrado em seu prontuário, para fins de antecedentes funcionais.

A: Incorreta, pois não há previsão da penalidade disciplinar no art. 127 da Lei 8.112/1990; **B:** Incorreta, pois a legítima defesa somente é admitida em resposta a agressão física; **C:** Incorreta, pois não houve enriquecimento ilícito previsto na Lei 8.429/1992, não cabendo, portanto, a sanção mencionada na alternativa; **D:** Correta, nos termos do art. 132, VII, da Lei 8.112/1990; **E:** Incorreta, pois a servidora estará sujeita à pena de demissão prevista no art. 132 da Lei 8.112/1990.

Gabarito "D".

(Técnico – TRT/11ª – 2012 – FCC) Manoel, servidor público federal, foi punido com a penalidade de suspensão por sessenta dias. Nos termos da Lei nº 8.112/1990, após o decurso de determinado período de efetivo exercício, Manoel terá a sanção cancelada de seus registros, desde que, nesse período, não tenha praticado nova infração disciplinar. O lapso temporal a que se refere o enunciado é de

(A) 2 anos.

(B) 4 anos.

(C) 3 anos.

(D) 5 anos.

(E) 1 ano.

Art. 131, *caput*, da Lei 8.112/1990.

Gabarito "D".

(Técnico Judiciário – TRT/14ª – 2011 – FCC) De acordo com a Lei nº 8.112/1990, que dispõe sobre o Regimento Jurídico dos servidores públicos civis da União, das autarquias e das Fundações Públicas Federais, a ausência intencional do servidor ao serviço por mais de trinta dias consecutivos acarretará a penalidade de

(A) censura.

(B) repreensão.

(C) suspensão de até 30 dias.

(D) demissão.

(E) advertência.

Arts. 132, II e 138, da Lei 8.112/1990.
Gabarito "D".

(Técnico Judiciário – TRE/AP – 2011 – FCC) De acordo com a Lei nº 8.112/1990, para as condutas de abandono de cargo, acumulação ilegal de funções públicas e proceder de forma desidiosa será aplicada a pena de

(A) demissão, demissão e advertência escrita, respectivamente.

(B) advertência escrita.

(C) suspensão de, no máximo, 30 dias.

(D) demissão, advertência escrita e demissão, respectivamente.

(E) demissão.

Art. 132, II, XII e XIII, da Lei 8.112/1990.
Gabarito "E".

(Técnico – TRE/CE – 2012 – FCC) Liliane e Teresa são técnicas judiciárias do Tribunal Regional Eleitoral do Estado do Ceará. No exercício do cargo, Liliane praticou usura e Teresa procedeu de forma desidiosa. Considerando que ambas não possuem qualquer infração administrativa constante nos seus prontuários, segundo a Lei nº 8.112/1990, Liliane e Teresa estão sujeitas a penalidade de

(A) advertência.

(B) suspensão.

(C) demissão.

(D) demissão e suspensão, respectivamente.

(E) suspensão e demissão, respectivamente.

Art. 132, XIII e 117, XIV e XV, da Lei 8.112/1990.
Gabarito "C".

(Técnico – TRE/CE – 2012 – FCC) Considere:

I. Cleópatra, técnica judiciária do Tribunal Regional Eleitoral do Estado do Ceará foi demitida em razão da prática de ato de improbidade devidamente comprovado.

II. Afrodite, auxiliar judiciária do Tribunal Regional Eleitoral do Estado do Ceará foi demitida por incontinência pública e conduta escandalosa na repartição.

III. Minotauro, funcionário público no exercício de cargo em comissão no Tribunal Regional Eleitoral do Estado do Ceará foi destituído do cargo pela prática de crime contra a administração pública.

De acordo com a Lei nº 8.112/1990, NÃO poderá retornar ao serviço público federal

(A) Minotauro, apenas.

(B) Cleópatra, Afrodite e Minotauro.

(C) Cleópatra, apenas.

(D) Cleópatra e Minotauro, apenas.

(E) Cleópatra e Afrodite, apenas.

De acordo com o disposto no art. 137, parágrafo único, da Lei 8.112/1990, "não poderá retornar ao serviço público federal o servidor que for demitido ou destituído do cargo em comissão por infringência do art. 132, incisos I, IV, VIII, X e XI." Na questão, a hipótese descrita no item I corresponde ao art. 132, IV, da Lei 8.112/1990, a hipótese descrita

no item II corresponde ao art. 132, V, da Lei 8.112/1990; e a hipótese descrita no item III corresponde ao art. 132, I, da Lei 8.112/1990.
Gabarito "D".

4. PROCESSO DISCIPLINAR

4.1. Disposições gerais

(Técnico – TRF/3ª Região – 2014 – FCC) Considere os seguintes atos:

I. Inquirição de testemunhas.

II. Interrogatório do servidor acusado.

III. Apresentação de defesa escrita.

IV. Indiciação do servidor.

Nos termos da Lei 8.112/1990, as fases do processo administrativo disciplinar ocorrem na ordem descrita em

(A) II, I, III e IV.

(B) I, II, IV e III.

(C) II, I, IV e III.

(D) I, II, III e IV.

(E) IV, II, III e I.

Nos termos do art. 157 da Lei 8.112/1990, as testemunhas serão intimadas a depor mediante mandado expedido pelo presidente da comissão. Concluída a inquirição das testemunhas, a comissão promoverá o interrogatório do acusado (art. 159). Constatada a tipificação da infração disciplinar, o servidor será indiciado, com as especificações dos fatos a ele imputados, juntamente com as respectivas provas (art. 161). Após o enquadramento da infração disciplinar, o indiciado será citado por mandado expedido pelo presidente da comissão para apresentar defesa escrita (art. 161, § 1º).
Gabarito "B".

(Técnico Judiciário – Área Administrativa – TRT8 – 2013 – CESPE) Acerca das disposições da Lei n.º 8.112/1990 relacionadas ao processo administrativo disciplinar, assinale a opção correta.

(A) O processo disciplinar poderá ser revisto quando se aduzirem fatos novos suscetíveis de justificar a inadequação da penalidade aplicada, devendo o requerimento de revisão do processo ser dirigido ao ministro de Estado competente ou a autoridade equivalente.

(B) O processo disciplinar deve ser conduzido por comissão composta de três servidores estáveis e ocupantes de cargo efetivo de mesmo nível ou de nível superior ao do indiciado.

(C) Concluído o interrogatório do acusado, a comissão deverá promover a inquirição das testemunhas.

(D) Na hipótese de sugestão, pela comissão processante, em um mesmo processo administrativo disciplinar, de aplicação da penalidade de cassação de aposentadoria a um indiciado e da aplicação da penalidade de suspensão de vinte dias a outro indiciado, o julgamento, em cada caso, caberá ao chefe da repartição em que estiver lotado o indiciado.

(E) Da sindicância poderá resultar a aplicação de penalidade de suspensão de até sessenta dias.

A: Correta, nos termos dos arts. 174 e 176 da Lei 8.112/1990; **B:** Incorreta, pois o presidente da comissão deverá ser ocupante de cargo efetivo superior ou de mesmo nível, ou ter nível de escolaridade igual ou superior ao do indiciado. A referida comissão será composta de três servidores estáveis designados pela autoridade competente prevista no art. 143, § 3º, da Lei 8.112/1990 (art. 149 da Lei 8.112/1990); **C:** Incorreta. A ordem é inversa, pois, uma vez concluída a inquirição das testemunhas, a comissão promoverá o interrogatório do acusado (art. 159 da Lei

8.112/1990); **D**: Incorreta, pois apenas as penalidades disciplinares de advertência ou de suspensão até 30 dias serão aplicadas pelo chefe da repartição (art. 141, III, da Lei 8.112/1990). Já a pena de cassação de aposentadoria será aplicada pelo Presidente da República, pelos Presidentes das Casas do Poder Legislativo e dos Tribunais Federais e pelo Procurador-Geral da República, quando se tratar de demissão e cassação de aposentadoria ou disponibilidade de servidor vinculado ao respectivo Poder, órgão, ou entidade (art. 141, I, da Lei 8.112/1990); **E**: Incorreta, pois da sindicância poderá resultar aplicação de suspensão até 30 dias (art. 145, II, da Lei 8.112/1990). É importante salientar que se o ilícito praticado pelo servidor ensejar a imposição da penalidade de suspensão por mais de 30 dias, será obrigatória a instauração de processo disciplinar (art. 146 da Lei 8.112/1990).

Gabarito "A".

(Técnico Judiciário – TRT/22ª – 2010 – FCC) Estabelece a Lei nº 8.112/1990, que a ação disciplinar prescreverá, quanto às infrações punidas com advertência, cassação de aposentadoria, suspensão e destituição de cargo em comissão, respectivamente, em:

(A) 180 dias; 02 anos; 05 anos e 02 anos.

(B) 180 dias; 05 anos; 02 anos e 05 anos.

(C) 02 anos; 180 dias; 05 anos e 02 anos.

(D) 02 anos; 05 anos; 180 dias e 05 anos.

(E) 05 anos; 02 anos; 02 anos e 180 dias.

Art. 142, III (advertência), I (cassação de aposentadoria), II (suspensão), I (destituição de cargo em comissão), da Lei 8.112/1990.

Gabarito "B".

(Técnico – TRE/PR – 2012 – FCC) A Administração Pública demitiu, sem a observância de regular processo legal, servidor estável, ocupante de cargo público efetivo, que cometeu infração disciplinar de natureza grave. Ajuizada ação judicial, obteve o servidor público decisão judicial que invalidou a demissão e determinou, com fundamento na Lei Federal nº 8.112/1990, dentre outras obrigações, à Administração Pública, sua

(A) recondução ao cargo, com indenização de todo o período transcorrido desde sua demissão injustificada.

(B) reintegração ao cargo, afastado o recebimento de indenização pelo período anterior em razão da natureza da infração disciplinar cometida.

(C) recondução ao serviço público, nomeando-o para cargo existente no quadro da Administração Pública, ainda que de nível superior ao anteriormente ocupado.

(D) reintegração ao cargo anteriormente ocupado, com ressarcimento de todas as vantagens desde a época da demissão, ainda que o cargo tenha sido extinto.

(E) reintegração ao cargo anteriormente ocupado, mesmo que ocupado por outro servidor público, este que poderá ser reconduzido ao cargo de origem.

Art. 28, § 2º, da Lei 8.112/1990.

Gabarito "E".

4.2. Processo disciplinar (em geral, inquérito, julgamento e revisão)

(Técnico – TRE/PR – 2012 – FCC) De acordo com o disposto na Lei nº 9.784/1999, das decisões proferidas em processos administrativos cabe recurso administrativo

(A) à autoridade superior, não cabendo juízo de reconsideração pela autoridade que proferiu a decisão.

(B) interposto somente pelos titulares de direitos e interesses que forem parte no processo.

(C) interposto pelas partes no processo ou por aqueles cujos direitos sejam indiretamente afetados pela decisão recorrida.

(D) à autoridade que proferiu a decisão, que, se entender cabível, determinará o encaminhamento à autoridade superior.

(E) à autoridade que proferiu a decisão, quando tiver sido interposto pelo próprio interessado e à autoridade superior, quando se tratar de recurso de terceiros.

A: incorreta, pois caberá pedido de reconsideração (art. 56, § 1º, da Lei 9.784/1999); **B**: incorreta, pois outros terão legitimidade para recorrer, nos termos do art. 58 da Lei 9.784/1999; **C**: correta (art. 58, II, da Lei 9.784/1999); **D** e **E**: incorretas, pois o recurso será dirigido à autoridade que proferiu a decisão, a qual, se não a reconsiderar no prazo de 5 (cinco) dias, o encaminhará à autoridade superior (art. 56, § 1º, da Lei 9.784/1999).

Gabarito "C".

(Técnico – TRE/PR – 2012 – FCC) No curso do processo disciplinar, a autoridade poderá determinar, com fundamento na Lei nº 8.112/1990,

(A) a disponibilidade do servidor, mantida sua remuneração até o final do processo.

(B) o afastamento do servidor, a fim de que não venha a influir na apuração da irregularidade.

(C) a suspensão do servidor, com prejuízo de sua remuneração, que poderá ser paga caso a decisão seja favorável ao servidor.

(D) a transferência do servidor para outra unidade, a fim de que não interfira na apuração dos fatos.

(E) o licenciamento do servidor, mantida sua remuneração até o final do processo, caso não se trate de infração de natureza grave.

Art. 147, *caput*, da Lei 8.112/1990.

Gabarito "B".

5. TEMAS COMBINADOS

(Técnico Judiciário – TRE/PE – CESPE – 2017) No que se refere ao Regime Jurídico dos Servidores Públicos Civis da União, assinale a opção correta.

(A) A Lei 8.112/1990 reúne as normas aplicáveis aos servidores públicos civis da União, das autarquias e das empresas públicas federais.

(B) Tanto os servidores estatutários quanto os celetistas submetem-se ao regime jurídico único da Lei 8.112/1990.

(C) Os cargos públicos dos órgãos dos Poderes Legislativo e Judiciário são criados por lei, e os dos órgãos do Poder Executivo, por decreto de iniciativa do presidente da República.

(D) O regime estatutário é o regime jurídico próprio das pessoas jurídicas de direito público e dos respectivos órgãos públicos.

(E) Consideram-se cargos públicos apenas aqueles para os quais se prevê provimento em caráter efetivo.

A: incorreta, as normas não são aplicáveis aos servidores das empresas públicas federais, mas sim das fundações públicas federais (art. 1º da Lei 8.112/1990; **B:** incorreta, somente os servidores estatutários submetem-se a regime jurídico da Lei 8.112/1990; **C:** incorreta, todos os cargos públicos são criados por lei (art. 3º, parágrafo único, da Lei 8.112/1990); **D:** correta (arts. 1º e 2º da Lei 8.112/1990); **E:** incorreta, cargos públicos são os de caráter efetivo ou em comissão (art. 3º, parágrafo único, da Lei 8.112/1990. GD

Gabarito "D".

(Técnico – STF – 2013 – CESPE) A respeito do regime jurídico dos servidores públicos civis da União, das autarquias e das fundações públicas federais, julgue os itens que se seguem.

(1) Ao servidor é proibido recusar fé a documentos públicos.

(2) Cargo público é o conjunto de atribuições e responsabilidades previstas na estrutura organizacional que devem ser cometidas a um servidor.

(3) Invalidada por sentença judicial a demissão do servidor estável, deverá ele ser reintegrado, e o eventual ocupante da vaga, se for estável, deverá ser reconduzido ao cargo de origem, sem direito a indenização, aproveitado em outro cargo ou posto em disponibilidade com remuneração proporcional ao tempo de serviço.

1. Correta, nos termos do art. 117, III, da Lei 8.112/1990; **2**. Correta, segundo dispõe a literalidade do art. 3º da Lei 8.112/1990; **3**. Correta, nos termos do art. 28 da Lei 8.112/1990.

Gabarito 1C, 2C, 3C

(CESPE – 2013) Com relação ao regime jurídico dos servidores públicos civis da União, julgue os itens a seguir.

(1) De acordo com a Lei n.º 8.112/1990, a aplicação das penalidades disciplinares advertência, suspensão, demissão, cassação de aposentadoria e disponibilidade deve ser precedida da garantia, ao servidor público, do direito ao exercício do contraditório e da ampla defesa, não se aplicando tal garantia aos casos de penalidades de destituição de cargo em comissão e destituição de função comissionada, por serem de livre nomeação e exoneração.

(2) O cálculo de gratificações e outras vantagens do servidor público não deve incidir sobre o abono utilizado para se atingir o salário mínimo, pois tal prática equivaleria à utilização do salário mínimo como indexador automático de remuneração.

(3) Caso um servidor público atue frequentemente como instrutor em cursos de formação periódicos devidamente instituídos para a preparação dos novos servidores admitidos por concurso para seu órgão de lotação, as gratificações por encargo de curso ou concurso pagas periodicamente a esse servidor deverão ser utilizadas como base de cálculo de proventos e aposentadoria, haja vista a frequência com que ele presta esse serviço e o fato de que o valor pago pela gratificação é devidamente descontado para fins de contribuição previdenciária.

(4) A sindicância e o processo administrativo disciplinar (PAD), procedimentos administrativos de apuração de infrações, devem ser, obrigatoriamente, instaurados pela autoridade responsável sempre que esta tiver ciência de irregularidade no serviço público. O PAD, mais complexo do que a sindicância, deve ser instaurado em caso de ilícitos para os quais sejam

previstas penalidades mais graves do que a suspensão por trinta dias.

1: incorreta. Aplica-se tal garantia também aos casos de destituição de cargo em comissão e de função comissionada. Vide: art. 5º, LV, da CF e arts. 127, 143 e 146 da Lei 8.112/1990; **2:** correta, conforme dispõe Súmula Vinculante 15 e RE 572921, j. 13.11.2008, rel. Min. Ricardo Lewandowski, *DJe* 06.02.2009; **3:** incorreta, "a gratificação por encargo de curso ou concurso não se incorpora ao vencimento ou salário do servidor para qualquer efeito e não poderá ser utilizada como base de cálculo para quaisquer outras vantagens, inclusive para fins de cálculo dos proventos da aposentadoria e das pensões" (§ 3º do art. 76-A da Lei 8.112/1990); **4:** correta (arts. 143 e 146 da Lei 8.112/1990).

Gabarito 1E, 2C, 3E, 4C

(CESPE – 2013) Com relação a dispositivos da Lei n.º 8.112/1990, julgue os itens a seguir.

(1) A responsabilidade do servidor público pode se dar na esfera civil, penal e administrativa, sendo afastada esta última no caso de absolvição criminal que negue a existência do fato ou de sua autoria.

(2) Em se tratando de processo administrativo disciplinar, a autoridade instauradora pode, como medida cautelar e para que não haja interferências na apuração da irregularidade, decretar o afastamento do servidor investigado, sem prejuízo da remuneração.

1: correta, conforme se depreende da leitura dos arts. 121 e 126 da Lei 8.112/1990; **2:** correta, corresponde ao disposto no art. 147 da Lei 8.112/1990.

Gabarito 1C, 2C

(CESPE – 2013) Acerca do processo administrativo e dos servidores públicos, assinale a opção correta com base na legislação e na jurisprudência.

(A) É absoluta a regra que exige a divulgação oficial dos atos administrativos, assim como a que determina a motivação obrigatória dos atos administrativos.

(B) No âmbito do processo administrativo, além das formalidades essenciais à garantia dos direitos dos administrados, a interpretação da norma administrativa deve ser realizada da forma que melhor garanta o atendimento do fim público a que se dirige, vedada a aplicação retroativa da nova interpretação.

(C) A legislação de regência veda, em caráter absoluto, a cobrança de despesas processuais no processo administrativo.

(D) Quando a administração pública, ao interpretar erroneamente a lei, efetuar pagamentos indevidos ao servidor, os valores recebidos deverão ser restituídos, ainda que caracterizada a boa-fé do servidor.

(E) Como a natureza da vinculação estabelecida entre servidor e Estado é de caráter legal, a legislação posterior não pode alterar o regime jurídico originariamente estabelecido, tendo o servidor, de acordo com o STJ, direito adquirido ao regime jurídico estabelecido no ato da vinculação.

A: incorreta, as hipóteses de sigilo previstas na Constituição constituem exceção à regra da divulgação oficial dos atos administrativos (art. 2º, parágrafo único, V, da Lei 9.784/1999). No tocante à motivação, afirmam Marcelo Alexandrino e Vicente Paulo: "(...) nem sempre a lei exige que a administração declare expressamente os motivos que a levaram à prática do ato administrativo (...) ou seja, embora o motivo exista, não haverá motivação do ato (*Direito Administrativo Descomplicado.* 19.

Ed. São Paulo: Método, 2011. p. 461). Vide, também, art. 50 da Lei 9.784/1999; **B:** correta, em consonância com o art. 2°, parágrafo único, XIII, da Lei 9.784/1999. Vide, também: TRF 5.ª Reg., EI em AR 5045 RN 0027634532004405000002, Pleno, j. 17.10.2007, rel. Des. Margarida Cantarelli, *DJ* 04.12.2007; **C:** incorreta, não há essa vedação em caráter absoluto (art. 2°, parágrafo único, XI, da Lei 9.784/1999); **D:** incorreta, "3. Descabe restituição de valores recebidos de boa-fé pelo servidor em decorrência de errônea interpretação ou má aplicação da lei pela Administração Pública" (STJ, EDcl em RMS 32.706/SP, 1.ª T., j. 25.10.2011, rel. Min. Arnaldo Esteves Lima; **E:** incorreta, não existe direito adquirido a regime jurídico. Vide: STJ, AgRg no REsp 1226058 RS 2010/0229414-5, 6ª T., j. 21.05.2013, rel. Min. Og Fernandes, *DJ* 31.05.2013.

Gabarito "B".

(CESPE – 2013) Com base no que dispõe a lei que trata das carreiras dos servidores do Poder Judiciário da União, assinale a opção correta.

(A) O denominado adicional de qualificação é devido ao servidor a partir do ato de deferimento do pedido pela chefia imediata.

(B) Observados os requisitos legais, é assegurado ao servidor designado para o exercício de função comissionada o recebimento da gratificação de atividade externa.

(C) É vedada a remoção de servidor da justiça militar para a justiça do trabalho.

(D) No que se refere à progressão funcional, não se exige o interstício de um ano entre a movimentação de um padrão para o outro; em se tratando de promoção do servidor, é indispensável que seja observado o interstício de um ano em relação à progressão funcional imediatamente anterior.

(E) O servidor das carreiras dos quadros de pessoal do Poder Judiciário que, cedido para órgão da União para ocupar cargo em comissão, optar pela remuneração do aludido cargo não poderá perceber a gratificação judiciária durante o período de afastamento.

A: incorreta: é "devido a partir do dia da apresentação do título, diploma ou certificado" (§ 3° do art. 15 da Lei 11.416/2006); **B:** incorreta, tal gratificação é vedada para o exercício de função comissionada (ou cargo em comissão) – § 2° do art. 16 da Lei 11.416/2006; **C:** incorreta, é possível tal remoção (art. 20 da Lei 11.416/2006); **D:** incorreta, a progressão funcional exige o interstício de um ano em relação à progressão funcional imediatamente anterior. A promoção, além do interstício de um ano, depende, "cumulativamente, do resultado de avaliação formal de desempenho e da participação em curso de aperfeiçoamento oferecido, preferencialmente, pelo órgão, na forma prevista em regulamento" (§§ 1° e 2° do art. 9° da Lei 11.416/2006); **E:** correta, pois só poderia perceber a gratificação judiciária se tivesse optado pela remuneração do cargo efetivo. Vide §§ 2° e 3° da Lei 11.416/2006.

Gabarito "E".

9. LICITAÇÕES E CONTRATOS ADMINISTRATIBOS
LEI 14.133/2021 E LEI 8.666/1993

Wander Garcia, Flavia Barros, Ana Paula Garcia, Georgia Dias, Ivo Tomita e Rodrigo Bordalo*

1. BREVES COMENTÁRIOS SOBRE A LEI 14.133/2021

I. APLICABILIDADE DA NOVA LEI

Em 1º de abril de 2021 foi editada a Lei 14.133, a **nova lei de licitações e contratos administrativos**.

Importante esclarecer que a Lei 8.666/1993 não foi, de modo geral, imediatamente revogada pelo novo regime. A antiga norma vigorará por 2 anos, com revogação prevista para abril de 2023. Os únicos dispositivos da Lei 8.666/1993 que foram imediatamente revogados foram os arts. 89 a 108, que disciplinavam os crimes relacionados às licitações e aos contratos públicos. Agora o tema é tratado no próprio Código Penal (arts. 337-E a 337-P).

> **Importante!** Por conta disso, atualmente convivem os regimes tanto da Lei 14.133/2021 quanto da Lei 8.666/1993, bem como da Lei 10.520/2002 (Pregão) e Lei 12.462/2011 (Regime Diferenciado de Contração – RDC). Até a revogação destas últimas, a Administração poderá optar por licitar (ou contratar diretamente) de acordo com o regime mais novo ou o antigo. A opção escolhida deverá ser indicada expressamente, vedada a aplicação combinada dos diplomas normativos.

II. ASPECTOS GERAIS

A Lei 8.666/1993 prevê os seguintes **objetivos** da licitação pública: (i) seleção da proposta mais vantajosa; (ii) tratamento igualitário entre os licitantes; (iii) desenvolvimento nacional sustentável. A Lei 14.133/2021, além de mantê-los, disciplina outros: (iv) evitar sobrepreço, preços inexequíveis e superfaturamento; (v) incentivo à inovação.

Em relação aos **princípios**, a nova lei igualmente preserva os princípios incorporados na Lei 8.666/1993, como a legalidade, impessoalidade, moralidade, vinculação ao instrumento convocatório, julgamento objetivo, entre outros. Além disso, insere postulados inéditos, merendo destaque os princípios do planejamento (fundamento da fase preparatória), da transparência (corolário da publicidade) e o da segregação de funções (é vedada a atuação simultânea do agente público nas funções sujeitas a risco).

A nova lei de licitações contempla uma série de regramentos relacionados a aspectos **ambientais**, como a possibilidade de estipulação de margem de preferência a bens reciclados, recicláveis ou biodegradáveis. No que se refere ao aspecto **social**, possível à Administração exigir a destinação de percentual mínimo de mão de obra a mulher vítima de violência doméstica.

Outra novidade relevante da nova lei é a valorização da implantação de **programas de integridade** (*compliance*) pelos contratados, podendo representar, entre outros: (a) condição à continuidade de contratações de grande vulto; (b) critério subsidiário de desempate; (c) critério para a dosimetria de sanções administrativas.

III. CONTRATAÇÃO DIRETA

Da mesma forma que a Lei 8.666/1993, o regime geral da contratação direta disciplinado pela Lei 14.133/2021 envolve, como categorias gerais mais relevantes, a *dispensa* e a *inexigibilidade*.

A **inexigibilidade** está prevista no art. 74 da nova lei de licitações, que elenca cinco hipóteses. Trata-se de rol exemplificativo (da mesma forma que o art. 25 da Lei 8.666/1993, que contempla três incisos). São elas:

- Fornecedor exclusivo (mesma hipótese da Lei 8.666/1993);
- Contratação de artista, desde que consagrado pela crítica ou pela opinião pública (mesma hipótese da Lei 8.666/1993);
- Serviço técnico especializado (ex.: projetos, perícias, estudos técnicos), desde que prestado por profissional de notória especialização (hipótese semelhante à da Lei 8.666/1993, pois a nova lei não prevê de modo expresso o requisito da singularidade do serviço);
- Credenciamento (hipótese não prevista expressamente na Lei 8.666/1993; trata-se de instrumento auxiliar);
- Aquisição ou locação de imóveis cujas características de instalações e de localização tornem necessária sua escolha. **Obs.:** relevante atentar que essa hipótese é tratada pela Lei 8.666/1993 como sendo licitação dispensável.

A **dispensa**, por sua vez, está prevista no art. 75 da nova lei de licitações. Trata-se de rol taxativo (da mesma forma que o art. 24 da Lei 8.666/1993). As peculiaridades trazidas pela Lei 14.133/2021 são:

- Pequeno valor: contratações inferiores a R$ 100 mil para obras e serviços de engenharia, bem como as inferiores a R$ 50 mil para outros serviços e compras (os valores, já corrigidos, da Lei 8.666/1993 são R$ 33 mil e R$ 17,6 mil, respectivamente);
- Licitação deserta (aquela em que não houve interessados): a nova lei passou a condicionar a contratação direta ao prazo de 1 ano da licitação deserta;
- Aquisição de produtos para pesquisa e desenvolvimento: no caso de obras e serviços de engenharia, há um limite de R$ 300 mil;
- Aquisição de medicamentos destinados exclusivamente ao tratamento de doenças raras definidas

pelo Ministério da Saúde (hipótese não prevista na Lei 8.666/1993);

- Em virtude de emergência ou calamidade pública: o prazo máximo do contrato deve ser de 1 ano, contado da data da ocorrência da situação excepcional (a Lei 8.666/1993 prevê o prazo de 180 dias); além disso, vedada a recontratação da empresa que firmou o contrato sem licitação.

IV. MODALIDADES LICITATÓRIAS

As modalidades previstas na Lei 14.133/2021 são:

> **Atenção!** A nova lei de licitações não mais prevê as modalidades tomada de preço e convite (ambas previstas na Lei 8.666/1993), bem como o regime diferenciado de contratações-RDC (disciplinado na Lei 12.462/2011).

- **Pregão**: modalidade obrigatória para a aquisição de bens e serviços comuns (incluindo serviços comuns de engenharia); o critério de julgamento é o menor preço ou o maior desconto;

- **Concorrência**: utilizada para a contratação de: (a) obras, (b) de bens e serviços especiais ou (c) de serviços comuns e especiais de engenharia; podem ser utilizados os seguintes critérios de julgamento: (i) menor preço; (ii) maior desconto; (iii) melhor técnica ou conteúdo artístico; (iv) técnica e preço; (v) maior retorno econômico (este último é utilizado no contrato de eficiência, em que o contratado é remunerado com base em percentual da economia gerada).

- **Concurso**: o critério de julgamento utilizado é o de melhor técnica ou conteúdo artístico;

- **Leilão**: modalidade destinada à alienação de: (a) bens imóveis; (b) bens móveis inservíveis ou legalmente apreendidos; o critério de julgamento é o do maior lance.

- **Diálogo competitivo**: modalidade inédita no ordenamento brasileiro; pretende-se realizar diálogos com licitantes, no intuito de desenvolver alternativas capazes de atender às suas necessidades de contratação; aproveita-se, assim, a expertise do setor privado para desenvolver soluções eficientes; a condução dessa modalidade é feita por comissão de contratação (composta de pelo menos 3 agentes públicos efetivos/permanentes).

> **Importante!** O diálogo competitivo pode ser utilizado, além da modalidade concorrência, para a celebração de contrato de concessão de serviço público (cf. Lei 8.987/1995), inclusive parceria público-privada-PPP (cf. Lei 11.079/2004).

V. FASES

Nos termos da nova lei, o procedimento licitatório é conduzido, como regra, por um **agente de contratação**, auxiliado por uma equipe de apoio. Portanto, alterada a lógica da Lei 8.666/1993, em que prevalece a atuação de uma comissão de licitação.

Ademais, as licitações devem ser realizadas preferencialmente sob a forma eletrônica.

No âmbito do rito procedimental comum, as **fases** de uma licitação são: 1ª) Fase preparatória; 2ª) Divulgação do edital; 3ª) Apresentação de propostas e lances; 4ª) Julgamento; 5ª) Habilitação; 6ª) Recursos; 7ª) Homologação.

> **Importante!** A Lei 14.133/2021 alterou a dinâmica procedimental da Lei 8.666/1993, em que a habilitação precedia a classificação e o julgamento. Assim, pelo novo regime, a habilitação é posterior à fase de julgamento, conferindo maior celeridade à licitação. Esta maneira de proceder já era aplicada, entre outras, na modalidade pregão (cf. Lei 10.520/2002) e agora foi generalizada.

A disputa entre os licitantes pode ser de dois modos: (i) modo aberto: possibilidade de lances públicos e sucessivos (como já utilizado no pregão, cf. Lei 10.520/2002); (ii) modo fechado: propostas sob sigilo até a data marcada para sua divulgação (mecanismo clássico da Lei 8.666/1993).

Em caso de empate, a nova lei de licitações estipulou os seguintes critérios de desempate: 1º) disputa final entre os licitantes empatados; 2º) avaliação de desempenho contratual prévio; 3º) desenvolvimento de ações de equidade entre homens e mulheres no ambiente de trabalho; 4º) implantação de programa de integridade. Caso persista o empate, estipula-se preferência, sucessivamente, às empresas: 1º) estabelecidas no Estado (ou no DF) do ente público estadual/distrital ou municipal licitante; 2º) brasileiras; 3º) que invistam em pesquisa e desenvolvimento tecnológico no País; 4º) que adotam mecanismos de mitigação na emissão de gases de efeito estufa.

A documentação de habilitação pode ser dispensada nas contratações: (a) para entrega imediata; (b) envolvendo valores inferiores a R$ 12,5 mil; (c) de produto para pesquisa e desenvolvimento até o valor de R$ 300 mil.

VI. INSTRUMENTOS AUXILIARES

A Lei 14.133/2021 disciplina os instrumentos auxiliares às licitações e aos contratos públicos. São eles:

1º) Credenciamento: processo de chamamento público em que a Administração convoca interessados em prestar serviços ou fornecer bens; observe-se que a contratação é realizada com todos aqueles que pretendem firmar determinado negócio com a Administração, o que torna inviável a competição e, consequentemente, inexigível a licitação;

2º) Pré-qualificação: constitui procedimento seletivo prévio à licitação, convocado por meio de edital, destinado à análise das condições de habilitação, total ou parcial; trata-se de instrumento já previsto na Lei 8.666/1993, embora disciplinado de modo sucinto; seu prazo de validade é de 1 ano;

3º) Procedimento de manifestação de interesse (PMI): procedimento pelo qual a Administração solicita à iniciativa privada o desenvolvimento de estudos e projetos que possam contribuir com aspectos da atuação do Poder Público; não encontra previsão na Lei 8.666/1993 e sim em outras normas, como a lei de concessões (Lei 8.987/1995) e das organizações da sociedade civil (Lei 13.019/2014); o PMI é, como regra, aberta a todos os eventuais interessados, embora pode ser restrito a *startups* (microempreendedores individuais, as microempresas e as empresas de pequeno porte, de natureza emergente e com grande potencial, que se dediquem à pesquisa, ao desenvolvimento e à implementação de novos produtos ou serviços baseados em soluções tecnológicas inovadoras que possam causar alto impacto);

4°) Sistema de registro de preços (SRP): conjunto de procedimentos para realização, mediante contratação direta ou licitação (modalidades: pregão ou concorrência), de registro formal de preços relativos a prestação de serviços, a obras e a aquisição e locação de bens para contratações futuras; já encontrava previsão na Lei 8.666/1993, embora a Lei 14.133/2021 torne seu regramento mais minucioso; as características mais relevantes incorporadas na nova lei de licitações são: (a) possibilidade de SRP para obras e serviços de engenharia; (b) o prazo da vigência da ata de registro de preços é de 1 ano, podendo ser prorrogado por igual período, desde que se demonstre vantajosidade; (c) previsão expressa da figura do "carona" (adesão à ata de registro de preço por ente não participante);

5°) Registro cadastral: assentamento pelo qual se permite a qualificação prévia de interessados que desejam participar de licitações futuras promovidas pela Administração; a nova lei exige a utilização de um sistema de registro cadastral unificado, disponibilizado no Portal Nacional de Contratações Públicas.

VII. CONTRATOS ADMINISTRATIVOS

Os contratos administrativos obedecem à **forma escrita**, sendo nulo e de nenhum efeito o contrato verbal. Exceção: admite-se *contrato verbal* para pequenas compras ou para a prestação de serviços de pronto pagamento, assim entendidos aqueles de valor não superior a R$ 10 mil.

O *instrumento de contrato* é obrigatório, admitindo-se a sua substituição por outros documentos hábeis (exemplo: nota de empenho) nas seguintes situações: (a) dispensa de licitação em razão de valor; (b) compras com entrega imediata e dos quais não resultem obrigações futuras, inclusive quanto a assistência técnica, independentemente de seu valor.

A **divulgação no Portal Nacional de Contratações Públicas** (PNCP) é condição indispensável para a *eficácia* do contrato. Deve ocorrer nos seguintes prazos, contados da data de sua assinatura: (i) 20 dias úteis, no caso de licitação; (ii) 10 dias úteis, no caso de contratação direta.

A Lei 14.133/2021 trouxe alterações em relação ao **prazo de duração** dos contratos administrativos. Assim, de modo exemplificativo: (a) contratos de serviços e fornecimento contínuos: prazo de até 5 anos, cabendo prorrogação até 10 anos; (b) contratos que geram receita e contratos de eficiência: até 10 anos, nos contratos sem investimento; e de até 35 anos, nos contratos com investimento; (c) contratos em que a Administração seja usuária de serviço público (oferecido em regime de monopólio): prazo indeterminado (desde que haja existência de crédito orçamentário a cada exercício financeiro).

Um aspecto relevante da Lei 14.133/2021 é a **alocação de riscos**, os quais são objeto de distribuição ente contratante e contratado por meio da elaboração de uma matriz de riscos. Ela não é obrigatória, salvo na (a) contratação de obras e serviços de grande vulto (contrato cujo valor estimado supera R$ 200 milhões) ou (b) adoção dos regimes de contratação integrada ou semi-integrada.

No que tange aos **encargos do contratado**, a nova lei incorporou a jurisprudência do STF sobre o tema. Assim, como regra, a inadimplência do contratado em relação aos encargos trabalhistas, fiscais e comerciais *não* transfere à Administração a responsabilidade pelo seu pagamento. No entanto, nas contratações de serviços contínuos com regime de dedicação exclusiva de mão de obra (exemplo: contrato de serviço de limpeza), a Administração responde subsidiariamente pelos encargos trabalhistas, se comprovada falha na fiscalização do cumprimento das obrigações do contratado (culpa *in vigilando*).

Já no que se refere à **extinção** dos contratos, a Lei 14.133/2021 dispõe sobre as hipóteses em que o *contratado* tem direito à extinção ou à suspensão do negócio. São elas, entre outras: (a) suspensão de execução do contrato, por ordem escrita da Administração, por prazo superior a 3 meses (hipótese não prevista na Lei 8.666/1993); (b) repetidas suspensões que totalizem 90 dias úteis (hipótese não prevista na Lei 8.666/1993); (c) atraso no pagamento superior a 2 meses (na Lei 8.666/1993 o prazo é de 90 dias).

A **nulidade** do contrato administrativo pode dar ensejo: (a) ao *saneamento* da irregularidade; (b) à *suspensão* ou à *anulação* da avença (com base em critérios de interesse público); (c) à *continuidade* do contrato, de modo que a solução da irregularidade se dá pela indenização por perdas e danos. Além disso, a declaração de nulidade detém, como regra, efeito retroativo (*ex tunc*), podendo ser conferido efeito não retroativo (*ex nunc*), de modo que só tenha eficácia em momento futuro, suficiente para efetuar nova contratação, por prazo de até 6 meses, prorrogável uma única vez.

VIII.   REGIME SANCIONATÓRIO

As **penalidade**s previstas na Lei 14.133/2021 são:

Advertência;

- **Multa:** a nova lei, em caráter inédito, definiu o limite mínimo e máximo dessa sanção pecuniária (0,5% a 30% do valor do contrato);

- **Impedimento de licitar e contratar:** vedação de licitação e contratação pelo prazo máximo de 3 anos; sua abrangência restringe-se ao ente federativo que tenha aplicado a sanção;

- **Declaração de inidoneidade:** vedação de licitação e contratação pelo prazo mínimo de 3 anos e máximo de 6 anos; seus efeitos abrange todas as esferas federativas.

Obs.: no caso das últimas duas sanções (impedimento e declaração), o processo de responsabilização deve ser conduzido por comissão composta de 2 ou mais agentes públicos estáveis ou dos quadros permanentes (neste caso, com, no mínimo, 3 anos de tempo de serviço).

Atenção! A Lei 14.133/2021 não prevê a sanção de suspensão temporária (contida na Lei 8.666/1993), cujo prazo máximo é de 2 anos.

A aplicação das penalidades não afasta a *obrigação de reparar* integralmente o dano causado.

Além disso, a nova lei disciplinou de modo pormenorizado a *reabilitação* daquele que foi sancionado. Os requisitos para tanto são: (a) reparação integral do dano; (b) pagamento da multa; (c) transcurso do prazo mínimo de 1 ano (contado da aplicação da penalidade), no caso de impedimento de licitar e contratar, ou de 3 anos, no caso de declaração de inidoneidade; (d) cumprimento das condições definidas no ato punitivo; (e) análise jurídica prévia sobre o cumprimento dos presentes requisitos.

O *prazo prescricional* é de 5 anos, contados da ciência da infração pela Administração. Esse interregno é interrompido pela instauração do processo de responsabilização, bem como suspenso pela celebração de acordo de leniência ou por decisão judicial que inviabiliza a conclusão da apuração administrativa.

IX. OUTROS ASPECTOS DA LEI 14.133/2021

- Criação do *Portal Nacional de Contratações* (sítio eletrônico oficial destinado, entre outras finalidades, à divulgação das licitações e contratos);
- Possibilidade de estabelecer *caráter sigiloso* ao orçamento que embasa a contratação pública; esse sigilo não abrange os órgãos de controle interno e externo;
- *Tramitação prioritária* das ações judiciais relacionadas à aplicação das normas gerais de licitações e contratos;
- Possibilidade de adoção de *meios alternativos* de prevenção e resolução de controvérsias (conciliação, mediação, comitê de resolução de disputas e arbitragem);
- Na contratação de obras, fornecimentos e serviços, inclusive de engenharia, pode ser estabelecida *remuneração variável* vinculada ao desempenho do contratado, com base em metas, padrões de qualidade, critérios de sustentabilidade ambiental e prazos de entrega;
- Regramento das figuras do *reajustamento* em sentido estrito (relacionado à correção monetária) e da *repactuação* (manutenção do equilíbrio econômico-financeiro resultante da variação dos custos contratuais);
- Possibilidade de *desconsideração da personalidade jurídica* em caso de abuso do direito para facilitar, encobrir ou dissimular a prática dos atos ilícitos previstos nesta Lei ou para provocar confusão patrimonial;
- *Representação* (judicial ou extrajudicial) pela *advocacia pública* dos agentes públicos que precisam se defender (nas esferas administrativa, controladora ou judicial) em razão de participação em licitações e contratos envolvendo atos praticados com estrita observância de orientação constante em parecer jurídico.

2. LICITAÇÃO (LEI 8.666/1993)

2.1. Princípios

(Técnico – TRT1 – 2018 – AOCP) No âmbito do TRT da 1ª Região, está sendo realizada uma licitação para a compra de novas cadeiras e mesas que acomodarão os servidores recém- aprovados para o cargo de Técnico Judiciário. Consoante à Lei nº 8.666/1993, em igualdade de condições, como critério de desempate, será assegurada preferência, inicialmente, aos bens e serviços

(A) produzidos no País.

(B) produzidos ou prestados por empresas brasileiras.

(C) produzidos ou prestados por empresas que invistam em pesquisa e no desenvolvimento de tecnologia no País.

(D) produzidos ou prestados por empresas que comprovem cumprimento de reserva de cargos prevista em lei para pessoa com deficiência ou para reabilitado da Previdência Social.

(E) produzidos ou prestados de acordo com as especificações internacionais dos órgãos de fiscalização.

A letra "A" está de acordo com o disposto no Art. 3º, § 2º, da Lei 8.666/1993.

Gabarito "A"

(Técnico Judiciário – TRE/PE – CESPE – 2017) Na licitação para a aquisição de armários de aço para suprir as unidades de um órgão público, dez empresas apresentaram, em igualdade de condições, armários da mesma marca, com as mesmas especificações técnicas e com o mesmo preço.

Na situação apresentada, de acordo com as disposições da Lei 8.666/1993 e suas alterações, a preferência recairá, sucessivamente, aos bens

(A) produzidos por empresas brasileiras; produzidos por empresas que invistam em pesquisa e no desenvolvimento de tecnologia no país; produzidos no país.

(B) produzidos no país; produzidos por empresas brasileiras; produzidos por empresas que invistam em pesquisa e no desenvolvimento de tecnologia no país.

(C) produzidos no país; produzidos por empresas que invistam em pesquisa e no desenvolvimento de tecnologia no país; produzidos por empresas brasileiras.

(D) produzidos por empresas que invistam em pesquisa e no desenvolvimento de tecnologia no país; produzidos no país; produzidos por empresas brasileiras.

(E) produzidos por empresas brasileiras; produzidos no país; produzidos por empresas que invistam em pesquisa e no desenvolvimento de tecnologia no país.

Estabelece o art. 3º, § 2º, da Lei 8.666/1993 "Em igualdade de condições, como critério de desempate, será assegurada preferência, sucessivamente, aos bens e serviços: II. Produzidos no país; III. Produzidos ou prestados por empresas brasileiras; IV. Produzidos ou prestados por empresas que invistam em pesquisa e no desenvolvimento de tecnologia no País; V. produzidos ou prestados por empresas que comprovem cumprimento de reserva de cargos prevista em lei para pessoa com deficiência ou para reabilitado da Previdência Social e que atendam às regras de acessibilidade previstas na legislação. GD
Gabarito "B"

(Técnico Judiciário – TRT/19ª – 2015 – FCC) O Governo Federal, ao instituir a Política Nacional de Resíduos Sólidos, incluiu, entre seus objetivos, a prioridade nas aquisições e contratações governamentais, para: (a) produtos reciclados e recicláveis; (b) bens, serviços e obras que considerem critérios compatíveis com padrões de consumo social e ambientalmente sustentáveis. O tema em questão está associado ao seguinte princípio relativo às licitações públicas:

(A) adjudicação compulsória.

(B) licitação sustentável.

(C) julgamento objetivo.

(D) ampla defesa.

(E) vinculação ao instrumento convocatório.

A: incorreta, pois a adjudicação compulsória quer dizer que o vencedor do certame deve ter atribuído a sim o objeto da contratação; **B**: correta, pois a prioridade em questão de fato colabora com a sustentabilidade do meio ambiente; **C**: incorreta, pois o julgamento objetivo é regra que determina que na licitação se busque não só estabelecer critérios objetivos de julgamento, como também julgar da forma mais objetiva possível as propostas; **D**: incorreta, pois o enunciado não faz referência alguma à ampla defesa; **E**: incorreta, pois o enunciado não faz referência alguma a esse princípio, que significa que tanto a Administração como o licitante deve obedecer à risca ao que dispõe o edital de licitação. „Gabarito "B".

2.2. Contratação direta (licitação dispensada, dispensa e inexigibilidade)

(Técnico – MPE/CE – CESPE – 2020) À luz das disposições da Lei 8.666/1993, que institui normas para licitações e contratos da administração pública, julgue o próximo item.

(1) Caracteriza hipótese de dispensa de licitação a necessidade de contratação de serviços técnicos, de natureza singular, com profissionais ou empresas de notória especialização, para restauração de obra de arte, com valor histórico, de determinado museu municipal.

1: O item está errado. A hipótese trata de inexigibilidade de licitação, e não de dispensa. Com efeito, as situações de dispensa estão dispostas no art. 24 da Lei 8.666/1993. Já as de inexigibilidade, em seu art. 25. Conforme o art. 25, inc. II, são inexigíveis as licitações para a contratação de serviços técnicos profissionais especializados (entre os quais se inclui a restauração de obras de arte e bens de valor histórico, cf. art. 13, VII), desde que assuma natureza singular e sua prestação seja feita por profissionais ou empresas de notória especialização. „Gabarito "1E".

(Técnico – TJ/AL – 2018 – FGV) Ao acabar de assumir a Chefia do Executivo Estadual, o Governador constatou situação insustentável de superlotação da população carcerária, com grave e iminente risco à segurança pública. Assim sendo, o Administrador Público decidiu contratar sociedade empresária para ampliação, reforma e aprimoramento do estabelecimento penal existente no Estado. Após os estudos necessários, o valor total do contrato ficou estimado em um milhão e quatrocentos mil reais.

De acordo com os ditames da Lei nº 8.666/93, a contratação pretendida:

(A) deverá necessariamente ser precedida de licitação, na modalidade pregão, em razão do valor do contrato;

(B) deverá necessariamente ser precedida de licitação, na modalidade tomada de preços, em razão do valor do contrato;

(C) deverá necessariamente ser precedida de licitação, na modalidade concorrência, em razão do valor do contrato;

(D) poderá ser feita mediante dispensa de licitação, diante de permissivo legal;

(E) poderá ser feita mediante inexigibilidade de licitação, diante de permissivo legal.

A: incorreta, a modalidade pregão só pode ser utilizada para a aquisição de bens e serviços comuns, o que, em se tratando de estabelecimentos penais, não é o caso; **B**: incorreta, a pegadinha da questão está no verbo "deverá", porque embora para o valor do certame seja aplicável a "tomada de preços", existe no Art. 24, XXXV, da Lei 8.666/1993 expressa previsão de hipótese em que facultada a dispensa de licitação; **C**: incorreta, em razão do valor do certame constante, o caso seria de tomada de preços e não de concorrência e não seria ainda assim um "dever", mas uma faculdade, em razão do Art. 24, XXXV, da Lei 8.666/1993; **D**: correta, a dispensa de licitação ocorre quando, embora seja possível a realização de uma licitação, a lei autoriza expressamente sua não realização. É o caso em tela, dada a existência do Art. 24, XXXV, da Lei 8.666/1993; **E**: incorreta, não se trata de hipótese em que impossível é a realização de certame. O caso é de dispensa de licitação, já que existe o Art. 24, XXXV da Lei 8.666/1993. „Gabarito "D".

Técnico – TRT2 – FCC – 2018) Suponha que determinada autarquia estadual pretenda alienar diversos móveis e equipamentos de sua titularidade, que estão ociosos e se tornaram inservíveis às finalidades da entidade. De acordo com as disposições pertinentes da Lei no 8.666/1993,

(A) os bens poderão ser alienados independentemente de licitação, se o valor total foi inferior a R$ 150.000,00, mediante prévio cadastramento dos interessados.

(B) os bens poderão ser alienados mediante pregão, eletrônico ou presencial, precedido de avaliação e justificativa da autoridade quanto à inservibilidade.

(C) a alienação depende de prévia avaliação e de procedimento licitatório, sendo cabível a adoção da modalidade leilão.

(D) somente é admissível a doação a outro órgão ou entidade pública ou entidade privada sem fins lucrativos, vedada a alie- nação a particulares.

(E) é obrigatória a instauração de licitação, na modalidade concorrência, independentemente do valor dos bens, para ampla concorrência e obtenção da melhor proposta.

A: incorreta – como regra geral inserta no Art 17 da Lei nº 8.666/1993, a alienação de bens da Administração Pública está subordinada à existência de interesse público previamente justificado, será precedida de avaliação e , tratando-se de bens móveis, dependerá de licitação, a qual é dispensada apenas nos seguintes casos: a) doação, permitida exclusivamente para fins e uso de interesse social, após avaliação de sua oportunidade e conveniência sócio-econômica, relativamente à escolha de outra forma de alienação; b) permuta, permitida exclusivamente entre órgãos ou entidades da Administração Pública; c) venda de ações, que poderão ser negociadas em bolsa, observada a legislação específica; d) venda de títulos, na forma da legislação pertinente; e) venda de bens produzidos ou comercializados por órgãos ou entidades da Administração Pública, em virtude de suas finalidades; f) venda de materiais e equipamentos para outros órgãos ou entidades da Administração Pública, sem utilização previsível por quem deles dispõe; B: incorreta – não existe qualquer exigência legal que determina que a autoridade pública deva comprovar a inservibilidade do bem para que ele seja alienável. C: correta – Art. 17, parágrafo 6º da Lei nº 8.666/1993; D: incorreta – a lei fala apenas em doação permitida exclusivamente para fins e uso de interesse social – Art. 17 inc II alínea "a" da Lei nº 8.666/1993; E: incorreta – a lei admite inclusive a realização de certame na modalidade leilão – Art. 17, parágrafo 6º da Lei nº 8.666/1993. FMB

Gabarito "C".

(Técnico Judiciário – TRE/PE – CESPE – 2017) No caso da necessidade de consertos prediais no edifício de um tribunal, em que a obra esteja orçada em R$ 250.000 ,

(A) a licitação será inexigível.

(B) a modalidade de licitação aplicável a essa situação é a tomada de preços.

(C) a modalidade de licitação aplicável a essa situação é o convite.

(D) haverá a dispensa de licitação.

(E) a modalidade de licitação aplicável a essa situação é o pregão eletrônico.

A: incorreta, não se enquadra nas hipóteses de inexigibilidades previstas no art. 25 da Lei 8.666/1993; **B:** correta (art. 23, I, *b*, da Lei 8.666/1993); **C:** incorreta, (art. 23, I, *a*, da Lei 8.666/1993); **D:** incorreta, ultrapassa o limite previsto para os casos de dispensa (arts. 24, I, e 23, I, *a*, da Lei 8.666/19 93); **E:** incorreta, "A licitação na modalidade de pregão, na forma eletrônica, não se aplica às contratações de obras de engenharia, bem como às locações imobiliárias e alienações em geral" (art. 6º do Dec. 5.450/2005). GD

Gabarito "B".

(Técnico Judiciário – TRE/PI – CESPE – 2016) Caso determinado órgão público pretenda contratar serviço técnico de treinamento e aperfeiçoamento de pessoal, de natureza singular, a ser prestado por pessoa jurídica de notória especialização, a licitação

(A) será dispensada.

(B) será inexigível.

(C) será dispensável, devido ao fato de se referir a serviço técnico específico.

(D) deverá ser do tipo melhor técnica.

(E) deverá ser realizada na modalidade convite.

A Alternativa "B" está conforme o disposto no art. 25, II, da Lei 8.666/1993. GD

Gabarito "B".

(Técnico Judiciário – TRT24 – FCC – 2017) A União Federal pretende contratar diretamente, por dispensa de licitação, serviço para o abastecimento de navios, por tratar-se de estada eventual de curta duração em portos, por motivo de movimentação operacional. Nos termos da Lei 8.666/1993, será dispensável a licitação, desde que a exiguidade dos prazos legais possa comprometer a normalidade e os propósitos da operação e desde que o valor contratual não exceda, em reais, a

(A) 90.000,00

(B) 80.000,00

(C) 100.000,00

(D) 200.000,00

(E) 150.000,00

A alternativa correta é a B, conforme o disposto nos arts. 24, XVIII e 23, II, *a*, da Lei 8.666/1996. GD

Gabarito "B".

(Técnico Judiciário – TRT/19ª – 2015 – FCC) Em procedimento licitatório promovido pelo Estado de Alagoas, não acudiram interessados no certame. Se o mencionado procedimento licitatório, justificadamente, não puder ser repetido sem prejuízo para o Estado, e desde que mantidas, neste caso, todas as condições preestabelecidas,

(A) deve, obrigatoriamente, ser realizado outro certame licitatório com modalidade idêntica à do anterior.

(B) deve, obrigatoriamente, ser realizado outro certame licitatório com modalidade diversa do anterior.

(C) é dispensável a licitação.

(D) deve, necessariamente, ser prorrogado o certame.

(E) é inexigível a licitação.

A, B, D e E: incorretas, pois nesse caso a licitação é dispensável (art. 24, V, da Lei 8.666/93); **C:** correta (art. 24, V, da Lei 8.666/93).

Gabarito "C".

(Técnico – TRT/2ª Região – 2014 – FCC) Determinada empresa estatal fabrica aeronaves de diversos tipos, tendo reconhecimento internacional quanto à qualidade de seus modelos. O ente federado que autorizou a criação a referida empresa precisa adquirir uma aeronave para servir ao deslocamento de autoridades em missões oficiais. Para o ente federado adquirir a aeronave da empresa estatal

(A) poderá fazê-lo diretamente, tendo em vista que entre entes públicos não incide a lei de licitações.

(B) poderá fazê-lo diretamente, tendo em vista que incide hipótese de dispensa de licitação em face da natureza do bem.

(C) deverá fazê-lo diretamente com a empresa estatal que a fabrica, diante de hipótese de inexigibilidade de licitação, visto que não se instaura competição entre entes da mesma esfera de governo.

(D) poderá fazê-lo diretamente, desde que a empresa já existisse por ocasião da promulgação da lei de licitações e que o preço da aquisição seja comprovadamente compatível com os valores praticados no mercado.

(E) deverá fazê-lo por meio de licitação, tendo em vista que a aquisição de bens pela Administração pública somente pode ser feita pelo critério do menor preço, mesmo nas hipóteses de dispensa do certame.

É dispensável a licitação para a aquisição, por pessoa jurídica de direito público interno, de bens produzidos ou serviços prestados por órgão ou entidade que integre a Administração Pública e que tenha sido criado para esse fim específico em data anterior à vigência desta Lei, desde que o preço contratado seja compatível com o praticado no mercado (art. 24, VII, da Lei 8.666/1993).

Gabarito "D".

(Técnico – TJ/CE – 2013 – CESPE) Assinale a opção em que se apresenta a ordem que caracteriza, respectivamente, as hipóteses de contratação direta quando 1) há discricionariedade da administração para que se decida realizar a contratação direta; 2) há hipóteses exemplificativas de contratação direta; e 3) a contratação direta decorre da inviabilidade de competição.

(A) licitação dispensável; inexigível; e inexigível

(B) licitação inexigível; inexigível; e dispensável

(C) licitação dispensável; inexigível; dispensável

(D) licitação inexigível; dispensável; e dispensável

(E) licitação dispensável; dispensável; e inexigível

1. Há discricionariedade da Administração em contratar diretamente, ou seja, a licitação é dispensável, nas hipóteses para obras e serviços de engenharia de valor até 10% (dez por cento) do limite previsto na alínea "a", do inciso I do art. 23, desde que não se refiram a parcelas de uma mesma obra ou serviço ou ainda para obras e serviços da mesma natureza e no mesmo local que possam ser realizadas conjunta e concomitantemente e, ainda, para outros serviços e compras de valor até 10% (dez por cento) do limite previsto na alínea "a", do inciso II do art. 23 e para alienações, nos casos previstos nesta Lei, desde que não se refiram a parcelas de um mesmo serviço, compra ou alienação de maior vulto que possa ser realizada de uma só vez (art. 24, I e II, da Lei 8.666/1993); 2. Os casos de licitação inexigível são meramente exemplificativos, conforme se extrai do *caput* do art. 25 da Lei 8.666/1993; 3. Hipótese de inexigibilidade de licitação, a teor do art. 25, *caput*, da Lei 8.666/1993.
Gabarito "A".

(Técnico Judiciário – TRT/9ª – 2012 – FCC) De acordo com a Lei nº 8.666/1993, é dispensável a licitação

(A) para aquisição de bens para necessidade contínua, pelo sistema de registro de preços.

(B) para alienação de imóvel, desde que desafetado do serviço público.

(C) para compra de produto de marca preferencial da Administração.

(D) para contratação de serviços comuns, de natureza contínua.

(E) nos casos de guerra ou grave perturbação da ordem.

A: incorreta, pois não há tal previsão no art. 24 da Lei 8.666/1993; **B:** incorreta, pois, como regra, é necessário fazer licitação para a alienação de imóvel público (art. 17, I, da Lei 8.666/1993), que, diga-se de passagem, sempre deve estar desafetado para que a alienação possa ser feita; **C:** incorreta, pois compra de produto de marca preferencial sequer é permitida (art. 25, I, da Lei 8.666/1993), quanto mais sem licitação; **D:** incorreta, pois esse caso não dispensa licitação, ensejando, inclusive, licitação na modalidade comum (art. 1º da Lei 10.520/2002); **E:** correta (art. 24, III, da Lei 8.666/1993).
Gabarito "E".

(Técnico Judiciário – TRT/9ª – 2012 – FCC) Como traço de semelhança ou de distinção entre a dispensa e a inexigibilidade de licitação pode-se indicar, dentre outras, a característica

(A) da licitação, nas hipóteses de inexigibilidade, ser, em tese, possível, mas diante da vontade do legislador, para agilizar algumas situações, torna-se prescindível.

(B) da dispensa de licitação incidir nas hipóteses em que a licitação é inviável, por impossibilidade de competição.

(C) da licitação, nas hipóteses de dispensa, ser, em tese, possível, mas diante da vontade do legislador, torna-se prescindível nas situações indicadas.

(D) do rol de hipóteses de dispensa de licitação ser exemplificativo, na medida em que se trata de norma de exceção à regra legal que obriga o certame como observância do princípio da isonomia.

(E) do rol de hipóteses de inexigibilidade de licitação ser taxativo, na medida em que se trata de norma de exceção à regra legal que obriga o certame como observância do princípio da isonomia, não admitindo flexibilização.

A: incorreta, pois, na inexigibilidade, a licitação não é possível ("é inviável"), não havendo discricionariedade do administrador entre realizá-la ou não, só cabendo não fazer a licitação, caso queira contratar numa hipótese que enseja inexigibilidade; **B:** incorreta, pois em caso de inviabilidade da licitação tem-se inexigibilidade (art. 25, *caput*, da Lei 8.666/1993) e não dispensa de licitação (art. 24 da Lei 8.666/1993); **C:** correta, pois, de fato, na dispensa de licitação, o administrador pode ou não fazer licitação, havendo discricionariedade nessa escolha; **D:** incorreta, pois o rol das hipóteses de dispensa de licitação é taxativo, ou seja, só há dispensa nos casos expressamente previstos na lei; **E:** incorreta, pois o rol das hipóteses de inexigibilidade de licitação é exemplificativo, ou seja, qualquer outra situação em que houver inviabilidade de competição, mesmo que não prevista nas três hipóteses casuísticas do art. 25 da Lei 8.666/1993, ensejará a inexigibilidade da licitação.
Gabarito "C".

(Técnico – TRE/PR – 2012 – FCC) A Secretaria da Cultura de determinado Estado pretende promover um evento de grandes proporções para angariar fundos para auxiliar as vítimas das enchentes que assolaram determinada região. O artista convidado, consagrado pela crítica especializada, apresentou proposta de orçamento bastante reduzido (R$ 15.000,00) em razão da natureza do evento. De acordo com a Lei n. 8.666/1993, a contratação

(A) deverá ser precedida de licitação, na medida em que não se trata de serviço singular;

(B) poderá ser feita com inexigibilidade de licitação;

(C) poderá ser feita independentemente de licitação em razão da natureza beneficente do evento;

(D) deverá ser precedida de concurso, em razão da natureza artística da contratação;

(E) deverá ser feita com dispensa de licitação, apenas se comprovando a notória especialização.

A: incorreta, pois o art. 25, III, da Lei 8.666/1993 admite contratação sem licitação quando se tratar de artista consagrado pela crítica especializada ou pela opinião pública; **B:** correta, pois, de fato, o caso é de inexigibilidade de licitação, nos termos do art. 25, III, da Lei 8.666/1993; **C:** incorreta, pois o que justifica a contratação sem licitação no caso é a existência de um artista consagrado pela opinião pública e não a natureza beneficente do evento; **D:** incorreta, pois o concurso é modalidade utilizada para escolher, dentre trabalhos a ser entregues prontos para a Administração, qual merece receber um prêmio (art. 22, § 4º, da Lei 8.666/1993); no caso em tela, o artista está sendo contratado para uma apresentação, e não para uma disputa.; **E:** incorreta. O caso é de inexigibilidade de licitação e não de dispensa desta, nos termos do art. 25, III, da Lei 8.666/1993.
Gabarito "B".

(Técnico – TRE/SP – 2012 – FCC) O Estado instaurou procedimento licitatório, na modalidade concorrência, para alienação de imóveis considerados desnecessários para o serviço público. Ocorre que não acudiram interessados na licitação e a manutenção desses imóveis no patrimônio público passou a gerar altos custos de manutenção e vigilância, tornando premente, assim, a sua alienação. Diante dessa situação, de acordo com a Lei nº 8.666/1993, o Estado

(A) está obrigado a realizar nova licitação, podendo, contudo, adotar a modalidade leilão, na qual poderá alienar o imóvel por até 50% do valor de avaliação;

(B) poderá declarar a inexigibilidade de licitação, por inviabilidade de competição, e alienar o imóvel diretamente a eventual interessado, por preço de mercado;

(C) está obrigado a realizar nova licitação, na modalidade concorrência, podendo reduzir o preço mínimo do imóvel, independentemente de nova avaliação, até o limite de 25%;

(D) poderá dispensar o procedimento licitatório para alienar o imóvel, desde que comprovado que a repetição da licitação gerará prejuízo para a Administração, e mantidas todas as condições preestabelecidas;

(E) poderá dispensar o procedimento licitatório apenas se comprovar situação de emergência ou de calamidade pública que determine a venda forçada.

De acordo com o art. 24, V, da Lei 8.666/1993, é dispensável a licitação "quando não acudirem interessados à licitação anterior e esta, justificadamente, não puder ser repetida sem prejuízo para a Administração, mantidas, neste caso, todas as condições preestabelecidas". O enunciado trouxe situação que se encaixa perfeitamente no dispositivo. De um lado, uma licitação deserta, ou seja, em que não apareceram interessados. De outro, a Administração vem tendo alto prejuízo por ter de continuar na manutenção e vigilância dos imóveis públicos. Em suma, está-se diante de hipótese de dispensa de licitação pela razão expressa na alternativa "d", que é a correta. As alternativas "a" e "c" ficam excluídas, pois não é necessário realizar licitação. A alternativa "b" também fica afastada, pois o caso é de dispensa e não de inexigibilidade de licitação. E a alternativa "e" também é incorreta, pois o enunciado não traz situação que caracterize emergência ou calamidade pública. Gabarito "D".

2.3. Modalidades

(Técnico – TRF5 – FCC – 2017) A realização de licitação pela modalidade pregão permitiu sensível ganho de tempo e economia para as contratações realizadas pelo Poder Público, inclusive porque

(A) todos os licitantes concorrem e disputam o menor preço até o término da sessão de pregão, permitindo que o Poder Público logre êxito em adjudicar o objeto da licitação pelo menor custo possível.

(B) permitiu a contratação de objetos de diversas naturezas, independentemente do valor, tais como aquisição ou alienação de imóveis.

(C) o orçamento elaborado pela Administração não precisa ser parte integrante do edital de licitação, de forma que os licitantes não sabem qual o valor máximo que o contratante está autorizado a pagar.

(D) o pregoeiro não pode integrar os quadros da Administração pública, sendo este profissional obrigatoriamente contratado no mercado especificamente para essa finalidade, garantindo a impessoalidade da disputa.

(E) é permitido estabelecer quantidade mínima e máxima para a aquisição, não sendo obrigatório indicar quantitativo exato, possibilitando que a Administração pública celebre o contrato efetivamente nos moldes de sua necessidade.

A: incorreta – em todas as licitações do tipo menor preço, sejam elas sob a modalidade pregão ou não, o objetivo perseguido é adjudicar o objeto da licitação pelo menor custo possível; B: incorreta – a regra na alienação de imóveis é a realização de licitação na modalidade concorrência – Art. 17 inc I da Lei nº 8.666/1993; C: correta – o preço estimado de contratação no procedimento pregão presencial ou eletrônico segundo a Lei Federal nº 10.520/2002 não é de inserção obrigatória no Edital de Licitação, mas deve constar do processo administrativo instaurado

para a realização do certame; D: incorreta – tanto o pregoeiro como sua respectiva equipe de apoio devem ser previamente designados dentre os servidores do órgão ou entidade promotora da licitação. Vejamos o que diz o Art. 3º. Inc IV da Lei nº 10.520/2002: "IV – a autoridade competente designará, dentre os servidores do órgão ou entidade promotora da licitação, o pregoeiro e respectiva equipe de apoio, cuja atribuição inclui, dentre outras, o recebimento das propostas e lances, a análise de sua aceitabilidade e sua classificação, bem como a habilitação e a adjudicação do objeto do certame ao licitante vencedor"; E: incorreta – sem a necessária previsão de quantitativos fica inviável a realização de uma proposta objetivamente aferível, tendo em vista que não se conseguirá realizar o cálculo tendo em vista a economia de escala a ser perseguida. FMB

Gabarito "C".

(Técnico Judiciário – TRE/PE – CESPE – 2017) Será realizado pregão para a aquisição de 700 exemplares atualizados da Constituição da República Federativa do Brasil para suprir as unidades vinculadas ao tribunal regional eleitoral de determinado estado. O valor estimado da contratação é de R$ 30.000. Existem 50 concorrentes e a proposta inicial de menor valor é de R$ 30 por exemplar, apresentada por apenas um dos concorrentes.

Nessa situação,

(A) a garantia de proposta exigida será no valor de R$ 420, correspondentes a 2% do montante da oferta de valor mais baixo.

(B) todos os concorrentes com propostas iguais ou inferiores a R$ 33 poderão fazer lances iguais e sucessivos até que o vencedor seja proclamado.

(C) caso a próxima proposta de menor valor seja de R$ 35 por exemplar, então até 10% dos concorrentes poderão fazer lances iguais e sucessivos até que o vencedor seja proclamado.

(D) o pregão será impugnado pelo fato de o montante da licitação ser inferior a R$ 80.000, cujo valor é contemplado pela modalidade convite.

(E) todas as propostas com valores superiores a R$ 36 por exemplar serão desconsideradas.

"No curso da sessão, o autor da oferta de valor mais baixo e os das ofertas com preços até 10% (dez por cento) superior àquela poderão fazer novos lances verbais e sucessivos, até à proclamação do vencedor" (art. 4º, VIII, da Lei 10.50/2002). Apesar de a alternativa ter trazido a palavra "iguais" ao invés de "verbais", a banca manteve o gabarito. GD

Gabarito "B".

(Técnico Judiciário – TRE/PI – CESPE – 2016) A respeito do procedimento de licitação na modalidade concorrência, é correto afirmar que

(A) as minutas dos editais de licitação devem ser previamente submetidas ao órgão de assessoramento jurídico da administração para o exame de natureza obrigatória.

(B) a etapa da habilitação ocorre após o julgamento das propostas e diz respeito à verificação da documentação relativa à habilitação jurídica e à qualificação econômico-financeira do licitante vencedor.

(C) será assegurada, na etapa de julgamento das propostas, como critério de desempate, preferência à primeira proposta que tiver sido protocolada.

(D) a autoridade competente pode deixar de homologar a licitação bem como revogá-la por motivo de conveniência ou oportunidade.

(E) deve ser designada comissão especial de licitação, a qual deverá ser composta por, no mínimo, três servidores públicos pertencentes ao quadro permanente do órgão responsável pela licitação.

A: correta (art. 38, parágrafo único, da Lei 8.666/1993); **B:** incorreta, a habilitação ocorre antes do julgamento (art. 43, III e V, da Lei 8.666/1993); **C:** incorreta, "no caso de empate entre duas ou mais propostas, e após obedecido o disposto no § 2º do art. 3º desta Lei, a classificação se fará, obrigatoriamente, por sorteio, em ato público, para o qual todos os licitantes serão convocados, vedado qualquer outro processo" (art. 45, § 2º, da Lei 8.666/1993); **D:** incorreta "... somente poderá revogar a licitação por razões de interesse público decorrente de fato superveniente devidamente comprovado, pertinente e suficiente para justificar tal conduta..." (art. 49 da Lei 8.666/1993); **E:** incorreta "...as propostas serão processadas e julgadas por comissão permanente ou especial de, no mínimo, 3 (três) membros, sendo pelo menos 2 (dois) deles servidores qualificados pertencentes aos quadros permanentes dos órgãos da Administração responsáveis pela licitação" (art. 51 da Lei 8.666/1993). **GD**
Gabarito "A".

(Técnico Judiciário – TRE/PI – CESPE – 2016) A modalidade de licitação denominada pregão

(A) é utilizada, entre quaisquer interessados, para a venda de bens móveis, produtos penhorados e bens imóveis a quem oferecer maior lance, igual ou superior ao da avaliação.

(B) é utilizada entre os interessados do ramo pertinente ao objeto, cadastrados ou não, em um número mínimo de três, e seu edital deve ser publicado com antecedência mínima de vinte e quatro horas da apresentação das propostas.

(C) é utilizada entre interessados devidamente cadastrados para a celebração de contratos relativos a obras, serviços e compras de pequeno vulto.

(D) é sempre do tipo menor preço, destinada à aquisição de bens e serviços comuns, qualquer que seja o valor estimado da contratação.

(E) é utilizada para escolha de trabalho técnico, científico ou artístico, mediante a instituição de prêmio ou remuneração ao vencedor, conforme critérios constantes em edital, que deve ser publicado com quarenta e cinco dias de antecedência.

A alternativa "D" está e consonância com o disposto nos arts. 1º e 4º, X, da Lei 10.520/2002. **GD**
Gabarito "D".

(Técnico Judiciário – TRT8 – CESPE – 2016) Considerando que determinado órgão da União deseje contratar, por meio de pregão, serviços de reprografia e digitalização de documentos, acrescido da manutenção de todo o maquinário necessário, assinale a opção correta com base na legislação relativa ao pregão.

(A) O parâmetro de julgamento e classificação das propostas do pregão deve ser o de melhor técnica.

(B) Nesse caso, o órgão está obrigado a realizar a modalidade eletrônica do pregão.

(C) O órgão só poderá optar pelo pregão se os serviços forem considerados comuns.

(D) Somente servidores ocupantes de cargo efetivo do quadro permanente do órgão poderão integrar a equipe de apoio na realização do pregão.

(E) Não se admitirá a utilização do pregão caso a administração opte por realizar a contratação dos serviços pelo sistema de registro de preços.

A: incorreta, será adotado o critério do menor preço (art. 4º, X, da Lei 10.520/2002); **B:** incorreta, é uma faculdade (art. 2º, § 1º, da Lei 10.520/2002); **C:** correta (art. 1º da Lei 10.520/2002); **D:** incorreta, a maioria dos servidores poderá integrar a equipe de apoio (art. 3º, § 1º, da Lei 10.520/2002); **E:** incorreta, pode se admitir a utilização do pregão nesse caso (art. 11 da Lei 10.520/2002). **GD**
Gabarito "C".

(Técnico Judiciário – TRT20 – FCC – 2016) A empresa vencedora de determinada licitação, na modalidade pregão, ao longo da execução contratual, cometeu fraude fiscal. Em razão do ocorrido, ficará, dentre outras sanções, impedida de contratar com a União, Estados, Distrito Federal ou Municípios pelo prazo de até

(A) 5 anos.

(B) 10 anos.

(C) 8 anos.

(D) 7 anos.

(E) 15 anos.

O prazo é de até 5 anos sem prejuízo das multas previstas em edital e no contrato e das demais cominações legais, conforme determina o art. 7º da Lei 10.520/2002. Na Lei 8.666.1993 esse prazo é de 2 anos (art. 87, III). **GD**
Gabarito "A".

(Técnico Judiciário – TRT20 – FCC – 2016) A Prefeitura de determinado Município do Estado de Sergipe pretende vender bens móveis que lhe são inservíveis como, por exemplo, cadeiras, mesas e estantes, bens estes muito antigos e sem serventia à Administração municipal. Nos termos da Lei 8.666/1993, a modalidade licitatória apropriada ao caso narrado é

(A) concorrência.

(B) leilão.

(C) tomada de preços

(D) convite.

(E) pregão.

A alternativa correta é a que trata do leilão, conforme disposto no art. 22, § 5º, da Lei 8.666/1993. **GD**
Gabarito "B".

(Técnico – TRT/2ª Região – 2014 – FCC) Difere o pregão das modalidades de licitação previstas na Lei n. 8.666/1993, dentre outras características,

(A) porque essa modalidade de licitação não admite a interposição de recurso por parte dos competidores, com vista as dar maior celeridade à contratação.

(B) porque permite a alteração do valor da aquisição após a celebração do contrato, em razão da mutabilidade ínsita à natureza da avença.

(C) pela possibilidade de apresentação de novos lances verbais pelo autor da oferta de valor mais baixo, além dos outros licitantes que tiver em proposto valores até 10% superiores àquele.

(D) pela oralidade da instrução, que prescinde da formalização escrita em suas diversas fases.

(E) pela fase de lances verbais, da qual participam todos os qualificados na fase de habilitação, inclusive com possibilidade de apresentação de novos lances.

A: Incorreta, pois, conforme o inciso XVIII do art. 4º da Lei 10.520/2002, declarado o vencedor, qualquer licitante poderá manifestar imediata e motivadamente a intenção de recorrer, quando lhe será concedido o prazo de 3 (três) dias para apresentação das razões do recurso, ficando os demais licitantes desde logo intimados para apresentar contrarrazões em igual número de dias, que começarão a correr do término do prazo do recorrente, sendo-lhes assegurada vista imediata dos autos; **B:** Incorreta, pois não é possível a alteração do contrato após sua celebração; **C:** Correta, conforme art. 4º, VIII, da Lei 10.520/2002; **D:** Incorreta, pois aberta a sessão, os interessados ou seus representantes, apresentarão declaração dando ciência de que cumprem plenamente os requisitos de habilitação e entregarão os envelopes contendo a indicação do objeto e do preço oferecidos, procedendo-se à sua imediata abertura e à verificação da conformidade das propostas com os requisitos estabelecidos no instrumento convocatório e, posteriormente, se necessário for, haverá oferecimento de lances verbais (art. 4º, VII a IX da Lei 10.520/2002); **E:** Incorreta, pois a participação é restrita aos autores da oferta de valor mais baixo e os das ofertas com preços até 10% (dez por cento) superiores àquela poderão fazer novos lances verbais e sucessivos, até a proclamação do vencedor.
Gabarito "C".

(Técnico Judiciário – TRT/9ª – 2012 – FCC) Considerando as disposições da Lei nº 8.666/1993, modalidade licitatória aplicável para

I. venda de produtos legalmente apreendidos ou penhorados.

II. aquisição de bens de natureza comum.

III. obras com valor da contratação estimado em até R$ 150.000,00.

correspondem, respectivamente, a

(A) pregão, leilão e tomada de preços.

(B) leilão, pregão e convite.

(C) leilão, convite e tomada de preços.

(D) concorrência, pregão e convite.

(E) convite, tomada de preços e concorrência.

I: leilão (art. 22, § 5º, da Lei 8.666/1993); **II:** pregão (art. 1º da Lei 10.520/2002); **III:** convite (art. 23, I, *a*, da Lei 8.666/1993).
Gabarito "B".

(Técnico – TRE/CE – 2012 – FCC) O Estado do Ceará pretende realizar procedimento licitatório na modalidade concurso, para a escolha de trabalho científico. Nos termos da Lei nº 8.666/1993, o edital deverá ser publicado na imprensa oficial com antecedência mínima de

(A) 30 dias;

(B) 45 dias;

(C) 10 dias;

(D) 15 dias;

(E) 40 dias.

Na modalidade de licitação "concurso" o edital deve ser publicado na imprensa oficial com antecedência mínima de 45 dias entre a data da publicação e a data da entrega do trabalho (art. 22, § 4º, da Lei 8.666/1993).
Gabarito "B".

(Técnico – TRE/PR – 2012 – FCC) A Administração Pública decidiu realizar licitação para aquisição de material de informática. A modalidade escolhida foi pregão, que apresenta como característica a possibilidade de

(A) disputa verbal entre todos os participantes, independentemente do número, após a apresentação do menor lance;

(B) disputa verbal entre o licitante que apresentar o menor lance e os autores das ofertas com preço até 10% (dez por cento) superiores àquela;

(C) inclusão de novos participantes após o início da sessão, caso a menor proposta apresentada seja superior à pesquisa de mercado feita pela Administração Pública;

(D) aditamento das propostas apresentadas, mediante suspensão da sessão por 48 horas, reiniciando-se o procedimento após o decurso desse prazo;

(E) aditamento das propostas apresentadas após o julgamento das ofertas, de modo a reduzir o valor dos lances o máximo possível, atendendo ao critério de menor preço.

A: incorreta, pois só poderão participar da fase de lances verbais o autor da oferta de valor mais baixo e os das ofertas com preços até 10% superiores àquela, garantindo-se, nessa fase, representantes de ao menos 3 ofertas diferentes (art. 4º, VIII e IX, da Lei 10.520/2002); **B:** correta (art. 4º, VIII, da Lei 10.520/2002); **C:** incorreta, não existe previsão legal de inclusão de novos participantes após o início da sessão; **D e E:** incorretas, pois não existe previsão legal para o aditamento das propostas, muitos menos com suspensão da sessão por 48 horas; o máximo que se permite é que os representantes das melhores ofertas ofereçam lances verbais (art. 4º, VIII e IX, da Lei 10.520/2002) e que o representante da melhor oferta após os lances verbais abaixe ainda mais o seu valor na fase de negociação com a Administração, fase que a experiência prática criou por força da redação do art. 4º, XI, da Lei 10.520/2002.
Gabarito "B".

(Técnico – TRE/SP – 2012 – FCC) A Secretaria Estadual de Habitação pretende contratar a construção de casas populares e estima que o valor das obras seja da ordem de R$ 1.000.000,00 (um milhão de reais). Para a contratação das obras, deverá adotar a modalidade licitatória:

(A) leilão;

(B) pregão;

(C) convite;

(D) concorrência;

(E) tomada de preços.

De acordo com a Lei 8.666/1993, as contratações de **obras** de até R$ 1.500.000,00 serão feitas mediante licitação na modalidade tomada de preços. Até R$ 150.000,00, utiliza-se a modalidade convite. E acima de R$ 1.500.000,00, utiliza-se necessariamente, a modalidade concorrência. No caso em tela a modalidade que se encaixa perfeitamente é a tomada de preços. A doutrina até aponta que a concorrência também possa ser utilizada ("quem pode o mais, pode o menos"), mas, como a tomada de preços se encaixa perfeitamente, é a alternativa a ser marcada. O leilão se aplica às *alienações* da Administração, não é o caso, pois a Administração quer contratar *uma obra* (art. 22, § 5º, da Lei 8.666/1993). O pregão deve ser afastado, pois este só se aplica à aquisição de *bens e serviços comuns* (art. 1º da Lei 10.520/2002) e a *obra* não se encaixa nesse conceito.
Gabarito "E".

(Técnico Judiciário – Área Administrativa – TRT8 – 2013 – CESPE) A respeito do conceito de licitação e das modalidades concorrência e tomada de preços, assinale a opção correta.

(A) Na hipótese de venda de um bem imóvel da administração pública a outro órgão público, a alienação, além de ter de ser subordinada à existência de interesse público devidamente justificado, deve ser precedida de avaliação e de licitação na modalidade concorrência.

(B) Licitação é o procedimento prévio à celebração dos contratos administrativos que tem por objetivo selecionar a proposta mais vantajosa para ambas as partes do contrato, promover o desenvolvimento nacional e garantir a isonomia entre os licitantes.

(C) Concorrência é a modalidade de licitação entre quaisquer interessados que, na fase inicial de habilitação preliminar, ou até o terceiro dia anterior à data do recebimento das propostas, comprovem possuir os requisitos mínimos de qualificação exigidos no edital para execução de seu objeto.

(D) Na hipótese de licitação feita por entidade da administração pública federal na modalidade tomada de preços, o aviso contendo o resumo do edital da tomada de preços deve ser publicado com antecedência, no mínimo por uma vez, no Diário Oficial da União.

(E) A seleção de licitantes, no sistema de registro de preços, deve ser feita por meio da modalidade tomada de preços.

A: Incorreta, pois a licitação, na modalidade concorrência, será dispensada nesses casos (art. 17, I, *e*, da Lei 8.666/1993); **B:** Incorreta, pois, conforme o art. 3º, *caput*, da Lei 8.666/1993, a licitação destina-se a garantir a seleção da proposta mais vantajosa para a administração e não para ambas as partes do contrato; **C:** Incorreta, pois a comprovação dos requisitos mínimos de qualificação ocorrerão apenas na fase inicial da habilitação preliminar (art. 22, § 1º, da Lei 8.666/1993); **D:** Correta, conforme art. 21, I, da Lei 8.666/1993; **E:** Incorreta, pois a seleção de licitantes deverá ser feita mediante concorrência (art. 15, § 3º, I, da Lei 8.666/1993). É importante mencionar que o art. 7º, *caput*, do Dec. 7.892/2013, prevê que a licitação para registro de preços será realizada na modalidade de concorrência, do tipo menor preço, nos termos da Lei 8.666, de 1993, ou na modalidade de pregão, nos termos da Lei nº 10.520, de 2002, e será precedida de ampla pesquisa de mercado. Gabarito "D"

(Técnico Judiciário – Área Administrativa – TRT8 – 2013 – CESPE) A propósito das modalidades de licitação convite, concurso e leilão, assinale a opção correta.

O leilão pode ser cometido a leiloeiro indicado pelos interessados ou a servidor designado pela administração, procedendo-se na forma da legislação pertinente.

(B) O prazo mínimo até o recebimento das propostas é de dez dias úteis para a modalidade convite, contados a partir da expedição do convite.

(C) Quando, por manifesto desinteresse dos convidados, for impossível a obtenção de três licitantes e tal circunstância for devidamente justificada no processo, não será necessária a repetição do convite.

(D) Concurso é a modalidade de licitação realizada entre quaisquer interessados para escolha de trabalho técnico, científico ou artístico, mediante a instituição exclusiva de remuneração aos vencedores, conforme critérios constantes no edital.

(E) Deve ser adotada a modalidade de licitação leilão para a alienação de bens imóveis da administração pública cuja aquisição haja derivado de procedimentos administrativos ou de dação em pagamento.

A: Incorreta, pois o leilão pode ser cometido a **leiloeiro oficial** ou a servidor designado pela Administração, procedendo-se na forma da legislação pertinente (art. 53, *caput*, da Lei 8.666/1993); **B:** Incorreta, pois o prazo mínimo para recebimento das propostas para a modalidade convite é de cinco dias úteis (art. 21, § 2º, IV, da Lei 8.666/1993); **C:** Correta, conforme art. 22, § 7º, da Lei 8.666/1993; **D:** Incorreta, pois concurso é a modalidade de licitação entre quaisquer interessados para escolha de trabalho técnico, científico ou artístico, **mediante a instituição de prêmios** ou remuneração aos vencedores, conforme critérios constantes de edital publicado na imprensa oficial (...) (art. 22, § 4º, da Lei 8.666/1993); **E:** Incorreta, pois Os bens imóveis da Administração Pública, cuja aquisição haja derivado de procedimentos judiciais ou de dação em pagamento, poderão ser alienados por ato da autoridade competente, observada a adoção do procedimento licitatório, sob a modalidade de **concorrência ou leilão** (art. 19, *caput*, e inciso III, da Lei 8.666/1993). Gabarito "C"

2.4. Fases/Procedimento (edital, habilitação, julgamento, adjudicação e homologação)

(Técnico – TRF5 – FCC – 2017) Uma Prefeitura realizou concurso, regido pela Lei no 8.666/1993, para escolha do projeto do novo viaduto que pretende construir e integrar ao sistema viário local, como parte do programa de ampliação e modernização. Declarado o vencedor e concluída a licitação, de posse do novo projeto a Municipalidade pretende agora dar início à licitação, também regida pela Lei no 8.666/1993, para contratação das obras, para as quais

(A) será dispensada apresentação de orçamento com a composição de custos unitários, em razão desse aspecto já ter sido objeto da licitação anterior.

(B) caberá ao novo licitante vencedor a apresentação dos projetos básico e executivo necessários à construção do viaduto.

(C) será necessário obtenção pelo vencedor de financiamento no mercado para custear as obras, cabendo ao poder público o pagamento dos serviços quando da conclusão e entrega da mesma.

(D) não será necessário comprovar a existência de recursos orçamentário-financeiros, considerando que o pagamento pelo Poder Público só ocorrerá após a conclusão da obra.

(E) não poderá concorrer ou participar do certame o autor do projeto vencedor do concurso, posto que esta contratação envolveu a elaboração de projeto básico.

Art. 9º inc I da Lei nº 8.666/1993. FMB Gabarito "E"

(Técnico Judiciário – TRE/PE – CESPE – 2017) O edital de licitação terá de conter, obrigatoriamente,

(A) indicação das sanções para o caso de inadimplemento.

(B) a descrição técnica detalhada, minuciosa e exauriente do objeto da licitação.

(C) a indicação de que os critérios para julgamento serão informados após a fase de habilitação.

(D) condições de pagamento que estabeleçam preferência para empresas brasileiras.

(E) a previsão de irrecorribilidade das decisões da comissão de licitação.

A: correta (art. 40, III, da Lei 8.666/1993); **B:** incorreta, a descrição deve ser sucinta e clara (art. 40, I, da Lei 8.666/1993); **C:** incorreta, os critérios serão informados no edital (art. 40, VII, da Lei 8.666/1993); **D:** incorreta, condições equivalentes de pagamento entre empresas brasileiras e estrangeiras, no caso de licitações internacionais (art. 40, IX, da Lei 8.666/1993); **E:** incorreta, as decisões são recorríveis (art.109, I, da Lei 8.666/1993). GD
Gabarito "A".

(Técnico Judiciário – TRE/SP – FCC – 2017) Determinada Administração pública realizou uma licitação com base na Lei 8.666/1993, sob a modalidade concorrência, para contratação de serviços de avaliação de seu patrimônio imobiliário. Finda a fase de julgamento e declarado o vencedor,

(A) cabe à autoridade competente homologar o resultado e adjudicar o objeto ao vencedor, que tem direito subjetivo à contratação, no prazo de 30 dias contados do resultado do certame.

(B) sucede-se a fase de homologação da licitação e adjudicação do objeto ao vencedor do certame, embora este não tenha direito subjetivo para exigir da Administração pública a prática desses atos.

(C) cabe à Administração pública a divulgação do resultado, contra cuja decisão não caberá mais recurso por parte dos licitantes, tendo em vista que se trata de decisão de mérito.

(D) sucede-se a fase de habilitação, cabendo à Administração analisar a documentação de todos licitantes, para verificação do atendimento dos requisitos de participação, em especial no que se refere à capacitação técnica.

(E) abre-se prazo de impugnação aos licitantes, sendo que aqueles com diferença igual ou menor a 10% em relação à melhor proposta seguem para a fase de habilitação.

A: incorreta, o vencedor não tem direito subjetivo à adjudicação e o prazo é de 60 dias (art. 64, § 3º, da Lei 8.666/1993); **B:** correta (art. 43, VI, da Lei 8.666/1993); **C:** incorreta, a decisão é recorrível (art. 109, I, da Lei 8.666/1993); **D e E:** incorretas. A habilitação é anterior à fase de julgamento (art. 43, III e V, da Lei 8.666/1993). GD
Gabarito "B".

(Técnico – TRE/PR – 2012 – FCC) O julgamento das propostas apresentadas em regular procedimento de concorrência deve ser feito

(A) de acordo com os critérios, subjetivos e objetivos, constantes do edital publicado.

(B) objetivamente, sendo possível a desconsideração parcial dos critérios constantes no edital caso necessário para contratação da proposta de menor preço.

(C) preliminarmente de acordo com os requisitos constantes do edital, facultando-se aos competidores, antes do julgamento definitivo, a redução de sua proposta.

(D) observando-se os critérios objetivos constantes do edital e de seus anexos, ainda que publicados após o prazo para apresentação das propostas.

(E) objetivamente, observando-se os critérios fixados no edital, que não poderá ser alterado para adequação das propostas.

A: incorreta, pois no julgamento das propostas a Comissão levará em conta os critérios objetivos (e não subjetivos) constantes do edital (art. 44, *caput*, da Lei 8.666/1993); **B:** incorreta, o edital deve ser obedecido integralmente, nos termos do princípio da vinculação ao instrumento convocatório; **C:** incorreta, pois, na modalidade concorrência, o julgamento não é feito preliminarmente, sendo que habilitação é que tem essa característica; o julgamento é feito depois da habilitação; **D:** incorreta, pois, o edital, por um imperativo lógico, deve ser publicado antes do prazo para apresentação das propostas; **E:** correta (art. 44, *caput* da Lei 8.666/1993).
Gabarito "E".

3. CONTRATOS (LEI 8.666/1993)

3.1. Disposições preliminares

(Técnico – TJ/MA – FCC – 2019) A norma da Lei 8.666/93 que impõe à Administração pública a obrigatoriedade de publicação do extrato dos contratos firmados privilegia, sem prejuízo de outros, o princípio da

(A) eficiência, que goza de força impositiva preferencial em relação aos demais princípios que regem a Administração pública.

(B) moralidade, de obrigatória observância diante de previsão legal, ainda que não goze de *status* constitucional.

(C) impessoalidade, pois a Administração pública deve disponibilizar a todos as informações referentes a seus atos, inclusive como instrumento de controle externo.

(D) legalidade, que goza de força impositiva preferencial em relação aos demais princípios que regem a Administração pública.

(E) publicidade, configurando, inclusive, condição de eficácia para os negócios jurídicos firmados.

O princípio da publicidade impõe à Administração a ampla divulgação dos atos oficiais, entre os quais os contratos administrativos. Com base nesse princípio é que o ordenamento obriga o Poder Público a publicar o extrato dos contratos firmados. Observe-se que a publicidade representa princípio incorporado tanto na Constituição Federal (art. 37, "caput") quanto na Lei 8.666/93 (art. 3º, "caput"). Ademais, a publicação representa condição de eficácia para os negócios firmados (cf. art. 61, parágrafo único, da Lei 8.666/93). Deve-se atentar outras incorreções das alternativas **A** e **D** (os princípios da eficiência e da legalidade não gozam de força impositiva preferencial), da alternativa **B** (a moralidade goza de *status* constitucional, nos termos de seu art. 37, "caput") e da alternativa **C** (a impessoalidade não significa que a Administração deve disponibilizar a todos as informações referentes a seus atos).
Gabarito "E".

(Técnico Judiciário – TRT24 – FCC – 2017) Considere a seguinte situação hipotética: em determinado contrato administrativo celebrado entre o Estado do Mato Grosso e a empresa vencedora do certame, decide o ente contratante aplicar multa de mora à contratada em razão de atraso injustificado na execução contratual. A multa aplicada no caso narrado, considerando as disposições da Lei 8.666/1993,

(A) não impede a rescisão unilateral do contrato, e não inviabiliza a aplicação de outras sanções previstas na referida Lei.

(B) impede a rescisão unilateral do contrato, bem como a aplicação de outras sanções previstas na referida Lei.

(C) não impede a rescisão unilateral do contrato, mas inviabiliza a aplicação de outras sanções previstas na referida Lei.

(D) impede a rescisão unilateral do contrato, mas não inviabiliza a aplicação de outras sanções previstas na referida Lei.

(E) será válida e regular, independentemente de seu valor, ainda que não esteja expressamente prevista no instrumento convocatório ou no contrato administrativo.

A letra "A" está correta, pois corresponde ao disposto no art. 86, § 1º, da Lei 8.666/1993. GD

Gabarito "A".

(Técnico Judiciário – TRT20 – FCC – 2016) O Estado de Sergipe celebrou contrato administrativo com empresa vencedora do certame para a construção de vultosa obra pública. No curso da execução contratual, constatou-se a necessidade de modificação do regime de execução da obra, em face da verificação técnica de inaplicabilidade dos termos contratuais originários. Nos termos da Lei 8.666/1993,

(A) trata-se de típica hipótese de necessidade de restabelecimento do equilíbrio econômico-financeiro do contrato, independentemente do tipo de alteração contratual e da existência ou não de aumento de encargos à empresa contratada.

(B) trata-se de hipótese típica de alteração unilateral do contrato por parte da Administração pública, não comportando outra modalidade de alteração contratual.

(C) o contrato pode ser alterado unilateralmente pela empresa contratada.

(D) o contrato pode ser alterado por acordo entre as partes.

(E) o contrato não enseja alteração, tendo em vista que eventual necessidade de modificação do regime de execução já deve estar contemplada pelas cláusulas originais do contrato.

A alteração unilateral se dá nos casos de modificação do projeto ou das especificações ou quando necessitar de alteração do valor contratual. Ocorre a alteração por acordo entre as partes quando conveniente a substituição da garantia da execução, quando necessária a modificação do regime de execução da obra ou serviço, bem como do modo de fornecimento, em face de verificação técnica da inaplicabilidade dos termos contratuais originários ou quando necessária a modificação da forma de pagamento, por imposição de circunstâncias supervenientes (art. 65, I e II, da Lei 8.666/1993). Portanto, a letra "D" é a correta. GD

Gabarito "D".

(CESPE – 2013) No que se refere aos contratos administrativos e a aspectos do procedimento licitatório, assinale a opção correta.

(A) De acordo com a legislação aplicável, a administração pública pode alterar unilateralmente o regime de execução da obra ou do serviço contratado.

(B) De acordo com a legislação de regência, se a administração pública deixar de efetuar os pagamentos à empresa contratada por mais de noventa dias, o contratado poderá suspender a execução do contrato, mediante autorização judicial específica.

(C) Na hipótese de inexecução total ou parcial do contrato, a administração pública pode aplicar a penali-

dade de multa ao contratado, independentemente da instauração de procedimento administrativo destinado a assegurar o contraditório e a ampla defesa.

(D) A decisão administrativa a respeito da prorrogação do contrato cuja vigência tenha sido expirado tem natureza discricionária, pois a lei não assegura ao contratado direito subjetivo à manutenção do ajuste.

(E) A administração pode, ao término do prazo do contrato celebrado com a empresa vencedora do procedimento licitatório, contratar a segunda colocada no certame, com base no mesmo procedimento licitatório.

A: incorreta, *unilateralmente* a Administração não pode alterar o *regime* de execução da obra ou do serviço. Só pode alterar unilateralmente *o contrato* "a) quando houver modificação do projeto ou das especificações, para melhor adequação técnica aos seus objetivos; b) quando necessária a modificação do valor contratual em decorrência de acréscimo ou diminuição quantitativa de seu objeto, nos limites permitidos por esta Lei" (art. 65, I, *a e b*, da Lei 8.666/1993); **B:** incorreta, não precisa de autorização judicial específica, pois a lei já o autoriza (art. 78, XV, da Lei 8.666/1993); **C:** incorreta, é garantida a prévia defesa do contrato (art. 87, *caput*, II. Vide também art. 5º, LV, da CF); **D:** correta, "Inexiste direito subjetivo à prorrogação de contrato administrativo dotado de caráter contínuo. Decisão que recai ao âmbito de discricionariedade do administrador público, observados, ainda, os requisitos constitucionais e infraconstitucionais pertinentes" (TJRS, MS 70047528203/RS, 1º Grupo de Câmaras Cíveis, j. 11.05.2012, rel. Almir Porto da Rocha Filho, DJ 18.05.2012); **E:** incorreta, é necessário licitar novamente. O procedimento licitatório visa garantir a isonomia e melhor proposta para a administração, o que ficaria comprometido se ao fim de cada contrato, pudesse a administração contratar o segundo colocado.

Gabarito "D".

(Técnico – TRE/SP – 2012 – FCC) Os contratos administrativos, de acordo com a Lei n. 8.666/1993, possuem vigência adstrita aos respectivos créditos orçamentários, constituindo EXCEÇÃO:

(A) os contratos de obras, que poderão ser prorrogados por até 24 meses, caso comprovada a ocorrência de condições supervenientes que determinem a alteração do projeto;

(B) os contratos para entrega futura e parcelada de bens, que poderão ser prorrogados até o limite de 24 meses, para atender necessidade contínua da Administração;

(C) os contratos de prestação de serviços a serem executados de forma contínua, que poderão ser prorrogados, por iguais e sucessivos períodos, até o limite de 60 meses;

(D) os contratos por escopo, até limite de 12 meses, e desde que o objeto esteja contido nas metas estabelecidas no Plano Plurianual;

(E) o aluguel de equipamentos e a utilização de programas de informática, até o limite de 60 meses e por mais 12 meses, em caráter excepcional.

A: incorreta, pois os contratos de obras podem se estender por período que ultrapassa a vigência de um exercício orçamentário apenas quando estiverem contemplados no Plano Plurianual (art. 57, I, da Lei 8.666/1993); **B:** incorreta, não há previsão no art. 57 da Lei 8.666/1993; **C:** correta (art. 57, II, da Lei 8.666/1993); **D:** incorreta, pois se o contrato estiver contemplado no Plano Plurianual, o limite máximo equivale à duração deste, que é de 4 anos; **E:** incorreta, pois o aluguel desses equipamentos e a utilização desses programas podem ter duração de até 48 meses (art. 57, IV, da Lei 8.666/1993).

Gabarito "C".

3.2. Formalização dos contratos

(Técnico – TJ/AL – 2018 – FGV) De acordo com a doutrina de Direito Administrativo, uma das características dos contratos administrativos é o seu formalismo.

Nesse sentido, a Lei nº 8.666/93 dispõe que, em matéria de licitação, o instrumento de contrato é obrigatório nos casos de:

(A) concorrência, de tomada de preços, convite, pregão, concurso e leilão, mas não é necessário nas hipóteses excepcionais previstas em lei em que a licitação é dispensável ou inexigível;

(B) concorrência e de tomada de preços, pelo alto valor desses contratos, mas não é necessário nas demais modalidades de licitação, desde que o seu valor esteja compatível com o preço de mercado, conforme avaliação prévia;

(C) concorrência e de tomada de preços, bem como nas dispensas e inexigibilidades cujos preços estejam compreendidos nos limites destas duas modalidades de licitação;

(D) contratação de obras e serviços de engenharia, cujo valor global do contrato seja superior a um milhão de reais, mas não é necessário nos demais casos, qualquer que seja a modalidade de licitação;

(E) contratação de obras e serviços de engenharia, por meio de licitação nas modalidades concorrência e de tomada de preços, mas não é necessário nas hipóteses excepcionais em que a licitação é dispensável ou inexigível.

Eis o que diz a Lei 8.666/1993 no tocante à formalização dos contratos administrativos: "Art. 62. O instrumento de contrato é obrigatório nos casos de concorrência e de tomada de preços, bem como nas dispensas e inexigibilidades cujos preços estejam compreendidos nos limites destas duas modalidades de licitação, e facultativo nos demais em que a Administração puder substituí-lo por outros instrumentos hábeis, tais como carta-contrato, nota de empenho de despesa, autorização de compra ou ordem de execução de serviço".
Gabarito "C".

(Técnico Judiciário – Área Administrativa – TRT8 – 2013 – CESPE) Assinale a opção correta com referência à formalização dos contratos administrativos.

(A) Para que o contrato administrativo tenha eficácia, é indispensável a publicação resumida do instrumento de contrato na imprensa oficial, sendo dispensável a adoção da mesma formalidade para os aditamentos contratuais.

(B) O instrumento de contrato não será obrigatório nas hipóteses em que a administração puder substituí-lo pela ordem de execução de serviço.

(C) É permitido a quaisquer licitantes ou interessados obter cópia autenticada gratuita do contrato administrativo.

(D) A administração deve convocar regularmente o interessado para assinar o termo de contrato, dentro do prazo e das condições estabelecidos, sem direito a prorrogação.

(E) A formalização adequada para os contratos administrativos relativos a direitos reais sobre imóveis se dá mediante a lavratura de instrumento na repartição interessada.

A: Incorreta, pois a condição de eficácia também se aplica aos aditamentos do instrumento de contrato, que deverão ser publicados na imprensa oficial (art. 61, parágrafo único, da Lei 8.666/1993); **B:** Correta, conforme a parte final do *caput* do art. 62 da Lei 8.666/1993; **C:** Incorreta, pois a obtenção de cópia autenticada está condicionada ao pagamento dos emolumentos devidos (art. 63 da Lei 8.666/1993); **D:** Incorreta, pois o prazo de convocação poderá ser prorrogado uma vez, por igual período, quando solicitado pela parte durante o seu transcurso e desde que ocorra motivo justificado aceito pela administração (art. 64, § 1º, da Lei 8.666/1993); **E:** Incorreta, pois a formalização dos contratos administrativos relativos a direitos reais sobre imóveis será lavrada em cartório de notas.
Gabarito "B".

3.3. Execução dos contratos

(Técnico – TRT2 – FCC – 2018) De acordo com as disposições pertinentes da Lei no 8.666/1993, a garantia exigível daqueles que contratam com a Administração para assegurar a execução do contrato

(A) somente pode ser prestada por caução em dinheiro ou fiança bancária.

(B) limita-se ao valor do contrato e pode ser prestada mediante seguro garantia.

(C) pode ser dispensada, justificadamente, pela autoridade contratante.

(D) é obrigatória para o contratado e facultativa em relação às obrigações da Administração contratante.

(E) somente é exigível para obras e serviços de engenharia, limitada a 10% do valor do contrato.

A: incorreta – O Art 56 da Lei nº 8.666/1993 estabelece a possibilidade de, uma vez exigida pela Administração Pública a prestação de garantia, que o contratada opte por uma das seguintes modalidades: I – caução em dinheiro ou em títulos da dívida pública, devendo estes ter sido emitidos sob a forma escritural, mediante registro em sistema centralizado de liquidação e de custódia autorizado pelo Banco Central do Brasil e avaliados pelos seus valores econômicos, conforme definido pelo Ministério da Fazenda; II - seguro-garantia ou III - fiança bancária; **B:** incorreta – a garantia não excederá a cinco por cento do valor do contrato e para obras, serviços e fornecimentos de grande vulto envolvendo alta complexidade técnica e riscos financeiros consideráveis, demonstrados através de parecer tecnicamente aprovado pela autoridade competente, o limite de garantia previsto poderá ser elevado para até dez por cento do valor do contrato; **C:** correta – a exigência da prestação de uma garantia é feita a critério da autoridade competente e desde que prevista no instrumento convocatório – Art. 56 da Lei nº 8.666/1993; **E:** incorreta: Vejamos o que diz o caput do Art. 56 da Lei nº 8.666/1993: "Art. 56. A critério da autoridade competente, em cada caso, e desde que prevista no instrumento convocatório, poderá ser exigida prestação de garantia nas contratações de obras, serviços e compras". **FMB**
Gabarito "C".

(Técnico Judiciário – Área Administrativa – TRT8 – 2013 – CESPE) Sobre a execução dos contratos administrativos, assinale a opção correta.

(A) A administração é solidariamente responsável pelos encargos comerciais resultantes da execução do contrato.

(B) Executado o contrato de locação de equipamentos, o objeto deverá ser recebido provisoriamente, após a verificação da qualidade e quantidade do material.

(C) Em regra, os testes exigidos por normas técnicas oficiais para a boa execução do objeto do contrato correm por conta da administração.

(D) Na hipótese de dano causado diretamente pelo contratado a terceiros, decorrente de sua culpa na execução do contrato, o contratado será responsável pelo dano, ainda que tenha ocorrido a fiscalização pelo órgão interessado.

(E) Não é permitida a contratação de terceiros para assistir o representante da administração designado para acompanhar e fiscalizar a execução do contrato.

A: Incorreta, pois a Administração Pública apenas responde solidariamente com o contratado pelos encargos previdenciários resultantes da execução do contrato, nos termos do art. 31 da Lei 8.212/1991 (art. 71, § 2º, da Lei 8.666/1993); **B:** incorreta, pois o objeto será recebido, em se tratando de locação de equipamentos, **definitivamente**, após a verificação da qualidade e quantidade do material e consequente aceitação (art. 73, II, *b*, da Lei 8.666/1993); **C:** Incorreta, pois os testes e demais provas exigidos por normas técnicas oficiais para a boa execução do objeto do contrato correm por conta do **contratado** (art. 75 da Lei 8.666/1993); D: Correta, conforme art. 70 da Lei 8.666/1993; **E:** Incorreta, pois é permitida a contratação de terceiros para assisti-lo e subsidiá-lo de informações pertinentes a essa atribuição (art. 67, *caput*, parte final, da Lei 8.666/1993).

„Gabarito "D".

3.4. Alteração, Inexecução e rescisão dos contratos

(Técnico – TRT/15 – FCC – 2018) Quando a Administração pública, em um contrato regido pela Lei n. 8.666/1993, comunica o privado que uma parte da obra que fora contratada não deverá mais ser realizada, o que demandará ajuste de valor na remuneração, cabendo a continuidade da execução em relação ao restante do objeto e mantido o equilíbrio econômico-financeiro da avença, está

(A) exercendo regular poder de polícia, que autoriza a limitação de direitos e garantias contratuais em prol do interesse público.

(B) observando o princípio da supremacia do interesse público, que permite a alteração e interferência nas relações jurídicas e contratuais existentes entre particulares e entre estes e o poder público.

(C) utilizando a prerrogativa que lhe permite suprimir unilateralmente parte do objeto, desde que observado o limite legalmente estabelecido para tanto.

(D) infringindo a prerrogativa concedida pelas cláusulas exorbitantes, tendo em vista que somente existe a possibilidade de majoração, observado o limite de 25% do valor do objeto.

(E) obrigada a justificar a razão da supressão, bem como colher anuência do privado, diante da frustração da expectativa da realização da obra, sob pena de cobrança de lucros cessantes.

A: incorreta, o poder de polícia não tem como base uma relação contratual, mas sim uma previsão em lei que estabelece uma limitação à liberdade e à propriedade em prol do bem comum; **B:** incorreta, embora se possa afirmar que as chamadas "cláusulas exorbitantes", previstas na Lei 8.666/1993, sejam uma decorrência do princípio da

supremacia do interesse público sobre o interesse privado, a previsão de diminuição unilateral do contrato decorre de previsão expressa e imprescindível da própria lei de licitações – Art. 65, I, a c/c Art. 65, I, §§ 1º e 2º e 4º da Lei nº 8.666/1995; **C:** correta, Art. 65, I, a c/c Art. 65, I, §§ 1º e 2º e 4º da Lei 8.666/1995; **D:** incorreta, Art. 65, I, § 1º, da Lei 8.666/1995; **E:** incorreta, tratando-se de cláusulas exorbitantes, o art. 65 fala em seu caput expressamente em "com as devidas justificativas", mas não há necessidade de oitiva do contratado, justamente porque essas prerrogativas da Administração Pública estão previstas em lei.

„Gabarito "C".

Técnico – TRF5 – FCC – 2017) As alterações passíveis de serem implementadas nos contratos administrativos regidos pela Lei no 8.666/1993

(A) dependem do consenso entre as partes para viabilizar majorações que superem 25% do valor inicial.

(B) implicam o reequilíbrio econômico-financeiro sempre que causarem alteração de objeto.

(C) podem ser feitas unilateralmente pelas partes, para redução ou majoração até o limite de 25% sem a necessária alteração do valor do contrato.

(D) podem ser feitas pelo poder público como prerrogativa unilateral, não sendo necessária concordância da contratada na hipótese, por exemplo, de supressão ou majoração até o limite de 25%.

(E) podem facultar às partes a denúncia do contrato, para rescindi-lo unilateralmente, caso o equilíbrio da equação econômico- financeira não seja restabelecido.

Uma das peculiaridade dos contratos administrativos consiste justamente no fato de que, nas hipóteses previstas em lei, a Administração Pública pode, unilateralmente e sem a necessidade de consenso do contratado, efetuar alterações contratuais. Com efeito, as alterações nos contratos, previstas no Art 65 da Lei nº 8.666/1993, podem ser unilaterais ou bilaterais. As bilaterais são aquelas feitas consensualmente com o contratado. No primeiro caso, de outra banda, as alterações unilaterais são aquelas **feitas por imposição da Administração.** As modificações aqui permitidas, que serão a seguir expostas, são feitas unilateralmente pela Administração, mas **não podem implicar alteração do objeto contratual**, sob pena de se caracterizar burla ou fraude à licitação feita. Permitem-se apenas alterações no projeto ou meramente quantitativas. Vejamos as alterações permitidas (art. 65, I): 1) **qualitativa:** *quando houver modificação do projeto ou das especificações para melhor adequação técnica aos seus objetivos; ou 2)* **quantitativa:** *quando necessária a modificação do valor contratual em decorrência de acréscimo ou diminuição quantitativa de seu objeto, nos limites permitidos na lei.* Essas alterações podem ensejar a modificação do valor contratual em decorrência de acréscimo ou diminuição nas obras, serviços e compras, temos os seguintes limites: **1) acréscimo: até 25% do valor inicial; tratando-se de reforma, é possível acréscimo de até 50% do valor inicial; ou 2)diminuição: até 25% do valor inicial.** FMB

„Gabarito "D".

(Técnico – TRF5 – FCC – 2017) Um contrato de fornecimento de alimentação (mais conhecido como fornecimento de quentinhas) para unidades escolares e unidades prisionais, celebrado com dispensa de licitação e com base na Lei no 8.666/1993, será extinto quando

(A) houver decorrido o prazo contratualmente previsto para tanto, sendo vedada a rescisão antecipada, salvo se por vontade das partes.

(B) a Administração pública não reputar mais conveniente ou oportuno que os serviços sejam prestados da forma em que originalmente contratados, não cabendo indenização em favor do contratado.

(C) qualquer das partes, na vigência do referido contrato, entender por denunciar a avença, concedendo à outra parte o prazo de 30 dias para se manifestar sobre o interesse na continuidade do instrumento.

(D) restar comprovado que os preços praticados para o fornecimento estão acima dos então cobrados pelo mercado privado e desde que a conduta do fornecedor seja dolosa.

(E) advier o termo final de vigência do contrato, sem prejuízo da necessidade de alterações ou rescisão por parte da contratante, no regular exercício das cláusulas exorbitantes presentes nos contratos administrativos.

Há diversas hipóteses de extinção de um contrato administrativo, sendo todas aplicáveis ao caso em tela. O contrato administrativo se extingue pelas seguintes causas: a) **conclusão do objeto ou decurso do tempo; b) acordo entre as partes (rescisão amigável ou bilateral):** ocorre por acordo entre as partes, desde que haja interesse público. A extinção bilateral também é chamada de distrato; c) **culpa da Administração (rescisão judicial): a** chamada *rescisão judicial* ocorre por ação judicial promovida pelo particular, que não pode promover a extinção do ajuste unilateralmente; d) **por vontade da Administração (rescisão unilateral ou administrativa):** essa forma de extinção é promovida pela Administração, respeitando o contraditório e a ampla defesa, nos seguintes casos: **anulação,** por motivo de *ilegalidade* na licitação ou no contrato; **revogação,** por inconveniência ou inoportunidade, ou ainda, **inexecução do contrato pelo contratado.** `FMB`
Gabarito "E".

(Técnico Judiciário – Área Administrativa – TRT18 – 2013 – FCC) Determinada empresa foi contratada mediante regular licitação para prestação de serviços de fornecimento de medicamentos para um estabelecimento hospitalar. No decorrer da execução do contrato, diante da má execução da prestação dos serviços, a Administração

(A) poderá impor sanções à contratada, sendo vedada rescisão do contrato antes do advento do termo final.

(B) poderá rescindir o contrato administrativo antes do advento final, em razão da prerrogativa que dispõe a Administração para tanto.

(C) deverá assumir a prestação dos serviços diretamente, suspendendo a execução do contrato em curso.

(D) deverá suspender o contrato e convocar o segundo colocado na licitação para continuidade da execução do fornecimento.

(E) poderá suspender os pagamentos e a execução do contrato e promover licitação para contratação emergencial do mesmo objeto, qual seja, o fornecimento de medicamentos.

A: Incorreta, pois o cumprimento irregular de cláusulas contratuais, especificações, projetos e prazos constituem motivo para rescisão do contrato (art. 78, II, da Lei 8.666/1993); **B:** Correta, conforme art. 79, I, da Lei 8.666/1993; **C:** Incorreta, pois conforme o § 1º do art. 80 da Lei 8.666/1993, a aplicação das medidas previstas nos incisos I e II desse mesmo artigo fica a critério da Administração, que **poderá** dar continuidade à obra ou ao serviço por execução direta ou indireta; **D:** Incorreta, pois não há suspensão do fornecimento, uma vez que a Administração já rescindiu o contrato e, conforme o inciso XI do art. 24, será dispensável a licitação na contratação de remanescente de obra, serviço ou fornecimento, em consequência de rescisão contratual, desde que atendida a ordem de classificação da licitação anterior e aceitas as

mesmas condições oferecidas pelo licitante vencedor, inclusive quanto ao preço, devidamente corrigido; **E:** Incorreta, conforme comentário anterior.
Gabarito "B".

3.5. Sanções administrativas

(Técnico Judiciário – TRF/5ª – 2008 – FCC) A recusa injustificada do adjudicatário em assinar o contrato, aceitar ou retirar o instrumento equivalente, dentro do prazo estabelecido pela Administração,

(A) configura mero desatendimento da convocação para assinatura, aceite ou retirada do instrumento, não sujeitando o adjudicatário a sanção.

(B) caracteriza o descumprimento total da obrigação assumida, sujeitando-o às penalidades legalmente estabelecidas.

(C) faculta à Administração convocar os licitantes remanescentes, na ordem de classificação, para fazê-lo em igual prazo e nas mesmas condições propostas pelo primeiro classificado, sem sujeição do adjudicatário a sanção.

(D) sujeita o adjudicatário sempre às penas de suspensão temporária de participação em licitação ou impedimento de contratar com a Administração, por prazo não superior a 4 (quatro) anos.

(E) implica na anulação da licitação e abertura de outra, vedada a convocação dos licitantes remanescentes.

Art. 81, *caput*, da Lei 8.666/1993.
Gabarito "B".

4. PREGÃO (LEI 8.666/1993)

(Técnico – TJ/MA – FCC – 2019) A Administração pública instaurou um procedimento de licitação, na modalidade pregão, para contratação de serviços de desenvolvimento de sistema de monitoramento e segurança de sua plataforma digital exclusiva de cadastramento e alocação de voluntariado. Com base nessas informações, a modalidade de licitação escolhida pela Administração é

(A) legal e válida, porque o pregão admite o estabelecimento de "técnica e preço" como critério de julgamento.

(B) a mais adequada, pois sempre permite disputa entre todos os licitantes, configurando medida de economicidade para a Administração pública.

(C) inadequada, pois admite apenas o julgamento pelo critério do menor preço, mostrando-se recomendável aferição também de técnica para execução dos serviços.

(D) ilegal, tendo em vista que o pregão é modalidade de licitação que admite apenas a aquisição de bens de natureza comum, não incluindo a possibilidade de contratação de prestação de serviços.

(E) opção discricionária da Administração pública, desde que o valor da contratação não ultrapasse a alçada prevista para a concorrência, que a torna obrigatória.

Alternativa **A** errada (o critério de julgamento adotado no pregão deve ser o de menor preço, e não o de técnica e preço, cf. art. 4º, inc. X, da Lei 10.520/02). Alternativa **B** errada (somente participam da etapa de lances verbais, na qual se verifica a disputa entre os licitantes, o autor da oferta de valor mais baixo e os das ofertas com preços até 10% superiores àquela, ou, caso inaplicável, os autores das três melhores propostas, cf. art. 4º, inc. VIII e IX, Lei 10.520/02). Alternativa **C** correta (considerando que o pregão deve seguir o critério do menor preço, e que a contratação pretendida envolve serviço que recomenda análise técnica, inadequada a utilização de tal modalidade licitatória). Alternativa **D** errada (o pregão é utilizado para a aquisição de bens e serviços comuns, cf. art. 1º da Lei 10.520/02). Alternativa **E** errada (a utilização do pregão independe do valor da contratação).

Gabarito "C".

(Técnico – TRT1 – 2018 – AOCP) Acerca do Pregão, com fulcro na Lei nº 10.520/2002, assinale a alternativa correta.

(A) O prazo de validade das propostas é de 90 (noventa) dias, se outro não estiver fixado no edital.

(B) A falta de manifestação imediata e motivada do licitante no desejo de recorrer, quando declarado o vencedor, acarreta a decadência do direito de recurso.

(C) É vedado adotar a modalidade do pregão para as compras e contratações de bens e serviços comuns, quando efetuadas pelo sistema de registro de preços.

(D) A designação, pela autoridade competente, do pregoeiro e da respectiva equipe de apoio marca o início da fase externa do pregão.

(E) É condição para participação no certame a aquisição do edital pelos licitantes.

A: incorreta, o prazo de validade das propostas, em caso de silêncio no instrumento convocatório, é de 60 dias – Art. 6º da Lei 10.520/2002; **B:** correta – Art. 4º, XX, da Lei 10.520/2002; **C:** incorreta, eis a redação do Art. 11 da Lei 10.520/2002: "As compras e contratações de bens e serviços comuns, no âmbito da União, dos Estados, do Distrito Federal e dos Municípios, quando efetuadas pelo sistema de registro de preços previsto no art. 15 da Lei 8.666, de 21 de junho de 1993, poderão adotar a modalidade de pregão, conforme regulamento específico"; **D:** incorreta, a fase externa é iniciada com a convocação dos interessados, seguindo as regras contidas no Art. 4º da Lei nº 10.520/2002; **E:** incorreta, essa exigência é vedada pelo Art. 5º, II da Lei 10.520/2002.

Gabarito "B".

(Técnico Judiciário – TRT24 – FCC – 2017) No pregão, conforme preceitua a Lei 10.520/2002, a equipe de apoio deverá ser integrada

(A) em sua maioria por servidores de cargo efetivo ou emprego da Administração pública, preferencialmente pertencentes ao quadro permanente do órgão ou entidade promotora do evento.

(B) em sua minoria por servidores de cargo efetivo ou emprego da Administração pública, não sendo necessário que pertençam ao quadro permanente do órgão ou entidade promotora do evento, e, em sua maioria, deve ser composta por particulares de notório saber jurídico no tocante objeto da licitação.

(C) exclusivamente por servidores de cargo efetivo da Administração pública, pertencentes ao quadro permanente do órgão ou entidade promotora do evento.

(D) em sua maioria por servidores de cargo efetivo da Administração pública, devendo, necessariamente, todos os integrantes pertencer ao quadro permanente do órgão ou entidade promotora do evento.

(E) obrigatoriamente por metade de servidores de cargo efetivo da Administração pública, não sendo necessário que pertençam ao quadro permanente do órgão ou entidade promotora do evento e, a outra metade, deve ser composta de particulares de notório saber jurídico acerca do objeto licitado.

A: correta, Lei 10.520/2002, art. 3º, § 1º: A equipe de apoio deverá ser integrada em sua maioria por servidores ocupantes de cargo efetivo ou emprego da administração, preferencialmente pertencentes ao quadro permanente do órgão ou entidade promotora do evento. **B:** incorreta. Na contramão da letra legal já citada, a assertiva é falsa; **C:** incorreta. Conforme demonstrado, a indicação propõe a maioria e não a exclusividade; **D:** incorreta. Não indica a legislação a obrigatoriedade de os integrantes pertencerem ao quadro permanente do órgão, sendo condição preferencial. **E:** incorreta. Não há previsão legal nesse sentido. **FMB**

Gabarito "A".

(Técnico Judiciário – TRT/15ª – 2009 – FCC) A respeito do pregão presencial (Lei n. 10.520/2002), é INCORRETO afirmar que

(A) é permitida a garantia de proposta.

(B) o prazo de validade das propostas será de 60 (sessenta) dias, se outro não for fixado no edital.

(C) quem, convocado dentro do prazo de validade da sua proposta, não celebrar o contrato, ficará impedido de licitar e contratar com a União, Estados, Distrito Federal ou Municípios, sem prejuízo de outras cominações legais e contratuais.

(D) as compras e contratações de bens e serviços comuns, no âmbito da União, dos Estados, do Distrito Federal e dos Municípios, quando efetuadas pelo sistema de registro de preços, poderão adotar a modalidade de pregão.

(E) o licitante que, convocado dentro do prazo de validade da sua proposta, não a mantiver, ficará impedido de licitar e contratar com a União, Estados, Distrito Federal ou Municípios, sem prejuízo de outras sanções legais e contratuais.

A: incorreta (devendo ser assinalada), pois não é permitida a garantia de proposta (art. 5º, I, da Lei 10.520/2002); **B:** correta (art. 6º da Lei 10.520/2002); **C:** correta (art. 7º da Lei 10.520/2002); **D:** correta (art. 11 da Lei 10.520/2002); **E:** correta (art. 7º da Lei 10.520/2002).

Gabarito "A".

5. QUESTÕES COMBINADAS (LEI 8.666/1993)

(Técnico – TJ/MA – FCC – 2019) Uma empresa foi contratada para a prestação de serviço de fornecimento de refeições para os alunos de uma unidade pública de ensino. Passados dois meses do início do fornecimento, a empresa passou a atrasar as entregas, que deveriam ser feitas no mesmo dia do consumo, em intervalo de horário determinado, causando transtornos à operação da unidade de ensino. O ente público contratante

(A) deve rescindir o contrato e promover contratação emergencial para impedir a paralisação do serviço ou aplicar multa pela inexecução parcial das obrigações pelo contratado.

(B) pode aplicar multa ao contratado, não sendo permitindo reter pagamentos ou descontar o montante da garantia prestada pela contratada.

(C) deve decretar a caducidade da prestação dos serviços, iniciando nova licitação sob modalidade emergencial.

(D) pode aplicar as sanções legalmente previstas, sem prejuízo da cumulação com a imposição de multa no valor contratualmente estabelecido.

(E) pode interromper os pagamentos feitos à contratada, para que, decorridos 90 (noventa) dias, se caracterize hipótese de rescisão contratual.

Alternativa **A** errada (a rescisão representa, como regra, uma faculdade e não uma obrigação, nos termos do art. 79, "caput", Lei 8.666/93). Alternativa **B** errada (a cobrança da multa pode ser feita mediante desconto do montante prestado como garantia, bem como pela retenção de pagamento devido ao contratado, cf. art. 86, §§ 2º e 3º c/c. art. 87, § 1º, todos da Lei 8.666/93). Alternativa **C** errada (a caducidade representa espécie de extinção de contrato de concessão de serviço público, o que não é o caso da hipótese tratada na questão; além disso, não existe na Lei 8.666/93 "licitação sob modalidade emergencial"). Alternativa **D** correta (cf. art. 87, "caput", c/c. § 2º, da Lei 8.666/93). Alternativa **E** errada (a interrupção do pagamento pela Administração pelo prazo de 90 dias representa, na verdade, hipótese que autoriza a suspensão ou a rescisão do contrato em favor do contratado, nos termos do art. 78, XV, da Lei 8.666/93).
Gabarito "D".

(Técnico Judiciário – TRT20 – FCC – 2016) A empresa vencedora de determinada licitação, na modalidade pregão, ao longo da execução contratual, cometeu fraude fiscal. Em razão do ocorrido, ficará, dentre outras sanções, impedida de contratar com a União, Estados, Distrito Federal ou Municípios pelo prazo de até

(A) 5 anos.

(B) 10 anos.

(C) 8 anos.

(D) 7 anos.

(E) 15 anos.

O prazo é de até 5 anos sem prejuízo das multas previstas em edital e no contrato e das demais cominações legais, conforme determina o art. 7º da Lei 10.520/2002. Na Lei 8.666.1993 esse prazo é de 2 anos (art. 87, III). GD
Gabarito "A".

(Técnico Judiciário – TRT20 – FCC – 2016) A Prefeitura de determinado Município do Estado de Sergipe pretende vender bens móveis que lhe são inserviveis como, por exemplo, cadeiras, mesas e estantes, bens estes muito antigos e sem serventia à Administração municipal. Nos termos da Lei 8.666/1993, a modalidade licitatória apropriada ao caso narrado é

(A) concorrência.

(B) leilão.

(C) tomada de preços

(D) convite.

(E) pregão.

A alternativa correta é a que trata do leilão, conforme disposto no art. 22, § 5º, da Lei 8.666/1993. GD
Gabarito "B".

(Técnico – TJ/CE – 2013 – CESPE) Acerca do procedimento licitatório, assinale a opção correta.

(A) Determinado bem imóvel adquirido pela União em decorrência de dação em pagamento pode ser alienado por meio de concorrência ou leilão, independentemente de seu valor.

(B) Sendo a adjudicação compulsória ato declaratório e vinculado, obriga-se a administração a celebrar contrato com o vencedor do certame.

(C) Nos casos em que couber leilão, a administração poderá utilizar a modalidade convite e, em qualquer caso, a modalidade concorrência.

(D) A empresa líder de um consórcio é responsável pelos atos praticados em consórcio tanto na fase de licitação quanto na de execução do contrato, de modo que as demais consorciadas respondem subsidiariamente.

(E) No âmbito da União, deve ser utilizada a licitação na modalidade pregão se o objeto da contratação for bens ou serviços comuns, desde que seja respeitado o valor estimado da contratação de R$1.500.000.

A: Correta (art. 19, III, da Lei 8.666/1993); **B**: Incorreta, Hely Lopes Meireles ensina que o princípio da adjudicação compulsória assegura ao vencedor que o objeto da licitação deverá ser obrigatoriamente adjudicado ao licitante cuja proposta for classificada em primeiro lugar, excetuado um justo motivo. A compulsoriedade veda também que se abra nova licitação enquanto válida a adjudicação anterior (**Direito Administrativo Brasileiro**. 33. ed. São Paulo: Malheiros, p. 245); **C**: Nos casos em que couber **convite**, a Administração poderá utilizar a tomada de preços e, em qualquer caso, a concorrência (art. 23, § 4º, da Lei 8.666/1993); **D**: Incorreta. Segundo o art. 33, V, da Lei 8.666/1993, quando permitida na licitação a participação de empresas em consórcio, os integrantes serão solidariamente responsáveis pelos atos praticados em consórcio, tanto na fase de licitação quanto na de execução do contrato; **E**: Incorreta, pois a Lei 10.520/2002, que instituiu a modalidade de licitação pregão, não faz alusão a limites de valores para aquisição de bens ou serviços comuns.
Gabarito "A".

(Técnico – TRT/19ª Região – 2014 – FCC) O Governo Federal, ao instituir a Política Nacional de Resíduos Sólidos, incluiu, entre seus objetivos, a prioridade nas aquisições e contratações governamentais, para: (a) produtos reciclados e recicláveis; (b) bens, serviços e obras que considerem critérios compatíveis com padrões de consumo social e ambientalmente sustentáveis. O tema em questão está associado ao seguinte princípio relativo às licitações públicas:

(A) adjudicação compulsória.

(B) licitação sustentável.

(C) julgamento objetivo.

(D) ampla defesa.

(E) vinculação ao instrumento convocatório.

O tema descrito no enunciado faz menção ao princípio da licitação dispensável, previsto no art. 3º da Lei 8.666/1993, regulamentado pelo Dec. 7.746/2012. Dispõe o caput do art. 3º: "A licitação destina-se a garantir a observância do princípio constitucional da isonomia, a seleção da proposta mais vantajosa para a administração e a **promoção do desenvolvimento nacional sustentável** e será processada e julgada em estrita conformidade com os princípios básicos da legalidade, da impessoalidade, da moralidade, da igualdade, da publicidade, da probidade administrativa, da vinculação ao instrumento convocatório, do julgamento objetivo e dos que lhes são correlatos."
Gabarito "B".

(Técnico Judiciário – Área Administrativa – TRT18 – 2013 – FCC) Determinado órgão da Administração precisa adquirir uma grande quantidade de cartuchos de impressora. Considerando que é possível especificar precisamente os cartuchos necessários, a Administração pública

(A) poderá realizar compra direta dos cartuchos, mediante dispensa ou inexigibilidade de licitação.

(B) deverá realizar concorrência pública, em razão da natureza dos bens a serem adquiridos.

(C) poderá realizar a aquisição por meio de pregão, em razão da natureza dos bens que serão adquiridos.

(D) poderá realizar licitação, por qualquer das modalidades previstas na legislação vigente.

(E) deverá realizar licitação sob a modalidade de leilão, eletrônico ou presencial.

A: Incorreta, pois não é hipótese de licitação dispensável ou inexigível (arts. 24 e 25 da Lei 8.666/1993); **B:** Incorreta, pois, conforme o art. 3º, § 3º da Lei 8.248/1991, a aquisição de bens e serviços de informática e automação, considerados como bens e serviços comuns nos termos do parágrafo único do art. 1º da Lei 10.520, de 17 de julho de 2002, **poderá ser realizada na modalidade pregão**, restrita às empresas que cumpram o Processo Produtivo Básico nos termos desta Lei e da Lei 8.387, de 30 de dezembro de 1991; **C:** Correta, conforme comentário à alternativa anterior; D e **E:** Incorretas, conforme o art. 3º, § 3º, da Lei 8.248/1991.

Gabarito "C."

(CESPE – 2013) Com referência ao sistema de registro de preços e à modalidade de licitação denominada pregão, julgue os seguintes itens.

1. Caso determinado órgão federal deseje realizar contratação de serviço comum pelo sistema de registro de preços, não será possível, nesse caso, a adoção da modalidade de pregão.

2. É facultada aos órgãos da administração pública federal a adesão à ata de registro de preços gerenciada por órgão estadual.

1: incorreta, pois é possível a adoção da modalidade pregão (vide arts. 7º do Dec. 7.892/2013, 11 da Lei 10.520/2002 e 15 da Lei 8.666/1993); **2:** incorreta, tal adesão é vedada (§ 8º do art. 22 do Dec. 7.892/2013)

Gabarito 1E, 2E

(CESPE – 2013) No que se refere ao instituto da licitação, assinale a opção correta.

(A) É inválido o ato de revogação de licitação fundamentado no comparecimento de um único licitante ao certame.

(B) Configura hipótese de inexigibilidade de licitação a contratação de fornecimento de energia elétrica e gás natural com concessionário autorizado.

(C) No pregão, assim como nas demais modalidades de licitação, a homologação antecede a adjudicação.

(D) O dever de realizar procedimento licitatório estende-se às instituições privadas quando suas compras, aquisições, serviços ou alienações envolverem recursos repassados voluntariamente pela União.

(E) Caso determinado administrador público, durante procedimento licitatório, não observe uma das formalidades previstas na lei, independentemente da natureza do ato formal inobservado, o procedimento deverá ser declarado nulo, em atenção ao princípio do formalismo procedimental, que norteia a atuação da administração pública nas licitações.

A: incorreta, pois a participação exclusiva de um só licitante poderia frustrar o princípio da competitividade. Além disso, a Administração Pública pode revogar a licitação em andamento por razões de interesse público superveniente, devidamente justificado. (TRF-2.ª Reg., Ap em MS 60792/RJ 2004.51.01.005931-6); **B:** incorreta, configura hipótese de *dispensa de licitação* (art. 24, XXII, da Lei 8.666/1993); **C:** incorreta, no pregão é o inverso das demais modalidades de licitação: a homologação ocorre depois da adjudicação (art. 4º, XXI e XXII, da Lei 8.666/1993); **D:** correta, por envolver dinheiro público, o particular não pode dele dispor livremente, devendo se sujeitar ao disposto na Lei 8.666/1993 (*vide* art. 37, XXI, da CF); **E:** incorreta. "(...) Não se deve exigir *excesso de formalidades capazes de afastar a real finalidade da licitação*, ou seja, a escolha da melhor proposta para a Administração em prol dos administrados (...)" (STJ, REsp 1190793/SC, 2ª T., j. 24.08.2010, rel. Min. Castro Meira, *DJe* 08.09.2010).

Gabarito "D."

10. Direito Administrativo

Wander Garcia, Rodrigo Bordalo, Flavia Barros e Ivo Tomita*

1. REGIME JURÍDICO ADMINISTRATIVO E PRINCÍPIOS DO DIREITO ADMINISTRATIVO

(Técnico – TJ/AL – 2018 – FGV) Determinado Secretário Municipal de Educação, no dia da inauguração de nova escola municipal, distribuiu boletim informativo custeado pelo poder público, com os seguintes dizeres no título da reportagem: "Secretário do povo, Rico Ricaço, presenteia a população com mais uma escola". Ao lado da reportagem, havia foto do Secretário fazendo com seus dedos o símbolo de coração utilizado por ele em suas campanhas eleitorais.

A conduta narrada feriu o princípio da administração pública da:

(A) economicidade, eis que é vedada a publicidade custeada pelo erário dos atos, programas, obras, serviços e campanhas dos órgãos públicos, ainda que tenha caráter educativo, informativo ou de orientação social;

(B) legalidade, pois a publicidade dos atos, programas, obras, serviços e campanhas dos órgãos públicos deve ser precedida de prévia autorização legislativa, vedada qualquer promoção pessoal que configure favorecimento pessoal para autoridades ou servidores públicos;

(C) moralidade, eis que a publicidade dos atos, programas, obras e serviços dos órgãos públicos, em que constarem nomes, símbolos ou imagens que caracterizem promoção pessoal de autoridades públicas, para ser legal deve ser custeada integralmente com recursos privados;

(D) publicidade, uma vez que a divulgação dos atos, programas, obras, serviços e campanhas dos órgãos públicos deve ser feita exclusivamente por meio de publicação dos respectivos atos no diário oficial, para impedir promoção pessoal da autoridade pública;

(E) impessoalidade, pois a publicidade em tela deveria ter caráter educativo, informativo ou de orientação social, dela não podendo constar nomes, símbolos ou imagens que caracterizem promoção pessoal de agentes públicos.

A: incorreta, o princípio da economicidade vem expressamente previsto no artigo 70 da CF/1988 e determina a relação e busca pela promoção de resultados esperados com o menor custo possível; **B:** incorreta, princípio previsto no Art. 37 CF/1988 e que estabelece que a Administração só pode fazer o que a lei permite. No caso, está incorreta a assertiva uma vez que não existe essa necessidade de autorização legislativa para a realização de atos de publicidade; **C:** incorreta, o princípio da moralidade pode ser conceituado como aquele que impõe obediência à ética da Administração, consistente no conjunto de preceitos da moral administrativa, como o dever de honestidade, lealdade, boa-fé e probidade. O princípio da moralidade está **previsto** expressamente no art. 37, **caput,** da CF; **D:** incorreta. Esse princípio pode ser conceituado como aquele que impõe ampla divulgação dos atos oficiais, para conhecimento público e início dos efeitos externos. O princípio da publicidade está previsto expressamente no art. 37, **caput,** da CF. O conceito apresentado revela que o princípio tem dois grandes sentidos: a) garantir que todos tenham conhecimento das coisas que acontecem na Administração Pública; b) garantir que os atos oficiais só tenham efeitos externos após sua publicação; **E:** correta, o princípio da impessoalidade impõe tratamento igualitário às pessoas, sem favoritismos ou perseguições, com respeito à finalidade legal a ser perseguida, bem como à ideia de que os atos dos agentes públicos devem ser imputados diretamente à Administração Pública e nunca à pessoa do agente. O princípio tem três comandos: a) impõe igualdade de tratamento; b) impõe respeito ao princípio da finalidade; c) impõe neutralidade ao agente, que não pode fazer autopromoção. A assertiva trata do item c. Vejamos jurisprudência a respeito do tema: "O art. 37, **caput,** e seu § 1º, da CF, impedem que haja qualquer tipo de identificação entre a publicidade e os titulares dos cargos alcançando os partidos políticos a que pertençam. Com base nesse entendimento, a Turma negou provimento a recurso extraordinário interposto pelo Município de Porto Alegre contra acórdão do tribunal de justiça local que o condenara a abster-se da inclusão de determinado *slogan* na publicidade de seus atos, programas, obras, serviços e campanhas. Considerou-se que a referida regra constitucional objetiva assegurar a impessoalidade da divulgação dos atos governamentais, que devem voltar-se exclusivamente para o interesse social, sendo incompatível com a menção de nomes, símbolos ou imagens, aí incluídos *slogans* que caracterizem a promoção pessoal ou de servidores públicos. Asseverou-se que a possibilidade de vinculação do conteúdo da divulgação com o partido político a que pertença o titular do cargo público ofende o princípio da impessoalidade e desnatura o caráter educativo, informativo ou de orientação que constam do comando imposto na Constituição. RE 191668/RS, rel. Min. Menezes Direito, 15.4.2008. (Inform. STF 502)" **FB**

Gabarito "E".

(Técnico – TRT1 – 2018 – AOCP) Assinale a alternativa INCORRETA no tocante aos princípios que regem a Administração Pública.

(A) A divulgação dos vencimentos brutos mensais dos servidores, como medida de transparência administrativa, harmoniza-se com o princípio da publicidade, vedada a divulgação de outros dados pessoais, como CPF, RG e endereço residencial.

(B) A nomeação de parente colateral, até o terceiro grau da autoridade nomeante, para o exercício de cargo em comissão na Administração, é considerada ofensa à Constituição Federal, salvo para assunção de cargos de natureza política e desde que o nomeado tenha condições técnicas de exercer o múnus público a ele transferido.

---

* **Flavia Barros** comentou as questões dos concursos de 2016 e 2017, **Ivo Tomita** comentou as questões dos concursos de Técnico Judiciário – TRT/19ª – 2014 – CESPE, Técnico Judiciário – TJ/CE – 2014 – CESPE, Técnico Judiciário – TRT/18ª – 2013 – CESPE e CESPE – 2014. **Wander Garcia** comentou as demais questões.

(C) Deriva do princípio da impessoalidade a vedação constitucional de que constem nomes, símbolos ou imagens que caracterizem promoção pessoal de autoridades em publicidade de atos dos órgãos públicos.

(D) O modo de atuação do agente público, do qual se espera o melhor desempenho possível de suas atribuições a fim de se obterem os melhores resultados, é a única vertente apresentada pelo princípio da eficiência.

(E) O princípio da eficiência deve ser interpretado em conjunto com os demais princípios impostos à Administração, não podendo sobrepor-se a nenhum deles, sob pena de afronta à segurança jurídica e ao próprio Estado de Direito.

A: correta, o STF já definiu posição a respeito do tema, entendendo que não cabe falar de intimidade no caso, pois os dados dizem respeito a agentes públicos. Vejamos ementa a respeito do tema: "Suspensão de segurança. Acórdãos que impedam a divulgação, em sítio eletrônico oficial, de informações funcionais de servidores públicos, inclusive a respectiva remuneração. Deferimento da medida de suspensão pelo presidente do STF. Agravo regimental. Conflito aparente de normas constitucionais. Direito à informação de atos estatais, neles embutida a folha de pagamento de órgãos e entidades públicas. Princípio da publicidade administrativa. Não reconhecimento de violação à privacidade, intimidade e segurança de servidor público. Agravos desprovidos. 1. Caso em que a situação específica dos servidores públicos é regida pela 1ª parte do inciso XXXIII do art. 5º da Constituição. Sua remuneração bruta, cargos e funções por eles titularizados, órgãos de sua formal lotação, tudo é constitutivo de informação de interesse coletivo ou geral. Expondo-se, portanto, a divulgação oficial. Sem que a intimidade deles, vida privada e segurança pessoal e familiar se encaixem nas exceções de que trata a parte derradeira do mesmo dispositivo constitucional (inciso XXXIII do art. 5º), pois o fato é que não estão em jogo nem a segurança do Estado nem do conjunto da sociedade. 2. Não cabe, no caso, falar de intimidade ou de vida privada, pois os dados objeto da divulgação em causa dizem respeito a agentes públicos enquanto agentes públicos mesmos; ou, na linguagem da própria Constituição, agentes estatais agindo "nessa qualidade" (§ 6º do art. 37). E quanto à segurança física ou corporal dos servidores, seja pessoal, seja familiarmente, claro que ela resultará um tanto ou quanto fragilizada com a divulgação nominalizada dos dados em debate, mas é um tipo de risco pessoal e familiar que se atenua com a proibição de se revelar o endereço residencial, o CPF e a CI de cada servidor. No mais, é o preço que se paga pela opção por uma carreira pública no seio de um Estado republicano. 3. A prevalência do princípio da publicidade administrativa outra coisa não é senão um dos mais altaneiros modos de concretizar a República enquanto forma de governo. Se, por um lado, há um necessário modo republicano de administrar o Estado brasileiro, de outra parte é a cidadania mesma que tem o direito de ver o seu Estado republicanamente administrado. O "como" se administra a coisa pública a preponderar sobre o "quem" administra – falaria Norberto Bobbio –, e o fato é que esse modo público de gerir a máquina estatal é elemento conceitual da nossa República. O olho e a pálpebra da nossa fisionomia constitucional republicana. 4. A negativa de prevalência do princípio da publicidade administrativa implicaria, no caso, inadmissível situação de grave lesão à ordem pública. 5. Agravos Regimentais desprovidos (SS 3.902-AgR)"; B: correta. "A nomeação de cônjuge, companheiro ou parente em linha reta, colateral ou por afinidade, até o terceiro grau, inclusive, da autoridade nomeante ou de servidor da mesma pessoa jurídica investido em cargo de direção, chefia ou assessoramento, para o exercício de cargo em comissão ou de confiança ou, ainda, de função gratificada na administração pública direta e indireta em qualquer dos poderes da União, dos Estados, do Distrito Federal e dos Municípios, compreendido o ajuste mediante designações recíprocas, viola a Constituição Federal" – Súmula Vinculante 13 STF; C: correta,

o princípio da impessoalidade impõe tratamento igualitário às pessoas, sem favoritismos ou perseguições, com respeito à finalidade legal a ser perseguida, bem como à ideia de que os atos dos agentes públicos devem ser imputados diretamente à Administração Pública e nunca à pessoa do agente. O princípio tem três comandos: a) impõe igualdade de tratamento; b) impõe respeito ao princípio da finalidade; c) impõe neutralidade do agente, que não pode fazer autopromoção. A assertiva trata do item c. Vejamos jurisprudência a respeito do tema: "O art. 37, *caput*, e seu § 1º, da CF, impedem que haja qualquer tipo de identificação entre a publicidade e os titulares dos cargos alcançando os partidos políticos a que pertençam. Com base nesse entendimento, a Turma negou provimento a recurso extraordinário interposto pelo Município de Porto Alegre contra acórdão do tribunal de justiça local que o condenara a abster-se da inclusão de determinado slogan na publicidade de seus atos, programas, obras, serviços e campanhas. Considerou-se que a referida regra constitucional objetiva assegurar a impessoalidade da divulgação dos atos governamentais, que devem voltar-se exclusivamente para o interesse social, sendo incompatível com a menção de nomes, símbolos ou imagens, aí incluídos slogans que caracterizem a promoção pessoal ou de servidores públicos. Asseverou-se que a possibilidade de vinculação do conteúdo da divulgação com o partido político a que pertença o titular do cargo público ofende o princípio da impessoalidade e desnatura o caráter educativo, informativo ou de orientação que constam do comando imposto na Constituição. RE 191668/RS, rel. Min. Menezes Direito, 15.4.2008. (Inform. STF 502)"; D: incorreta, o princípio da eficiência nada mais é do que uma decorrência do tradicional princípio da boa administração e refere-se não apenas à atuação do agente público, como à economicidade e à perene busca do ótimo legal diante das situações fáticas apresentadas; E: correta, todos os princípios que regem a Administração Pública devem ser interpretados de forma sistemática. **FB**

Gabarito "D".

(Técnico Judiciário – TRF2 – Consulplan – 2017) "Determinada associação privada faz requerimento administrativo formal à Administração Pública, buscando informações acerca de contrato administrativo que suspeitam ter irregularidades." Acerca do princípio da publicidade das informações da Administração Pública, assinale a alternativa correta.

(A) É possível a restrição de informações caso haja risco à intimidade de alguma das partes envolvidas no ato ou processo administrativo, bem como haja risco à segurança do Estado.

(B) As informações administrativas buscadas somente podem ser prestadas aos diretamente envolvidos, demonstrado o legítimo interesse, por meio de *habeas data*.

(C) É possível que haja restrição de informações pela Administração Pública, mas somente decorrente de decisão judicial, em que expostos os motivos do sigilo.

(D) Todas as informações administrativas buscadas devem ser prestadas, tendo em vista o princípio da publicidade, materializado no direito constitucional de petição.

O princípio da publicidade está previsto no artigo 37, *caput*, da CF/1988. Ele estabelece que os atos da Administração Pública devem ser divulgados da forma mais ampla possível de modo a possibilitar o controle sobre a legalidade da conduta dos agentes públicos. O § 3º do artigo 37 estabelece que "a lei disciplinará as formas de participação do usuário na administração pública direta e indireta, regulando especialmente: II – o acesso dos usuários a registros administrativos e a informações sobre atos de governo, observado o disposto no art. 5º, X e XXXIII". Esse último inciso XXXIII determina que "todos têm direito a receber dos órgãos públicos informações de seu interesse particular, ou de interesse coletivo ou geral, que serão prestadas no prazo da lei, sob pena de responsabilidade, ressalvadas aquelas cujo sigilo seja imprescindível à segurança da sociedade e do Estado". Logo, no caso em tela, é possível a restrição de informações desde que para proteção da intimidade de alguma das partes envolvidas ou no caso de risco à segurança do Estado. Atualmente a lei que rege o tema é a Lei 12.527, de 18 de novembro de 2011 – a chamada lei do acesso à informação. FMB

Gabarito "A".

(Técnico Judiciário – TRE/SP – FCC – 2017) Considere a lição de Maria Sylvia Zanella Di Pietro: *A Administração não pode atuar com vistas a prejudicar ou beneficiar pessoas determinadas, uma vez que é sempre o interesse público que tem que nortear o seu comportamento.* (Direito Administrativo, São Paulo: Atlas, 29ª edição, p. 99). Essa lição expressa o conteúdo do princípio da

(A) impessoalidade, expressamente previsto na Constituição Federal, que norteia a atuação da Administração pública de forma a evitar favorecimentos e viabilizar o atingimento do interesse público, finalidade da função executiva.

(B) legalidade, que determina à Administração sempre atuar de acordo com o que estiver expressamente previsto na lei, em sentido estrito, admitindo-se mitigação do cumprimento em prol do princípio da eficiência.

(C) eficiência, que orienta a atuação e o controle da Administração pública pelo resultado, de forma que os demais princípios e regras podem ser relativizados.

(D) supremacia do interesse público, que se coloca com primazia sobre os demais princípios e interesses, uma vez que atinente à finalidade da função executiva.

(E) publicidade, tendo em vista que todos os atos da Administração pública devem ser de conhecimento dos administrados, para que possam exercer o devido controle.

A: correta. O princípio da impessoalidade possui um duplo aspecto referente à relação da Administração Pública para com terceiros e, ainda, dos agentes públicos para com a Administração Pública. Primeiramente, ele estabelece que a Administração Pública deve tratar a todos de modo isonômico, tanto formal como materialmente. Em outras palavras, não deve agir com terceiros com qualquer traço de favoritismo ou perseguição. De outra banda, os agentes públicos devem atuar cientes de que não têm com a Administração Pública uma relação de propriedade. A coisa é pública e o poder emana do povo, seu verdadeiro dono em uma democracia, de modo que os agentes públicos devem pautar-se unicamente pela impessoalidade em suas ações. **B:** incorreta. Diferentemente do particular que, segundo o que estabelece o artigo 5º, inciso II, da CF/1988 não pode ser obrigado a fazer ou deixar de fazer algo senão em virtude de lei, a Administração Pública só pode atuar nos exatos termos da lei. É por isso que se diz que a Administração deve observância ao princípio da legalidade estrita, só podendo atuar quando autorizado e nos termos em que autorizado pela lei, não podendo utilizar do princípio da eficiência para fugir dos limites estabelecidos legalmente. **C:** incorreta. O princípio da eficiência prega a boa administração, estabelece como obrigatória a procura da produtividade e economicidade, a prestação da atividade administração com maior presteza e perfeição possíveis. Isso não significa, todavia, a relativização dos princípios e regras que regem a Administração Pública. Como dito na assertiva "B", a Administração deve observância ao princípio da legalidade estrita, só podendo atuar quando autorizado e nos termos em que autorizado pela lei, não podendo utilizar do princípio da eficiência para fugir dos limites estabelecidos legalmente. Os fins não justificam os meios se esses forem ilícitos; **D:** incorreta. O chamado princípio da supremacia do interesse público sobre o interesse privado

não possui primazia sobre os demais princípios. Segundo a doutrina de Celso Antônio Bandeira de Mello, esse princípio, juntamente com o princípio da indisponibilidade do interesse público, constituem os pilares do regime jurídico administrativo, que nada mais é do que o conjunto de princípios e regras peculiares ao Direito Administrativo, conjunto esse responsável por lhe conferir unidade sistêmica, estabelecendo as prerrogativas e sujeições aplicáveis à Administração Pública. Como ele mesmo esclarece, e como reforçam e exaltam grandes doutrinadores da atualidade, esse princípio da supremacia não é absoluto nem pode ser lido longe de toda a legislação existente na atualidade, com toda sua gama de proteção aos direitos individuais e coletivos. **E:** incorreta. O princípio da publicidade determina o dever administrativo de manter plena transparência em seus comportamentos, mas ele não é absoluto. O artigo 5º, XXXIII, admite o sigilo quanto "imprescindível à segurança da Sociedade e do Estado". FMB

Gabarito "A".

(Técnico Judiciário – TRT24 – FCC – 2017) Em importante julgamento proferido pelo Superior Tribunal de Justiça, reconheceu a Corte Superior a impossibilidade de acumulação de cargos públicos de profissionais da área da saúde quando a jornada de trabalho superar sessenta horas semanais. Assim, foi considerada a legalidade da limitação da jornada de trabalho do profissional de saúde para sessenta horas semanais, na medida em que o profissional da área da saúde precisa estar em boas condições físicas e mentais para bem exercer as suas atribuições, o que certamente depende de adequado descanso no intervalo entre o final de uma jornada de trabalho e o início da outra, o que é impossível em condições de sobrecarga de trabalho. Tal entendimento está em consonância com um dos princípios básicos que regem a atuação administrativa, qual seja, o princípio da

(A) publicidade.

(B) motivação.

(C) eficiência.

(D) moralidade.

(E) impessoalidade.

A: incorreta. O princípio da publicidade previsto no artigo 37, *caput*, da CF/1988, estabelece o dever de divulgação oficial dos atos administrativos. Se apõe como medida a demonstrar a vontade da Administração Pública e sua consonância com o interesse da coletividade. Dá transparência a seus atos. **B:** incorreta. O princípio da motivação – artigo 37, *caput*, da CF/1988 – determina que a administração deverá justificar seus atos, apresentando as razões de direito que o fizeram decidir sobre os fatos. A motivação dos atos administrativos deve ser demonstrada de forma clara, precisa e completa, estando a ela vinculados os atos decorrentes. **C:** correta. O princípio da eficiência – artigo 37, *caput*, da CF/1988 – incluído no ordenamento jurídico pela emenda constitucional n. 19/1998, impôs ao agente público, o exercício de sua atuação de forma imparcial, neutra, transparente, participativa, eficaz, sem burocracia, primando pela rentabilidade social. Com isso, a atuação do agente está condicionada também a capacidade de exercício de suas funções seja com base em sua capacitação técnica, bem como física e emocional, condicionantes ao bom exercício das atividades que lhe são confiadas, tornando, portanto, indisponível seu horário de descanso mínimo. **D:** incorreta. O princípio da moralidade – artigo 37, *caput*, da CF/1988 – Hely Lopes Meirelles declara que "o agente administrativo, como ser humano dotado de capacidade de atuar, deve, necessariamente, distinguir o Bem do Mal, o Honesto do Desonesto. E ao atuar, não poderá desprezar o elemento ético da sua conduta. Assim, não terá que decidir somente entre o legal e o ilegal, o justo do injusto, o conveniente e o inconveniente, o oportuno e o inoportuno, mas também entre o honesto e o desonesto." (MEIRELLES, 2012, pág. 90). Condiz com as razoes que guiarão o ato do administrador. **E:** incorreta. Princípio da impessoalidade – artigo 37, *caput*, da CF/1988 – "consiste na vedação aos tratamentos discriminatórios" (Celso Ribeiro Bastos, Curso de direito constitucional, São Paulo, Saraiva, 1992, p. 287). FMB

(Técnico Judiciário – TRE/PI – CESPE – 2016) Determinada autoridade administrativa deixou de anular ato administrativo ilegal, do qual decorriam efeitos favoráveis para seu destinatário, em razão de ter decorrido mais de cinco anos desde a prática do ato, praticado de boa-fé.

Nessa situação hipotética, a atuação da autoridade administrativa está fundada no princípio administrativo da

(A) tutela.

(B) moralidade.

(C) segurança jurídica.

(D) legalidade.

(E) especialidade.

Princípio da Segurança Jurídica, Constituição Federal, art. 5º, XXXVI: a lei não prejudicará o direito adquirido, o ato jurídico perfeito e a coisa julgada. FMB

(Técnico Judiciário – TRE/PI – CESPE – 2016) O regime jurídico-administrativo caracteriza-se

(A) pelas prerrogativas e sujeições a que se submete a administração pública.

(B) pela prevalência da autonomia da vontade do indivíduo.

(C) por princípios da teoria geral do direito.

(D) pela relação de horizontalidade entre o Estado e os administrados.

(E) pela aplicação preponderante de normas do direito privado.

A: correta. Maria Sylvia Zanella Di Pietro sustenta que o regime jurídico administrativo pode ser resumido a duas únicas realidades, ou seja, por prerrogativas e sujeições à Administração Pública. Neste sentido temos de um lado a defesa dos direitos individuais frente ao Estado e de outro a ideia de satisfação dos interesses coletivos. **B:** incorreta. E o regime jurídico administrativo que coordena o Estado de Liberdade com a busca pelo atendimento do interesse público, em sua indisponibilidade. Por mais que as prerrogativas coloquem a Administração em posição de superioridade perante o particular, sempre com o objetivo de atingir o benefício da coletividade, as restrições a que está sujeita limitam a sua atividade a determinados fins e princípios, que se não observados, implicam desvio de poder e consequentemente nulidade dos atos da Administração. **C:** incorreta. As prerrogativas e privilégios a que está sujeita a Administração Pública são desconhecidas pelo direito privado, mas são limitadas por fins e princípios, que se não observados tornam nula sua atuação (art. 37 da CF). **D:** incorreta. Por fim, não há horizontalidade entre a administração e seus administrados, tendo em vista a limitação imposta pela supremacia e indisponibilidade dos interesses públicos. Helly L. Meirelles ensina que, "na Administração Pública, não há liberdade nem vontade pessoal. Enquanto na administração particular é lícito fazer tudo que a lei não proíbe, na Administração Pública só é permitido fazer o que a lei autoriza. A lei para o particular significa 'pode fazer assim', para o administrador público significa 'deve fazer assim'. **E:** incorreta. As prerrogativas e privilégios a que está sujeita a Administração Pública são desconhecidas pelo direito privado, mas são limitadas por fins e princípios, que se não observados tornam nula sua atuação (art. 37 da CF). FMB

(Técnico Judiciário – TRT8 – CESPE – 2016) A respeito dos princípios da administração pública, assinale a opção correta.

(A) Em decorrência do princípio da autotutela, apenas o Poder Judiciário pode revogar atos administrativos.

(B) O princípio da indisponibilidade do interesse público e o princípio da supremacia do interesse público equivalem-se.

(C) Estão expressamente previstos na CF o princípio da moralidade e o da eficiência.

(D) O princípio da legalidade visa garantir a satisfação do interesse público.

(E) A exigência da transparência dos atos administrativos decorre do princípio da eficiência.

A: incorreta. O princípio da autotutela estabelece que TODA a Administração Pública tem poder de rever seus atos, anulando-os quando ilegais ou revogando-os quando inconvenientes e inoportunos. Todos os poderes que a compõem são dotados do poder-dever de manutenção de seus próprios atos. **B:** incorreta. Nominados como supraprincípios da Administração Pública, tratam cada um deles de condições distintas da atuação da Administração Pública, sendo o primeiro o limitador de toda a atuação da Administração Pública, funcionando como limitador da atuação de seus gestores, sendo vedado a este qualquer ato que implique em renúncia destes interesses. Já a supremacia deste mesmo interesse impõe que: "toda atuação do Estado seja pautada pelo interesse público, cuja determinação deve ser extraída da Constituição e das leis, manifestações da 'vontade geral'" Direito Administrativo Descomplicado / Marcelo Alexandrino, Vicente Paulo. **C:** correta. Art. 37, *caput*, da Constituição Federal. **D:** incorreta. O princípio da legalidade, impõe a Administração Pública a condição de fazer somente aquilo que está expressamente autorizado por Lei. Contrariamente ao particular, que é regido pelo Princípio da Autonomia da Vontade, estando autorizado a fazer tudo que a Lei não proíbe. O princípio da legalidade administrativa, como leciona Hely Lopes Meirelles: "a legalidade, como princípio de administração, significa que o administrador público está, em toda sua atividade funcional, sujeito aos mandamentos da lei, e às exigências do bem comum, e deles não se pode afastar ou desviar, sob pena de praticar ato inválido e expor-se à responsabilidade disciplinar, civil e criminal, conforme o caso". **E:** incorreta. A transparência dos atos administrativos decorre do princípio da publicidade, à medida que este e condicionante de eficácia do ato administrativo. FMB

(Técnico Judiciário – TRT/19ª – 2014 – CESPE) Roberto, empresário, ingressou com representação dirigida ao órgão competente da Administração pública, requerendo a apuração e posterior adoção de providências cabíveis, tendo em vista ilicitudes praticadas por determinado servidor público, causadoras de graves danos não só ao erário como ao próprio autor da representação. A Administração pública recebeu a representação, instaurou o respectivo processo administrativo, porém, impediu que Roberto tivesse acesso aos autos, privando-o de ter ciência das medidas adotadas, sendo que o caso não se enquadra em nenhuma das hipóteses de sigilo previstas em lei. O princípio da Administração pública afrontado é a

(A) publicidade.

(B) eficiência.

(C) isonomia.

(D) razoabilidade.

(E) improbidade.

Trata-se do princípio da publicidade, prevista no art. 37, *caput*, da CF, art. 2º, parágrafo único, V, da Lei 9.784/1999. Ver, também, a

Lei 12.527/2011, que regulamentou o acesso à informação do art. 5º, XXXIII, da CF.

Gabarito "A".

(Técnico Judiciário – TJ/CE – 2014 – CESPE) Assinale a opção que explicita o princípio da administração pública na situação em que um administrador público pratica ato administrativo com finalidade pública, de modo que tal finalidade é unicamente aquela que a norma de direito indica como objetivo do ato.

(A) impessoalidade

(B) segurança jurídica

(C) eficiência

(D) moralidade

(E) razoabilidade

Hely Lopes Meirelles ensinou que "o princípio da impessoalidade, referido na Constituição de 1988 (art. 37, *caput*), nada mais é que o clássico princípio da finalidade, o qual impõe ao administrador público que só pratique o ato para o seu fim legal. E o fim legal é unicamente aquele que a norma de Direito indica expressa ou virtualmente como objetivo do ato, de forma impessoal" (**Direito Administrativo Brasileiro**. 23. ed. São Paulo: Malheiros Editores, p. 88) Portanto, a alternativa correta é a "A".

Gabarito "A".

(Técnico Judiciário – TJ/CE – 2014 – CESPE) Com relação aos princípios que fundamentam a administração pública, assinale a opção correta.

(A) Pelo princípio da autotutela, a administração o pode, a qualquer tempo, anular os atos eivados de vício de ilegalidade.

(B) O regime jurídico-administrativo compreende o conjunto de regras e princípios que norteia a atuação do poder público e o coloca numa posição privilegiada.

(C) A necessidade da continuidade do serviço público é demonstrada, no texto constitucional, quando assegura ao servidor público o exercício irrestrito do direito de greve.

(D) O princípio da motivação dos atos administrativos, que impõe ao administrador o dever de indicar os pressupostos de fato e de direito que determinam a prática do ato, não possui fundamento constitucional.

(E) A publicidade marca o início da produção dos efeitos do ato administrativo e, em determinados casos, obriga ao administrados o cumprimento.

A: Incorreta. Sobre a autotutela, Wander Garcia entende que "diante de *ilegalidade*, fala-se em dever (ato vinculado) de anular. E que diante de motivo de *conveniência e oportunidade*, fala-se em poder (ato discricionário) de revogar. O nome do princípio remete à ideia de que a Administração agirá sozinha, ou seja, sem ter de levar a questão ao Poder Judiciário". Ademais, conforme o art. 53 e 54 da Lei 9.784/1999, o direito da Administração de anular os atos administrativos de que decorram efeitos favoráveis para os destinatários decai em cinco anos, contados da data em que foram praticados, salvo comprovada má-fé, diferentemente da redação da alternativa em comento. Ver a Súmula 346 do STF; **B:** Correta. Di Pietro ensina que a expressão regime jurídico administrativo é reservada tão somente para abranger o conjunto de traços, de conotações, que tipificam o Direito Administrativo, colocando a Administração Pública numa posição privilegiada, vertical, na relação jurídico-administrativa (**Direito Administrativo**. 25. ed. São Paulo: Atlas, 2012, p. 61); **C:** Incorreta, pois o direito de greve não é irrestrito e será exercido nos termos e nos limites definidos em lei específica (art. 37, VII, da CF). Sobre o tema, ver os Mandados de Injunção 670, 708 e 712, do STF. **D:** Incorreta. A motivação está prevista no art.

93, IX, da CF; **E:** Incorreta, pois a publicidade é requisito de eficácia do ato administrativo, sendo certo que após a publicação, inicia-se a obrigação do destinatário ao cumprimento do ato. De suma importante recordar que a regra é a publicidade. Porém, excepcionalmente, declarar-se-á o sigilo nas hipóteses em que sigilo seja imprescindível à segurança da sociedade e do Estado (art. 5º, XXXIII, da CF).

Gabarito "B".

(Técnico Judiciário – TJ/CE – 2014 – CESPE) Acerca do regime jurídico dos serviços públicos, assinale a opção correta.

(A) O Estado pode transferir, eventualmente, mediante contrato, a titularidade do serviço público para empresa concessionária ou permissionária. Nessa situação, o serviço continuará sendo prestado sob o regime de direito público.

(B) A concessão de serviço público difere da permissão, entre outros fatores, pelo instrumento, haja vista que a concessão é formalizada mediante contrato e a permissão, mediante termo.

(C) São princípios que regem os serviços públicos: atualidade, universalidade, continuidade, modicidade das tarifas e cortesia na prestação.

(D) É vedada a subconcessão do contrato de concessão de serviços públicos, dado seu caráter personalíssimo, conforme expressa previsão legal.

(E) Enquadram-se no conceito de serviço público apenas as atividades de oferecimento de utilidade ou comodidade material à coletividade que o Estado desempenha por si próprio, com exclusividade, sob o regime de direito público.

A: Incorreta, pois a outorga do serviço, ou seja, a transferência da titularidade somente ocorrerá por meio de Lei. Já a delegação do serviço público, que consiste na transferência da execução do serviço, poderá ser realizada por meio de contrato; **B:** Incorreta, pois a concessão e a permissão serão formalizadas por meio de contrato (arts. 4º e 40 da Lei 8.987/1995); **C:** Correta, nos termos do § 1º do art. 6º da Lei 8.987/1995; **D:** Incorreta, pois é **admitida** a subconcessão, nos termos previstos no contrato de concessão, desde que expressamente autorizada pelo poder concedente (art. 26 da Lei 8.987/1995); **E:** Incorreta, pois, conforme Celso Antonio Bandeira de Mello, "serviço público é toda a atividade de oferecimento de utilidade ou comodidade material destinada à satisfação da coletividade em geral, mas fruível **singularmente pelos administrados, que Estado assume como pertinente a seus deveres e presta por si ou por quem lhe faça as vezes**, sob um regime de Direito Público – portanto, consagrador de prerrogativas de supremacia e de restrições especiais – instituído em favor dos interesses definidos como públicos no sistema normativo (**Curso de Direito Administrativo**. 26. ed. São Paulo: Malheiros Editores, p. 665).

Gabarito "C".

(Técnico Judiciário – TJAM – 2013 – FGV) A Administração Pública, diante de um ato administrativo editado por uma autoridade incompetente, anula o referido ato, sem antes acessar o Poder Judiciário. Com base no caso descrito, assinale a alternativa que apresenta o princípio em que a Administração Pública se baseou.

(A) Princípio da supremacia do interesse público.

(B) Princípio da indisponibilidade do interesse público.

(C) Princípio da segurança jurídica.

(D) Princípio da eficiência.

(E) Princípio da autotutela.

Trata-se do princípio da autotutela, previsto no art. 53 da Lei 9.784/1999.

Gabarito "E".

(Técnico Judiciário – TRT9 – 2012 – FCC) Diante de uma situação de irregularidade, decorrente da prática de ato pela própria Administração pública brasileira, é possível a esta restaurar a legalidade, quando for o caso, lançando mão de seu poder

(A) de tutela, expressão de limitação de seu poder discricionário e corolário do princípio da legalidade.

(B) de autotutela, que permite a revisão, de ofício, de seus atos para, sanar ilegalidade.

(C) de autotutela, expressão do princípio da supremacia do interesse público, que possibilita a alteração de atos por razões de conveniência e oportunidade, sempre que o interesse público assim recomendar.

(D) disciplinar, que se expressa, nesse caso, por meio de medidas corretivas de atuação inadequada do servidor público que emitiu o ato.

(E) de tutela disciplinar, em razão da atuação ilegal do servidor público, que faz surgir o dever da Administração de corrigir seus próprios atos.

Nesses casos, a administração deve ser valer do princípio da autotutela, previsto no art. 53 da Lei 9.784/1999, pelo qual "A Administração deve anular seus próprios atos, quando eivados de vício de legalidade, e pode revogá-los por motivo de conveniência ou oportunidade, respeitados os direitos adquiridos".

Gabarito "B".

(Técnico – TRT/6ª – 2012 – FCC) Pode-se, sem pretender esgotar o conceito, definir o princípio da eficiência como princípio

(A) constitucional que rege a Administração Pública, do qual se retira especificamente a presunção absoluta de legalidade de seus atos.

(B) infralegal dirigido à Administração Pública para que ela seja gerida de modo impessoal e transparente, dando publicidade a todos os seus atos.

(C) infralegal que positivou a supremacia do interesse público, permitindo que a decisão da Administração sempre se sobreponha ao interesse do particular.

(D) constitucional que se presta a exigir a atuação da Administração Pública condizente com a moralidade, na medida em que esta não encontra guarida expressa no texto constitucional.

(E) constitucional dirigido à Administração Pública para que seja organizada e dirigida de modo a alcançar os melhores resultados no desempenho de suas funções.

A: incorreta, pois, apesar de ser princípio constitucional (art. 37, *caput*, da CF/1988), a presunção de legalidade dos atos administrativos decorre do princípio da legalidade (e não da eficiência) e é uma presunção relativa (e não absoluta); **B:** incorreta, pois o princípio está previsto na Constituição (art. 37, *caput*, da CF/1988), ou seja, não é meramente infralegal; ademais, o princípio da eficiência diz respeito ao dever de alcançar os melhores resultados no desempenho de suas funções e não às questões da impessoalidade (que diz respeito ao princípio da impessoalidade) e da transparência (que diz respeito ao princípio da publicidade); **C:** incorreta, pois é princípio constitucional (art. 37, *caput*, da CF/1988) e não infralegal; ademais, as informações subsequentes dizem respeito ao princípio da supremacia do interesse público sobre o privado e não ao princípio da eficiência; **D:** incorreta, pois o princípio da moralidade é independente do princípio da eficiência e também está previsto expressamente no art. 37, *caput*, da Constituição; **E:** correta, pois o princípio realmente está na Constituição e, no que diz respeito aos deveres que impõe à Administração, a alternativa traz adequada descrição do princípio.

Gabarito "E".

2. PODERES DA ADMINISTRAÇÃO PÚBLICA

(Técnico – MPE/CE – CESPE – 2020) Cada um dos itens a seguir apresenta uma situação hipotética seguida de uma assertiva a ser julgada, acerca dos poderes administrativos.

(1) Um tenente da Marinha do Brasil determinou que um grupo de soldados realizasse a limpeza de um navio, sob pena de sanção se descumprida a ordem. Nesse caso, o poder a ser exercido pelo tenente, em caso de descumprimento de sua ordem, é disciplinar e deriva do poder hierárquico.

(2) O corpo de bombeiros de determinada cidade, em busca da garantia de máximo benefício da coletividade, interditou uma escola privada, por falta de condições adequadas para a evacuação em caso de incêndio. Nesse caso, a atuação do corpo de bombeiros decorre imediatamente do poder disciplinar, ainda que o proprietário da escola tenha direito ao prédio e a exercer o seu trabalho.

1: certa (o poder disciplinar é aquele pelo qual se aplicam sanções aos agentes públicos que cometerem infrações funcionais, entre as quais o descumprimento de ordens superiores, derivado, por sua vez, do poder hierárquico). **2:** errada (a atuação do corpo de bombeiros, conforme descrito no enunciado, decorre do exercício do poder de polícia, e não do poder disciplinar).(RB)

Gabarito 1C, 2E

(Técnico – TJ/MA – FCC – 2019) O poder discricionário atribuído à Administração pública no desempenho de suas funções

(A) está sujeito a controle do Poder Legislativo e do Poder Judiciário exclusivamente no que se refere à legalidade.

(B) é inerente a todos os atos praticados, consubstanciando-se em atributo inerente à qualificação como administrativo.

(C) permite a edição de atos normativos de cunho originário, a exemplo da instituição de obrigações aos administrados.

(D) está sujeito a controle da própria Administração pública, que pode rever seus atos, como nos casos de anulação de ato praticado com vício de legalidade.

(E) pode abranger a faculdade de revogação dos atos administrativos praticados com vício de legalidade e inconveniência.

A: errada (o controle do poder discricionário pelo Poder Legislativo não se restringe à sua legalidade). **B:** errada (o poder discricionário não é inerente a todos os atos praticados, pois há atos administrativos vinculados). **C:** errada (a edição de atos normativos de cunho originário decorre, como regra, ao exercício da função legislativa, e não da administrativa). **D:** certa (a autotutela permite à Administração anular ou revogar seus próprios atos, inclusive os discricionários; além disso, a anulação está relacionada a ato que contém vício de legalidade). **E:** errada (a revogação dos atos administrativos não está relacionada a vício de legalidade, e sim a razões de mérito, de juízo de conveniência e oportunidade). RB

Gabarito "D".

Para resolver as questões deste item, vale citar as definições de cada poder administrativo apresentadas por Hely Lopes Meirelles, definições estas muito utilizadas em concursos públicos. Confira:

poder vinculado – "é aquele que o Direito Positivo – a lei – confere à Administração Pública para a prática de ato de sua competência, determinando os elementos e requisitos necessários à sua formalização"; b) poder discricionário – "é o que o Direito concede à Administração, de modo explícito, para a prática de atos administrativos com liberdade na escolha de sua conveniência, oportunidade e conteúdo"; c) poder hierárquico – "é o de que dispõe o Executivo para distribuir e escalonar as funções de seus órgãos, ordenar e rever a atuação de seus agentes, estabelecendo a relação de subordinação entre os servidores do seu quadro de pessoal"; d) poder disciplinar – "é a faculdade de punir internamente as infrações funcionais dos servidores e demais pessoas sujeitas à disciplina dos órgãos e serviços da Administração"; e) poder regulamentar – "é a faculdade de que dispõem os Chefes de Executivo (Presidente da República, Governadores e Prefeitos) de explicar a lei para sua correta execução, ou de expedir decretos autônomos sobre matéria de sua competência ainda não disciplinada por lei"; f) poder de polícia – "é a faculdade de que dispõe a Administração Pública para condicionar e restringir o uso e gozo de bens, atividades e direitos individuais, em benefício da coletividade ou do próprio Estado". (Direito Administrativo Brasileiro, 26ª ed., São Paulo: Malheiros, p. 109 a 123).

(Técnico – TJ/AL – 2018 – FGV) Em tema de poderes administrativos, a doutrina de Direito Administrativo ensina que os atos administrativos da delegação e da avocação são fundamentados na prerrogativa do agente público decorrente do poder:

(A) disciplinar, segundo o qual o agente público com competência pode expedir normas gerais e abstratas para viabilizar a aplicabilidade de lei preexistente;

(B) hierárquico, segundo o qual o agente público de hierarquia superior pode, na forma da lei, estender ou chamar para si, de forma temporária, competência para determinado ato;

(C) normativo, segundo o qual o agente público pode restringir liberdades individuais e propriedade privada em prol do interesse público coletivo;

(D) regulamentar, segundo o qual a autoridade pública competente deve expedir decretos autônomos para disciplinar o funcionamento orgânico da administração;

(E) de polícia, segundo o qual a autoridade pública tem a faculdade de estabelecer a competência dos servidores que lhe são vinculados, sob pena de uso das forças de segurança.

A: incorreta, poder disciplinar é a faculdade de punir internamente as infrações funcionais dos servidores e demais pessoas sujeitas à disciplina dos órgãos e serviços da Administração; **B:** correta, é o de que dispõe o Executivo para distribuir e escalonar as funções de seus órgãos, ordenar e rever a atuação de seus agentes, estabelecendo a relação de subordinação entre os servidores do seu quadro de pessoal; **C:** incorreta. O conceito dado refere-se ao poder de polícia. **D:** incorreta. O poder regulamentar consiste justamente em o Chefe do Executivo emitir regulamentos com vistas à operacionalização do cumprimento da lei e à sua finalidade precípua. É por isso que o exercício desse poder não pode inovar na ordem jurídica, ou seja, criar direitos ou obrigações novos. Esse poder tem por objetivo apenas regulamentar o que a lei estabeleceu, não podendo passar por cima dela; **E:** incorreta,

dever-poder previsto em lei de limitar a propriedade ou a liberdade em prol do bem comum. 🔲 FB

(Técnico – TRF/4 – FCC – 2019) Quando o Executivo desempenha suas funções por meio do exercício do poder regulamentar,

(A) edita atos de caráter concreto e específico, passíveis de serem impugnados individualmente.

(B) pode inovar o ordenamento jurídico, desde que se esteja diante de lacunas legais em matéria de interesse público.

(C) deve observar os limites postos pela lei para explicitar os dispositivos desta, detalhando, por exemplo, o procedimento de aplicação da norma regulamentada.

(D) avoca competências típicas de poder de polícia, podendo instituir limitações aos direitos dos particulares, em caráter isonômico.

(E) edita atos administrativos de natureza vinculada, porque estes não podem desbordar da lei à qual estão submetidos.

Poder regulamentar "é a faculdade de que dispõem os Chefes de Executivo (Presidente da República, Governadores e Prefeitos) de explicar a lei para sua correta execução, ou de expedir decretos autônomos sobre matéria de sua competência ainda não disciplinada por lei" (Direito Administrativo Brasileiro, 26ª ed., São Paulo: Malheiros, pp. 109 a 123). O poder regulamentar consiste justamente em o Chefe do Executivo emitir regulamentos com vistas à operacionalização do cumprimento da lei e à sua finalidade precípua. É por isso que o exercício desse poder não pode inovar na ordem jurídica, ou seja, criar direitos ou obrigações novos. Esse poder tem por objetivo apenas regulamentar o que a lei estabeleceu, não podendo passar por cima dela. 🔲 FB

(Técnico Judiciário – TRE/PE – CESPE – 2017) O poder de polícia

(A) é indelegável.

(B) é delegável no âmbito da própria administração pública, em todas as suas dimensões, a pessoas jurídicas de direito privado e, também, a particulares.

(C) é suscetível de delegação no âmbito da própria administração pública, desde que o de legatário não seja pessoa jurídica de direito privado.

(D) pode ser delegado em sua dimensão fiscalizatória a pessoa jurídica de direito privado integrante da administração pública.

(E) pode ser delegado em suas dimensões legislativa e sancionadora a pessoa jurídica de direito privado integrante da administração pública.

A: incorreta. O poder de polícia se compõe de ciclo próprio, em que se observa: norma de polícia (legislação), permissão (consentimento) de polícia, fiscalização, sanção de polícia. O poder de polícia, por ser atividade exclusiva do Estado, não pode ser delegado a particulares, mas é possível sua outorga a entidades de Direito Público da Administração Indireta, como as agências reguladoras, as autarquias corporativas e o Banco Central. Julgamento do Resp. 817.534/MG proferido pela 2ª Turma do Superior Tribunal de Justiça. Administrativo. Poder de polícia. Trânsito. Sanção pecuniária aplicada por sociedade de economia mista. Impossibilidade. (...) 2. No que tange ao mérito, convém assinalar que, em sentido amplo, poder de polícia pode ser conceituado como o dever estatal de limitar-se o exercício da propriedade e da liberdade em favor do interesse público. A controvérsia em debate é a possibilidade de exercício do poder de polícia por particulares (no caso, aplicação de multas de trânsito por sociedade de economia mista).3. As atividades que envolvem a consecução do poder de polícia podem ser sumariamente divididas em quatro grupos, a saber: (i) legislação, (ii)consentimento, (iii) fiscalização e (iv) sanção.4. No âmbito da limitação do exercício da propriedade e da liberdade no trânsito, esses grupos ficam bem definidos: o CTB estabelece normas genéricas e abstratas para a obtenção da Carteira Nacional de Habilitação (legislação); a emissão da carteira corporifica a vontade o Poder Público (consentimento); a Administração instala equipamentos eletrônicos para verificar se há respeito à velocidade estabelecida em lei (fiscalização); e também a Administração sanciona aquele que não guarda observância ao CTB (sanção).5. Somente os atos relativos ao consentimento e à fiscalização são delegáveis, pois aqueles referentes à legislação e à sanção derivam do poder de coerção do Poder Público. **B**: incorreta. Não delegável a particulares. Delegável somente quanto aos atos de consentimento e fiscalização. **C**: Incorreta. Delegável parcialmente. **D**: Os atos de delegação e consentimento são delegáveis. **E**: incorreta. As dimensões legislativa e sancionatória são indelegáveis. FMB

Gabarito "D".

(Técnico Judiciário – TRE/PE – CESPE – 2017) Assinale a opção correta com relação ao poder hierárquico.

(A) Decorre do poder hierárquico o poder de revisão, por superior, dos atos praticados por subordinado.

(B) A disciplina funcional guarda relação com o poder disciplinar, não se ligando ao poder hierárquico.

(C) A avocação é regra ampla e geral cuja difusão deve ser estimulada em prol da eficiência.

(D) A hierarquia administrativa é restrita ao Poder Executivo.

(E) Subordinação e vinculação, como decorrências do poder hierárquico, são institutos que se confundem e que se caracterizam pelo controle que se dá no âmbito de um mesmo ente.

A: correta. O poder de revisão dos atos praticados por subordinado decorre do poder hierárquico a medida que permite aos superiores a anulação dos ilegais e a reforma dos considerados inoportunos ou inconvenientes. **B**: incorreta. A disciplina funcional guarda relação com os poderes disciplinar e hierárquico, à medida que este último permite a horizontalidade dos atos e fiscalização. **C**: incorreta. A avocação e exceção à regra haja vista tratar-se de ato de revisão dos atos já realizados não podendo ser, portanto, estimulo a eficiência. **D**: incorreta. A hierarquia administrativa é característica da função administrativa em todos os poderes, possibilitando o exercício de cada uma de suas atribuições. **E**: incorreta. Subordinação e vinculação são institutos distintos. Processo 95598 DF, Órgão Julgador: 1ª Turma Cível, Relator Valter Xavier, Administrativo. Entes públicos. Vinculação e subordinação. Autonomia. Ato administrativo. Discricionariedade.1. Enquanto a subordinação decorre de um poder hierárquico superior e admite todos os meios de controle do superior sobre o inferior, a vinculação, por outro lado, resulta do poder de supervisão de uma entidade sobre outra, supervisão essa que é exercida nos estreitos limites legais, sem suprimir a autonomia conferida ao ente supervisionado. FMB

Gabarito "A".

(Técnico Judiciário – TRE/SP – FCC – 2017) Os servidores públicos estão sujeitos à hierarquia no exercício de suas atividades funcionais. Considerando esse aspecto,

(A) o poder disciplinar a que estão sujeitos é decorrente dessa hierarquia, visto que guarda relação com o vínculo funcional existente e observa a estrutura organizacional da Administração pública para identificação da autoridade competente para apuração e punição por infrações disciplinares.

(B) submetem-se ao poder de tutela da Administração, que projeta efeitos internos, sobre órgãos e servidores, e externos, atingindo relações jurídicas contratuais travadas com terceiros.

(C) conclui-se que o poder hierárquico é premissa para o poder disciplinar, ou seja, este somente tem lugar onde se identificam relações jurídicas hierarquizadas, funcional ou contratualmente, neste caso, em relação à prestação de serviços terceirizados.

(D) o poder hierárquico autoriza a edição de atos normativos de caráter autônomo, com força de lei, no que se refere à disciplina jurídica dos direitos e deveres dos servidores públicos.

(E) somente o poder hierárquico e o poder disciplinar produzem efeitos internos na Administração pública, tendo em vista que o poder de polícia e o poder regulamentar visam à produção de efeitos na esfera jurídica de direito privado, não podendo atingir a atuação de servidores públicos.

A: correta. Vale lembrar que a regra da obediência hierárquica não é absoluta, conforme demonstra o inc. IV do art. 116 da Lei 8.112/1990. **B**: Incorreta. O poder de tutela da Administração Publica, visa a correção de seus atos internos. **C**: incorreta. Está presente em todos os âmbitos da administração pública, porém em suas relações internas. **D**: incorreta. A disciplina jurídica de direitos e deveres dos servidores se submete a reserva legal, não cabendo ato autônomo. **E**: incorreta. Não incidem sobre particulares, não produzindo efeitos no direito privado. FMB

Gabarito "A".

(Técnico Judiciário – TRE/SP – FCC – 2017) Dentre as diversas atividades realizadas pelo Estado, no desempenho de suas funções executivas, representam expressão de seu poder de polícia:

(A) a regulação ou poder regulamentar, que visam conformar, de forma restritiva ou indutiva, as atividades econômicas aos interesses da coletividade, podendo abranger medidas normativas, administrativas, materiais, preventivas e fiscalizatórias e sancionatórias.

(B) as medidas disciplinares e hierárquicas adotadas para conformação da atuação dos servidores públicos e dos contratados pela Administração às normas e posturas por essa impostas.

(C) a fiscalização e autuação de condutores exercidas pelas autarquias que desempenham serviços públicos rodoviários.

(D) a autotutela exercida pela Administração pública sobre seus próprios atos, que inclui a possibilidade de revisão e anulação dos mesmos.

(E) a imposição de multas contratuais a empresas estatais exploradoras de atividades econômicas ou prestadoras de serviços públicos, que também exercem poder de polícia ao impor multas a usuários dos serviços e atividades que prestam.

A: incorreta. O Poder de Polícia apresenta-se como medida limitadora de direitos, cujo foco é a ordem social. Possui como atributos a auto-executoriedade, a imperatividade e discricionariedade, sendo, todavia, vinculada a atividade quando a lei estabelecer o seu modo e forma de atuação. Não são afetos a atividades econômicas. **B**: incorreta. Não são expressão do poder de polícia. **C**: correta. Trata especificamente da manifestação de parte do ciclo de poder de polícia a saber: fiscalização e sanção. As demais são a ordem de polícia e seu consentimento. **D**: A autotutela não é expressão do poder de polícia. **E:** incorreta. Não são delegáveis as fases afetas a imposição de sanção. FMB

Gabarito "C".

(Técnico Judiciário – TRE/PI – CESPE – 2016) Determinada autoridade sanitária, após apuração da infração, em processo administrativo próprio, aplicou a determinada farmácia a pena de apreensão e inutilização de medicamentos que haviam sido colocados à venda, sem licença do órgão sanitário competente, por violação do disposto nas normas legais e regulamentares pertinentes.

Nessa situação hipotética, a autoridade sanitária exerceu o poder

(A) hierárquico, em sua acepção de fiscalização de atividades.

(B) hierárquico, em sua acepção de imposição de ordens.

(C) disciplinar, em razão de ter apurado infração e aplicado penalidade.

(D) regulamentar, em razão de ter constatado violação das normas regulamentares pertinentes.

(E) de polícia, em razão de ter limitado o exercício de direito individual em benefício do interesse público.

A letra E está correta. Exata expressão da atuação do poder de polícia, regulando as atividades de interesse da coletividade. FMB

Gabarito "E".

(Técnico Judiciário – TRT20 – FCC – 2016) Considere as seguintes assertivas concernentes ao poder disciplinar:

I. A Administração pública, ao tomar conhecimento de infração praticada por servidor, deve instaurar o procedimento adequado para sua apuração.

II. A Administração pública pode levar em consideração, na aplicação da pena, a natureza e a gravidade da infração e os danos que dela provierem para o serviço público.

III. No procedimento administrativo destinado a apurar eventual infração praticada por servidor, devem ser assegurados o contraditório e a ampla defesa com os meios e recursos a ela inerentes.

IV. A falta grave é punível com a pena de suspensão e caberá à Administração pública enquadrar ou não um caso concreto em tal infração.

O poder disciplinar, em algumas circunstâncias, é considerado discricionário. Há discricionariedade APENAS nos itens

(A) I e IV.

(B) I e II.

(C) I e III.

(D) III e IV.

(E) II e IV.

I: incorreta. Não há discricionariedade na apuração de infração cometida pelo servidor que é levada ao conhecimento da Administração. **II:** correta. Dentro dos limites estabelecidos em norma própria, está delimitada a discricionariedade na aplicação da pena, considerando suas caraterísticas específicas. **III:** Incorreta. Também não há discricionariedade com relação aos direitos de defesa. **IV:** correta. Novamente caberá ao administrador, dentro dos limites legais, considerar as condições de análise da infração, enquadrando-a nos pressupostos legais. FMB

Gabarito "E".

(Técnico Judiciário – TRT8 – CESPE – 2016) Assinale a opção correta, a respeito dos poderes da administração.

(A) A autoexecutoriedade inclui-se entre os poderes da administração.

(B) A existência de níveis de subordinação entre órgãos e agentes públicos é expressão do poder discricionário.

(C) Poder disciplinar da administração pública e poder punitivo do Estado referem-se à repressão de crimes e contravenções tipificados nas leis penais.

(D) O poder regulamentar refere-se às competências do chefe do Poder Executivo para editar atos administrativos normativos.

(E) O poder de polícia não se inclui entre as atividades estatais administrativas.

A: incorreta, trata-se de atributo da Administração para assim poder exercer seus próprios atos. **B:** incorreta, trata-se do poder hierárquico. **C:** incorreta, faculdade de punir internamente as infrações funcionais dos servidores, o poder disciplinar é exercido no âmbito dos órgãos e serviços da Administração. **D:** correta. O poder regulamentar ou, como prefere parte da doutrina, poder normativo é uma das formas de expressão da função normativa do Poder Executivo, cabendo a este editar normas complementares à lei para a sua fiel execução (DI PIETRO, 2011:91). **E:** incorreta, MEIRELLES conceitua: "Poder de polícia é a faculdade de que dispõe a Administração Pública para condicionar e restringir o uso e gozo de bens, atividades e direitos individuais, em benefício da coletividade ou do próprio Estado". Explica o autor que poder de polícia é o mecanismo de frenagem de que dispõe a Administração Pública para conter os abusos do direito individual. FMB

Gabarito "D".

(Técnico Judiciário – TRT8 – CESPE – 2016) A respeito do poder de polícia, assinale a opção correta.

(A) A competência, a finalidade, a forma, a proporcionalidade e a legalidade dos meios empregados pela administração são atributos do poder de polícia.

(B) O poder de polícia, quanto aos fins, pode ser exercido para atender a interesse público ou particular.

(C) O exercício do poder de polícia pode ser delegado a entidades privadas.

(D) A atuação do poder de polícia restringe-se aos atos repressivos.

(E) Prescreve em cinco anos a pretensão punitiva da administração pública federal, direta e indireta, no exercício do poder de polícia.

A: incorreta. São elementos do ato administrativo. **B:** incorreta. Todos ao atos administrativos e exercício de seus poderes estão vinculados aos princípios da supremacia do interesse público e a indisponibilidade deste. **C:** Incorreta. O exercício do poder de polícia é indelegável, sendo partes de seu ciclo delegáveis a saber: Consentimento e fiscalização. **D:** incorreta. Os atos repressivos são apenas um de seus ciclos. **E:** correta. Lei 9873/99, art. 1º Prescreve em cinco anos a ação punitiva da Administração Pública Federal, direta e indireta, no exercício do poder de polícia, objetivando apurar infração à legislação em vigor, contados da data da prática do ato ou, no caso de infração permanente ou continuada, do dia em que tiver cessado. FMB

Gabarito "E".

(Técnico Judiciário – TJ/CE – 2014 – CESPE) A respeito dos poderes da administração, assinale a opção correta.

(A) A delegação de atribuições de um órgão público para outra pessoa jurídica configura exemplo de desconcentração administrativa.

(B) Ao tomar conhecimento da ocorrência de infração disciplinar, a administração o deve, em um primeiro momento, avaliar a conveniência e oportunidade da instauração de processo administrativo.

(C) O poder regulamentar é prerrogativa conferida à administração pública para expedir normas de caráter geral, em razão de eventuais lacunas, com a finalidade de complementar ou modificara lei.

(D) Em respeito ao princípio da separação dos poderes, o Congresso Nacional não pode sustar ato normativo do Poder Executivo.

(E) Um dos meios pelo quais a administração exerce seu poder de polícia é a edição de atos normativos de caráter geral e abstrato.

A: Incorreta. Pois a delegação de um órgão para o outro configura exemplo de descentralização administrativa. A desconcentração consiste na distribuição interna de competências dentro da mesma pessoa jurídica; **B:** Incorreta. A aplicação do poder disciplinar tem caráter vinculado. Assim, não cabe à Administração avaliar a conveniência e oportunidade da instauração de processo administrativo. Sobre o regime jurídico dos servidores públicos civis da união, das autarquias e das fundações federais, ver o art. 143 da Lei 8.112/1990; **C:** Incorreta. O poder regulamentar é prerrogativa conferida à administração pública para expedir decretos e regulamentos para sua fiel execução (art. 84, IV, da CF); **D:** Incorreta, nos termos do art. 49, V, da CF; **E:** Correta. Maria Sylvia Zanella Di Pietro entende que o Poder de Polícia tem como exercício os atos normativos em geral, a saber: a lei, criam-se as limitações administrativas ao exercício dos direitos e das atividades individuais, estabelecendo-se normais gerais e abstratas dirigidas indistintamente às pessoas que estejam em idêntica situação (**Direito Administrativo**. 25. ed. São Paulo: Atlas, 2012. p. 125).
Gabarito "E."

(**Técnico Judiciário – TJ/CE – 2014 – CESPE**) Assinale a opção correta no que se refere aos poderes e deveres dos administradores públicos.

(A) Caracteriza-se desvio de finalidade quando o agente atua além dos limites de sua competência, buscando alcançar fins diversos daqueles que a lei permite.

(B) Há excesso de poder quando o agente, mesmo que agindo dentro de sua competência, exerce atividades que a lei não lhe conferiu.

(C) Em caso de omissão do administrador, o administrado pode exigir, por via administrativa ou judicial, a prática do ato imposto pela lei.

(D) No exercício do poder hierárquico, os agentes superiores têm competência, em relação aos agentes subordinados, para comandar, fiscalizar atividades, revisar atos, delegar, avocar atribuições e ainda aplicar sanções.

(E) O poder de agir da administração refere-se à sua faculdade para a prática de determinado ato de interesse público.

A: Incorreta. Desvio de finalidade ou desvio de poder consiste na atuação do agente com fim diverso do que a lei lhe permitiu, ou seja, é atuação dentro dos seus limites de competência visando fim diverso do que a lei permitiu; **B:** Incorreta. Há excesso de poder na hipótese em que o agente atua fora dos limites de sua competência, invadindo a atribuição de outro agente, ou se arroga o exercício de atividades que a lei lhe não conferiu **Manual de Direito Administrativo**. 27. ed. São Paulo: Atlas, 2014, p. 99); **C:** Correta, nos termos art. 5º, XXXV e LXXI, da CF; **D:** Incorreta no que tange ao trecho "aplicar sanções", uma vez que essa

atribuição decorre do poder disciplinar; **E:** Incorreta. O poder de agir da administração não é faculdade e sim uma obrigação. Trata-se de um poder-dever da administração visando o interesse público.
Gabarito "C."

(**Técnico Judiciário – TJ/CE – 2014 – CESPE**) Acerca do controle da administração pública, assinale a opção correta.

(A) Controle legislativo é a prerrogativa atribuída ao Poder Legislativo de fiscalizar atos da administração pública sob os critérios jurídicos, políticos e financeiros.

(B) O controle judicial incide sobre a atividade administrativa do Estado, seja qual foro o Poder em que esteja sendo desempenhada, de modo a alcançar os atos administrativos do Executivo, do Legislativo e do próprio Judiciário.

(C) O controle da administração pública contempla os instrumentos jurídicos de fiscalização da atuação dos agentes e órgãos públicos, não podendo haver controle sobre pessoas administrativas que compõem a administração indireta, uma vez que aquelas são entes independentes.

(D) Um importante instrumento de controle administrativo é o direito de petição, que consiste na obrigatoriedade que têm os indivíduos de formular pretensões aos órgãos públicos quando verificar em uma irregularidade, sob pena de multa.

(E) Coisa julgada administrativa é a situação jurídica pela qual determinada decisão firmada pela administração não mais pode ser modificada na via administrativa e judicial.

A: Incorreta, pois o controle legislativo não abarca a fiscalização sob o critério jurídico; **B:** Correta, pois Poder Judiciário realizará o controle judicial de legalidade dos atos administrativos emanados pelos três poderes da União. **C:** Incorreta. O princípio do controle da Administração Pública, também conhecido como tutela administrativa, permite a fiscalização das pessoas (agentes) administrativas; **D:** Incorreta. São a todos assegurados, independentemente do pagamento de taxas, o direito de petição aos poderes público em defesa de direitos ou contra ilegalidade ou abuso de poder (art. 5º, XXXIV, a, da CF); **E:** Incorreta. A coisa julgada administrativa consiste, segundo Carvalho Filho, na situação jurídica pela qual determinada decisão firmada pela Administração não mais pode ser modificada na via administrativa. A irretratabilidade, pois, se dá apenas nas instâncias da Administração (CARVALHO FILHO, José dos Santos. **Manual de Direito Administrativo**. 27. ed. São Paulo: Atlas, 2014. p. 979). A definitividade, conforme menciona o autor, é relativa, porque o administrado, ainda inconformado, poderá oferecer sua pretensão ao Judiciário, e este poderá amanhã decidir em sentido contrário ao que foi decidido pela Administração (idem, p. 979).
Gabarito "B."

(**Técnico Judiciário – TRT/19ª – 2014 – FCC**) O poder hierárquico encontra-se presente

(A) nas relações entre a Administração pública e as empresas regularmente contratadas por meio de licitação.

(B) na relação funcional entre servidores estatutários e seus superiores.

(C) nas relações de limitação de direitos que se trava entre administrados e autoridades públicas.

(D) entre servidores estatutários de mesmo nível funcional.

(E) somente entre servidores e superiores militares.

Poder Hierárquico é aquele conferido ao agente público para organizar a estrutura da Administração e fiscalizar a atuação de seus subordinados, expressando-se na distribuição e orientação das funções, na expedição de ordens e na revisão dos atos dos demais agentes, numa relação de ampla subordinação. **A:** Incorreta, pois a alternativa descreve manifestação do poder disciplinar; **B:** correta, conforme anteriormente demonstrado; **C:** Incorreta, pois a alternativa apresenta manifestação do poder normativo da administração; **D:** Incorreta. Não é possível aplicação do poder hierárquico entre servidores do mesmo nível funcional; **E:** Incorreta, pois os servidores públicos civis também possuem poder hierárquico.

Gabarito "B".

(Técnico Judiciário – TRT/19ª – 2014 – FCC) Carlos Eduardo, servidor público estadual e chefe de determinada repartição pública, adoeceu e, em razão de tal fato, ficou impossibilitado de comparecer ao serviço público. No entanto, justamente no dia em que o mencionado servidor faltou ao serviço, fazia-se necessária a prática de importante ato administrativo. Em razão do episódio, Joaquim, servidor público subordinado de Carlos Eduardo, praticou o ato, vez que a lei autorizava a delegação. O fato narrado corresponde a típico exemplo do poder

(A) disciplinar.

(B) de polícia.

(C) regulamentar.

(D) hierárquico.

(E) normativo-disjuntivo.

Hierarquia pode ser definida como o vínculo de autoridade que une órgãos e agentes, através de escalões sucessivos, numa relação de autoridade, de superior a inferior, de hierarca a subalterno. Os poderes do hierarca conferem-lhe uma _contínua e permanente_ autoridade sobre toda a atividade administrativa dos subordinados. Tais poderes consistem no (a) poder de comando, que o autoriza a expedir determinações gerais (instruções) ou específicas a um dado subalterno (ordens), sobre o modo de efetuar os serviços; (b) poder de fiscalização, graças ao qual inspeciona as atividades dos órgãos e agentes que lhe estão subordinados; (c) poder de revisão, que lhe permite, dentro dos limites legais, alterar ou suprimir as decisões dos inferiores, mediante revogação, quando inconveniente ou inoportuno o ato praticado, ou mediante anulação, quando se ressentir de vício jurídico; (d) poder de punir, isto é, de aplicar as sanções estabelecidas em lei aos subalternos faltosos; (e) poder de dirimir controvérsias de competência, solvendo os conflitos positivos (quando mais de um órgão se reputa competente) ou negativos (quando nenhum deles se reconhece competente), e (f) **poder de delegar competências ou de avocar, exercitáveis nos termos da lei** (g.n) **(Curso de Direito Administrativo**. 26. ed. São Paulo: Malheiros Editores, p. 73).

Gabarito "D".

(Técnico – TRT/6ª – 2012 – FCC) O conceito moderno de poder de polícia o define como a atividade do Estado que limita o exercício dos direitos individuais em benefício do interesse público. Em relação ao poder de polícia administrativa, é correto afirmar que

(A) é exclusivo da autoridade superior do ente público competente para a fiscalização.

(B) compreende a adoção de medidas repressivas para aplicação da lei ao caso concreto.

(C) incide subsidiariamente à polícia judiciária, inclusive para coibir a prática de ilícito penal.

(D) cria obrigações e limitações aos direitos individuais quando a lei não tiver disposto a respeito.

(E) impõe apenas obrigações de fazer, na medida em que não pode impor abstenções e proibições aos administrados.

A: incorreta, pois qualquer pessoa, desde que se trate de um servidor público e tenha recebido a competência para tanto, pode exercer o poder de polícia, não sendo necessário que se trate de uma autoridade superior; aliás, na prática, as autoridades superiores não vão a campo exercer o poder de polícia, que acaba sendo exercido pelos servidores subordinados com competência para tanto; **B:** correta; o poder de polícia ora atua preventivamente (ex: quando alguém quer construir, deve pedir uma licença para construir para a Administração, que, ao analisar o pedido, está exercendo o poder de polícia preventivo), ora atua repressivamente (ex: uma fiscal chega numa obra em curso que não tem licença para construir; nesse caso, o fiscal aplicará uma multa e interditará a obra, ocasião em que a Administração estará exercendo poder de polícia repressivo); **C:** incorreta, pois o poder de polícia não se confunde com a polícia judiciária; apenas esta pode exercer a atividade policial de investigar ilícitos penais; **D:** incorreta, pois somente a lei pode criar obrigações e limitações aos direitos individuais; quando a lei nada dispõe a respeito, não pode um ato administrativo de polícia criar tais obrigações ou limitações; **E:** incorreta, pois o poder de polícia é, em essência, negativo, ou seja, impor obrigações de "não fazer" e não de "fazer".

Gabarito "B".

(Técnico – TRE/CE – 2012 – FCC) Analise as assertivas abaixo concernentes ao poder de polícia.

I. O poder de polícia só poderá reduzir os direitos individuais quando em conflito com interesses maiores da coletividade e na medida estritamente necessária à consecução dos fins estatais.

II. Constituem meios de atuação do poder de polícia, dentre outros, as medidas repressivas, como, por exemplo, dissolução de reunião, interdição de atividade e apreensão de mercadorias deterioradas.

III. A medida de polícia, quando discricionária, não esbarra em algumas limitações impostas pela lei, como por exemplo, no que concerne à competência e à finalidade.

IV. O poder de polícia tanto pode ser discricionário, como vinculado, ressaltando-se que ele é vinculado na maior parte dos casos.

Está correto o que se afirma APENAS em

(A) I, II e III.

(B) II, III e IV.

(C) I e IV.

(D) III e IV.

(E) I e II.

I: correta, pois a afirmação está de acordo com o princípio da supremacia do interesse público sobre o interesse privado, bem como com o princípio da proporcionalidade; **II:** correta; o poder de polícia pode agir preventiva (ex: quando alguém pede uma licença para construir uma casa) ou repressivamente (ex: aplicação de multa), sendo que os exemplos citados na afirmativa, de fato, são de atuação repressiva do poder de polícia; **III:** incorreta, pois a discricionariedade não é liberdade total, mas margem de liberdade nos limites estabelecidos pela lei, ou seja, a discricionariedade esbarra sim nas limitações previstas na própria lei que a estipula; **IV:** incorreta, pois, de fato, o poder de polícia pode ser discricionário ou vinculado, mas, normalmente é discricionário, a ponto de parte da doutrina dizer que o poder de polícia é sempre discricionário, o que não é exatamente verdade, pois há casos nos quais a lei que trata do poder de polícia não dá margem de liberdade alguma para o agente público, hipótese em que se tem competência vinculada.

Gabarito "E".

(Técnico – TRE/CE – 2012 – FCC) No que diz respeito ao poder disciplinar, a apuração regular de infração disciplinar e a motivação da punição disciplinar são, respectivamente,

(A) indispensável para a legalidade da punição interna da Administração e prescindível para a validade da pena, em razão da discricionariedade do poder disciplinar.

(B) faculdade da Administração Pública, em razão da discricionariedade presente no poder disciplinar e imprescindível para a validade da pena.

(C) indispensável para a legalidade da punição interna da Administração e imprescindível para a validade da pena.

(D) faculdade da Administração Pública, em razão da discricionariedade presente no poder disciplinar e prescindível para a validade da pena, vez que a motivação tanto pode ser resumida, como suprimida em alguns casos.

(E) dispensável para a aplicação de penalidade, se houver prova contundente acerca do cometimento da infração e imprescindível para a validade da pena.

A: incorreta, pois a motivação é imprescindível (e não prescindível, que é igual a "não precisa"); B: incorreta, pois a apuração regular e a motivação não são faculdades, mas sim deveres da Administração; C: correta, pois a apuração regular e a motivação são essenciais para a adequação dos atos disciplinares; D: incorreta, pois a apuração regular e a motivação são essenciais e não faculdades ou providência prescindíveis; E: incorreta, pois, mesmo havendo prova contundente do cometimento da infração, de rigor a apuração regular, com respeito ao devido processo legal, que inclui o contraditório e a ampla defesa. Gabarito "C"

(Técnico – TRE/SP – 2012 – FCC) O Governador do Estado editou decreto reorganizando a estrutura administrativa de determinada Secretaria de Estado. De acordo com a Constituição Federal, referido decreto é

(A) ilegal, em face da violação ao princípio da legalidade.

(B) legal, podendo contemplar a extinção de órgãos públicos e cargos vagos.

(C) legal, desde que não implique aumento de despesa, nem criação ou extinção de órgãos públicos.

(D) ilegal, eis que nosso ordenamento jurídico não admite regulamento autônomo para matéria de organização administrativa.

(E) legal apenas se decorrente de delegação expressa do Poder Legislativo, passando referido ato a ter força de lei formal.

Trata-se de ato legal, pois constitui exceção ao princípio da legalidade a hipótese prevista no art. 84, VI, a, da CF/1988, que permite a utilização de decreto (no lugar da lei) para tratar da organização e do funcionamento da Administração. Porém, o dispositivo fechado veda que, no caso de utilização de decreto para esse fim, haja aumento de despesa e criação ou extinção de órgãos. Gabarito "C"

(FGV – 2013) O prefeito recém-eleito do Município "X", visando tornar a administração municipal mais eficiente, resolve elaborar uma nova forma de atuação da Administração Pública e, para tanto, precisa reorganizá-la. Considerando a situação acima, assinale a afirmativa correta.

(A) O prefeito pode criar qualquer órgão público sem necessitar de lei para tanto, desde que não implique em aumento de despesa.

(B) O prefeito não pode criar ou extinguir órgão público, somente podendo reestruturar a administração pública desde que não crie despesa.

(C) O prefeito pode criar órgão público somente por lei, a qual será de sua iniciativa ou do secretário municipal ao qual o órgão estiver vinculado.

(D) O prefeito pode extinguir qualquer órgão público sem necessitar de lei para tanto, já que isso, necessariamente, não implicará em aumento de despesa.

(E) O prefeito pode criar ou extinguir órgão público desde que não crie nova despesa, somente necessitando de lei caso deseje criar ente da administração pública indireta.

A, D e E: incorretas, pois a CF não autoriza a criação ou a extinção de órgão público sem lei, sendo a exceção que se tem na CF é para a extinção de cargos vagos sem lei (art. 84, VI, "b", da CF); B: correta (art. 84, VI, "a", da CF); C: incorreta, pois não existe lei de iniciativa de secretário municipal; a iniciativa de leis municipais pode ser do Chefe do Executivo, dos vereadores e popular, na forma da Lei Orgânica. Gabarito "B"

(FGV – 2013) Sobre o *Poder de Polícia*, avalie as afirmativas a seguir.

I. São características do poder de polícia a autoexecutoriedade e a coercibilidade.

II. O poder de polícia somente pode ser exercido por pessoa jurídica integrante da Administração Pública.

III. A Polícia Administrativa incide sobre pessoas, enquanto a Polícia Judiciária sobre atividades.

Assinale:

(A) se somente a afirmativa I estiver correta.

(B) se somente a afirmativa II estiver correta.

(C) se somente a afirmativa III estiver correta.

(D) se somente as afirmativas I e II estiverem corretas.

(E) se todas as afirmativas estiverem corretas.

I: correta, pois esses são dois atributos típicos do poder de polícia, que possibilitam que o Estado, sem ter que buscar o Judiciário, possa atuar concretamente para impedir a violação da lei, como ocorre no caso da polícia de trânsito, que pode inclusive fazer a retenção do veículo nos casos mencionados na lei; II: incorreta, pois o poder de polícia somente pode ser exercido por autoridade pública de pessoa jurídica de direito público, não podendo ser exercido por pessoas jurídicas de direito público da Administração Pública que não sejam de direito público; III: incorreta, pois é o oposto, ou seja, a polícia judiciária incide sobre pessoas, ao passo que a polícia administrativa incide sobre atividades. Gabarito "A"

(FGV – 2015) Determinado município resolve aumentar a eficiência na aplicação das multas de trânsito. Após procedimento licitatório, contrata a sociedade empresária Cobra Tudo para instalar câmeras do tipo "*radar*", que fotografam infrações de trânsito, bem como disponibilizar agentes de trânsito para orientar os cidadãos e aplicar multas. A mesma sociedade empresária ainda ficará encarregada de criar um Conselho de Apreciação das multas, com o objetivo de analisar todas as infrações e julgar os recursos administrativos. Sobre o caso apresentado, assinale a afirmativa correta.

(A) É possível a contratação de equipamentos eletrônicos de fiscalização, mas o poder decisório não pode ser transferido à empresa.

(B) Não é cabível a terceirização de qualquer dessas atividades, por se tratar de atividade-fim da Administração.

(C) A contratação é, a princípio, legal, mas somente permanecerá válida se o município comprovar que a terceirização aumentou a eficiência da atividade.

(D) Não é possível delegar a instalação e gestão de câmeras do tipo *"radar"* à empresa contratada, mas é possível delegar a criação e gestão do Conselho de Apreciação de multas.

A: correta; no caso em tela tem-se a expressão do chamado "poder de polícia" ou "polícia administrativa"; esse poder só pode ser exercido por autoridade pública (autoridade estatal) e não por particulares; estes só podem contribuir com atividades materiais (instalação e operação de radares, por exemplo), mas não com atividades volitivas (aplicação de multas), já que estas só podem ser subscritas por autoridade pública; **B:** incorreta, pois cabe a terceirização das atividades meramente materiais, como são as atividades de instalação e operação dos radares; somente a parte do Conselho de Multas e da aplicação da multa em si é que não pode ser passada ao particular no caso narrado pela questão; **C:** incorreta, pois não é possível passar as atividade de conselho de multas e aplicação de multas aos particulares, por ser atividade própria de autoridade pública; **D:** incorreta, pois é justamente o contrário, ou seja, atividades de instalação e gestão podem ser passadas para o particular (são atividades meramente materiais) e as demais não, por serem privativas de autoridade pública.
Gabarito "A".

3. DEVERES DOS AGENTES PÚBLICOS

Para resolver as questões deste item, vale citar as definições de cada poder administrativo apresentadas por Hely Lopes Meirelles, definições estas muito utilizadas em concursos públicos. Confira:

A) poder vinculado – "é aquele que o Direito Positivo – a lei – confere à Administração Pública para a prática de ato de sua competência, determinando os elementos e requisitos necessários à sua formalização";

B) poder discricionário – "é o que o Direito concede à Administração, de modo explícito, para a prática de atos administrativos com liberdade na escolha de sua conveniência, oportunidade e conteúdo";

C) poder hierárquico – "é o de que dispõe o Executivo para distribuir e escalonar as funções de seus órgãos, ordenar e rever a atuação de seus agentes, estabelecendo a relação de subordinação entre os servidores do seu quadro de pessoal";

D) poder disciplinar – "é a faculdade de punir internamente as infrações funcionais dos servidores e demais pessoas sujeitas à disciplina dos órgãos e serviços da Administração";

E) poder regulamentar – "é a faculdade de que dispõem os Chefes de Executivo (Presidente da República, Governadores e Prefeitos) de explicar a lei para sua correta execução, ou de expedir decretos autônomos sobre matéria de sua competência ainda não disciplinada por lei";

F) poder de polícia – "é a faculdade de que dispõe a Administração Pública para condicionar e restringir o uso e gozo de bens, atividades e direitos individuais, em benefício da coletividade ou do próprio Estado".

(*Direito Administrativo Brasileiro*, 26ª ed., São Paulo: Malheiros, p. 109 a 123)

(Técnico Judiciário – TRT/8ª – 2010 – FCC) O servidor público que deixa de acatar as ordens legais de seus superiores e a sua fiel execução, infringe o dever de

(A) conduta ética.

(B) eficiência.

(C) obediência.

(D) lealdade.

(E) fidelidade.

São deveres dos servidores públicos, dentre outros, os seguintes: a) de agir; b) de eficiência; c) de probidade; d) de obediência; e) de prestar contas. No caso em tela, houve violação ao dever de obediência.
Gabarito "C".

(Técnico Judiciário – TRE/AC – 2010 – FCC) O dever do Administrador Público de prestar contas

(A) aplica-se a todos os órgãos e entidades públicas, exceto aos Tribunais de Contas por serem os órgãos encarregados da tomada de contas dos administradores.

(B) aplica-se apenas aos agentes responsáveis por dinheiro público.

(C) não alcança os particulares, mesmo que estes recebam subvenções estatais.

(D) não se aplica aos convênios celebrados entre a União e os Municípios, por se tratar de acordo entre entidades estatais.

(E) é imposto a qualquer agente que seja responsável pela gestão e conservação de bens públicos.

A: incorreta, pois o administrador público dos Tribunais de Contas também tem esse dever, não havendo, no art. 70, parágrafo único, da CF/1988 qualquer exceção nesse sentido; **B:** incorreta, pois se aplica também a outros agentes, como os que guardam bens públicos (art. 70, parágrafo único, da CF/1988); **C:** incorreta, pois se aplica a qualquer pessoa física ou jurídica, pública ou privada, que cuide de dinheiros, bens ou valores públicos (art. 70, parágrafo único, da CF/1988); **D:** incorreta, pois o Tribunal de Contas fiscalizará a aplicação de recursos repassados pela União, mediante convênio, a Municípios e demais entre políticos (art. 71, VI, da CF/1988); **E:** correta (art. 70, parágrafo único, da CF/1988).
Gabarito "E".

(Técnico Judiciário – TRE/AL – 2010 – FCC) A imposição de que o administrador e os agentes públicos tenham sua atuação pautada pela celeridade, perfeição técnica e economicidade traduz o dever de

(A) agir.

(B) moralidade.

(C) prestação de contas.

(D) eficiência.

(E) obediência.

A celeridade, a perfeição técnica e a economicidade são atributos do dever de eficiência.
Gabarito "D".

4. ATO ADMINISTRATIVO

4.1. Conceito de ato administrativo

(Técnico Judiciário – TRT/19ª – 2014 – FCC) Lúcio, servidor público federal, praticou ato administrativo desrespeitando a forma do mesmo, essencial à sua validade. O ato em questão

(A) admite convalidação.

(B) não comporta anulação.

(C) é necessariamente legal.

(D) comporta revogação.

(E) é ilegal.

A: Incorreta, pois não se admite convalidação de atos administrativos com vício de validade; **B:** Incorreta, pois as formas essenciais à validade do ato podem ser anuladas (art. 54, § 2º, da Lei 9.784/1999. Comportam anulação apenas os vícios de menor gravidade; **C:** Incorreta, pois será ilegal o ato com vício de validade; **D:** Incorreta, pois comporta anulação. **E:** Correta. São os que a lei assim declare ou aqueles sobre os quais a convalidação seja racionalmente impossível, pois, se o conteúdo fosse repetido, seria repetida a ilegalidade (GARCIA, Wander. **Manual Completo de Direito Administrativo para Concursos**. Indaiatuba: Editora FOCO, 2014, p. 149).
Gabarito "E".

(Técnico Judiciário – TRT/9ª – 2012 – FCC) A Administração pública celebrou contrato de locação de um imóvel comercial para instalação de uma repartição pública. Dentre as características desse contrato firmado com a Administração pública, destaca-se a

(A) submissão a regime de direito público, na medida em que os contratos administrativos são regidos exclusivamente por normas de direito público.

(B) submissão a regime jurídico de direito privado, como contrato privado da Administração pública, sem prejuízo de derrogações operadas por normas de direito público aplicáveis.

(C) aplicação integral das normas de direito público destinadas aos contratos administrativos, em especial a possibilidade de invocar cláusulas exorbitantes implícitas.

(D) regência pelo regime jurídico de direito privado, afastando-se, assim, a observância de leis específicas destinadas a contratos administrativos, tal como a lei de licitações, salvo disposição expressa no contrato.

(E) submissão a regime jurídico híbrido, estabelecido pelas partes no texto do contrato, observado o poder discricionário do administrador e a liberdade de contratar do administrado.

A, C, D e E: incorretas, pois os contratos de locação em que o Poder Público é locatário são regidos pelo direito privado (e não pelo direito público ou por um regime híbrido), no caso, pela Lei de Locações de Imóveis Urbanos; **B:** correta, conforme comentário anterior.
Gabarito "B".

(Técnico – TRE/PR – 2012 – FCC) A literatura jurídica apresenta mais de um conceito para o ato jurídico, variando os critérios de acordo com as definições escolhidas. Afastando-se a conceituação meramente subjetiva, pode-se identificar, como componente da definição de ato administrativo, a característica de

(A) somente poder ser editado por órgão integrante do Poder Executivo.

(B) abranger atos legislativos, mesmo os proferidos pelo Poder Executivo.

(C) poder ser editado por órgão integrante do Poder Executivo, do Poder Legislativo e do Poder Judiciário.

(D) sujeitar-se a regime jurídico administrativo próprio, não se submetendo à lei.

(E) não admitir qualquer controle judicial.

A: incorreta, pois o *ato administrativo* também é praticado pelos Poderes Legislativo e Judiciário, quando estes administram pessoal, compras e bens; porém, quando o Legislativo elabora leis, pratica *ato legislativo*, e quando o Judiciário resolve litígios, pratica ato jurisdicional; **B:** incorreta, pois não se deve confundir o ato administrativo (que tem por fim executar direta e concretamente a lei) como ato legislativo (que tem por fim estabelecer os direitos e obrigações das pessoas); **C:** correta, pois, como se viu, os Poderes Legislativo e Judiciário podem, atipicamente, editar atos administrativos; **D:** incorreta, pois se submetem à lei, já que são atos cuja finalidade é justamente cumprir a lei, executar a lei; **E:** incorreta, pois os atos administrativos estão sujeitos a controle judicial; caso um ato administrativo viole a lei, a moralidade ou a razoabilidade o Judiciário poderá anulá-lo.
Gabarito "C".

(Técnico Judiciário – TRT/8ª – 2013 – CESPE) No que diz respeito ao conceito e à classificação dos atos administrativos, assinale a opção correta.

(A) Ato administrativo imperfeito é aquele que já completou o seu ciclo de formação, mas está sujeito a condição o ou termo para que comece a produzir efeitos.

(B) O ato administrativo declaratório consiste naquele em que a administração apenas reconhece um direito que já existia antes do ato, como é o caso da revogação.

(C) Os atos de direito privado da administração são considerados atos administrativos.

(D) Quanto às prerrogativas com que atua a administração, os atos administrativos podem ser classificados como simples, complexos e compostos.

(E) Pelo critério formal, ato administrativo é o que ditam os órgãos administrativos, ficando excluídos dessa conceituação os atos provenientes dos órgãos legislativo e judicial, ainda que tenham a mesma natureza daqueles.

A: Incorreta. Ato administrativo imperfeito é aquele que não completou o ciclo de formação, portanto, é um ato ineficaz; **B:** Incorreta. O conceito de ato administrativo declaratório está correto. Entretanto, o exemplo demonstrado não. São exemplos de atos declaratórios a emissão de certidão, de atestados, declarações etc. A revogação é um instrumento jurídico pelo qual a Administração retira, por discricionariedade, um ato administrativo; **C:** Incorreta. Os atos regidos pelo direito privado são atos da administração e não atos administrativos. São exemplos de atos da administração: locação de prédio para uso do poder público, escritura de compra e venda; emissão de cheque. Wander Garcia entende que "tais atos não têm os atributos (as qualidades e forças) do ato administrativo; vale ressaltar que os atos antecedentes dos citados devem obedecer ao Direito Público" (**Manual Completo de Direito Administrativo para Concursos**. Indaiatuba: Editora FOCO, 2014, p. 131). Atos administrativos são emanados por agentes da administração pública ou por quem tenha suas prerrogativas; o conteúdo deve propiciar a produção de efeitos jurídicos com fim público e, por fim, deve ser regida basicamente pelo direito público (CARVALHO FILHO, José dos Santos. **Manual de Direito Administrativo**. 27. ed. São Paulo: Atlas, 2014, p. 101); **D:** Incorreta. Quanto às prerrogativas, os atos administrativos são classificados em: atos de império, atos de gestão e atos de expediente; **E:** Correta. Segundo Maria Sylvia Zanella Di Pietro, pelo critério subjetivo, orgânico ou forma, ato administrativo é o que ditam os órgãos administrativos; ficam excluídos os atos provenientes dos órgãos legislativo e judicial, ainda que tenham a mesma natureza daqueles (DI PIETRO, Maria Sylvia Zanella. **Direito Administrativo**. 25. ed. São Paulo: Atlas, 2012. p. 200).

Gabarito "E".

(Técnico Judiciário – TJ/CE – 2013 – CESPE) A respeito de alguns aspectos do ato administrativo, assinale a opção correta.

(A) A administração tem o poder de revogar todos os atos administrativos, desde que observadas a conveniência e a oportunidade.

(B) O ato discricionário é editado com base em um juízo de conveniência e oportunidade do administrador e com a devida demonstração do interesse público, o que dispensa o controle de legalidade pelo Poder Judiciário.

(C) Por meio da convalidação, os atos administrativos que apresentam vícios são confirmados no todo ou em parte pela administração, e, em caso de vício insanável, ao processo de convalidação dá-se o nome de reforma.

(D) Os atos de gestão da administração pública são regidos pelo direito público.

(E) Agente incompetente, vício de forma e desvio de finalidade são fundamentos que podem resultar em anulação do ato administrativo.

A: Incorreta. A revogação não pode atingir atos que geram direito adquirido, atos vinculados, atos exauridos e nulos e, por fim, atos enunciativos; **B:** Incorreta. Mesmo que o ato administrativo seja editado com base no juízo de conveniência e oportunidade, não se pode falar em dispensa do controle de legalidade pelo Poder Judiciário (art. 5º, XXXV, da CF); **C:** Incorreta, pois os vícios insanáveis não são passíveis de aproveitamento do ato, portanto, de convalidação. Entende-se por reforma o ato que supre a parte inválida do ato anterior, mantendo sua parte válida; **D:** Incorreta, pois os atos da administração pública são regidos pelo direito privado, diferentemente dos atos administrativos. **E:** Correta. Os fundamentos mencionados na alternativa podem resultar em anulação do ato administrativo.

Gabarito "E".

4.2. Atributos do ato administrativo

Para resolver as questões sobre os requisitos e atributos do ato administrativo, vale a pena trazer alguns elementos doutrinários. Confira:

Atributos do ato administrativo (são as qualidades, as prerrogativas dos atos)

– Presunção de legitimidade é a qualidade do ato pela qual este se presume verdadeiro e legal até prova em contrário; ex: uma multa aplicada pelo Fisco presume-se verdadeira quanto aos fatos narrados para a sua aplicação e se presume legal quanto ao direito aplicado, a pessoa tida como infratora e o valor aplicado.

– Imperatividade é a qualidade do ato pela qual este pode se impor a terceiros, independentemente de sua concordância; ex: uma notificação da fiscalização municipal para que alguém limpe um terreno ainda não objeto de construção, que esteja cheio de mato.

– Exigibilidade é a qualidade do ato pela qual, imposta a obrigação, esta pode ser exigida mediante coação indireta; ex: no exemplo anterior, não sendo atendida a notificação, cabe a aplicação de uma multa pela fiscalização, sendo a multa uma forma de coação indireta.

– Autoexecutoriedade é a qualidade pela qual, imposta e exigida a obrigação, está pode ser implementada mediante coação direta, ou seja, mediante o uso da coação material, da força, independentemente de apreciação jurisdicional; ex: no exemplo anterior, já tendo sido aplicada a multa, mais uma vez sem êxito, pode a fiscalização municipal ingressar à força no terreno particular, fazer a limpeza e mandar a conta, o que se traduz numa coação direta. A autoexecutoriedade não é a regra. Ela existe quando a lei expressamente autorizar ou quando não houver tempo hábil para requerer a apreciação jurisdicional.

Obs. 1: a expressão "autoexecutoriedade" também é usada no sentido da qualidade do ato que enseja sua imediata e direta execução pela própria Administração, independentemente de ordem judicial, reservando-se a expressão "coercibilidade" para designar a possibilidade de usar a força para a concretização do ato, conforme lição de Hely Lopes Meirelles.

Obs. 2: repare que esses atributos não existem normalmente no direito privado; um particular não pode, unilateralmente, valer-se desses atributos; há exceções, em que o particular tem algum desses poderes; mas essas exceções, por serem exceções, confirmam a regra de que os atos administrativos se diferenciam dos atos privados pela ausência nestes, como regra, dos atributos acima mencionados.

(Técnico Judiciário – TRE/PE – CESPE – 2017) O atributo que consiste na possibilidade de certos atos administrativos serem decididos e executados diretamente pela própria administração, independentemente de ordem judicial, denomina-se

(A) presunção de legitimidade.

(B) autoexecutoriedade.

(C) motivação.

(D) tipicidade.

(E) imperatividade.

A: incorreta, a presunção de legitimidade consiste no atributo do ato do administrativo segundo o qual considera-se, até prova em contrário, que ele foi realizado segundo o que determina a lei; **B:** correta, trata-se do atributo a autoexecutoriedade, consistente na possibilidade que tem a Administração de, com seus próprios meios, executar suas decisões, sem precisar de autorização prévia do Poder Judiciário; **C:** incorreta, consiste na obrigação que tem a administração de fundamentar seus atos discricionários; **D:** incorreta, a tipicidade do ato administrativo é atributo que determina que o ato deve corresponder a uma das figuras definidas previamente pela lei como aptas a produzirem determinados resultados; **E:** incorreta, a imperatividade é atributo existente em alguns atos administrativos e relaciona-se ao poder extroverso que possui a Administração Pública de constituir, unilateralmente, obrigações para terceiros, independente da concordância do particular. FMB

Gabarito "B".

(Técnico – TRT/15 – FCC – 2018) São imprescindíveis ao ato administrativo, dentre seus elementos e atributos,

(A) sujeito e autoexecutoriedade.

(B) finalidade e autoexecutoriedade.

(C) motivação e presunção de veracidade.

(D) presunção de veracidade e forma solene.

(E) objeto e presunção de veracidade.

São elementos do ato administrativo a competência, a finalidade, forma, motivo e o objeto; de outra banda, são atributos do ato administrativo a presunção de veracidade, de legitimidade, exigibilidade, imperatividade e a autoexecutoriedade.

Gabarito "E".

(Técnico Judiciário – TRE/SP – FCC – 2017) Os atos administrativos são dotados de atributos que lhe conferem peculiaridades em relação aos atos praticados pela iniciativa privada. Quando dotados do atributo da autoexecutoriedade

(A) não podem ser objeto de controle pelo judiciário, tendo em vista que podem ser executados diretamente pela própria Administração pública.

(B) submetem-se ao controle de legalidade e de mérito realizado pelo Judiciário, tendo em vista que se trata de medida de exceção, em que a Administração pública adota medidas materiais para fazer cumprir suas decisões, ainda que não haja previsão legal.

(C) dependem apenas de homologação do Judiciário para serem executados diretamente pela Administração pública.

(D) admitem somente controle judicial posterior, ou seja, após a execução da decisão pela Administração pública, mas a análise abrange todos os aspectos do ato administrativo.

(E) implicam na prerrogativa da própria Administração executar, por meios diretos, suas próprias decisões, sendo possível ao Judiciário analisar a legalidade do ato.

A: incorreta. Ainda que sejam executados diretamente, podem ser revisados e anulados pelo poder judiciário, quando considerados ilegais. **B:** incorreta. Não se trata de exceção, se trata de atributo próprio da Administração Publica. **C:** incorreta. Independem de homologação do judiciário. **D:** incorreta. A análise abrange somente a legalidade do ato. FMB

Gabarito "E".

(Técnico Judiciário – TJAM – 2013 – FGV) O ato administrativo reveste-se de vários atributos, que os diferencia dos demais atos da administração. Assinale a alternativa que indica a descrição correta de um atributo do ato administrativo.

(A) *Imperatividade* – permite à Administração Pública executar o ato administrativo sem acessar o Poder Judiciário.

(B) *Tipicidade* – indica que esse ato encontra-se previsto em lei.

(C) *Presunção de legalidade e veracidade* – tem presunção de absoluta de que o ato administrativo encontra-se de acordo com a lei.

(D) *Autoexecutoriedade* – consiste na presunção de que o ato administrativo é verdadeiro.

(E) *Coercibilidade* – indica que o ato administrativo é previsto em lei.

A: incorreta, pois o atributo descrito é a autoexecutoriedade; **B:** correta, pois a descrição traz a exata definição do atributo "tipicidade"; **C:** incorreta, pois a presunção de legalidade e veracidade é relativa, ou seja, admite-se prova em contrário; assim, se alguém receber uma multa de

trânsito, esse ato tem presunção de que está correto (ou seja, de que esse alguém cometeu uma infração e a multa é devida), mas, por se tratar de uma presunção relativa, é possível que a pessoa multa tente comprovar que os fatos não aconteceram ou que o ato aplicado foi ilegal, hipóteses em que a multa perderá a presunção de legitimidade e será anulada; **D:** incorreta, pois o atributo descrito é a presunção de veracidade; **E:** incorreta, pois o atributo descrito é a tipicidade.

Gabarito "B".

4.3. Requisitos ou elementos do ato administrativo

Para resolver as questões sobre os requisitos do ato administrativo, vale a pena trazer alguns elementos doutrinários. Confira:

Requisitos do ato administrativo (são requisitos para que o ato seja válido)

- Competência: é a atribuição legal de cargos, órgãos e entidades. São vícios de competência: a1) usurpação de função: alguém se faz passar por agente público sem o ser. Ato será inexistente; a2) excesso de poder: alguém que é agente público acaba por exceder os limites de sua competência. Ex.: fiscal do sossego que multa um bar que visita por falta de higiene; o ato será nulo; a3) função de fato: exercida por agente que está irregularmente investido no cargo público, apesar de a situação ter aparência de legal. Os praticados serão válidos se houver boa-fé.

- Objeto: é o conteúdo do ato, aquilo que o ato dispõe, decide, enuncia, opina ou modifica na ordem jurídica. O objeto deve lícito, possível e determinável, sob pena de nulidade. Ex.: a autorização e a permissão dadas.

- Forma: são as formalidades necessárias para a seriedade do ato. A seriedade do ato impõe a) respeito à forma propriamente dita; b) e motivação.

- Motivo: fundamento de fato e de direito que autoriza a expedição do ato. Ex.: o motivo da interdição de estabelecimento consiste no fato de não ter licença (motivo de fato) e de a lei proibir o funcionamento sem licença (motivo de direito). Pela *Teoria dos Motivos Determinantes, o motivo invocado para a prática do ato condiciona sua validade*. Se se provar que o motivo é inexistente, falso ou mal qualificado, o ato será nulo.

- Finalidade: é o bem jurídico objetivado pelo ato. Ex.: proteger a paz pública, a salubridade, a ordem pública. Cada ato administrativo tem uma finalidade. Desvio de poder (ou de finalidade): *ocorre quando um agente exerce uma competência que possuía, mas para alcançar finalidade diversa daquela para a qual foi criada*. Não confunda o *excesso de poder* (vício de sujeito) com o *desvio de poder* (vício de finalidade), espécies do *gênero abuso de autoridade*.

(Técnico – TRT/15 – FCC – 2018) São imprescindíveis ao ato administrativo, dentre seus elementos e atributos,

(A) sujeito e autoexecutoriedade.

(B) finalidade e autoexecutoriedade.

(C) motivação e presunção de veracidade.

(D) presunção de veracidade e forma solene.

(E) objeto e presunção de veracidade.

São elementos do ato administrativo a competência, a finalidade, forma, motivo e o objeto; de outra banda, são atributos do ato administrativo a presunção de veracidade, de legitimidade, exigibilidade, imperatividade e a autoexecutoriedade.

Gabarito "E".

(Técnico Judiciário – TRE/PI – CESPE – 2016) Considere que determinada autoridade do TRE/PI tenha negado pedido administrativo feito por um servidor do quadro, sem expor fundamentos de fato e de direito que justificassem a negativa do pedido. Nesse caso, o ato administrativo praticado pela autoridade do TRE/PI

(A) não possui presunção de veracidade.

(B) pode ser editado sob a forma de resolução.

(C) é considerado, quanto à formação da vontade, ato administrativo complexo.

(D) classifica-se como ato administrativo meramente enunciativo.

(E) apresenta vício de forma.

A letra E está correta, são requisitos de validade do ato administrativo: Competência, Finalidade, Forma, Motivo e Objeto. FMB

Gabarito "E".

(Técnico Judiciário – TRT24 – FCC – 2017) O Prefeito de determinado Município concedeu licença por motivo de doença em pessoa da família a servidor público municipal já falecido. Nesse caso, o ato administrativo citado apresenta vício de

(A) objeto.

(B) motivo.

(C) forma.

(D) sujeito.

(E) finalidade.

A letra A está correta. O ato administrativo tem por elementos: competência, forma, finalidade, objeto e conteúdo. O objeto é justamente a alteração no mundo jurídico que se pretende produzir através do ato. Assim, se o servidor e falecido, não há alteração a ser proposta, sendo o ato nulo em seu objeto. FMB

Gabarito "A".

(Técnico Judiciário – TRT11 – FCC – 2017) Rodrigo é servidor público federal e chefe de determinada repartição pública. Rodrigo indeferiu as férias pleiteadas por um de seus subordinados, o servidor José, alegando escassez de pessoal na repartição. No entanto, José comprovou, que há excesso de servidores na repartição pública. No caso narrado,

(A) há vício de motivo no ato administrativo.

(B) o ato deve, obrigatoriamente, permanecer no mundo jurídico, vez que sequer exigia fundamentação.

(C) inexiste vício no ato administrativo, no entanto, o ato comporta revogação.

(D) o ato praticado por Rodrigo encontra-se viciado, no entanto, não admite anulação, haja vista a discricionariedade administrativa na hipótese.

(E) o objeto do ato administrativo encontra-se viciado.

A: correta. Motivo é a situação de fato e de direito que gera a necessidade do ato administrativo. Se o motivo apresentado não condizer com a realidade o ato será nulo. **B:** incorreta. O indeferimento de direitos pleiteados, deve ser motivo, sendo medida de exceção. **C:** incorreta.

Há vício de motivação. Em que pese ser ato discricionário, uma vez apresentada, a motivação, deverá ser verdadeira. **D:** incorreta. Lei 8112/90, art. 77. O servidor fará jus a trinta dias de férias, que podem ser acumuladas, até o máximo de dois períodos, no caso de necessidade do serviço, ressalvadas as hipóteses em que haja legislação específica. Indeferir o direito as férias é exceção legal, mas exige motivação, sem a qual, se torna nulo. **E:** incorreta. O vicio apresentado está na motivação do ato. FMB

Gabarito "A".

(Técnico Judiciário – TRT8 – CESPE – 2016) A respeito dos atos administrativos, assinale a opção correta.

(A) São elementos dos atos administrativos a competência, a finalidade, a forma, o motivo e o objeto.

(B) Apenas o Poder Executivo, no exercício de suas funções, pode praticar atos administrativos.

(C) Mesmo quando atua no âmbito do domínio econômico, a administração pública reveste-se da qualidade de poder público.

(D) Para a formação do ato administrativo simples, é necessária a manifestação de dois ou mais diferentes órgãos ou autoridades.

(E) Define-se ato nulo como ato em desconformidade com a lei ou com os princípios jurídicos, passível de convalidação.

B: Incorreta. Todos os Poderes praticam atos administrativos. **C:** incorreta. A intervenção no domínio econômico e regulamentada pela Constituição Federal nos termos do artigo 173. Art. 173. Ressalvados os casos previstos nesta Constituição, a exploração direta de atividade econômica pelo Estado só será permitida quando necessária aos imperativos da segurança nacional ou a relevante interesse coletivo, conforme definidos em lei. § 1º, II: A empresa pública, a sociedade de economia mista e outras entidades que explorem atividade econômica sujeitam-se ao regime jurídico próprio das empresas privadas, inclusive quanto às obrigações trabalhistas e tributárias. **D:** incorreta. O ato administrativo simples decorre da vontade de um único órgão. Existem ainda os atos complexos: que decorre da manifestação de vontade de dois ou mais órgãos ou autoridades e o composto: que resulta manifestação de um único órgão mas demanda aprovação por outro. **E:** incorreta. O ato nulo não e passível de convalidação. FMB

Gabarito "A".

(Técnico Judiciário – TRT/8ª – 2013 – CESPE) Com referência aos requisitos dos atos administrativos, assinale a opção correta.

(A) A finalidade, em sentido estrito, corresponde à consecução de um resultado de interesse público.

(B) Motivo é o pressuposto de direito que serve de fundamento ao ato administrativo, sendo possível a invalidação do ato na hipótese de ter ele sido indicado um motivo falso.

(C) O silêncio da administração pública pode significar forma de manifestação de vontade, quando a lei assim o prevê.

(D) A competência é indelegável e se exerce pelos órgãos administrativos a que foi atribuída como própria.

(E) O objeto é o efeito jurídico mediato que o ato produz.

A: Incorreta. A finalidade, em sentido amplo, corresponde à consecução de um resultado de interesse público. Em sentido estrito, a finalidade é aquela que tem previsão legal para o ato administrativo específico; **B:** Incorreta. Wander Garcia concluiu que *motivo* é tão somente o *fato* autorizador, enquanto que o fundamento de direito é o pressuposto de validade que veremos a seguir, que está dentro da *formalização* (**Manual Completo de Direito Administrativo para Concursos**. Indaiatuba: Editora FOCO, 2014, p. 136); **C:** Correta. Caso um particular faça um pedido para a Administração e a lei dispuser expressamente que a inexistência de resposta num certo prazo (silêncio) importa em aprovação do pedido, aí sim o silêncio terá efeito jurídico, no caso o de se considerar aprovada a solicitação feita (Idem, p. 132); **D:** Incorreta. A competência é **delegável**. Sobre o tema, conferir os arts. 12 a 14 da Lei 9.784/1999; **E:** Incorreta. O objeto é o efeito jurídico **imediato** que o ato produz.

Gabarito "C".

(Técnico Judiciário – TJDFT – 2013 – CESPE) Com relação aos atos administrativos, julgue os itens subsecutivos.

(1) O ato administrativo eivado de vício de forma é passível de convalidação, mesmo que a lei estabeleça forma específica essencial à validade do ato.

(2) Considere que determinado agente público detentor de competência para aplicar a penalidade de suspensão resolva impor, sem ter atribuição para tanto, a penalidade de demissão, por entender que o fato praticado se encaixaria em uma das hipóteses de demissão. Nesse caso, a conduta do agente caracterizará abuso de poder, na modalidade denominada excesso de poder.

1: incorreta, pois, havendo forma específica e essencial desrespeitada, tem-se hipótese de ato nulo de pleno direito e, assim, não passível de convalidação, já que, repetido o ato, permanece o vício; **2:** correta, pois há dois casos de abuso de poder, o excesso de poder (agente público agir fora de suas competências) e desvio de poder ou desvio de finalidade (agente público atuar de forma contrária à finalidade da lei) e, no caso, tem-se justamente uma hipótese de excesso de poder.

Gabarito 1E, 2C

(Técnico – TRE/CE – 2012 – FCC) A lei permite a remoção ex *officio* de um funcionário para atender a necessidade do serviço público. Mauro, servidor público, praticou determinada infração e a Administração Pública utilizou a remoção como forma de punição. Nesse caso,

(A) há violação à finalidade do ato administrativo.

(B) inexiste vício de finalidade no ato administrativo.

(C) há vício de competência no ato administrativo.

(D) há vício no motivo do ato administrativo.

(E) não há qualquer ilegalidade, ou seja, pode o ato administrativo ser mantido pela Administração.

A: correta, pois a finalidade da remoção não é a punição, de modo que, usado o ato de remoção para finalidade diversa daquela para o qual foi criado, tem-se vício no requisito finalidade, que se traduz no denominado desvio de poder ou desvio de finalidade; **B:** incorreta, pois há desvio de finalidade no caso; **C:** incorreta, pois o vício não é no elemento *competência*, mas no elemento *finalidade*; **D:** incorreta, pois o vício não é no elemento *motivo*, mas no elemento *finalidade*; **E:** incorreta, pois o desvio de finalidade gera a nulidade do ato administrativo.

Gabarito "A".

4.4. Classificações e espécies de ato administrativo

Antes de verificarmos as questões deste item, vale trazer um resumo das principais espécies de atos administrativos.

Espécies de atos administrativos segundo Hely Lopes Meirelles:

– Atos normativos são aqueles que contêm comando geral da Administração Pública, com o objetivo de executar a lei. Ex.: regulamentos (da alçada do chefe do Executivo), instruções normativas (da alçada dos Ministros de Estado), regimentos, resoluções etc.

– Atos ordinatórios são aqueles que disciplinam o funcionamento da Administração e a conduta funcional de seus agentes. Ex.: instruções (são escritas e gerais, destinadas a determinado serviço público), circulares (escritas e de caráter uniforme, direcionadas a determinados servidores), avisos, portarias (expedidas por chefes de órgãos – trazem determinações gerais ou especiais aos subordinados, designam alguns servidores, instauram sindicâncias e processos administrativos etc.), ordens de serviço (determinações especiais ao responsável pelo ato), ofícios (destinados às comunicações escritas entre autoridades) e despacho (contém decisões administrativas).

– Atos negociais são declarações de vontade coincidentes com a pretensão do particular. Ex.: licença, autorização e protocolo administrativo.

– Atos enunciativos são aqueles que apenas atestam, enunciam situações existentes. Não há prescrição de conduta por parte da Administração. Ex.: certidões, atestados, apostilas e pareceres.

– Atos punitivos são as sanções aplicadas pela Administração aos servidores públicos e aos particulares. Ex.: advertência, suspensão e demissão; multa de trânsito.

Confira mais classificações dos atos administrativos:

– Quanto à liberdade de atuação do agente

Ato vinculado é aquele em que a lei tipifica objetiva e claramente a situação em que o agente deve agir e o único comportamento que poderá tomar. Tanto a situação em que o agente deve agir, como o comportamento que vai tomar são únicos e estão clara e objetivamente definidos na lei, de forma a inexistir qualquer margem de liberdade ou apreciação subjetiva por parte do agente público. Ex: licença para construir, concessão de aposentadoria.

Ato discricionário é aquele em que a lei confere margem de liberdade para avaliação da situação em que o agente deve agir ou para escolha do melhor comportamento a ser tomado.

Seja na situação em que o agente deve agir, seja no comportamento que vai tomar, o agente público terá uma margem de liberdade na escolha do que mais atende ao interesse público. Neste ponto se fala em mérito administrativo, ou seja, na valoração dos motivos e escolha do comportamento a ser tomado pelo agente.

Vale dizer, o agente público fará apreciação subjetiva, agindo segundo o que entender ser mais conveniente e oportuno ao interesse público. Reconhece-se a discricionariedade, por exemplo, quando a regra que traz a competência do agente traz conceitos fluidos, como bem comum, moralidade, ordem pública etc. Ou ainda quando a lei não traz um motivo que enseja a prática do ato, como, por exemplo, a que permite nomeação para cargo em comissão, de livre provimento e exoneração. Também se está diante de ato discricionário quando há mais de uma opção para o agente quanto ao momento de atuar, à forma do ato (ex: verbal, gestual ou escrita), sua finalidade ou conteúdo (ex: advertência, multa ou apreensão).

A discricionariedade sofre alguns temperamentos. Em primeiro lugar é bom lembrar que todo ato discricionário é parcialmente regrado ou vinculado. A competência, por exemplo, é sempre vinculada (Hely diz que competência, forma e finalidade são sempre vinculadas, conforme vimos). Ademais, só há discricionariedade nas situações marginais, nas zonas cinzentas. Assim, se algo for patente, como quando, por exemplo, uma dada conduta fira veementemente a moralidade pública (ex: pessoas fazendo sexo no meio de uma rua), o agente, em que pese estar diante de um conceito fluído, deverá agir reconhecendo a existência de uma situação de imoralidade. Deve-se deixar claro, portanto, que a situação concreta diminui o espectro da discricionariedade (a margem de liberdade) conferida ao agente.

Assim, o Judiciário até pode apreciar um ato discricionário, mas apenas quanto aos aspectos de legalidade, razoabilidade e moralidade, não sendo possível a revisão dos critérios adotados pelo administrador (mérito administrativo), se tirados de dentro da margem de liberdade a ele conferida pelo sistema normativo.

– Quanto às prerrogativas da administração

Atos de império são os praticados no gozo de prerrogativas de autoridade. Ex: interdição de um estabelecimento.

Atos de gestão são os praticados sem uso de prerrogativas públicas, em igualdade com o particular, na administração de bens e serviços. Ex: contrato de compra e venda ou de locação de um bem imóvel.

Atos de expediente são os destinados a dar andamentos aos processos e papéis que tramitam pelas repartições, preparando-os para decisão de mérito a ser proferida pela autoridade. Ex: remessa dos autos à autoridade para julgá-lo.

A distinção entre ato de gestão e de império está em desuso, pois era feita para excluir a responsabilidade do Estado pela prática de atos de império, de soberania. Melhor é distingui-los em atos regidos pelo direito público e pelo direito privado.

– Quanto aos destinatários

Atos individuais são os dirigidos a destinatários certos, criando-lhes situação jurídica particular. Ex: decreto de desapropriação, nomeação, exoneração, licença, autorização, tombamento.

Atos gerais são os dirigidos a todas as pessoas que se encontram na mesma situação, tendo finalidade normativa.

São diferenças entre um e outro as seguintes:

– só ato individual pode ser impugnado individualmente; normativos só por ADIN ou após providência concreta.

– ato normativo prevalece sobre o ato individual

– ato normativo é revogável; individual deve respeitar direito adquirido.

– ato normativo não pode ser impugnado administrativamente; só após providência concreta.

– Quanto à formação da vontade

Atos simples: decorrem de um órgão, seja ele singular ou colegiado. Ex: nomeação feita pelo Prefeito; deliberação de um conselho ou de uma comissão.

Atos complexos: decorrem de dois ou mais órgãos, em que as vontades se fundem para formar um único ato. Ex: decreto do Presidente, com referendo de Ministros.

Atos compostos: decorrem de dois ou mais órgãos, em que vontade de um é instrumental à vontade de outro, que edita o ato principal. Aqui existem dois atos pelo menos: um principal e um acessório. Exs: nomeação do Procurador-Geral da República depende de prévia aprovação pelo Senado; atos que dependem de aprovação ou homologação. Não se deve confundi-los com atos de um procedimento, em que há vários atos acessórios.

– Quanto aos efeitos

Ato constitutivo é aquele em que a Administração cria, modifica ou extingue direito ou situação jurídica do administrado. Ex: permissão, penalidade, revogação, autorização.

Ato declaratório é aquele em que a Administração reconhece um direito que já existia. Ex: admissão, licença, homologação, isenção, anulação.

Ato enunciativo é aquele em que a Administração apenas atesta dada situação de fato ou de direito. Não produz efeitos jurídicos diretos. São juízos de conhecimento ou de opinião. Ex: certidões, atestados, informações e pareceres.

– Quanto à situação de terceiros

Atos internos são aqueles que produzem efeitos apenas no interior da Administração. Ex: pareceres, informações.

Atos externos são aqueles que produzem efeitos sobre terceiros. Nesse caso, dependerão de publicidade para terem eficácia. Ex: admissão, licença.

– Quanto à estrutura.

Atos concretos são aqueles que dispõem para uma única situação, para um caso concreto. Ex: exoneração de um agente público.

Atos abstratos são aqueles que dispõem para reiteradas e infinitas situações, de forma abstrata. Ex: regulamento.

Confira outros atos administrativos, em espécie:

– Quanto ao conteúdo: a) autorização: *ato unilateral, discricionário e precário pelo qual se faculta ao particular, em proveito desse, o uso privativo de bem público ou o desempenho de uma atividade, os quais, sem esse consentimento, seriam legalmente proibidos.* Exs.: autorização de uso de praça para festa beneficente; autorização para porte de arma; b) licença: *ato administrativo unilateral e vinculado pelo qual a Administração faculta àquele que preencha requisitos legais o exercício de uma atividade. Ex.: licença para construir; c) admissão: *ato unilateral e vinculado pelo qual se reconhece ao particular que preencha requisitos legais o direito de receber serviço público. Ex.: aluno de escola; paciente em hospital; programa de assistência social; d) permissão: *ato administrativo unilateral, discricionário e precário, pelo qual a Administração faculta ao particular a execução de serviço público ou a utilização privativa de bem público, mediante* *licitação*. Exs.: permissão para perueiro; permissão para uma banca de jornal. Vale lembrar que, por ser precária, pode ser revogada a qualquer momento, sem direito à indenização; e) concessão: *ato bilateral e não precário, pelo qual a Administração faculta ao particular a execução de serviço público ou a utilização privativa de bem público, mediante licitação*. Ex.: concessão para empresa de ônibus efetuar transporte remunerado de passageiros. Quanto aos bens públicos, há também a *concessão de direito real de uso*, oponível até ao poder concedente, e a *cessão de uso*, em que se transfere o uso para entes ou órgãos públicos; f) aprovação: *ato de controle discricionário*. Vê-se a conveniência do ato controlado. Ex.: aprovação pelo Senado de indicação para Ministro do STF; g) homologação: *ato de controle vinculado*. Ex.: homologação de licitação ou de concurso público; h) parecer: *ato pelo qual órgãos consultivos da Administração emitem opinião técnica sobre assunto de sua competência*. Tipos: *facultativo* (parecer solicitado se a autoridade quiser); *obrigatório* (autoridade é obrigada a solicitar o parecer, mas não a acatá-lo) e *vinculante* (a autoridade é obrigada a solicitar o parecer e a acatar o seu conteúdo; ex.: parecer médico).

- Quanto à forma: a) decreto: *é a forma de que se revestem os atos individuais ou gerais, emanados do Chefe do Poder Executivo*. Exs.: nomeação e exoneração (atos individuais); regulamentos (atos gerais que têm por objeto proporcionar a fiel execução da lei – art. 84, IV, da CF/1988); b) resolução e portaria: *são as formas de que se revestem os atos, gerais ou individuais, emanados de autoridades que não sejam o Chefe do Executivo*; c) alvará: *forma pela qual a Administração confere licença ou autorização para a prática de ato ou exercício de atividade sujeita ao poder de polícia do Estado*. Exs.: alvará de construção (instrumento da licença); alvará de porte (instrumento da autorização).

(Técnico – TRT1 – 2018 – AOCP) Referente aos atos administrativos, assinale a alternativa correta.

(A) Atos de gestão são os praticados pela Administração Pública com todas as prerrogativas e privilégios de autoridade, como os atos de polícia.

(B) Atos complexos são os que decorrem da declaração de vontade de um único órgão, desde que este seja colegiado.

(C) Ato composto é o que resulta da manifestação de dois ou mais órgãos, em que a vontade de um é instrumental em relação a de outro, que edita o ato principal.

(D) Os atos que apresentarem defeitos sanáveis, estes entendidos por vícios na forma e no motivo, poderão ser convalidados pela própria Administração, desde que não acarretem lesão ao interesse público ou prejuízo a terceiros.

(E) Prevalece na doutrina que os meros atos administrativos, como certidões e atestados, são suscetíveis de revogação pela Administração.

A: incorreta, atos de gestão são os praticados sem uso de prerrogativas públicas, em igualdade com o particular, na administração de bens e serviços. Ex.: contrato de compra e venda ou de locação de um bem imóvel; **B:** incorreta, quanto à formação da vontade, os atos complexos decorrem de dois ou mais órgãos, em que as vontades se fundem para formar um único ato. Ex.: decreto do Presidente, com referendo de Ministros; **C:** correta, atos compostos decorrem de dois ou mais órgãos, em que a vontade de um é instrumental em relação à vontade de outro, que edita o ato principal. Aqui existem dois pelo menos: um principal e um acessório. Um exemplo é a nomeação do Procurador-Geral da República, que depende de prévia aprovação pelo Senado. Outro exemplo são os atos que dependem de aprovação ou homologação. Não se deve confundir atos compostos com atos de um procedimento, vez que, enquanto os segundos são o encadeamento de atos tendentes ao ato principal, os primeiros resultam de dois ou mais órgãos e não têm por elemento marcante a sucessão de atos preparatórios de um ato final, diferentemente do procedimento; **D:** incorreta, no caso de vício quanto ao motivo fica difícil a convalidação. Ela só poderá ser feita se o ato puder ser repetido sem o vício que o inquinava ou se, apesar de se estar diante de ato com vício insanável, haja excepcional e patente interesse público na sua preservação. No primeiro caso, geralmente incide sobre vícios de sujeito (competência) e de forma (descumprimento de forma que não seja substancial), os quais, sanados, importam em convalidação do ato anterior, cuja maior vantagem é ter efeito retroativo, efeito que não existiria com a simples expedição de um novo ato, sem aproveitamento do anterior viciado. Vejamos, agora, os **requisitos** que a doutrina aponta como essenciais para que seja possível a convalidação: a) possibilidade de o ato ser expedido novamente, sem o vício originário; b) prejuízo maior se não se mantiver o ato viciado; c) inexistência de prejuízo ao erário e a terceiro; d) boa-fé; e) inexistência de impugnação prévia do ato; **E:** incorreta, são atos do tipo enunciativo, ou seja, atos administrativos que enunciam uma situação existente, atestando um fato. Essa natureza declaratória não é suscetível de revogação por conveniência e oportunidade. **FB**

Gabarito "C."

(Técnico Judiciário – TRT8 – CESPE – 2016) No que diz respeito às espécies de ato administrativo, assinale a opção correta.

(A) A homologação é ato unilateral e vinculado pelo qual a administração pública reconhece a legalidade de um ato jurídico.

(B) Decreto é ato exclusivamente geral emanado do chefe do Poder Executivo.

(C) Licença é o ato administrativo bilateral e vinculado por meio do qual a administração pública faculta ao particular o exercício de determinada atividade.

(D) A admissão é o ato discricionário e unilateral pelo qual a administração reconhece ao particular que preencha os requisitos legais o direito à prestação de um serviço público.

(E) Parecer é ato opinativo e vinculante pelo qual os órgãos consultivos da administração pública emitem opinião sobre assuntos técnicos ou jurídicos de sua competência.

B: incorreta. Decretos são atos normativos. **C:** incorreta. Licença é ato vinculado e unilateral que faculta o exercício de determinada atividade desde que demonstrado o atendimento ao interesse público. **D:** incorreta. Ato unilateral e vinculado que reconhece ao particular desde que preencha os requisitos legais, o direito a prestação de um serviço público. **E:** incorreta. Ato opinativo emitido pelos órgãos consultivos da administração. Eles podem ser facultativos, obrigatórios e vinculantes. **FMB**

Gabarito "A."

(Técnico – TRE/CE – 2012 – FCC) Analise as assertivas abaixo atinentes aos atos administrativos denominados "gerais ou normativos".

I. São atos administrativos com finalidade normativa, alcançando todos os sujeitos que se encontrem na mesma situação de fato abrangida por seus preceitos.

II. Expressam em minúcias o mandamento abstrato da lei, embora sejam manifestações tipicamente administrativas.

III. A essa categoria pertencem, dentre outros, os decretos regulamentares e os regimentos.

IV. Embora estabeleçam regras gerais e abstratas de conduta, não são leis em sentido formal; logo, não estão necessariamente subordinados aos limites jurídicos definidos na lei formal.

Está correto o que se afirma APENAS em

(A) I, II e III.

(B) II, III e IV.

(C) I e IV.

(D) II e III.

(E) I, II e IV.

I: correta; de fato, tais atos (gerais ou normativos) abrangem número indeterminado de pessoas (todos aqueles que se encontrem na mesma situação), ao contrário dos atos individuais, que recaem sobre pessoas determinadas; **II:** correta, pois os atos gerais ou administrativos têm por função trazer os detalhes (as minúcias) do estipulado na lei, não podendo, todavia, criar direito ou obrigação novos não previstos na lei; **III:** correta, pois os dois atos citados (regulamentos e regimentos) são gerais ou normativos; **IV:** incorreta, pois os atos gerais ou normativos estão abaixo da lei, devendo respeitar os limites definidos por esta. Gabarito "A".

(Técnico Judiciário – TRF/1ª – 2011 – FCC) Dentre outros, é exemplo de ato administrativo ordinatório

(A) a circular.

(B) o regulamento.

(C) a resolução.

(D) a admissão.

(E) o decreto.

Atos ordinatórios *são aqueles que disciplinam o funcionamento da Administração e a conduta funcional de seus agentes.* Ex.: instruções (são escritas e gerais, destinadas a determinado serviço público), **circulares** (escritas e de caráter uniforme, direcionadas a determinados servidores), avisos, portarias (expedidas por chefes de órgãos – trazem determinações gerais ou especiais aos subordinados, designam alguns servidores, instauram sindicâncias e processos administrativos etc.), ordens de serviço (determinações especiais ao responsável pelo ato), ofícios (destinados às comunicações escritas entre autoridades) e despacho (contém decisões administrativas). Gabarito "A".

(FGV – 2015) O Município W, durante a construção de avenida importante, ligando a região residencial ao centro comercial da cidade, verifica a necessidade de ampliação da área a ser construída, mediante a incorporação de terrenos contíguos à área já desapropriada, a fim de permitir o prosseguimento das obras. Assim, expede novo decreto de desapropriação, declarando a utilidade pública dos imóveis indicados, adjacentes ao plano da pista. Diante deste caso, assinale a opção correta.

(A) É válida a desapropriação, pelo Município W, de imóveis a serem demolidos para a construção da obra pública, mas não a dos terrenos contíguos à obra.

(B) Não é válida a desapropriação, durante a realização da obra, pelo Município W, de novos imóveis, qualquer que seja a finalidade.

(C) É válida, no curso da obra, a desapropriação, pelo Município W, de novos imóveis em área contígua necessária ao desenvolvimento da obra.

(D) Em relação às áreas contíguas à obra, a única forma de intervenção estatal da qual pode se valer o Município W é a ocupação temporária.

No caso em tela incide o instituto da **desapropriação por zona**, que consiste na desapropriação de área maior do que a necessária à realização de obra ou serviço, para abranger zona contígua a ela, tendo em vista reservá-la para futuras necessidades de ampliação da intervenção estatal no local (que é o caso do enunciado da questão) ou para revendê-la, se extraordinária valorização for decorrência da desapropriação a ser efetuada. A declaração de utilidade pública deve compreender essas áreas adicionais (art. 4° do Decreto-lei 3.365/1941). Assim, são válidas as desapropriações tanto das áreas que serão utilizadas neste momento, como das áreas que serão utilizadas no futuro. Gabarito "C".

4.5. Discricionariedade e vinculação

Texto para os itens seguintes.

Uma autoridade administrativa do TST, no exercício de sua competência, editou ato administrativo que determinava a instalação de detectores de metais nas entradas da sede do Tribunal e estabelecia que todas as pessoas deveriam submeter-se ao detector e que somente poderiam ingressar no edifício ou sair dele caso apresentassem aos agentes da segurança todos os pertences de metal. Porém, seis meses depois da instalação dos detectores, as reclamações dirigidas à administração do TST fizeram com que a autoridade editasse ato anulando a referida determinação, por considerar que ela não alcançou devidamente os seus objetivos.

(Técnico Judiciário – TST – 2008 – CESPE) Acerca da situação hipotética descrita no texto, julgue os itens a seguir.

(1) Nessa situação, o dever de submeter-se aos detectores de metais não poderia ser imposto a juízes do trabalho, pois tal exigência violaria as garantias constitucionais da magistratura.

(2) O ato que determinou a instalação dos detectores de metais é um ato administrativo discricionário.

(3) Os motivos alegados pela referida autoridade para invalidar o ato deveriam conduzir à sua revogação, e não, à sua anulação.

1: errada, pois não existe garantia constitucional dos juízes que os exime de se submeter a detectores de metais; **2:** correta, pois trata-se de ato inserido na conveniência e oportunidade do TST quanto às regras de segurança que entende pertinente; **3:** correta, pois os motivos revelam que o ato foi extinto por motivo de conveniência e oportunidade (revogação), e não por motivo de ilegalidade (anulação). Gabarito 1E, 2C, 3C.

(Técnico Judiciário – TRT9 – 2012 – FCC) A respeito dos atos administrativos, é correto afirmar que

(A) o mérito do ato administrativo corresponde ao juízo de conveniência e oportunidade presente nos atos discricionários.

(B) os atos vinculados comportam juízo de conveniência e oportunidade pela Administração, que pode revogá-los a qualquer tempo.

(C) os atos discricionários não são passíveis de revogação pela Administração, salvo por vício de legalidade.

(D) a discricionariedade corresponde ao juízo de conveniência e oportunidade presente nos atos vinculados.

(E) os atos vinculados são passíveis de anulação pela Administração, de acordo com juízo de conveniência e oportunidade.

A: correta, pois mérito administrativo é justamente a margem de liberdade que tem o administrador público para, diante de critérios de conveniência e oportunidade, decidir qual é a melhor providência diante das opções que a lei lhe traz; **B:** incorreta, pois ato vinculado é aquele em que a lei, de forma clara e objetiva, define sem margem a opções, qual é a única conduta que a administração pode tomar num determinado caso concreto bem definido, não havendo, assim, espaço para juízo de conveniência e oportunidade; **C:** incorreta, pois, em caso de ilegalidade, não se fala em revogação, mas em anulação; **D:** incorreta, pois nos atos vinculados, como seu viu, não há margem de liberdade; **E:** incorreta, pois a anulação se dá por motivo de ilegalidade, e não por motivo de conveniência e oportunidade, motivo este que só enseja revogação.
Gabarito "A".

(Técnico Judiciário – TRF/3ª – 2014 – FCC) Pietra, servidora pública do Tribunal Regional Federal da 3ª Região, praticou ato administrativo válido, porém discricionário, no entanto, cinco dias após a prática do ato, revogou-o, motivada por razões de conveniência e oportunidade. A propósito do tema,

(A) a revogação não se dá por razões de conveniência e oportunidade.

(B) o ato discricionário não comporta revogação.

(C) se o ato já exauriu seus efeitos, não pode ser revogado.

(D) a revogação opera efeitos retroativos.

(E) a revogação pode se dar tanto pela Administração Pública (Poder Executivo), quanto pelo Poder Judiciário, que, nesse caso, ocorre apenas em situações excepcionais.

A e B: Incorretas. A revogação consiste em ato administrativo discricionário em que a administração extingue um ato válido por razões de oportunidade e conveniência; **C:** Correta. A doutrina entende que não podem ser revogados os atos que exauriram seus efeitos; como a revogação não retroage, mas apenas impede que o ato continue a produzir efeitos, se o ato já se exauriu, não há mais que falar em revogação (DI PIETRO, Maria Sylvia Zanella. **Direito Administrativo**. 25. ed. São Paulo: Atlas, 2012. p. 357); **D:** incorreta. A revogação não retroage, ou seja, seus efeitos se operam a partir da revogação (*ex nunc*); **E:** Incorreta. A revogação, por ser ato administrativo discricionário em que a administração pública extingue um ato por razões de oportunidade e conveniência, não poderá ser operada pelo Poder Judiciário, cabendo-lhe, apenas, a anulação dos atos ilegais.
Gabarito "C".

(Técnico Judiciário – TRE/RS – 2008 – CONSULPLAN) Por motivos de conveniência e oportunidade, a Administração poderá:

(A) Revogar seus próprios atos.

(B) Anular seus próprios atos.

(C) Deixar de aferir a legalidade do ato.

(D) Reconsiderar os atos que já tenham exaurido seus efeitos.

(E) Desobedecer aos direitos adquiridos.

A *conveniência e a oportunidade* dão ensejo à *revogação* do ato administrativo, ao passo que a *ilegalidade* dá ensejo à *anulação*.
Gabarito "A".

(Técnico Judiciário – TJ/RJ – 2008 – CESPE) A CF/1988 estabelece que a lei não pode excluir do Poder Judiciário a apreciação de lesão ou ameaça a direito, o que se denomina princípio da inevitabilidade do controle jurisdicional. Dessa forma, a atuação do Poder Judiciário, em relação aos atos administrativos, alcança

(A) até mesmo o julgamento do mérito do ato administrativo, pois a CF/1988 não estabelece distinção entre atos que podem ser objeto de apreciação judicial.

(B) o exame dos atos discricionários quanto à competência, finalidade, forma e aos limites da discricionariedade.

(C) apenas os atos administrativos vinculados no ponto em que deixem de observar aspectos objetivos.

(D) atos individuais e exclui atos decorrentes de decisão colegiada em sede de recurso administrativo.

(E) atos administrativos dos Poderes Executivo e Legislativo, mas não os do próprio Poder Judiciário, por não fazer sentido controlar o próprio ato.

A: incorreta, pois o Judiciário pode controlar atos discricionários, mas apenas em seus aspectos de legalidade, razoabilidade e moralidade, não sendo possível que o Judiciário aprecie o *mérito* (a margem de liberdade que sobra ao agente público); **B:** correta, pois a competência, a finalidade e a forma são elementos do ato administrativo que estão sempre predefinidos na lei, não gerando normalmente margem de liberdade para o agente público; assim, o Judiciário pode examinar o ato discricionário quanto a esses aspectos e quanto aos demais limites que a lei traz à Administração Pública; **C:** incorreta, pois, como se viu, o Judiciário também pode controlar atos discricionários; **D:** incorreta, pois todos os atos administrativos, inclusive os colegiados, podem ser controlados pelo Judiciário; **E:** incorreta, pois todos os atos administrativos de todos os Poderes podem ser controlados pelo Judiciário.
Gabarito "B".

(Técnico Judiciário – TJ/RR – 2006 – CESPE) Assinale a opção que não indica pressuposto ordinariamente presente nos atos discricionários.

(A) Existência de lei que confere ao administrador expressamente a faculdade de optar por uma entre várias soluções administrativas juridicamente possíveis.

(B) Presença de conceitos jurídicos indeterminados que permitem fixar a melhor interpretação.

(C) Reconhecimento pela lei de que o administrador, por estar mais próximo dos casos concretos, está mais bem preparado para a tomada de decisões.

(D) Direito subjetivo do particular de exigir da autoridade administrativa a edição de determinado ato.

A: incorreta, pois a *faculdade* ditada pela lei (conceito que equivale dizer margem de liberdade) indica ato discricionário; **B:** incorreta, pois a presença de *conceitos jurídicos indeterminados* (conceitos vagos, que dão maior flexibilidade ao agente) indica ato discricionário; **C:** incorreta, pois o fato de a lei dar margem de liberdade para o administrador, no *caso concreto*, tomar a melhor decisão indica ato discricionário; **D:** correta, pois um direito subjetivo do particular obriga (*vincula*) a Administração a agir para atendê-lo, situação que diz respeito a atos vinculados e que, portanto, não indica ato discricionário.
Gabarito "D".

(MPU – 2004 – ESAF) Com referência à discricionariedade, assinale a afirmativa verdadeira.

(A) A discricionariedade manifesta-se, exclusivamente, quando a lei expressamente confere à administração competência para decidir em face de uma situação concreta.

(B) O poder discricionário pode ocorrer em qualquer elemento do ato administrativo.

(C) É possível o controle judicial da discricionariedade administrativa, respeitados os limites que são assegurados pela lei à atuação da administração.

(D) O princípio da razoabilidade é o único meio para se verificar a extensão da discricionariedade no caso concreto.

(E) Pela moderna doutrina de direito administrativo, afirma-se que, no âmbito dos denominados conceitos jurídicos indeterminados, sempre ocorre a discricionariedade administrativa.

A: falsa, pois a lei pode estar dando competência para a administração decidir em face de uma situação concreta, sem estar dando, ao mesmo tempo, margem de liberdade para a tomada dessa decisão; a discricionariedade manifesta-se justamente quando a lei confere margem de liberdade para a administração exercer dada competência; aliás, atentar para o fato de que a alternativa contém expressão generalizante ("exclusivamente") e, nesses casos, normalmente tem-se afirmativa falsa; **B:** falsa, pois o poder discricionário não ocorre nos requisitos competência, forma e finalidade, ocorrendo apenas quanto aos requisitos objeto e motivo; **C:** verdadeira, pois o ato discricionário pode sim ser controlado pelo Judiciário, desde que quanto aos aspectos de legalidade e legitimidade; o que não pode ser controlado é o mérito administrativo, que é justamente a liberdade que remanesce à administração depois de verificada a lei e os demais princípios administrativos; **D:** falsa, pois todo ato discricionário é parcialmente regrado ou vinculado, ou seja, todo ato discricionário tem balizas legais a serem obedecidas, balizas essas que também darão o contorno da discricionariedade daquele ato no caso concreto; **E:** falsa, pois há conceitos jurídicos indeterminados que, diante das balizas, legais, principiológicas e fáticas existentes, acabam gerando competência vinculada para a administração pública; ademais, é bom atentar para o fato de que a alternativa traz expressão generalizante ("sempre").

Gabarito "C"

4.6. Extinção

Segue resumo acerca das formas de extinção dos atos administrativos

- Cumprimento de seus efeitos: como exemplo, temos a autorização da Prefeitura para que seja feita uma festa na praça da cidade. Este ato administrativo se extingue no momento em que a festa termina, uma vez que seus efeitos foram cumpridos.

- Desaparecimento do sujeito ou do objeto sobre o qual recai o ato: morte de um servidor público, por exemplo.

- Contraposição: extinção de um ato administrativo pela prática de outro antagônico em relação ao primeiro. Ex.: com o ato de exoneração do servidor público, o ato de nomeação fica automaticamente extinto.

- Renúncia: extinção do ato por vontade do beneficiário deste.

- Cassação: extinção de um ato que beneficia um particular por este não ter cumprido os deveres para dele continuar gozando. Não se confunde com a revogação – que é a extinção do ato por não ser mais conveniente ao interesse público. Também difere da anulação – que é a extinção do ato por ser

nulo. Como exemplo desse tipo de extinção tem-se a permissão para banca de jornal se instalar numa praça que é cassada porque seu dono não paga o preço público devido; ou a autorização de porte de arma de fogo que é cassada porque o beneficiário é detido ou abordado em estado de embriaguez ou sob efeito de entorpecentes (art. 10, § 2º, do Estatuto do Desarmamento – Lei 10.826/2003).

- Caducidade. Extinção de um ato porque a lei não mais o permite. Trata-se de extinção por invalidade superveniente. Exs.: autorização para condutor de perua praticar sua atividade que se torna caduca por conta de lei posterior que não mais permite tal transporte na cidade; autorizações de porte de arma que caducaram 90 dias após a publicação do Estatuto do Desarmamento, conforme reza seu art. 29.

- Revogação. Extinção de um ato administrativo legal ou de seus efeitos por outro ato administrativo, efetuada somente pela Administração, dada a existência de fato novo que o torne inconveniente ou inoportuno, respeitando-se os efeitos precedentes ("ex nunc"). Ex.: permissão para a mesma banca de jornal se instalar numa praça que é revogada por estar atrapalhando o trânsito de pedestres, dado o aumento populacional, não havendo mais conveniência na sua manutenção.

O sujeito ativo da revogação é a Administração Pública, por meio de autoridade administrativa competente para o ato, podendo ser seu superior hierárquico. O Poder Judiciário nunca poderá revogar um ato administrativo, já que se limita a apreciar aspectos de legalidade (o que gera a anulação), e não de conveniência, salvo se se tratar de um ato administrativo da Administração Pública dele, como na hipótese em que um provimento do próprio Tribunal é revogado.

Quanto ao tema objeto da revogação, tem-se que este recai sobre o ato administrativo ou relação jurídica deste decorrente, salientando-se que o ato administrativo deve ser válido, pois, caso seja inválido, estaremos diante de hipótese que enseja anulação. Importante ressaltar que não é possível revogar um ato administrativo já extinto, dada a falta de utilidade em tal proceder, diferente do que se dá com a anulação de um ato extinto, que, por envolver a retroação de seus efeitos (a invalidação tem efeitos "ex tunc"), é útil e, portanto, possível.

O fundamento da revogação é a mesma regra de competência que habilitou o administrador à prática do ato que está sendo revogado, devendo-se lembrar que só há que se falar em revogação nas hipóteses de ato discricionário.

Já o motivo da revogação é a inconveniência ou inoportunidade da manutenção do ato ou da relação jurídica gerada por este. Isto é, o administrador público faz apreciação ulterior e conclui pela necessidade da revogação do ato para atender ao interesse público.

Quanto aos efeitos da revogação, esta suprime o ato ou seus efeitos, mas respeita os efeitos que já transcorreram. Trata-se, portanto, de eficácia "ex nunc".

Há limites ao poder de revogar. São atos irrevogáveis os seguintes: os que a lei assim declarar; os atos já exauridos, ou seja, que cumpriram seus efeitos; os atos vinculados, já que não se fala em conveniência ou oportunidade neste tipo de ato, em que o agente só tem uma opção; os meros ou puros atos administrativos (exs.: certidão, voto dentro de uma comissão de servidores); os atos de controle; os atos complexos (praticados por mais de um órgão em conjunto); e atos que geram direitos adquiridos. Os atos gerais ou regulamentares são, por sua natureza, revogáveis a qualquer tempo e em quaisquer circunstâncias, respeitando-se os efeitos produzidos.

- Anulação (invalidação): *extinção do ato administrativo ou de seus efeitos por outro ato administrativo ou por decisão judicial, por motivo de ilegalidade, com efeito retroativo ("ex tunc")*. Ex.: anulação da permissão para instalação de banca de jornal em bem público por ter sido conferida sem licitação.

O sujeito ativo da invalidação pode ser tanto o administrador público como o juiz. A Administração Pública poderá invalidar de ofício ou a requerimento. O Poder Judiciário, por sua vez, só poderá invalidar por provocação ou no bojo de uma lide. A possibilidade de o Poder Judiciário anular atos administrativos decorre do fato de estarmos num Estado de Direito (art. 1º, CF/1988), em que a lei deve ser obedecida por todos, do princípio da inafastabilidade da jurisdição ("a lei não poderá excluir da apreciação do Poder Judiciário lesão ou ameaça de lesão a direito" – artigo 5º, XXXV) e da previsão constitucional do mandado de segurança, do "habeas data" e da ação popular.

O objeto da invalidação é o ato administrativo inválido ou os efeitos de tal ato (relação jurídica).

Seu fundamento é o dever de obediência ao princípio da legalidade. Não se pode conviver com a ilegalidade. Portanto, o ato nulo deve ser invalidado.

O motivo da invalidação é a ilegalidade do ato e da eventual relação jurídica por ele gerada. Hely Lopes Meirelles diz que o motivo é a ilegalidade ou ilegitimidade do ato, diferente da revogação, que tem por motivo a inconveniência ou inoportunidade.

Quanto ao prazo para se efetivar a invalidação, o art. 54 da Lei 9.784/1999 dispõe "O direito da Administração de anular os atos administrativos de que decorram efeitos favoráveis para os destinatários decai em 5 (cinco) anos, contados da data em que foram praticados, salvo comprovada má-fé". Perceba-se que tal disposição só vale para atos administrativos em geral de que decorram efeitos favoráveis ao agente (ex.: permissão, licença) e que tal decadência só aproveita ao particular se este estiver de boa-fé. A regra do art. 54 contém ainda os seguintes parágrafos: § 1º: "No caso de efeitos patrimoniais contínuos, o prazo de decadência contar-se-á da percepção do primeiro pagamento"; § 2º: "Considera-se exercício do direito de anular qualquer medida de autoridade administrativa que importe impugnação à validade do ato".

No que concerne aos efeitos da invalidação, como o ato nulo já nasce com a sanção de nulidade, a declaração se dá retroativamente, ou seja, com efeito "ex tunc". Invalidam-se as consequências passadas, presentes e futuras do ato. Do ato ilegal não nascem direitos. A anulação importa no desfazimento do vínculo e no retorno das partes ao estado anterior.

Tal regra é atenuada em face dos terceiros de boa-fé. Assim, a anulação de uma nomeação de um agente público surte efeitos em relação a este (que é parte da relação jurídica anulada), mas não em relação aos terceiros que receberam atos por este praticados, desde que tais atos respeitem a lei quanto aos demais aspectos.

(Técnico Judiciário – TRT/7ª – 2009 – FCC) A anulação de ato administrativo emanado do Poder Executivo pode ser feita

(A) pela própria Administração e pelo Poder Judiciário.

(B) pela própria Administração e pelo Poder Legislativo.

(C) pelo Poder Legislativo e pelo Poder Judiciário.

(D) pela Administração, apenas.

(E) pelo Poder Judiciário, apenas.

A *anulação* do ato, que é a sua extinção por motivo de *ilegalidade*, pode ser feita tanto pela Administração, que é quem expediu o ato e tem o controle sobre ele, como pelo Poder Judiciário, que é o Poder que controla todo e qualquer tipo de ilegalidade para o qual seja chamado a se manifestar.

Gabarito "A."

(Técnico Judiciário – TRT/7ª – 2009 – FCC) A revogação do ato administrativo ocorre quando

(A) foi praticado com desvio de finalidade ou abuso de poder.

(B) contiver vício relativo ao sujeito.

(C) o ato alcançou plenamente a sua finalidade.

(D) o ato é praticado de forma diversa da prevista em lei.

(E) a Administração extingue um ato válido, por razões de conveniência e oportunidade.

A, B e **D**: incorretas, pois, nesses casos, tem-se *ilegalidade*, devendo o ato ser *anulado*, e não revogado; **C**: incorreta, pois nesse caso o ato é plenamente válido e legítimo, não se falando em anulação e revogação; **E**: nesse caso, apesar de válido, o ato não é mais conveniente, cabendo, então, a revogação.

Gabarito "E."

(Técnico – TRT/11ª – 2012 – FCC) Determinado administrador público desapropriou certo imóvel residencial com o propósito de perseguir o expropriado, seu inimigo político. Não obstante o vício narrado, a Administração Pública decide convalidar o ato administrativo praticado (desapropriação) com efeitos retroativos. Sobre o fato, é correto afirmar que:

(A) Será possível a convalidação, a fim de ser aproveitado o ato administrativo praticado, sanando-se, assim, o vício existente.

(B) Não será possível a convalidação, sendo ilegal o ato praticado, por conter vício de finalidade.

(C) Não será possível a convalidação, sendo ilegal o ato praticado, por conter vício de forma.

(D) Será possível a convalidação, no entanto, ela deverá ter efeitos *ex nunc* e, não, *ex tunc*.

(E) Não será possível a convalidação, sendo ilegal o ato praticado, por conter vício de objeto.

A: incorreta, pois a convalidação só incide sobre atos com defeitos sanáveis (que não é o caso do desvio de finalidade, que gera a nulidade absoluta do ato) e que não causem prejuízos a terceiros ou ao interesse público (art. 55 da Lei 9.784/1999); no caso, o ato prejudicou o interesse

público, que não admite violação ao princípio da moralidade, e terceiros, pois atingiu o inimigo político do administrador, de maneira que não poderá ser convalidado; **B:** correta, pois, havendo defeito insanável (desvio de finalidade) e prejuízo ao interesse público e a terceiro, não cabe convalidação (art. 55 da Lei 9.784/1999); **C:** incorreta, pois o vício não é no requisito *forma*, mas no requisito *finalidade*; **D:** incorreta, pois, se não é possível convalidação, não há que se falar em efeitos dessa; de qualquer forma, quando a convalidação é possível o efeito é *ex tunc* (retroage) e não *ex nunc*; **E:** incorreta, pois o vício não é no requisito *objeto*, mas no requisito *finalidade*.
Gabarito "B"

(Técnico Judiciário – TRT/20ª – 2011 – FCC) Sobre os atos administrativos analise as seguintes assertivas:

I. Convalidação é o ato jurídico que sana vício de ato administrativo antecedente de tal modo que este passa a ser considerado como válido desde o seu nascimento.
II. A Administração pode anular seus próprios atos, quando eivados de vícios que os tornem ilegais, porque deles não se originam direitos; ou revogá-los por motivos de conveniência e oportunidade, respeitados os direitos adquiridos e ressalvadas em todos os casos, a apreciação judicial.
III. Revogação é o ato administrativo discricionário pelo qual a Administração extingue um ato válido, por razões de oportunidade e conveniência, e terá efeitos *ex tunc*.

Está correto o que se afirma APENAS em
(A) I e II.
(B) I e III.
(C) II.
(D) II e III.
(E) III.

I: correta, pois traz a exata definição de convalidação; **II:** correta, pois está de acordo com a Súmula 473 do STF e com o art. 53 da Lei 9.784/1999; **III:** incorreta, pois a revogação terá efeitos *ex nunc*.
Gabarito "A"

(Técnico Judiciário – TRE/AC – 2010 – FCC) Sobre a anulação do ato administrativo, considere:

I. A anulação é a declaração de invalidação de um ato administrativo ilegítimo ou ilegal, feita pela própria Administração ou pelo Poder Judiciário.
II. Em regra, a anulação dos atos administrativos vigora a partir da data da anulação, isto é, não tem efeito retroativo.
III. A anulação feita pela Administração depende de provocação do interessado.

Está correto o que se afirma APENAS em
(A) I.
(B) I e II.
(C) II.
(D) II e III.
(E) III.

I: correta, pois traz a exata definição de anulação; **II:** incorreta, pois a anulação tem efeitos retroativos (*ex tunc*); **III:** incorreta, pois a Administração, por conta do princípio da legalidade, deve anular os atos ilegais independentemente de provocação do interessado.
Gabarito "A"

(Técnico Judiciário – TRE/RS – 2010 – FCC) A anulação do ato administrativo emanado da Administração
(A) deve ocorrer quando não for mais conveniente e oportuna a sua manutenção.
(B) ocorre quando há vício no ato, relativo à legalidade ou legitimidade.
(C) nunca pode ser feita pela própria Administração.
(D) pode ser feita pelo Poder Judiciário, de ofício.
(E) produz efeitos a partir da data da revogação.

A: incorreta, pois a anulação deve se dar quando houver ilegalidade, e não quando houver inconveniência, que justifica a revogação; **B:** correta, pois o motivo da anulação é justamente a ilegalidade ou a ilegitimidade; **C:** incorreta, pois a anulação pode ser feita tanto pelo Judiciário, como pela Administração; **D:** incorreta, pois o Judiciário pode anular um ato administrativo, mas o faz mediante provocação; **E:** incorreta, pois a anulação produz efeitos retroativos; aliás, a alternativa é falsa duplamente, pois a palavra revogação está totalmente deslocada no dispositivo.
Gabarito "B"

(Técnico – TRE/SP – 2012 – FCC) Determinada autoridade administrativa detectou, em procedimento ordinário de correição, vício de forma em relação a determinado ato administrativo concessório de benefício pecuniário a servidores. Diante dessa situação, foi instaurado procedimento para anulação do ato, com base na Lei Federal 9.784/1999, que regula o processo administrativo no âmbito da Administração Pública federal, no qual, de acordo com os preceitos da referida Lei, o ato
(A) poderá ser convalidado, em se tratando de vício sanável e desde que evidenciado que não acarreta lesão ao interesse público.
(B) não poderá ser anulado, por ensejar direito adquirido aos interessados, exceto se comprovado dolo ou má-fé.
(C) deverá ser revogado, operando-se os efeitos da revogação desde a edição do ato, salvo se decorrido o prazo decadencial de 5 anos.
(D) poderá ser anulado, revogado ou convalidado, a critério da Administração, independentemente da natureza do vício, de acordo com as razões de interesse público envolvidas.
(E) poderá ser convalidado, desde que não transcorrido o prazo decadencial de 5 anos e evidenciada a existência de boa-fé dos beneficiados.

A: correta (art. 55 da Lei 9.784/1999); **B:** incorreta, pois o fato de um ato gerar direitos aos interessados não o torna imune à anulação; a única coisa é que, se o interessado estiver de boa-fé, o prazo para anulação é de 5 anos (art. 54 da Lei 9.784/1999); **C:** incorreta, pois atos com vícios devem ser anulados e não revogados; vale lembrar que a anulação tem efeitos retroativos (*ex tunc*); **D:** incorreta, pois o vício de legalidade enseja apenas a anulação (se for insanável) e a convalidação (se for sanável), mas não a revogação; **E:** incorreta, pois os requisitos da convalidação são outros, quais sejam, vício sanável e não prejuízo a terceiros ou a interesse público.
Gabarito "A"

(Técnico Judiciário – TJ/SE – 2009 – FCC) A anulação do ato administrativo emanado do Poder Executivo pode ser feita
(A) unicamente por provocação do interessado.
(B) pelo Ministério Público.
(C) pelo Poder Legislativo.

(D) quando não for mais conveniente ou oportuna a sua manutenção.

(E) pela própria Administração ou pelo Poder Judiciário.

Como já se viu a anulação pode ser feita pela própria Administração que expedir o ato e também pelo Poder Judiciário.
Gabarito "E".

(Técnico Judiciário – TJ/CE – 2008 – CESPE) Em relação aos atos administrativos, julgue os itens subsequentes.

(1) As razões explicitadas na motivação de um ato administrativo são determinantes na aferição da validade e da eficácia do ato em eventual exame pelo Poder Judiciário.

(2) O ato administrativo é válido quando expedido em absoluta conformidade com as exigências do ordenamento jurídico.

(3) O Poder Judiciário pode revogar ato administrativo por não considerar sua edição oportuna.

(4) Um ato administrativo pode ser revogado se ofender direito líquido e certo de particular.

1: correta, em virtude da Teoria dos Motivos Determinantes, que se aplica na circunstância de as razões serem explicitadas no ato administrativo; **2:** correta, pois a *validade* tem a ver com o cumprimento da *lei*; **3:** errada, pois só a Administração Pública que tiver expedido o ato pode revogá-lo; **4:** errada, pois um ato que ofende direito líquido e certo de alguém é um ato *ilegal*, devendo ser *anulado*, e não *revogado*.
Gabarito 1C, 2C, 3E, 4E

(Técnico Judiciário – TJ/RJ – 2008 – CESPE) Em relação à extinção dos atos administrativos, assinale a opção correta.

(A) O ato se extingue pelo desfazimento volitivo quando sua retirada funda-se no advento de nova legislação que impede a permanência da situação anteriormente consentida.

(B) A conversão de ato administrativo ocorre quando o órgão decide sanar ato inválido anteriormente praticado, suprindo a ilegalidade que o vicia.

(C) A revogação do ato gera, em regra, eficácia desde a prolação do ato ilegal.

(D) Não compete ao Poder Judiciário revogar atos administrativos do Poder Executivo, sob pena de ofensa ao princípio da separação dos poderes.

(E) Admite-se a revogação de atos integrativos de um procedimento administrativo, mesmo quando se opera preclusão de ato sucessivo.

A: incorreta, pois a extinção do ato administrativo no caso, tem o nome de *caducidade*, não ocorre por *vontade* de alguém (*desfazimento volitivo*), mas ocorre automaticamente com a edição da nova lei; **B:** incorreta, pois a conversão ocorre quando o órgão *aproveita* um ato inválido em outra situação jurídica, na qual o ato praticado é considerado válido; assim, não há que se falar em *saneamento* do vício do ato, mas aproveitamento do ato em outra categoria de ato, em que o primeiro é válido; por exemplo, podemos citar a nomeação de alguém para um *cargo efetivo*, sem concurso público; essa situação torna o ato inválido e não há como manter essa nomeação, não há como sanear essa nomeação; porém pode-se aproveitar nomeação *convertendo-a* para nomeação para *cargo em comissão*, a qual não requer concurso público; **C:** incorreta, pois a revogação tem efeito *ex nunc* (não retroage para a data do ato praticado originariamente); além disso, a revogação não diz respeito a atos *ilegais*, e sim a atos *inconvenientes*; **D:** correta, pois a revogação, realmente, só pode ser feita pela Administração Pública que expedir o ato; **E:** incorreta, pois, num procedimento administrativo, praticam-se normalmente atos vinculados, e os atos vinculados não podem ser revogados; ademais, ocorrendo a preclusão (ou seja, a impossibilidade de se questionar um ato praticado por não caber mais recurso, por exemplo), não há mais que se falar em revogação do ato administrativo.
Gabarito "D".

(FGV – 2015) Manoel da Silva é comerciante, proprietário de uma padaria e confeitaria de grande movimento na cidade ABCD. A fim de oferecer ao público um serviço diferenciado, Manoel formulou pedido administrativo de autorização de uso de bem público (calçada), para a colocação de mesas e cadeiras. Com a autorização concedida pelo Município, Manoel comprou mobiliário de alto padrão para colocá-lo na calçada, em frente ao seu estabelecimento. Uma semana depois, entretanto, a Prefeitura revogou a autorização, sem apresentar fundamentação. A respeito do ato da prefeitura, que revogou a autorização, assinale a afirmativa correta.

(A) Por se tratar de ato administrativo discricionário, a autorização e sua revogação não podem ser investigadas na via judicial.

(B) A despeito de se tratar de ato administrativo discricionário, é admissível o controle judicial do ato.

(C) A autorização de uso de bem público é ato vinculado, de modo que, uma vez preenchidos os pressupostos, não poderia ser negado ao particular o direito ao seu uso, por meio da revogação do ato.

(D) A autorização de uso de bem público é ato discricionário, mas, uma vez deferido o uso ao particular, passa-se a estar diante de ato vinculado, que não admite revogação.

A: incorreta, pois os atos discricionários podem sim ser objeto de controle jurisdicional, que se dá quanto aos aspectos de legalidade, razoabilidade e moralidade do ato administrativo; **B:** correta, pois, como mencionado, os atos discricionários podem ser objeto de controle do Judiciário quanto aos seus aspectos de legalidade, razoabilidade e moralidade; **C e D:** incorretas, pois a autorização de uso de bem público é ato *discricionário* (portanto, não vinculado) e *precário* (portanto, passível de revogação a qualquer tempo).
Gabarito "B".

5. ORGANIZAÇÃO ADMINISTRATIVA

5.1. Temas gerais (Administração Pública, órgãos e entidades, desconcentração e descentralização, controle e hierarquia, teoria do órgão)

Segue um resumo sobre essa parte introdutória:

O objetivo deste tópico é efetuar uma série de distinções, de grande valia para o estudo sistematizado do tema. A primeira delas tratará da relação entre pessoa jurídica e órgãos estatais.

Pessoas jurídicas estatais são entidades integrantes da estrutura do Estado e dotadas de personalidade jurídica, ou seja, de aptidão genérica para contrair direitos e obrigações.

Órgãos públicos são centros de competência integrantes das pessoas estatais instituídos para o desempenho das funções públicas por meio de agentes públicos. São, portanto, parte do corpo (pessoa jurídica). Cada órgão é investido de determinada competência, dividida entre seus cargos. Apesar de não terem personalidade jurídica, têm prerrogativas funcionais, o que admite até que interponham mandado de segurança, quando violadas (tal capacidade processual, todavia, só têm os órgãos independentes e os autônomos). Todo ato de um órgão é imputado diretamente à pessoa jurídica da qual é integrante, assim como todo ato de agente público é imputado diretamente ao órgão à qual pertence (trata-se da chamada "teoria do órgão", que se contrapõe à teoria da representação ou do mandato, conforme se verá no capítulo seguinte). Deve-se ressaltar, todavia, que a representação legal da entidade é atribuição de determinados agentes, como o Chefe do Poder Executivo e os Procuradores. Confiram-se algumas classificações dos órgãos públicos, segundo o magistério de Hely Lopes Meirelles:

Quanto à posição, podem ser órgãos independentes (originários da Constituição e representativos dos Poderes do Estado: Legislativo, Executivo e Judiciário – aqui estão todas as corporações legislativas, chefias de executivo e tribunais e juízos singulares); *autônomos* (estão na cúpula da Administração, logo abaixo dos órgãos independentes, tendo autonomia administrativa, financeira e técnica, segundo as diretrizes dos órgãos a eles superiores – cá estão os Ministérios, as Secretarias Estaduais e Municipais, a AGU etc.), *superiores* (detêm poder de direção quanto aos assuntos de sua competência, mas sem autonomia administrativa e financeira – ex: gabinetes, procuradorias judiciais, departamentos, divisões etc.) e *subalternos* (são os que se acham na base da hierarquia entre órgãos, tendo reduzido poder decisório, com atribuições de mera execução – ex: portarias, seções de expediente):

Quanto à estrutura, podem ser simples ou unitários (constituídos por um só centro de competência) e *compostos* (reúnem outros órgãos menores com atividades-fim idênticas ou atividades auxiliares – ex: Ministério da Saúde).

Quanto à atuação funcional, podem ser singulares ou unipessoais (atuam por um único agente – ex: Presidência da República) e *colegiados* ou *pluripessoais* (atuam por manifestação conjunta da vontade de seus membros – ex: corporações legislativas, tribunais e comissões).

Outra distinção relevante para o estudo da estrutura da Administração Pública é a que se faz entre desconcentração e descentralização. Confira-se.

Desconcentração é a distribuição interna de atividades administrativas, de competências. Ocorre de órgão para órgão da entidade Ex: competência no âmbito da Prefeitura, que poderia estar totalmente concentrada no órgão Prefeito Municipal, mas que é distribuída internamente aos Secretários de Saúde, Educação etc.

Descentralização é a distribuição externa de atividades administrativas, que passam a ser exercidas por pessoa ou pessoas distintas do Estado. Dá-se de pessoa jurídica para pessoa jurídica como técnica de especialização. Ex: criação de autarquia para titularizar e executar um dado serviço público, antes de titularidade do ente político que a criou.

Na descentralização por serviço a lei atribui ou autoriza que outra pessoa detenha a titularidade e a execução do serviço. Depende de lei. Fala-se também em outorga do serviço.

Na descentralização por colaboração o contrato ou ato unilateral atribui a outra pessoa a execução do serviço. Aqui o particular pode colaborar, recebendo a execução do serviço, e não a titularidade. Fala-se também em delegação do serviço e o caráter é transitório.

É importante também saber a seguinte distinção.

Administração direta compreende os órgãos integrados no âmbito direto das pessoas políticas (União, Estados, Distrito Federal e Municípios).

Administração indireta compreende as pessoas jurídicas criadas pelo Estado para titularizar e exercer atividades públicas (autarquias e fundações públicas) e *para agir na atividade econômica quando necessário (empresas públicas e sociedades de economia Mista)*.

Outra classificação relevante para o estudo do tema em questão é a que segue.

As pessoas jurídicas de direito público são os entes políticos e mais as autarquias e fundações públicas, uma vez que todas essas pessoas são criadas para exercer típica atividade administrativa, o que impõe tenham, de um lado, prerrogativas de direito público, e, de outro, restrições de direito público, próprias de quem gere coisa pública.

As pessoas jurídicas de direito privado são as empresas púbicas e as sociedades de economia mista, visto que são criadas, em sentido amplo, para exercer atividade econômica, devendo ter os mesmos direitos e restrições das demais pessoas jurídica privadas, em que pese terem algumas restrições adicionais, pelo fato de terem sido criadas pelo Estado.

Para fecharmos essa introdução, tem-se que saber a seguinte distinção.

Hierarquia consiste no poder que um órgão superior tem sobre outro inferior, que lhe confere, dentre outras prerrogativas, uma ampla possibilidade de fiscalização dos atos do órgão subordinado.

Controle (tutela ou supervisão ministerial) *consiste no poder de fiscalização que a pessoa jurídica política tem sobre a pessoa jurídica que criou, que lhe confere tão somente a possibilidade de submeter a segunda ao cumprimento de seus objetivos globais, nos termos do que dispuser a lei.* Ex: a União não pode anular um ato administrativo de concessão de aposentadoria por parte do INSS (autarquia por ela criada), por não haver hierarquia; mas pode impedir que o INSS passe a comercializar títulos de capitalização, por exemplo, por haver nítido desvio dos objetivos globais para os quais fora criada a autarquia. Aqui não se fala em subordinação, mas em vinculação administrativa.

(Técnico Judiciário – TRE/PI – CESPE – 2016) Entidade administrativa, com personalidade jurídica de direito público, destinada a supervisionar e fiscalizar o ensino superior, criada mediante lei específica,

(A) é regida, predominantemente, pelo regime jurídico de direito privado.

(B) integra a administração direta.

(C) possui autonomia e é titular de direitos e obrigações próprios.

(D) tem natureza de empresa pública.

(E) é exemplo de entidade resultante da desconcentração administrativa.

A: incorreta. A assertiva define autarquia e está e de direito público. **B:** incorreta. As autarquias integram a administração indireta. **C:** Correta. As autarquias por definição legal, possuem autonomia e são titulares de direitos e obrigações próprios. **D:** incorreta. Decreto 200/1967, Art. 5º, II: Empresa Pública: a entidade dotada de personalidade jurídica de direito privado **E:** incorreta. Autarquia é exemplo de descentralização administrativa a medida que e criada como órgão dotado de personalidade jurídica própria. **FMB**

Gabarito "C".

(Técnico Judiciário – TJ/CE – 2014 – CESPE) No que se refere à administração direta e à indireta, à centralizada e à descentralizada, assinale a opção correta.

(A) Trata-se de administração indireta quando o Estado, a fim de obter maior celeridade e eficiência, exerce algumas de suas atividades de forma desconcentrada.

(B) As empresas públicas e as sociedades de economia mista são integrantes da administração indireta, independentemente de prestarem serviço público ou de exercerem atividade econômica de natureza empresarial.

(C) Toda pessoa integrante da administração indireta está vinculada a determinado órgão da administração direta, fato que decorre do princípio da especificidade.

(D) Em virtude do princípio da separação dos poderes, a administração pública direta é exercida exclusivamente pelo Poder Executivo, o qual é incumbido da atividade administrativa em geral.

(E) A criação de empresa pública e de sociedade de economia mista depende de autorização legislativa, porém, o mesmo não ocorre às suas subsidiárias.

A: Incorreta. Pois a Administração Indireta consiste no conjunto de pessoas administrativas vinculadas à Administração Direta com o objetivo de desempenhar as atividades administrativas de forma descentralizada; **B:** Correta, conforme arts.4º, II, b e c, e 5º, II e III, do Dec.-lei 200/1967; **C:** Incorreta. O princípio da especialidade assinala a necessidade de a atividade a ser exercida pela pessoa integrante da administração indireta estar expressamente prevista em lei, ou seja, não se pode falar em instituição de entidade com finalidades genéricas. Vale dizer que o preceito descrito na alternativa é o princípio do controle; **D:** Incorreta. Pois a Administração Direta do Estado engloba os órgãos de todos os Poderes Políticos dos entes federativos que tenham competência de exercer a atividade administrativa, não apenas o Poder Executivo; **E:** Incorreta. Somente por lei específica poderá ser criada autarquia e autorizada a instituição de empresa pública e de sociedade de economia mista. A criação de subsidiárias, nesses dois casos, dependerá de autorização legislativa (art. 37, XIX e XX, da CF).

Gabarito "B".

(Técnico Judiciário – TJDFT – 2013 – CESPE) A respeito da administração direta e indireta e dos conceitos de centralização e descentralização, julgue os próximos itens.

(1) Entidades paraestatais, pessoas jurídicas de direito privado que integram a administração indireta, não podem exercer atividade de natureza lucrativa.

(2) Quando o Estado cria uma entidade e a ela transfere, por lei, determinado serviço público, ocorre a descentralização por meio de outorga.

(3) A criação, por uma universidade federal, de um departamento específico para cursos de pós-graduação é exemplo de descentralização.

1: incorreta, pois as entidades paraestatais não integram a administração direta e indireta, tratando-se de entidades privadas não criadas pelo Estado, apesar de atuarem na colaboração com este; são exemplos de entidades paraestatais as entidades do Sistema "S" (SESI, SENAC, SENAI etc.) e as organizações sociais e OSCIPs; **2:** correta; trata-se de "descentralização", pois tal transferência se dá de pessoa jurídica para pessoa jurídica (e não de órgão para órgão, hipótese em que se teria a desconcentração) e "por outorga", pois há transferência da própria competência, diferentemente da "por colaboração", em que há mera delegação para a simples prestação de um serviço público; **3:** incorreta, pois tal atribuição se dá de órgão para órgão (ou seja, internamente a uma pessoa jurídica), de modo que se tem desconcentração e não descentralização.

Gabarito 1E, 2C, 3E

(Técnico – TRT/6ª – 2012 – FCC) Sobre a descentralização e a desconcentração é correto afirmar que a

(A) descentralização compreende a distribuição de competências para outra pessoa jurídica, enquanto a desconcentração constitui distribuição de competências dentro da mesma pessoa jurídica.

(B) desconcentração compreende a distribuição de competências para outra pessoa jurídica, desde que de natureza jurídica de direito público.

(C) descentralização constitui distribuição de competências dentro da mesma pessoa jurídica, admitindo, excepcionalmente, a delegação de serviço público a terceiros.

(D) descentralização compreende a distribuição de competências para outra pessoa jurídica, vedada a delegação de serviço público à pessoa jurídica de direito privado.

(E) desconcentração constitui a delegação de serviço público à pessoa jurídica de direito privado por meio de permissão ou concessão.

A: correta; de fato, a descentralização se dá de *pessoa jurídica* para *pessoa jurídica* (ex: da União para uma Agência Reguladora), ao passo que a desconcentração se dá internamente a uma pessoa jurídica, ou seja, dá-se de órgão para órgão (ex: da Presidência da República para um Ministério; a palavra que tem a letra "o" no meio dela (desconcentração) vai lhe ajudar a lembrar que esta se dá de órgão para órgão; **B:** incorreta, pois a desconcentração se dá internamente a uma mesma pessoa jurídica; **C:** incorreta, pois a descentralização se dá para fora de uma pessoa jurídica; **D:** incorreta, pois o conceito de descentralização está correto, mas é falso dizer que é vedada a delegação de serviço público à pessoa jurídica de direito privado; isso porque há dois tipos de descentralização, a por serviço (feita por lei para uma pessoa jurídica de direito público, que recebe a titularidade do serviço público) e a por colaboração (feita por contrato para uma pessoa jurídica de direito privado, a fim de que esta preste um serviço público); **E:** incorreta, pois o conceito trazido na alternativa é de descentralização por colaboração e não de desconcentração.

Gabarito "A".

(Técnico Judiciário – TRE/RS – 2010 – FCC) NÃO integram a Administração Pública Indireta:

(A) Autarquia e Fundação Pública.

(B) Ministério Público e Defensoria Pública.

(C) Fundação Pública e Empresa Pública.

(D) Sociedade de economia mista e autarquia.

(E) Empresa Pública e Sociedade de economia mista.

A Administração Indireta é composta por pessoas jurídicas criadas pelos entes políticos. O Ministério Público e a Defensoria Pública não são pessoas jurídicas. São órgãos integrantes da Administração Direta, e não entes da Administração Indireta.
Gabarito "B".

(Técnico Judiciário – TRE/BA – 2010 – CESPE) Acerca da organização administrativa e dos conceitos relativos à administração direta e indireta, julgue os itens que se seguem.

(1) As agências reguladoras são entidades que compõem a administração indireta e, por isso, são classificadas como entidades do terceiro setor.

(2) A criação de uma autarquia para executar determinado serviço público representa uma descentralização das atividades estatais. Essa criação somente se promove por meio da edição de lei específica para esse fim.

1: incorreta, pois as agências reguladoras não são entidades do terceiro setor, mas entidades da Administração Indireta; as entidades do terceiro setor são aquelas que não fazem parte da Administração Pública, apesar de serem sem fins lucrativos e colaborarem com esta; **2:** correta, pois a criação de outra pessoa jurídica tem o nome de descentralização, sendo certo que é necessário lei específica (art. 37, XIX, da CF/1988).
Gabarito 1E, 2C

5.2. Administração indireta e suas entidades

(Técnico – TJ/MA – FCC – 2019) Diferem as autarquias das empresas estatais, por exemplo, quanto

(A) ao regime de execução de seus débitos, pois somente as empresas públicas sujeitam-se ao regime de precatórios.

(B) à forma de composição do capital social, pois as autarquias pertencem integralmente ao mesmo ente público.

(C) à forma de sua criação, pois as autarquias são criadas por lei, enquanto as empresas estatais têm sua instituição autorizada por lei.

(D) ao regime jurídico de seus bens, considerando que somente o patrimônio das sociedades de economia mista está sujeito ao regime jurídico de direito público.

(E) ao critério de contratação de seus empregados, pois somente as autarquias estão obrigadas à regra do concurso público.

A errada (nos termos do art. 100 da Constituição Federal, o regime dos precatórios aplica-se à Fazenda Pública, o que inclui as pessoas jurídicas de direito público; assim, as empresas públicas, por serem pessoas jurídicas de direito privado, não se submetem ao regramento dos precatórios). **B:** errada (enquanto as autarquias são pessoas jurídicas de direito público, as empresas estatais são pessoas jurídicas de direito privado, podendo assumir a condição de empresas públicas ou de sociedades de economia mista; enquanto o capital social das empresas públicas é integralmente público, o das sociedades de economia mista é público e privado). **C:** certa (é o que dispõe o art. 37, inc. XIX, CF). **D:** errada (as autarquias submetem-se, em relação ao seu patrimônio, ao regime jurídico de direito público; ademais, o patrimônio das sociedades de economia mista que exploram atividade econômica não se sujeitam ao regime público, e sim ao privado). **E:** errada (todas as entidades da Administração indireta, entre as quais as autarquias e as empresas estatais, estão obrigadas à regra do concurso público). **RB**
Gabarito "C".

(Técnico – TRT/15 – FCC – 2018) A constituição de uma pessoa jurídica para integrar a Administração indireta depende

(A) de autorização legislativa para instituição, no caso das sociedades de economia mista, cujo regime jurídico típico de direito privado não afasta a necessidade de se submeter a determinadas regras e princípios aplicáveis às pessoas jurídicas de direito público.

(B) de lei para criação do ente, quando se tratar de empresas estatais de natureza jurídica típica de direito privado, independente do objeto social, não se lhes aplicando o regime jurídico de direito público.

(C) de lei autorizativa, no caso das autarquias, seguida de afetação de patrimônio e arquivamento de atos constitutivos segundo a legislação civil vigente.

(D) do arquivamento dos atos constitutivos no caso das autarquias, seguido de edição de Decreto homologatório pelo Chefe do Executivo.

(E) de lei autorizativa para criação de qualquer ente, independente da natureza jurídica, fazendo constar como anexo do ato normativo os atos constitutivos da pessoa jurídica.

A: correta. Quanto à criação, as empresas estatais (empresas públicas e sociedades e economia mista) dependem de autorização de lei específica. Observe-se que, diferente da autarquia, que é criada por lei específica, as empresas estatais têm sua criação *autorizada* por lei específica, de maneira que tal criação só se efetiva com o arquivamento dos atos constitutivos da sociedade na Junta Comercial. Todavia, mesmo que com a natureza jurídica de direito privado, sofrem a incidência das normas do regime jurídico-administrativo da Administração Pública; **B:** incorreta. No que concerne ao **objeto** das empresas estatais, a Constituição atual deixa claro que a sua criação só se justifica quando, excepcionalmente, o Estado tenha de agir na *atividade econômica*. Tais empresas poderão, por exemplo, ser concessionárias de serviço público (executam o serviço público, mas não são titulares deste, sob pena de terem de obedecer ao regime jurídico próprio das autarquias e fundações públicas). E também podem simplesmente agir em atividades econômicas que não importem em prestação de serviço público; **C:** incorreta, as autarquias são criadas por lei específica, ou seja, não são autorizadas a serem criadas por lei, razão pela qual não precisam de arquivamento de seus atos constitutivos na Junta Comercial; **D:** incorreta, as autarquias são criadas por lei específica, ou seja, não são autorizadas a serem criadas por lei, razão pela qual não precisam de arquivamento de seus atos constitutivos na Junta Comercial; **E:** incorreta, as empresas estatais dependem de autorização em lei específica, ao passo que as autarquias e fundações são criadas pela própria lei. **FB**
Gabarito "A".

(Técnico – TRT1 – 2018 – AOCP) A respeito da organização da Administração Pública, assinale a alternativa correta.

(A) Os pagamentos devidos, em razão de pronunciamento judicial, pelos Conselhos Profissionais, submetem-se ao regime de precatórios.

(B) O regime jurídico de direito privado das empresas públicas é parcialmente derrogado por normas de direito público,

(C) A dotação patrimonial, no que tange às fundações instituídas pelo Poder Público, deve ser inteiramente pública.

(D) Quanto à forma de organização, as sociedades de economia mista podem ser estruturadas sob qualquer das formas admitidas em direito.

(E) Descentralização por serviço é a que se verifica quando, por meio de contrato, transfere-se a execução de determinado serviço público à pessoa jurídica de direito privado.

A: incorreta. O STF, no julgamento do Recurso Extraordinário (RE) 938837, com repercussão geral reconhecida, decidiu que o regime dos precatórios para pagamentos de dívidas decorrentes de decisão judicial não se aplica aos conselhos de fiscalização profissional. Prevaleceu o entendimento do ministro Marco Aurélio, acompanhado pela maioria de votos, ficando vencido o relator do processo, ministro Edson Fachin, que entendia que os conselhos de fiscalização profissionais, embora sejam autarquias especiais – que não estão sujeitas à administração ou supervisão direta de qualquer órgão público e nem recebem recursos do estado –, por exercerem atividade típica de Estado, são pessoas jurídicas de direito público. Ele entendeu que, por este motivo, é possível a aplicação a eles da regra constitucional que obriga a inclusão, no orçamento das entidades de direito público, de verba necessária ao pagamento de seus débitos oriundos de sentenças transitadas em julgado (artigo 100, parágrafo 5º); **B:** correta, mesmo com a natureza jurídica de direito privado, as empresas públicas sofrem a incidência das normas do regime jurídico-administrativo da Administração Pública; **C:** incorreta, as fundações podem ser de direito público ou privado e não precisam ter seu capital inteiramente público. Não se pode confundir as fundações públicas com as fundações privadas criadas pelo Estado. Isso porque nada impede que o Estado crie fundações com personalidade de direito privado, sendo apenas necessário que haja autorização legal. Muitas vezes deseja-se criar uma pessoa jurídica, cujo elemento patrimonial terá caráter preponderante, para um fim de interesse público, mas que não trate de típica atividade administrativa. Em tal hipótese, cria-se uma fundação privada, com regime jurídico de direito privado. Nesse caso haverá fiscalização por parte do Ministério Público, na forma da lei civil. Portanto, o critério que diferencia uma *fundação pública de direito público de uma fundação privada criada pelo Estado* é a natureza da atividade da pessoa jurídica criada. Se se tratar de típica atividade administrativa, será uma fundação pública. Se não, uma fundação privada; **D:** incorreta, as sociedades de economia mista precisam necessariamente serem estruturadas sob a forma de sociedade anônima; **E:** incorreta, **descentralização** *é a distribuição externa de atividades administrativas, que passam a ser exercidas por pessoa ou pessoas distintas do Estado. Dá-se de pessoa jurídica para pessoa jurídica* como técnica de especialização. Ex.: criação de autarquia para titularizar e executar um dado serviço público, antes de titularidade do ente político que a criou. **FB**
Gabarito "B".

(Técnico Judiciário – TRT8 – CESPE – 2016) Com base nas disposições constitucionais e no regime jurídico referentes à administração indireta, assinale a opção correta.

(A) Os conselhos profissionais são considerados autarquias profissionais ou corporativas.

(B) Conforme a Constituição Federal de 1988 (CF), a nomeação dos presidentes das entidades da administração pública indireta independe de aprovação prévia do Senado Federal.

(C) As sociedades de economia mista que exploram atividade econômica não estão sujeitas à fiscalização do Tribunal de Contas da União.

(D) O consórcio público integra a administração direta de todos os entes da Federação consorciados, ainda que detenha personalidade jurídica de direito público.

(E) Existe relação de hierarquia entre a autarquia e o ministério que a supervisiona.

A: correta. Conforme sua natureza jurídica e características definidas em Lei. Art. 58 da Lei 9.649/1998: Os serviços de fiscalização de profissões regulamentadas serão exercidos em caráter privado, por delegação do poder público, mediante autorização legislativa. (...) § 2º

Os conselhos de fiscalização de profissões regulamentadas, dotados de personalidade jurídica de direito privado, não manterão com os órgãos da Administração Pública qualquer vínculo funcional ou hierárquico. **B:** incorreta. CF, art. 52. Compete privativamente ao Senado Federal: III – aprovar previamente, por voto secreto, após arguição pública, a escolha de: *f)* titulares de outros cargos que a lei determinar; **C:** incorreta. Todas o estão. **D:** incorreta. O consórcio publico não integra a administração direta e sim é contratado por ela. Lei 11.107/2005, Art. 1º, § 1º O consórcio público constituirá associação pública ou pessoa jurídica de direito privado. **E:** incorreta. As autarquias são anônimas em sua gestão, não há hierarquia com os ministérios. A supervisão segue o pactuado. **FMB**
Gabarito "A".

(Técnico Judiciário – TRT8 – CESPE – 2016) A autarquia

(A) é pessoa jurídica de direito público.

(B) inicia-se com a inscrição de seu ato constitutivo em registro público.

(C) subordina-se ao ente estatal que a instituir.

(D) é uma entidade de competência política, desprovida de caráter administrativo.

(E) integra a administração pública direta.

A: correta. Conceitua-se autarquia como a pessoa jurídica de direito público, integrante da administração indireta, criada por lei para desempenhar funções que, despidas de caráter econômico, sejam próprias e típicas do Estado. **B:** incorreta. Esta hipótese legal se aplica às fundações públicas, conforme Decreto 200/1967, art. 5º, § 3º As entidades de que trata o inciso IV deste artigo adquirem personalidade jurídica com a inscrição da escritura pública de sua constituição no Registro Civil de Pessoas Jurídicas. **C:** incorreta. A lei não prevê tais exceções. **D:** incorreta. As autarquias possuem competência administrativa. **E:** incorreta. Decreto 200/1967, art. 4º, II, *a.* **FMB**
Gabarito "A".

(Técnico Judiciário – TRE/PE – CESPE – 2017) As autarquias

(A) são criadas, extintas e organizadas por atos administrativos.

(B) têm sua criação e sua extinção submetidas a reserva legal, podendo ter sua organização regulada por decreto.

(C) têm sua criação submetida a reserva legal, mas podem ser extintas por decreto, podendo ter sua organização regulada por atos administrativos.

(D) são criadas e organizadas por decreto e podem ser extintas por essa mesma via administrativa.

(E) são criadas e extintas por decreto, podendo ter sua organização regulada por atos administrativos.

CF, art. 37, XIX: somente por lei específica poderá ser criada autarquia e autorizada a instituição de empresa pública, de sociedade de economia mista e de fundação, cabendo à lei complementar, neste último caso, definir as áreas de sua atuação. Tendo sido criada por Lei, pelo princípio da simetria jurídica, também só através dela será extinta. A organização das autarquias e regulada por atos administrativos, mormente Decreto 200/67. **FMB**
Gabarito "B".

(Técnico Judiciário – TRE/PE – CESPE – 2017) As empresas públicas

(A) admitem a criação de subsidiárias, exigindo-se, para tanto, autorização legislativa.

(B) dispensam, para sua extinção, autorização legislativa.

(C) integram a administração direta.

(D) possuem regime jurídico de direito público.

(E) são criadas por lei.

A: correta. As empresas públicas podem instituir subsidiárias, desde que haja autorização legislativa, nos termos do art. 37, XX, da Constituição Federal. **B:** incorreta. Têm a criação autorizada bem como a extinção por meio de Lei .**C:** incorreta. As empresas públicas integram a Administração Indireta, art. 4°, II, b, do Decreto 200/1967. **D:** incorreta Art. 5°, II: Empresa Pública – a entidade dotada de personalidade jurídica de direito privado (falsa) .**E:** incorreta. Tem a criação AUTORIZADA por lei. FMB

Gabarito "A".

(Técnico Judiciário – MPU – 2010 – CESPE) Julgue o seguinte item.

(1) O Banco Central do Brasil (BACEN) tem autonomia política para criar suas próprias normas.

1: incorreta, pois o BACEN é uma autarquia e, como tal, não tem poder legiferante; o máximo que pode fazer é expedir resoluções sublegais, ou seja, que tenham por fim a fiel execução da lei.

Gabarito 1E

(Técnico Judiciário – MPU – 2010 – CESPE) Julgue os itens subsequentes, acerca das agências executivas e reguladoras.

(1) Considere que Pedro, imediatamente após o término de seu mandato como dirigente de agência reguladora, tenha sido convidado a assumir cargo gerencial em empresa do setor regulado pela agência onde cumprira o mandato. Nessa situação, Pedro não poderá assumir imediatamente o novo cargo, devendo cumprir quarentena.

(2) A agência reguladora não se sujeita a qualquer forma de tutela dos ministérios, ao contrário do que ocorre com a agência executiva.

(3) Considere que os representantes legais de uma empresa distribuidora de energia elétrica estejam inconformados com decisão da Agência Nacional de Energia Elétrica (ANEEL), reguladora do setor elétrico. Nessa situação, não cabe recurso hierárquico da decisão da ANEEL, salvo quanto ao controle de legalidade.

(4) É vedada à agência executiva a fixação, em contrato, dos direitos e obrigações dos administradores.

1: correta, pois, de acordo com o art. 8° da Lei Geral das Agências Reguladoras (Lei 9.986/2000), o ex-dirigente fica impedido para o exercício de atividades ou para prestar qualquer serviço no setor regulado pela respectiva agência, por um período de quatro anos, contados da exoneração ou do término do seu mandato, período em que o ex-dirigente ficará vinculado à agência, fazendo jus à remuneração compensatória equivalente à do cargo de direção que exerceu; **2:** incorreta, pois as agências reguladoras, apesar de terem maior autonomia do que as autarquias tradicionais, estão vinculadas ao ministério respectivo (ex: a ANEEL é vinculada ao Ministério de Minas e Energia – art. 1° da Lei 9.427/1996); **3:** correta, pois o art. 22, § 2°, do Regulamento da ANEEL (Decreto 2.335/1997), prevê a possibilidade de recursos, que devem respeitar a discricionariedade administrativa, de modo que devem se ater a aspectos de legalidade; **4:** incorreta, pois não há proibição nesse sentido nos arts. 51 e 52 da Lei 9.649/1998, lei que regula a agência executiva; ademais, esse tipo de previsão (fixação, em contrato, dos direitos e obrigações dos administradores) é típico dos contratos de gestão, contratos esses essenciais em se tratando de agências executivas (vide os artigos citados), conforme se verifica no inciso II do § 8° do art. 37 da CF/1988.

Gabarito 1C, 2E, 3C, 4E

(MPU – 2010 – CESPE) Acerca das agências executivas e reguladoras, julgue os seguintes itens.

(1) Os diretores de agência reguladora são indicados e exonerados *ad nutum* pelo chefe do ministério a que a agência se vincula.

(2) Para se transformar em agência executiva, uma fundação deve ter, em andamento, planos estratégicos de reestruturação e de desenvolvimento institucional.

(3) À agência executiva é vedada a celebração de contrato de gestão com órgão da administração direta.

(4) A desqualificação de fundação como agência executiva é realizada mediante decreto, por iniciativa do ministério supervisor.

(5) As agências executivas fazem parte da administração direta, e as agências reguladoras integram a administração pública indireta.

1: incorreta, pois os dirigentes de agências reguladoras têm mandato fixo e são indicados pelo Chefe do Executivo, com aprovação pelo Senado; **2:** correta (art. 51, I, da Lei 9.649/1998); **3:** incorreta (art. 51, II, da Lei 9.649/1998); **4:** correta (art. 1°, § 4°, do Decreto 2.487/1998); **5:** incorreta, pois somente autarquias e fundações podem ser qualificadas como agências executivas e tais entidades, como se sabe, são entidades da administração indireta.

Gabarito 1E, 2C, 3E, 4C, 5E

(FGV – 2015) O Governador do Estado Y criticou, por meio da imprensa, o Diretor-Presidente da Agência Reguladora de Serviços Delegados de Transportes do Estado, autarquia estadual criada pela Lei n° 1.234, alegando que aquela entidade, ao aplicar multas às empresas concessionárias por supostas falhas na prestação do serviço, *"não estimula o empresário a investir no Estado"*. Ainda, por essa razão, o Governador ameaçou, também pela imprensa, substituir o Diretor-Presidente da agência antes de expirado o prazo do mandato daquele dirigente. Considerando o exposto, assinale a afirmativa correta.

(A) A adoção do mandato fixo para os dirigentes de agências reguladoras contribui para a necessária autonomia da entidade, impedindo a livre exoneração pelo chefe do Poder Executivo.

(B) A agência reguladora, como órgão da Administração Direta, submete-se ao poder disciplinar do chefe do Poder Executivo estadual.

(C) A agência reguladora possui personalidade jurídica própria, mas está sujeita, obrigatoriamente, ao poder hierárquico do chefe do Poder Executivo.

(D) Ainda que os dirigentes da agência reguladora exerçam mandato fixo, pode o chefe do Poder Executivo exonera-los, por razões políticas não ligadas ao interesse público, caso discorde das decisões tomadas pela entidade.

A: correta; de fato, uma das diferenças entre uma agência reguladora (autarquia especial) e uma autarquia tradicional é justamente o fato de que o dirigentes da primeira têm mandato fixo e não podem, assim, ser desligados por mera vontade do Chefe Executivo, o que certamente confere maior autonomia à entidade para tomar as decisões sem influência política; **B** e **C:** incorretas, pois uma agência reguladora não é um "órgão", mas sim uma "pessoa jurídica"; ademais, e assim sendo, não está sujeita a poder "hierárquico", mas sim ao "controle" ou "tutela", que um tipo de poder mais restrito em relação ao poder que tem um superior hierárquico; **D:** incorreta, pois, conforme mencionado, numa agência reguladora os dirigentes têm mandato fixo e não podem ser desligados por mera vontade do Chefe Executivo, o que evita assim que decisões sejam tomadas por critérios estritamente políticos.

Gabarito "A".

(FGV – 2015) Após autorização em lei, o Estado X constituiu empresa pública para atuação no setor bancário e creditício. Por não possuir, ainda, quadro de pessoal, foi iniciado concurso público com vistas à seleção de 150 empregados, entre economistas, administradores e advogados. A respeito da situação descrita, assinale a afirmativa correta.

(A) Não é possível a constituição de empresa pública para exploração direta de atividade econômica pelo Estado.

(B) A lei que autorizou a instituição da empresa pública é, obrigatoriamente, uma lei complementar, por exigência do texto constitucional.

(C) Após a Constituição de 1988, cabe às empresas públicas a prestação de serviços públicos e às sociedades de economia mista cabe a exploração de atividade econômica.

(D) A empresa pública que explora atividade econômica sujeita-se ao regime trabalhista próprio das empresas privadas, o que não afasta a exigência de concurso público.

A: incorreta, pois é possível sim a constituição de empresa pública para exploração direta de atividade econômica pelo Estado, lembrando, todavia, que essa constituição requer que haja motivo de relevante interesse coletivo ou de segurança nacional (art. 173, *caput*, da CF); **B:** incorreta, pois o art. 37, XIX, da CF não exige lei complementar para a instituição dessas empresas, bastando que se trate de uma lei (ordinária) específica; **C:** incorreta, pois tanto uma (empresa pública) como outra (sociedade de economia mista) podem tanto explorar atividade econômica como prestar serviços públicos; **D:** correta; de fato, as empresas públicas tem um regime de direito privado, ou seja, seguem as normas típicas do direito privado, como em matéria tributária, por exemplo; todavia, por serem entidades criadas pelo estado, obedecem a certos condicionamentos públicos, o que lhes obriga a promoverem licitação e concursos públicos no seu dia a dia.

Gabarito "D".

5.3. Entes de cooperação

(Técnico Judiciário – MPU – 2010 – CESPE) Julgue o seguinte item.

(1) O Serviço Nacional do Comércio (SENAC), como serviço social autônomo sem fins lucrativos, é exemplo de empresa pública que desempenha atividade de caráter econômico ou de prestação de serviços públicos.

1: incorreta, pois o SENAC, serviço social autônomo sem fins lucrativos, não integrante da Administração Pública, não é uma empresa pública, tratando-se de entidade paraestatal – segue paralela ao Estado, mas não se confunde com este; ademais, essas entidades não desempenham atividade de caráter econômico, mas atividades de utilidade pública, colaborando com o Estado no desempenho de atividades relacionadas à educação, lazer, dentre outras.

Gabarito 1E

6. AGENTES PÚBLICOS

6.1. Conceito, classificação, vínculos, provimento e vacância

(Técnico – MPE/CE – CESPE – 2020) No que diz respeito à administração pública direta, à administração pública indireta e aos agentes públicos, julgue os itens que se seguem.

(1) Cargos, empregos e funções públicas devem ser exercidos por brasileiros que preencham as condições estabelecidas em lei, contudo, na forma da lei, há possibilidade de acesso para os estrangeiros.

(2) Ministros e secretários estaduais e municipais são agentes políticos cujos vínculos funcionais não têm natureza permanente, mas que, com base no seu poder político, traçam e implementam políticas públicas constitucionais e políticas públicas de governo.

(3) A administração pública indireta é composta por órgãos e agentes públicos que, no âmbito federal, constituem serviços integrados na estrutura administrativa da presidência da República e dos ministérios.

1: certo (é o que dispõe o art. 37, inc. I, CF). **2:** certo (ministros e secretários estaduais e municipais são considerados agentes políticos, titularizando um vínculo não permanente, já que podem ser exonerados livremente; além disso, na medida em que representam auxiliares da chefia do Poder Executivo, detêm a atribuição de conceber e executar políticas públicas). **3:** errado (administração pública indireta é composta por entidades dotadas de personalidade jurídica própria, como as autarquias, fundações governamentais e empresas estatais; na verdade, a administração direta é composta por órgãos e agentes públicos que, no âmbito federal, constituem serviços integrados na estrutura administrativa da presidência da República e dos ministérios). RB

Gabarito 1C, 2C, 3E

(Técnico Judiciário – TRE/PI – CESPE – 2016) Teobaldo, servidor público do estado do Piauí, adquiriu sua estabilidade em 27/1/2012. Em novembro de 2012, ele foi nomeado para o cargo de técnico judiciário no TRE/PI. Dentro do prazo legal, Teobaldo tomou posse e entrou em exercício em seu novo cargo, após solicitar vacância por posse em outro cargo inacumulável. Na avaliação de seu estágio probatório, no tribunal, Teobaldo foi reprovado, ou seja, foi considerado inapto para o exercício do cargo ocupado no TRE/PI.

Nessa situação hipotética, a administração deve aplicar, em relação a Teobaldo, o instituto denominado

(A) recondução.

(B) aproveitamento.

(C) exoneração.

(D) demissão.

(E) readaptação.

Lei 8.112/1990, Art. 29. Recondução é o retorno do servidor estável ao cargo anteriormente ocupado e decorrerá de: I – inabilitação em estágio probatório relativo a outro cargo. FMB

Gabarito "A".

(Técnico Judiciário – TRE/SP – FCC – 2017) O vínculo funcional a que se submetem os servidores públicos pode variar de acordo com a estruturação da Administração pública e a natureza jurídica do ente a que estão subordinados, por exemplo,

(A) quando vinculados à Administração direta devem, obrigatoriamente, se submeter a prévio concurso de provas e títulos para provimento de cargos, empregos e funções públicas.

(B) os empregados de empresas públicas ou de sociedades de economia mista que explorem atividades econômicas necessariamente devem seguir o mesmo regime de obrigações trabalhistas das empresas privadas.

(C) os ocupantes de empregos públicos e funções públicas devem se submeter a prévio concurso público somente quando o vínculo funcional pretendido se der com entes integrantes da Administração indireta que tenham natureza jurídica de direito público.

(D) os entes que integram a Administração indireta podem preencher cargos em comissão, de livre provimento, que prescindem de concurso público, para suprir as necessidades do quadro funcional até que seja possível o provimento dos respectivos empregos públicos.

(E) os entes que integram a Administração indireta possuem natureza jurídica de direito privado e, como tal, seus servidores somente podem ocupar emprego público.

A: incorreta. A regra se aplica a toda a Administração Pública, Lei 8.112/1990. B: correta. Art. 173 da CF. Ressalvados os casos previstos nesta Constituição, a exploração direta de atividade econômica pelo Estado só será permitida quando necessária aos imperativos da segurança nacional ou a relevante interesse coletivo, conforme definidos em lei. § 1º A empresa pública, a sociedade de economia mista e outras entidades que explorem atividade econômica sujeitam-se ao regime jurídico próprio das empresas privadas, inclusive quanto às obrigações trabalhistas e tributárias. C: incorreta. CF, Art. 37, II – a investidura em cargo ou emprego público depende de aprovação prévia em concurso público de provas ou de provas e títulos, de acordo com a natureza e a complexidade do cargo ou emprego, na forma prevista em lei, ressalvadas as nomeações para cargo em comissão declarado em lei de livre nomeação e exoneração. D: incorreta. A nomeação de cargo em comissão é limitada legalmente. E: incorreta. Cargo público se refere a ambos, alterando-se o regime de trabalho. FMB
Gabarito "B".

(Técnico Judiciário – TRT8 – CESPE – 2016) No que diz respeito aos agentes públicos, assinale a opção correta.

(A) Permite-se que os gestores locais do Sistema Único de Saúde admitam agentes comunitários de saúde e agentes de combate às endemias por meio de contratação direta.

(B) Não se permite o acesso de estrangeiros não naturalizados a cargos, empregos e funções públicas.

(C) O prazo de validade de qualquer concurso público é de dois anos, prorrogável por igual período.

(D) As funções de confiança somente podem ser exercidas pelos servidores ocupantes de cargo efetivo.

(E) Como os cargos em comissão destinam-se à atribuição de confiança, não há previsão de percentual mínimo de preenchimento desses cargos por servidores efetivos.

A: incorreta. Lei 11350/2006, art.9º: A contratação de Agentes Comunitários de Saúde e de Agentes de Combate às Endemias deverá ser precedida de processo seletivo público de provas ou de provas e títulos, de acordo com a natureza e a complexidade de suas atribuições e requisitos específicos para o exercício das atividades, que atenda aos princípios de legalidade, impessoalidade, moralidade, publicidade e

eficiência. § 1º Caberá aos órgãos ou entes da administração direta dos Estados, do Distrito Federal ou dos Municípios certificar, em cada caso, a existência de anterior processo de seleção pública, para efeito da dispensa referida no parágrafo único do art. 2º da Emenda Constitucional 51, de 14 de fevereiro de 2006, considerando-se como tal aquele que tenha sido realizado com observância dos princípios referidos no *caput*. B: incorreta. A proibição se refere a contratação para cargos públicos. Lei 8.112/1990, art. 5º: São requisitos básicos para investidura em cargo público: I – a nacionalidade brasileira. C: incorreta. A validade dos concursos será determinada no edital. A assertiva se refere ao limite máximo. Lei 8.112/1990, art. 11, § 1º O prazo de validade do concurso e as condições de sua realização serão fixados em edital, que será publicado no Diário Oficial da União e em jornal diário de grande circulação. D: correta. Lei 8.112/1990, art. 9º, parágrafo único: O servidor ocupante de cargo em comissão ou de natureza especial poderá ser nomeado para ter exercício, interinamente, em outro cargo de confiança, sem prejuízo das atribuições do que atualmente ocupa, hipótese em que deverá optar pela remuneração de um deles durante o período da interinidade. E: incorreta. A Lei 8.168/1991 Art. 1º As funções de confiança integrantes do Plano Único de Classificação e Retribuição de Cargos e Empregos a que se refere o art. 3º da Lei 7.596, de 10 de abril de 1987, são transformados em Cargos de Direção (CD) e em Funções Gratificadas (FG). Neste sentido ainda prevê a Constituição Federal os percentuais mínimos, a saber, Art. 37, V – as funções de confiança, exercidas exclusivamente por servidores ocupantes de cargo efetivo, e os cargos em comissão, a serem preenchidos por servidores de carreira nos casos, condições e percentuais mínimos previstos em lei, destinam-se apenas a atribuições de direção, chefia e assessoramento; FMB
Gabarito "D".

(Técnico – TRT/6ª – 2012 – FCC) A Constituição Federal previu, em seu artigo 37, inciso IX, a possibilidade de contratação por tempo determinado, para atender a necessidade temporária de excepcional interesse público, nos termos da lei. Partindo-se do pressuposto de que não foi realizado concurso público para a contratação de servidores temporários, é correto afirmar que os admitidos

(A) ocupam cargo efetivo.

(B) ocupam emprego.

(C) ocupam emprego temporário.

(D) desempenham função.

(E) desempenham função estatutária.

A a C: incorretas, pois a admissão para cargos efetivos e empregos públicos dependem de concurso público (art. 37, II, da CF/1988); D: correta, pois o vínculo daquele contratado para atender a necessidade temporária de excepcional interesse público não é de cargo, nem de emprego, mas de função pública; E: incorreta; os vínculos existentes são de cargo, emprego e função pública, sendo que, em sentido amplo, as funções públicas abrangem as funções em confiança (estatutárias), os estágios, as contratações de agentes de saúde e de combate a endemias, e as *contratações temporárias*; dessa forma, as contratações temporárias são função pública temporária e não função pública estatutária.
Gabarito "D".

6.2. Concurso público

(Técnico Judiciário – TRE/SP – FCC – 2017) A publicação de edital para realização de concurso público de provas e títulos para provimento de cargos em órgão público municipal motivou número de inscritos muito superior ao dimensionado pela Administração pública. Considerando a ausência de planejamento da Administração para aplicação das provas para número tão grande de candidatos, bem como que a recente divulgação da arrecadação municipal mostrou sensível decréscimo diante da estimativa de receitas, colocando em dúvida a concretude das nomeações dos eventuais aprovados, a Administração municipal

(A) pode anular o certame, em razão dos vícios de legalidade identificados.

(B) deve republicar o edital do concurso público para reduzir os cargos disponíveis, sob pena de nulidade do certame.

(C) pode revogar o certame, em razão das supervenientes razões de interesse público demonstradas para tanto.

(D) pode revogar o certame municipal somente se tiver restado demonstrada a inexistência de recursos para fazer frente às novas despesas com as aprovações decorrentes do concurso.

(E) deve prosseguir com o certame, republicando o edital para adiamento da realização da primeira prova, a fim de reorganizar a aplicação para o novo número de candidatos, sendo vedado revogar o certame em razão da redução de receitas.

A: incorreta. Pelas informações da assertiva não há vício de legalidade demonstrado. B: incorreta. Não sanaria a questão já que o problema se ateve ao número de inscritos. C: correta. A medida a ser adotada é a revogação do certame, haja vista a possível impossibilidade de contratação diante da baixa arrecadação, fato superveniente a publicação, bem como a imprevisibilidade do fato impeditivo. D: incorreto. Não há a necessidade da demonstração da inexistência de recursos, sendo a previsão desta, fato constatado após a publicação. E: incorreta. Não é vedada a revogação por fato superveniente quando de interesse público. **FMB**
„O„ oțµɐqɐ⅁

(Técnico – INSS – 2012 – FCC) Cargos públicos, segundo a Constituição Federal,

(A) são preenchidos apenas por candidatos aprovados em concurso público de provas e títulos.

(B) podem ser acumulados, inclusive de forma remunerada, na hipótese de serem dois cargos de professor com outro, técnico ou científico, desde que haja compatibilidade de horários.

(C) impedem que o servidor público civil exerça o direito à livre associação sindical.

(D) em nenhuma hipótese são acessíveis a estrangeiros.

(E) proporcionam estabilidade ao servidor nomeado em caráter efetivo, após três anos de efetivo exercício e mediante avaliação especial de desempenho por comissão instituída para essa finalidade.

A: incorreta – segundo o que estabelece a Constituição Federal, a investidura em cargo ou emprego público depende de aprovação prévia em concurso público de provas ou de provas e títulos, de acordo com a natureza e a complexidade do cargo ou emprego, na forma prevista em lei, ressalvadas as nomeações para cargo em comissão declarado em lei de livre nomeação e exoneração – art. 37, II da CF/1988; B: incorreta – a assertiva dá a entender que é possível a cumulação de dois cargos de professor com mais um técnico ou científico, ao passo que a Constituição Federal só autoriza a cumulação de dois cargos de professor ou um de professor com um técnico ou um científico – art. 37, XVI da CF/1988; C: incorreta – art. 37, VI da CF/1988; D: incorreta – art. 37, I da CF/1988; E: correta – art. 41 da CF/1988.
„E„ oțµɐqɐ⅁

6.3. Efetividade, estabilidade e vitaliciedade

(Técnico Judiciário – TRT/16ª – 2009 – FCC) A estabilidade dos servidores públicos nomeados para cargo de provimento efetivo em virtude de concurso público se dará após três anos

(A) da proclamação do resultado do concurso.

(B) de efetivo exercício.

(C) da sua posse.

(D) da sua nomeação.

(E) da publicação da sua nomeação em diário oficial.

Art. 41, *caput*, da CF/1988.
„B„ oțµɐqɐ⅁

(Técnico Judiciário – TRE/GO – 2008 – CESPE) Considerando as normas acerca de concurso público e estabilidade, assinale a opção correta.

(A) A norma constitucional que proíbe tratamento discriminatório em razão da idade, para efeito de ingresso no serviço público, não tem caráter absoluto, sendo legítima, em consequência, a estipulação da exigência de ordem etária quando esta decorrer da natureza e do conteúdo ocupacional do cargo a ser provido.

(B) O servidor estável que for investido em cargo de natureza e carreira diversas está dispensado de cumprir o estágio probatório no novo cargo, pois a estabilidade já é direito que lhe assiste após o período de três anos de efetivo exercício.

(C) Adquirida a estabilidade, o servidor somente poderá ser demitido em virtude de sentença judicial transitada em julgado.

(D) Ao dispor que o direito de acesso ao serviço público é conferido aos brasileiros que preencham os requisitos estabelecidos em lei, a CF proíbe terminantemente a admissão de estrangeiros a cargos, empregos e funções públicas.

A: correta, nos termos da Súmula 683 do STF; B: incorreta, pois cada cargo deve ser objeto de cumprimento do estágio probatório respectivo; C: incorreta (art. 41, § 1º, da CF/1988); D: incorreta (art. 37, I, da CF/1988).
„A„ oțµɐqɐ⅁

(Escrevente Judiciário – TJ/GO – 2008) Sobre a estabilidade do servidor público, é correto afirmar que o servidor:

(A) perderá sua estabilidade por sentença judicial transitada em julgado ou mediante processo administrativo no qual lhe tenham sido assegurados a ampla defesa e o contraditório.

(B) estável, demitido em razão de sentença judicial, que tenha logrado a invalidação desse título judicial, terá direito à reintegração ao cargo que ocupava. Caso o cargo tenha sido preenchido por outrem, esse servidor não será reintegrado de imediato, permanecendo em disponibilidade.

(C) estável poderá perder seu cargo por insuficiência de desempenho, apenas nos três primeiros anos de efetivo exercício, mediante procedimento de avaliação periódica, que deverá ser disciplinado por lei complementar.

(D) que tenha sido aprovado por concurso público para cargo de provimento efetivo, exercido sua função por três anos efetivamente, e tenha sido favoravelmente avaliado em seu desempenho por comissão instituída para essa finalidade, adquire o direito à estabilidade.

A: incorreta, pois faltou a hipótese do art. 41, § 1º, III, da CF/1988; **B:** incorreta, pois pode ser aproveitado em outro cargo (art. 41, § 2º, da CF/1988); **C:** incorreta, pois o procedimento é periódico, até o final da carreira (art. 41, § 1º, III, da CF); **D:** correta (art. 41, *caput* e § 4º, da CF/1988).
Gabarito "D".

6.4. Acumulação remunerada e afastamento

(Técnico Judiciário – TRE/GO – 2008 – CESPE) Acerca do direito de greve e da acumulação de cargos no serviço público, assinale a opção correta.

(A) De acordo com entendimento do STF, a competência para processar e julgar as ações que envolvam o exercício do direito de greve de servidores públicos federais é sempre da Justiça do Trabalho.

(B) A CF admite que um servidor aposentado possa acumular os proventos que percebe com a remuneração de um cargo em comissão de livre nomeação e exoneração.

(C) A norma constitucional que proíbe a greve aos militares federais não se estende aos militares dos estados e do Distrito Federal, devendo as constituições e a Lei Orgânica respectivas dispor sobre o tema.

(D) A proibição de acumular remuneradamente cargos públicos estende-se a empregos e funções nas autarquias e fundações, mas não nas empresas públicas e sociedades de economia mista, pois estas se regem, quanto às obrigações trabalhistas, pelas normas aplicáveis às empresas privadas.

A: incorreta, pois se os servidores são estatutários, a Justiça Federal é a competente; **B:** correta (art. 37, X, da CF/1988); **C:** incorreta, pois não há essa distinção no art. 142, § 3º, IV, da CF/1988; **D:** incorreta (art. 37, XVII, da CF/1988).
Gabarito "B".

(Técnico Judiciário – TRE/GO – 2008 – CESPE) Em relação ao afastamento para exercício de mandato eletivo e aos direitos sociais dos servidores públicos, assinale a opção correta.

(A) O servidor público da administração direta, autárquica ou fundacional em exercício de mandato eletivo tem o direito de ficar afastado do cargo, computando esse tempo para todos os efeitos legais, exceto para promoção por merecimento.

(B) Ao servidor ocupante de cargo público estendem-se os direitos sociais previstos para os trabalhadores urbanos e rurais, como o direito ao seguro-desemprego e ao aviso prévio proporcional ao tempo de serviço.

(C) Quando o servidor ocupa o cargo de vereador ou de prefeito municipal, poderá optar pela remuneração de seu cargo efetivo, embora tenha de obrigatoriamente se afastar dele, abdicando da remuneração do cargo eletivo.

(D) O servidor tem direito a férias anuais de trinta dias, podendo voluntariamente acumulá-las, até o máximo

de três períodos, desde que o requeira com pelo menos sessenta dias de antecedência.

A: correta (art. 38, IV, da CF/1988); **B:** incorreta, pois apenas nos direitos previstos no art. 39, § 3º, da CF/1988 são estendidos aos servidores ocupantes de cargos públicos; **C:** incorreta (art. 38, II e III, da CF/1988); **D:** incorreta (art. 77 da Lei 8.112/1990).
Gabarito "A".

(Técnico Judiciário – TRE/RS – 2008 – CONSULPLAN) Os percentuais mínimos de cargos em comissão e funções comissionadas destinados para serem exercidos por servidores integrantes das Carreiras dos Quadros de Pessoal do Poder Judiciário da União são, respectivamente:

(A) 45% e 80%;

(B) 60% e 85%;

(C) 50% e 70%;

(D) 35% e 90%;

(E) 50% e 80%.

Art. 5º, §§ 1º e 7º, da Lei 11.416/2006.
Gabarito "E".

6.5. Remuneração e subsídio

(Técnico Judiciário – TRE/GO – 2008 – CESPE) Com relação ao sistema remuneratório dos servidores públicos, assinale a opção correta.

(A) Vencimento é o somatório das várias parcelas indenizatórias a que o servidor faz jus em decorrência de sua situação funcional, aí incluídas as vantagens pecuniárias, como os adicionais e as gratificações.

(B) A remuneração dos servidores públicos somente poderá ser fixada por lei específica, e sua alteração só se dará por decreto de iniciativa do chefe do Executivo da respectiva unidade da Federação, assegurada revisão geral anual, sempre na mesma data e sem distinção de índices.

(C) A CF/1988 determina que os ministros de Estado, os membros do Ministério Público, os integrantes da Defensoria Pública e da Advocacia Pública, assim como os servidores públicos policiais, entre outras categorias, serão obrigatoriamente remunerados por subsídios, a serem pagos em parcela única.

(D) O teto remuneratório dos servidores públicos, nas esferas federal, estadual e municipal, é o mesmo para todos os servidores e corresponde ao subsídio dos ministros do STF, estando vedado o estabelecimento de tetos específicos.

A: incorreta (art. 40 da Lei 8.112/1990); **B:** incorreta (art. 37, X, da CF/1988); **C:** correta (art. 39, § 4º, da CF/1988); **D:** incorreta (art. 37, XI, da CF/1988).
Gabarito "C".

(Técnico Judiciário – TRE/RS – 2008 – CONSULPLAN) Marque a alternativa INCORRETA:

(A) A fixação de vencimentos dos servidores públicos não pode ser objeto de convenção coletiva.

(B) O estágio probatório não atinge o servidor público contra a extinção do cargo.

(C) Pela falta residual não compreendida na absolvição pelo juízo criminal, é admissível a punição administrativa do servidor público.

(D) Servidor vitalício está sujeito à aposentadoria compulsória em razão da idade.

(E) Ofende à Constituição, a correção monetária no pagamento com atraso dos vencimentos de servidores públicos.

A: correta (Súmula 679 do STF); **B:** correta (Súmula 22 do STF); **C:** correta (Súmula 19 do STF); **D:** correta (Súmula 36 do STF); **E:** incorreta, devendo ser assinalada (Súmula 682 do STF).

Gabarito "E".

(Técnico Judiciário – TRE/RS – 2008 – CONSULPLAN) Sobre os servidores públicos, marque a alternativa INCORRETA:

(A) Aplica-se aos servidores ocupantes de cargo público a garantia de salário, nunca inferior ao mínimo, para os que percebem remuneração variável.

(B) Extinto o cargo ou declarada a sua desnecessidade, o servidor estável ficará em disponibilidade, com remuneração proporcional ao tempo de serviço, até seu adequado aproveitamento em outro cargo.

(C) Como condição para a aquisição da estabilidade, é obrigatória a avaliação especial de desempenho por comissão instituída para essa finalidade.

(D) O servidor público não tem direito a remuneração do trabalho noturno superior à do diurno.

(E) Invalidada por sentença judicial a demissão do servidor estável, será ele reintegrado e o eventual ocupante da vaga, se estável, reconduzido ao cargo de origem, sem direito à indenização, aproveitado em outro cargo ou posto em disponibilidade com remuneração proporcional ao tempo de serviço.

A: correta (art. 41, § 5º, da Lei 8.112/1990); **B:** correta (art. 41, § 3º, da CF/1988); **C:** correta (art. 41, § 4º, da CF/1988); **D:** incorreta, devendo ser assinalada (art. 39, § 3º, c/c 7º, IX, ambos da CF/1988); **E:** correta (art. 41, § 2º, da CF/1988).

Gabarito "D".

(Técnico Judiciário – TRF/5ª – 2008 – FCC) Nos termos da Constituição Federal de 1988, os Poderes Executivo, Legislativo e Judiciário publicarão os valores dos subsídios e da remuneração dos cargos e empregos públicos:

(A) anualmente.

(B) semestralmente.

(C) trimestralmente.

(D) bimensalmente.

(E) mensalmente.

Art. 39, § 6º, da CF/1988.

Gabarito "A".

(Escrevente Judiciário – TJ/GO – 2008) É correto afirmar que:

(A) o prazo de validade do concurso público será de até 1 ano, prorrogável uma vez, por igual período.

(B) é vedada a acumulação remuneratória de cargos públicos, exceto quando houver compatibilidade de horários, como no caso de um cargo de professor com outro técnico ou científico.

(C) é permitida a vinculação ou equiparação de quaisquer espécies remuneratórias para o efeito de remuneração de pessoal do serviço público.

(D) os acréscimos pecuniários percebidos por servidor público serão computados e acumulados para fim de concessão ulterior.

A: incorreto (art. 37, III, da CF/1988); **B:** correto (art. 37, XVI, da CF/1988); **C:** incorreto (art. 37, XIII, da CF/1988); **D:** incorreto (art. 37, XIV, da CF/1988).

Gabarito "B".

(MPU – 2010 – CESPE) Com relação ao vencimento e à remuneração dos servidores públicos, julgue o próximo item.

(1) Assegura-se a isonomia de vencimentos para cargos de atribuições iguais ou assemelhadas do mesmo Poder, ou entre servidores dos três Poderes, ressalvadas as vantagens de caráter individual e as relativas à natureza ou ao local de trabalho.

1: correta (art. 41, § 4º, da Lei 8.112/1990).

Gabarito 1C

6.6. Processo disciplinar

(Escrevente – TJ/SP – 2018 – VUNESP) Arceus Cipriano foi processado criminalmente sob a acusação de cometimento de crime contra a administração pública e pelos mesmos fatos também foi demitido do cargo público que ocupava. Contudo, na seara criminal, logrou êxito em comprovar que não foi o autor dos fatos, tendo sido absolvido por esse fundamento, na instância criminal. Diante disso, assinale a alternativa correta, nos termos do Estatuto dos Funcionários Públicos Civis do Estado de São Paulo.

(A) A demissão é nula porque a Administração Pública não deveria ter processado administrativamente Arceus e proferido decisão demissória antes do trânsito em julgado da sentença no processo criminal.

(B) Arceus poderá pedir o desarquivamento e a revisão da decisão administrativa que o demitiu, utilizando como documento novo a sentença absolutória proferida no processo criminal.

(C) Arceus terá direito à reintegração ao serviço público, no cargo que ocupava e com todos os direitos e vantagens devidas, mediante simples comprovação do trânsito em julgado da decisão absolutória no juízo criminal.

(D) Se a absolvição criminal ocorreu depois do prazo de interposição do recurso da decisão demissória proferida no processo administrativo, não será possível Arceus valer-se da sentença criminal para buscar a anulação da demissão.

(E) Como a responsabilidade administrativa é independente da civil e da criminal, a absolvição de Arceus Cipriano na justiça criminal em nada altera decisão proferida na esfera administrativa.

"Será reintegrado ao serviço público, no cargo que ocupava e com todos os direitos e vantagens devidas, o servidor absolvido pela Justiça, mediante simples comprovação do trânsito em julgado de decisão que negue a existência de sua autoria ou do fato que deu origem à sua demissão" – art. 250 § 2º da Lei 10.261/1968. FB

Gabarito "C".

(Escrevente – TJ/SP – 2018 – VUNESP) Consoante o Estatuto dos Funcionários Públicos Civis do Estado de São Paulo, será aplicada a pena de demissão nos casos de

(A) aplicação indevida de dinheiros públicos.

(B) prática de insubordinação grave.

(C) exercício de advocacia administrativa.

(D) pedir, por empréstimo, dinheiro ou quaisquer valores a pessoas que tratem de interesses ou o tenham na repartição, ou estejam sujeitos à sua fiscalização.

(E) prática, em serviço, de ofensas físicas contra funcionários ou particulares.

A: correta. Art. 256, IV da Lei 10.261/1968; **B:** incorreta. Trata-se, nesse caso, de pena de demissão a bem do serviço público, tal como previsto no art. 257, IV da Lei 10.261/1968; **C:** incorreta. Trata-se, nesse caso, de pena de demissão a bem do serviço público, tal como previsto no art. 257, IX da Lei 10.261/1968; **D:** incorreta. Trata-se, nesse caso, de pena de demissão a bem do serviço público, tal como previsto no art. 257, VIII da Lei 10.261/1968; **E:** incorreta. Trata-se, nesse caso, de pena de demissão a bem do serviço público, tal como previsto no art. 257, V da Lei 10.261/1968. **FB**
Gabarito "A".

(FGV – 2015) Fernando, servidor público de uma autarquia federal há nove anos, foi acusado de participar de um esquema para favorecer determinada empresa em uma dispensa de licitação, razão pela qual foi instaurado processo administrativo disciplinar, que resultou na aplicação da penalidade de demissão. Sobre a situação apresentada, considerando que Fernando é ocupante de cargo efetivo, por investidura após prévia aprovação em concurso, assinale a afirmativa correta.

(A) Fernando não pode ser demitido do serviço público federal, uma vez que é servidor público estável.

(B) Fernando somente pode ser demitido mediante sentença judicial transitada em julgado, uma vez que a vitaliciedade é garantida aos servidores públicos.

(C) É possível a aplicação de penalidade de demissão a Fernando, servidor estável, mediante processo administrativo em que lhe seja assegurada ampla defesa.

(D) A aplicação de penalidade de demissão ao servidor público que pratica ato de improbidade independe de processo administrativo ou de sentença judicial.

A: incorreta, pois é garantia de permanência no cargo que tem exceções, permitindo o desligamento do servidor por decisão judicial transitada em julgado, por processo administrativo com ampla defesa (que é o processo necessário para demitir alguém por infração disciplinar) ou em caso de avaliação insuficiente de desempenho (art. 41, § 1º, da CF); **B:** incorreta, pois a vitaliciedade, que dá a garantia de perda do cargo apenas por meio de sentença transitada em julgado só existe em relação a magistrados e membros do Ministério Público e Tribunal de Contas; quanto ao servidor ocupante de cargo efetivo, a garantia é só de estabilidade, que admite desligamento do cargo também em função de processo administrativo com ampla defesa e avaliação insatisfatória de desempenho; **C:** correta (art. 41, § 1º, II, da CF); **D:** incorreta, pois a aplicação da penalidade de demissão (por infração disciplinar) requer processo administrativo com ampla defesa e da penalidade de perda do cargo (por condenação criminal ou por condenação por improbidade administrativa) impõe sentença judicial transitada em julgado.
Gabarito "C".

(FGV – 2015) Carlos, servidor público federal, utilizou dois servidores do departamento que chefia para o pagamento

de contas em agência bancária e para outras atividades particulares. Por essa razão, foi aberto processo administrativo disciplinar, que culminou na aplicação de penalidade de suspensão de 5 (cinco) dias.

Sobre o caso apresentado, assinale a afirmativa correta.

(A) Carlos procedeu de forma desidiosa e, por essa razão, a penalidade aplicável seria a de advertência, não a de suspensão.

(B) A infração praticada por Carlos dá ensejo à penalidade de demissão, razão pela qual se torna insubsistente a penalidade aplicada.

(C) Caso haja conveniência para o serviço, a penalidade de suspensão poderá ser convertida em multa, ficando o servidor obrigado a permanecer em serviço.

(D) A penalidade aplicada a Carlos terá seu registro cancelado após 3 (três) anos de efetivo exercício, caso ele não cometa, nesse período, nova infração disciplinar.

A: incorreta, pois cabe demissão nos termos do art. 117, XVI, c/c 132, XIII, ambos da Lei 8.112/1990; **B:** correta; o art. 117, XVI, da Lei 8.112/1990 estabelece que ao servidor é proibido "utilizar **pessoal** ou recursos materiais da repartição em serviços ou atividades particulares" (g.n.); em seguida, o art. 132, XIII, da mesma lei dispõe que a penalidade de *demissão* será aplicada quando houver transgressão aos incisos IX a XVI do art. 117; assim, o caso em tela enseja a aplicação da penalidade de *demissão* e não de *suspensão*, lembrando que a penalidade de suspensão é aplicável nos casos de reincidência de faltas punidas com advertência, nos casos de violação de outras proibições que não tipifiquem infração sujeita a penalidade de demissão e nos casos em que o servidor injustificadamente recusar-se a ser submetido a inspeção médica (art. 130 da Lei 8.112/1990). **C:** incorreta; primeiro por que o caso é de demissão, e não de suspensão (art. 117, XVI c/c 132, XIII, ambos da Lei 8.112/1990); **D:** incorreta, pois o instituto do cancelamento está previsto para as penalidades de advertência e de suspensão (art. 131 da Lei 8.112/1990), e não para o caso de demissão, que é a penalidade aplicável no caso concreto.
Gabarito "B".

7. IMPROBIDADE ADMINISTRATIVA (LEI 8.429/1992)

7.1. Disposições gerais

(Técnico – MPE/CE – CESPE – 2020) Considerando as disposições da Lei 8.429/1992 (Lei de Improbidade Administrativa), julgue os itens a seguir.

(1) A transitoriedade do exercício da função pública impossibilita a aplicação das regras relacionadas a improbidade administrativa.

(2) Lealdade à instituição é um valor que a Lei de Improbidade Administrativa busca resguardar.

(3) A ocorrência de prejuízo ao erário é condição indispensável para a configuração de qualquer ato de improbidade administrativa.

(4) O sucessor daquele que enriquecer ilicitamente estará sujeito às cominações da Lei de Improbidade Administrativa até o limite do valor da herança.

(5) As disposições da Lei 8.429/1992 são aplicáveis àquele que induzir um agente a praticar ato ímprobo.

1: errado (reputa-se agente público, para os efeitos do regime da improbidade administrativa, todo aquele que exerce, ainda que transitoriamente ou sem remuneração, função pública, nos termos do art. 2º da Lei 8.429/92). **2:** certo (a lealdado às instituições está expressamente prevista no art. 11, "caput", da Lei 8.429/92). **3:** errado (a configuração de ato de improbidade não depende necessariamente da ocorrência de prejuízo ao erário, pois a Lei 8.429/92 disciplina modalidades autônomas de atos ímprobos, como a violação aos princípios da Administração Pública). **4:** certo (cf. art. 8º da Lei 8.429/92). **5:** certo (cf. art. 3º da Lei 8.429/92). (RB)

Gabarito 1E, 2C, 3E, 4C, 5C

(Técnico Judiciário – TRT/2ª – 2014 – FCC) A prática de ato de improbidade suscita determinadas consequências desfavoráveis aos envolvidos, ainda que não sejam servidores públicos em sentido estrito. As sanções previstas na Lei de Improbidade convivem com a possibilidade de tramitação de processos e apenamento nas esferas civil, administrativa e penal. Quando resta evidencia do o enriquecimento ilícito, a Lei de Improbidade

(A) é mais rigorosa para o enquadramento do acusado no conceito de agente público constante da lei, exigindo, seja ele, ocupante de cargo ou emprego públicos.

(B) permite que a autoridade administrativa apresente representação ao Ministério Público para solicitar as medidas necessárias à indisponibilidade dos bens do indiciado.

(C) abranda o conceito de agente público, para somente assim considerar aqueles que tenham praticado conduta dolosa e gerado prejuízo ao erário.

(D) é mais branda que nas hipóteses de lesão ao erário, pois excluído alcance das disposições legais os sucessores do agente público.

(E) abranda seus efeitos, exigindo prévia condenação criminal que tenha analisado os fatos objeto da conduta ímproba.

Prevê o art. 7º, *caput*, da Lei 8.429/1992 que "Quando o ato de improbidade causar lesão ao patrimônio público ou ensejar enriquecimento ilícito, caberá a autoridade administrativa responsável pelo inquérito representar ao Ministério Público, para a indisponibilidade dos bens do indiciado". Correta, portanto, a alternativa "B".
Gabarito "B".

(Técnico Judiciário – TRT/19ª – 2014 – FCC) Mateus, agente público, recebeu vantagem econômica, diretamente de Bruno, para tolerar a exploração de jogo de azar por parte deste último. Nos termos da Lei n.º8.429/92, a conduta de Mateus

(A) constitui ato ímprobo causador de prejuízo ao erário.

(B) constitui ato ímprobo que importa enriquecimento ilícito.

(C) não constitui ato ímprobo, embora seja conduta criminosa.

(D) constitui ato ímprobo, na modalidade atentatória aos princípios da Administração pública.

(E) não constitui ato ímprobo, mas caracteriza falta funcional passível de punição na seara administrativa.

Dispõe o art. 9º, I, da Lei 8.429/1992: Constitui ato de improbidade administrativa **importando enriquecimento ilícito** auferir qualquer tipo de vantagem patrimonial indevida em razão do exercício de cargo, mandato, função, emprego ou atividade nas entidades mencionadas no art. 1º desta lei, e notadamente receber, para si ou para outrem, dinheiro, bem móvel ou imóvel, ou qualquer outra vantagem econômica, direta ou indireta, a título de comissão, percentagem, gratificação ou presente

de quem tenha interesse, direto ou indireto, que possa ser atingido ou amparado por ação ou omissão decorrente das atribuições do agente público. Correta, portanto, a alternativa "B".
Gabarito "B".

(Técnico Judiciário – TRT/8ª – 2013 – CESPE) A propósito das disposições gerais da Lei n.º 8.429/1992, assinale a opção correta.

(A) Não será considerado agente público, para os efeitos da lei em pauta, aquele que exerça, sem remuneração, função em autarquia federal.

(B) O dano deve ser ressarcido integralmente caso ocorra lesão ao patrimônio público por ação ou omissão dolosa do agente público, sendo dispensável o ressarcimento na hipótese de omissão culposa.

(C) Estará sujeito às cominações da lei em questão o sucessor daquele que se enriquecer ilicitamente, até o limite do valor das vantagens patrimoniais recebidas indevidamente.

(D) Na hipótese em que o ato de improbidade ensejar enriquecimento ilícito, caberá à autoridade administrativa responsável pelo inquérito representar ao TCU, visando a indisponibilidade dos bens do indiciado.

(E) Deve ser punido, na forma da lei em apreço, o ato de improbidade administrativa praticado por agente público contra entidade para cuja criação o erário tenha concorrido com mais de 50% do patrimônio.

A: Incorreta. Nos termos do art. 2º reputa-se agente público, para os efeitos desta lei, todo aquele que exerce, ainda que transitoriamente ou sem remuneração, por eleição, nomeação, designação, contratação ou qualquer outra forma de investidura ou vínculo, mandato, cargo, emprego ou função nas entidades mencionadas no art. 1º da Lei 8.429/1992; **B:** Incorreta, pois o ressarcimento integral do dano ocorrerá havendo ação ou omissão dolosa ou culposa (arts. 12 c.c 10 da Lei 8.429/1992); **C:** Incorreta. O sucessor daquele que causar lesão ao patrimônio público ou se enriquecer ilicitamente está sujeito às cominações da Lei 8.429/1992 **até o limite do valor da herança** (art. 8º da Lei 8.429/1992); **D:** Incorreta, pois caberá a autoridade administrativa responsável pelo inquérito representar ao **Ministério Público e não ao TCU**, para a indisponibilidade dos bens do indiciado (art. 7º, *caput*, da Lei 8.429/1992); **E:** Correta, conforme art. 1º da Lei 8.429/1992.(RB)
Gabarito "E".

(Técnico Judiciário – TJDFT – 2013 – CESPE) Com base no disposto na Lei 8.429/1992, julgue os itens seguintes.

(1) O servidor que estiver sendo processado judicialmente pela prática de ato de improbidade somente perderá a função pública após o trânsito em julgado da sentença condenatória.

(2) As penalidades aplicadas ao servidor ou a terceiro que causar lesão ao patrimônio público são de natureza pessoal, extinguindo-se com a sua morte.

1: correta (art. 20 da Lei 8.429/1992); **2:** incorreta, pois são transferidas aos seus sucessores até o limite do valor da herança (art. 8º da Lei 8.429/1992).
Gabarito 1C, 2E

(Técnico Judiciário – TRT/20ª – 2011 – FCC) De acordo com a Lei 8.429/1992, que dispõe sobre as sanções aplicáveis aos agentes públicos nos casos de enriquecimento ilícito no exercício de mandato, cargo, emprego ou função na administração pública direta, indireta ou fundacional e dá outras providências, considere as seguintes assertivas:

I. Celebrar contrato de rateio de consórcio público sem suficiente e prévia dotação orçamentária, ou sem observar as formalidades previstas na lei constitui ato de improbidade administrativa que importa enriquecimento ilícito.

II. Estão sujeitos às penalidades da lei os atos de improbidade praticados contra o patrimônio de entidade que receba subvenção, benefício ou incentivo, fiscal ou creditício, de órgão público, limitando-se, nestes casos, a sanção patrimonial à repercussão do ilícito sobre a contribuição dos cofres públicos.

III. As disposições da lei são aplicáveis, no que couber, àquele que, mesmo não sendo agente público, se beneficie do ato de improbidade sob qualquer forma direta ou indireta.

Está correto o que se afirma APENAS em

(A) I.

(B) I e II.

(C) I e III.

(D) II.

(E) II e III.

I: incorreta, pois nesse caso tem-se a modalidade de prejuízo ao erário, conforme art. 10, XV, da Lei 8.429/1992; II: correta (art. 1°, parágrafo único, da Lei 8.429/1992); III: correta (art. 3° da Lei 8.429/1992).
Gabarito "E."

(Técnico Judiciário – TRT/23ª – 2011 – FCC) Os atos de improbidade administrativa praticados contra o patrimônio de entidade para cuja criação ou custeio o erário haja concorrido ou concorra com menos de cinquenta por cento do patrimônio ou da receita anual

(A) estão sujeitos às penalidades estabelecidas na Lei de Improbidade Administrativa, com exceção da sanção patrimonial, não aplicada na espécie.

(B) não estão sujeitos às penalidades estabelecidas na Lei de Improbidade Administrativa, ensejando a aplicação de sanções penais, civis e administrativas previstas na legislação específica.

(C) estão sujeitos às penalidades estabelecidas na Lei de Improbidade Administrativa, ensejando a aplicação da sanção patrimonial integral, independentemente da repercussão do ilícito sobre a contribuição dos cofres públicos.

(D) só estarão sujeitos às penalidades estabelecidas na Lei de Improbidade Administrativa se forem praticados por agente público que exerça cargo efetivo e com remuneração.

(E) estão sujeitos às penalidades estabelecidas na Lei de Improbidade Administrativa, limitando-se, nestes casos, a sanção patrimonial à repercussão do ilícito sobre a contribuição dos cofres públicos.

A alternativa "E" completa perfeitamente o enunciado, segundo o disposto no parágrafo único do art. 1° da Lei 8.429/1992.
Gabarito "E."

(Técnico Judiciário – TRT/24ª – 2011 – FCC) Sobre as disposições gerais previstas na Lei de Improbidade Administrativa (Lei 8.429/1992), é correto afirmar:

(A) A medida de indisponibilidade de bens sempre atingirá o patrimônio integral do agente ímprobo, ainda

que ultrapasse o valor do dano, já que tem finalidade assecuratória.

(B) Não é sujeito passivo de ato de improbidade a entidade para cuja criação ou custeio o erário haja concorrido ou concorra com menos de cinquenta por cento do patrimônio ou da receita anual.

(C) Ocorrendo lesão ao patrimônio público por ação ou omissão, dolosa ou culposa, do agente ou de terceiro, dar-se-á o integral ressarcimento do dano.

(D) O beneficiário do ato ímprobo não está sujeito às sanções previstas na Lei de Improbidade Administrativa, porém responderá, no âmbito cível, pelo ressarcimento do dano causado.

(E) O sucessor daquele que praticou o ato ímprobo somente será responsável quando se tratar de ato de improbidade administrativa que importe enriquecimento ilícito.

A: incorreta, pois, justamente porque tem finalidade assecuratória dos futuros valores que eventualmente o agente ímprobo terá de pagar, a indisponibilidade de bens somente atingirá o patrimônio necessário ao integral ressarcimento do dano, ou sobre o acréscimo patrimonial resultante do enriquecimento ilícito (art. 7°, parágrafo único, da Lei 8.429/1992); B: incorreta (art. 1°, parágrafo único, da Lei 8.429/1992); C: correta (art. 5° da Lei 8.429/1992); D: incorreta, pois o beneficiário do ato está sujeito às sanções previstas na Lei de Improbidade Administrativa (art. 3° da Lei 8.429/1992); E: incorreta, pois o sucessor daquele que causar lesão ao patrimônio público também está sujeito às cominações da Lei de Improbidade, valendo lembrar que isso tem por limite o valor da herança (art. 8° da Lei 8.429/1992).
Gabarito "C."

(Técnico – TRE/CE – 2012 – FCC) Nos termos da Lei 8.429/1992, dar-se-á o integral ressarcimento do dano ao erário, se houver lesão ao patrimônio público por conduta

(A) comissiva ou omissiva, exclusivamente dolosa, praticada por agente público ou terceiro.

(B) exclusivamente omissiva e dolosa, praticada tão somente por agente público.

(C) exclusivamente comissiva e culposa, praticada por agente público ou terceiro.

(D) comissiva ou omissiva, dolosa ou culposa, praticada por agente público ou terceiro.

(E) exclusivamente comissiva, dolosa ou culposa, praticada tão somente por agente público.

Segundo o art. 5° da Lei 8.429/1992, "Ocorrendo lesão ao patrimônio público por ação ou omissão, dolosa ou culposa, do agente ou de terceiro, dar-se-á o integral ressarcimento do dano". Dessa forma, a alternativa "d" é a correta.
Gabarito "D."

(MPU – 2010 – CESPE) Com base no que dispõe a Lei 8.429/1992, julgue o item seguinte, relacionado a improbidade administrativa.

(1) São sujeitos passivos do ato de improbidade administrativa, entre outros, os entes da administração indireta, as pessoas para cuja criação ou custeio o erário haja concorrido ou concorra com mais de cinquenta por cento do patrimônio ou da receita anual e as entidades que recebam subvenção, benefício ou incentivo, fiscal ou creditício, de órgão público.

1: correta (art. 1° da Lei 8.429/1992).
Gabarito 1C

7.2. Atos de improbidade administrativa

(Técnico – TJ/MA – FCC – 2019) A configuração da prática de ato de improbidade na modalidade que gera enriquecimento ilícito

(A) implica necessariamente a perda do cargo público ocupado pelo agente público, independentemente de culpa ou dolo, sem prejuízo da imposição de outras sanções.

(B) somente tem lugar quando a mesma conduta tenha implicado prejuízo ao erário.

(C) exige a titulação de cargo ou emprego público, na medida em que a penalidade cabível é a interrupção do vínculo funcional.

(D) é presumida quando a conduta implicar também prejuízo ao erário, diante da relevância do bem tutelado.

(E) exige demonstração do elemento subjetivo dolo, não se admitindo presunção de autoria.

A: errada (embora a perda da função pública seja uma potencial penalidade pela prática de ato de improbidade, a sua cominação não é sempre obrigatória; além disso, o reconhecimento da improbidade baseia-se na responsabilidade subjetiva, dependente, no caso de enriquecimento ilícito, de dolo). **B:** errada (o prejuízo ao erário não é condição necessária para o reconhecimento da improbidade administrativa na modalidade que gera enriquecimento ilícito). **C:** errada (o sujeito ativo próprio da improbidade administrativa é o agente público, entendido em sua acepção mais ampla, o que abrange não só o titular de cargo ou emprego público). **D:** errada (são autônomas as modalidades de improbidade que, de um lado, geram enriquecimento ilícito e, de outro, que causam prejuízo ao erário, nos termos dos artigos 9º e 10 da Lei 8.429/92, respectivamente). **E:** certa (a jurisprudência do STJ firmou a posição de que, para a configuração da improbidade que gera enriquecimento ilícito, necessário o elemento subjetivo dolo). **RB**
Gabarito "E".

(Técnico – TRT/15 – FCC – 2018) Marcia estagiava no gabinete do desembargador de determinado Tribunal. Auxiliava o assessor na inclusão dos votos nos processos e no sistema de acompanhamento de processos, razão pela qual recebia aqueles documentos antes de se tornarem públicos. Passado certo tempo desde o início do estágio, passou a adulterar algumas decisões a pedido de interessados, recebendo, para tanto, remuneração significativa. A conduta de Marcia

(A) enseja responsabilidade civil, administrativa e criminal, não podendo, contudo, incidir em ato de improbidade, pois não se trata de ocupante de cargo, emprego ou função públicos.

(B) configura ato de improbidade na modalidade que causa prejuízo ao erário, sendo elemento subjetivo necessário a existência de dolo.

(C) tipifica infração disciplinar, dado o vínculo funcional existente com o Tribunal, de caráter estatutário, ainda que em caráter temporário.

(D) tipifica ato de improbidade, na modalidade que gera enriquecimento ilícito, considerando-se demonstrada a conduta dolosa.

(E) dispensa prova de dolo, considerando que os atos de improbidade são tipificados mediante conduta culposa e prova de prejuízo ao erário.

A: incorreta, mesmo sendo estagiária, pode se dar a ocorrência de ato de improbidade também. Isso pois é agente público quem tem qualquer outro vínculo com a Administração Pública e certas entidades (art. 1º da Lei 8.429/1992), seja esse vínculo de cargo efetivo ou em comissão, seja esse vínculo de *mandato, emprego* ou *função pública*; **B:** incorreta, pode se dar por culpa ou dolo – Art. 10 da Lei nº 8.429/1992; **C:** incorreta, não há no caso vínculo estatutário pois se trata de estágio; **D:** correta – "receber, para si ou para outrem, dinheiro, bem móvel ou imóvel, ou qualquer outra vantagem econômica, direta ou indireta, a título de comissão, percentagem, gratificação ou presente de quem tenha interesse, direto ou indireto, que possa ser atingido ou amparado por ação ou omissão decorrente das atribuições do agente público" – Art. 9º I da Lei nº 8.429/1992; **E:** incorreta – tanto os atos de improbidade administrativa que importam enriquecimento ilícito, os decorrentes de concessão ou aplicação indevida de benefício financeiro ou tributário e os que atentam contra os princípios da Administração Pública dependem da configuração de dolo. **FB**
Gabarito "D".

(Técnico – TJ/AL – 2018 – FGV) João, Técnico Judiciário do Tribunal de Justiça de Alagoas, lotado em determinada Vara Criminal, revelou fato de que tinha ciência em razão das suas atribuições, consistente no teor do depoimento de determinada testemunha em ação penal de grande repercussão social que tramita em segredo de justiça, ainda em fase de instrução.

De acordo com as disposições da Lei 8.429/92, João:

(A) não cometeu ato de improbidade administrativa, porque não houve efetivo prejuízo ao erário, mas deve responder em âmbito disciplinar;

(B) não cometeu ato de improbidade administrativa, porque está ausente o especial fim de agir do agente, consistente em seu enriquecimento ilícito;

(C) não cometeu ato de improbidade administrativa, porque não faz parte do Poder Executivo ou Legislativo, mas deve responder em âmbito disciplinar;

(D) cometeu ato de improbidade administrativa, sem prejuízo dos demais reflexos nas esferas criminal e administrativo- disciplinar;

(E) cometeu ato de improbidade administrativa, desde que se comprove nexo causal entre a conduta do servidor e efetivo dano ao erário.

Trata-se de ato de improbidade administrativa que atenta contra os princípios da Administração Pública, consistente em "revelar fato ou circunstância de que tem ciência em razão das atribuições e que deva permanecer em segredo", nos termos do Art. 11, III da Lei 8.429/1992. Nesse tipo de ato de improbidade é sempre necessária a comprovação do dolo do agente público, sendo certo que o responsável pelo ato de improbidade está sujeito também, fora as cominações da Lei 8.429/1992, às sanções penais, civis e administrativas – Art. 12 da Lei 8.429/1992. **FB**
Gabarito "D".

(Técnico – TRF/4 – FCC – 2019) Ademar, ocupante de cargo em comissão em empresa pública, recebia pagamentos para não certificar o inadimplemento de entidades conveniadas que não apresentavam prestação de contas na forma convencionada, o que seria obrigação do servidor. Com isso, as entidades em questão não eram intimadas a devolver os recursos recebidos. Independentemente do vínculo jurídico firmado entre a empresa pública e as entidades mencionadas,

(A) o servidor público pode ser responsabilizado por ato administrativo que gera prejuízo ao erário, desde que se confirme e comprove que agiu com dolo e má-fé.

(B) o empregado em questão não poderá ser responsabilizado por ato de improbidade, porque não possui vínculo estatutário com a empresa pública.

(C) a empresa pública não se enquadra na condição de sujeito passivo de improbidade, porque possui geração de receitas próprias e fins lucrativos, podendo a conduta, no entanto, tipificar ilícito penal.

(D) diante do comprovado enriquecimento ilícito do servidor, que intencionalmente deixou de emitir certidão declarando a inadimplência das entidades, resta tipificado ato de improbidade.

(E) o servidor não poderá ser processado por ato de improbidade que gera prejuízo ao erário, eis que descaracterizado o enriquecimento ilícito pelo fato de os recursos não advirem do Tesouro.

A: incorreta, atos de improbidade administrativa que causam prejuízo ao erário são constituídas tanto na modalidade dolosa quanto culposa – Art. 10 da Lei nº 8.429/1992; **B:** incorreta, pois é agente público quem tem qualquer outro vínculo com a Administração Pública e certas entidades (art. 1º da Lei 8.429/1992), seja esse vínculo de cargo efetivo ou em comissão, seja esse vínculo de *mandato*, *emprego* ou *função pública*; **C:** incorreta. Eis a redação do Art. 1º da Lei nº 8.429/1992: "os atos de improbidade praticados por qualquer agente público, servidor ou não, **contra a administração direta**, indireta ou fundacional de qualquer dos Poderes da União, dos Estados, do Distrito Federal, dos Municípios, de Território, de empresa incorporada ao patrimônio público ou de entidade para cuja criação ou custeio o erário haja concorrido ou concorra com mais de cinquenta por cento do patrimônio ou da receita anual, serão punidos na forma desta lei"; **D:** correta – Art. 10, XX, da Lei nº 8.429/1992; **E:** incorreta – trata-se de ato de improbidade administrativa que causa prejuízo ao erário, não havendo a necessidade da comprovação de perda patrimonial do Estado. FB

Gabarito "D".

Escrevente – TJ/SP – 2018 – VUNESP) Constitui ato de improbidade administrativa que atenta contra os princípios da administração pública qualquer ação ou omissão que viole os deveres de honestidade, imparcialidade, legalidade, e lealdade às instituições, e notadamente,

(A) perceber vantagem econômica para intermediar a liberação ou aplicação de verba pública de qualquer natureza.

(B) liberar verba pública sem a estrita observância às normas pertinentes ou influir, de qualquer forma, para a sua aplicação irregular.

(C) permitir, facilitar ou concorrer para que terceiro se enriqueça ilicitamente.

(D) revelar fato ou circunstância de que tem ciência em razão das atribuições e que deva permanecer em segredo.

(E) agir negligentemente na arrecadação de tributo ou renda, bem como no que diz respeito à conservação do patrimônio público.

A: incorreta. Art. 9º, IX da Lei 8.429/1992; **B:** incorreta. Art. 10, XI da Lei 8.429/1992; **C:** incorreta. Art. 10, XII da Lei 8.429/1992; **D:** correta. Art. 11, III da Lei 8.429/1992; **E:** incorreta. Art. 10, X da Lei 8.429/1992. FB

Gabarito "D".

(Escrevente Técnico Judiciário – TJSP – VUNESP – 2017) Suponha que Secretário da Fazenda de um estado qualquer da Federação aceite exercer, nas horas vagas, concomitantemente ao exercício do cargo público, atividades de consultoria a empresas sujeitas ao recolhimento do ICMS, tributo estadual. Nesse caso, à luz do previsto na Lei Federal 8.429/1992, a conduta descrita pode ser considerada

(A) ato de improbidade administrativa que importa enriquecimento ilícito.

(B) ato de improbidade administrativa decorrente de concessão ou aplicação indevida de benefício financeiro ou tributário.

(C) ato de improbidade administrativa que causa prejuízo ao Erário.

(D) ato de improbidade administrativa que atenta contra os princípios da Administração Pública.

(E) indiferente, pois não caracteriza nenhuma das hipóteses de ato de improbidade administrativa previstas.

A: correta. O legislador quis prever exatamente a conduta descrita na questão, já que tornou ato de improbidade que importa enriquecimento ilícito, o servidor que exerce atividade ligada a arrecadação de impostos, exercer consultoria a empresas sujeitas a tributação, a saber: Lei 8.429/1992, art. 9º. [...] VIII – aceitar emprego, comissão ou **exercer atividade de consultoria** ou assessoramento para pessoa física ou jurídica que tenha interesse suscetível de ser atingido ou amparado por ação ou omissão decorrente das atribuições do agente público, durante a atividade. Lei 8.429/1992, art. 10 – a – pela descrição do fato, não se pode caracterizar a aplicação direta do benefício previsto na Lei. **C:** incorreta, rol disposto na Lei 8.429/1992, art. 10. **D:** incorreta, rol disposto na Lei 8.429/92, art. 11. **E:** incorreta. É hipótese de improbidade administrativa, prevista na Lei 8.429/1992, art. 9º, VIII. FMB

Gabarito "A".

(Técnico Judiciário – TRT/8ª – 2013 – CESPE) A respeito dos atos de improbidade administrativa previstos na Lei n.º 8.429/1992, assinale a opção correta.

(A) Os atos de improbidade administrativa que atentam contra os princípios da administração pública estão disciplinados na lei em apreço, em um rol taxativo de condutas.

(B) Não constitui ato de improbidade administrativa causador de lesão ao erário a doação, a pessoa jurídica de fins assistenciais, de bens integrantes do patrimônio de fundação pública de direito público, ainda que não haja a observância das formalidades regulamentares aplicáveis.

(C) A ação dolosa que enseje malbaratamento dos haveres de entidade que receba incentivo fiscal de órgão público constitui ato de improbidade administrativa que causa lesão ao erário.

(D) Constitui ato de improbidade administrativa que importa enriquecimento ilícito a facilitação da incorporação, ao patrimônio particular de pessoa física, de renda integrante do acervo patrimonial de órgão pertencente ao Poder Judiciário da União.

(E) A conduta consistente no recebimento, por técnico judiciário, de bem móvel, a título de presente destinado a terceiro, dado por pessoa que tenha interesse indireto, que possa ser amparado por ação decorrente das atribuições do referido agente público, não constitui ato de improbidade administrativa que importa enriquecimento ilícito.

A: Incorreta, pois o rol do art. 11 da Lei 8.429/1992 não é taxativo. Nos termos do mencionado *caput*: "Constitui ato de improbidade administrativa que atenta contra os princípios da administração pública qualquer ação ou omissão que viole os deveres de honestidade, imparcialidade, legalidade e lealdade às instituições, e notadamente". Ou seja, além dos atos descritos nos incisos, será considerado ato de improbidade administrativa aqueles que violares os deveres do mencionado art. 11; **B:** Incorreta, pois a conduta está descrita no art. 10, III, da Lei 8.429/1992; **C:** Correta, nos termos do art. 10 da Lei 8.429/1992; **D:** Incorreta, pois a modalidade descrita consiste em ato de improbidade administrativa **que causa prejuízo ao erário** diferentemente do que afirma a alternativa; **E:** Incorreta, nos temos do art. 9, I, da Lei 8.429/1992. **RB**

Gabarito "C".

(Técnico Judiciário – TJSP – 2013 – VUNESP) É ato de Improbidade Administrativa (Lei 8.429/1992), que causa prejuízo ao erário:

(A) permitir ou facilitar a alienação, permuta ou locação de bem integrante do patrimônio da administração direta, indireta ou fundacional de qualquer dos Poderes dos Estados, por preço inferior ao de mercado.

(B) utilizar, em obra ou serviço particular, trabalho de servidores públicos, empregados ou terceiros contratados pela administração direta, indireta ou fundacional de qualquer dos Poderes dos Estados.

(C) receber vantagem econômica de qualquer natureza, direta ou indiretamente, para omitir ato de ofício, providência ou declaração a que esteja obrigado.

(D) utilizar, em obra ou serviço particular, veículos e máquinas da administração direta, indireta ou fundacional de qualquer dos Poderes dos Estados.

(E) perceber vantagem econômica para intermediar a liberação ou aplicação de verba pública de qualquer natureza.

A: correta (art. 10, IV, da Lei 8.429/1992); **B:** incorreta, pois esse ato é de enriquecimento ilícito (art. 9º, IV, da Lei 8.429/1992); **C:** incorreta, pois esse caso é de enriquecimento ilícito (art. 9º, X, da Lei 8.429/1992); **D:** incorreta, pois esse ato é de enriquecimento ilícito (art. 9º, IV, da Lei 8.429/1992); **E:** incorreta, pois esse ato é de enriquecimento ilícito (art. 9º, IX, da Lei 8.429/1992).

Gabarito "A".

(Técnico Judiciário – TRT9 – 2012 – FCC) Felipe, servidor público ocupante de cargo em comissão no âmbito do Ministério da Fazenda, revelou a empresários com os quais mantinha relações profissionais anteriormente ao ingresso no serviço público, teor de medida econômica prestes a ser divulgada pelo Ministério, tendo em vista que a mesma impactaria diretamente os preços das mercadorias comercializadas pelos referidos empresários. A conduta de Felipe

(A) somente é passível de caracterização como ato de improbidade administrativa se comprovado que recebeu vantagem econômica direta ou indireta em decorrência da revelação.

(B) não é passível de caracterização como ato de improbidade administrativa, tendo em vista o agente não ser ocupante de cargo efetivo.

(C) é passível de caracterização como ato de improbidade administrativa que atenta contra os princípios da Administração, independentemente de eventual enriquecimento ilícito.

(D) é passível de caracterização como ato de improbidade administrativa, desde que comprovado efetivo prejuízo ao erário.

(E) não é passível de caracterização como ato de improbidade administrativa, podendo, contudo, ensejar a responsabilização administrativa do servidor por violação do dever de sigilo funcional.

A, D e E: incorretas, pois há uma modalidade de improbidade que consiste na simples violação dolosa de princípios da administrativa, que ocorreu no caso, mesmo que não haja prejuízo ao erário ou enriquecimento ilícito do agente (art. 11 da Lei 8.429/1992); **B:** incorreta, pois o ocupante de cargo em comissão também é sujeito ativo do ato de improbidade (art. 2º da Lei 8.429/1992); **C:** correta (art.11, VII, da Lei 8.429/1992).

Gabarito "C".

(Técnico – TRT/11ª – 2012 – FCC) Nos termos da Lei 8.429/1992, praticar ato visando fim proibido em lei ou regulamento ou diverso daquele previsto na regra de competência constitui

(A) ato de improbidade administrativa que atenta contra os princípios da Administração Pública.

(B) mero ilícito administrativo.

(C) ato de improbidade administrativa que importa enriquecimento ilícito.

(D) conduta lícita, não caracterizando qualquer irregularidade.

(E) ato de improbidade administrativa que causa prejuízo ao erário.

A: correta (art. 11, I, da Lei 8.429/1992), valendo salientar que todos os tipos previstos no art. 11 da Lei 8.429/1992 se referem à modalidade de improbidade que *atenta contra os princípios da Administração*; **B:** incorreta, pois o caso se enquadra no tipo de improbidade previsto no art. 11, I, da Lei 8.429/1992; **C:** incorreta, pois se refere à modalidade de improbidade que *atenta contra os princípios da Administração* (art. 11, I, da Lei 8.429/1992), sendo que a modalidade que importa enriquecimento ilícito se encontra no art. 10 da Lei 8.429/1992; **D:** incorreta, pois o caso é de improbidade administrativa, de maneira que não se tem conduta lícita; **E:** incorreta, pois se refere à modalidade de improbidade que *atenta contra os princípios da Administração* (art. 11, I, da Lei 8.429/1992), sendo que a modalidade que causa prejuízo ao erário se encontra no art. 10 da Lei 8.429/1992.

Gabarito "A".

(Técnico Judiciário – TRT/14ª – 2011 – FCC) Márcio, servidor público federal, aceitou promessa de receber vantagem econômica para tolerar a prática de jogo de azar. Cumpre esclarecer que Márcio tinha ciência da ilicitude praticada. Nos termos da Lei 8.429/1992, que dispõe sobre as sanções aplicáveis aos agentes públicos nos casos de enriquecimento ilícito no exercício de mandato, cargo, emprego ou função na administração pública direta, indireta ou fundacional, o fato narrado constitui

(A) conduta legal, atentatória tão somente à moral e aos bons costumes.

(B) ato ímprobo atentatório aos princípios da Administração Pública, por não caracterizar quaisquer das demais modalidades de ato ímprobo.

(C) mero ilícito administrativo.

(D) ato ímprobo causador de prejuízo ao erário.

(E) ato ímprobo que importa enriquecimento ilícito.

A Lei 8.429/1992 estabelece três modalidades de improbidade administrativa. A primeira, prevista no art. 9º, consistente no *enriquecimento ilícito* do agente. A segunda, prevista no art. 10, consistente no *prejuízo ao erário*. E a terceira, prevista no art. 11, consistente na *violação a princípios da Administração*. A modalidade do art. 9º é a mais grave e absorve as outras, assim como a modalidade do art. 10 absorve a do art. 11. No caso em tela, Márcio aceitou se enriquecer ilicitamente, de modo que incidiu na modalidade do art. 9º da Lei 8.429/1992, mais especificamente, quanto ao seu inciso I.

Gabarito "E".

7.3. Penas

(Escrevente Técnico Judiciário – TJSP – VUNESP – 2017) Assinale a alternativa que corretamente discorre sobre as penas previstas na Lei de Improbidade Administrativa.

(A) A aplicação das penas previstas na Lei de Improbidade Administrativa impede a aplicação das demais sanções penais, civis e administrativas previstas em legislação específica.

(B) As penas previstas na Lei de Improbidade Administrativa deverão ser aplicadas cumulativamente, exceto quando se tratar de ato de improbidade administrativa que atente contra os princípios da Administração Pública.

(C) A pena de proibição de contratar com o Poder Público ou receber benefícios ou incentivos fiscais ou creditícios, direta ou indiretamente, ainda que por intermédio de pessoa jurídica da qual seja sócio majoritário, terá o prazo máximo de 2 (dois) anos.

(D) No caso de condenação por ato de improbidade administrativa decorrente de concessão ou aplicação indevida de benefício financeiro ou tributário, não cabe a aplicação da pena de perda da função pública.

(E) Na fixação das penas previstas na Lei de Improbidade Administrativa, o juiz levará em conta a extensão do dano causado, assim como o proveito patrimonial obtido pelo agente.

A: incorreta, a aplicação das penas de improbidade independe das demais sanções penais, civis e administrativas aplicáveis ao caso (Lei de Improbidade Administrativa, Art. 12, *caput*). **B:** incorreta. independentemente da espécie de ato de improbidade, as penas poderão ser aplicadas isolada ou conjuntamente, de acordo com a gravidade do fato (Lei 8.429/92, art. 12, *caput*). **C:** incorreta, a pena de proibição de contratar ou receber benefícios ou incentivos fiscais ou creditícios tem como prazos possíveis de aplicação: 3 anos – ato que atente contra os princípios da Administração Pública, 5 anos caso lesão ao erário, e 10 anos importe enriquecimento ilícito. **D:** incorreta, Lei 8.429/1992, art.10-A Pelo ato decorrente da concessão ou aplicação indevida de benefício financeiro ou tributário, podem ser aplicadas as seguintes sanções: "perda da função pública, suspensão dos direitos políticos de 5 (cinco) a 8 (oito) anos e multa civil de até 3 (três) vezes o valor do benefício financeiro ou tributário concedido". **E:** correta, de acordo com a Lei 8.429/1992, Art. 12: "na fixação das penas previstas nesta lei o juiz levará em conta a extensão do dano causado, assim como o proveito patrimonial obtido pelo agente". **FMB**

Gabarito "E".

(Técnico – TRE/PR – 2012 – FCC) O servidor que praticar ato de improbidade estará sujeito às

(A) cominações estabelecidas na Lei de Improbidade (Lei 8.429/1992), que, por mais graves, afastam a aplicação de outras sanções penais ou civis.

(B) cominações estabelecidas na Lei de Improbidade (Lei 8.429/1992) e às sanções penais cabíveis, excluindo-se a incidência de outras sanções de natureza civil ou administrativa.

(C) sanções administrativas, no que concerne às infrações disciplinares, e às cominações previstas na Lei de Improbidade, afastando-se apenas a aplicação de sanções penais e civis, para evitar duplicidade de penalização pelo mesmo fato.

(D) sanções penais, civis e administrativas previstas na legislação e às cominações previstas na Lei de Improbidade, isolada ou cumulativamente.

(E) sanções penais, civis, administrativas ou às cominações previstas na Lei de Improbidade, isoladamente e nessa ordem de preferência, como critério de gravidade.

A a C: incorretas, pois as sanções pelo ato de improbidade são independentes das sanções de ordem penal, civil e administrativa (art. 12 da Lei 8.429/1992); **D:** correta (art. 12 da Lei 8.429/1992); **E:** incorreta, pois não há ordem de preferência na aplicação dessas sanções, que são independentes entre si.

Gabarito "D".

(Técnico Judiciário – TRE/RS – 2010 – FCC) Dentre as penas previstas na Lei 8.429/1992 para o administrador público que pratica ato de improbidade administrativa NÃO se inclui a

(A) suspensão dos direitos políticos.

(B) perda dos bens acrescidos ilicitamente ao patrimônio.

(C) proibição de contratar com o Poder Público.

(D) pagamento de multa civil.

(E) indisponibilidade dos bens.

Somente a indisponibilidade de bens não está prevista no art. 12 da Lei 8.429/1992 como pena para o agente público que pratica o ato de improbidade. A indisponibilidade de bens está prevista na Lei 8.429/1992, mas não é exatamente uma pena, mas uma medida cautelar, ou medida assecuratória do pagamento da indenização que o agente acusado eventualmente tiver de arcar (art. 7º da Lei 8.429/1992).

Gabarito "E".

7.4. Declaração de bens

(Técnico Judiciário – TJSP – 2013 – VUNESP) No tocante à Declaração de Bens, prevista na Lei de Improbidade Administrativa (Lei 8.429/1992), é correto afirmar que

(A) não supre a exigência contida na Lei de Improbidade Administrativa a entrega, em substituição à Declaração de Bens, da cópia da declaração anual de bens apresentada à Delegacia da Receita Federal.

(B) a posse e o exercício de agente público ficam condicionados à apresentação de declaração dos bens e valores que compõem o seu patrimônio privado, a fim de ser arquivada no serviço de pessoal competente.

(C) a declaração de bens será quinquenalmente atualizada e na data em que o agente público deixar o exercício do mandato.

(D) somente será punido com a pena de demissão a bem do serviço público, sem prejuízo de outras sanções cabíveis, o agente público que prestar falsa declaração de bens.

(E) será punido com a pena de repreensão escrita o agente público que se recusar a prestar declaração dos bens.

A: incorreta, pois a entrega de cópia da declaração anual de bens supre a exigência contida na Lei de Improbidade (art. 13, § 4º, da Lei 8.429/1992); **B:** correta (art. 13, *caput*, da Lei 8.429/1992); **C:** incorreta, pois a declaração deve ser atualizada *anualmente* e na data em que o agente público deixar o vínculo (art. 13, § 2º, da Lei 8.429/1992); **D:** incorreta, pois também sofrerá a demissão a bem do serviço público o agente que se recusar a apresentar a declaração dos bens (art. 13, § 3º, da Lei 8.429/1992); **E:** incorreta, pois a pena é de demissão a bem do serviço público (art. 13, § 3º, da Lei 8.429/1992).

Gabarito "B".

(Técnico Judiciário – TRE/AC – 2010 – FCC) Nos termos da Lei de Improbidade Administrativa todo agente público deve apresentar declaração de bens, observada a seguinte regra, dentre outras:

(A) A declaração deverá ser atualizada apenas na data em que o agente deixar o exercício do mandato, cargo, emprego ou função.

(B) Da declaração não precisam constar os bens móveis nem aqueles pertencentes ao cônjuge e filhos.

(C) A posse e o exercício no cargo ficam condicionados à apresentação da declaração de bens e valores.

(D) A recusa à apresentação da declaração sujeita o agente à pena de suspensão até que seja apresentada.

(E) A declaração deverá ser feita de próprio punho, não bastando a entrega de cópia da declaração prestada à Receita Federal, ainda que atualizada.

A: incorreta, pois a declaração há de ser apresentada por ocasião da posse e do exercício do agente público, devendo ser atualizada não só quando o agente deixar o cargo, como também anualmente (art. 13, § 2º, da Lei 8.429/1992); **B:** incorreta, pois da declaração deve constar os bens móveis e, quando for o caso, abrangerá os bens e valores patrimoniais do cônjuge ou companheiro, dos filhos e de outras pessoas que vivam sob a dependência econômica do declarante, excluídos apenas os objetos e utensílios de uso doméstico (art. 13, § 1º, da Lei 8.429/1992); **C:** correta (art. 13, *caput*, da Lei 8.429/1992); **D:** incorreta, pois a recusa à apresentação sujeita o agente à pena de demissão a bem do serviço público (art. 13, § 3º, da Lei 8.429/1992); **E:** incorreta, pois o declarante poderá entregar cópia da declaração anual de bens apresentada à Receita Federal (art. 13, § 4º, da Lei 8.429/1992).

Gabarito "C".

7.5. Processo administrativo, judicial e disposições penais

(Escrevente – TJ/SP – 2018 – VUNESP) Em consonância com a Lei de Improbidade, assinale a alternativa correta.

(A) O cidadão, no gozo de seus direitos políticos, tem exclusividade para representar à autoridade administrativa competente a fim de que seja instaurada investigação destinada a apurar a prática de ato de improbidade.

(B) Estando a petição inicial em devida forma, o juiz mandará autuá-la e ordenará a notificação do requerido, para oferecer manifestação por escrito, que poderá ser instruída com documentos e justificações, dentro do prazo de quinze dias.

(C) O Ministério Público ou qualquer cidadão no gozo de seus direitos políticos pode ingressar com ação de improbidade administrativa.

(D) Havendo fundados indícios de responsabilidade, a comissão processante poderá requerer em juízo a decretação do sequestro dos bens do agente ou ter-

ceiro que tenha enriquecido ilicitamente ou causado dano ao patrimônio público.

(E) A perda da função pública e a suspensão dos direitos políticos do condenado por ato de improbidade efetivam-se com a publicação da condenação por ato de improbidade em segunda instância.

A: incorreta. A "pegadinha" da questão está na expressão exclusividade, na medida em que o art. 14 da Lei 8.429/1992 estabelece que "qualquer pessoa poderá representar à autoridade administrativa competente para que seja instaurada investigação destinada à apurar a prática do ato de improbidade"; **B:** correta. Art. 17, § 7º da Lei 8.429/1992; **C:** incorreta. O art. 17 da Lei 8.429/1992 dá a legitimidade ativa *ad causam* da ação de improbidade administrativa apenas ao Ministério Público ou à pessoa jurídica interessada; **D:** incorreta. O art. 16 da Lei 8.429/1992 fala que "havendo fundados indícios de responsabilidade, a comissão representará **ao Ministério Público ou à procuradoria do órgão** para que requeira ao juízo competente a decretação do sequestro dos bens do agente ou terceiro que tenha enriquecido ilicitamente ou causado dano ao patrimônio público"; **E:** incorreta. "A perda da função pública e a suspensão dos direitos políticos só se efetivam com o trânsito em julgado da sentença condenatória – artigo 20 da Lei 8.429/1992". **FB**

Gabarito "B".

(Escrevente Técnico Judiciário – TJSP – VUNESP – 2017) O procedimento administrativo previsto na Lei Federal 8.429/1992, destinado a apurar a prática de ato de improbidade,

(A) poderá acarretar o exame e o bloqueio de bens, contas bancárias e aplicações financeiras mantidas pelo indiciado no exterior, se for o caso.

(B) poderá compreender o decreto de sequestro dos bens do agente ou terceiro que tenha enriquecido ilicitamente ou causado dano ao patrimônio público.

(C) impedirá a apuração dos fatos pelo Ministério Público, caso se conclua pela improcedência das acusações.

(D) deverá ser levado ao conhecimento do Ministério Público e do Tribunal ou Conselho de Contas, pela Comissão Processante.

(E) será iniciado por representação, que será escrita ou reduzida a termo, podendo o representante permanecer anônimo, se assim o desejar.

A: incorreta. Lei Federal 8.429/1992, art. 16. Havendo fundados indícios de responsabilidade, a comissão representará ao Ministério Público ou à procuradoria do órgão para que requeira ao juízo competente a decretação do sequestro dos bens do agente ou terceiro que tenha enriquecido ilicitamente ou causado danos ao patrimônio público. 1º O pedido de sequestro será processado de acordo com o disposto nos arts. 822 e 825 do Código de Processo Civil [1973]. **B:** incorreta. Lei Federal 8.429/1992, Art. 16. (...) 2º Quando for o caso, o pedido incluirá a investigação, o exame e o bloqueio de bens, contas bancárias e aplicações financeiras mantidas pelo indiciado no exterior, nos termos da lei e dos tratados internacionais. **C:** incorreta, art. 22 da Lei Federal 8.429/1992: "para apurar qualquer ilícito previsto nesta lei, o Ministério Público, de ofício, a requerimento de autoridade administrativa ou mediante representação formulada de acordo com o disposto no art. 14, poderá requisitar a instauração de inquérito policial ou procedimento administrativo"; **D:** correta. Lei Federal 8.429/92, art. 15 "a comissão processante dará conhecimento ao Ministério Público e ao Tribunal ou Conselho de Contas da existência de procedimento administrativo para apurar a prática de ato de improbidade"; **E:** incorreta, o procedimento administrativo pode ser iniciado por representação ou de ofício. A representação deverá conter a identificação do denunciante (Lei Federal 8.429/92, Art. 14, § 1º). **FMB**

Gabarito "D".

(Escrevente Técnico Judiciário – TJSP – VUNESP – 2017) No processo judicial de improbidade administrativa, o Ministério Público

(A) poderá abster-se de contestar o pedido, ou poderá atuar ao lado do autor, desde que isso se afigure útil ao interesse público, a juízo do Procurador Geral de Justiça.

(B) se não intervir no processo como parte, atuará obrigatoriamente, como fiscal da lei, sob pena de nulidade.

(C) atuará somente como fiscal da lei, mas promoverá as ações necessárias à complementação do ressarcimento do patrimônio público.

(D) atuará somente como autor, não intervindo se a pessoa jurídica interessada propuser a ação ordinária.

(E) é o único legitimado a propor a ação ordinária, dentro de trinta dias da efetivação da medida cautelar.

A: incorreta, não há previsão legal neste sentido. **B:** correta, Lei Federal 8.429/1992, Art. 17, § 4º O Ministério Público, se não intervir no processo como parte, atuará obrigatoriamente, como fiscal da lei, sob pena de nulidade. **C:** incorreta, o MP pode tanto propor a ação ou atuar como fiscal da lei. A responsabilidade por propor as ações de ressarcimento ao erário é da Fazenda Pública (Lei Federal 8.429/92, art. 17, § 2º). **D:** incorreta, se a pessoa jurídica interessada propuser a ação, o MP poderá atuar como fiscal da lei. **E:** incorreta, Lei Federal 8.429/1992, Art. 17. A ação principal, que terá o rito ordinário, será proposta pelo Ministério Público ou pela pessoa jurídica interessada, dentro de trinta dias da efetivação da medida cautelar. **FMB**
Gabarito "B".

(Técnico Judiciário – TRE/PI – CESPE – 2016) A respeito das normas insertas na Lei 9.784/1999, que disciplina o processo administrativo no âmbito da administração pública federal, assinale a opção correta.

(A) O direito da administração de anular os atos administrativos de que decorram efeitos favoráveis para os destinatários decai em cinco anos, contados da data em que forem praticados, salvo comprovada má-fé.

(B) Quem é ouvido na qualidade de testemunha acerca de faltas disciplinares pode ser membro da comissão formada para apurá-las, se não for apresentada impugnação a tempo e modo.

(C) A participação de membro de comissão disciplinar na apuração de fatos que resultarem na pena de suspensão do servidor impedirá que esse membro integre nova comissão disciplinar em processo para apuração de outros fatos que possam resultar em nova apenação ao mesmo servidor.

(D) O ato administrativo de remoção de servidor público independe de motivação, pois envolve juízo de conveniência e oportunidade.

(E) As normas da lei em apreço não podem ser aplicadas de forma subsidiária no âmbito dos estados-membros, porque disciplinam o processo administrativo apenas no âmbito da administração pública federal.

A: correta, art. 54 da Lei 9.784/1999.**B:** incorreta, encontra impedimento expresso no art. 18, II, da Lei 9.784/1999.**C:** incorreta, os impedimentos da participação de membro de comissão disciplinar estão dispostos expressamente na seguinte conformidade: a) não é estável no serviço público (art.149, *caput*, da Lei 8.112, de 1990);b) é cônjuge, companheiro, parente consanguíneo ou afim, em linha reta ou colateral, até o terceiro grau do acusado (art.149, § 2º, da Lei

8.112, de 1990); c) tem interesse direto ou indireto no processo (art. 18, inc. I, da Lei 9.784, de 1999);d) participou ou vem a participar no processo como perito, testemunha ou procurador ou se tais situações ocorrerem quanto ao cônjuge, companheiro ou parente e afins até o terceiro grau (art. 18, inc. II, da Lei 9.784, de 1999);e) esteja litigando judicial ou administrativamente com o acusado ou com seu cônjuge ou companheiro (art. 18, inc. III, da Lei 9.784, de 1999).**D:** incorreta, a doutrina é uníssona nesse sentido, com cita *Celso Antônio Bandeira de Mello*: "A motivação integra a formalização do ato, sendo um requisito formalístico dele. É a exposição dos motivos, a fundamentação na qual são enunciados: *a)* a regra de Direito habilitante, b *)* Os fatos em que o agente se estribou para decidir, e, muitas vezes, obrigatoriamente, c *)* a enunciação da relação de pertinência lógica entre os fatos ocorridos a o ato praticado". "Não basta, pois, em uma imensa variedade de hipóteses, apenas aludir ao dispositivo legal que o agente tomou como base para editar o ato. Na motivação, transparece aquilo que o agente apresenta como "causa" do ato administrativo ". (In curso de Direito Administrativo, 25º ed. São Paulo, Malheiros Editores, 2007). As possibilidades de remoção do servidor, estão previstas no Art. 36 da Lei 8.112/90. **E:** incorreta, a jurisprudência do Superior Tribunal de Justiça firmou-se no sentido de que, ausente lei específica, a Lei 9.784/1999 **pode ser aplicada de forma subsidiária no âmbito dos Estados-Membros**, tendo em vista que se trata de norma que deve nortear toda a Administração Pública, servindo de diretriz aos seus demais órgãos. AGRG NO AG 815532 RJ. **FMB**
Gabarito "A".

(Técnico Judiciário – TRE/PE – CESPE – 2017) Um processo administrativo instaurado no âmbito de um órgão público estará sujeito a nulidade caso

(A) o administrado formule as alegações e apresente os documentos antes da decisão.

(B) haja a recusa de provas apresentadas pelos interessados por serem consideradas protelatórias, mediante decisão fundamentada.

(C) o administrado tenha obtido cópias de documentos do processo para a elaboração de sua defesa.

(D) haja a atuação de autoridade que tenha interesse, mesmo que indireto, na matéria.

(E) a intimação do administrado ocorra com antecedência de um dia útil, mesmo com o seu comparecimento no local, na data e na hora determinados.

A: incorreta. Lei 9.789/1999, art. 3º O administrado tem os seguintes direitos perante a Administração, sem prejuízo de outros que lhe sejam assegurados: III – formular alegações e apresentar documentos antes da decisão, os quais serão objeto de consideração pelo órgão competente; **B:** incorreta, em sendo a recusa acompanhada da devida motivação não há irregularidade, vide Lei 9.789/1999, art. 6º, parágrafo único. É vedada à Administração a recusa **imotivada** de recebimento de documentos, devendo o servidor orientar o interessado quanto ao suprimento de eventuais falhas. Art.38 § 2º Somente poderão ser recusadas, mediante decisão fundamentada, as provas propostas pelos interessados quando sejam ilícitas, impertinentes, desnecessárias ou protelatórias; **C:** incorreta. Lei 9.789/1999, art. 3º, II – ter ciência da tramitação dos processos administrativos em que tenha a condição de interessado, ter vista dos autos, obter cópias de documentos neles contidos e conhecer as decisões proferidas; **D:** correta. Lei 9.789/1999, art. 18. É impedido de atuar em processo administrativo o servidor ou autoridade que: I – tenha interesse direto ou indireto na matéria. **E:** incorreta. Lei 9.789/1999, art. 26, § 5º As intimações serão nulas quando feitas sem observância das prescrições legais, mas o comparecimento do administrado supre sua falta ou irregularidade. **FMB**
Gabarito "D".

(Técnico Judiciário – TRT24 – FCC – 2017) Considere as seguintes assertivas concernentes à Lei 9.784/1999, que regula o processo administrativo no âmbito da Administração pública federal:

I. As disposições da Lei 9.784/1999 também se aplicam ao Poder Judiciário, quando no exercício de função administrativa.

II. A Lei 9.784/1999 traz o conceito de "entidade", definindo-a como a unidade de atuação que pode ou não ter personalidade jurídica.

III. O administrado poderá optar por não prestar informações que lhes são solicitadas, tratando-se tal postura de um de seus direitos, expressamente previsto na Lei 9.784/1999.

IV. Um dos critérios a serem observados nos processos administrativos regidos pela Lei 9.784/1999 é a indicação dos pressupostos fáticos que tenham determinado a decisão, não se exigindo a indicação de pressupostos de direito, justamente pela informalidade e objetividade que vigora em tais processos administrativos.

Está correto o que se afirma APENAS em

(A) III e IV.

(B) II e III.

(C) I e IV.

(D) I, II e III.

(E) I.

I: correta, Lei 9.784/1999, art. 1º, § 1º: Os preceitos desta Lei também se aplicam aos órgãos dos Poderes Legislativo e Judiciário da União, quando no desempenho de função administrativa. **II:** incorreta, Lei 9.784/1999, art. 1º, § 2º, II: entidade – a unidade de atuação **dotada de** personalidade jurídica; **III:** incorreta, art. 4º, IV – prestar as informações que lhe forem solicitadas e colaborar para o esclarecimento dos fatos. **IV:** incorreta, – art. 2º, VII – indicação dos pressupostos de fato e de direito que determinarem a decisão. **FMB**
Gabarito "E".

(Técnico Judiciário – TRE/PI – CESPE – 2016) Ainda à luz das disposições da Lei 9.784/1999, assinale a opção correta.

(A) A administração, no exercício da atividade punitiva, submete-se à observância das garantias subjetivas consagradas no processo penal contemporâneo.

(B) Em atenção ao devido processo legal, no processo administrativo haverá testemunhas de defesa e testemunhas de acusação.

(C) A ciência dos atos praticados em processo administrativo, a ser dada ao interessado, deve ser pessoal, e o comparecimento voluntário da parte não suprirá a falta ou irregularidade da intimação.

(D) Não é admitida a instauração de ofício de processo administrativo disciplinar com base em denúncia anônima.

(E) É de cinco dias o prazo para interposição de recurso administrativo, contado a partir da ciência pessoal dada ao interessado.

A: correta, trata diretamente do reconhecimento da decisão como matéria jurisdicional o que obriga a observância de princípios a este afeto. Neste sentido: mandado de segurança. Servidor público. Processo administrativo disciplinar. Demissão. Alegação de cerceamento de defesa. Inocorrência. Revelia. Nomeação de defensor dativo. Processo administrativo disciplinar formalmente regular. Aplicação da sanção demissória à servidora pública com mais de 30 anos de

serviço, sob o fundamento de abandono de cargo. Art. 132, II, da Lei 8.112/90. Inobservância da regra de ouro da proporcionalidade. Antecedentes funcionais favoráveis. Art. 128 da Lei 8.112/90. Ordem concedida em conformidade com o parecer ministerial. 7. No exercício da atividade punitiva a Administração pratica atos materialmente jurisdicionais, por isso que se submete à observância obrigatória de todas as garantias subjetivas consagradas no Processo Penal contemporâneo, onde não encontram abrigo as posturas autoritárias, arbitrárias ou desvinculadas dos valores da cultura. **B:** incorreta, a apresentação de testemunhas decorre do princípio da ampla defesa e contraditório que permite, neste sentido, ao acusado desdizer o que lhe está sendo imputado. **C:** incorreta, Lei 9.784/1999, art. 26, § 3º: A intimação pode ser efetuada por ciência no processo, por via postal com aviso de recebimento, por telegrama ou outro meio que assegure a certeza da ciência do interessado. Com relação ao comparecimento espontâneo, deve ser considerado que nenhuma nulidade deve ser proclamada se dela não advier prejuízo às partes. **D:** incorreta, Lei 9.784/1999, art. 5º: O processo administrativo pode iniciar-se de ofício ou a pedido de interessado. **E:** incorreta, art. 59 da Lei 9.784/1999: Salvo disposição legal específica, é de dez dias o prazo para interposição de recurso administrativo, contado a partir da ciência ou divulgação oficial da decisão recorrida. **FMB**
Gabarito "A".

(Técnico Judiciário – TRT20 – FCC – 2016) Considere :

I. Aplicação retroativa de nova interpretação.

II. Sigilo nos processos administrativos.

III. Promoção pessoal de agentes ou autoridades.

IV. Renúncia total de poderes ou competências.

Nos termos da Lei 9.784/1999, que regula o processo administrativo no âmbito da Administração pública federal, constitui vedação absoluta e que, portanto, não admite exceção, o que consta APENAS em

(A) III e IV.

(B) I e II.

(C) I, II e III.

(D) IV.

(E) I e III.

I: correta, como desdobramento do próprio princípio da segurança jurídica, citado no caput do art. 2º da Lei 9.784/1999, há também a expressa previsão no parágrafo único, inciso XIII – interpretação da norma administrativa da forma que melhor garanta o atendimento do fim público a que se dirige, vedada aplicação retroativa de nova interpretação. Assim, temos como verdadeira a hipótese, já que há vedação absoluta de aplicar a nova interpretação de forma retroativa. **II:** incorreta, o sigilo nos processos administrativos é tratado como exceção à regra, não podendo ser considerado como vedação absoluta, e neste sentido, art. 2º, parágrafo único, V, da Lei 9.784/1999: divulgação oficial dos atos administrativos, ressalvadas as hipóteses de sigilo previstas na Constituição; **III:** correta, desdobramento do princípio da impessoalidade que vem expresso no *caput* do art. 2º da Lei 9.784/1999, o legislador ainda previu, parágrafo único, III: objetividade no atendimento do interesse público, vedada a promoção pessoal de agentes ou autoridades; **IV:** incorreta, o próprio inciso que trata do assunto, o coloca como vedação porem não absoluta, admitindo as exceções previstas na Lei 9.784/1999, art. 2º, parágrafo único, II: atendimento a fins de interesse geral, vedada a renúncia total ou parcial de poderes ou competências, salvo autorização em lei. **FMB**
Gabarito "E".

(Técnico Judiciário – TRT20 – FCC – 2016) Sergio , servidor público federal e chefe de determinada repartição pública, demitiu Antônio sob o fundamento de que o mesmo havia cometido falta grave. Cumpre salientar que Antônio não era servidor concursado, mas sim ocupante de cargo em comissão. Transcorridos quinze dias após a demissão, descobriu-se que Antônio não havia praticado falta grave e que Sergio pretendia colocar um colega seu no cargo anteriormente ocupado por Antônio. Neste caso, é correto afirmar:

(A) Por ser falso o motivo do ato administrativo, o ato de demissão é nulo.

(B) O ato de demissão é válido, haja vista tratar-se de cargo demissível *ad nutum* e que, portanto, sequer exigia motivação.

(C) Não incide a teoria dos motivos determinantes, haja vista que o vício é na forma e na finalidade do ato administrativo de demissão.

(D) Aplica-se, na hipótese, a convalidação do ato administrativo; portanto, Antônio, injustamente demitido, poderá retornar ao seu cargo.

(E) O ato é válido porque a finalidade pública foi mantida, sendo admissível a substituição de um servidor por outro, desde que o cargo seja adequadamente preenchido, de modo a não trazer prejuízo ao interesse público.

O caso em tela comporta importante instituto do direito administrativo, à medida que reconhece de um lado, um ato de natureza discricionária, livre nomeação e exoneração em cargo comissionado, Art. 37, V, CF, e de outro, a aplicação da Teoria dos Motivos determinantes. O ato administrativo discricionário, desde que realizado pelo agente competente, prescinde de motivação, porém à medida que esta for apresentada no ato, ela deve ser verdadeira, haja vista a falsidade na motivação vicia o ato, anulando-o. Neste sentido: *Função de Assessoramento Superior-FAS. Por ser de provimento em confiança, não fazem jus, os seus ocupantes, ao benefício da estabilidade extraordinária outorgada pelo art. 19 do A.D.C.T., em face da restrição expressa no § 2º do mesmo dispositivo. Estando, porém, vinculado, o ato de dispensa do impetrante, a motivo inexistente (norma de medida provisória não inserta na lei de conversão), deve o decreto ser anulado e reintegrado o agente na função, conservada a característica da possibilidade de exoneração, ao nuto da autoridade. Mandado de segurança, para essa finalidade concedido.* (STF. MS 21.170/DF. Rel. Min. Octávio Gallotti. Tribunal Pleno. DJ: 21/02/1997). FMB
Gabarito "A".

(Técnico Judiciário – TRT/8ª – 2013 – CESPE) A propósito da Lei n.º 9.784/1999, que regula o processo administrativo no âmbito da administração pública federal, assinale a opção correta.

(A) O administrado tem, perante a administração, o direito de ter ciência da tramitação dos processos administrativos.

(B) A lei em questão pode também ser aplicada aos órgãos do Poder Judiciário da União quando estes estiverem no desempenho de função administrativa.

(C) Para os fins da lei em questão, o Ministério do Trabalho e Emprego é considerado entidade, por ser unidade de atuação integrante da estruturada administração direta.

(D) O princípio da razoabilidade é classificado como um princípio implícito da administração pública, pois não se encontra previsto explicitamente na CF nem na lei em apreço.

(E) Em todos os processos administrativos, são garantidos aos interessados os direitos à comunicação, à apre-

sentação de alegações finais, à produção de provas e à interposição de recursos.

A: Incorreta. O Administrado tem direito a ter ciência da tramitação dos processos administrativos em que tenha a condição de interessado, ter vista dos autos, obter cópias de documentos neles contidos e conhecer as decisões proferidas (art. 3º, II, da Lei 9.784/1999); **B:** Correta, conforme art. 1º, § 1º, da Lei 9.784/1999; **D:** Incorreta. Em que pese não esteja previsto na Constituição, a razoabilidade, juntamente com a proporcionalidade, está prevista no art. 2º da Lei 9.784/1999; **E:** Incorreta, pois as garantias do art. 2º, X, da Lei 9.784/1999 serão aplicadas apenas aos processos de que possam resultar sanções e nas situações de litígio.
Gabarito "B".

(Técnico Judiciário – TRT/12ª – 2013 – FCC) A Lei n. 9.784/99, que trata dos processos administrativos no âmbito da Administração Pública Federal, traz princípios a serem obedecidos pela Administração Pública. A mesma lei também prevê os critérios que serão observados nos processos administrativos, entre eles, a adequação entre meios e fins, vedada a imposição de obrigações, restrições e sanções em medida superior àquelas estritamente necessárias ao atendimento do interesse público. Referido critério refere-se ao princípio da

(A) Motivação.

(B) Ampla defesa.

(C) Eficiência.

(D) Segurança Jurídica.

(E) Proporcionalidade.

A alternativa descreve o princípio da proporcionalidade, prevista no art. 2º, *caput*, e parágrafo único, VI, da Lei 9.784/1999.
Gabarito "E".

(Técnico Judiciário – TRF/3ª – 2014 – FCC) Inácio , servidor público federal do Tribunal Regional Federal da 3ª Região e responsável pela condução de determinado processo administrativo, detectou que uma das partes interessadas do aludido processo é casada com Carlos, com quem possui amizade íntima. Vale salientar que o mencionado processo administrativo apresenta uma pluralidade de partes interessadas. No caso narrado e nos termos da Lei n. 9.784/1999,

(A) o processo deverá continuar a ser conduzido por Inácio, tendo em vista que existe uma pluralidade de partes interessadas.

(B) trata-se de hipótese de impedimento expressamente prevista na lei.

(C) inexiste qualquer proibitivo para que Inácio continue na condução do processo, pouco importando a pluralidade de partes interessadas.

(D) Inácio deverá afastar-se da condução do processo por razão moral, embora não se trate nem de impedimento, nem de suspeição.

(E) Inácio deverá declarar-se suspeito.

O art. 20 da Lei 9.784/1999 prevê que "**pode** ser arguida a **suspeição** de autoridade ou servidor que tenha amizade íntima ou inimizade notória com algum dos interessados ou com os respectivos cônjuges, companheiros, parentes e afins até o terceiro grau". É importante dizer que o texto legal não impõe a obrigação a alguém de se autodeclarar suspeito, diferentemente do impedimento, em que a lei atribui o dever se comunicação do fato impeditivo (art. 19 da Lei 9.784/1999). Portanto, respeitosamente, posicionamo-nos no sentido de discordar do gabarito oficial divulgado pela banca examinadora ao entender que não há alternativas corretas.

Gabarito "E".

(Técnico Judiciário – TRT9 – 2012 – FCC) Dentre as possíveis providências expressamente constantes da Lei 8.429/1992, que cabem à autoridade administrativa responsável diante de ato de improbidade que cause lesão ao patrimônio público está

(A) a obrigação de promover arrolamento cautelar de bens do indiciado para a recomposição do dano causado.

(B) a faculdade de providenciar diretamente a indisponibilidade dos bens do indiciado no inquérito, mediante comunicação aos órgãos públicos oficiais.

(C) a faculdade de providenciar o sequestro de bens suficientes a garantir o prejuízo apurado.

(D) o dever de representar ao Ministério Púbico para viabilizar a indisponibilidade dos bens do indiciado.

(E) o dever de, em se tratando de indiciado servidor público, colocá-lo em disponibilidade não remunerada, contingenciando-se os vencimentos para eventual ressarcimento dos danos.

A a C: incorretas, pois essa providência compete à autoridade judicial, não sendo possível que a autoridade administrativa promova tal arrolamento; **D:** correta (art. 7º, *caput*, da Lei 8.429/1992); **E:** incorreta, pois não se trata de um dever, mas de uma faculdade, e não se trata de colocar em disponibilidade, mas em afastar o servidor público de seu trabalho, mantida remuneração (art. 20, parágrafo único, da Lei 8.429/1992).

Gabarito "D".

7.6. Prescrição

(Técnico Judiciário – TRT/1ª – 2008 – CESPE) Em relação à improbidade administrativa, assinale a opção correta.

(A) Uma vez proposta ação de improbidade administrativa, o juiz, verificada a observância dos requisitos da petição inicial, determinará como primeiro ato judicial a citação dos réus, para o fim de interromper a prescrição.

(B) Empresa que agir em conluio com agente público na prática de ato ímprobo poderá responder pelas condutas descritas na Lei 8.429/1992, e o prazo prescricional terá início após o término do contrato administrativo firmado.

(C) A aprovação das contas do agente público pelo TCU afasta a aplicação de penalidade por improbidade.

(D) A fluência do prazo prescricional de cinco anos para condenação por ato de improbidade administrativa praticado por governador de Estado somente é iniciada após o término do exercício do mandato.

(E) A aplicação das penalidades por ato de improbidade depende da demonstração de dano financeiro ao patrimônio público.

A: incorreta, pois o juiz notificará os réus para oferecerem uma defesa preliminar (art. 17, § 7º, da Lei 8.429/1992); em seguida, o juiz receberá ou não a petição inicial, e, se receber, determinará a citação destes para apresentação de contestação (art. 17, § 9º, da Lei 8.429/1992); **B:** incorreta, pois o prazo prescricional seguirá uma das regras do art. 23 da Lei 8.429/1992, de acordo com o agente público envolvido, e nenhum dos casos traz a data do término dos contratos como data do

início do prazo prescricional; **C:** incorreta (art. 21, II, da Lei 8.429/1992); **D:** correta (art. 23, I, da Lei 8.429/1992); **E:** incorreta (art. 21, I, da Lei 8.429/1992).

Gabarito "D".

(Técnico Judiciário – TRT/17ª – 2009 – CESPE) Com relação à improbidade administrativa, julgue os itens que se seguem.

(1) Considere a seguinte situação hipotética. José foi secretário de saúde do município Alfa e celebrou contrato com a empresa Gama S.A., na data de 12/03/2004, para manutenção dos equipamentos hospitalares da rede pública de saúde de Alfa. Após investigação, constatou-se a existência de esquema de corrupção com a percepção de ilegais vantagens financeiras para assinatura da avença, o que implicou seu afastamento definitivo do cargo em 20/10/2004. Nessa situação hipotética, a ação de improbidade estará prescrita a partir de 19/04/2009.

(2) A posse e o exercício de agente público em seu cargo ficam condicionados à apresentação de declaração de bens e valores que componham seu patrimônio, a fim de ser arquivada no setor de pessoal do órgão.

(3) O indivíduo que for condenado por improbidade administrativa à perda de direitos políticos não pode, enquanto perdurarem os efeitos da decisão judicial, propor ação popular.

1: errada, pois, como João tem um cargo em comissão, aplica-se o disposto no art. 23, I, da Lei 8.429/1992, de maneira que o prazo prescricional é de 5 anos, contados da data do afastamento do cargo; no caso, esse prazo vence no dia 20/10/2010, não se podendo dizer, portanto, que a prescrição se deu a partir de 19/04/2009; **2:** correta (art. 13, *caput*, da Lei 8.429/1992); **3:** correta, pois somente o cidadão, ou seja, aquele que está com os direitos políticos em dia, pode propor a ação popular; de qualquer maneira, é bom ressaltar que a questão deveria ser mais técnica e usar a expressão "*suspensão* dos direitos políticos", e não perda.

Gabarito 1E, 2C, 3C.

(Técnico Judiciário – TJ/SE – 2009 – FCC) As ações destinadas a levar a efeitos as sanções previstas na Lei de Improbidade (Lei 8.429/1992), nos casos de exercício de cargo efetivo ou emprego, podem ser propostas

(A) dentro do prazo prescricional previsto em lei específica.

(B) até cinco anos após o término do exercício de mandato, de cargo em comissão ou de função de confiança.

(C) até oito anos após o término do exercício de mandato, de cargo em comissão ou de função de confiança.

(D) dentro do exercício financeiro ao qual se refere.

(E) até dezesseis anos após o término do exercício de mandato, de cargo em comissão ou de função de confiança.

Art. 23, II, da Lei 8.429/1992.

Gabarito "A".

7.7. Questões de conteúdo variado

(Técnico – MPE/CE – CESPE – 2020) Acerca da responsabilidade civil do Estado e de improbidade administrativa, julgue os itens seguintes.

(1) A responsabilidade civil da pessoa jurídica de direito público pelos atos causados por seus agentes é objetiva, enquanto a responsabilidade civil dos agentes públicos é subjetiva.

(2) Nas ações de improbidade administrativa, a única função do Ministério Público é atuar obrigatoriamente como fiscal da ordem jurídica.

1: certo (o art. 37, § 6º, CF estabelece que a responsabilidade civil das pessoas jurídicas de direito público é objetiva, cabendo o exercício do direito de regresso contra o agente público causados do dano, cuja responsabilidade civil é subjetiva, dependente da comprovação de dolo ou culpa). **2:** errado (nas ações de improbidade administrativa, o Ministério Público pode atuar tanto como fiscal da ordem jurídica quanto como parte autora da demanda, nos termos do art. 17, "caput" e § 4º, da Lei 8.429/92). RB

Gabarito 1C, 2E

(Escrevente – TJ/SP – 2018 – VUNESP) Nos termos da Lei no 8.429/1992, é correta a seguinte afirmação:

(A) Esta Lei se aplica apenas aos funcionários públicos que pratiquem ato lesivo ao erário da administração direta, indireta ou fundacional de qualquer dos Poderes da União, dos Estados ou do Distrito Federal.

(B) Se a lesão ao patrimônio decorrer de ação ou omissão culposa do agente ou do terceiro, não se fará necessário o integral ressarcimento do dano.

(C) Para os fins desta Lei, não se reputa agente público aquele que, por designação, exerça função de confiança junto a órgão da administração direta ou indireta, sem recebimento de remuneração.

(D) O sucessor daquele que causar lesão ao patrimônio público ou enriquecer ilicitamente em razão do serviço público não se sujeita às cominações desta Lei, ainda que o falecido tenha deixado herança.

(E) As disposições desta Lei poderão ser aplicadas àquele que, mesmo não sendo agente público, induza ou concorra para a prática do ato de improbidade ou dele se beneficie sob qualquer forma direta ou indireta.

A: incorreta. A lei se aplica a qualquer agente público, bem como àquele que, mesmo não sendo agente público, induz, concorre para o ato de improbidade ou dele se beneficia sob qualquer forma direta ou indireta – art. 3º da Lei 8.429/1992; **B:** incorreta. "Ocorrendo lesão ao patrimônio público por ação ou omissão, dolosa ou culposa, do agente ou de terceiro, dar-se-á o integral ressarcimento do dano" – art. 5º da Lei 8.429/1992; **C:** incorreta. "Reputa-se agente público, para os efeitos desta lei, todo aquele que exerce, ainda que transitoriamente ou sem remuneração, por eleição, nomeação, designação, contratação ou qualquer outra forma de investidura ou vínculo, mandato, cargo, emprego ou função nas entidades mencionadas no artigo anterior" – art. 2º da Lei 8.429/1992; **D:** incorreta. A responsabilidade do sucessor vai até os limites do valor da herança – art. 8º da Lei 8.429/1992; **E:** correta. Art. 3º da Lei 8.429/1992. FB

Gabarito "E".

(Técnico Judiciário – TJSP – 2013 – VUNESP) No tocante à Lei de Improbidade Administrativa (Lei 8.429/1992), é correto afirmar que

(A) as ações destinadas a levar a efeito as sanções previstas nessa Lei podem ser propostas até 20 (vinte) anos após o término do exercício de mandato, de cargo em comissão ou de função de confiança.

(B) a aplicação das sanções previstas nessa Lei depende da aprovação ou rejeição das contas pelo Tribunal ou Conselho de Contas.

(C) as disposições dessa Lei são aplicáveis, no que couber, àquele que, mesmo não sendo agente público, induza ou concorra para a prática do ato de improbidade.

(D) a autoridade judicial competente somente poderá determinar o afastamento do agente público do exercício do cargo após o trânsito em julgado da sentença condenatória.

(E) a aplicação das sanções previstas nessa Lei depende da aprovação ou rejeição das contas pelo órgão de controle interno.

A: incorreta, pois o prazo é de 5 anos (art. 23, I, da Lei 8.429/1992); **B:** incorreta, pois não há essa dependência (art. 21, II, da Lei 8.429/1992); **C:** correta (art. 3º da Lei 8.429/1992); **D:** incorreta, pois o afastamento (que é provisório) pode ser feito a qualquer tempo, quando a medida se fizer necessária à instrução processual (art. 20, parágrafo único, da Lei 8.429/1992); o que não é possível é a perda do cargo (que é definitiva), antes do trânsito em julgado da sentença condenatória (art. 20, *caput*, da Lei 8.429/1992); **E:** incorreta, pois não há essa dependência (art. 21, II, da Lei 8.429/1992).

Gabarito "C".

8. BENS PÚBLICOS

(Técnico – TJ/MA – FCC – 2019) Um estado da federação permitiu o uso de um imóvel de sua titularidade a um de seus municípios, com o objetivo de instalação de um posto de saúde para atendimento básico da população. A respeito da permissão de uso outorgada, considerando sua natureza e características, é correto afirmar que

(A) a outorga se deu em caráter precário, passível de revogação pela autoridade estadual competente no caso, por exemplo, de descumprimento das obrigações pelo permissionário.

(B) a propriedade do bem público estadual foi transferida ao município, considerando a irreversibilidade do ato.

(C) o contrato assinado vigorará por prazo indeterminado, não podendo o permitente pleitear a restituição do imóvel enquanto a finalidade estiver sendo atendida.

(D) o ato administrativo bilateral pode ser anulado diante de ilegalidade ou revogado no caso de descumprimento, neste último caso, contanto que o permissionário não se oponha.

(E) o ato foi praticado ilegalmente, considerando que os contratos de permissão de uso precisam de prévia autorização legislativa, não podendo viger por prazo indeterminado.

A: certa (a permissão de uso é ato administrativo precário, podendo ser extinta a qualquer momento pela autoridade estadual competente, inclusive em caso de descumprimento de obrigação pelo município permissionário). **B:** errada (a permissão de uso de bem público não transfere a propriedade do bem, motivo pelo qual é reversível; além disso, como mencionado no comentário da alternativa anterior, trata-se de ato precário, podendo ser extinto a qualquer tempo). **C:** errada (diante da precariedade da permissão, o estado da federação permitente pode pleitear a restituição do imóvel, mesmo se a sua finalidade estiver sendo atendida). **D:** errada (a permissão de uso é ato administrativo unilateral; além disso, a sua revogação não depende da não oposição do permissionário). **E:** errada (a permissão de uso detém a natureza jurídica de ato administrativo, e não de contrato; além disso, não precisam de prévia autorização legislativa e podem viger por prazo indeterminado). (RB)

Gabarito "A"

(Técnico Judiciário – TRT/11ª – 2005 – FCC) De acordo com a classificação dos bens públicos, o imóvel que abriga e pertence à Prefeitura de Manaus é considerado

(A) de uso especial.

(B) de uso comum do povo.

(C) dominial.

(D) regular de serviço.

(E) de uso disponível.

Os bens públicos podem ser de *uso comum do povo* ("destinado ao uso indistinto de todos" – ex: ruas, praças, mares, rios etc.), de *uso especial* ("destinado a servir de estabelecimento público ou à prestação de serviço público" – ex: prédio da prefeitura, prédio do fórum, hospital público etc.) e *dominical* ("sem destinação, tratando apenas de patrimônio estatal" – ex: terras devolutas, terrenos vazios etc.). Portanto, a alternativa "A" está correta.

Gabarito "A"

(Técnico Judiciário – TJ/MT – 2008 – VUNESP) Sobre os bens públicos, assinale a afirmativa correta.

(A) Consideram-se bens públicos apenas aqueles que podem ser utilizados livremente pelo público em geral.

(B) Os bens dominicais são todos aqueles que têm uma destinação pública definida.

(C) Os bens públicos de uso especial são inalienáveis enquanto conservarem essa característica e não podem ser adquiridos por usucapião.

(D) Todos os bens públicos são inalienáveis.

(E) A alienação de bens imóveis de uso especial depende de autorização passada por decreto executivo.

A: incorreta, pois esses são os bens públicos de *uso comum do povo*; há ainda os bens públicos de *uso especial* e os *dominicais*; **B:** incorreta, pois tais bens são justamente os que não têm destinação definida, como visto no conceito trazido na questão anterior; **C a E:** todos bens públicos de uso especial e de uso comum do povo são *inalienáveis* (não podem ser vendidos enquanto permanecerem com essas características, sendo necessário, para a alienação, motivação, desafetação, lei autorizativa, avaliação e licitação), *impenhoráveis* (não podem ser penhorados) e *imprescritíveis* (não estão sujeitos a usucapião, por parte de terceiros ocupantes do imóvel); já os bens dominicais, podem ser vendidos (são alienáveis), preenchidos os requisitos legais, mas são impenhoráveis e imprescritíveis, assim com os outros dois.

Gabarito "C"

(MPU – 2004 – ESAF) A alienação aos proprietários de imóveis lindeiros, de área remanescente ou resultante de obra pública, a qual se torne inaproveitável, isoladamente, que a Lei 8.666/1993, considera dispensável a licitação, para esse fim, é conceituada nesse diploma legal como sendo

(A) dação em pagamento.

(B) retrovenda.

(C) retrocessão.

(D) investidura.

(E) tredestinação.

Art. 17, § 3º, I, da Lei 8.666/1993.

Gabarito "D"

9. RESPONSABILIDADE DO ESTADO

(Técnico – TRT/15 – FCC – 2018) A responsabilidade do Estado pode se dar em razão da celebração de contratos, no que se refere ao contratado, e extracontratualmente,

(A) pelos danos que seus agentes causarem a terceiros, não sendo necessário a demonstração de culpa ou dolo, mas sim do nexo de causalidade entre a conduta dos servidores e os danos sofridos.

(B) pelos danos comissivos que os agentes e prestadores de serviços públicos causarem a terceiros, desde que demonstrado o dolo na conduta vedada pela Constituição Federal.

(C) pelas ações ilícitas cometidas pelos agentes públicos, não sendo necessário demonstrar o nexo de causalidade, apenas o prejuízo sofrido, de forma inequívoca.

(D) pela modalidade subjetiva, que somente autoriza a responsabilidade subjetiva se vier a ser comprovado o dolo ou a culpa do agente público.

(E) pelos danos causados ao patrimônio das vítimas, no caso de danos dessa natureza, que prescindem de comprovação de culpa e nexo causal.

Responsabilidade civil do Estado estabelece a obrigação deste em reparar eventuais danos causados a terceiros em decorrência de ações ou omissões praticadas por seus agentes, independentemente de comprovação de culpa. Adota-se, aqui, a chamada teoria do risco administrativo ou teoria objetiva – Art. 37, § 6º, CF/1988. **FB**

Gabarito "A"

Técnico Judiciário – TRT8 – CESPE – 2016) A respeito da responsabilidade civil do Estado, assinale a opção correta.

(A) A responsabilidade civil objetiva das concessionárias e permissionárias de serviços públicos abrange somente as relações jurídicas entre elas e os usuários dos serviços públicos.

(B) A responsabilidade civil objetiva aplica-se a todas as pessoas jurídicas de direito público.

(C) O princípio da pessoalidade é o que orienta a responsabilidade civil do Estado.

(D) As pessoas jurídicas de direito público não se responsabilizam pelos danos causados por seus agentes.

(E) A responsabilidade da administração pública será sempre objetiva.

A: incorreta, entendimento mais atual do STF aponta para a análise da letra constitucional, sem nenhuma exceção, a saber: o entendimento de que apenas os terceiros usuários do serviço gozariam de proteção constitucional decorrente da responsabilidade objetiva do Estado, por terem o direito subjetivo de receber um serviço adequado, contrapor-se-ia à própria natureza do serviço público, que, por definição, tem caráter geral, estendendo-se, indistintamente, a todos os cidadãos, beneficiários diretos ou indiretos da ação estatal. (STF, RE 591874/MS, rel. Min. Ricardo Lewandowski, 26.8.2009. Disponível em: <www.stf.jus.br>. Acesso em 18 dez 2012). **B:** correta, Constituição Federal – art. 37, § 6º, dispõe que: "as pessoas jurídicas de direito público e as de direito privado, prestadoras de serviços públicos, responderão pelos danos que seus agentes, nessa qualidade, causarem a terceiros, assegurado o direito de regresso contra o responsável nos casos de dolo ou culpa". **C:** incorreta. Não há que se falar em princípio da pessoalidade, já que o Estado é responsável pelos atos praticados por seus agentes. **D:** incorreta. Em sendo a responsabilidade do Estado objetiva, a assertiva está na contramão da legislação. **E:** incorreta. A caracterização da responsabilidade objetiva se condiciona ao preenchimento de três requisitos: conduta estatal, dano e nexo de causalidade entre a conduta e o dano, podendo ser afastada se presente uma das excludentes, a saber: culpa exclusiva da vítima ou de terceiros, caso fortuito ou de força maior. Há que se considerar ainda que diante de conduta omissiva, a responsabilidade passa a ser subjetiva, devendo ser comprovada por quem a alega. FMB

Gabarito "B".

(Técnico Judiciário – TRE/PE – CESPE – 2017) A responsabilidade do Estado por conduta omissiva

(A) é objetiva, dispensando-se, para sua caracterização, a demonstração de culpa, exigindo-se, para tal, apenas a demonstração do dano.

(B) é objetiva, dispensando-se, para sua caracterização, a demonstração de culpa, mas exigindo-se, para isso, demonstração de nexo de causalidade entre a conduta e o dano.

(C) caracteriza-se mediante a demonstração de culpa, dispensando-se, para tal, a demonstração de dano.

(D) caracteriza-se mediante a demonstração de culpa, de dano e de nexo de causalidade.

(E) é descabida.

Como regra geral, o Brasil adotou em seu artigo 37, § 6º, da CF/1988 a teoria do risco administrativo, por meio do qual o Estado responde objetivamente pelos danos que seus agentes, nessa qualidade, causarem a terceiros. FMB

Gabarito "D".

(Técnico Judiciário – TRE/SP – FCC – 2017) O Estado, tal qual os particulares, pode responder pelos danos causados a terceiros. A responsabilidade extracontratual para pessoas jurídicas de direito público, prevista na Constituição Federal, no entanto,

(A) dá-se sob a modalidade subjetiva para os casos de omissão de agentes públicos e de prática de atos lícitos, quando causarem danos a terceiros.

(B) não se estende a pessoas jurídicas de direito privado, ainda que integrantes da Administração indireta, que se submetem exclusivamente à legislação civil.

(C) exige a demonstração pelos demandados, de inexistência de culpa do agente público, o que afastaria, em consequência o nexo de causalidade entre os danos e a atuação daqueles.

(D) tem lugar pela prática de atos lícitos e ilícitos por agentes públicos, admitindo, quando o caso, excludentes de responsabilidade, que afastam o nexo causal entre a atuação do agente público e os danos sofridos.

(E) somente tem lugar com a comprovação de danos concretos pelo demandante, o que obriga, necessariamente, a incidência da modalidade subjetiva.

A: incorreta, a teoria do risco administrativo, adotada pelo Art. 37, § 6º, CF, indica que o Estado será objetivamente responsável pela ação dos seus agentes, desta forma também o e quando estes praticam atos ilícitos .**B:** incorreta, art. 37, § 6º, CF: As pessoas jurídicas de direito público e as de direito privado prestadoras de serviços públicos responderão pelos danos que seus agentes, nessa qualidade, causarem a terceiros, assegurado o direito de regresso contra o responsável nos casos de dolo ou culpa .**C:** incorreta, novamente a assertiva afronta a Teoria do Risco Administrativo, já que, em sendo a conduta comissiva, estará presente a responsabilidade objetiva do Estado. **D:** correta –

Responsabilidade Objetiva do Estado. **E:** incorreta, pela adoção da Responsabilidade Objetiva do Estado. FMB

Gabarito "D".

(Técnico Judiciário – TRE/PI – CESPE – 2016) Se determinado agente de uma sociedade de economia mista estadual, concessionária do serviço de energia elétrica, causar, durante a prestação de um serviço, dano à residência de um particular,

(A) a concessionária responderá objetivamente, de acordo com a teoria do risco integral, caso fiquem comprovados o dano causado ao particular, a conduta do agente e o nexo de causalidade entre o dano e a conduta.

(B) a concessionária de serviço público poderá responder pelo dano causado ao particular, independentemente da comprovação de culpa ou dolo do agente.

(C) haverá responsabilidade subjetiva do estado federado, caso a concessionária de serviço público não tenha condições de reparar o prejuízo causado.

(D) será excluída a responsabilidade da concessionária e a do estado federado, caso o particular tenha concorrido para a ocorrência do dano.

(E) a concessionária não responderá pelo dano, por não possuir personalidade jurídica de direito público.

A: incorreta, Constituição Federal, art. 37, § 6º: As pessoas jurídicas de direito público e as de direito privado prestadoras de serviços públicos responderão pelos danos que seus agentes, nessa qualidade, causarem a terceiros, assegurado o direito de regresso contra o responsável nos casos de dolo ou culpa – independe da comprovação de dolo ou culpa do agente. **B:** correta, Constituição Federal, art. 37, § 6º; **C:** incorreta, a lei não prevê tal possibilidade; **D:** incorreta, a simples concorrência do particular na incidência do dano não exclui a responsabilidade objetiva, haja vista figurar como excludente apenas a culpa exclusiva de terceiro. **E:** incorreta, Constituição Federal, art. 37, § 6º. FMB

Gabarito "B".

(Técnico Judiciário – TJAM – 2013 – FGV) João, servidor de uma concessionária de serviço público de transporte, em um dia de fúria agrediu fisicamente um usuário do serviço sem ter sido injustamente provocado. No caso, ficou comprovada a agressão dolosa do funcionário e o usuário, além da vergonha de ser agredido em público, desembolsou recursos próprios com o tratamento de suas lesões. Com base no caso descrito, assinale a afirmativa correta.

(A) A concessionária deverá arcar com a indenização e não poderá buscar o ressarcimento junto ao funcionário.

(B) Apenas o funcionário poderá ser responsabilizado.

(C) A concessionária irá responder e poderá ser ressarcida pelo servidor.

(D) A indenização deverá ser paga pela concessionária e pelo servidor na proporção de 50% para cada um.

(E) No caso, quem responde sempre é o Estado, pois é o responsável último pelo serviço.

A: incorreta, pois a concessionária, após arcar com indenização, poderá buscar o ressarcimento junto ao funcionário, nos termos do art. 37, § 6º, da CF/1988; **B:** incorreta, pois a concessionária responde objetivamente, nos termos do art. 37, § 6º, da CF/1988; **C:** correta, pois a concessionária responde objetiva, nos termos do art. 37, § 6º, da CF/1988, que admite que esta ingressem com ação de regresso contra o servidor, já que este agiu com dolo, sendo certo que quando um agente atua com dolo ou culpa nesses casos, poderá ser acionado pela entidade que tiver sido responsabilizada pela vítima do ato; **D:** incorreta, pois, conforme já visto, a concessionária responderá pelo valor integral do dano e de forma objetiva, podendo ingressar com ação de regresso contrato o servidor; **E:** incorreta, pois a concessionária (pessoa jurídica de direito privado prestadora de serviço público) é responsável, e não o Estado; nesse caso, só se pode acionar o Estado subsidiariamente, ou seja, caso a concessionária não tenha recursos financeiros para reparar o dano.

Gabarito "C".

(Técnico Judiciário – TJDFT – 2013 – CESPE) Acerca da responsabilidade civil do Estado, julgue o item abaixo.

(1) Se um particular sofrer dano quando da prestação de serviço público, e restar demonstrada a culpa exclusiva desse particular, ficará afastada a responsabilidade da administração. Nesse tipo de situação, o ônus da prova, contudo, caberá à administração.

1: correta, pois, de fato, tem-se, de um lado, a responsabilidade objetiva do Estado, que impõe que este responda quando o particular sofrer dano quando da prestação de serviço público, mas, de outro, tem-se a possibilidade de, em o Estado demonstrando uma excludente de responsabilidade (e a culpa exclusiva da vítima), ficar afastada a responsabilidade estatal.

Gabarito 1C

(Técnico – TRT/6ª – 2012 – FCC) Durante a execução de serviços de reparo e manutenção nas instalações de gás, por empresa pública responsável pela prestação do serviço público de fornecimento, houve pequena explosão, ocasionando o arremesso de peças e materiais pesados a distância significativa, causando danos materiais a particulares que estavam próximos ao local. Nesse caso, a empresa

(A) responde subjetivamente pelos danos causados, cabendo aos particulares a prova de culpa dos agentes que executavam o serviço para fazer jus à indenização.

(B) responde objetivamente pelos danos materiais causados aos particulares, desde que demonstrado o nexo de causalidade, não sendo necessária a comprovação de culpa dos agentes.

(C) responde subjetivamente pelos danos causados, independentemente de prova de culpa dos agentes que executavam o serviço no momento da explosão.

(D) não responde pelos danos causados, devendo os danos serem cobrados diretamente dos agentes responsáveis pela execução dos serviços.

(E) responde objetivamente pelos danos materiais causados aos particulares, desde que demonstrada a culpa dos agentes responsáveis pela execução do serviço, não sendo necessária demonstração do nexo de causalidade.

A, C e E: incorretas, pois as empresas concessionárias de serviço público respondem objetivamente (art. 37, § 6º, da CF/1988), ou seja, independentemente de a vítima ter de comprovar que houve conduta culposa ou dolosa (responsabilidade subjetiva); **B:** correta, conforme mencionado no comentário anterior; **D:** incorreta, pois a empresa pública, no caso, não só responde pelos danos causados, como responde objetivamente, ou seja, independentemente de comprovação de culpa ou dolo.

Gabarito "B".

(Técnico – TRE/SP – 2012 – FCC) Determinado cidadão sofreu danos em função de atendimento deficiente em unidade hospitalar pública. A responsabilidade civil da Administração pelos danos em questão

(A) é de natureza subjetiva, dependendo da comprovação de dolo ou culpa dos agentes.

(B) é de natureza objetiva, cabendo direito de regresso em face dos agentes responsáveis, no caso de dolo ou culpa.

(C) é de natureza subjetiva, demandando a comprovação da falha na prestação do serviço e culpa de agente público.

(D) é afastada, caso comprovado dolo ou culpa exclusiva do agente público.

(E) independe de comprovação de dolo ou culpa do agente e do nexo de causalidade entre o evento e o dano.

A e C: incorretas, pois um atendimento é um ato comissivo (positivo) e não omissivo, e, quando a Administração pratica atos comissivos e causa um dano a alguém, a responsabilidade dela é objetiva (e não subjetiva), ou seja, é independente da comprovação de culpa ou dolo dos agentes (art. 37, § 6º, da CF/1988); **B:** correta, pois, de fato, a responsabilidade do Estado é objetiva, cabendo direito de regresso em face dos agentes responsáveis, em caso de culpa ou dolo destes (art. 37, § 6º, da CF/1988); **D:** incorreta, pois sequer é possível a vítima entrar com ação diretamente contra o agente público, mesmo nesse caso; no caso, o Estado responde perante a vítima independentemente de qualquer discussão acerca de culpa ou dolo seja lá de quem for; em seguida, o Estado poderá exercer seu direito de regresso em face do agente público que, agindo com culpa ou dolo, tiver causado o dano; **E:** incorreta, pois não é necessário comprar culpa ou dolo, mas é necessário comprovar nexo de causalidade; é importante que não se esqueça de que a responsabilidade objetiva tem três requisitos (conduta comissiva + dano + nexo de causalidade).

Gabarito "B".

10. SERVIÇOS PÚBLICOS

10.1. Conceito, classificação e características

(Técnico Judiciário – TRE/PE – CESPE – 2017) O princípio da continuidade dos serviços públicos

(A) afasta a possibilidade de interrupção, ainda que se trate de sistema de remuneração por tarifa no qual o usuário dos referidos serviços esteja inadimplente.

(B) diz respeito, apenas, a serviços públicos, não alcançando as demais atividades administrativas.

(C) torna ilegal a greve de servidores públicos.

(D) tem relação direta com os princípios da eficiência e da supremacia do interesse público.

(E) impede a paralisação, ainda que a justificativa desta seja o aperfeiçoamento das atividades.

A: incorreta, não está afastada a possibilidade de interrupção do fornecimento diante de inadimplemento, sendo hipótese legal condicionada ao aviso prévio do consumidor. E neste sentido: "Recurso especial. Corte do fornecimento de luz. Inadimplemento do consumidor. Legalidade. Fatura emitida em face do consumidor. Súmula 7/STJ. É lícito à concessionária interromper o fornecimento de energia elétrica se, após aviso prévio, o consumidor de energia elétrica permanecer inadimplente no pagamento da respectiva conta (Lei 8.987/1995, art. 6º, § 3º, II). Precedente da 1ª Seção: REsp 363.943/MG, DJ 01.03.2004.**B:** incorreta.

Serviço público acaba por abranger as demais atividade internas da administração a medida que visa ao atendimento das necessidades da coletividade e neste sentido, ambos não poderão ser interrompidos salvo nas hipóteses previstas em lei, a saber: Marçal Justen Filho define "serviço público é uma atividade pública administrativa de satisfação concreta de necessidades individuais ou transindividuais, materiais ou imateriais, vinculadas diretamente a um direito fundamental, destinadas a pessoas indeterminadas e executada sob regime de direito público". (JUSTEN FILHO, Marçal. Teoria Geral das Concessões de Serviço Público. São Paulo: Dialética, 2003, p. 31). **C:** incorreta. A própria CF em seu art. 37, prevê o direito a greve limitando-o através de Lei específica, a fim de garantir o direito do trabalhador, sem ferir o da coletividade, assim: VII – o direito de greve será exercido nos termos e nos limites definidos em lei específica; (Redação dada pela Emenda Constitucional 19, de 1998). **D:** correta. O Princípio da Continuidade do Serviço Público visa não prejudicar o atendimento à população, uma vez que os serviços essenciais não podem ser interrompidos. Desta forma, está clarificada a observância ao princípio da eficiência, haja vista os danos que seriam causados por sua interrupção e a supremacia do interesse público, sendo condição excepcional sua paralisação. **E:** incorreta, como já dito anteriormente, a Lei 8.987/1995, prevê as possibilidades de sua interrupção, sendo, portanto, a impossibilidade não absoluta. Art. 6º, § 3º, II: Não se caracteriza como descontinuidade do serviço a sua interrupção em situação de emergência ou após prévio aviso, quando: I – motivada por razões de ordem técnica ou de segurança das instalações. **FMB**

Gabarito "D".

(Técnico Judiciário – TRT/14ª – 2011 – FCC) NÃO constitui princípio inerente ao regime jurídico dos serviços públicos:

(A) generalidade.

(B) continuidade.

(C) imutabilidade.

(D) modicidade.

(E) cortesia.

Somente o princípio da imutabilidade não está previsto no art. 6º, § 1º, da Lei 8.987/1995.

Gabarito "C".

(Técnico Judiciário – TRT/20ª – 2011 – FCC) O serviço público não é passível de interrupção ou suspensão afetando o direito de seus usuários, pela própria importância que ele se apresenta, devendo ser colocado à disposição do usuário com qualidade e regularidade, assim como com eficiência e oportunidade. Trata-se do princípio fundamental dos serviços públicos denominado

(A) impessoalidade.

(B) mutabilidade.

(C) continuidade.

(D) igualdade.

(E) universalidade.

Trata da definição do princípio da continuidade, previsto no art. 6º, § 1º, da Lei 8.987/1995.

Gabarito "C".

10.2. Concessão de serviço público

(Técnico – TJ/MA – FCC – 2019) A exploração de serviços públicos por particulares demanda

(A) transferência da titularidade dos serviços pelo ente público, para que o particular possa prestá-lo sob regime jurídico de direito público.

(B) vínculo jurídico formal para trespasse da execução dos serviços públicos, a exemplo de contrato de concessão ou de permissão.

(C) autorização legislativa e edição de decreto transferindo a titularidade do serviço público a particular.

(D) a instituição de empresa estatal para celebração de consórcio com empresa privada vencedora da licitação visando contratação da prestação de serviços.

(E) celebração de contrato de concessão de serviços públicos precedido de licitação, admitida a modalidade de pregão presencial para a seleção do vencedor.

A errada (a exploração de serviços públicos por particulares não implica a transferência da titularidade desses serviços pelo ente público; na verdade, o que se transfere ao particular é somente a execução do serviço). **B:** certa (de fato, a prestação de serviços públicos por particulares depende de um vínculo formal cujo objeto é a transferência de sua execução; são exemplos de tais figuras os contratos de concessão e permissão). **C:** errada (a exploração de serviços públicos por particulares não depende, como regra, de autorização legislativa específica; ademais, a titularidade do serviço público não é objeto de transferência ao particular). **D:** errada (a transferência da execução do serviço público não depende da instituição de empresa estatal para celebração de consórcio com empresa privada). **E:** errada (embora a celebração de contrato de concessão deve ser precedida de licitação, a modalidade utilizada deve ser a concorrência, e não o pregão). **RB**

Gabarito "B".

(Técnico – TJ/AL – 2018 – FGV) Autoridade municipal competente praticou ato administrativo de autorização para que certo particular exercesse comércio ambulante em local predeterminado. Inconformada, a associação de lojistas locais ingressou com medida judicial, pleiteando a revogação do ato administrativo de autorização.

O pleito do empresariado local:

(A) merece prosperar, pois ao Poder Judiciário cabe o exame de mérito e legalidade dos atos administrativos discricionários, pelo princípio do amplo acesso à justiça;

(B) merece prosperar, pois o Poder Judiciário deve revogar os atos administrativos vinculados que se revelem inoportunos ou inconvenientes, pelo princípio da inafastabilidade do controle jurisdicional;

(C) merece prosperar, pois o Poder Judiciário deve revogar os atos administrativos vinculados que se revelem inoportunos ou inconvenientes, no regular exercício do controle externo da atividade administrativa;

(D) não merece prosperar, pois ao Poder Judiciário não cabe juízo de valor sobre a legalidade e o mérito dos atos administrativos discricionários, em razão do princípio da separação dos poderes;

(E) não merece prosperar, pois ao Poder Judiciário, em regra, não cabe juízo de valor sobre o mérito dos atos administrativos discricionários, podendo apenas invalidá-los por vício de legalidade.

Autorização de serviço público é ato unilateral, precário e discricionário através do qual a Administração Pública consente na sua execução por um particular para atender a interesses coletivos instáveis ou emergência transitória. A revogação é ato privativo do Poder Executivo, não cabível ao Poder Judiciário, pois se trata do desfazimento de ato lícito e perfeito por razões de conveniência e oportunidade da Administração Pública, razão pela qual produz efeitos *ex nunc*, ou seja, sem retroagir ao momento de produção e formação do ato. Note-se que a Administração

Pública tem, nesse ponto, poderes de invalidação mais amplos que os do Poder Judiciário: ela tanto pode revogar um ato legítimo e eficaz por não ser mais conveniente sua existência (revogação), como deve anular os atos administrativos ilegítimos ou ilegais. O Poder Judiciário, de outra banda, não pode revogar os atos administrativos do Poder Executivo, mas tão somente anulá-los, quando eivados de vícios que afetem sua legalidade, nos termos da Súmula 473 STF. **FB**

Gabarito "E".

(Técnico Judiciário – TJAM – 2013 – FGV) A concessão de serviços públicos é uma espécie de contrato administrativo e, como todo contrato, vários fatores podem levar à extinção da concessão. Sobre as formas de extinção da concessão de um serviço público no ordenamento jurídico brasileiro, assinale a afirmativa correta.

(A) A caducidade que ocorre com o transcurso do tempo poderá levar à extinção da concessão.

(B) A encampação é uma das modalidades de extinção da concessão e ocorre por razões de interesse público.

(C) A encampação é a extinção da concessão pelo transcurso do tempo do contrato.

(D) A caducidade implica na retomada do serviço por razões de interesse público, segundo análise discricionária da administração pública.

(E) A extinção da concessão de serviço público ocorre apenas pelo transcurso do tempo.

A: incorreta, pois a caducidade ocorre quando há inexecução do contrato por parte do concessionário de serviço público (art. 38 da Lei 8.987/1995); por exemplo, quando uma empresa de ônibus concessionária de serviço público deixa de cumprir os itinerários e horários previstos para a prestação de seu serviço; **B:** correta (art. 37 da Lei 8.987/1995); **C:** incorreta, pois a encampação, como seu viu, se dá por razões de interesse público (art. 37 da Lei 8.987/1995); **D:** incorreta, pois a descrição feita é de encampação (art. 37 da Lei 8.987/1995); **E:** incorreta, pois ocorre também por encampação, caducidade, rescisão, anulação e falência ou extinção da empresa concessionária e falecimento ou incapacidade do titular, no caso de empresa individual (art. 35 da Lei 8.987/1995).

Gabarito "B".

(Técnico – TRT/6ª – 2012 – FCC) A concessão de serviço público, disciplinada pela Lei Federal 8.987/1995, constitui

(A) ato do Poder Público que transfere à pessoa jurídica distinta a titularidade de determinado serviço público, que passará a executá-lo em seu próprio nome.

(B) contrato administrativo por meio do qual a Administração Pública, mantendo-se titular de determinado serviço público, delega ao concessionário a execução do mesmo, compreendendo a remuneração paga diretamente pelo usuário, por meio da cobrança de tarifa.

(C) contrato administrativo do Poder Público que transfere a pessoa jurídica de direito público ou privado a titularidade de determinado serviço público, que passará a executá-lo em seu próprio nome.

(D) ato administrativo de delegação de titularidade e execução de serviço público, compreendendo a remuneração paga diretamente pelo usuário, por meio da cobrança de tarifa.

(E) contrato administrativo que transfere à pessoa jurídica de direito público distinta a titularidade de determinado serviço público, que passará a executá-

-lo remunerando-se diretamente da tarifa paga pelo usuário.

A: incorreta, pois o Poder Público (o poder concedente) mantém a titularidade do serviço público (ou seja, o poder de regulamentar e fiscalizar o serviço); a pessoa jurídica que recebe a concessão (a concessionária) recebe o mero dever de executar o serviço público; **B:** correta, pois, de fato, o poder concedente (a Administração) mantém-se titular do serviço (poder de regulamentar e fiscalizar este), ao passo que o concessionário recebe apenas o dever de executar o serviço, fazendo-o mediante remuneração paga diretamente pelos usuários (art. 9º da Lei 8.987/1995); **C** a **E:** incorretas, pois, pelo contrato de concessão, não se transfere a titularidade do serviço, mas apenas o dever de executar o serviço.

Gabarito "B".

11. CONTROLE DA ADMINISTRAÇÃO

(Técnico Judiciário – TRE/PE – CESPE – 2017) Assinale a opção correta a respeito do controle da administração pública.

(A) As ações judiciais que tenham por objeto atos administrativos praticados por órgãos do Poder Judiciário constituem exemplos de controle externo.

(B) Dada a presunção de legitimidade dos atos administrativos, não se pode falar em controle preventivo desses atos.

(C) Por força do princípio da eficiência, não cabe falar em controle concomitante de um ato administrativo, sob risco de entraves desnecessários à consecução do interesse público.

(D) O recurso administrativo ilustra o chamado controle provocado, que se opõe ao controle de ofício, por ser deflagrado por terceiro.

(E) O controle de legalidade é prerrogativa do controle judicial.

A: incorreta. Tratam de atuação no âmbito do mesmo órgão. **B:** incorreta. A presunção de legitimidade não obsta o controle preventivo dos atos que ocorre antes de se consumar a conduta administrativa. **C:** incorreta. Trata-se exatamente do contrário, visando a eficiência de seu resultado. Ocorre por exemplo da fiscalização da execução de um contrato em andamento. Art. 6º, V, do Decreto Lei-200/1967: As atividades da Administração Federal obedecerão aos seguintes princípios fundamentais: I – planejamento; II – coordenação; III – descentralização; IV – delegação de competência; V – controle. **E:** incorreta. O controle de legalidade deve ser realizado interna ou externamente. **FMB**

Gabarito "D".

(Técnico Judiciário – TRE/SP – FCC – 2017) O controle exercido pela Administração direta sobre a Administração indireta denomina-se

(A) poder de tutela e permite a substituição de atos praticados pelos entes que integram a Administração indireta que não estejam condizentes com o ordenamento jurídico.

(B) poder de revisão dos atos, decorrente da análise de mérito do resultado, bem como em relação aos estatutos ou legislação que criaram os entes que integram a Administração indireta.

(C) controle finalístico, pois a Administração direta constitui a instância final de apreciação, para fins de aprovação ou homologação, dos atos e recursos praticados e interpostos no âmbito da Administração indireta.

(D) poder de tutela, que não pressupõe hierarquia, mas apenas controle finalístico, que analisa a aderência da atuação dos entes que integram a Administração indireta aos atos ou leis que os constituíram.

(E) poder de autotutela, tendo em vista que a Administração indireta integra a Administração direta e, como tal, compreende a revisão dos atos praticados pelos entes que a compõem quando não guardarem fundamento com o escopo institucional previsto em seus atos constitutivos.

Na administração direta há o controle que decorre do poder hierárquico, sendo consequência escalonamento vertical dos órgãos e cargos. Já o controle finalístico consiste no controle de legalidade, da verificação do cumprimento do programa de governo, não tendo hierarquia entre estes. **FMB**
Gabarito "D".

(Técnico Judiciário – TRT8 – CESPE – 2016) Assinale a opção correta acerca do controle legislativo dos atos administrativos.

(A) A celebração de convênio entre estado e município exige autorização prévia do Poder Legislativo estadual e municipal.

(B) Exige-se autorização legislativa para a desapropriação, pelos estados, dos bens de domínio da União.

(C) Compete privativamente ao Senado Federal apreciar atos de concessão de emissoras de televisão.

(D) Depende de autorização legislativa apenas a alienação de bens imóveis das pessoas jurídicas da administração direta.

(E) Encampação refere-se à retomada do serviço pelo poder concedente durante o prazo da concessão.

A: incorreta. Trata-se de ato próprio do executivo. Neste sentido: TJRS, Ação Direta de Inconstitucionalidade ADI 70022342679 RS (TJ-RS), Data de publicação: 25/08/2008. Ação direta de inconstitucionalidade. Município de Guaporé. Lei municipal 14/2007. Inconstitucionalidade formal e material. **Autorização para o executivo celebrar convênios**. Educação e trabalho para jovens. Despesas decorrentes da lei. Orçamento do município. Prerrogativas do **executivo**. Restrição pelo legislativo. Ofensa aos artigos 8º e 10 da Constituição Estadual. Inconstitucionalidade da Lei municipal. A Lei impugnada apresenta inconstitucionalidade formal, por vício de iniciativa, e inconstitucionalidade material, por violação ao princípio da separação dos Poderes. Ainda que as questões relativas a **convênios para** educação e trabalho **para** jovens e a dotação orçamentária correspondente devam ser definidas pelo **Executivo**, a deliberação sobre a **autorização** ao **Executivo, para** celebração de tais **convênios** e a determinação sobre a matéria orçamentária àquele respeito, significam que a Câmara está, na verdade, determinando que o **Executivo** deverá tomar determinadas providências, em matérias cuja iniciativa legislativa é do **Executivo** (...). **B:** incorreta. A autorização legislativa se refere a possibilidade de desapropriação pela União dos bens pertencentes aos estados e municípios e ao Distrito Federal e não o contrário. **Possibilidade de desapropriação pelo Estado de imóvel de sociedade de economia mista federal exploradora de serviço público reservado à União.** 1. A União pode desapropriar bens dos Estados, do Distrito Federal, dos Municípios e dos territórios e os Estados, dos Municípios, sempre com autorização legislativa específica. A lei estabeleceu uma gradação de poder entre os sujeitos ativos da desapropriação, de modo a prevalecer o ato da pessoa jurídica de mais alta categoria, segundo o interesse de que cuida: o interesse nacional, representado pela União, prevalece sobre o regional, interpretado pelo Estado, e este sobre o local, ligado ao Município, não havendo reversão ascendente; os

Estados e o Distrito Federal não podem desapropriar bens da União, nem os Municípios, bens dos Estados ou da União, Decreto-lei 3.365/1941, art. 2º, § 2º. 2. Pelo mesmo princípio, em relação a bens particulares, a desapropriação pelo Estado prevalece sobre a do Município, e da União sobre a deste e daquele, em se tratando do mesmo bem. 3. Doutrina e jurisprudência antigas e coerentes. Precedentes do STF: RE 20.149, MS 11.075, RE 115.665, RE 111.079. 4. Competindo a União, e só a ela, explorar diretamente ou mediante autorização, concessão ou permissão, os portos marítimos, fluviais e lacustres, art. 21, XII, f, da CF, está caracterizada a natureza pública do serviço de docas. 5. A Companhia Docas do Rio de Janeiro, sociedade de economia mista federal, incumbida de explorar o serviço portuário em regime de exclusividade, não pode ter bem desapropriado pelo Estado. 6. Inexistência, no caso, de autorização legislativa. 7. A norma do art. 173, § 1º, da Constituição aplica-se às entidades públicas que exercem atividade econômica em regime de concorrência, não tendo aplicação às sociedades de economia mista ou empresas públicas que, embora exercendo atividade econômica, gozam de exclusividade. 8. O dispositivo constitucional não alcança, com maior razão, sociedade de economia mista federal que explora serviço público, reservado a União. 9. O artigo 173, § 1º, nada tem a ver com a desapropriabilidade ou indesapropriabilidade de bens de empresas públicas ou sociedades de economia mista; seu endereço é outro; visa a assegurar a livre concorrência, de modo que as entidades públicas que exercem ou venham a exercer atividade econômica não se beneficiem de tratamento privilegiado em relação a entidades privadas que se dediquem a atividade econômica na mesma área ou em área semelhante. 10. O disposto no § 2º, do mesmo art. 173, completa o disposto no § 1º, ao prescrever que 'as empresas públicas e as sociedades de economia mista não poderão gozar de privilégios fiscais não extensivos as do setor privado'. 11. Se o serviço de docas fosse confiado, por concessão, a uma empresa privada, seus bens não poderiam ser desapropriados por Estado sem autorização do Presidente da República, Súmula 157 e Decreto-lei 856/69; não seria razoável que imóvel de sociedade de economia mista federal, incumbida de executar serviço público da União, em regime de exclusividade, não merecesse tratamento legal semelhante. 12. Não se questiona se o Estado pode desapropriar bem de sociedade de economia mista federal que não esteja afeto ao serviço. Imóvel situado no cais do Rio de Janeiro se presume integrado no serviço portuário que, de resto, não é estático, e a serviço da sociedade, cuja duração é indeterminada, como o próprio serviço de que está investido." (RE 172816, Relator Ministro Paulo Brossard, Tribunal Pleno, julgamento em 9.2.1994, DJ de 13.5.1994). **C:** incorreta. Competência exclusiva do Congresso Nacional. CF, Art. 49, **XII:** apreciar os atos de concessão e renovação de concessão de emissoras de rádio e televisão. **D:** incorreta. Depende de autorização legislativa e prévia licitação a alienação de qualquer bem imóvel da Administração Pública. **E:** correta. Lei 8.987/1995, Art. 37. Considera-se encampação a retomada do serviço pelo poder concedente durante o prazo da concessão, por motivo de interesse público, mediante lei autorizativa específica e após prévio pagamento da indenização, na forma do artigo anterior. **FMB**
Gabarito "E".

(Técnico Judiciário – TJAM – 2013 – FGV) A gestão da coisa pública, em razão de atender ao interesse de toda sociedade, deve ser objeto de constante fiscalização. Tendo por base a temática do controle sobre a Administração Pública, assinale a afirmativa correta.

(A) Os responsáveis pelo controle interno devem comunicar irregularidades ao Tribunal de Contas sob pena de responsabilidade solidária.

(B) O controle sobre a Administração Pública será interno e externo, uma vez que na Constituição não há previsão de instrumentos de controle popular.

(C) O controle sobre a administração é essencialmente corretivo, não havendo controle prévio ou concomitante.

(D) O controle sobre a administração inclui a análise da conveniência e oportunidade de seus atos por parte do poder judiciário.

(E) O Poder Legislativo não realiza controle sobre a Administração Pública em razão da separação de poderes.

A: correta (art. 74, § 1º, da CF/1988); **B:** incorreta, pois há controle popular quando indivíduos participam de conselhos estatais, ingressam com representação e ingressam com ações em face do Estado; **C:** incorreta, pois, face ao princípio da inafastabilidade do Judiciário (art. 5º, XXXV, da CF/1988), em casos de ameaça de lesão a direito, cabe controle prévio da administração; **D:** incorreta, pois o Judiciário não pode ingressar no mérito administrativo (na conveniência e na oportunidade administrativas, ou seja, na margem de liberdade de competir à Administração), limitando-se a analisar os aspectos de legalidade do ato administrativo, ou seja, aos aspectos objetivamente definidos na lei como de obediência clara e vinculada daquela; **E:** incorreta, pois o Poder Legislativa faz controle sim, como o previsto nos arts. 70 e 71 da CF/1988.

Gabarito "A".

(Técnico Judiciário – TRE/BA – 2010 – CESPE) Julgue o seguinte item.

(1) O controle financeiro exercido pelo Poder Legislativo da União, com auxílio do Tribunal de Contas da União, alcança a administração direta e indireta, bem como entidades privadas que guardem bens ou valores da União.

1: correta, nos termos do art. 70 da CF/1988.

Gabarito 1C

12. PROCESSO ADMINISTRATIVO (LEI 9.784/1999)

12.1. Disposições gerais

(Técnico – TJ/AL – 2018 – FGV) Os atos administrativos devem ser precedidos de um processo formal que justifica sua prática e serve de base para sua legitimidade, documentando todas as etapas até a formação válida da atuação da Administração Pública.

Nesse contexto, a Lei nº 9.784/99 estabelece que, nos processos administrativos, será observado, entre outros, o critério de:

(A) obrigatoriedade de defesa técnica por advogado no processo administrativo disciplinar, sob pena de nulidade absoluta por violação à Constituição da República de 1988;

(B) interpretação da norma administrativa da forma que melhor garanta o atendimento do fim público a que se dirige, permitida aplicação retroativa de nova interpretação;

(C) impulsão procedimental pelos interessados, vedada a atuação de ofício pela própria Administração Pública;

(D) divulgação oficial dos atos administrativos, vedada qualquer hipótese de sigilo;

(E) proibição de cobrança de despesas processuais, ressalvadas as previstas em lei.

A: incorreta. "A falta de defesa técnica por advogado no processo administrativo disciplinar não ofende a Constituição" – Sumula Vinculante 5 STF; **B:** incorreta, é vedada a aplicação retroativa de nova interpretação de norma administrativa de modo que melhor atenda ao fim público a que se dirige – Art. 2º, parágrafo único, XIII da Lei 9.784/1999; **C:** incorreta –"impulsão, de ofício, do processo administrativo, sem prejuízo da atuação dos interessados" – Art. 2º da Lei 9.784/1999; **D:** incorreta, "divulgação oficial dos atos administrativos, ressalvadas as hipóteses de sigilo previstas na Constituição" – Art. 2º da Lei 9.784/1999; **E:** correta – Art. 2º da Lei 9.784/1999.

Gabarito "E".

(Técnico – TRT1 – 2018 – AOCP) Assinale a alternativa correta conforme a Lei nº 9.784/1999, a qual regula o processo administrativo no âmbito da Administração Pública Federal.

(A) As matérias de competência privativa da autoridade não podem ser objeto de delegação.

(B) Inexistindo disposição específica, os atos da autoridade responsável pelo processo devem ser praticados no prazo de 10 (dez) dias, salvo motivo de força maior.

(C) Cabe recurso, com efeito suspensivo, do indeferimento da alegação de suspeição.

(D) Concluída a instrução do processo administrativo, a Administração tem o prazo de até 45 (quarenta e cinco) dias para decidir, salvo prorrogação expressamente motivada.

(E) A intimação do interessado deve respeitar a antecedência mínima de 3 (três) dias úteis quanto à data de comparecimento.

A: incorreta, a lei fala em indelegabilidade das matérias de competência **exclusiva** do órgão ou autoridade – Art. 13, III, da Lei 9.784/1999; **B:** incorreta. "Inexistindo disposição específica, os atos do órgão ou autoridade responsável pelo processo e dos administrados que dele participem devem ser praticados no prazo de cinco dias, salvo motivo de força maior – Art. 24 da Lei 9.784/1999; **C:** incorreta, não há efeito suspensivo – Art. 61 da Lei 9.784/1999; **D:** incorreta. Concluída a instrução de processo administrativo, a Administração tem o prazo de até trinta dias para decidir, salvo prorrogação por igual período expressamente motivada – Art. 49 da Lei 9.784/1999; **E:** correta – Art. 26, § 2º, da Lei 9.784/1999.

Gabarito "E".

(Técnico Judiciário – TRT9 – 2012 – FCC) De acordo com a Lei 9.784/1999, que regula o processo administrativo no âmbito da Administração Pública Federal,

(A) os atos administrativos são sigilosos no decorrer da fase probatória.

(B) é vedada a cobrança de despesas processuais, salvo as previstas em lei.

(C) os interessados deverão ser representados por advogado, salvo se hipossuficientes.

(D) aplica-se o princípio do formalismo, dispensada a indicação dos pressupostos de fato da decisão.

(E) é vedada a impulsão de ofício, cabendo ao interessado indicar os fundamentos de direito da decisão.

A: incorreta, pois não há previsão nesse sentido na Lei 8.429/1992, prevalecendo, assim, o princípio da publicidade, que impõe ampla divulgação dos atos administrativos; **B:** correta (art. 2º, parágrafo único, XI, da Lei 9.784/1999); **C:** incorreta, pois não tal previsão na Lei 9.784/1999; **D:** incorreta, pois a lei valoriza a "forma simples" (art. 2º, parágrafo único, IX, da Lei 9.784/1999), e a indicação dos pressupostos de fato (e de direito) é obrigatória (art. 2º, parágrafo único, VII, da Lei

9.784/1999); **E:** incorreta, pois o princípio é da "impulsão de ofício, do processo administrativo, sem prejuízo da atuação dos interessados" (art. 2º, parágrafo único, XII, da Lei 9.784/1999).
Gabarito "B".

(Técnico Judiciário – TRT9 – 2012 – FCC) As normas sobre processo administrativo postas na Lei 9.784/1999 aplicam-se aos

(A) órgãos do Poder Legislativo e do Poder Judiciário da União, no que se referir ao desempenho de funções administrativas atípicas.

(B) órgãos do Poder Executivo e aos servidores integrantes do quadro da Administração direta, excluídos os afastados e os órgãos dos demais Poderes.

(C) órgãos dos Poderes Executivo, Legislativo e Judiciário, no exercício de suas funções típicas.

(D) servidores dos Poderes Executivo e Legislativo, na realização de suas funções típicas, excluído o Poder Judiciário em razão de sua competência judicante.

(E) órgãos do Poder Executivo integrantes da Administração direta ou indireta, excluídos os órgãos do Poder Legislativo e do Poder Judiciário quando se tratar de realização de função administrativa.

A: correta (art. 1º, § 1º, da Lei 9.784/1999); **B:** incorreta, pois a lei se aplica aos órgãos dos demais Poderes, quando estes atuarem em atividades administrativas (art. 1º, *caput* e § 1º, da Lei 9.784/1999); **C:** incorreta, pois a lei só se aplica ao Legislativo e ao Judiciário quando estes desempenharem uma função administrativa, não se aplicando quanto às funções típicas desses poderes, no caso, quanto às funções legislativas e jurisdicionais; **D:** incorreta, pois não se aplica a lei também quanto às funções típicas do Legislativo, e não só quanto às funções típicas do Judiciário; **E:** incorreta, pois a lei se aplica sim aos órgãos do Legislativo e do Judiciário, quando estes exercem funções administrativas (art. 1º, § 1º, da Lei 9.784/1999).
Gabarito "A".

(Técnico Judiciário – TRT/9ª – 2010 – FCC) Dentre os critérios a serem observados nos processos administrativos, expressamente previstos na Lei 9.784/1999, NÃO se inclui:

(A) Interpretação da norma administrativa da forma que melhor garanta o atendimento do fim público a que se dirige, vedada aplicação retroativa de nova interpretação.

(B) Garantia dos direitos à comunicação e à apresentação de alegações finais nos processos de que possam resultar sanções e nas situações de litígio.

(C) A vedação de impulsão de ofício do processo administrativo.

(D) Objetividade no atendimento do interesse público, vedada a promoção pessoal de agentes ou autoridades.

(E) Atendimento a fins de interesse geral, vedada a renúncia total ou parcial de poderes ou competências, salvo autorização em lei.

A: correta. Inclui-se na lei (art. 2º, parágrafo único, XIII, da Lei 9.784/1999); **B:** correta. Inclui-se na lei (art. 2º, parágrafo único, X, da Lei 9.784/1999); **C:** incorreta, pois esse critério não se inclui na lei, pois o art. 2º, parágrafo único, XII, da Lei 9.784/1999 estabelece justamente o contrário, ou seja, o dever da Administração de impulsão de ofício do processo administrativo; **D:** correta. Inclui-se na lei (art. 2º, parágrafo único, III, da Lei 9.784/1999); **E:** correta. Inclui-se na lei (art. 2º, parágrafo único, II, da Lei 9.784/1999).
Gabarito "C".

(Técnico Judiciário – TRT/23ª – 2011 – FCC) Nos processos administrativos, na forma preconizada pela Lei 9.784/1999, serão observados, entre outros, os critérios de

(A) atendimento a fins de interesse geral, com possibilidade de renúncia parcial de poderes ou competências, ainda que sem autorização legal.

(B) interpretação da norma administrativa da forma que melhor garanta o atendimento do fim público a que se dirige, vedada aplicação retroativa de nova interpretação.

(C) objetividade no atendimento do interesse público, sendo possível a promoção pessoal de agentes ou autoridades.

(D) adequação entre meios e fins, com possibilidade de imposição de obrigações em medida superior àquelas estritamente necessárias ao atendimento do interesse público.

(E) proibição de cobrança, em qualquer hipótese, de despesas processuais.

A: incorreta. Esse critério não se inclui na lei, pois é vedada tal renúncia sem autorização legal (art. 2º, parágrafo único, II, da Lei 9.784/1999); **B:** correta. Esse critério inclui-se na lei (art. 2º, parágrafo único, XIII, da Lei 9.784/1999), de modo que a alternativa deve ser assinalada; **C:** incorreta. Esse critério não se inclui na lei, pois não é possível a promoção pessoal de agente ou autoridades (art. 2º, parágrafo único, III, da Lei 9.784/1999); **D:** incorreta. Esse critério não se inclui na lei, pois não é possível a imposição de obrigações em medida superior às estritamente necessárias (art. 2º, parágrafo único, VI, da Lei 9.784/1999); **E:** incorreta. Esse critério não se inclui na lei, pois é possível a cobrança de despesas processuais nos casos previstos em lei (art. 2º, parágrafo único, XI, da Lei 9.784/1999).
Gabarito "B".

12.2. Direitos e deveres do administrado

(Técnico Judiciário – TRT/14ª – 2011 – FCC) Nos termos da Lei 9.784/1999, que regula o processo administrativo no âmbito da Administração Pública Federal, NÃO consiste em dever do administrado:

(A) expor os fatos conforme a verdade.

(B) fazer-se assistir, obrigatoriamente, por advogado, salvo hipóteses excepcionais em que não se exige tal obrigação.

(C) proceder com lealdade.

(D) proceder com urbanidade.

(E) colaborar para o esclarecimento dos fatos.

A: correta. Constitui dever do administrado (art. 4º, I, da Lei 9.784/1999); **B:** incorreta. Não constitui dever do administrado, de modo que a alternativa deve ser assinalada; aliás, é um direito do administrativo fazer-se assistir, *facultativamente*, por um advogado, salvo quando obrigatória a representação, por força de lei (art. 3º, IV, da Lei 9.784/1999); **C:** correta. Constitui dever do administrado (art. 4º, II, da Lei 9.784/1999); **D:** correta. Constitui dever do administrado (art. 4º, II, da Lei 9.784/1999); **E:** correta. Constitui dever do administrado (art. 4º, IV, da Lei 9.784/1999).
Gabarito "B".

(Técnico Judiciário – TRT/20ª – 2011 – FCC) Segundo a Lei 9.784/1999, que regula o processo administrativo no âmbito da Administração Pública Federal, é direito dos administrados:

(A) não agir de modo temerário.

(B) prestar as informações que lhe forem solicitadas e colaborar para o esclarecimento dos fatos.

(C) expor os fatos conforme a verdade.

(D) proceder com lealdade, urbanidade e boa-fé.

(E) fazer-se assistir, facultativamente, por advogado, salvo quando obrigatória a representação, por força de lei.

A: incorreta. Trata-se de *dever* do administrativo (art. 4º, III, da Lei 8.429/1992); **B:** incorreta. Trata-se de *dever* do administrado (art. 4º, IV, da Lei 8.429/1992); **C:** incorreta. Trata-se de *dever* do administrado (art. 4º, I, da Lei 8.429/1992); **D:** incorreta. Trata-se de *dever* do administrado (art. 4º, II, da Lei 8.429/1992); **E:** correta. Trata-se de *direito* do administrado (art. 3º, IV, da Lei 8.429/1992), de modo que a alternativa deve ser assinalada.
Gabarito "E".

(Técnico Judiciário – TRT/22ª – 2010 – FCC) Quanto aos deveres do administrado perante a Administração no âmbito da Lei 9.784/1999, é INCORRETO afirmar que o administrado deve

(A) expor os fatos conforme a verdade.

(B) proceder com urbanidade.

(C) prestar as informações que lhe forem solicitadas.

(D) colaborar para o esclarecimento dos fatos.

(E) agir de modo temerário.

A: é correto dizer que o administrado tem esse dever (art. 4º, I, da Lei 8.429/1992); **B:** é correto dizer que o administrado tem esse dever (art. 4º, II, da Lei 8.429/1992); **C:** é correto dizer que o administrado tem esse dever (art. 4º, IV, da Lei 8.429/1992); **D:** é correto dizer que o administrado tem esse dever (art. 4º, IV, da Lei 8.429/1992); **E:** é incorreto dizer que o administrado tem esse dever, já que o dever é justamente o contrário, ou seja, o administrado NÃO deve agir de modo temerário (art. 4º, III, da Lei 8.429/1992).
Gabarito "E".

12.3. Início do processo e interessados

(Técnico Judiciário – TJDFT – 2013 – CESPE) À luz do que dispõe a Lei 9.784/1999, julgue os próximos itens.

(1) O servidor que estiver litigando judicialmente contra a companheira de um interessado em determinado processo administrativo estará impedido de atuar nesse processo.

(2) O processo administrativo pode ser iniciado a pedido do interessado, mediante formulação escrita, não sendo admitida solicitação oral.

1: correta (art. 18, III, da Lei 9.784/1999); **2:** incorreta, pois a lei admite que, em determinados casos, é possível autorizar o requerimento inicial oral (art. 6º, *caput*, da Lei 9.784/1999).
Gabarito 1C, 2E

(TRT/18ª – 2008 – FCC) De acordo com a Lei que regula o processo administrativo no âmbito da Administração Pública Federal, NÃO se incluem, dentre os legitimados como interessados no processo administrativo,

(A) as organizações e associações representativas, no tocante a direitos e interesses coletivos.

(B) as pessoas físicas ou jurídicas que o iniciem como titulares de direitos ou interesses individuais ou no exercício do direito de representação.

(C) aqueles que, sem terem iniciado o processo, têm direitos ou interesses que possam ser afetados pela decisão a ser adotada.

(D) quaisquer pessoas do povo, mesmo que não possam ser atingidas pela decisão a ser adotada.

(E) as pessoas ou as associações legalmente constituídas quanto a direitos ou interesses difusos.

A: correta (art. 9º, III, da Lei 9.784/1999); **B:** correta (art. 9º, I, da Lei 9.784/1999); **C:** correta (art. 9º, II, da Lei 9.784/1999); **D:** incorreta, devendo ser assinalada, já que não existe essa previsão legal; **E:** correta (art. 9º, IV, da Lei 9.784/1999).
Gabarito "D".

12.4. Competência

(Técnico Judiciário – TRT/1ª – 2008 – CESPE) Em relação ao exercício da competência administrativa e ao regramento que lhe dá a Lei 9.784/1999, assinale a opção correta.

(A) A decisão de recurso administrativo pode ser delegada pelo agente público competente a servidor que tenha curso de capacitação específico para a matéria objeto de julgamento, nos termos do regimento interno de autarquia federal.

(B) A delegação não extingue a possibilidade de o delegante a revogar e, em assim fazendo, poder praticar o ato administrativo.

(C) O ato de delegação deve ser publicado no meio oficial, mas a sua revogação, por restaurar competência legal, dispensa a publicização.

(D) A avocação administrativa viola o princípio do juiz natural e é vedada pela Lei 9.784/1999.

(E) Circunstâncias de índole social não autorizam a delegação de competência administrativa.

A: incorreta (art. 13, II, da Lei 9.784/1999); **B:** correta (art. 14, § 2º, da Lei 9.784/1999); **C:** incorreta (art. 14, *caput*, da Lei 9.784/1999); **D:** incorreta (art. 15 da Lei 9.784/1999); **E:** incorreta (art. 12, parte final, da Lei 9.784/1999).
Gabarito "B".

(Técnico Judiciário – TRE/AL – 2010 – FCC) Órgão administrativo e seu titular, do Tribunal Regional Eleitoral, por não haver impedimento, pretendem delegar parte de sua competência a outro órgão ou titular de sua estrutura administrativa. Nesse caso, o titular do órgão delegante deve saber que poderá ser objeto de delegação, entre outros,

(A) a decisão de recursos administrativos.

(B) as matérias de competência exclusiva do órgão.

(C) a edição de atos de caráter normativo.

(D) a edição de atos de natureza negocial.

(E) as matérias de competência exclusiva da autoridade, somente.

A: incorreta. Não pode ser objeto de delegação (art. 13, II, da Lei 9.784/1999); **B:** incorreta. Não pode ser objeto de delegação (art. 13, III, da Lei 9.784/1999); **C:** incorreta. Não pode ser objeto de delegação (art. 13, I, da Lei 9.784/1999); **D:** correta. Não há impedimento para a delegação (art. 13 da Lei 9.784/1999); **E:** incorreta. Como se viu, não são apenas as matérias de competência exclusiva da autoridade aquelas que não podem ser objeto de delegação (art. 13 da Lei 9.784/1999).
Gabarito "D".

(Técnico Judiciário – TRE/AP – 2011 – FCC) Segundo a Lei 9.784/1999, que regula o processo administrativo no âmbito da Administração Pública Federal, é certo que

(A) o ato de delegação especificará, dentre outras questões, as matérias e os poderes transferidos, não podendo, porém, conter ressalva de exercício da atribuição delegada.

(B) o ato de delegação e sua revogação não necessitam de publicação em meio oficial.

(C) a edição de atos de caráter normativo não pode ser objeto de delegação.

(D) matérias de competência exclusiva do órgão ou autoridade podem ser objeto de delegação.

(E) o ato de delegação não especificará a duração e os objetivos da delegação, embora deva conter outras informações em seu conteúdo.

A: incorreta, pois o ato de delegação pode conter ressalva de exercício da atribuição delegada (art. 14, § 1º, da Lei 9.784/1999); **B:** incorreta, pois o ato de delegação e sua revogação devem ser publicados no meio oficial (art. 14, *caput*, da Lei 9.784/1999); **C:** correta (art. 13, I, da Lei 9.784/1999); **D:** incorreta, pois tais matérias não podem ser objeto de delegação (art. 13, III, da Lei 9.784/1999); **E:** incorreta, pois o ato de delegação deve especificar, sim, a duração e os objetos da delegação (art. 14, § 1º, da Lei 9.784/1999).
Gabarito "C".

(Técnico Judiciário – TRE/MS – 2007 – FCC) De acordo com a Lei 9.784/1999, com relação à competência nos processos administrativos, é correto afirmar:

(A) É vedada a delegação de competência a órgãos que não sejam hierarquicamente subordinados ao titular da competência.

(B) A edição de atos de caráter normativo pode ser objeto de delegação de competência, por expressa permissão legal.

(C) Inexistindo competência legal específica, o processo administrativo deverá ser iniciado perante a autoridade de menor grau hierárquico para decidir.

(D) O ato de delegação de competência não pode ser revogado pela autoridade delegante tratando-se de ato formalmente perfeito.

(E) A competência pode ser renunciada pelos órgãos administrativos a que foi atribuída como própria.

A: incorreta (art. 12, *caput*, da Lei 9.784/1999); **B:** incorreta (art. 13, I, da Lei 9.784/1999); **C:** correta (art. 17 da Lei 9.784/1999); **D:** incorreta (art. 14, § 2º, da Lei 9.784/1999); **E:** incorreta (art. 11 da Lei 9.784/1999).
Gabarito "C".

12.5. Impedimentos e suspeição

(Técnico Judiciário – TRT/15ª – 2009 – FCC) De acordo com a Lei 9.784/1999, NÃO é impedido de atuar em processo administrativo o servidor ou autoridade

(A) que esteja litigando judicial ou administrativamente com o interessado ou respectivo cônjuge ou companheiro.

(B) que venha a participar como testemunha.

(C) cujo parente de quarto grau tenha participado como testemunha.

(D) cujo cônjuge tenha participado como perito.

(E) que tenha interesse direto ou indireto na matéria.

Art. 18 da Lei 9.784/1999.
Gabarito "C".

12.6. Forma, tempo, lugar dos atos do processo e prazos

(Técnico Judiciário – TRT/23ª – 2007 – FCC) No que tange às normas relativas ao processo administrativo disciplinadas pela Lei 9.784/1999, considere:

I. Em regra, os atos do órgão ou autoridade responsável pelo processo e dos administrados que dele participem devem ser praticados no prazo de dois dias, salvo motivo de força maior.

II. Pode ser arguida a suspeição de autoridade que tenha amizade íntima notória com algum dos interessados ou com os respectivos parentes e afins até o terceiro grau.

III. O interessado poderá, mediante manifestação escrita, desistir total ou parcialmente do pedido formulado ou, ainda, renunciar a direitos disponíveis.

IV. O administrado tem o direito de prestar as informações que lhe forem solicitadas e colaborar para o esclarecimento dos fatos.

Está correto o que se afirma APENAS em

(A) I e II.

(B) I, II e III.

(C) I, III e IV.

(D) II e III.

(E) II e IV.

I: incorreta (art. 24 da Lei 9.784/1999); **II:** correta (art. 20 da Lei 9.784/1999); **III:** correta (art. 51 da Lei 9.784/1999); **IV:** incorreta, pois não se trata de um *direito*, mas de um *dever* (art. 4º, IV, da Lei 9.784/1999).
Gabarito "D".

(Técnico Judiciário – TRE/PI – 2009 – FCC) De acordo com a Lei 9.784/1999, os prazos fixados em meses ou anos contam-se de data a data. Se no mês do vencimento não houver o dia equivalente àquele do início do prazo, tem-se como termo o

(A) primeiro dia do mês subsequente.

(B) primeiro dia útil do mês subsequente.

(C) quinto dia útil do mês subsequente.

(D) último dia útil do mês.

(E) último dia do mês.

Art. 66, § 3º, da Lei 9.784/1999.
Gabarito "E".

(Técnico Judiciário – TRE/RS – 2010 – FCC) Dentre as regras a serem observadas no processo administrativo previsto na Lei 9.784/1999, NÃO consta que

(A) os atos do processo devem realizar-se preferencialmente na sede do órgão, cientificando-se o interessado se outro for o local de realização.

(B) os atos do processo devem ser produzidos por escrito, em vernáculo, com a data e o local de sua realização e a assinatura da autoridade responsável.

(C) o processo deverá ter suas páginas numeradas sequencialmente e rubricadas.

(D) os documentos exigidos em cópia devem ser necessariamente autenticados por Ofício de Notas.

(E) os atos do processo devem realizar-se em dias úteis, no horário normal de funcionamento da repartição na qual tramitar o processo.

A: correta. Essa regra consta da lei (art. 25 da Lei 9.784/1999); B: correta. Essa regra consta da lei (art. 22, § 1º, da Lei 9.784/1999); C: correta. Essa regra consta da lei (art. 22, § 4º, da Lei 9.784/1999); D: incorreta, devendo ser assinalada. De fato, essa regra não consta da lei, que dispõe que a autenticação de documentos exigidos em cópia poderá ser feita pelo próprio órgão administrativo (art. 22, § 3º, da Lei 9.784/1999); E: correta. Essa regra consta da lei (art. 23 da Lei 9.784/1999).
Gabarito "D".

12.7. Comunicação dos atos

(Técnico Judiciário – TRE/AC – 2010 – FCC) Nos termos da Lei 9.784/1999, o órgão competente perante o qual tramita o processo administrativo determinará a intimação do interessado para ciência de decisão ou a efetivação de diligências. Assim,

(A) a intimação será sempre pessoal e observará a antecedência mínima de quinze dias úteis quanto à data de comparecimento.

(B) o desatendimento da intimação importa o reconhecimento da verdade dos fatos, e a renúncia a direito pelo administrado.

(C) no caso de interessados indeterminados, desconhecidos ou com domicílio indefinido, a intimação deve ser efetuada por meio de publicação oficial.

(D) a intimação não poderá, em qualquer caso ser efetuada por ciência no processo ou por via postal com aviso de recebimento.

(E) as intimações serão anuláveis quando feitas sem observância das prescrições legais, porém o comparecimento do administrado não supre sua falta ou irregularidade.

A: incorreta, pois a intimação pode se dar por ciência no processo, por via postal ou aviso de recebimento, por telegrama ou outro meio que assegure a certeza da ciência do interessado; além disso, a intimação observará a antecedência mínima de 3 dias úteis quanto à data de comparecimento (art. 26, § 2º, da Lei 9.784/1999); B: incorreta, pois o desatendimento da intimação não importa o reconhecimento da verdade dos fatos, nem a renúncia a direito pelo administrado (art. 27 da Lei 9.784/1999); C: correta (art. 26, § 4º, da Lei 9.784/1999); D: incorreta, pois a intimação também pode ser feita por telegrama ou por outro meio que assegure a certeza da ciência do interessado (art. 26, § 2º, da Lei 9.784/1999); E: incorreta, pois as intimações serão nulas (e não anuláveis) nesse caso; ademais, o comparecimento do administrado supre, sim, a falta ou irregularidade da intimação (art. 26, § 5º, da Lei 9.784/1999).
Gabarito "C".

(Técnico Judiciário – TRE/RS – 2010 – FCC) De acordo com a Lei 9.784/1999, a intimação do interessado para ciência de decisão ou a efetivação de diligências

(A) observará a antecedência mínima de dois dias úteis quanto à data de comparecimento.

(B) deve conter, dentre outros dados, informação da continuidade do processo independentemente do seu comparecimento.

(C) pode ser efetuada por ciência no processo ou por via postal com aviso de recebimento, vedada a intimação por telegrama.

(D) não precisa conter informação se o intimado deve comparecer pessoalmente, ou fazer-se representar, porque isso é opção que cabe a ele.

(E) é dispensada no caso de interessados indeterminados, desconhecidos ou com domicílio indefinido.

A: incorreta, pois observará a antecedência mínima de 3 dias úteis quanto à data de comparecimento (art. 26, § 2º, da Lei 9.784/1999); B: correta (art. 26, § 1º, V, da Lei 9.784/1999); C: incorreta, pois é possível a utilização do telegrama (art. 26, § 3º, da Lei 9.784/1999); D: incorreta, pois essa informação é necessária (art. 26, § 1º, IV, da Lei 9.784/1999); E: incorreta, pois, nesse caso, a intimação deve se dar por meio de publicação oficial (art. 26, § 4º, da Lei 9.784/1999).
Gabarito "B".

12.8. Instrução, decisão, motivação, desistência, extinção

(Técnico Judiciário – STJ – 2008 – CESPE) Em relação ao processo administrativo, regulado pela Lei 9.784/1999, julgue os itens que se seguem.

(1) Como regra geral os atos administrativos devem ser motivados, com a clara indicação dos fatos e fundamentos, sendo, por esse motivo, vedadas as decisões orais.

(2) Ainda que um ato praticado pela administração tenha observado todas as formalidades legais, ela poderá revogá-lo se julgar conveniente, desde que respeite os direitos adquiridos por ele gerados.

1: errada (art. 50, § 3º, da Lei 9.784/1999); 2: correta (art. 53 da Lei 9.784/1999).
Gabarito 1E, 2C

(Técnico Judiciário – TRE/MG – 2005 – FCC) Segundo a Lei 9.784/1999, que regula o processo administrativo no âmbito da administração pública federal,

(A) o órgão competente perante o qual tramita o processo administrativo deve determinar a intimação do interessado para ciência de decisão ou efetivação de diligência. Nesse sentido, é nula a intimação feita sem a observância das prescrições legais, não havendo a possibilidade de ser suprida sua falta ou irregularidade.

(B) o interessado poderá, mediante manifestação escrita, desistir total ou parcialmente do pedido formulado, ou renunciar a direitos disponíveis, o que não impede que a administração pública dê prosseguimento ao processo, se considerar que o interesse público assim o exige.

(C) o direito da administração pública de anular os atos administrativos de que decorram efeitos favoráveis para os destinatários decai em dez anos, contados da data em que foram praticados.

(D) o processo administrativo é iniciado apenas por meio de requerimento da parte interessada.

(E) o agravamento da sanção pode decorrer da revisão do processo.

A: incorreta (art. 26, caput e § 5º, da Lei 9.784/1999); B: correta (art. 51, caput e § 2º, da Lei 9.784/1999); C: incorreta (art. 54 da Lei 9.784/1999);

D: incorreta (art. 5º da Lei 9.784/1999); **E:** incorreta (art. 65, parágrafo único, da Lei 9.784/1999).

Gabarito "B".

(Técnico Judiciário – TRE/PI – 2009 – FCC) A respeito da instrução no processo administrativo considere:

I. Quando documentos solicitados ao interessado forem necessários à apreciação de pedido formulado, o não atendimento no prazo fixado pela Administração para a respectiva apresentação implicará a sua improcedência.

II. Os interessados serão intimados de prova ou diligência ordenada, com antecedência mínima de três dias úteis, mencionando-se data, hora e local de realização.

III. Quando deva ser obrigatoriamente ouvido um órgão consultivo, o parecer deverá ser emitido no prazo máximo de quinze dias, salvo norma especial ou comprovada necessidade de maior prazo.

IV. Em regra, encerrada a instrução, o interessado terá o direito de manifestar-se no prazo máximo de dez dias.

De acordo com a Lei 9.784/1999, está correto o que se afirma APENAS em

(A) I e II.

(B) I, II e III.

(C) II e III.

(D) II, III e IV.

(E) III e IV.

I: incorreta (art. 40 da Lei 9.784/1999); **II:** correta (art. 41 da Lei 9.784/1999); **III:** correta (art. 42 da Lei 9.784/1999); **IV:** correta (art. 44 da Lei 9.784/1999).

Gabarito "D".

(Técnico Judiciário – TRF/5ª – 2008 – FCC) No tocante a instrução do processo, de acordo com a Lei 9.784/1999, encerrada a instrução, o interessado terá o direito de manifestar-se, salvo se outro prazo for legalmente fixado, no prazo máximo de

(A) trinta dias.

(B) três dias.

(C) cinco dias.

(D) quinze dias.

(E) dez dias.

Art. 44 da Lei 9.784/1999.

Gabarito "E".

12.9. Recurso administrativo e Revisão

(Escrevente – TJ/SP – 2018 – VUNESP) De acordo com a Lei no 10.261/1968, no que concerne aos recursos no processo administrativo, é correta a seguinte afirmação:

(A) Não cabe pedido de reconsideração de decisão tomada pelo Governador do Estado em única instância.

(B) O recurso será apresentado ao superior hierárquico da autoridade que aplicou a pena, que, em 15 (quinze) dias, de forma motivada, deve manter a decisão ou reformá-la.

(C) Os recursos não têm efeito suspensivo; e os que forem providos darão lugar às retificações necessárias, retroagindo seus efeitos à data do ato punitivo.

(D) O prazo para recorrer é de 15 (quinze) dias, contados da publicação da decisão impugnada no Diário Oficial do Estado ou da intimação do procurador do servidor, se for o caso.

(E) O recurso não poderá ser apreciado pela autoridade competente se incorretamente denominado ou endereçado.

A: incorreta. Art. 313 da Lei 10.261/1968; **B:** incorreta. O recurso será sempre dirigido à autoridade que aplicou a pena – art. 312 § 3º da Lei 10.261/1968; **C:** correta. Art. 314 da Lei 10.261/1968; **D:** incorreta. O prazo é de 30 dias, contados da publicação da decisão impugnada no Diário Oficial do Estado ou da intimação do procurador do servidor, se for o caso; **E:** incorreta. O recurso será apreciado pela autoridade competente ainda que incorretamente denominado ou endereçado – art. 312, § 5º da Lei 10.261/1968. **FB**

Gabarito "C".

(Técnico Judiciário – STM – 2011 – CESPE) Julgue o seguinte item.

(1) O prazo para a interposição de recurso administrativo é, em regra, de dez dias, contados a partir da ciência ou da divulgação oficial da decisão recorrida e quando a lei não fixar prazo diferente.

1: correta (art. 59, *caput*, da Lei 9.784/1999).

Gabarito 1C.

(Técnico Judiciário – TRE/AC – 2010 – FCC) A revisão do processo administrativo

(A) tem cabimento em qualquer tipo de processo, tenha sido aplicada sanção ou não.

(B) só tem cabimento a pedido do interessado.

(C) não pode ser pedida se já tiver ocorrido a coisa julgada administrativa.

(D) subordina-se à existência de fatos novos ou circunstâncias relevantes suscetíveis de justificar a inadequação da sanção aplicada.

(E) pode implicar o agravamento da sanção imposta.

A: incorreta, pois somente processos administrativos de que resultem sanções podem ser revistos (art. 65, *caput*, da Lei 9.784/1999); **B:** incorreta, pois a revisão pode se dar a pedido ou de ofício (art. 65, *caput*, da Lei 9.784/1999); **C:** incorreta, pois é justamente o contrário que ocorre, ou seja, a revisão é pedida quando já tiver ocorrido a coisa julgada administrativa; a Lei 9.784/1999 dispõe que a revisão pode se dar a qualquer tempo (art. 65, *caput*); **D:** correta (art. 65, *caput*, da Lei 9.784/1999); **E:** incorreta, pois a revisão não pode implicar o agravamento da sanção imposta (art. 65, parágrafo único, da Lei 9.784/1999); não se deve confundir a *revisão* do processo com o *recurso*, pois neste caso cabe agravação da sanção imposta ao recorrente, atendido o disposto no art. 64, parágrafo único, da Lei 9.784/1999.

Gabarito "D".

(Técnico Judiciário – TRE/AL – 2010 – FCC) Míriam, na qualidade de parte e como titular de direitos, em processo administrativo que tramita junto ao Tribunal Regional Eleitoral, interpôs recurso cabível. Nesse caso, o recurso deve ser conhecido, ainda que,

(A) tenha ocorrido o exaurimento da esfera administrativa.

(B) seus interesses sejam indiretamente afetados pela decisão recorrida.

(C) não seja detentora de legitimidade recursal.

(D) o recurso tenha sido interposto fora do prazo legal.

(E) o recurso tenha sido interposto perante órgão incompetente.

A: incorreta, pois, exaurida a esfera administrativa, não cabe mais recurso (art. 63, IV, da Lei 9.784/1999); **B:** correta, pois cabe recurso quando a decisão recorrida afeta direta ou indiretamente os interesses de alguém (art. 58, II, da Lei 9.784/1999); **C:** incorreta, pois somente se pode conhecer de recurso de quem tem legitimidade recursal (art. 63, III, da Lei 9.784/1999); **D:** incorreta, pois o recurso não poderá ser conhecido se interposto fora do prazo legal (art. 63, I, da Lei 9.784/1999); **E:** incorreta, pois o recurso interposto perante órgão incompetente não pode ser conhecido (art. 63, II, da Lei 9.784/1999).
Gabarito "B".

(Técnico – TRE/CE – 2012 – FCC) Claudio é parte em determinado processo administrativo, sendo seus direitos atingidos por decisão administrativa proferida pela Administração Pública Federal. Contra a referida decisão, Claudio interpôs recurso administrativo, sem, no entanto, prestar caução. Nos termos da Lei 9.784/1999,

(A) Claudio não é legitimado para interpor o recurso administrativo, sendo assim, pouco importa a discussão atinente à caução.

(B) a caução é sempre necessária à interposição do recurso administrativo, motivo pelo qual o recurso será considerado deserto.

(C) a interposição de recurso administrativo independe de caução, salvo exigência legal nesse sentido.

(D) a caução jamais será necessária à interposição do recurso administrativo, pois, do contrário, caracterizaria exigência contrária aos princípios do processo administrativo.

(E) a exigência de caução é ato discricionário da Administração Pública; logo, é ela quem decidirá acerca da necessidade ou não de sua prestação.

A: incorreta, pois Claudio é legitimado para interposição do recurso administrativo (art. 58, I, da Lei 9.784/1999); **B:** incorreta, pois, salvo exigência legal, a interposição de recurso administrativo independe de caução (art. 56, § 2º, da Lei 9.784/1999); **C:** correta (art. 56, § 2º, da Lei 9.784/1999); **D:** incorreta, pois nos casos previstos em lei ela pode ser exigida (art. 56, § 2º, da Lei 9.784/1999); **E:** incorreta, pois a Administração não tem margem de liberdade para exigir caução, podendo exigi-la apenas nos casos expressos em lei (art. 56, § 2º, da Lei 9.784/1999).
Gabarito "C".

(Técnico Judiciário – TRE/PI – 2009 – FCC) Com relação ao recurso administrativo, de acordo com a Lei 9.784/1999 é correto afirmar:

(A) Em regra, a interposição de recurso administrativo depende de prévia caução.

(B) O recurso será dirigido à autoridade que proferiu a decisão, a qual, se não a reconsiderar no prazo de dez dias, o encaminhará à autoridade superior.

(C) Em regra, o recurso administrativo tramitará no máximo por três instâncias administrativas.

(D) Interposto o recurso, o órgão competente para dele conhecer deverá intimar os demais interessados para que, no prazo de dez dias úteis, apresentem alegações.

(E) Em regra, o recurso administrativo possui efeito suspensivo, o que acarreta a impossibilidade da execução da sentença proferida em primeira instância.

A: incorreta (art. 56, § 2º, da Lei 9.784/1999); **B:** incorreta (art. 56, § 1º, da Lei 9.784/1999); **C:** correta (art. 57 da Lei 9.784/1999); **D:** incorreta (art. 62 da Lei 9.784/1999); **E:** incorreta (art. 61 da Lei 9.784/1999).
Gabarito "C".

(MPU – 2007 – FCC) Segundo o disposto na Lei 9.784/1999, a decisão administrativa ilegal poderá ser impugnada por meio de recurso que

(A) deverá ser interposto, salvo disposição legal em contrário, no prazo de 15 (quinze) dias, contado a partir da ciência ou divulgação oficial da decisão recorrida.

(B) será dirigido à autoridade que proferiu a decisão, a qual, se não a reconsiderar no prazo de 5 (cinco) dias, o encaminhará à autoridade superior.

(C) deverá ser decidido no prazo máximo de 120 (cento e vinte) dias, a partir do recebimento dos autos pelo órgão competente.

(D) terá, como regra, efeito suspensivo e dependerá de caução em dinheiro.

(E) tramitará no máximo por duas instâncias administrativas, salvo disposição legal diversa.

A: incorreta, pois o prazo é de 10 dias (art. 59 da Lei 9.784/1999); **B:** correta (art. 56, § 1º, da Lei 9.784/1999); **C:** incorreta, pois a decisão do recurso deve se dar em até trinta dias, a partir do recebimento dos autos pelo órgão competente (art. 59, § 1º, da Lei 9.784/1999); **D:** incorreta, pois, salvo disposição legal em contrário, o recurso não tem efeito suspensivo (art. 61 da Lei 9.784/1999); além disso, salvo exigência legal, a interposição de recurso administrativo independe de caução (art. 56, § 2º, da Lei 9.784/1999); **E:** incorreta, pois o recurso administrativo tramitará no máximo por três instâncias administrativas, salvo disposição legal diversa (art. 57 da Lei 9.784/1999).
Gabarito "B".

12.10. Questões de conteúdo variado

(Técnico Judiciário – TRE/RS – 2008 – CONSULPLAN) Sobre a Lei 9.784, de 29 de janeiro de 1999, que regula o processo administrativo no âmbito da Administração Pública Federal, marque a alternativa INCORRETA:

(A) A competência é irrenunciável e se exerce pelos órgãos administrativos a que foi atribuída como própria, salvo os casos de delegação e avocação legalmente admitidos.

(B) É vedada à Administração a recusa imotivada de recebimento de documentos, devendo o servidor orientar o interessado quanto ao suprimento de eventuais falhas.

(C) Os prazos começam a correr a partir da data de cientificação oficial, excluindo-se da contagem o dia do começo e incluindo-se o do vencimento.

(D) Os processos administrativos de que resultem sanções poderão ser revistos, a qualquer tempo, a pedido ou de ofício, quando surgirem fatos novos ou circunstâncias relevantes suscetíveis de justificar a inadequação da sanção aplicada. Da revisão do processo poderá resultar agravamento da sanção.

(E) É dever do administrado perante a Administração, sem prejuízo de outros, prestar informações que lhe forem solicitadas e colaborar para o esclarecimento dos fatos.

A: correta (art. 11 da Lei 9.784/1999); **B:** correta (art. 6º, parágrafo único, da Lei 9.784/1999); **C:** correta (art. 66 da Lei 9.784/1999); **D:** incorreta, devendo ser assinalada (art. 65, parágrafo único, da Lei 9.784/1999); **E:** correta (art. 4º, IV, da Lei 9.784/1999).
„Gabarito "D".

13. OUTROS TEMAS

(Técnico Judiciário – TRE/PE – CESPE – 2017) Determinado município pretende contratar empresa para a prestação de serviço de divulgação institucional de políticas públicas, sendo o objeto da contratação avaliado em cinco mil reais.

Nessa situação hipotética, a licitação

(A) será inexigível, por tratar-se de serviço técnico especializado de natureza singular.

(B) deverá ser realizada na modalidade concorrência.

(C) poderá ser realizada, por exemplo, na modalidade convite, embora seja dispensável.

(D) deverá ser realizada na modalidade tomada de preços.

(E) estará automaticamente dispensada devido ao baixo valor do objeto da contratação.

A: incorreta. Ao contratar serviço de divulgação institucional de políticas públicas, não poderá o gestor, se utilizar da hipótese normativa prevista no art. 25 da Lei 8.666/1993, haja vista estar disponível no mercado, através de diversas prestadoras. *Segundo a doutrina corrente (a notória especialização traz em seu bojo uma singularidade subjetiva) e os dispositivos legais pertinentes, é forçoso concluir que serviço técnico profissional especializado de natureza singular é um dos enumerados no art. 13 da Lei 8.666, de 1993, que, por suas características individualizadoras, permita inferir seja o mais adequado à plena satisfação do objeto pretendido pela Administração.* (Licitação e contrato administrativo. 13. ed. São Paulo: Malheiros, 2002, p. 115). **B:** incorreta, a modalidade de concorrência, está prevista na Lei 8.666/1993, art. 23, I, "c", como modalidade de licitação destinada a adquirir bens e serviços de valor elevado, não sendo adequada ao presente caso hipotético. **C:** correta, a modalidade convite é possível de ser utilizada conforme previsão expressa no Lei 8.666/1993, art. 23, II, "a". Podendo também dispensar a licitação com base na hipótese normativa exposta no art. 24, II, da Lei 8.666/1993. **D:** incorreta. Não se enquadra na hipótese prevista para a Tomada de preços, quer pela natureza, quer pelo valor. **E:** incorreta, a hipótese da licitação dispensável estará sempre ao talante do gestor, como possibilidade normativa e não imposição. FMB
„Gabarito "C".

(Técnico Judiciário – TRE/PE – CESPE – 2017) Determinado órgão público formalizou contrato com uma instituição educacional para o treinamento de vinte turmas de servidores em conteúdos de direito administrativo, no montante de R$ 300.000, durante dois anos.

Com referência a essa situação, assinale a opção correta acerca da execução do contrato.

(A) A prestação de garantia, prevista em instrumento convocatório, poderá ser exigida no valor de R$ 18.000, mediante caução em dinheiro ou títulos da dívida pública, seguro-garantia ou fiança bancária.

(B) O órgão público será responsável por eventual inadimplência da instituição educacional referente a encargos trabalhistas, previdenciários, fiscais e(ou) comerciais decorrentes da execução do contrato, até o limite de R$ 75.000, 25% do valor contratado.

(C) A rescisão contratual por ato unilateral do órgão público devido a atraso injustificado da instituição no início do treinamento das turmas gera devolução da garantia formalizada no ato do contrato até o limite de valor de uma turma, ou seja, R$ 15.000.

(D) Prevendo cortes orçamentários e para garantir a realização do treinamento de turmas no exercício seguinte, o órgão poderá antecipar o pagamento de até dez turmas, no total de R$ 150.000, com os recursos do exercício vigente.

(E) O órgão poderá requerer a redução do treinamento de quatro turmas, com a redução de R$ 60.000 no valor do contrato, e a instituição será obrigada a aceitar o referido ajuste nas mesmas condições contratuais.

A: incorreta. A prestação de garantia não poderia superar 5% do valor do contrato, conforme previsto no Art. 56, **§ 2º**, da Lei 8.666/1993: A garantia a que se refere o *caput* deste artigo não excederá a cinco por cento do valor do contrato e terá seu valor atualizado nas mesmas condições daquele, ressalvado o previsto no § 3º deste artigo. (Redação dada pela Lei 8.883, de 1994). Desta forma, o limite para o caso hipotético seria de R$ 15.000,00. **B:** incorreta, Lei 8.666/1993, Art. 71, § 1º A inadimplência do contratado, com referência aos encargos trabalhistas, fiscais e comerciais não transfere à Administração Pública a responsabilidade por seu pagamento, nem poderá onerar o objeto do contrato ou restringir a regularização e o uso das obras e edificações, inclusive perante o Registro de Imóveis. **C:** incorreta, Lei 8.666/1993, Art. 78. Constituem motivo para rescisão do contrato: IV – o atraso injustificado no início da obra, serviço ou fornecimento; Parágrafo único. Os casos de rescisão contratual serão formalmente motivados nos autos do processo, assegurado o contraditório e a ampla defesa. No caso citado, a rescisão é autorizada e prevista em Lei. **D:** incorreta, não se faz possível o pagamento antecipado. É vedado o pagamento sem a prévia liquidação da despesa, salvo para situações excepcionais devidamente justificadas e com as garantias indispensáveis (arts. 62 e 63, § 2º, inciso III, da Lei 4.320/1964; arts. 38 e 43 do Decreto 93.872/1986. (TCU. Acórdão 158/2015 – Plenário). **E:** correta. A Lei 8.666/1993, prevê a possibilidade de redução ou adição ao contrato no limite de 25%, a saber: art. 65, § 1º: O contratado fica obrigado a aceitar, nas mesmas condições contratuais, os acréscimos ou supressões que se fizerem nas obras, serviços ou compras, até 25% (vinte e cinco por cento) do valor inicial atualizado do contrato, e, no caso particular de reforma de edifício ou de equipamento, até o limite de 50% (cinquenta por cento) para os seus acréscimos. FMB
„Gabarito "E".

(Técnico Judiciário – TRE/PE – CESPE – 2017) A respeito das regras e das diretrizes de convênios celebrados por órgãos ou entidades da administração pública, assinale a opção correta.

(A) Concedente é o órgão da administração pública federal direta ou indireta, responsável pela transferência dos recursos financeiros destinados à execução do objeto do convênio.

(B) Convenente é o órgão ou entidade da administração pública direta e indireta, necessariamente da esfera federal do governo, bem como entidade privada com ou sem fins lucrativos, com o qual a administração federal pactue a execução de programa mediante a celebração de convênio.

(C) Para que um contrato configure um convênio, faz-se necessário que, de um lado, figure órgão ou entidade da administração pública, direta ou indireta, e, de outro lado, figure órgão ou entidade da administração direta ou indireta, ou ainda, entidades privadas com ou sem fins lucrativos.

(D) É vedada a celebração de convênio com órgão da administração pública direta ou indireta do Estado cujo valor seja de R$ 150.000.

(E) É vedada a celebração de convênio com órgão da administração pública direta de um município, para a execução de obras de engenharia, exceto a elaboração do projeto de engenharia, nos quais o valor da transferência da União seja de R$ 275.000.

A: correta. Trata da definição dada pelo Decreto 6.170/2007, art. 1º, § 1º: Para os efeitos deste Decreto, considera-se: IV – concedente: órgão ou entidade da administração pública federal direta ou indireta, responsável pela transferência dos recursos financeiros destinados à execução do objeto do convênio. **B:** incorreta, convenente, Decreto 6.170/2007, Art. 1º, VI – convenente: órgão ou entidade da administração pública direta e indireta, de qualquer esfera de governo, bem como entidade privada sem fins lucrativos, com o qual a administração federal pactua a execução de programa, projeto/atividade ou evento mediante a celebração de convênio; Vê-se que a previsão indica ser qualquer esfera do governo e não exclusivamente do governo federal, portanto a assertiva é falsa. **C:** incorreta. A principal distinção entre os contratos e convênios está no seu objetivo. No primeiro, os objetivos são opostos, enquanto no segundo são uníssonos, por isso, atuam em regime de mutua cooperação : Art. 1º, § 1º, I – convênio: acordo, ajuste ou qualquer outro instrumento que discipline a transferência de recursos financeiros de dotações consignadas nos Orçamentos Fiscal e da Seguridade Social da União e tenha como partícipe, de um lado, órgão ou entidade da administração pública federal, direta ou indireta, e, de outro lado, órgão ou entidade da administração pública estadual, distrital ou municipal, direta ou indireta, ou ainda, entidades privadas sem fins lucrativos, visando a execução de programa de governo, envolvendo a realização de projeto, atividade, serviço, aquisição de bens ou evento de interesse recíproco, em regime de mútua cooperação. **D:** incorreta. O art. 2º do Decreto 6.170/2007 remete a vedação a edição de ato conjunto nos termos do art. 18 do mesmo decreto. Este por sua vez se trata da Portaria Interministerial 424/2016, que estabelece como valor mínimo para celebração: Art. 9º, V – instrumentos para a execução de despesas de custeio ou para aquisição de equipamentos com valor de repasse inferior a R$ 100.000,00 (cem mil reais). **E:** incorreta. Portaria Interministerial 424/2016, Art. 9º IV – instrumentos para a execução de obras e serviços de engenharia com valor de repasse inferior a R$ 250.000,00 (duzentos e cinquenta mil reais). **FMB**
Gabarito "A".

(Técnico Judiciário – TRE/SP – FCC – 2017) Um órgão integrante da Administração pública de determinado ente federal necessita adquirir móveis para uma nova unidade de centralização de serviços para atendimento à população. Considerando-se que são móveis de escritório de longa durabilidade e que precisam ser adquiridos em uma oportunidade para início das atividades, com a maior celeridade possível, à Administração pública caberá a realização de

(A) concorrência, convite ou tomada de preços, em razão dos valores envolvidos, modalidades que permitem maior participação de licitantes e, portanto, maior disputa por menores preços.

(B) licitação sob qualquer das modalidades de licitação vigentes, conforme a alçada de valores dos bens, preferencialmente utilizando-se do leilão, dada a maior celeridade.

(C) pregão, obrigatoriamente, para registro de preços, tendo em vista que o fracionamento das aquisições

permite a obtenção de melhores preços sem a perda da economia de escala.

(D) concorrência, em função do valor de avaliação dos bens superar o limite admitido para utilização do leilão ou do pregão.

(E) pregão, por se tratar de bens de natureza comum, passíveis de serem objetivamente descritos, o que possibilitará ampla participação e disputa, com atingimento de resultado mais vantajoso à Administração pública.

A: incorreta, não poderia ser a correta já que a questão sequer indica valores. **B:** incorreta, qualquer das modalidades também não atenderia, haja vista as especificidades de cada uma delas; Lei 8.666/1993, art. 22, § 5º: Leilão é a modalidade de licitação entre quaisquer interessados para a venda de bens móveis inservíveis para a administração ou de produtos legalmente apreendidos ou penhorados, ou para a alienação de bens imóveis prevista no art. 19, a quem oferecer o maior lance, igual ou superior ao valor da avaliação. **C:** incorreta, a economia de escala refere-se exatamente ao contrário. A possibilidade de aquisição em maior número de itens e não seu fracionamento. **D:** incorreta, novamente não há indicação do valor. **E:** correta, as informações dadas pela questão proposta apontam para a aquisição de bens comuns, artigos permanentes e requerem uma tramitação célere, com base nestas informações só é possível indicar a modalidade inserta na Lei 10.520/2005, a saber: Art. 1º Para aquisição de bens e serviços comuns, poderá ser adotada a licitação na modalidade de pregão, que será regida por esta Lei. Parágrafo único. Consideram-se bens e serviços comuns, para os fins e efeitos deste artigo, aqueles cujos padrões de desempenho e qualidade possam ser objetivamente definidos pelo edital, por meio de especificações usuais no mercado. **FMB**
Gabarito "E".

(Técnico Judiciário – TRE/PI – CESPE – 2016) Conforme orientações e manuais publicados pelo Tribunal de Contas da União, as fases de um convênio são

(A) proposição, celebração ou formalização, execução e prestação de contas.

(B) definição de unidade executora, elaboração do termo de referência e padronização.

(C) estabelecimento de consórcios públicos, definição de convenentes e assinatura de termo aditivo.

(D) chamamento público, cadastramento, proposta de trabalho e repasse.

(E) regulamentação, assinatura de acordo, definição dos partícipes e execução.

A 6ª edição do manual, publicada em 2006, traz as fases do convênio conforme disposto na assertiva A. **FMB**
Gabarito "A".

(Técnico Judiciário – TRE/PI – CESPE – 2016) O TRE/PI firmou um contrato administrativo com um particular para o fornecimento de determinados bens. Durante a execução do contrato, foi publicada uma lei que aumentou impostos sobre esses bens. A revisão do contrato foi, então, proposta com base em causas que justificassem a inexecução contratual para a manutenção do equilíbrio econômico-financeiro.

Nessa situação hipotética, a revisão baseia-se na ocorrência

(A) do fato do príncipe.

(B) de caso fortuito.

(C) de força maior.

(D) do fato da administração.

(E) de interferência imprevista.

A: correta. Celso Antônio Bandeira de Mello (2009) explica que se trata de "agravo econômico resultante de medida tomada sob titulação diversa da contratual, isto é, no exercício de outra competência, cujo desempenho vem a ter repercussão direta na econômica contratual estabelecida na avença". Em sendo reconhecida a quebra do equilíbrio contratual, a revisão está prevista na Lei 8.666/1993, art. 65, II, *d)* para restabelecer a relação que as partes pactuaram inicialmente entre os encargos do contratado e a retribuição da administração para a justa remuneração da obra, serviço ou fornecimento, objetivando a manutenção do equilíbrio econômico-financeiro inicial do contrato, na hipótese de sobrevirem fatos imprevisíveis, ou previsíveis porém de consequências incalculáveis, retardadores ou impeditivos da execução do ajustado, ou, ainda, em caso de força maior, caso fortuito ou fato do príncipe, configurando álea econômica extraordinária e extracontratual. (Redação dada pela Lei 8.883, de 1994). **B** e **C:** incorretas, caso fortuito ou força maior: fatos imprevisíveis ou de difícil previsão que geram efeitos aos envolvidos. Também previstos no mesmo inciso indicado acima. **D:** incorreta, fato da administração: toda ação ou omissão do Poder Público, especificamente relacionada ao contrato, que impede ou retarda sua execução. São hipóteses de Fato da Administração, as previstas no art. 78, incisos XIV, XV, e XVI, da Lei 8.666/1993, como a suspensão da execução do contrato, por ordem da Administração, por mais de 120 dias; o atraso no pagamento, pelo Poder Público, por mais de 90 dias e a não liberação, pela Administração, de área, local ou objeto para execução de obra ou serviço. **E:** incorreta. As interferências imprevistas não impedem a execução do contrato, mas sim a tornam sobremodo onerosa. Assim, sua ocorrência autoriza a revisão contratual. A característica marcante das interferências imprevistas é que elas antecedem a celebração do contrato. FMB
Gabarito "A"

(Técnico Judiciário – TRT24 – FCC – 2017) No pregão, conforme preceitua a Lei 10.520/2002, a equipe de apoio deverá ser integrada

(A) em sua maioria por servidores de cargo efetivo ou emprego da Administração pública, preferencialmente pertencentes ao quadro permanente do órgão ou entidade promotora do evento.

(B) em sua minoria por servidores de cargo efetivo ou emprego da Administração pública, não sendo necessário que pertençam ao quadro permanente do órgão ou entidade promotora do evento, e, em sua maioria, deve ser composta por particulares de notório saber jurídico no tocante objeto da licitação.

(C) exclusivamente por servidores de cargo efetivo da Administração pública, pertencentes ao quadro permanente do órgão ou entidade promotora do evento.

(D) em sua maioria por servidores de cargo efetivo da Administração pública, devendo, necessariamente, todos os integrantes pertencer ao quadro permanente do órgão ou entidade promotora do evento.

(E) obrigatoriamente por metade de servidores de cargo efetivo da Administração pública, não sendo necessário que pertençam ao quadro permanente do órgão ou entidade promotora do evento, e, a outra metade, deve ser composta de particulares de notório saber jurídico acerca do objeto licitado.

A: correta, Lei 10.520/2002, art. 3º, § 1º: A equipe de apoio deverá ser integrada em sua maioria por servidores ocupantes de cargo efetivo ou emprego da administração, preferencialmente pertencentes ao quadro permanente do órgão ou entidade promotora do evento. **B:** incorreta.

Na contramão da letra legal já citada, a assertiva é falsa; **C:** incorreta. Conforme demonstrado, a indicação propõe a maioria e não a exclusividade; **D:** incorreta. Não indica a legislação a obrigatoriedade de os integrantes pertencerem ao quadro permanente do órgão, sendo condição preferencial. **E:** incorreta. Não há previsão legal nesse sentido. FMB
Gabarito "A"

(Técnico Judiciário – TRT24 – FCC – 2017) Determinado órgão da administração publica federal, que não participou do certame licitatório para o registro de preços, pretende utilizar a ata de registro de preços, durante sua vigência. Cumpre salientar que o órgão justificou devidamente a vantagem, razão pela qual houve a anuência do órgão gerenciador. Nos termos do Decreto 7.892/2013, após a autorização do órgão gerenciador, o órgão não participante, desde que observado o prazo de vigência da ata, deverá efetivar a aquisição ou contratação solicitada em até

(A) 120 dias

(B) 180 dias

(C) 150 dias

(D) 90 dias

(E) 100 dias

Art. 22, Decreto 7.892/2013, § 6º: após a autorização do órgão gerenciador, o órgão não participante deverá efetivar a aquisição ou contratação solicitada em até noventa dias, observado o prazo de vigência da ata. FMB
Gabarito "D"

(Técnico Judiciário – TRT11 – FCC – 2017) Considere abaixo o que concerne aos contratos administrativos.

I. A inadimplência do contratado, com referência a encargos fiscais, poderá, em algumas hipóteses, onerar o objeto do contrato.

II. A subcontratação de partes da obra, serviço ou fornecimento não exime o contratado de suas responsabilidades, tanto legais, quanto contratuais.

III. Na fiscalização da execução contratual, admite-se a contratação de terceiros para assistir e subsidiar o representante da Administração de informações pertinentes a essa atribuição.

IV. O fato do príncipe não se preordena diretamente ao particular contratado, pois tem cunho de generalidade e apenas reflexamente incide sobre o contrato, ocasionando oneração excessiva ao particular independentemente da vontade deste.

Está correto o que se afirma APENAS em

(A) I, II e III.

(B) II, III e IV.

(C) I e III.

(D) II e IV.

(E) I e IV.

I: incorreto. Não poderá e neste sentido: art. 71, Lei 8.666/93, § 1º A inadimplência do contratado, com referência aos encargos estabelecidos neste artigo, não transfere à Administração Pública a responsabilidade por seu pagamento, nem poderá onerar o objeto do contrato ou restringir a regularização e o uso das obras e edificações, inclusive perante o Registro de Imóveis. **II:** correto. Lei 8.666/1993, **art. 72.** O contratado, na execução do contrato, sem prejuízo das responsabilidades contratuais e legais, poderá subcontratar partes da obra, serviço ou fornecimento, até o limite admitido, em cada caso, pela Administração. **III:** correto. Art. 67 da Lei 8.666/1993. A execução do contrato deverá ser acompanhada e fiscalizada por um representante da Administração especialmente designado, permitida a contratação de terceiros para assisti-lo e subsidiá-lo de informações pertinentes a essa atribuição. **IV:** correto, trata-se de conceito doutrinário, haja vista ser o fato do príncipe um ato da administração que deve atingir a todos, a coletividade. FMB

Gabarito "B".

(Técnico – TRE/CE – 2012 – FCC) O princípio da vinculação ao instrumento convocatório

(A) aplica-se somente aos licitantes, vez que estes não podem deixar de atender os requisitos do instrumento convocatório.

(B) é princípio básico das licitações, no entanto, sua inobservância não enseja a nulidade do procedimento licitatório.

(C) tem por objetivo evitar que a Administração Pública descumpra as normas e condições do edital, ao qual se acha estritamente vinculada.

(D) permite à Administração Pública, excepcionalmente, aceitar proposta com eventual inobservância às condições estabelecidas no edital, desde que mais favorável ao interesse público.

(E) não está expressamente previsto na Lei de Licitações (Lei 8.666/1993), porém caracteriza-se como um dos mais importantes princípios das licitações.

A: incorreta, pois a Administração também é vinculada ao edital; **B:** incorreta, pois, violado o princípio, tem-se caso de nulidade, valendo lembrar que a violação de um princípio é mais grave que a violação de uma regra; **C:** correta, valendo salientar que o princípio está previsto no art. 3°, *caput*, da Lei 8.666/1993; **D:** incorreta, pois o edital deve ser rigorosamente obedecido; **E:** incorreta, pois está expressamente previsto no art. 3°, *caput*, da Lei 8.666/1993.

Gabarito "C".

11. Direito Constitucional

André Nascimento, Bruna Vieira, Teresa Melo e Tony Chalita*

1. TEORIA GERAL DA CONSTITUIÇÃO, NORMAS CONSTITUCIONAIS E PODER CONSTITUINTE

(Técnico Judiciário – TRE/PE – CESPE – 2017) Além de ser uma Constituição escrita, a CF é classificada como

(A) promulgada, flexível, dirigente e histórica.

(B) outorgada, rígida, garantia e dogmática.

(C) promulgada, flexível, dirigente e histórica

(D) promulgada, rígida, dirigente e dogmática.

(E) outorgada, rígida, dirigente e histórica.

Comentário Geral: As Constituições são classificadas na teoria clássica de José Afonso da Silva, da seguinte forma:

i) Quanto ao conteúdo: materiais e formais.

– material: normas materialmente constitucionais são aquelas que identificam a forma e a estrutura do Estado, o Sistema de Governo, a divisão e o funcionamento dos Poderes. Ex. art. 1º, art. 2º e art. 18, todos da CF.

– formal: as normas que não fazem parte da estrutura mínima e essencial do estado. Junto com as normas materiais, formam um grupo hierarquicamente superior às demais normas. Encontramos nela normas que poderiam ser dispensadas do conceito de estrutura mínima, como o art. 231 da CF que trata dos índios.

ii) Quanto à forma: escrita e não escrita.

– escrita (dogmática): é representada por um texto completo e organizado, como a da maioria dos países. Constituição de 1988.

– não escrita (Costumeira ou histórica): é formada a partir de textos esparsos, sendo sedimentada em costumes derivados das decisões, tendo como fundamento os documentos históricos que serviram de base.

iii) Quanto ao modo de elaboração: dogmática e histórica

– dogmática (escrita): é representada por um texto completo e organizado, como a da maioria dos países. Constituição de 1988.

– histórica (costumeira): é formada a partir de textos esparsos, sendo sedimentada em costumes derivados das decisões, tendo como fundamento os documentos históricos que serviram de base.

iv) Quanto à origem: populares (promulgada) ou outorgadas

– promulgada: é fruto de um processo democrático e elaborada por um Poder Constituinte exercido por uma Assembleia Constituinte. Como exemplo, no Brasil Constituição de 1891, 1934, 1946 e 1988.

– outorgada: é fruto do autoritarismo, imposta por um grupo ou pelo governante. São exemplos, no Brasil, 1824, 1937 e 1967.

v) Quanto à estabilidade: rígidas, flexíveis ou semirrígidas

– flexível: A Constituição que não exige, para sua alteração, qualquer processo mais solene, tendo em vista o critério da lei ordinária.

– rígida: exige para alteração um critério mais solene e difícil do que o processo de elaboração da lei ordinária. Exemplo é a brasileira. Podemos fazer essa averiguação ao comparar o processo de elaboração da lei ordinária, em comparação à emenda Constitucional. Enquanto a lei ordinária se submete às regras da iniciativa geral e à aprovação

por maioria simples, a emenda é de iniciativa restrita e aprovação por maioria qualificada de três quintos em dois turnos nas duas casas (Câmara dos Deputados e Senado Federal).

– semirrígida: apresenta uma parte que exige mutação por processo mais difícil e solene do que o da lei ordinária e outra parte sem tal exigência, podendo ser alterada pelo sistema previsto para a lei ordinária. Constituição do Império de 1824, por força do artigo 178.

vi) Quanto à Finalidade: Dirigente ou garantia

O enunciado traz uma sexta categoria de classificação, quanto à finalidade: dirigente ou garantia.

– dirigente: estabelece um plano de direção objetivando uma evolução política. Traça diretrizes para a utilização do poder e progresso social, econômico e política a serem seguidas pelos órgãos estatais.

– garantia: visa assegurar as liberdades individuais e coletivas, limitando o poder do Estado. É um tipo clássico de constituição, pois protege aqueles direitos surgidos na primeira geração ou dimensão de direitos fundamentais. TC

Gabarito "D".

(Técnico Judiciário – TRE/PI – CESPE – 2016) As constituições classificam-se, quanto

(A) à estabilidade, em imutáveis, rígidas, flexíveis ou semirrígidas.

(B) à origem, em escritas ou não escritas.

(C) à forma, em materiais ou formais.

(D) ao conteúdo, em dogmáticas ou históricas.

(E) ao modo de elaboração, em analíticas ou sintéticas.

A: Correta. **B:** Errada. Quanto à origem as Constituições são classificadas como populares (promulgada) ou outorgadas. **C:** Errada. Quanto à forma as Constituições são classificadas como escritas ou não escritas. **D:** Errada. Quanto ao conteúdo as Constituições são classificadas como materiais ou formais. **E:** Errada. Quanto ao modo de elaboração as Constituições são classificadas como dogmáticas ou históricas. TC

Gabarito "A".

(Técnico – TRT/11ª – 2012 – FCC) Considere as seguintes normas constitucionais:

I. A República Federativa do Brasil buscará a integração econômica, política, social e cultural dos povos da América Latina, visando à formação de uma comunidade latino-americana de nações.

II. A casa é asilo inviolável do indivíduo, ninguém nela podendo penetrar sem consentimento do morador, salvo em caso de flagrante delito ou desastre, ou para prestar socorro, ou, durante o dia, por determinação judicial.

III. É direito dos trabalhadores urbanos e rurais, além de outros que visem à melhoria de sua condição social, o piso salarial proporcional à extensão e à complexidade do trabalho.

IV. É livre o exercício de qualquer trabalho, ofício ou profissão, atendidas as qualificações profissionais que a lei estabelecer.

São normas de eficácia limitada os preceitos indicados SOMENTE em

---

(A) I, II e III.

(B) I e III.

(C) I e IV.

(D) II e IV.

(E) III e IV.

Segundo a teoria clássica (José Afonso da Silva), as normas constitucionais, quanto à eficácia, podem ser classificadas em: plena, contida e limitada. As de eficácia plena são aquelas que, por si só, produzem todos os seus efeitos no mundo jurídico e de forma imediata. As de eficácia contida são aquelas que produzem efeitos e tem aplicabilidade imediata, mas que deixam em aberto a possibilidade de outra norma restringir esses efeitos. Por fim, as de eficácia limitada são as que para produzirem a plenitude de seus efeitos, dependem da atuação do legislador infraconstitucional, necessitam de regulamentação. Tais normas possuem aplicabilidade postergada, diferida ou mediata. O item I é tido como norma de eficácia limitada. O art. 4º, parágrafo único, da CF/1988 traz um comando no sentido de que o Brasil deve buscar a integração da comunidade latino-america de nações. Um exemplo de concretização de tal norma é a criação do MERCOSUL; O item II é considerado norma de eficácia plena (art. 5º, II, da CF/1988); O item III, previsto no art. 6º, V, da CF/1988, é tido como norma limitada, pois depende da interposição do legislador. De acordo com a LC 103/2000, é dada autorização aos Estados e ao Distrito Federal para instituírem o piso salarial mencionado; O item IV trata da do direito à liberdade de profissão. O Supremo, ao decidir pela constitucionalidade do exame de ordem (RE 603.583), reafirmou a natureza contida da norma prevista no art. 5º, XIII, da CF/1988.

Gabarito "B."

2. PRINCÍPIOS FUNDAMENTAIS E DIREITOS E GARANTIAS FUNDAMENTAIS

(Técnico – TJ/MA – FCC – 2019) Um empresário renomado foi acusado de ter praticado crime de corrupção, ocasião em que passou a ser investigado por tal fato. Diante da repercussão do caso, o Congresso Nacional aprovou, já no curso da ação penal, uma alteração legislativa que dobrou a pena do crime do qual o empresário era acusado, considerando-o como hediondo e inafiançável. Ao final, foi ele condenado à pena máxima prevista na nova legislação. Nessa hipótese, o empresário

(A) não poderia ter recebido a pena aplicada, pois a Constituição Federal assegura que nenhuma pena passará da pessoa do condenado, podendo a obrigação de reparar o dano e a decretação do perdimento de bens ser, nos termos da lei, estendidas aos sucessores e contra eles executadas, até o limite do valor do patrimônio transferido.

(B) poderia ter recebido a pena aplicada, pois a Constituição Federal considera crimes inafiançáveis e insuscetíveis de graça ou anistia os definidos como crimes hediondos.

(C) não poderia ter recebido a pena aplicada, pois a Constituição Federal assegura que a lei penal não retroagirá, salvo para beneficiar o réu.

(D) poderia ter recebido a pena aplicada, pois a Constituição Federal estabelece que a lei regulará a individualização da pena e adotará, entre outras, a de privação ou restrição da liberdade.

(E) não poderia sequer ter sido condenado, em razão de a Constituição Federal assegurar que a lei não preju-

---

dicará o direito adquirido, o ato jurídico perfeito e a coisa julgada.

A nova legislação dobrou a pena do crime de corrupção e o considerou como hediondo e inafiançável, sendo, portanto, prejudicial ao réu. O art. 5º, XL, da Constituição Federal consagra o princípio da irretroatividade da lei penal maléfica. Logo, o empresário não poderia ter recebido a pena aplicada, pois a Constituição Federal assegura que a lei penal não retroagirá, salvo para beneficiar o réu. AN

Gabarito "C."

(Técnico – TJ/MA – FCC – 2019) Uma conceituada jornalista publicou nota, em jornal de grande circulação, afirmando que uma famosa atriz deixou de estrear um programa de televisão por estar acima do peso, conforme um importante executivo da emissora de TV teria revelado à repórter, em sigilo. Inconformada, a atriz processou a jornalista, exigindo que ela esclarecesse onde havia obtido a informação.

Considerando o pedido da atriz na ação judicial, e com base no que dispõe a Constituição Federal, a jornalista

(A) deverá ser obrigada a atendê-lo, em razão de a Constituição Federal assegurar a todos o acesso à informação.

(B) deverá ser obrigada a atendê-lo, em função de a Constituição Federal estabelecer que é livre a manifestação do pensamento, sendo vedado o anonimato.

(C) não será obrigada a atendê-lo, tendo em vista que a Constituição Federal estabelece que é livre a expressão da atividade intelectual, artística, científica e de comunicação, independentemente de censura ou licença.

(D) não será obrigada a atendê-lo, pois a Constituição Federal estabelece que é inviolável a liberdade de consciência e de crença, devendo a ofendida pleitear o direito de resposta, proporcional ao agravo.

(E) não será obrigada a atendê-lo, pois a Constituição Federal resguarda o sigilo da fonte, quando necessário ao exercício profissional.

Segundo o inciso XIV do art. 5º da Constituição Federal, é assegurado a todos o acesso à informação e resguardado o sigilo da fonte, quando necessário ao exercício profissional. Assim, considerando o pedido da atriz na ação judicial, a jornalista não será obrigada a atendê-lo, pois a Constituição Federal resguarda o sigilo da fonte, quando necessário ao exercício profissional. AN

Gabarito "E."

Considere as seguintes situações:

I. Cidadão propõe ação popular visando à anulação de ato lesivo ao patrimônio público.

II. Trabalhador ingressa com mandado de segurança individual para proteger direito líquido e certo de que é titular, não amparado *por habeas corpus* ou *habeas data*, indicando autoridade pública como responsável pela ilegalidade.

(Técnico – TJ/MA – FCC – 2019) À luz das normas constitucionais aplicáveis às respectivas ações,

(A) tanto o cidadão quanto o trabalhador poderiam ter ajuizado as respectivas ações.

(B) o trabalhador não poderia ter ingressado com o mandado de segurança, pois a ação deveria ter sido proposta por organização sindical, entidade de classe ou associação legalmente constituída e em funcionamento há pelo menos um ano.

(C) o cidadão não poderia ter proposto a ação popular individualmente, pois seria necessária a subscrição de, no mínimo, um por cento do eleitorado nacional, distribuído pelo menos por cinco Estados, com não menos de três décimos por cento dos eleitores de cada um deles.

(D) o trabalhador não poderia ter ingressado com o mandado de segurança contra autoridade pública, haja vista que a referida ação somente poderia ter como coator agente de pessoa jurídica no exercício de atribuições do Poder Público.

(E) o cidadão não poderia ter ingressado com a ação popular, pois a legitimidade é exclusiva do Ministério Público.

A Constituição prevê que qualquer cidadão é parte legítima para propor ação popular que vise a anular ato lesivo ao patrimônio público ou de entidade de que o Estado participe, à moralidade administrativa, ao meio ambiente e ao patrimônio histórico e cultural, ficando o autor, salvo comprovada má-fé, isento de custas judiciais e do ônus da sucumbência (art. 5º, LXXIII). Estabelece também que conceder-se-á mandado de segurança para proteger direito líquido e certo, não amparado por *habeas corpus* ou *habeas data*, quando o responsável pela ilegalidade ou abuso de poder for autoridade pública ou agente de pessoa jurídica no exercício de atribuições do Poder Público (art. 5º, LXIX, da CF). Logo, tanto o cidadão quanto o trabalhador poderiam ter ajuizado as respectivas ações. **AN**
Gabarito "A".

(Técnico – MPE/CE – CESPE – 2020) Acerca de direitos e garantias fundamentais, julgue os itens a seguir.

(1) Se, com o intuito de eximir-se de obrigação legal a todos imposta, uma pessoa se recusar a cumprir prestação alternativa, invocando convicção filosófica e política ou crença religiosa, os direitos associados a tais convicções poderão ser restringidos.

(2) Brasileiro naturalizado pode ocupar o cargo de presidente da Câmara dos Deputados.

(3) A honra e a imagem das pessoas são invioláveis, sendo assegurado o direito de reparação por dano material ou moral em caso de violação.

(4) Os analfabetos não podem registrar-se como eleitores.

1: certo, pois a Constituição estabelece que ninguém será privado de direitos por motivo de crença religiosa ou de convicção filosófica ou política, <u>salvo se as invocar para eximir-se de obrigação legal a todos imposta e recusar-se a cumprir prestação alternativa</u>, fixada em lei (art. 5º, inciso VIII, da CF); **2:** errado, visto que o cargo de Presidente da Câmara dos Deputados é privativo de brasileiro nato (art. 12, § 3º, II, da CF); **3:** certo, de acordo com o art. 5º, inciso X, da CF; **4:** errado, já que o alistamento eleitoral e o voto são **facultativos** para os analfabetos (art. 14, § 1º, II, "a", da CF). **AN**
Gabarito 1C, 2E, 3C, 4E

(Técnico – TRF/4 – FCC – 2019) Considere:

I. Seguro-desemprego, em caso de desemprego voluntário ou involuntário.

II. Irredutibilidade do salário, salvo o disposto em convenção ou acordo coletivo.

III. Gozo de férias anuais remuneradas com, pelo menos, um terço a mais do que o salário normal.

IV. Aviso prévio proporcional ao tempo de serviço, sendo no máximo de trinta dias, nos termos da lei.

Em conformidade com a Constituição Federal, são direitos dos trabalhadores urbanos e rurais, além de outros que visem à melhoria de sua condição social, aqueles contidos em

(A) III e IV, apenas.
(B) I, II, III e IV.
(C) I e IV, apenas.
(D) I e II, apenas.
(E) II e III, apenas.

I: incorreta, pois o seguro-desemprego é apenas em caso de desemprego **involuntário** (art. 7º, II, da CF); **II:** correta, nos termos do art. 7º, VI, da CF; **III:** correta, nos termos do art. 7º, XVII, da CF; **IV:** incorreta, pois o aviso prévio proporcional ao tempo de serviço é de **no mínimo** de trinta dias (art. 7º, XXI, da CF). **AN**
Gabarito "E".

(Técnico – TRF/4 – FCC – 2019) Adão desmaiou no jardim de sua casa no momento em que Adelina transitava na frente do imóvel. A pedestre então empurrou o portão e adentrou o imóvel, durante a noite, para prestar socorro a Adão. De acordo com a Constituição Federal, Adelina

(A) não agiu corretamente, pois não podia ter entrado no imóvel de Adão, já que a casa é asilo inviolável do indivíduo, ninguém nela podendo penetrar sem consentimento do morador.

(B) agiu corretamente, pois podia ter penetrado no imóvel de Adão, já que o fez para lhe prestar socorro.

(C) não agiu corretamente, pois podia ter entrado no imóvel de Adão apenas no caso de flagrante delito, já que a casa é asilo inviolável do indivíduo, ninguém nela podendo penetrar sem consentimento do morador.

(D) agiu corretamente, pois é permitida a penetração no imóvel de Adão sem o seu consentimento apenas para prestar socorro e por determinação judicial em qualquer horário, seja durante o dia ou à noite.

(E) não agiu corretamente, pois podia ter entrado no imóvel de Adão apenas com a sua permissão ou, durante o dia, por determinação judicial, já que a casa é asilo inviolável do indivíduo, ninguém nela podendo penetrar sem consentimento do morador.

De acordo com o inciso XI do art. 5º da Constituição, a casa é asilo inviolável do indivíduo, ninguém nela podendo penetrar sem consentimento do morador, salvo em caso de flagrante delito ou desastre, ou para prestar socorro, ou, durante o dia, por determinação judicial. Logo, Adelina agiu corretamente, pois podia ter penetrado no imóvel de Adão, já que o fez para lhe prestar socorro. **AN**
Gabarito "B".

(Técnico – TRT1 – 2018 – AOCP) As associações profissionais ou sindicais são importantes instrumentos de defesa dos direitos dos trabalhadores que fazem parte da competência do Tribunal Regional do Trabalho. Acerca das previsões constitucionais sobre as associações profissionais ou sindicais, assinale a alternativa correta.

(A) A criação de mais de uma organização sindical representativa de categoria profissional ou econômica é vedada na mesma base territorial, a qual será definida pelos trabalhadores ou empregadores interessados, não podendo ser inferior à área do Estado.

(B) Ao sindicato é vedada a defesa de direitos e interesses individuais.

(C) É vedada a dispensa do empregado sindicalizado a partir do registro da candidatura a cargo de direção ou representação sindical e, se eleito, ainda que suplente, até um ano após o final do mandato, salvo se cometer falta grave nos termos da lei.

(D) Nas empresas com mais de cinquenta empregados, é assegurada a eleição de um representante destes com a finalidade exclusiva de promover-lhes o entendimento direto com os empregadores.

(E) É assegurado o direito de greve, competindo à diretoria do sindicato da categoria decidir sobre a oportunidade de exercê-lo e sobre os interesses que devam por meio dele defender.

A: incorreta, pois é vedada a criação de mais de uma organização sindical, em qualquer grau, representativa de categoria profissional ou econômica, na mesma base territorial, que será definida pelos trabalhadores ou empregadores interessados, não podendo ser inferior à área de um **Município** (art. 8°, II, da CF); **B:** incorreta, dado que ao sindicato cabe a defesa dos direitos e interesses coletivos ou individuais da categoria, inclusive em questões judiciais ou administrativas (art. 8°, III, da CF); **C:** correta, nos termos do art. 8°, VIII, da CF; **D:** incorreta, porque, nas empresas com **mais de duzentos** empregados, é assegurada a eleição de um representante destes com a finalidade exclusiva de promover-lhes o entendimento direto com os empregadores (art. 11 da CF); **E:** incorreta, porque é assegurado o direito de greve, competindo aos **trabalhadores** decidir sobre a oportunidade de exercê-lo e sobre os interesses que devam por meio dele defender (art. 9°, caput, da CF). **AN**
Gabarito "C".

(Técnico – TRT1 – 2018 – AOCP) Informe se é verdadeiro (V) ou falso (F) o que se afirma a seguir e assinale a alternativa com a sequência correta.

( ) É direito dos trabalhadores urbanos e rurais, além de outros que visem à melhoria de sua condição social, seguro-desemprego, em caso de desemprego, ainda que voluntário.

( ) São direitos sociais: a educação, a saúde, a alimentação, o trabalho, a moradia, o transporte, o lazer, a segurança, a previdência social, a proteção à maternidade e à infância, a assistência aos desamparados, na forma da Constituição.

( ) Um dos direitos sociais garantidos no texto constitucional é a igualdade de direitos entre o trabalhador com vínculo empregatício permanente e o trabalhador avulso.

( ) De acordo com a Constituição Federal, é direito dos trabalhadores, urbanos e rurais, jornada de oito horas para o trabalho realizado em turnos ininterruptos de revezamento, salvo negociação coletiva.

(A) F – V – F – V.
(B) F – F – V – V.
(C) F – V – F – F.
(D) V – F – V – F.
(E) F – V – V – F.

I: falso, pois é direito dos trabalhadores urbanos e rurais o seguro-desemprego, em caso de desemprego **involuntário** (art. 7°, II, da CF); **II:** verdadeiro, nos termos do art. 6° da CF; **III:** verdadeiro, nos termos do art. 7°, XXXIV, da CF; **IV:** falso, porque é direito dos trabalhadores urbanos e rurais a jornada de **seis horas** para o trabalho realizado em turnos ininterruptos de revezamento, salvo negociação coletiva (art. 7°, XIV, da CF). **AN**
Gabarito "E".

(Técnico – TJ/AL – 2018 – FGV) Pedro ajuizou uma ação em face de João e se saiu vitorioso, sendo-lhe atribuído certo bem. Anos depois, quando já não mais era cabível qualquer recurso, ação ou impugnação contra a decisão do Poder Judiciário, foi editada uma lei cuja aplicação faria com que o bem fosse atribuído a João.

À luz da sistemática constitucional, o referido bem deve:

(A) permanecer com Pedro, por força da garantia do ato jurídico perfeito;

(B) ser transferido a João, com a base no princípio da eficácia imediata da lei;

(C) permanecer com Pedro, por força da garantia do direito adquirido;

(D) ser transferido a João, salvo se a lei estabelecer regra de transição;

(E) permanecer com Pedro, por força da garantia da coisa julgada.

A: incorreta, pois ato jurídico perfeito é aquele já consumado segundo a lei vigente ao tempo em que se efetuou (art. 6°, § 1°, da LINDB), hipótese que não se amolda ao enunciado da questão; **B** e **D:** incorretas, porque a lei não prejudicará o direito adquirido, o ato jurídico perfeito e a coisa julgada (art. 5°, XXXVI, da CF e art. 6° da LINDB), de modo que o bem não pode ser transferido a João; **C:** incorreta, pois direito adquirido é aquele que o seu titular, ou alguém por ele, possa exercer, como aquele cujo começo do exercício tenha termo prefixo, ou condição preestabelecida inalterável, a arbítrio de outrem (art. 6°, § 2°, da LINDB), hipótese que não se amolda ao enunciado da questão; **E:** correta, uma vez que coisa julgada é a decisão judicial de que já não caiba recurso (art. 6°, § 3°, da LINDB), motivo pelo qual o referido bem deve permanecer com Pedro. **AN**
Gabarito "E".

(Técnico – TJ/AL – 2018 – FGV) Pedro recebeu notificação da associação de moradores da localidade em que reside fixando o prazo de 15 (quinze) dias para que ele apresentasse os documentos necessários à sua inscrição na referida associação. Ultrapassado esse prazo, Pedro, segundo a notificação, incorreria em multa diária e seria tacitamente inscrito.

À luz da sistemática constitucional, Pedro:

(A) está obrigado a atender à notificação, o que decorre do princípio fundamental da ideologia participativa;

(B) somente está obrigado a se associar caso a notificação seja judicial;

(C) pode ignorar a notificação, pois ninguém é obrigado a associar-se contra a sua vontade;

(D) está obrigado a atender à notificação, mas só precisa permanecer associado por um ano;

(E) está obrigado a atender à notificação enquanto o Poder Judiciário não o dispensar dessa obrigação.

Segundo o inciso XX do art. 5° da Constituição, ninguém poderá ser compelido a associar-se ou a permanecer associado. Logo, Pedro pode ignorar a notificação, pois ninguém é obrigado a associar-se contra a sua vontade. **AN**
Gabarito "C".

(Técnico – TRT/15 – FCC – 2018) A Constituição Federal, ao disciplinar o direito fundamental à propriedade, ao mesmo tempo estabelece mecanismos de proteção, e enumera algumas situações de intervenção do Estado na propriedade privada, regime esse que compreende a regra segundo a qual

(A) aos autores pertence o privilégio temporário para utilização de sua obra, transmissível aos herdeiros, pelo tempo que a lei complementar fixar.

(B) a autoridade competente poderá utilizar, no caso de perigo público iminente, a propriedade particular, assegurado, nessa hipótese, direito à prévia indenização, em dinheiro.

(C) a desapropriação poderá ocorrer por necessidade, utilidade pública ou por interesse social, tendo como requisito constitucional inafastável a ulterior indenização em dinheiro.

(D) o direito de herança é garantido, sendo que a sucessão de estrangeiros situados no país será regulada pela lei brasileira em benefício do cônjuge ou dos filhos brasileiros, sempre que não lhes seja mais favorável a lei pessoal do *de cujus*.

(E) a lei assegurará aos autores de inventos industriais o direito exclusivo de sua utilização, publicação ou reprodução, bem como proteção às criações industriais, à propriedade das marcas, aos nomes de empresas, imagem, moral e voz humanas e a outros signos distintivos, tendo em vista a função social e o desenvolvimento tecnológico e econômico do País.

A: incorreta, já que aos autores pertence o **direito exclusivo** de utilização, publicação ou reprodução de suas obras, transmissível aos herdeiros pelo tempo que a **lei** fixar (art. 5º, XXVII, da CF); **B:** incorreta, porque, no caso de iminente perigo público, a autoridade competente poderá usar de propriedade particular, assegurada ao proprietário **indenização ulterior**, se houver dano (art. 5º, XXV, da CF); **C:** incorreta, pois a desapropriação poderá ocorrer por necessidade ou utilidade pública, ou por interesse social, mediante justa e **prévia indenização** em dinheiro, ressalvados os casos previstos na Constituição (art. 5º, XXIV, da CF); **D:** correta, nos termos do art. 5º, incisos XXX e XXXI, da CF; **E:** incorreta, visto que a lei assegurará aos autores de inventos industriais **privilégio temporário para sua utilização**, bem como proteção às criações industriais, à propriedade das marcas, aos nomes de empresas e a outros signos distintivos, tendo em vista o **interesse social** e o desenvolvimento tecnológico e econômico do País (art. 5º, XXIX, da CF). **AN**
„Gabarito "D".

(Escrevente – TJ/SP – 2018 – VUNESP) De acordo com texto expresso na Constituição da República Federativa do Brasil (CRFB/88), é correto afirmar que a lei

(A) assegurará aos autores de inventos industriais privilégio permanente para sua utilização.

(B) penal sempre retroagirá, seja para beneficiar ou não o réu.

(C) regulará a individualização da pena e adotará, entre outras, a perda de bens.

(D) poderá excluir da apreciação do Poder Judiciário lesão ou ameaça a direito.

(E) deverá punir ato atentatório a liberdades com penas restritivas de direito.

A: incorreta, pois a lei assegurará aos autores de inventos industriais privilégio **temporário** para sua utilização (art. 5º, XXIX, da CF); **B:** incorreta, visto que a lei penal não retroagirá, salvo para beneficiar o réu (art. 5º, XL, da CF); **C:** correta, de acordo com o art. 5º, XLVI, *b*,

da CF; **D:** incorreta, já que a lei não excluirá da apreciação do Poder Judiciário lesão ou ameaça a direito (art. 5º, XXXV, da CF); **E:** incorreta, uma vez que a lei punirá qualquer discriminação atentatória dos direitos e liberdades fundamentais (art. 5º, XLI, da CF). **AN**
„Gabarito "C".

(Escrevente – TJ/SP – 2018 – VUNESP) Salvo em caso de guerra declarada, nos termos expressos da Constituição da República Federativa do Brasil (CRFB/88), não haverá pena

(A) de morte.

(B) de banimento.

(C) de caráter perpétuo.

(D) de trabalhos forçados.

(E) de expulsão.

Segundo o art. 5º, XLVII, *a*, da CF, não haverá pena de morte, salvo em caso de guerra declarada. **AN**
„Gabarito "A".

(Escrevente – TJ/SP – 2018 – VUNESP) Conforme dispõe expressamente o texto constitucional, são gratuitas as ações de

(A) mandado de segurança e mandado de segurança coletivo.

(B) mandado de segurança e habeas corpus.

(C) mandado de segurança e habeas data.

(D) habeas corpus e mandado de injunção.

(E) habeas corpus e habeas data.

De acordo com o art. 5º, LXXVII, da CF, são gratuitas as ações de *habeas corpus* e *habeas data*. **AN**
„Gabarito "E".

(Escrevente – TJ/SP – 2018 – VUNESP) Em relação à Ação Popular, é correto afirmar que

(A) haverá pagamento de custas pelo autor no caso de nova ação.

(B) serão devidas as custas, desde que comprovada a má-fé do autor.

(C) a improcedência por carência de provas evidencia a má-fé do autor da ação popular.

(D) a improcedência torna devidos os honorários de sucumbência.

(E) serão devidas as custas judiciais e ônus de sucumbência.

De acordo com o art. 5º, LXXIII, da CF, qualquer cidadão é parte legítima para propor ação popular que vise a anular ato lesivo ao patrimônio público ou de entidade de que o Estado participe, à moralidade administrativa, ao meio ambiente ou ao patrimônio histórico e cultural, ficando o autor, **salvo comprovada má-fé**, isento de custas judiciais e do ônus da sucumbência. **AN**
„Gabarito "B".

(Escrevente – TJ/SP – 2018 – VUNESP) São assegurados, nos termos da Constituição da República Federativa do Brasil, (CRFB/88) à categoria dos trabalhadores domésticos os seguintes direitos:

(A) proteção em face da automação, na forma da lei.

(B) reconhecimento das convenções e acordos coletivos de trabalho.

(C) jornada de seis horas para trabalho realizado em turnos ininterruptos de revezamento.

(D) participação nos lucros, ou resultados, desvinculada da remuneração, conforme definido em lei.

(E) piso salarial proporcional à extensão e à complexidade do trabalho.

A: incorreta, pois a proteção em face da automação não é um direito assegurado aos trabalhadores domésticos (art. 7º, parágrafo único c/c inciso XXVII, da CF); **B:** correta, conforme art. 7º, parágrafo único combinado com o inciso XXVI, da CF; **C:** incorreta, pois a jornada de seis horas para o trabalho realizado em turnos ininterruptos de revezamento não é um direito assegurado aos trabalhadores domésticos (art. 7º, parágrafo único c/c inciso XIV, da CF); **D:** incorreta, pois a participação nos lucros, ou resultados, desvinculada da remuneração não é um direito assegurado aos trabalhadores domésticos (art. 7º, parágrafo único c/c inciso XI, da CF); **E:** incorreta, pois o piso salarial proporcional à extensão e à complexidade do trabalho não é um direito assegurado aos trabalhadores domésticos (art. 7º, parágrafo único c/c inciso V, da CF). **AN**

Gabarito "B".

(Escrevente Técnico Judiciário – TJSP – VUNESP – 2017) Sempre que a falta de norma regulamentadora torne inviável o exercício dos direitos e liberdades constitucionais, conceder-se-á

(A) mandado de injunção.

(B) mandado de segurança coletivo.

(C) mandado de segurança.

(D) ação de descumprimento de preceito fundamental.

(E) *habeas data.*

A: Correta. Art. 5º, LXXI da Constituição Federal. **B** e **C:**Errada. O mandado de segurança individual e o coletivo serão cabíveis para proteger direito líquido e certo, não amparado por habeas corpus ou habeas data, quando o responsável pela ilegalidade ou abuso de poder for autoridade pública ou agente de pessoa jurídica no exercício de atribuições do poder público. Especificamente quanto ao mandado de segurança coletivo, serão legitimados à sua propositura: i) partido político com representação no Congresso Nacional; ou ii) organização sindical, entidade de classe ou associação legalmente constituída e em funcionamento há pelo menos um ano, em defesa dos interesses de seus membros ou associados. Tudo isso, nos termos do art. 5º, incisos LXIX e LXX da Constituição Federal. **D:** Errada. A ADPF tem por objetivo verificar se uma lei ou ato normativo viola um preceito fundamental previsto na Constituição. Tal ação surgiu com a finalidade de complementar o sistema de controle já existente. É cabível quando uma lei ou ato normativo federal, estadual, municipal e ainda norma pré-constitucional, ou seja, normas editadas antes da vigência da constituição, violem preceitos fundamentais. Está prevista no art. 102, § 1º, da CF e possui regramento infraconstitucional próprio (Lei 9.882/1999). **E:** Errada. O *habeas data* é um remédio constitucional previsto no art. 5º, inc. LXXII. Visa assegurar o conhecimento de informações relativas à pessoa do impetrante, constantes de registros ou bancos de dados de entidades governamentais ou de caráter público, e ainda para a retificação de dados, quando não se prefira fazê-lo por processo sigiloso, judicial ou administrativo. **TC**

Gabarito "A".

(Técnico Judiciário – TRE/PE – CESPE – 2017) A respeito dos direitos e deveres individuais e coletivos, assinale a opção correta.

(A) É livre a manifestação do pensamento, seja ela exercida por pessoa conhecida ou por pessoa anônima.

(B) Ninguém pode fazer ou deixar de fazer alguma coisa senão em virtude de lei.

(C) Todos poderão reunir-se pacificamente, em locais abertos ao público, desde que haja prévia autorização do poder público.

(D) É plena a liberdade de associação para fins lícitos, inclusa a de caráter paramilitar.

(E) A expressão de atividade artística é livre, não estando sujeita a censura ou licença.

A: incorreta. De acordo com o art. 5º, IV, da CF, a manifestação do pensamento, de fato, é livre, mas o anonimato é proibido; **B:** incorreta. Determina o art. 5º,II, da CF justamente o contrário, segundo o dispositivo mencionado, ninguém será obrigado a fazer ou deixar de fazer alguma coisa senão em virtude de lei. Quem só pode fazer o que a lei determina ou autoriza é a Administração Pública; **C:** incorreta. Não é necessária essa autorização, basta a prévia comunicação. Determina o art. 5º, XVI, da CF que todos podem reunir-se pacificamente, sem armas, em locais abertos ao público, independentemente de autorização, desde que não frustrem outra reunião anteriormente convocada para o mesmo local, sendo apenas exigido prévio aviso à autoridade competente; **D:** incorreta. A associação de caráter paramilitar é proibida. De acordo com o art. 5º, XVII, da CF, é plena a liberdade de associação para fins lícitos, vedada a de caráter paramilitar; **E:** correta. É exatamente o que determina o inciso IX do art. 5º da CF. Sendo assim, é livre a expressão da atividade intelectual, artística, científica e de comunicação, independentemente de censura ou licença. **TC**

Gabarito "E".

(Técnico Judiciário – TRE/SP – FCC – 2017) Seria incompatível com as normas constitucionais garantidoras de direitos e garantias fundamentais

(A) o estabelecimento de restrições, por lei, à entrada ou permanência de pessoas com seus bens no território nacional.

(B) a reunião pacífica, sem armas, em local aberto ao público, independentemente de autorização, mediante aviso prévio à autoridade competente.

(C) a suspensão das atividades de associação por decisão judicial não transitada em julgado.

(D) a interceptação de comunicações telefônicas, para fins de investigação criminal, por determinação da autoridade policial competente.

(E) a entrada na casa, sem consentimento do morador, em caso de flagrante delito, durante a noite.

A: incorreta. Determina o inciso XV do art. 5º da CF que é livre a locomoção no território nacional em tempo de paz, podendo qualquer pessoa, nos termos da lei, nele entrar, permanecer ou dele sair com seus bens; **B:** incorreta. O inciso XVI do art. 5º da CF determina que todos podem reunir-se pacificamente, sem armas, em locais abertos ao público, independentemente de autorização, desde que não frustrem outra reunião anteriormente convocada para o mesmo local, sendo apenas exigido prévio aviso à autoridade competente; **C:** incorreta. De acordo com o art. 5º, XIX, da CF, as associações só poderão ser compulsoriamente dissolvidas ou ter suas atividades suspensas por decisão judicial, exigindo-se, no primeiro caso, o trânsito em julgado; **D:** correta. A interceptação de comunicações telefônicas só pode ser realizada por ordem judicial. Determina o inciso XII do art. 5º da CF que é inviolável o sigilo da correspondência e das comunicações telegráficas, de dados e das comunicações telefônicas, salvo, no último caso, por ordem judicial, nas hipóteses e na forma que a lei estabelecer para fins de investigação criminal ou instrução processual penal; **E:** incorreta. Em caso de flagrante delito a entrada na casa pode ocorrer em qualquer horário. De acordo com o art. 5º, XI, da CF, a casa é asilo inviolável do indivíduo, ninguém nela podendo penetrar sem consentimento do morador, salvo em caso de flagrante delito ou desastre, ou para prestar socorro, ou, durante o dia, por determinação judicial. **TC**

Gabarito "D".

(Escrevente Técnico Judiciário – TJSP – VUNESP – 2017) É direito constitucional dos trabalhadores urbanos e rurais:

(A) assistência gratuita aos filhos e dependentes desde o nascimento até os 06 (seis) anos de idade em creches e pré-escolas.

(B) licença à gestante, sem prejuízo do emprego e do salário, com a duração de cento e oitenta dias.

(C) aviso-prévio proporcional ao tempo de serviço, no máximo de trinta dias, nos termos da lei.

(D) seguro contra acidentes de trabalho, a cargo do empregador, sem excluir a indenização a que este está obrigado quando incorrer em dolo ou culpa.

(E) remuneração do serviço extraordinário superior em, no mínimo, trinta por cento à do serviço normal.

A: Errada. O art. 7°, inc. XXV da CF institui como direito aos trabalhadores urbanos e rurais a assistência até os 5 (cinco) anos de idade aos filhos e dependentes e não até os 6 (seis) conforme aduzido no enunciado. **B:** Errada. O art. 7°, inc. XVIII da CF estabelece que a licença será de 120 (cento e vinte) dias e não 180 (dias). **C:** Errada. O art. 7°, inc. XXI da CF estabelece que o aviso-prévio proporcional será de no mínimo 30 (trinta) dias e não no máximo 30 (trinta) dias. **D:** Correta, nos termos do art. 7°, inc. XXVIII da CF. **E:** Errada. O art. 7°, inc. XVI estabelece que a remuneração do serviço extraordinário será superior em, no mínimo, cinquenta por cento a do serviço normal, e não trinta por cento.🆃🄲

Gabarito "D".

(Técnico Judiciário – TRE/SP – FCC – 2017) Os direitos ao décimo terceiro salário com base na remuneração integral ou no valor da aposentadoria, à remuneração do serviço extraordinário superior, no mínimo, em cinquenta por cento à do normal e à redução dos riscos inerentes ao trabalho, por meio de normas de saúde, higiene e segurança, são todos assegurados, na Constituição Federal, aos

(A) trabalhadores urbanos e rurais, mas não aos domésticos, nem aos servidores ocupantes de cargo público.

(B) trabalhadores urbanos e rurais, bem como aos domésticos e aos servidores ocupantes de cargo público.

(C) trabalhadores urbanos e rurais, bem como aos domésticos, mas não aos servidores ocupantes de cargo público.

(D) trabalhadores domésticos, mas não aos urbanos e rurais, nem aos servidores ocupantes de cargo público.

(E) servidores ocupantes de cargo público, mas não aos trabalhadores urbanos e rurais, nem aos domésticos.

Art. 7° inc. VIII, XVI, XXII da CF. A garantia dos direitos aos trabalhadores urbanos e rurais estampados no enunciado, são também assegurados aos domésticos (Parágrafo Único do art. 7° da CF) e aos servidores ocupantes de cargo público (art. 39, § 3°, da CF). 🆃🄲

Gabarito "B".

(Técnico Judiciário – TRE/SP – FCC – 2017) Seria incompatível com a Constituição Federal a constituição de associação sindical

(A) por servidores públicos civis.

(B) em base territorial compreendendo a área de dois Municípios.

(C) que outorgasse a aposentados filiados o direito de votarem e de serem votados.

(D) cuja Assembleia Geral fixasse contribuição, exigível de seus filiados, para custeio do sistema confederativo

de representação sindical respectiva, independentemente da contribuição prevista em lei.

(E) que estabelecesse a filiação automática de trabalhadores da categoria que representa, quando de sua contratação por empresa sediada em sua base territorial.

O art. 8° da CF estabelece ser livre a associação profissional ou sindical. O inciso V do mesmo art. 8° garante que ninguém será obrigado a filiar-se ou manter filiado à sindicato, de modo que a alternativa "e" seria incompatível já que a filiação automática infringiria referido dispositivo legal. 🆃🄲

Gabarito "E".

(Técnico Judiciário – TRE/PI – CESPE – 2016) A respeito dos princípios fundamentais da Constituição Federal de 1988 (CF), assinale a opção correta.

(A) A soberania nacional pressupõe a soberania das normas internas fixadas pela CF sobre os atos normativos das organizações internacionais nas situações em que houver conflito entre ambos.

(B) A dignidade da pessoa humana não representa, formalmente, um fundamento da República Federativa do Brasil.

(C) Os valores sociais do trabalho e da livre-iniciativa visam proteger o trabalho exercido por qualquer pessoa, desde que com finalidade lucrativa.

(D) Em decorrência do pluralismo político, é dever de todo cidadão tolerar as diferentes ideologias político-partidárias, ainda que, na manifestação dessas ideologias, haja conteúdo de discriminação racial.

(E) A forma federativa do Estado pressupõe a repartição de competências entre os entes federados, que são dotados de capacidade de auto-organização e de autolegislação.

A: Apesar da banca examinadora ter considerada a alternativa como incorreta, entendemos que o enunciado condiz de maneira adequada ao conceito de soberania nacional. **B:** Errada. A dignidade da pessoa humana é um fundamento expresso previsto na CF, nos termos do art. 1°, inc. III da CF. **C:** Errada. O texto constitucional não faz restrição quanto à finalidade lucrativa, nos termos do art. 1°, inc. IV da CF. **D:** Errada, ainda que haja expressa previsão de que o pluralismo político seja um dos fundamentos da República (art. 1°, inc. V da CF), o Texto Constitucional, em complemento, prevê como objetivo fundamental da República o combate à qualquer forma de discriminação (art. 3°, inc. IV da CF). **E:** Correta. A forma federativa do Estado pressupõe a repartição de competências, garantindo autonomia de gestão, governo, legislação e organização. 🆃🄲

Gabarito "E".

(Técnico Judiciário – TRE/PI – CESPE – 2016) A respeito dos direitos e das garantias fundamentais, assinale a opção correta.

(A) Os direitos sociais, econômicos e culturais são, atualmente, classificados como direitos fundamentais de terceira geração.

(B) O direito ao meio ambiente equilibrado e o direito à autodeterminação dos povos são exemplos de direitos classificados como de segunda geração.

(C) A comissão parlamentar de inquérito tem autonomia para determinar a busca e a apreensão em domicílio alheio, com o objetivo de coletar provas que interessem ao poder público.

(D) A entrada em domicílio, sem o consentimento do morador, é permitida durante o dia e a noite, desde que haja autorização judicial.

(E) A doutrina moderna classifica os direitos civis e políticos como direitos fundamentais de primeira geração.

A: Errada. Os direitos sociais, econômicos e culturais são direitos de segunda geração. **B:** Errada. O direito ao meio ambiente equilibrado e o direito à autodeterminação dos povos são exemplos de direitos de terceira geração. **C:** Errada. A busca e apreensão só pode ser realizada mediante autorização judicial. **D:** Errada. A casa é asilo inviolável. A entrada sem consentimento do morador só será permitido nas hipóteses de flagrante delito ou desastre, ou para prestar socorro. Caso haja decisão judicial que permita, só poderá ser feito durante o dia (art. 5º, inc. XI da CF).[TC]

Gabarito "E".

(Técnico Judiciário – TRT24 – FCC – 2017) Framboesa pretende criar a associação "X" e Ludmila pretende criar a cooperativa "S". Consultando a Constituição Federal, elas verificaram que

(A) a criação de associações e, na forma da lei, a de cooperativas, independem de autorização, sendo vedada a interferência estatal em seu funcionamento.

(B) a criação de associações e, na forma da lei, a de cooperativas, dependem de autorização, mas é vedada a interferência estatal em seu funcionamento.

(C) somente a criação de associações depende de autorização, sendo, inclusive, permitida a interferência estatal em seu funcionamento.

(D) somente a criação de associações depende de autorização, sendo, porém, vedada a interferência estatal em seu funcionamento.

(E) somente a criação de cooperativa depende de autorização, sendo, porém, vedada a interferência estatal em seu funcionamento.

Art. 5º, inc. XVIII, da CF.[TC]

Gabarito "A".

(Técnico Judiciário – TRT24 – FCC – 2017) A Constituição Federal prevê, expressamente, dentre os direitos sociais, que é direito dos trabalhadores urbanos e rurais, a

(A) redução do salário proporcional a diminuição do trabalho limitada em 10%.

(B) redução do salário proporcional a diminuição do trabalho limitada em 30%.

(C) redução do salário proporcional a diminuição do trabalho limitada em 15%.

(D) irredutibilidade do salário, salvo o disposto em acordo coletivo, sendo vedada a convenção coletiva estipular qualquer tipo de redução salarial.

(E) irredutibilidade do salário, salvo o disposto em convenção ou acordo coletivo.

A Constituição prevê como direito do trabalhador urbano e rural a irredutibilidade do salário, salvo quando houver convenção ou acordo coletivo (art. 7º, inc. VI, da CF).[TC]

Gabarito "E".

(Técnico Judiciário – TRT8 – CESPE – 2016) Assinale a opção correta com relação aos direitos e deveres individuais e coletivos assegurados e garantidos pela CF.

(A) É absolutamente proibida a aplicação de pena de morte ou de prisão perpétua em todo o território nacional e a qualquer tempo.

(B) Diferentemente do direito de propriedade, o direito de herança não é garantido pelas normas constitucionais.

(C) É dever do Estado promover a defesa dos direitos do consumidor na forma da lei.

(D) O *habeas data* é o instituto adequado para a garantia da liberdade de acusados de prática criminal se não configurado flagrante delito.

(E) É vedada a concessão de asilo político para nacionais de Estados com os quais o Brasil tenha relação diplomática.

A: Errada. A CF prevê exceção à pena de morte, como no caso de guerra declarada (art. 5º, inc. XLVII, alínea "a" da CF). **B:** Errada. O direito à herança é garantido pelo Texto Constitucional (art. 5º, inc. XXX, da CF). **C:** Correta. O art. 5º, inc. XXXII estabelece que o Estado promoverá, na forma da lei, a defesa do consumidor. **D:** Errada. O enunciado trata de situação em que o remédio constitucional adequado de utilização seria o *habeas corpus* não o *habeas data*. O *habeas data* é remédio que visa garantir à pessoa do impetrante o conhecimento de informações relativas a si e para retificação de dados. **E:** Errada. O Texto Constitucional não estabelece exceção na concessão de asilo político aos Estados que possuam relação diplomática com o Brasil (art. 4º, inc. X da CF).[TC]

Gabarito "C".

(Técnico Judiciário – TRT8 – CESPE – 2016) Constitui objetivo fundamental da República Federativa do Brasil

(A) a independência nacional.

(B) a solução pacífica de conflitos.

(C) a autodeterminação dos povos.

(D) a construção de uma sociedade livre, justa e solidária.

(E) a cooperação entre os povos para o progresso da humanidade.

A, B, C e E: erradas. Os preceitos elencados nas alternativas cuidam de princípios da República e não objetivo da República. **D:** Correta. Art. 3º, inc. I, da CF.[TC]

Gabarito "D".

(Técnico Judiciário – TRT20 – FCC – 2016) O reconhecimento das convenções e acordos coletivos de trabalho

(A) está previsto na Constituição Federal de forma implícita.

(B) não está previsto na Constituição Federal, expressa ou implicitamente.

(C) está previsto expressamente na Constituição Federal no capítulo dos direitos e deveres individuais e coletivos.

(D) está previsto expressamente na Constituição Federal no capítulo dos direitos sociais.

(E) está previsto expressamente na Constituição Federal no capítulo pertinente ao Supremo Tribunal Federal.

Art. 7º, inc. XXVI, da CF.[TC]

Gabarito "D".

(Técnico Judiciário – TRT20 – FCC – 2016) Considere a seguinte situação hipotética: Raquel, Regina e Henriqueta são irmãs. Regina está sendo acusada pela prática no ano de 2015 de crime de furto qualificado, encontrando-se foragida. A polícia local, suspeitando que as irmãs estão escondendo Regina, decide fazer uma busca minuciosa da acusada. Neste caso, observando-se que Raquel reside em um barco e que Henriqueta reside em um hotel, a busca de Regina

(A) poderá ser feita tanto no barco, como no hotel, durante o dia ou à noite, desde que haja determinação judicial.

(B) poderá ser feita tanto no barco, como no hotel, em qualquer dia e em qualquer horário, uma vez que não são considerados domicílio e, sendo assim, não são invioláveis, fazendo-se necessária a determinação judicial.

(C) não poderá ser feita no hotel, uma vez que se trata de propriedade privada de terceiros, mas poderá ser feita no barco, desde que durante o dia e por determinação judicial.

(D) poderá ser feita tanto no barco, como no hotel, durante o dia ou à noite, independentemente de determinação judicial.

(E) poderá ser feita tanto no barco, como no hotel, desde que durante o dia e por determinação judicial.

O art. 70 do Código Civil estabelece que o domicílio é o lugar onde a pessoa natural estabelece sua residência com ânimo definitivo, dessa forma, havendo ânimo definitivo no barco ou no hotel, serão eles considerados domicílio. Quanto à possibilidade de se fazer buscas nesses locais, a Constituição prevê a inviolabilidade do domicílio e suas exceções, de modo que a polícia poderá realizar suas buscas desde que o faça durante o dia e por determinação judicial (art. 5º, inc. XI, da CF). **TC**
Gabarito "E".

(Técnico Judiciário – TJAM – 2013 – FGV) Os artigos 1º e 3º da Constituição estabelecem os fundamentos e os objetivos fundamentais da República Federativa do Brasil.

Assinale a alternativa que contempla, exclusivamente, previsões constantes naqueles dispositivos.

(A) Soberania, planificação econômica, cidadania, garantir o desenvolvimento nacional e construir uma sociedade livre, justa e solidária.

(B) Dignidade da pessoa humana, cidadania, erradicar a pobreza e a marginalização e reduzir as desigualdades sociais e regionais.

(C) Pluralismo político, soberania, participação do Estado no desenvolvimento econômico e concessão de asilo político.

(D) Cidadania, valores sociais do trabalho e da livre iniciativa, pluralismo político e defesa intransigente do livre-mercado.

(E) Construir uma sociedade livre, justa e solidária, dignidade da pessoa humana e progressiva adoção do socialismo de mercado.

A: incorreta. A planificação econômica não consta dos artigos mencionados; B: correta. De acordo com o art. 1º da CF/1988, os fundamentos da República Federativa do Brasil são os seguintes: I – a soberania, II – a cidadania, III – a dignidade da pessoa humana, IV – os valores sociais do trabalho e da livre iniciativa e V – o pluralismo político. Os objetivos fundamentais estão previstos no art. 3º da CF/1988 e se resumem em: I – construir uma sociedade livre, justa e solidária, II – garantir o desenvolvimento nacional, III – erradicar a pobreza e a marginalização e reduzir as desigualdades sociais e regionais e IV – promover o bem de todos, sem preconceitos de origem, raça, sexo, cor, idade e quaisquer outras formas de discriminação; C: incorreta. A participação do Estado no desenvolvimento econômico e a concessão de asilo político não fazem parte dos fundamentos, nem dos objetivos fundamentais. Conforme o art. 4º, X, da CF/1988, o asilo político é

considerado um dos princípios que regem o Brasil nas suas relações internacionais; **D:** incorreta. A defesa intransigente do livre mercado não consta dos dispositivos constitucionais citados; **E:** incorreta. A progressiva adoção do socialismo de mercado também não tem abarco nas normas mencionadas.
Gabarito "B".

(Técnico Judiciário – TJAM – 2013 – FGV) Fulano de Tal, cidadão brasileiro, integrante de uma Associação de Moradores de Bairro, tomou conhecimento de que o Prefeito de sua cidade fraudou documentos e, dessa forma, permitiu a construção de edifícios comerciais em um parque estadual.

Diante do exposto, assinale a afirmativa correta.

(A) Fulano de Tal deve impetrar mandado de segurança individual para anulação do ato lesivo.

(B) A Associação de Moradores deve impetrar mandado de segurança coletivo para anulação do ato lesivo.

(C) Fulano de Tal deve ajuizar ação popular para anulação do ato lesivo.

(D) Como as obras ainda não foram iniciadas, não existe lesão ao patrimônio público, a ser amparada por ação individual ou coletiva.

(E) A Associação de Moradores deve ajuizar ação popular coletiva para anulação do ato lesivo.

A e B: incorretas. Não é cabível impetração de mandado de segurança, seja individual (art. 5º, LXIX, da CF/1988) seja coletivo (art. 5º, LXX, da CF/1988), pois não existe a demonstração do direito líquido e certo; **C:** correta. O remédio constitucional cabível, de fato, é a ação popular. De acordo com o art. 5º, LXXIII, da CF/1988, qualquer cidadão é parte legítima para propor ação popular que vise **a anular ato lesivo ao patrimônio público** ou de entidade de que o Estado participe, à moralidade administrativa, ao meio ambiente e ao patrimônio histórico e cultural, ficando o autor, salvo comprovada má-fé, isento de custas judiciais e do ônus da sucumbência; **D:** incorreta. Conforme explica Vicente Paulo e Marcelo Alexandrino, em sua obra *Direito Constitucional Descomplicado*, 8ª edição, p. 240, "O cabimento da ação popular não exige a comprovação de efetivo dano material, pecuniário; ainda que não comprovada a efetiva ocorrência de dano material, a ilegalidade do ato já pode ser reprimida na via da ação popular. Segundo entendimento do STF, 'a lesividade decorre da ilegalidade; a ilegalidade do comportamento, por si só, causa dano' (*RT* 162/59)"; **E:** incorreta. A ação popular, como explicado, só pode ser proposta pelo cidadão, isto é, aquele que possui título de eleitor e está no exercício dos seus direitos políticos.
Gabarito "C".

(Técnico Judiciário – TJAM – 2013 – FGV) Com relação aos direitos dos trabalhadores, segundo o Art. 7º da Constituição Federal/1988, analise as afirmativas a seguir.

I. Garantia de salário-mínimo, fixado em lei, definido por regiões geoeconômicas, capaz de atender suas necessidades vitais básicas.

II. Garantia de remuneração do serviço extraordinário superior, no mínimo, em cinquenta por cento à do normal.

III. Garantia de salários e de critérios de admissão iguais, sendo vedada a discriminação por sexo, cor ou estado civil.

Assinale:

(A) se somente a afirmativa I estiver correta.

(B) se somente a afirmativa II estiver correta.

(C) se somente as afirmativas I e II estiverem corretas.

(D) se somente as afirmativas II e III estiverem corretas.

(E) se todas as afirmativas estiverem corretas.

I: incorreta. Conforme o art. 7º, IV, da CF/1988, o salário mínimo, fixado em lei, **nacionalmente unificado**, é considerado direito do trabalhador urbano e rural. Tal salário deve ser capaz de atender a necessidades vitais básicas do indivíduo e às de sua família com moradia, alimentação, educação, saúde, lazer, vestuário, higiene, transporte e previdência social. Vale lembrar que os reajustes periódicos para a preservação do poder aquisitivo do salário mínimo também são direitos garantidos constitucionalmente; **II:** correta. De acordo com o art. 7º, XVI, da CF/1988, a remuneração do serviço extraordinário deve ser superior, no mínimo, em cinquenta por cento à do normal; **III:** correta. O art. 7º, XXX, da CF/1988 determina a proibição de diferença de salários, de exercício de funções e de critério de admissão por motivo de sexo, idade, cor ou estado civil.

Gabarito "D".

(Técnico Judiciário – TJSP – 2013 – VUNESP) Assinale a alternativa que está em consonância com o texto da Constituição Federal Brasileira.

(A) As entidades associativas, quando expressamente autorizadas, têm legitimidade para representar seus filiados judicial ou extrajudicialmente.

(B) A pena será cumprida em estabelecimentos distintos, de acordo com a natureza do delito, a idade, o sexo e o grau de escolaridade do apenado.

(C) A sucessão de bens de estrangeiros situados no País será regulada pela lei brasileira em benefício do cônjuge ou dos filhos brasileiros, sempre que não lhes seja mais favorável a lei de seus países de origem.

(D) A lei assegurará aos autores de inventos industriais privilégio temporário para sua utilização, bem como proteção às criações industriais, à propriedade das marcas, aos nomes de empresas e a outros signos distintivos, tendo em vista o interesse e desenvolvimento tecnológico das empresas.

(E) Nenhuma pena passará da pessoa do condenado, podendo a obrigação de reparar o dano e a multa, imposta em processo criminal, ser, nos termos da lei, estendida aos sucessores e contra eles executada, até o limite do valor do patrimônio transferido.

A: correta. O art. 5º, XXI, da CF/1988 determina que as entidades associativas, quando expressamente autorizadas, têm legitimidade para representar seus filiados judicial ou extrajudicialmente; **B:** incorreta. A última parte da afirmação não consta do texto constitucional. Conforme o art. 5º, XLVIII, da CF/1988, a pena será cumprida em estabelecimentos distintos, de acordo com a natureza do delito, a idade e o sexo do apenado; **C:** incorreta. De acordo com o art. 5º, XXXI, da CF/1988, a sucessão de bens de estrangeiros situados no País será regulada pela lei brasileira em benefício do cônjuge ou dos filhos brasileiros, sempre que não lhes seja mais favorável a lei pessoal do *de cujus*; **D:** incorreta. Conforme dispõe o art. 5º, XXIX, da CF/1988, a lei assegurará aos autores de inventos industriais privilégio temporário para sua utilização, bem como proteção às criações industriais, à propriedade das marcas, aos nomes de empresas e a outros signos distintivos, tendo em vista o interesse social e o desenvolvimento tecnológico e econômico do País; **E:** incorreta. De acordo com o art. 5º, XLV, da CF/1988, nenhuma pena passará da pessoa do condenado, podendo a obrigação de reparar o dano e a decretação do perdimento de bens ser, nos termos da lei, estendidas aos sucessores e contra eles executadas, até o limite do valor do patrimônio transferido.

Gabarito "A".

(Técnico Judiciário – TJAM – 2013 – FGV) A Constituição da República estabelece direitos e garantias aos servidores públicos da administração direta, autárquica e fundacional, estendendo-lhes, ainda, alguns daqueles direitos aplicáveis aos trabalhadores da iniciativa privada, previstos no Art. 7º da Constituição.

As alternativas a seguir apresentam direitos sociais trabalhistas conferidos aos servidores públicos, à exceção de um. Assinale-o.

(A) Irredutibilidade do salário.

(B) Piso salarial proporcional à extensão e à complexidade do trabalho.

(C) Remuneração do trabalho noturno superior à do diurno.

(D) Remuneração do serviço extraordinário superior, no mínimo, em cinquenta por cento à do normal.

(E) Décimo terceiro salário.

De acordo com o art. 39, § 3º, da CF/1988, aos servidores ocupantes de cargo público são aplicados diversos direitos dispostos no art. 7º da CF/1988, dentre eles, a remuneração do trabalho noturno superior à do diurno (art. 7º, IX, da CF/1988), a remuneração do serviço extraordinário superior, no mínimo, em cinquenta por cento à do normal (art. 7º, XVI, da CF/1988) e o décimo terceiro salário (art. 7º, VIII, da CF/1988). A irredutibilidade é garantida pelo art. 37, XV, da CF/1988. Já o piso salarial proporcional à extensão e à complexidade do trabalho (art. 7º, V, da CF/1988) é direito dado apenas aos trabalhadores da iniciativa privada.

Gabarito "B".

(Técnico Judiciário – TJSP – 2013 – VUNESP) A Constituição Federal estabelece como direito dos trabalhadores urbanos e rurais

(A) o décimo terceiro salário, com base no vencimento básico ou no valor da aposentadoria.

(B) o repouso semanal remunerado aos domingos.

(C) o gozo de férias anuais remuneradas com, no máximo, um terço a mais do que o salário normal.

(D) a irredutibilidade do salário, salvo o disposto em contrato de trabalho.

(E) a assistência gratuita aos filhos e dependentes, desde o nascimento até 5 (cinco) anos de idade, em creches e pré-escolas.

A: incorreta. De acordo com o art. 7º, VIII, da CF/1988, o décimo terceiro salário toma por base a **remuneração integral** ou o valor da aposentadoria; **B:** incorreta. O art. 7º, XV, da CF/1988 determina que repouso semanal remunerado seja dado **preferencialmente** aos domingos e não necessariamente; **C:** incorreta. Conforme o art. 7º, XVII, da CF/1988, o gozo de férias anuais remuneradas com, **pelo menos, um terço a mais** do que o salário normal, também consta do rol de direitos trabalhistas; **D:** incorreta. A irredutibilidade do salário, prevista no art. 7º, VI, da CF/1988, só pode ser excepcional por disposição constante em **convenção ou acordo coletivo**; **E:** correta. De fato, a assistência gratuita aos filhos e dependentes desde o nascimento até 5 (cinco) anos de idade em creches e pré-escolas é garantia prevista no art. 7º, XXV, da CF/1988.

Gabarito "E".

(Técnico Judiciário – TRT/9ª – 2012 – FCC) Manoel, autor de importante obra literária, veio a falecer no ano de 2012. Nos termos da Constituição Federal, ao autor, pertence o direito exclusivo de utilização, publicação ou reprodução de sua obra. Com o falecimento do autor, no caso, Manoel, tal direito

(A) transmite-se aos herdeiros pelo tempo que a lei fixar.

(B) transmite-se aos herdeiros eternamente.

(C) não se transmite, isto é, extingue-se com o falecimento do autor.

(D) transmite-se aos herdeiros pelo tempo fixado na legislação vigente.

(E) transmite-se apenas ao cônjuge sobrevivente.

De acordo com o art. 5º, XXVII, da CF/1988 o direito exclusivo de utilização, publicação ou reprodução de suas obras pertence aos autores e é transmissível aos herdeiros **pelo tempo que a lei fixar**.
Gabarito "A".

(Técnico Judiciário – TRT/9ª – 2012 – FCC) A respeito dos Direitos e Garantias Fundamentais, considere as seguintes assertivas:

I. As normas definidoras dos direitos e garantias fundamentais têm aplicação imediata.

II. São gratuitas as ações de *habeas corpus* e *habeas data*, e, na forma da lei, os atos necessários ao exercício da cidadania.

III. A pequena propriedade rural, assim definida em lei, trabalhada pela família, será, excepcionalmente, objeto de penhora para pagamento de débitos decorrentes de sua atividade produtiva.

IV. O Brasil se submete à jurisdição de Tribunal Penal Internacional a cuja criação tenha manifestado adesão.

Nos termos da Constituição Federal, está correto o que consta em

(A) I, II, III e IV.

(B) II e III, apenas.

(C) I e III, apenas.

(D) I, II e IV, apenas.

(E) II e IV, apenas.

I: correta. É o que determina o art. 5º, § 1º, da CF/1988; **II:** correta. De fato, de acordo com o art. 5º, LXXVII, da CF/1988, as ações de *habeas corpus* e *habeas data* são gratuitas e, na forma da lei, os atos necessários ao exercício da cidadania; **III:** incorreta. Ao contrário, a pequena propriedade rural, assim definida em lei, desde que trabalhada pela família, **não** será objeto de penhora para pagamento de débitos decorrentes de sua atividade produtiva, dispondo a lei sobre os meios de financiar o seu desenvolvimento. É o que dispõe o art. 5º, XXVI, da CF/1988; **IV:** correta. De acordo com o § 4º do art. 5º da CF/1988, de fato, o Brasil se submete à jurisdição de Tribunal Penal Internacional a cuja criação tenha manifestado adesão. O Estatuto de Roma, tratado que dispõe sobre o Tribunal Penal Internacional, foi incorporado ao nosso ordenamento jurídico pelo Decreto 4.388/2002.
Gabarito "D".

(Técnico Judiciário – TRT/9ª – 2012 – FCC) Considere as assertivas:

I. A lei não poderá exigir autorização do Estado para a fundação de sindicato, ressalvado o registro no órgão competente, vedadas ao Poder Público a interferência e a intervenção na organização sindical.

II. É vedada a criação de mais de uma organização sindical, em qualquer grau, representativa de categoria profissional ou econômica, na mesma base territorial, que será definida pelos trabalhadores ou empregadores interessados, não podendo ser inferior à área de um Município.

III. Ao sindicato cabe a defesa dos direitos e interesses coletivos ou individuais da categoria, exceto em questões judiciais ou administrativas.

IV. É vedada a dispensa do empregado sindicalizado a partir do registro da candidatura a cargo de direção ou representação sindical e, se eleito, ainda que suplente, até um ano após o final do mandato, salvo se cometer falta grave nos termos da lei.

Está correto o que se afirma em

(A) I, II e IV, apenas.

(B) III e IV, apenas.

(C) I, II e III, apenas.

(D) I e IV, apenas.

(E) I, II, III e IV.

I: correta. É o que determina o art. 8º, I, da CF/1988; **II:** correta. De fato, o art. 8º, II, da CF/1988 dispõe sobre essa vedação; **III:** incorreta. O art. 8º, III, da CF/1988 determina que ao sindicato cabe a defesa dos direitos e interesses coletivos ou individuais da categoria, **inclusive** em questões judiciais ou administrativas; **IV:** correta. É o que determina o art. 8º, VIII, da CF/1988.
Gabarito "A".

(Técnico – TRT/6ª – 2012 – FCC) Em relação à liberdade de associação, determina a Constituição Federal que as associações

(A) dependem de autorização judicial para serem criadas, embora seja vedada a interferência estatal em seu funcionamento.

(B) podem ter natureza paramilitar, em casos excepcionais, para a proteção da segurança pública.

(C) dependem do registro de seu estatuto em cartório, com a indicação de, no mínimo, três integrantes, para serem formalmente reconhecidas.

(D) só podem ser compulsoriamente dissolvidas por decisão judicial transitada em julgado.

(E) podem representar seus filiados apenas extrajudicialmente, pois, mesmo que autorizadas, não têm legitimidade para representá-los judicialmente.

A: incorreta. A primeira parte da alternativa está errada, pois as associações não dependem de autorização para ser criadas. A segunda parte está correta porque realmente é vedada a interferência estatal em seu funcionamento (art. 5º, XVIII, da CF/1988); **B:** incorreta. As associações devem ter fins lícitos e é vedada a de caráter paramilitar (art. 5º, XVII, da CF/1988); **C:** incorreta. Não há número mínimo de pessoas para a criação de uma associação, basta a união de pessoas. **D:** correta. De fato, a CF/1988 assegura que a dissolução da associação seja determinada apenas por decisão judicial transitada em julgado (art. 5º, XIX, da CF/1988); **E:** incorreta. A associação tem legitimidade para representar seus filiados judicial e extrajudicialmente, desde que autorizadas (art. 5º, XXI, da CF/1988).
Gabarito "D".

(Técnico – TRE/SP – 2012 – FCC) Na hipótese de um indivíduo estar impossibilitado de exercer um direito que lhe é assegurado pela Constituição, em função da ausência de norma regulamentadora, cuja elaboração é de competência do Congresso Nacional, poderá o interessado valer-se de

(A) mandado de segurança, de competência originária do Supremo Tribunal Federal.

(B) *habeas data*, de competência originária do Supremo Tribunal Federal.

(C) *habeas data*, de competência originária do Superior Tribunal de Justiça.

(D) mandado de injunção, de competência originária do Supremo Tribunal Federal.

(E) mandado de injunção, de competência originária do Superior Tribunal de Justiça.

A: incorreta. O mandado de segurança tem outro objeto, visa proteger direito líquido e certo não amparado por *habeas data* ou *habeas corpus* (art. 5º, LXIX, da CF/1988). No problema o indivíduo está impossibilitado de exercer seu direito em razão da omissão legislativa; **B** e **C:** incorretas. O *habeas data* também possui outro objeto, qual seja, protege a liberdade de informação relativa à pessoa do impetrante (art. 5º, LXXII, da CF/1988), o que não se aplica ao caso; **D:** correta. O remédio que visa combater a mora legislativa é o mandado de injunção. A competência será do STF, conforme dispõe o art. 102, I, *q*, da CF/1988; **E:** incorreta. Como mencionado, a competência para julgamento é do STF e não do STJ.
Gabarito "D"

(Técnico – TRE/PR – 2012 – FCC) Considere as seguintes afirmações a respeito dos direitos e garantias fundamentais expressos na Constituição da República:

I. Não haverá penas de morte ou de caráter perpétuo, salvo em caso de guerra declarada.

II. É assegurado o direito de resposta, proporcional ao agravo, além da indenização por dano material, moral ou à imagem.

III. A lei não excluirá da apreciação do Poder Judiciário lesão ou ameaça a direito.

IV. As associações somente poderão ser compulsoriamente dissolvidas ou ter suas atividades suspensas por decisão judicial transitada em julgado.

Está correto o que se afirma APENAS em

(A) I e II.

(B) I e III.

(C) II e III.

(D) II e IV.

(E) III e IV.

I: incorreta. Não são ambas as penas (de morte e perpétua) que podem ser aplicadas excepcionalmente em caso de guerra declarada. Apenas a de morte é admitida pela CF/1988 nessa hipótese. A de caráter perpétuo é vedada (art. 5º, XLVII, *a* e *b*, da CF/1988); **II:** correta (art. 5º, V, da CF/1988); **III:** correta (art. 5º, XXXV, da CF/1988); **IV:** incorreta. De fato, a CF/1988 assegura que a dissolução da associação seja determinada apenas por decisão judicial transitada em julgado, mas a suspensão de suas atividades, que também deve ser determinada por ordem judicial, não depende do trânsito em julgado (art. 5º, XIX, da CF/1988).
Gabarito "C"

(Técnico – TRE/PR – 2012 – FCC) A Carta Africana dos Direitos do Homem e dos Povos, assinada por Estados do continente africano em 1981, enuncia, em seu artigo 20, que todo povo tem um direito imprescritível e inalienável, pelo qual determina livremente seu estatuto político e garante seu desenvolvimento econômico e social pelo caminho que livremente escolheu.

Na Constituição da República Federativa do Brasil, o teor de referido enunciado encontra equivalência no princípio de regência das relações internacionais de

(A) repúdio ao terrorismo e ao racismo.

(B) construção de uma sociedade livre, justa e solidária.

(C) erradicação da pobreza e da marginalização.

(D) autodeterminação dos povos.

(E) concessão de asilo político.

O art. 4º da CF/1988 enumera os princípios que regem o Brasil nas suas relações internacionais. Segundo o Prof. José Afonso da Silva esses princípios estão pautados em quatro ideias: nacionalista, internacionalista, pacifista e orientação comunitarista. A independência nacional, a autodeterminação dos povos, o princípio da não intervenção e de igualdade entre os Estados (art. 4º, I, III, IV e V, da CF/1988) são tidos como **nacionalistas**. A prevalência dos direitos humanos e o repúdio ao terrorismo e ao racismo são considerados ideias **internacionalistas** (art. 4º, II e VIII, da CF/1988). A **pacifista** tem a ver com a defesa da paz, a solução pacífica dos conflitos e a concessão de asilo político (art. 4º, V, VII e X, da CF/1988). Por fim, a orientação comunitarista repousa nos princípios da cooperação entre os povos para o progresso da humanidade e na formação de uma comunidade latino-america (art. 4º, IX e parágrafo único, da CF/1988). A garantia prevista na A Carta Africana dos Direitos do Homem e dos Povos tem a ver com a **autodeterminação** dos povos, pois os países soberanos se organizam e se regem pela maneira que melhor lhes aprouver. Ou seja, há uma ideia nacionalista.
Gabarito "D"

(Técnico – TRE/CE – 2012 – FCC) Determinado partido político deseja se utilizar de organização paramilitar no combate ao nepotismo e à corrupção, cuja utilização, segundo a Constituição Federal, é

(A) lícita, mediante prévia consulta popular através de plebiscito.

(B) lícita, mediante prévio registro no Superior Tribunal Eleitoral.

(C) lícita, mediante prévia autorização do Senado Federal.

(D) vedada.

(E) lícita, mediante prévia autorização das Forças Armadas.

O art. 5º, XVII, da CF/1988 protege a plena a **liberdade de associação para fins lícitos e veda a de caráter paramilitar**. Desse modo, o partido político não poderá se valer desse meio, ainda que sob o argumento de combate ao nepotismo e à corrupção.
Gabarito "D"

(Técnico – TRE/PR – 2012 – FCC) A Constituição da República assegura a todos, independentemente do pagamento de taxas,

(A) o direito de petição aos Poderes Públicos em defesa de direitos ou contra ilegalidade ou abuso de poder.

(B) a obtenção de certidões em repartições públicas e estabelecimentos privados, para defesa de direitos e esclarecimento de situações de interesse pessoal.

(C) o registro civil de nascimento, a certidão de casamento e a certidão de óbito.

(D) as ações de *habeas corpus*, *habeas data* e o mandado de segurança.

(E) a prestação de assistência jurídica integral pelo Estado.

A: correta. De fato, o art. 5º, XXXIV, *a*, da CF/1988 garante a todos assegurados, independentemente do pagamento de taxas, o direito de petição aos Poderes Públicos em defesa de direitos ou contra ilegalidade ou abuso de poder; **B:** incorreta, pois embora a CF/1988 assegure o direito de certidão, ela ser menciona que este deve ser exercido em

"repartições públicas" e **não em estabelecimentos privados**, conforme afirmado na alternativa (art. 5º, XXXIV, *b*, da CF/1988); **C:** incorreta. De acordo com o art. 5º, LXXVI, *a* e *b*, da CF/1988 são gratuitos para os reconhecidamente pobres, na forma da lei, o **registro civil de nascimento e a certidão de óbito**; **D:** incorreta. São gratuitas apenas as ações de *habeas corpus* e *habeas data*, e, na forma da lei, os atos necessários ao exercício da cidadania (art. 5º, LXXVII, da CF/1988). O mandado de segurança não é gratuito; **E:** incorreta. Apenas aos que comprovarem insuficiência de recursos é que o Estado prestará assistência jurídica integral e gratuita (art. 5º, LXXIV, da CF/1988).
Gabarito "A".

(Técnico – TRE/PR – 2012 – FCC) No curso de investigações sobre suposta prática de crime de corrupção envolvendo um servidor público estadual, a autoridade policial competente descobre indícios de que o investigado utilizava-se de um número de telefone para receber os supostos pedidos de favorecimento ilícito, bem como que mantinha, em sua casa, documentos relacionados aos atos que praticava. A fim de colher as provas necessárias para processar o caso, a autoridade policial entende ser necessário ter registro das conversas telefônicas mantidas pelo servidor e os originais dos documentos em questão. Nesse caso, a autoridade policial

(A) poderá entrar na casa do servidor para buscar os documentos, a qualquer hora, por se tratar de flagrante delito, mas dependerá de autorização judicial para realizar a interceptação telefônica.

(B) poderá instalar escutas telefônicas, independentemente de autorização judicial, mas dependerá desta para efetuar a busca de documentos na casa do servidor, em que poderá entrar a qualquer hora, desde que munido da devida autorização judicial.

(C) poderá instalar escutas telefônicas e entrar na casa do servidor para efetuar a busca de documentos, independentemente de autorização judicial, em virtude de já existir uma investigação criminal em curso.

(D) não poderá produzir as provas pretendidas, nem mesmo com autorização judicial, porque os atos para tanto necessários violam os direitos fundamentais do investigado à inviolabilidade de domicílio e ao sigilo das comunicações telefônicas.

(E) dependerá de autorização judicial para realizar a interceptação telefônica, bem como para buscar os documentos na casa do servidor, em que somente poderá entrar durante o dia, munido da devida autorização judicial.

A inviolabilidade de domicílio é garantida constitucionalmente, excepcionada apenas nos casos de flagrante delito, desastre, socorro e determinação judicial durante o dia (art. 5º, XI, da CF/1988). Desse modo, a autoridade policial não poderá entrar na casa do servidor para colher provas. Além disso, a quebra do sigilo das comunicações telefônicas para fins de investigação criminal ou instrução processual penal e a busca domiciliar dependem de ordem judicial (art. 5º, XII, da CF/1988).
Gabarito "E".

(Técnico – TRE/CE – 2012 – FCC) Cassio é corredor de maratona e obteve informações de que a Diretoria da Associação dos Maratonistas OIBBTRVH desviou verbas, desfalcando o caixa e prejudicando as atividades da Associação, que não teve recursos para honrar os compromissos junto aos fornecedores e funcionários. Cassio denunciou tal ilícito a Mário, delegado de polícia, que, por sua vez, relatou os

fatos a Plínio, promotor de justiça, que concluiu que seria o caso de dissolver a Associação. Segundo a Constituição Federal, a dissolução compulsória da Associação

(A) deve ser decidida por Plínio e executada por Cassio, independentemente de ordem judicial.

(B) só poderá ocorrer por decisão judicial, exigindo-se o trânsito em julgado.

(C) cabe a Cassio, mediante a impetração de mandado de injunção.

(D) deve ser executada por Mario a mando de Plínio, independentemente de ordem judicial.

(E) cabe a Plínio, mediante a impetração de mandado de injunção.

O art. 5º, XIX, da CF/1988 assegura o direito à liberdade de associação e determina que elas só poderão ser compulsoriamente dissolvidas por **decisão judicial transitada em julgado**. Vale lembrar que a suspensão das atividades da associação também depende de ordem judicial, mas, nessa situação, não é necessário o trânsito em julgado.
Gabarito "B".

(Técnico – TRE/CE – 2012 – FCC) Américo tentou obter conhecimento das informações armazenadas a seu respeito no banco de dados da Câmara dos Deputados, o que lhe foi negado. No caso, segundo a Constituição Federal, para conhecer das informações, Américo deverá

(A) impetrar *habeas data*.

(B) impetrar mandado de segurança.

(C) propor ação popular.

(D) propor ação originária no Supremo Tribunal Federal.

(E) propor ação ordinária no Supremo Tribunal Federal.

A: correta. O *habeas data* protege o direto de informação relativo à pessoa do impetrante que conste de registros ou bancos de dados de entidades governamentais ou de caráter público (art. 5º, LXXII, a, da CF/1988); **B:** incorreta. O mandado de segurança assegura o direito líquido e certo (aquele em que há prova já constituída) quando esse direito não for amparado por *habeas corpus* ou *habeas data* (art. 5º, LXIX, da CF/1988); **C:** incorreta. A ação popular tem por finalidade anular um ato lesivo ao patrimônio público, moralidade administrativa, meio ambiente e ao patrimônio histórico ou cultural (art. 5º, LXXIII, da CF/1988); **D** e **E:** incorretas. Os assuntos de competência do STF estão previstos no art. 102 da CF/1988, dentre os quais, não se inclui a situação mencionada na questão.
Gabarito "A".

(Técnico – TRE/CE – 2012 – FCC) Alberto, reconhecidamente pobre na forma da lei, necessita obter a sua certidão de nascimento e a certidão de óbito do seu pai, Ataulfo, que acabara de falecer. Segundo a Constituição Federal, o Cartório de Registro Civil competente deverá fornecer, em regra,

(A) onerosamente o registro civil de nascimento de Alberto e gratuitamente a certidão de óbito de Ataulfo, mediante o pagamento de vinte reais para cada certidão.

(B) gratuitamente o registro civil de nascimento de Alberto e onerosamente a certidão de óbito de Ataulfo.

(C) gratuitamente as certidões de registro civil de nascimento de Alberto e de óbito de Ataulfo.

(D) as certidões de nascimento e óbito mediante o pagamento de taxa simbólica de cinco reais para cada certidão.

(E) as certidões de nascimento e óbito mediante o pagamento de taxa simbólica de dois reais para cada certidão.

Para os reconhecidamente pobres a CF/1988 assegura gratuidade no registro civil de nascimento e na certidão de óbito (art. 5º, LXXVI, *a* e *b*, da CF/1988). Desse modo, Alberto tem direito de receber, de forma gratuita, as duas certidões referentes ao seu pai, Ataulfo.
„Gabarito „C".

(Técnico – TRE/CE – 2012 – FCC) Roberto, artista plástico, retratou em quadro a realidade de determinada comunidade carente do país. Segundo a Constituição Federal, Roberto poderá exibir sua obra de arte

(A) mediante prévia autorização do Poder Judiciário de onde estiver localizada a comunidade retratada.

(B) mediante prévio preenchimento de requerimento de inscrição e de exibição no cadastro nacional de obras de arte.

(C) mediante prévia autorização do Poder Executivo de onde estiver localizada a comunidade retratada.

(D) mediante prévia autorização do Poder Legislativo de onde estiver localizada a comunidade retratada.

(E) independentemente de censura e de licença da autoridade pública.

Não há necessidade de autorização para que Roberto exiba a sua obra. De acordo com o art. 5º, IX, da CF/1988 é livre a expressão da atividade intelectual, artística, científica e de comunicação, **independentemente de censura ou licença**.
„Gabarito „E".

3. NACIONALIDADE, DIREITOS POLÍTICOS E PARTIDOS POLÍTICOS

(Técnico – TRF/4 – FCC – 2019) Alejandro é brasileiro naturalizado e está sendo acusado judicialmente de exercer atividade nociva ao interesse nacional; Cláudia é brasileira nata e teve uma outra nacionalidade originária assim reconhecida pela lei estrangeira; Marcos é brasileiro nato residente em Estado estrangeiro, tendo se naturalizado naquele país como condição para sua permanência no território.

Com fundamento na Constituição Federal, sentença judicial poderá declarar a perda da nacionalidade a

(A) Alejandro e Cláudia, apenas.

(B) Alejandro, Cláudia e Marcos.

(C) Cláudia e Marcos, apenas.

(D) Alejandro, apenas.

(E) Alejandro e Marcos, apenas.

O § 4º do art. 12 da Constituição prevê a perda da nacionalidade do brasileiro em duas hipóteses, quais sejam, pelo cancelamento da naturalização, por sentença judicial, em virtude de atividade nociva ao interesse nacional e pela aquisição de outra nacionalidade, salvo nos casos: de reconhecimento de nacionalidade originária pela lei estrangeira ou de imposição de naturalização, pela norma estrangeira, ao brasileiro residente em estado estrangeiro, como condição para permanência em seu território ou para o exercício de direitos civis. Assim, no caso proposto, sentença judicial poderá declarar a perda da nacionalidade de Alejandro com fundamento no art. 12, § 4º, I, da CF, ao passo que Cláudia e Marcos manterão sua nacionalidade brasileira

em razão das exceções previstas, respectivamente, nas alíneas "a" e "b" do inciso II do § 4º do mesmo artigo. AN
„Gabarito „D".

(Técnico – TRF/4 – FCC – 2019) Antônia tem 18 anos, Pedro 20 anos, João 30 anos e Miguel 40 anos. Entendendo-se que as demais condições de elegibilidade foram preenchidas e levando-se em consideração apenas a idade mínima, em conformidade com a Constituição Federal, Antônia

(A) e Pedro podem ser eleitos para o cargo de Vereador; João e Miguel podem ser eleitos para o cargo de Vereador, de Prefeito, de Governador ou de Presidente da República.

(B) e Pedro podem ser eleitos para o cargo de Vereador ou de Prefeito; João pode ser eleito para o cargo de Vereador, de Prefeito ou de Governador; Miguel pode ser eleito para o cargo de Vereador, de Prefeito, de Governador ou de Presidente da República.

(C) pode ser eleita para o cargo de Vereadora; Pedro pode ser eleito para o cargo de Vereador ou de Prefeito; João pode ser eleito para o cargo de Vereador, de Prefeito ou de Governador; Miguel pode se eleito para o cargo de Vereador, de Prefeito, de Governador ou de Presidente da República.

(D) e Pedro podem ser eleitos para o cargo de Vereador; João pode ser eleito para o cargo de Vereador, de Prefeito ou de Governador; Miguel pode ser eleito para o cargo de Vereador, de Prefeito, de Governador ou de Presidente da República.

(E) pode ser eleita para o cargo de Vereadora ou de Prefeita; Pedro pode ser eleito para o cargo de Vereador, de Prefeito ou de Governador; João e Miguel podem ser eleitos para o cargo de Vereador, de Prefeito, de Governador ou de Presidente da República.

De acordo com a Constituição Federal, é condição de elegibilidade a idade mínima de trinta e cinco anos para Presidente e Vice-Presidente da República e Senador; trinta anos para Governador e Vice-Governador de Estado e do Distrito Federal; vinte e um anos para Deputado Federal, Deputado Estadual ou Distrital, Prefeito, Vice-Prefeito e juiz de paz; e dezoito anos para Vereador (art. 14, § 3º, inciso VI). Desse modo, Antônia (18 anos) e Pedro (20 anos) só podem ser eleitos para o cargo de Vereador; João (30 anos) pode ser eleito para o cargo de Vereador, de Prefeito ou Governador; e Miguel (40 anos) pode ser eleito para o cargo de Vereador, de Prefeito, de Governador ou de Presidente da República. AN
„Gabarito „D".

(Técnico – TRT1 – 2018 – AOCP) Assinale a alternativa que NÃO constitui cargo privativo de brasileiro nato de acordo com a Constituição Federal.

(A) De oficial das Forças Armadas.

(B) De Presidente de qualquer das Cortes Superiores.

(C) Da carreira diplomática.

(D) De Ministro de Estado da Defesa.

(E) De Presidente da Câmara dos Deputados.

De acordo com o § 3º do art. 12 da CF, são privativos de brasileiro nato os cargos: de Presidente e Vice-Presidente da República; de Presidente da Câmara dos Deputados; de Presidente do Senado Federal; de Ministro do Supremo Tribunal Federal; da carreira diplomática; de oficial das Forças Armadas; e de Ministro de Estado da Defesa. AN
„Gabarito „B".

(Técnico – TJ/AL – 2018 – FGV) Peter, filho de cidadãos norte-americanos, nasceu em Alagoas quando seus pais ali estavam em gozo de férias. Após o nascimento, foi para os Estados Unidos da América do Norte e jamais retornou à República Federativa do Brasil.

À luz da sistemática constitucional, Peter:

(A) é brasileiro nato;

(B) é brasileiro naturalizado;

(C) é brasileiro nato, desde que requeira a nova nacionalidade aos 18 anos de idade;

(D) é brasileiro naturalizado, se requerer a naturalização aos 18 anos de idade;

(E) não é brasileiro.

De acordo com a Constituição, são brasileiros natos os nascidos na República Federativa do Brasil, ainda que de pais estrangeiros, desde que estes não estejam a serviço de seu país (art. 12, I, "a", da CF). Logo, Peter é brasileiro nato. **AN**

Gabarito "A".

(Técnico – TRT/15 – FCC – 2018) Consideradas as formas de aquisição da nacionalidade previstas na Constituição Federal, são brasileiros

(A) naturalizados os estrangeiros de qualquer nacionalidade, residentes na República Federativa do Brasil há mais de dez anos ininterruptos e sem condenação penal, desde que requeiram a nacionalidade brasileira.

(B) natos os nascidos na República Federativa do Brasil, ainda que de pais estrangeiros, desde que estes estejam a serviço de seu país.

(C) naturalizados os nascidos no estrangeiro, de pai brasileiro e mãe brasileira, desde que qualquer deles esteja a serviço da República Federativa do Brasil.

(D) natos os nascidos no estrangeiro de pai brasileiro ou mãe brasileira, desde que sejam registrados em repartição brasileira competente.

(E) naturalizados os que, na forma da lei, adquiram a nacionalidade brasileira, exigida dos originários de países de língua portuguesa apenas residência por cinco anos ininterruptos e idoneidade moral.

A: incorreta, pois são brasileiros naturalizados os estrangeiros de qualquer nacionalidade, residentes na República Federativa do Brasil há mais de **quinze anos** ininterruptos e sem condenação penal, desde que requeiram a nacionalidade brasileira (art. 12, II, "b", da CF); **B:** incorreta, pois são brasileiros natos os nascidos na República Federativa do Brasil, ainda que de pais estrangeiros, desde que estes **não** estejam a serviço de seu país (art. 12, I, "a", da CF); **C:** incorreta, pois são brasileiros **natos** os nascidos no estrangeiro, de pai brasileiro ou mãe brasileira, desde que qualquer deles esteja a serviço da República Federativa do Brasil (art. 12, I, "b", da CF); **D:** correta, nos termos do art. 12, inciso I, alínea "c", primeira parte, da CF; **E:** incorreta, pois são brasileiros naturalizados os que, na forma da lei, adquiram a nacionalidade brasileira, exigidas dos originários de países de língua portuguesa apenas residência por **um ano** ininterrupto e idoneidade moral (art. 12, II, "a", da CF). **AN**

Gabarito "D".

(Escrevente Técnico Judiciário – TJSP – VUNESP – 2017) Maria, brasileira, estava grávida quando viajou para a Alemanha. Em virtude de complicações de saúde, seu bebê nasceu antes do tempo, quando Maria ainda estava na Alemanha. Considerando apenas os dados apresentados, pode-se

afirmar que, nos termos da Constituição Federal, o filho de Maria será considerado

(A) brasileiro nato se Maria estiver, na Alemanha, a serviço da República Federativa do Brasil.

(B) brasileiro nato, bastando que venha a residir na República Federativa do Brasil.

(C) brasileiro nato, pois Maria é brasileira.

(D) brasileiro nato, bastando que o pai do bebê também seja brasileiro, nato ou naturalizado.

(E) brasileiro naturalizado desde que opte, em qualquer tempo, depois de atingida a maioridade, pela nacionalidade brasileira.

A: Correta, art. 12, inc. I, alínea "b". **B:** Errada. Não basta que venha a residir na República Federativa do Brasil, é preciso que optem, ainda que a qualquer tempo, depois de atingida a maioridade, pela nacionalidade brasileira. Não se trata de uma medida automática (art. 12, inc. I, alínea "c" parte final). **C:** Errada. O nascido no estrangeiro não é automaticamente reconhecido como brasileiro nato. Isso porque, a opção pela nacionalidade brasileira é ato personalíssimo, e, por conta disso, a Constituição exige a maioridade para a sua efetivação. Até esse momento é dada ao sujeito uma nacionalidade provisória. **D:** Errada. Não basta que o pai do bebê também seja brasileiro nato ou naturalizado. Além disso, é preciso que ou esteja a serviço do Brasil no estrangeiro ou seja registrado em repartição brasileira competente, ou por fim, venha a residir no Brasil e opte, após a maioridade, pela nacionalidade brasileira. **E:** Errada. O dispositivo legal referente à essa assertiva estabelece que o cidadão, nestes termos, será considerado brasileiro nato e não naturalizado (art. 12, inc. I, alínea "c"). **TC**

Gabarito "A".

(Técnico Judiciário – TRF2 – Consulplan – 2017) "Iliel e Anel travaram intenso debate a respeito da relevância da distinção, para a República Federativa do Brasil, do conceito de nacionalidade, em especial sob o prisma da fruição de direitos e garantias individuais. Para Iliel, os direitos e garantias individuais são privativos dos brasileiros, natos ou naturalizados. Anel, por sua vez, acresceu que somente quem tem direitos políticos possui direitos e garantias individuais." À luz do disposto na Constituição da República, é correto afirmar que

(A) somente a afirmação de Iliel está incorreta.

(B) as afirmações de Iliel e Anel estão totalmente incorretas.

(C) somente a afirmação de Anel está incorreta.

(D) as afirmações de Iliel e Anel estão totalmente corretas.

A CF não faz distinção entre brasileiros, estrangeiros e cidadãos exercentes de direitos políticos. O *caput* do art. 5º estabelece que todos são iguais perante a lei, sem distinção de qualquer natureza, garantindo-se um rol de direitos aos brasileiros e aos estrangeiros residentes no país indistintamente. O texto Constitucional privilegia os cidadãos natos exclusivamente no exercício de algumas funções (art. 12, § 3º, e art. 89, inc. VII, da CF) e amplia também aos naturalizados em outras (art. 222 da CF). Entretanto, quanto aos direitos e garantias fundamentais há uma amplitude quanto aos beneficiários, não havendo restrições nos casos apontados no enunciado. **TC**

Gabarito "B".

(Técnico Judiciário – TRE/PE – CESPE – 2017) O alistamento eleitoral e o voto são obrigatórios para

(A) maiores de setenta e cinco anos de idade.

(B) maiores de dezoito anos de idade.

(C) maiores de dezesseis e menores de dezoito anos de idade.

(D) analfabetos.

(E) maiores de setenta anos de idade.

A CF estabelece que o alistamento eleitoral e o voto são obrigatórios para os maiores de dezoito anos e facultativo para os analfabetos, maiores de setenta anos, bem como aos maiores de dezesseis anos e menores de dezoito. Claro está, portanto, que a alternativa "B" preenche a literalidade do texto Constitucional – Art. 14, § 1º, inc. "I" da CF. **TC**

Gabarito "B".

(Técnico Judiciário – TRE/PE – CESPE – 2017) De acordo com o que estabelece a Constituição Federal de 1988 (CF), os partidos políticos

(A) podem receber recursos financeiros de entidade ou governo estrangeiros.

(B) não são obrigados a registrar seus estatutos no Tribunal Superior Eleitoral, se, antes, eles adquirirem personalidade jurídica.

(C) podem utilizar organização paramilitar.

(D) têm autonomia para definir sua estrutura interna, sua organização e seu funcionamento.

(E) têm, em regra, de pagar pelo acesso ao rádio e à televisão.

A: incorreta, pois os partidos políticos não podem receber recursos financeiros de entidade ou governo estrangeiros (art. 17, II, da CF); **B:** incorreta, pois os partidos políticos devem registrar seus estatutos no Tribunal Superior Eleitoral, após adquirirem personalidade jurídica, na forma da lei civil (art. 17, § 2º, da CF); **C:** incorreta, porque é vedada a utilização pelos partidos políticos de organização paramilitar (art. 17, § 4º, da CF); **D:** correta, nos termos do art. 17, § 1º, da CF; **E:** incorreta, pois somente os partidos políticos que cumprirem a cláusula de barreira ou de desempenho terão direito a recursos do fundo partidário e acesso gratuito ao rádio e à televisão (art. 17, § 3º, da CF, com a redação dada pela Emenda Constitucional nº 97/2017). **TC/AN**

Gabarito "D".

(Técnico Judiciário – TRE/SP – FCC – 2017) Brasileiro naturalizado, com 25 anos de idade, pela segunda vez consecutiva no exercício do mandato de Vereador, filho do Governador do Estado em que possui domicílio eleitoral, poderá, à luz da Constituição Federal, candidatar-se, na esfera

(A) municipal, à reeleição para Vereador, apenas, sem precisar para tanto renunciar ao respectivo mandato.

(B) municipal, a Prefeito, apenas, desde que renuncie ao respectivo mandato até seis meses antes do pleito.

(C) municipal, à reeleição para Vereador ou a Prefeito, devendo, neste último caso, renunciar ao respectivo mandato até seis meses antes do pleito.

(D) estadual, a Deputado Estadual, mas não a Governador do Estado, estando ainda impossibilitado de concorrer a mandatos na esfera municipal.

(E) estadual, a Governador do Estado, mas não a Deputado Estadual, estando ainda impossibilitado de concorrer a mandatos na esfera municipal.

A CF estabelece no art. 14 as hipóteses de inelegibilidades Constitucionais, sem prejuízo de outras que serão aduzidas por lei infraconstitucional. Quanto à situação do enunciado, cabe dizer que o § 7º do mencionado diploma estabelece que serão inelegíveis no território de jurisdição do titular, o cônjuge e os parentes consanguíneos ou afins, até o segundo grau ou por adoção, do Presidente da República, de

Governador de Estado ou Território, do Distrito Federal, de Prefeito ou de quem os haja substituído dentro dos seis meses anteriores ao pleito, salvo se já titular de mandato eletivo e candidato à reeleição. Significa dizer que o filho vereador, na hipótese de concorrer à reeleição da vereança poderá apresentar-se como candidato no mesmo território de jurisdição de seu pai, governador do estado, mas jamais concorrer a outro cargo. A intenção do Constituinte foi evitar que situações como essa pudessem gerar o monopólio de eleitos de um mesmo clã familiar, graças a utilização da máquina por um titular do executivo aos seus parentes consanguíneos ou afins, até o segundo grau ou por adoção. **TC**

Gabarito "A".

(Técnico Judiciário – TRE/SP – FCC – 2017) Nos termos da Constituição Federal, o filho de pai brasileiro e mãe estrangeira, nascido no exterior, será

(A) estrangeiro, em qualquer hipótese.

(B) brasileiro naturalizado, desde que resida no Brasil por dez anos ininterruptos, sem condenação penal, e requeira a nacionalidade brasileira.

(C) brasileiro nato, se, quando de seu nascimento, o pai estiver a serviço da República Federativa do Brasil.

(D) brasileiro nato, desde que, quando de seu nascimento, a mãe não esteja a serviço de seu país de origem.

(E) brasileiro naturalizado, desde que registrado em repartição brasileira competente ou venha a residir no Brasil e opte, a qualquer tempo, depois de atingida a maioridade, pela nacionalidade brasileira.

Art. 12, inc. I, alínea "b", da CF. **TC**

Gabarito "C".

(Técnico Judiciário – TRT24 – FCC – 2017) Silmara, brasileira naturalizada, verificou a Constituição Federal brasileira a respeito de possível extradição de brasileiro naturalizado. Assim, constatou que, dentre os direitos e deveres individuais e coletivos, está previsto que

(A) nenhum brasileiro será extraditado, salvo o naturalizado, em caso de crime comum, praticado antes ou depois da naturalização, ou de comprovado envolvimento em milícia armada e grupos guerrilheiros.

(B) a extradição de qualquer brasileiro, seja ele naturalizado ou não, consta em diversas hipóteses taxativas do artigo 5º da Carta Magna.

(C) a extradição de qualquer brasileiro, seja ele naturalizado ou não, somente poderá ocorrer em caso de comprovado envolvimento em tráfico ilícito de entorpecentes e drogas afins.

(D) nenhum brasileiro será extraditado, salvo o naturalizado, em caso de crime comum, praticado antes da naturalização, ou de comprovado envolvimento em tráfico ilícito de entorpecentes e drogas afins, na forma da lei.

(E) a extradição de qualquer brasileiro, seja ele naturalizado ou não, somente poderá ocorrer em caso de comprovado envolvimento em tráfico ilícito de entorpecentes e drogas afins, envolvimento em milícia armada e grupos guerrilheiros e prática de ato de terrorismo.

O art. 5º, inc. LI da CF estabelece que nenhum brasileiro será extraditado, salvo o naturalizado, em caso de crime comum, praticado antes da naturalização, ou de comprovado envolvimento em tráfico ilícito de entorpecentes e drogas afins, na forma da lei. Dessa forma, a alternativa que apresenta similaridade com o texto da Lei é a "d". **TC**

Gabarito "D".

(Técnico Judiciário – TRT24 – FCC – 2017) A Constituição Federal assegura aos Partidos Políticos

(A) recursos do fundo partidário limitado a cinco vezes a participação do partido político no Congresso Nacional, bem como o acesso oneroso ao rádio e à televisão.

(B) autonomia para definir sua estrutura interna, organização e funcionamento e para adotar os critérios de escolha e o regime de suas coligações eleitorais, com obrigatoriedade de vinculação entre as candidaturas em âmbito nacional, estadual, distrital ou municipal.

(C) autonomia para criação de partidos políticos, sendo que após adquirirem personalidade jurídica, na forma da lei civil, registrarão seus estatutos no Supremo Tribunal Federal.

(D) autonomia para criação de partidos políticos, sendo que após adquirirem personalidade jurídica, na forma da lei civil, registrarão seus estatutos no Congresso Nacional.

(E) a livre criação, fusão, incorporação e extinção de partidos políticos, resguardados a soberania nacional, o regime democrático, o pluripartidarismo, os direitos fundamentais da pessoa humana, observados preceitos constitucionais, devendo seus estatutos estabelecer normas de disciplina e fidelidade partidária.

A: incorreta, pois somente terão direito a recursos do fundo partidário e acesso gratuito ao rádio e à televisão os partidos políticos que obtiverem, nas eleições para a Câmara dos Deputados, no mínimo, 3% dos votos válidos, distribuídos em pelo menos um terço das unidades da Federação, com um mínimo de 2% dos votos válidos em cada uma delas; **ou** tiverem elegido pelo menos quinze Deputados Federais distribuídos em pelo menos um terço das unidades da Federação (art. 17, § 3º, da CF, com a redação dada pela Emenda Constitucional nº 97/2017); **B:** incorreta, pois é assegurada aos partidos políticos autonomia para definir sua estrutura interna e estabelecer regras sobre escolha, formação e duração de seus órgãos permanentes e provisórios e sobre sua organização e funcionamento e para adotar os critérios de escolha e o regime de suas coligações nas eleições majoritárias, vedada a sua celebração nas eleições proporcionais, sem obrigatoriedade de vinculação entre as candidaturas em âmbito nacional, estadual, distrital ou municipal (art. 17, § 1º, da CF, com a redação dada pela Emenda Constitucional nº 97/2017). O fim da verticalização nas coligações partidárias foi incluído pela Emenda Constitucional 52/2006; **C** e **D:** incorretas, porque os partidos políticos, após adquirirem personalidade jurídica, na forma da lei civil, registrarão seus estatutos no **Tribunal Superior Eleitoral** (art. 17 § 2º, da CF); **E:** correta, nos termos do art. 17, caput e § 1º, da CF. TC/AN

Gabarito "E".

(Técnico Judiciário – TRT11 – FCC – 2017) Péricles candidatou-se ao cargo de Governador de determinado Estado e ganhou as eleições em primeiro turno. No dia seguinte à sua diplomação, descobriu-se que foi eleito mediante corrupção. De acordo com a Constituição Federal, o mandato eletivo de Péricles

(A) poderá ser impugnado ante a Justiça Federal, no prazo de 15 dias contados da diplomação, instruída a ação com provas da corrupção.

(B) não poderá ser impugnado, tendo em vista que já houve a diplomação, mas poderá sofrer as sanções criminais cabíveis.

(C) poderá ser impugnado ante a Justiça Eleitoral, no prazo de 30 dias contados da diplomação, instruída a ação com provas da corrupção.

(D) poderá ser impugnado ante a Justiça Eleitoral, apenas no prazo de 20 dias após a sua posse, instruída a ação com provas da corrupção, pois antes dela não há mandato a ser impugnado.

(E) poderá ser impugnado ante a Justiça Eleitoral, no prazo de 15 dias contados da diplomação, instruída a ação com provas da corrupção.

Art. 14, § 10, da CF. TC

Gabarito "E".

(Técnico Judiciário – TRT11 – FCC – 2017) Sérgio é servidor público da Administração direta e candidatar-se-á, nas próximas eleições municipais, para o cargo de Prefeito. Investido no mandato de Prefeito, Sérgio

(A) será afastado do seu cargo, emprego ou função, sendo-lhe facultado optar pela sua remuneração, e seu tempo de serviço será contado para todos os efeitos legais, inclusive para promoção por merecimento.

(B) perceberá as vantagens de seu cargo, emprego ou função, havendo compatibilidade de horários, sem prejuízo da remuneração do cargo eletivo e, não havendo compatibilidade, não poderá perceber sua remuneração.

(C) não será afastado do seu cargo, emprego ou função, mas não receberá sua remuneração, sendo que seu tempo de serviço será contado para todos os efeitos legais, inclusive para promoção por merecimento.

(D) será afastado do seu cargo, emprego ou função, sendo-lhe facultado optar pela sua remuneração, e seu tempo de serviço será contado para todos os efeitos legais, exceto para promoção por merecimento.

(E) será afastado do seu cargo, emprego ou função, sendo-lhe vedado optar pela sua remuneração, e seu tempo de serviço não será contado durante o período do afastamento para nenhum efeito.

A CF estabelece que o servidor público da Administração (direta, autárquica e fundacional) que for investido no cargo de prefeito, será afastado do seu cargo, emprego ou função, podendo optar por sua remuneração (art. 38, inc. II da CF), e seu tempo de serviço será contado para todos os efeitos legais, exceto promoção por merecimento (art. 38, inc. IV, da CF). TC

Gabarito "D".

(Técnico Judiciário – TRT8 – CESPE – 2016) Acerca do tratamento da nacionalidade brasileira na Constituição Federal de 1988 (CF), assinale a opção correta.

(A) Brasileiros natos e naturalizados são equiparados para todos os efeitos, dado o princípio da isonomia, conforme o qual todos são iguais perante a lei.

(B) Filhos de brasileiros nascidos no estrangeiro podem optar pela naturalização, desde que o façam antes da maioridade civil.

(C) É permitida a extradição de brasileiros naturalizados, respeitadas as condições previstas na CF.

(D) São considerados brasileiros natos apenas os nascidos em solo nacional.

(E) A naturalização é concedida exclusivamente a portugueses tutelados pelo Estatuto da Igualdade, caso haja reciprocidade em favor dos brasileiros.

A: Errada. O art. 12, § 2º, da CF estabelece que a Constituição poderá estabelecer distinção entre brasileiros e naturalizados, como é o caso do exercício de cargos privativos por brasileiros natos (art. 12 § 3º, da CF e art. 89, inc. VII da CF). **B:** Errada, filhos de brasileiros nascidos no estrangeiro desde que sejam registrados em repartição brasileira competente ou venham a residir na República Federativa do Brasil e optem, em qualquer tempo, depois de atingida a maioridade, pela nacionalidade brasileira serão natos e não naturalizados (art. 12, inc. I, alínea "c" da CF). **C:** Correta, nos termos do art. 5º, inc. LI da CF, que prevê a possibilidade do naturalizado ser extraditado na hipótese de ter cometido crime comum, antes da naturalização, ou de comprovado envolvimento em tráfico ilícito de entorpecentes e drogas afins, na forma da lei; **D:** Errada. O art. 12 da Constituição estabelece em seu inciso I que são considerados natos, além dos nascidos em solo nacional, ainda que de pais estrangeiros (exceto os que estejam à serviço de seu país), os nascidos no estrangeiro de pai ou mãe brasileira, desde que qualquer deles esteja a serviço da República Federativa do Brasil e ainda os nascidos no estrangeiro de pai brasileiro ou de mãe brasileira, desde que sejam registrados em repartição brasileira competente ou venham a residir na República Federativa do Brasil e optem, em qualquer tempo, depois de atingida a maioridade, pela nacionalidade brasileira; **E:** Errado. Quanto aos portugueses, não se trata de naturalização, mas de garantia de direitos inerentes aos brasileiros na hipótese de reciprocidade entre os países (art. 12, § 1º, da CF). Já a naturalização, será concedida aos estrangeiros residentes no Brasil há mais de quinze anos ininterruptos e sem condenação penal, desde que a requeiram (art. 12, inc. II,e § 1º da CF). 🔲
Gabarito "C".

(Técnico Judiciário – TRT8 – CESPE – 2016) Acerca dos direitos políticos, assinale a opção correta.

(A) Brasileiros naturalizados podem votar e concorrer a quaisquer cargos políticos.

(B) Senadores e governadores de estado e do Distrito Federal se equiparam no que se refere à idade mínima exigida como condição de elegibilidade.

(C) O voto, obrigatório para maiores de dezoito anos de idade, é facultativo para aqueles cujos direitos políticos tenham sido suspensos em decorrência de condenação criminal transitada em julgado.

(D) O voto é obrigatório para analfabetos maiores de dezoito anos de idade.

(E) Embora possam exercer o direito ao voto, os analfabetos são impedidos de concorrer nas eleições.

A: Errada. A Constituição estabelece que a lei não poderá estabelecer distinção entre natos e naturalizados, entretanto, elenca algumas exceções ao exercício de cargos políticos. São privativos de brasileiros natos os cargos de Presidente e Vice-Presidente da República, Presidente da Câmara de Deputados e do Senado Federal (Presidentes das Casas Legislativas são eleitos de maneira indireta pelos seus pares). Não há proibição de estrangeiro naturalizado ser candidato ao Senado ou a Câmara, a vedação se limita ao exercício de cargos que estejam na linha sucessória do cargo de Presidente da República, nos termos do art. 12, §§ 2º e 3º. **B:** Errada. A idade mínima para candidatos ao senado é de 35 (trinta e cinco anos), semelhante à idade mínima para os cargos de Presidente e Vice-Presidente da República, enquanto que a idade mínima para o cargo de governador e vice-governador de estado é de 30 (trinta) anos, nos termos do art. 14, § 3º, inc. VI, alíneas "a" e "b". **C:** Errada. Enquanto perdurarem os efeitos da condenação criminal transitada em julgado, o cidadão ficará com os direitos políticos suspensos, de modo que não poderá votar neste período, não se tratando de uma faculdade,

mas de uma proibição. **D:** Errada. Os analfabetos possuem a faculdade de votar e não a obrigatoriedade. (art. 14, § 1º, inc. II, alínea "a"). **E:** Correta. Ainda que os analfabetos (enquanto perdurarem esta situação) possam exercer os direitos políticos ativos (votar), o direito de ser votado é vedado a quem se encontrar nesta situação, nos termos do art. 14, § 4º, d, Constituição. 🔲
Gabarito "E".

(Técnico Judiciário – TJAM – 2013 – FGV) A Constituição da República Federativa do Brasil estabelece as condições para que um cidadão possa se candidatar em uma eleição, sendo certo que a não observância de quaisquer delas é causa de impedimento para a candidatura.

Um dos requisitos dispostos é a idade mínima para o exercício de determinados cargos políticos.

A esse respeito, assinale a afirmativa correta.

(A) A Constituição exige a idade mínima de 18 anos para Deputado Federal.

(B) A Constituição exige a idade mínima de 25 anos para Prefeito.

(C) A Constituição exige a idade mínima de 30 anos para Deputado Estadual.

(D) A Constituição exige a idade mínima de 18 anos para vereador.

(E) A Constituição exige a idade mínima de 30 anos para Senador.

A: incorreta. Para o cargo de Deputado Federal a CF/1988 exige a idade mínima de 21 anos (art. 14, § 3º, VI, c, da CF/1988); **B:** incorreta. A idade mínima para o cargo de Prefeito é de 21 anos (art. 14, § 3º, VI, c, da CF/1988); **C:** incorreta. Para o cargo de Deputado Estadual a idade mínima também é de 21 anos (art. 14, § 3º, VI, c, da CF/1988); **D:** correta. De fato, 18 anos é a idade mínima exigida pela CF/1988 para o cargo de Vereador (a art. 14, § 3º, VI, d, da CF/1988); **E:** incorreta. Para o cargo de Senador a idade mínima exigida é de 35 anos (art. 14, § 3º, VI, a, da CF/1988). A mesma regra é aplicada aos cargos de Presidente e Vice-Presidente da República.
Gabarito "D".

(Técnico Judiciário – TJDFT – 2013 – CESPE) A respeito dos direitos e garantias fundamentais, julgue os itens que se seguem.

(1) Partido político poderá receber recursos financeiros de governo estrangeiro, desde que faça a declaração específica desses valores em sua prestação de contas.

(2) Conforme disposição da CF/1988, será brasileiro nato o filho, nascido em Paris, de mulher alemã e de embaixador brasileiro que esteja a serviço do governo brasileiro naquela cidade quando do nascimento do filho.

(3) Os recrutados pelas forças armadas não podem alistar-se como eleitores durante o período em que estiverem cumprindo o serviço militar obrigatório.

(4) Cidadão brasileiro que tiver trinta anos de idade poderá ser candidato a senador, desde que possua pleno exercício dos direitos políticos, alistamento eleitoral, filiação partidária e domicílio eleitoral no estado pelo qual pretenda concorrer.

1: incorreto. De acordo com o art. 17, II, da CF/1988, é **proibido** o recebimento de recursos financeiros de entidade ou **governo estrangeiros** ou de subordinação a estes; **2:** correto. A situação hipotética se enquadra na regra trazida pelo art. 12, I, b, da CF/1988, o qual determina que seja considerado brasileiro nato os sujeitos nascidos no estrangeiro, de pai brasileiro ou mãe brasileira, desde que qualquer deles esteja a serviço da República Federativa do Brasil; **3:** correto. De fato a CF/1988, em seu art. 14, § 2°, determina que a não possibilidade de alistarem-se como eleitores os estrangeiros e, **durante o período do serviço militar obrigatório, os conscritos; 4:** incorreto. Para o cargo de Senador a idade mínima exigida pela CF/1988 é de 35 anos (art. 14, § 3°, VI, *a*, da CF/1988).

Gabarito 1E, 2C, 3C, 4E

(Técnico Judiciário – TJSP – 2013 – VUNESP) Nos termos da Constituição Federal, são brasileiros natos:

(A) os que, na forma da lei, adquiram a nacionalidade brasileira, exigidas aos originários de países de língua portuguesa apenas residência, por um ano ininterrupto, e idoneidade moral.

(B) os nascidos no estrangeiro, de pai brasileiro ou de mãe brasileira, desde que venham a residir na República Federativa do Brasil até a maioridade.

(C) os nascidos na República Federativa do Brasil, ainda que de pais estrangeiros, desde que estes não estejam a serviço de seu país.

(D) os nascidos no estrangeiro, desde que de pai brasileiro e de mãe brasileira.

(E) os portugueses com residência permanente no País, se houver reciprocidade em favor de brasileiros.

A: incorreta. De acordo com o art. 12, II, *a*, da CF/1988 são considerados brasileiros **naturalizados** aqueles que, na forma da lei, adquiram a nacionalidade brasileira, exigidas aos originários de países de língua portuguesa apenas residência por um ano ininterrupto e idoneidade moral; **B:** incorreta. Os nascidos no estrangeiro, de pai brasileiro ou de mãe brasileira, são considerados brasileiros **natos**, desde que venham a residir no Brasil, e optem, **em qualquer tempo**, depois de atingida a maioridade, pela nacionalidade brasileira. É o que determina a segunda parte do art. 12, II, *c*, da CF/1988; **C:** correta. É o que se extrai da leitura do art. 12, I, *a*, da CF/1988; **D:** incorreta. Não basta nascer no estrangeiro e ser filho de pai ou mãe brasileira para ser considerado nato. O art. 12, I, *a* e *b*, CF/1988 traz outros requisitos que devem ser cumpridos para que o sujeito seja considerado brasileiro nato; **E:** incorreta. A regra prevista no § 1° do art. 12 da CF/1988 não **atribui nacionalidade brasileira** aos portugueses residentes no Brasil, apenas determina que sejam atribuídos os direitos inerentes ao brasileiro naturalizado. Assim, se o português demonstrar residência permanente no País e houver reciprocidade em favor de brasileiros, ele será tratado como brasileiro naturalizado e não como estrangeiro.

Gabarito "C".

(Técnico Judiciário – TRT9 – 2012 – FCC) NÃO é privativo de brasileiro nato o cargo de

(A) Ministro do Supremo Tribunal Federal.

(B) Ministro do Superior Tribunal de Justiça.

(C) Oficial das Forças Armadas.

(D) Presidente da Câmara dos Deputados.

(E) Carreira diplomática.

O cargo de Ministro do Superior Tribunal de Justiça **não** é privativo de brasileiro nato. De acordo com o art. 12, § 3°, da CF/1988, são privativos de nato os cargos de: I – de Presidente e Vice-Presidente da República; II – de Presidente da Câmara dos Deputados; III – de Presidente do Senado Federal; IV – de Ministro do Supremo Tribunal Federal; V – da carreira diplomática; VI – de oficial das Forças Armadas; VII – de Ministro de Estado da Defesa. Vale lembrar que o art. 89, VII, da CF/1988 trata da composição do Conselho da República e determina que seis membros sejam cidadãos brasileiros natos, com mais de trinta e cinco anos de idade, sendo dois nomeados pelo Presidente da República, dois eleitos pelo Senado Federal e dois eleitos pela Câmara dos Deputados, todos

com mandato de três anos, vedada a recondução. Desse modo, esses cargos também são privativos de nato.

Gabarito "B".

(Técnico – TRT/11ª – 2012 – FCC) Sebastião é governador de um determinado Estado brasileiro e pretende se candidatar à reeleição nas próximas eleições. Neste caso, de acordo com a Constituição Federal de 1988, Sebastião

(A) deverá se afastar do cargo até três meses antes do pleito, mas continuará recebendo a respectiva remuneração.

(B) deverá renunciar ao seu mandato até seis meses antes do pleito.

(C) deverá se afastar do cargo até seis meses antes do pleito, mas continuará recebendo a respectiva remuneração.

(D) deverá renunciar ao seu mandato até três meses antes do pleito.

(E) poderá permanecer no cargo, inexistindo obrigatoriedade de renúncia ao mandato.

Sebastião poderá permanecer no cargo, pois a CF/1988, em seu art. 14, § 6°, determina a renúncia ao mandado, em até seis meses antes do pleito, apenas quando o Chefe do Executivo (Federal, Estadual, Distrital ou Municipal) for **concorrer a outro cargo.**

Gabarito "E".

(Técnico – TRT/6ª – 2012 – FCC) Nos termos da Constituição Federal, são condições de elegibilidade para Senador, quanto à idade e à nacionalidade, respectivamente, ter, no mínimo,

(A) trinta e cinco anos e ser brasileiro nato.

(B) trinta anos e ser brasileiro nato.

(C) dezoito anos e ser brasileiro nato ou naturalizado.

(D) trinta anos e ser brasileiro nato ou naturalizado.

(E) trinta e cinco anos e ser brasileiro nato ou naturalizado.

De acordo com o art. 14, § 3°, da CF, a idade mínima para os cargos políticos está dentre as condições de elegibilidade. Para Senador a idade é 35 anos (art. 14, § 3°, VI, *a*, da CF/1988) e o cargo não é privativo de brasileiro nato (art. 12, § 3°, da CF), portanto, tanto o nato como o naturalizado podem ocupá-lo.

Gabarito "E".

(Técnico – TRE/CE – 2012 – FCC) Átila, que não é titular de mandato eletivo e nem é candidato à reeleição, é filho adotivo de Eulália, Governadora do Estado de São Paulo em exercício, e deseja concorrer ao cargo de Prefeito do Município de São Paulo. Segundo a Constituição Federal, Átila, em regra, é

(A) elegível, desde que esteja filiado ao mesmo partido político de Eulália.

(B) elegível, desde que esteja filiado a partido político distinto de Eulália.

(C) elegível, desde que autorizado previamente pelo Tribunal Regional Eleitoral.

(D) elegível, desde que sua candidatura seja previamente autorizada por Eulália.

(E) inelegível.

Átila, por ser filho de Eulália (Governadora do Estado de SP), é inelegível. O art. 14, § 7°, da CF/1988 determina que são inelegíveis, no território

de jurisdição do titular, o cônjuge e os **parentes** consanguíneos ou afins, até o segundo grau ou **por adoção**, do Presidente da República, **de Governador de Estado** ou Território, do Distrito Federal, de Prefeito ou de quem os haja substituído dentro dos seis meses anteriores ao pleito, salvo se já titular de mandato eletivo e candidato à reeleição.
Gabarito "E".

(Técnico – TRE/CE – 2012 – FCC) Péricles, português residente há mais de um ano ininterrupto no Brasil e com idoneidade moral, Pompeu, grego naturalizado brasileiro, Cipriano, inglês residente no Brasil há quinze anos ininterruptos e sem condenação criminal, Alexandre, nascido no Brasil e filho de pais franceses a serviço da França, e Tibério, nascido na Bélgica e filho de pai brasileiro a serviço da República Federativa do Brasil, foram cogitados para ocupar cargo de Ministro de Estado da Defesa do Brasil. Nesse caso, segundo a Constituição Federal, o cargo só poderá ser ocupado por

(A) Tibério.

(B) Pompeu.

(C) Cipriano.

(D) Péricles.

(E) Alexandre.

A: correta. O cargo de Ministro de Estado da Defesa é **privativo de nato** (art. 12, § 3°, VII, da CF/1988) e Tibério é considerado brasileiro nato, pois embora tenha nascido no estrangeiro, é filho de pai brasileiro que estava a serviço do Brasil (art. 12, I, b, da CF/1988); **B:** incorreta. Pompeu é brasileiro naturalizado, portanto, não pode ocupar o cargo mencionado; **C:** incorreta. Cipriano é estrangeiro vindo de país que não fala a língua portuguesa e ainda que cumpra os requisitos que a CF/1988 exige para a sua naturalização (mais de 15 anos de residência ininterrupta no Brasil e sem condenação criminal – art. 12, II, b, da CF/1988) e a requeira, não será considerado nato e, desse modo, não pode ocupar o cargo de Ministro de Estado da Defesa; **D:** incorreta. Péricles pode até requerer a sua naturalização, pois possui os requisitos dispostos no art. 12, II, a, da CF/1988, mas não poderá ocupar cargo privativo de nato; **E:** incorreta. Alexandre é estrangeiro, pois embora tenha nascido no Brasil, seus pais estavam a serviço de seu país de origem (art. 12, I, b, da CF/1988). Desse modo, também não pode ocupar o cargo de Ministro de Estado da Defesa.
Gabarito "A".

4. ORGANIZAÇÃO DO ESTADO

Com base no que dispõe a Constituição Federal acerca da Organização do Estado, considere as assertivas abaixo:

I. O Distrito Federal é a capital Federal.

II. Os Territórios Federais integram a União, e sua criação, transformação em Estado ou reintegração ao Estado de origem serão reguladas por Emenda à Constituição.

III. Os Estados podem incorporar-se entre si, subdividir-se ou desmembrar-se para se anexarem a outros, ou formarem novos Estados ou Territórios Federais, mediante aprovação da população diretamente interessada, através de referendo, e do Congresso Nacional, por lei ordinária.

IV. A criação de Municípios, far-se-á por lei estadual, dentro do período determinado por Lei Complementar Federal, e dependerá de consulta prévia, mediante plebiscito, às populações dos Municípios envolvidos, após divulgação dos Estudos de Viabilidade Municipal, apresentados e publicados na forma da lei.

V. É vedado à União, aos Estados, ao Distrito Federal e aos Municípios estabelecer cultos religiosos ou igrejas, subvencioná-los, embaraçar-lhes o funcionamento ou manter com eles ou seus representantes relações de dependência ou aliança, ressalvada, na forma da lei, a colaboração de interesse público.

(Técnico – TJ/MA – FCC – 2019) Está correto o que se afirma APENAS em

(A) I e II.

(B) III, IV e V.

(C) I, III e IV.

(D) IV e V.

(E) II, III e V.

I: incorreta, uma vez que Brasília é a Capital Federal (art. 18, § 1°, da CF); **II:** incorreta, já que os Territórios Federais integram a União, e sua criação, transformação em Estado ou reintegração ao Estado de origem serão reguladas em lei complementar (art. 18, § 2°, da CF); **III:** incorreta, pois os Estados podem incorporar-se entre si, subdividir-se ou desmembrar-se para se anexarem a outros, ou formarem novos Estados ou Territórios Federais, mediante aprovação da população diretamente interessada, através de **plebiscito**, e do Congresso Nacional, por **lei complementar** (art. 18, § 3°, da CF); **IV:** correta, nos termos do art. 18, § 4°, da CF; **V:** correta, nos termos do art. 19, inciso I, da CF. AN
Gabarito "D".

(Técnico – TRF/4 – FCC – 2019) Ronaldo é Ministro de Estado e Paulo é Secretário Municipal. No que concerne à remuneração de ambos os servidores públicos e obedecido o disposto na Constituição Federal, Ronaldo

(A) será remunerado exclusivamente por subsídio fixado em parcela única, vedado o acréscimo de adicional, prêmio e verba de representação, enquanto Paulo será remunerado por subsídio fixado em parcela única, sendo possível o acréscimo de adicional e prêmio, vedada verba de representação.

(B) e Paulo serão remunerados por subsídio fixado em parcela única, sendo possível o acréscimo de adicional e prêmio, vedada verba de representação.

(C) e Paulo serão remunerados exclusivamente por subsídio fixado em parcela única, vedado o acréscimo, dentre outras vantagens, de adicional, prêmio e verba de representação.

(D) e Paulo serão remunerados por subsídio fixado em parcela única, sendo possível, dentre outras vantagens, o acréscimo de adicional, prêmio e verba de representação.

(E) e Paulo serão remunerados por subsídio fixado em parcela única, sendo possível o acréscimo de adicional e verba de representação e vedado prêmio.

O art. 39, § 4°, da CF estabelece que o membro de Poder, o detentor de mandato eletivo, os Ministros de Estado e os Secretários Estaduais e Municipais serão remunerados exclusivamente por subsídio fixado em parcela única, vedado o acréscimo de qualquer gratificação, adicional, abono, prêmio, verba de representação ou outra espécie remuneratória. AN
Gabarito "C".

(Técnico – TRT1 – 2018 – AOCP) Pedro foi investido em cargo público, sem que tenha sido aprovado previamente em concurso público. Sabe-se que o cargo ocupado por Pedro não foi declarado em lei como de livre nomeação e exoneração. Tendo isso em vista, assinale a alternativa correta de acordo com o que está disposto no texto constitucional.

(A) Não havendo previsão em Lei Ordinária que exija a realização de concurso público para o cargo ocupado por Pedro, não há qualquer irregularidade na sua investidura.

(B) A situação narrada implicará a nulidade do ato da investidura de Pedro e a punição da autoridade responsável, nos termos da lei.

(C) Dada a irregularidade na investidura de Pedro, a autoridade responsável deverá ser punida, na forma da lei, mas o ato de nomeação permanecerá válido.

(D) Pedro deverá ser punido, na forma da Lei, sendo, no entanto, isenta de pena a autoridade responsável pela sua nomeação.

(E) Sendo publicada Lei posterior que declare o cargo atualmente ocupado por Pedro como sendo de livre nomeação e exoneração, o ato de sua investidura será convalidado.

A Constituição determina que a investidura em cargo ou emprego público depende de aprovação prévia em concurso público de provas ou de provas e títulos, de acordo com a natureza e a complexidade do cargo ou emprego, ressalvadas as nomeações para cargo em comissão declarado em lei de livre nomeação e exoneração. Prevê ainda que a não observância dessa regra implicará a nulidade do ato e a punição da autoridade responsável, nos termos da lei (art. 37, II c/c § 2º, da CF). 🅰🅽
Gabarito "B".

(Técnico – TRT1 – 2018 – AOCP) João, aprovado no concurso público para o cargo de Técnico Judiciário – Área Administrativa no TRT/RJ, já exercia, anteriormente, o cargo de professor em uma escola pública estadual. Diante de tais informações, assinale a alternativa correta.

(A) João somente poderá assumir a vaga de Técnico Judiciário se for exonerado do cargo público que exerce, dada a vedação constitucional à acumulação de cargos públicos.

(B) É possível que João acumule os dois cargos públicos, desde que haja compatibilidade de horários, tendo em vista a exceção à regra geral de vedação de acumulação de cargos, desde que abra mão da remuneração de um deles.

(C) João poderá, se assim preferir e havendo compatibilidade de horários, ocupar os dois cargos, acumulando as remunerações, tendo em vista tratar-se de exceção à regra de vedação de acumulação de cargos públicos.

(D) Somente seria possível a acumulação se João tivesse sido aprovado em concurso público para outra vaga de professor.

(E) João somente poderá acumular o seu cargo público atual de professor com outro de privativos de profissionais de saúde, com profissões regulamentadas, sendo vedada a acumulação com outros cargos, ainda que de natureza técnica ou científica.

De acordo com a jurisprudência do Superior Tribunal de Justiça, cargo técnico é aquele que requer conhecimento específico na área de atuação do profissional, com habilitação específica de grau universitário ou profissionalizante de 2º grau (REsp 1.678.686/RJ, Rel. Ministro Herman Benjamin, Segunda Turma, DJe 16/10/2017). A denominação do cargo é irrelevante para defini-lo como de natureza técnica, sendo consolidado o entendimento no STJ segundo o qual *"é inviável a cumulação do cargo de professor com cargo que, apesar da nomenclatura de técnico, não exige nenhum conhecimento específico para o seu exercício, sendo certo que o cargo técnico requer conhecimento específico na área de atuação do profissional."* (AgInt no RMS 33.431/PR, Rel. Ministra Regina Helena Costa, Primeira Turma, julgado em 06/04/2017, DJe 20/04/2017). Assim, somente se pode considerar que um cargo tem natureza técnica se ele exigir, no desempenho de suas atribuições, a aplicação de conhecimentos especializados de alguma área do saber. Não podem ser considerados cargos técnicos aqueles que impliquem a prática de atividades meramente burocráticas, de caráter repetitivo e que não exijam formação específica. (STF, RMS 28497/DF, rel. orig. Min. Luiz Fux, red. p/ o acórdão Min. Cármen Lúcia, 1ª Turma, julgado em 20/5/2014. Informativo 747). Logo, João somente poderá assumir a vaga de Técnico Judiciário se for exonerado do cargo público que exerce, dada a vedação constitucional à acumulação de cargos públicos. 🅰🅽
Gabarito "A".

(Técnico – TJ/AL – 2018 – FGV) A Constituição da República de 1988 tem como regra geral a vedação de acumulação remunerada de cargos públicos. Ocorre que o texto constitucional autoriza tal acumulação em casos excepcionais, quando houver compatibilidade de horários, como na hipótese de:

(A) dois cargos de nível técnico ou científico;

(B) dois cargos da área de educação;

(C) dois cargos da área jurídica;

(D) um cargo de magistrado estadual com um cargo de professor;

(E) um cargo de professor com outro de prestador de serviço público.

O inciso XVI do art. 37 da CF veda a acumulação remunerada de cargos públicos, exceto, quando houver compatibilidade de horários, nas hipóteses de: dois cargos de professor; um cargo de professor com outro técnico ou científico; ou dois cargos ou empregos privativos de profissionais de saúde, com profissões regulamentadas. 🅰🅽
Gabarito "D".

(Técnico – TJ/AL – 2018 – FGV) O Governador do Estado Alfa convocou reunião com os presidentes das autarquias, das sociedades de economia mista e das empresas públicas, bem como com representantes das Secretarias de Estado e as estruturas da Chefia de Gabinete da Casa Civil, e determinou, dentre outras coisas, que, a partir daquela data, os entes da Administração Pública indireta com personalidade jurídica de direito público deveriam apresentar dados quinzenais a respeito da atuação do respectivo ente.

À luz da sistemática constitucional, dentre os participantes da reunião, somente são alcançadas pela determinação do Governador do Estado:

(A) as autarquias;

(B) as sociedades de economia mista e as empresas públicas;

(C) as Secretarias de Estado;

(D) as estruturas da Chefia de Gabinete da Casa Civil;

(E) as empresas públicas.

A: correta, porque as autarquias são pessoas jurídicas de direito público, pertencentes à Administração Pública indireta, criadas por lei específica para o exercício de atividades típicas da Administração Pública; **B** e **E:** incorretas, pois as sociedades de economia mista e as empresas públicas são pessoas jurídicas de direito privado, pertencentes à Administração Pública indireta, cuja criação é autorizada por lei para atuar na exploração de atividade econômica ou na prestação de serviços públicos; **C** e **D**: incorretas, visto que as Secretarias de Estado e as estruturas da Chefia de Gabinete da Casa Civil são órgãos públicos sem personalidade jurídica, integrantes da Administração Pública direta. **AN**

Gabarito "A".

(Técnico – TJ/AL – 2018 – FGV) Maria, Deputada Estadual, consultou sua assessoria sobre a competência do Estado para legislar sobre direito financeiro. Em resposta, foi informada de que essa competência era exercida em caráter concorrente com a União.

À luz da sistemática constitucional, a informação fornecida pela assessoria de Maria indica que:

(A) a União e o Estado podem legislar livremente sobre a matéria;

(B) o Estado somente pode legislar sobre direito financeiro enquanto a União não o fizer;

(C) a União somente pode legislar sobre direito financeiro enquanto o Estado não o fizer;

(D) a União deve limitar-se à edição de normas gerais sobre a matéria;

(E) a União e o Estado devem editar as leis sobre a matéria em caráter conjunto.

Compete à União, aos Estados e ao Distrito Federal legislar concorrentemente sobre direito financeiro, sendo que no âmbito da legislação concorrente, a competência da União limitar-se-á a estabelecer normas gerais (art. 24, I e § 1º, da CF). **AN**

Gabarito "D".

(Técnico – TRT/15 – FCC – 2018) Considerando a disciplina constitucional acerca da competência legislativa concorrente da União, Estados e Distrito Federal,

(A) está prevista nessa espécie de competência a da União e dos Estados para matéria pertinente ao comércio exterior e interestadual.

(B) no âmbito dessa competência, cabe à União estabelecer normas gerais, sendo que, na ausência de lei federal, os Estados exercerão a competência legislativa plena, para atender a suas peculiaridades.

(C) está excluída dessa espécie de competência a autorização para legislar sobre criação, funcionamento e processo do juizado de pequenas causas, por se tratar de matéria de competência privativa da União.

(D) a União somente pode legislar sobre direito financeiro enquanto o Estado não o fizer.

(E) lei complementar federal poderá autorizar os Estados a legislar sobre questões específicas nas matérias sujeitas a essa espécie de competência.

A: incorreta, porque compete **privativamente** à União legislar sobre comércio exterior e interestadual (art. 22, VIII, da CF); **B:** correta, de acordo com o art. 24, §§ 1º e 3º, da CF; **C:** incorreta, pois compete à União, aos Estados e ao Distrito Federal legislar concorrentemente sobre criação, funcionamento e processo do juizado de pequenas causas (art. 24, X, da CF); **D:** incorreta, pois no âmbito da legislação concorrente, a competência da União limita-se a estabelecer normas gerais (art. 24, I c/c § 1º, da CF); **E:** incorreta, pois lei complementar poderá autorizar os Estados a legislar sobre questões específicas das matérias sujeitas à **competência privativa** da União (art. 22, parágrafo único, da CF). **AN**

Gabarito "B".

(Técnico – TRT/15 – FCC – 2018) À luz da organização político-administrativa do Estado brasileiro, na qual prevalece a autonomia das entidades federativas,

(A) a autonomia baseia-se na existência de uma única esfera governamental atuante sobre a população, em um mesmo território.

(B) a Constituição Federal prevê mecanismos de proteção do sistema federativo, tais como a repartição de competências administrativas e legislativas entre os entes federados.

(C) a Constituição Federal prevê a possibilidade de instituição de regiões metropolitanas por iniciativa legislativa dos municípios limítrofes interessados na associação.

(D) a autonomia é assegurada a todos os entes sob os aspectos administrativo e fiscal, cabendo, no entanto, somente à União a autonomia legislativa.

(E) a soberania, na qualidade de poder supremo consistente na capacidade de autodeterminação do ente federado, cabe à União e aos Estados membros.

A: incorreta, pois a autonomia baseia-se na existência de uma pluralidade consorciada e coordenada de ordens jurídicas atuantes sobre um mesmo território estatal, cada qual no seu âmbito de competências previamente definidas, a submeter um povo; **B:** correta, já que a Constituição Federal prevê a repartição de competências administrativas e legislativas entre os entes federados (arts. 21 a 24); **C:** incorreta, pois cabe aos **Estados**, mediante lei complementar, instituir regiões metropolitanas, aglomerações urbanas e microrregiões, constituídas por agrupamentos de municípios limítrofes, para integrar a organização, o planejamento e a execução de funções públicas de interesse comum (art. 25, § 3º, da CF); **D:** incorreta, visto que todos os entes federados (União, Estados, Distrito Federal e Municípios) possuem autonomia administrativa, política, financeira e legislativa (arts. 18, 25 e 30 da CF); **E:** incorreta, pois soberania é um poder político supremo (não limitado por nenhum outro na ordem interna) e independente (em posição de igualdade com outros Estados soberanos) que cabe somente à República Federativa do Brasil (art. 1º, I, da CF). **AN**

Gabarito "B".

(Escrevente – TJ/SP – 2018 – VUNESP) Nos termos da Constituição da República Federativa do Brasil (CRFB/88), é correto afirmar que

(A) é vedada a acumulação remunerada de dois cargos públicos de professor, independentemente de haver compatibilidade de horário.

(B) os vencimentos dos cargos do Poder Legislativo e do Poder Executivo não poderão ser superiores aos pagos pelo Poder Judiciário.

(C) o servidor público da administração direta, autárquica e fundacional, investido no mandato de Prefeito, será afastado do cargo, emprego ou função, sendo-lhe vedado optar pela sua remuneração.

(D) os proventos de aposentadoria e as pensões, por ocasião de sua concessão, não poderão exceder a remuneração do respectivo servidor, no cargo efetivo em que se deu a aposentadoria ou que serviu de referência para a concessão da pensão.

(E) o servidor público estável perderá o cargo em virtude de sentença judicial ou administrativa, que prescindem de processo prévio em contraditório.

A: incorreta, pois é **permitida** a acumulação remunerada de dois cargos de professor quando houver compatibilidade de horários (art. 37,

XVI, *a*, da CF); **B:** incorreta, pois os vencimentos dos cargos do Poder Legislativo e do Poder Judiciário não poderão ser superiores aos pagos pelo **Poder Executivo** (art. 37, XII, da CF); **C:** incorreta, já que o servidor público da administração direta, autárquica e fundacional investido no mandato de Prefeito será afastado do cargo, emprego ou função, sendo-lhe **facultado** optar pela sua remuneração (art. 38, II, da CF); **D:** correta, nos termos do art. 40, § 2°, da CF. A redação desse dispositivo foi alterada pela Emenda Constitucional n° 103/2019; **E:** incorreta, pois o servidor público estável só perderá o cargo em virtude de sentença judicial transitada em julgado; processo administrativo em que lhe seja assegurada ampla defesa; e procedimento de avaliação periódica de desempenho, assegurada ampla defesa (art. 41, § 1°, I a III, da CF). 🅰🅽
Gabarito "D".

(Técnico Judiciário – TRE/PE – CESPE – 2017) Com referência à organização político-administrativa do Estado, assinale a opção correta.

(A) De acordo com a CF, o Distrito Federal — unidade federada indivisível em municípios — é a capital federal do país.

(B) Os municípios são subordinados administrativamente aos estados em que estiverem localizados.

(C) Do ponto de vista político-administrativo, os estados federados são subordinados à União.

(D) É permitido à União, mas vedado aos estados, recusar fé aos documentos públicos.

(E) É vedado a todos os entes da Federação estabelecer cultos religiosos.

A: Errada. A Capital Federal é Brasília e não o Distrito Federal (art. 18, §1°, da CF). **B:** Errada. Os municípios, são dotados de autonomia perante os estados-membros (art. 18, *caput*, da CF). **C:** Errada. Os Estados, do ponto de vista político-administrativo, são dotados de autonomia (art. 18, *caput*, da CF). **D:** Errada. A todos os entes da federação é vedado a recusa de fé aos documentos públicos (art. 19, inc. II da CF). **E:** Correta, nos termos do art. 19, inc. I, da CF. 🆃🅲
Gabarito "E".

(Técnico Judiciário – TRE/PE – CESPE – 2017) Incluem-se entre os bens do estado da Federação

(A) os terrenos de marinha.

(B) os recursos minerais, inclusive os do subsolo.

(C) as áreas, nas ilhas oceânicas e costeiras, que estiverem no seu domínio.

(D) o mar territorial.

(E) os potenciais de energia hidráulica.

A: Errada. Os terrenos de marinha são bens da União (art. 20, VII, da CF). **B:** Errada. Os recursos minerais são bens da União (art. 20, IX, da CF). **C:** Correta. Art. 26, II da CF. **D:** Errada. O mar territorial é um bem pertencente à União (art. 20, VI da CF). **E:** Errada. Os potenciais de energia hidráulica são bens da União (art. 20, VIII, da CF). 🆃🅲
Gabarito "C".

(Técnico Judiciário – TRE/PI – CESPE – 2016) No que se refere aos entes federativos, assinale a opção correta.

(A) Os estados podem incorporar-se entre si, subdividir-se ou desmembrar-se para se anexarem a outros, ou formarem novos, desde que haja aprovação da população interessada, por referendo, e do Congresso Nacional, por lei aprovada por maioria simples.

(B) Para que ocorra o desmembramento do território de um estado, é necessário que a população da área a ser desmembrada e a população do território remanescente sejam consultadas.

(C) Cabe à União o exercício de atribuições da soberania do Estado brasileiro, razão por que esse ente se confunde com o próprio Estado federal.

(D) Compete à União, aos estados, ao Distrito Federal e aos municípios assegurar a defesa nacional.

(E) O município é dotado de capacidade de auto-organização e de autoadministração, no exercício das competências administrativas e tributárias conferidas pela constituição do estado no qual se localiza.

A: Errada. De fato, os estados podem incorporar-se entre si, subdividir-se ou desmembrar-se para se anexarem a outros, ou formarem novos. Entretanto, o instrumento de consulta popular é o plebiscito e não o referendo. Plebiscito e referendo são consultas ao povo para decidir sobre matéria de relevância para a nação em questões de natureza constitucional, legislativa ou administrativa. A principal distinção entre eles é a de que o plebiscito é convocado previamente à criação do ato legislativo ou administrativo que trate do assunto em pauta, e o referendo é convocado posteriormente, cabendo ao povo ratificar ou rejeitar a proposta.Quanto à aprovação do Congresso Nacional, dependerá da aprovação de lei não por maioria simples, mas por maioria absoluta em razão do instrumento legal de aplicação ser lei complementar que exige quórum qualificado de aprovação. Fosse por meio de lei ordinária, o quórum seria de maioria simples. **B:** Correta, nos termos do art. 18 § 3° da CF. **C:** Errada. A soberania é fundamento da República Federativa do Brasil, não da União. A União não se confunde com o próprio Estado Federal. **D:** Errada. A defesa nacional será assegurada pela União (art. 21, inc. III). **E:** Errada. A capacidade de auto-organização e autoadministração dos municípios é conferida pela Constituição Federal e não pelo texto Estadual. 🆃🅲
Gabarito "B".

(Técnico Judiciário – TRT24 – FCC – 2017) O Prefeito da pequena metrópole "Y" está com dúvidas a respeito da competência para estabelecer e implantar política de educação para a segurança do trânsito. Assim, consultando a Constituição Federal, verificou que se trata de competência

(A) concorrente entre a União, os Estados, o Distrito Federal e os Municípios.

(B) privativa da União.

(C) comum da União, dos Estados, do Distrito Federal e dos Municípios.

(D) privativa de cada Município.

(E) privativa dos Estados e do Distrito Federal.

A Constituição Federal estabelece que a competência para estabelecer e implantar política de educação para a segurança do trânsito é comum à União, Estados, Distrito Federal e Municípios (art. 23 inc. XII, da CF). 🆃🅲
Gabarito "C".

(Técnico Judiciário – TRT20 – FCC – 2016) Monica e Camila estão estudando para realizar a prova do concurso público para provimento do cargo de técnico judiciário área administrativa do Tribunal Regional do Trabalho da 20ª Região. Ao estudarem a Constituição Federal, verificam que a competência para legislar sobre águas, energia, informática, telecomunicações e radiodifusão é

(A) comum da União, dos Estados, do Distrito Federal e dos Municípios.

(B) privativa da União.

(C) comum da União, dos Estados e do Distrito Federal, apenas.

(D) concorrente entre a União, os Estados e o Distrito Federal, apenas.

(E) concorrente entre a União, os Estados, o Distrito Federal e os Municípios.

Art. 22, inc. IV, da CF. 🆃🅲

Gabarito "B".

(Técnico Judiciário – TJAM – 2013 – FGV) Quanto à organização político-administrativa do Brasil, com base na Constituição Federal/1988, assinale a afirmativa correta.

(A) Os Estados não podem incorporar-se entre si, subdividir-se ou desmembrar-se para se anexarem a outros.

(B) Os Estados podem incorporar-se entre si, subdividir-se ou desmembrar-se para se anexarem a outros, ou formarem novos Estados ou Territórios Federais, mediante aprovação do Presidente da República, por Decreto.

(C) Os Estados podem incorporar-se entre si, subdividir-se ou desmembrar-se para se anexarem a outros, mediante aprovação da Assembleia Legislativa do Estado.

(D) Os Estados podem incorporar-se entre si, subdividir-se ou desmembrar-se para se anexarem a outros, ou formarem novos Estados ou Territórios Federais, mediante aprovação da população diretamente interessada, através de plebiscito, e do Congresso Nacional, por lei complementar.

(E) Os Estados podem incorporar-se entre si, subdividir-se ou desmembrar-se para se anexarem a outros, ou formarem novos Estados ou Países, bastando a aprovação da população diretamente interessada, através de plebiscito.

A: incorreta. Ao contrário, os Estados podem incorporar-se entre si, subdividir-se ou desmembrar-se para se anexarem a outros, ou formarem novos Estados ou Territórios Federais, mediante aprovação da população diretamente interessada, através de plebiscito, e do Congresso Nacional, por lei complementar. É o que determina o art. 18, § 3º, da CF/1988; **B:** incorreta. A aprovação não é feita pelo Presidente da República; **C:** incorreta. A aprovação não é realizada pelas Assembleias Legislativas dos Estados; **D:** correta. O art. 18, § 3º, da CF/1988 reproduz exatamente o texto trazido por esta alternativa; **E:** incorreta. Além da aprovação da população diretamente interessada, por meio de plebiscito, é necessária a aprovação do Congresso Nacional, por lei complementar.

Gabarito "D".

(Técnico Judiciário – TJDFT – 2013 – CESPE) No que se refere à organização político-administrativa do Estado brasileiro, julgue os itens a seguir.

(1) Os municípios contam com os Poderes Legislativo e Executivo, com cargos para os quais há eleição, na qual votam seus eleitores, mas não com Poder Judiciário próprio.

(2) A União pode realizar intervenção em municípios localizados nos territórios, mas não pode intervir nos municípios localizados nos estados.

(3) Mesmo não sendo estado nem município, o Distrito Federal (DF) possui autonomia, parcialmente tutelada pela União.

1: correto. Os municípios elegem os seus vereadores que são integrantes do Poder Legislativo Municipal e os seus Prefeitos que chefiam o Poder Executivo Municipal. Além disso, de fato, não há, no âmbito

municipal, Poder Judiciário próprio; **2:** item anulado pela banca examinadora; **3:** correto. De fato, o Distrito Federal, embora seja considerado ente federado, possui uma autonomia parcialmente tutelada pela União. Pedro Lenza, em sua obra *Direito Constitucional Esquematizado*, 17ª edição, 2013, p. 478 e 479, destaca dois itens que demonstram essa tutela: "a) o art. 32, § 4º, da CF/1988 declara inexistir polícias civil, militar e corpo de bombeiros militar, pertencentes ao Distrito Federal. Tais instituições, embora subordinadas ao Governador do Distrito Federal (art. 144, § 6º, da CF/1988), são organizadas e mantidas diretamente pela União (art. 21, XIV, da CF/1988), sendo que referida utilização pelo Distrito Federal será regulada por lei federal (cf. S. 647/STF, 24.09.2003) e b) também observar que o Poder Judiciário e o Ministério Público do Distrito Federal e dos Territórios são organizados e mantidos pela União (arts. 21, XIII, e 22, XVII, ambos da CF/1988)". Vale lembrar que a EC 69/2012 passou da União para o Distrito Federal as competências para organizar e manter a Defensoria Pública do Distrito Federal.

Gabarito 1C, 2 ANULADA, 3C

(Técnico Judiciário – TRT/9ª – 2012 – FCC) De acordo com a Carta Magna, no âmbito da competência legislativa concorrente, a competência da União limitar-se-á a estabelecer normas gerais. Inexistindo lei federal sobre normas gerais, os Estados exercerão a competência legislativa plena, para atender a suas peculiaridades. Nesse contexto, é correto afirmar que a superveniência de lei federal sobre normas gerais

(A) suspenderá, na íntegra, a eficácia da lei estadual.

(B) suspenderá a eficácia da lei estadual apenas no que lhe for contrário.

(C) manterá a eficácia da lei estadual, ainda que esta contrarie dispositivos da lei federal, tendo em vista a independência entre os entes federativos.

(D) revogará, na íntegra, a lei estadual.

(E) revogará a lei estadual apenas no que não lhe for contrário.

De acordo com o art. 24, § 4º, da CF/1988 a superveniência de lei federal sobre normas gerais **suspende a eficácia da lei estadual, no que lhe for contrário**.

Gabarito "B".

(Técnico Judiciário – TJSP – 2013 – VUNESP) Sobre os cargos e funções públicas, é possível afirmar que a Constituição Federal

(A) impõe à administração pública indireta as mesmas regras proibitivas sobre a acumulação remunerada de cargos públicos voltadas à administração pública direta.

(B) veda a definição de critérios de admissão de pessoas portadoras de deficiência a cargos e empregos públicos.

(C) condiciona a nomeação em cargos em comissão à aprovação prévia em concurso público de provas ou de provas e títulos.

(D) restringe o exercício das funções de confiança exclusivamente aos servidores ocupantes de cargo efetivo com atribuições de natureza gerencial, orçamentária e financeira.

(E) permite a acumulação remunerada de dois cargos ou empregos privativos de profissionais de saúde, ainda que a profissão não esteja regulamentada.

A: correta. De acordo com o art. 37, XVII, da CF/1988, a proibição de acumular estende-se a empregos e funções e abrange autarquias,

fundações, empresas públicas, sociedades de economia mista, suas subsidiárias, e sociedades controladas, direta ou indiretamente, pelo poder público; **B**: incorreta. Conforme dispõe o art. 37, VIII, da CF/1988, a lei reservará percentual dos cargos e empregos públicos para as pessoas portadoras de deficiência e **definirá os critérios de sua admissão**; **C**: incorreta. De acordo com o art. 37, II, da CF/1988, a investidura em cargo ou emprego público depende de aprovação prévia em concurso público de provas ou de provas e títulos, de acordo com a natureza e a complexidade do cargo ou emprego, na forma prevista em lei, **ressalvadas as nomeações para cargo em comissão declarado em lei de livre nomeação e exoneração**; **D**: incorreta. Conforme determina o art. 37, V, da CF/1988, as funções de confiança, exercidas exclusivamente por servidores ocupantes de cargo efetivo, e os cargos em comissão, a serem preenchidos por servidores de carreira nos casos, condições e percentuais mínimos previstos em lei, **destinam-se apenas às atribuições de direção, chefia e assessoramento**; **E**: incorreta. As profissões precisam estar regulamentas para que a acumulação mencionada seja possível. É o que determina o art. 37, XVI, *c*, da CF/1988.
Gabarito "A".

(Técnico Judiciário – TJSP – 2013 – VUNESP) São princípios constitucionais expressos voltados à administração pública direta e indireta:

(A) celeridade e transparência.

(B) isonomia e pessoalidade.

(C) legalidade e imparcialidade.

(D) moralidade e proporcionalidade.

(E) legalidade e eficiência.

Os princípios constitucionais expressos, voltados à administração pública, vêm previstos no *caput* do art. 37 da CF/1988 e são os seguintes: **legalidade**, impessoalidade, moralidade, publicidade e **eficiência**.
Gabarito "E".

(Técnico Judiciário – TRT/9ª – 2012 – FCC) Extinto o cargo ou declarada a sua desnecessidade, o servidor estável

(A) será exonerado *ad nutum*, sem direito a remuneração.

(B) será obrigatoriamente exonerado, sendo-lhe garantido os direitos inerentes ao cargo.

(C) será obrigatoriamente demitido, sendo-lhe garantido os direitos inerentes ao cargo.

(D) ficará em disponibilidade, com remuneração proporcional ao tempo de serviço, sendo vedado seu aproveitamento em outro cargo público.

(E) ficará em disponibilidade, com remuneração proporcional ao tempo de serviço, até seu adequado aproveitamento em outro cargo público.

De acordo com o § 3º do art. 41 da CF/1988, extinto o cargo ou declarada a sua desnecessidade, o servidor estável ficará em disponibilidade, com remuneração proporcional ao tempo de serviço, até seu adequado aproveitamento em outro cargo.
Gabarito "E".

(Técnico Judiciário – TRT/9ª – 2012 – FCC) Joaquim, servidor público federal, é médico, ocupa cargo privativo de profissional de saúde, com profissão regulamentada, tendo ingressado no serviço público por concurso há dez anos. Joaquim pretende prestar novo concurso público com o objetivo de cumular, de forma remunerada, dois cargos públicos. A Constituição Federal admite, em situações excepcionais, a acumulação remunerada de cargos públicos, desde que haja compatibilidade de horários. No caso narrado, Joaquim somente poderá cumular se o segundo cargo público for

(A) artístico.

(B) professor.

(C) técnico.

(D) científico.

(E) privativo de profissional de saúde, com profissão regulamentada.

De acordo com o art. 37, XVI, da CF/1988, é proibida a acumulação remunerada de cargos públicos, exceto, quando houver compatibilidade de horários, observado em qualquer caso o disposto no inciso XI: (a) a de dois cargos de professor; b) a de um cargo de professor com outro técnico ou científico; c) a de **dois cargos ou empregos privativos de profissionais de saúde, com profissões regulamentadas**.
Gabarito "E".

(Técnico Judiciário – TRT/9ª – 2012 – FCC) Clara é servidora pública da Administração direta, tendo sido investida no mandato de Vereadora. Havendo compatibilidade de horários, Clara perceberá as vantagens de seu cargo, sem prejuízo da remuneração do cargo eletivo. No entanto, NÃO havendo compatibilidade de horários, Clara

(A) será afastada do cargo que detém na Administração direta, ficando obrigatoriamente com a remuneração do cargo eletivo.

(B) será afastada do cargo que detém na Administração direta, sendo-lhe facultado optar pela sua remuneração.

(C) será exonerada do cargo que detém na Administração direta.

(D) não poderá exercer o mandato eletivo.

(E) será afastada do cargo que detém na Administração direta, ficando obrigatoriamente com a remuneração deste cargo.

Conforme dispõe o art. 38, II e III, da CF/1988, o servidor público da administração direta, autárquica e fundacional, que for investido no mandato de Vereador, havendo compatibilidade de horários, perceberá as vantagens de seu cargo, emprego ou função, sem prejuízo da remuneração do cargo eletivo. Não havendo compatibilidade, **será afastado do cargo, emprego ou função, sendo-lhe facultado optar pela sua remuneração**.
Gabarito "B".

(Escrevente Técnico Judiciário – TJSP – VUNESP – 2017) Nos termos da Constituição Federal, extinto o cargo, o servidor público estável ficará em disponibilidade

(A) com remuneração proporcional ao tempo de serviço, até seu adequado aproveitamento em outro cargo.

(B) com remuneração proporcional ao tempo de serviço, até serem preenchidas as condições necessárias para sua aposentadoria.

(C) com remuneração integral, até serem preenchidas as condições necessárias para sua aposentadoria.

(D) com remuneração integral, até seu adequado aproveitamento em outro cargo.

(E) sem remuneração, até seu adequado aproveitamento em outro cargo.

Art. 41, § 3º, da Constituição Federal. 🅣🅒
Gabarito "A".

(Técnico Judiciário – TRF2 – Consulplan – 2017) "Ednaldo, servidor público estável, titular de cargo de provimento efetivo, teve séria discussão com o seu superior hierárquico. Na ocasião, foi informado pelo departamento de recursos humanos que, nos termos de resolução interna, caso lhe fossem atribuídos três conceitos baixos, de modo consecutivo, em suas avaliações de desempenho, seria determinada a sua imediata exoneração." À luz da sistemática constitucional, é correto afirmar que a resolução interna que dispusesse da maneira indicada estaria

(A) errada, pois a perda do cargo, na hipótese descrita, precisa estar prevista em lei complementar.

(B) certa, desde que sejam assegurados o contraditório e a ampla defesa.

(C) errada, já que o servidor público estável somente pode perder o cargo em processo administrativo.

(D) certa, pois compete à Administração Pública zelar pelo princípio da eficiência, exonerando os servidores que não o atendam.

A resolução não é o ato normativo adequado para dispor a sobre a exceção da estabilidade dos funcionários públicos. No caso apresentado, para que Ednaldo fosse exonerado de suas funções em razão de 3 avaliações negativas, necessário seria a preexistência de uma lei complementar, assegurada a ampla defesa (art. 41, § 1º, inc. III da CF). Não obstante, vale dizer que o servidor público estável só perderá o cargo, além da hipótese versada, em virtude de sentença judicial transitada em julgado e mediante processo administrativo com regular acesso à ampla defesa ao acusado. 🆃🅲
Gabarito "A".

(Técnico Judiciário – TRE/SP – FCC – 2017) Em conformidade com a Constituição Federal, implicará a nulidade do ato e a punição da autoridade responsável, nos termos da lei, a inobservância da regra constitucional segundo a qual

(A) é vedado aos estrangeiros o acesso a cargos, empregos e funções públicas.

(B) o prazo de validade do concurso público será de até dois anos, prorrogável uma vez, por igual período.

(C) é vedada a acumulação remunerada de dois cargos ou empregos privativos de profissionais de saúde, com profissões regulamentadas.

(D) os acréscimos pecuniários percebidos por servidor público deverão ser computados para fins de concessão de acréscimos ulteriores.

(E) as funções de confiança, exercidas exclusivamente por servidores ocupantes de cargo em comissão, destinam-se apenas às atribuições de direção, chefia e assessoramento.

A: Errada. Aos estrangeiros é assegurado o acesso a cargos, empregos e funções públicas, exceto aos que só poderão ser desempenhados por brasileiros (art. 37, inc. I, da CF). B: Correta, nos termos do art. 37, inc. III, da CF. C: Errada. De fato é vedada a acumulação remunerada de cargos públicos, entretanto, aos profissionais de saúde com profissão regulamentada o Constituinte previu hipótese de exceção quando houver compatibilidade de horários (art. 37, inc. XVI, alínea "c" da CF). D: Errada. Os acréscimos pecuniários não serão computados nem acumulados para fins de concessão de acréscimos ulteriores (art. 37, inc. XIV). E: Errada. As funções mencionadas na assertiva serão exercidas exclusivamente por servidores ocupantes de cargos efetivos e não em comissão (art. 37, inc. V da CF). 🆃🅲
Gabarito "B".

(Técnico Judiciário – TRE/PI – CESPE – 2016) A respeito da administração pública e dos servidores públicos, assinale a opção correta.

(A) O sistema constitucional brasileiro adota o modelo descentralizado de administração, em que há diversas entidades e órgãos com competências diferenciadas para a realização das atividades administrativas.

(B) O servidor público dotado de estabilidade e de cargo efetivo apenas responderá civilmente por dano causado a terceiro no exercício da função, se comprovado que ele agiu com dolo.

(C) A proibição de acumular remunerações de cargos públicos não se estende aos empregados públicos de sociedades de economia mista.

(D) O princípio da moralidade administrativa impõe ao servidor somente o dever de praticar atos que sejam juridicamente corretos.

(E) Dado o princípio da impessoalidade, em nenhuma hipótese, será considerado válido ato fundado em interesses pessoais.

A: Correta. O sistema constitucional estabelece um modelo descentralizado seja com a atuação da administração pública direta, autárquica, fundacional e ainda na prestação de serviços públicos com as concessionárias de serviço público. B: Errado. Não apenas se agiu com dolo, mas também com culpa C: Errado. A proibição de acumular cargos estende-se a empregos e funções e abrange autarquias, fundações, empresas públicas, sociedades de economia mista, suas subsidiárias, e sociedades controladas, direta ou indiretamente, pelo poder público (art. 37, inc. XVII, da CF). D: Errado. O princípio da moralidade administrativa impõe ao servidor o exercício de condutas éticas, boa-fé e probidade. O dever de praticar atos juridicamente corretos, fundamenta-se como elemento da legalidade. E: Errado. O Princípio da Impessoalidade não é absoluto. 🆃🅲
Gabarito "A".

(Técnico – TRE/SP – 2012 – FCC) Em 9 de janeiro de 2012, foi promulgada, no Estado de São Paulo, a Lei complementar n.º 1.166, criando a Região Metropolitana do Vale do Paraíba e Litoral Norte, integrada por 39 Municípios paulistas. Dentre outras previsões, estabelece a referida lei complementar que a instituição da Região Metropolitana em questão tem por objetivo promover a integração do planejamento e da execução das funções públicas de interesse comum aos entes públicos atuantes na região. Considerada a disciplina da matéria na Constituição da República, é correto afirmar que

(A) o Estado não poderia ter criado uma Região Metropolitana, pois a Constituição somente o autoriza a instituir aglomerações urbanas e microrregiões.

(B) a Região Metropolitana poderia ter sido criada por lei ordinária, não sendo necessária lei complementar para esse fim.

(C) a criação da Região Metropolitana por lei estadual somente será válida se houver sido realizada consulta prévia, mediante plebiscito, às populações dos Municípios envolvidos.

(D) a instituição da Região Metropolitana não autoriza a execução de funções públicas de interesse comum aos Municípios envolvidos, mas tão somente sua organização e planejamento.

(E) a forma de instituição da Região Metropolitana e o objetivo mencionado são compatíveis com as disposições constitucionais a esse respeito.

A: incorreta. De acordo com o art. 25, § 3º, da CF/1988, os Estados **poderão**, mediante lei complementar, **instituir regiões metropolitanas**,

aglomerações urbanas e microrregiões, constituídas por agrupamentos de municípios limítrofes, para integrar a organização, o planejamento e a execução de funções públicas de interesse comum; **B:** incorreta. A CF/1988 **exige lei complementar** para a criação de região metropolitana; **C:** incorreta. Não há necessidade de consulta prévia às populações dos Municípios nessa hipótese. Tais requisitos, dentre outros, são exigidos quando há criação, fusão, incorporação ou desmembramento de municípios (art. 18, § 4º, da CF/1988); **D:** incorreta. Ao contrário do mencionado, a instituição de região metropolitana autoriza a execução de funções públicas de interesse comum aos Municípios envolvidos (art. 25, § 3º, da CF/1988); **E:** correta (art. 25, § 3º, da CF/1988).
Gabarito "E"

(Técnico – TRE/SP – 2012 – FCC) Servidor público ocupante de cargo em órgão da Administração direta estadual pretende candidatar-se a Prefeito do Município em que reside, nas eleições deste ano. Nessa hipótese,

(A) deverá pedir exoneração do cargo até seis meses antes do pleito, para poder concorrer.

(B) perderá o cargo, se investido no mandato.

(C) será afastado do cargo, se investido no mandato, sendo-lhe facultado optar pela sua remuneração.

(D) manterá o cargo e seu tempo de serviço será contado para todos os efeitos legais, inclusive para promoção por merecimento.

(E) perceberá as vantagens de seu cargo, sem prejuízo da remuneração do cargo eletivo, desde que haja compatibilidade de horários.

De acordo com o art. 38, II, da CF/1988, o servidor público da administração direta, autárquica e fundacional se investido no mandato de Prefeito, no exercício do mandato eletivo, será **afastado do cargo**, emprego ou função, sendo-lhe facultado **optar pela sua remuneração**.
Gabarito "C"

(Escrevente Técnico Judiciário – TJSP – VUNESP – 2017) Luiz ocupa cargo em comissão como assessor em um órgão público federal para o qual foi nomeado sem se submeter à aprovação prévia em concurso público de provas ou de provas e títulos. Descontente em relação ao seu vencimento, Luiz entrou em greve, seguindo orientação do sindicato ao qual é associado. Sobre essa situação, e levando-se em conta o que estabelece a Constituição Federal, é correto afirmar que

(A) Luiz, por ocupar cargo em comissão, não goza do direito à greve.

(B) Luiz, por ser servidor público, não goza do direito à livre associação sindical.

(C) Luiz, por ser servidor público, goza do direito à greve nos termos e nos limites definidos em lei específica.

(D) a investidura de Luiz ao cargo não obedece aos preceitos constitucionais.

(E) Luiz, por ocupar cargo em comissão, não goza do direito à livre associação sindical.

O direito à greve é constitucionalmente garantido aos servidores públicos (art. 37, inc. VII), e será exercido nos termos e limites definidos em lei específico (Lei 7.783/1989). Quanto aos cargos em comissão, ainda que estes sejam de livre nomeação e exoneração, terão direito em exercê-lo. Isso porque a CF não alberga nenhuma diferenciação no direito à greve entre os possuidores de estabilidade e os não estáveis.
Gabarito "C"

(Escrevente Técnico Judiciário – TJSP – VUNESP – 2017) Sobre os servidores públicos, a Constituição Federal estabelece expressamente que

(A) a União, os Estados e o Distrito Federal manterão escolas de governo para a formação e o aperfeiçoamento dos servidores públicos, constituindo-se a participação nos cursos um dos requisitos para a manutenção do servidor na carreira.

(B) os detentores de mandato eletivo não poderão ser remunerados exclusivamente por subsídio fixado em parcela única.

(C) os Poderes Executivo, Legislativo e Judiciário publicarão semestralmente os valores do subsídio e da remuneração dos cargos e empregos públicos.

(D) lei da União, dos Estados, do Distrito Federal e dos Municípios disciplinará a aplicação de recursos orçamentários provenientes da economia com despesas correntes em cada órgão, autarquia e fundação, para aplicação no desenvolvimento de programas de qualidade e produtividade.

(E) ato do chefe do Poder Executivo da União, dos Estados, do Distrito Federal e dos Municípios poderá estabelecer a relação entre a maior e a menor remuneração dos servidores públicos.

A: Errada. A participação dos servidores em escolas de governo para a formação e o aperfeiçoamento será um dos requisitos para a promoção na carreira e não para sua manutenção no exercício de suas funções (art. 39, § 2º da CF); **B:** Errada. O contrário. Os detentores de mandato eletivo serão remunerados exclusivamente por subsídio fixado em parcela única. (art. 39, § 4º, da CF); **C:** Errada. Os valores do subsídio e remuneração dos cargos e empregos públicos serão publicados anualmente e não semestralmente (art. 39, § 6º, da CF). **D:** Correta. Nos termos do art. 39, § 7º, da CF. **E:** Errada. Não será por ato do chefe dos executivos que se estabelecerá a relação entre a maior e a menor remuneração dos servidores públicos, mas por meio de Lei (art. 39, § 5º, da CF).
Gabarito "D"

(Técnico Judiciário – TRE/PE – CESPE – 2017) Assinale a opção correta acerca dos vencimentos e das remunerações dos servidores públicos.

(A) Os acréscimos pecuniários recebidos por servidor público tornam-se vinculativos para o futuro.

(B) De regra, é permitida a acumulação remunerada de cargos públicos, ressalvadas as exceções constitucionais.

(C) É possível a concessão de equiparação de remuneração de servidores públicos.

(D) Os vencimentos dos cargos do Poder Judiciário poderão ser superiores aos pagos pelo Poder Executivo.

(E) Como regra, o subsídio e os vencimentos dos ocupantes de cargos e empregos públicos são irredutíveis.

A: Errada, Os acréscimos pecuniários recebidos por servidores não serão computados nem acumulados de modo que jamais serão vinculativos para o futuro (art. 37, inc. XIV, da CF). **B:** Errada. Em regra, é vedada a acumulação remunerada de cargos público. A exceção se dá, quando houver compatibilidade de horários nas seguintes situações: i) a de dois cargos de professor; ii) de um cargo de professor com outro técnico ou científico; iii) a de dois cargos ou empregos privativos de profissionais de saúde, com profissões regulamentadas (art. 37, inc. XVI, alíneas "a", "b" e "c" da CF). **C:** Errada. É vedada a equiparação de remuneração de servidores públicos (art. 37, inc. XIII da CF). **D:** Errada. Tanto os vencimentos dos cargos do Poder Judiciário, como dos cargos

do Poder Legislativo, não poderão ser superiores aos pagos pelo Poder Executivo (art. 37, inc. XII, da CF). **E:** Correta (art. 37, inc. XV, da CF). TC
Gabarito "E".

(Técnico Judiciário – TRT20 – FCC – 2016) Considere

I. Ministro de Estado.
II. Secretário Estadual.
III. Vereador.
IV. Prefeito.

De acordo com a Constituição Federal, serão remunerados, exclusivamente, por subsídio fixado em parcela única, vedado o acréscimo de qualquer gratificação, adicional, abono, prêmio, verba de representação ou outra espécie remuneratória, obedecidas as normas constitucionais pertinentes, os cargos indicados em

(A) II, III e IV, apenas.
(B) I, II e III, apenas.
(C) I, II, III e IV.
(D) I, III e IV, apenas.
(E) I e II, apenas.

Os cargos públicos mencionados no enunciado (I a IV), como se vê, são alçados por meio do voto direto, para o exercício de mandato, denominado pela Constituição como cargo de "detentor de mandato eletivo". A estas funções públicas haverá remuneração exclusivamente por subsídio fixada em parcela única, vedado o acréscimo de qualquer gratificação, adicional, abono, prêmio, verba de representação ou outra espécie remuneratória, obedecidas as normas constitucionais pertinentes, nos termos do art. 39, § 4º, da CF. TC
Gabarito "C".

5. ORGANIZAÇÃO DOS PODERES

5.1. Temas Gerais

(Técnico – TRT/6ª – 2012 – FCC) A Constituição Federal reconhece que são Poderes da União, independentes e harmônicos entre si, APENAS o

(A) Legislativo e o Executivo.
(B) Judiciário e o Legislativo.
(C) Executivo, o Legislativo e o Judiciário.
(D) Legislativo, o Executivo, o Judiciário e o Ministério Público.
(E) Executivo, o Legislativo, o Judiciário, o Ministério Público e a Defensoria Pública.

O art. 2º da CF/1988 determina que o Legislativo, o Executivo e o Judiciário são Poderes da União, independentes e harmônicos entre si. O Ministério Público e a Defensoria Pública não fazem parte dos Poderes, pois integram as chamadas funções essenciais à justiça.
Gabarito "C".

5.2. Poder Legislativo

(Técnico – TJ/MA – FCC – 2019) De acordo com o que estabelece a Constituição Federal acerca do Congresso Nacional,

(A) cada Território elegerá oito Deputados.
(B) cada Senador será eleito com um suplente.
(C) é de sua competência exclusiva resolver definitivamente sobre tratados ou acordos que acarretem encargos ou compromissos gravosos ao patrimônio nacional.

(D) a representação total de cada Estado e do Distrito Federal no Congresso Nacional será renovada de oito em oito anos.
(E) salvo disposição constitucional em contrário, as deliberações de cada Casa e de suas Comissões serão tomadas por três quintos dos votos, presente a maioria simples de seus membros.

A: incorreta, já que cada Território elegerá quatro Deputados (art. 45, § 2º, da CF); **B:** incorreta, pois cada Senador será eleito com dois suplentes (art. 46, § 3º, da CF); **C:** correta, nos termos do art. 49, inciso I, da CF; **D:** incorreta, visto que a representação de cada Estado e do Distrito Federal será renovada de quatro em quatro anos, alternadamente, por um e dois terços (art. 46, § 2º, da CF); **E:** incorreta, porque, salvo disposição constitucional em contrário, as deliberações de cada Casa e de suas Comissões serão tomadas por maioria dos votos, presente a maioria absoluta de seus membros (art. 47 da CF). AN
Gabarito "C".

(Técnico – TJ/AL – 2018 – FGV) Ao final do exercício financeiro, o Governador do Estado Alfa elaborou a sua prestação de contas e solicitou à sua assessoria jurídica que informasse qual seria o órgão responsável por julgá-las, aprovando-as ou rejeitando-as.

À luz da sistemática constitucional, o referido órgão é:

(A) o Tribunal de Justiça do Estado Alfa;
(B) a Assembleia Legislativa do Estado Alfa;
(C) o Congresso Nacional;
(D) o Superior Tribunal de Justiça;
(E) o Tribunal de Contas do Estado Alfa.

A Constituição da República prevê a competência exclusiva do Congresso Nacional para julgar anualmente as contas prestadas pelo Presidente da República (art. 49, IX). Com base no princípio da simetria constitucional, compete às Assembleias Legislativas o julgamento das contas prestadas pelos Governadores de Estado. AN
Gabarito "B".

(Técnico Judiciário – TRE/PI– CESPE – 2016) A respeito do Poder Legislativo, assinale a opção correta.

(A) O mandato dos senadores é de quatro anos.
(B) O quórum de votação de proposta em cada casa do Congresso Nacional e em suas comissões é de maioria simples de votos, ao passo que o quórum de instalação das sessões é de maioria absoluta de seus membros.
(C) Compete ao Senado autorizar, por dois terços de seus membros, a instauração de processo contra o presidente e o vice-presidente da República.
(D) Compete privativamente à Câmara dos Deputados processar e julgar o presidente e o vice-presidente da República em casos de crimes de responsabilidade.
(E) É vedado ao Poder Legislativo exercer as funções de administrar e de julgar, sob pena de violação da separação dos poderes.

A: Errado. O mandato dos senadores da República é de 8 anos. Cada Estado terá 3 representantes com renovação de 4 em 4 anos, alternadamente, por um e dois terços (art. 46, *caput* e §§ 1º e 2º, da CF). **B:** Correta, nos termos do art. 47 da CF. **C:** Errado. A competência para autorizar a instauração de processo contra o Presidente da República, é da Câmara dos Deputados (art. 51, inc. I da CF). A competência do Senado será do julgamento de Crime de Responsabilidade. **D:** Errado. Competência do Senado Federal (art. 52, I). **E:** Errado. De maneira atípica o Legislativo poderá exercer funções administrativas (ex: licitação para aquisição de equipamentos) e judicial (ex: processo administrativo para investigar condutas de um serventuário). TC

Gabarito "B".

(**Técnico – TRT/11ª – 2012 – FCC**) José, Deputado Federal, é investido no cargo de Secretário de um determinado Estado da Federação. Nesse caso, de acordo com a Constituição Federal de 1988, José

(**A**) perderá o mandato de Deputado Federal se permanecer no cargo de Secretário de Estado por mais de seis meses.

(**B**) perderá o mandato de Deputado Federal independentemente do prazo que permanecer no cargo de Secretário de Estado.

(**C**) não perderá o mandato de Deputado Federal e poderá optar pela remuneração do mandato.

(**D**) não perderá o mandato de Deputado Federal e receberá a remuneração de Secretário de Estado.

(**E**) poderá cumular os cargos de Deputado Federal e Secretário de Estado, optando-se por uma das remunerações estabelecidas.

O art. 56, I, da CF/1988 determina que o **Deputado** ou Senador investido no cargo de Ministro de Estado, Governador de Território, **Secretário de Estado**, do Distrito Federal, de Território, de Prefeitura de Capital ou chefe de missão diplomática temporária, não perde **o seu mandato**. Além disso, o § 3º do mesmo dispositivo indica que nesse caso o Deputado ou Senador **poderá optar pela remuneração** do mandato. TC

Gabarito "C".

(**Técnico Judiciário – TRE/PE – CESPE – 2017**) Compete privativamente à Câmara dos Deputados

(**A**) processar e julgar os ministros do Supremo Tribunal Federal, nos crimes de responsabilidade.

(**B**) elaborar o regimento interno do Senado Federal.

(**C**) aprovar, previamente, a escolha de ministros do Tribunal de Contas da União.

(**D**) autorizar a instauração de processo contra o presidente da República.

(**E**) processar e julgar o presidente e o vice-presidente da República nos crimes de responsabilidade.

A: Errada. A competência para processar e julgar os ministros do Supremo é do Senado Federal (art. 52, inc. II, da CF). **B:** Errada. A elaboração do Regimento Interno do Senado será de Competência do próprio órgão legislativo (art. 52, inc. XII, da CF). **C:** Errada. A aprovação prévia dos Ministros do Tribunal de Contas da União compete privativamente ao Senado Federal (art. 52, inc. III, alínea "b"). **D:** Certa, nos termos do art. 51, inc. I, da CF. **E:** Errada. A Câmara dos Deputados apenas autorizará ou não a instauração do processo contra o Presidente da República. O processamento e o julgamento ficará a cargo do Senado Federal (art. 52, inc. I, da CF). TC

Gabarito "D".

(**Técnico Judiciário – TRT8 – CESPE – 2016**) Acerca das atribuições do Senado Federal e da Câmara dos Deputados, assinale a opção correta.

(**A**) Incumbe privativamente à Câmara dos Deputados a indicação dos membros representativos do Poder Legislativo no CNJ.

(**B**) Cabe ao Senado Federal, independentemente de manifestação da Câmara dos Deputados, a aprovação dos tratados firmados pelo Poder Executivo.

(**C**) Compete privativamente ao Senado Federal a apreciação do nome indicado pelo presidente da República para procurador-geral da República.

(**D**) A abertura de processo de *impeachment* contra o presidente da República é de competência exclusiva do Senado Federal.

(**E**) Cabe exclusivamente ao Senado Federal a indicação de ministros do Tribunal de Contas da União, que deve ser referendada pelo presidente da República.

A: Errado. Haverá uma indicação da Câmara e uma indicação do Senado, nas duas vagas de cidadãos (art. 103-B, inc. XIII, da CF). **B:** Errado. A competência é do Congresso Nacional (Câmara Federal e Senado conjuntamente), nos termos do art. 49, inc. I, da CF. **C:** Correto. Cabe ao Senado aprovar previamente, por voto secreto, após arguição pública a escolha do Procurador-Geral **D:** Errado. A abertura do processo de *impeachment* tem como casa iniciadora a Câmara dos Deputados. O Senado Federal terá a competência de julgar. **E:** Errado. O art. 73, § 2º, da CF estabelece que: "Os Ministros do Tribunal de Contas da União serão escolhidos: I – um terço pelo Presidente da República, com aprovação do Senado Federal, sendo dois alternadamente dentre auditores e membros do Ministério Público junto ao Tribunal, indicados em lista tríplice pelo Tribunal, segundo os critérios de antiguidade e merecimento; II – dois terços pelo Congresso Nacional". TC

Gabarito "C".

(**Técnico Judiciário – TRT8 – CESPE – 2016**) A respeito da composição e das finalidades do Conselho Nacional de Justiça (CNJ), assinale a opção correta.

(**A**) O CNJ é presidido pelo presidente do STF e, na sua ausência e(ou) impedimento, pelo presidente do Tribunal Superior do Trabalho.

(**B**) O ministro-corregedor do CNJ é eleito pelos seus pares entre os ministros do Superior Tribunal de Justiça para mandato fixo de três anos.

(**C**) Compete ao CNJ o controle da atuação administrativa e financeira do Poder Judiciário e do cumprimento dos deveres funcionais dos juízes.

(**D**) O número de membros do CNJ não pode ser superior ao número de ministros do STF.

(**E**) Embora sejam vitalícios, os membros do CNJ devem aposentar-se compulsoriamente aos setenta e cinco anos de idade.

A: Errada. Na ausência do presidente do STF o CNJ será presidido pelo vice-presidente do STF e não pelo Presidente do TST (art. 103-B, § 1º, da CF). **B:** Errada. O mandato do ministro-corregedor será de 2 anos, admitida uma recondução, assim como os demais membros do Conselho (art. 103-B *caput* da CF). **C:** Correta. (art. 103-B, § 4º, da CF). **D:** Errado. O CNJ é composto por 15 membros. **E:** Errado. Os membros do CNJ não possuirão mandato vitalício. O mandato será de 2 anos, admitida uma recondução. TC

Gabarito "C".

(**Técnico Judiciário – TRT20 – FCC – 2016**) Prevê a Constituição Federal que, nas ausências e impedimentos do Presidente do Conselho Nacional de Justiça, o referido Conselho será presidido pelo

(**A**) Presidente do Superior Tribunal de Justiça.

(**B**) Vice-Presidente da República.

(**C**) Presidente do Congresso Nacional.

(**D**) Vice-Presidente do Supremo Tribunal Federal.

(**E**) Presidente do Tribunal Superior do Trabalho.

Na ausência do Presidente do Supremo Tribunal Federal, que é o presidente do Conselho Nacional de Justiça, o cargo máximo do Conselho será exercido pelo vice-presidente do Supremo Tribunal Federal (art. 103-B, §1°, da CF). **TC**

Gabarito "D".

(Técnico – TRT/6ª – 2012 – FCC) Em relação ao Poder Legislativo, é correto afirmar:

(A) Os Senadores representam os Estados e o Distrito Federal e possuem mandato de oito anos, embora a legislatura do Congresso Nacional dure, apenas, quatro anos.

(B) O Congresso Nacional reúne-se, anualmente, na Capital Federal, de 2 de janeiro a 30 de junho e de 1° de agosto a 22 de dezembro.

(C) Os Deputados Federais representam o povo e possuem mandato de quatro anos, embora a legislatura do Congresso Nacional dure oito anos.

(D) A convocação extraordinária do Congresso Nacional será feita pelo Presidente da Câmara dos Deputados em caso de decretação de estado de defesa ou de intervenção federal.

(E) As comissões parlamentares de inquérito são permanentes e possuem poderes para apurar fatos de relevância política, bem como para aplicar sanções.

A: correta. De fato, o Senado Federal representa os Estados e o Distrito Federal. O mandato dos Senadores é de 8 (oito anos), e a representação será renovada de quatro em quatro anos, alternadamente, por um e dois terços (art. 46, §§ 1° e 2°, da CF/1988). Já a legislatura dura apenas 4 (quatro) anos, conforme dispõe o parágrafo único do art. 44 da CF/1988; **B:** incorreta. De acordo com o art. 57 da CF/1988 o Congresso Nacional se reúne, anualmente, na Capital Federal, de **2 de fevereiro a 17 de julho** e de 1° de agosto a 22 de dezembro; **C:** incorreta. De fato os Deputados Federais representam o provo e possuem mandato de 4 (quatro) anos (art. 45 e 46, § 2°, ambos da CF/1988), mas a legislatura, como já explicado, corresponde ao período de 4 (quatro) anos e não 8 (oito) como mencionado (art. 44, parágrafo único da CF/1988; **D:** incorreta. Nessas hipóteses a convocação extraordinária é feita pelo Presidente do Senado Federal (art. 57, § 6°, I, da CF/1988). **E:** incorreta. As comissões parlamentares de inquérito são criadas no âmbito do Poder Legislativo e possuem natureza de comissão provisória ou temporária, pois, após ter sido apurado o fato, a comissão é desfeita. Sua função é a apurar um **fato determinado**, por um **prazo certo** (art. 58, § 3°, da CF/1988). Além disso, tais comissões **não** possuem poder para aplicar sanções. Devem, ao final das investigações, encaminhar relatório ao Ministério Público e às demais autoridades judiciais e administrativas para que elas promovam a responsabilidade dos infratores e aplicação de penalidades.

Gabarito "A".

5.2.1 Processo Legislativo

(Técnico Judiciário – TRT8 – CESPE – 2016) No que se refere às emendas à CF, assinale a opção correta.

(A) É vedada a proposta de emenda à Constituição que trate de matéria referente à ordem tributária.

(B) A CF pode ser emendada na vigência de intervenção federal, mas não na vigência de estado de defesa ou de estado de sítio.

(C) A iniciativa das emendas à Constituição compete somente ao presidente da República ou à maioria qualificada de qualquer das Casas do Congresso.

(D) Emenda à Constituição pode versar sobre a abolição da forma federativa de Estado.

(E) A proposta de emenda à Constituição deve ser examinada, em dois turnos, em ambas as Casas do Congresso Nacional, sendo necessários, para sua aprovação, três quintos de votos de seus respectivos membros.

A: Errada. Não há vedação no rol de cláusulas pétreas (art. 60 § 4°, da CF) à matéria tributária. **B:** Errada. A CF não poderá ser emendada na vigência de intervenção federal, estado de defesa ou estado de sítio (art. 60, §1°, da CF). **C:** Errada. A iniciativa poderá ser: i) de um terço, no mínimo, dos membros da Câmara dos Deputados ou do Senado Federal; ii) Presidente da República; iii) mais da metade das Assembleias Legislativas, manifestando cada uma delas pela maioria de seus membros (art. 60, inc. I a III, da CF). **D:** Errada. A CF institui a forma federativa de Estado como uma cláusula pétrea que não será objeto de deliberação (art. 60, § 4°, inc. I da CF). **E:** Correta, nos termos do § 2° do art. 60 da CF. **TC**

Gabarito "E".

(Técnico Judiciário – TRT8 – CESPE – 2016) Acerca da medida provisória, espécie de norma jurídica prevista na CF, assinale a opção correta.

(A) É permitida a edição de medida provisória para a instituição ou a majoração de tributos de pessoa física.

(B) A apreciação das medidas provisórias inicia-se no Senado Federal.

(C) Permite-se a edição de medidas provisórias concernentes a matéria de direito eleitoral.

(D) A medida provisória constitui forma de elaboração legislativa excepcional, admitida somente para tratar de matérias consideradas de urgência e de relevância.

(E) É permitida a edição de medidas provisórias que tratem dos direitos do acusado em matéria penal e processual penal.

A: Correta. É legítima a disciplina de matéria de natureza tributária por meio de medida provisória, salvo nas hipóteses reservadas à lei complementar. **B:** Errada. A apreciação de medida provisória terá sua votação iniciada na Câmara dos Deputados (art. 62, § 8°, da CF). **C:** Errada. Há vedação expressa a respeito da edição de medida provisória em matéria de direito eleitoral (art. 62, § 1°, inc. I, alínea "a"). **D:** Correta. (art. 62 caput da CF). **E:** Errada. Há vedação expressa a respeito da edição de medida provisória em matéria penal e processual penal (art. 62, §1°, inc. I, alínea "b", da CF). **TC**

Gabarito "Anulada".

5.2.2 Fiscalização Contábil, Financeira e Orçamentária

(Técnico Judiciário – TRF2 – Consulplan – 2017) De acordo com o Art. 71, caput, da Constituição da República Federativa do Brasil, "o controle externo, a cargo do Congresso Nacional, será exercido com o auxílio do Tribunal de Contas da União (...)". À luz da interpretação do referido preceito constitucional e das normas que lhe são correlatas, assinale a afirmativa correta.

(A) O Tribunal de Contas da União, como órgão do Poder Judiciário, não está subordinado ao Congresso Nacional.

(B) Como o Tribunal de Contas da União é órgão auxiliar do Congresso Nacional, as decisões que profira podem ser revistas por este último.

(C) O Tribunal de Contas da União não exerce diretamente o controle externo, sob o prisma financeiro e orçamentário, dos entes da administração direta e indireta.

(D) O Tribunal de Contas da União possui competências próprias, que exerce de modo autônomo, sem subordinação ao Congresso Nacional.

O Tribunal de Contas da União é órgão auxiliar e de orientação do Poder Legislativo, embora não seja a ele subordinado, pratica atos de natureza administrativa, relacionadas à fiscalização. 🅣🅒
Gabarito "D".

(Técnico Judiciário – TRT24 – FCC – 2017) No tocante à fiscalização contábil, financeira e orçamentária, segundo a Constituição Federal, o controle externo, a cargo do Congresso Nacional, será exercido com o auxílio do Tribunal de Contas da União. O Tribunal encaminhará relatório de suas atividades ao

(A) Congresso Nacional, semestralmente.

(B) Supremo Tribunal Federal, semestralmente.

(C) Supremo Tribunal Federal, trimestral e anualmente.

(D) Congresso Nacional, trimestral e anualmente.

(E) Superior Tribunal de Justiça, semestralmente.

Art. 71 § 4º, da CF. 🅣🅒
Gabarito "D".

(Técnico Judiciário – TRT/9ª – 2012 – FCC) Nos termos da Constituição Federal, os Ministros do Tribunal de Contas da União

(A) terão as mesmas garantias, prerrogativas, impedimentos, vencimentos e vantagens dos Ministros do Superior Tribunal de Justiça.

(B) serão nomeados dentre brasileiros que satisfaçam, entre outros requisitos, no mínimo 15 anos de exercício de função ou de efetiva atividade profissional.

(C) serão escolhidos um terço pelo Presidente da República, com aprovação do Senado Federal e, dois terços, pelo Senado Federal.

(D) não podem ser substituídos por auditor, uma vez que este não poderá ter as mesmas garantias e impedimentos dos Ministros.

(E) serão nomeados entre brasileiros que tenham, dentre outros requisitos, mais de 30 e menos de 65 anos de idade.

A: correta. De acordo com o art. 73, § 3°, da CF/1988, os Ministros do Tribunal de Contas da União terão as mesmas garantias, prerrogativas, impedimentos, vencimentos e vantagens dos Ministros do Superior Tribunal de Justiça; **B:** incorreta. Os requisitos para o cargo de Ministro do Tribunal de Contas da União, de acordo com o art. 73, § 1°, da CF/1988, são os seguintes: I – ser brasileiro e contar com mais de 35 (trinta e cinco) e menos de 65 (sessenta e cinco anos de idade), II – idoneidade moral e reputação ilibada, III – notórios conhecimentos jurídicos, contábeis, econômicos e financeiros ou de administração pública, IV – mais de **dez anos** de exercício de função ou de efetiva atividade profissional que exija os conhecimentos mencionados no inciso anterior; **C:** incorreta. Conforme dispõe o § 2° do art. 73 da CF/1988, os Ministros do Tribunal de Contas da União serão escolhidos: I – um terço pelo Presidente da República, com aprovação do Senado Federal, sendo dois alternadamente dentre auditores e membros do Ministério Público junto ao Tribunal, indicados em lista tríplice pelo Tribunal, segundo os critérios de antiguidade e merecimento e II – **dois terços pelo Congresso Nacional**; D: incorreta. Ao contrário, o art. 73, § 4°, da CF/1988 determina que os Ministros possam ser substituídos por auditor e, nesse caso, o auditor terá as mesmas garantias e impedimentos

do titular e, quando no exercício das demais atribuições da judicatura, as de juiz de Tribunal Regional Federal; **E:** incorreta. A idade exigida para o cargo, como mencionado, é de **mais de 35 (trinta e cinco)** e menos de 65 (sessenta e cinco) anos de idade.
Gabarito "A".

(Técnico Judiciário – TRE/AP – 2011 – FCC) No que se refere à fiscalização contábil, financeira e orçamentária é certo que, o auditor, quando em substituição a Ministro do Tribunal de Contas, terá as mesmas garantias e impedimentos do titular e, quando no exercício das demais atribuições da judicatura, as de

(A) Juiz de Tribunal Regional Eleitoral.

(B) Juiz de Tribunal Regional Federal.

(C) Advogado Geral da União.

(D) Procurador da República.

(E) Juiz de Tribunal de Justiça de Estado.

Dispõe o § 4° do art. 73 da CF/1988 que o auditor, quando em substituição a Ministro, terá as mesmas garantias e impedimentos do titular e, quando no exercício das demais atribuições da judicatura, as de juiz de Tribunal Regional Federal.
Gabarito "B".

5.3. Poder Executivo

(Técnico – TJ/MA – FCC – 2019) Compete privativamente ao Presidente da República

(A) autorizar referendo e convocar plebiscito.

(B) sancionar, promulgar e fazer publicar as leis, bem como expedir decretos e regulamentos para sua fiel execução.

(C) aprovar, previamente, a alienação ou concessão de terras públicas com área superior a dois mil e quinhentos hectares.

(D) aprovar o estado de defesa e a intervenção federal, autorizar o estado de sítio, ou suspender qualquer uma dessas medidas.

(E) autorizar, em terras indígenas, a exploração e o aproveitamento de recursos hídricos e a pesquisa e lavra de riquezas minerais.

A: incorreta, porque é competência exclusiva do Congresso Nacional autorizar referendo e convocar plebiscito (art. 49, XV, da CF); **B:** correta, nos termos do art. 84, IV, da CF; **C:** incorreta, pois é competência exclusiva do Congresso Nacional aprovar, previamente, a alienação ou concessão de terras públicas com área superior a dois mil e quinhentos hectares (art. 49, XVII, da CF); **D:** incorreta, porque é competência exclusiva do Congresso Nacional aprovar o estado de defesa e a intervenção federal, autorizar o estado de sítio, ou suspender qualquer uma dessas medidas (art. 49, IV, da CF); **E:** incorreta, pois é competência exclusiva do Congresso Nacional autorizar, em terras indígenas, a exploração e o aproveitamento de recursos hídricos e a pesquisa e lavra de riquezas minerais (art. 49, XVI, da CF). 🄰🄽
Gabarito "B".

(Técnico – TJ/AL – 2018 – FGV) O Presidente da República foi acusado da prática de crime de responsabilidade perante o Senado Federal. Em resposta, afirmou que a acusação não poderia ser endereçada à referida Casa Legislativa.

À luz da sistemática constitucional, a defesa apresentada pelo Presidente da República deve ser:

(A) acolhida, pois a acusação deveria ter sido endereçada ao Supremo Tribunal Federal;

(B) rejeitada, pois o Senado Federal deve receber a acusação para que o processo se inicie no Supremo Tribunal Federal;

(C) acolhida, pois a acusação deveria ter sido endereçada ao Superior Tribunal de Justiça;

(D) rejeitada, pois o Senado Federal deve receber a acusação para que o processo se inicie na Câmara dos Deputados;

(E) acolhida, pois a acusação deveria ter sido endereçada à Câmara dos Deputados.

À luz da sistemática constitucional, a acusação contra o Presidente da República deverá ser admitida por **dois terços** da Câmara dos Deputados, sendo ele submetido a julgamento perante o Supremo Tribunal Federal, nas infrações penais comuns, ou perante o Senado Federal, nos crimes de responsabilidade (art. 86, *caput*, da CF). Logo, a defesa apresentada pelo Presidente da República deve ser acolhida, pois a acusação deveria ter sido endereçada à Câmara dos Deputados. **AN**

Gabarito "E."

(Técnico – TRT/15 – FCC – 2018) Sobre a responsabilidade do Presidente da República, levando-se em conta que em regimes democráticos não existem governantes irresponsáveis, e considerando o que estabelece sobre o tema a Constituição Federal,

(A) são considerados crimes de responsabilidade aqueles que, contrariando leis complementares, atentarem contra o patrimônio público e social.

(B) admitida a acusação de infração penal comum contra o Presidente da República por três quintos da Câmara dos Deputados, será ele submetido a julgamento perante o Senado Federal.

(C) nos casos de crime de responsabilidade, admitida a acusação contra o Presidente da República, compete o julgamento ao Supremo Tribunal Federal.

(D) na vigência de seu mandato, poderá o Presidente da República ser responsabilizado por atos não correlatos ao exercício de suas funções, desde que autorizada a acusação pelo Congresso Nacional.

(E) admitida a acusação contra o Presidente da República por infrações penais comuns ou por crime de responsabilidade, ficará ele suspenso de suas funções pelo prazo de até cento e oitenta dias.

A: incorreta, pois são considerados crimes de responsabilidade os atos do Presidente da República que atentem contra a Constituição Federal e, especialmente, contra a existência da União; o livre exercício do Poder Legislativo, do Poder Judiciário, do Ministério Público e dos Poderes constitucionais das unidades da Federação; o exercício dos direitos políticos, individuais e sociais; a segurança interna do País; a probidade na administração; a lei orçamentária; o cumprimento das leis e das decisões judiciais (art. 85 da CF); **B** e **C:** incorretas, já que, admitida a acusação contra o Presidente da República por **dois terços** da Câmara dos Deputados, será ele submetido a julgamento perante o **Supremo Tribunal Federal**, nas infrações penais comuns, ou perante o **Senado Federal**, nos crimes de responsabilidade (art. 86, *caput*, da CF); **D:** incorreta, porque o Presidente da República, na vigência de seu mandato, **não** poderá ser responsabilizado por atos estranhos ao exercício de suas funções (art. 86, § 4º, da CF); **E:** correta, conforme art. 86, §§ 1º e 2º, da CF. **AN**

Gabarito "E."

(Técnico Judiciário – TRE/PI – CESPE – 2016) A respeito das atribuições do presidente da República e dos ministros de Estado, assinale a opção correta.

(A) O ministro da Defesa, que exerce o comando supremo das Forças Armadas, deve nomear os comandantes da Marinha, do Exército e da Aeronáutica.

(B) As atribuições dos ministros de Estado incluem o dever de orientar, coordenar e supervisionar os órgãos e as entidades da administração federal na área de sua competência.

(C) Os cargos de ministro de Estado, de livre nomeação pelo presidente da República, devem ser ocupados por brasileiros natos, maiores de vinte e um anos de idade, no pleno exercício de seus direitos políticos.

(D) Compete privativamente ao presidente da República sancionar, promulgar e fazer publicar as leis, e aos ministros de Estado expedir decretos para a regulamentação das leis.

(E) Compete privativamente ao presidente da República determinar, mediante decreto, a criação de cargos públicos remunerados.

A: Errada. A competência é privativa do Presidente da República (art. 84, inc. XIII, da CF). **B:** Correta (art. 87, parágrafo único, inc. I, da CF). **C:** Errada. Os cargos de ministro de Estado poderão ser ocupados não apenas por brasileiros natos, mas também por naturalizados. O *caput* do art. 87 da CF não faz essa distinção. A exceção da obrigatoriedade dos cargos serem exercidos por brasileiros natos está expressa no art. 12, § 3º, inc. I a VII da CF. **D:** Errada. A expedição de decretos e regulamentos para fiel execução, em igual sentido, também são de competência privativa do Presidente da República (art. 84, inc. IV da CF). **E:** Errada. A criação de cargos públicos se dará mediante proposta legislativa de iniciativa do Presidente da República, e não por meio de decreto (art. 61, § 1º, inc. II, alínea "a" da CF). **TC**

Gabarito "B."

(Técnico Judiciário – TRT24 – FCC – 2017) Considere os seguintes atos do Presidente da República praticados contra

I. a existência da União.

II. o cumprimento das leis e das decisões judiciais.

III. a probidade na Administração.

IV. o exercício dos direitos políticos, individuais e sociais.

De acordo com a Constituição Federal, são crimes de responsabilidade os atos do Presidente da República indicados em

(A) I, II e III, apenas.

(B) I, II, III e IV.

(C) II, III e IV, apenas.

(D) I e IV, apenas.

(E) II e IV, apenas.

I: art. 85, inc. I, da CF; **II:** art. 85, inc. VII, da CF; **III:** art. 85, inc. V, da CF e **IV:** art. 85, inc. III, da CF. **TC**

Gabarito "B."

(Técnico Judiciário – TRT8 – CESPE – 2016) Acerca das competências do presidente da República, assinale a opção correta.

(A) A nomeação dos ministros do Tribunal Superior do Trabalho realizada pelo presidente da República depende da aprovação da Câmara dos Deputados.

(B) Compete ao presidente da República exercer o comando supremo das Forças Armadas.

(C) A celebração de tratados, convenções e atos internacionais pelo presidente da República está sujeita a referendo do Senado Federal.

(D) Cabe ao presidente da República, de forma discricionária, nomear embaixadores.

(E) A nomeação e a exoneração de ministros de Estado pelo presidente da República dependem da aprovação do Congresso Nacional.

A: Errado. A nomeação dos ministros do Tribunal Superior do Trabalho será realizada pelo Presidente da República após a aprovação do Senado Federal por maioria absoluta de seus membros e não pela Câmara dos Deputados (art. 111-A da CF). **B:** Correto. Competirá privativamente ao Presidente da República o exercício do comando supremo das Forças Armadas (art. 84, inc. XIII, da CF). **C:** Errado. A celebração de tratados, convenções e atos internacionais pelo Presidente da República está sujeita a referendo do Congresso Nacional (art. 84, inc. VIII, da CF). **D:** Errado. A Constituição estabelece no art. 52, inc. IV, que competirá ao Senado a escolha dos chefes de missão diplomática (incluindo os embaixadores). **E:** Errado. A nomeação e exoneração de ministros de Estado, são traduzidas no texto constitucional como cargo em comissão, de modo que não dependerão de aprovação do Congresso, sendo de livre nomeação e exoneração (demissível *ad nutum*) (art. 37, inc. II da CF). 🔲
„Gabarito "B".

(Técnico Judiciário – TRT8 – CESPE – 2016) Assinale a opção correta a respeito dos princípios da administração pública.

(A) Em decorrência do princípio da hierarquia, nega-se o direito de greve e de livre associação sindical para funcionários do Poder Judiciário.

(B) Em decorrência do princípio da legalidade, é permitido ao agente público praticar atos administrativos que não sejam expressamente proibidos pela lei.

(C) A observância dos princípios da eficiência e da legalidade é obrigatória apenas à administração pública direta.

(D) A proibição de nomear parentes para ocupar cargos comissionados na administração pública é expressão da aplicação do princípio da moralidade.

(E) O princípio da publicidade não está expressamente previsto na CF.

A: Errado. O direito à greve é previsto no texto constitucional (art. 37, inc. VII, da CF). **B:** Errado. Em decorrência do princípio da legalidade, ao agente público é permitido praticar atos que estejam expressamente previstos em lei, somente. A faculdade da prática de atos que não estejam expressamente proibidas é garantido somente ao particular. **C:** Errado. A todos os órgãos da Administração. **D:** Correto. A proibição do nepotismo visa coibir atos atentatórios à moralidade, mas não apenas. Também à impessoalidade. **E:** Errado. Publicidade está prevista no caput do art. 37 como princípio norteador da Administração pública. 🔲
„Gabarito "D".

(Técnico – TRT/6ª – 2012 – FCC) Em relação ao tema responsabilidade do Presidente da República, considere:

I. Compete privativamente ao Senado Federal processar e julgar o Presidente da República nos crimes de responsabilidade, podendo sancioná-lo com pena de privação de liberdade e inabilitação, por oito anos, para o exercício de função pública.

II. O Presidente da República, na vigência de seu mandato, não pode ser responsabilizado por atos estranhos ao exercício de suas funções.

III. Enquanto não sobrevier sentença condenatória, nas infrações comuns, o Presidente da República não estará sujeito à prisão.

Está correto o que se afirma em

(A) I, apenas.

(B) II, apenas.

(C) I e II, apenas.

(D) II e III, apenas.

(E) I, II e III.

I: incorreto. Cabe ao Senado Federal julgar o Presidente da República no caso de crime de responsabilidade, mas a condenação **está limitada à perda do cargo, com inabilitação, por oito anos, para o exercício de função pública**, sem prejuízo das demais sanções judiciais cabíveis (art. 52, parágrafo único, da CF/1988). Desse modo, a aplicação da pena privativa de liberdade não é da competência do Senado; **II:** correta (art. 86, § 4º, da CF/1988); **III:** correta (art. 86, § 3º, da CF/1988).
„Gabarito "D".

5.4. Poder Judiciário

(Técnico – TJ/MA – FCC – 2019) Lei complementar, de iniciativa do Supremo Tribunal Federal, disporá sobre o Estatuto da Magistratura, observado, dentre outros, o seguinte princípio:

(A) as decisões administrativas dos tribunais serão motivadas e em sessão sigilosa, sendo as disciplinares tomadas pelo voto da maioria absoluta de seus membros.

(B) os servidores receberão delegação para a prática de atos de administração, atos de mero expediente e decisões interlocutórias.

(C) a distribuição de processos será imediata tão somente no primeiro grau de jurisdição.

(D) nos tribunais com número superior a 25 julgadores, poderá ser constituído órgão especial, com o mínimo de 11 e o máximo de 25 membros, para o exercício das atribuições administrativas e jurisdicionais delegadas da competência do tribunal pleno, provendo-se metade das vagas por antiguidade e a outra metade por eleição pelo tribunal pleno.

(E) previsão de cursos oficiais de preparação, aperfeiçoamento e promoção de magistrados, constituindo etapa facultativa do processo de vitaliciamento a participação em curso oficial ou reconhecido por escola nacional de formação e aperfeiçoamento de magistrados.

A: incorreta, uma vez que as decisões administrativas dos tribunais serão motivadas e em **sessão pública**, sendo as disciplinares tomadas pelo voto da maioria absoluta de seus membros (art. 93, X, da CF); **B:** incorreta, pois os servidores receberão delegação para a prática de atos de administração e atos de mero expediente sem caráter decisório (art. 93, XIV, da CF); **C:** incorreta, haja vista que a distribuição de processos será imediata em todos os graus de jurisdição (art. 93, XV, da CF); **D:** correta, nos termos do art. 93, XI, da CF; **E:** incorreta, pois haverá a previsão de cursos oficiais de preparação, aperfeiçoamento e promoção de magistrados, constituindo **etapa obrigatória** do processo de vitaliciamento a participação em curso oficial ou reconhecido por escola nacional de formação e aperfeiçoamento de magistrados (art. 93, IV, da CF). 🔲
„Gabarito "D".

(Técnico – TRF/4 – FCC – 2019) Lineu é juiz federal titular de vara de competência mista e deve decidir acerca da sua competência com relação a três processos que lhe foram distribuídos: o primeiro trata de causa de ação referente a acidente de trabalho, na qual entidade autárquica Federal (INSS) figura como ré; o segundo se refere a causa entre Estado estrangeiro e município; e o terceiro versa sobre crime contra a organização do trabalho. Com base na Constituição Federal, Lineu deve dar-se por

(A) incompetente para processar e julgar a primeira causa e competente para processar e julgar a segunda e a terceira causas.

(B) competente para processar e julgar a primeira causa e incompetente para processar e julgar a segunda e a terceira causas.

(C) competente para processar e julgar as três causas.

(D) incompetente para processar e julgar as três causas.

(E) competente para processar e julgar a primeira e a segunda causas e incompetente para processar e julgar a terceira causa.

O STF entende que compete à Justiça Ordinária Estadual o processo e o julgamento, em ambas as instâncias, das causas de acidente do trabalho, ainda que promovidas contra a União, suas autarquias, empresas públicas ou sociedades de economia mista (Súmula 501 do STF e RE 638.483 RG, Rel. Min. Presidente Cezar Peluso, Pleno, j. 9-6-2011, Tema 414). Por outro lado, compete aos juízes federais processar e julgar as causas entre Estado estrangeiro ou organismo internacional e Município ou pessoa domiciliada ou residente no País e os crimes contra a organização do trabalho (art. 109, II e VI, da CF). Logo, Lineu deve dar-se por incompetente para processar e julgar a primeira causa e competente para processar e julgar a segunda e a terceira causas. AN
Gabarito "A".

(Técnico – TRT1 – 2018 – AOCP) A Justiça do Trabalho é composta por diversos órgãos dentre os quais está o Tribunal Superior do Trabalho – TST. Funciona, junto ao TST, o Conselho Superior de Justiça do Trabalho ao qual, de acordo com o que dispõe o texto constitucional, compete

(A) exercer, na forma da lei, a supervisão administrativa, orçamentária, financeira e patrimonial da Justiça do Trabalho de primeiro e segundo graus, como órgão central do sistema, cujas decisões terão efeito vinculante.

(B) processar e julgar, originariamente, a reclamação para a preservação de sua competência e garantia da autoridade de suas decisões.

(C) processar e julgar as ações sobre representação sindical, entre sindicatos, entre sindicatos e trabalhadores, e entre sindicatos e empregadores.

(D) julgar as ações de indenização por dano moral ou patrimonial, decorrentes da relação de trabalho.

(E) processar e julgar os mandados de segurança, *habeas corpus* e *habeas data*, quando o ato questionado envolver matéria sujeita à sua jurisdição.

Compete ao Conselho Superior da Justiça do Trabalho exercer, na forma da lei, a supervisão administrativa, orçamentária, financeira e patrimonial da Justiça do Trabalho de primeiro e segundo graus, como órgão central do sistema, cujas decisões terão efeito vinculante (art. 111-A, § 2º, II, da CF). AN
Gabarito "A".

(Técnico – TRT1 – 2018 – AOCP) De acordo com o que dispõe a Constituição Federal, assinale a alternativa correta acerca do Estatuto da Magistratura.

(A) Deve ser estabelecido por Lei Ordinária de iniciativa do Poder Executivo.

(B) É instituído por Lei Complementar de iniciativa do Congresso Nacional.

(C) Será disposto por Lei Ordinária de inciativa do Senado Federal.

(D) Deve ser estabelecido por Lei Ordinária de iniciativa do Congresso Nacional.

(E) É instituído por Lei Complementar de iniciativa do Supremo Tribunal Federal.

O art. 93, *caput*, da CF estabelece que o Estatuto da Magistratura deverá ser instituído por Lei Complementar de iniciativa do Supremo Tribunal Federal. AN
Gabarito "E".

(Técnico – TJ/AL – 2018 – FGV) O Tribunal de Justiça do Estado Beta encaminhou ao Chefe do Poder Executivo a sua proposta orçamentária anual, a qual foi devolvida sob o argumento de equívoco no destinatário e na ausência de legitimidade do Tribunal para elaborá-la.

À luz da narrativa acima e da sistemática constitucional, o entendimento do Chefe do Poder Executivo está:

(A) totalmente equivocado, pois o Poder Judiciário, em razão de sua autonomia, deve elaborar a sua proposta orçamentária e encaminhá-la ao Poder Executivo;

(B) parcialmente certo, pois, apesar de o Poder Judiciário não ter legitimidade para elaborar a sua proposta orçamentária, a análise inicial é feita pelo Poder Executivo;

(C) parcialmente certo, pois o Poder Judiciário tem legitimidade para elaborar a sua proposta orçamentária, mas deve encaminhá-la ao Poder Legislativo;

(D) parcialmente certo, pois o Poder Judiciário tem legitimidade para elaborar a sua proposta orçamentária, mas deve encaminhá-la ao Conselho Nacional de Justiça;

(E) totalmente certo, pois a proposta orçamentária é elaborada pelo Poder Executivo, responsável pela arrecadação tributária, e deve ser encaminhada ao Poder Legislativo.

O art. 99 da Constituição da República assegura ao Poder Judiciário autonomia administrativa e financeira. Para garantir a autonomia financeira, o texto constitucional estabelece que o Poder Judiciário deverá elaborar a sua proposta orçamentária e encaminhá-la ao Poder Executivo, que procederá aos ajustes necessários caso a proposta esteja em desacordo com os limites estipulados na lei de diretrizes orçamentárias. Logo, o entendimento do Chefe do Poder Executivo está totalmente equivocado. AN
Gabarito "A".

(Técnico – TJ/AL – 2018 – FGV) O Tribunal de Justiça do Estado Alfa proferiu acórdão, em sede de apelação, que, no entender de uma das partes, seria frontalmente contrário à Constituição da República de 1988.

À luz da sistemática constitucional e sendo preenchidos os demais requisitos exigidos, é possível a interposição de recurso extraordinário direcionado ao:

(A) Superior Tribunal de Justiça;

(B) Conselho Nacional de Justiça;

(C) Supremo Tribunal Federal;

(D) Tribunal Regional Federal;

(E) Conselho Constitucional.

Compete ao Supremo Tribunal Federal julgar recurso extraordinário interposto em face de decisão que contrariar dispositivo da Constituição Federal, declarar a inconstitucionalidade de tratado ou lei federal, julgar válida lei ou ato de governo local contestado em face da Constituição Federal e julgar válida lei local contestada em face de lei federal (art. 102, III, da CF). **AN**

Gabarito "C".

(Técnico – TJ/AL – 2018 – FGV) João, Juiz de Direito, após participar de concurso de remoção, tornou-se titular na Comarca X. Lá chegando, constatou que a Comarca Y, vizinha à X, tinha melhor estrutura, contando com diversos hospitais e escolas de ótima qualidade, do que carecia a Comarca X. Em razão desse quadro, solicitou ao órgão competente do respectivo Tribunal de Justiça autorização para residir na Comarca Y.

À luz da sistemática constitucional, o requerimento de João:

(A) deve ser indeferido de plano, pois o juiz titular é obrigado a residir na respectiva comarca;

(B) pode vir a ser deferido pelo Tribunal de Justiça, que não está obrigado a tanto;

(C) não pode ser deferido, pois somente o Conselho Nacional de Justiça pode autorizar o juiz a residir em outra comarca;

(D) deve ser redirecionado ao Supremo Tribunal Federal, o qual, na condição de órgão de cúpula, apreciá-lo-á;

(E) deve ser indeferido de plano, pois o juiz titular pode residir onde melhor lhe aprouver, mesmo sem autorização.

De acordo com o art. 93, VII, da CF, o juiz titular residirá na respectiva comarca, salvo autorização do tribunal. Logo, o requerimento de João pode vir a ser deferido pelo Tribunal de Justiça, que não está obrigado a tanto. **AN**

Gabarito "B".

(Técnico – TRT/15 – FCC – 2018) Acerca do Poder Judiciário, considere:

I. O Superior Tribunal de Justiça tem competência para rever decisões da Justiça do Trabalho, notadamente as que tenham por objeto dissídios coletivos, por meio de recurso extraordinário.

II. Em caso de greve em atividade essencial, com possibilidade de lesão ao interesse público, o Ministério Público do Trabalho poderá ajuizar dissídio coletivo, competindo à Justiça do Trabalho decidir o conflito.

III. Serão processadas e julgadas perante a justiça estadual, no foro do domicílio dos segurados ou beneficiários, as causas em que forem parte o Instituto Nacional de Seguridade Social e o segurado, quando a comarca não for sede de juízo federal.

Está correto o que consta de

(A) I, II e III.

(B) I e II, apenas.

(C) II e III, apenas.

(D) I, apenas.

(E) III, apenas.

I: incorreta, porque compete ao Supremo Tribunal Federal julgar recurso extraordinário interposto em face de decisão que contrariar dispositivo da Constituição Federal, declarar a inconstitucionalidade de tratado ou lei federal, julgar válida lei ou ato de governo local contestado em face da Constituição Federal e julgar válida lei local contestada em face de lei federal (art. 102, III, da CF); **II:** correta, nos termos do art. 114, § 3º, da CF; **III:** correta, conforme o art. 109, § 3º, da CF. A redação desse dispositivo foi alterada pela Emenda Constitucional nº 103/2019: "*lei poderá autorizar que as causas de competência da Justiça Federal em que forem parte instituição de previdência social e segurado possam ser processadas e julgadas na justiça estadual quando a comarca do domicílio do segurado não for sede de vara federal*". **AN**

Gabarito "C".

(Técnico Judiciário – TRE/SP – FCC – 2017) Considere as seguintes situações:

I. Ato de colocação de magistrado em disponibilidade, por interesse público, mediante decisão tomada por dois terços dos membros do respectivo tribunal, após lhe ter sido assegurada ampla defesa.

II. Constituição, em tribunal com sessenta julgadores, de órgão especial para exercício de atribuições administrativas e jurisdicionais delegadas da competência do tribunal pleno, provida metade das vagas por antiguidade e, a outra metade, por eleição pelo tribunal pleno.

III. Criação, no âmbito do Estado, de justiça de paz remunerada, composta de cidadãos eleitos pelo voto direto, universal e secreto, com mandato de quatro anos e competência para, na forma da lei, celebrar casamentos, verificar, de ofício ou em face de impugnação apresentada, o processo de habilitação e exercer atribuições conciliatórias, sem caráter jurisdicional, além de outras previstas na legislação.

IV. Destinação de um quinto das vagas de Tribunal estadual a membros do Ministério Público, com mais de dez anos de carreira, e a advogados de notório saber jurídico e de reputação ilibada, com mais de dez anos de efetiva atividade profissional, indicados em lista tríplice pelos órgãos de representação das respectivas classes, para nomeação pelo chefe do Poder Executivo respectivo.

São compatíveis com a Constituição Federal APENAS as situações referidas em

(A) I e II.

(B) III e IV.

(C) II e IV.

(D) I, II e III.

(E) I, III e IV.

I: Compatível com o art. 93, inc. VIII da CF; **II:** Compatível com o art. 93, inc XI, da CF; **III:** Compatível com o art. 98, II, da CF; e **IV:** A indicação dos membros do Ministério Público e da advocacia serão realizadas por intermédio de lista sêxtupla pelos órgãos de representação das respectivas classes. A formação da lista tríplice, na verdade, será realizada ulteriormente pelo Tribunal que reunindo os três nomes destacados, enviarão ao chefe do Executivo para que defina o escolhido. (art. 94, *caput* e Parágrafo Único da CF). Dessa forma, vê-se como compatíveis os anúncios dos itens I, II e III. **TC**

Gabarito "D".

(Escrevente Técnico Judiciário – TJSP – VUNESP – 2017) Assinale a alternativa que apresenta correto(s) órgão(s) do Poder Judiciário.

(A) Tribunais de Contas dos Estados.

(B) Juízes de Paz.

(C) Tribunais de Arbitragem.

(D) Conselho Nacional do Ministério Público.

(E) Tribunais e Juízes Militares.

Os órgão do Poder Judiciário estão previstos no art. 92 da CF, são eles: I – o Supremo Tribunal Federal; II – o Conselho Nacional de Justiça; III – o Superior Tribunal de Justiça; IV – o Tribunal Superior do Trabalho; V– os Tribunais Regionais Federais e Juízes Federais; VI – os Tribunais e Juízes do Trabalho; VII – os Tribunais e Juízes Eleitorais; VIII – os Tribunais e Juízes Militares; IX – os Tribunais e Juízes dos Estados e do Distrito Federal e Territórios. Dessa forma, a alternativa que abarca os órgãos do Poder Judiciário é a "e".
Gabarito "E".

(Técnico Judiciário – TRF2 – Consulplan – 2017) "Ednaldo, estudante de direito, informou ao seu colega Pedro que tinha realizado amplos estudos a respeito das competências do Conselho Nacional de Justiça (CNJ). Por fim, alcançou três conclusões: (1) todos os órgãos do Poder Judiciário estão sujeitos ao controle do CNJ; (2) o CNJ realiza o controle dos atos administrativos, financeiros e jurisdicionais praticados pelos órgãos do Poder Judiciário; e, (3) o CNJ, no exercício de sua competência constitucional, pode expedir recomendações." À luz da sistemática constitucional, é correto afirmar que

(A) somente a conclusão 2 está incorreta.

(B) todas as conclusões estão corretas.

(C) somente a conclusão 3 está correta.

(D) todas as conclusões estão incorretas.

1: Errado. O único controle exercido pelo CNJ em face do judiciário será quanto à atuação administrativa e financeira do cumprimento dos deveres funcionais dos juízes, não exercendo controle sobre o conteúdo decisório de sentenças e votos dos magistrados. 2: Errado, o controle exercido se limita ao administrativo e financeiro (art. 103-B, § 4º, da CF). 3: De fato, ao CNJ, dentre outras competências, caberá a responsabilidade de expedir atos regulamentares no âmbito de sua competência ou recomendar providências (art. 103-B, § 4º, inc. I, da CF). TC
Gabarito "C".

(Técnico Judiciário – TRF2 – Consulplan – 2017) "Após proferir sentença desfavorável aos interesses de Alfa, influente político da localidade, determinado Juiz Federal recebeu a 'ameaça' de que sofreria uma representação, na qual seria solicitada a sua remoção compulsória para outra Seção Judiciária. Nesta representação, seriam narrados supostos ilícitos praticados pelo magistrado." À luz da sistemática constitucional, é correto afirmar que o Juiz Federal, caso viesse a sofrer a representação noticiada por Alfa e fosse confirmada a conduta inadequada,

(A) por força da garantia da inamovibilidade, não poderia ser removido compulsoriamente.

(B) somente poderia ser removido compulsoriamente por decisão unânime dos membros do CNJ, assegurada ampla defesa.

(C) somente poderia ser removido por força de decisão proferida em processo judicial, assegurado o contraditório e a ampla defesa.

(D) poderia ser removido compulsoriamente pelo voto da maioria absoluta do respectivo tribunal, assegurada ampla defesa.

A: Errado. A garantia da inamovibilidade traz uma exceção na hipótese do interesse público (art. 93, inc. VIII, da CF). Não obstante, a Resolução 135/2011 do CNJ estabelece como pena disciplinar aplicável aos magistrados (de todas as carreiras) a remoção compulsória (art. 3º, inc. III da Resolução), por interesse público. B, C e D: A remoção dependerá de voto da maioria absoluta, e não decisão unânime dos membros do CNJ ou dos membros do Tribunal (art. 93, inc. VIII, da CF). TC
Gabarito "D".

(Técnico Judiciário – TRE/PE – CESPE – 2017) De acordo com a CF, ao juiz

(A) é garantida a inamovibilidade, ainda que haja motivo de interesse público que recomende sua remoção.

(B) é permitido dedicar-se à atividade político-partidária, desde que ele esteja em disponibilidade.

(C) que esteja em disponibilidade é permitido exercer qualquer outro cargo público.

(D) é permitido receber custas em processo judicial, desde que ele esteja em disponibilidade.

(E) é garantida a vitaliciedade, que, no primeiro grau, será adquirida após dois anos de exercício.

A: Errada. Aos juízes é garantido a inamovibilidade, salvo por motivo de interesse público (art. 95, inc. II da CF). B: Errada. Aos juízes é vedado dedicar-se à atividade político-partidária, independente de estar ou não ativo. Isso porque a disponibilidade enquanto sanção disciplinar, coloca-o na inatividade com vencimentos proporcionais, mas o mantém vinculado à Instituição com o dever de observar todas as vedações aplicáveis à carreira, entre elas a de dedicar-se à atividade político-partidária. (art. 95, Parágrafo Único, inc. III, da CF). C: Errada. Ao juiz em disponibilidade é permitido exclusivamente exercer o magistério, não havendo nenhuma outra exceção prevista no texto constitucional (art. 95, Parágrafo Único, inc. I, da CF). D: Errada. Ao juiz é vedado receber custas ou participação em processo, independente da situação que esteja inserido (art. 95, Parágrafo Único, inc. II, da CF). E: Correta (art. 95, I, da CF). TC
Gabarito "E".

(Técnico Judiciário – TRE/PI – CESPE – 2016) Acerca dos órgãos do Poder Judiciário, assinale a opção correta.

(A) O TSE, órgão máximo da justiça eleitoral, atua como revisor de decisões de tribunais regionais e, nas eleições presidenciais, como instância originária.

(B) É vedado ao STF exercer controle sobre decisões exaradas pelo CNJ.

(C) O CNJ controla todo o Poder Judiciário brasileiro, sendo o órgão máximo na hierarquia desse Poder.

(D) O TSE possui sedes nas capitais dos estados e no Distrito Federal.

(E) Cabe ao TSE responder, em caráter vinculativo, a consultas sobre matéria eleitoral formuladas em caráter concreto.

A: Correta. B: Errada, poderá o STF exercer fiscalização e controle sobre as decisões exaradas pelo CNJ, de modo que cabe ao STF a guarda da Constituição. Vale lembrar ainda que ao CNJ cabe o controle da administração administrativa e financeira do Judiciário, além de atribuições que visam o adequado funcionamento do Judiciário previstas no art. 103-B, § 4º, da CF. C: Errada, O STF, no julgamento da ADI 3367 entendeu que o CNJ é um órgão de natureza exclusivamente administrativa, com competência relativa apenas aos órgãos e juízes situados, hierarquicamente, abaixo do Supremo Tribunal Federal, de modo que o STF é o órgão máximo do Judiciário, exercendo ele o controle inclusive de atos e decisão do CNJ. D: Errada. O TSE, órgão máximo da justiça eleitoral, tem sede apenas em Brasília, capital federal. Os Tribunais

Regionais Eleitorais, estes sim, possuem sede em cada Estado e no DF (art. 120 *caput* da CF). **E:** Errada. As consultas respondidas pelo TSE não poderão versar sobre caso concreto, apenas em tese (art. 23, XII, do Código Eleitoral). E ainda, a resposta dada a consulta em matéria eleitoral não tem natureza jurisdicional, sendo ato normativo em tese, sem efeitos concretos e sem força executiva (Ac-TSE, de 27.11.2012 no Respe 20680). 🔲

Gabarito "A".

(Técnico Judiciário – TRT24 – FCC – 2017) De acordo com a Constituição Federal, as ações contra o Conselho Nacional de Justiça são processadas e julgadas, originariamente, pelo

(A) Superior Tribunal de Justiça.

(B) Supremo Tribunal Federal.

(C) Congresso Nacional.

(D) Senado Federal.

(E) Conselho da Justiça Federal.

Art. 102, inc. I, alínea "r" da CF. 🔲

Gabarito "B".

(Técnico Judiciário – TRT24 – FCC – 2017) Compete ao Supremo Tribunal Federal julgar, em recurso ordinário,

(A) o *habeas corpus* decidido em última instância pelos Tribunais Regionais Federais.

(B) o *habeas corpus* decidido em única instância pelos Tribunais Regionais Federais.

(C) o crime político.

(D) as causas em que forem partes Estado estrangeiro ou organismo internacional, de um lado, e, do outro, Município.

(E) as causas decididas, em única instância, pelos Tribunais dos Estados e do Distrito Federal quando a decisão recorrida contrariar tratado ou lei federal.

A: Errada. A assertiva apresenta dois equívocos. I) Compete ao Supremo Tribunal Federal julgar, em recurso ordinário, o *habeas corpus* decidido em única instância e não em última instância; II) a partir de decisão emanada pelos Tribunais Superiores e não pelos Tribunais Regionais Federais (art. 102, inc. II, alínea "a" da CF). **B:** Errada. A assertiva apresenta um equívoco. A competência do Supremo Tribunal Federal para julgar o *habeas corpus* será a partir de decisão emanada pelos Tribunais Superiores e não pelos Tribunais Regionais Federais (art. 102, inc. II, alínea "a" da CF). **C:** Correta. Art. 102, inc. II, alínea "b" da CF. **D:** Errada. Trata-se de competência do Superior Tribunal de Justiça (art. 105, inc. II, alínea "C"). **E:** Errada. Trata-se de competência do Superior Tribunal de Justiça (art. 105, inc. III, alínea "a"). 🔲

Gabarito "C".

(Técnico Judiciário – TRT11 – FCC – 2017) Considere os seguintes membros do Supremo Tribunal Federal:

I. Mauro é Ministro.

II. Verônica é Presidente.

III. Lúcio é Vice-Presidente.

O Conselho Nacional de Justiça será composto por

(A) Mauro, Verônica e Lúcio, sendo seu presidente aquele que for nomeado pelo Presidente da República, depois de aprovada a escolha pela maioria absoluta do Congresso Nacional.

(B) Mauro e Verônica, sendo que esta o presidirá, e nas ausências e impedimentos, o Conselho será presidido por Lúcio.

(C) Mauro, que o presidirá, e nas suas ausências e impedimentos, o Conselho será presidido por um Ministro do Superior Tribunal de Justiça nomeado pelo Presidente da República, depois de aprovada a escolha pela maioria absoluta do Senado Federal.

(D) Verônica, sendo presidente um Ministro do Superior Tribunal de Justiça nomeado pelo Presidente da República, depois de aprovada a escolha pela maioria absoluta do Congresso Nacional.

(E) Verônica, que o presidirá, e nas suas ausências e impedimentos, o Conselho será presidido por Lúcio.

O Conselho Nacional de Justiça é composto por 15 (quinze) membros com mandato de 2 (dois) anos, serão eles: i) O Presidente do Supremo Tribunal Federal; ii) um Ministro do Superior Tribunal de Justiça; iii) um Ministro do Tribunal Superior do Trabalho; iv) um desembargador de Tribunal de Justiça; v) um juiz estadual; vi) Um juiz de Tribunal Regional Federal; vii) um juiz federal; viii) um juiz de Tribunal Regional do Trabalho; ix)um juiz do trabalho; x) um membro do Ministério Público da União; xi) um membro do Ministério Público Estadual; xii) dois advogados; e xiii) dois cidadãos (art. 103-B da CF). Na ausência do Presidente do Supremo Tribunal Federal, que é o presidente do Conselho Nacional de Justiça, o cargo máximo do Conselho será exercido pelo vice-presidente do Supremo Tribunal Federal (art. 103-B, § 1º, da CF). 🔲

Gabarito "E".

(Técnico Judiciário – TRT8 – CESPE – 2016) Com referência à estrutura e ao funcionamento do Poder Judiciário, assinale a opção correta.

(A) Os ministros do Supremo Tribunal Federal (STF) são nomeados pelo presidente da República após aprovação do Congresso Nacional.

(B) É permitido aos servidores do Poder Judiciário cumprir atos de expediente, sendo-lhes vedado realizar atos administrativos.

(C) O Conselho Nacional de Justiça (CNJ) é órgão do Poder Executivo, embora atue como instância correcional do Poder Judiciário.

(D) São garantias da magistratura a inamovibilidade, a irredutibilidade de subsídios e a vitaliciedade.

(E) O Tribunal de Contas da União é órgão superior do Poder Judiciário.

A: Errada. A nomeação do Ministro dependerá de aprovação do Senado Federal e não do Congresso Nacional (art. 84, inc. XIV, da CF). **B:** Errada. A Constituição estabelece que os servidores receberão delegação para a prática de atos de mero expediente sem caráter decisório e também atos administrativos (art. 93, inc. XIV, da CF). **C:** Errada. O CNJ é órgão do Poder Judiciário. (art. 92, inc. I-A, da CF). **D:** Correta (art. 95, inc. I, II e III, da CF). **E:** Errada. O Tribunal de Contas da União é órgão de apoio do Poder Legislativo que possui suas competências definidas no art. 71 da CF. 🔲

Gabarito "D".

(Técnico Judiciário – TJDFT – 2013 – CESPE) Acerca do Poder Judiciário, julgue os itens seguintes.

(1) O Conselho Nacional de Justiça poderá intervir no mérito da atividade jurisdicional exercida pelos juízes.

(2) A justiça eleitoral é competente para julgar ação civil pública destinada a apurar ato praticado por prefeito que, no decorrer do mandato eletivo, tenha utilizado símbolo que caracterizasse promoção pessoal na publicidade de obras realizadas pela prefeitura.

(3) O cargo de juiz é vitalício, razão por que seu ocupante somente o perderá por decisão judicial transitada em julgado.

1: incorreto. O Conselho Nacional de Justiça, embora seja considerado órgão do Poder Judiciário (art. 92, I-A, da CF/1988), não detém função jurisdicional. É tido como um órgão administrativo ao qual compete o controle da atuação administrativa e financeira do Poder Judiciário e do cumprimento dos deveres funcionais dos juízes. Suas funções vêm descritas nos incisos do § 4º do art. 103-B da CF/1988; **2:** incorreto. De acordo com as decisões do STJ a justiça eleitoral não é competente para julgar essa ação civil pública. "COMPETÊNCIA. ATO. PREFEITO. JUSTIÇA ELEITORAL. Trata-se de ação civil pública para apurar ato praticado por prefeito no decorrer do mandato eletivo, quando utilizou símbolos pessoais na publicidade de obras e serviços realizados pela prefeitura. Diante disso, resta incompetente a Justiça Eleitoral, pois sua competência restringe-se às controvérsias ligadas ao processo eleitoral e cessa com a diplomação definitiva dos eleitos, com exceção da ação de impugnação de mandato (art. 14, § 10 e § 11, da CF/1988). Com esse entendimento, a Seção, prosseguindo o julgamento, declarou competente o Tribunal de Justiça estadual. Precedentes citados: CC 10.903-RJ, *DJ* 12/12/1994, e CC 5.286-CE, *DJ* 04/10/1993". (STJ / Informativo 203 – CC 36.533-MG, Rel. Min. Luiz Fux, julgado em 24/03/2004; **3:** incorreto. De acordo com o art. 95, I, da CF/1988, a vitaliciedade, no primeiro grau, só é adquirida após dois anos de exercício, **dependendo a perda do cargo, nesse período, de deliberação do tribunal a que o juiz estiver vinculado**, e, nos demais casos, de sentença judicial transitada em julgado.

Gabarito 1E, 2E, 3E

(Técnico Judiciário – TJSP – 2013 – VUNESP) Segundo a Constituição Federal, é(são) órgão(s) do Poder Judiciário:

(A) o Tribunal de Contas da União.

(B) o Ministério da Justiça.

(C) o Superior Tribunal Federal.

(D) o Conselho Superior de Justiça.

(E) os Tribunais e os Juízes do Trabalho.

De acordo com o art. 92 da CF, são órgãos do Poder Judiciário: o Supremo Tribunal Federal; o Conselho Nacional de Justiça; o Superior Tribunal de Justiça; o Tribunal Superior do Trabalho; os Tribunais Regionais Federais e Juízes Federais; os Tribunais e Juízes do Trabalho; os Tribunais e Juízes Eleitorais; os Tribunais e Juízes Militares; os Tribunais e Juízes dos Estados e do Distrito Federal e Territórios.

Gabarito "E".

(Técnico Judiciário – TRT11 – FCC – 2017) Adalberto tem 55 anos, reputação ilibada e é advogado bastante conceituado na área de Direito do Trabalho há quinze anos. Porém, sempre desejou fazer parte do Tribunal Superior do Trabalho, mas sem a intenção de prestar concurso para a magistratura. Adalberto descobriu, ao consultar a Constituição Federal, que há a possibilidade de realizar seu sonho, pois, além dos membros oriundos da magistratura de carreira, o Tribunal Superior do Trabalho, observado o disposto na Constituição Federal, é composto por

(A) um terço dentre advogados com mais de dez anos de efetiva atividade profissional e membros do Ministério Público do Trabalho com mais de dez anos de efetivo exercício.

(B) um quinto dentre advogados com mais de dez anos de efetiva atividade profissional e membros do Ministério Público do Trabalho com mais de dez anos de efetivo exercício.

(C) um quinto dentre advogados com mais de oito anos de efetiva atividade profissional e membros do Ministério Público do Trabalho com mais de oito anos de efetivo exercício.

(D) um terço dentre advogados com mais de oito anos de efetiva atividade profissional e membros do Ministério Público do Trabalho com mais de oito anos de efetivo exercício.

(E) um terço dentre advogados com mais de dez anos de efetiva atividade profissional, não fazendo parte, dessa fração de um terço, os membros do Ministério Público do Trabalho.

Art. 111-A, inc. I, da CF. **TC**

Gabarito "B".

(Técnico Judiciário – TRT24 – FCC – 2017) De acordo com a Constituição Federal, para os juízes que farão parte da composição dos Tribunais Regionais do Trabalho, a idade

(A) é requisito limitador, uma vez que deverão ter mais de trinta e menos de sessenta e cinco anos.

(B) é requisito limitador, uma vez que deverão ter mais de trinta e cinco anos e menos de sessenta anos.

(C) é requisito limitador, uma vez que deverão ter mais de trinta e cinco e menos de setenta anos.

(D) não é requisito limitador, uma vez que não há qualquer limite de idade para fazer parte da composição dos referidos Tribunais.

(E) não é requisito limitador apenas no que concerne à idade máxima, mas deverão possuir, no mínimo, trinta e cinco anos para fazer parte da composição dos referidos Tribunais.

Art. 115 *caput*, da CF. **TC**

Gabarito "A".

(Técnico Judiciário – TRT20 – FCC – 2016) O Tribunal Superior do Trabalho é composto por Ministros sendo

(A) um quinto dentre advogados com mais de dez anos de efetiva atividade profissional e membros do Ministério Público do Trabalho com mais de dez anos de efetivo exercício; e os demais dentre juízes dos Tribunais Regionais do Trabalho, oriundos da magistratura da carreira.

(B) dois quintos dentre advogados com mais de dez anos de efetiva atividade profissional e membros do Ministério Público do Trabalho com mais de dez anos de efetivo exercício; e os demais dentre juízes dos Tribunais Regionais do Trabalho, oriundos da magistratura da carreira.

(C) um terço dentre advogados com mais de dez anos de efetiva atividade profissional e membros do Ministério Público do Trabalho com mais de dez anos de efetivo exercício; e dois terços dentre juízes dos Tribunais Regionais do Trabalho, oriundos da magistratura da carreira.

(D) um terço dentre advogados com mais de dez anos de efetiva atividade profissional; um terço dentre membros do Ministério Público do Trabalho com mais de dez anos de efetivo exercício; e um terço dentre juízes dos Tribunais Regionais do Trabalho, oriundos da magistratura da carreira.

(E) todos juízes dos Tribunais Regionais do Trabalho, oriundos da magistratura da carreira, ante a vedação constituição expressa da participação de advogados e membros do Ministério Público em sua composição.

Art. 111-A, inc. I e II da CF. 🔲
Gabarito "A".

(Técnico – TRE/SP – 2012 – FCC) Considere as seguintes afirmações a respeito dos Tribunais e Juízes do Estado, em conformidade com as disposições normativas constitucionais:

I. Os Estados organizarão sua Justiça, observados os princípios estabelecidos na Constituição da República, sendo a competência dos tribunais definida na Constituição do Estado e a lei de organização judiciária de iniciativa do Tribunal de Justiça.

II. A lei estadual poderá criar, mediante proposta do Tribunal de Justiça, a Justiça eleitoral estadual, constituída, em primeiro grau, pelos juízes de direito e pelas juntas eleitorais.

III. O Tribunal de Justiça instalará a justiça itinerante, com a realização de audiências e demais funções da atividade jurisdicional, nos limites territoriais da respectiva jurisdição, servindo-se de equipamentos públicos e comunitários.

Está correto o que consta APENAS em

(A) I.
(B) II.
(C) III.
(D) I e II.
(E) I e III.

I: correta (art. 125, *caput* e § 1º, da CF/1988); II: incorreta. De acordo com o art. 125, § 3º, da CF/1988, a lei estadual poderá criar, mediante proposta do Tribunal de Justiça, a **Justiça Militar** estadual, constituída, em primeiro grau, pelos juízes de direito **e pelos Conselhos de Justiça** e, em segundo grau, pelo próprio Tribunal de Justiça, ou por Tribunal de Justiça Militar nos Estados em que o efetivo militar seja superior a vinte mil integrantes; III: correta (art. 125, § 7º, da CF/1988).
Gabarito "E".

(Técnico – TRE/PR – 2012 – FCC) Em 15 de dezembro de 2011, foi publicado no Diário Oficial da União Decreto por meio do qual a Presidente da República "resolve nomear Rosa Maria Weber Candiota da Rosa para exercer o cargo de Ministra do Supremo Tribunal Federal, na vaga decorrente da aposentadoria da Ministra Ellen Gracie Northfleet". A esse respeito, diante do procedimento estabelecido na Constituição, relativamente à composição do Supremo Tribunal Federal, considere as seguintes afirmações:

I. A nomeação da Ministra para o Supremo Tribunal Federal pressupõe o preenchimento de requisitos estabelecidos pela Constituição, relativos à sua idade, saber jurídico e reputação.

II. O ato da Presidente da República acima referido dá início a um procedimento complexo, previsto para a nomeação de membros do Supremo Tribunal Federal.

III. A nomeação da Ministra para exercer cargo no Supremo Tribunal Federal deve ter sido precedida de aprovação pela maioria absoluta do Senado Federal.

Está correto o que se afirma em

(A) I, apenas.
(B) II, apenas.

(C) I e III, apenas.
(D) II e III, apenas.
(E) I, II e III.

I: correta. De acordo com o art. 101 da CF/1988, o STF é composto de onze Ministros, escolhidos dentre cidadãos com **mais de trinta e cinco e menos de sessenta e cinco anos de idade**, de **notável saber jurídico e reputação ilibada**. Ou seja, os três requisitos apontados no item são exigidos pelo dispositivo constitucional; II: incorreta. O ato da Presidente da República acima referido **conclui** (e não inicia) o procedimento complexo, previsto para a nomeação de membros do STF. Segundo o parágrafo único do art. 101 da CF/1988 primeiro deve ser aprovada a escolha pela maioria absoluta do Senado Federal, para depois ser feita a nomeação pelo Chefe do Executivo Federal; III: correta (art. 101, parágrafo único, da CF/1988).
Gabarito "C".

(Técnico – TRE/SP – 2012 – FCC) O mecanismo pelo qual os Ministros do Supremo Tribunal Federal são nomeados pelo Presidente da República, após aprovação da escolha pelo Senado Federal, decorre do princípio constitucional da

(A) separação de poderes.
(B) soberania.
(C) cidadania.
(D) inafastabilidade do Poder Judiciário.
(E) solução pacífica dos conflitos.

A: correta. De fato, esse mecanismo decorre do princípio da separação dos poderes. O principal objetivo é fazer com que o poder seja limitado. Há participação tanto do Executivo como do Legislativo na escolha dos Ministros do Supremo e isso faz com que não haja concentração nas mãos de um determinado Poder. O art. 2º da CF/1988 consagra a separação dos Poderes, dispondo que são Poderes da União, independentes e harmônicos entre si, o Legislativo, o Executivo e o Judiciário. Além disso, o art. 60, § 4º, III, da CF/1988 protege esse princípio, considerando-o cláusula pétrea, ou seja, não pode ser suprimido da CF/1988; **B e C:** erradas. A soberania e a cidadania são fundamentos da República Federativa do Brasil (art. 1º, I e II, da CF/1988) e não têm relação com o mecanismo pelo qual os Ministros do STF são nomeados; **D:** incorreta. Pelo princípio da inafastabilidade do Poder Judiciário, a lei não excluirá da apreciação do Poder Judiciário lesão ou ameaça a direito (art. 5º, XXXV, da CF/1988). Tal princípio também não tem relação com o mecanismo de escolha dos Ministros do STF; **E:** incorreta. A solução pacífica dos conflitos é tida como um dos princípios que rege o Brasil nas suas relações internacionais (art. 4º, VII, da CF/1988).
Gabarito "A".

(Técnico – TRE/SP – 2012 – FCC) Nos termos da Constituição da República, compete ao Superior Tribunal de Justiça processar e julgar, originariamente,

(A) a ação em que todos os membros da magistratura sejam direta ou indiretamente interessados.
(B) os desembargadores dos Tribunais Regionais Eleitorais, nos crimes comuns e de responsabilidade.
(C) as causas e os conflitos entre a União e os Estados, a União e o Distrito Federal, ou entre uns e outros.
(D) as causas em que forem partes Estado estrangeiro ou organismo internacional, de um lado, e, do outro, Município ou pessoa residente ou domiciliada no País.
(E) os conflitos de competência entre Tribunais Superiores, ou entre estes e outro tribunal.

A: incorreta. É da competência do STF e não do STJ a ação em que todos os membros da magistratura sejam direta ou indiretamente interessados (art. 102, I, *n*, da CF/1988); **B:** correta (art. 105, I, *a*, da CF/1988); **C:** incorreta. A competência nessa hipótese é do STF (102, I, *f*, da CF/1988); **D:** incorreta. O STJ julga essas causas em sede de recurso ordinário e não originariamente (art. 105, II, *c*, da CF/1988); **E:** incorreta. Tais conflitos são julgados pelo STF (art. 102, I, *o*, da CF/1988).

Gabarito "B".

(Técnico Judiciário – TRE/PE – CESPE – 2017) Segundo a CF, são órgãos da justiça eleitoral

(A) as zonas eleitorais.

(B) os cartórios eleitorais.

(C) os juízes eleitorais.

(D) os colégios eleitorais.

(E) as mesas eleitorais.

O art. 118 da CF prevê como órgãos da justiça eleitoral: I – O Tribunal Superior Eleitoral; II – Os Tribunais Regionais Eleitorais; III – Os juízes Eleitorais e as Juntas Eleitorais. **TC**

Gabarito "C".

(Técnico – TRE/PR – 2012 – FCC) Nos termos da Constituição da República, os Tribunais Regionais Eleitorais

(A) serão compostos de, no mínimo, sete membros, havendo um Tribunal na Capital de cada Estado e no Distrito Federal.

(B) elegerão seu Presidente e o Vice-Presidente dentre os membros do Superior Tribunal de Justiça que os compõem.

(C) possuirão dois juízes, nomeados pelo Presidente da República, dentre seis advogados de notável saber jurídico e idoneidade moral, indicados pelo Tribunal de Justiça.

(D) não podem ter suas decisões questionadas por meio de recurso, salvo as que contrariarem a Constituição e as denegatórias de *habeas corpus* ou mandado de segurança.

(E) são órgãos da Justiça Eleitoral, juntamente com as juntas eleitorais, os juízes eleitorais e o Superior Tribunal de Justiça.

A: incorreta. Os TREs são compostos de sete membros e não, no mínimo, sete membros (art. 120, § 1º, da CF/1988). A segunda parte está correta, pois, de fato, a CF/1988 determina que haja um TRE na Capital de cada Estado e no Distrito Federal (art. 120 da CF/1988); **B:** incorreta. O TRE elegerá seu Presidente e o Vice-Presidente dentre os desembargadores (art. 120, § 2º, da CF/1988); **C:** correta (art. 120, § 1º, III, da CF/1988); **D:** incorreta. Há possibilidade de recurso impugnando as decisões do TRE quando: I – forem proferidas contra disposição expressa desta Constituição ou de lei, II – ocorrer divergência na interpretação de lei entre dois ou mais tribunais eleitorais, III – versarem sobre inelegibilidade ou expedição de diplomas nas eleições federais ou estaduais, IV – anularem diplomas ou decretarem a perda de mandatos eletivos federais ou estaduais, V – denegarem *habeas corpus*, mandado de segurança, *habeas data* ou mandado de injunção (art. 121, § 4º, I a V, da CF/1988); **E:** incorreta. O STJ não é órgão da Justiça Eleitoral. Compõem tal Justiça: I – o Tribunal Superior Eleitoral, II – os Tribunais Regionais Eleitorais, III – os Juízes Eleitorais e IV – as Juntas Eleitorais (art. 118, I a IV, da CF/1988).

Gabarito "C".

(Técnico Judiciário – TRE/SP – FCC – 2017) Considere o teor da Súmula Vinculante 37, do Supremo Tribunal Federal, publicada em 24/10/2014:

"**Não cabe ao Poder Judiciário, que não tem função legislativa, aumentar vencimentos de servidores públicos sob o fundamento de isonomia.**"

Diante disso, e à luz do que dispõe a Constituição Federal relativamente às súmulas vinculantes, eventual decisão judicial de primeira instância que aumentasse vencimento de servidor público, sob o fundamento de isonomia, poderia ser objeto, perante o Supremo Tribunal Federal, de

(A) ação direta de inconstitucionalidade.

(B) ação declaratória de constitucionalidade.

(C) reclamação.

(D) recurso ordinário.

(E) arguição de descumprimento de preceito fundamental.

A situação apresentada pelo enunciado demonstra um flagrante desrespeito à uma Súmula Vinculante (art. 103-A da CF). Como o próprio nome indica, a Súmula tem o condão de vincular diretamente os órgãos judiciais e os órgãos da Administração Pública abrindo a possibilidade de que qualquer interessado faça valer a orientação do Supremo, não mediante simples interposição de recurso, mas por meio de apresentação de uma reclamação por descumprimento da decisão judicial, nos termos do § 3º do art. 103-A da CF. **TC**

Gabarito "C".

6. CONTROLE DE CONSTITUCIONALIDADE

(FGV – 2015) Determinado Tribunal de Justiça vem tendo dificuldades para harmonizar os procedimentos de suas câmaras, órgãos fracionários, em relação à análise, em caráter incidental, da inconstitucionalidade de certas normas como pressuposto para o enfrentamento do mérito propriamente dito. A Presidência do referido Tribunal manifestou preocupação com o fato de o procedimento adotado por três dos órgãos fracionários estar conflitando com aquele tido como correto pela ordem constitucional brasileira. Apenas uma das câmaras adotou procedimento referendado pelo sistema jurídico-constitucional brasileiro. Assinale a opção que o apresenta.

(A) A 1ª Câmara, ao reformar a decisão de 1º grau em sede recursal, reconheceu, incidentalmente, a inconstitucionalidade da norma que dava suporte ao direito pleiteado, entendendo que, se o sistema jurídico reconhece essa possibilidade ao juízo monocrático, por razões lógicas, deve estendê-la aos órgãos recursais.

(B) A 2ª Câmara, ao analisar o recurso interposto, reconheceu, incidentalmente, a inconstitucionalidade da norma que concedia suporte ao direito pleiteado, fundamentando-se em cristalizada jurisprudência do Superior Tribunal de Justiça sobre o tema.

(C) A 3ª Câmara, ao analisar o recurso interposto, reconheceu, incidentalmente, a inconstitucionalidade da norma que concedia suporte ao direito pleiteado, fundamentando-se em pronunciamentos anteriores do Órgão Especial do próprio Tribunal.

(D) A 4ª Câmara, embora não tenha declarado a inconstitucionalidade da norma que conferia suporte ao direito pleiteado, solucionou a questão de mérito afastando a aplicação da referida norma, apesar de estarem presentes os seus pressupostos de incidência.

A: incorreta. Embora um juiz possa reconhecer a inconstitucionalidade de uma norma quando estiver analisando uma situação em sede de controle difuso (caso concreto), quando a decisão tiver de ser dada por um Tribunal, a CF determina que seja feita pelo voto da maioria absoluta dos membros (art. 97 da CF e Súmula Vinculante 10 – STF). É a chamada cláusula de reserva de plenário. Sendo assim, para que o órgão fracionário do Tribunal decida sobre algo que envolve questão de inconstitucionalidade, ele terá de primeiro, afetar a matéria ao pleno do Tribunal ou do respectivo órgão especial (art. 93, XI, da CF). Desse modo, a 1ª Câmara não poderia ter reformado a decisão. Vale lembrar que se já houvesse pronunciamento anterior do órgão especial do próprio Tribunal, a Câmara poderia reconhecer incidentalmente a inconstitucionalidade da norma, conforme determina o art. 481, parágrafo único, do CPC (art. 949, parágrafo único, do NCPC); **B**: incorreta. O STJ não tem competência para apreciar questões sobre a constitucionalidade de leis; **C**: correta. De fato a 3ª Câmara poderia ter reconhecido, incidentalmente, a inconstitucionalidade da norma, fundamentando-se em pronunciamentos anteriores do órgão especial do próprio Tribunal, pois o art. 481, parágrafo único, do CPC (art. 949, parágrafo único, do NCPC) autoriza. Determina tal norma que os órgãos fracionários dos Tribunais não submeterão ao plenário ou ao órgão especial a arguição de inconstitucionalidade quando já houver pronunciamento destes ou do plenário do STF; **D**: incorreta. De acordo com a Súmula Vinculante nº 10 – STF, viola a cláusula de reserva de plenário (CF, art. 97) a decisão de órgão fracionário de tribunal que, embora não declare expressamente a inconstitucionalidade de lei ou ato normativo do Poder Público, afasta sua incidência, no todo ou em parte. **Gabarito "C"**

7. FUNÇÕES ESSENCIAIS À JUSTIÇA

(Técnico – MPE/CE – CESPE – 2020) Acerca do Poder Judiciário e das funções essenciais à justiça, julgue os itens que se seguem.

(1) O Ministério Público, observando sua autonomia funcional e administrativa, pode propor ao Poder Legislativo a extinção e a criação de cargos e serviços auxiliares para o próprio Ministério Público.

(2) A Advocacia-Geral da União é responsável por promover inquérito civil e ação civil pública para proteção do meio ambiente e de outros interesses difusos e coletivos.

(3) Compete ao STF processar e julgar o presidente da República por infrações penais comuns.

(4) O STF é o órgão responsável pelo controle da atuação administrativa e financeira de todo o Poder Judiciário, bem como do cumprimento funcional dos deveres dos juízes.

1: certo, nos termos do art. 127, § 2º, da CF; **2**: errado, pois é função institucional do Ministério Público promover o inquérito civil e a ação civil pública, para a proteção do patrimônio público e social, do meio ambiente e de outros interesses difusos e coletivos (art. 129, III, da CF); **3**: certo, pois compete ao STF processar e julgar, originariamente, o Presidente da República, o Vice-Presidente, os membros do Congresso Nacional, seus próprios Ministros e o Procurador-Geral da República nas infrações penais comuns (art. 102, I, "b", da CF); **4**: errado, porque compete ao Conselho Nacional de Justiça o controle da atuação administrativa e financeira do Poder Judiciário e do cumprimento dos deveres funcionais dos juízes (art. 103-B, § 4º, da CF). **Gabarito 1C, 2E, 3C, 4E**

(Técnico – TJ/AL – 2018 – FGV) O Governador do Estado Beta solicitou, ao Procurador-Geral de Justiça, que o respectivo Ministério Público Estadual passasse a prestar consultoria jurídica à Secretaria de Estado de Finanças, contribuindo, desse modo, para evitar a prática de ilícitos naquele setor.

À luz da sistemática constitucional, a solicitação do Chefe do Poder Executivo:

(A) pode ser atendida, desde que a consultoria seja prestada por tempo determinado;

(B) não pode ser atendida, pois ao Ministério Público é vedada a consultoria jurídica de entidades públicas;

(C) pode ser atendida, mesmo que a consultoria seja prestada por tempo indeterminado;

(D) não pode ser atendida, pois o Ministério Público somente poderia prestar consultoria ao Governador do Estado;

(E) pode ser atendida, desde que autorizada pelo Tribunal de Justiça do Estado.

A solicitação do Chefe do Poder Executivo não pode ser atendida, pois ao Ministério Público é vedada a representação judicial e a consultoria jurídica de entidades públicas, conforme estabelece o art. 129, IX, da CF. Cabe aos procuradores dos Estados e do Distrito Federal exercerem a representação judicial e a consultoria jurídica das respectivas unidades federadas (art. 132 da CF). **AN** **Gabarito "B"**

(Técnico Judiciário – TRE/SP – FCC – 2017) Uma Lei complementar estadual, de iniciativa do Procurador-Geral de Justiça do Estado, que estabelecesse organização, atribuições e estatuto do Ministério Público do Estado em questão, prevendo ser vedado a seus membros o exercício, ainda que em disponibilidade, de qualquer outra função pública, salvo uma de magistério, seria

(A) compatível com a Constituição Federal.

(B) incompatível com a Constituição Federal, por se tratar de matéria de competência da União, e não dos Estados.

(C) incompatível com a Constituição Federal, por se tratar de matéria reservada à lei ordinária.

(D) incompatível com a Constituição Federal, por se tratar de matériade iniciativa privativa do Governadordo Estado.

(E) incompatível com a Constituição Federal, pois esta permite ao membro do Ministério Público em disponibilidade o exercíciode outra função pública que não apenas uma de magistério.

A CF garante aos Procuradores-Gerais de Justiça nos Estados, a iniciativa para estabelecer a organização, as atribuições e o Estatuto de cada Ministério Público (art. 128, § 5º, da CF). A propositura de uma lei que vai ao encontro do que a própria Constituição prevê expressamente (exercício de outra atividade pública), não fere dispositivo Constitucional e não carece de constitucionalidade. **TC** **Gabarito "A"**

(Técnico Judiciário – TRE/SP – FCC – 2017) Aos integrantes das carreiras da Advocacia Pública e da Defensoria Pública aplica-se igualmente a regra constitucional segundo a qual

(A) ingressam nas classes iniciais das carreiras mediante concurso público de provas e títulos, sendo vedado o exercício da advocacia fora das atribuições institucionais.

(B) exercem, nos termos da lei complementar que dispuser sobre a organização e o funcionamento da instituição que integram, as atividades de consultoria e assessoramento do Poder Executivo.

(C) gozam das garantias de inamovibilidade e vitaliciedade, adquiridas após três anos de efetivo exercício da função, mediante avaliação de desempenho perante os órgãos próprios, após relatório circunstanciado das corregedorias.

(D) estão proibidos de receber, a qualquer título e sob qualquer pretexto, honorários, percentagens ou custas processuais.

(E) farão jus a um abono de permanência, previsto para os servidores titulares de cargo efetivo, caso completem as exigências para aposentadoria voluntária com proventos integrais e optem por permanecer em atividade.

A: Errada. Essa é uma regra da Defensoria Pública, não há vedação expressa no texto constitucional do exercício da advocacia para os membros da Advocacia Pública **B:** Errada. Essa é uma característica da Advocacia Pública. A defensoria incumbe a responsabilidade de garantir a orientação jurídica, a promoção dos direitos humanos e a defesa, em todos os graus, judicial e extrajudicial, dos direitos individuais e coletivos, de forma integral e gratuita, aos necessitados (art. 134 da CF). **C:** Errado. Quanto à vitaliciedade, não há garantia em nenhuma das duas carreiras. Em relação á inamovibilidade, apenas a carreira de defensor possui essa prerrogativa. **D:** Errado. Não há proibição neste sentido na CF. Vale dizer que a Lei complementar 80/1994, assim dispõe: "*Art. 4º São funções institucionais da Defensoria Pública, dentre outras: XXI – executar e receber as verbas sucumbenciais decorrentes de sua atuação, inclusive quando devidas por quaisquer entes públicos, destinando-as a fundos geridos pela Defensoria Pública e destinados, exclusivamente, ao aparelhamento da Defensoria Pública e à capacitação profissional de seus membros e servidores;* **E:** Correto, nos termos do art. 40, § 19, da CF. A redação desse dispositivo foi alterada pela Emenda Constitucional nº 103/2019. TC

Gabarito "E".

(Técnico Judiciário – TRE/PI – CESPE – 2016) Com referência aos princípios e às garantias do Ministério Público (MP), assinale a opção correta.

(A) Dado o princípio da unidade, os membros do MP podem ser substituídos uns pelos outros, desde que sejam da mesma carreira.

(B) Em decorrência do princípio da independência funcional, cada um dos membros do MP vincula-se somente à sua convicção jurídica, quando se trata de assunto relacionado com sua atividade funcional.

(C) Em razão da inamovibilidade, assegura-se aos membros do MP que não sejam removidos em nenhuma hipótese.

(D) Dada a vitaliciedade, os membros do MP não podem ser destituídos do cargo, ainda que alcancem a idade para a aposentadoria compulsória.

(E) Em decorrência do princípio da indivisibilidade, os promotores e os procuradores integram um só órgão, sob a direção de um só chefe.

A: Errado. O conceito apresentado quanto à possibilidade de substituição dos membros refere-se ao princípio da indivisibilidade. **B:** Correto. **C:** Errado. O art. 128, § 5º, I, *b*, da CF/1988 O membro do Ministério Público não poderá ser removido ou promovido, unilateralmente, sem a sua autorização ou solicitação. Excepcionalmente, contudo, por motivo de interesse público, mediante decisão do órgão colegiado competente do Ministério Público por voto da maioria absoluta de seus

membros, desde que lhe seja assegurada ampla defesa, poderá vir a ser removido do cargo ou função. **D:** Errado. A vitaliciedade é adquirida após a transcorrência do período probatório, ou seja, 2 anos de efetivo exercício do cargo (art. 128, § 5º, I, "a"). A garantia da vitaliciedade assegura a manutenção no cargo do Ministério Público e a perda do cargo somente ocorrerá por sentença judicial transitada em julgado. **E:** Errado. O conceito apresentado refere-se ao princípio da unidade. TC

Gabarito "B".

(Técnico Judiciário – TRE/PI – CESPE – 2016) A respeito das funções essenciais à justiça, assinale a opção correta.

(A) A inviolabilidade do advogado é relativa, de modo que ele pode responder penalmente pela utilização de expressões ofensivas durante o exercício da sua profissão.

(B) Devido ao fato de o advogado exercer função essencial à administração da justiça, é indispensável sua presença para a prática de todos os atos em juízo.

(C) É permitido aos defensores públicos o exercício de advocacia privada, desde que seja realizada em horário não coincidente com o do serviço público.

(D) Cabe à Advocacia-Geral da União, que exerce atividades de consultoria e assessoramento jurídico do Poder Executivo, representar, judicial e extrajudicialmente, a União e o Distrito Federal.

(E) A defensoria pública deve manter convênio direto com a Ordem dos Advogados do Brasil.

A: Correta. Nos termos do art. 133 da CF. Ainda que o Texto preveja a inviolabilidade do advogado por seus atos, ressalva a existência de limites. **B:** Errada. A presença a do advogado não é obrigatória para a prática de todos os atos em juízo. (Ex. Juizado Especial Cível). **C:** Errada. Aos defensores públicos é vedado o exercício da advocacia fora das atribuições institucionais (art. 134, *caput*, da CF). **D:** Errada. A atuação do Poder Judiciário se limita às atividades de consultoria e assessoramento jurídico do Poder Executivo Federal (União), não se estendendo ao DF que possuirá corpo técnico jurídico próprio. **E:** Não há previsão nesse sentido na CF. TC

Gabarito "A".

(Técnico Judiciário – TRT8 – CESPE – 2016) Acerca das funções essenciais à justiça, assinale a opção correta.

(A) Incumbe ao Ministério Público, entre outras importantes delegações constitucionais, a defesa do regime democrático e dos interesses sociais indisponíveis.

(B) O advogado-geral da União, chefe da AGU, é eleito pelos seus pares para mandado de dois anos não renováveis.

(C) Incumbe ao Ministério Público, por delegação constitucional, representar a União, judicial e extrajudicialmente, defendendo o Estado e a sociedade.

(D) Em execução de dívida ativa de natureza tributária, a União é representada pela Advocacia Geral da União (AGU) ou pelo Ministério Público, nos estados em que não esteja instalada a AGU.

(E) Embora elabore sua própria proposta orçamentária, o Ministério Público não goza de autonomia funcional e administrativa, estando vinculado às instâncias formais do Poder Judiciário.

A: Correta, nos termos do art. 127 *caput* da CF. Por oportuno afirmar que, além da defesa do regime democrático e dos interesses sociais indisponíveis, a defesa da ordem jurídica e dos interesses sociais. **B:** Errada. A escolha do chefe da AGU é de livre escolha do Presidente da

República, e não através de eleição (art. 131 § 1º, da CF). **C:** Errada. Cabe à Advocacia-Geral da União a representação da União judicial e extrajudicialmente (art. 131, *caput*, da CF). **D:** Errada. Na execução de dívida ativa de natureza tributária, a representação cabe à Procuradoria-Geral da Fazenda Nacional (art. 131, § 3º, da CF). **E:** Errada. O Ministério Público goza de autonomia funcional e administrativa (art. 127, § 2º, da CF). Gabarito "A".

(Técnico Judiciário – TRT20 – FCC – 2016) A Advocacia-Geral da União tem por chefe o Advogado-Geral da União,

(A) de livre nomeação pelo Presidente da República dentre cidadãos maiores de trinta e cinco anos, de notável saber jurídico e reputação ilibada.

(B) indicado pelo Supremo Tribunal Federal dentre cidadãos maiores de trinta anos, de notável saber jurídico e reputação ilibada e nomeado pelo Presidente da República.

(C) de livre nomeação pelo Presidente da República dentre cidadãos maiores de trinta e cinco anos, de notável saber jurídico e reputação ilibada.

(D) indicado pelo Supremo Tribunal Federal dentre cidadãos maiores de trinta anos, de notável saber jurídico e reputação ilibada e nomeado pelo Presidente da República.

(E) nomeado pelo Presidente da República, dentre cidadãos maiores de trinta e cinco anos, de notável saber jurídico e reputação ilibada, após aprovação pelo Senado Federal de indicação do Supremo Tribunal Federal.

Art. 131, § 1º, da CF. Gabarito "A".

(Técnico Judiciário – TRT20 – FCC – 2016) A Constituição Federal veda ao membro do Ministério Público exercer

(A) qualquer outra função pública, ainda quando estiver em disponibilidade, com exceção de exercer uma função de magistério.

(B) qualquer outra função pública, ainda quando estiver em disponibilidade, sem qualquer exceção.

(C) qualquer outra função pública, com exceção de exercer a função de defensor público quando estiver em disponibilidade.

(D) algumas funções públicas predeterminadas taxativamente no texto constitucional.

(E) qualquer outra função pública, exceto quando estiver em disponibilidade, sem qualquer exceção.

A: Correta. Nos termos do art. 128, inc. II, alínea "d" da CF. **B:** Há exceção ao exercício do magistério (art. 128, inc. II, alínea "d" da CF.) **C:** A exceção prevista na Constituição é a exceção do magistério (art. 128, inc. II, alínea "d" da CF). **D:** A Constituição veda o exercício de qualquer outra função pública. A única exceção é o exercício do magistério, nenhuma outra. **E:** O fato do servidor estar em disponibilidade não lhe retira as vedações constitucionais. Continua proibido de exercer qualquer outra função pública. Gabarito "A".

(Técnico Judiciário – TRT/9ª – 2012 – FCC) Considere as assertivas concernentes ao Ministério Público:

I. São princípios institucionais do Ministério Público a unidade, a indivisibilidade e a independência funcional.

II. O Ministério Público da União tem por chefe o Procurador-Geral da República, nomeado após a aprovação de seu nome pela maioria absoluta dos membros do Senado Federal, para mandato de dois anos, vedada a recondução.

III. Constitui vedação ao membro do Ministério Público, dentre outras, exercer a advocacia.

IV. O Conselho Nacional do Ministério Público compõe-se de quatorze membros nomeados pelo Presidente da República.

Nos termos da Constituição Federal, está correto o que se afirma APENAS em

(A) I, III e IV.

(B) I e II.

(C) III e IV.

(D) I, II e IV.

(E) II e III.

I: correta. De fato, conforme determina o § 1º do art. 127 da CF/1988, os princípios institucionais do Ministério são: a unidade, a indivisibilidade e a independência funcional; **II:** incorreta. De acordo com o art. 128, § 1º, da CF/1988, o Ministério Público da União tem por chefe o Procurador-Geral da República, nomeado pelo Presidente da República dentre integrantes da carreira, maiores de trinta e cinco anos, após a aprovação de seu nome pela maioria absoluta dos membros do Senado Federal, para mandato de dois anos, **permitida a recondução**; **III:** correta. É o que determina o art. 128, § 5º, II, *b*, da CF/1988; **IV:** correta. De fato, o Conselho Nacional do Ministério Público é composto de quatorze membros nomeados pelo Presidente da República, depois de aprovada a escolha pela maioria absoluta do Senado Federal, para um mandato de dois anos, admitida uma recondução. Gabarito "A".

(Técnico – TRE/SP – 2012 – FCC) Por meio do Ato Normativo 721, de 16 de dezembro de 2011, o Procurador-Geral de Justiça do Ministério Público do Estado de São Paulo estabeleceu o Plano Geral de Atuação da instituição para o ano de 2012. Elegendo a segurança escolar como tema prioritário, o Plano indica, dentre outras ações e diretrizes, a realização de "visitas e reuniões setoriais em estabelecimentos de ensino, com o fim de possibilitar diagnóstico com vistas à identificação daqueles em que a situação de violência seja especialmente relevante e de qual modalidade criminosa que mais aflige a população escolar respectiva, para possibilitar atuação preventiva e a pacificação do ambiente escolar".

As ações e diretrizes acima referidas decorrem de previsão da Constituição da República, segundo a qual ao Ministério Público compete

(A) defender a ordem jurídica, o regime democrático e os interesses sociais e individuais indisponíveis, promovendo as medidas necessárias à garantia dos direitos assegurados na Constituição.

(B) promover, privativamente, a ação penal pública, na forma da lei.

(C) promover o inquérito civil e a ação civil pública, para a proteção do patrimônio público e social, do meio ambiente e de outros interesses difusos e coletivos.

(D) exercer o controle externo da atividade policial, na forma estabelecida em lei complementar.

(E) requisitar diligências investigatórias e a instauração de inquérito policial, indicados os fundamentos jurídicos de suas manifestações processuais.

A: correta (art. 127, *caput*, e 129, III, ambos da CF/1988); **B:** incorreta. A promoção privativa da ação penal pública é uma das funções institucionais do Ministério Público (art. 129, I, da CF/1988), mas, para tanto, deve haver indícios de autoria e prova da materialidade, o que não é o caso; **C, D** e **E:** incorretas, pois, embora também sejam consideradas funções institucionais do Ministério Público (art. 129, III, VII e VIII, da CF/1988), não se aplicam ao problema.
Gabarito "A".

8. TRIBUTAÇÃO E ORÇAMENTO

(Técnico Judiciário – TRT/23ª – 2011 – FCC) Em relação aos indícios de despesas não autorizadas e entendendo o Tribunal de Contas da União irregular a despesa, a Comissão, se julgar que o gasto possa causar dano irreparável ou grave lesão à economia pública, proporá sua sustação ao

(A) Presidente do Tribunal de Contas da União.

(B) Presidente da República.

(C) Congresso Nacional.

(D) Superior Tribunal de Justiça.

(E) Supremo Tribunal Federal.

O art. 72 da CF/1988 trata da hipótese de indícios de despesas não autorizadas e eventuais providências a serem tomadas. O § 2º do mesmo dispositivo determina que se o Tribunal de Contas da União entender irregular a despesa, uma Comissão Mista (art. 166, § 1º, da CF/1988), julgando que o gasto possa causar dano irreparável ou grave lesão à economia pública, proporá ao Congresso Nacional sua sustação.
Gabarito "C".

9. ORDEM ECONÔMICA E ORDEM SOCIAL

(Técnico – TRT/15 – FCC – 2018) O Direito universal à saúde deve ser garantido pelo Estado mediante políticas sociais e econômicas que visem à redução do risco de doença e de outros agravos, com base, dentre outros, na previsão constitucional segundo a qual

(A) as instituições privadas poderão participar de forma complementar do Sistema Único de Saúde, segundo diretrizes próprias, tendo preferência as entidades filantrópicas e as sem fins lucrativos.

(B) o financiamento do Sistema Único de Saúde será efetivado integralmente com recursos do orçamento da seguridade social da União, responsável em assegurar o acesso universal e igualitário.

(C) as ações e serviços públicos de saúde integram uma rede regionalizada e hierarquizada e constituem um sistema único, organizado com vistas ao atendimento integral, excluídos os serviços assistenciais.

(D) é vedado às instituições privadas com fins lucrativos participarem do Sistema Único de Saúde.

(E) são de relevância pública as ações e serviços de saúde, devendo sua execução ser feita diretamente pelo Poder Público ou por meio de terceiros e, também, por pessoa física ou jurídica de direito privado.

A: incorreta, pois as instituições privadas poderão participar de forma complementar do sistema único de saúde, segundo diretrizes **deste**, mediante contrato de direito público ou convênio, tendo preferência as entidades filantrópicas e as sem fins lucrativos (art. 199, § 1º, da CF); **B:** incorreta, pois o sistema único de saúde será financiado com recursos do orçamento da seguridade social, da União, dos Estados, do Distrito Federal e dos Municípios, além de outras fontes (art. 198, § 1º, da CF); **C:** incorreta, visto que as ações e serviços públicos de saúde integram uma rede regionalizada e hierarquizada e constituem um sistema único, organizado com vistas ao atendimento integral, com prioridade para as atividades preventivas, sem prejuízo dos serviços assistenciais (art. 198, II, da CF); **D:** incorreta, porque as instituições privadas poderão participar de forma complementar do sistema único de saúde, segundo diretrizes deste, sendo vedada somente a destinação de recursos públicos para auxílios ou subvenções às instituições privadas com fins lucrativos (art. 199, §§ 1º e 2º, da CF); **E:** correta, de acordo com o art. 197 da CF. **AN**
Gabarito "E".

10. QUESTÕES COMBINADAS

(Técnico – TJ/AL – 2018 – FGV) João é réu em ação penal, na qual o Ministério Público lhe imputa a prática do crime de tráfico de entorpecentes. Por entender que o Juiz de determinada Vara Criminal de Maceió, por onde tramita o processo, praticou ato ilegal que feriu direito líquido e certo de seu cliente, o advogado de João impetrou mandado de segurança.

O mencionado remédio constitucional será distribuído aos Desembargadores integrantes:

(A) da Câmara Cível do Tribunal de Justiça de Alagoas;

(B) da Câmara Criminal do Tribunal de Justiça de Alagoas;

(C) da seção Especializada Cível do Tribunal de Justiça de Alagoas;

(D) da Turma Recursal do Tribunal de Justiça de Alagoas;

(E) do Órgão Especial do Tribunal de Justiça de Alagoas.

Serão distribuídos aos Desembargadores integrantes da Câmara Criminal os processos de mandado de segurança, quando a autoridade apontada como coatora for Juiz de Direito ou Juiz Substituto em Vara Criminal (art. 21 da Lei nº 6.564/2005 – Código de Organização Judiciária do Estado de Alagoas). **AN**
Gabarito "B".

12. Direito Penal

Eduardo Dompieri

1. PRINCÍPIOS E APLICAÇÃO DA LEI NO TEMPO E NO ESPAÇO

(Técnico – TJ/AL – 2018 – FGV) Disposições constitucionais e disposições legais tratam do tema aplicação da lei penal no tempo, sendo certo que existem peculiaridades aplicáveis às normas de natureza penal.

Sobre o tema, é correto afirmar que:

(A) a lei penal posterior mais favorável possui efeitos retroativos, sendo aplicável aos fatos anteriores, desde que até o trânsito em julgado da ação penal;

(B) a *abolitio criminis* é causa de extinção da punibilidade, fazendo cessar os efeitos penais e civis da condenação;

(C) a lei penal excepcional, ainda que mais gravosa, possui ultratividade em relação aos fatos praticados durante sua vigência;

(D) os tipos penais temporários poderão ser criados através de medida provisória;

(E) a combinação de leis favoráveis, de acordo com a atual jurisprudência do Superior Tribunal de Justiça, é admitida no momento da aplicação da pena.

A: incorreta. A lei penal, em regra, não retroage. Isso porque os fatos ocorridos sob a égide de determinada lei devem por ela ser regidos. Sucede que essa regra comporta exceção. Refiro-me à hipótese em que a lei nova é mais favorável ao agente do que aquela em vigor ao tempo em que a conduta foi praticada, seja porque deixou de considerar determinada conduta como infração penal (*abolitio criminis*), seja porque, de qualquer outra forma, revelou-se mais benéfica do que a lei anterior. Neste caso, embora o fato tenha se dado sob o império de determinada lei, certo é que o advento de lei nova mais favorável fará com que esta retroaja e atinja fatos ocorridos antes de ela (lei nova mais benéfica) entrar em vigor, alcançado, inclusive, fatos decididos por sentença irrecorrível (aqui está o erro da assertiva). Tal fenômeno, que constitui garantia de índole constitucional, denomina-se retroatividade da lei penal mais benéfica e está contido no art. 2°, *caput* e parágrafo único, do CP e art. 5°, XL, da CF; **B:** incorreta. Ocorre a *abolitio criminis* (art. 2°, "*caput*", do CP) sempre que uma lei nova deixa de considerar crime determinado fato até então criminoso. É, por força do que dispõe o art. 107, III, do CP, causa de extinção da punibilidade, que pode ser arguida e reconhecida a qualquer tempo, mesmo no curso da execução da pena. Além disso, tem o condão de fazer cessar a execução e os efeitos penais da sentença condenatória. Os efeitos extrapenais, no entanto, subsistem (art. 2°, "*caput*", do CP). Em outras palavras – e aqui está a incorreção da alternativa, os efeitos civis da condenação, porque têm natureza extrapenal, permanecem; **C:** correta. Lei excepcional (art. 3° do CP) é aquela destinada a vigorar durante períodos de anormalidade (calamidade, guerra etc.). Mesmo depois de revogada, deve produzir efeitos em relação aos fatos ocorridos durante a sua época de vigência. Constitui, pois, exceção ao *princípio da retroatividade benéfica*; **D:** incorreta. A *medida provisória*, por imposição de índole constitucional (art. 62, § 1°, I, b), não pode veicular matéria penal, ainda que se trate de lei penal temporária/excepcional. Isso porque o *princípio da legalidade, estrita legalidade* ou *reserva legal* (arts. 1° do CP e 5°, XXXIX, da CF) estabelece que os tipos penais incriminadores só podem ser concebidos por lei em

sentido estrito, ficando afastada, assim, a possibilidade de a lei penal ser criada por outras formas legislativas que não a lei em sentido formal, como, por exemplo, a medida provisória; **E:** incorreta. No que toca à viabilidade de o magistrado proceder à combinação de leis, quando da aplicação da pena, o STJ, consolidando o entendimento segundo o qual é vedada tal combinação, editou a Súmula 501, que, embora se refira ao crime de tráfico, também terá incidência no âmbito de outros delitos: "É cabível a aplicação retroativa da Lei 11.343/2006, desde que o resultado da incidência das suas disposições, na íntegra, seja mais favorável ao réu do que o advindo da aplicação da Lei 6.368/1976, sendo vedada a combinação de leis". **ED**

Gabarito "C"

(Técnico – TJ/AL – 2018 – FGV) Arlindo desferiu diversos golpes de faca no peito de Tom, sendo que, desde o início dos atos executórios, tinha a intenção de, com seus golpes, causar a morte do seu desafeto. No início, os primeiros golpes de faca causaram lesões leves em Tom. Na quarta facada, porém, as lesões se tornaram graves, e os últimos golpes de faca foram suficientes para alcançar o resultado morte pretendido.

Arlindo, para conseguir o resultado final mais grave, praticou vários atos com crescentes violações ao bem jurídico, mas responderá apenas por um crime de homicídio por força do princípio da:

(A) subsidiariedade, por se tratar de progressão criminosa;

(B) alternatividade, por se tratar de crime progressivo;

(C) consunção, por se tratar de progressão criminosa;

(D) especialidade, por se tratar de progressão criminosa;

(E) consunção, por se tratar de crime progressivo.

É do enunciado que Arlindo, com o propósito, *desde o início*, de matar Tom, seu desafeto, desfere contra este, de forma progressiva e com crescentes violações ao bem jurídico, várias facadas na região do peito, o que, ao final, acaba por provocar a sua morte. O que mais importa, para nós, é atentar para o fato de que o objetivo de Arlindo era o mesmo do começo ao fim de sua ação. Ou seja, ele deu início ao *iter criminis* imbuído do objetivo de matar Tom e, ao final, manteve tal desiderato (não houve, no curso da execução do crime, mudança de dolo). Isso nos permite concluir que o enunciado retrata típico caso de *crime progressivo*, que constitui hipótese de incidência do princípio da consunção e tem como consequência a absorção dos crimes de lesão corporal (facadas) pelo crime-fim, o homicídio consumado. **Dica:** não confundir *crime progressivo* com *progressão criminosa*. Nos dois casos, o princípio a ser aplicado é o mesmo: o da *consunção*. No *crime progressivo* (tratado no enunciado), temos que o agente, almejando desde o início resultado mais gravoso, pratica diversos atos, com violação crescente e sucessiva ao bem jurídico sob tutela. Perceba que, neste caso, conforme já ponderamos acima, não há alteração no *animus* do agente. Ele inicia e termina o *iter criminis* imbuído do mesmo objetivo. No caso da *progressão criminosa*, o agente, num primeiro momento, pretende a produção de determinado resultado, mas, ao alcançá-lo, muda seu intento e pratica nova conduta, gerando um resultado mais grave. Aqui, há mudança de *animus* no curso do *iter criminis*. Seria o caso se Arlindo, ao dar início à execução do crime, quisesse, no lugar de matar seu desafeto, apenas feri-lo e, ao final da execução do delito, mudando seus planos, passasse a agir com o propósito de matá-lo. Neste exemplo, houve mudança de dolo, isto é, o agente, num primeiro momento, queria provocar lesão; após, já no curso da execução do delito, mudou seu intento e passou a objetivar a morte da vítima. Neste caso, tal como no crime progressivo, as lesões anteriores serão absorvidas pelo crime-fim: o homicídio, por incidência do postulado da consunção. **ED**

Gabarito "E".

(Técnico – TJ/AL – 2018 – FGV) Paulo, funcionário público do governo brasileiro, quando em serviço no exterior, vem a praticar um crime contra a administração pública. Descoberto o fato, foi absolvido no país em que o fato foi praticado.

Diante desse quadro, é correto afirmar que Paulo:

(A) não poderá ser julgado de acordo com a lei penal brasileira por já ter sido absolvido no estrangeiro;

(B) somente poderá ser julgado de acordo com a legislação penal brasileira se entrar no território nacional;

(C) não poderá ter contra si aplicada a lei penal brasileira porque o fato não ocorreu no território nacional;

(D) poderá, por força do princípio da defesa real ou proteção, ser julgado de acordo com a lei penal brasileira;

(E) poderá, com fundamento no princípio da representação, ser julgado de acordo com a lei penal brasileira.

A solução desta questão deve ser extraída do art. 7º, I, c, do CP, que enuncia hipótese de extraterritorialidade incondicionada (princípio da defesa ou da proteção). **ED**

Gabarito "D".

(Técnico – TJ/AL – 2018 – FGV) Julia, primária e de bons antecedentes, verificando a facilidade de acesso a determinados bens de uma banca de jornal, subtrai duas revistas de moda, totalizando o valor inicial do prejuízo em R$15,00 (quinze reais). Após ser presa em flagrante, é denunciada pela prática do crime de furto simples, vindo, porém, a ser absolvida sumariamente em razão do princípio da insignificância.

De acordo com a situação narrada, o magistrado, ao reconhecer o princípio da insignificância, optou por absolver Julia em razão da:

(A) atipicidade da conduta;

(B) causa legal de exclusão da ilicitude;

(C) causa de exclusão da culpabilidade;

(D) causa supralegal de exclusão da ilicitude;

(E) extinção da punibilidade.

O princípio da insignificância funciona como causa supralegal de exclusão da tipicidade (material), atuando como instrumento de interpretação restritiva do tipo penal. Nesse sentido: STJ, REsp. 1171091-MG, 5ª T., rel. Min. Arnaldo Esteves Lima, 16.03.10. Segundo entendimento jurisprudencial consagrado, são requisitos necessários ao reconhecimento do princípio da insignificância: mínima ofensividade da conduta; nenhuma periculosidade social da ação; reduzido grau de reprovabilidade do comportamento; e inexpressividade da lesão jurídica provocada (STF, HC 98.152-MG, 2ª T., rel. Min. Celso de Mello, 19.05.2009). **ED**

Gabarito "A".

(Técnico Judiciário – TJ/SC – 2010) Assinale a alternativa que contém a afirmação correta:

(A) O tráfico internacional de entorpecentes é um crime considerado imprescritível.

(B) A prática de racismo constitui crime afiançável.

(C) A prática da tortura é um crime suscetível de anistia.

(D) O terrorismo é um crime considerado inafiançável.

(E) Os crimes hediondos são considerados imprescritíveis.

A: incorreta. Somente são imprescritíveis, na ordem jurídica brasileira, o crime de racismo (Lei 7.716/1989) e a ação de grupos armados, civis e militares, contra a ordem constitucional e o Estado Democrático; o crime de tráfico internacional de drogas, portanto, está sujeito à prescrição; **B**: incorreta. Por imposição constitucional (art. 5º, XLII), a prática de racismo constitui crime inafiançável. Nada impede, no entanto, que o juiz conceda, neste crime, a depender das peculiaridades do caso concreto (art. 312, CPP), liberdade provisória sem fiança; **C**: incorreta, dado que o crime de tortura é insuscetível de anistia, conforme preleciona o art. 1º, § 6º, da Lei 9.455/1997; **D**: correta. Estabeleceu o texto da Constituição Federal, em seu art. 5º, XLIII, ser inafiançáveis o terrorismo, a prática da tortura, o tráfico ilícito de entorpecentes e os chamados crimes hediondos, cujo rol o legislador infraconstitucional tratou de estabelecer no art. 1º da Lei 8.072/1990 (Crimes Hediondos); **E**: incorreta, pois imprescritíveis somente são o crime de racismo (Lei 7.716/1989) e a ação de grupos armados, civis e militares, contra a ordem constitucional e o Estado Democrático, tal como estabelece o art. 5º, XLII e XLIV, da Constituição Federal.

Gabarito "D".

2. CLASSIFICAÇÃO DOS CRIMES, FATO TÍPICO E TIPO PENAL

(Técnico Judiciário – TRE/MS – 2007 – FCC) A mãe que deixa de amamentar o filho, causando-lhe a morte, comete um crime

(A) omissivo impróprio.

(B) comissivo.

(C) omissivo puro.

(D) plurissubjetivo.

(E) formal.

Se a mãe, imbuída do propósito de matar o próprio filho, deixa de alimentá-lo, deverá responder, na hipótese de a criança falecer, por crime omissivo impróprio (ou comissivo por omissão), pois os pais têm o dever, imposto pelo art. 13, § 2º, a, do CP, de cuidado e proteção em relação ao filho menor. Será a mãe, pois, responsabilizada pela morte do filho na medida em que não evitou o resultado que devia ter evitado se tivesse amamentado a criança. Note que os crimes omissivos impróprios não estão catalogados em tipos específicos, como se dá com os omissivos próprios (omissão de socorro – art. 135 do CP). Além disso, estes se consumam, em regra, com a mera abstenção do agente e, por isso, não comportam a forma tentada. Os omissivos impróprios, por sua vez, exigem a produção de resultado naturalístico e, desse modo, admitem, em regra, a modalidade tentada.

Gabarito "A".

3. CRIMES DOLOSOS, CULPOSOS E PRETERDOLOS; ERRO DE TIPO, DE PROIBIÇÃO E DEMAIS ERROS

(Técnico – TJ/AL – 2018 – FGV) Leandro, pretendendo causar a morte de José, o empurra do alto de uma escada, caindo a vítima desacordada. Supondo já ter alcançado o resultado desejado, Leandro pratica nova ação, dessa vez realiza disparo de arma de fogo contra José, pois, acreditando que ele já estaria morto, desejava simular um ato de assalto. Ocorre que somente na segunda ocasião Leandro obteve o que pretendia desde o início, já que, diferentemente do que pensara, José não estava morto quando foram efetuados os disparos.

Em análise da situação narrada, prevalece o entendimento de que Leandro deve responder apenas por um crime de homicídio consumado, e não por um crime tentado e outro consumado em concurso, em razão da aplicação do instituto do:

(A) crime preterdoloso;

(B) dolo eventual;

(C) dolo alternativo;

(D) dolo geral;

(E) dolo de 2º grau.

O enunciado descreve típica hipótese de erro sobre o nexo causal, também chamado de erro sucessivo, dolo geral ou *aberratio causae*, a verifica-se quando o agente, imaginado já ter alcançado determinado resultado com um comportamento inicial (neste caso, empurrando a vítima da escada), vem a praticar nova conduta (vítima, ainda viva, é baleada), esta sim a causa efetiva da consumação (ferimento de arma de fogo). Trata-se de um erro irrelevante para o Direito Penal, porquanto de natureza acidental, devendo o agente ser responsabilizado pelo resultado pretendido de início, que, é importante que se diga, corresponde ao efetivamente atingido. Deverá ser responsabilizado, portanto, por um único crime de homicídio doloso, na modalidade consumada. **ED**
Gabarito "D".

(Técnico Judiciário – TJ/GO – 2010 – UFG) Sobre a gravidade do delito, a lei penal estabelece definições gradativas tanto quanto à intensidade da ação como quanto à responsabilidade do agente. O Código Penal caracteriza

(A) o crime culposo como aquele em que o agente dá causa ao resultado, ou assume o risco de produzi-lo, com deliberada vontade.

(B) o crime doloso como aquele em que o agente dá causa ao resultado por imprudência, negligência ou imperícia.

(C) o crime como a infração penal a que a lei comina pena de reclusão ou de detenção, quer isoladamente, quer alternativamente ou cumulativamente com a pena de multa.

(D) a contravenção como a infração penal a que a lei comina, isoladamente, pena de advertência ou de multa, ou ambas, alternativa ou cumulativamente.

A: incorreta, pois, no crime culposo, o resultado produzido, embora previsível, não é desejado, perseguido; se o agente der causa ao resultado porque o desejou (dolo direito) ou porque, mesmo não o tendo querido, assumiu o risco de produzi-lo (dolo eventual) deve, neste caso, ser responsabilizado por crime doloso; **B**: incorreta. O agente, no crime culposo (art. 18, II, CP), não deseja o resultado, que somente é produzido por *negligência, imprudência* ou *imperícia*, que são as modalidades de culpa. *Negligência* é a conduta do agente que deixa de agir quando deveria. Difere, assim, da *imprudência*, que pressupõe sempre uma conduta positiva, um fazer destituído da devida cautela. Não deve, da mesma forma, ser confundida com a *imperícia*, que é a falta de aptidão técnica, teórica ou prática para o exercício de arte ou ofício; **C**: correta. Conforme art. 1º do Decreto-Lei n. 3.914/1941 (Lei de Introdução ao Código Penal), *crime* é a infração penal que comporta as penas de reclusão ou de detenção, quer isoladamente, alternativamente ou cumulativamente com a pena de multa; **D**: incorreta. *Contravenção* é a infração que admite as penas de prisão simples ou multa, ou ambas, alternativa ou cumulativamente.
Gabarito "C"

(Escrevente Judiciário – TJ/GO – 2008) O crime é doloso quando:

(A) o agente deu causa ao resultado por imprudência, negligência ou imperícia.

(B) apenas quando o agente quis o resultado.

(C) apenas quando o agente assumiu o risco de produzir o resultado.

(D) quando o agente quis o resultado ou assumiu o risco de produzi-lo.

Art. 18, I, do CP. Existem três modalidades de dolo, a saber: dolo direto de primeiro grau; dolo direto de segundo grau; e dolo eventual. Dolo direto de primeiro grau (ou imediato) é aquele que se refere ao objetivo principal almejado pelo agente. Dolo direto de segundo grau (ou indireto) é o que se refere às consequências secundárias, decorrentes dos meios escolhidos pelo autor para a prática da conduta. Dolo eventual, por sua vez, ocorre sempre que o agente assume o risco de produzir determinado resultado.
Gabarito "D".

4. TENTATIVA, CONSUMAÇÃO E CRIME IMPOSSÍVEL

(Técnico – TJ/AL – 2018 – FGV) João, funcionário público de determinado cartório de Tribunal de Justiça, após apropriar-se de objeto que tinha a posse em razão do cargo que ocupava, é convencido por sua esposa a devolvê-lo no dia seguinte, o que vem a fazer, comunicando o fato ao seu superior, que adota as medidas penais pertinentes.

Diante desse quadro, é correto afirmar que:

(A) houve arrependimento eficaz, sendo o comportamento de João penalmente impunível;

(B) houve desistência voluntária, sendo o comportamento de João penalmente impunível;

(C) deverá João responder pelo crime de peculato tentado;

(D) deverá João responder pelo crime de peculato consumado, com a redução de pena pelo arrependimento posterior;

(E) deverá João responder pelo crime de peculato consumado, sem qualquer redução de pena.

Antes de mais nada, façamos a adequação típica da conduta descrita no enunciado. Segundo consta, João, funcionário público de determinado cartório de Tribunal de Justiça, apropriou-se de objeto que tinha a posse em razão do cargo que ocupava e, no dia seguinte, convencido por sua esposa, acabou por devolvê-lo, comunicando o fato ao seu superior, que adotou as medidas penais pertinentes. A conduta de João se amolda, à perfeição, ao tipo penal do art. 312, *caput*, do CP (peculato – modalidade apropriação). Isso porque, tendo a posse de determinado bem em razão do cargo que ocupa, João passou a se portar como se dono fosse. Em outras palavras, o agente, nesta modalidade de peculato, faz sua a coisa que pertence a outra pessoa e cuja posse detém por força do cargo que ocupa. A consumação desta modalidade de peculato ocorre no momento em que o agente passa a se comportar como se dono fosse da coisa, isto é, no exato instante em que ele inverte o ânimo que tem sobre o objeto material do delito. No caso narrado no enunciado, resta claro que o delito alcançou seu momento consumativo. Dito isso, passemos à análise das alternativas. **A** e **B**: incorretas. Tendo em conta que o delito cuja prática foi atribuída a João alcançou a sua consumação, não há que se falar em *arrependimento eficaz* tampouco em *desistência voluntária*, na medida em que tais institutos pressupõem ausência de consumação, entre outros requisitos (art. 15, CP). Conforme já dissemos, o crime praticado por João se consumou; **C**: incorreta, na medida em que o delito de peculato se consumou; **D**: correta. O *arrependimento* posterior (art. 16, CP), diferentemente do *arrependimento eficaz* e da *desistência voluntária*, tem como pressuposto que o crime tenha se consumado. Além disso, estabelece o art. 16 do CP outros requisitos, a saber: que o crime não tenha sido cometido com violência ou grave ameaça à pessoa; que o dano tenha sido reparado ou a coisa restituída até o recebimento da denúncia; e que tal se dê por ato voluntário do agente. Perceba que João preenche todos os requisitos necessários ao reconhecimento do arrependimento posterior, fazendo jus, portanto, a uma redução da pena da ordem de um a dois terços; **E:** incorreta, em vista do que acima foi ponderado.

Dica: tema bastante cobrado em provas de concursos em geral é a distinção entre a desistência voluntária e o arrependimento eficaz, ambos institutos previstos no art. 15 do CP. Na desistência voluntária (art. 15, primeira parte, do CP), o agente, em crime já iniciado, embora disponha de meios para chegar à consumação, acha por bem interromper a execução. Ele, de forma voluntária, desiste de prosseguir no *iter criminis* (conduta negativa, omissão). No *arrependimento eficaz* (art. 15, segunda parte, do CP), a situação é diferente. O agente, em crime cuja execução também já se iniciou, esgotou os meios que reputou suficientes para atingir seu objetivo. Ainda assim, o crime não se consumou. Diante disso, ele, agente, por vontade própria, passa a agir para evitar o resultado (conduta positiva). Tanto na *desistência voluntária* quanto no *arrependimento eficaz* o agente responderá somente pelos atos que praticou. **ED**

Gabarito "D".

5. ANTIJURIDICIDADE E CAUSAS EXCLUDENTES

(Técnico Jurídico – TJ/SC – 2007 – UFPR) De acordo com o Código Penal, NÃO se constitui em excludente de ilicitude o fato praticado pelo agente:

(A) Em estado de embriaguez completa proveniente de caso fortuito.

(B) No exercício regular de direito.

(C) Em estado de necessidade.

(D) No estrito cumprimento do dever legal.

Nos termos do art. 28, § 1º, do CP, a embriaguez completa proveniente de caso fortuito exclui a imputabilidade e, por via de consequência, a culpabilidade, desde que o agente, por conta dela, fique totalmente incapacitado de entender o caráter ilícito do fato ou de determinar-se conforme tal entendimento. As outras assertivas contemplam causas de exclusão da ilicitude previstas no art. 23 do CP.

Gabarito "A".

6. CONCURSO DE PESSOAS

(Técnico – TJ/AL – 2018 – FGV) No Direito Penal, a doutrina costuma reconhecer o concurso de pessoas quando a infração penal é cometida por mais de uma pessoa, podendo a cooperação ocorrer através de coautoria ou participação.

Sobre o tema, de acordo com o Código Penal, é correto afirmar que:

(A) o auxílio material é punível se o crime chegar, ao menos, a ser cogitado;

(B) as circunstâncias de caráter pessoal, diante de sua natureza, não se comunicam, ainda que elementares do crime;

(C) em sendo de menor importância a participação ou coautoria, a pena poderá ser reduzida de um sexto a um terço;

(D) a teoria sobre concurso de agentes adotada pela legislação penal brasileira, em regra, é a dualista;

(E) se algum dos concorrentes quis participar de crime menos grave, ser-lhe-á aplicada a pena deste.

A: incorreta. Se o crime permaneceu na esfera da cogitação, que constitui a primeira fase do *iter criminis* e é impunível, não haverá punição àquele que houver prestado auxílio. Na dicção do art. 31 do CP, *o ajuste, a determinação ou a instigação e o auxílio, salvo disposição expressa em contrário, não são puníveis, se o crime não chega, pelo menos, a ser tentado*. A contrário sensu, o auxílio material será punido se houver início de execução (delito chega à tentativa); **B:** incorreta, dado que as circunstâncias e as condições de caráter pessoal, quando elementares do crime, comunicam-se (art. 30, CP); **C:** incorreta, dado que esta causa de diminuição de pena, prevista no art. 29, § 1º, do CP, somente é aplicável ao *partícipe* (o *coautor* não foi contemplado); **D:** incorreta. Adotamos, como regra, a *teoria monista* (unitária ou monística), segundo a qual há, no concurso de pessoas, um só crime. Assim, todos os agentes por ele responderão na medida de sua culpabilidade (art. 29, CP). A *teoria dualista*, por sua vez, sustenta haver um crime em relação aos autores e outro em relação aos partícipes. Há também a *teoria pluralista*, adotada pelo Código Penal como exceção, para a qual, na hipótese de haver vários agentes envolvidos, cada um responde por um delito. Exemplo: a gestante que permite em si mesma a prática de aborto responde nos moldes do art. 124 do CP, ao passo que o agente que nela promover a interrupção da gravidez será responsabilizado pelo crime do art. 126 do CP, e não como coautor do crime capitulado no art. 124, CP; **E:** correta, pois reflete o disposto no art. 29, § 2º, do CP (cooperação dolosamente distinta), segundo o qual *se algum dos concorrentes quis participar de crime menos grave, ser-lhe-á aplicada a pena deste; essa pena será aumentada até à ½ (metade), na hipótese de ter sido previsível o resultado mais grave.* **ED**

Gabarito "E".

(Técnico Judiciário – TJDFT – 2013 – CESPE) Acerca de concurso de pessoas, julgue os itens a seguir.

(1) Se determinada pessoa, querendo chegar rapidamente ao aeroporto, oferecer pomposa gorjeta a um taxista para que este dirija em velocidade acima da permitida e, em razão disso, o taxista atropelar e, consequentemente, matar uma pessoa, a pessoa que oferecer a gorjeta participará de crime culposo.

(2) Aquele que se utiliza de menor de dezoito anos de idade para a prática de crime é considerado seu autor mediato.

1: incorreta, visto que não se admite, no âmbito dos crimes culposos, a modalidade de concurso de pessoas chamada *participação*; o concurso de pessoas, nos delitos culposos, somente é admitido sob a forma de *coautoria*. Isso porque o crime culposo tem o seu tipo aberto, razão pela qual não se afigura razoável afirmar-se que alguém auxiliou, instigou ou induziu uma pessoa a ser imprudente, sem também sê-lo. Conferir o magistério de Cleber Masson, ao tratar da coautoria no crime culposo: "A doutrina nacional é tranquila ao admitir a coautoria em crimes culposos, quando duas ou mais pessoas, conjuntamente, agindo por imprudência, negligência ou imperícia, violam o dever objetivo de cuidado a todos imposto, produzindo um resultado naturalístico". No que toca à participação no contexto dos crimes culposos, ensina que "firmou-se a doutrina pátria no sentido de rejeitar a possibilidade de participação em crimes culposos" (Direito Penal esquematizado – parte geral. 8. ed. São Paulo: Método, 2014. v. 1, p. 559). Na jurisprudência: "É perfeitamente admissível, segundo o entendimento doutrinário e jurisprudencial, a possibilidade de concurso de pessoas em crime culposo, que ocorre quando há um vínculo psicológico na cooperação consciente de alguém na conduta culposa de outrem. O que não se admite nos tipos culposos, ressalve-se, é a participação" (HC 40.474/PR, Rel. Ministra LAURITA

VAZ, QUINTA TURMA, julgado em 06.12.2005, *DJ* 13.02.2006); **2**: esta é a chamada *autoria mediata* ou *autoria por determinação*, em que o autor mediato utiliza o executor (autor imediato) como mero instrumento para a sua empreitada criminosa. Evidente que a responsabilidade recairá somente sobre o autor mediato.

Gabarito 1E, 2C

7. CULPABILIDADE E CAUSAS EXCLUDENTES

(Técnico – MPE/CE – CESPE – 2020) Mário, após ingerir bebida alcoólica em uma festa, agrediu um casal de namorados, o que resultou na morte do rapaz, devido à gravidade das lesões. A moça sofreu lesões leves.

A partir dessa situação hipotética, julgue os itens a seguir.

(1) Porque estava embriagado, Mário deve ser considerado inimputável.

(2) Se, após a apuração dos fatos, a morte do rapaz caracterizar homicídio simples doloso, a conduta de Mário não será classificada como crime hediondo.

(3) Mário praticou lesão corporal leve contra a moça, sendo, nesse caso, admitida a renúncia à representação apenas perante o juiz, conforme prevê a Lei Maria da Penha.

(4) O crime praticado por Mário contra a moça admite a extinção da punibilidade pela prescrição e pela renúncia ao direito de queixa.

1: errada. O enunciado retrata típica hipótese de embriaguez *voluntária*, que não constitui causa excludente da imputabilidade penal, nos termos do art. 28, II, do CP. Vale lembrar que, em matéria de embriaguez, o CP adotou a chamada teoria da *actio libera in causa*, segundo a qual quem livremente (por dolo ou culpa) ingerir álcool ou substância de efeitos análogos responderá pelo resultado lesivo que venha, nessa condição, a causar. Somente tem o condão de isentar o agente de pena a embriaguez completa involuntária (acidental, decorrente de caso fortuito ou força maior), nos termos do art. 28, § 1º, do CP, desde que lhe retire por completo a capacidade de entender o caráter ilícito do fato ou de determinar-se de acordo com esse entendimento; **2**: correta. De fato, o homicídio doloso simples somente será considerado hediondo quando praticado em atividade típica de grupo de extermínio, ainda que por uma só pessoa (art. 1º, I, primeira parte, da Lei 8.072/1990); **3**: incorreta, na medida em que, no caso apresentado no enunciado, não há que se falar em incidência da Lei Maria da Penha, uma vez que ausente relação doméstica e familiar entre agressor e vítima. Ainda que houvesse tal relação e, com isso, pudesse tal hipótese ser enquadrada na Lei Maria da Penha, a ação penal seria pública incondicionada, conforme entendimento jurisprudencial sedimentado por meio da Súmula 542, do STJ; **4**: errada. A renúncia ao direito de queixa somente tem incidência no âmbito da ação penal privada (art. 107, V, do CP), em que o ofendido desiste de promover a ação penal. Não é este o caso narrado no enunciado, em que a ação penal, por força do que dispõe o art. 88 da Lei 9.099/1995, é pública condicionada à representação, uma vez que se trata, no caso da moça agredida por Mário, de lesão corporal de natureza leve.

Gabarito 1E, 2C, 3E, 4E

(Técnico – TJ/AL – 2018 – FGV) Pablo, funcionário público do Tribunal de Justiça, tem a responsabilidade de registrar em um livro próprio do cartório os procedimentos que estão há mais de dez dias conclusos, permitindo o controle dos prazos por parte de advogados. Por determinação do juiz responsável, que queria evitar que terceiros soubessem de sua demora, Pablo deixa de lançar diversos processos que estavam conclusos para sentença há vários meses.

Considerando apenas as informações narradas, descoberto o fato, é correto afirmar que Pablo:

(A) não praticou crime, porque agiu em estrita obediência a ordem de superior hierárquico;

(B) não praticou crime, porque agiu em estrito cumprimento de dever legal;

(C) deverá responder pelo crime de prevaricação;

(D) deverá responder pelo crime de falsidade ideológica;

(E) não praticou crime, porque agiu no exercício regular de direito.

Tanto o magistrado que determinou a conduta omissiva quanto Pablo, que a cumpriu, deverão ser responsabilizados pelo cometimento do crime de falsidade ideológica, previsto no art. 299 do CP. Isso porque omitiram, em documento público, informação que dele devia constar, com o objetivo, neste caso, de alterar a verdade sobre fato juridicamente relevante. Não há que se falar em obediência hierárquica (art. 22, CP), já que a ordem proferida pelo juiz não pode ser considerada como *não manifestamente ilegal*. Cuida-se de ordem, sim, flagrantemente ilegal. ED

Gabarito "D"

(Técnico – TJ/AL – 2018 – FGV) Gabriel, 25 anos, desferiu, de maneira imotivada, diversos golpes de madeira na cabeça de Fábio, seu irmão mais novo. Após ser denunciado pelo crime de lesão corporal gravíssima, foi realizado exame de insanidade mental, constatando-se que, no momento da agressão, Gabriel, em razão de desenvolvimento mental incompleto, não era inteiramente capaz de entender o caráter ilícito do fato.

Diante da conclusão do laudo pericial, deverá ser reconhecida a:

(A) inimputabilidade do agente, afastando-se a culpabilidade;

(B) semi-imputabilidade do agente, afastando-se a culpabilidade;

(C) inimputabilidade do agente, afastando-se a tipicidade;

(D) semi-imputabilidade do agente, que poderá funcionar como causa de redução de pena;

(E) semi-imputabilidade do agente, afastando-se a tipicidade.

Somente seria considerado inimputável, com o consequente afastamento da culpabilidade, se, ao tempo da conduta, Gabriel fosse inteiramente incapaz de entender o caráter ilícito do fato ou de determinar-se de acordo com tal entendimento (art. 26, *caput*, CP). Pelo que consta do enunciado, Gabriel, ao tentar contra a vida do irmão, não era, segundo apontou a perícia médica a que foi submetido, inteiramente capaz de entender o caráter ilícito do fato, sendo considerado, portanto, semi-imputável (art. 26, parágrafo único, CP), o que poderá levar a uma redução de pena da ordem de um a dois terços.

Gabarito "D"

8. PENAS

(Técnico Judiciário – TJ/GO – 2010 – UFG) As penas privativas de liberdade, previstas nos arts. 33 a 42 do Código Penal, têm como característica

(A) o cumprimento da pena de detenção dar-se-á em regime fechado ou semiaberto, salvo necessidade de transferência a regime aberto.

(B) a ocorrência, no regime aberto, da execução da pena na casa do apenado.

(C) a gratuidade do trabalho do preso, quando se der como cumprimento de medida socioeducativa.

(D) a execução da pena, em regime de progressão, segundo o mérito do condenado.

A: incorreta, visto que a pena de detenção deve ser cumprida nos regimes iniciais semiaberto ou aberto, salvo a necessidade de transferência ao regime fechado, consoante preconiza o art. 33, *caput*, do CP; **B**: incorreta, visto que a pena, no regime aberto, será cumprida em casa do albergado ou em estabelecimento adequado, *ex vi* do art. 33, § 1º, *c*, do CP. A assertiva, que faz referência a *casa do apenado*, está, portanto, incorreta; **C**: incorreta. O trabalho do preso será sempre remunerado, segundo estabelece o art. 39 do CP. *Vide* LEP, arts. 28 a 37. Medidas socioeducativas são aquelas a que se submetem os adolescentes infratores (art. 112, ECA); **D**: correta, nos termos do art. 33, § 2º, do CP. Gabarito "D".

(Técnico Judiciário – TJ/MT – 2008 – VUNESP) "A" foi condenado na mesma sentença pela prática do crime de furto e também pela prática do crime de estupro. Sobre o caso em tela, é correto afirmar que

(A) pela regra do concurso formal, as penas deverão ser somadas.

(B) pela regra do concurso formal, deverá ser aplicada a pena mais grave com um aumento que poderá variar de 1/6 até 1/2.

(C) pela regra do concurso material, deverá ser aplicada a pena mais grave com um aumento que poderá variar de 1/6 até 2/3.

(D) pela regra do concurso material, deverá ser aplicada a pena mais grave com um aumento que poderá variar de 1/6 até 1/2.

(E) pela regra do concurso material, as penas deverão ser somadas.

No que tange ao concurso material de crimes, o Código Penal, em seu art. 69, adotou o chamado *cúmulo material*, sistema segundo o qual o agente responderá por cada um dos crimes cometidos, devendo as penas, por conta disso, ser somadas, diversamente do que se dá, em regra, no *concurso formal* (art. 70, CP) e na *continuidade delitiva* (art. 71, CP), modalidades que adotam o sistema da exasperação (exceto no concurso formal imperfeito – art. 70, *caput*, parte final, CP). Quanto ao concurso formal, valem alguns esclarecimentos. Nos termos do art. 70 do CP, o concurso formal poderá ser próprio (perfeito) ou impróprio (imperfeito). No primeiro caso (primeira parte do *caput*), temos que o agente, por meio de uma única ação ou omissão (um só comportamento), pratica dois ou mais crimes, idênticos ou não, com unidade de desígnio; já no concurso formal impróprio ou imperfeito (segunda parte do *caput*), a situação é diferente. Aqui, a conduta única decorre de desígnios autônomos, vale dizer, o agente, no seu atuar, deseja os resultados produzidos. Como consequência, as penas serão somadas, aplicando-se o critério ou sistema do cúmulo material. No concurso formal perfeito, diferentemente, se as penas previstas forem idênticas, aplica-se somente uma; se diferentes, aplica-se a maior, acrescida, em qualquer caso, de um sexto até metade (sistema da exasperação). Gabarito "E".

---

9. AÇÃO PENAL

(Técnico Judiciário – TJDFT – 2013 – CESPE) No que se refere à ação penal e extinção da punibilidade, julgue os itens seguintes.

(1) Não é possível a concessão de anistia, graça ou indulto àqueles que tenham praticado crimes hediondos.

---

(2) As causas de extinção da punibilidade, como a prescrição, a morte do autor do fato e a decadência do direito de queixa, podem ser reconhecidas de ofício pelo juiz.

(3) Considere que Carlos tenha ameaçado seu amigo Maurício de mal injusto e grave, razão por que Maurício, na delegacia de polícia, representou contra ele. Nessa situação hipotética, sendo o crime de ação penal pública condicionada, se assim desejar, Maurício poderá retratar a representação até o oferecimento da denúncia pelo MP.

1: correta, pois reflete o disposto no art. 2º, I, da Lei 8.072/1990 (Crimes Hediondos); **2**: correta, pois em conformidade com o que estabelece o art. 61, *caput*, do CPP; **3**: correta. Em conformidade com o que estabelecem os arts. 25 do CPP e 102 do CP, de fato a representação será retratável até o oferecimento da denúncia. Isto é, o dispositivo legal confere à vítima o direito de retroceder e retirar do Ministério Público a autorização dada para que este dê início à ação penal, desde que o faça – repita-se – até o oferecimento da denúncia. Gabarito 1C, 2C, 3C.

(Escrevente Judiciário – TJ/GO – 2008) Na ação penal de iniciativa pública condicionada à representação:

(A) A representação será sempre irretratável.

(B) A representação será irretratável depois de recebida a denúncia.

(C) A representação será irretratável depois de oferecida a denúncia.

(D) A representação será retratável a qualquer tempo.

A *representação*, que é a inequívoca manifestação de vontade do ofendido no sentido de ver processado seu ofensor, é retratável até o oferecimento da denúncia. Depois disso, ela se torna irretratável (é defeso ao ofendido "voltar atrás"). É o teor dos arts. 102 do CP e 25 do CPP. Tem natureza jurídica de condição de procedibilidade. No mais, é consenso na doutrina e na jurisprudência que a representação não exige rigor formal, sendo suficiente que o ofendido exteriorize de forma induvidosa sua vontade em processar seu ofensor. Gabarito "C".

(Escrevente Judiciário – TJ/GO – 2008) A ação de iniciativa privada é promovida mediante:

(A) denúncia.

(B) queixa.

(C) *notitia criminis*.

(D) interpelação.

Art. 100, § 2º, do CP. *Queixa* ou *queixa-crime* é a peça inaugural da ação penal de iniciativa privada; *denúncia*, por sua vez, é a peça (petição inicial) que dá início à ação penal pública, condicionada ou incondicionada. *Notitia criminis*, por seu turno, é o conhecimento, espontâneo ou provocado, que tem a autoridade policial de um fato aparentemente criminoso. Gabarito "B".

---

10. CRIMES CONTRA A PESSOA

(Técnico Judiciário – TRE/MS – 2007 – FCC) Jonas e José celebraram um pacto de morte. Jonas ministrou veneno a José e José ministrou veneno a Jonas. José veio a falecer, mas Jonas sobreviveu. Nesse caso, Jonas

(A) não responderá por nenhum delito, por falta de tipicidade.

(B) responderá por homicídio consumado.

(C) responderá por auxílio a suicídio.

(D) responderá por instigação a suicídio.

(E) responderá por induzimento a suicídio.

Não se trata, aqui, do crime de *participação em suicídio*, capitulado no art. 122 do CP, na medida em que a colaboração prestada por Jonas, resultante do pacto de morte celebrado entre ele e José, foi a causa imediata e direta da morte deste, não se limitando a um mero auxílio. Assim, Jonas deverá ser responsabilizado pelo crime de homicídio doloso consumado. Atenção: a Lei 13.968/2019, posterior à elaboração desta questão, promoveu profundas alterações no crime de participação em suicídio. A seguir, falaremos sobre tais mudanças. No dia 26 de dezembro de 2019, quando todos ainda estavam atônitos com a publicação do Pacote Anticrime, ocorrida em 24 de dezembro de 2019, surge no Diário Oficial a Lei 13.968, que conferiu nova redação ao art. 122 do CP, ali incluindo, além do delito que já existia (mas em outras bases), também o crime de induzimento, instigação ou auxílio à automutilação. Com isso, passamos a ter o seguinte *nomem juris*: induzimento, instigação ou auxílio a suicídio ou a automutilação. Antes de mais nada, não podemos deixar de registrar uma crítica ao legislador, que inseriu no catálogo *dos crimes contra a vida* delito que deveria ter sido incluído no capítulo *das lesões corporais*. Refiro-me ao induzimento, instigação ou auxílio à automutilação, que, à evidência, não constitui, nem de longe, crime contra a vida. Além da inserção deste novo crime (induzimento, instigação ou auxílio à automutilação), tratou o legislador de alterar o delito contra a vida já existente de *participação em suicídio*, conferindo nova redação ao tipo penal e inserindo qualificadoras e majorantes. Enfim, o art. 122, que até então contava com um parágrafo único, contém, agora, sete parágrafos. A primeira e mais significativa conclusão a que se chega por meio de uma breve leitura do *caput* deste artigo é que o crime do art. 122 do CP, que era, até então, *material*, passa a ser *formal*. Antes, conforme é sabido, o delito de participação em suicídio somente alcançava a consumação com a produção de resultado naturalístico, ora representado pela morte, ora pela lesão corporal de natureza grave. Ou seja, o crime comportava dois momentos consumativos possíveis. A tentativa não era admitida. Doravante, dada a nova redação conferida ao art. 122, *caput*, do CP, a consumação será alcançada com o mero ato de induzir, instigar ou auxiliar a vítima a suicidar-se ou a automutilar-se. A morte, se ocorrer, configurará a forma qualificada prevista no art. 122, § 2º; de sobrevier, da tentativa de suicídio ou da automutilação, lesão grave ou gravíssima, restará configurada a forma qualificada do art. 122, § 1º. Perceba que a morte e a lesão grave, na redação anterior, constituíam pressuposto à consumação da participação em suicídio; hoje, trata-se de circunstâncias que qualificam o crime de induzimento, instigação ou auxílio a suicídio ou a automutilação. O § 3º do dispositivo em análise estabelece causas de aumento de pena. Reza que a pena será duplicada: se o crime é praticado por motivo egoístico, torpe ou fútil; e se a vítima é menor ou tem diminuída, por qualquer causa, a capacidade de resistência. O § 4º, por sua vez, impõe um aumento de pena de até o dobro se a conduta é realizada por meio da internet ou rede social ou ainda transmitida em tempo real. Se o sujeito ativo for líder ou coordenador de grupo ou de rede virtual, sua pena será aumentada em metade (§ 5). O § 6º trata da hipótese em que o crime do § 1º deste artigo resulta em lesão corporal de natureza gravíssima e é cometido contra menor de 14 anos ou contra vítima que, por enfermidade ou deficiência mental, não tem o necessário discernimento para a prática do ato, ou que, por qualquer outra causa, está impedido de oferecer resistência, em que o agente responderá pelo delito do art. 129, § 2º, do CP; agora, se contra essas mesmas vítimas for cometido o crime do art. 122, § 2º, do CP (suicídio consumado ou morte decorrente da automutilação), o crime em que incorrerá o agente será o de homicídio (art. 121, CP). É o que estabelece o art. 122, § 7º, CP.

Gabarito "B"

---

11. CRIMES CONTRA A FÉ PÚBLICA E CONTRA A ADMINISTRAÇÃO PÚBLICA

(Técnico – MPE/CE – CESPE – 2020) Ana, servidora do MP/CE, aproveitou-se do acesso que sua função pública lhe permitia para se apropriar de valores do órgão. Durante o inquérito policial, preocupada com eventual condenação, Ana ofereceu vantagem pecuniária a uma amiga que não exerce função pública, para prestar depoimento falso em seu favor, a qual assim o fez.

Nessa situação hipotética,

(1) Ana deve ser responsabilizada pelo crime de apropriação indébita, com aumento de pena correspondente ao dano ao patrimônio público.

(2) a amiga de Ana deverá responder pelo crime de falso testemunho, deixando o fato de ser punível se, antes da sentença, ela declarar a verdade.

(3) a conduta de Ana ao oferecer dinheiro para que a amiga mentisse não caracteriza crime de corrupção ativa.

1: errada. Segundo consta do enunciado, Ana, valendo-se de sua condição de funcionária pública, apropriou-se de valores pertencentes ao órgão no qual exercia sua função. Sua conduta corresponde, dessa forma, à descrição típica do crime de peculato, capitulado no art. 312 do CP. Trata-se de delito próprio (o sujeito ativo somente pode ser o funcionário público) praticado pelo *intraneus* que se apropria, desvia ou subtrai dinheiro, valor ou qualquer outro bem móvel valendo-se de sua condição de funcionário público, o que lhe proporciona acesso facilitado ao patrimônio pertencente à Administração Pública ou àquele pertencente ao particular que esteja sob os cuidados da Administração; **2:** correta. Se a amiga de Ana atender ao pedido por esta formulado e de fato prestar depoimento falso, será responsabilizada pelo crime de falso testemunho. A retratação do agente, no contexto deste delito, quando efetivada até a sentença, é causa extintiva da punibilidade (o fato deixa de ser punível), tal como estabelece o art. 342, § 2º, do CP; **3:** correta. Por ter oferecido vantagem pecuniária a sua amiga para que esta prestasse depoimento falso, Ana deverá ser responsabilizada pelo crime do art. 343 do CP, que consiste em *dar, oferecer ou prometer dinheiro ou qualquer outra vantagem a testemunha, perito, contador, tradutor ou intérprete, para fazer afirmação falsa, negar ou calar a verdade em depoimento, perícia, cálculos, tradução ou interpretação.* Cuidado: aquele que comete o crime mediante suborno (mente porque foi subornado) responde pelo crime do art. 342, § 1º, isto é, com a pena aumentada de um sexto a um terço. Está correta, portanto, esta assertiva, segundo a qual a conduta de Ana, ao oferecer dinheiro para que a amiga mentisse, *não* caracteriza crime de corrupção ativa. Gabarito 1E, 2C, 3C

(Técnico – TJ/AL – 2018 – FGV) Ronaldo, que exerce função pública apenas temporariamente, sem receber remuneração, exige R$ 1.000,00 para dar prioridade na prática de ato de ofício que era de sua responsabilidade. Apesar da exigência, o fato vem a ser descoberto antes do pagamento da vantagem indevida e antes mesmo da prática com prioridade do ato de ofício.

Diante da descoberta dos fatos nos termos narrados, a conduta de Ronaldo configura:

(A) corrupção passiva, devendo a pena ser aplicada considerando a modalidade tentada do delito;

(B) concussão, devendo a pena ser aplicada considerando a modalidade consumada do delito;

(C) corrupção passiva, devendo a pena ser aplicada considerando a modalidade consumada do delito;

(D) concussão, devendo a pena ser aplicada considerando a modalidade tentada do delito;

(E) atipicidade em relação aos crimes contra a Administração Pública, tendo em vista que o agente não pode ser considerado funcionário público para fins penais.

Há, no caso narrado no enunciado, três pontos a considerar. Em primeiro lugar, temos que Ronaldo, embora exerça função pública em caráter temporário e sem perceber remuneração por isso, é considerado, para os fins penais, funcionário público, tal como o estabelece o art. 327, *caput*, do CP. Fica afastada, portanto, a assertiva "E". Dito isso, passemos à análise do delito em que incorreu Ronaldo. Segundo consta, ele teria exigido a importância de R$ 1.000,00 para dar prioridade à prática de ato de ofício que era de sua responsabilidade. Neste caso, o verbo *exigir*, empregado no enunciado, é fundamental e decisivo na tipificação da conduta atribuída a Ronaldo. Com efeito, o agente que exige, para si ou para outrem, em razão da função que exerce, vantagem indevida será responsabilizado pelo crime de *concussão*, capitulado no art. 316, *caput*, do CP. Este delito, que é próprio (somente pode ser praticado pelo funcionário público), pressupõe que o agente *exija*, que tem o sentido de impor à vítima a obtenção de vantagem indevida. É dizer, o ofendido, intimidado e temendo represália por parte do funcionário, acaba por ceder e a este entrega a vantagem indevida. E é aqui que este delito se distingue do crime de corrupção passiva, que, embora também seja próprio, tem como conduta nuclear o verbo *solicitar* (ou receber ou aceitar promessa de) vantagem indevida, que tem o sentido de pedir, requerer, diferente, portanto, da conduta consistente em *exigir* do crime de concussão. Restariam, assim, as alternativas "B" e "D". Há um último aspecto a ser analisado, que diz respeito ao momento consumativo do crime narrado no enunciado. De acordo com doutrina e jurisprudência, o crime de concussão, em que incorreu Ronaldo, é considerado formal, de sorte que a sua consumação será alcançada com a mera exigência da vantagem indevida, pouco importando se esta foi ou não entregue pela vítima. É por essa razão que a conduta narrada no enunciado corresponde ao delito de concussão *consumada*. A entrega da vantagem indevida ao funcionário público, se ocorrer, configura mero exaurimento do crime, que nada mais é do que o desdobramento típico ocorrido após a consumação. Perceba que esta característica do crime de concussão é comum ao delito de corrupção passiva. **ED**

Gabarito "B".

(Escrevente – TJ/SP – 2018 – VUNESP) No tocante às infrações previstas nos artigos 307, 308 e 311-A, do Código Penal, assinale a alternativa correta.

(A) A conduta de atribuir a terceiro falsa identidade é penalmente atípica, sendo crime apenas atribuir a si próprio identidade falsa.

(B) O crime de fraude em certames de interesse público configura-se pela divulgação de conteúdo de certame, ainda que não sigiloso.

(C) O crime de fraude em certames de interesse público prevê a figura qualificada, se dele resulta dano à administração pública.

(D) A conduta de ceder o documento de identidade a terceiro, para que dele se utilize, é penalmente atípica, sendo crime apenas o uso, como próprio, de documento alheio.

(E) O crime de fraude em certames de interesse público é próprio de funcionário público.

A: incorreta, já que o tipo penal do art. 307 do CP (falsa identidade) contém dois verbos nucleares (tipo misto alternativo ou de conteúdo variado), a saber: *atribuir-se* (imputar a si próprio) ou *atribuir a terceiro*

(imputar a outrem) falsa identidade. São duas, portanto, as condutas típicas previstas no tipo penal; **B**: incorreta, dado que o objeto da divulgação, para a configuração deste crime, deve ter caráter *sigiloso*, na forma prevista no art. 311-A, *caput*, do CP; logo, se não houver sigilo, a divulgação constitui fato atípico; **C**: correta. Qualificadora prevista no art. 311-A, § 2°, do CP; **D**: incorreta. Trata-se do crime previsto no art. 308 do CP; **E**: incorreta. O crime de fraude em certames de interesse público, capitulado no art. 311-A do CP, é comum, podendo, portanto, ser praticado por qualquer pessoa. **ED**

Gabarito "C".

(Escrevente – TJ/SP – 2018 – VUNESP) A respeito dos crimes praticados por funcionários públicos contra a administração pública, é correto afirmar que

(A) Caio, funcionário público, ao empregar verba própria da educação, destinada por lei, na saúde, em tese, incorre no crime de emprego irregular de verba pública (art. 315 do CP).

(B) Tícia, funcionária pública, ao exigir, em razão de sua função, que determinada empresa contrate o filho, em tese, incorre no crime de corrupção passiva (art. 317 do CP).

(C) Mévio, funcionário público, em razão de sua função, ao aceitar promessa de recebimento de passagens aéreas, para férias da família, não incorre no crime de corrupção passiva (art. 317 do CP), já que referido tipo penal exige o efetivo recebimento de vantagem indevida.

(D) Tício, funcionário público, ao se apropriar do dinheiro arrecadado pelos funcionários da repartição para comprar o bolo de comemoração dos aniversariantes do mês, em tese, pratica o crime de peculato (art. 312 do CP).

(E) Mévia, funcionária pública, não sendo advogada, não pode incorrer no crime de advocacia administrativa (art. 321 do CP), já que referido tipo penal exige a qualidade de advogado do sujeito ativo.

A: correta. Caio deverá ser responsabilizado pelo cometimento do crime de *emprego irregular de verbas ou rendas públicas* (art. 315, CP). Perceba que, neste crime, cuja objetividade jurídica é voltada à regularidade da Administração Pública, o agente não se apropria ou subtrai as verbas em proveito próprio ou de terceiro. O que se dá, aqui, é o emprego de verbas ou rendas públicas, pelo funcionário, em benefício da própria Administração, de forma diversa da prevista em lei. Assim, responderá por este crime aquele que desvia verba que, por lei, era da educação para a saúde. Não houve, como se pode notar, enriquecimento por parte do *intraneus* ou mesmo de terceiro; **B**: incorreta. Considerando que Tícia, valendo-se do cargo público que ocupa, *exigiu* a contratação de seu filho, deverá ser responsabilizada pelo crime de concussão (art. 316, *caput*, do CP). A conduta típica, na concussão, é representada, como dito, pelo verbo *exigir*, que tem o sentido de *demandar, ordenar*. Essa exigência traz ínsita uma ameaça à vítima, que, sentindo-se intimidada, acuada, acaba por ceder, entregando ao agente a vantagem indevida por ele perseguida. É aqui que este crime se distingue daquele previsto no art. 317 do CP – *corrupção passiva*. Neste, no lugar de *exigir*, o agente *solicita* (pede) vantagem indevida; **C**: incorreta. O crime de corrupção passiva (art. 317 do CP), como bem sabemos, é formal. Isso quer dizer que é prescindível, para que seja alcançada a sua consumação, que o agente receba a vantagem indevida. Na verdade, a consumação se opera em instante anterior, ou seja, o delito se aperfeiçoa, no caso narrado na assertiva, com a mera aceitação da promessa. Se de fato esta for auferida pelo agente, será considerada *exaurimento*, assim entendido o desdobramento típico posterior à consumação; **D**: incorreta, já que Tício não se valeu das facilidades que lhe proporcionara o cargo que ocupa. Além disso, inexiste, neste caso, prejuízo para a Administração. Trata-se de questão privada que envolve colegas de trabalho. Pode-se falar, em princípio, de crime de apropriação indébita (art. 168, CP); **E**: incorreta. O crime de advocacia administrativa, tipificado no art. 321 do CP, pressupõe que um funcionário público, valendo-se dessa qualidade, patrocine, direta ou indiretamente, interesse privado perante a Administração Pública. Apesar do nome, não se exige que o sujeito ativo seja *advogado*. Cuida-se, isto sim, como já dito, de delito praticado por funcionário público (é crime próprio) que, valendo-se do cargo que ocupa, defende interesse privado de terceiro perante a Administração. ED

Gabarito "A".

(Escrevente – TJ/SP – 2018 – VUNESP) A respeito dos crimes praticados por particulares contra a administração, em geral (arts. 328; 329; 330; 331; 332; 333; 335; 336 e 337 do CP), assinale a alternativa correta.

(A) O crime de desacato não se configura se o funcionário público não estiver no exercício da função, ainda que o desacato seja em razão dela.

(B) Para se configurar, o crime de usurpação de função pública exige que o agente, enquanto na função, obtenha vantagem.

(C) Para se configurar, o crime de corrupção ativa exige o retardo ou a omissão do ato de ofício, pelo funcionário público, em razão do recebimento ou promessa de vantagem indevida.

(D) Aquele que se abstém de licitar em hasta pública, em razão de vantagem indevida, não é punido pelo crime de impedimento, perturbação ou fraude de concorrência, já que se trata de conduta atípica.

(E) Não há previsão de modalidade culposa.

A: incorreta. Isso porque o ato injurioso ou ofensivo, no desacato (art. 331, CP), pode ser dirigido ao funcionário que esteja no exercício de sua função ou em razão dela (por causa dela). Neste último caso, embora o funcionário não esteja, no momento da ofensa, no seu horário de expediente, o ato ofensivo lhe é dirigido em razão da qualidade de funcionário público; **B**: incorreta. Sendo crime formal, a usurpação de função pública prescinde, à sua consumação, de resultado naturalístico, consistente no prejuízo para a Administração ou na obtenção de vantagem por parte do agente. Se este obtiver vantagem, incorrerá na forma qualificada (art. 328, parágrafo único, do CP); **C**: incorreta. O crime de corrupção ativa, capitulado no art. 333 do CP, a exemplo de tantos outros delitos contra a Administração Pública, prescinde de resultado naturalístico (é formal). Dessa forma, a consumação é alcançada no exato instante em que o agente, neste caso particular, oferece ou promete vantagem indevida, pouco importando se houve o recebimento do suborno oferecido ou prometido ou mesmo se o ato, inerente às funções do *intraneus*, foi praticado, omitido ou retardado. Agora, se o funcionário omitir, retardar ou praticar o ato com infração a dever funcional, a pena impingida ao particular será aumentada em um terço (art. 333, parágrafo único, CP); **D**: incorreta. A conduta descrita no enunciado correspondia ao tipo penal do art. 335, parágrafo único, do CP, que foi revogado pela Lei 8.666/1993 (instituiu normas para licitações e contratos firmados pela Administração Pública), que, em seu art. 95, parágrafo único, estabelece ser crime a conduta do agente que *se abstém ou desiste de licitar, em razão da vantagem oferecida*. Trata-se, portanto, como se pode ver, de fato *típico*; **E**: correta. De fato, o Capítulo II do Título XI do CP (dos crimes praticados por particular contra a administração em geral) não contempla crime cujo elemento subjetivo seja representado pela *culpa*. Cuidado: o Capítulo I desse mesmo título (dos crimes praticados por funcionário público contra a administração em geral) contém o crime de peculato, que comporta a modalidade culposa (art. 312, § 2º, CP). ED

Gabarito "E".

(Escrevente – TJ/SP – 2018 – VUNESP) A respeito dos crimes contra a administração da justiça (arts. 339 a 347 do CP), assinale a alternativa correta.

(A) A autoacusação para acobertar ascendente ou descendente é atípica.

(B) Dar causa a inquérito civil contra alguém, imputando-lhe falsamente a prática de crime, em tese, caracteriza o crime de denunciação caluniosa.

(C) Provocar a ação de autoridade, comunicando a ocorrência de crime que sabe não ter se verificado, em tese, caracteriza o crime de denunciação caluniosa.

(D) O crime de falso testemunho exige, para configuração, que o agente receba vantagem econômica ou outra de qualquer natureza.

(E) O crime de exercício arbitrário das próprias razões procede-se mediante queixa, ainda que haja emprego de violência.

A: incorreta, uma vez que o art. 341 do CP, que define o crime de autoacusação falsa, não contempla esta escusa absolutória, diferentemente do que se dá, por exemplo, no crime de favorecimento pessoal (art. 348, CP), em que não se pune o agente do favorecimento quando este for ascendente, descendente, cônjuge ou irmão. Dessa forma, se o pai imputar a si mesmo crime que sabe que foi praticado pelo filho, será responsabilizado pelo crime do art. 341 do CP; **B**: correta. O sujeito que provoca a instauração de inquérito civil contra alguém, sabendo-o inocente do crime que levou ao conhecimento da autoridade, comete o delito de *denunciação caluniosa*, capitulado no art. 339 do CP. Este crime não deve ser confundido com o do art. 340 do CP, *comunicação falsa de crime ou contravenção*, em que a comunicação que deflagra a ação da autoridade não recai sobre pessoa certa, determinada. Na *denunciação caluniosa*, como já dito, o agente atribui a autoria da infração penal por ele levada ao conhecimento da autoridade a pessoa determinada, fornecendo dados à sua identificação. Difere, também, do tipo prefigurado no art. 138 do CP – *calúnia*, na medida em que, neste delito, atribui-se falsamente a alguém fato definido como crime. Sua consumação se opera no momento em que o fato chega ao conhecimento de terceiro (a honra atingida é a objetiva). Aqui, o agente não dá causa à instauração de investigação ou processo. Atenção: a recente Lei 14.110/2020 alterou o art. 339 do CP, dispositivo que contém a descrição típica do crime de denunciação caluniosa, que passa a contar, doravante, com a seguinte redação: *Dar causa à instauração de inquérito policial, de procedimento investigatório criminal, de processo judicial, de processo administrativo disciplinar, de inquérito civil ou de ação de improbidade administrativa contra alguém, imputando-lhe crime, infração ético-disciplinar ou ato ímprobo de que o sabe inocente*; **C**: incorreta. O sujeito que provoca a ação de autoridade, a esta comunicando a ocorrência de crime que sabe não ter se verificado, comete o delito de comunicação falsa de crime ou contravenção (art. 340, CP); **D**: incorreta, já que o crime de falso testemunho (art. 342, CP) se aperfeiçoa ao final do depoimento (é crime formal), pouco importando se a inverdade teve influência na instrução processual bem como se houve suborno. A propósito, se o crime for praticado mediante suborno, deverá incidir a causa de aumento de pena do art. 342, § 1º, do CP, mas tal não é necessário à configuração do crime; **E**: incorreta. A ação penal, no crime de exercício arbitrário das próprias razões, somente será privativa do ofendido (procede-se mediante queixa) se não houver emprego de violência; se houver, a ação penal será pública, cabendo a sua iniciativa ao MP (art. 345, parágrafo único, CP). ED

Gabarito "B".

(Escrevente – TJ/SP – 2018 – VUNESP) A respeito do crime de exploração de prestígio (art. 357 do CP), é correto afirmar que

(A) prevê causa de aumento se o agente alega ou insinua que o dinheiro é também destinado a funcionário público estrangeiro.

(B) prevê modalidade culposa.

(C) se caracteriza pela conduta de receber dinheiro a pretexto de influir em ato praticado por qualquer funcionário público.

(D) se trata de crime comum, não se exigindo qualquer qualidade especial do autor.

(E) para se configurar, exige o efetivo recebimento de dinheiro pelo agente.

A: incorreta. A exploração de prestígio (art. 357 do CP), que com o delito tráfico de influência (art. 332 do CP) é frequentemente confundida, caracteriza-se quando o agente *solicitar ou receber dinheiro ou qualquer outra utilidade*, a pretexto de influir em *juiz, jurado, órgão do Ministério Público, funcionário de justiça, perito, tradutor, intérprete ou testemunha*. A causa de aumento de pena, prevista no art. 357, parágrafo único, do CP, por sua vez, incidirá sempre que o agente alegar ou insinuar que o dinheiro ou utilidade solicitado ou recebido também se destina às pessoas referidas no *caput*, que, como se pode ver, não inclui o funcionário público estrangeiro; **B:** incorreta, dado que o crime de exploração de prestígio não prevê modalidade culposa; o elemento subjetivo é representado pelo dolo; **C:** incorreta. O agente que obtém vantagem, alegando gozar de prestígio junto à Administração para influir no comportamento de servidor público, comete o crime de tráfico de influência (art. 332 do CP). Este crime muito se assemelha ao estelionato, ou melhor, constitui uma modalidade específica de estelionato, em que o sujeito ativo vende a falsa ideia de que fará uso de sua influência para obter, em favor da vítima, benefício junto à Administração. Levada a engano pelo ardil aplicado pelo sujeito, o ofendido, ludibriado, entrega-lhe a vantagem perseguida. É crime de ação múltipla ou de conteúdo variado, uma vez que o tipo penal contempla várias condutas (solicitar, exigir, cobrar e obter). Este crime não deve ser confundido com o delito do art. 357 do CP (exploração de prestígio). Neste, as pessoas em relação às quais o agente alega gozar de prestígio estão especificadas no tipo penal: juiz, jurado, órgão do MP, funcionário de justiça etc. É crime contra a administração da Justiça, ao passo que o tráfico de influência é delito contra a administração pública em geral; **D:** correta. Trata-se, de fato, de crime comum, na medida em que o tipo penal não contempla nenhuma qualidade especial que deve ter o sujeito ativo; **E:** incorreta. Cuida-se de crime formal, isto é, não se exige, à sua consumação, a produção de resultado naturalístico. **ED** Gabarito "D".

(Escrevente – TJ/SP – 2018 – VUNESP) A respeito dos crimes previstos nos artigos 293 a 305 do Código Penal, assinale a alternativa correta.

(A) A falsificação de livros mercantis caracteriza o crime de falsificação de documento particular (art. 298 do CP).

(B) O crime de falsidade ideológica (art. 299 do CP), em documento público, é próprio de funcionário público.

(C) No crime de falsidade de atestado médico (art. 302 do CP), independentemente da finalidade de lucro do agente, além da pena privativa de liberdade, aplica-se multa.

(D) O crime de supressão de documento (art. 305 do CP), para se caracterizar, exige que o documento seja verdadeiro.

(E) O crime de falsificação de documento público (art. 297 do CP) é próprio de funcionário público.

A: incorreta. Cuida-se do crime de falsificação de documento público (art. 297 do CP), haja vista que os *livros mercantis* equiparam-se, para

os fins penais, a documento público, equiparação essa que também inclui, por força do art. 297, § 2º, do CP, o documento emanado de entidade paraestatal, o título ao portador ou transmissível por endosso, as ações de sociedade comercial e o testamento particular (hológrafo). São documentos que, embora particulares, são considerados, dada a sua relevância, público para fins penais; **B:** incorreta. Isso porque o crime de falsidade ideológica, quer seja o documento público, quer seja particular, é *comum*. Significa que o sujeito ativo pode ser qualquer pessoa, inclusive o funcionário público. A propósito, se este delito for cometido pelo *intraneus*, valendo-se este do cargo que ocupa, a pena é aumentada de sexta parte (art. 299, parágrafo único, CP); **C:** incorreta, uma vez que a pena de multa somente será aplicada na hipótese de o crime do art. 302 do CP ser praticado com o fim de lucro (art. 302, parágrafo único, CP); não havendo tal finalidade, o médico que expediu o atestado falso estará sujeito tão somente à pena de detenção de um mês a um ano; **D:** correta. De fato, o objeto material do crime de supressão de documento (art. 305, CP) é o documento público ou particular, em qualquer caso *verdadeiro*; **E:** incorreta, uma vez que poderão figurar como sujeito ativo do crime de falsificação de documento público (art. 297, CP) tanto o particular quanto o funcionário público. Trata-se, portanto, de crime comum, em que não se exige do agente nenhuma qualidade especial. Agora, se se tratar de funcionário público que se vale, para o cometimento deste crime, de seu cargo, incidirá a causa de aumento prevista no § 1º do art. 297 do CP. **ED** Gabarito "D".

(Escrevente Técnico Judiciário – TJSP – VUNESP – 2017) O crime denominado "petrechos de falsificação" (CP, art. 294) tem a pena aumentada, de acordo com o art. 295 do CP, se

(A) a vítima for menor de idade, idosa ou incapaz.

(B) praticado com intuito de lucro.

(C) cometido em detrimento de órgão público ou da administração indireta.

(D) o agente for funcionário público e cometer o crime prevalecendo-se do cargo.

(E) causar expressivo prejuízo à fé pública.

O crime denominado *petrechos de falsificação*, capitulado no art. 294 do CP, pune a conduta do agente que *fabrica* (cria, produz), *adquire* (compra, obtém), *fornece* (abastece, guarnece), *possui* (tem a posse) ou *guarda* (mantém consigo) objeto voltado especialmente à falsificação de papéis públicos (a que se refere o art. 293), tais como computadores, impressoras, máquinas, carimbos etc. Cuida-se de delito comum, assim entendido aquele cujo tipo penal não impõe nenhuma qualidade específica ao sujeito ativo. Em outras palavras, pode ser praticado por qualquer pessoa. O art. 295 do CP estabelece uma causa de aumento de pena para este crime: se o agente é funcionário público (art. 327, CP) e comete o crime valendo-se dessa condição, sua pena será aumentada de um sexto, o que torna correta a assertiva "D". **ED** Gabarito "D".

(Escrevente Técnico Judiciário – TJSP – VUNESP – 2017) Funcionário público municipal, imprudentemente, deixa a porta da repartição aberta ao final do expediente. Assim agindo, mesmo sem intenção, concorre para que outro funcionário público, que trabalha no mesmo local, subtraia os computadores que guarneciam o órgão público. O Município sofre considerável prejuízo. A conduta do funcionário que deixou a porta aberta traduz-se em

(A) peculato-subtração.

(B) mero ilícito funcional, sem repercussão na esfera penal.

(C) fato atípico.

(D) peculato culposo.

(E) prevaricação.

Há, no Código Penal, quatro modalidades de peculato, a saber: *peculato-apropriação* (art. 312, *caput*, 1ª parte, do CP); *peculato-desvio* (art. 312, *caput*, 2ª parte, do CP); *peculato-furto* (art. 312, § 1º, do CP); e *peculato culposo* (art. 312, § 2º, CP). O enunciado descreve hipótese de peculato culposo, em que o agente, agindo de forma culposa (imprudência, negligência ou imperícia), concorre para o delito de terceiro, que se apropria, desvia ou subtrai o objeto material. Este terceiro pode ser tanto o particular quanto outro funcionário público, que se vale de descuido do funcionário ao qual cabe a vigilância do bem para, dessa forma, subtraí-lo. Questão bastante recorrente em concurso público refere-se à possibilidade de o funcionário ao qual se imputa a prática do peculato culposo ser agraciado com a extinção de sua punibilidade no caso de reparar o dano até o trânsito em julgado da sentença que o condenou (art. 312, § 3º, 1ª parte, do CP); se a reparação se der depois de a sentença tornar-se irrecorrível, poderá, neste caso, o funcionário ter a sua pena reduzida de metade (art. 312, § 3º, 2ª parte, do CP). **ED**

Gabarito "D".

(Escrevente Técnico Judiciário – TJSP – VUNESP – 2017) A conduta de "dar causa à instauração de investigação policial, de processo judicial, instauração de investigação administrativa, inquérito civil ou ação de improbidade administrativa contra alguém, imputando-lhe crime de que o sabe inocente" configura

(A) condescendência criminosa.

(B) denunciação caluniosa.

(C) fraude processual.

(D) falso testemunho.

(E) comunicação falsa de crime.

No crime de *denunciação caluniosa*, previsto no art. 339 do CP, temos que o sujeito ativo (é crime comum contra a Administração da Justiça) dá causa à *instauração de investigação policial*, de *processo judicial*, *instauração de investigação administrativa*, *inquérito civil* ou *ação de improbidade administrativa* contra alguém (pessoa determinada), a este atribuindo o cometimento de crime de que o sabe inocente. O tipo penal refere-se à falsa imputação de *crime*; se se tratar de *contravenção penal*, incorrerá o agente na causa de diminuição de pena prevista no art. 339, § 2º, do CP. Não devemos confundir este crime do art. 339 do CP com o do art. 340 do CP, *comunicação falsa de crime ou de contravenção*. Neste caso, a conduta penal noticiada à autoridade não é imputada a ninguém; na denunciação caluniosa, diferentemente, há acusação contra pessoa determinada. Difere, também, do tipo penal prefigurado no art. 138 do CP – calúnia, na medida em que, neste delito, atribui-se falsamente a alguém fato definido como crime. Sua consumação se opera no momento em que o fato chega ao conhecimento de terceiro (a honra atingida é a objetiva). Aqui, o agente não dá causa à instauração de investigação ou processo. Atenção: a recente Lei 14.110/2020, posterior, portanto, à elaboração desta questão, alterou o art. 339 do CP, dispositivo que contém a descrição típica do crime de denunciação caluniosa, que passa a contar, doravante, com a seguinte redação: *Dar causa à instauração de inquérito policial, de procedimento investigatório criminal, de processo judicial, de processo administrativo disciplinar, de inquérito civil ou de ação de improbidade administrativa contra alguém, imputando-lhe crime, infração ético-disciplinar ou ato ímprobo de que o sabe inocente.* **ED**

Gabarito "B".

(Escrevente Técnico Judiciário – TJSP – VUNESP – 2017) Certos crimes têm suas penas estabelecidas em patamares superiores quando presentes circunstâncias que aumentam o desvalor da conduta. São os denominados "tipos qualificados".

Assinale a alternativa que indica o crime que tem como qualificadoras "resultar prejuízo público" e "ocorrer em lugar compreendido na faixa de fronteira".

(A) Abuso de poder.

(B) Abandono de função.

(C) Violência arbitrária.

(D) Corrupção passiva.

(E) Exercício arbitrário das próprias razões.

O enunciado se refere às modalidades qualificadas do crime de abandono de função, que está inserido no art. 323 do CP. O § 1º desse dispositivo estabelece que, se do ato consistente em abandonar cargo público resultar prejuízo público, a pena será de detenção de 3 meses a 1 anos e multa, superior, portanto, àquela prevista no "caput", que vai de 15 dias a 1 mês de detenção ou multa. Já o § 2º prevê que, na hipótese de o abandono da função ocorrer em lugar compreendido em faixa de fronteira, a pena será de detenção de 1 a 3 anos e multa, que corresponde à forma mais grave desse crime. **ED**

Gabarito "B".

(Escrevente Técnico Judiciário – TJSP – VUNESP – 2017) Imagine que um perito nomeado pelo juiz, em processo judicial, mediante suborno, produza um laudo falso para favorecer uma determinada parte, praticando a conduta que configura crime do art. 342 do CP (falsa perícia). Ocorre que, arrependido e antes de proferida a sentença no mesmo processo, o perito retrata-se, corrigindo a falsidade. De acordo com o texto literal do art. 342, § 2º do CP, como consequência jurídica da retratação,

(A) o perito fica isento de pena criminal, mas deverá devolver os honorários recebidos em dobro.

(B) o perito, se condenado pelo crime de falsa perícia, terá a pena reduzida de 1/3 (um terço) a 2/3 (dois terços).

(C) o perito fica impedido, por 5 (cinco) anos, de prestar tal serviço.

(D) o perito fica isento de pena criminal, mas deverá indenizar o prejudicado pela falsidade que cometeu.

(E) o fato deixa de ser punível.

A conduta do perito se amolda ao tipo penal do art. 342, *caput*, do CP, uma vez que elaborou, mediante suborno, laudo falso imbuído do propósito de favorecer uma das partes. Sucede que, depois de o delito consumar-se, o perito, arrependido do que fizera, retrata-se, recompondo a verdade dos fatos, o que se deu antes de proferida a sentença no processo em que foi produzido o laudo falso. Neste caso, à luz do que estabelece o art. 342, § 2º, do CP, o fato deixa de ser punível, configurando hipótese de causa extintiva da punibilidade (art. 107, VI, do CP). **ED**

Gabarito "E".

(Técnico Judiciário – TRF2 – Consulplan – 2017) Assinale a alternativa que apresenta um crime praticado contra a Administração Pública, cujo Código Penal prevê a sua punição a título de culpa.

(A) Desacato.

(B) Corrupção ativa.

(C) Peculato.

(D) Condescendência criminosa.

A: incorreta. É que, embora o *desacato*, que está previsto no art. 331 do CP, constitua crime praticado contra a Administração Pública (por particular), seu elemento subjetivo é representado tão somente pelo *dolo* (vontade livre e consciente de ofender o funcionário público, desprestigiando-o). É dizer: não há, para este crime, previsão de modalidade culposa; **B:** incorreta. Tal como se dá com o desacato, o delito de *corrupção ativa* (crime contra a Administração Pública praticado por particular), capitulado no art. 333 do CP, somente admite a modalidade dolosa, consistente na vontade do particular de corromper o funcionário para vê-lo praticar, omitir ou retardar ato de ofício. Não há, portanto, modalidade culposa deste crime; **C:** correta. Isso porque o legislador previu a modalidade culposa do crime de *peculato*, o que está expressamente contido no art. 312, § 2º, do CP. No mais, trata-se de crime contra a Administração Pública praticado por funcionário público (delito próprio); **D:** incorreta. Trata-se de delito próprio do funcionário público (contra a Administração Pública) cujo elemento subjetivo é representando tão somente pelo *dolo*, que é a vontade livre e consciente do agente de, movido por indulgência, deixar de promover a responsabilização de subordinado ou ainda de não comunicar o fato à autoridade competente. ED

Gabarito "C"

(Técnico Judiciário – TRF2 – Consulplan – 2017) Assinale a alternativa que apresenta a descrição da conduta típica do crime de corrupção passiva.

(A) Oferecer ou prometer vantagem indevida a funcionário público, para determiná-lo a praticar, omitir ou retardar ato de ofício.

(B) Solicitar ou receber, para si ou para outrem, direta ou indiretamente, ainda que fora da função ou antes de assumi-la, mas em razão dela, vantagem indevida, ou aceitar promessa de tal vantagem.

(C) Exigir, para si ou para outrem, direta ou indiretamente, ainda que fora da função ou antes de assumi-la, mas em razão dela, vantagem indevida.

(D) Retardar ou deixar de praticar, indevidamente, ato de ofício, ou praticá-lo contra disposição expressa de lei, para satisfazer interesse ou sentimento pessoal.

A: incorreta, uma vez que corresponde à descrição típica do crime de *corrupção ativa* (art. 333, CP), que é delito praticado por particular contra a Administração Pública; **B:** correta, na medida em que corresponde à descrição típica do crime de *corrupção passiva* (art. 317, *caput*, do CP), que é delito praticado pelo funcionário público contra a Administração Pública; **C:** incorreta. Trata-se do delito de *concussão* (art. 316, *caput*, CP); **D:** incorreta, já que corresponde à descrição típica do crime de *prevaricação* (art. 319, CP). ED

Gabarito "B"

(Técnico Judiciário – TRF2 – Consulplan – 2017) NÃO incorre na mesma pena do crime de Descaminho o agente que

(A) pratica navegação de cabotagem, fora dos casos permitidos em lei.

(B) adquire, recebe ou oculta, em proveito próprio ou alheio, no exercício de atividade comercial ou industrial, mercadoria de procedência estrangeira, desacompanhada de documentação legal ou acompanhada de documentos que sabe serem falsos.

(C) vende, expõe à venda, mantém em depósito ou, de qualquer forma, utiliza em proveito próprio ou alheio, no exercício de atividade comercial ou industrial, mercadoria de procedência estrangeira que introduziu clandestinamente no País ou importou fraudulentamente ou que sabe ser produto de introdução clandestina no território nacional ou de importação fraudulenta por parte de outrem.

(D) importa ou exporta mercadoria proibida.

Questão anulada, tendo em vista que o crime de descaminho não estava contemplado no conteúdo programático do edital. A resolução desta questão pressupõe que o candidato saiba diferenciar os crimes de descaminho e contrabando, previstos, respectivamente, nos arts. 334

e 334-A, ambos do Código Penal. *Contrabando* corresponde à conduta do agente que importa ou exporta mercadoria *proibida*; ao passo que, no *descaminho*, o sujeito ativo promove, *grosso modo*, o ingresso ou a saída de mercadoria *permitida*, mas ilude, total ou parcialmente, o pagamento do imposto devido. As assertivas "A", "B" e "C" contemplam condutas equiparadas ao delito de descaminho (art. 334, § 1º), para as quais a pena cominada é idêntica à do *caput* desse dispositivo (*incorrerá na mesma pena quem...*). A assertiva "D", que deve ser assinalada, além de não constituir conduta equiparada ao crime de descaminho, configura o delito de contrabando, cujo objeto material, conforme já dissemos, é a mercadoria *proibida* (art. 334-A, CP). ED

Gabarito Anulada

(Escrevente Técnico – TJSP – 2015 – VUNESP) O peculato culposo

(A) é fato atípico, pois não está expressamente previsto no CP.

(B) tem a ilicitude excluída se o agente repara o dano a qualquer tempo.

(C) tem a punibilidade extinta se o agente repara o dano antes da sentença irrecorrível.

(D) é punido com detenção, de dois a doze anos, e multa.

(E) é punido com a mesma pena do peculato doloso.

A: incorreta, pois o peculato culposo está expressamente previsto no art. 312, § 2º, do CP; **B:** incorreta. A reparação do dano no peculato culposo, nos termos do art. 312, § 3º, do CP, ensejará a extinção da punibilidade (e não a exclusão da ilicitude, como consta na assertiva!) se for anterior à sentença irrecorrível, ensejando a redução da pena pela metade se posterior ao trânsito em julgado; **C:** correta, nos termos do art. 312, § 3º, primeira parte, do CP. Ressalte-se, uma vez mais, que, se a reparação do dano for posterior à sentença irrecorrível, apenas ensejará a diminuição da pena do agente pela metade (art. 312, § 3º, segunda parte, do CP); **D:** incorreta. O peculato culposo é punido com detenção, de três meses a um ano. Já o peculato doloso (art. 312, *caput*, e § 1º, do CP) é punido com reclusão, de dois a doze anos, e multa; **E:** incorreta, pois, como visto no comentário à alternativa anterior, a pena do peculato culposo é de detenção, de três meses a um ano, ao passo que a do peculato doloso varia de dois a doze anos de reclusão, além da multa.

Gabarito "C"

(Escrevente Técnico – TJSP – 2015 – VUNESP) O funcionário público que tem conhecimento de infração cometida no exercício do cargo por subordinado e que, por indulgência, não promove sua responsabilização e também não comunica o fato ao superior competente para tanto pratica

(A) corrupção ativa (CP, art. 333).

(B) corrupção passiva (CP, art. 317).

(C) fato atípico, pois não está descrito expressamente como crime no CP.

(D) condescendência criminosa (CP, art. 320).

(E) prevaricação (CP, art. 319).

O funcionário público que, por indulgência, deixar de promover a responsabilização de funcionário subordinado que tenha praticado infração no exercício do cargo, ou, caso incompetente, deixar de levar o fato ao conhecimento da autoridade com competência punitiva, responderá pelo crime de condescendência criminosa (art. 320 do CP). Correta, portanto, a alternativa "D". As demais alternativas estão incorretas em virtude da própria descrição típica de cada um dos crimes. Confira: **A:** incorreta – corrupção ativa (art. 333 do CP): Oferecer ou prometer vantagem indevida a funcionário público, para determiná-lo a praticar, omitir ou retardar ato de ofício; **B:** incorreta – corrupção passiva (art. 317 do CP): Solicitar ou receber, para si ou para outrem, direta ou indiretamente, ainda que fora da função ou antes de assumi-la, em razão dela, vantagem indevida, ou aceitar promessa de tal vantagem; **C:**

incorreta, pois a conduta descrita no enunciado de amolda ao crime de condescendência criminosa, expressamente previsto no CP (art. 320); **E**: incorreta – prevaricação (art. 319 do CP): Retardar ou deixar de praticar, indevidamente, ato de ofício, ou praticá-lo contra disposição expressa de lei, para satisfazer interesse ou sentimento pessoal.
„Ɑ„ оʇᴉɹɐqɐ⅁

(Escrevente Técnico – TJSP – 2015 – VUNESP) Com intuito de proteger seu filho, João comparece perante a autoridade policial e, falsamente, diz ter praticado o crime que em verdade fora praticado por seu filho. João

(A) comete falsa comunicação de crime.

(B) comete falso testemunho, mas não será punido por expressa disposição legal.

(C) comete falso testemunho.

(D) não comete crime algum, pois não está descrito expressamente como crime no CP.

(E) comete autoacusação falsa.

A: incorreta, pois a falsa comunicação de crime (art. 340 do CP) se caracteriza quando o agente provocar a ação de autoridade, comunicando-lhe a ocorrência de crime ou de contravenção que sabe não se ter verificado; **B e C**: incorretas, pois o falso testemunho é praticado quando uma testemunha, perito, contador, tradutor ou intérprete, em processo judicial ou administrativo, inquérito policial ou em juízo arbitral, fizer afirmação falsa, negar ou calar a verdade; **D**: incorreta, pois a conduta de João, como será melhor analisada no comentário à alternativa seguinte, praticou crime expressamente previsto no CP; **E**: correta. Comete autoacusação falsa aquele que se acusar, perante a autoridade, de crime inexistente ou praticado por outrem (art. 341 do CP). Dessa forma, João, que, imbuído do propósito de proteger seu filho, comparece à delegacia e se autoacusa de crime que, na verdade, foi praticado por seu filho, deverá ser responsabilizado pelo delito de autoacusação falsa.
„Ǝ„ оʇᴉɹɐqɐ⅁

(Escrevente Técnico – TJSP – 2015 – VUNESP) Marcos, advogado, solicita certa quantia em dinheiro a Pedro, seu cliente, pois esclarece que mediante o pagamento dessa quantia em dinheiro pode "acelerar" o andamento de um processo. Informa que seria amigo do escrevente do cartório judicial – o qual também seria remunerado pela celeridade, segundo Marcos. Pedro, inicialmente, tem intenção de aceitar a oferta, mas verifica que Marcos mentiu, pois não é amigo do funcionário público. Pedro nega-se a entregar a Marcos qualquer quantia e não aceita a oferta.

É correto afirmar que Marcos

(A) praticou corrupção passiva (CP, art. 317) e Pedro não cometeu crime algum.

(B) praticou exploração de prestígio (CP, art. 357) e Pedro não cometeu crime algum.

(C) praticou corrupção passiva (CP, art. 317) e Pedro corrupção ativa (CP, art. 333).

(D) e Pedro praticaram corrupção passiva (CP, art. 317).

(E) e Pedro não praticaram crime algum, pois os fatos não evoluíram.

Marcos, ao solicitar de seu cliente Pedro determinada quantia em dinheiro a pretexto de influir em funcionário da justiça (no caso, um escrevente do cartório judicial, de quem o advogado seria amigo), cometeu o crime de exploração de prestígio, tipificado no art. 357 do CP, que, inclusive, ensejará o aumento da pena em um terço, nos termos do parágrafo único do referido dispositivo, visto que alegou que também seria destinatário da quantia solicitada referido funcionário público.

Como Pedro se negou a entregar a quantia solicitada por seu advogado, não tendo aceitado a oferta, obviamente não cometeu crime algum. O fato de ter havido a recusa não afasta o crime cometido por Marcos, visto que basta a solicitação de qualquer utilidade, a pretexto de influir em juiz, jurado, órgão do Ministério Público, funcionário da justiça, perito, tradutor, intérprete ou testemunha, para que se caracterize a exploração de prestígio (art. 357 do CP). Correta, portanto, a alternativa B.
„ᗺ„ оʇᴉɹɐqɐ⅁

(Escrevente Técnico – TJSP – 2015 – VUNESP) O *caput* do art. 293 do CP tipifica a falsificação de papéis públicos, especial e expressamente no que concerne às seguintes ações:

(A) produção e confecção.

(B) contrafação e conspurcação.

(C) fabricação e alteração.

(D) adulteração e corrupção.

(E) corrupção e produção.

O art. 293, *caput*, do CP tipifica a falsificação de papéis públicos por meio de dois comportamentos: fabricação e alteração. Assim, correta apenas a alternativa C.
„Ɔ„ оʇᴉɹɐqɐ⅁

(Escrevente Técnico – TJSP – 2015 – VUNESP) O crime de falsidade ideológica (CP, art. 299) tem pena aumentada de sexta parte se

(A) cometido por motivo egoístico.

(B) a vítima sofre vultoso prejuízo.

(C) o agente aufere lucro.

(D) o agente é funcionário público e comete o crime prevalecendo-se do cargo.

(E) cometido com o fim de produzir prova em processo penal.

Nos termos do art. 299, parágrafo único, do CP, o crime de falsidade ideológica terá sua pena aumentada de sexta parte se o agente é funcionário público e comete o crime prevalecendo-se de seu cargo, ou, ainda, se a falsificação ou alteração for de registro civil. Correta, pois, a alternativa D.
„Ɑ„ оʇᴉɹɐqɐ⅁

(Técnico Judiciário – TJSP – 2013 – VUNESP) Recentemente um novo delito que lesa a fé pública foi incluído no Código Penal. Assinale a alternativa que traz o *nomen iuris* desse crime.

(A) Emprego irregular de verbas ou rendas públicas.

(B) Fraudes em certame de interesse público.

(C) Falsa identidade.

(D) Inserção de dados falsos em sistemas de informações.

(E) Modificação ou alteração não autorizada de sistema de informações.

A: incorreta, dado que o crime de *emprego irregular de verbas ou rendas públicas* está previsto no art. 315 do CP, no título "Dos Crimes contra a Administração Pública"; **B**: correta. O crime de *fraudes em certames de interesse público* foi inserido no Código Penal (art. 311-A), no título "Dos Crimes contra a Fé Pública", pela Lei 12.550/2011; **C**: incorreta, visto que o crime de *falsa identidade* está previsto no art. 307 do CP, no título "Dos Crimes contra a Fé Pública"; **D**: incorreta. O crime de *inserção de dados falsos em sistema de informações* está previsto no art. 313-A do CP, no título "Dos Crimes contra a Administração Pública"; **E**: incorreta. O crime de *modificação ou alteração não autorizada de sistema de informações* está previsto no art. 313-B do CP, no título "Dos Crimes contra a Administração Pública".
„ᗺ„ оʇᴉɹɐqɐ⅁

(Técnico Judiciário – TJSP – 2013 – VUNESP) Apesar das discussões doutrinárias e jurisprudenciais acerca da revogação tácita do art. 350 do CP, é correto afirmar que o delito de exercício arbitrário ou abuso de poder

(A) prevê, no parágrafo único, formas equiparadas de cometimento do delito.

(B) impõe penas de reclusão, além da multa.

(C) admite a modalidade culposa e o perdão judicial.

(D) prevê apenas uma modalidade de conduta delitiva consistente em ordenar medida privativa de liberdade individual, sem as formalidades legais ou com abuso de poder.

(E) admite a modalidade culposa.

A: correta. De fato, o parágrafo único do art. 350 do CP estabelece, em quatro incisos, as condutas equiparadas à do *caput* do dispositivo; **B**: incorreta, dado que o preceito secundário da norma penal incriminadora do art. 350 do CP estabelece a pena de detenção de 1 (um) mês a 1 (um) ano (e não de reclusão e multa); **C** e **E**: incorretas, pois não se admitem, para este crime, a modalidade culposa e o perdão judicial; **D**: incorreta, já que o tipo penal contempla também a conduta consistente em *executar*. Cuida-se de tipo misto alternativo (plurinuclear). Atenção: o art. 44 da Lei 13.869/2019 (nova Lei de Abuso de Autoridade), posterior à elaboração desta questão, revogou expressamente o art. 350 do CP, pondo fim à discussão que até então havia quanto à vigência deste dispositivo.
Gabarito "A".

(Técnico Judiciário – TJSP – 2013 – VUNESP) Assinale a alternativa que melhor representa o tipo penal do crime descrito no art. 339 do CP.

A denunciação caluniosa consiste em imputar crime a quem o sabe inocente dando causa à instauração de

(A) investigação policial, processo judicial ou inquérito civil.

(B) investigação policial, processo judicial ou comissão parlamentar de inquérito.

(C) investigação policial, processo judicial, investigação administrativa, inquérito civil ou ação de improbidade administrativa.

(D) investigação policial, processo judicial, comissão parlamentar de inquérito ou ação de improbidade administrativa.

(E) investigação policial ou processo judicial.

É imprescindível, à configuração do crime do art. 339 do CP, que se dê causa à *instauração de investigação policial, de processo judicial, instauração de investigação administrativa, inquérito civil ou ação de improbidade administrativa*. Não devemos confundir este crime do art. 339 do CP com o do art. 340 do CP, *comunicação falsa de crime ou de contravenção*. Neste caso, a infração penal noticiada à autoridade não é imputada a ninguém; na denunciação caluniosa, diferentemente, há acusação contra pessoa determinada. Difere, também, do tipo penal prefigurado no art. 138 do CP – calúnia, na medida em que, neste delito, atribui-se falsamente a alguém fato definido como crime. Sua consumação se opera no momento em que o fato chega ao conhecimento de terceiro (a honra atingida é a objetiva). Aqui, o agente não dá causa à instauração de investigação ou processo. Atenção: a recente Lei 14.110/2020, posterior, portanto, à elaboração desta questão, alterou o art. 339 do CP, dispositivo que contém a descrição típica do crime de denunciação caluniosa, que passa a contar, doravante, com a seguinte redação: *Dar causa à instauração de inquérito policial, de procedimento investigatório criminal, de processo judicial, de processo administrativo disciplinar, de inquérito civil ou de ação de improbidade administrativa*

contra alguém, imputando-lhe crime, infração ético-disciplinar ou ato ímprobo de que o sabe inocente.
Gabarito "C".

(Técnico Judiciário – TJSP – 2013 – VUNESP) Os crimes de falsificação de documento público e de prevaricação têm em comum:

(A) apresentarem mais de uma conduta prevista no tipo.

(B) admitirem a punição também na modalidade culposa.

(C) ambos serem punidos com penas de detenção e multa.

(D) a qualificadora, tratando-se de crime praticado para satisfazer interesse pessoal.

(E) o fato de somente poderem ser praticados por funcionário público.

A: correta. Tanto um quanto o outro constituem o que a doutrina convencionou chamar de *tipo misto alternativo* ou *crime de ação múltipla*, em que a prática, no mesmo contexto fático, de mais de um verbo nuclear implicará o reconhecimento de crime único. O crime de *falsificação de documento público*, previsto no art. 297 do CP, contém dois núcleos, a saber: *falsificar* e *alterar*; já o crime de *prevaricação* (art. 319, CP) contempla, no preceito primário da norma incriminadora, três ações típicas: *retardar, deixar de praticar* e *praticar*; **B**: incorreta, dado que nenhum dos crimes mencionados no enunciado comporta a modalidade culposa. O elemento subjetivo, nos dois casos, é representado tão somente pelo *dolo*; **C**: incorreta. Para o crime de falsificação de documento público (art. 297, CP), a pena cominada é de *reclusão* e *multa*; já para o delito de prevaricação (art. 319, CP), a pena prevista é de *detenção* e *multa*; **D**: incorreta, visto que nenhum desses crimes contempla tal circunstância como qualificadora. O *interesse pessoal* (e também o *sentimento pessoal*) constitui elemento subjetivo especial do crime de prevaricação (e não qualificadora); **E**: incorreta. Embora o crime de prevaricação seja *próprio* (somente pode ser praticado por funcionário público), a falsificação de documento público é delito comum (qualquer pessoa pode figurar no polo ativo do crime).
Gabarito "A".

(Técnico Judiciário – TJSP – 2013 – VUNESP) "O fato deixa de ser punível se, antes da sentença, no processo em que ocorreu o ilícito, o agente se retrata ou declara a verdade". A previsão legal citada corresponde ao crime de

(A) fraude processual.

(B) coação no curso do processo.

(C) denunciação caluniosa.

(D) comunicação falsa de crime ou contravenção.

(E) falso testemunho ou falsa perícia.

Cuida-se de causa extintiva da punibilidade que alcança o crime de *falso testemunho ou falsa perícia* (art. 342, § 2º, do CP). Atenção: a Lei 12.850/2013, que conferiu nova conformação normativa à organização criminosa, estabeleceu, em seu art. 25, novos patamares de pena para o crime de falso testemunho ou falsa perícia, passando a pena cominada, assim, de 1 (um) a 3 (três) anos de reclusão para 2 (dois) a 4 (quatro) anos de reclusão, sem prejuízo da multa.
Gabarito "E".

(Técnico Judiciário – TJSP – 2013 – VUNESP) Em relação ao crime de peculato, é correto afirmar:

(A) a modalidade culposa é admitida por expressa previsão legal.

(B) a reparação do dano, no peculato culposo, se feita após a sentença irrecorrível, extingue a punibilidade.

(C) a reparação do dano, no peculato culposo, se feita antes da sentença irrecorrível, reduz a pena.

(D) em recente alteração, as penas foram elevadas para reclusão de quatro a doze anos e multa.

(E) trata-se de um delito que pode ser praticado por qualquer pessoa.

A: correta. De fato, a modalidade culposa do crime de peculato está prevista no art. 312, § 2º, do CP. Tem incidência no âmbito do *peculato-apropriação* (art. 312, *caput*, primeira parte, do CP), *peculato-desvio* (art. 312, *caput*, segunda parte, do CP) e *peculato-furto* (art. 312, § 1º, do CP). Sempre é bom lembrar que o agente que incorrer no peculato culposo fará jus, se reparar o dano antes da sentença irrecorrível, à extinção de sua punibilidade; se a reparação for posterior ao trânsito em julgado da sentença, terá sua pena reduzida de metade, à luz do que estabelece o art. 312, § 3º, do CP; **B**: incorreta, dado que a reparação do dano, no peculato culposo, se feita após a sentença irrecorrível, reduz de metade a pena imposta; **C**: incorreta, visto que, se feita antes da sentença irrecorrível, haverá extinção da punibilidade; **D**: incorreta, uma vez que a pena é de reclusão de 2 a 12 anos e multa; **E**: incorreta, o sujeito ativo do crime somente pode ser funcionário público.
Gabarito "A".

(Escrevente Técnico Judiciário – TJ/SP – 2011 – VUNESP) O médico que, no exercício de sua profissão, dá atestado falso comete crime de

(A) falsidade de atestado médico (CP, art. 302).
(B) falsificação de documento público (CP, art. 297).
(C) falsificação de documento particular (CP, art. 298).
(D) certidão ou atestado ideologicamente falso (CP, art. 301).
(E) falsidade material de atestado ou certidão (CP, art. 301, §1.º).

Cuida-se de *crime próprio* ou *especial*, visto que impõe ao sujeito ativo a qualidade especial de ser médico.
Gabarito "A".

(Escrevente Técnico Judiciário – TJ/SP – 2011 – VUNESP) Nos termos do quanto determina o art. 293 do Código Penal, aquele que recebe de boa-fé selo destinado a controle tributário, descobre que se trata de papel falso e o restitui à circulação

I. comete crime de falsidade ideológica;
II. recebe a mesma pena daquele que falsificou o selo;
III. comete crime contra a fé pública.

Completa adequadamente a proposição o que se afirma em

(A) I, apenas.
(B) II, apenas.
(C) III, apenas.
(D) II e III, apenas.
(E) I, II e III.

Aquele que recebe, de boa-fé, selo destinado a controle tributário e, depois disso, ciente de que se trata de papel falso, o restitui à circulação, incorre na figura privilegiada do crime de falsificação de papéis públicos, previsto no art. 293, § 4º, do CP (crime contra a fé pública), cuja pena cominada é de 6 meses a dois anos de detenção ou multa, bem inferior, portanto, à pena a que está sujeito aquele que falsifica o selo (reclusão, de dois a oito anos, e multa), conforme estabelece o preceito secundário do 293 do CP. De outro lado, não se trata do crime de falsidade ideológica, previsto no art. 299 do CP, na medida em que a falsidade tratada neste delito se refere ao conteúdo, à ideia do documento, não à sua forma (como no caso da falsidade material).
Gabarito "C".

(Escrevente Técnico Judiciário – TJ/SP – 2011 – VUNESP) A pena do crime de corrupção passiva é aumentada se o funcionário público, em consequência da vantagem ou promessa, infringe dever funcional

I. retardando ou deixando de praticar qualquer ato de ofício;
II. praticando qualquer ato de ofício;
III. de forma intencional ou premeditada.

É correto o que se afirma em

(A) I, apenas.
(B) II, apenas.
(C) III, apenas.
(D) I e II, apenas.
(E) I, II e III.

Em vista da disciplina estabelecida no art. 317, § 1º, do CP, a pena será aumentada de um terço se o agente, em consequência da vantagem ou promessa: i) retardar (atrasar) ou deixar de praticar (o agente se omite) qualquer ato de ofício; ou ii) praticá-lo com infração de dever funcional. Esta é a chamada *corrupção própria exaurida*. A assertiva III não foi contemplada no dispositivo supramencionado. Está, por essa razão, incorreta.
Gabarito "D".

(Escrevente Técnico Judiciário – TJ/SP – 2011 – VUNESP) Ao agente do crime de denunciação caluniosa (CP, art. 339), a pena é

I. aumentada, se ele se serve de anonimato;
II. aumentada, se ele se serve de nome suposto;
III. diminuída, se a imputação é de prática de contravenção.

É correto o que se afirma em

(A) II, apenas.
(B) I e II, apenas.
(C) I e III, apenas.
(D) II e III, apenas.
(E) I, II e III.

É do art. 339, § 1º, do CP que, servindo-se o agente, para a prática do crime de denunciação caluniosa, de anonimato ou nome suposto, a pena estabelecida no *caput* será aumentada de sexta parte. Está correto, assim, o que se afirma nas proposições I e II. Se o sujeito do crime, de outro lado, atribuir, em vez de crime, contravenção penal, responderá pela figura privilegiada prevista no § 2º do mesmo dispositivo. Correta está também, dessa forma, a assertiva III. Este crime não deve ser confundido com o do art. 340 do CP, *comunicação falsa de crime ou de contravenção*, em que a comunicação que deflagra a ação da autoridade não recai sobre pessoa certa, determinada. Na *denunciação caluniosa*, o agente atribui a autoria da infração penal por ele levada ao conhecimento da autoridade a pessoa determinada, fornecendo dados à sua identificação. Difere, também, do tipo prefigurado no art. 138 do CP – *calúnia*, na medida em que, neste delito, atribui-se falsamente a alguém fato definido como crime. Sua consumação se opera no momento em que o fato chega ao conhecimento de terceiro (a honra atingida é a objetiva). Aqui, o agente não dá causa à instauração de investigação ou processo. Atenção: a recente Lei 14.110/2020, posterior, portanto, à elaboração desta questão, alterou o art. 339 do CP, dispositivo que contém a descrição típica do crime de denunciação caluniosa, que passa a contar, doravante, com a seguinte redação: *Dar causa à instauração de inquérito policial, de procedimento investigatório criminal, de processo judicial, de processo administrativo disciplinar, de inquérito civil ou de ação de improbidade administrativa contra alguém, imputando-lhe crime, infração ético-disciplinar ou ato ímprobo de que o sabe inocente.*
Gabarito "E".

(Escrevente Técnico Judiciário – TJ/SP – 2011 – VUNESP) O ato de fazer justiça pelas próprias mãos para satisfazer pretensão, embora legítima, mas sem permissão legal, configura o crime de

(A) fraude processual.

(B) violência arbitrária.

(C) condescendência criminosa.

(D) coação no curso do processo.

(E) exercício arbitrário das próprias razões.

O enunciado corresponde ao preceito primário da norma penal incriminadora do crime do art. 345 do CP – exercício arbitrário das próprias razões. Trata-se de *delito comum*, já que o tipo penal não exige nenhuma característica especial por parte do sujeito ativo. O tipo penal tem como propósito punir o agente que, tendo ou acreditando ter certo direito, no lugar de socorrer-se ao Poder Judiciário, resolve satisfazer de forma arbitrária sua pretensão.
Gabarito "E".

(Escrevente Técnico Judiciário – TJ/SP – 2011 – VUNESP) O crime de exploração de prestígio está inserido no capítulo dos crimes praticados

(A) contra a moralidade pública.

(B) contra a administração da justiça.

(C) por particular, contra a administração em geral.

(D) por funcionário público, contra a administração em geral.

(E) por particular, contra a administração pública estrangeira.

O crime de *exploração de prestígio* – art. 357, CP – integra o Capítulo III (Dos Crimes contra a Administração da Justiça) do Título XI (Dos Crimes contra a Administração Pública). No mais, trata-se de crime comum, não se exigindo, por conta disso, nenhuma qualidade especial do sujeito ativo. Constitui causa de aumento de pena deste delito, a teor do parágrafo único do dispositivo, o fato de o sujeito ativo alegar ou insinuar que o dinheiro ou utilidade também se destina a qualquer das pessoas indicadas no *caput* do dispositivo. Por fim, cuida-se de *tipo misto alternativo* (plurinuclear ou de ação múltipla), cuja conduta é representada pelos núcleos *solicitar*, que significa pedir, e *receber*, entendido este como obter, conseguir.
Gabarito "B".

12. TEMAS COMBINADOS

(Técnico – CESPE – 2015) No que se refere aos crimes contra o patrimônio, contra a dignidade sexual e contra a fé e a administração públicas, julgue os itens que se seguem.

(1) Cometerá o crime de extorsão o servidor público que, em razão do cargo e mediante grave ameaça, exigir para si vantagem econômica.

(2) Praticará o crime de estelionato aquele que obtiver para si vantagem ilícita, em prejuízo de incapaz, mantendo-o em erro, mediante fraude.

(3) Cometerá o crime de estupro a mulher que constranger homem, mediante grave ameaça, a com ela praticar conjunção carnal.

(4) Cometerá o delito de falsidade ideológica o médico que emitir atestado declarando, falsamente, que determinado paciente está acometido por enfermidade.

1: correta. De fato, se um servidor público, ainda que em razão do cargo, exigir para si vantagem econômica, empregando grave ameaça, respon-

derá pelo crime de extorsão (art. 158 do CP), e não por concussão (art. 316 do CP). Nesta, o funcionário público, valendo-se de sua condição, exige, para si ou para outrem, vantagem indevida, impondo à vítima, ainda que de forma velada, um temor decorrente da própria autoridade que possui (*metus publicae potestatis*); **2:** errada. Cometerá o crime de abuso de incapazes (art. 173 do CP) aquele que abusar, em proveito próprio ou alheio, de necessidade, paixão ou inexperiência de menor, ou da alienação ou debilidade mental de outrem, induzindo qualquer deles à prática de ato suscetível de produzir efeito jurídico, em prejuízo próprio ou de terceiro; **3:** correta. À luz da nova redação dada ao art. 213 do CP pela Lei 12.015/2009, pratica estupro qualquer pessoa (homem ou mulher) que constranger alguém, mediante violência ou grave ameaça, a ter conjunção carnal, ou a praticar ou permitir que com ele se pratique outro ato libidinoso. Assim, se uma mulher, mediante grave ameaça, obrigar um homem a com ela praticar conjunção carnal (coito vaginal), terá praticado estupro; **4:** errada. Dar o médico, no exercício de sua profissão, atestado falso, caracteriza o crime do art. 302 do CP. Muito embora esse comportamento caracterize verdadeira falsidade ideológica, cuidou o legislador de criar um crime específico para o médico.
Gabarito 1C, 2E, 3C, 4E

(Técnico – CESPE – 2015) Julgue os itens seguintes, a respeito de concurso de pessoas, tipicidade, ilicitude, culpabilidade e fixação da pena.

(1) É possível que réu primário portador de circunstâncias judiciais desfavoráveis condenado à pena de quatro anos de reclusão inicie o cumprimento da reprimenda em regime semiaberto.

(2) Caso um indivíduo obtenha de um amigo, por empréstimo, uma arma de fogo, dando-lhe ciência de sua intenção de utilizá-la para matar outrem, o amigo que emprestar a arma será considerado partícipe do homicídio se o referido indivíduo cometer o crime pretendido, ainda que este não utilize tal arma para fazê-lo e que o amigo não o estimule a praticá-lo.

(3) Aquele que for fisicamente coagido, de forma irresistível, a praticar uma infração penal cometerá fato típico e ilícito, porém não culpável.

1: correta. As circunstâncias judiciais previstas no art. 59 do CP devem ser levadas em consideração para a fixação do regime inicial de cumprimento de pena (art. 33, § 3°, do CP). Assim, nada obstante a aplicação de uma pena de quatro anos de reclusão enseje a fixação de regime inicial aberto (art. 33, § 2°, "c", do CP), desde que o réu seja primário, a existência de circunstâncias judiciais desfavoráveis poderá autorizar a escolha de regime inicial mais gravoso (no caso, semiaberto). Tal decorre, inclusive, da Súmula 719 do STF, segundo a qual a imposição de regime mais severo do que a pena aplicada permitir exige motivação idônea; **2:** errada. O concurso de pessoas exige a conjugação de alguns requisitos (cumulativos), quais sejam: a) pluralidade de agentes (mínimo de duas pessoas); b) unidade de infração penal (todos os agentes devem concorrer para uma mesma infração penal); c) liame subjetivo ou vínculo psicológico (todos os agentes devem ter o mesmo propósito, aderindo uns à vontade dos outros); e d) relevância causal (o comportamento de cada um dos agentes deve ser relevante para a produção do resultado). No caso relatado na assertiva, ainda que o agente que emprestou a arma ao amigo estivesse ciente da intenção deste de utilizá-la para matar alguém, não tendo ela sido utilizada para o homicídio, e não tendo o executor material do crime sido instigado a cometê-lo, inexistirá a relevância causal, necessária ao reconhecimento do concurso de pessoas. Assim, aquele que emprestou a arma não poderá ser considerado partícipe, cujo comportamento acessório pressupõe o induzimento (criação de ideia criminosa inexistente na mente do agente), a instigação (reforço de ideia criminosa já existente na mente do agente) ou o auxílio (ajuda material para a prática do crime); **3:** errada. A coação física irresistível, por afetar a vontade, elimina a conduta, que é o primeiro elemento do fato típico. Portanto, se alguém for coagido fisicamente, de forma irresistível, a praticar uma infração penal, sequer terá praticado fato típico. Não se confunde a coação física irresistível com a coação moral irresistível. Esta sim afasta a culpabilidade, ante a inexigibilidade de conduta diversa, respondendo apenas o coator pela infração praticada pelo coagido (art. 22 do CP).

Gabarito 1C, 2E, 3E

(Técnico Judiciário – TJDFT – 2013 – CESPE) A respeito do direito penal, julgue os itens que se seguem.

(1) Em relação à menoridade penal, o Código Penal adotou o critério puramente biológico, considerando penalmente inimputáveis os menores de dezoito anos de idade, ainda que cabalmente demonstrado que entendam o caráter ilícito de seus atos.

(2) De acordo com o Código Penal, considera-se praticado o crime no momento em que ocorreu seu resultado.

(3) Considera-se crime toda ação ou omissão típica, antijurídica e culpável.

1: correta, dado que o art. 27 do CP, ao tratar da inimputabilidade por menoridade, adotou o chamado critério *biológico*, segundo o qual se levará em conta tão somente o desenvolvimento mental da pessoa (considerado, no caso do menor de 18 anos, incompleto). De se ver que, de outro lado, em matéria de inimputabilidade por doença mental ou por desenvolvimento mental incompleto ou retardado, adotou-se, como regra, o denominado *critério biopsicológico* (art. 26, *caput*, do CP). Neste caso, somente será considerado inimputável aquele que, em virtude de problemas mentais (desenvolvimento mental incompleto ou retardado – fator biológico), for, ao tempo da ação ou omissão, inteiramente incapaz de entender o caráter ilícito do fato ou de determinar-se de acordo com esse entendimento (fator psicológico). Assim, somente será considerada inimputável aquela pessoa que, em razão de *fatores biológicos*, tiver afetada, por completo, sua *capacidade psicológica* (discernimento ou autocontrole). Daí o nome: *critério biopsicológico*, que nada mais é, pois, do que a conjugação dos critérios biológico e psicológico; **2**: incorreta. Isso porque o Código Penal, em seu art. 4º, adotou, quanto ao *tempo do crime*, a *teoria da ação ou da atividade*, segundo a qual o tempo do crime é o da conduta (ação ou omissão), pouco importando em que momento ocorreu o resultado; **3**: correta. Merece crítica, a nosso ver, a forma como foi elaborada esta assertiva. É que inexiste, na doutrina, consenso quanto ao conceito analítico de crime. Duas concepções foram formuladas: *bipartida* e *tripartida*. O examinador, lamentavelmente, considerou como correta a chamada *concepção tripartida*, para a qual crime é um *fato típico, antijurídico* e *culpável*. Neste caso, o inimputável não pratica crime, porque ausente um dos elementos que compõem a estrutura do crime (a culpabilidade); para a *concepção bipartida*, adotada por renomados doutrinadores, crime, sob o ponto de vista analítico, é um *fato típico* e *antijurídico*. Assim, afastada, neste caso, a culpabilidade, o que ocorre em relação aos inimputáveis (art. 26, CP), o fato permanece criminoso. A culpabilidade, aqui, funciona como pressuposto para a aplicação da pena.

Gabarito 1C, 2E, 3C

13. DIREITO PROCESSUAL PENAL

Eduardo Dompieri

1. PRINCÍPIOS GERAIS E INTERPRETAÇÃO

(Técnico Judiciário – TJDFT – 2013 – CESPE) A respeito dos princípios do direito processual penal e da ação penal, julgue os itens subsequentes.

(1) Na hipótese de o MP arquivar os autos de um inquérito policial, poderá o ofendido ajuizar ação penal privada subsidiária da pública.

(2) O condenado pela prática do crime de estupro que recorrer da sentença penal condenatória não poderá ser considerado culpado da infração enquanto não transitar em julgado sua condenação.

(3) Em processo penal, ninguém pode ser forçado a produzir prova contra si mesmo. Por outro lado, a recusa em fazê-lo pode acarretar presunção de culpabilidade pelo crime.

1: incorreta. É consenso, tanto na doutrina quanto na jurisprudência, que o pleito de arquivamento dos autos de inquérito policial, formulado pelo MP, não autoriza o ofendido, no âmbito da ação penal pública (condicionada ou incondicionada), a promover a ação penal privada subsidiária. Isso porque tal modalidade de ação de iniciativa do ofendido pressupõe que o representante do MP aja com desídia, deixando de manifestar-se no prazo legal, isto é, o promotor, dentro do interregno que lhe confere a lei: i) não denuncia; ii) não requer o arquivamento do IP; iii) não requer a devolução do IP à autoridade policial para a realização de diligências suplementares indispensáveis ao exercício da ação penal. De uma forma geral, um dos pontos mais questionados em provas é a respeito da possibilidade de propositura da queixa subsidiária diante da promoção de arquivamento do inquérito levada a efeito pelo MP. O promotor, ao promover o arquivamento dos autos do IP, age e adota uma das medidas legais postas à sua disposição, não sendo possível, por isso, o ajuizamento da ação penal privada subsidiária, já que não configurada inércia do MP. Na jurisprudência do STJ: "Recurso especial. Direito processual penal. Usurpação de função pública. Violação de sigilo funcional. Prevaricação. Concussão e tortura. Recurso especial fundado na alínea "c" do permissivo constitucional. Dissídio jurisprudencial. Não demonstrado e não comprovado. Arquivado o inquérito, a requerimento do ministério público, no prazo legal. Ação penal privada subsidiária da pública. Legitimidade ativa do ofendido. Inocorrência. Recurso parcialmente conhecido e improvido. 1. A divergência jurisprudencial, autorizativa do recurso especial interposto, com fundamento na alínea "c" do inciso III do artigo 105 da Constituição Federal, requisita comprovação e demonstração, esta, em qualquer caso, com a transcrição dos trechos dos acórdãos que configurem o dissídio, mencionando-se as circunstâncias que identifiquem ou assemelhem os casos confrontados, não se oferecendo, como bastante, a simples transcrição de ementas ou votos. 2. Postulado o arquivamento do inquérito policial, não há falar em inércia do Ministério Público e, consequentemente, em ação penal privada subsidiária da pública. Precedentes do STF e do STJ. 3. A regra do artigo 29 do Código de Processo Penal não tem incidência na hipótese do artigo 28 do mesmo diploma legal, relativamente ao Chefe do Ministério Público Federal. 4. Recurso parcialmente conhecido e improvido" (REsp 200200624875, Hamilton Carvalhido, 6ª T., *DJE* 22.04.2008). Atenção: com o advento da Lei 13.964/2019, conhecida como Pacote Anticrime, posterior,

portanto, à elaboração desta questão, alterou-se toda a sistemática que rege o arquivamento do inquérito policial. Até então, tínhamos que cabia ao membro do MP promover (requerer) o arquivamento e ao juiz, se concordasse, determiná-lo. Pois bem. Com a modificação operada na redação do art. 28 do CPP pela Lei 13.964/2019, o representante do *parquet* deixa de requerer o arquivamento e passa a, ele mesmo, determiná-lo, sem qualquer interferência do magistrado, cuja atuação, nesta etapa, em homenagem ao sistema acusatório, deixa de existir. No entanto, ao determinar o arquivamento do IP, o membro do MP deverá submeter sua decisão, segundo a nova redação conferida ao art. 28, *caput*, do CPP, à instância revisora dentro do próprio Ministério Público, para fins de homologação. Sem prejuízo disso, caberá ao promotor que determinou o arquivamento comunicar a sua decisão ao investigado, à autoridade policial e à vítima. Esta última, por sua vez, ou quem a represente, poderá, se assim entender, dentro do prazo de 30 dias, a contar da comunicação de arquivamento, submeter a matéria à revisão da instância superior do órgão ministerial (art. 28, § 1º, CPP). Por fim, o § 2º deste art. 28, com a redação que lhe deu a Lei 13.964/2019, estabelece que, nas ações relativas a crimes praticados em detrimento da União, Estados e Municípios, a revisão do arquivamento do IP poderá ser provocada pela chefia do órgão a quem couber a sua representação judicial. Este novo art. 28 do CPP, que, como dissemos, alterou todo o procedimento que rege o arquivamento do IP, no entanto, teve a eficácia suspensa, por força de decisão cautelar proferida pelo STF. O ministro Luiz Fux, relator, ponderou, em sua decisão, tomada na ADI 6.305, de 22.01.2020, que, embora se trate de inovação louvável, a sua implementação, no prazo de 30 dias (*vacatio legis*), revela-se inviável, dada a dimensão dos impactos sistêmicos e financeiros que por certo ensejarão a adoção do novo procedimento de arquivamento do inquérito policial; **2:** correta. A alternativa contempla o princípio da presunção de inocência (estado de inocência), consagrado no art. 5º, LVII, da CF; **3:** incorreta, dado que o exercício da prerrogativa de não produzir prova contra si mesmo (*nemo tenetur se detegere*) não pode conduzir à presunção de culpabilidade pelo crime atribuído ao agente, o que somente terá lugar com o trânsito em julgado da sentença penal condenatória. *Vide* art. 186, parágrafo único, do CPP.

Gabarito 1E, 2C, 3E

2. INQUÉRITO POLICIAL E OUTRAS FORMAS DE INVESTIGAÇÃO CRIMINAL

(Técnico – TJ/AL – 2018 – FGV) Enquanto organizava procedimentos que se encontravam no cartório de determinada Vara Criminal do Tribunal de Justiça de Alagoas, o servidor identifica que há um inquérito em que foram realizadas diversas diligências para apurar crime de ação penal pública, mas não foi obtida justa causa para o oferecimento de denúncia, razão pela qual o Delegado de Polícia elaborou relatório final opinando pelo arquivamento. Verificada tal situação e com base nas previsões do Código de Processo Penal, caberá ao:

(A) juiz realizar diretamente o arquivamento, tendo em vista que já houve representação nesse sentido por parte da autoridade policial, cabendo contra a decisão recurso em sentido estrito;

(B) Ministério Público realizar diretamente o arquivamento, caso concorde com a conclusão do relatório da autoridade policial, independentemente de controle judicial;

(C) delegado de polícia, em caso de concordância do juiz, realizar diretamente o arquivamento após retorno do inquérito policial para delegacia;

(D) Ministério Público promover pelo arquivamento, cabendo ao juiz analisar a homologação em respeito ao princípio da obrigatoriedade;

(E) juiz promover pelo arquivamento, podendo o promotor de justiça requerer o encaminhamento dos autos ao Procurador-Geral de Justiça em caso de discordância, em controle ao princípio da obrigatoriedade.

A iniciativa de promoção de arquivamento de inquérito policial incumbe com exclusividade ao representante do MP, titular que é da ação penal pública. Assim, é vedado ao delegado de polícia, ao concluir as investigações do inquérito policial, promover o seu arquivamento (art. 17, CPP); deverá, isto sim, fazê-lo chegar ao MP, a quem incumbirá, se o caso, requerer o arquivamento do feito (art. 28, CPP). Tampouco é dado ao juiz tomar a iniciativa de arquivar autos de inquérito; dependerá, para tanto, de requerimento do MP. É possível que o juiz discorde do pedido de arquivamento de inquérito policial formulado pelo promotor; se isso acontecer, deverá, ante o que estabelece o art. 28 do CPP, fazer a remessa dos autos ao procurador-geral, que é quem tem atribuição para proceder a nova análise do pedido de arquivamento feito pelo membro do *parquet*. A partir daí, pode o procurador-geral, ante a provocação do magistrado, insistir no pedido de arquivamento do inquérito, ratificando posicionamento firmado pelo promotor, caso em que o juiz ficará obrigado, por imposição do art. 28 do CPP, a determiná-lo; se, de outro lado, o procurador-geral entender que é o caso de *oferecimento de denúncia*, poderá ele mesmo fazê-lo ou designar outro promotor para que o faça. Tal incumbência, frise-se, não poderá recair sobre o mesmo promotor, o que implicaria violação à sua livre convicção. Cuidado: com o advento da Lei 13.964/2019 (posterior à elaboração desta questão), que alterou o art. 28, *caput*, do CPP, cuja eficácia está suspensa por decisão cautelar do STF, o juiz deixa de atuar no procedimento de arquivamento do IP. Agora, a decisão é do Ministério Público, que, depois de analisar o inquérito e concluir pela inexistência de elementos mínimos a sustentar a acusação, determinará seu arquivamento, submetendo tal decisão à instância superior dentro do próprio MP. 🆔
„Gabarito „D".

(Técnico Judiciário – TRF2 – Consulplan – 2017) Sobre o tema inquérito policial, assinale a alternativa INCORRETA.

(A) O inquérito policial acompanhará a denúncia ou queixa, sempre que servir de base a uma ou outra.

(B) Todas as peças do inquérito policial serão, num só processado, reduzidas a escrito ou datilografadas e, neste caso, rubricadas pela autoridade.

(C) Depois de ordenado o arquivamento do inquérito pela autoridade judiciária, por falta de base para a denúncia, a autoridade policial poderá proceder a novas pesquisas, se de outras provas tiver notícia.

(D) Mesmo no crime de sequestro, o delegado de polícia não poderá requisitar, de empresas da iniciativa privada, dados e informações cadastrais da vítima ou de suspeitos, dependendo de decisão judicial.

A: correta, pois corresponde ao que estabelece o art. 12 do CPP; **B:** correta, pois reflete o disposto no art. 9º do CPP; **C:** correta (art. 18, CPP); **D:** incorreta (deve ser assinalada), pois não reflete o que estabelece o art. 13-A do CPP, introduzido por meio da Lei 13.344/2016. 🆔
„Gabarito „D".

(Técnico Judiciário – TRF/1ª – 2011 – FCC) Arquivado o inquérito policial por despacho do juiz, a requerimento do Ministério Público, a ação penal

(A) só poderá ser instaurada com base em novas provas.

(B) só poderá ser instaurada se o pedido de arquivamento do Ministério Público tiver se baseado em prova falsa.

(C) não poderá mais ser instaurada por ter se exaurido a atividade de acusação.

(D) não poderá mais ser instaurada, pois implicaria revisão prejudicial ao acusado.

(E) só poderá ser instaurada se houver requisição do Procurador-Geral de Justiça.

Uma vez ordenado o arquivamento do inquérito policial, por falta de base para a denúncia, nada obsta que a autoridade policial proceda a novas pesquisas, desde que de outras provas tenha conhecimento, independente de autorização judicial – art. 18 do CPP. Isso porque a decisão que determina o arquivamento do inquérito policial não gera, em regra, coisa julgada material. Registre-se, no entanto, que "outras provas" a que faz alusão o art. 18 do CPP devem ser entendidas como *provas substancialmente novas*, ou seja, aquelas que até então não eram de conhecimento das autoridades. Veja, a propósito, o teor da Súmula n. 524 do STF: "Arquivado o inquérito policial, por despacho do juiz, a requerimento do Promotor de Justiça, não pode a ação penal ser iniciada, sem novas provas". Agora, se o arquivamento do inquérito se der por ausência de tipicidade, a decisão, neste caso, tem efeito preclusivo, é dizer, produz coisa julgada material, impedindo, dessa forma, o desarquivamento do inquérito. A esse respeito, *Informativo STF 375*. Atenção: a Lei 13.964/2019, entre tantas outras alterações implementadas, conferiu nova redação ao art. 28 do CPP, alterando todo o procedimento de arquivamento do inquérito policial. Doravante, o representante do *parquet* deixa de requerer o arquivamento e passa a, ele mesmo, determiná-lo, sem qualquer interferência do magistrado, cuja atuação, nesta etapa, em homenagem ao sistema acusatório, deixa de existir. No entanto, ao determinar o arquivamento do IP, o membro do MP deverá submeter sua decisão, segundo a nova redação conferida ao art. 28, *caput*, do CPP, à instância revisora dentro do próprio Ministério Público, para fins de homologação. Sem prejuízo disso, caberá ao promotor que determinou o arquivamento comunicar a sua decisão ao investigado, à autoridade policial e à vítima. Esta última, por sua vez, ou quem a represente, poderá, se assim entender, dentro do prazo de 30 dias a contar da comunicação de arquivamento, submeter a matéria à revisão da instância superior do órgão ministerial (art. 28, § 1º, CPP). Por fim, o § 2º deste art. 28, com a redação que lhe deu a Lei 13.964/2019, estabelece que, nas ações relativas a crimes praticados em detrimento da União, Estados e Municípios, a revisão do arquivamento do IP poderá ser provocada pela chefia do órgão a quem couber a sua representação judicial. Este novo art. 28 do CPP, que, como dissemos, alterou todo o procedimento que rege o arquivamento do IP, no entanto, teve suspensa, por força de decisão cautelar proferida pelo STF, a sua eficácia. O ministro Luiz Fux, relator, ponderou, em sua decisão, tomada na ADI 6.305, de 22.01.2020, que, embora se trate de inovação louvável, a sua implementação, no prazo de 30 dias (*vacatio legis*), revela-se inviável, dada a dimensão dos impactos sistêmicos e financeiros que por certo ensejarão a adoção do novo procedimento de arquivamento do inquérito policial.
„Gabarito „A".

3. AÇÃO PENAL E AÇÃO CIVIL *EX DELICTO*

(Técnico – TRF/4 – FCC – 2019) Ronaldo, mediante seu advogado José, apresenta queixa-crime contra Silvana, Fábio e Rodrigo, imputando-lhes os crimes de calúnia e difamação. Sobre o caso hipotético apresentado e a queixa-crime, nos crimes de ação penal privada, nos moldes estabelecidos pelo Código de Processo Penal, é INCORRETO afirmar:

(A) O perdão concedido por Ronaldo à querelada Silvana a todos aproveitará, ainda que recusado por Fábio e Rodrigo.

(B) O Ministério Público poderá aditar a queixa-crime, no prazo de 03 dias, contados do recebimento dos autos, e deverá intervir em todos os termos subsequentes do processo.

(C) Se a uma quarta pessoa for imputado o mesmo crime de Silvana, Fábio e Rodrigo, o Ministério Público deverá zelar pela indivisibilidade da ação penal, obrigando o querelante Ronaldo ao processamento de todos.

(D) Estará perempta a ação penal privada iniciada por queixa-crime apresentada por Ronaldo se este deixar de promover o andamento do processo durante 30 dias seguidos.

(E) José, advogado de Ronaldo, para ajuizar a ação penal privada, deverá estar munido de procuração com poderes especiais, constando, em regra, o nome do querelante e a menção do fato criminoso.

A: incorreta. O perdão, que somente tem incidência depois de instaurada a ação penal privada, embora se estenda a todos os querelados, somente surtirá efeitos em relação àqueles que com ele concordarem. É a regra contida no art. 51 do CPP. Ou seja, o perdão concedido por Ronaldo à querelada Silvana será estendido a todos, mas somente surtirá efeitos em relação a Fábio e Rodrigo se houver a anuência destes; **B:** correta, pois reflete o disposto nos arts. 45 e 46, § 2º, do CPP; **C:** correta. Por força do princípio da indivisibilidade, positivado no art. 48 do CPP, a queixa contra qualquer dos autores obrigará o processo de todos. Se é verdade que, na ação penal privada, é dado ao ofendido escolher se ajuíza a ação penal ou não (princípio da oportunidade), é-lhe vedado, de outro lado, escolher contra quem a ação será promovida, devendo processar todos os autores do crime que hajam sido identificados. A exclusão deliberada pelo ofendido de algum ou alguns ofensores levará à renúncia contra todos (art. 49, CPP); **D:** correta, pois em conformidade com a regra contida no art. 60, I, do CPP; **E:** correta, pois em conformidade com o que estabelece o art. 44 do CPP. 🔲
„A„ ɔʇᴉɹɐqɐ⅁

(Técnico – TJ/AL – 2018 – FGV) Guilherme Nucci define ação penal como "o direito do Estado-acusação ou da vítima de ingressar em juízo, solicitando a prestação jurisdicional, representada pela aplicação das normas de direito penal ao caso concreto". Tradicionalmente, a doutrina classifica as ações penais como públicas e privadas, que possuem diferentes tratamentos a partir de sua natureza.

Assim, de acordo com as previsões do Código de Processo Penal e da doutrina, são aplicáveis às ações penais de natureza privada os princípios da:

(A) conveniência, indisponibilidade e indivisibilidade;

(B) conveniência, indisponibilidade e divisibilidade;

(C) oportunidade, disponibilidade e indivisibilidade;

(D) oportunidade, disponibilidade e divisibilidade;

(E) obrigatoriedade, disponibilidade e divisibilidade;

A ação penal privativa do ofendido é informada pelos princípios da *indivisibilidade, oportunidade* e *disponibilidade*. Pelo postulado da *indivisibilidade*, consagrado no art. 48 do CPP, não é dado ao ofendido escolher contra quem a ação será ajuizada. Assim, não poderá o ofendido processar, por meio de queixa-crime, o ofensor "A" e poupar

o "B". Se decidir renunciar ao direito de processar um dos ofensores, deverá fazer o mesmo em relação ao outro (art. 49, CPP). A violação a tal princípio acarreta a extinção da punibilidade pela renúncia (art. 107, V, do CP). A ação privativa do ofendido também é regida pelo princípio da *oportunidade* (conveniência), segundo o qual o ofendido tem a *faculdade*, não a obrigação, de promover a ação, bem como tem ele, ofendido, a prerrogativa de prosseguir ou não até o término do processo (disponibilidade). Por fim, a *ação penal privada* é informada pelo *princípio da disponibilidade*, na medida em que pode o seu titular desistir de prosseguir na demanda por ele ajuizada bem assim do recurso que houver interposto. 🔲
„ɔ„ ɔʇᴉɹɐqɐ⅁

(Técnico Judiciário – TRF2 – Consulplan – 2017) Nos casos em que somente se procede mediante queixa, NÃO considerar-se-á perempta a ação penal:

(A) Quando, sendo o querelante pessoa jurídica, esta se extinguir sem deixar sucessor.

(B) Quando o autor der causa, por três vezes, a sentença fundada em abandono da causa ficando-lhe ressalvada, entretanto, a possibilidade de alegar em defesa o seu direito.

(C) Quando, iniciada esta, o querelante deixar de promover o andamento do processo durante trinta dias seguidos.

(D) Quando o querelante deixar de comparecer, sem motivo justificado, a qualquer ato do processo a que deva estar presente, ou deixar de formular o pedido de condenação nas alegações finais.

A: incorreta, uma vez que se trata de hipótese de peremção prevista no art. 60, IV, do CPP; **B:** correta, uma vez que não se trata de nenhuma das hipóteses de peremção listadas no art. 60 do CPP. A assertiva, na verdade, contém a redação do art. 486, § 3º, do Código de Processo Civil, que trata de tema que não tem pertinência para o processo penal; **C:** incorreta, uma vez que se trata de hipótese de peremção prevista no art. 60, I, do CPP; **D:** incorreta, uma vez que se trata de hipótese de peremção prevista no art. 60, III, do CPP. 🔲
„ᗺ„ ɔʇᴉɹɐqɐ⅁

(Técnico Judiciário – TRF/1ª – 2011 – FCC) A ação penal privada exclusiva tem início por meio de

(A) denúncia do Ministério Público, independentemente de qualquer manifestação do ofendido.

(B) queixa-crime ajuizada pelo ofendido ou por quem tenha qualidade para representá-lo.

(C) denúncia do Ministério Público condicionada à representação do ofendido ou de quem tenha qualidade para representá-lo.

(D) portaria do Juiz de Direito baseada em prévia representação do Ministério Público.

(E) queixa formulada pessoalmente pelo ofendido à autoridade policial competente.

Queixa ou queixa-crime é a peça inaugural da ação penal privada; na ação penal pública, ainda que condicionada a representação, a peça inicial é a denúncia, a ser ofertada pelo Ministério Público, seu titular.
„ᗺ„ ɔʇᴉɹɐqɐ⅁

(Técnico Judiciário – TRF/1ª – 2011 – FCC) A respeito do perdão, considere:

I. O perdão concedido a um dos querelados não aproveitará aos demais, por se tratar de liberalidade que deve ser interpretada restritivamente.

II. O perdão pode ser concedido até o trânsito em julgado da sentença condenatória.

III. O perdão poderá ser aceito por procurador com poderes especiais.

Está correto o que se afirma SOMENTE em:

(A) II e III.

(B) I e II.

(C) I e III.

(D) I.

(E) II.

I: incorreta, visto que, em face do que estabelece o art. 51 do CPP, o *perdão* concedido a um dos querelados a todos aproveita, mas somente extinguirá a punibilidade daquele que o aceita (ato bilateral); II: correta. De fato, o perdão, instituto exclusivo da ação penal privada, tem lugar após o início da ação penal e até o trânsito em julgado da sentença condenatória; III: correta, nos termos do art. 55 do CPP.
Gabarito "A".

4. JURISDIÇÃO E COMPETÊNCIA; CONEXÃO E CONTINÊNCIA

(Técnico – TRF/4 – FCC – 2019) Considere o seguinte caso hipotético: Métio, Procurador da República, com atuação em Porto Alegre, viaja de carro com a família para o litoral norte de São Paulo. Durante o trajeto, no início da Rodovia dos Imigrantes, ainda na cidade de São Paulo, acaba perdendo o controle do veículo e atropela uma pessoa que estava no acostamento trocando o pneu do seu carro, a qual é socorrida ao hospital mais próximo, situado na cidade de São Bernardo do Campo, mas vem a óbito. Métio é denunciado por crime de homicídio culposo na direção de veículo automotor. No caso em tela, a competência para processar e julgar o Procurador da República Métio é

(A) do Tribunal de Justiça do Estado de São Paulo.

(B) do Tribunal Regional Federal da 3ª Região, que abrange São Paulo e Mato Grosso do Sul, pois o crime ocorreu no estado de São Paulo.

(C) do Tribunal Regional Federal da 4ª Região, pois ele oficia junto ao juízo federal abrangido por aquele tribunal.

(D) de uma das varas federais, com atribuição criminal, da 1ª Subseção Judiciária do Estado de São Paulo – capital.

(E) de uma das varas criminais da justiça estadual de São Paulo – capital.

Segundo estabelece o art. 108, I, *a*, da CF, a competência será do Tribunal Regional Federal da região em que o procurador da República atua. No caso narrado no enunciado, será competente para o julgamento de Métio o Tribunal Regional Federal da 4ª Região. No que concerne ao foro por prerrogativa de função, cabem algumas ponderações, considerando mudança de entendimento acerca deste tema no STF. No dia 3 de maio de 2018, o Plenário do STF, por maioria de votos, decidiu que o foro por prerrogativa de função de que gozam parlamentares federais (senadores e deputados) se aplica tão somente a infrações penais cometidas no exercício do cargo e em razão das funções a ele relacionadas. Tal decisão foi tomada no julgamento de questão de ordem da ação penal 937, cujo relator é o ministro Luís Roberto Barroso. Com isso, se o crime imputado a senador ou deputado federal é cometido antes da diplomação, o julgamento caberá ao juízo de primeira instância; se for cometido no curso do mandato mas nenhuma relação tiver com o seu exercício, o julgamento também caberá ao juiz de primeira instância (por exemplo: homicídio doloso; homicídio culposo de trânsito; roubo; embriaguez ao volante); agora, sendo o delito cometido durante o mandato e havendo relação entre ele e o desempenho da função parlamentar (corrupção passiva, por exemplo), o julgamento deverá realizar-se perante o STF. Uma das primeiras questões que surgiu, entre tantas outras, é se este entendimento que restringe o foro por prerrogativa de função se aplica para outras hipóteses de foro privilegiado ou apenas para os deputados federais e senadores. Segundo o STF, em decisão tomada no julgamento do Inq 4703 QO/DF, ocorrido em 12/06/2018 e da relatoria do ministro Luiz Fux, tal restrição imposta ao foro privilegiado vale também para ministros de Estado. O STJ, por sua vez, ao enfrentar a questão, tendo por base a decisão do STF na AP 937, decidiu que a restrição do foro deve alcançar governadores e conselheiros dos Tribunais de Contas estaduais (AP 866 e AP 857). Lembremos que o art. 105, I, "a", da CF/88 estabelece que compete ao STJ julgar os crimes praticados por governadores de Estado e por conselheiros dos Tribunais de Contas dos Estados. No que concerne aos prefeitos, ainda não há consenso. Há tribunais que, em face da nova interpretação conferida pelo STF ao foro por prerrogativa de função, remeteram os processos contra o chefe do executivo municipal para julgamento pela 1ª instância. Mais recentemente, o STJ, por meio de seu Pleno, ao julgar, em 21/11/2018, a QO na AP 878, fixou a tese de que o entendimento firmado no STF a respeito da restrição imposta ao foro por prerrogativa de função não se aplica a desembargador, que, ainda que o crime praticado nenhuma relação tenha com o exercício do cargo, deverá ser julgado pelo STJ, ou seja, o precedente do STF não se aplica a todos os casos de foro por prerrogativa de função. **ED**
Gabarito "C".

(Técnico – TJ/AL – 2018 – FGV) Paulo pretende oferecer queixa-crime em face de Lucas em razão da prática de crime de calúnia majorada, não sendo, assim, infração de menor potencial ofensivo. Procura, então, seu advogado e narra que Lucas o ofendeu através de uma carta, que foi escrita na cidade A, mas só chegou ao conhecimento da vítima e de terceiros o seu conteúdo quando lida na cidade B. Por outro lado, Paulo esclarece que atualmente está residindo na cidade C, enquanto Lucas reside na cidade D.

Considerando as regras de competência previstas no Código de Processo Penal, é correto afirmar que:

(A) a Comarca A é competente para julgamento, tendo em vista que o Código de Processo Penal adota a Teoria da Atividade para definir a competência territorial para julgamento;

(B) a queixa poderá ser oferecida perante a Vara Criminal da Comarca D, ainda que conhecido o local da infração;

(C) a queixa poderá ser oferecida perante a Vara Criminal da Comarca C, ainda que conhecido o local da infração;

(D) a queixa somente poderia ser oferecida perante a Vara Criminal da Comarca C se desconhecido o local da infração;

(E) o primeiro critério a ser observado para definir a competência sempre é o da prevenção.

Ainda que conhecido o lugar da infração, o querelante, na ação penal privada exclusiva, poderá preferir o foro de domicílio ou da residência do réu – art. 73 do CPP, que, no caso narrado no enunciado, corresponde à Comarca "D", local de residência de Lucas. **ED**
Gabarito "B".

(Técnico Judiciário – TRF2 – Consulplan – 2017) Os Procuradores Regionais da República deverão ser processados e julgados nos crimes comuns pelo:

(A) Tribunal de Justiça.

(B) Tribunal Regional Federal.

(C) Superior Tribunal de Justiça.

(D) Supremo Tribunal Federal.

A solução da questão deve ser extraída do art. 105, I, *a*, da Constituição Federal. ▣

Gabarito "C".

(Técnico Judiciário – TRF/1ª – 2011 – FCC) O processo e o julgamento das infrações penais comuns atribuídas aos membros dos Tribunais Regionais Eleitorais competem

(A) ao Tribunal Superior Eleitoral.

(B) ao Supremo Tribunal Federal.

(C) aos Tribunais Regionais Federais.

(D) ao Superior Tribunal de Justiça.

(E) aos Juízes Federais da respectiva área de jurisdição.

Art. 105, I, *a*, da CF.

Gabarito "D".

5. QUESTÕES E PROCESSOS INCIDENTES

(Técnico – TJ/AL – 2018 – FGV) Tício é funcionário auxiliar da justiça de certo cartório de Vara Criminal. Ao atuar em determinado procedimento, verifica que Mévio, que é seu credor em razão de empréstimo, figura como réu na ação penal.

Identificada tal situação, é correto afirmar que Tício:

(A) não poderá participar da ação penal em razão da causa de suspeição prevista no Código de Processo Penal, tendo em vista que as prescrições sobre suspeição dos juízes estendem- se aos serventuários e funcionários da justiça;

(B) poderá participar da ação penal, tendo em vista que ser credor da parte não configura causa de impedimento e nem suspeição do magistrado a ser estendida ao funcionário auxiliar da justiça;

(C) não poderá participar da ação penal em razão da causa de impedimento prevista no Código de Processo Penal, tendo em vista que as prescrições sobre impedimento dos juízes estendem-se aos serventuários e funcionários da justiça;

(D) poderá participar da ação penal, tendo em vista que as prescrições sobre suspeição e impedimento dos juízes não se aplicam aos serventuários e funcionários da justiça;

(E) poderá participar da ação penal, tendo em vista que ser credor da parte é causa de impedimento e apenas as prescrições sobre suspeição dos juízes, de acordo com o Código de Processo Penal, aplicam-se aos funcionários da justiça.

A solução desta questão deve ser extraída dos arts. 254, V, e 274, do CPP. ▣

Gabarito "A".

(Técnico – TJ/AL – 2018 – FGV) Após denúncia em face de Nilton, sua defesa técnica apresentou exceção de suspeição do magistrado, bem como exceção de coisa julgada, tudo no prazo para apresentar resposta à acusação.

Para o correto processamento das exceções apresentadas, o serventuário do cartório deverá ter conhecimento de que o Código de Processo Penal prevê que:

(A) a exceção de coisa julgada precede a qualquer outra, inclusive a de suspeição;

(B) as exceções são processadas em autos apartados, suspendendo, em regra, de imediato o andamento da ação penal;

(C) as exceções são processadas junto aos autos principais, não suspendendo, em regra, de imediato o andamento da ação penal;

(D) a exceção de suspeição precede a qualquer outra, salvo quando fundada em motivo superveniente;

(E) as exceções são processadas em autos principais e suspenderão, em regra, o andamento da ação penal.

A: incorreta, já que contraria o disposto no art. 96 do CPP, segundo o qual *a arguição de suspeição precederá a qualquer outra, salvo quando fundada em motivo superveniente*; **B e C:** incorretas, pois não refletem o disposto no art. 111 do CPP, que assim dispõe: *as exceções serão processadas em autos apartados e não suspenderão, em regra, o andamento da ação penal*; **D:** correta. *Vide* comentário à assertiva "A"; **E:** incorreta, pois não corresponde ao disposto no art. 111 do CPP. ▣

Gabarito "D".

(Técnico Judiciário – TJ/PI – 2009 – FCC) As questões prejudiciais, quanto ao mérito ou natureza da questão, classificam-se em

(A) obrigatórias ou necessárias e facultativas.

(B) homogêneas, heterogêneas, totais e parciais.

(C) devolutivas absolutas e não devolutivas.

(D) absolutas e relativas.

(E) objetivas e subjetivas.

Homogênea é a questão prejudicial que integra o mesmo ramo do direito da questão principal, isto é, ambas fazem parte do direito penal; as *heterogêneas*, por sua vez, dizem respeito a outras áreas do direito. *Total* é a prejudicial que repercute na própria existência do crime, ao passo que a *parcial* se refere a uma circunstância sua.

Gabarito "B".

6. PROVA

(Técnico – TJ/AL – 2018 – FGV) Lucas caminhava pela rua, por volta de 7 horas, quando foi abordado por Pedro, que, mediante grave ameaça com emprego de simulacro de arma de fogo, subtraiu seu aparelho celular. Em seguida, Pedro entregou o simulacro de arma de fogo para seu irmão, que coincidentemente passava pela localidade, e pediu para que ele guardasse o objeto em sua residência. Diante disso, o irmão de Pedro guardou o simulacro em sua casa e depois foi para o trabalho. Por outro lado, ainda pouco tempo após o crime, policiais militares passaram pela localidade, de modo que Lucas apontou para Pedro como o autor do fato. Os policiais abordaram Pedro e realizaram busca em seu corpo, vindo a ser localizado o celular subtraído. Chegando na Delegacia, ao tomar conhecimento dos fatos, o Delegado determina que os policiais compareçam à residência do irmão de Pedro para apreender o instrumento do crime, o que efetivamente fazem os agentes da lei por volta de 16 horas.

Considerando apenas a situação narrada, é correto afirmar que a busca:

(A) pessoal realizada em Pedro foi válida, assim como a busca domiciliar para apreensão do instrumento do crime, independentemente de mandado de busca e apreensão;

(B) pessoal realizada em Pedro e a busca na residência de seu irmão foram inválidas, pois ambas dependiam de mandado de busca e apreensão;

(C) pessoal realizada em Pedro foi válida, independentemente de mandado, diferentemente do que ocorreu na busca na residência do irmão do autor do fato, que foi inválida por depender de mandado de busca e apreensão;

(D) domiciliar no imóvel do irmão de Pedro foi válida, pois prescinde de mandado de busca e apreensão, diferentemente da busca pessoal em Pedro, que foi inválida;

(E) domiciliar no imóvel do irmão de Pedro foi inválida, pois, apesar de prescindir de mandado de busca e apreensão, foi realizada em período noturno, diferentemente da busca pessoal em Pedro, que foi válida.

A busca pessoal realizada em Pedro, com o qual foi localizado o produto do crime, um celular, deve ser considerada lícita, porquanto feita nos termos do art. 240, § 2º, do CPP. Mesmo porque Pedro se encontrava em situação de flagrante delito. Já a diligência de busca e apreensão determinada pela autoridade policial e realizada na casa do irmão de Pedro deve ser considerada ilegal, por patente violação ao art. 5º, XI, da CF. Com efeito, é imprescindível que a medida de busca e apreensão, quando não realizada pessoalmente pelo juiz, seja por ele determinada. **ED**
Gabarito "C".

(Técnico Judiciário – TJ/PI – 2009 – FCC) Segundo a doutrina, independem de prova os fatos

(A) induvidosos e inúteis.

(B) admitidos ou aceitos e incontroversos.

(C) ilegítimos e ilícitos.

(D) intuitivos, notórios e inúteis.

(E) reconhecidos pelo acusado e legítimos.

Intuitivos ou *axiomáticos* são os fatos evidentes, que não precisam, por isso, ser provados; não constituem, por essa razão, objeto de prova, que se refere a tudo aquilo que deve ser provado. *Fatos notórios* são os que fazem parte da cultura dos indivíduos de determinado grupo social. Por fim, independem de prova os *fatos inúteis*, assim considerados aqueles que nenhuma relevância têm para o deslinde da causa.
Gabarito "D".

7. PRISÃO, MEDIDAS CAUTELARES E LIBERDADE PROVISÓRIA

(Técnico – MPE/CE – CESPE – 2020) Tales foi preso em flagrante em um parque de Fortaleza pela prática do crime de estupro, tendo sido reconhecido pela vítima, Marta, com a qual não possuía relação anterior. Há indícios de que Tales tenha praticado outros crimes sexuais, tendo sido também reconhecido por outras vítimas.

A partir dessa situação hipotética, julgue os itens a seguir.

(1) O juiz poderá aplicar medidas cautelares a Tales, como a monitoração eletrônica, ou, se entender que estas não sejam adequadas ou suficientes, converter a prisão em flagrante em prisão preventiva.

(2) O crime de estupro não admite retratação nem perdão pela vítima, cabendo ao Ministério Público oferecer a denúncia no prazo de cinco dias, estando Tales preso.

(3) A investigação policial não pode ser instaurada de ofício pelo delegado, sendo necessário que Marta represente formalmente contra Tales.

(4) Marta não poderá habilitar-se na ação penal como assistente de acusação, por ser a vítima do crime.

(5) A competência para julgar Tales será de um dos juizados de violência doméstica e familiar contra a mulher da comarca de Fortaleza.

1: correta. O art. 310 do CPP, com a redação que lhe deu a Lei 13.964/2019 (Pacote Anticrime), impõe ao magistrado, quando da realização da audiência de custódia, o dever de manifestar-se fundamentadamente, adotando uma das seguintes providências: se se tratar de prisão ilegal, deverá o magistrado relaxá-la e determinar a soltura imediata do preso; se a prisão estiver em ordem, deverá o juiz *converter a prisão em flagrante em preventiva*, sempre levando em conta os requisitos do art. 312 do CPP, desde que as medidas cautelares diversas da prisão se mostrarem inadequadas ou insuficientes; ou conceder liberdade provisória, com ou sem fiança. Como se pode ver, a conversão da prisão em flagrante em custódia preventiva somente terá lugar diante da impossibilidade de se recorrer às medidas cautelares. Em outras palavras, a prisão, como medida excepcional que é, deve ser vista como instrumento subsidiário, supletivo, ao qual somente se pode recorrer em último caso. É o que também dispõe o art. 282, § 6º, do CPP, com a redação que lhe conferiu a Lei 13.964/2019: *a prisão preventiva somente será determinada quando não for cabível a sua substituição por outra medida cautelar (art. 319). O não cabimento da substituição por outra medida cautelar deverá ser justificado de forma fundamentada nos elementos presentes no caso concreto, de forma individualizada*; **2:** correta. Por força das alterações implementadas pela Lei 13.718/2018 nos crimes contra a dignidade sexual, a ação penal, nesses delitos, que até então era pública condicionada à representação, passou a ser pública incondicionada. Significa dizer que o titular da ação penal, que é o MP, prescinde de manifestação de vontade da vítima para promover a ação penal, não havendo que se falar em retratação (ação penal condicionada à representação) tampouco em perdão da vítima (ação penal privada). Quanto à natureza da ação penal nos crimes sexuais, vale fazer um apanhado histórico: a ação penal, nos crimes sexuais, era, em regra, privativa do ofendido, a este cabendo a propositura da ação penal; posteriormente, a partir do advento da Lei 12.015/2009, a ação penal, nesses crimes, deixou de ser privativa do ofendido para ser pública condicionada a representação, em regra; agora, a entrada em vigor da Lei 13.718/2018, a ação penal, nos crimes contra a dignidade sexual, que antes era pública condicionada, passa a ser pública incondicionada; **3:** errada. Sendo a ação penal, no crime de estupro, pública incondicionada, conforme acima ponderado, a instauração de inquérito pela autoridade policial prescinde de manifestação da vítima, devendo o delegado, assim que tomar conhecimento do fato criminoso, dar início às investigações, procedendo a inquérito de ofício (art. 5º, I, CPP); **4:** errada, uma vez que é justamente a vítima que figurará como assistente de acusação, nos termos do art. 268 do CPP; **5:** errada. O enunciado não deixa dúvidas de que não existia, entre ofensor e ofendida, relação doméstica, familiar ou de afeto, razão pela qual não há que se falar na incidência da Lei Maria da Penha, devendo o julgamento ocorrer perante uma vara criminal comum da comarca de Fortaleza.
Gabarito 1C, 2C, 3E, 4E, 5E.

(Técnico – TRF/4 – FCC – 2019) No dia 20 de Janeiro de 2019, durante a madrugada, um hipermercado situado na cidade de Curitiba foi roubado por cinco indivíduos armados. No curso da investigação a autoridade policial identificou Manuel e Joaquim, ambos atualmente em local incerto e não sabido, como sendo dois dos cinco roubadores. Imediatamente a Autoridade Policial encaminhou representação ao juízo competente para decretação das prisões temporárias de Manuel e Joaquim, alegando ser imprescindível para as investigações do inquérito policial. Nesse caso, o Magistrado, ao se defrontar com a representação veiculada pela autoridade policial,

(A) poderá decretar as prisões temporárias pelo prazo de 10 (dez) dias, sem possibilidade de prorrogação.

(B) poderá decretar as prisões temporárias pelo prazo de 5 (cinco) dias, sem possibilidade de prorrogação.

(C) não poderá decretar as prisões temporárias, uma vez que compete exclusivamente ao Ministério Público apresentar a necessária representação.

(D) poderá decretar as prisões temporárias pelo prazo de 10 (dez) dias, prorrogável por igual período em caso de extrema e comprovada necessidade.

(E) poderá decretar as prisões temporárias pelo prazo de 5 (cinco) dias, prorrogável por igual período em caso de extrema e comprovada necessidade.

A *prisão temporária*, a ser decretada tão somente pelo juiz de direito, terá o prazo de 5 (*cinco dias*), prorrogável por igual período em caso de extrema e comprovada necessidade, nos termos do art. 2º da Lei 7.960/1989. É importante que se diga que, em se tratando de crime hediondo ou delito a ele equiparado (tortura, tráfico de drogas e terrorismo), a *custódia temporária* será decretada por *até* 30 (trinta) dias, prorrogável por igual período em caso de extrema e comprovada necessidade, em consonância com o disposto no art. 2º, § 4º, da Lei 8.072/1990 (Lei de Crimes Hediondos). Não sendo o roubo, ainda que majorado, considerado crime hediondo e estando ele no rol do art. 1º, III, *c*, da Lei 7.960/1989, a prisão temporária poderá ser decretada por cinco dias, cabendo, conforme já dissemos, uma prorrogação. Posteriormente à elaboração desta questão, a Lei 13.964/2019, dentre tantas outras alterações promovidas, inseriu no rol dos crimes hediondos (art. 1º, II, *a, b,* e *c*, da Lei 8.072/1990), entre outros delitos, o roubo circunstanciado pela restrição de liberdade da vítima (art. 157, § 2º, V, CP) o roubo circunstanciado pelo emprego de arma de fogo (art. 157, § 2º-A, I) ou pelo emprego de arma de fogo de uso proibido ou restrito (art. 157, § 2º-B) e a modalidade qualificada pelo resultado lesão corporal grave (art. 157, § 3º), lembrando que o roubo qualificado pelo resultado morte (latrocínio) já fazia parte do rol de crimes hediondos, conforme acima observado. **ED**
Gabarito "E".

(Técnico Judiciário – TRF2 – Consulplan – 2017) Será admitida a decretação da prisão preventiva desde presentes os requisitos, fundamentos e condições de admissibilidade. NÃO se refere a uma condição de admissibilidade para decretação da prisão preventiva:

(A) Nos crimes dolosos punidos com pena privativa de liberdade máxima superior a quatro anos.

(B) Se o crime envolver violência doméstica e familiar contra a mulher, criança, adolescente, idoso, enfermo ou pessoa com deficiência, para garantir a execução das medidas protetivas de urgência.

(C) Nos crimes dolosos apenados com reclusão.

(D) Quando houver dúvida sobre a identidade civil da pessoa ou quando esta não fornecer elementos suficientes para esclarecê-la, devendo o preso ser colocado imediatamente em liberdade após a identificação, salvo se outra hipótese recomendar a manutenção da medida.

A: incorreta, porquanto corresponde à condição de admissibilidade da prisão preventiva a que se refere o art. 313, I, CPP; **B:** incorreta, uma vez que reflete a condição de admissibilidade prevista no art. 313, III, CPP; **C:** correta (deve ser assinalada), uma vez que não se trata de condição de admissibilidade da prisão preventiva; **D:** incorreta, uma vez que se trata de uma das condições de admissibilidade da custódia preventiva (art. 313, parágrafo único, CPP). **ED**
Gabarito "C".

(FGV – 2013) Sobre o tema *prisão e medidas cautelares*, assinale a afirmativa correta.

(A) A prisão preventiva pode ser decretada em qualquer fase do processo penal ou investigação policial, sempre de ofício ou a requerimento do Ministério Público, do assistente de acusação ou do querelante, ou por representação da autoridade policial.

(B) De acordo com a jurisprudência amplamente majoritária do Superior Tribunal de Justiça, tanto o flagrante esperado quanto o flagrante preparado são ilegais.

(C) A medida cautelar de internação provisória poderá ser decretada nos crimes praticados com violência ou grave ameaça, quando os peritos concluírem ser inimputável ou semi-imputável o acusado, desde que haja risco de reiteração.

(D) O juiz poderá substituir a prisão preventiva pela domiciliar, de acordo com o Código de Processo Penal, sempre que o agente for maior de 65 anos.

(E) A prisão temporária será decretada pelo juiz pelo prazo máximo de 10 dias, prorrogável por igual período no caso de extrema e comprovada necessidade.

A: incorreta. , Antes de a Lei 12.403/2011 modificar a redação do art. 311 do CPP, era possível que o juiz, de ofício, decretasse a prisão preventiva no curso do inquérito. Por força da nova redação conferida a este dispositivo, passou-se a não mais se admitir a decretação de ofício da prisão preventiva durante a fase de investigação; somente no curso da ação penal. Essa era a regra em vigor ao tempo em que elaborada esta questão. Posteriormente, em homenagem ao perfil acusatório do processo penal, a Lei 13.964/2019, alterando a redação do art. 311 do CPP, vedou a decretação da prisão preventiva de ofício pelo juiz, tanto na fase investigativa, o que já era proibido a partir da Lei 12.403/2011, quanto na etapa instrutória; **B:** incorreta. Segundo doutrina e jurisprudência pacíficas, não há ilegalidade no chamado *flagrante esperado*, em que a polícia, uma vez comunicada da ocorrência do crime, não exercendo qualquer tipo de controle sobre a ação do agente; inexiste, neste caso, intervenção policial que leve o agente à prática delituosa. É, por isso, hipótese viável de prisão em flagrante. Não deve ser confundido com o *flagrante preparado*. Este restará configurado sempre que o agente provocador levar alguém a praticar uma infração penal. Está-se aqui diante de uma modalidade de crime impossível (art. 17 do CP), consubstanciada na Súmula n. 145 do STF; **C:** correta, nos termos do art. 319, VII, do CPP; **D:** incorreta, uma vez que tal substituição somente é possível se o agente contar com mais de oitenta anos (e não sessenta e cinco), nos termos do art. 318, I, do CPP, que estabelece outras hipóteses em que o agente faz jus à substituição: agente extremamente debilitado por motivo de doença grave (inciso II); quando o agente for imprescindível aos cuidados de pessoa com menos de 6 (seis) anos ou com deficiência (inciso III); quando se tratar de gestante (inciso IV – cuja redação foi alterada pela Lei 13.257/2016); mulher com filho de até 12 anos de idade incompletos (inciso V – cuja redação foi determinada pela Lei 13.257/2016); homem, caso seja o único responsável pelos cuidados do filho de até 12 anos de idade incompletos (inciso VI – cuja redação foi determinada pela Lei 13.257/2016); **E:** incorreta, uma vez que esta modalidade de prisão provisória terá o prazo de cinco dias, prorrogável por igual período em caso de extrema e comprovada necessidade, nos termos do art. 2°, *caput*, da Lei 7.960/89. Em se tratando, no entanto, de crime hediondo ou a ele equiparado (tortura, tráfico de drogas e terrorismo), a custódia temporária será decretada por até trinta dias, prorrogável por igual período em caso de extrema e comprovada necessidade, em consonância com o disposto no art. 2°, § 4°, da Lei 8.072/90 (Crimes Hediondos).

Gabarito "C".

(FGV – 2015) A prisão temporária pode ser definida como uma medida cautelar restritiva, decretada por tempo determinado, destinada a possibilitar as investigações de certos crimes considerados pelo legislador como graves, antes da propositura da ação penal. Sobre o tema, assinale a afirmativa correta.

(A) Assim como a prisão preventiva, pode ser decretada de ofício pelo juiz, após requerimento do Ministério Público ou representação da autoridade policial.

(B) Sendo o crime investigado hediondo, o prazo poderá ser fixado em, no máximo, 15 dias, prorrogáveis uma vez pelo mesmo período.

(C) Findo o prazo da temporária sem prorrogação, o preso deve ser imediatamente solto.

(D) O preso, em razão de prisão temporária, poderá ficar detido no mesmo local em que se encontram os presos provisórios ou os condenados definitivos.

A assertiva a ser assinalada como correta é a "C". No curso do inquérito, tanto a prisão temporária quanto a preventiva não podem ser decretadas de ofício; quanto à custódia preventiva, cabia, ao tempo em que elaborada esta questão, decretação de ofício tão somente na instrução processual (art. 311, CPP). Com o advento da Lei 13.964/2019, que alterou o art. 311 do CPP, passou a ser vedada a decretação da prisão preventiva de ofício tanto na fase investigativa quanto no curso da ação penal; no que toca à prisão temporária, sua decretação somente pode realizar-se no curso das investigações e mediante representação da autoridade policial ou a requerimento do MP (art. 2° da Lei 7.960/1989); não pode ser decretada de ofício. Se o crime for hediondo ou assemelhado, o prazo de prisão temporária será de *trinta* dias, prorrogável por mais trinta, também em caso de comprovada e extrema necessidade. É o teor do art. 2°, § 4°, da Lei 8.072/1990 (Crimes Hediondos). Diz-se que a ordem de prisão temporária contém o chamado "comando implícito de soltura" porquanto, passados os 5 dias de custódia, o investigado deverá ser imediatamente posto em liberdade pela autoridade policial, sem a necessidade de alvará de soltura a ser expedido pelo juiz que decretou a prisão. Evidente que permanecerá custodiado o investigado que contra si for prorrogada a prisão temporária ou mesmo expedido mandado de prisão preventiva. É o que estabelece o art. 2°, § 7°, da Lei 7.960/1989, cuja redação foi modificada pela Lei 13.869/2019 (nova Lei de Abuso de Autoridade). Por fim, os presos temporários devem permanecer separados dos demais (art. 3° da Lei 7.960/1989).

Gabarito "C".

8. SUJEITOS PROCESSUAIS, CITAÇÃO, INTIMAÇÃO E PRAZOS

(Técnico – MPE/CE – CESPE – 2020) Nero responde a ação penal por crime contra patrimônio particular na comarca de Caucaia. Como ele não foi encontrado para ser citado pessoalmente, o juiz nomeou um defensor dativo e deu seguimento ao processo. Por fim, Nero foi condenado, apesar de a defesa ter alegado nulidade da citação.

Com relação a essa situação hipotética, julgue os itens seguintes.

(1) Como não foi encontrado para ser citado pessoalmente, Nero deveria ter sido citado por hora certa.

(2) Da sentença que condenou Nero cabe recurso em sentido estrito, no prazo de cinco dias.

(3) Caso o processo de Nero seja manifestamente nulo, será cabível impetrar *habeas corpus* no Tribunal de Justiça do Estado do Ceará.

(4) Nero poderá ser obrigado a pagar os honorários do defensor nomeado pelo juiz.

(5) Na sentença condenatória de Nero, o juiz deve fixar valor mínimo para reparação dos danos, considerando os prejuízos causados à vítima.

1: errada. A Lei 11.719/2008 alterou a redação do art. 362 do CPP e introduziu no processo penal a citação por hora certa, até então cabível somente no âmbito do processo civil. Assim, se o oficial de Justiça constatar que o réu se oculta para não ser citado, deverá proceder na forma estabelecida no art. 362 do CPP, certificando a ocorrência e realizando a *citação por hora certa*. Perceba que a existência de *indícios de ocultação* por parte do réu constitui pressuposto à realização da citação por hora certa, não bastando a sua não localização, que poderá ensejar, conforme o caso, a sua citação por edital (art. 361, CPP). A propósito, o STF, ao julgar o RE 635.145, reconheceu, em votação unânime, a constitucionalidade da citação por hora certa, rechaçando a tese segundo a qual esta modalidade de citação ficta ofende os postulados da ampla defesa e do contraditório; **2:** errada, na medida em que a sentença que condenou Nero deve ser combatida por meio de recurso de apelação, a ser interposto no prazo de cinco dias, nos termos do que dispõe o art. 593, I, do CPP. As hipóteses de cabimento do recurso em sentido estrito estão contempladas no art. 581 do CPP; **3:** correta, pois reflete o que estabelecem os art. 647 e 648, VI, do CPP; **4:** correta, pois em conformidade com o disposto no art. 263, parágrafo único, do CPP; **5:** correta (art. 387, IV, do CPP).

Gabarito 1E, 2E, 3C, 4C, 5C

(Técnico – TJ/AL – 2018 – FGV) Após comparecer em todos os endereços registrados em nome de Caio para citação e não o localizar e nem obter informações sobre seu paradeiro, o oficial de justiça certifica que o acusado se encontra em local incerto e não sabido. Verificada a veracidade do teor da certidão, deverá ser buscada a citação de Caio, de acordo com o Código de Processo Penal e com a jurisprudência do Supremo Tribunal Federal:

(A) com hora certa, desde que o oficial de justiça tenha comparecido ao menos três vezes no endereço do denunciado;

(B) por edital, devendo conter nesse, necessariamente, o nome do réu, o nome do promotor responsável pela denúncia e do juiz que a determinar, sob pena de nulidade;

(C) por edital, e, caso não compareça após o prazo fixado em tal modalidade de citação, ficará suspenso o curso do processo e do prazo prescricional, ainda que o acusado constitua advogado para essa ação penal;

(D) por edital, não havendo nulidade se houver indicação do dispositivo da lei penal correspondente à inicial acusatória, embora não haja transcrição da denúncia ou resumo dos fatos em que se baseia;

(E) por carta com aviso de recebimento, devendo o processo prosseguir caso, ainda assim, o acusado não comparecer e nem constituir advogado.

A: incorreta. O enunciado não descreve hipótese de citação por hora certa, já que não há indício de que o denunciado se oculta para o fim

de inviabilizar a sua citação (art. 362, CPP). A propósito disso, o STF, ao julgar o RE 635.145, reconheceu, em votação unânime, a constitucionalidade da citação por hora certa no processo penal, rechaçando a tese segundo a qual esta modalidade de citação ficta ofende os postulados da ampla defesa e do contraditório; **B**: incorreta, já que o *nome do promotor* não constitui requisito do edital de citação, tal como determina o art. 365 do CPP; **C**: incorreta. Na hipótese de o réu não ser encontrado, deverá o juiz determinar a sua citação por edital, depois de esgotados os meios disponíveis para a sua localização. Se o réu, depois de citado por edital, não comparecer tampouco constituir defensor (aqui está o erro da assertiva), o processo e o prazo prescricional ficarão, em vista da disciplina estabelecida no art. 366 do CPP, suspensos; **D**: correta, pois retrata o entendimento firmado por meio da Súmula 366, do STF: "Não é nula a citação por edital que indica o dispositivo da lei penal, embora não transcreva a denúncia ou queixa, ou não resuma os fatos em que se baseia"; **E**: incorreta. Diferentemente do que se dá no processo civil, não há, no processo penal, citação por meio de carta. **ED**
Gabarito "D".

(Escrevente – TJ/SP – 2018 – VUNESP) Com relação à citação do acusado, assinale a alternativa correta.

(A) A citação inicial do acusado far-se-á pessoalmente, por intermédio de mandado judicial, carta precatória ou hora certa.

(B) Ao acusado, citado por edital, que não comparecer ou constituir advogado, será nomeado defensor, prosseguindo o processo.

(C) Estando o acusado no estrangeiro, suspende-se o processo e o prazo prescricional até que retorne ao País.

(D) Completada a citação por hora certa, não comparecendo o réu, ser-lhe-á nomeado defensor dativo.

(E) A citação do réu preso far-se-á na pessoa do Diretor do estabelecimento prisional.

A: incorreta. Segundo dispõe o art. 351 do CPP, a citação inicial far-se-á por mandado, que constitui modalidade de citação pessoal. O acusado será citado por carta precatória se estiver fora do território da jurisdição do juiz processante (art. 353, CPP). Já a citação por hora certa, que é modalidade de citação presumida (ficta) e foi incorporada ao processo penal com o advento da Lei 11.719/2008, que a inseriu no art. 362 do CPP, somente terá lugar diante da existência de indícios de ocultação do réu; **B**: incorreta. Se o réu, depois de citado por edital, não comparecer tampouco constituir defensor, o processo e o prazo prescricional ficarão, por imposição da regra estampada no art. 366 do CPP, *suspensos*. Poderá o juiz, neste caso, determinar a produção antecipada das provas que repute urgentes e, presentes os requisitos do art. 312 do CPP, decretar a prisão preventiva. *Vide*, a esse respeito, Súmulas n. 415 e 455 do STJ; **C**: incorreta. Se o acusado estiver no estrangeiro, em lugar sabido, sua citação far-se-á por meio de carta rogatória, com a suspensão do prazo prescricional até o seu cumprimento (art. 368, CPP); **D**: correta, pois reflete o disposto no art. 362, parágrafo único, CPP; **E**: incorreta, uma vez que a citação da pessoa que estiver presa será feita pessoalmente (por mandado), conforme art. 360, CPP. **ED**
Gabarito "D".

(Escrevente – TJ/SP – 2018 – VUNESP) A respeito das causas de impedimento e suspeição do juiz, de acordo com o Código de Processo Penal, assinale a alternativa correta.

(A) Nos juízos coletivos, não poderão servir no mesmo processo os juízes que forem entre si parentes, consanguíneos ou afins, em linha reta ou colateral, até o quarto grau.

(B) O juiz será suspeito, podendo ser recusado por qualquer das partes, se já tiver funcionado como juiz de outra instância, pronunciando-se de fato ou de direito sobre a questão.

(C) Ainda que dissolvido o casamento, sem descendentes, que ensejava impedimento ou suspeição, não funcionará como juiz o sogro, o padrasto, o cunhado, o genro ou enteado de quem for parte no processo.

(D) O juiz será impedido se for credor ou devedor de qualquer das partes.

(E) A suspeição poderá ser reconhecida ou declarada ainda que a parte injurie, de propósito, o juiz.

A: incorreta, pois o *impedimento* do art. 253 do CPP, que se refere a órgãos colegiados, vai até o *terceiro* grau (e não até o *quarto*, como consta da assertiva); **B**: incorreta. Cuida-se de hipótese de *impedimento* (art. 252, III, CPP), e não de *suspeição*, cujas causas estão elencadas no art. 254, CPP; **C**: correta, pois reflete o disposto no art. 255 do CPP; **D**: incorreta. Se o juiz for credor ou devedor de qualquer das partes, ele será considerado *suspeito* para o julgamento da causa (art. 254, VI, do CPP), e não *impedido*; **E**: incorreta. Nesta hipótese, a suspeição não será declarada tampouco reconhecida, tal como estabelece o art. 256 do CPP. **ED**
Gabarito "C".

(Escrevente – TJ/SP – 2018 – VUNESP) A respeito do acusado e do defensor, é correto afirmar que

(A) o acusado, ainda que tenha habilitação, não poderá a si mesmo defender, sendo-lhe nomeado defensor, pelo juiz, caso não o tenha.

(B) a constituição de defensor dependerá de instrumento de mandato, ainda que a nomeação se der por ocasião do interrogatório.

(C) o acusado ausente não poderá ser processado sem defensor. Já o foragido, existindo sentença condenatória, ainda que não transitada em julgado, sim.

(D) se o defensor constituído pelo acusado não puder comparecer à audiência, por motivo justificado, provado até a abertura da audiência, nomear-se-á defensor dativo, para a realização do ato, que não será adiado.

(E) o acusado, ainda que possua defensor nomeado pelo Juiz, poderá, a todo tempo, nomear outro, de sua confiança.

A: incorreta, uma vez que, embora não seja recomendável, é dado ao acusado, desde que tenha habilitação para tanto (deve ser advogado), promover a sua defesa técnica, faculdade essa contemplada no art. 263, *caput*, do CPP; **B**: incorreta. É do art. 266 do CPP que a constituição de defensor independerá de instrumento de mandato se a indicação, feita pelo réu, se der por ocasião do interrogatório; **C**: incorreta. A rigor, não há que se falar em revelia no âmbito do processo penal, ao menos tal como verificado no processo civil, em que, como sabemos, a não contestação da ação pelo réu citado implica o reconhecimento, como verdadeiros, dos fatos articulados na inicial. No processo penal, diferentemente, a inação do réu, que foi regularmente citado para contestar a ação, não pode acarretar o mesmo efeito produzido no processo civil. É dizer, o juiz, diante do não comparecimento do réu, providenciará para que lhe seja nomeado um defensor, a quem incumbirá, a partir de então, a defesa do acusado (art. 261, CPP); **D**: incorreta, uma vez que, por força do que estabelece o art. 265, §§ 1º e 2º, do CPP, a audiência poderá, neste caso, ser adiada; **E**: correta (art. 263, *caput*, do CPP). **ED**
Gabarito "E".

(Escrevente Técnico Judiciário – TJSP – VUNESP – 2017) Nos exatos termos do art. 253 do CPP, nos juízos coletivos, não poderão servir no mesmo processo os juízes que forem entre si parentes,

(A) consanguíneos, excluídos os parentes afins.

(B) consanguíneos ou afins, em linha reta ou colateral até o quarto grau, inclusive.

(C) consanguíneos ou afins, em linha reta ou colateral até o terceiro grau, inclusive.

(D) consanguíneos ou afins, em linha reta ou colateral até o terceiro grau, inclusive, bem como amigos íntimos ou inimigos capitais.

(E) consanguíneos ou afins, em linha reta ou colateral até o terceiro grau, inclusive, bem como amigos íntimos.

O art. 253 do CPP estabelece hipótese de impedimento que se aplica a órgãos colegiados, que são compostos, em regra, por câmaras, turmas ou grupos. Neste caso, é vedada a atuação, nesses colegiados, de magistrados que sejam parentes entre si, consanguíneos ou afins, em linha reta ou colateral até o terceiro grau, inclusive. É importante que se diga que os cônjuges, embora a lei quanto a eles seja omissa, também devem ser inseridos no contexto desse impedimento. Afinal de contas, se o impedimento atinge o parente, não haveria por que não alcançar o cônjuge. Ou seja, não poderão, marido e mulher, atuarem no mesmo órgão colegiado como magistrados. **ED**
Gabarito "C".

(Escrevente Técnico Judiciário – TJSP – VUNESP – 2017) Determina o art. 261 do CPP que

(A) nenhum acusado, ainda que ausente ou foragido, será processado ou julgado sem defensor.

(B) nenhum acusado, com exceção do revel, será processado ou julgado sem defensor.

(C) salvo nos processos contravencionais e nos de rito sumaríssimo, nenhum acusado será processado ou julgado sem defensor.

(D) nenhum acusado, com exceção do foragido, será processado ou julgado sem defensor.

(E) salvo nos casos de força maior, nenhum acusado, ainda que ausente ou foragido, será processado ou julgado sem defensor.

A rigor, não há que se falar em revelia no âmbito do processo penal, ao menos tal como verificado no processo civil, em que, como sabemos, a não contestação da ação pelo réu citado implica o reconhecimento, como verdadeiros, dos fatos articulados na inicial. No processo penal, diferentemente, a inação do réu, que foi regularmente citado para contestar a ação, não pode acarretar o mesmo efeito produzido no processo civil. É dizer, o juiz, diante do não comparecimento do réu, providenciará para que lhe seja nomeado um defensor, a quem incumbirá, a partir de então, a defesa do acusado, ainda que ele se encontre foragido (art. 261, CPP). Essa indisponibilidade do direito de defesa, que é, portanto, inerente ao processo penal, tem incidência em qualquer modalidade de rito processual, tanto os previstos no CPP quanto aqueles contemplados em leis especiais. **ED**
Gabarito "A".

(Escrevente Técnico Judiciário – TJSP – VUNESP – 2017) Estabelece o CPP em seu art. 353 que, quando o réu estiver fora do território da jurisdição do juiz processante, será citado mediante

(A) videoconferência.

(B) qualquer meio que o juiz entenda idôneo.

(C) carta com aviso de recebimento, "de mão própria".

(D) precatória.

(E) edital.

Citação é o ato por meio do qual é levado ao conhecimento do réu/querelado que contra si foi ajuizada uma ação, imputando-lhe a prática de uma infração penal e oferecendo-lhe a oportunidade de se defender. O Código de Processo Penal contempla duas espécies de citação: *real*, quando realizada na pessoa do réu; e *ficta* ou *presumida*, quando não é possível a citação pessoal do acusado. São modalidades de citação real: *citação por mandado*, que, no processo penal, constitui a regra; *citação por carta precatória*; *citação por carta rogatória*; e *citação por carta de ordem*. Modalidades de citação ficta ou presumida: *citação por edital* e *citação por hora certa*. Pois bem. A citação por mandado será feita por oficial de Justiça dentro do território da comarca onde o juiz processante exerce suas funções. Pode acontecer de o réu residir em comarca diversa daquele em que o magistrado exerce jurisdição. Neste caso, a citação será feita por meio de carta precatória, isto é, o juiz da comarca onde tramita o processo (chamado deprecante) solicita ao juiz da comarca onde reside o réu (chamado deprecado) que determine a citação do acusado, que também será feita por oficial de Justiça. Uma vez realizado o ato citatório, a carta precatória é devolvida pelo juiz deprecado ao juiz deprecante. Agora, se o réu residir no exterior, em local conhecido, o instrumento de que se deve valer o juiz para dar-lhe conhecimento do teor da ação é a carta rogatória, com a suspensão do curso do prazo prescricional até o cumprimento da determinação judicial (art. 368, CPP). São essas, portanto, as modalidades de citação real. No que concerne à citação ficta, temos a citação por edital, em se presume que o acusado tomou conhecimento da ação contra ele ajuizada por meio da publicação do edital em veículo de comunicação periódico (art. 361, CPP); e a citação por hora certa, que, antes exclusiva do processo civil, passou a ser incorporada ao processo penal a partir do advento da Lei 11.719/2008, a ser realizada nos casos em que ficar constatada, pelo oficial de Justiça, a existência de indícios de ocultação (art. 362, CPP). **ED**
Gabarito "D".

(Técnico Judiciário – TJDFT – 2013 – CESPE) No que se refere ao direito processual penal, julgue os itens que se seguem.

(1) Caso, em seu interrogatório, o acusado afirme que sua defesa será patrocinada por advogado particular, não haverá necessidade de o defensor apresentar o instrumento de mandato.

(2) Se o acusado, devidamente intimado, não comparecer ao interrogatório, poderá ser conduzido coercitivamente por ordem do juiz.

(3) Nos crimes de ação penal pública, não poderá o ofendido intervir no processo na qualidade de assistente, já que a titularidade da ação é do MP.

1: correta, pois em conformidade com o disposto no art. 266 do CPP: "A constituição de defensor independerá de instrumento de mandato, se o acusado o indicar por ocasião do interrogatório"; **2:** segundo pensamos, estava correto (ao tempo em que esta prova foi aplicada) o que se afirma nesta proposição, visto que, segundo estabelece, de forma cristalina, o art. 260, *caput*, do CPP, incumbe ao juiz, em face do não comparecimento do acusado, devidamente intimado, ao interrogatório, providenciar para que o mesmo seja conduzido coercitivamente à sua presença. Sucede que, ao enfrentar esta questão, o Plenário do STF, em julgamento realizado no dia 14 de junho de 2018, por maioria de votos, declarou correto a condução coercitiva de réu/investigado para interrogatório, a que faz referência o art. 260 do CPP, não foi recepcionada pela CF/88. A decisão foi tomada no julgamento das ADPFs 395 e 444, ajuizadas, respectivamente, pelo PT e pela OAB. Segundo a maioria dos ministros, a condução coercitiva representa restrição à liberdade de locomoção e viola a presunção de inocência, sendo, portanto, incompatível com a Constituição Federal; **3**: incorreta. Ainda que a titularidade da ação penal pública seja do MP (e isso ninguém discute), é dado ao ofendido o direito de qualificar-se como assistente do MP, com este contribuindo na busca pela condenação do réu (art. 268 do CPP).

Gabarito 1C, 2E, 3E

(Técnico Judiciário – TJDFT – 2013 – CESPE) Julgue os próximos itens, relativos a citações e intimações.

(1) O réu citado por edital é considerado foragido, impondo-se a decretação de sua prisão preventiva.

(2) Em processo penal, se verificar que o réu se oculta para não ser citado, o oficial de justiça deverá certificar a ocorrência e proceder à citação com hora certa.

1: incorreto, visto que a prisão preventiva somente será decretada diante da presença dos requisitos contemplados nos arts. 312 e 313 do CPP. O fato, por si só, de o réu ser citado por edital não autoriza que em seu desfavor seja decretada a custódia preventiva. A propósito, se o réu, depois de citado por edital, não comparecer tampouco constituir defensor, o processo e o prazo prescricional ficarão, por imposição da regra estampada no art. 366 do CPP, *suspensos*. Poderá o juiz, neste caso, determinar a produção antecipada das provas que repute urgentes e, presentes os requisitos do art. 312 do CPP, decretar a prisão preventiva. *Vide*, a esse respeito, Súmulas nº 415 e 455 do STJ; **2**: correta. A Lei 11.719/2008 alterou a redação do art. 362 do CPP e introduziu no processo penal a citação por hora certa, até então cabível somente no âmbito do processo civil. Assim, se o oficial de Justiça constatar que o réu se oculta para não ser citado, deverá proceder na forma estabelecida no art. 362 do CPP, certificando a ocorrência e realizando a *citação por hora certa*.

Gabarito 1E, 2C

(Técnico Judiciário – TJDFT – 2013 – CESPE) No que concerne aos prazos, julgue os itens seguintes.

(1) Na contagem dos prazos em processo penal, não se computa o dia do seu começo, computando-se, porém, o do vencimento.

(2) Configura-se constrangimento ilegal contra o réu solto o fato de não se proferir a sentença penal no prazo de dez dias contados do dia de conclusão do julgamento.

1: correta, pois reflete o disposto no art. 798, § 1º, do CPP; **2**: incorreta. Se o juiz, ao cabo da instrução, deixar de proferir sentença em razão da complexidade do caso ou do número de acusados, cuidará para que a decisão final seja prolatada, a teor do que dispõe o art. 404, parágrafo único, do CPP, dentro do prazo de dez dias (prazo impróprio), não configurando constrangimento ilegal a desobediência a esse interregno na hipótese de o acusado encontrar-se solto.

Gabarito 1C, 2E

(Técnico Judiciário – TJSP – 2013 – VUNESP) O juiz não poderá exercer jurisdição no processo em que

(A) ele próprio ou seu cônjuge ou parente, consanguíneo ou afim, em linha reta ou colateral até o quinto grau, inclusive, for parte ou diretamente interessado no feito.

(B) ele não houver funcionado como defensor ou advogado, órgão do Ministério Público, autoridade policial, auxiliar de justiça, perito ou servido como testemunha.

(C) tiver funcionado seu cônjuge ou parente, consanguíneo ou afim, em linha reta ou colateral até o quinto grau, inclusive, como defensor ou advogado, órgão

do Ministério Público, autoridade policial, auxiliar de justiça ou perito.

(D) tiver funcionado como juiz de outra instância, pronunciando-se, de fato ou de direito, sobre a questão.

(E) ele próprio ou seu cônjuge ou parente, consanguíneo ou afim, em linha reta ou colateral até o quarto grau, inclusive, for parte ou diretamente interessado no feito.

A: incorreta, pois não corresponde ao teor do art. 252, IV, do CPP, que estabelece que a hipótese de impedimento ali prevista alcança "o parente (...) ou colateral até o *terceiro grau*, inclusive" (e não até o *primeiro grau*); **B**: incorreta. O examinador quis induzir o candidato a erro, já que, por óbvio, não estará impedido de exercer jurisdição o magistrado que *não* houver exercido as funções previstas no art. 252, I e II, do CPP; **C**: incorreta, visto que o impedimento a que faz referência o art. 252, I, do CPP atinge o parente somente até o *terceiro grau* (e não até o *quinto grau*); **D**: correta, pois reflete o disposto no art. 252, III, do CPP; **E**: *vide* resposta à alternativa "A".

Gabarito "D".

(Técnico Judiciário – TJSP – 2013 – VUNESP) O serventuário ou funcionário da justiça dar-se-á por suspeito e, se não o fizer, poderá ser recusado por qualquer das partes,

(A) se ele, seu cônjuge, ou parente, consanguíneo, ou afim, até o quinto grau, inclusive, sustentar demanda ou responder a processo que tenha de ser julgado por qualquer das partes.

(B) se ele, seu cônjuge, ascendente ou descendente, estiver respondendo a processo por fato análogo, sobre cujo caráter criminoso haja controvérsia.

(C) se ele, seu cônjuge, ou parente, consanguíneo, ou afim, até o quarto grau, inclusive, sustentar demanda ou responder a processo que tenha de ser julgado por qualquer das partes.

(D) se não for amigo íntimo ou inimigo capital de qualquer deles.

(E) se ele, seu cônjuge, ou parente, consanguíneo, ou afim, até o terceiro grau, inclusive, estiver respondendo a processo por fato análogo, sobre cujo caráter criminoso haja controvérsia.

A: incorreta, dado que não corresponde ao que estabelece o art. 254, III, c.c. o art. 274, do CPP (esta suspeição vai até o *terceiro grau*); **B**: correta, pois reflete o disposto no art. 254, II, c.c. o art. 274, do CPP; **C**: incorreta, dado que não corresponde ao que estabelece o art. 254, III, c.c. o art. 274, do CPP (esta suspeição vai até o *terceiro grau*); **D**: esta é a famigerada "pegadinha". A suspeição prevista no art. 254, I, c.c. o art. 274, do CPP terá lugar pelo fato de o funcionário *ser*, e não pelo fato de ele *não ser* (amigo íntimo ou inimigo capital de uma das partes); **E**: incorreta, pois não reflete o que estabelece o art. 254, II, c.c. o art. 274, do CPP.

Gabarito "B".

(Técnico Judiciário – TJSP – 2013 – VUNESP) No tocante à citação, assinale a alternativa correta.

(A) O processo seguirá sem a presença do acusado que, citado ou intimado pessoalmente para qualquer ato, deixar de comparecer sem motivo justificado.

(B) Se o réu estiver preso, sua citação far-se-á por precatória.

(C) Se o réu não for encontrado, será citado, por edital, com o prazo de 5 (cinco) dias.

(D) Quando o réu estiver fora do território da jurisdição do juiz processante, será citado mediante mandado de citação expedido pelo juiz processante.

(E) A citação inicial far-se-á por precatória, quando o réu estiver no território sujeito à jurisdição do juiz que a houver ordenado.

A: correta, pois corresponde ao que estabelece o art. 367, primeira parte, do CPP; **B:** incorreta, dado que, se preso estiver o réu, sua citação far-se-á *pessoalmente* (art. 360 do CPP); **C:** incorreta, pois o prazo assinado no art. 361 do CPP é de 15 (quinze) dias, e não de 5 (cinco), como constou da assertiva; **D:** incorreta, pois, se o réu estiver fora da jurisdição do juiz processante, a citação far-se-á por meio de *precatória*, a ser expedida pelo juiz processante (deprecante) ao juiz que exerce jurisdição na comarca em que reside o réu (deprecado), ao qual (juiz deprecado) caberá determinar a citação do acusado; **E:** incorreta, pois, neste caso, a citação será feita por mandado, a ser expedido pelo juiz processante (art. 351 do CPP).

Gabarito "A".

(Escrevente Técnico Judiciário – TJ/SP – 2011 – VUNESP) Se por ocasião do interrogatório o acusado indica seu defensor (advogado), o qual não traz por escrito o instrumento de mandato (procuração),

(A) deverá o juiz nomear defensor público ao acusado.

(B) referida constituição é válida, não sendo necessária outra providência de regularização.

(C) deverá o advogado providenciar a juntada do instrumento de mandato no próximo ato processual que realizar.

(D) deverá o juiz conceder prazo de 2 (dois) dias, a fim de que a representação processual seja regularizada.

(E) deverá o juiz declarar o acusado indefeso, intimando-o a indicar por escrito novo defensor no prazo de 2 (dois) dias.

É do art. 266 do CPP que a constituição de defensor independerá de instrumento de mandato se a indicação, feita pelo réu, se der por ocasião do interrogatório.

Gabarito "B".

(Escrevente Técnico Judiciário – TJ/SP – 2011 – VUNESP) Estabelece o art. 366 do CPP que o acusado citado por edital que não comparece nem nomeia defensor

(A) será declarado revel, com consequente nomeação de defensor dativo, o qual acompanhará o procedimento até seu final.

(B) será declarado revel, admitindo-se verdadeiros os fatos articulados na denúncia ou queixa.

(C) terá, obrigatoriamente, decretada prisão preventiva em seu desfavor.

(D) terá o processo e o curso do prazo prescricional suspensos.

(E) será intimado por hora certa.

Na hipótese de o réu não ser encontrado, deverá o juiz determinar a sua citação por edital, depois de esgotados os meios disponíveis para a sua localização. Se o acusado, depois de citado por edital, não comparecer tampouco constituir defensor, o processo e o prazo prescricional ficarão, em vista da disciplina estabelecida no art. 366 do CPP, suspensos. Quanto ao período durante o qual o prazo prescricional deverá permanecer suspenso, prevalece o entendimento de que tal deverá ocorrer pelo interregno correspondente ao prazo máximo

em abstrato previsto para o crime narrado na peça acusatória. A esse respeito, Súmulas n. 415 e n. 455 do STJ.

Gabarito "D".

(Escrevente Técnico Judiciário – TJ/SP – 2011 – VUNESP) Considere as seguintes assertivas:

I. a suspeição não poderá ser declarada nem reconhecida, quando a parte injuriar o juiz ou de propósito der motivo para criá-la;

II. nos juízos coletivos, não poderão servir no mesmo processo os juízes que forem entre si parentes, consanguíneos ou afins, em linha reta ou colateral até o terceiro grau, inclusive;

III. o juiz dar-se-á por suspeito, e, se não o fizer, poderá ser recusado por qualquer das partes, se ele, seu cônjuge, ascendente ou descendente, estiver respondendo a processo por fato análogo, sobre cujo caráter criminoso haja controvérsia.

É correto o que se afirma em

(A) III, apenas.

(B) I e II, apenas.

(C) I e III, apenas.

(D) II e III, apenas.

(E) I, II e III.

I: correta. A assertiva corresponde exatamente ao teor do art. 256 do CPP; **II:** correta. A assertiva corresponde exatamente ao teor do art. 253 do CPP; **III:** correta. A assertiva corresponde exatamente ao teor do art. 254, II, do CPP.

Gabarito "E".

(CESPE – 2013) Assinale a opção correta com relação a prazos processuais, citações e intimações.

(A) A expedição de carta rogatória para citação de réu no exterior não suspende o curso da prescrição até o seu cumprimento.

(B) No caso de réu preso na mesma unidade da Federação em que o juiz exerça a sua jurisdição, a citação poderá ser feita por edital caso haja rebelião no presídio.

(C) O comparecimento espontâneo do réu e a respectiva constituição de patrono para exercer sua defesa não serão suficientes para sanar eventual irregularidade na citação, devendo esta ser novamente realizada, assim como todos os demais atos processuais subsequentes.

(D) Os prazos processuais contam-se da juntada aos autos do mandado ou de carta precatória ou de ordem.

(E) Somente quando houver comprovação de prejuízo é que será declarada a nulidade do processo criminal por falta de intimação da expedição de precatória para inquirição de testemunha.

A: incorreta. Em vista do que estabelece o art. 368 do CPP, estando o acusado no estrangeiro, em local conhecido, será citado por carta *rogatória*, devendo ser suspenso o curso do prazo prescricional até o seu cumprimento; **B:** incorreta, uma vez que contraria o entendimento firmado na Súmula n. 351, do STF: "É nula a citação por edital de réu preso na mesma unidade da Federação em que o juiz exerce a sua jurisdição"; **C:** incorreta, pois não reflete a regra presente no art. 570 do CPP; **D:** incorreta, pois contraria o entendimento sufragado na Súmula n. 710 do STF, que estabelece que, no processo penal, os prazos contados da data em que ocorreu a intimação, e não do dia em que se deu a juntada do mandado ou da carta precatória aos autos; **E:** correta, uma vez a alternativa contempla hipótese de nulidade *relativa*, cujo reconhecimento está condicionado à demonstração de prejuízo

(art. 563, CPP). Nesse sentido a Súmula n. 155 do STF: "É relativa a nulidade do processo criminal por falta de intimação da expedição de precatória para inquirição de testemunha".
Gabarito "E".

(FGV – 2013) A esse respeito, analise as afirmativas a seguir.

I.   Os órgãos do Ministério Público não funcionarão nos processos em que o juiz ou qualquer das partes for seu cônjuge, ou parente, consanguíneo ou afim, em linha reta ou colateral, até o terceiro grau, inclusive, e a eles se estendem, no que lhes for aplicável, as prescrições relativas à suspeição e aos impedimentos dos juízes.
II. A participação de membro do Ministério Público na fase investigatória criminal não acarreta impedimento ou suspeição para o oferecimento da denúncia.
III. No caso de ação penal privada subsidiária da pública, cabe ao Ministério Público aditar a queixa, repudiá-la e oferecer denúncia substitutiva, interpor recurso e, no caso de negligência do querelante e desde que haja sua concordância, retomar a ação penal como parte principal.

Assinale:

(A) se somente a afirmativa I estiver correta.
(B) se somente a afirmativa II estiver correta.
(C) se somente a afirmativa III estiver correta.
(D) se somente as afirmativas I e II estiverem corretas.
(E) se todas as afirmativas estiverem corretas.

I: correta, pois corresponde à redação do art. 258 do CPP; II: correta, pois reflete o entendimento firmado na Súmula n. 234, STJ: "A participação de membro do Ministério Público na fase investigatória criminal não acarreta seu impedimento ou suspeição para o oferecimento da denúncia"; III: incorreta, uma vez que a retomada da titularidade da ação privada subsidiária pelo MP, na hipótese de negligência do querelante, prescinde da concordância deste (art. 29, CPP).
Gabarito "D".

9. PROCESSO, PROCEDIMENTOS E SENTENÇA

(Escrevente – TJ/SP – 2018 – VUNESP) Segundo o Código de Processo Penal, a respeito do processo comum, é correto dizer que

(A) aceita a denúncia ou a queixa, o Juiz não poderá absolver sumariamente o réu, após a apresentação da resposta à acusação.
(B) a parte, no procedimento ordinário, não poderá desistir de testemunha, anteriormente arrolada.
(C) o procedimento será ordinário, sumário ou sumaríssimo; o procedimento sumaríssimo será o aplicado quando se tem por objeto crime sancionado com pena privativa de liberdade de até 04 (quatro) anos.
(D) são causas de rejeição da denúncia ou queixa a inépcia, a falta de pressuposto processual ou condição para o exercício da ação penal e a falta de justa causa.
(E) no procedimento ordinário, poderão ser ouvidas até 08 (oito) testemunhas, de acusação e defesa, compreendidas, nesse número, as que não prestam compromisso.

A: incorreta. Citado o réu e por ele oferecida a resposta à acusação, poderá o juiz, verificando a ocorrência de alguma das hipóteses do art. 397 do CPP, proceder à absolvição sumária do acusado; **B:** incorreta, dado que poderá a parte desistir da inquirição de qualquer das testemunhas que haja arrolado (art. 401, § 2°, CPP); **C:** incorreta. Como bem sabemos, o critério utilizado para se identificar o rito processual a ser adotado é a *pena máxima* cominada ao crime, conforme estabelece o art. 394 do CPP. O *rito ordinário* terá lugar sempre que se tratar de crime cuja sanção máxima cominada for igual ou superior a quatro anos de pena privativa de liberdade (art. 394, § 1°, I, CPP). O *rito sumário*, por sua vez, será adotado quando se tratar de crime cuja sanção máxima seja inferior a quatro anos e superior a dois (art. 394, § 1°, II, CPP). Já o *rito sumaríssimo* terá incidência nas infrações penais de menor potencial ofensivo (crimes cuja pena máxima não seja superior a dois anos bem como as contravenções penais), na forma estatuída no art. 394, § 1°, III, CPP; **D:** correta, pois corresponde ao teor do art. 395 do CPP; **E:** incorreta, já que não serão computadas no número máximo de testemunhas aquelas que não prestaram compromisso (art. 401, § 1°, CPP). 🆔
Gabarito "D".

(Escrevente – TJ/SP – 2018 – VUNESP) Com relação ao procedimento relativo aos processos de competência do tribunal do júri, assinale a alternativa correta.

(A) Pronunciado o acusado, remetidos os autos ao tribunal do júri, será a defesa intimada para apresentar o rol de testemunhas que irão depor, em plenário, até o máximo de 08 (oito).
(B) Constituirão o Conselho de Sentença, em cada sessão de julgamento, 07 (sete) jurados, sorteados dentre os alistados, aplicando-se a eles o disposto sobre os impedimentos, a suspeição e as incompatibilidades dos juízes togados.
(C) Encerrada a instrução preliminar, o juiz, fundamentadamente, pronunciará ou impronunciará o acusado, não cabendo, nessa fase, a absolvição sumária.
(D) Contra a sentença de impronúncia do acusado caberá recurso em sentido estrito.
(E) O risco à segurança pessoal do acusado não enseja desaforamento do julgamento para outra comarca, sendo motivo justificante a dúvida razoável sobre a imparcialidade do júri.

A: incorreta (art. 422, CPP); **B:** correta (arts. 447 e 448, § 2°, CPP); **C:** incorreta, dado que cabe, nesta fase, desde que presente alguma das hipóteses do art. 415, CPP, *absolvição sumária*; **D:** incorreta. Com o advento da Lei 11.689/2008, que modificou os arts 416 e 581, IV, do CPP, a decisão de impronúncia, que antes comportava *recurso em sentido estrito*, passou a ser combatida por meio de *recurso de apelação*; **E:** incorreta (art. 427, CPP). 🆔
Gabarito "B".

(Escrevente Técnico Judiciário – TJSP – VUNESP – 2017) De acordo com o texto expresso do art. 397 do CPP, o juiz deverá absolver sumariamente o acusado no processo penal quando verificar

(A) falta de condição para o exercício da ação penal.
(B) falta de justa causa para o exercício da ação penal.
(C) falta de pressuposto processual.
(D) que a denúncia é manifestamente inepta.
(E) extinta a punibilidade do agente.

A: incorreta, já que se trata de hipótese de rejeição da denúncia ou queixa (art. 395, II, CPP); **B:** incorreta, na medida em que se trata de hipótese de rejeição da denúncia ou queixa (art. 395, III, CPP); **C:** incorreta. Trata-se de hipótese de rejeição da denúncia ou queixa (art. 395, II,

CPP); **D:** incorreta. É hipótese de rejeição da denúncia ou queixa (art. 395, I, CPP); **E:** correta. Cuida-se de hipótese de absolvição sumária (art. 397, IV, CPP). ED

Gabarito "E".

(Técnico Judiciário – TJSP – 2013 – VUNESP) Com relação aos processos em espécie, é correto afirmar:

(A) o procedimento comum será ordinário quando tiver, por objeto, crime cuja sanção máxima cominada seja inferior a 4 (quatro) anos de pena privativa de liberdade.

(B) o procedimento comum será sumário, quando tiver, por objeto, crime cuja sanção máxima cominada seja inferior a 4 (quatro) anos de pena privativa de liberdade.

(C) aplica-se a todos os processos o procedimento sumário, salvo disposições em contrário do Código de Processo Penal ou de lei especial.

(D) nos procedimentos ordinário e sumário, no caso de citação por edital, o prazo para a defesa começará a fluir a partir da data da publicação do Edital.

(E) o procedimento comum será sumário para as infrações penais de menor potencial ofensivo, na forma da lei.

A: o procedimento comum será *ordinário* quando se tratar de crime cuja sanção máxima cominada é igual ou superior a quatro anos de pena privativa de liberdade (art. 394, § 1º, I, CPP). Assertiva incorreta, portanto; **B:** o rito *sumário* será adotado quando se tratar de crime cuja sanção máxima seja inferior a quatro anos e superior a dois (art. 394, § 1º, II, CPP). Assertiva, portanto, correta; **C:** incorreta, visto que o procedimento a ser adotado, neste caso, é o *comum ordinário* (art. 394, § 2º, CPP); **D:** incorreta, pois, neste caso, o prazo, a teor do art. 396, parágrafo único, do CPP, começará a fluir a partir do comparecimento pessoal do acusado ou do defensor constituído; **E:** incorreta, pois às infrações penais de menor potencial ofensivo (crimes cuja pena máxima não seja superior a dois anos bem como as contravenções penais) será aplicável o procedimento comum *sumaríssimo*, na forma estatuída no art. 394, § 1º, III, CPP.

Gabarito "B".

(Escrevente Técnico Judiciário – TJ/SP – 2011 – VUNESP) Considere os seguintes crimes: peculato (CP, art. 312, *caput*), pena de reclusão de dois a doze anos e multa; prevaricação (CP, art. 319), pena de detenção de três meses a um ano e multa; comunicação falsa de crime ou contravenção (CP, art. 340), pena de detenção de um a seis meses ou multa.

Assinale a alternativa que, respectivamente, traz a espécie do rito procedimental adotado (CPP, art. 394 e Lei n. 9.099/1995, art. 61) para o processo e julgamento de cada um dos três crimes citados. Considere que os crimes serão isoladamente processados.

(A) Ordinário; sumaríssimo; sumaríssimo.

(B) Ordinário; ordinário; sumaríssimo.

(C) Ordinário; sumário; sumaríssimo.

(D) Sumário; sumário; sumaríssimo.

(E) Sumário; sumário; sumário.

O crime de peculato (art. 312, *caput*, do CP) será processado e julgado segundo as regras do procedimento comum ordinário, já que a sanção máxima cominada a este crime é superior a quatro anos de pena privativa de liberdade; já os crimes de prevaricação (art. 319 do CP) e comunicação falsa de crime ou contravenção (art. 340 do CP) serão processados segundo as regras estabelecidas para o procedimento sumaríssimo (Lei 9.099/1995), visto que se trata, em razão

da pena cominada, de infrações penais de menor potencial ofensivo (crimes cuja pena máxima não seja superior a dois anos bem como as contravenções penais).

Gabarito "A".

(CESPE – 2013) Acerca da *emendatio libelli* e de outros importantes institutos do processo penal, julgue os itens subsequentes.

(1) O STF sumulou o entendimento no sentido da impossibilidade da *mutatio libelli* em segundo grau de jurisdição, o qual se mantém válido, a despeito das modificações nas normas processuais sobre a matéria, uma vez que os princípios da proibição da *reformatio in pejus*, da ampla defesa e da congruência da sentença penal, entre outros, vedam o aditamento à denúncia e a inclusão de fato novo após a sentença de primeiro grau.

(2) Ao apreciar recurso interposto pela defesa contra decisão condenatória de primeiro grau, o tribunal pode atribuir ao fato uma classificação penal diversa da constante da denúncia ou da queixa, sem alterar a descrição fática da inicial acusatória nem aumentar a pena imposta ao recorrente, ainda que da nova tipificação possa resultar pena maior do que a fixada na sentença.

1: correta. Embora a Súmula n. 453, do STF, que veda a incidência da *mutatio libelli* em segundo grau de jurisdição, seja anterior à Lei 11.719/2008, que alterou a redação, entre outros, do art. 384 do CPP, dando nova conformação jurídica à *mutatio libelli*, o entendimento nela (súmula) firmado continua a ser aplicado; **2:** correta. A despeito de a *mutatio libelli* não ter incidência no âmbito do julgamento dos recursos (Súmula n. 453, do STF), o mesmo não se diga em relação à *emendatio libelli*, que poderá ser aplicada pelos tribunais em grau de recurso, desde que, é claro, seja observado o princípio que veda a *reformatio in pejus* (art. 617, CPP). Em outras palavras, não terá lugar a inovação na capitulação jurídica atribuída à conduta do recorrente que implique agravamento na pena a ele imposta pelo juízo *a quo*. Cabe, aqui, distinguir os fenômenos em estudo. No campo da *emendatio libelli*, o fato descrito pela acusação na peça inicial permanece inalterado, sem prejuízo, por isso mesmo, para a defesa. A mudança, aqui, incide na classificação da conduta, levada a efeito pela acusação, no ato da propositura da ação, e retificada pelo juiz, de ofício, no momento da sentença, sendo desnecessário, em vista disso, ouvir a esse respeito o defensor. Na *mutatio libelli*, diferentemente, temos que a prova colhida na instrução aponta para uma nova definição jurídica do fato, diversa daquela contida na inicial. Por força do que estabelece o art. 383 do CPP, com a redação que lhe conferiu a Lei de Reforma n. 11.719/08, impõe-se o aditamento da exordial pelo órgão acusatório, ainda que a nova capitulação jurídica implique aplicação de pena igual ou menos grave.

Gabarito 1C, 2C.

(CESPE – 2013) Tendo em vista variados temas para o processo penal, julgue os itens seguintes.

(1) No processo de competência do tribunal do júri, a absolvição sumária imprópria deve ser anulada, por ofensa aos princípios do juiz natural, da ampla defesa e do devido processo legal, se o advogado do réu, além de defender a inimputabilidade do acusado, sustentar outras teses defensivas. Essa afirmativa é válida ainda que a inimputabilidade já tenha sido devidamente comprovada na instrução probatória realizada na primeira fase do procedimento.

(2) No processo penal, as decisões interlocutórias simples proferidas por juiz singular são, em regra, irrecorríveis, como é o caso da decisão de recebimento da denúncia ou da queixa. As decisões interlocutórias mistas, terminativas ou não terminativas são recorríveis por meio de recurso em sentido estrito, mas irrecorríveis por apelação, como é o caso da decisão de impronúncia.

1: correta. Conferir: "Processo penal. *Habeas corpus*. Homicídio tentado. Inimputabilidade. Absolvição sumária e submissão à medida de segurança. Alegação de causa excludente de ilicitude. Legítima defesa. Competência do conselho de sentença. Constrangimento ilegal configurado. Ordem concedida. 1. A absolvição sumária por inimputabilidade do acusado constitui sentença absolutória imprópria, a qual impõe a aplicação de medida de segurança, razão por que ao magistrado incumbe proceder à análise da pretensão executiva, apurando-se a materialidade e autoria delitiva, de forma a justificar a imposição da medida preventiva. 2. Reconhecida a existência do crime e a inimputabilidade do autor, tem-se presente causa excludente de culpabilidade, incumbindo ao juízo sumariante, em regra, a aplicação da medida de segurança. 3. "Em regra, o *meritum causae* nos processos de competência do júri é examinado pelo juízo leigo. Excepciona-se tal postulado, por exemplo, quando da absolvição sumária, ocasião em que o juiz togado não leva a conhecimento do júri ação penal em que, desde logo, se identifica a necessidade de absolvição. Precluindo a pronúncia, deve a matéria da inimputabilidade ser examinada pelo conselho de sentença, mormente, se existe tese defensiva diversa, como a da legítima defesa" (HC 73.201/DF). 4. Havendo tese defensiva relativa à excludente de ilicitude prevista no art. 23 do Código Penal (legítima defesa), não deve subsistir a sentença que absolveu sumariamente o paciente e aplicou-lhe medida de segurança, em face de sua inimputabilidade, por ser esta tese mais gravosa que aquela outra. 5. Ordem concedida para anular o processo a partir da sentença que absolveu sumariamente o paciente para que outra seja proferida, a fim de que seja analisada a tese da legítima defesa exposta nas alegações finais" (STJ, HC 200800217224, Arnaldo Esteves Lima, 5ª T. RMA, DJE 02/08/2010); **2**: incorreta. Com o advento da Lei 11.689/08, que modificou os arts 416 e 581, IV, do CPP, a decisão de impronúncia, que antes comportava *recurso em sentido estrito*, passou a ser combatida por meio de *recurso de apelação*.

Gabarito 1C, 2E

(CESPE – 2013) Com relação ao tribunal do júri, assinale a opção correta.

(A) Não há previsão de recurso acerca da admissibilidade ou não do desaforamento, admitindo-se a possibilidade de impetração de mandado de segurança.

(B) Se um secretário de Estado, com foro por prerrogativa de função estabelecido pela Constituição estadual, cometer um crime doloso contra a vida, ele terá de ser julgado pelo tribunal do júri.

(C) A audiência da defesa é prescindível para o desaforamento de processo da competência do tribunal júri.

(D) O desaforamento pode ocorrer na pendência de recurso contra a decisão de pronúncia, de tal modo que o pronunciamento pela instância superior dar-se-á após a remessa dos autos para a outra jurisdição.

(E) O desaforamento não pode ser decretado simplesmente para se assegurar a segurança pessoal do réu, sendo imprescindível que exista dúvida sobre a imparcialidade do júri ou que o interesse da ordem pública o reclame.

A: incorreta. Em que pese a decisão que determina ou não o desaforamento ser irrecorrível, é possível, em princípio, a impetração de *habeas corpus* (e não mandado de segurança); **B**: correta, uma vez que corresponde ao entendimento firmado na Súmula 721 do STF (cujo teor foi reproduzido na Súmula Vinculante 45): "A competência constitucional

do Tribunal do Júri prevalece sobre o foro por prerrogativa de função estabelecido exclusivamente pela Constituição estadual". Não nos olvidemos que o foro por prerrogativa de função deve ser interpretado à luz do entendimento firmado pelo STF na questão de ordem da ação penal 937; **C**: incorreta, pois não corresponde ao entendimento firmado na Súmula n. 712, do STF: "É nula a decisão que determina o desaforamento de processo da competência do júri sem audiência da defesa"; **D**: incorreta, na medida em que não reflete a norma presente no art. 427, § 4º, do CPP; **E**: incorreta, pois contraria o disposto no art. 427, *caput*, do CPP, segundo o qual o desaforamento pode se dar quando houver dúvida acerca da segurança pessoal do acusado.

Gabarito "B".

10. NULIDADES

(Técnico – TJ/AL – 2018 – FGV) O Código de Processo Penal, em seus artigos 563 e seguintes, disciplina o tema "as Nulidades", sendo certo que o diploma legal confere tratamento próprio de acordo com as peculiaridades do processo penal brasileiro.

Sobre o tema, com base nas previsões do Código de Processo Penal, é correto afirmar que:

(A) o ato deverá ser declarado nulo quando verificada a existência de nulidade, independentemente de resultar prejuízo para acusação ou defesa;

(B) a nulidade de intimação estará sanada quando o interessado comparecer e indicar ter conhecimento do ato, que poderá ser adiado pelo juiz quando verificado que a irregularidade poderá prejudicar direito da parte;

(C) a nulidade, sempre que gerar prejuízo, poderá ser arguida por qualquer das partes, ainda que tenha sido aquela que a arguiu a dar causa ao ato nulo;

(D) o reconhecimento de incompetência do juízo, em regra, anula, de imediato, tanto os atos decisórios quanto os despachos e demais atos sem conteúdo decisório;

(E) a nulidade, mesmo diante de ato que não tenha influído na apuração da verdade substancial ou na decisão da causa, deverá ser reconhecida quando houver desrespeito à formalidade do ato.

A: incorreta, pois contraria o disposto no art. 563 do CPP, segundo o qual *nenhum ato será declarado nulo, se da nulidade não resultar prejuízo para acusação ou para a defesa*; **B**: correta, uma vez que reflete o que dispõe o art. 570 do CPP; **C**: incorreta. É defeso à parte arguir nulidade a que ela própria deu causa ou para a qual tenha concorrido, ou, ainda, que diga respeito a formalidade cuja observância somente à parte contrária interesse (art. 565, CPP); **D**: incorreta, pois não reflete o disposto no art. 567 do CPP; **E**: incorreta, uma vez que não corresponde ao que estabelece o art. 566 do CPP. **ED**

Gabarito "B".

(CESPE – 2013) A respeito de nulidade, julgue o item seguinte.

(1) O tribunal *ad quem* não poderá reconhecer de ofício a nulidade da sentença absolutória de primeiro grau proferida por juiz incompetente, contra a qual tenha o Ministério Público interposto recurso, sem, no entanto, alegar o vício de incompetência absoluta.

1: correta, já que em conformidade com o entendimento firmado na Súmula n. 160 do STF. Conferir: "*Habeas corpus*. Paciente absolvido em primeira instância. Preliminar de incompetência, não suscitada na apelação do ministério público, acolhida de ofício pelo tribunal, por

tratar-se de nulidade absoluta. Alegação de que a sentença absolutória transitou em julgado em tudo aquilo que não foi objeto do recurso do *parquet*. Pretensão de aplicação da súmula 160/STF, com a manutenção da absolvição diante da impossibilidade de haver nova decisão mais gravosa ao réu. O Tribunal, ao julgar apelação do Ministério Público contra sentença absolutória, não pode acolher nulidade – ainda que absoluta -, não veiculada no recurso da acusação. Interpretação da Súmula 160/STF que não faz distinção entre nulidade absoluta e relativa. Os atos praticados por órgão jurisdicional constitucionalmente incompetente são atos nulos e não inexistentes, já que proferidos por juiz regularmente investido de jurisdição, que, como se sabe, é una. Assim, a nulidade decorrente de sentença prolatada com vício de incompetência de juízo precisa ser declarada e, embora não possua o alcance das decisões válidas, pode produzir efeitos. Precedentes. A incorporação do princípio do ne bis in idem ao ordenamento jurídico pátrio, ainda que sem o caráter de preceito constitucional, vem, na realidade, complementar o rol dos direitos e garantias individuais já previstos pela Constituição Federal, cuja interpretação sistemática leva à conclusão de que a Lei Maior impõe a prevalência do direito à liberdade em detrimento do dever de acusar. Nesse contexto, princípios como o do devido processo legal e o do juízo natural somente podem ser invocados em favor do réu e nunca em seu prejuízo. Por isso, estando o Tribunal, quando do julgamento da apelação, adstrito ao exame da matéria impugnada pelo recorrente, não pode invocar questão prejudicial ao réu não veiculada no referido recurso, ainda que se trate de nulidade absoluta, decorrente da incompetência do juízo. *Habeas corpus* deferido em parte para que, afastada a incompetência, seja julgada a apelação em seu mérito" (HC 80263, Ilmar Galvão, STF).
Gabarito 1C

11. RECURSOS

(Técnico – TRF/4 – FCC – 2019) Ricardo está sendo processado por crime de furto, praticado contra uma empresa pública federal, cujo processo tramita em uma das varas federais, com competência criminal, de Porto Alegre-RS. No curso do processo, o advogado constituído de Ricardo apresentou pedido ao Magistrado que preside o feito para reconhecimento da prescrição e consequente extinção da punibilidade do réu (Ricardo). O pedido é indeferido pelo Magistrado. Nesse caso, nos termos preconizados pelo Código de Processo Penal, o advogado de Ricardo poderá interpor recurso

(A) em sentido estrito, no prazo de 10 dias.

(B) de apelação, no prazo de 5 dias.

(C) em sentido estrito, no prazo de 5 dias.

(D) de apelação, no prazo de 10 dias.

(E) de apelação, no prazo de 15 dias.

Tendo em conta o indeferimento do pedido de prescrição formulado pelo patrono de Ricardo, caberá a interposição de recurso em sentido estrito, nos termos do art. 581, IX, do CPP. O prazo para interposição é de 5 dias, tal como estabelece o art. 586, *caput*, do CPP, a contar da intimação da decisão. ED
Gabarito "C".

(Escrevente – TJ/SP – 2018 – VUNESP) Com relação aos recursos e revisão, de acordo com o Código de Processo Penal, é correto dizer que

(A) no caso de concurso de agentes, a decisão do recurso interposto por um dos réus, ainda que fundado em motivos pessoais, aproveitará aos outros.

(B) a revisão criminal só poderá ser requerida no prazo de até 02 (dois) anos da sentença condenatória, transitada em julgado.

(C) interposta a Apelação somente pelo acusado, não pode o Tribunal reinquirir testemunhas ou determinar diligências.

(D) nos processos de contravenção, interposta a apelação, o prazo para arrazoar será de 03 (três) dias.

(E) na apelação e no recurso em sentido estrito, há previsão de juízo de retratação.

A: incorreta, já que somente aproveitará aos outros se se fundar em motivos que não sejam de ordem pessoal (art. 580, CPP); **B:** incorreta, na medida em que a revisão criminal poderá ser requerida a qualquer tempo, antes ou mesmo depois de extinta a pena (art. 622, *caput*, do CPP), isto é, o ajuizamento da revisão criminal não está sujeito a prazo; **C:** incorreta, pois contraria o disposto no art. 616 do CPP; **D:** correta (art. 600, *caput*, CPP); **E:** incorreta. Somente o recurso em sentido estrito tem previsão de juízo de retratação (art. 589, CPP). ED
Gabarito "D".

(Escrevente Técnico Judiciário – TJSP – VUNESP – 2017) No julgamento dos recursos de apelação, expressamente de acordo com os artigos 616 e 617 do CPP, poderá o tribunal, câmara ou turma

(A) agravar a pena, mesmo quando somente o réu houver apelado da sentença.

(B) proceder a novo interrogatório do acusado, reinquirir testemunhas ou determinar outras diligências.

(C) analisar a matéria em toda a sua extensão sem, contudo, produzir novas provas.

(D) analisar a matéria em toda a sua extensão sem, contudo, produzir novas provas, exceto proceder a novo interrogatório do acusado.

(E) condenar o acusado absolvido em sentença de primeiro grau, mesmo que a parte acusatória não tenha apelado.

A e E: incorretas. É vedada, no processo penal, a chamada *reformatio in pejus*, ou seja, não é dado ao Tribunal, nos casos em que houver recurso exclusivo da defesa, reformar, para pior, a decisão proferida pelo juízo *a quo*. Em outras palavras, a situação do réu não pode sofrer qualquer piora no Tribunal caso somente ele recorra da decisão (art. 617, CPP); **B:** correta, já que corresponde à redação do art. 616 do CPP, que faculta ao tribunal *ad quem* proceder a novo interrogatório do acusado, reinquirir testemunhas e determinar outras diligências que entende necessárias ao esclarecimento da verdade; **C e D:** incorretas, uma vez que nada impede que o tribunal determine, na análise do recurso de apelação, a produção de provas suplementares. ED
Gabarito "B".

(Técnico Judiciário – TRF2 – Consulplan – 2017) Da decisão que denegar apelação ou a julgar deserta cabe(m):

(A) Recurso em sentido estrito.

(B) Embargos infringentes.

(C) Carta testemunhável.

(D) Agravo de instrumento.

Segundo estabelece o art. 581, XV, do CPP, caberá recurso em sentido estrito da decisão que denegar ou julgar deserta a apelação. ED
Gabarito "A".

(Técnico Judiciário – TJSP – 2013 – VUNESP) No tocante aos recursos, assinale a alternativa correta.

(A) O recurso será interposto por petição ou por termo nos autos, assinado pelo recorrente ou por seu representante.

(B) Caberá recurso, no sentido estrito, da decisão que receber a denúncia ou a queixa.

(C) Caberá apelação no prazo de 20 (vinte) dias das sentenças definitivas de condenação ou absolvição proferidas por juiz singular.

(D) O Ministério Público somente poderá desistir do recurso que haja interposto.

(E) Dentro de dez dias, contados da interposição do recurso, no sentido estrito, o recorrente oferecerá as razões e, em seguida, será aberta vista ao recorrido por igual prazo.

A: correta (art. 578, *caput*, do CPP); **B:** incorreta, visto que o recurso em sentido estrito, conforme estabelece o art. 581, I, do CPP, somente poderá ser interposto da decisão que *não* receber (rejeitar) a denúncia ou a queixa; a decisão que recebe a denúncia ou a queixa é irrecorrível. É possível, no entanto, em face da decisão que receber indevidamente a denúncia ou queixa, a impetração de *habeas corpus*; **C:** incorreta, pois o art. 593, I, do CPP estabelece, para este caso, o prazo de 5 (cinco) dias; **D:** incorreta, visto que não é dado ao MP desistir do recurso que haja interposto, nos termos do art. 576 do CPP (princípio da indisponibilidade); **E:** incorreta, visto que não reflete o disposto no art. 588 do CPP, que estabelece o prazo de dois dias.
Gabarito "A".

(Escrevente Técnico Judiciário – TJ/SP – 2011 – VUNESP) Considere as seguintes assertivas:

I. o Ministério Público poderá desistir de recurso que haja interposto;

II. não se admitirá recurso da parte que não tiver interesse na reforma ou modificação da decisão;

III. salvo a hipótese de má-fé, a parte não será prejudicada pela interposição de um recurso por outro.

De acordo com o CPP em suas disposições gerais sobre os recursos (arts. 574 a 580), é correto apenas o que se afirma em

(A) II.

(B) III.

(C) I e II.

(D) I e III.

(E) II e III.

I: incorreta. É vedado ao Ministério Público, em vista do que preconiza o postulado da indisponibilidade, desistir da ação penal que haja proposto (art. 42 do CPP) bem assim de recurso que haja interposto (art. 576 do CPP); **II:** correta, visto que em conformidade com o que preceitua o art. 577, parágrafo único, do CPP; **III:** correta, visto que em conformidade com o que preceitua o art. 579, *caput*, do CPP (fungibilidade recursal).
Gabarito "E".

(FCC – 2014) Antônio está preso e foi condenado pela prática do delito de tráfico de entorpecentes. Ao ser intimado da decisão condenatória, assinou termo de renúncia ao direito de recorrer. O defensor legalmente constituído, porém, interpôs apelação. Diante disso,

(A) deve prevalecer a vontade do réu em não recorrer.

(B) deve ser processada a apelação.

(C) a apelação só deve ser processada depois de intimado novamente o réu, para ficar ciente de que seu defensor apelou da decisão condenatória.

(D) o advogado deve ser destituído, porque agiu em dissonância à vontade do réu.

(E) somente deve ser processada a apelação se a renúncia do acusado for anterior à interposição feita pelo advogado.

Neste caso, deve-se processar o recurso interposto pelo defensor constituído, em obediência ao entendimento firmado na Súmula n. 705, do STF: "A renúncia do réu ao direito de apelação, manifestada sem a assistência do defensor, não impede o conhecimento da apelação por este interposta".
Gabarito "B".

(CESPE – 2015) Célio, réu primário e de bons antecedentes, foi condenado em primeira instância à pena de vinte e dois anos de reclusão em regime fechado pela prática do crime de latrocínio tentado, o que motivou o advogado do réu a se preparar para interpor apelação. O juiz que emitiu a sentença decretou também a prisão preventiva de Célio, que havia respondido ao processo em liberdade. No entanto, a polícia, que tentava cumprir o mandado de prisão emitido pelo juiz, não conseguiu encontrar o réu condenado.

Considerando as normas previstas no Código de Processo Penal a respeito de prazos e recursos, julgue o item a seguir, referente à situação hipotética apresentada.

(1) O advogado de Célio tem cinco dias para apelar da sentença, prazo no qual devem ser também oferecidas as razões recursais ao juízo de primeira instância ou ao tribunal competente.

1: incorreta. O prazo de cinco dias, previsto no art. 593, *caput*, do CPP, refere-se à apresentação, no juízo *a quo*, da petição de interposição do recurso de apelação, cujas razões serão então apresentadas, desde que recebido o recurso, no prazo de oito dias, no próprio juízo prolator da sentença recorrida ou no tribunal que julgará o recurso (art. 600, *caput*, do CPP), o que ficará a critério do recorrente.
Gabarito 1E.

(FGV – 2015) Marcelo foi denunciado pela prática de um crime de furto. Entendendo que não haveria justa causa, antes mesmo de citar o acusado, o magistrado não recebeu a denúncia. Diante disso, o Ministério Público interpôs o recurso adequado. Analisando a hipótese, é correto afirmar que

(A) o recurso apresentado pelo Ministério Público foi de apelação.

(B) apesar de ainda não ter sido citado, Marcelo deve ser intimado para apresentar contrarrazões ao recurso, sob pena de nulidade.

(C) mantida a decisão do magistrado pelo Tribunal, não poderá o Ministério Público oferecer nova denúncia pelo mesmo fato, ainda que surjam provas novas.

(D) antes da rejeição da denúncia, deveria o magistrado ter citado o réu para apresentar resposta à acusação.

Está correto o que se afirma na alternativa "B", porquanto em conformidade com o entendimento firmado na Súmula 707, STF: "Constitui nulidade a falta de intimação do denunciado para oferecer contrarrazões ao recurso interposto da rejeição da denúncia, não a suprimindo a nomeação de defensor dativo".
Gabarito "B".

(FGV – 2015) Após regular instrução processual, Flávio foi condenado pela prática do crime de tráfico ilícito de entorpecentes a uma pena privativa de liberdade de cinco anos de reclusão, a ser cumprida em regime inicial fechado, e 500 dias-multa. Intimado da sentença, sem assistência da defesa técnica, Flávio renunciou ao direito de recorrer, pois havia confessado a prática delitiva. Rafael, advogado de Flávio, porém, interpôs recurso de apelação dentro do prazo legal, buscando a mudança do regime de pena. Neste caso, é correto dizer que o recurso apresentado por Rafael

(A) não poderá ser conhecido, pois houve renúncia por parte de Flávio, mas nada impede que o Tribunal, de ofício, melhore a situação do acusado.

(B) deverá ser conhecido, pois não é admissível a renúncia ao direito de recorrer, no âmbito do processo penal.

(C) não poderá ser conhecido, pois a renúncia expressa de Flávio não pode ser retratada, não podendo o Tribunal, de ofício, alterar a decisão do magistrado.

(D) deverá ser conhecido, pois a renúncia foi manifestada sem assistência do defensor.

A solução para esta questão deve ser extraída da Súmula 705: "A renúncia do réu ao direito de apelação, manifestada sem a assistência do defensor, não impede o conhecimento da apelação por este interposta".

Gabarito "D".

12. *HABEAS CORPUS* E REVISÃO CRIMINAL

(Escrevente Técnico Judiciário – TJSP – VUNESP – 2017) Assinale a alternativa correta no que concerne à revisão criminal, tratada nos artigos 621 a 630 do CPP.

(A) É vedado arbitrar indenização em favor do beneficiado por decisão que julgue procedente a revisão.

(B) Em seu julgamento, admite-se o agravamento da pena imposta na decisão revista.

(C) É pedido que pode ser articulado a qualquer tempo, antes da extinção da pena ou após.

(D) Quando, no curso da revisão, falecer a pessoa cuja condenação tiver de ser revista, o processo será extinto.

(E) É possível a revisão de decisões que ainda não transitaram em julgado, ou seja, ainda não findos.

A: incorreta. Isso porque é cabível, sim, a fixação de indenização em favor do beneficiado por decisão que julgue procedente a revisão, tal como estabelece o art. 630 do CPP; **B:** incorreta, uma vez que viola o disposto no art. 626, parágrafo único, do CPP; **C:** correta. A teor do art. 622, *caput*, do CPP, a ação revisional pode ser requerida a qualquer tempo, antes ou depois de extinta a pena, ainda que falecido o sentenciado; **D:** incorreta. Reza o art. 631 do CPP que, falecendo, no curso da revisão, a pessoa cuja condenação tiver de ser revista, o presidente do tribunal nomeará curador para a defesa; **E:** incorreta, na medida em que a propositura da revisão criminal pressupõe a existência de decisão condenatória transitada em julgado (art. 621, CPP). **ED**

Gabarito "C".

(CESPE – 2013) No que se refere ao *habeas corpus*, assinale a opção correta.

(A) A superveniência da sentença condenatória não prejudica o *habeas corpus* quando esse tenha por objeto o decreto de prisão preventiva.

(B) O *habeas corpus* constitui remédio processual utilizado para promover a análise da prova penal.

(C) O *habeas corpus* é o instrumento constitucional adequado para restabelecer os direitos políticos.

(D) É cabível *habeas corpus* contra decisão condenatória a pena de multa, ou relativo a processo em curso por infração penal a que a pena pecuniária seja a única cominada.

(E) Não cabe *habeas corpus* originário para o tribunal pleno de decisão de turma, ou do plenário, proferida em *habeas corpus* ou no respectivo recurso.

A: incorreta. Conferir: "Habeas corpus. Manutenção de prisão em flagrante. Superveniência de sentença condenatória. Novo título prisional. Pedido julgado prejudicado. A superveniência de sentença condenatória que constitui novo título prisional prejudica o habeas corpus que ataca unicamente o indeferimento de pedido de liberdade provisória formulado pelo paciente, que havia sido preso em flagrante. Habeas corpus julgado prejudicado" (HC 96555, Joaquim Barbosa, STF); **B:** incorreta. Isso porque é consagrado na doutrina e jurisprudência o entendimento segundo o qual, por constituir medida urgente, o *habeas corpus* é incompatível com um exame mais detalhado das provas que integram os autos. Nessa ótica, conferir a jurisprudência do STJ: "*Habeas corpus.* Execução penal. Progressão de regime. Preenchimento do requisito subjetivo. Análise aprofundada da conduta carcerária do apenado. Via inadequada. Ordem denegada. 1. O habeas corpus, conforme reiterada jurisprudência desta Corte Superior de Justiça, presta-se a sanar coação ou ameaça ao direito de locomoção, possuindo âmbito de cognição restrito às hipóteses de ilegalidade evidente, em que não se faz necessária a análise de provas. 2. Hipótese em que o Magistrado da execução procedeu a uma detalhada análise do mérito do condenado, das faltas disciplinares por ele cometidas, e entendeu incabível a progressão de regime, pela falta do requisito subjetivo. Trata-se de matéria de fato, não de direito, e a inversão do decidido depende de um exame amplo e profundo da conduta carcerária do apenado. Irrepreensível, portanto, o aresto que negou provimento ao agravo em execução. 3. Ordem denegada" (HC 201201024725, Maria Thereza de Assis Moura, STJ – 6ª T., DJE 27/08/2012); **C:** incorreta, na medida em que o *habeas corpus* se presta tão somente a combater ilegalidade ou abuso de poder voltado à constrição imposta à liberdade de ir e vir, o que nenhuma relação tem com a perda/suspensão de direitos políticos; **D:** incorreta, pois contraria o contido na Súmula 693 do STF: "Não cabe *habeas corpus* contra decisão condenatória a pena de multa, ou relativo a processo em curso por infração penal a que a pena pecuniária seja a única cominada"; **E:** correta. Nesse sentido: "*Habeas corpus.* Decisão de ministro relator do supremo tribunal federal. Não cabimento. Súmula 606. Decisão impugnável por meio de agravo interno, e não através de outra impetração. *Habeas corpus* não conhecido. 1. Esta Corte firmou a orientação do não cabimento de *habeas corpus* contra ato de Ministro Relator ou contra decisão colegiada de Turma ou do Plenário do próprio Tribunal, independentemente de tal decisão haver sido proferida em sede de *habeas corpus* ou proferida em sede de recursos em geral (Súmula 606). 2. É legítima a decisão monocrática de Relator que nega seguimento a *habeas corpus* manifestamente inadmissível, por expressa permissão do art. 38 da Lei 8.038/1990 e do art. 21, § 1º, do RISTF. O caminho natural e adequado para, nesses casos, provocar a manifestação do colegiado é o agravo interno (art. 39 da Lei 8.038/1990 e art. 317 do RISTF), e não outro habeas corpus. 3. *Habeas corpus* não conhecido" (HC 97009, Marco Aurélio, STF).

Gabarito "E".

13. LEGISLAÇÃO EXTRAVAGANTE E TEMAS COMBINADOS

(Técnico – TRF/4 – FCC – 2019) Xisto está sendo processado por crime de lavagem de dinheiro, pois ocultou valores em espécie recebidos ilicitamente de empresa pública federal. No curso do processo, Xisto, assistido por seu advogado, resolve colaborar espontaneamente com as autoridades, prestando esclarecimentos que conduzam à apuração das infrações penais, à identificação dos autores, coautores e partícipes, ou à localização dos bens, direitos ou valores objeto do crime. Na hipótese em questão, nos termos preconizados pela legislação específica sobre o tema (Lei 9.613/1998), no caso de condenação,

(A) a pena de Xisto poderá ser reduzida em até um sexto e ser cumprida em regime aberto ou semiaberto, sendo vedado ao Magistrado deixar de aplicá-la.

(B) a pena de Xisto poderá ser reduzida até a metade e ser cumprida em regime aberto ou semiaberto, vedada a substituição por pena restritiva de direitos.

(C) a pena de Xisto poderá ser reduzida em até um terço e ser cumprida em regime semiaberto, vedado o regime aberto, facultando-se ao juiz substituí-la, a qualquer tempo, por pena restritiva de direitos.

(D) não será possível a redução da pena privativa de liberdade, mas o Magistrado poderá determinar o seu cumprimento em regime aberto ou semiaberto, e a substituição por pena restritiva de direitos a qualquer tempo.

(E) a pena de Xisto poderá ser reduzida de um a dois terços e ser cumprida em regime aberto ou semiaberto, facultando-se ao juiz deixar de aplicá-la ou substituí--la, a qualquer tempo, por pena restritiva de direitos.

A solução a esta questão deve ser extraída do art. 1º, § 5º, da Lei 9.613/1998, que prevê, no contexto da lavagem de capitais, a delação premiada e estabelece os seus requisitos. 🄴🄳

Gabarito "E".

(Técnico – TJ/AL – 2018 – FGV) O processo perante o Juizado Especial Criminal é marcado pelo princípio da oralidade, informalidade, celeridade e economia processual, de modo que a Lei nº 9.099/95, que trata do tema no âmbito estadual, trouxe um procedimento próprio, conhecido como sumaríssimo.

De acordo com as previsões da Lei nº 9.099/95, em respeito ao princípio da:

(A) economia processual, a competência do Juizado Especial Criminal é definida pelo local da consumação do crime, ainda que outro seja o local de sua prática;

(B) celeridade, a citação a ser realizada no Juizado Especial Criminal poderá ser pessoal ou fictícia através de edital, esta no caso de o acusado não ser localizado;

(C) economia processual, dos atos praticados em audiência considerar-se-ão desde logo cientes as partes e interessados, mas não os advogados constituídos e defensores, que têm a prerrogativa de intimação pessoal;

(D) oralidade, serão objeto de registro escrito exclusivamente os atos havidos como essenciais, como denúncia, alegações finais e sentença, que devem, em regra, ser integralmente transcritos;

(E) celeridade, a prática de atos processuais em outras comarcas poderá ser solicitada por qualquer meio hábil de comunicação.

A: incorreta. O art. 63 da Lei 9.099/1995 estabelece que a competência do Juizado Especial Criminal será determinada em razão do lugar em que foi *praticada* a infração penal. Surgiram, assim, três teorias a respeito do juiz competente para o julgamento da causa: (i) teoria da atividade: é competente o juiz do local onde se verificou a ação ou omissão; (ii)

teoria do resultado: a ação deve ser julgada no local onde se produziu o resultado; (iii) e teoria da ubiquidade: são considerados competentes tanto o juiz do local em que se deu a ação ou omissão quanto aquele do lugar em que se produziu o resultado. Na doutrina e na jurisprudência, predominam as teorias da atividade e da ubiquidade; **B**: incorreta. O art. 66, parágrafo único, da Lei 9.099/1995 estabelece que, no âmbito do procedimento sumaríssimo, não localizado o acusado para ser citado pessoalmente, as peças serão encaminhadas ao juízo comum para prosseguimento, no qual se procederá, se necessário for, à citação por hora certa ou por edital, dada a incompatibilidade dessas modalidades de citação ficta com a celeridade imanente ao procedimento adotado na Lei 9.099/1995; **C**: incorreta, na medida em que contraria o disposto no art. 67, parágrafo único, da Lei 9.099/1995, que assim dispõe: *dos atos praticados em audiência considerar-se-ão desde logo cientes as partes, os interessados e defensores*; **D**: incorreta (art. 81, § 2º, Lei 9.099/1995); **E**: correta, pois reflete o que dispõe o art. 65, § 2º, da Lei 9.099/1995. 🄴🄳

Gabarito "E".

(Escrevente – TJ/SP – 2018 – VUNESP) A respeito da Lei nº 9.099/95 (arts. 60 a 83; 88 e 89), assinale a alternativa correta.

(A) Reunidos os processos, por força de conexão ou continência, perante o juízo comum ou tribunal do júri, observar-se-ão os institutos da transação penal e da composição dos danos civis.

(B) São consideradas infrações de menor potencial ofensivo as contravenções e os crimes a que a lei comine pena máxima não superior a 03 (três) anos, cumulada ou não com multa.

(C) Não sendo encontrado o acusado, o feito permanecerá no Juizado Especial Criminal, mas ficará suspenso, até que seja localizado.

(D) O acordo de composição civil entre o acusado e a vítima, nos casos de ação penal pública, condicionada e incondicionada, implica extinção da punibilidade ao autor do fato.

(E) Nos crimes em que a pena mínima cominada for inferior a 02 (dois) anos, o Ministério Público, ao oferecer denúncia, poderá propor a suspensão condicional do processo ao acusado que não esteja sendo processado ou não tenha sido condenado por outro crime.

A: correta (art. 60, parágrafo único, da Lei 9.099/1995); **B**: incorreta. São consideradas infrações penais de menor potencial ofensivo, estando, portanto, sob a égide do Juizado Especial Criminal, as contravenções penais e os crimes cuja pena máxima cominada não seja superior a *dois* anos, cumulada ou não com multa, conforme dispõe o art. 61 da Lei 9.099/1995; **C**: incorreta. No procedimento sumaríssimo, voltado ao processamento e julgamento das infrações penais de menor potencial ofensivo, na hipótese de o autor não ser encontrado para citação pessoal, o juiz encaminhará as peças ao juízo comum para adoção do procedimento previsto em lei – art. 66, parágrafo único, da Lei 9.099/1995; **D**: incorreta (art. 74, Lei 9.099/1995); **E**: incorreta, uma vez que a suspensão condicional do processo (*sursis* processual), prevista no art. 89 da Lei 9.099/1995, tem incidência nos crimes cuja pena mínima cominada é igual ou inferior a *um* ano (e não *dois*). 🄴🄳

Gabarito "A".

(Escrevente Técnico Judiciário – TJSP – VUNESP – 2017) O processo perante o Juizado Especial Criminal objetiva, sempre que possível, a reparação dos danos sofridos pela vítima e a aplicação de pena não privativa de liberdade.

Nos literais e exatos termos do art. 62 da Lei 9.099/95, são critérios que orientam o processo no Juizado Especial Criminal:

(A) oralidade, objetividade, economia processual e publicidade.

(B) oralidade, informalidade, economia processual e celeridade.

(C) oralidade, instrumentalidade, economia processual e celeridade.

(D) boa-fé, objetividade, economia processual e celeridade.

(E) oralidade, informalidade, objetividade e celeridade.

Está correta a assertiva "B", que contempla os princípios que informam o processo perante o Juizado Especial Criminal, a saber: oralidade, informalidade, economia processual e celeridade (art. 62 da Lei 9.099/1995). A Lei 13.603/2018 alterou o art. 62 da Lei 9.099/1995 e ali incluiu, como critério informador do Juizado Especial Criminal, a *simplicidade*. **ED**
Gabarito "B".

(Técnico Judiciário – TJSP – 2013 – VUNESP) Com relação às infrações de menor potencial ofensivo, seu processo e julgamento, é correto afirmar que

(A) além das hipóteses do Código Penal e da legislação especial, dependerá de representação a ação penal relativa aos crimes de lesões corporais dolosas de natureza grave.

(B) a citação será pessoal e far-se-á no próprio Juizado, sempre que possível, ou por edital.

(C) a competência do Juizado será determinada pelo lugar de residência do réu.

(D) se consideram infrações penais de menor potencial ofensivo, para os efeitos da Lei n.º 9.099/95, as contravenções penais e os crimes a que a lei comine pena máxima não superior a um ano, excetuados os casos em que a lei preveja procedimento especial.

(E) nos crimes em que a pena mínima cominada for igual ou inferior a um ano, abrangidas ou não pela Lei n.º 9.099/95, o Ministério Público, ao oferecer a denúncia, poderá propor a suspensão do processo, por dois a quatro anos, desde que o acusado não esteja sendo processado ou não tenha sido condenado por outro crime, presentes os demais requisitos que autorizariam a suspensão condicional da pena.

A: incorreta, dado que o art. 88 da Lei 9.099/1995 contemplou tão somente os crimes de lesão corporal *leve* e lesões culposas; **B:** incorreta. No âmbito do juizado, não se procederá à citação por edital. Na hipótese de o autor não ser encontrado para citação pessoal, o juiz encaminhará as peças ao juízo comum para adoção do procedimento previsto em lei – art. 66, parágrafo único, da Lei 9.099/1995; **C:** incorreta. Em conformidade com o disposto no art. 63 da Lei 9.099/1995, *a competência do Juizado será determinada pelo lugar em que foi praticada a infração penal*. Cuidado: não há consenso na doutrina a respeito da teoria (atividade, resultado ou mista) que teria sido acolhida em relação à fixação da competência no âmbito do Juizado Especial. Tudo porque o legislador se valeu, para estabelecer a competência, do termo *praticada*, cujo significado não se sabe se faz referência à *ação* ou *omissão* (teoria da atividade) ou ao *resultado* (teoria do resultado), ou ainda aos dois (teoria mista ou da ubiquidade); **D:** incorreta. A assertiva contempla a antiga redação do art. 61 da Lei 9.099/1995, não mais em vigor. Com o advento da Lei 10.259/2001, que instituiu o Juizado Especial Federal, alterou-se o conceito de infração de menor potencial ofensivo (todas as contravenções penais, os crimes a que a lei comine pena máxima igual ou inferior a dois anos, bem como os crimes a que a lei comine exclusivamente pena de multa, qualquer que seja o procedimento previsto para eles), aplicável tanto para a Justiça Federal quanto para a Estadual.

Ainda, com a edição da Lei 11.313/2006, afastou-se qualquer dúvida a respeito da unificação do conceito de infração de menor potencial ofensivo, alterando-se a redação do art. 61 da Lei 9.099/1995; **E:** correta, pois em conformidade com o disposto no art. 89 da Lei 9.099/1995, que instituiu a suspensão condicional do processo (*sursis* processual), cuja aplicação não se restringe às infrações penais de menor potencial ofensivo, abrangendo todas as infrações para as quais a pena mínima cominada seja igual ou inferior a um ano.
Gabarito "E".

(CESPE – 2015) Camila foi presa em flagrante delito pela suposta prática de tráfico de drogas. Após ser citada da ação penal, manifestou interesse em ser assistida pela defensoria pública.

Com relação a essa situação hipotética, julgue o próximo item, com base na jurisprudência do Superior Tribunal de Justiça e nas disposições do Código de Processo Penal.

(1) Devido à gravidade do delito de que Camila é acusada, o juiz que receber o auto de prisão em flagrante está legalmente impedido de, de ofício, conceder-lhe liberdade provisória ou aplicar-lhe medidas cautelares.

1: incorreta. O Pleno do STF, em controle difuso, reconheceu a inconstitucionalidade da parte do art. 44 da Lei de Drogas que proibia a concessão de liberdade provisória nos crimes de tráfico (HC 104.339/SP, Pleno, rel. Min. Gilmar Mendes, 10.05.2012). Com isso, pode-se afirmar que aos investigados/acusados de crime de tráfico pode ser concedida, de ofício, liberdade provisória sem fiança. De igual modo, pode o juiz, também de ofício, assim que comunicado da prisão em flagrante, aplicar as medidas cautelares elencadas no art. 319 do CPP.
Gabarito 1E

(CESPE – 2015) Tendo recebido denúncia feita pelo Ministério Público contra José pela prática do delito de roubo circunstanciado devido ao emprego de arma de fogo e ao concurso de agentes, o juiz determinou a citação pessoal do acusado no endereço residencial constante nos autos. O oficial de justiça, por não ter localizado José, certificou que ele se encontrava em local incerto e não sabido.

Considerando as disposições do Código de Processo Penal, julgue os itens que se seguem, tendo como referência a situação hipotética apresentada.

(1) Suponha que José tenha constituído advogado. Nessa situação, a intimação do advogado deve, em regra, ser realizada por publicação no órgão incumbido da publicidade dos atos judiciais e deve incluir o nome do acusado.

(2) O juiz deve determinar a citação de José por edital e decretar a sua prisão preventiva ainda que este tenha constituído advogado.

1: correta, uma vez que retrata a regra presente no art. 370, § 1º, do CPP: "A intimação do defensor constituído, do advogado do querelante e do assistente far-se-á por publicação no órgão incumbido da publicidade dos atos judiciais da comarca, incluindo, sob pena de nulidade, o nome do acusado"; **2:** incorreta. A prisão preventiva, porque anterior ao trânsito em julgado da sentença condenatória, deve ser utilizada com parcimônia, somente podendo o juiz dela lançar mão quando revelar-se absolutamente imprescindível ao processo, o que há de ser aferido por meio do art. 312 do CPP, que estabelece os fundamentos desta modalidade de custódia cautelar. À vista disso, o mero fato de o acusado não ser localizado pelo oficial de Justiça não pode servir de fundamento para a decretação da prisão preventiva, que deve – repita-se – ser determinada somente quando necessária. A citação por edital tem como pressuposto o esgotamento de todas as possibilidades de localização do réu. Não encontrado em seu endereço residencial, o juiz deve adotar a cautela de verificar a existência de outros endereços, fazendo expedir, quando necessário, ofícios para tentativa de localização (se, por exemplo, é advogado, ao respectivo órgão de classe, que, neste caso, é a OAB). Se, depois disso, o paradeiro do réu permanecer desconhecido, procede-se à citação por edital.

Gabarito 1C, 2E

(FGV – 2015) Scott procurou um advogado, pois tinha a intenção de ingressar com queixa-crime contra dois vizinhos que vinham lhe injuriando constantemente. Narrados os fatos e conferida procuração com poderes especiais, o patrono da vítima ingressou com a ação penal no Juizado Especial Criminal, órgão efetivamente competente, contudo o magistrado rejeitou a queixa apresentada. Dessa decisão do magistrado caberá

(A) recurso em sentido estrito, no prazo de 05 dias.

(B) apelação, no prazo de 05 dias.

(C) recurso em sentido estrito, no prazo de 02 dias.

(D) apelação, no prazo de 10 dias.

Está correta a assertiva "D", já que em consonância com o que estabelece o art. 82, *caput* e § 1°, da Lei 9.099/1995, segundo o qual, no âmbito do Juizado Especial, a decisão que rejeita a queixa (e também a denúncia) desafia recurso de apelação, que deverá ser interposto no prazo de dez dias.

Gabarito "D"

14. DIREITO CIVIL

Wander Garcia, Gabriela Rodrigues, Gustavo Nicolau e Márcio Alexandre Pereira*

1. LEI DE INTRODUÇÃO ÀS NORMAS DO DIREITO BRASILEIRO

(Escrevente Técnico – TJM/SP – VUNESP – 2017) Quanto à vigência das leis, assinale a alternativa correta.

(A) Uma lei é revogada somente quando lei posterior declare expressamente sua revogação.

(B) Lei nova, que estabeleça disposições gerais ou especiais a par das já existentes, não revoga nem modifica a lei anterior.

(C) A lei revogada se restaura por ter a lei revogadora perdido a vigência.

(D) As correções a texto de lei já em vigor consideram-se a mesma lei.

(E) É expressamente proibida a revogação de uma lei repristinada.

A: incorreta, pois não é "somente" nesse caso. A lei posterior também revoga a anterior quando seja com ela incompatível ou quando regule inteiramente a matéria de que tratava a lei anterior (Lei de introdução, art. 2º § 1º); **B:** correta, pois disposições "a par" são disposições paralelas, não contrárias e, portanto, não revogam a anterior (Lei de introdução, art. 2º § 2º); **C:** incorreta, pois tal fenômeno, conhecido como repristinação, só ocorre se a lei que revogou a revogadora expressamente determinar o retorno da primeira lei revogada (Lei de introdução, art. 2º § 3º); **D:** incorreta, pois as correções a texto de lei já em vigor consideram-se lei nova (Lei de introdução, art. 1º, § 4º). **GN**

Gabarito "B".

(Técnico – TRT/6ª – 2012 – FCC) Dispõe a Lei de Introdução às Normas do Direito Brasileiro que *a obrigação resultante do contrato reputa-se constituída no lugar em que residir o proponente* (art. 9º, § 2º) e o Código Civil que *reputar-se-á celebrado o contrato no lugar em que for proposto* (art. 435). Neste caso,

(A) ambas as disposições legais se acham em vigor e não se contradizem;

(B) o Código Civil foi revogado nessa disposição pela Lei de Introdução às Normas do Direito Brasileiro;

(C) aquela regra estabelecida na Lei de Introdução às Normas do Direito Brasileiro foi revogada pelo Código Civil;

(D) ambas as disposições se revogam reciprocamente;

(E) tendo o juiz dúvida sobre qual das normas legais deve aplicar, possui a faculdade de considerar revogada qualquer das duas regras, aplicando a outra.

A: correta, pois a primeira disposição legal diz respeito ao Direito Internacional Privado, incidente quando se tem um elemento estrangeiro num contrato, ocasião em que será necessário verificar qual lei é aplicável ao caso concreto; já a segunda disposição legal diz respeito à definição do local onde se reputa celebrado o contrato, para o fim de reger certos efeitos deste, como a sua interpretação (art. 113 do CC); **B a E:** incorretas, pois, como se viu, cada norma tem o seu campo de incidência.

Gabarito "A".

(Técnico Judiciário – TRT/20ª – 2011 – FCC) De acordo com a Lei de Introdução ao Código Civil brasileiro (Dec.-Lei nº 4.657, de 04.09.1942 e modificações posteriores):

(A) o penhor regula-se pela lei do domicílio que tiver a pessoa em cuja posse se encontre a coisa apenhada.

(B) o conhecimento da lei estrangeira é dever do magistrado sendo defeso ao juiz exigir de quem a invoca prova do texto e da vigência.

(C) reputa-se ato jurídico perfeito o ato que estiver de acordo com as regras, costumes e princípios gerais de direito vigentes em uma comunidade.

(D) chama-se coisa julgada a pretensão constante de ação judicial já julgada por sentença passível de recurso.

(E) a lei do país em que a pessoa tiver nascido determina as regras sobre os direitos de família.

A: correta (art. 8º, § 2º, da Lei de Introdução às Normas do Direito Brasileiro – LINDB, novo nome da Lei de Introdução ao Código Civil); **B:** incorreta, pois o art. 14 da LINDB dispõe que o magistrado poderá exigir de quem invoca a lei estrangeira a prova de seu texto e de sua vigência; **C:** incorreta, pois o ato jurídico perfeito é o ato consumado segundo a lei vigente ao tempo em que se efetuou (art. 6º, § 1º, da LINDB); **D:** incorreta, pois a coisa julgada não é uma pretensão; ademais, fala-se em coisa julgada quando não há mais possibilidade de recurso; segundo o art. 6º, § 3º, da LINDB, chama-se coisa julgada (ou caso julgado) a decisão judicial de que já não caiba recurso; **E:** incorreta, pois é a lei do país em que a pessoa é *domiciliada* que determina as regras sobre os direitos de família (art. 7º, *caput*, da LINDB).

Gabarito "A".

(FCC – 2014) Uma lei foi elaborada, promulgada e publicada. Por não conter disposição em contrário, entrará em vigor 45 dias depois de oficialmente publicada, data que cairá no dia 18 de abril, feriado (sexta-feira da paixão de Cristo); dia 19 de abril é sábado; dia 20 de abril é domingo; dia 21 de abril é feriado (Tiradentes). Essa lei entrará em vigor no dia

(A) 19 de abril.

(B) 21 de abril.

(C) 20 de abril.

(D) 22 de abril.

(E) 18 de abril.

Nos termos da LC 95/1998, art. 8, § 1º, diz que: "A contagem do prazo para entrada em vigor das leis que estabeleçam período de vacância far-se-á com a inclusão da data da publicação e do último dia do prazo, entrando em vigor no dia subsequente à sua consumação integral.

Gabarito "E".

---

* **Gabriela Rodrigues** comentou as questões dos concursos de CESPE – 2013, FCC – 2013 e FGV – 2013. **Márcio Alexandre Pereira** comentou as questões dos concursos de FCC – 2014, FCC – 2015 e CESPE – 2015 e dos concursos de 2016 e 2017. **Wander Garcia** comentou as questões dos demais concursos.

(Técnico – TJ/AL – 2018 – FGV) A Lei X entrou em vigor na data de sua publicação, por força de dispositivo legal expresso nesse sentido. Quarenta e cinco dias após, nova lei (Lei Y), sem dispor sobre sua vigência, alterou determinado artigo da Lei X.

O dispositivo com a alteração passa a vigorar:

(A) na data da publicação da Lei Y;

(B) quarenta e cinco dias após a publicação da Lei Y;

(C) trinta dias após a publicação da Lei X;

(D) noventa dias após a publicação da Lei Y;

(E) cinco dias após a publicação da Lei X.

Nos termos do artigo 1º da LINDB, na ausência de cláusula de vigência, ou seja, indicação da data a partir da qual a lei nova entra em vigor, "a lei começa a vigorar em todo o país 45 dias depois de oficialmente publicada". MP

Gabarito "B".

(Técnico – MPE/CE – CESPE – 2020) À luz da Lei de Introdução às Normas do Direito Brasileiro, julgue os itens a seguir.

(1) Ao decretar a invalidação de um ato, a autoridade administrativa deve indicar, de forma expressa, as consequências jurídicas e administrativas dessa decisão.

(2) O agente público responderá pessoalmente por suas decisões desde que configurado o nexo de causalidade entre sua conduta e o resultado danoso provocado.

(3) Orientações normativas, súmulas e enunciados editados pelas autoridades públicas têm caráter vinculante em relação ao órgão a que se destinam, até ulterior revisão.

1: Certa (art. 21, *caput*, da LINDB); **2:** Errada, pois o agente público responderá pessoalmente apenas por suas decisões ou opiniões técnicas em caso de dolo ou erro grosseiro (art. 28 da LINDB); **3:** Certa (art. 30, parágrafo único, da LINDB). GR

Gabarito 1C, 2E, 3C.

2. PARTE GERAL

2.1. Pessoa natural

(Técnico – TRT/11ª – 2012 – FCC) Joana possui dezesseis anos e cinco meses de idade. Seu pai é falecido e sua mãe, Jaqueline, pretende torná-la capaz para exercício dos atos da vida civil. De acordo com o Código Civil brasileiro, cessará a incapacidade de Joana:

(A) quando ela completar dezoito anos de idade, tendo em vista que Jaqueline não poderá fazer esta concessão;

(B) pela concessão de Jaqueline mediante instrumento público dependente de homologação judicial;

(C) pela concessão de Jaqueline mediante instrumento público independentemente de homologação judicial;

(D) pela concessão de Jaqueline mediante instrumento particular dependente de homologação judicial;

(E) apenas por sentença do juiz, ouvindo-se o tutor, tendo em vista que Jaqueline não poderá fazer esta concessão.

A: incorreta, pois, na falta de um dos pais e, tendo o menor ao menos 16 anos, o pai ou mãe que estiver vivo poderá emancipar o filho (art.

5º, parágrafo único, I, do CC/2002); **B:** incorreta, pois basta instrumento público, não sendo necessária a homologação judicial (art. 5º, parágrafo único, I, do CC/2002); **C:** correta (art. 5º, parágrafo único, I, do CC/2002); **D:** incorreta, pois há de ser instrumento público (e não particular) e não é necessária a homologação judicial; **E:** incorreta, pois a emancipação, nesse caso, não se dá pelo juiz, mas pelos pais, ou, na falta de um deles, pelo que estiver presente (art. 5º, parágrafo único, I, do CC/2002).

Gabarito "C".

(CESPE – 2013) Acerca das pessoas naturais, julgue os próximos itens.

(1) É característica dos direitos da personalidade a sua oponibilidade erga omnes.

(2) A sentença que declara a ausência da pessoa natural deve ser submetida a registro público.

1: correta, pois esses direitos geram deveres de abstenção de cada um de nós, inclusive do Estado; **2:** correta, nos termos art. 29, VI da Lei 6.015/73.

Gabarito 1C, 2C

(FGV – 2014) Raul, cidadão brasileiro, no meio de uma semana comum, desaparece sem deixar qualquer notícia para sua ex-esposa e filhos, sem deixar cartas ou qualquer indicação sobre seu paradeiro. Raul, que sempre fora um trabalhador exemplar, acumulara em seus anos de labor um patrimônio relevante. Como Raul morava sozinho, já que seus filhos tinham suas próprias famílias e ele havia se separado de sua esposa 4 (quatro) anos antes, somente após uma semana seus parentes e amigos deram por sua falta e passaram a se preocupar com o seu desaparecimento. Sobre a situação apresentada, assinale a opção correta.

(A) Para ser decretada a ausência, é necessário que a pessoa tenha desaparecido há mais de 10 (dez) dias. Como faz apenas uma semana que Raul desapareceu, não pode ser declarada sua ausência, com a consequente nomeação de curador.

(B) Em sendo declarada a ausência, o curador a ser nomeado será a ex-esposa de Raul.

(C) A abertura da sucessão provisória somente se dará ultrapassados três anos da arrecadação dos bens de Raul.

(D) Se Raul contasse com 85 (oitenta e cinco) anos e os parentes e amigos já não soubessem dele há 8 (oito) anos, poderia ser feita de forma direta a abertura da sucessão definitiva.

A: incorreta, pois a lei não fixa prazo mínimo de desaparecimento para que se entre com o requerimento de ausência. No caso, basta que qualquer interessado ou do Ministério Público ingresse em juízo, que o juiz declarará a ausência e nomeará curador (art. 22 do CC); **B:** incorreta, pois Raul já estava separado de sua esposa há 4 anos quando desapareceu, por tal razão algum descendente é que deverá ser nomeado curador (art. 25, *caput*, e § 1º do CC); **C:** incorreta, pois a sucessão provisória se dará decorrido um ano da arrecadação dos bens do ausente. Seriam três anos se o Raul tivesse deixado representante ou procurador (art. 26 do CC); **D:** correta (art. 38 do CC).

Gabarito "D".

(FGV – 2015) Os tutores de José consideram que o rapaz, aos 16 anos, tem maturidade e discernimento necessários para praticar os atos da vida civil. Por isso, decidem conferir ao rapaz a sua emancipação. Consultam, para tanto, um advogado, que lhes aconselha corretamente no seguinte sentido:

(A) José poderá ser emancipado em procedimento judicial, com a oitiva do tutor sobre as condições do tutelado.

(B) José poderá ser emancipado via instrumento público, sendo desnecessária a homologação judicial.

(C) José poderá ser emancipado via instrumento público ou particular, sendo necessário procedimento judicial.

(D) José poderá ser emancipado por instrumento público, com averbação no registro de pessoas naturais.

A: correta; os pais podem emancipar filho com 16 ou mais anos por mera escritura pública, mas os tutores (e o enunciado da questão fala em tutores) depende de procedimento judicial para que se efetive a emancipação (art. 5º, parágrafo único, I, parte final, do CC); **B, C e D:** incorretas, pois, como se viu, em caso de tutela, somente por decisão judicial é que poderá ser efetivada a emancipação (art. 5º, parágrafo único, I, parte final, do CC).

Gabarito "A"

2.2. Pessoa jurídica

(Técnico Judiciário – TRT11 – FCC – 2017) A respeito das pessoas jurídicas, é correto afirmar que

(A) as associações públicas são pessoas jurídicas de direito privado.

(B) velará pelas fundações o Ministério Público Federal, quando estenderem a atividade por mais de um Estado da Federação.

(C) as associações não podem ter finalidade econômica, mesmo com expressa previsão estatutária.

(D) os partidos políticos são pessoas jurídicas de direito público.

(E) o registro dos atos constitutivos das organizações religiosas depende de autorização do poder público.

Alternativa **A** está errada, pois as associações públicas surgiram em razão da Lei 11.107/2005, que introduziu o consórcio público em nosso ordenamento jurídico. Referida lei regula a celebração de consórcio público entre os entes da federação, para a realização de objetivos de interesse comum. O consórcio público pode adquirir personalidade jurídica de direito público, nesse caso assume a forma de Associação Pública e integrará a Administração Indireta, tratando-se de Autarquia Interfederativa ou Intersubjetiva; ou que adquirir personalidade jurídica de direito privado, nos termos dos artigos 1º, § 1º, 4º, IV e 6º, todos da Lei 11.107/2005. Alternativa **B** errada, pois vai de encontro ao disposto no § 2º do artigo 66 da Lei Civil, diz que o Ministério Público Estadual velará pelas fundações e se estas se estenderem por mais de um Estado, a supervisão caberá ao Ministério Público do respectivo Estado. Alternativa **C** está correta, pois de acordo com o artigo 53 do Código Civil, associações são formadas por um grupo de pessoas que se organizam para atingir um determinado fim não econômico. O estatuto social das associações deverá observar, para a sua validade, os requisitos indicados no art. 54 do mesmo diploma legal. Alternativa **D** errada, nos termos do artigo 44 do Código Civil, partidos políticos encontram-se no rol das pessoas jurídicas de direito privado. Alternativa **E** errada, uma vez que as organizações religiosas têm liberdade de criação, organização, estruturação interna, sendo vedado ao poder público negar-lhes reconhecimento ou registro dos atos constitutivos, nos moldes do § 1º do artigo 44 do Código Civil. **MP**

Gabarito "C"

(Técnico Judiciário – TJAM – 2013 – FGV) A respeito da *desconsideração da personalidade jurídica*, assinale a afirmativa correta.

(A) A desconsideração da personalidade jurídica importará na extinção da pessoa jurídica.

(B) O Ministério Público está legitimado a requerer a desconsideração da personalidade, quando lhe couber intervir no processo.

(C) O desvio de finalidade é a única causa de desconsideração da personalidade.

(D) A desconsideração da personalidade jurídica importa na extensão dos efeitos de todas as relações obrigacionais aos bens particulares dos administradores da pessoa jurídica.

(E) A parte somente poderá requerer a desconsideração da personalidade se ocorrer confusão patrimonial.

A: incorreta, pois importará apenas no afastamento temporário da personalidade da pessoa jurídica, para o fim de atingir o patrimônio de seus sócios e administradores (art. 50 do CC/2002); **B:** correta (art. 50 do CC/2002); **C:** incorreta, pois também é causa da desconsideração, no âmbito do Código Civil, a confusão patrimonial (art. 50 do CC/2002); **D:** incorreta, pois a desconsideração só tem esse efeito em relação às relações de obrigação que forem vítimas do abuso da personalidade; **E:** incorreta, pois também é causa da desconsideração, no âmbito do Código Civil, o desvio de finalidade (art. 50 do CC/2002).

Gabarito "B"

(Técnico Judiciário – TJAM – 2013 – FGV) A respeito das pessoas jurídicas, analise as afirmativas a seguir.

I. Os partidos políticos são pessoas jurídicas de direito público interno.

II. As autarquias são pessoas jurídicas de direito público interno.

III. As sociedades de fato e o espólio são pessoas jurídicas de direito público interno.

Assinale:

(A) se somente a afirmativa I estiver correta.

(B) se somente a afirmativa II estiver correta.

(C) se somente as afirmativas I e II estiverem corretas.

(D) se somente as afirmativas I e III estiverem corretas.

(E) se somente as afirmativas II e III estiverem corretas.

I: incorreta, pois são pessoas jurídicas de direito privado (art. 44, V, do CC/2002); **II:** correta (art. 41, IV, do CC/2002); **III:** incorreta, pois são entes despersonalizados.

Gabarito "B"

(Técnico Judiciário – TJDFT – 2013 – CESPE) Em relação a pessoas jurídicas, pessoas naturais e bens, julgue os itens a seguir.

(1) O patronímico que alguém recebe refere-se ao nome de família.

(2) Ao criar uma fundação, processo que pode ocorrer por meio de documento particular, escritura pública ou testamento, o instituidor deverá fazer dotação especial de bens, especificando o fim a que se destinam, e, se assim o desejar, declarando a forma de sua administração.

(3) Os direitos da personalidade não se aplicam à pessoa jurídica.

(4) A interdição do pródigo irá restringir-lhe a prática de atos, tanto patrimoniais quanto pessoais.

1: correta, tratando-se do sobrenome, sendo o primeiro nome o chamado "prenome" (vide, ainda, o art. 16 do CC/2002); **2:** incorreta, pois a fundação só pode ser instituída por escritura pública ou testamento, não cabendo sua instituição por meio de documento particular (art. 62, *caput*, do CC/2002); **3:** incorreta, pois os direitos da personalidade se aplicam, no que couber, à pessoa jurídica (art. 52 do CC/2002); **4:** incorreta, pois a interdição restringe a prática de atos patrimoniais, não atuando sobre atos pessoais; assim, um pródigo interditado pode casar (ato pessoal), mas não pode dispor sozinho sobre seu regime de casamento (ato patrimonial).

Gabarito 1C, 2E, 3E, 4E

(Técnico – TRT/11ª – 2012 – FCC) No Município AMOR existem duas instituições religiosas: igreja "HARMONIA" e paróquia "SANTA LUZIA". Há, também, uma fundação privada denominada "MÃES DA LUZ", que recebe ajuda das duas instituições religiosas referidas e da autarquia federal "SAÚDE". De acordo com o Código Civil brasileiro, no caso hipotético apresentado, são pessoas jurídicas de Direito Público Interno:

(A) a autarquia federal SAÚDE, a igreja HARMONIA e a paróquia SANTA LUZIA;

(B) o Município AMOR, a autarquia federal SAÚDE, a igreja HARMONIA e a paróquia SANTA LUZIA;

(C) o Município AMOR, a igreja HARMONIA, a paróquia SANTA LUZIA e a fundação MÃES DA LUZ;

(D) o Município AMOR, a autarquia federal SAÚDE e a paróquia SANTA LUZIA, apenas;

(E) o Município AMOR e a autarquia federal SAÚDE, apenas.

A: incorreta, pois a autarquia é pessoa de direito público interno (art. 41, IV, do CC/2002), mas a igreja e a paróquia, não. São pessoas de direito privado (art. 44, IV, do CC/2002); **B:** incorreta, pois o Município e a autarquia são pessoas de direito público interno (art. 41, III e IV, do CC/2002), mas a igreja e a paróquia, não (art. 44, IV, do CC/2002); **C:** incorreta, pois o Município é pessoa de direito público interno (art. 41, III, do CC/2002), mas a igreja, a paróquia e a fundação, não (art. 44, III e IV, do CC/2002); **D:** incorreta, pois o Município e a autarquia são pessoas de direito público interno (art. 41, III e IV do CC/2002), mas a paróquia não (art. 44, IV, do CC/2002); **E:** correta, pois o Município e a autarquia são as únicas pessoas de direito público interno presentes no enunciado.

Gabarito "E".

(Técnico Judiciário – TRT/14ª – 2011 – FCC) A respeito das pessoas jurídicas, considere:

I. A União.
II. Os Estados.
III. O Distrito Federal.
IV. Os Municípios.
V. As Autarquias.
VI. Os Partidos Políticos.
VII. As Sociedades

São pessoas jurídicas de direito público interno as indicadas APENAS em

(A) I, II, III, IV e VI.
(B) IV, V, VI e VII.
(C) I, II, III, IV e V.
(D) II, III, IV e V.
(E) II, III, VI e VII.

São pessoas jurídicas de direito público interno a União, os Estados, o Distrito Federal, os Municípios, as Autarquias e as demais pessoas

citadas no art. 41 do CC/2002 (territórios, associações públicas e demais entidades de caráter público criadas por lei). São pessoas de direito privado os partidos políticos, as sociedades e as demais pessoas citadas no art. 44 do CC/2002 (associações, sociedades, fundações, organizações religiosas, partidos políticos e empresas individuais de responsabilidade limitada). Assim, apenas a alternativa "C" está correta.

Gabarito "C".

(FCC – 2013) No tocante às pessoas jurídicas:

(A) começa a existência legal das pessoas jurídicas de direito privado com o início efetivo de suas atividades ao público.

(B) de direito público interno são civilmente responsáveis por atos dos seus agentes que, nessa qualidade, causem danos a terceiros, ressalvado direito regressivo contra os causadores do dano, se houver por parte destes culpa ou dolo.

(C) a criação, a organização, a estruturação interna e o funcionamento das instituições religiosas é condicional, por ser laico o Estado brasileiro, que deverá autorizar ou não seu reconhecimento e registro.

(D) os partidos políticos são pessoas jurídicas de direito público interno.

(E) as autarquias e as associações públicas são pessoas jurídicas de direito privado.

A: incorreta, pois começa a existência legal das pessoas jurídicas de direito privado *com a inscrição do ato constitutivo no respectivo registro*, precedida, quando necessário, de autorização ou aprovação do Poder Executivo, averbando-se no registro todas as alterações por que passar o ato constitutivo (art. 45 do CC); **B:** correta, (art. 43 do CC); **C:** incorreta, pois o Estado não deve interferir na estruturação interna das instituições religiosas, nem tampouco necessita autorizar o seu funcionamento e registro. Neste sentido, é vedado ao Estado estabelecer cultos religiosos ou igrejas, subvencioná-los, embaraçar-lhes o funcionamento ou manter com eles ou seus representantes relações de dependência ou aliança, ressalvada, na forma da lei, a colaboração de interesse público (art. 19, I da CF); **D:** incorreta, pois os partidos políticos são pessoas jurídicas de direito privado (art. 44, V do CC); **E:** incorreta, pois as autarquias, inclusive as associações públicas São pessoas jurídicas de direito público interno (art. 41, IV do CC).

Gabarito "B".

(Técnico – TJ/AL – 2018 – FGV) A Associação Amigos de Ponta Verde, constituída por moradores do bairro, decide, em assembleia regular, explorar cantina em sua sede, com o propósito de melhorar seu caixa com o lucro da atividade.

Essa deliberação é considerada:

(A) válida, pois o lucro será destinado à associação;

(B) nula, pois a associação não pode ter fins econômicos;

(C) ineficaz quanto aos associados, uma vez que não receberão os lucros;

(D) ilícita, já que não faz parte do objeto social;

(E) legal, pois o lucro deverá ser partilhado entre os associados.

A Associação é uma pessoa jurídica de direito privado, constituída por um grupo de pessoas, independe de patrimônio e não pode ter finalidade econômica. A proibição constante no artigo 53 do Código Civil quando ao fim econômico é aplicável para a distribuição do lucro para os membros da associação. No entanto, será possível o lucro quando este for destinado à manutenção da associação. MP

Gabarito "A".

(Técnico – TJ/AL – 2018 – FGV) Vinte pescadores de São Miguel dos Milagres decidem adquirir pequeno imóvel para beneficiar sua pesca. De modo que o imóvel fosse destinado apenas para esse fim, resolvem constituir uma fundação, o que fazem mediante escritura pública e destacando o bem adquirido para o patrimônio da nova entidade. Consignaram no ato, ainda, que, na hipótese de extinção, o imóvel deveria ser incorporado ao patrimônio do Município. Contudo, após lavratura do ato subscrito por todos, dois pescadores resolvem não mais participar do projeto e solicitam sua parte do bem.

A pretensão deles é:

(A) devida, visto que ninguém é obrigado a ficar associado com outrem;

(B) incabível, pois o ato constitutivo da fundação encontra-se perfeito e sua extinção se dará na forma do estatuto;

(C) viável, sendo necessária a apuração de haveres;

(D) possível, desde que a quota parte dos dissidentes seja entregue ao Município;

(E) impossível, pois o retorno do bem ao patrimônio de todos depende de distrato consensual dos fundadores.

Fundação é uma pessoa jurídica de direito privado, constituída por um conjunto de bens. Aliás, o patrimônio é inerente à constituição da fundação, de sorte que toda e qualquer fundação deve ter patrimônio. Ademais, para se constituir uma fundação deve-se obedecer quatro fases: dotação patrimonial, que se dá por escritura pública ou testamento; elaboração do ato constitutivo (estatuto); aprovação do ato constitutivo (via de regra é o Ministério Público o órgão competente para aprovar o ato constitutivo da fundação); e, por fim, registro (é registrada no Cartório de Registro Civil das Pessoas Jurídicas). No problema apresentado, todos assinaram o ato para a constituição da fundação e este fora perfeito e acabado, pois válido, não cabendo direito de arrependimento. **MP**
Gabarito "B".

(Técnico – TJ/AL – 2018 – FGV) Miro, quando passava na calçada lateral do edifício da Câmara de Vereadores do Município de São Paulo, é atingido por parte da janela que caiu do Gabinete da Presidência da Casa Legislativa.

Nessa hipótese, a pessoa jurídica que responderá por eventual indenização será:

(A) a Câmara de Vereadores;

(B) a Casa Legislativa;

(C) a Prefeitura;

(D) o Município;

(E) a Presidência da Câmara de Vereadores.

São pessoa jurídicas de direito público: a União, os Estados, o Distrito Federal, os Territórios, os **Municípios** e as autarquias, inclusive as associações públicas, nos termos do artigo 41 do Código Civil. O que não se confunde com os órgãos públicos, os quais são entes despersonalizados, denominados, quase pessoas jurídicas. Os órgão públicos são os componentes de uma pessoa jurídica. Não possuem personalidade jurídica, portanto, não podem figurar no polo passivo da ação. **MP**
Gabarito "D".

2.3. Domicílio

(Técnico Judiciário – TRE/BA – 2010 – CESPE) Julgue o seguinte item.

(1) O servidor público tem domicílio necessário no lugar em que exercer permanentemente as suas funções.

1: correta (art. 76, *caput*, e parágrafo único, do CC/2002).
Gabarito 1C

(Técnico Judiciário – TJ/GO – 2010 – UFG) O domicílio é local onde a pessoa se presume presente para efeitos de direito. No direito brasileiro, a pessoa

(A) pode ter pluralidade de domicílios.

(B) pode ter várias residências, devendo eleger apenas uma delas como domicílio.

(C) tem por domicílio obrigatório a cidade onde fixa a residência em razão de seu trabalho.

(D) à qual exclusivamente se atribui o domicílio é a pessoa natural.

A: correta; a pessoa natural, por exemplo, pode ter como domicílio qualquer dos lugares onde resida, e, quanto à sua profissão, o lugar onde esta é exercida (arts. 71 e 72 do CC/2002); **B:** incorreta, pois cada lugar onde resida com ânimo definitivo é considerado domicílio; **C:** incorreta, pois somente o lugar onde se fixa residência com ânimo definitivo é considerado domicílio; no exemplo dado, caso a residência se dê num lugar por motivo de trabalho que durará apenas 3 meses, não há que se falar em domicílio; **D:** incorreta, pois a pessoa jurídica (art. 75 do CC/2002) e os contratos também têm domicílio (art. 78 do CC/2002).
Gabarito "A".

(FCC – 2014) José Silva possui residências em São Paulo, onde vive nove meses por ano em razão de suas atividades profissionais, bem como em Trancoso, na Bahia, e em São Joaquim, Santa Catarina, onde alternadamente vive nas férias de verão e inverno. São seus domicílios

(A) qualquer uma dessas residências, em São Paulo, Trancoso ou São Joaquim.

(B) apenas a residência que José Silva escolher, expressamente, comunicando formalmente as pessoas com quem se relacione.

(C) apenas a residência em que José Silva se encontrar no momento, excluídas as demais no período correspondente.

(D) apenas São Paulo, por passar a maior parte do ano nessa cidade.

(E) apenas São Paulo, por se tratar do local de suas atividades profissionais.

Domicílio é a sede jurídica da pessoa, onde ela responde por suas obrigações civis. O Código Civil no art. 70, dispõe que domicílio é o lugar onde a pessoa estabelece a sua residência com ânimo definitivo. O conceito de domicílio é formado por dois elementos: objetivo (residência) e subjetivo (ânimo definitivo, é a vontade de ser encontrado). É possível a pluralidade domiciliar, conforme prevê o art. 71 do CC, "Se, porém, a pessoa natural tiver diversas residências, onde, alternadamente, viva, considerar-se-á domicílio seu qualquer delas". E ainda, o art. 72 do CC preceitua que o exercício da profissão em lugares diversos gera a pluralidade domiciliar (domicílio profissional). Lembre-se, quanto às espécies, domicílio pode ser legal ou necessário (decorre da lei, as hipóteses estão no art. 76 do CC) e voluntário (fixado livremente).
Gabarito "A".

Felipe reside e é proprietário de uma casa em Salvador. Ele recebeu uma proposta de trabalho irrecusável e decidiu se mudar para Campo Grande-MS, onde residirá e trabalhará em Dourados, cidade próxima de Campo Grande, deixando a casa de Salvador fechada.

Após despachar todos os seus pertences para Campo Grande-MS, ele resolveu fazer o trajeto de Salvador até Campo Grande-MS de carro, pernoitando em Brasília.

Chegando a Campo Grande-MS, só teve uma semana para arrumar a casa nova, pois já começou a trabalhar em Dourados como advogado.

(FGV – 2013) Considerando o contexto fático apresentado, assinale a afirmativa correta.

(A) Felipe mudou de morada ao se transferir para o Campo Grande-MS.

(B) Felipe está domiciliado em Brasília, pois pernoitou nesta cidade.

(C) Felipe não tem domicílio profissional em Dourados, apesar de trabalhar nesta cidade.

(D) Felipe ainda está domiciliado em Salvador, pois possui um imóvel nesta cidade.

(E) Felipe alterou o seu domicílio de forma voluntária, ao se transferir para Campo Grande-MS.

A: incorreta, pois morada é o local onde a pessoa se estabelece provisoriamente. Ao transferir-se para Campo Grande, Felipe mudou de domicílio, isto é, local onde ele possuía residência com ânimo definitivo (art. 70 do CC); **B:** incorreta, pois Brasília foi apenas morada de Felipe, pois ele se estabeleceu ali provisoriamente; **C:** incorreta, pois Dourados é considerado domicílio profissional de Felipe, haja vista que é ali que exerce sua profissão (art. 72, *caput*, do CC); **D:** incorreta, pois Felipe transferiu sua residência com a intenção manifesta de mudar, logo o seu domicílio foi modificado de Salvador para Campo Grande (art. 74 do CC).
Gabarito "E".

(Técnico – TJ/AL – 2018 – FGV) Carlos, serventuário do Poder Judiciário, reside em Marechal Deodoro, leciona em centro universitário localizado em Maceió e está lotado na Comarca de São Miguel dos Campos, onde exerce suas funções.

Diante desse quadro, Carlos possui domicílio necessário em:

(A) Maceió e São Miguel dos Campos;

(B) Marechal Deodoro;

(C) Maceió;

(D) Marechal Deodoro e Maceió;

(E) São Miguel dos Campos.

De acordo com o do Código Civil artigo 76 e seu parágrafo único, diz que o servidor público terá domicílio necessário no lugar onde exerce permanentemente suas funções. **MP**
Gabarito "E".

2.4. Direitos da personalidade

(Técnico Judiciário –TJAM – 2013 – FGV) Considerando a disciplina dos *direitos da personalidade*, analise as afirmativas a seguir.

I. O pseudônimo adotado para atividades lícitas goza da proteção que se dá ao nome.

II. O ato de disposição gratuita do próprio corpo, para depois da morte, pode ser revogado a qualquer tempo.

III. Não se pode usar o nome alheio em propaganda comercial sem autorização.

Assinale:

(A) se somente a afirmativa II estiver correta.

(B) se somente a afirmativa III estiver correta.

(C) se somente as afirmativas I e II estiverem corretas.

(D) se somente as afirmativas I e III estiverem corretas.

(E) se todas as afirmativas estiverem corretas.

I: correta (art. 19 do CC/2002); **II:** correta (art. 14, parágrafo único, do CC/2002); **III:** correta (art. 18 do CC/2002).
Gabarito "E".

(Técnico Judiciário – TRT/14ª – 2011 – FCC) Paulo, maior e capaz, é vítima de tumor maligno no cérebro. Os médicos recomendaram cirurgia para extirpar o tumor, apesar do risco de vida a ela inerente. Paulo negou-se a ser operado. Nesse caso, Paulo

(A) só poderá ser operado se houver parecer favorável de toda a equipe médica.

(B) não poderá ser constrangido a submeter-se à intervenção cirúrgica.

(C) poderá ser dopado e operado a critério da equipe médica.

(D) poderá ser obrigado pelos médicos a submeter-se à intervenção cirúrgica.

(E) só poderá ser operado se houver parecer favorável do Ministério Público.

De acordo com o art. 15 do CC/2002, ninguém pode ser constrangido a submeter-se, com risco de vida, a tratamento médico ou intervenção cirúrgica. Assim, apenas a alternativa "B" está correta.
Gabarito "B".

(Técnico Judiciário – TRT/20ª – 2011 – FCC) No que concerne aos direitos da personalidade, é INCORRETO afirmar:

(A) O nome da pessoa não pode ser empregado por outrem em publicações ou representações que a exponham ao desprezo público, ainda quando não haja intenção difamatória.

(B) O pseudônimo adotado para atividades lícitas goza da proteção que se dá ao nome.

(C) Sem autorização, não se pode usar o nome alheio em propaganda comercial.

(D) Se houver risco de vida, qualquer pessoa pode ser constrangida a submeter-se a intervenção cirúrgica.

(E) O ato de disposição do próprio corpo, no todo ou em parte, para depois da morte pode ser livremente revogado a qualquer tempo.

A: correta (art. 17 do CC/2002); **B:** correta (art. 19 do CC/2002); **C:** correta (art. 18 do CC/2002); **D:** incorreta, devendo ser assinalada, pois, havendo risco de vida, não é possível constranger a pessoa à intervenção cirúrgica ou tratamento médico; **E:** correta (art. 14, parágrafo único do CC/2002).
Gabarito "D".

(FGV – 2013) Com relação ao *nome civil*, assinale a afirmativa **incorreta**.

(A) O prenome é modificável em razão de fundada coação ou ameaça decorrente da colaboração com a apuração de crime, por determinação, em sentença, de juiz competente, ouvido o Ministério Público.

(B) O nome civil é considerado direito da personalidade e é matéria de ordem pública.

(C) O prenome será necessariamente composto, no caso de gêmeos, com idêntico prenome.

(D) O nome civil da pessoa natural é composto pelo prenome e pelo sobrenome, podendo ainda possuir um agnome.

(E) O sobrenome só pode ser modificado em decorrência de casamento ou divórcio.

A: correta (art. 58, parágrafo único da Lei 6.015/73); **B:** correta (art. 16 do CC); **C:** correta, pois os gêmeos que tiverem o prenome igual deverão ser inscritos com duplo prenome ou nome completo diverso, de modo que possam distinguir-se (art. 63 da Lei 6.015/73); **D:** correta (art. 16 do CC). O agnome é um sinal distintivo de quem tenha nome igual ao de algum parente (filho, júnior, neto); **E:** incorreta (devendo ser assinalada), pois o sobrenome pode ainda ser alterado em razão de proteção à testemunha (art. 57, §7° da Lei 6.015/73), bem como em decorrência de adoção (art. 47, §5° do ECA).

Gabarito "E".

Uma família viajava de navio do Brasil para a Europa e, no curso da viagem, o navio naufragou, tendo morrido os quatro integrantes dessa família. Não foi possível identificar o integrante da família que morreu primeiro. Robson era o mais velho, Marcos, o mais novo, e João, maior de sessenta e cinco anos de idade. Rogério estava doente, em estágio terminal de sua vida.

(CESPE – 2013) Nessa situação hipotética, com base no disposto no Código Civil, dada a impossibilidade de constatar quem morreu primeiro, presume-se que

(A) Rogério morreu primeiro, por estar em estágio terminal da vida.

(B) João morreu primeiro, por ser maior de sessenta e cinco anos de idade.

(C) Robson morreu primeiro, por ser o mais velho.

(D) todos morreram simultaneamente.

(E) Marcos morreu primeiro.

Tendo em vista que não foi possível constatar a ordem do falecimento, a Lei traz a presunção de todos morreram simultaneamente (art. 8° do CC). Não faz nenhuma diferença saber a idade ou a condição de vida da pessoa antes da morte.

Gabarito "D".

(Técnico – TJ/AL – 2018 – FGV) Carla faleceu casada com Jorge, mas sem filhos ou ascendentes. Legou, por testamento, determinados bens para sobrinhos. Após seu falecimento, certa pessoa criou um perfil falso com fotos de Carla em uma rede social.

Nessa hipótese, a proteção da imagem de Carla pode ser exercida por:

(A) seus herdeiros;

(B) seu Espólio;

(C) Jorge;

(D) seus amigos próximos;

(E) herdeiro da maior porção de seus bens.

De acordo com o parágrafo único do artigo 12 do Código Civil, em se tratando de pessoa morta, terá legitimidade para exigir que cesse ameaça, lesão, ou reclamar perdas e danos, a direito de personalidade, o cônjuge sobrevivente. MP

Gabarito "C".

2.5. Bens

(Técnico – TRT/11ª – 2012 – FCC) Considere as seguintes hipóteses:

I. Na reforma da residência de Otávio, foi retirada toda a lareira da sala para pintura das paredes e teto para posterior recolocação.

II. Márcia comprou sementes e as plantou para fins de cultivo.

Nestes casos, a lareira:

(A) é considerada bem móvel e as sementes bens imóveis;

(B) e as sementes são consideradas bens imóveis;

(C) e as sementes são consideradas bens móveis;

(D) é considerada bem imóvel e as sementes bens móveis;

(E) e as sementes são consideradas bens insuscetíveis de classificação momentânea.

A: incorreta, pois a lareira é bem imóvel, já que foi separada da residência, mas será reempregada (art. 81, II, do CC/2002); quanto às sementes, de fato, são bens imóveis, pois foram incorporadas ao solo (art. 79 do CC/2002); **B:** correta, pois as sementes, de fato, são bens imóveis, uma vez que foram incorporadas ao solo (art. 79 do CC/2002); **C:** incorreta, pois as sementes, no caso, foram incorporadas ao solo e, assim, serão bens imóveis; **D:** incorreta, pois as sementes, no caso, são imóveis (art. 79 do CC/2002) e não móveis; **E:** incorreta, pois, como se viu é possível, diante da lei, classificar, no caso em tela, as sementes e a lareira como bens imóveis (arts. 79 e 81, II, do CC/2002).

Gabarito "B".

(Técnico Judiciário – TRT/14ª – 2011 – FCC) José adquiriu uma área de terras e nela construiu uma pequena casa. Adquiriu cinquenta cabeças de gado, um trator, madeira para construção de um curral e diversas ferramentas para agricultura. Consideram-se bens móveis

(A) as ferramentas para agricultura, somente.

(B) o trator, a madeira para construção do curral e as ferramentas para agricultura, somente.

(C) as cabeças de gado e a madeira para construção do curral, somente.

(D) o trator e as ferramentas para agricultura, somente.

(E) as cabeças de gado, o trator, a madeira para construção do curral e as ferramentas para agricultura.

São bens móveis as cabeças de gado (art. 82 do CC/2002), o trator (art. 82 do CC/2002), a madeira ainda não empregada no curral (art. 84/2002) e as ferramentas (art. 82 do CC/2002). São bens imóveis a área de terras (art. 79 do CC/2002 – "solo") e a casa (art. 79 do CC/2002 – acessão artificial).

Gabarito "E".

(Técnico Judiciário – TRT/20ª – 2011 – FCC) Considere:

I. A hipoteca de um terreno.

II. Os direitos autorais.

III. Uma floresta.

São bens imóveis os indicados APENAS em

(A) I.

(B) I e II.

(C) I e III.

(D) II.

(E) II e III.

I: correta, pois a hipoteca é um direito real sobre imóveis; portanto, é um imóvel (art. 80, I, do CC/2002); II: incorreta, pois os direitos autorais são considerados pela lei bens móveis (art. 3º da Lei 9.610/1998); III: correta, pois a floresta é uma acessão sobre o solo; portanto é um imóvel (art. 79 do CC/2002).

Gabarito "C".

(FCC – 2013) Em relação aos bens:

(A) pertenças são bens que constituem partes integrantes de outros bens móveis ou imóveis, para incremento de sua utilidade.

(B) são móveis os materiais provisoriamente separados de um prédio, para nele se reempregarem.

(C) infungíveis são os bens móveis que podem substituir-se por outros da mesma espécie, qualidade e quantidade.

(D) não perdem o caráter de bens imóveis as edificações que, separadas do solo, mas conservando sua unidade, forem removidas para outro local.

(E) as benfeitorias podem ser principais, acessórias, singulares e coletivas.

A: incorreta, pois são pertenças os bens que, *não constituindo* partes integrantes, se destinam, de modo duradouro, ao uso, ao serviço ou ao aformoseamento de outro (art. 93 do CC); B: incorreta, pois referidos bens não perdem o caráter de imóveis (art. 81, II do CC); C: incorreta, pois esse é o conceito de bem fungível (art. 85 do CC); D: correta (art. 81, I do CC); E: incorreta, pois as benfeitorias podem ser úteis, necessárias ou voluptuárias (art. 96, *caput*, do CC).

Gabarito "D".

(Técnico – TJ/AL – 2018 – FGV) Determinada sociedade empresarial recebeu autorização do Poder Executivo municipal para manter uma praça pública, onde poderia, inclusive, divulgar publicidade de sua marca.

Diante dessa situação, afirma-se que a praça é um bem público:

(A) de uso comum;

(B) alienável;

(C) de uso especial;

(D) dominical;

(E) de uso privado.

Nos termos do inciso I, do artigo 99 do Código Civil, as praças são bens públicos de uso comum do povo. MP

Gabarito "A".

2.6. Fatos jurídicos

(Técnico Judiciário – TRT11 – FCC – 2017) A respeito dos defeitos dos negócios jurídicos, considere:

I. O erro de cálculo autoriza a parte prejudicada a obter o desfazimento do negócio.

II. Se ambas as partes tiverem procedido com dolo, qualquer delas pode alegá-lo para anular o negócio, ou reclamar indenização.

III. Presumem-se fraudatórios dos direitos de outros credores às garantias reais de dívidas que o credor insolvente tiver dado a algum credor.

Está correto o que se afirma APENAS em

(A) III.

(B) I e II.

(C) I e III.

(D) II e III.

(E) I.

São vícios ou defeitos do negócio jurídico: erro, dolo, coação, estado de perigo, lesão e fraude contra credores. Alternativa A, (III) correta, nos termos do artigo 163 do Código Civil "presumem-se fraudatórias dos direitos dos outros credores as garantias de dívidas que o devedor insolvente tiver dado a algum credor", portanto, enquanto não insolvente, todos os bens que integram o patrimônio do devedor podem ser oferecidos como garantia real, porém, se insolvente, o devedor não pode oferecer seu bem como garantia real a um determinado credor, em detrimento de todos os outros. Tais negócios jurídicos presumem-se suscetíveis de fraude. (I) errada, de acordo com o artigo 143 do Código Civil "o erro de cálculo apenas autoriza a retificação da declaração de vontade" vale dizer, não há vício capaz de anular o negócio jurídico, eis que o erro de cálculo é um erro material, que não atinge a vontade das partes. (II) errada, pois viola o preceito do artigo 150 do Código Civil que diz "se ambas as partes procederem com dolo, nenhuma pode alegá-lo para anular o negócio, ou reclamar indenização". Dessa forma, se ambas as partes agem com dolo, pois cada uma tem a intenção de prejudicar a outra, não há que se falar em indenização, uma vez que ninguém pode se beneficiar da própria torpeza. MP

Gabarito "A".

Técnico Judiciário – TRT11 – FCC – 2017) Rafael vendeu uma fazenda para Valdir, estabelecendo que o comprador só entrará na posse do imóvel quando tiver construído uma igreja para os colonos. Tal negócio está sujeito

(A) a termo final.

(B) a termo inicial.

(C) à condição resolutiva.

(D) à condição suspensiva.

(E) a encargo.

Condição, termo e encargo constituem elementos acidentais do negócio jurídico, introduzidos pela vontade das partes. Alternativa A está errada, pois termo é o acontecimento futuro e certo em que começa ou extingue a eficácia do negócio jurídico. Termo pode ser classificado em: (i) inicial ou suspensivo, ou (ii) final ou resolutivo. O termo final extingue o direito. Alternativa B está errada, nos moldes do artigo 131 do Código Civil, "o termo inicial suspende o exercício, mas não a aquisição do direito", vale dizer, o direito sob termo inicial suspende o exercício, mas é considerado direito adquirido. Alternativa C errada, condição, de acordo com o artigo 121 do Código Civil "considera-se condição a cláusula que, derivando exclusivamente da vontade das partes, subordina o efeito do negócio jurídico a evento futuro e incerto", portanto, condição é o evento futuro e incerto que subordina a eficácia do negócio jurídico. A condição pode ser classificada em: (i) casual, potestativa ou mista, ou (ii) resolutiva ou suspensiva. No que diz respeito à condição resolutiva, ocorrendo o evento futuro e incerto extingue o direito. Alternativa D correta, pois a condição suspensiva impede a eficácia do negócio jurídico e a realização do evento futuro e incerto, vale dizer, não há direito adquirido enquanto não se verificar a condição suspensiva, nos termos do artigo 125 do Código Civil "subordinando-se à eficácia do negócio jurídico à condição suspensiva, enquanto esta se não verificar, não se terá adquirido o direito, a que ele visa". Alternativa E incorreta, pois encargo é a cláusula imposta nos negócio gratuitos, pela qual se restringe a liberalidade que foi concedida. Conforme o artigo 136 do Código Civil, o encargo não suspende a aquisição nem exercício do direito e nos termos do artigo 137 do mesmo diploma legal, sendo ilícito ou impossível considera-se não escrito. MP

Gabarito "D".

(FCC – 2013) Acerca dos negócios jurídicos:

(A) nas declarações de vontade importa considerar e fazer prevalecer apenas o sentido literal da linguagem.

(B) os negócios jurídicos benéficos e a renúncia interpretam-se ampliativamente.

(C) a manifestação de vontade subsiste ainda que o seu autor haja feito a reserva mental de não querer o que manifestou, salvo se dela o destinatário tinha conhecimento.

(D) se forem eles celebrados com a cláusula de não valer sem instrumento público, este passa a ser incidental e secundário ao ato.

(E) o silêncio de uma parte importa sempre anuência à vontade declarada pela outra parte.

A: incorreta, pois nas declarações de vontade se atenderá mais à *intenção nelas consubstanciada* do que ao sentido literal da linguagem (art. 112 do CC); **B**: incorreta, pois os negócios jurídicos benéficos e a renúncia interpretam-se *estritamente* (art. 114 do CC); **C**: correta (art. 110 do CC); **D**: incorreta, pois o negócio jurídico celebrado com a cláusula de não valer sem instrumento público, *este é da substância do ato* (art. 109 do CC); **E**: incorreta, pois o silêncio *apenas* importa anuência, quando as circunstâncias ou os usos o autorizarem, e não for necessária a declaração de vontade expressa (art. 111 do CC).
Gabarito "C".

(FCC – 2014) Robinho foi ao shopping com a intenção de comprar um relógio de ouro, para combinar com suas inúmeras correntes do mesmo metal. De pouca cultura, adquiriu um relógio folheado a ouro, apenas, que tentou devolver mas a loja não aceitou, alegando terem vendido exatamente o que Robinho pediu e não terem agido de má-fé. Se Robinho procurar a solução judicialmente, seu advogado deverá pleitear a

(A) nulidade do negócio jurídico, por embasamento em falso motivo.

(B) ineficácia do negócio jurídico, por erro incidental e abusividade do funcionário da loja ré.

(C) anulação do negócio jurídico, alegando lesão por inexperiência.

(D) nulidade do negócio jurídico, por erro essencial quanto ao objeto principal da relação jurídica.

(E) anulação do negócio jurídico, alegando erro substancial no tocante a uma qualidade essencial do relógio adquirido.

A: incorreta, pois motivo é a ideia, a razão que leva ao negócio, em regra, o erro quanto ao fim colimado (falso motivo) não vicia o negócio, a não ser quando nele figurar expressamente, figurando-o como sua razão determinante (art. 140 do CC), porém, neste caso tornaria o negócio anulável e não nulo; **B**: incorreta, pois erro incidental é aquele que se opõe ao substancial, visto que se refere a circunstâncias de menor importância, de qualidades secundárias ao objeto, que não geram o efetivo prejuízo; **C**: incorreta, porque na lesão é o prejuízo resultante da desproporção entre as prestações de um contrato, no momento da sua celebração, determinada pela premente necessidade ou inexperiência de uma das partes (art. 157 do CC); **D**: incorreta, pois erro não torna o negócio nulo, mas sim anulável nos termos do art. 178 do CC; **E**: correta, visto que erro substancial é o erro sobre circunstâncias e aspectos relevantes do negócio, de modo que o sujeito não realizaria o negócio se conhecesse da realidade. O sujeito só realizou o negócio porque pensou que o relógio fosse de ouro, é o erro que diz respeito à qualidade essencial do objeto (*error in substantia)*, previsto no art. art. 139, I, do CC. É anulável nos termos do art. 178, II, do CC.
Gabarito "E".

(FCC – 2015) Marcela permutou um televisor avariado com um celular avariado de Marina. Ambas sabiam que os respectivos bens estavam deteriorados e ambas esconderam tal circunstância uma da outra buscando tirar vantagem na transação. Julgando-se prejudicada, Marina ajuizou ação contra Marcela requerendo a invalidação do negócio e indenização. O juiz deverá

(A) desacolher ambos os pedidos, pois, se as duas partes procedem com dolo, nenhuma pode alegá-lo para anular o negócio nem reclamar indenização.

(B) acolher apenas o pedido de invalidação do negócio, pois esta pode ser reconhecida inclusive de ofício.

(C) acolher apenas o pedido de indenização, em razão do princípio que veda o enriquecimento sem causa.

(D) acolher ambos os pedidos, pois o dolo de uma parte não anula o da outra.

(E) acolher apenas o pedido de invalidação, desde que formulado no prazo decadencial de quatro anos da celebração do negócio.

Dolo é todo artifício malicioso que induz alguém a praticar um negócio jurídico prejudicial ou para obter vantagem para si ou para outrem. Em regra, o dolo será anulável nos termos do art. 178, II, CC. O Código prevê uma exceção quanto ao dolo bilateral ou recíproco (quando as partes agem com dolo). Neste caso, não se anula o negócio, nem haverá indenização por perdas e danos, conforme prevê o art. 150 do CC: 'Se ambas as partes procederem com dolo, nenhuma pode alegá-lo para anular o negócio, ou reclamar indenização'. Assim, a fim de resguardar a boa-fé nas relações contratuais, não há o que se proteger se ambas as partes tinham a intenção de prejudicar a outra, há uma compensação, pois ninguém pode se beneficiar pela própria torpeza – *nemo auditur propriam turpitudinem allegans*.
Gabarito "A".

(FCC – 2014) A respeito dos atos jurídicos lícitos e ilícitos, considere:

I. Constitui ato ilícito a destruição da coisa alheia a fim de remover perigo iminente.

II. Não comete ato ilícito o titular de um direito que, ao exercê-lo, excede manifestamente os limites impostos pelos bons costumes.

III. Aquele que, por ação ou omissão voluntária, violar direito e causar dano a outrem, ainda que exclusivamente moral, comete ato ilícito.

Está correto o que se afirma APENAS em

(A) II e III.

(B) I e II.

(C) I e III.

(D) III.

(E) I.

I. Errada, pois nos termos do art. 188, II, do CC, age em estado de necessidade aquele que, destrói a propriedade alheia, para salvar a si ou a terceiro de perigo grave e iminente, liberando-se da obrigação de indenizar; **II**: Errada, pois de acordo com o art. 187 do CC, denomina-se abuso de direito, o extravasamento de conduta que extrapole os limites, dentro do âmbito do direito, que cause prejuízo ao próximo, gerando o dever de indenizar; **III**: Certa, pois, trata-se da responsabilidade civil, responsabilidade contratual e extracontratual, se o agente, por ação ou omissão, com ou sem intenção de prejudicar, mas acarreta prejuízo a outrem, comete ato ilícito, passível de indenização.
Gabarito "D".

(FCC – 2015) Pedro comprou, por valor inferior ao de mercado, rara e valiosa coleção de selos pertencente a Lucas, que tinha 14 anos e não foi representado quando da celebração do negócio. Passados alguns meses e não entregue o bem, Pedro procurou Lucas oferecendo-lhe suplementação do preço, a fim de que as partes ratificassem o ato. A pretendida ratificação

(A) não poderá ocorrer, salvo se Lucas for assistido quando da confirmação.

(B) poderá ocorrer, pois os negócios anuláveis podem ser confirmados pela vontade das partes.

(C) deverá ocorrer, em prestígio ao princípio da conservação dos contratos.

(D) não poderá ocorrer, porque o negócio jurídico nulo não é suscetível de confirmação.

(E) poderá ocorrer apenas pelo juiz, depois da intervenção do Ministério Público.

A: Errada, pois a questão trata de negócio jurídico firmado por pessoa absolutamente incapaz, nos termos do art. 3° do CC, assim, para exercerem pessoalmente os seus direitos civis, devem ser representadas por seus pais, tutor ou curador. O que não se confunde com a incapacidade relativa, onde os atos civis só poderão ser exercidos mediante assistência do representante legal (art. 4° do CC); **B:** Errada, uma vez que se trata de negócio jurídico nulo não previsto no art. 166 do CC, e não de negócio jurídico anulável previsto no art. 171 do CC, passível de ratificação; **C**: Errada, pois o princípio da conservação dos negócios jurídicos previsto no art. 170 do CC diz que o negócio jurídico nulo poderá ser convertido se desde que: a) contenha os requisitos substanciais e formais de outro; b) que as partes quereriam o outro contrato, se tivessem tido conhecimento da nulidade; **D:** Correta. O negócio jurídico será nulo quando não preencher os requisitos de validade ou não for praticado de acordo com a lei, de acordo com o art. 166, I, do CC, o negócio jurídico será nulo quando realizado por pessoa absolutamente incapaz (art. 3° do CC). Dessa forma, ao contrário dos anuláveis, os negócios jurídicos nulos não podem ser ratificados e, tampouco, convalescem pelo decurso do tempo, nos termos do art. 169 do mesmo diploma legal: "O negócio jurídico nulo não é suscetível de confirmação, nem convalesce pelo decurso do tempo"; **E:** Errada, pois o que poderá ser alegado pelo Juiz é a nulidade, de acordo com o parágrafo único do art. 168 do CC, uma vez que o negócio jurídico nulo não podem ser ratificado (art. 169).
Gabarito "D".

(CESPE – 2013) Acerca de pessoas naturais e negócio jurídico, assinale a opção correta à luz do Código Civil e da doutrina de referência.

(A) Na concretização do negócio jurídico, o silêncio não tem consequência concreta a favor das partes.

(B) Todas as pessoas naturais, por possuírem capacidade de direito, podem praticar, por si próprias, a generalidade dos atos da vida civil.

(C) Considera-se termo a cláusula que, derivando exclusivamente da vontade das partes, subordina o efeito do negócio jurídico a evento futuro e incerto.

(D) Os negócios jurídicos devem ser interpretados conforme a boa- fé e os usos do lugar de sua celebração.

(E) Se, da declaração de vontade, for detectado o falso motivo, o negócio jurídico será sempre anulado.

A: incorreta, pois o silencio gera repercussão no negócio jurídico, de maneira que importa anuência, quando as circunstâncias ou os usos o autorizarem, e não for necessária a declaração de vontade expressa (art. 111 do CC); **B:** incorreta, pois prática de atos da vida civil tem a ver com a capacidade de fato, de modo que aquele que possui capacidade

plena pode praticá-los livremente, contudo aqueles que não a possuem necessitam de representação ou assistência para a sua validade (art. 104, I do CC); **C:** incorreta, pois este é o conceito de condição (art. 121 do CC). No "termo", os efeitos do negócio jurídico ficam subordinados a um evento futuro e certo, em que já há a aquisição do direito, ficando suspenso apenas o seu exercício (art. 131 do CC); **D:** correta (art. 113 do CC); **E:** incorreta, pois o falso motivo só vicia a declaração de vontade quando expresso como razão determinante (art. 140 do CC).
Gabarito "D".

2.7. Prescrição e decadência

(Técnico Judiciário – TJAM – 2013 – FGV) A respeito da *prescrição* e da *decadência*, assinale a afirmativa correta.

(A) A prescrição poderá ser alegada, em qualquer grau de jurisdição, pela parte a quem aproveita.

(B) A prescrição corre entre os cônjuges, na constância da sociedade conjugal.

(C) As partes podem promover a alteração dos prazos de prescrição.

(D) O Juiz somente pode conhecer de ofício a decadência convencional.

(E) A decadência corre contra os absolutamente incapazes.

A: correta (art. 193 do CC/2002); **B:** incorreta, pois não corre entre cônjuges na constância da sociedade conjugal (art. 197, I, do CC/2002); **C:** incorreta, pois os prazos de prescrição não podem ser alterados por acordo entre as partes (art. 192 do CC/2002); **D:** incorreta, pois é o contrário, ou seja, o juiz só pode conhecer de ofício a decadência legal (art. 210 do CC/2002); **E:** incorreta, pois a decadência não corre contra os absolutamente incapazes (art. 208 c/c art. 198, I, ambos do CC/2002).
Gabarito "A".

(Técnico Judiciário – TJDFT – 2013 – CESPE) Em relação às normas sobre prescrição, decadência e negócio jurídico, julgue os itens subsequentes.

(1) Negócio jurídico bifronte é o que tanto pode ser gratuito quanto oneroso, cabendo às partes contratantes convencionarem como ele irá ocorrer.

(2) As mesmas causas que impedem, suspendem ou interrompem a decadência aplicam-se à prescrição.

(3) Configura simulação relativa o fato de as partes contratantes pós-datarem um documento, objetivando situar cronologicamente a realização do negócio em período de tempo não verossímil.

(4) Será considerada não escrita, invalidando o negócio jurídico como um todo, cláusula de negócio jurídico que estabeleça um encargo ilícito ou impossível, se esse não for o motivo determinante do ato.

1: correta, valendo citar como exemplo o mútuo, que pode ou não ser convencionado com o pagamento de juros; **2:** incorreta, pois, segundo o art. 207 do CC/2002, "salvo disposição legal em contrário, não se aplicam à decadência as normas que impedem, suspendem ou interrompem a prescrição"; **3:** correta (art. 167, § 1°, III, do CC/2002); **4:** incorreta, pois se a cláusula em questão for o motivo determinante do ato, não haverá a sanção de considerar-se não escrito o encargo (art. 137 do CC/2002).
Gabarito 1C, 2E, 3C, 4E

(Técnico – TRT/6ª – 2012 – FCC) Interrompe-se a prescrição

(A) na pendência de ação de evicção;

(B) pelo protesto cambial;

(C) somente por despacho de Juiz competente que ordenar a citação, se o interessado a promover no prazo e na forma da lei processual;

(D) pelo casamento do devedor com a credora;

(E) sobrevindo incapacidade absoluta ou relativa do credor.

A: incorreta, pois essa é causa suspensiva ou impeditiva da prescrição, e não causa interruptiva desta (art. 199, III, do CC/2002); **B:** correta (art. 202, III, do CC/2002); **C:** incorreta, pois o despacho de juiz, ainda que incompetente, nesse caso, é hábil à interrupção da prescrição (art. 202, I, do CC/2002); **D:** incorreta, pois durante a constância do casamento há suspensão (art. 197, I, do CC/2002) e não interrupção da prescrição; **E:** incorreta, pois, havendo incapacidade absoluta (só absoluta!) não corre prescrição, ou seja, há impedimento ou suspensão desta (art. 198, I, do CC/2002) e não interrupção.

Gabarito "B".

(CESPE – 2013) Em relação aos negócios jurídicos e à decadência, julgue os itens subsequentes.

(1) É válida a renúncia à decadência legal.

(2) A renúncia deve ser interpretada restritivamente, ao passo que os negócios jurídicos benéficos merecem interpretação extensiva.

1: incorreta, pois é nula a renúncia à decadência fixada em lei (art. 209 do CC); **2:** incorreta, pois tanto os negócios jurídicos benéficos como a renúncia interpretam-se estritamente (art. 114 do CC).

Gabarito 1E, 2E.

(FCC –2014) Considere as seguintes situações hipotéticas:

I. Minerva emprestou R$ 10.000,00 para sua amiga Glaucia, uma vez que a mesma necessitava saldar despesas hospitalares de seu filho. As amigas celebraram confissão de dívida assinada por duas testemunhas idôneas, dívida esta não saldada por Glaucia.

II. Lurdes Maria é contadora. No ano de 2012, Lurdes prestou seus serviços profissionais para a Família Silva, elaborando as declarações de imposto de renda do Sr. e Sra. Silva, bem como de seus dois filhos, cobrando pelos serviços o valor de quatro salários mínimos. A família Silva não efetuou o pagamento dos serviços de Lurdes Maria.

III. Hortência alugou seu conjunto comercial para Amanda que está lhe devendo R$ 20.000,00 pelo não pagamento do aluguel referente aos últimos quatro meses.

Nestes casos, de acordo com o Código Civil brasileiro, em regra, prescreverá em cinco anos, APENAS

(A) as pretensões de Minerva e Hortência.

(B) as pretensões de Lurdes Maria e Hortência.

(C) as pretensões de Minerva e Lurdes Maria.

(D) a pretensão de Minerva.

(E) a pretensão de Hortência.

I: correta, pois prescreve em cinco anos a pretensão de cobrança de dívidas líquidas constantes de instrumento público ou particular (art. 206, § 5º, I do CC); **II:** correta, pois prescreve em cinco anos a pretensão dos profissionais liberais em geral (art. 206, §5º, II do CC); **III:** incorreta, pois prescreve em três anos a pretensão relativa a aluguéis de prédios urbanos ou rústicos (art. 206, § 3º, I do CC).

Gabarito "C".

(FCC – 2015) Durante a constância do casamento, Lourenço emprestou para sua mulher, Bianca, a quantia de R$ 10.000,00, que deveria ser devolvida em um ano. Passados mais de dez anos sem que a dívida houvesse sido paga, o casal se divorciou. Passados dois anos e meio da decretação do divórcio, Lourenço ajuizou ação de cobrança contra Bianca, que, em contestação, alegou decadência, requerendo a extinção do processo com resolução de mérito. Tal como formulada, a alegação de Bianca

(A) improcede, pois se aplicam à decadência as normas que impedem a prescrição e não se passaram mais de quatro anos da decretação do divórcio.

(B) procede, pois, salvo disposição em contrário, não se aplicam à decadência as normas que impedem a prescrição.

(C) improcede, pois o prazo para cobrança da dívida tem natureza prescricional, mas o juiz deverá decretar a prescrição de ofício, pois se passaram mais de dez anos da realização do negócio.

(D) procede, pois, embora se apliquem à decadência as normas que impedem a prescrição, passaram-se mais de dois anos da decretação do divórcio.

(E) improcede, pois o prazo para cobrança da dívida tem natureza prescricional e não corre durante a constância da sociedade conjugal, além de não ter se ultimado, depois da decretação do divórcio.

A: Errada, uma vez que contraria o disposto no art. 207 do CC; **B:** Errada, pois no caso em tela, aplica-se o prazo especial de prescrição previsto no art. 206, § 5º, I, do CC, de 5 anos, bem como a regra de impedimento e suspensão da prescrição, prevista no art. 197, I, do CC. Portanto, não se aplicará o disposto no art. 207 do mesmo diploma legal, uma vez que o prazo para a cobrança da dívida tem natureza prescricional; **C:** Errada, pois contraria os arts. 206, § 5º, I e 197, I, ambos do CC; **D:** Errada, pois viola o previsto no art. 207 do CC; **E:** Correta, de acordo com o disposto no art.197, I, do CC, não corre a prescrição entre os cônjuges, na constância da sociedade conjugal, ou seja, é causa suspensiva da prescrição que faz cessar, temporariamente seu curso. Dessa forma, extinta a sociedade conjugal com o divórcio (art. 1.571, IV, do CC), fica superada a causa suspensiva da prescrição, retomando o seu curso normal, computando o tempo anteriormente decorrido, se existiu. Nesse caso, o prazo prescricional é quinquenal, isto é, prescreve em 5 anos, nos moldes do art. 206, § 5º, I, do mesmo dispositivo legal.

Gabarito "E".

3. OBRIGAÇÕES

(Técnico – TRT/6ª – 2012 – FCC) Efetuar-se-á o pagamento

(A) em qualquer lugar, à escolha do devedor;

(B) no domicílio do credor, salvo se as partes convencionarem diversamente, ou se o contrário resultar de disposição expressa de lei;

(C) no domicílio do devedor, salvo se as partes convencionarem diversamente, ou se o contrário resultar da lei, da natureza da obrigação ou das circunstâncias;

(D) onde for determinado pelo credor, antes do vencimento da dívida;

(E) facultativamente, no domicílio do credor ou do devedor, salvo disposição de lei expressa em sentido contrário.

A: incorreta, pois a regra é que o pagamento se dê no domicílio do devedor (art. 327 do CC/2002) **B** e **D:** incorretas, pois a regra é que o pagamento se dê no domicílio do devedor e não do credor ou onde este determinar; **C:** correta (art. 327 do CC/2002); **E:** incorreta, pois, como se viu, a regra é que o pagamento se dê no domicílio do devedor (art. 327 do CC/2002).

Gabarito "C".

(CESPE – 2013) Nessa situação hipotética, Rebeca deverá valer-se da

(A) imputação do pagamento.

(B) dação em pagamento.

(C) compensação.

(D) sub-rogação legal.

(E) sub-rogação convencional

A: correta, pois a imputação do pagamento é a indicação ou determinação da dívida a ser quitada quando uma pessoa obrigada por dois ou mais débitos, líquidos e vencidos, da mesma natureza e com o mesmo credor só pode pagar um deles (art. 352 do CC); **B:** incorreta, pois a dação em pagamento é *o acordo de vontades por meio do qual o credor aceita receber prestação diversa da que lhe é devida (art. 356 do CC)*; **C:** incorreta, pois a compensação é a extinção das obrigações entre duas pessoas que são, ao mesmo tempo, credora e devedora uma da outra (art. 368 do CC); **D e E:** incorretas, pois sub-rogação é a operação pela qual a dívida se transfere a terceiro que a pagou, com todos os seus acessórios (art. 349 do CC). A sub-rogação legal *é a que opera de pleno direito e a convencional é a que decorre da vontade das partes.*

Gabarito "A".

Após ter sido cobrado extrajudicialmente por José, em face de dívida que tinha com este, Mário realizou o pagamento ao credor. Logo em seguida, Mário descobriu que, na data em que realizou o pagamento, a dívida já havia prescrito.

(CESPE – 2013) Com referência a essa situação hipotética, assinale a opção correta com base no Código Civil.

(A) José deverá restituir somente metade do valor pago por Mário, uma vez que deve ser reconhecida a responsabilidade concorrente pelo fato.

(B) José não deverá restituir o valor a Mário, visto que não se pode repetir o que se pagou para solver dívida prescrita, ou cumprir obrigação judicialmente inexigível.

(C) José deverá restituir integralmente o valor a Mário, já que recebeu o que não lhe era devido, tendo sido indevido o pagamento feito por Mário. O valor da dívida não deverá ser atualizado monetariamente, não devendo incidir sobre ele juros legais.

(D) José deverá restituir o valor a Mário, uma vez que se locupletou ilicitamente, recebendo o que não lhe era devido. O valor da dívida deverá ser atualizado monetariamente, não incidindo sobre ele acréscimo de juros legais.

(E) José deverá restituir o valor a Mário, visto que recebeu o que não lhe era devido. O valor da dívida deverá corresponder ao dobro do valor devido.

A: incorreta, pois José não é obrigado a restituir nenhum valor a Mário, por tratar-se de obrigação natural; **B:** correta, pois nenhum valor deve ser restituído, haja vista que a obrigação não foi extinta, muito embora estivesse prescrita. Este é um típico caso de obrigação natural, em que o débito existe, muito embora não seja mais exigível; **C:** incorreta, pois o pagamento era devido, logo José não precisa restituir nenhum valor; **D:** incorreta, pois não há falar-se em locupletamento, pois o valor pago era devido; **E:** incorreta, pois nada deverá ser devolvido.

Gabarito "B".

(FGV – 2014) Ary celebrou contrato de compra e venda de imóvel com Laurindo e, mesmo sem a devida declaração negativa de débitos condominiais, conseguiu registrar o bem em seu nome. Ocorre que, no mês seguinte à sua mudança, Ary foi surpreendido com a cobrança de três meses de cotas condominiais em atraso. Inconformado com a situação, Ary tentou, sem sucesso, entrar em contato com o vendedor, para que este arcasse com os mencionados valores.

De acordo com as regras concernentes ao direito obrigacional, assinale a opção correta.

(A) Perante o condomínio, Laurindo deverá arcar com o pagamento das cotas em atraso, pois cabe ao vendedor solver todos os débitos que gravem o imóvel até o momento da tradição, entregando-o livre e desembargado.

(B) Perante o condomínio, Ary deverá arcar com o pagamento das cotas em atraso, pois se trata de obrigação subsidiária, já que o vendedor não foi encontrado, cabendo ação *in rem verso*, quando este for localizado.

(C) Perante o condomínio, Laurindo deverá arcar com o pagamento das cotas em atraso, pois se trata de obrigação com eficácia real, uma vez que Ary ainda não possui direito real sobre a coisa.

(D) Perante o condomínio, Ary deverá arcar com o pagamento das cotas em atraso, pois se trata de obrigação *propter rem*, entendida como aquela que está a cargo daquele que possui o direito real sobre a coisa e, comprovadamente, imitido na posse do imóvel adquirido.

A: incorreta, pois por tratar-se de obrigação *propter rem* o débito acompanha a coisa, de modo que a responsabilidade pelo pagamento é de Ary, e não mais de Laurindo (art. 1.315 do CC); **B:** incorreta, pois Ary é o responsável direto pelo pagamento da dívida frente ao condomínio, ficando sujeito ao seu pagamento, não havendo que se falar em ação in rem verso contra Laurindo (art. 1.325 do CC); **C:** incorreta, pois Ary deverá arcar com o pagamento das cotas, uma vez que já possui direito real sobre a coisa, pois o bem já está registrado em seu nome (art. 1.245, *caput*, do CC); **D:** correta, pois de fato trata-se de uma obrigação *propter rem*, a qual sujeita o seu titular a arcar com todas as pendências que recaírem sobre a coisa.

Gabarito "D".

(FGV – 2014) Donato, psiquiatra de renome, era dono de uma extensa e variada biblioteca, com obras de sua área profissional, importadas e raras. Com sua morte, seus três filhos, Hugo, José e Luiz resolvem alienar a biblioteca à Universidade do Estado, localizada na mesma cidade em que o falecido residia. Como Hugo vivia no exterior e José em outro estado, ambos incumbiram Luiz de fazer a entrega no prazo avençado. Luiz, porém, mais preocupado com seus próprios negócios, esqueceu-se de entregar a biblioteca à Universidade, que, diante da mora, notificou José para exigir-lhe o cumprimento integral em 48 horas, sob pena de resolução do contrato em perdas e danos.

Nesse contexto, assinale a afirmativa correta.

(A) José deve entregar a biblioteca no prazo designado pela Universidade, se quiser evitar a resolução do contrato em perdas e danos.

(B) Não tendo sido ajustada solidariedade, José não está obrigado a entregar todos os livros, respondendo, apenas, pela sua cota parte.

(C) Como Luiz foi incumbido da entrega, a Universidade não poderia ter notificado José, mas deveria ter interpelado Luiz.

(D) Tratando-se de três devedores, a Universidade não poderia exigir de um só o pagamento; logo, deveria ter notificado simultaneamente os três irmãos.

A: correta; tratando-se a biblioteca de bem indivisível, cada um dos devedores será obrigado pela dívida toda (art. 259, *caput*, do CC); **B**, **C** e **D**: incorretas, pois, conforme mencionado, por força de lei, os três são obrigados pela dívida toda (art. 259, *caput*, do CC).
Gabarito "A".

(FGV – 2015) Gilvan (devedor) contrai empréstimo com Haroldo (credor) para o pagamento com juros do valor do mútuo no montante de R$ 10.000,00. Para facilitar a percepção do crédito, a parte do polo ativo obrigacional ainda facultou, no instrumento contratual firmado, o pagamento do montante no termo avençado ou a entrega do único cavalo da raça manga larga marchador da fazenda, conforme escolha a ser feita pelo devedor. Ante os fatos narrados, assinale a afirmativa correta.

(A) Trata-se de obrigação alternativa.

(B) Cuida-se de obrigação de solidariedade em que ambas as prestações são infungíveis.

(C) Acaso o animal morra antes da concentração, extingue-se a obrigação.

(D) O contrato é eivado de nulidade, eis que a escolha da prestação cabe ao credor.

A: correta, pois quando o devedor poder escolher, entre opções previstas no contrato, qual obrigação deseja cumprir, no âmbito das opções contratuais, tem-se a chamada obrigação alternativa (art. 252, *caput*, do CC); **B:** incorreta, pois a questão não trata da solidariedade, pois não há referência à pluralidade de credores ou devedores solidários no enunciado; **C:** incorreta, pois nesse caso subsiste a outra obrigação que é alternativa (art. 253 do CC); **D:** incorreta, pois na obrigação alternativa, regulamentada na lei (art. 252 do CC) a escolha caberá ao devedor.
Gabarito "A".

(FGV – 2015) Carlos Pacheco e Marco Araújo, advogados recém-formados, constituem a sociedade P e A Advogados. Para fornecer e instalar todo o equipamento de informática, a sociedade contrata José Antônio, que, apesar de não realizar essa atividade de forma habitual e profissional, comprometeu-se a adimplir sua obrigação até o dia 20/02/2015, mediante o pagamento do valor de R$ 50.000,00 (cinquenta mil reais) no ato da celebração do contrato. O contrato celebrado é de natureza paritária, não sendo formado por adesão. A cláusula oitava do referido contrato estava assim redigida: "O total inadimplemento deste contrato por qualquer das partes ensejará o pagamento, pelo infrator, do valor de R$ 50.000,00 (cinquenta mil reais)". Não havia, no contrato, qualquer outra cláusula que se referisse ao inadimplemento ou suas consequências. No dia 20/02/2015, José Antônio telefona para Carlos Pacheco e lhe comunica que não vai cumprir o avençado, pois celebrou com outro escritório de advocacia contrato por valor superior, a lhe render maiores lucros. Sobre os fatos narrados, assinale a afirmativa correta.

(A) Diante da recusa de José Antônio a cumprir o contrato, a sociedade poderá persistir na exigência do cumprimento obrigacional ou, alternativamente, satisfazer-se com a pena convencional.

(B) A sociedade pode pleitear o pagamento de indenização superior ao montante fixado na cláusula oitava, desde que prove, em juízo, que as perdas e os danos efetivamente sofridos foram superiores àquele valor.

(C) A sociedade pode exigir o cumprimento da cláusula oitava, classificada como cláusula penal moratória, juntamente com o desempenho da obrigação principal.

(D) Para exigir o pagamento do valor fixado na cláusula oitava, a sociedade deverá provar o prejuízo sofrido.

A: correta, pois essa é uma alternativa a benefício do credor (art. 410 do CC); **B:** incorreta; de acordo com o art. 416, parágrafo único, do CC não é possível se exigir indenização suplementar à cláusula pena fixada, caso não haja convenção expressa nesse sentido, sendo que o enunciado da questão deixou claro que não havia qualquer outra cláusula adicional quanto ao inadimplemento da obrigação; **C:** incorreta, pois ou se escolhe cobrar a multa pela inadimplemento absoluto ou se escolhe exigir o cumprimento da obrigação, tratando-se de alternativa a benefício do credor (art. 410 do CC); **D:** incorreta; de acordo com o art. 416 do CC, "para exigir a pena convencional, não é necessário que o credor alegue prejuízo".
Gabarito "A".

(FGV – 2015) Joana deu seu carro a Lúcia, em comodato, pelo prazo de 5 dias, findo o qual Lúcia não devolveu o veículo. Dois dias depois, forte tempestade danificou a lanterna e o para-choque dianteiro do carro de Joana. Inconformada com o ocorrido, Joana exigiu que Lúcia a indenizasse pelos danos causados ao veículo.

Diante do fato narrado, assinale a afirmativa correta.

(A) Lúcia incorreu em inadimplemento absoluto, pois não cumpriu sua prestação no termo ajustado, o que inutilizou a prestação para Joana.

(B) Lúcia não está em mora, pois Joana não a interpelou, judicial ou extrajudicialmente.

(C) Lúcia deve indenizar Joana pelos danos causados ao veículo, salvo se provar que os mesmos ocorreriam ainda que tivesse adimplido sua prestação no termo ajustado.

(D) Lúcia não responde pelos danos causados ao veículo, pois foram decorrentes de força maior.

A: incorreta, pois a não devolução do veículo no prazo não torna a sua entrega futura imprestável, diferentemente por exemplo se se tratasse da obrigação de entrega de um bolo de casamento, que, não entregue no prazo, tornaria a entrega depois do casamento; **B:** incorreta, pois o comodato mencionado na questão é com prazo certo e, portanto, a mora incorre de pleno direito, independentemente, portanto, de interpelação judicial ou extrajudicial; **C:** correta, nos termos do art. 399 do CC; **D:** incorreta, pois, estando em mora, essa alegação não procede, nos termos do art. 399 do CC, só havendo isenção de responsabilidade do devedor se este conseguisse provar que o dano sobreviria ainda quando a obrigação fosse oportunamente desempenhada.
Gabarito "C".

Pedro, insolvente notório, sabendo que não terá condições de arcar com o pagamento de todas as suas dívidas, resolve vender todos os seus bens com o objetivo de causar prejuízos aos seus credores, impossibilitando-os de receber os respectivos créditos.

(FGV – 2013) Considerando o contexto fático apresentado, assinale o instituto jurídico que se amolda à hipótese.

(A) Lesão.

(B) Dolo.

(C) Estado de perigo.

(D) Fraude contra credores.

(E) Simulação.

A hipótese se amolda à hipótese de fraude contra credores, nos termos do art. 159 do CC.

Gabarito "D".

4. CONTRATOS

(Técnico Judiciário – TRT/14ª – 2011 – FCC) A respeito da compra e venda, é correto afirmar:

(A) Na venda à vista, o devedor é obrigado a entregar a coisa antes de receber o preço.

(B) Os tutores só podem comprar os bens confiados à sua guarda ou administração em hasta pública.

(C) É vedada a compra entre cônjuges de bens excluídos da comunhão.

(D) Prevalece a amostra, o protótipo ou o modelo, se houver contradição ou diferença com a maneira pela qual se descreveu a coisa no contrato.

(E) Os leiloeiros e seus prepostos podem adquirir os bens de cuja venda estejam encarregados por valor compatível com as propostas recebidas.

A: incorreta, pois o preço deve ser pago primeiro (art. 491 do CC/2002), salvo na venda a crédito ou se houver convenção em contrário; **B:** incorreta, pois é sempre nula a compra, pelos tutores, de bens confiados à sua guarda ou administração, ainda que o negócio seja feito em hasta pública (art. 497, I, do CC/2002); **C:** incorreta, pois, com relação a bens excluídos da comunhão, é lícita a compra e venda entre cônjuges (art. 499 do CC/2002); **D:** correta (art. 484, parágrafo único, do CC/2002); **E:** incorreta, pois é nula a compra, pelos leiloeiros e seus prepostos, de bens cuja venda estejam encarregados, pouco importando se o fazem ou não por valor compatível com as propostas recebidas (art. 497, IV, do CC/2002).

Gabarito "D".

(Técnico Judiciário – TRT/20ª – 2011 – FCC) Considere:

I. João vendeu automóveis a José, deixando ao arbítrio exclusivo deste a fixação do preço.

II. Paulo vendeu ações de uma empresa a Pedro, deixando a fixação do preço à cotação em Bolsa em certo e determinado dia e lugar.

Tais contratos de compra e venda são

(A) válido e nulo, respectivamente.

(B) nulo e válido, respectivamente.

(C) nulo e anulável, respectivamente.

(D) nulos.

(E) válidos.

I: esse contrato é nulo, nos termos do art. 489 do CC/2002; **II:** esse contrato é válido, nos termos do art. 486 do CC.

Gabarito "B".

(Técnico Judiciário – TRT/20ª – 2011 – FCC) No contrato de prestação de serviços regido pelo Código Civil brasileiro, não havendo prazo estipulado, nem se podendo inferir da

natureza do contrato, ou do costume do lugar, qualquer das partes, a seu arbítrio, mediante prévio aviso, pode resolver o contrato. Dar-se-á o aviso com antecedência de 8 (oito) dias, se o salário se houver fixado por tempo de

(A) uma hora.

(B) um dia.

(C) uma semana.

(D) uma quinzena.

(E) um mês, ou mais.

Art. 599, parágrafo único, I, do CC/2002.

Gabarito "E".

João, mediante contrato firmado, prestava assistência técnica de computadores à empresa de Mário. João e Mário, por mútuo consenso, resolveram por fim à relação contratual.

(CESPE – 2013) Nessa situação hipotética, considerando o que dispõe a doutrina majoritária sobre a matéria, caracterizou-se a

(A) resolução bilateral do contrato.

(B) revogação do contrato.

(C) anulação do contrato.

(D) inexistência contratual.

(E) resilição bilateral do contrato.

A: incorreta, pois por meio da resolução ocorre a extinção do contrato por inexecução contratual ou onerosidade excessiva. Em ambos os casos, não há falar-se em vontade das partes; **B:** incorreta, pois a revogação advém da resilição unilateral do contrato, em que um dos contratantes não mais deseja continuar com a avença; **C:** incorreta, pois a anulação do contrato se dá por meio de uma decisão desconstitutiva do Poder judiciário, com efeitos "ex nunc"; **D:** incorreta, pois o contrato existe, vez que possui agente, objeto, forma, vontade e fim negocial; **E:** correta, pois resilição unilateral é a extinção do contrato pela vontade de ambos os contratantes. O elemento essencial diferenciador com a resolução é a vontade.

Gabarito "E".

Ricardo comprou uma motocicleta de Manoel, firmando contrato em que não constava nenhuma cláusula expressa sobre a evicção. Após um mês de uso, a motocicleta foi apreendida por um oficial de justiça, que foi à casa de Ricardo cumprir mandado judicial de busca e apreensão fruto de ação judicial. Instado por Ricardo, Manoel declarou desconhecer a ação judicial que originou o referido mandado, alegando que adquiriu a motocicleta de terceiro.

(CESPE – 2013) Considerando essa situação hipotética e o disposto no Código Civil, assinale a opção correta.

(A) Manoel responderá pelo dano somente se for comprovada a sua má-fé.

(B) Ricardo não terá direito à indenização pela perda do veículo, em razão da liberdade de contratar.

(C) Manoel não responderá pelo dano experimentado por Ricardo, haja vista que inexiste medida judicial aplicável a essa situação.

(D) Ricardo deverá demandar judicialmente Manoel, que responderá pela evicção.

(E) Manoel não responderá pelo dano experimentado por Ricardo, porque não tinha conhecimento da ação judicial e do mandado.

A: incorreta, pois Manoel responderá pela evicção, independentemente doa boa ou má-fé, haja vista que não havia no contrato nenhuma cláusula expressa excluindo a garantia (art. 447 do CC); **B:** incorreta, pois a Lei garante a Ricardo o direito de ser indenizado por Manoel, no que tange à restituição integral do preço além de outros itens previstos no art. 450 do CC; **C:** incorreta, pois Ricardo pode ingressar com medida judicial contra Manoel, a fim de ser indenizado (art. 456, *caput,* e art. 450 do CC); **D:** correta, pois o ajuizamento de ação reparatória é plenamente cabível (art. 447 do CC); **E:** incorreta, pois o desconhecimento da ação e do mandado não excluem a responsabilidade de Manoel. Tais vícios apenas têm o condão de prejudicar o ato processual (art. 214, *caput,* do CPC), mas não de invalidar o direito material.
„D„ ołµɐqɐפ

(CESPE – 2013) A respeito dos contratos, julgue o item seguinte.

(1) A teoria do substancial adimplemento visa impedir o uso desequilibrado, pelo credor, do direito de resolução, preterindo desfazimentos desnecessários em prol da preservação do acordado, com vistas à realização de princípios como o da boa-fé objetiva e o da função social dos contratos.

1: Correta, pois por meio dessa teoria visa-se preservar o contrato que já foi substancialmente adimplido. Neste passo, havendo adimplemento substancial da avença, as perdas e danos deverão equitativas à parcela não atendida, respeitando-se sempre a razoabilidade. Neste contexto, cita-se o Enunciado n. 361 JDC/CJF: O adimplemento substancial decorre dos princípios gerais contratuais, de modo a fazer preponderar a função social do contrato e o princípio da boa-fé objetiva, balizando a aplicação do art. 475.
„ɔ1„ ołµɐqɐפ

(FCC – 2013) Relativos ao mandato, considere:

I. A outorga do mandato está sujeita à forma exigida por lei para o ato a ser praticado. Admite-se mandato verbal mesmo que o ato deva ser celebrado por escrito, dado o caráter não solene do contrato.

II. A aceitação do mandato pode ser tácita, e resulta do começo de execução.

III. O maior de dezesseis e menor de dezoito anos não emancipado pode ser mandatário, mas o mandante não tem ação contra ele senão de conformidade com as regras gerais, aplicáveis às obrigações contraídas por menores.

Está correto o que consta em

(A) II, apenas.

(B) I e II, apenas.

(C) I e III, apenas.

(D) II e III, apenas.

(E) I, II e III.

I: incorreta, pois A outorga do mandato está sujeita à forma exigida por lei para o ato a ser praticado. *Não se admite* mandato verbal quando o ato deva ser celebrado por escrito (art. 657 do CC); **II:** correta (art. 659 do CC); **III:** correta (art. 666 do CC).
„D„ ołµɐqɐפ

(FCC – 2014) Considere as afirmativas relativas à compra e venda:

I. Nulo é o contrato de compra e venda, quando se deixa ao arbítrio exclusivo de uma das partes, a fixação do preço.

II. Salvo cláusula em contrário, ficarão as despesas de escritura e registro a cargo do vendedor, e a cargo do comprador as da tradição.

III. Até o momento da tradição, os riscos da coisa correm por conta do comprador, e os do preço por conta do vendedor.

IV. Não sendo a venda a crédito, o vendedor não é obrigado a entregar a coisa antes de receber o preço.

Está correto o que consta em

(A) III e IV, apenas.

(B) I, II, III e IV.

(C) I e IV, apenas.

(D) II e III, apenas.

(E) I e II, apenas.

I: Correto, de acordo com o art. 489 do CC. A lei proíbe a estipulação arbitrária do preço por um dos contratantes, pois fere a consensualidade do contrato, que deve ser aperfeiçoado por disposição comum de vontades recíprocas; **II:** incorreto, pois viola o art. 490 do CC, visto que não existindo convenção pelos contratantes atinente às despesas do negócio, as de escritura e registro são de responsabilidade do comprador adquirente; **III:** incorreto, afronta o art. 492 do CC, "Até o momento da tradição, os riscos da coisa correm por conta do vendedor, e os do preço por conta do comprador"; **IV:** Correto, de acordo com o texto expresso do art. 491 do CC. Vale dizer, na compra e venda à vista, a entrega da coisa está condicionada ao pagamento imediato do preço. O cumprimento das prestações deve ser recíproco.
„ɔ„ ołµɐqɐפ

(FCC – 2014) A respeito da compra e venda, é correto afirmar:

(A) É lícita a compra e venda entre cônjuges, com relação a bens excluídos da comunhão.

(B) Nas coisas vendidas conjuntamente, o defeito oculto de uma autoriza a rejeição de todas.

(C) As despesas com a tradição da coisa móvel correrão por conta do comprador.

(D) Nas vendas a crédito, o vendedor não é obrigado a entregar a coisa antes de receber o preço.

(E) A tradição da coisa vendida, na falta de estipulação em contrário, dar-se-á no domicílio do comprador.

A: Correta, pois de acordo com o art. 499 do CC, é permitida a venda de um cônjuge ao outro, apenas com relação aos bens excluídos da comunhão. Os bens excluídos do regime da comunhão de bens são os relacionados no art. 1.668 do mesmo dispositivo legal; **B:** Errada, pois cuida-se de vicio redibitório, que é o vício oculto que incide sobre a coisa tornando-a imprópria ao uso a que se destina ou diminuindo seu valor, em coisas vendidas em conjunto, conforme a interpretação de Agostinho Alvin, o artigo refere-se "... às coisas singulares, ainda que vendidas na mesma ocasião e por um preço só", por exemplo, 200 livros da mesma edição (ALVIM, 1961, p. 112); **C:** Errada, pois as despesas com a tradição ocorrem por conta do vendedor, na falta de estipulação em contrário; **D:** Errada, pois é uma exceção ao princípio da *exceptio tio non adimpleti contractus*, segundo o qual poderia o vendedor reter a coisa até que receba o preço, em caso da venda ter sido à vista, entretanto, nos casos de venda a crédito, a entrega da coisa ocorre antes do pagamento do preço, nos moldes do art. 491 do CC; **E:** Errada, pois o art. 493 do CC diz que: "A tradição da coisa vendida, na falta de estipulação expressa, dar-se-á no lugar onde ela se encontrava, ao tempo da venda".
„∀„ ołµɐqɐפ

(FCC – 2014) Considere uma venda realizada à vista de amostras, protótipos ou modelos. Neste caso, de acordo com o Código Civil brasileiro, em regra, a referida venda é

(A) amparada pela legislação sendo que, se houver contradição ou diferença com a maneira pela qual se descreveu a coisa no contrato de compra e venda, prevalecerá a amostra, o protótipo ou o modelo.

(B) vedada em razão da proibição da celebração de contrato de compra e venda com base em amostras, protótipos ou modelos.

(C) amparada pela legislação sendo que, se houver contradição ou diferença com a maneira pela qual se descreveu a coisa no contrato de compra e venda, prevalecerá o contrato celebrado entre as partes.

(D) vedada se a celebração do contrato for realizada entre pessoas físicas.

(E) amparada pela legislação sob a condição de que as amostras, protótipos ou modelos tenham sido aprovados pelos órgãos de fiscalização administrativa, bem como façam parte integrantes do contrato de compra e venda, independentemente de descrição da coisa.

A: correta (art. 484 do CC); **B:** incorreta, pois a Lei permite que a se realize a venda à vista de amostras, protótipos ou modelos (art. 484, *caput*, do CC); **C:** incorreta, pois se houver contradição ou diferença com a maneira pela qual se descreveu a coisa no contrato, prevalece a amostra, o protótipo ou o modelo (art. 484, parágrafo único do CC); **D:** incorreta, pois a Lei não traz esse tipo de proibição; **E:** incorreta, pois a Lei permite a venda por amostras, protótipos e modelos independentemente de qualquer condição (art. 484, "caput", do CC). "A".

(FCC – 2014) Em determinado contrato, o fiador renunciou expressamente ao benefício de ordem. O credor está executando o contrato em razão da dívida não paga requerendo a penhora de imóvel de propriedade do fiador, apesar do devedor ser proprietário de diversos imóveis. Neste caso,

(A) a renúncia ao benefício de ordem é lícita e permitida pelo Código Civil brasileiro.

(B) a renúncia ao benefício de ordem é nula, uma vez que o fiador possui o direito de exigir, até contestação da lide, que seja executado, primeiramente, os bens do devedor.

(C) a renúncia ao benefício de ordem é anulável, uma vez que o fiador possui o direito de exigir, até contestação da lide, que seja executado, primeiramente, os bens do devedor.

(D) o fiador somente possui o direito de exigir que sejam executados, primeiramente, os bens do devedor se houver bens sitos no mesmo município em que tramita a execução, livres e desembargados.

(E) o fiador somente possui o direito de exigir que sejam executados, primeiramente, os bens do devedor se houver bens sitos no mesmo município na qual foi celebrado o contrato de locação, livres e desembargados.

A: correta (art. 828, I, do CC); **B e C:** incorretas, pois a renúncia ao benefício de ordem é válida, desde que expressamente manifestada. Ademais, o enunciado não relatava nenhum tipo de vício no que tange a exteriorização da vontade em renunciar. Assim, os bens do fiador podem ser diretamente atingidos (art. 828, I, do CC); **D e E:** incorretas, pois o

fiador apenas tem esse direito se não houver renunciado ao benefício de ordem (art. 827, parágrafo único do CC). Se houve renúncia, é irrelevante saber se os bens do locatário estão localizados no município onde tramita e execução ou onde foi celebrado o contrato. "A".

(FCC – 2014) Lucius, através de contrato de empreitada com preço global certo e ajustado no respectivo instrumento, contratou o empreiteiro Petrus para reformar a sua residência. Durante a reforma, o preço de mercado dos materiais sofreu redução de 12% do preço global convencionado. Nesse caso, o preço global convencionado, a pedido do dono da obra,

(A) poderá ser revisto, para que se lhe assegure a diferença apurada.

(B) não poderá ser revisto, porque o contrato faz lei entre as partes.

(C) só poderá ser revisto, se a redução ocorrida no mercado for superior a 20%.

(D) só poderia ser revisto se a redução ocorrida no mercado fosse do preço da mão de obra.

(E) só comporta redução se o preço do material e também da mão de obra for superior a 30%.

De acordo com o art. 620 do CC, "Se ocorrer diminuição no preço do material ou da mão de obra superior a 1/10 (um décimo) do preço global convencionado, poderá este ser revisto, a pedido do dono da obra, para que lhe assegure a diferença apurada". O referido artigo visa estabelecer um reequilíbrio econômico do contrato, obstando o enriquecimento sem causa se a mudança no valor ensejar excessiva vantagem para o empreiteiro. "A".

(FGV – 2015) Flávia vendeu para Quitéria seu apartamento e incluiu, no contrato de compra e venda, cláusula pela qual se reservava o direito de recomprá-lo no prazo máximo de 2 (dois) anos. Antes de expirado o referido prazo, Flávia pretendeu exercer seu direito, mas Quitéria se recusou a receber o preço. Sobre o fato narrado, assinale a afirmativa correta.

(A) A cláusula pela qual Flávia se reservava o direito de recomprar o imóvel é ilícita e abusiva, uma vez que Quitéria, ao se tornar proprietária do bem, passa a ter total e irrestrito poder de disposição sobre ele.

(B) A cláusula pela qual Flávia se reservava o direito de recomprar o imóvel é válida, mas se torna ineficaz diante da justa recusa de Quitéria em receber o preço devido.

(C) A disposição incluída no contrato é uma cláusula de preferência, a impor ao comprador a obrigação de oferecer ao vendedor a coisa, mas somente quando decidir vende-la.

(D) A disposição incluída no contrato é uma cláusula de retrovenda, entendida como o ajuste por meio do qual o vendedor se reserva o direito de resolver o contrato de compra e venda mediante pagamento do preço recebido e das despesas, recuperando a coisa imóvel.

A: incorreta, pois tem-se no caso instituto previsto expressamente no Código Civil – o instituto da retrovenda (art. 505 do CC), tratando-se de cláusula lícita portanto; **B:** incorreta, pois na retrovenda o comprador da coisa fica obrigado a aceitar que o vendedor dela a receba de volta, bastando que o vendedor pague ao comprador o preço de venda da coisa mais as despesas que o comprador teve, mesmo que este não esteja de acordo com a devolução da coisa (art. 505 do CC), podendo o vendedor ir a juízo para fazer valer essa cláusula caso o comprador se recuse a cumpri-la (art. 506 do CC); **C:** incorreta, pois aqui o vendedor tem direito de reaver a coisa a qualquer, no prazo previsto na cláusula de retrovenda, mesmo que o comprador não queira vender a coisa para alguém, o que difere a cláusula retrovenda da cláusula de preferência; **D:** correta, nos termos do art. 505 do CC.

Gabarito "D".

(FGV – 2015) Maria entregou à sociedade empresária JL Veículos Usados um veículo Vectra, ano 2008, de sua propriedade, para ser vendido pelo valor de R$ 18.000,00. Restou acordado que o veículo ficaria exposto na loja pelo prazo máximo de 30 dias. Considerando a hipótese acima e as regras do contrato estimatório, assinale a afirmativa correta.

(A) O veículo pode ser objeto de penhora pelos credores da JL Veículos Usados, mesmo que não pago integralmente o preço.

(B) A sociedade empresária JL Veículos Usados suportará a perda ou deterioração do veículo, não se eximindo da obrigação de pagar o preço ajustado, ainda que a restituição se impossibilite sem sua culpa.

(C) Ainda que não pago integralmente o preço a Maria, o veículo consignado poderá ser objeto de penhora, caso a sociedade empresária JL Veículos Usados seja acionada judicialmente por seus credores.

(D) Maria poderá dispor do veículo enquanto perdurar o contrato estimatório, com fundamento na manutenção da reserva do domínio e da posse indireta da coisa.

A e C: incorretas, pois no contrato estimatório o bem é deixado com alguém em "consignação", não ficando este alguém (consignatário) proprietário do bem, o que impede que esse alguém dê o bem em garantia aos seus credores; há também proibição expressa nesse sentido no art. 536 do CC; **B:** correta, pois, de acordo com o art. 535 do CC, "o consignatário não se exonera da obrigação de pagar o preço, se a restituição da coisa, em sua integridade, se tornar impossível, ainda que por fato a ele não imputável"; **D:** incorreta, pois, de acordo com o art. 537 do CC, "o consignante não pode dispor da coisa antes de lhe ser restituída ou de lhe ser comunicada a restituição".

Gabarito "B".

(Técnico – TJ/AL – 2018 – FGV) Em um contrato de prestação de serviços, Jorge (pintor) e Renata (contratante) dispuseram que o pagamento do serviço somente poderia ser judicialmente exigido em até um ano após o vencimento da dívida.

Essa disposição contratual é considerada:

(A) válida, visto que se trata de um prazo decadencial, que pode ser alterado pelos contratantes;

(B) nula, pois um prazo prescricional não pode ser alterado pelos contratantes;

(C) válida, desde que o prazo prescricional dessa espécie de obrigação seja inferior ao acordado;

(D) nula, porque o prazo decadencial não pode ser alterado pelos contratantes;

(E) válida, pois o prazo prescricional pode ser alterado pelos contratantes.

De acordo com o artigo 192 do Código Civil, os prazos prescricionais não podem ser alterados por acordo das partes. **MP**

Gabarito "B".

5. RESPONSABILIDADE CIVIL

(Técnico – TRT/6ª – 2012 – FCC) Sendo o patrão responsável pela reparação civil dos danos causados culposamente por seus empregados no exercício do trabalho que lhes competir, ou em razão dele,

(A) é obrigado a indenizar ainda que o patrão não tenha culpa;

(B) só será obrigado a indenizar se o patrão também tiver culpa;

(C) não será obrigado a indenizar, se o empregado for absolvido pelo mesmo ato, em processo criminal, por insuficiência de prova;

(D) só será obrigado a indenizar se o ato também constituir crime e se o empregado for condenado no processo criminal;

(E) a obrigação de indenizar é subsidiária à do empregado que causou o dano.

A: correta, pois, uma vez caracterizada a responsabilidade do empregado, o empregador responde objetivamente, ou seja, ainda que não tenha culpa (arts. 932, III, e 933, ambos do CC/2002); **B:** incorreta, pois conforme se viu a responsabilidade do patrão é independente de culpa (arts. 932, III, e 933, ambos do CC/2002); **C:** incorreta, a absolvição por falta de provas na esfera penal não gera efeito algum na esfera civil; apenas as absolvições penais por negativa de autoria ou por inexistência material do fato é que repercutem na esfera civil; **D:** incorreta, não há esse requisito nos arts. 932, III e 933 do CC/2002; **E:** incorreta, pois a responsabilidade pelo fato de terceiro é direta e imediata (art. 933 do CC/2002) e não subsidiária.

Gabarito "A".

(FCC – 2015) Saulo foi condenado criminalmente, por decisão transitada em julgado, em razão de lesões corporais causadas em Anderson, tendo sido reconhecidos, dentre outros elementos, a existência do fato e seu autor. Se Anderson ajuizar ação na esfera civil, Saulo

(A) poderá questionar a existência do fato e sua autoria independentemente de qualquer requisito, tendo em vista que a responsabilidade civil é independente da criminal.

(B) poderá questionar a existência do fato e sua autoria desde que, no juízo cível, apresente provas novas.

(C) não poderá questionar a existência do fato nem sua autoria.

(D) poderá questionar apenas a autoria do fato e desde que, no juízo cível, apresente provas novas.

(E) poderá questionar apenas a existência do fato e desde que, no juízo cível, apresente provas novas.

De acordo com o art. 935 do CC, "A responsabilidade civil é independente da criminal, não se podendo questionar mais sobre a existência do fato, ou sobre que seja o seu autor", quando estas questões se acharem decididas no juízo criminal". Todas as demais alternativas violam o mencionado art. 935 do CC. Lembre-se, em nosso direito vigora o princípio da independência da responsabilidade civil em relação à criminal. O art. 64 do CPP diz que a reparação de dano pode ser proposta independentemente do procedimento criminal. Mas se a sentença criminal reconhecer o fato e a autoria, a justiça civil não poderá questionar tais matérias. Assim, transitado em julgado a sentença condenatória, pode os interessados promover-lhe a execução, no juízo cível, para o efeito da reparação do dano, o ofendido, seu representante legal ou seus herdeiros (art. 63 do CPP). Lembre-se: sentença penal

condenatória faz coisa julgada no cível, sentença penal absolutória que reconhece a inexistência do fato ou da autoria fazem coisa julgada no cível, de outro lado, sentença penal absolutória que se fundamenta em falta de provas não faz coisa julgada no juízo cível.
Gabarito "C".

(FGV – 2014) Devido à indicação de luz vermelha do sinal de trânsito, Ricardo parou seu veículo pouco antes da faixa de pedestres.

Sandro, que vinha logo atrás de Ricardo, também parou, guardando razoável distância entre eles. Entretanto, Tatiana, que trafegava na mesma faixa de rolamento, mais atrás, distraiu-se ao redigir mensagem no celular enquanto conduzia seu veículo, vindo a colidir com o veículo de Sandro, o qual, em seguida, atingiu o carro de Ricardo.

Diante disso, à luz das normas que disciplinam a responsabilidade civil, assinale a afirmativa correta.

(A) Cada um arcará com seu próprio prejuízo, visto que a responsabilidade pelos danos causados deve ser repartida entre todos os envolvidos.

(B) Caberá a Tatiana indenizar os prejuízos causados ao veículo de Sandro, e este deverá indenizar os prejuízos causados ao veículo de Ricardo.

(C) Caberá a Tatiana indenizar os prejuízos causados aos veículos de Sandro e Ricardo.

(D) Tatiana e Sandro têm o dever de indenizar Ricardo, na medida de sua culpa.

A, B e D: incorretas, pois Tatiana é a única causadora e responsável por todo o ocorrido, sendo que o carro de Sandro foi mero instrumento que atingiu o carro de Ricardo, não havendo que se falar em responsabilidade de Sandro, que nada fez no caso, muito menos atuou com culpa ou dolo; **C:** correta, pois, ao dirigir redigindo mensagem de texto, Tatiana agiu com culpa em sentido em estrito, mais especificamente com negligência, impondo-se sua responsabilidade civil na forma do art. 186 do Código Civil.
Gabarito "C".

(FGV – 2014) Felipe, atrasado para um compromisso profissional, guia seu veículo particular de passeio acima da velocidade permitida e, falando ao celular, desatento, não observa a sinalização de trânsito para redução da velocidade em razão da proximidade da creche Arca de Noé. Pedro, divorciado, pai de Júlia e Bruno, com cinco e sete anos de idade respectivamente, alunos da creche, atravessava a faixa de pedestres para buscar os filhos, quando é atropelado pelo carro de Felipe. Pedro fica gravemente ferido e vem a falecer, em decorrência das lesões, um mês depois. Maria, mãe de Júlia e Bruno, agora privados do sustento antes pago pelo genitor falecido, ajuíza demanda reparatória em face de Felipe, que está sendo processado no âmbito criminal por homicídio culposo no trânsito.

Com base no caso em questão, assinale a opção correta.

(A) Felipe indenizará as despesas comprovadamente gastas com o mês de internação para tratamento de Pedro, alimentos indenizatórios a Júlia e Bruno tendo em conta a duração provável da vida do genitor, sem excluir outras reparações, a exemplo das despesas com sepultamento e luto da família.

(B) Felipe deverá indenizar as despesas efetuadas com a tentativa de restabelecimento da saúde de Pedro,

sendo incabível a pretensão de alimentos para seus filhos, diante de ausência de previsão legal.

(C) Felipe fora absolvido por falta de provas do delito de trânsito na esfera criminal e, como a responsabilidade civil e a criminal não são independentes, essa sentença fará coisa julgada no cível, inviabilizando a pretensão reparatória proposta por Maria.

(D) Felipe, como a legislação civil prevê em caso de homicídio, deve arcar com as despesas do tratamento da vítima, seu funeral, luto da família, bem como dos alimentos aos dependentes enquanto viverem, excluindo-se quaisquer outras reparações.

A: correta (art. 948, I e II do CC); **B:** incorreta, pois a lei prevê expressamente o pagamento de alimentos aos filhos levando-se em conta a duração provável da vida da vítima (art. 948, II do CC); **C:** incorreta, pois a responsabilidade civil é independente da criminal. A via civil apenas ficará fechada se no juízo criminal ficar provada a inexistência do fato ou a negativa de autoria (art. 935 do CC), o que não é o caso em tela. Logo, Maria possui pretensão reparatória em face de Felipe; **D:** incorreta, pois a lei prevê expressamente que a indenização, além desses itens não exclui outras reparações (art. 948, *caput*, do CC).
Gabarito "A".

(FGV – 2015) Daniel, morador do Condomínio Raio de Luz, após consultar a convenção do condomínio e constatar a permissão de animais de estimação, realizou um sonho antigo e adquiriu um cachorro da raça Beagle. Ocorre que o animal, muito travesso, precisou dos serviços de um adestrador, pois estava destruindo móveis e sapatos do dono. Assim, Daniel contratou Cleber, adestrador renomado, para um pacote de seis meses de sessões. Findo o período do treinamento, Daniel, satisfeito com o resultado, resolve levar o cachorro para se exercitar na área de lazer do condomínio e, encontrando-a vazia, solta a coleira e a guia para que o Beagle possa correr livremente. Minutos depois, a moradora Diana, com 80 (oitenta) anos de idade, chega à área de lazer com seu neto Theo. Ao perceber a presença da octogenária, o cachorro pula em suas pernas, Diana perde o equilíbrio, cai e fratura o fêmur. Diana pretende ser indenizada pelos danos materiais e compensada pelos danos estéticos.

Com base no caso narrado, assinale a opção correta.

(A) Há responsabilidade civil valorada pelo critério subjetivo e solidária de Daniel e Cleber, aquele por culpa na vigilância do animal e este por imperícia no adestramento do Beagle, pelo fato de não evitarem que o cachorro avançasse em terceiros.

(B) Há responsabilidade civil valorada pelo critério objetivo e extracontratual de Daniel, havendo obrigação de indenizar e compensar os danos causados, haja vista a ausência de prova de alguma das causas legais excludentes do nexo causal, quais sejam, força maior ou culpa exclusiva da vítima.

(C) Não há responsabilidade civil de Daniel valorada pelo critério subjetivo, em razão da ocorrência de força maior, isto é, da chegada inesperada da moradora Diana, caracterizando a inevitabilidade do ocorrido, com rompimento do nexo de causalidade.

(D) Há responsabilidade valorada pelo critério subjetivo e contratual apenas de Daniel em relação aos danos sofridos por Diana; subjetiva, em razão da evidente culpa na custódia do animal; e contratual, por serem ambos moradores do Condomínio Raio de Luz.

A, C e **D: incorretas**, pois o art. 936 do CC traz responsabilidade de ordem objetiva para esse caso, e todas as alternativas citadas fazem referência a uma responsabilidade subjetiva; **B: correta**; o art. 936 do CC estabelece que "o dono, ou detentor, do animal ressarcirá o dano por este causado, se não provar culpa da vítima ou força maior". Repare que a responsabilidade do dono é quase automática, utilizando-se o critério objetivo, sendo que o dono só conseguirá se eximir da responsabilidade se provar a ruptura do nexo causal por culpa da vítima ou força maior.
Gabarito "B".

(Técnico – TJ/AL – 2018 – FGV) Felipe, com quinze anos, desfere agressões verbais contra a honra de Marcela, maior e sua vizinha, na presença de vários vizinhos de condomínio. Embora aborrecida, Marcela é por todos os presentes amparada e acolhe, por certo tempo, o conselho de não buscar indenização pelos danos morais sofridos, visto se tratar de um adolescente "rebelde". Contudo, decorridos vinte e quatro meses das agressões e em razão da mudança de Felipe, que deixou o prédio, Marcela resolve buscar "seus direitos" e receber indenização dos pais do agressor.

A pretensão de Marcela:

(A) é incabível, pois a falta de exercício de seu direito configurou um perdão;

(B) pode ser perpetuamente acolhida, visto que direito da personalidade é imprescritível;

(C) não poderá prosperar, pois Felipe, à época dos fatos, era absolutamente incapaz;

(D) pode ser acolhida, desde que ajuizada dentro do prazo prescricional;

(E) é abusiva, pois o acolhimento do conselho dos vizinhos representa consumação da prescrição.

De acordo com inciso V, § 3º, do art. 206 do Código Civil, o prazo para a pretensão de reparação civil prescreve em três anos. Ademais, em razão da responsabilidade aquiliana, nos moldes do artigo 928 do mesmo diploma legal, a responsabilidade do menor será subsidiária, ou seja, ele só responderá pelos prejuízos causados, "se as pessoas por ele responsáveis não tiverem obrigação de fazê-lo ou não dispuserem de meios suficientes". MP
Gabarito "D".

6. COISAS

(CESPE – 2013) No que se refere à posse, assinale a opção correta.

(A) Configura-se constituto-possessório quando o proprietário da coisa aliena esse direito e permanece na posse direta da coisa, de modo possuidor direto defender a sua posse contra o indireto o que aquele que possuía em seu próprio nome, passa a possuir em nome de outrem.

(B) A posse do imóvel não faz presumir a das coisas móveis que nele estiverem.

(C) A posse violenta ou clandestina é injusta, e a obtida a título precário pode ser considerada justa.

(D) O possuidor indireto é aquele que, achando-se em relação de dependência para com outro, conserva a posse em nome deste e em cumprimento de ordens ou de instruções suas.

(E) Dada a existência de relação de subordinação, o possuidor direto de um bem não pode defender a sua posse contra o possuidor indireto desse mesmo bem.

A: correta, pois o constituto-possessório, que é aquela situação em que um possuidor em nome próprio passa a possuí-la em nome de outro, adquirindo a posse indireta da coisa. É o caso do dono que vende a coisa e passa a nela ficar como locatário ou comodatário. Sobre o assunto, cita-se o Enunciado n. 77 JDC/CJF: A posse das coisas móveis e imóveis também pode ser transmitida pelo constituto possessório. **B: incorreta**, pois a posse do imóvel faz presumir, até prova contrária, a das coisas móveis que nele estiverem (art. 1.209 do CC); **C: incorreta**, pois tanto a posse violenta, como a clandestina, como a precária são injustas (art. 1.299 do CC); **D: incorreta**, pois este é o conceito de detentor (art. 1.198 "caput" do CC). Posse indireta é aquela exercida por quem cedeu, temporariamente, o uso ou o gozo da coisa a outra pessoa; **E: incorreta**, pois o possuidor direto defender a sua posse contra o indireto, não existindo tal relação de subordinação (art. 1.197 do CC).
Gabarito "A".

(FCC – 2013) No que tange ao penhor:

(A) são credores pignoratícios, desde que contratado desse modo, os hospedeiros, ou fornecedores de pousada ou alimento, sobre as bagagens, móveis, joias ou dinheiro que os seus consumidores ou fregueses tiverem consigo nas respectivas casas ou estabelecimentos, pelas despesas ou consumo que aí tiverem feito.

(B) no penhor rural, industrial, mercantil e de veículos, as coisas empenhadas são transferidas ao credor, que as deve guardar e conservar.

(C) não podem ser objeto de penhor agrícola os animais do serviço ordinário de estabelecimento agrícola, nem as colheitas pendentes ou em vias de formação.

(D) podem ser objeto de penhor direitos, suscetíveis de cessão, sobre coisas móveis ou imóveis, com registro em Títulos e Documentos ou no Registro Imobiliário, conforme o caso.

(E) constitui-se o penhor, como regra geral, pela transferência efetiva da posse que, em garantia do débito ao credor ou a quem o represente, faz o devedor, ou alguém por ele, de uma coisa móvel, suscetível de alienação.

A: incorreta, pois tais pessoas são credores pignoratícios independentemente de convenção (art. 1.647 "caput" do CC); **B: incorreta**, pois no penhor rural, industrial, mercantil e de veículos, as coisas empenhadas *continuam em poder do devedor*, que as deve guardar e conservar (art. 1.431, parágrafo único do CC); **C: incorreta**, pois tais itens *podem* ser objeto de penhor agrícola (art. 1.442, V e II do CC); **D: incorreta**, pois não podem ser objeto de penhor os direitos suscetíveis de cessão sobre coisas imóveis (art. 1.451 do CC); **E: correta** (art. 1.431 do CC).
Gabarito "E".

(FCC – 2014) Após pagar um terço de empréstimo garantido por hipoteca de seu imóvel, Bento Francisco procura aliená-lo a Kelly Joyce, mas ao notificar o credor hipotecário – o banco que lhe emprestou o dinheiro – este não consente com a venda, alegando haver no contrato cláusula que a proíbe expressamente. O posicionamento do banco credor é

(A) juridicamente equivocado, já que a lei civil prevê ser nula a cláusula que proíbe ao proprietário alienar imóvel hipotecado.

(B) juridicamente equivocado, pois, embora não se possa alienar a coisa antes de pago um determinado montante, a partir de um terço do pagamento do empréstimo já é possível vender o imóvel dado em garantia hipotecária.

(C) válido juridicamente, pois a alienação do imóvel só é possível pelo tomador do empréstimo após o pagamento de dois terços da dívida.

(D) válido juridicamente, já que o contrato faz lei entre as partes e Bento Francisco o celebrou livre e espontaneamente.

(E) juridicamente equivocado, por ser anulável o contrato, dada a abusividade da cláusula proibitiva de alienação.

Viola o art. 1.475 do CC, "É nula a cláusula que proíbe ao proprietário alienar o imóvel hipotecado". Hipoteca é o direito real de garantia que tem por objeto bens imóveis, navio ou avião pertencentes ao devedor ou a terceiro e que, embora não entregues ao credor, asseguram-lhe, preferencialmente, o recebimento de seu crédito. Não é possível estabelecer cláusula que proíba o proprietário de alienar o imóvel hipotecado, porém, é permitido convencionar o vencimento do crédito hipotecário, se o imóvel for alienado (parágrafo único do art. 1.475 do CC). Lembre-se, por ser direito real, a hipoteca deve ser registrada no cartório do lugar do imóvel, conforme prevê o art. 1.492 do CC.
Gabarito "A".

(FCC – 2014) Considere as seguintes hipóteses:

I. Mariana, por onze anos, sem interrupção e nem oposição, possui, como sua, uma casa de 300 metros quadrados, tendo estabelecido no referido imóvel sua moradia habitual, realizando obras de conservação e ampliação da casa.

II. Gleison não é proprietário de imóvel urbano ou rural, mas possui, como sua, uma casa de 150 metros quadrados por sete anos ininterruptos e sem oposição utilizando-a como sua moradia.

III. Benício, proprietário de um terreno rural de 10 hectares, possui, como sua, uma casa de 70 metros quadrados, por oito anos ininterruptamente e sem oposição, utilizando-a como sua moradia.

De acordo com o Código Civil brasileiro, em razão da posse, poderá adquirir a propriedade dos imóveis acima mencionados

(A) Mariana, apenas.

(B) Mariana e Gleison, apenas.

(C) Gleison, apenas.

(D) Mariana, Gleison e Benício.

(E) Gleison e Benício, apenas.

I: correta, pois trata-se de caso de usucapião extraordinária previsto no art. 1.238 parágrafo único do CC, em que a aquisição se dá após 10 anos de posse mansa, pacífica e ininterrupta, haja vista Mariana ter utilizado o local para moradia habitual e ter realizado obras de caráter produtivo; II: correta, pois trata-se de caso de usucapião especial urbana, em que adquire-se a propriedade aquele que, não sendo possuidor de outro imóvel urbano ou rural, ocupa área urbana de até duzentos e cinquenta metros quadrados, por cinco anos ininterruptos e sem oposição, utilizando-a para sua moradia ou de sua família (art. 1.240, caput, do CC); III: incorreta, pois Benício não poderá usucapir a casa pela modalidade de usucapião especial urbana, pois é proprietário de outro imóvel rural (art. 1.239 do CC). Ademais, não é possível a aplicação de nenhuma outra modalidade de usucapião.
Gabarito "B".

(FGV – 2014) Com a ajuda de homens armados, Francisco invade determinada fazenda e expulsa dali os funcionários de Gabriel, dono da propriedade. Uma vez na posse do imóvel, Francisco decide dar continuidade às atividades agrícolas que vinham sendo ali desenvolvidas (plantio de soja e de feijão). Três anos após a invasão, Gabriel consegue, pela via judicial, ser reintegrado na posse da fazenda.

Quanto aos frutos colhidos por Francisco durante o período em que permaneceu na posse da fazenda, assinale a afirmativa correta.

(A) Francisco deve restituir a Gabriel todos os frutos colhidos e percebidos, mas tem direito de ser ressarcido pelas despesas de produção e custeio.

(B) Francisco tem direito aos frutos percebidos durante o período em que permaneceu na fazenda.

(C) Francisco tem direito à metade dos frutos colhidos, devendo restituir a outra metade a Gabriel.

(D) Francisco deve restituir a Gabriel todos os frutos colhidos e percebidos, e não tem direito de ser ressarcido pelas despesas de produção e custeio.

A: correta; de acordo com o art. 1.216 do CC, o possuidor de má-fé (que é o que temos no caso presente, pois era alguém que sabia que não tinha direitos sobre a coisa) responde por todos os frutos colhidos e percebidos, bem como pelos que, por culpa sua, deixou de perceber, desde o momento em que se constituiu de má-fé; todavia, esse possuidor, ainda que de má-fé, tem, segundo a lei, direito às despesas da produção e custeio, de modo a não haver enriquecimento sem causa do legítimo possuidor da coisa; assim, a alternativa em questão está correta; B e C: incorretas, pois, de acordo com o art. 1.216 do CC o possuidor de má-fé não tem direito qualquer sobre os frutos percebidos e colhidos no período; D: incorreta, pois, de acordo com o art. 1.216 do CC, o possuidor de má-fé tem direito às despesas da produção e custeio, de modo a não haver enriquecimento sem causa do legítimo possuidor da coisa.
Gabarito "A".

(FGV – 2015) Mediante o emprego de violência, Mélvio esbulhou a posse da Fazenda Vila Feliz. A vítima do esbulho, Cassandra, ajuizou ação de reintegração de posse em face de Mélvio após um ano e meio, o que impediu a concessão de medida liminar em seu favor. Passados dois anos desde a invasão, Mélvio teve que trocar o telhado da casa situada na fazenda, pois estava danificado. Passados cinco anos desde a referida obra, a ação de reintegração de posse transitou em julgado e, na ocasião, o telhado colocado por Mélvio já se encontrava severamente danificado. Diante de sua derrota, Mélvio argumentou que faria jus ao direito de retenção pelas benfeitorias erigidas, exigindo que Cassandra o reembolsasse. A respeito do pleito de Mélvio, assinale a afirmativa correta.

(A) Mélvio não faz jus ao direito de retenção por benfeitorias, pois sua posse é de má-fé e as benfeitorias, ainda que necessárias, não devem ser indenizadas, porque não mais existiam quando a ação de reintegração de posse transitou em julgado.

(B) Mélvio é possuidor de boa-fé, fazendo jus ao direito de retenção por benfeitorias e devendo ser indenizado por Cassandra com base no valor delas.

(C) Mélvio é possuidor de má-fé, não fazendo jus ao direito de retenção por benfeitorias, mas deve ser indenizado por Cassandra com base no valor delas.

(D) Mélvio é possuidor de má-fé, fazendo jus ao direito de retenção por benfeitorias e devendo ser indenizado pelo valor atual delas.

A: correta; Mélvio e possuidor de má-fé, e, assim, não tem direito à indenização por benfeitorias, salvo as necessárias, mas sem direito a retenção neste caso (art. 1.220 do CC); na hipótese narrada, tem-se benfeitoria necessária, porém, seja porque não existem mais, seja porque ainda que existissem não dão direito de retenção da coisa enquanto não paga a indenização, não há que se falar em direito de retenção no caso presente; **B:** incorreta; Melvio é possuidor de má-fé, pois sabia que não tinha direitos sobre a coisa quando a invadiu; **C** e **D:** incorretas; pois, como se viu, Melvio não terá direito direito a qualquer indenização no caso concreto.

Gabarito "A"

(FGV – 2015) Mateus é proprietário de um terreno situado em área rural do estado de Minas Gerais. Por meio de escritura pública levada ao cartório do registro de imóveis, Mateus concede, pelo prazo de vinte anos, em favor de Francisco, direito real de superfície sobre o aludido terreno. A escritura prevê que Francisco deverá ali construir um edifício que servirá de escola para a população local. A escritura ainda prevê que, em contrapartida à concessão da superfície, Francisco deverá pagar a Mateus a quantia de R$ 30.000,00 (trinta mil reais). A escritura também prevê que, em caso de alienação do direito de superfície por Francisco, Mateus terá direito a receber quantia equivalente a 3% do valor da transação. Nesse caso, é correto afirmar que

(A) é nula a concessão de direito de superfície por prazo determinado, haja vista só se admitir, no direito brasileiro, a concessão perpétua.

(B) é nula a cláusula que prevê o pagamento de remuneração em contrapartida à concessão do direito de superfície, haja vista ser a concessão ato essencialmente gratuito.

(C) é nula a cláusula que estipula em favor de Mateus o pagamento de determinada quantia em caso de alienação do direito de superfície.

(D) é nula a cláusula que obriga Francisco a construir um edifício no terreno.

A: incorreta, pois o instituto do direito de superfície reclama, inclusive, que haja fixação de prazo determinado para a fruição (art. 1.369, *caput*, do CC); **B:** incorreta, pois a concessão de superfície pode ser gratuita ou onerosa, nos termos do art. 1.370 do CC; **C:** correta, nos termos do art. 1.372, parágrafo único, do CC; **D:** incorreta, pois o objetivo da concessão de superfície é justamente para a construção em um terreno, podendo ser também para a plantação neste (art. 1.369, *caput*, do CC).

Gabarito "C"

(FGV – 2015) Angélica concede a Otávia, pelo prazo de vinte anos, direito real de usufruto sobre imóvel de que é proprietária. O direito real é constituído por meio de escritura pública, que é registrada no competente Cartório do Registro de Imóveis. Cinco anos depois da constituição do usufruto, Otávia falece, deixando como única herdeira sua filha Patrícia. Sobre esse caso, assinale a afirmativa correta.

(A) Patrícia herda o direito real de usufruto sobre o imóvel.

(B) Patrícia adquire somente o direito de uso sobre o imóvel.

(C) O direito real de usufruto extingue-se com o falecimento de Otávia.

(D) Patrícia deve ingressar em juízo para obter sentença constitutiva do seu direito real de usufruto sobre o imóvel.

A, B e **D:** incorretas, pois o usufruto fica extinto com a morte do usufrutuário (art. 1.410, I, do CC); **C:** correta, pois, como se viu, o usufruto fica extinto com a morte do usufrutuário (art. 1.410, I, do CC).

Gabarito "C"

(FGV– 2015) A Companhia GAMA e o Banco RENDA celebraram entre si contrato de mútuo, por meio do qual a companhia recebeu do banco a quantia de R$ 500.000,00 (quinhentos mil reais), obrigando-se a restituí--la, acrescida dos juros convencionados, no prazo de três anos, contados da entrega do numerário. Em garantia do pagamento do débito, a Companhia GAMA constituiu, em favor do Banco RENDA, por meio de escritura pública levada ao cartório do registro de imóveis, direito real de hipoteca sobre determinado imóvel de sua propriedade. A Companhia GAMA, dois meses depois, celebrou outro contrato de mútuo com o Banco BETA, no valor de R$ 200.000,00 (duzentos mil reais), obrigando-se a restituir a quantia, acrescida dos juros convencionados, no prazo de dois anos, contados da entrega do numerário. Em garantia do pagamento do débito, a Companhia GAMA constituiu, em favor do Banco BETA, por meio de escritura pública levada ao cartório do registro de imóveis, uma segunda hipoteca sobre o mesmo imóvel gravado pela hipoteca do Banco RENDA. Chegado o dia do vencimento do mútuo celebrado com o Banco BETA, a Companhia GAMA não reembolsou a quantia devida ao banco, muito embora tivesse bens suficientes para honrar todas as suas dívidas. Nesse caso, é correto afirmar que

(A) o Banco BETA tem direito a promover imediatamente a execução judicial da hipoteca que lhe foi conferida.

(B) a hipoteca constituída pela companhia GAMA em favor do Banco BETA é nula, uma vez que o bem objeto da garantia já se encontrava gravado por outra hipoteca.

(C) a hipoteca constituída pela GAMA em favor do Banco BETA é nula, uma vez que tal hipoteca garante dívida cujo vencimento é inferior ao da dívida garantida pela primeira hipoteca, constituída em favor do Banco RENDA.

(D) o Banco BETA não poderá promover a execução judicial da hipoteca que lhe foi conferida antes de vencida a dívida contraída pela Companhia GAMA junto ao Banco RENDA.

A: incorreta, pois o credor da segunda hipoteca (Banco Beta) não pode executar o imóvel antes de vencida a dívida referente à primeira hipoteca (em favor do Banco Renda), nos termos do art. 1.477 do CC; essa regra só cede quando o devedor está em estado de insolvência, que não é o caso da questão, já que o enunciado deixa claro que o devedor tem condições para pagar as dívidas; **B** e **C:** incorretas, pois, segundo o artigo 1.476 do CC, "o dono do imóvel hipotecado pode constituir outra hipoteca sobre ele, mediante novo título, em favor do mesmo ou de outro credor"; **D:** correta, nos termos do art. 1.477 do CC.

Gabarito "D"

7. FAMÍLIA E SUCESSÕES

(Técnico Judiciário – TRE/BA – 2010 – CESPE) Julgue os itens seguintes, referentes às relações de parentesco do direito de família.

(1) O pai é parente em linha reta do trisavô.

(2) O sobrinho-neto é parente em linha colateral do tio-avô.

(3) Se João for primo de Roberto, o parentesco entre eles será colateral em terceiro grau.

1: correta, pois são parentes em linha reta as pessoas que estão umas para com as outras na relação de ascendentes e descendentes (art. 1.591 do CC/2002), sendo certo que o pai é descendente de seu trisavô, assim como este é ascendente daquele; **2:** correta, pois são parentes em linha colateral (ou transversal), até o 4º grau, as pessoas provenientes de um só tronco, sem descenderem uma da outra (art. 1.592 do CC/2002); como o sobrinho-neto não é descendente do tio-avô, apesar de serem provenientes de um mesmo tronco, eles são parentes em linha colateral; há de se lembrar que os dois estão em 4º grau, de modo que são parentes legítimos; **3:** incorreta, pois primos são parentes em 4º grau; isso porque, até chegar aos seus avós, há dois graus (seu pai e seus avós), e do seus avós até chegar ao seu primo são mais dois graus (seu tio e seu primo).
Gabarito 1C, 2C, 3E

(FGV – 2014) Segundo o Código Civil de 2002, acerca do direito de representação, instituto do Direito das Sucessões, assinale a opção correta.

(A) É possível que o filho renuncie à herança do pai e, depois, represente-o na sucessão do avô.

(B) Na linha transversal, é permitido o direito de representação em favor dos sobrinhos, quando concorrerem com sobrinhos-netos.

(C) Em não havendo filhos para exercer o direito de representação, este será exercido pelos pais do representado.

(D) O direito de representação consiste no chamamento de determinados parentes do de cujus a suceder em todos os direitos a ele transmitidos, sendo permitido tanto na sucessão legítima quanto na testamentária.

A: correta (art. 1.856 do CC); **B:** incorreta, pois na linha transversal, somente se dá o direito de representação em favor dos filhos de irmãos do falecido, quando com irmãos deste concorrerem (art. 1.853 do CC); **C:** incorreta, pois o direito de representação dá-se na linha reta descendente, mas nunca na ascendente (art. 1.852 do CC); **D:** incorreta, pois o direito de representação apenas se dá na sucessão legítima (art. 1.851 a 1.856 do CC). Na sucessão testamentária temos a figura da substituição testamentária, que é a que mais se assemelha ao direito de representação.
Gabarito "A".

(FGV – 2015) Ester, viúva, tinha duas filhas muito ricas, Marina e Carina. Como as filhas não necessitam de seus bens, Ester deseja beneficiar sua irmã, Ruth, por ocasião de sua morte, destinando-lhe toda a sua herança, bens que vieram de seus pais, também pais de Ruth. Ester o(a) procura como advogado(a), indagando se é possível deixar todos os seus bens para sua irmã. Deseja fazê-lo por meio de testamento público, devidamente lavrado em Cartório de Notas, porque suas filhas estão de acordo com esse seu desejo. Assinale a opção que indica a orientação correta a ser transmitida a Ester.

(A) Em virtude de ter descendentes, Ester não pode dispor de seus bens por testamento.

(B) Ester só pode dispor de 1/3 de seu patrimônio em favor de Ruth, cabendo o restante de sua herança às suas filhas Marina e Carina, dividindo-se igualmente o patrimônio.

(C) Ester pode dispor de todo o seu patrimônio em favor de Ruth, já que as filhas estão de acordo.

(D) Ester pode dispor de 50% de seu patrimônio em favor de Ruth, cabendo os outros 50% necessariamente às suas filhas, Marina e Carina, na proporção de 25% para cada uma.

A: incorreta, pois Ester pode dispor de apenas metade de seus bens (parte disponível da herança) nas hipóteses em que há herdeiros necessários (art. 1.846 do CC), como é o caso, já que Marina e Carina, por serem filhas de Ester, são herdeiras necessárias desta; de acordo com o art. 1.845 do CC são herdeiros necessários os descendentes, os ascendentes e o cônjuge; **B** e **C:** incorretas, pois é possível dispor de até metade do patrimônio quando há herdeiros necessários (art. 1.846 do CC); **D:** correta, nos termos do art. 1.846 do CC, que só admite disposição de metade dos bens quando há herdeiros necessários, sendo que, entre as filhas de Ester, que são herdeiras necessárias (art. 1.845 do CC), caberá metade para cada uma.
Gabarito "D".

(FGV – 2015) Márcia era viúva e tinha três filhos: Hugo, Aurora e Fiona. Aurora, divorciada, vivia sozinha e tinha dois filhos, Rui e Júlia. Márcia faleceu e Aurora renunciou à herança da mãe. Sobre a divisão da herança de Márcia, assinale a afirmativa correta.

(A) Diante da renúncia de Aurora, a herança de Márcia deve ser dividida entre Hugo e Fiona, cabendo a cada um metade da herança.

(B) Diante da renúncia de Aurora, a herança de Márcia deve ser dividida entre Hugo, Fiona, Rui e Júlia, em partes iguais, cabendo a cada um 1/4 da herança.

(C) Diante da renúncia de Aurora, a herança de Márcia deve ser dividida entre Hugo, Fiona, Rui e Júlia, cabendo a Hugo e Fiona 1/3 da herança, e a Rui e Júlia 1/6 da herança para cada um.

(D) Aurora não pode renunciar à herança de sua mãe, uma vez que tal faculdade não é admitida quando se tem descendentes de primeiro grau.

Os herdeiros de quem renuncia a uma herança não podem representar o renunciante, na forma dos artigos 1.810 e 1.811 do CC; assim, somente os dois irmãos não renunciantes terão direito à herança, que será dividida igualmente entre eles, estando correta a alternativa "A" e incorretas as demais alternativas, lembrando que não há regra alguma no Código Civil que impeça um herdeiro que tenha herdeiros, que renuncie a herança a que tenha direito.
Gabarito "A".

(FGV – 2015) Maria, solteira, após a morte de seus pais em acidente automobilístico, propõe demanda por alimentos em face de Pedro, seu parente colateral de segundo grau. Diante dos fatos narrados e considerando as normas de Direito Civil, assinale a opção correta.

(A) Como Pedro é parente colateral de Maria, não tem obrigação de prestar alimentos a esta, ainda que haja necessidade por parte dela.

(B) Pedro só será obrigado a prestar alimentos caso Maria não possua ascendentes nem descendentes, ou, se os possuir, estes não tiverem condições de prestá-los ou complementá-los.

(C) A obrigação de prestar alimentos é solidária entre ascendentes, descendentes e colaterais, em havendo necessidade do alimentando e possibilidade do alimentante.

(D) Pedro não tem obrigação de prestar alimentos, pois não é irmão de Maria.

A: incorreta; se Pedro é parente em segundo grau de Maria, é porque é irmão desta; e irmãos devem alimentos para irmãos, desde que o necessitado não tenha ascendentes ou descendentes que possam arcar com alimentos para eles (arts. 1.697 e 1.698 do CC); **B:** correta, nos termos dos art. 1.697 e 1.698 do CC; **C:** incorreta; em primeiro lugar, a obrigação em questão não é exatamente solidária, pois há uma ordem a seguir: primeiro ascendentes, depois descendentes e por último os irmãos (art. 1.697 do CC); em segundo lugar, somente os parentes colaterais que forem irmãos tem o dever de prestar alimentos para o necessitado, sendo que os demais parente colaterais não têm esse dever (art. 1.697 do CC); **D:** incorreta, pois se Pedro é parente em segundo grau de Maria, é porque é irmão desta (art. 1.594 do CC).
„B„ oʇuɐqɐ⅁

(Técnico – TJ/AL – 2018 – FGV) Joaquim, brasileiro, conheceu, Jeniffer, australiana, e com ela se casou no Brasil, pelo regime da separação de bens. Três anos após o casamento, Jeniffer adquire um imóvel em Maceió, no qual o casal passa a residir. Em razão de dificuldades financeiras, o casal resolve se mudar para Sydney, Austrália, local em que estabelecem domicílio e ambos adquirem, em razão de sucesso profissional, vultoso patrimônio. Contudo, aos 40 anos Jeniffer vem a falecer, sem deixar testamento, ascendentes e descendentes. De sua família biológica, apenas é vivo seu irmão, James, o qual, para a lei australiana, é o único herdeiro legítimo.

Diante dessa situação e considerando que, para a lei brasileira, Joaquim é o herdeiro legítimo, o bem localizado em Maceió será:

(A) partilhado entre Joaquim e James;

(B) destinado a James;

(C) incorporado ao Município de Maceió;

(D) adjudicado a Joaquim;

(E) entregue ao Município de Sydney.

Nos termos do § 1º do art. 10 da LINDB, se na sucessão de pessoa estrangeira havendo bens localizado no Brasil, será regulada pela leis brasileira em benefício do cônjuge brasileiro. Outrossim, de acordo com o artigo 26 da Resolução do CNJ 35 de 24/04/2007 diz que: "Havendo um só herdeiro, maior e capaz, com direito à totalidade da herança, não haverá partilha, lavrando-se a escritura de inventário e adjudicação dos bens." MP
„D„ oʇuɐqɐ⅁

(Técnico – MPE/CE – CESPE – 2020) Acerca de obrigação alimentar e de tomada de decisão apoiada, julgue os itens subsequentes.

(1) O ex-cônjuge devedor de alimentos ficará isento da obrigação alimentar constante da sentença de divórcio se contrair novo casamento.

(2) Os alimentos devem ser fixados na proporção da necessidade de quem os pleiteia e dos recursos da pessoa obrigada, sendo o direito à prestação recíproco entre pais e filhos e extensivo a todos os ascendentes.

(3) A tomada de decisão apoiada é o processo pelo qual a pessoa com deficiência elege pelo menos duas pessoas idôneas para prestar-lhe apoio na tomada de decisão sobre atos da vida civil.

1: Errada, pois o novo casamento do cônjuge devedor não extingue a obrigação constante da sentença de divórcio (art. 1.709 CC); **2:** Certa (arts. 1.695 e 1.696 CC); **3:** Certa (art. 1.783-A CC). GR
ƆƐ 'ƆZ 'Ǝ⌁ oʇuɐqɐ⅁

15. DIREITO PROCESSUAL CIVIL

Luiz Dellore

1. PRINCÍPIOS DO PROCESSO CIVIL

(Técnico Judiciário – TRF2 – Consulplan – 2017) O Poder Judiciário deve se nortear pela atividade satisfativa dos direitos discutidos em juízo. Nessa vertente, o Código de Processo Civil de 2015 (Lei Federal 13.105/2015) tutela, entre suas normas fundamentais, o princípio da primazia da resolução do mérito. Com base nas normas processuais em vigor que tratam do instituto da coisa julgada e dos seus efeitos, assinale a alternativa correta.

(A) Não se considera fundamentada qualquer decisão judicial, seja ela interlocutória, sentença ou acórdão, que não enfrentar todos os argumentos deduzidos no processo capazes de, em tese, infirmar a conclusão adotada pelo julgador.

(B) Haverá resolução de mérito na sentença que homologar a desistência da ação por parte do autor da demanda.

(C) Em regra, além da parte dispositiva, também fazem coisa julgada os motivos e a verdade dos fatos estabelecida como fundamento da sentença.

(D) O Código de Processo Civil de 2015 (Lei Federal 13.105/2015), prestigiando o princípio da igualdade material entre as partes, não mais prevê a sistemática da remessa necessária ou do duplo grau de jurisdição obrigatório às sentenças proferidas contra a União, os Estados, o Distrito Federal, os Municípios e suas respectivas autarquias e fundações de direito público.

A: Correta (CPC, art. 489, § 1º, IV); B: Incorreta, pois a desistência é hipótese de extinção sem resolução do mérito (art. 485, VIII); C: Incorreta, pois motivos e verdade dos fatos não são cobertos pela coisa julgada (art. 504, I e II); D: Incorreta, pois segue existindo a remessa necessária (art. 496). Gabarito "A".

(Técnico Judiciário – TRF2 – Consulplan – 2017) O Código de Processo Civil de 2015 (Lei Federal 13.105/2015) buscou combater o excesso de formalismo que existia nos diplomas processuais que o precederam, corroborando a máxima doutrinária de que "o processo não é um fim em si mesmo". Sobre o tema, assinale a alternativa correta.

(A) Podem as partes, independentemente da aquiescência do juiz da causa, fixar calendário para a prática de atos processuais.

(B) Antes de considerar inadmissível o recurso, o relator concederá o prazo de 5 (cinco) dias ao recorrente para que seja sanado vício ou complementada a documentação exigível.

(C) Caso verifique a ocorrência de vícios sanáveis ou de irregularidades no processo, o juiz determinará sua correção em prazo nunca superior a dez dias.

(D) Verificando que a petição inicial não preenche os requisitos legais ou que apresenta defeitos e irregularidades capazes de dificultar o julgamento de mérito,

o juiz deverá indeferi-la e extinguir o processo sem resolução do mérito.

A: Incorreta, pois apesar de haver a possibilidade de calendarização, isso depende de concordância do juiz (CPC, art. 191); B: Correta, sendo essa uma das inovações relevantes no tocante aos recursos no CPC (art. 932, parágrafo único); C: Incorreta apenas em relação ao prazo, pois o CPC aponta que não será em prazo superior a 30 dias (art. 352); D: Incorreta, pois sendo vícios sanáveis, o juiz determinará a emenda (art. 321). Gabarito "B".

(Técnico Judiciário – TRF2 – Consulplan – 2017) Um dos principais paradigmas que nortearam a elaboração do Código de Processo Civil de 2015 (Lei Federal 13.105/2015) foi a busca por um processo mais célere e eficiente, capaz de tutelar, em menor tempo e com o maior grau de abrangência possível, os interesses dos jurisdicionados. Sobre o tema proposto, assinale a alternativa correta.

(A) Independentemente de autorização judicial, as citações, intimações e penhoras poderão ser realizadas no período de férias forenses, onde as houver, e nos feriados ou dias úteis fora do horário estabelecido, observadas as regras constitucionais atinentes à inviolabilidade do domicílio.

(B) Os litisconsortes que tiverem diferentes procuradores, ainda que associados ao mesmo escritório de advocacia, terão prazos contados em dobro para todas as suas manifestações, em qualquer juízo ou tribunal, independentemente de requerimento.

(C) A União, os Estados, o Distrito Federal, os Municípios e suas respectivas autarquias, fundações públicas e empresas estatais gozarão de prazo em dobro para todas as suas manifestações processuais, cuja contagem terá início a partir da publicação na imprensa oficial.

(D) Os atos processuais pela via eletrônica podem ser praticados até as 24 (vinte e quatro) horas do último dia do prazo, não sendo este passível de prorrogação caso seu término se dê em um sábado, considerado dia útil pela nova sistemática processual para efeitos forenses.

A: Correta, por expressa previsão legal nesse sentido (CPC, art. 212, § 2º); B: Incorreta, pois se forem advogados do *mesmo* escritório, não há prazo em dobro (art. 229); C: Incorreta, pois o prazo para a Fazenda Pública tem início após intimação pessoal do procurador (art. 183); D: Incorreta, porque sábado não é dia útil (art. 216). Gabarito "A".

2. JURISDIÇÃO E COMPETÊNCIA

(Técnico – TRF/4 – FCC – 2019) João, domiciliado em São Paulo, pretende ajuizar contra Antônio, domiciliado em Salvador, ação para postular a declaração da propriedade de automóvel que foi licenciado no município de Aracaju e se acha na posse de Ricardo, que tem domicílio em Manaus. Nesse caso, segundo as regras de competência previstas no Código de Processo Civil, a ação deverá ser proposta no foro de

(A) São Paulo.

(B) Salvador.

(C) Aracaju.

(D) Manaus.

(E) São Paulo, Salvador, Aracaju ou Manaus, segundo exclusivo critério do autor.

No caso, não estamos diante de ação fundada em direito real sobre imóvel, o que afasta a aplicação do art. 47 e atrai a aplicação do art. 46, que prevê a competência do domicílio do réu. **A:** incorreta, pois a regra não é a competência do domicílio do autor (CPC, arts. 46 e 47). **B:** correta, pois a regra geral para direito pessoal e direito real sobre bens móveis é o domicílio do réu (CPC, art. 46). **C:** incorreta. A ação deve ser proposta no foro do domicílio do réu (CPC, art. 46). **D:** incorreta. Não há menção de que Ricardo também figurará como réu na ação (CPC, art. 46, §4º). **E:** incorreta, considerando não se tratar de hipótese de foro concorrente.
„B„ otinabaG

(Técnico Judiciário – TRF2 – Consulplan – 2017) A Constituição da República Federativa do Brasil de 1988 disciplina o princípio do juiz natural. Este princípio possui desdobramentos no Código de Processo Civil de 2015 (Lei Federal 13.105/2015) voltados à concepção que deve existir um determinado juízo, previamente criado e estabelecido, para julgar a causa submetida à sua apreciação. Sobre as regras processuais que disciplinam a distribuição e o registro dos procedimentos em âmbito judicial, analise as afirmativas a seguir.

I. Todos os processos estão sujeitos a registro e, onde houver mais de um juiz, devem ser distribuídos. Tal distribuição que poderá ser eletrônica, será alternada e aleatória, obedecendo-se rigorosa igualdade.

II. Serão distribuídas por dependência as causas de qualquer natureza quando, tendo sido extinto o processo sem resolução de mérito, for reiterado o pedido, ainda que em litisconsórcio com outros autores ou que sejam parcialmente alterados os réus da demanda.

III. A citação válida, quando ordenada por juízo incompetente, não produz quaisquer efeitos.

Está(ão) correta(s) apenas a(s) afirmativa(s)

(A) I.

(B) I e III.

(C) II e III.

(D) I e II.

I: Correta, pois se trata da previsão legal (CPC, arts. 284 e 285); **II:** Correta, pois se trata da previsão legal (art. 286, II); **III:** Incorreta, pois a citação válida, *mesmo* quando ordenada por juízo incompetente, acarreta os efeitos do art. 240.
„D„ otinabaG

3. PARTES, PROCURADORES, SUCUMBÊNCIA, MINISTÉRIO PÚBLICO E JUIZ

(Técnico – TJ/AL – 2018 – FGV) Atuando no processo civil, como fiscal da ordem jurídica, o Ministério Público:

(A) não poderá opinar, quanto ao mérito da causa, desfavoravelmente à parte incapaz;

(B) não poderá produzir provas, devendo aguardar a iniciativa das partes nesse sentido;

(C) terá legitimidade recursal;

(D) será considerado intimado com a publicação dos provimentos jurisdicionais no órgão oficial;

(E) deverá intervir sempre que a Fazenda Pública seja uma das partes.

A: incorreta, pois a atuação do MP é pautada pela proteção do interesse do incapaz (evitando que haja prejuízo a ele), o que não significa que deverá opinar sempre de maneira favorável à parte incapaz. **B:** incorreta, sendo possível a produção de provas pelo MP (CPC, art. 179, II). **C:** correta, por expressa previsão legal (CPC, art. 179, II). **D:** incorreta, considerando que a intimação do MP é pessoal (CPC, art. 180). **E:** incorreta, pois o simples fato de a Fazenda (União, Estados ou Municípios) participar do processo, não significa a existência de interesse público e participação do MP (CPC, art. 178, parágrafo único).
„C„ otinabaG

(Técnico – TJ/AL – 2018 – FGV) Maria teve o pedido de pensão previdenciária negado ao argumento de que Fernando, seu convivente falecido, não a registrou em vida como companheira ou dependente em seu órgão pagador. Nesse sentido, a integralidade da pensão foi destinada ao filho único Antônio, menor impúbere, que é fruto de seu relacionamento com Maria.

Nesse cenário, para que Maria obtenha o reconhecimento judicial de união estável e sua dissolução *post mortem*, deverá propor ação em face de:

(A) Fernando, postulando que seja nomeado um curador especial para defender os interesses do réu;

(B) Antônio, devendo ser informado de que Maria será a representante legal do réu;

(C) Antônio, devendo o juiz nomear um curador especial ao incapaz;

(D) Antônio, requerendo a intervenção do Ministério Público para representar o incapaz;

(E) espólio de Fernando, devendo o juiz nomear um defensor público para defesa do réu.

A: incorreta. A ação não poderá ser ajuizada em face do falecido. **B:** incorreta. Maria não poderá atuar como representante do menor, considerando o conflito de interesses (CPC, art. 72, I). **C:** correta, pois o menor Antônio tem interesses conflitantes com o de sua mãe, que seria sua represente legal, diante do óbito do pai (CPC, art. 72, I). **D:** incorreta. A curatela especial será exercida pela Defensoria Pública (CPC, art. 72, parágrafo único). **E:** incorreta. A ação deve ser ajuizada em face de Antônio, pois ele foi o contemplado com a integralidade da pensão previdenciária.
„C„ otinabaG

(Escrevente – TJ/SP – 2018 – VUNESP) Legalmente, incumbe ao escrivão ou ao chefe de secretaria:

(A) efetuar avaliações, quando for o caso.

(B) certificar proposta de autocomposição apresentada por qualquer das partes, na ocasião de realização de ato de comunicação que lhe couber.

(C) manter sob sua guarda e responsabilidade os bens móveis de pequeno valor penhorados.

(D) auxiliar o juiz na manutenção da ordem.

(E) comparecer às audiências ou, não podendo fazê-lo, designar servidor para substituí-lo.

A: Incorreta, porque essa atribuição cabe ao oficial de justiça (CPC, art. 154, V); **B:** Incorreta, também sendo essa atividade do oficial de justiça (CPC, art. 154, VI); **C:** Incorreta, porque incumbe ao escrivão ou

chefe de cartório a guarda dos autos (CPC, art. 152, IV). Já a guarda de bens e conservação de bens penhorados incumbe ao depositário ou ao administrador (CPC, art. 159); **D:** Incorreta, sendo essa atividade do oficial de justiça (CPC, art. 154, IV); **E:** Correta (CPC, art. 152, III).
Gabarito "E".

(Escrevente Técnico Judiciário – TJSP – VUNESP – 2017) Dr. Jonas era advogado da empresa MMC Ltda. Estudioso, preparou-se com afinco para o concurso da magistratura paulista e hoje é juiz da 1ª Vara Cível da Comarca de Santos, local onde atuou como advogado durante anos. Agora, ao analisar um processo, descobriu que está sob seu julgamento um caso no qual a empresa MMC é parte.

Nesse caso, é correto afirmar que Dr. Jonas

(A) está apto a julgar a ação, pois o fato de ter advogado para uma das partes antes de ser juiz em nada interfere na sua atuação e imparcialidade.

(B) é impedido, e, se tal impedimento não for reconhecido de ofício, o tribunal fixará o momento a partir do qual ele não poderia ter atuado.

(C) é impedido, e poderá alegar que seu afastamento se dará em virtude de motivos de foro íntimo, sem necessidade de declarar suas razões.

(D) é suspeito para atuar na causa, por isso deverá reconhecer tal suspeição e remeter os autos para seu substituto legal.

(E) é suspeito, pois demonstra ser interessado em julgar a causa a favor do seu ex-cliente.

Se o juiz atuou antes no processo como mandatário da parte (uma situação objetiva), a hipótese é de impedimento (CPC, art. 144, I).
Gabarito "B".

(Técnico Judiciário – TRT11 – FCC – 2017) Se ocorrer o falecimento do único advogado do réu, o juiz determinará que este constitua novo mandatário no prazo de 15 dias. Decorrido esse prazo sem a constituição de novo mandatário, o juiz

(A) suspenderá o processo pelo prazo de 1 ano.

(B) extinguirá o processo sem resolução de mérito.

(C) suspenderá o processo pelo prazo de 3 meses.

(D) ordenará o prosseguimento do processo à revelia do réu.

(E) nomeará outro advogado para o réu, apesar de não ser beneficiário da Justiça Gratuita.

A questão é expressamente regulada pelo Código (CPC, art. 76. Verificada a incapacidade processual ou a irregularidade da representação da parte, o juiz suspenderá o processo e designará prazo razoável para que seja sanado o vício. § 1o Descumprida a determinação, caso o processo esteja na instância originária: (...) II – o réu será considerado revel, se a providência lhe couber). Assim, a alternativa correta é a D.
Gabarito "D".

(Técnico Judiciário – TRT/9° – 2010 – FCC) Em uma ação ordinária movida contra pessoa jurídica de direito privado, o Juiz verificou que a procuração outorgada ao advogado que apresentou a contestação foi assinada por pessoa alheia ao quadro social da empresa e sem poderes para representá-la. Em vista disso, suspendeu o processo e determinou a intimação da ré pelo correio para sanar o defeito de representação no prazo de 30 dias. Não tendo sido cumprido esse despacho dentro do prazo fixado, o juiz deverá:

(A) decretar a nulidade do processo.

(B) extinguir o processo sem exame do mérito.

(C) declarar a ré revel.

(D) fixar novo prazo para a regularização da representação.

(E) determinar o prosseguimento do processo.

Estabelece o art. 76, §1º, II, do CPC que se descumprida a obrigação que caberia ao réu, este será considerado revel.
Gabarito "C".

(Técnico Judiciário – TRT/5ª – 2008 – CESPE) Quanto à competência, ao juiz e aos atos processuais, julgue o item a seguir.

(1) Reputa-se fundada a suspeição de parcialidade do juiz quando, no processo, o seu cônjuge estiver postulando como advogado da parte.

1: incorreta. Trata-se de caso de hipótese de impedimento e não de suspeição do juiz (art. 144, III do CPC).
Gabarito "1E".

4. PRAZOS PROCESSUAIS E ATOS PROCESSUAIS

(Técnico – TJ/AL – 2018 – FGV) No que concerne aos atos processuais, é correto afirmar que:

(A) os meramente ordinatórios, como a juntada e a vista obrigatória, dependem de despacho do juiz;

(B) as citações podem ser realizadas durante as férias forenses, desde que haja prévia autorização judicial nesse sentido;

(C) devem ser realizados, em regra, das 6 (seis) às 18 (dezoito) horas dos dias úteis;

(D) em regra são públicos, podendo, excepcionalmente, ser decretado o segredo de justiça;

(E) as partes não poderão exigir recibos de petições, arrazoados, papéis e documentos que entregarem em cartório.

A: incorreta. Os atos meramente ordinatórios independem de despacho do juiz, podendo ser realizados pelo próprio cartório (CPC, art. 203, § 4º). **B:** incorreta. Durante as férias forenses, as citações poderão ser realizadas independentemente de autorização judicial (CPC, art. 212, § 2º). **C:** incorreta. Os atos processuais são realizados, em regra, das 6h às 20h dos dias úteis (CPC, art. 212). **D:** correta, existindo o segredo de justiça como exceção, para situações de proteção à intimidade das partes (CPC, art. 189). **E:** incorreta, considerando o "protocolo" das petições apresentadas, seja em meio físico ou eletrônico (CPC, art. 201).
Gabarito "D".

(Técnico – TJ/AL – 2018 – FGV) Ao celebrar um contrato de compra e venda, os contratantes convencionaram sobre determinados ônus e deveres processuais. Nesse sentido, afirmaram que se houvesse necessidade de ação judicial para dirimir qualquer conflito em relação ao negócio jurídico ora entabulado, e pela possibilidade legal de autocomposição, o autor estaria desincumbido de provar a existência do contrato e que o réu não poderia contestar o feito.

Nesse cenário:

(A) o juiz não poderá controlar as validades destas convenções, pois se trata de direito disponível às partes;

(B) estas convenções são nulas de pleno direito, pois convencionadas antes da existência do processo;

(C) o juiz controlará as validades destas convenções de ofício, e deverá admiti-las por se tratarem de direitos disponíveis;

(D) o juiz controlará as validades destas convenções, recusando aplicação de ambas as cláusulas;

(E) o juiz controlará as validades destas convenções, recusando, de ofício, a cláusula que impossibilita o réu contestar.

A: incorreta. Ainda que o NJP (negócio jurídico processual) deva ser preferencialmente mantido, é possível ao juiz controlar a sua validade (CPC, art. 190, parágrafo único). B: incorreta. É possível a celebração de NJP antes do litígio existir (NJP pré-processual, celebrado em contrato) ou após o surgimento do litígio (CPC, art. 190). C: incorreta, porque o juiz pode controlar de ofício ou a requerimento (CPC, art. 190, parágrafo único). D: incorreta, pois nada impede que haja NJP envolvendo ônus da prova (CPC, art. 190 e 373, § 3º). E: correta. Ainda que o NJP em regra seja válido em casos de direitos disponíveis, não é possível simplesmente suprimir a possibilidade de o réu apresentar contestação (considerando os princípios do contraditório e ampla defesa), sendo que isso poderia ser reconhecido de ofício ou a requerimento da parte (CPC, art. 190, parágrafo único).
Gabarito "E."

(Técnico – TJ/AL – 2018 – FGV) Francisco, advogado, postulando em causa própria, pede a condenação de Daniel em perdas e danos no valor de dez mil reais, por força de prejuízos materiais que este causou em seu imóvel. Para tanto, o autor declarou, na petição inicial, seu endereço e seu número de inscrição na OAB (Ordem dos Advogados do Brasil). No curso do processo, Francisco muda de endereço e não comunica esse fato ao juízo. O julgador intima o autor, no endereço constante dos autos, por carta registrada, para dar andamento ao feito, sob pena de extinção do processo.

Nesse sentido:

(A) é considerada válida a intimação enviada, e se o autor não se manifestar, o processo será extinto sem resolução do mérito;

(B) é considerada válida a intimação, mas em caso de não atendimento, haverá uma nova intimação por meio eletrônico;

(C) é nula a intimação, pois o autor é advogado e deve ser intimado por meio da OAB;

(D) é nula a intimação, pois o autor deveria ser intimado pessoalmente por oficial de justiça;

(E) é considerada válida a intimação e deverá o julgador considerar que houve andamento processual.

A: correta, pois é dever da parte manter seu endereço atualizado, sob pena de ser considerada válida a intimação (CPC, art. 106, §2º), e em casos de intimação para dar andamento sob pena de extinção, a intimação deve ser pessoal, o que pode ser feito pelo correio (CPC, art. 485, § 1º). B: incorreta. Não haverá nova intimação por meio eletrônico (CPC, art. 106, §2º). C: incorreta. Em regra, as intimações são realizadas pela publicação do ato no órgão oficial (CPC, art. 272); porém, em determinadas situações (como quando é necessário dar andamento ao processo sob pena de extinção), a intimação não deve ser pela imprensa, mas pessoalmente à parte, em seu endereço (CPC, art. 485, § 1º), o que pode ser feito por correio. D: incorreta, sendo possível a intimação pessoal pelo correio, no endereço indicado (CPC,

art. 106, §2º). E: incorreta, porque o andamento processual ocorrerá apenas após a manifestação no processo.
Gabarito "A."

(Escrevente – TJ/SP – 2018 – VUNESP) Processa(m)-se durante as férias forenses, onde as houver, e não se suspendem pela superveniência delas:

(A) a homologação de desistência de ação.

(B) os procedimentos de jurisdição voluntária e os necessários à conservação de direitos, quando puderem ser prejudicados pelo adiamento.

(C) os processos que versem sobre arbitragem, inclusive sobre cumprimento de carta arbitral.

(D) o registro de ato processual eletrônico e a respectiva intimação eletrônica da parte.

(E) a realização de audiência cujas datas tiverem sido designadas.

A: Incorreta, porque a hipótese não se encontra no rol de atos processuais que são praticados durante as férias forenses (CPC, art. 215); B: Correta (CPC, art. 215, I); C: Incorreta, tendo em vista que os processos que versem sobre arbitragem correrão sob segredo de justiça, mas não se encontram no rol de atos processuais que são praticados durante as férias forenses (CPC, art. 189, IV e art. 215); D: Incorreta, porque a hipótese não se encontra no rol de atos processuais que são praticados durante as férias forenses (CPC, art. 215); E: Incorreta, porque, em regra, não serão designadas audiências durante o período de recesso forense (CPC, art. 215).
Gabarito "B."

(Escrevente Técnico Judiciário – TJSP – VUNESP – 2017) Sobre a forma dos atos processuais, é correto afirmar que

(A) os atos meramente ordinatórios, como a juntada e a vista obrigatória, dependem de despacho e devem ser revistos pelo juiz da causa.

(B) o direito de consultar os autos do processo que tramita em segredo de justiça e de pedir certidões é restrito aos advogados das partes, pois somente esses possuem capacidade postulatória.

(C) o documento em língua estrangeira poderá ser juntado aos autos independentemente de tradução em língua portuguesa firmada por tradutor juramentado.

(D) é possível lançar nos autos físicos cotas marginais e interlineares às quais o juiz mandará riscar quando não tiver autorizado, impondo, inclusive, multa de até um salário-mínimo vigente a quem as fez.

(E) de comum acordo, o juiz e as partes podem fixar calendário para prática dos atos processuais, quando for o caso.

A: Incorreta, pois esses atos independem de despacho do juiz (CPC, art. 203, § 4º); B: Incorreta, pois a consulta aos autos pode ser feita também pelas partes, e não só pelos procuradores (art. 189, § 1º); C: Incorreta, pois documentos estrangeiros devem ser traduzidos de forma juramentada (art. 192, parágrafo único); D: Incorreta, pois *não* é possível lançar as cotas marginais (palavras entre as linhas – art. 202); E: Correta, sendo a calendarização uma das novidades do CPC (art. 191).
Gabarito "E."

(Técnico Judiciário – TRF2 – Consulplan – 2017) O Código de Processo Civil de 2015 (Lei Federal 13.105/2015) traz diversas regras dispondo sobre a forma como serão praticados os atos processuais. Acerca do tema proposto, assinale a alternativa correta.

(A) Embora o Código de Processo Civil de 2015 (Lei Federal 13.105/2015) contemple a figura do "processo judicial eletrônico", não se admite a prática de atos processuais por meio de videoconferência ou outro recurso tecnológico de transmissão de sons e imagens em tempo real.

(B) Se um ato relativo a processo em curso na justiça federal ou em tribunal superior houver de ser praticado em local onde não haja vara federal, a carta poderá ser dirigida ao juízo estadual da respectiva comarca.

(C) Será expedida carta de ordem para que órgão do Poder Judiciário pratique ou determine o cumprimento, na área de sua competência territorial, de ato objeto de pedido de cooperação judiciária formulado por juízo arbitral, inclusive os que importem efetivação de tutela provisória.

(D) Quando, por três vezes, o oficial de justiça houver procurado o citando em seu domicílio ou residência sem o encontrar, deverá, havendo suspeita de ocultação, intimar qualquer pessoa da família ou, em sua falta, qualquer vizinho de que, no dia útil imediato, voltará a fim de efetuar a citação, na hora que designar.

A: Incorreta, pois há previsão expressa permitindo videoconferência (por exemplo, CPC, art. 236, § 3º); **B:** Correta, por expressa previsão legal (art. 237, parágrafo único); **C:** Incorreta, pois a carta de ordem é utilizada quando o Tribunal requer algo ao juízo de 1º grau (art. 265); **D:** Incorreta, pois a citação por hora certa ocorrerá após duas vezes de suspeita de ocultação (art. 252).
Gabarito "B".

(Técnico Judiciário – TRF2 – Consulplan – 2017) Com os avanços tecnológicos e a utilização cada vez mais acentuada dos meios informáticos e telemáticos, a adoção do processo eletrônico revelou-se como a única alternativa viável ao operador do Direito. Assim, o legislador brasileiro fez a opção correta ao regulamentá-lo no Código de Processo Civil de 2015 (Lei Federal 13.105/2015). Sobre o tema, assinale a alternativa INCORRETA.

(A) É vedada a gravação da audiência de instrução e julgamento realizada diretamente por qualquer das partes, salvo quando houver autorização judicial para fazê-lo.

(B) Quando o advogado que postular em causa própria não comunicar sua mudança de endereço ao juízo, poderá ser intimado por meio eletrônico.

(C) Admite-se a prática de atos processuais por meio de videoconferência ou outro recurso tecnológico de transmissão de sons e imagens em tempo real.

(D) Com exceção das microempresas e das empresas de pequeno porte, as empresas públicas e privadas são obrigadas a manter cadastro nos sistemas de processo em autos eletrônicos, para efeito de recebimento de citações e intimações, as quais serão efetuadas preferencialmente por esse meio.

A: Incorreta, devendo esta ser assinalada. O CPC permite expressamente a gravação da audiência, mesmo sem autorização judicial (art. 367, § 6º); **B:** Correta (art. 106, § 2º); **C:** Correta (art. 236, § 3º); **D:** Correta (art. 246, § 1º).
Gabarito "A".

(Técnico Judiciário – TRT/17ª – 2009 – CESPE) A respeito dos atos processuais, julgue os itens que se seguem.

(1) Ao contrário do que ocorre com os prazos estabelecidos pelo juiz, o prazo estabelecido pela lei é contínuo e não se interrompe nos feriados.

(2) Em que pese a citação válida ser essencial para o desenvolvimento regular do processo, é possível que seja suprida a sua falta ou nulidade.

(3) Caso o escrivão receba a petição inicial de uma ação de indenização por perdas e danos, a primeira providência que ele deverá adotar é entregar a petição ao juiz para despachá-la.

1: incorreta, pois seja o prazo estabelecido pelo juiz, seja o prazo previsto em lei, somente se conta em dias úteis (art. 219 do CPC); **2:** correta. O comparecimento espontâneo do réu supre a falta de citação (art. 239, § 1º, do CPC); **3:** incorreta, visto que "ao receber a petição inicial de processo, o escrivão ou chefe de secretaria a autuará, mencionando o juízo, a natureza do processo, o número de seu registro, os nomes das partes e a data de seu início; e procederá do mesmo modo em relação aos volumes em formação" (art. 206 do CPC).
Gabarito 1E, 2C, 3E

5. LITISCONSÓRCIO E INTERVENÇÃO DE TERCEIROS

(Técnico Judiciário – TRT/9º – 2010 – FCC) Em um procedimento comum em que figuram no polo passivo da demanda o réu como parte principal e um assistente não litisconsorcial regularmente admitido, o réu reconheceu a procedência do pedido, sem a concordância do assistente. Nesse caso,

(A) o processo prosseguirá normalmente contra o assistente.

(B) cessará a intervenção do assistente.

(C) o reconhecimento da procedência do pedido será considerado nulo pela falta de concordância do assistente.

(D) o juiz designará audiência de conciliação entre a parte principal e o assistente.

(E) o juiz condicionará o prosseguimento do processo contra o assistente à manifestação do autor nesse sentido.

A assistência, que possui natureza jurídica de intervenção espontânea de terceiros, só pode ser admitida quando demonstrado *interesse jurídico* pelo assistente, tendo cabimento em qualquer tipo de procedimento e em todos os graus de jurisdição (art. 119 do CPC). Cumpre esclarecer que a assistência simples ou adesiva não impede que o assistido, dentre outros, reconheça a procedência do pedido do autor; aliás, o assistente simples, enquanto *mero auxiliar*, não pode promover atividade processual incompatível com a vontade da parte assistida (art. 122 do CPC). No caso trazido pela questão, diante do reconhecimento da procedência do pedido pelo réu, a intervenção do assistente cessará tão logo o juiz sentencie o processo com resolução de mérito, na forma do art. 487, III, "a", do CPC.
Gabarito "B".

(Técnico Judiciário – TRT/17ª – 2009 – CESPE) A respeito da disciplina do litisconsórcio, julgue o item seguinte.

(1) No litisconsórcio unitário, existem atos que, praticados por apenas um dos litisconsortes, aproveitarão a todos.

1: correta. CPC, art. 117. "Os litisconsortes serão considerados, em suas relações com a parte adversa, como litigantes distintos, exceto no litisconsórcio unitário, caso em que os atos e as omissões de um não prejudicarão os outros, *mas os poderão beneficiar*".

Gabarito "1C".

6. PRESSUPOSTOS PROCESSUAIS, ELEMENTOS DA AÇÃO E CONDIÇÕES DA AÇÃO

(Técnico – TRT/6ª – 2012 – FCC) São condições da ação:

(A) citação do réu, possibilidade jurídica do pedido e interesse de agir.

(B) competência do juiz, interesse de agir e legitimidade das partes.

(C) interesse de agir, legitimidade das partes e possibilidade jurídica do pedido.

(D) pagamento das custas iniciais do processo, achar-se a parte representada por advogado e competência do juiz.

(E) não achar-se prescrita a pretensão, existência do direito pleiteado e legitimidade das partes.

No antigo CPC, eram condições da ação a legitimidade de parte, interesse de agir e possibilidade jurídica do pedido (alternativa "C"). No CPC15, a possibilidade jurídica deixou de ser condição da ação (art. 485, VI), de modo que atualmente somente são condições da ação legitimidade e interesse.

Gabarito sem resposta à luz do NCPC

(Técnico Judiciário – TRT/17ª – 2009 – CESPE) Luzia ajuizou ação em face de Pedro, requerendo que o juiz fixasse pensão alimentícia para o filho dos dois, hoje com cinco anos de idade. Regularmente citado, Pedro apresentou contestação. Com base nessa situação hipotética, julgue o item subsequente.

(1) O juiz deverá extinguir o processo sem resolução de mérito por ausência de uma das condições da ação.

1: correta. O filho tem capacidade de ser parte e, para suprir sua incapacidade processual, deve ser representado pela mãe. Mas a legitimidade é do filho. Sendo assim, a mãe é parte ilegítima, o que acarreta a extinção sem mérito (art. 485, VI, do CPC).

Gabarito "1C".

7. FORMAÇÃO, SUSPENSÃO E EXTINÇÃO DO PROCESSO. NULIDADES

(Técnico – TRF/4 – FCC – 2019) Patrícia ajuizou ação indenizatória contra a União. Sem examinar a prova produzida nem apreciar nenhum dos fundamentos deduzidos na contestação, o juiz pronunciou, de ofício, a prescrição, extinguindo o processo por meio de sentença, contra a qual não foi interposto nenhum recurso no prazo legal. Nesse caso, a sentença

(A) importou em resolução de mérito, fazendo coisa julgada formal, mas não material.

(B) importou em resolução de mérito, fazendo coisa julgada material.

(C) não importou em resolução de mérito, nem fez coisa julgada.

(D) não importou em resolução de mérito, fazendo coisa julgada formal, mas não material.

(E) não importou em resolução de mérito, fazendo coisa julgada material.

A prescrição é matéria de mérito (CPC, art. 487, II), de modo que a sentença que a reconhece é de mérito, e portanto capaz de ser coberta pela coisa julgada material (CPC, art. 502). A sentença processual (CPC, art. 485) é que será coberta apenas pela coisa julgada formal. Assim, apenas a alternativa que aponta ser mérito e coisa julgada material é a correta.

Gabarito "B".

(Técnico Judiciário – TRT/6ª – 2006 – FCC) Dentre outros casos, extingue-se o processo, sem resolução de mérito, quando o juiz:

(A) acolher a alegação de litispendência.

(B) acolher o pedido do autor.

(C) pronunciar a decadência.

(D) rejeitar o pedido do autor.

(E) pronunciar a prescrição.

Extingue-se o processo, sem resolução do mérito, quando o juiz acolher a alegação de perempção, litispendência ou de coisa julgada (art. 485, V, do CPC). As demais hipóteses, de mérito, estão previstas no art. 487. Vale atentar que prescrição e decadência são matérias de mérito, o que confunde muitos candidatos (CPC, art. 487, II).

Gabarito "A".

8. TUTELA PROVISÓRIA

(Escrevente – TJ/SP – 2018 – VUNESP) Se a tutela antecipada for concedida nos casos em que a urgência for contemporânea à propositura da ação e a petição inicial limitar-se ao requerimento da tutela antecipada e à indicação do pedido de tutela final, com a exposição da lide, do direito que se busca realizar e do perigo de dano ou do risco ao resultado útil do processo, e a decisão se tornar estável, o juiz deverá

(A) mandar emendar a inicial.

(B) suspender a ação até seu efetivo cumprimento.

(C) julgar extinto o processo.

(D) determinar a contestação da ação.

(E) sanear o feito.

A: Incorreta, porque a estabilização da tutela pressupõe (i) que não haja a emenda da inicial para o pedido final e (ii) que o réu não tenha recorrido da decisão via agravo de instrumento (CPC, art. 304); **B:** Incorreta, considerando que a estabilização da tutela acarreta a extinção do feito e não sua suspensão (CPC, art. 304, § 1º); **C:** Correta, pois com a estabilização há a extinção do processo com acolhimento do pedido de tutela antecipada (CPC, art. 304, § 1º); **D:** Incorreta, porque, com a estabilização da tutela, não será oportunizado o oferecimento de contestação, pois o processo será extinto (CPC, art. 304); **E:** Incorreta, vide justificativa para a alternativa "B" (CPC, art. 304, § 1º).

Gabarito "C".

(Escrevente Técnico Judiciário – TJSP – VUNESP – 2017) Determinada lide esbarra numa súmula vinculante que favorece o réu na sua interpretação. Assim, pretende o réu que essa discussão seja imediatamente solucionada, requerendo tutela provisória nesse sentido, pelas vias processuais adequadas.

Nesse caso, é correto afirmar que

(A) o réu não tem legitimidade para requerer tutela provisória nesse caso, pois esse pedido deve ser formulado exclusivamente pelo autor dessa demanda.

(B) só será concedida a tutela caso o réu a tenha pleiteado na forma de urgência antecipada antecedente.

(C) para que seja concedida a tutela pretendida, será necessária a presença dos requisitos da verossimilhança, da alegação e do risco de dano.

(D) o réu tem interesse em pleitear a provisória de evidência, independentemente da presença dos requisitos da verossimilhança, da alegação e do risco de dano.

(E) por se tratar de assunto que deve aguardar a cognição exauriente, o pedido de tutela provisória do réu deverá ser indeferido.

A: Incorreta, pois seria possível ao réu formular pedido de tutela provisória em reconvenção; **B:** Incorreta, pois na linha da resposta anterior, na reconvenção pode ser pleiteado qualquer tipo de tutela de urgência; **C:** Incorreta, pois os requisitos da tutela de urgência são probabilidade do direito e perigo de dano ou o risco ao resultado útil do processo (CPC, art. 300); **D:** Correta, pois o réu pode pleitear tutela de evidência na reconvenção, sendo que os requisitos dessa tutela não são os mesmos da tutela de urgência (art. 311, II); **E:** Incorreta, pois há tutela de evidência fundado em precedente sumulado (vide alternativa anterior).
Gabarito "D".

9. INICIAL E CONTESTAÇÃO

(Técnico – TJ/AL – 2018 – FGV) No procedimento comum, a via pela qual o réu pode manifestar pretensão própria, conexa com a ação principal ou com o fundamento da defesa, é:

(A) exceção;

(B) reconvenção;

(C) *querela nullitatis*;

(D) impugnação ao cumprimento de sentença;

(E) embargos.

A: incorreta, pois não existe mais exceção no atual CPC; **B:** correta, sendo essa a forma prevista no Código para o "contra-ataque" do réu, ou seja, a manifestação de uma pretensão própria do réu em face do autor e/ou de terceiro (CPC, art. 343); **C:** incorreta, pois essa ação busca reconhecer a inexistência de uma decisão proferida em processo anterior; **D:** incorreta, porque essa é a defesa no cumprimento de sentença; **E:** incorreta, considerando que os embargos podem ser defesa (embargos à execução), ação (embargos de terceiro) ou recurso (embargos de declaração).
Gabarito "B".

(Técnico Judiciário – TRT/5ª – 2008 – CESPE) A respeito da formação do processo, da resposta do réu, dos recursos cíveis e do processo de execução, julgue o item que se segue.

(1) Reconvenção é a ação proposta pelo réu reconvinte contra o autor reconvindo no mesmo processo.

1: correta, nos termos do art. 343, *caput*, do CPC. Vale lembrar que a reconvenção é um tópico na própria contestação, a partir do CPC15.
Gabarito "1C".

10. PROVAS

(Técnico – TRF/4 – FCC – 2019) André ajuizou ação de cobrança contra Reinaldo e Letícia, demandando o pagamento de aluguéres de um imóvel que lhes havia locado, mediante contrato verbal. Em sua contestação, Reinaldo nega a existência de locação, argumentando que o imóvel lhes havia sido cedido em comodato. Por sua vez, na contestação de Letícia, ela admite a existência da locação, sustentando que ela e Reinaldo, seu irmão, deixaram de pagar os aluguéres por conta de dificuldades financeiras.

Nesse caso, dada a existência do litisconsórcio passivo, a confissão de Letícia quanto à existência da locação

(A) faz prova apenas contra ela, Letícia.

(B) faz prova contra ela, Letícia, e também contra Reinaldo.

(C) faz prova apenas contra Reinaldo.

(D) faz prova contra ela, Letícia, somente se corroborada por outros meios.

(E) não faz prova contra ela, Letícia, nem contra Reinaldo.

A: correta, considerando expressa previsão legal nesse sentido (CPC, arts. 117 e 391). **B** e **C:** incorreta. Não se tratando de litisconsórcio passivo unitário, Reinaldo e Letícia devem ser considerados como litigantes distintos, portanto, os atos de Letícia poderiam beneficiar Reinaldo, mas não o prejudicar (CPC, arts. 117 e 391). **D:** incorreta, pois não há necessidade de dilação probatória para o fato objeto de confissão (CPC, art. 374, II e III). **E:** incorreta. A confissão de Letícia torna o fato, em relação a ela, incontroverso, conforme exposto em "D".
Gabarito "A".

(Escrevente Técnico Judiciário – TJSP – VUNESP – 2017) Numa audiência de instrução e julgamento, o juiz determinou que primeiro se ouvissem as testemunhas das partes, e, após isso, fossem prestados os esclarecimentos dos peritos. Além disso, no momento dos debates orais, numa ação em que havia interesse de menores, concedeu prazo de 40 minutos para o advogado do autor e de 30 minutos para o advogado do réu e para o promotor de justiça se pronunciarem.

Diante dessa situação, é correto afirmar que o juiz

(A) errou na questão da inversão da ordem das provas em audiência, bem como ao conceder prazo maior para uma das partes em detrimento das outras, ferindo o princípio da igualdade processual.

(B) errou unicamente ao conceder prazo para o ministério público, tendo em vista que somente as partes devem participar dos debates orais, cabendo ao promotor apenas manifestar-se por escrito por meio de memoriais.

(C) acertou ao inverter a ordem da colheita de provas em audiência, pois não há uma obrigatoriedade nesse roteiro; mas errou ao fixar limite de tempo de 40 minutos para o pronunciamento em razões finais do advogado do autor, prazo superior ao estabelecido em lei.

(D) somente errou ao inverter a ordem de oitiva do perito, tento em vista que a lei determina que, obrigatoriamente, sejam ouvidos primeiro o perito e depois as testemunhas.

(E) acertou em todos os seus atos, pois a ordem da oitiva é passível de modificação a critério do juiz, bem como os prazos para debates orais devem ser estipulados pelo magistrado.

A legislação permite ao juiz alterar a ordem de produção das provas, pois a lei aponta que a ordem de produção de provas é "preferencial" (CPC, art. 361), mas não há previsão de mudança do tempo de manifestação oral final (art. 364 fala em 20 minutos, prorrogáveis por mais 10 minutos). Assim, a alternativa correta é a "C".
Gabarito "C".

(Técnico – TRT/6ª – 2012 – FCC) A falta do instrumento público, quando a lei o exigir, como da substância do ato,

(A) nenhuma outra prova, por mais especial que seja, pode suprir-lhe.

(B) poderá ser suprida por qualquer meio de prova que o juiz reputar conveniente.

(C) só poderá ser suprida pela confissão da parte.

(D) será suprida se, no curso do processo, as testemunhas forem absolutamente concordes a respeito do direito da parte.

(E) poderá ser suprida por instrumento particular com firma reconhecida e registrado em Cartório de Títulos e Documentos.

Prescreve o art. 406 do CPC, que "quando a lei exigir instrumento público como da substância do ato, nenhuma outra prova, por mais especial que seja, pode suprir-lhe a falta".
Gabarito "A".

11. SENTENÇA, COISA JULGADA E AÇÃO RESCISÓRIA

(Escrevente – TJ/SP – 2018 – VUNESP) Nas causas que dispensem a fase instrutória, o juiz, independentemente da citação do réu, poderá julgar liminarmente improcedente o pedido

(A) que tiver petição inicial inepta.

(B) cujo autor carecer de interesse processual.

(C) que tenha parte manifestamente ilegítima.

(D) que não indicar o fundamento legal.

(E) que contrariar enunciado de súmula de tribunal de justiça sobre direito local.

A: Incorreta, porque a referida hipótese acarreta o indeferimento da petição inicial, que resultará na extinção do processo sem resolução do mérito (CPC, art. 330, I e art. 485, I); B: Incorreta, vide justificativa para a alternativa "A" (CPC, art. 330, III e art. 485, I); C: Incorreta, vide justificativa para a alternativa "A" (CPC, art. 330, II e art. 485, I); D: Incorreta, porque a não indicação dos fundamentos jurídicos configura inépcia da inicial por ausência de causa de pedir (CPC, art. 330, I e § 1º, I e art. 485, I); E: Correta, nos termos da lei (CPC, art. 332, IV).
Gabarito "E".

(Técnico – TRT/6ª – 2012 – FCC) Denomina-se coisa julgada:

(A) a decisão que determina o arquivamento definitivo dos autos.

(B) formal a eficácia que torna imutável e indiscutível a sentença não mais sujeita a recurso ordinário ou extraordinário.

(C) qualquer decisão no curso do processo acerca da qual tiver ocorrido preclusão.

(D) material a eficácia que torna imutável e indiscutível a sentença, não mais sujeita a recurso ordinário ou extraordinário.

(E) material a sentença não mais sujeita a recurso e a ação rescisória, em razão do decurso de prazo superior a 2 anos, desde sua publicação.

De acordo com o art. 502 do CPC, "denomina-se coisa julgada material a autoridade que torna imutável e indiscutível a decisão de mérito não mais sujeita a recurso". **Atenção:** o enunciado reproduz os termos que constavam do Código anterior (eficácia – ainda assim, é a única alternativa correta).
Gabarito "D".

12. PROCESSO DE EXECUÇÃO E CUMPRIMENTO DE SENTENÇA

(Técnico – TJ/AL – 2018 – FGV) O ato por meio do qual o juiz extingue a execução é:

(A) despacho;

(B) decisão interlocutória;

(C) sentença;

(D) acórdão;

(E) certidão.

Os atos do juiz de 1º grau estão no art. 203 do CPC (a legislação denomina de "pronunciamentos do juiz"). Acórdão é decisão colegiada de Tribunal (CPC, art. 204) e certidão não é decisão. Dentre as decisões de 1º grau, o que leva à extinção da execução é a sentença (CPC, art. 203, §1º). Assim, a alternativa "C" é a correta.
Gabarito "C".

(Técnico – TJ/AL – 2018 – FGV) No curso de um processo autônomo de execução, o devedor é intimado e não informa ao juiz onde se encontra seu automóvel de luxo, cuja penhora fora requerida pelo credor.

Por entender ser esta uma conduta atentatória à dignidade da justiça, o executado está sujeito à multa em montante não superior a:

(A) dez por cento do valor atualizado do débito em execução, a qual será revertida em proveito do exequente, exigível nos próprios autos do processo, sem prejuízo de outras sanções de natureza processual ou material;

(B) vinte por cento do valor atualizado do débito em execução, a qual será inscrita como dívida ativa da União ou do Estado, exigível nos próprios autos do processo, sem prejuízo de outras sanções de natureza processual ou material;

(C) dez por cento do valor atualizado do débito em execução, a qual será inscrita como dívida ativa da União ou do Estado, exigível nos próprios autos do processo, sem prejuízo de outras sanções de natureza processual ou material;

(D) vinte por cento do valor atualizado do débito em execução, a qual será revertida em proveito do exequente, exigível nos próprios autos do processo, sem prejuízo de outras sanções de natureza processual ou material;

(E) vinte por cento do valor atualizado do débito em execução, a qual será inscrita como dívida ativa da União ou do Estado, exigível em autos apartados, sem prejuízo de outras sanções de natureza processual ou material.

A: incorreta. O valor da multa não será superior a 20% do valor do débito atualizado (CPC, art. 774, parágrafo único). B: incorreta. A multa será revertida em favor do exequente (CPC, art. 774, parágrafo único). C: incorreta – vide alternativas "A" e "B". D: correta, sendo essa a previsão legal (CPC, art. 774, parágrafo único). E: incorreta. A multa será revertida em favor do exequente e será exigível nos próprios autos do processo (CPC, art. 774, parágrafo único).
Gabarito "D".

(Técnico – TJ/AL – 2018 – FGV) O réu foi intimado para pagar um débito de cem mil reais que lhe foi imposto por força de uma sentença condenatória transitada em julgado em seu desfavor. Nesse sentido, efetua, no prazo legal, o pagamento de metade do valor devido.

Nesse caso, não havendo incidência de custas, deverá o débito ser acrescido de multa de:

(A) dez por cento e de honorários advocatícios de dez por cento sobre os cem mil reais;

(B) dez por cento e de honorários advocatícios de dez por cento sobre o valor restante de cinquenta mil reais;

(C) dez por cento sobre o valor restante de cinquenta mil reais e de dez por cento de honorários advocatícios sobre os cem mil reais;

(D) dez por cento sobre o valor restante de cinquenta mil reais e, em face da sucumbência recíproca, sem honorários advocatícios;

(E) quinze por cento e de honorários advocatícios de quinze por cento da parcela restante de cinquenta mil reais.

A: incorreta. A multa e os honorários incidirão apenas sobre o valor restante (CPC, art. 523, § 2º). **B:** correta (CPC, art. 523, § 2º). **C:** incorreta. Os honorários também incidirão apenas sobre o valor restante (CPC, art. 523, § 2º). **D:** incorreta. Nesse caso, não há sucumbência recíproca. **E:** incorreta. Incidirá multa de 10% (CPC, art. 523, §2º).
Gabarito "B".

(Técnico Judiciário – TRT11 – FCC – 2017) A respeito da execução fiscal, considere:

I. Quando a garantia real da execução tiver sido prestada por terceiro, este será intimado para, no prazo de 15 dias, remir o bem.

II. Em qualquer fase do processo, será deferida pelo Juiz a substituição da penhora por dinheiro ou fiança bancária ou seguro garantia.

III. A Fazenda Pública não poderá adjudicar os bens penhorados, mesmo se não houver licitantes pelo preço da avaliação. Está correto o que se afirma APENAS em

(A) II.

(B) I e III.

(C) II e III.

(D) I e II.

(E) III.

I: Correta (CPC, art. 799, I); **II:** Correta (art. 848, parágrafo único); **III:** Incorreta, por não haver previsão legal nesse sentido (vide art. 876 e ss.).
Gabarito "D".

(Técnico Judiciário – TRT/20ª – 2011 – FCC) NÃO é título executivo extrajudicial:

(A) o instrumento de transação referendado pelo Ministério Público.

(B) a debênture.

(C) documento particular assinado somente pelo devedor.

(D) os contratos de seguro de vida.

(E) o crédito decorrente de foro e laudêmio.

A: correta, com fulcro no art. 784, IV, do CPC; **B:** correta, conforme disposto no art. 784, I, do CPC; **C:** incorreta, devendo esta ser assinalada, já que o documento particular deverá ser assinado pelo devedor e por duas testemunhas (art. 784, III, do CPC); **D:** correta, segundo estabelece o art. 784, V, do CPC; **E:** correta, de acordo com o art. 784, VII, do CPC.
Gabarito "C".

(Técnico Judiciário – TRT/23ª – 2011 – FCC) Quando a liquidação da sentença depender apenas de cálculo aritmético, o credor requererá:

(A) a prévia remessa dos autos ao contador do juízo, para elaboração do cálculo.

(B) a liquidação da sentença por arbitramento.

(C) o cumprimento da sentença, instruindo o pedido com a memória discriminada e atualizada do cálculo.

(D) a liquidação da sentença por artigos.

(E) a nomeação de perito contábil, às expensas do executado, para elaboração do cálculo.

Nos termos do art. 509, § 2º, do CPC, o credor requererá o cumprimento da sentença, na forma do art. 523 do CPC, instruindo o pedido com a memória discriminada e atualizada do cálculo.
Gabarito "C".

(Técnico – TRT/11ª – 2012 – FCC) Xisto é processado e condenado ao pagamento de indenização por danos morais e materiais em favor de Tomé, na quantia total de R$ 100.000,00. Iniciada a fase de cumprimento de sentença para pagamento do débito, Xisto tem um apartamento de sua propriedade na praia penhorado e devidamente avaliado por perito judicial. Maria, José e Paulo, cônjuge, filho e genitor de Xisto, respectivamente, pretendem exercer o direito de remição e, para tanto, poderão requerer a adjudicação do bem penhorado, oferecendo preço não inferior ao da avaliação e, havendo divergência entre os pretendentes, com igualdade de oferta após uma licitação entre eles, terá preferência na adjudicação,

(A) Maria, Paulo e José, nessa ordem.

(B) José, Paulo e Maria, nessa ordem.

(C) Maria, José e Paulo, nessa ordem.

(D) Paulo, Maria e José, nessa ordem.

(E) José, Maria e Paulo, nessa ordem.

De acordo com o art. 876, § 6º, do CPC, terá preferência o cônjuge, descendente ou ascendente, nessa ordem.
Gabarito "C".

(Técnico – TJ/CE – 2013 – CESPE) Com relação ao processo de execução, assinale a opção correta.

(A) A propositura de qualquer ação relativa a débito constante de título executivo impede o credor de promover sua execução, pois a obrigação deixa de ser líquida, certa e exigível.

(B) O herdeiro do devedor pode ser sujeito ativo na execução.

(C) Não pode o credor cumular várias execuções contra o mesmo devedor: cada uma deve seguir um processo em separado.

(D) Se a sentença transitada em julgado declarar inexistente a obrigação que foi executada, caberá responsabilização civil do exequente pelos danos que o executado tiver sofrido.

(E) O crédito decorrente de honorários de perito aprovados por decisão de juiz constitui título executivo judicial.

A: incorreta conforme art. 784, § 1º CPC; **B:** incorreta conforme art. 779, II, CPC, pois é possível que ele seja sujeito *passivo*; **C:** incorreta, pois é permitida a cumulação (art. 780, CPC); **D:** correta, conforme art. 776, CPC; **E:** incorreta no CPC/1973, mas correta no CPC15 (art. 515, V).
Gabarito : "D" e "E" no CPC15

13. RECURSOS

(Escrevente – TJ/SP – 2018 – VUNESP) Com relação ao direito de recorrer, assinale a alternativa correta.

(A) A renúncia ao direito de recorrer depende da aceitação da outra parte.

(B) A parte que aceitar tacitamente a decisão poderá recorrer, se ainda no prazo recursal.

(C) Dos despachos cabem os recursos de agravo de instrumento ou embargos de declaração.

(D) A desistência do recurso não impede a análise de questão cuja repercussão geral já tenha sido reconhecida.

(E) O recorrente, para desistir do recurso, necessitará da anuência de seus litisconsortes.

A questão trata do requisito de admissibilidade recursal negativo "fato impeditivo ao recurso", que engloba a desistência, renúncia e concordância. **A:** Incorreta, porque a renúncia é ato de disposição da parte que independe de aceitação da parte contrária (CPC, art. 999); **B:** Incorreta, visto que a aceitação, expressa ou tácita, impossibilita a interposição de recurso, em decorrência da preclusão lógica – sendo esse caso de concordância (CPC, art. 1.000); **C:** Incorreta, porque os despachos não possuem conteúdo decisório, razão pela qual contra eles não é possível a interposição de qualquer recurso (CPC, art. 1.001); **D:** Correta, sendo essa a previsão legal (CPC, art. 998, parágrafo único); **E:** Incorreta, pois a desistência independe de concordância dos demais (CPC, art. 998, "caput").
Gabarito "D".

(Escrevente Técnico Judiciário – TJSP – VUNESP – 2017) Lucas Bastos propôs ação contra a empresa Limiar Ltda., pois teve seu nome negativado indevidamente. Requereu liminar, que foi indeferida pelo juiz de primeiro grau. Fez agravo de instrumento contra a decisão do juiz singular e requereu a declaração de efeito ativo ao recurso, pois estava pretendendo comprar uma casa e precisava de seu nome sem restrições. O relator indeferiu monocraticamente esse efeito.

Diante dessa decisão do relator, é correto afirmar que Lucas

(A) poderá manejar agravo interno, que é recurso cabível contra as decisões proferidas pelo relator.

(B) por estar diante de uma decisão irrecorrível, não tem meios de rediscutir a decisão do relator.

(C) poderá manejar outro agravo de instrumento, por se tratar de decisão interlocutória que analisa tutela provisória.

(D) poderá manejar agravo retido, pois, apenas com o julgamento de outro recurso, essa situação poderá ser rediscutida.

(E) tem como única forma recursal à sua disposição o pedido de retratação, claramente prescrito na nova sistemática processual.

De início, vale apontar a imprecisão terminológica do enunciado. Por exemplo: melhor seria "interpor agravo" e não "fez agravo" e "antecipação de tutela recursal" e não "efetivo ativo". Quanto à questão em si, da decisão monocrática do relator, cabe agravo interno (CPC, art. 1.022); assim, a única correta é a "A".
Gabarito "A".

(Escrevente Técnico Judiciário – TJSP – VUNESP – 2017) Luís ingressou com uma ação contra Mirela. Em 09.03 (sexta-feira), na audiência de instrução e julgamento, o juiz julgou a ação improcedente, saindo as partes intimadas de tal decisão nessa data. A parte sucumbente pretende recorrer da decisão do juiz.

Levando em consideração que, durante o prazo do recurso, não há qualquer feriado, é correto afirmar que

(A) Luís deverá interpor recurso de apelação, e terá, para isso, prazo fatal até 30.03 (sexta-feira).

(B) Luís deverá interpor recurso de agravo de instrumento, e terá, para isso, prazo fatal até 30.03 (sexta-feira).

(C) Mirela deverá manejar recurso de apelação no prazo de 15 dias corridos, contados a partir de 12.03 (segunda-feira).

(D) tanto Luís quanto Mirela têm interesse de agir no recurso de apelação, e eles terão prazo comum de 15 dias úteis, contados de 12.03 (segunda-feira), para apresentar tal peça processual.

(E) o recurso a ser manejado por Luís é o de agravo de instrumento, e ele terá 15 dias úteis para fazer tal peça processual, contados a partir de 09.03.

A questão envolve contagem de prazo. As partes foram intimadas no próprio dia 9/3, sendo que o dia do início é excluído, e o dia do fim é incluído, sendo que o dia em que fluem os prazos deve ser um dia útil (CPC, art. 224), e somente são contados os dias úteis (art. 219). Assim, tratando-se de sentença de procedência, o recurso cabível é a apelação (art. 1.009), apenas pelo réu, e o prazo é de 15 dias (art. 1.003, § 5º) – sendo 1º dia do prazo será na 2ª (12/03), e o último dia do prazo em 30/03 (6ª). **A:** Correta, considerando a explicação anterior; **B:** Incorreta, pois não se trata de decisão interlocutória; **C:** Incorreta, pois Mirela não sucumbiu, de modo que não tem interesse em apelar; **D:** incorreta, considerando o exposto em "C"; **E:** Incorreta, pois não se trata de decisão interlocutória.
Gabarito "A".

(Escrevente Técnico – TJM/SP – VUNESP – 2017) Assinale a alternativa correta no que diz respeito à mudança de lei que rege prazos e formas recursais no curso de uma ação.

(A) a lei a regular o recurso é aquela do momento da publicação da decisão recorrível.

(B) os prazos processuais serão contados de acordo com a lei que regulava o recurso ao tempo da propositura da ação.

(C) se o recurso foi suprimido por lei nova, valerá o direito adquirido no momento da propositura da ação.

(D) os prazos serão contados pela lei vigente ao tempo da propositura da ação e a forma nos termos da lei nova.

(E) se a lei nova diminuir o prazo recursal, ainda não em curso, valerá a contagem nos termos da lei anteriormente vigente.

A questão envolve direito intertemporal. Segundo o art. 1.046 do CPC: "Ao entrar em vigor este Código, suas disposições se aplicarão desde logo aos processos pendentes (...)". Para complementar isso, aplica-se a teoria do "isolamento dos atos processuais", que significa dizer que o ato processual anterior, enquanto não encerrado, segue regulado pela lei antiga. Do ponto de vista recursal, entende a jurisprudência que o critério para verificar o recurso cabível é a data da publicação da decisão a ser impugnada – publicação em cartório, não na imprensa oficial. Assim, a alternativa correta é a "A".
Gabarito "A".

(Técnico Judiciário – TRT/9º – 2010 – FCC) A respeito dos recursos, é correto afirmar:

(A) A insuficiência do valor do preparo implicará deserção, não sendo admitido em nenhuma hipótese que ocorra complementação.

(B) A parte poderá recorrer, mesmo se tiver aceitado expressa ou tacitamente a sentença ou decisão.

(C) Nos embargos infringentes e nos embargos de divergência, o prazo para interpor e para responder é de 10 dias.

(D) O recorrente poderá, a qualquer tempo, sem a anuência do recorrido ou dos litisconsortes, desistir do recurso.

(E) A sentença só pode ser impugnada em sua totalidade, sendo inadmissível a impugnação parcial.

A: incorreta, o art. 1.007, § 2º, do CPC admite complementação pelo recorrente, intimado na pessoa de seu advogado, no prazo de 5 (cinco) dias; **B:** incorreta, pois nesse caso terá ocorrido a preclusão lógica, a qual impede o conhecimento do recurso, em razão da prática de ato anterior incompatível com a vontade de recorrer (art. 1.000 do CPC); **C:** incorreta, visto que, no CPC15, não há mais previsão de embargos infringentes; **D:** correta, segundo disposto no art. 998 do CPC; **E:** incorreta, pois a sentença poderá ser impugnada apenas parcialmente (art. 1.002 do CPC).
_Gabarito "D".

(TJSP – 2013 – VUNESP) Os embargos de declaração deverão ser opostos, no prazo de

(A) 15 (quinze) dias, em petição dirigida ao juiz, com indicação do ponto obscuro, omisso, contraditório ou negativa de vigência de lei federal, estando sujeitos a preparo.

(B) 10 (dez) dias, em petição dirigida ao juiz, com indicação do ponto obscuro, contraditório, omisso ou com erro material, estando sujeitos a preparo.

(C) 8 (oito) dias, em petição dirigida ao juiz ou relator, com indicação do ponto que deu à lei federal interpretação divergente da que lhe foi atribuída por outro tribunal, estando sujeitos a preparo.

(D) 5 (cinco) dias, em petição dirigida ao juiz ou relator, com indicação do ponto obscuro, contraditório ou omisso, não estando sujeitos a preparo.

(E) 3 (três) dias, em petição dirigida ao juiz ou relator, com indicação do ponto obscuro, omisso, contraditório ou inconstitucional, não estando sujeitos a preparo.

A: incorreta. Os embargos de declaração possuem o prazo de 5 dias, não objetivam discutir negativa de vigência de lei federal e independem de preparo; **B:** incorreta. Os embargos de declaração possuem o prazo de 5 dias e independem de preparo; **C:** incorreta. Os embargos de declaração possuem o prazo de 5 dias, não objetivam discutir interpretação divergente da que foi atribuída por outro Tribunal e independem de preparo; **D:** correta conforme arts. 1.023 e 1.024 do CPC; **E:** incorreta. Os embargos de declaração serão apresentados em 5 dias e não discutem inconstitucionalidade de lei ou ato normativo.
_Gabarito "D".

14. PROCEDIMENTOS ESPECIAIS

(Técnico – TRF/4 – FCC – 2019) Sobre Juizados Especiais Cíveis da Justiça Federal, é correto afirmar:

(A) São regidos pela Lei n. 10.259/2001 e a eles não se aplica a Lei n. 9.099/1995, que dispõe sobre os Juizados Especiais Cíveis e Criminais da Justiça Estadual.

(B) Compete ao Juizado Especial Cível da Justiça Federal processar, conciliar e julgar causas de competência da Justiça Federal até o valor máximo de quarenta salários mínimos, bem como executar as suas sentenças.

(C) Autarquias e fundações federais podem ser parte no Juizado Especial Cível da Justiça Federal, como autoras, desde que a causa respeite o valor de alçada.

(D) No foro onde estiver instalada Vara do Juizado Especial Cível da Justiça Federal, a sua competência é relativa.

(E) Excluem-se da competência do Juizado Especial Cível da Justiça Federal as ações que tenham por objeto a anulação ou cancelamento de ato administrativo federal, salvo o de natureza previdenciária e o de lançamento fiscal.

A: incorreta. Aplica-se subsidiariamente a Lei 9.099/95 (JEC) ao JEF (Lei 10.259/01, art. 1º). **B:** incorreta, pois a competência do JEF se refere a causas de até *60* salários-mínimos (Lei 10.259/01, art. 3º). **C:** incorreta. As autarquias e fundações públicas atuam no JEF apenas na condição de rés (Lei 10.259/01, art. 6º, II). **D:** incorreta. Nesse caso, a competência será absoluta (Lei 10.259/01, art. 3º, §3º), de modo que onde estiver instalado, é obrigatório o uso do JEF. **E:** correta, sendo essa exceção expressamente prevista na legislação (Lei 10.259/01, art. 3º, §1º, III).
_Gabarito "E".

(Técnico – TJ/AL – 2018 – FGV) Quanto ao procedimento do Juizado Especial Cível, disciplinado pela Lei n. 9.099/95, é correto afirmar que:

(A) não é admissível o oferecimento de reconvenção;

(B) os incapazes podem figurar no polo ativo, embora não no passivo;

(C) independentemente do valor da causa, as partes podem litigar sem a assistência de advogado;

(D) não é admissível o litisconsórcio, tampouco o incidente de desconsideração da personalidade jurídica;

(E) o recurso interponível contra a sentença é automaticamente dotado de efeito suspensivo.

A: correta, pois o a lei do JEC permite formular pedido em favor do réu na própria contestação (Lei 9.099/95, art. 31); **B:** incorreta, pois os incapazes não poderão figurar como parte no JEC, no polo ativo ou passivo (Lei 9.099/95, art. 8º); **C:** incorreta, porque a assistência de advogado é obrigatória nas causas de valor superior a 20 salários-mínimos (Lei 9.099/95, art. 9º); **D:** incorreta, considerando que no JEC admite-se litisconsórcio e se aplica o IDPJ – ainda que a lei vede intervenção de terceiros (Lei 9.099/95, art. 10), o CPC, que é posterior, expressamente permite isso (CPC, art. 1.062); **E:** incorreta, pois o recurso inominado será recebido, em regra, apenas no efeito devolutivo (Lei 9.099/95, art. 43).
_Gabarito "A".

(Escrevente – TJ/SP – 2018 – VUNESP) Serão admitidos(as) a propor ação perante o Juizado Especial Cível regido pela Lei no 9.099/95:

(A) as sociedades de economia mista, por serem pessoas de direito privado.

(B) os insolventes civis, ante sua hipossuficiência devidamente comprovada.

(C) as pessoas jurídicas qualificadas como Organização da Sociedade Civil de Interesse Público.

(D) os incapazes, devidamente representados por procuração, por instrumento público.

(E) as pessoas enquadradas como microempreendedores individuais, cujo empreendedor individual tenha renunciado ao direito próprio.

A: Incorreta, porque as sociedades de economia mista não se encontram no restrito rol de pessoas jurídicas de direito privado admitidas como partes perante os Juizados Especiais Cíveis (Lei Federal n. 9.099/1995, art. 8º, § 1º); **B:** Incorreta, porque há vedação legal expressa à admissão do insolvente civil como parte perante o Juizado Especial (Lei Federal n. 9.099/1995, art. 8º); **C:** Correta, sendo esse um dos exemplos de PJ admitidas a ajuizar ação no JEC (Lei Federal n. 9.099/1995, art. 8º, § 1º, III); **D:** Incorreta, pois há vedação legal para incapaz ser parte (Lei Federal n. 9.099/1995, art. 8º); **E:** Incorreta, considerando que a lei não prevê essa condição de renúncia para ajuizamento no JEC (Lei Federal n. 9.099/1995, art. 8º, § 1º, II).
Gabarito "C".

(Escrevente – TJ/SP – 2018 – VUNESP) Diante do que prevê a Lei que regulamenta o Juizado Especial da Fazenda Pública, é correto afirmar:

(A) Os representantes judiciais dos réus presentes à audiência não poderão conciliar ou transigir.

(B) O pagamento de obrigação de pequeno valor deverá ser feito no prazo máximo de 90 dias a contar da entrega da requisição do juiz.

(C) Sendo o caso, haverá reexame necessário.

(D) Da sentença caberá apelação, não se admitindo agravo de instrumento por vedação legal.

(E) O juiz poderá, de ofício, deferir providências cautelares e antecipatórias, para evitar dano de difícil ou de incerta reparação.

A: Incorreta, porque a alternativa é exatamente o oposto à previsão da lei (Lei Federal n. 12.153/2009, art. 8º); **B:** Incorreta, considerando que o prazo máximo para pagamento nessa situação será de 60 dias (Lei Federal n. 12.153/2009, art. 13, I); **C:** Incorreta, porque as sentenças proferidas no âmbito dos Juizados Especiais da Fazenda Pública não se submetem ao reexame necessário (Lei Federal n. 12.153/2009, art. 11); **D:** Incorreta, uma vez que, no âmbito dos Juizados Especiais da Fazenda Pública, caberá recurso inominado e não apelação. No mais, seria possível a interposição de agravo de instrumento em face da decisão que conceder a tutela provisória (Lei Federal n. 12.153/2009, arts. 3º e 4º); **E:** Correta (Lei Federal n. 12.153/2009, art. 3º).
Gabarito "E".

(Escrevente Técnico Judiciário – TJSP – VUNESP – 2017) Sobre o que dispõe a Lei 9.099/95, é correto afirmar:

(A) Registrado o pedido, após distribuição e autuação, a Secretaria do Juizado designará a sessão de conciliação, a realizar-se no prazo de quinze dias.

(B) Nas causas de valor de até vinte salários-mínimos, as partes comparecerão pessoalmente, podendo ser assistidas por advogado; nas causas entre 20 e 40 salários-mínimos, a assistência de advogado é obrigatória.

(C) Dentre os meios de citação possíveis no âmbito dos Juizados Especiais, incluem-se: carta, oficial de justiça, edital e meios eletrônicos.

(D) Nos procedimentos que tramitam perante os Juizados Especiais Cíveis, o réu, sendo pessoa jurídica ou titular de firma individual, poderá ser representado por preposto credenciado, munido de carta de preposição com poderes para transigir, havendo necessidade de vínculo empregatício.

(E) O menor de dezoito anos poderá ser autor, independentemente de assistência, inclusive para fins de conciliação.

A: Incorreta segundo a letra da lei (Lei 9.099/95, art. 16. Registrado o pedido, *independentemente de distribuição e autuação*, a Secretaria do Juizado designará a sessão de conciliação, a realizar-se no prazo de quinze dias.); **B:** Correta, pois o JEC tem competência para causas até 40 salários-mínimos; sendo que sem advogado vai até 20 salários (Lei 9.099/95, arts. 3º, I e 9º); **C:** Incorreta, pois descabe citação por edital no JEC (art. 18, § 2º); **D:** Incorreta, pois o preposto *não* precisa ser empregado (art. 9º, § 4º); **E:** Incorreta, pois descabe a atuação de menor no JEC (art. 8º, §§ 1º e 2º).
Gabarito "B".

(Técnico Judiciário – TRT11 – FCC – 2017) Na ação de desapropriação,

(A) a transmissão da propriedade, decorrente de desapropriação amigável ou judicial, ficará sujeita ao imposto de lucro imobiliário.

(B) é incabível a imissão provisória na posse dos bens.

(C) a instância interrompe-se no caso de falecimento do réu.

(D) não serão atendidas, no valor da desapropriação, o valor das benfeitorias necessárias feitas após a desapropriação.

(E) a contestação só poderá versar sobre vício do processo judicial ou impugnação do preço.

A: Incorreta, pois a legislação prevê o contrário (DL 3.365/1941, art. 27, § 2º A transmissão da propriedade, decorrente de desapropriação amigável ou judicial, não ficará sujeita ao imposto de lucro imobiliário); **B:** Incorreta, existindo previsão na lei de imissão provisória (dentre outras previsões do DL 3.365/1941, o art. 15, § 1º); **C:** Incorreta, pois a lei prevê o contrário (DL 3.365/1941, art. 21. A instância *não se interrompe*. No caso de falecimento do réu, ou perda de sua capacidade civil, o juiz, logo que disso tenha conhecimento, nomeará curador à lide, ate que se lhe habilite o interessado); **D:** Incorreta, pois as benfeitorias serão consideradas (DL 3.365/1941, art. 26, § 1º); **E:** Correta, sendo essa a previsão legal (DL 3365/41, art. 20).
Gabarito "E".

(TJSP – 2013 – VUNESP) Dentre outras, não podem ser partes no processo instituído pela Lei n.º 9.099/1995:

(A) a massa falida e as sociedades de crédito ao microempreendedor.

(B) o incapaz e o preso.

(C) as empresas públicas da União e as microempresas.

(D) o insolvente civil e as pessoas físicas capazes.

(E) as pessoas jurídicas qualificadas como Organização da Sociedade Civil de Interesse Público.

A: incorreto. A massa falida não pode, mas as sociedades de crédito ao microempreendedor podem ser partes (art. 8º, § 1º, IV, Lei 9.099/1995); **B:** correto, pois o incapaz e o preso não podem ser partes no Juizado Especial estadual conforme art. 8º da Lei 9.099/95; **C:** incorreto. As empresas públicas não podem, mas as microempresas sim (art. 8º, § 1º, II, Lei 9.099/1995); **D:** incorreto. O insolvente civil não pode, mas as pessoas físicas capazes, sim (art. 8º, § 1º, I, Lei 9.099/95); **E:** incorreto. Podem ser parte conforme art. 8º, § 1º, III, Lei 9.099/1995.
Gabarito "B".

(TJSP – 2013 – VUNESP) É correto afirmar que o conciliador, conforme previsto na Lei n.º 12.153/09,

(A) ficará impedido de exercer a advocacia perante todos os Juizados Especiais da Fazenda Pública instalados em território nacional.

(B) poderá compor as Turmas Recursais do Sistema dos Juizados Especiais, pelo prazo de 2 (dois) anos.

(C) poderá, para fins de encaminhamento da composição amigável, ouvir as partes e testemunhas sobre os contornos fáticos da controvérsia.

(D) é auxiliar da Justiça, recrutado, obrigatoriamente, entre advogados com mais de 2 (dois) anos de experiência.

(E) presidirá a instrução do processo, podendo dispensar novos depoimentos, se entender suficientes para o julgamento da causa os esclarecimentos já constantes dos autos.

A: incorreto, pois esta vedação se aplica aos juízes leigos e não aos conciliadores (art. 15, § 2º da Lei 12.153/2009); **B:** incorreto. Apenas juízes em exercício no primeiro grau de jurisdição é que participam do Colégio Recursal (art. 17 da Lei 12.153/2009); **C:** correto conforme art. 16, § 1º, da Lei 12.153/2009; **D:** incorreto. Esta exigência aplica-se apenas aos juízes leigos (art. 15, § 1º da Lei 12.153/2009)– sendo muito comum estudantes de Direito atuarem como conciliadores; **E:** incorreto, pois compete ao juiz presidir a instrução, conforme art. 16 da Lei 12.153/2009.

Gabarito "C".

(Escrevente Técnico Judiciário – TJ/SP – 2011 – VUNESP) Assinale a alternativa correta no que diz respeito ao procedimento de ações perante os Juizados Especiais.

(A) Admite-se a citação do réu por edital, desde que se encontre em lugar incerto e não sabido.

(B) O comparecimento espontâneo não supre a necessidade de citação pessoal do réu.

(C) As microempresas e os incapazes não podem propor ação perante o Juizado Especial.

(D) É possível formular pedido genérico quando não for possível determinar, desde logo, a extensão da obrigação.

(E) Não se admitirá a intervenção do Ministério Público nas causas de competência do Juizado.

A: incorreto. Não se admite citação por edital no sistema processual dos juizados especiais (art. 18, §2º, da Lei 9.099/1995); **B:** incorreto (art. 18, §3º, da Lei 9.099/1995); **C:** incorreto. Os incapazes não poderão ser parte, em razão da regra disposta no art. 8º, *caput*, da Lei 9.099/1995. Todavia, as microempresas podem (art. 8º, §1º, II, da Lei 9.099/1995); **D:** correto (art. 14, §2º, da Lei 9.099/1995) – porém, vale destacar que a sentença não poderá ser ilíquida, mesmo que o pedido seja genérico (art. 38. parágrafo único); **E:** incorreto (art. 11 da Lei 9.099/1995).

Gabarito "D".

15. TEMAS COMBINADOS

(Técnico – MPE/CE – CESPE – 2020) De acordo com as regras estabelecidas pelo Código de Processo Civil acerca das partes e seus procuradores, do juiz, dos auxiliares da justiça e do Ministério Público, julgue os itens a seguir.

(1) A procuração geral para o foro, concedida pela parte a seu advogado, habilita o procurador a receber citação em nome do réu que assiste e, se for o caso, a oferecer contestação.

(2) Os poderes do juiz no processo civil incluem o de inquirir as partes sobre os fatos relacionados à causa, em qualquer momento do processo, determinando,

de ofício, o comparecimento do autor ou do réu em juízo.

(3) Ao constatar ser amigo íntimo do autor de processo judicial em que foi nomeado para atuar, o perito deve declinar de sua atribuição, porque, nesse caso, ocorre hipótese de impedimento previsto na legislação processual.

(4) Situação hipotética: Em razão de inadimplemento contratual, determinado município do estado do Ceará ajuizou, na justiça comum, ação de cobrança em desfavor de particular. **Assertiva**: Nesse caso, é obrigatória a intimação do Ministério Público, porque basta a participação da fazenda pública para configurar interesse público que justifica a intervenção do Ministério Público como fiscal da ordem jurídica.

1: Errada, pois para que o advogado receba citação necessário que haja os chamados "poderes especiais" (CPC, art. 105, *caput*). **2:** Correta, pois o CPC atribui ao juiz o poder de determinar, a qualquer tempo, o comparecimento das partes, para inquiri-las sobre os fatos da causa. (CPC, art. 139, VIII). **3:** Errada, pois a existência de amigo íntimo no processo judicial em que o perito for nomeado para atuar, configura hipótese de *suspeição* (CPC, art. 145, I), que é uma situação subjetiva (ao passo que o *impedimento* é uma situação objetiva). Além disso, vale lembrar que ao perito aplicam-se os mesmos motivos de impedimento e de suspensão previstos ao juiz (CPC, art. 148, II). **4:** Errada, pois a lei processual prevê que a participação da Fazenda Pública não configura, por si só, hipótese de intervenção do Ministério Público (CPC, art. 178, p. único). Assim, uma ação de cobrança contra particular é algo simples e comum, que não justifica o MP ser intimado (diferente se fosse, uma ação envolvendo algo de interesse da coletividade por exemplo).

Gabarito 1E, 2C, 3E, 4E.

(Técnico – MPE/CE – CESPE – 2020) Julgue os próximos itens, de acordo com o estabelecido no Código de Processo Civil acerca de extinção de processo, coisa julgada, liquidação e cumprimento de sentença.

(1) A extinção do processo por desistência da ação pelo autor depende da concordância do réu, caso tenha sido apresentada contestação; em qualquer hipótese, somente pode ser apresentado o pedido de desistência antes do saneamento do processo.

(2) Se a determinação do valor exato da condenação decorrente de sentença judicial depender apenas de cálculos aritméticos, será dispensada a fase de liquidação de sentença, cabendo ao credor propor diretamente o cumprimento da sentença instruído de demonstrativo discriminado e atualizado do crédito.

(3) Decorrido o prazo para cumprimento voluntário de decisão judicial transitada em julgado, o exequente poderá levar a protesto a decisão judicial inadimplida pelo executado.

1: Errada, pois a lei processual prevê que o pedido de desistência da ação poderá ser apresentado até a sentença (CPC, art. 485, § 5º). Ressalte-se que, a partir do oferecimento da contestação, o consentimento do réu será necessário (CPC, art.485, § 4º do CPC). **2:** Correta, sendo essa exatamente a previsão legal (CPC, art. 509, § 2º). **3:** Correta, conforme expressa previsão legal (CPC, art. 517, § 2º).

Gabarito 1E, 2C, 3C.

(Técnico – MPE/CE – CESPE – 2020) Após ter recebido notícia de fato que indicava grave lesão ao meio ambiente, em razão de construção civil irregular, e ter constatado a existência do referido ato ilícito, o Ministério Público do Estado do Ceará ajuizou ação civil pública em desfavor da empresa responsável pela construção, com o objetivo de tutelar direito difuso. Posteriormente, no juízo competente, o magistrado indeferiu a petição inicial da ação civil pública, sob o fundamento de ausência de juntada de cópia da notícia de fato, documento que havia dado início à atuação do Ministério Público e possuía dados relevantes sobre o caso.

Considerando essa situação hipotética, julgue os itens subsequentes.

(1) De acordo com a Resolução 36/2016 do Órgão Especial do Colégio de Procuradores de Justiça, a notícia de fato deveria instruir a ação civil pública proposta nessa situação.

(2) Conforme norma prevista no Código de Processo Civil, antes de emitir pronunciamento pelo indeferimento da petição inicial, o juiz deveria indicar com precisão o que, no seu entendimento, deveria ser corrigido ou completado, concedendo à parte a oportunidade de se manifestar e de sanar o vício.

(3) Caso discorde do pronunciamento do magistrado que indeferiu a petição inicial, o Ministério Público do Estado do Ceará deverá interpor recurso de agravo de instrumento contra a decisão proferida.

1: Correta, por isso consta da Resolução 36/2016 do Colégio de Procuradores de Justiça do MP/CE (disponível em http://www.mpce.mp.br/orgaos-colegiados/orgao-especial/resolucoes-orgaos-especiais-2/ e objeto do edital), art. 6º: "A Notícia de Fato instruirá a ação ou medida judicial dela decorrente". Vale destacar que não há essa previsão na legislação, de modo que a questão é específica para a realidade do MP/CE. **2:** Correta, sendo essa uma das decorrências práticas do princípio da cooperação (CPC, art. 6º). Assim, a determinação de emenda deve trazer qual o ponto que precisa ser corrigido (CPC, art. 321). **3:** Incorreta, pois o pronunciamento judicial que indefere a petição inicial e põe fim a fase de conhecimento é sentença. Assim, o recurso cabível é apelação (CPC, art. 1.009).
Gabarito 1C, 2C, 3E

(Técnico – TJ/CE – 2013 – CESPE) Acerca de audiência e sentença, assinale a opção correta.

(A) São requisitos essenciais da sentença o relatório, os fundamentos e a decisão interlocutória.

(B) A verdade dos fatos estabelecida como fundamento da sentença não faz coisa julgada.

(C) Se verificar erro na sentença publicada, o escrivão pode alertar o juiz para alterá-la por meio de embargo de declaração.

(D) A função do juiz é jurisdicional e, portanto, é impróprio afirmar que exerce poder de polícia na audiência.

(E) Como as audiências são públicas, é absolutamente vedada sua realização a portas fechadas.

A: incorreta. Os requisitos ou elementos são relatório, fundamento e dispositivo (art. 489, CPC); **B:** correta conforme artigo 504, II, CPC; **C:** incorreta. A despeito de o escrivão poder comunicar ao juiz este poderá fazer de ofício ou sem nenhum outro expediente (art. 494, CPC); **D:** incorreta. O magistrado para estabelecer a ordem pode exercer poder de polícia em audiência (art. 360, CPC); **E:** incorreta. Em casos excepcionais de segredo de justiça as portas serão fechadas (arts. 189 e 368, CPC)
Gabarito "B".

(Técnico Judiciário – TRT/5ª – 2008 – CESPE) Acerca da jurisdição, da ação, das partes e procuradores, do litisconsórcio e da assistência, julgue o item seguinte.

(1) Constituem princípios da jurisdição contenciosa o juiz natural, a improrrogabilidade e a indeclinabilidade.

1: correta. O princípio do juiz natural dispõe que as partes serão processadas e julgadas por um juízo ou tribunal independente, imparcial e previamente previsto na legislação (ou seja, previsto de forma abstrata, antes de surgir a lide). Assim, é vedada a criação de tribunais de exceção (CF, art. 5º, XXXVII e LIII) – isso com o objetivo de se atingir a imparcialidade do juiz (que também é comprometida se existem situações de impedimento ou suspeição – CPC, art. 144 e ss.). A *improrrogabilidade* ou *princípio da aderência ao território* diz respeito à impossibilidade de o juiz estender a parcela de jurisdição que lhe compete para além dos limites impostos pela lei (CPC, art. 13). Já a *indeclinabilidade* ou *inafastabilidade*, expresso no art. 5º, XXXV, da CF, tem a ver com a garantia individual de acesso à justiça, sendo assegurado a todos a proteção contra lesão ou ameaça de lesão a direito.
Gabarito "1C".

Hermes Cramacon e Luiz Fabre*

1. PRINCÍPIOS E FONTES DO DIREITO DO TRABALHO[1]

(Técnico – TRT/15 – FCC – 2018) No Direito do Trabalho, as sentenças normativas da Justiça do Trabalho, os costumes e a Convenção Coletiva de Trabalho são classificados, respectivamente, como fontes:

(A) formal autônoma, material heterônima e formal autônoma.

(B) material autônoma, formal heterônima e formal autônoma.

(C) formal autônoma, material heterônima e material heterônima.

(D) material heterônima, formal autônoma e material heterônima.

(E) formal heterônima, formal autônoma e formal autônoma.

A sentença normativa por ser proferida por um Juiz do Trabalho é considerada fonte formal heterônomas; os costumes são considerados fontes formais autônomas, tendo em vista que os costumes são critérios de conduta geral, aplicados a todos os trabalhadores; a convenção coletiva de trabalho é considerada fonte formal autônoma, pois são formadas com a participação imediata dos próprios destinatários da norma jurídica. **HC** *Gabarito "E".*

(Técnico Judiciário – TRT8 – CESPE – 2016) Acerca dos princípios e das fontes do direito do trabalho, assinale a opção correta.

(A) A aplicação do *in dubio pro operario* decorre do princípio da proteção.

(B) As fontes formais correspondem aos fatores sociais que levam o legislador a codificar expressamente as normas jurídicas.

(C) Dado o princípio da realidade expressa, deve-se reconhecer apenas o que está demonstrado documentalmente nos autos processuais.

(D) Em decorrência do princípio da irrenunciabilidade dos direitos trabalhistas, o empregador não pode interferir nos direitos dos seus empregados, salvo se expressamente acordado entre as partes.

(E) O princípio da razoabilidade não se aplica ao direito do trabalho.

A: opção correta, pois o princípio protetor tem por escopo atribuir uma proteção maior ao empregado, parte hipossuficiente da relação jurídica laboral. O princípio protetor incorpora outros 3 subprincípios: *in dubio pro operario*, aplicação da norma mais favorável e condição mais benéfica. **B:** opção incorreta, pois a assertiva traz a correspondência das fontes materiais. As fontes formais correspondem à norma jurídica já constituída, já positivada. As fontes formais se subdividem em: fontes formais autônomas e fontes formais heterônomas. **C:** opção incorreta, pois o princípio

da realidade expressa ou *Princípio da primazia da realidade sobre a forma* ensina que deverá prevalecer a efetiva realidade dos fatos e não eventual forma construída em desacordo com a verdade. **D:** opção incorreta, pois o princípio da irrenunciabilidade ensina que os direitos trabalhistas são irrenunciáveis. As normas trabalhistas, em geral, possuem caráter imperioso ou cogente, na medida em que são normas de ordem pública e, por sua vez, não podem ser modificadas pelo empregador. **E:** opção incorreta, pois o princípio da razoabilidade, disposto no art. 944 do CC, nos termos do art. 8º da CLT será aplicável ao direito do trabalho. **HC** *Gabarito "A".*

(Técnico – TRT/16ª – 2015 – FCC) A Consolidação das Leis do Trabalho e a Constituição Federal são fontes

(A) autônomas.

(B) heterônimas.

(C) heterônima e autônoma, respectivamente.

(D) autônoma e heterônima, respectivamente.

(E) extraestatais.

A: incorreta, pois as fontes autônomas são elaboradas pelas próprias partes destinatárias da norma, como por exemplo, a convenção coletiva de trabalho. **B:** correta, pois as fontes heterônomas têm como característica serem elaboradas com a participação do Estado, como por exemplos a CLT e a CF. **C:** incorreta, pois embora a CF seja considerada fonte heterônoma a CLT não é fonte autônoma. Veja comentários anteriores. **D:** incorreta, pois embora a CLT seja fonte heterônoma a CF não é fonte autônoma. Vide comentários anteriores. **E:** incorreta, pois fontes extraestatais são oriundas das próprias partes, como por exemplo, o regulamento de empresa. *Gabarito "B".*

(Técnico – TRT/6ª – 2012 – FCC) O Regulamento da empresa "BOA" revogou vantagens deferidas a trabalhadores em Regulamento anterior. Neste caso, segundo a Súmula 51 do TST, "*as cláusulas regulamentares, que revoguem ou alterem vantagens deferidas anteriormente, só atingirão os trabalhadores admitidos após a revogação ou alteração do regulamento*". Em matéria de Direito do Trabalho, esta Súmula trata, especificamente, do Princípio da

(A) Razoabilidade.

(B) Indisponibilidade dos Direitos Trabalhistas.

(C) Imperatividade das Normas Trabalhistas.

(D) Dignidade da Pessoa Humana.

(E) Condição mais benéfica.

A: incorreta, o princípio da razoabilidade é sobreprincípio geral de direito. O direito é concebido como a razão escrita (*rule of reasonableness*), sendo-lhe condição implícita a vedação a excessos (parte-se do pressuposto de que o homem aja razoavelmente, com bom senso, e não arbitrariamente). Conquanto a rigor não se trate de um princípio específico do Direito do Trabalho, mas de um princípio que acompanha todo o Direito, o jurista uruguaio Américo Plá Rodriguez o arrola entre os princípios do Direito do Trabalho; **B:** incorreta, o princípio da indisponibilidade dos direitos trabalhistas é uma projeção do princípio da imperatividade e traduz-se na inviabilidade de poder o empregado despojar-se, por sua simples manifestação de vontade, das vantagens e proteções asseguradas pela ordem jurídica e pelo contrato de tra-

---

* **Hermes Cramacon** comentou as questões dos concursos dos anos de 2016 e 2017 e de Técnico – TRT/3ª – 2015 – FCC, Técnico – TRT/19ª – 2015 – FCC, Técnico – TRT/16ª – 2015 – FCC, FGV – 2015, FCC – 2014 e FCC – 2015. **Hermes Cramacon e Luiz Fabre** comentaram as questões dos demais concursos.

balho; **C**: incorreta, segundo o princípio da imperatividade, prevalece no Direito do Trabalho as normas jurídicas obrigatórias, avultando-se sobre as normas meramente dispositivas, suscetíveis de livre pactuação pelas partes. Destarte, como regra, as normas justrabalhistas são imperativas, não podendo ser afastadas pela simples manifestação de vontade das partes; **D**: incorreta, a dignidade da pessoa humana não é, propriamente, um princípio específico de Direito do Trabalho, mas um princípio fundamental da própria ordem jurídica (CF, art. 1º, IV). A noção de dignidade impregna todos os ordenamentos modernos e possui substrato filosófico em Kant: *trate sempre o ser humano como um fim, jamais como um meio*. A dignidade é um valor objetivo, decorrente da simples humanidade, razão pela qual até mesmo os incapazes devem ter sua dignidade tutelada, ainda que não possuam noção de que ela esteja sendo violada; **E**: correta, o princípio da proteção é o princípio matricial do Direito do Trabalho e decorre da tão só existência deste ramo jurídico: se existe um direito comum (direito civil) que tutela as relações intersubjetivas em geral e se existe um Direito do Trabalho, então a razão deste existir só pode ser a tutela diferenciada a um bem jurídico merecedor de especial proteção, no caso, o trabalhador. Plá Rodriguez aponta três subprincípios decorrentes do princípio da proteção: o princípio da norma mais favorável (havendo confronto entre duas normas na aplicação do Direito do Trabalho, o operador do direito deve aplicar a norma mais favorável ao trabalhador); princípio da condição mais benéfica (garantia de preservação, ao longo do contrato de trabalho, das condições de trabalho mais vantajosas ao empregado, sendo uma expressão do direito adquirido); e princípio do *in dubio pro operario* (trata-se de princípio inaplicável em matéria probatória, em relação a que prevalecem as regras do ônus da prova; todavia, em sede de direito material do trabalho, vem-se entendendo cabível a invocação de tal subprincípio para orientar o operador do direito quando uma mesma norma gerar múltiplas interpretações).
Gabarito "E".

(FCC –2014) No tocante as fontes do Direito do Trabalho considere:

I. As fontes formais traduzem a exteriorização dos fatos por meio da regra jurídica.

II. São fontes formais do Direito do Trabalho as portarias ministeriais e a Constituição Federal brasileira.

III. A sentença normativa e as leis são fontes materiais autônomas.

Está correto o que se afirma APENAS em

(A) I e II.

(B) I e III.

(C) II e III.

(D) III.

(E) II.

I: correta, pois as fontes formais correspondem à norma jurídica já constituída, já positivada. Em outras palavras, representam a exteriorização dessas normas, ou seja, é a norma materializada. **II**: correta, pois a Constituição Federal e as portarias ministeriais constituem verdadeiras fontes formais, assim como a CLT. **III**: incorreta, pois a sentença normativa e as leis constituem fontes formais heterônomas, que decorrem da atividade normativa do Estado. Caracterizam-se pela participação de um agente externo (Estado) na elaboração da norma jurídica
Gabarito "A".

2. PRESCRIÇÃO E DECADÊNCIA

(Técnico – TRT/15 – FCC – 2018) No tocante à prescrição no Direito do Trabalho, considere:

I. O direito de reclamar a concessão das férias ou o pagamento da respectiva remuneração é contado do término do prazo do período concessivo ou, se for o caso, da cessação do contrato de trabalho.

II. No tocante ao pedido de pagamento de diferenças salariais decorrentes da inobservância pelo empregador dos critérios de promoção estabelecidos em Plano de Cargos e Salários, a prescrição é parcial, pois a lesão é sucessiva e se renova mês a mês.

III. Para o empregado urbano ou rural ingressar com reclamação trabalhista, deve-se observar o prazo de dois anos contados da data da cessação do contrato de trabalho e serão abrangidas as verbas pretendidas imediatamente anteriores a cinco anos da data do ajuizamento da ação, exceto o pedido de danos morais, que abrange apenas os últimos três anos.

Está correto o que consta de

(A) I, II e III.

(B) I e II, apenas.

(C) II e III, apenas.

(D) I e III, apenas.

(E) II, apenas.

I: opção correta, pois reflete a disposição do art. 149 da CLT. **II**: opção correta, pois reflete o entendimento disposto na súmula 6, item IX, do TST. **III**: opção incorreta, pois inclusive os danos morais são abrangidos no período de cinco anos anteriores a data do ajuizamento da reclamação trabalhista. HC
Gabarito "B".

(Técnico Judiciário – TRT8 – CESPE – 2016) A respeito da prescrição e da decadência no direito do trabalho, assinale a opção correta.

(A) Não se aplica a prescrição contra os menores de dezoito anos de idade.

(B) Prescrição refere-se ao prazo quinquenal para a propositura da ação trabalhista.

(C) O prazo de decadência refere-se à reclamação das verbas rescisórias, sendo de dois anos.

(D) Os prazos de prescrição e decadência não podem ser suspensos ou interrompidos.

(E) Inicia-se a contagem da prescrição na data da assinatura do contrato de trabalho.

A: opção correta, pois reflete a disposição do art. 440 da CLT. **B**: opção incorreta, pois nos termos do art. 7º, XXIX, da CF e art. 11 da CLT o prazo para ingressar com reclamação trabalhista é de 2 anos. **C**: opção incorreta, pois o prazo decadencial é aplicado somente em ação rescisória, cujo prazo é de 2 anos, art. 975 CPC/2015; Mandado de Segurança, cujo prazo decadencial é de 120 dias, art. 23 da Lei 12.016/2009 e o inquérito judicial para apuração de falta grave, cujo prazo decadencial é de 30 dias contados da suspensão do empregado, art. 853 da CLT. **D**: opção incorreta, pois embora o prazo decadencial não possa ser suspenso ou interrompido, o prazo prescricional pode ser interrompido, veja arts. 202 a 204 do CC e súmula 268 TST e suspenso, art. 625-G da CLT. **E**: opção incorreta, pois inicia-se o prazo de prescrição com a extinção do contrato de trabalho, após o aviso-prévio, veja OJ 83 da SDI 1 do TST. HC
Gabarito "A".

(Técnico Judiciário – TRT20 – FCC – 2016) Athenas trabalhou por oito anos na empresa Netuno Produções como secretária. Em razão de crise econômica, o contrato foi extinto após o aviso-prévio trabalhado até 10/10/2015, sem receber as verbas da rescisão contratual, incluindo diferenças de depósitos do FGTS com a multa rescisória de 40%.

Nesse caso, o prazo prescricional para ajuizar reclamação trabalhista termina em 10 de outubro de

(A) 2017, exceto quanto às diferenças de FGTS com 40%, cuja prescrição é trintenária.

(B) 2020 para todos os direitos trabalhistas.

(C) 2020, exceto quanto às diferenças de FGTS com 40%, cuja prescrição é decenal.

(D) 2018 para todos os direitos trabalhistas.

(E) 2017 para todos os direitos trabalhistas.

"E" é a opção correta. Embora o enunciado não tenha levado em consideração a data de projeção do aviso-prévio (OJ 83 da SDI 1 do TST), o empregado terá 2 anos para ingressar com a reclamação trabalhista, nos termos do art. 7º, XXIX, da CF e art. 11 da CLT. Ademais, a súmula 362 do TST dispõe nesse sentido. HC

Gabarito "E".

(Técnico Judiciário – TRT9 – 2012 – FCC) O prazo prescricional para ajuizamento de ação judicial, após a extinção do contrato de trabalho, para pleitear créditos resultantes das relações de trabalho para os trabalhadores urbanos e rurais, respectivamente, é de

(A) dois anos e cinco anos, até o limite de cinco anos.

(B) cinco anos e dois anos, até o limite de cinco anos.

(C) dois anos e dois anos, até o limite de cinco anos.

(D) cinco anos e cinco anos, até o limite de dois anos.

(E) cinco anos e cinco anos, até o limite de dois anos.

"C" é a opção correta, pois reflete o disposto no art. 7º, XXXIX, da CF e art. 11 da CLT. Veja súmula 308, I, do TST.

Gabarito "C".

3. CONTRATO DE TRABALHO

(Técnico – TRT1 – 2018 – AOCP) Joaquim foi contratado para trabalhar na Instituição de Beneficência "Rede de Combate ao Câncer em Jovens" na função de psicólogo, realizando acompanhamento psíquico e emocional aos enfermos cadastrados no programa, que é de cunho gratuito aos seus usuários. A instituição em questão vive de doações para a manutenção do local. Em relação às peculiaridades da relação de trabalho e emprego e os sujeitos no contrato de trabalho, assinale a alternativa correta.

(A) A "Rede de Combate ao Câncer em Jovens", por ser uma instituição beneficente, não pode figurar como empregadora de Joaquim.

(B) Poderá haver uma relação de emprego entre a "Rede de Combate ao Câncer em Jovens" e Joaquim, desde que estejam presentes os elementos caracterizadores: pessoalidade, gratuidade e subordinação de caráter não eventual.

(C) Caso Joaquim opte pela abertura de uma empresa individual para a prestação de seus serviços como psicólogo, poderá ser contratado como empregado na "Rede de Combate ao Câncer em Jovens".

(D) Joaquim poderá ser contratado como empregado na Instituição de Beneficência, ora mencionada, desde que estejam presentes os elementos caracterizadores: pessoalidade, pessoa física, onerosidade, subordinação e não eventualidade.

(E) Joaquim, obrigatoriamente, será um trabalhador voluntário na "Rede de Combate ao Câncer em

Jovens", pois a instituição se mantém com doações e, portanto, recebe importâncias financeiras variáveis mensalmente.

A: incorreta, pois nos termos do art. 2º, § 3º, da CLT as instituições beneficentes são equiparadas a empregador. B: opção incorreta, pois a gratuidade não é requisito para caracterização da relação de emprego, na medida em que tal relação é prestada mediante salário, art. 3º da CLT. C: incorreta, pois o empregado deve ser pessoa física, art. 3º da CLT. D: correta, pois uma vez preenchidos os requisitos da relação de emprego, quais sejam, subordinação, onerosidade, pessoa física, pessoalidade não eventualidade (habitualidade) a instituição é equiparada a empregador. E: incorreta, pois nos termos do art. 2º, § 3º, da CLT as instituições beneficentes são equiparadas a empregador. HC

Gabarito "D".

(Técnico – TRT/15 – FCC – 2018) A empresa Siderúrgica AB S/A possui quatro mil empregados, sendo dois mil e quinhentos trabalhando na matriz em São Paulo (Capital) e mil e quinhentos na cidade de Campinas, Estado de São Paulo. A empresa pretende promover a eleição de comissão de representantes de empregados com a finalidade de promover o entendimento direto com a empregadora. Dessa forma, deverá observar, de acordo com a legislação vigente,

(A) uma única comissão composta por 7 membros representantes de empregados, tendo em vista que os dois estabelecimentos se situam dentro do mesmo Estado.

(B) uma comissão para cada estabelecimento, sendo composta cada uma com 3 membros representantes de empregados.

(C) uma única comissão composta por 5 membros representantes de empregados, tendo em vista que os dois estabelecimentos se situam dentro do mesmo Estado.

(D) uma comissão para cada estabelecimento, sendo composta por 5 membros na cidade de São Paulo e 3 membros na cidade de Campinas.

(E) uma única comissão composta por 3 membros representantes de empregados, tendo em vista que os dois estabelecimentos se situam dentro do mesmo Estado.

O art. 510-A da CLT ensina que nas empresas com mais de duzentos empregados, é assegurada a eleição de uma comissão para representá-los, com a finalidade de promover-lhes o entendimento direto com os empregadores. Para as empresas com mais de 3.000 e até 5.000 empregados, a comissão será composta de 5 membros. HC

Gabarito "C".

(Técnico – TRT/15 – FCC – 2018) Cícero é policial militar e cumpre escala 12 x 36 horas no seu batalhão. Nas folgas, presta serviço como segurança de um supermercado, recebendo ordens do gerente e um valor fixo mensal, não podendo se fazer substituir no desempenho de suas funções. Nesse caso, de acordo com o entendimento sumulado do TST,

(A) Cícero poderá ter o vínculo de emprego reconhecido, desde que presentes os requisitos legais, independentemente do eventual cabimento de penalidade disciplinar prevista no Estatuto do Policial Militar.

(B) haverá a imediata exoneração de Cícero de suas funções como policial militar, não ocorrendo também o reconhecimento do vínculo de emprego.

(C) Cícero não poderá ter o vínculo empregatício reconhecido, mesmo que presentes os requisitos legais, por ser servidor público militar, o que impede o contrato de emprego com empresa privada.

(D) trata-se de trabalho proibido, portanto, não gera vínculo empregatício, além de Cícero vir a sofrer penalidade administrativa prevista no Estatuto do Policial Militar.

(E) Cícero poderá ter o vínculo de emprego reconhecido, desde que presentes os requisitos legais, ficando impedida a Administração pública, neste caso, de aplicar penalidade disciplinar prevista no Estatuto do Policial Militar.

Nos termos da súmula 386 do TST preenchidos os requisitos do art. 3º da CLT, é legítimo o reconhecimento de relação de emprego entre policial militar e empresa privada, independentemente do eventual cabimento de penalidade disciplinar prevista no Estatuto do Policial Militar. HC

Gabarito "A".

(Técnico Judiciário – TRT24 – FCC – 2017) Relativamente ao contrato de trabalho, segundo a legislação,

(A) considera-se como de prazo determinado o contrato de trabalho cuja vigência dependa de termo prefixado ou da execução de serviços especificados ou ainda da realização de certo acontecimento suscetível de previsão aproximada.

(B) não se admite que o contrato individual de trabalho seja acordado de maneira tácita, mas apenas de maneira expressa, verbalmente ou por escrito e por prazo determinado ou indeterminado.

(C) considera-se por prazo indeterminado todo contrato que suceder, dentro de 8 meses, a outro contrato por prazo determinado, inclusive se a expiração deste dependeu da execução de serviços especializados ou da realização de certos acontecimentos.

(D) para fins de contratação, o empregador não exigirá do candidato a emprego comprovação de experiência prévia por tempo superior a 1 ano no mesmo tipo de atividade.

(E) o contrato de experiência não poderá exceder de 3 meses.

A: opção correta, pois reflete o disposto no art. 443, § 1º, da CLT. B: opção incorreta, pois nos termos do art. 442 da CLT o contrato de trabalho pode ser tácito. C: opção incorreta, pois nos termos do art. 452 da CLT considera-se por prazo indeterminado todo contrato que suceder, dentro de 6 (seis) meses, a outro contrato por prazo determinado, salvo se a expiração deste dependeu da execução de serviços especializados ou da realização de certos acontecimentos. D: opção incorreta, pois nos termos do art. 442-A da CLT para fins de contratação, o empregador não exigirá do candidato a emprego comprovação de experiência prévia por tempo superior a 6 (seis) meses no mesmo tipo de atividade. E: opção incorreta, pois o contrato de experiência não pode ultrapassar 90 dias, art. 445, parágrafo único, da CLT. HC

Gabarito "A".

(Técnico Judiciário – TRT24 – FCC – 2017) A Constituição Federal de 1988 prevê expressamente uma série de disposições normativas trabalhistas que, segundo a doutrina, pode ser considerada como patamar mínimo civilizatório do trabalhador. Entre outros direitos trabalhistas, a Constituição Federal de 1988 prevê, expressamente, o direito

(A) ao adicional de sobreaviso e de prontidão e a redução dos riscos inerentes ao trabalho, por meio de normas de saúde, higiene e segurança.

(B) ao adicional de horas extras e observância da proporcionalidade para contratação de empregado estrangeiro.

(C) ao seguro-desemprego, em caso de desemprego voluntário ou não, e gozo de intervalo para refeição e descanso na forma da lei.

(D) à proteção do mercado de trabalho da mulher, mediante incentivos específicos, nos termos da lei, e ao aviso-prévio proporcional ao tempo de serviço, sendo no mínimo de trinta dias, conforme previsão legal.

(E) ao intervalo intrajornada e interjornada.

A: opção incorreta, pois embora haja previsão no art. 7º, XXII, da CF quanto a redução dos riscos inerentes ao trabalho, por meio de normas de saúde, higiene e segurança, o adicional de sobreaviso e prontidão estão previstos expressamente para o serviço ferroviário, art. 244 e parágrafos, da CLT. B: opção incorreta, pois embora o adicional de horas extras esteja previsto no art. 7º, XVI, da CF a observância da proporcionalidade na contratação de estrangeiro está prevista nos arts. 352 a 358 da CLT, tidos como inconstitucionais, a teor do art. 5º, caput e inciso XIII, CF. C: opção incorreta, pois nos termos do art. 7º, II, CF é direito de todo trabalhador seguro-desemprego, em caso de desemprego involuntário. D: opção correta, pois reflete as disposições contidas nos incisos XX, XXI do art. 7º da CF. E: opção incorreta, pois o intervalo intrajornada está previsto no art. 71, caput e § 1º, da CLT. HC

Gabarito "D".

(Técnico Judiciário – TRT24 – FCC – 2017) Dentro do universo das relações jurídicas, encontram-se as relações de trabalho e as relações de emprego. No tocante a essas relações, seus sujeitos e requisitos, segundo a legislação vigente,

(A) considera-se empregado toda pessoa física ou jurídica que prestar serviços de natureza exclusiva e não eventual a empregador, sob a dependência deste e mediante salário.

(B) considera-se empregador a empresa, individual ou coletiva, que, mesmo sem assumir os riscos da atividade econômica, admite, assalaria e dirige a prestação pessoal de serviço.

(C) são distintos o trabalho realizado no estabelecimento do empregador, o executado no domicílio do empregado e o realizado a distância, mesmo que estejam caracterizados os pressupostos da relação de emprego.

(D) os meios telemáticos e informatizados de comando, controle e supervisão se equiparam, para fins de subordinação jurídica, aos meios pessoais e diretos de comando, controle e supervisão do trabalho alheio.

(E) se equiparam ao empregador, para os efeitos exclusivos da relação de emprego, os profissionais liberais, as instituições de beneficência, as associações recreativas ou outras instituições sem fins lucrativos, que admitirem trabalhadores como empregados.

A: opção incorreta, pois nos termos do art. 3º da CLT a exclusividade não é um requisito da figura do empregado, pois nos termos do citado dispositivo legal é toda pessoa física que prestar serviços de natureza não eventual a empregador, sob a dependência deste e mediante salário. B: opção incorreta, pois nos termos do art. 2º da CLT considera-se empregador a empresa, individual ou coletiva, que, assumindo os riscos da atividade econômica, admite, assalaria e dirige a prestação pessoal de serviço. C: opção incorreta, pois nos termos do art. 6º da CLT não se distingue entre o trabalho realizado no estabelecimento do empregador, o executado no domicílio do empregado e o realizado a distância, desde que estejam caracterizados os pressupostos da relação de emprego. **D:** opção incorreta, pois nos termos do art. 6º, parágrafo único, da CLT os meios telemáticos e informatizados de comando, controle e supervisão se equiparam, para fins de subordinação jurídica, aos meios pessoais e diretos de comando, controle e supervisão do trabalho alheio. **E:** opção correta, pois nos termos do art. 2º, § 1º, da CLT equiparam-se ao empregador, para os efeitos exclusivos da relação de emprego, os profissionais liberais, as instituições de beneficência, as associações recreativas ou outras instituições sem fins lucrativos, que admitirem trabalhadores como empregados.⬛

Gabarito "E".

(Técnico Judiciário – TRT8 – CESPE – 2016) Com base no disposto na CF, assinale a opção correta em relação aos direitos trabalhistas.

(A) Admite-se o trabalho formal de menores de dezesseis anos de idade na condição de aprendiz.

(B) Depende de previsão em convenção ou acordo coletivo de trabalho a remuneração do trabalho noturno superior ao diurno.

(C) É assegurado ao empregado o repouso semanal remunerado, obrigatoriamente aos domingos.

(D) O período do aviso-prévio é sempre de trinta dias, cessando-se no dia do comparecimento do empregado ao seu respectivo sindicato.

(E) O trabalhador rural não pode ser beneficiário do seguro-desemprego.

A: opção correta, pois o art. 7º, XXXIII, da CF prevê a proibição de trabalho noturno, perigoso ou insalubre a menores de dezoito e de qualquer trabalho a menores de dezesseis anos, salvo na condição de aprendiz, a partir de quatorze anos. **B:** opção incorreta, pois o art. 7º, IX, da CF prevê q remuneração do trabalho noturno superior à do diurno. **C:** opção incorreta, pois nos termos do art. 7º XXI, da CF o período de aviso-prévio será no mínimo 30 dias. A Lei 12.506/2011 prevê a proporcionalidade do período de aviso-prévio. **E:** opção incorreta, pois nos termos do art. 7º, II, da CF o seguro-desemprego é um direito assegurado a todo trabalhador urbano e rural.⬛

Gabarito "A".

(Técnico Judiciário – TRT8 – CESPE – 2016) No que concerne à relação de emprego, aos poderes do empregador e ao contrato individual de trabalho, assinale a opção correta.

(A) Na relação trabalhista, o poder de direção do empregador é ilimitado.

(B) A prestação de serviços é o bem jurídico tutelado e, por isso, o objeto mediato do contrato individual de trabalho.

(C) O termo "contrato de atividade" vincula-se ao fato de as prestações serem equivalentes.

(D) Não se reconhece relação de emprego fundamentada em acordo tácito.

(E) A continuidade e a subordinação são requisitos da relação empregatícia.

A: opção incorreta, pois os limites impostos pela lei, resguardando, sempre, os direitos e garantias dos empregados. **B:** opção incorreta, pois no contrato de trabalho o objeto mediato é o trabalho e o objeto imediato é a prestação de serviços. **C:** opção incorreta, pois de acordo com o Professor Maurício Godinho Delgado (Curso de Direito do Trabalho, 8ª edição – LTr 2009, pág. 466) o contrato de trabalho é de atividade, por constituir seu objeto em uma obrigação de fazer do empregado (prestação do serviço). **D:** opção incorreta, pois o contrato de trabalho, que corresponde à relação de emprego, pode ser acordado tácita ou

expressamente, art. 442 da CLT. **E:** opção correta, pois entendendo que a continuidade é sinônimo de habitualidade ou não eventualidade, assim como a subordinação são requisitos da relação de emprego. Veja arts. 2º e 3º da CLT.⬛

Gabarito "E".

(Técnico Judiciário – TRT8 – CESPE – 2016) Acerca das comissões de conciliação prévia, assinale a opção correta.

(A) Membro suplente dos empregados de comissão de conciliação prévia não possui estabilidade.

(B) Qualquer demanda trabalhista pode ser objeto de discussão em comissão de conciliação prévia.

(C) Será descontado da sua folha de pagamento o valor equivalente ao período em que empregado designado a atuar como conciliador em data de expediente esteve ausente do trabalho.

(D) As comissões de conciliação prévia são necessariamente compostas pelo sindicato dos empregados e pelo sindicato dos empregadores.

(E) O mandato dos membros das comissões de conciliação prévia é de dois anos, vedada a recondução.

A: opção incorreta, pois nos termos do art. 625-B, § 1º, da CL é vedada a dispensa dos representantes dos empregados membros da Comissão de Conciliação Prévia, titulares e suplentes, até um ano após o final do mandato, salvo se cometerem falta grave. **B:** opção correta, pois nos termos do art. 625-D da CLT Qualquer demanda de natureza trabalhista será submetida à Comissão de Conciliação Prévia se, na localidade da prestação de serviços, houver sido instituída a Comissão no âmbito da empresa ou do sindicato da categoria. **C:** opção incorreta, pois nos termos do art. 625-B, § 2º, da CLT o representante dos empregados desenvolverá seu trabalho normal na empresa afastando-se de suas atividades apenas quando convocado para atuar como conciliador, sendo computado como tempo de trabalho efetivo o despendido nessa atividade. **D:** opção incorreta, pois nos termos do art. 625-B, I, da CLT a metade de seus membros será indicada pelo empregador e outra metade eleita pelos empregados, em escrutínio secreto, fiscalizado pelo sindicato de categoria profissional. **E:** opção incorreta, pois nos termos do art. 625-B, III, da CLT o mandato dos seus membros, titulares e suplentes, é de um ano, permitida uma recondução.⬛

Gabarito "B".

(Técnico Judiciário – TRT20 – FCC – 2016) Em relação à figura jurídica do empregado, conforme definição legal,

(A) pode ser pessoa física ou jurídica, desde que preste seus serviços com natureza eventual, sob a subordinação jurídica do empregador e mediante remuneração.

(B) é obrigatório que o empregado exerça seus serviços no estabelecimento do empregador para que possa ser verificado o requisito da subordinação.

(C) um dos requisitos essenciais para caracterização da relação de emprego é a exclusividade na prestação dos serviços para determinado empregador.

(D) o estagiário que recebe bolsa de estudos em dinheiro do contratante será considerado empregado.

(E) o elemento fundamental que distingue o empregado em relação ao trabalhador autônomo é a subordinação jurídica.

A: opção incorreta, pois nos termos do art. 3º da CLT empregado deve ser pessoa física. **B:** opção incorreta, pois nos termos do art. 6º da CLT não se distingue entre o trabalho realizado no estabelecimento do empregador, o executado no domicílio do empregado e o realizado a distância, desde que estejam caracterizados os pressupostos da relação de emprego. **C:** opção incorreta, pois a exclusividade não é requisito da relação de emprego. Veja arts. 2º e 3º da CLT. **D:** opção incorreta, pois desde que o contrato de estágio seja prestado regularmente nos termos da Lei 11.788/2008, o fato de o estagiário receber bolsa de estudo não descaracteriza o contrato de estágio. Veja art. 12 da Lei 11.788/2008. **E:** opção correta, pois o empregado autônomo não possui subordinação, na medida em que ele próprio quem faz as regras da prestação de serviços. Caso ele seja subordinado estaremos diante de uma típica relação de emprego. **HC**

Gabarito "E".

(Técnico Judiciário – TRT20 – FCC – 2016) Hera, com formação em enfermagem, prestou serviços de cuidadora e enfermeira particular para a idosa Isis em sua residência a partir de 01/10/2015. Comparecia na casa de Isis em dois plantões por semana de 12 horas cada um, das 10 às 22 horas, com uma hora de intervalo para refeições e descanso. Recebia, no início de cada jornada, diária o valor de R$ 120,00 por plantão. O pagamento era feito por Apolo, filho de Isis que morava na mesma residência. Após um ano de prestação de serviços, Hera foi dispensada por Apolo, recebendo apenas pelo último dia de plantão. Insatisfeita com a situação, Hera ingressou com ação trabalhista em face de Isis. Neste caso, Hera será considerada

(A) empregada urbana comum porque exerceu funções de enfermagem e tinha todos os requisitos legais previstos na CLT e na norma coletiva da categoria dos enfermeiros, não se enquadrando a hipótese de trabalho doméstico.

(B) empregada doméstica, com direito às horas extras além da oitava diária, férias com 1/3, 13° salário, aviso-prévio e FGTS com multa rescisória de 40%.

(C) trabalhadora autônoma porque trabalhou para Isis, mas não recebeu pagamento desta pessoa, mas sim de seu filho que a contratou e remunerou.

(D) trabalhadora autônoma e eventual sem vínculo de emprego doméstico e sem direitos trabalhistas por ausência do requisito de continuidade previsto em lei específica.

(E) empregada doméstica, com direito apenas às férias com 1/3, 13° salário e aviso prévio, visto que o FGTS é facultativo e as horas extras não estão previstas para a categoria dos domésticos.

"D" é a resposta correta. Isso porque, será considerado empregado doméstico nos termos do art. 1º da LC 150/2015 aquele que presta serviços de forma contínua, subordinada, onerosa e pessoal e de finalidade não lucrativa à pessoa ou à família, no âmbito residencial destas, por mais de 2 (dois) dias por semana. Note que hera laborava somente 2 dias na semana, o que lhe afasta a qualidade de empregado doméstico. **HC**

Gabarito "D".

(Técnico – TRT/19ª – 2015 – FCC) Contrato de experiência celebrado por 29 dias, que foi prorrogado por mais 29 dias,

(A) pode ser prorrogado por até mais 32 dias, para completar 90 dias.

(B) pode ser prorrogado por mais 31 dias, para completar 3 meses.

(C) é nulo, pois o sistema legal não ampara a prorrogação do contrato de experiência.

(D) não pode mais ser prorrogado.

(E) pode ser prorrogado, desde que não ultrapasse o limite máximo de duração de dois anos.

A: incorreta, pois como já houve uma prorrogação do contrato, embora não tenha alcançado o prazo máximo de 90 dias, não poderá haver a segunda prorrogação, sob pena do contrato ser considerado como de prazo indeterminado. Veja arts. 445, parágrafo único e 451 da CLT. **B:** incorreta, pois como vimos no comentário anterior não poderá ser prorrogado mais de uma vez. Ademais, não poderá ser superior a 90 dias e não 3 meses. **C:** incorreta, pois o contrato de experiência poderá ser prorrogado desde que seja uma única vez e não ultrapasse o período máximo de 90 dias. **D:** correta, pois nos termos dos arts. 445, parágrafo único 451 da CLT esse tipo de contrato só admite uma única prorrogação. **E:** incorreta, pois nos termos do art. 445, parágrafo único, da CLT não poderá ser superior a 90 dias.

Gabarito "D".

(Técnico – TRT/19ª – 2015 – FCC) O contrato de trabalho pode ser celebrado

(A) apenas por escrito e expressamente.

(B) apenas por escrito e verbalmente.

(C) expressamente, de forma escrita ou verbal, ou tacitamente.

(D) apenas com a assistência do sindicato da categoria profissional.

(E) por escrito e deve ser registrado no órgão competente.

A: incorreta, pois nos termos do arts. 442 e 443 da CLT o contrato de trabalho além de escrito e expresso, pode ser tácito e verbal. **B:** incorreta, pois além de poder ser celebrado por escrito e verbalmente, poderá ser celebrado expresso e tacitamente, art. 443 da CLT. **C:** correta, pois reflete o disposto no art. 443 da CLT que ensina que o contrato individual de trabalho poderá ser acordado tácita ou expressamente, verbalmente ou por escrito e por prazo determinado ou indeterminado. **D:** incorreta, pois não há necessidade da assistência do sindicato da categoria profissional para celebração do contrato. **E:** incorreta, pois para celebração do contrato de trabalho não se exige registro no órgão competente. Veja arts. 442 e 443 da CLT.

Gabarito "C".

(Técnico – TRT/3ª – 2015 – FCC) De acordo com a Constituição Federal de 1988, dentre os direitos sociais assegurados ao trabalhador, NÃO está a

(A) introdução do terço constitucional sobre as férias.

(B) proteção em face de automação, na forma da lei.

(C) criação dos turnos ininterruptos de revezamento com jornada especial de 6 horas diárias.

(D) criação de licença paternidade, de cinco dias.

(E) irredutibilidade do salário, independentemente de disposição em convenção ou acordo coletivo, salvo em caso de força maior ou prejuízos devidamente comprovados.

A: incorreta, pois o pagamento das férias acrescido do terço constitucional está previsto no art. 7º, XVII, da CF. **B:** incorreta, pois a proteção em face da automação está disposta no art. 7º, XXVII, da CF. **C:** incorreta, pois a criação dos turnos ininterruptos de revezamento com jornada especial de 6 horas diárias está previsto no art. 7º, XIV, da CF. **D:** incorreta, pois a licença paternidade de 5 dias está prevista no art. 7º, XIX, da CF e 10, § 1º, do ADCT. De acordo com a redação dada pela Lei 13.257/2016, o art. 1º, II, da Lei 11.770/2008, prorroga em 15 dias a duração da licença-paternidade para o empregado das empresas que aderirem ao programa "Empresa Cidadã". **E:** correta, pois nos termos do art. 7º, VI, da CF o salário é irredutível, salvo disposto em acordo ou convenção coletiva de trabalho.

Gabarito "E".

(Técnico – TRT/3ª – 2015 – FCC) Maria da Glória foi dispensada por justa causa por não atender aos ditames inseridos no regulamento da empresa em que trabalhava, devidamente depositado no Ministério do Trabalho[2], que limitava o uso do banheiro em, no máximo, cinco minutos, no período da manhã e no período da tarde. A mesma já tinha sido advertida por escrito duas vezes anteriormente pela falta cometida. No caso exposto,

(A) está correto o uso do poder de direção do empregador, porque o regulamento de empresa estava devidamente depositado no Ministério do Trabalho, produzindo efeitos jurídicos nos contratos de trabalho.

(B) está correto o uso do direito de controle do empregador, uma vez que ao assumir os riscos do empreendimento, pode exigir ao máximo a prestação dos serviços de seus colaboradores dentro do horário de serviço.

(C) há abuso do poder de direção do empregador, uma vez que inserir no regulamento de empresa tal proibição fere o direito à dignidade da trabalhadora.

(D) há abuso do poder de direção do empregador, uma vez que a limitação ao uso do banheiro deveria ter sido estipulada na contratação da colaboradora, em suas cláusulas do contrato individual de trabalho, e não em regulamento interno.

(E) é errônea a forma de rescisão do contrato de trabalho, pois a dispensa por justa causa somente ocorre após a aplicação de três advertências e não duas, como no caso.

O simples depósito do regulamento da empresa no Ministério do Trabalho e Emprego não confere por si só, validade à norma, pois ela deve respeitar as normas inerentes ao trabalho, inclusive os princípios constitucionais, dentre eles o da dignidade da pessoa humana, art. 1º, CF. Ademais, ensina o art. 444 da CLT que as relações contratuais de trabalho podem ser objeto de livre estipulação das partes interessadas em tudo quanto não contravenha às disposições de proteção ao trabalho, aos contratos coletivos que lhes sejam aplicáveis e às decisões das autoridades competentes. Vale dizer que, nos termos do parágrafo único do art. 444 da CLT essa livre estipulação aplica-se às hipóteses previstas no art. 611-A desta Consolidação, com a mesma eficácia legal e preponderância sobre os instrumentos coletivos, no caso de empregado portador de diploma de nível superior e que perceba salário mensal igual ou superior a duas vezes o limite máximo dos benefícios do Regime Geral de Previdência Social.
Gabarito "C".

(Técnico Judiciário – TRT9 – 2012 – FCC) Considera-se empregado toda pessoa física que prestar serviços a empregador com as características de

(A) pessoalidade, continuidade, exclusividade e subordinação.

(B) pessoalidade, continuidade, onerosidade e subordinação.

(C) pessoalidade, continuidade, confidencialidade e subordinação.

(D) pessoalidade, continuidade, onerosidade e independência jurídica.

(E) impessoalidade, continuidade, onerosidade e independência jurídica.

A: errada, pois a exclusividade não é requisito da relação de emprego. **B**: correta, pois aponta os requisitos da relação de emprego, que estão dispostos nos arts. 2º e 3º da CLT. **C**: incorreta, pois a confidencialidade não é um requisito da relação de emprego. **D**: incorreta, pois a independência jurídica não é requisito da relação de emprego. A independência jurídica indica autonomia, o que afasta a configuração da relação de emprego. **E**: incorreta, pois para que se caracterize a relação de emprego é necessário que os serviços prestados sejam pessoais. Ademais, a independência jurídica não é um requisito da relação de emprego, como tratado acima.
Gabarito "B".

(Técnico – TRT/11ª – 2012 – FCC) São requisitos legais da relação de emprego e do contrato de trabalho:

(A) pessoalidade do empregado; subordinação jurídica do empregado; exclusividade na prestação dos serviços.

(B) exclusividade na prestação dos serviços; eventualidade do trabalho; pessoalidade do empregador.

(C) eventualidade do trabalho; alteridade; onerosidade.

(D) onerosidade; não eventualidade do trabalho; pessoalidade do empregado.

(E) alteridade; habitualidade; impessoalidade do empregado.

Arts. 2º e 3º da CLT.
Gabarito "D".

(Técnico Judiciário – TRT/14ª – 2011 – FCC) Classifica-se o contrato de trabalho em comum e especial quanto

(A) à duração.

(B) à regulamentação.

(C) à qualidade do trabalho.

(D) à forma de celebração.

(E) ao consentimento.

A: incorreta, quanto à duração, o contrato é classificado em *a prazo indeterminado* ou *a prazo* determinado; **B**: correta, enfim, quanto à regulamentação, pode se tratar de um contrato comum de trabalho, regido pelas regras comuns do direito do trabalho, ou um contrato especial de trabalho, regido por normas específicas (ex: aeronautas, atletas, artistas, professores, bancários, aprendizes, menores etc.); **C**: incorreta, quanto à qualidade, pode ser manual ou intelectual; **D**: incorreta, quanto à forma, pode ser verbal ou escrito; **E**: incorreta, quanto ao consentimento, pode ser expresso ou tácito.
Gabarito "B".

(Técnico Judiciário – TRT/20ª – 2011 – FCC) Os contratos de trabalho se classificam quanto ao consentimento em

(A) comuns ou especiais.

(B) escritos ou verbais.

(C) expressos ou tácitos.

(D) técnico ou intelectual.

(E) determinado ou indeterminado.

A: incorreta, classificação segundo a circunstância do contrato ser regido ou não por legislação específica para determinado tipo de função; **B**: incorreta, classificação conforme a forma; **C**: correta, por definição; **D**: incorreta, classificação conforme o modo, tipo ou qualidade de trabalho; **E**: incorreta, classificação segundo a duração do contrato.
Gabarito "C".

2. Com a extinção do Ministério do Trabalho as suas atribuições passam a ser do Ministério da Economia, Secretaria de Trabalho.

(Técnico Judiciário – TRT/24ª – 2011 – FCC) Para a configuração da relação de emprego

(A) é necessária a existência de prestação de trabalho intelectual, técnico ou manual, de natureza não eventual, por pessoa física, jurídica ou grupo de empresas, sem alteridade e com subordinação jurídica.

(B) não é necessário o recebimento de salário, uma vez que há relação de emprego configurada mediante trabalho voluntário.

(C) é necessária a existência de prestação de contas, requisito inerente à subordinação existente.

(D) é preciso que o empregado seja uma pessoa física ou jurídica que preste serviços com habitualidade, onerosidade, subordinação e pessoalidade.

(E) não é necessária a exclusividade da prestação de serviços pelo empregado.

Arts. 2º e 3º da CLT.

Gabarito "E."

(FCC – 2015) O contrato de trabalho é

I. um contrato de direito público, devido à forte limitação sofrida pela autonomia da vontade na estipulação de seu conteúdo.

II. concluído, como regra, intuito personae em relação à pessoa do empregador.

III. um contrato sinalagmático.

IV. um contrato sucessivo. A relação jurídica de emprego é uma "relação de débito permanente", em que entra como elemento típico a continuidade, a duração.

V. um contrato consensual. A lei, via de regra, não exige forma especial para sua validade.

Considerando as proposições acima, está correto o que consta APENAS em

(A) III, IV e V.

(B) III e V.

(C) I, II e V.

(D) I, III e IV.

(E) I, II e IV.

I: incorreta, pois o contrato de trabalho é considerado um contrato de direito privado, tendo em vista a natureza jurídica privada dos sujeitos e interesses envolvidos. Ademais, as partes poderão pactuar as condições que irão reger o contrato. II: incorreta, pois é considerado *intuito personae* em relação ao empregado, na medida em que ele não pode fazer-se substituir por outro empregado. Trata-se do requisito da pessoalidade do contrato de trabalho. III: correta, pois o contrato de trabalho é do tipo sanalagmático, ou seja, gera obrigações para ambas as partes (empregado e empregador). IV: correta, pois as obrigações se sucedem continuamente no tempo, enquanto perdurar o contrato. V: correta, pois o contrato de trabalho pode ser pactuado livremente pelas partes, sem a necessidade de observância de formalidades.

Gabarito "A."

(FGV – 2015) Josué e Marcos são funcionários da sociedade empresária Empreendimento Seguro Ltda., especializada em consultoria em segurança do trabalho e prevenção de acidentes. No ambiente de trabalho de ambos, também ficam outros 10 funcionários, havendo placas de proibição de fumar, o que era frisado na contratação de cada empregado. O superior hierárquico de todos esses funcionários dividiu as atribuições de cada um, cabendo a Marcos a elaboração da estatística de acidentes ocorridos nos últimos dois anos, tarefa a ser executada em quatro dias. Ao final do prazo, ao entrar na sala, o chefe viu Josué fumando um cigarro. Em seguida, ao questionar Marcos sobre a tarefa, teve como resposta que ele não a tinha executado porque não gostava de fazer estatísticas. Diante do caso, assinale a afirmativa correta.

(A) Josué e Marcos são passíveis de ser dispensados por justa causa, respectivamente por atos de indisciplina e insubordinação.

(B) Ambos praticaram ato de indisciplina.

(C) Ambos praticaram ato de insubordinação.

(D) A conduta de ambos não encontra tipificação legal passível de dispensa por justa causa.

A é a opção correta, pois Josué ao descumprir a ordem de observância obrigatória por parte de todos os funcionários que diz respeito à proibição de fumar no ambiente de trabalho, praticou ato de indisciplina, tipificada o art. 482, *h*, da CLT. Já Marcos praticou ato de insubordinação tipificada, também no art. 482, h, da CLT que consiste no descumprimento de ordem direta passada por seu superior hierárquico.

Gabarito "A."

---

4. AVULSOS

(Técnico Judiciário – TRT/4ª – 2011 – FCC) As atividades de capatazia, estiva, conferência de carga, conserto de carga, vigilância de embarcações e bloco são executadas especificamente pelo trabalhador

(A) avulso.

(B) celetista estrangeiro.

(C) eventual.

(D) temporário.

(E) autônomo.

Art. 40, § 2º, da Lei 12.815/2013.

Gabarito "A."

---

5. DOMÉSTICOS

(Técnico Judiciário – TRT/16ª – 2009 – FCC) Joana é viúva e cria cinco filhos. Em sua residência possui quatro empregados: Cida, Maria, Débora e Osvaldo. Cida é a cozinheira; Débora é a auxiliar do lar com as funções de lavar louças, lavar e passar roupas, bem como arrumar toda a casa; Maria é a baba de seus filhos e Osvaldo foi contratado como motorista da família com a função principal de levar e buscar seus cinco filhos na escola.

Considerando que a comida feita por Cida possui grande qualidade, Joana faz da sua residência um restaurante no horário do almoço. Nesse caso, NÃO é(são) considerado(s) empregado(s) domésticos

(A) Osvaldo, apenas.

(B) Cida e Débora, apenas.

(C) Cida, Débora, Osvaldo e Maria.

(D) Cida, apenas.

(E) Cida, Débora e Maria, apenas.

Nos termos do art. 1º da LC 150/2015 é considerado empregado doméstico aquele que presta serviços de forma contínua, subordinada, onerosa e pessoal e de finalidade não lucrativa à pessoa ou à família, no âmbito residencial destas, por mais de 2 (dois) dias por semana.

Gabarito "B."

6. TRABALHO DA MULHER

(Técnico Judiciário – TRT/9ª – 2007 – CESPE) Acerca dos direitos dos trabalhadores, sobretudo os considerados na Constituição Federal de 1988, julgue o seguinte item.

(1) A licença à gestante tem a duração de cento e vinte dias, sem prejuízo do salário e do emprego pelo período desde a confirmação da gravidez até cinco meses após o parto.

1: art. 7º, XVIII, da CF, e art. 10, II, *b*, do ADCT.
Gabarito "1C".

7. TRABALHO INFANTIL E DE JOVENS

(Técnico Judiciário – TRT/23ª – 2011 – FCC) Luan completa 18 anos no próximo ano e gostaria de, na data de seu aniversário, realizar uma grande viagem com seus amigos. Porém, como não possui recursos financeiros suficientes para pagá-la, resolve procurar um emprego na cidade de São Paulo. Pode-se afirmar que Luan, antes de seu aniversário,

(A) não poderá laborar em locais e serviços perigosos ou insalubres e também não poderá realizar trabalho noturno, ou seja, aquele compreendido entre as 22 horas de um dia até às 5 horas do dia seguinte, por ser vedado o trabalho noturno, insalubre e perigoso aos menores de 18 anos.

(B) não poderá exercer qualquer tipo de atividade laboral tendo em vista que é proibido o trabalho do menor de 18 anos, salvo na condição de aprendiz, a partir dos 14 anos.

(C) poderá realizar trabalho noturno, ou seja, aquele compreendido entre as 22 horas de um dia até às 5 horas do dia seguinte, tendo em vista que a legislação trabalhista proíbe o trabalho noturno apenas para trabalhadores que possuam idade inferior a 16 anos, mas não poderá realizar trabalho insalubre ou perigoso.

(D) não poderá realizar trabalho noturno, ou seja, aquele compreendido entre as 22 horas de um dia até às 5 horas do dia seguinte, mas poderá realizar trabalho insalubre desde que utilize equipamentos de proteção individual – EPI. (E) poderá realizar trabalho insalubre e perigoso, desde que utilize equipamentos de proteção adequados e também laborar no período noturno, ou seja, aquele compreendido entre as 22 horas de um dia até às 5 horas do dia seguinte, desde que o local de trabalho não seja prejudicial à sua moralidade.

Art. 7º, XXXIII, da Constituição Federal, e arts. 403, 404 e 405, I, da CLT.
Gabarito "A".

8. PODER DIRETIVO

(Técnico Judiciário – TRT/14ª – 2011 – FCC) A reversão, ou seja, o retorno do empregado que ocupava cargo de confiança ao cargo de origem, é

(A) vedada pela Consolidação das Leis do Trabalho sujeitando o empregador a multa administrativa de cinco salários mínimos vigentes.

(B) permitida pela Consolidação das Leis do Trabalho.

(C) vedada pela Consolidação das Leis do Trabalho, fazendo jus o empregado a uma indenização de seis salários contratados com os acréscimos legais.

(D) vedada pela Consolidação das Leis do Trabalho em razão do princípio da imutabilidade contratual.

(E) vedada pela Consolidação das Leis do Trabalho em razão do princípio da proteção.

Art. 468, § 1º, da CLT. Vale dizer que, nos termos do § 2º do mesmo dispositivo legal a alteração com ou sem justo motivo, não assegura ao empregado o direito à manutenção do pagamento da gratificação correspondente, que não será incorporada, independentemente do tempo de exercício da respectiva função.
Gabarito "B".

(Técnico Judiciário – TRT/22ª – 2010 – FCC) Com relação à alteração do contrato de trabalho, considere:

I. Mudança do local de trabalho, sem anuência do empregado, com a alteração de seu domicílio.

II. Transferência quando ocorrer extinção do estabelecimento em que trabalhar o empregado.

III. Transferência do empregado para localidade diversa da qual resultar do contrato quando desta decorra necessidade do serviço, sob pagamento suplementar, nunca inferior a 25% do salário, enquanto durar esta situação.

É lícita a alteração do contrato de trabalho o que consta APENAS em

(A) I.

(B) II.

(C) III.

(D) I e II.

(E) II e III.

I: incorreta, art. 469, *caput*, da CLT; II: correta, art. 469, § 2º, da CLT; III: correta, art. 469, § 3º, da CLT.
Gabarito "E".

(FCC – 2014) Considere as seguintes hipóteses: A empresa "A" passa a exigir que seus empregados trabalhem de uniforme e a empresa "B" muda o maquinário da empresa para se adequar às modificações tecnológicas. Estes casos são exemplos de *jus variandi*

(A) extraordinário.

(B) ordinário.

(C) ordinário e extraordinário, respectivamente.

(D) extraordinário e ordinário, respectivamente.

(E) indireto e extraordinário, respectivamente.

Jus variandi ordinário é o direito conferido ao empregador de conduzir a prestação laboral de seus empregados, ajustando as circunstâncias e critérios de acordo com o seu interesse. Essas modificações dizem respeito aos aspectos não essenciais do contrato de trabalho e atua fora das cláusulas contratuais e/ou normas jurídicas. Já o *jus variandi* extraordinário, consiste na possibilidade que o empregador tem de modificar as condições de trabalho no âmbito de suas cláusulas contratuais e legais. Nesses casos, só é permitida a alteração se houver consentimento do empregado, que pode se dar por previsão contratual ou por autorização legal direta ou indireta. Assim, as alterações trazidas correspondem ao *jus varindi* ordinário do empregador.
Gabarito "B".

(FCC – 2015) Relativamente às alterações do contrato de trabalho,

(A) é considerada alteração unilateral vedada por lei a determinação do empregador para que o empregado com mais de dez anos no exercício de função de confiança, reverta ao cargo efetivo anteriormente ocupado.

(B) o empregador pode, sem a anuência do empregado exercente de cargo de confiança, transferi-lo, com mudança de domicílio, para localidade diversa da que resultar do contrato de trabalho, independentemente de real necessidade de serviço.

(C) o adicional de 25% do salário do empregado é devido nas hipóteses de transferência provisória e definitiva.

(D) a extinção do estabelecimento não é causa de transferência do empregado, sendo obrigatória, nesse caso, a extinção do contrato de trabalho.

(E) o empregador pode, sem a anuência do empregado cujo contrato de trabalho tenha condição, implícita ou explícita de transferência, transferi-lo, com mudança de domicílio, para localidade diversa da que resultar do contrato, desde que haja real necessidade de serviço.

A: incorreta, pois a alteração não é proibida por lei, nos termos do art. 468, § 1º, da CLT. Nos termos do § 2º do mesmo dispositivo legal a alteração com ou sem justo motivo, não assegura ao empregado o direito à manutenção do pagamento da gratificação correspondente, que não será incorporada, independentemente do tempo de exercício da respectiva função.. **B:** incorreta, pois nos termos da súmula 43 do TST presume-se abusiva a transferência sem comprovação da necessidade do serviço. **C:** incorreta, pois de acordo com o art. 469, § 2º, da CLT e OJ 113 da SDI 1 do TST somente na transferência provisória será devido o adicional de 25%. **D:** incorreta, pois se ocorrer a extinção do estabelecimento em que trabalhar o empregado, sua transferência será lícita, nos termos do art. 469, § 2º, da CLT. **E:** correta, pois refletem o entendimento do art. 469, § 1º, da CLT.
Gabarito "E".

(Técnico Judiciário – TRT/1ª – 2008 – CESPE) Um vendedor, após determinado tempo, foi promovido a gerente de vendas, cargo de confiança que lhe assegurou aumento na remuneração. Após ele ocupar a nova função por seis meses, o empregador concluiu que as expectativas de desempenho no cargo não tinham sido atendidas e determinou-lhe o retorno à função anterior, a de vendedor. Acerca dessa situação, assinale a opção correta.

(A) Irregularidade inexiste na mencionada reversão ao cargo anteriormente ocupado.

(B) A referida alteração atende ao prescrito no art. 468 da CLT, desde que tenha sido assegurado ao trabalhador o pagamento da gratificação de gerente.

(C) Com base no princípio da continuidade do contrato de trabalho, não há que se falar em retorno ao cargo anteriormente ocupado.

(D) Trata-se de situação que configura rescisão indireta, segundo o prescrito no art. 483 da CLT.

(E) A situação descrita constituiu alteração unilateral do contrato de trabalho e, portanto, foi nula, nos termos do art. 468 da CLT.

Art. 468, § 1º, da CLT. Vale dizer que, nos termos do § 2º do mesmo dispositivo legal a alteração com ou sem justo motivo, não assegura ao empregado o direito à manutenção do pagamento da gratificação correspondente, que não será incorporada, independentemente do tempo de exercício da respectiva função..
Gabarito "A".

9. REMUNERAÇÃO, SALÁRIO-FAMÍLIA E RESSARCIMENTOS

(Técnico – TRT1 – 2018 – AOCP) Maria foi contratada pela empresa Confeitaria Doces Artesanais para trabalhar como atendente, com jornada das 12h às 21h e com uma hora de intervalo para repouso e alimentação. Ocorre que, durante todo o contrato de trabalho, o qual perdurou um ano, o empregador requisitou à empregada que ela laborasse no estabelecimento das 12h às 23h, com uma hora de intervalo, pois não tinha interesse em contratar novo empregado, com a justificativa de serem muito altos os débitos trabalhistas. Nesse período em que Maria laborou para a empresa, somente recebeu o valor de um salário mínimo, conforme pactuado no contrato. Nesse sentido, é correto afirmar que Maria tem direito ao

(A) recebimento somente do adicional de horas extras no importe de, pelo menos, 50% (cinquenta por cento) superior à da hora normal.

(B) recebimento do adicional de horas extras no importe de, pelo menos, 25% (vinte e cinco por cento) superior à da hora normal e pagamento do adicional noturno com acréscimo de, pelo menos, 20 % (vinte por cento) sobre a hora diurna, computando a hora noturna como 50 minutos e 30 segundos.

(C) recebimento do adicional de horas extras no importe de, pelo menos, 50% (cinquenta por cento) superior à da hora normal e pagamento do adicional noturno com acréscimo de, pelo menos, 20% (vinte por cento) sobre a hora diurna, computando a hora noturna como 52 minutos e 30 segundos.

(D) recebimento do adicional de horas extras no importe de, pelo menos, 50% (cinquenta por cento) superior à da hora normal e pagamento do adicional noturno com acréscimo de, pelo menos, 25% (vinte e cinco por cento) sobre a hora diurna, computando a hora noturna como 52 minutos e 30 segundos.

(E) recebimento do adicional de horas extras no importe de, pelo menos, 50% (cinquenta por cento) superior à da hora normal e pagamento do adicional noturno com acréscimo de, pelo menos, 25% (vinte e cinco por cento) sobre a hora diurna, computando a hora noturna como 50 minutos e 30 segundos.

A empregada faz jus ao recebimento de adicional de horas extras de no mínimo 50%, nos termos do art. 7º, incisos XIII e XVI, da CF, bem como a percepção de adicional noturno de 20% em razão da jornada noturna exercida, art. 73 caput e § 2º, da CLT, aplicando-se a hora fictamente reduzida, na forma do art. 73, § 1º, da CLT. **HC**
Gabarito "C".

(Técnico Judiciário – TRT11 – FCC – 2017) Considere:

I. Habitação não excedendo a 35% do salário contratual.

II. Educação, em estabelecimento de ensino próprio.

III. Educação, em estabelecimento de ensino de terceiros.

IV. Previdência privada.

De acordo com a Consolidação das Leis do Trabalho, NÃO serão consideradas como salário as utilidades concedidas pelo empregador indicadas APENAS em

(A) I, II e III.

(B) II, III e IV.

(C) I, III e IV.

(D) I e III.

(E) II e IV.

I: opção incorreta, pois nos termos do art. 458, § 3º, da CLT habitação não poderá exceder 25% do salário-contratual. **II:** opção correta, pois reflete a disposição do art. 458, § 2º, II, da CLT. **III:** opção correta, pois reflete a disposição no art. 458, § 2º, II, da CLT. **IV:** opção correta, pois reflete a disposição do art. 458, § 2º, VI, da CLT.HC

Gabarito "B".

(Técnico Judiciário – TRT8 – CESPE – 2016) Considerando o disposto na Consolidação das Leis do Trabalho acerca do salário mínimo, assinale a opção correta.

(A) O empregado doméstico pode receber remuneração trabalhista inferior ao salário-mínimo quando lhe forem supridas diretamente pelo empregador necessidades normais de alimentação, habitação, higiene e transporte.

(B) Presume-se válido o contrato de trabalho que estipule remuneração inferior a um salário mínimo.

(C) Embora o pagamento de salário inferior ao mínimo estipulado em lei não resulte aplicação de sanções ao empregador, estará ele sujeito à reclamação trabalhista pelo empregado.

(D) Dada a definição de salário-mínimo em contrato de trabalho, afasta-se a possibilidade de distinção de remuneração em razão do sexo.

(E) Em se tratando de ajustamento de salário por empreitada, pode a remuneração diária do trabalhador, ao final do serviço, ser proporcionalmente inferior à do salário-mínimo diário.

A: opção incorreta, pois nos termos do art. 18 da LC 150/2015 é vedado ao empregador doméstico efetuar descontos no salário do empregado por fornecimento de alimentação, vestuário, higiene ou moradia, bem como por despesas com transporte, hospedagem e alimentação em caso de acompanhamento em viagem. **B:** opção incorreta, pois nos termos do art. 117 da CLT será nulo de pleno direito, sujeitando o empregador às sanções do art. 120, qualquer contrato ou convenção que estipule remuneração inferior ao salário-mínimo estabelecido na região, zona ou subzona, em que tiver de ser cumprido. **C:** opção incorreta, pois nos termos do art. 118 da CLT poderá reclamar do empregador o complemento de seu salário mínimo. Ademais, o art. 120 da CLT prevê o pagamento de multa. **D:** opção correta, pois a assertiva está de acordo com a determinação imposta pelo art. 7º, XXX, da CF e art. 76 da CLT. **E:** opção incorreta, pois nos termos do art. 78 da CLT quando o salário for ajustado por empreitada, ou convencionado por tarefa ou peça, será garantida ao trabalhador uma remuneração diária nunca inferior à do salário-mínimo por dia normal.HC

Gabarito "D".

(Técnico Judiciário – TRT8 – CESPE – 2016) No que se refere ao 13º salário, assinale a opção correta.

(A) Havendo rescisão do contrato de trabalho, independentemente da causa, caberá ao empregado percepção do 13º salário, em valor proporcional ao tempo total de serviço do trabalhador.

(B) O 13º salário deve ser pago até o último dia útil do mês de dezembro de cada ano.

(C) Caso resolva adiantar o pagamento do 13º salário, o empregador deve realizar o pagamento a todos os empregados no mesmo vencimento.

(D) O 13º salário deve ser pago em única parcela.

(E) Para a apuração do 13º salário, utiliza-se como base o mês de serviço, sendo a fração de quinze dias ou mais considerada mês integral.

A: opção incorreta, pois nos termos do art. 3º da Lei 4.090/1962 ocorrendo rescisão, sem justa causa, do contrato de trabalho, o empregado receberá a gratificação devida nos termos dos §§ 1º e 2º do art. 1º desta Lei, calculada sobre a remuneração do mês da rescisão. **B:** opção incorreta, pois nos termos do art. 1º do Decreto 57.155/1965 o pagamento da gratificação natalina será efetuado pelo empregador até o dia 20 de dezembro de cada ano, tomando-se por base a remuneração devida nesse mês de acordo com o tempo de serviço do empregado no ano em curso. **C:** opção incorreta, pois nos termos do art. 3º, § 2º, do Decreto 57.155/1965 o empregador não estará obrigado a pagar o adiantamento no mesmo mês a todos os seus empregados. **D:** opção incorreta, pois poderá ser pago em duas parcelas, veja art. 3º do Decreto 57.155/1965. **E:** opção correta, pois reflete a disposição do art. 1º, parágrafo único, do Decreto 57.155/65.HC

Gabarito "E".

(Técnico – TRT/19ª – 2015 – FCC) A segunda parcela do 13º salário (gratificação de Natal) será efetuada até o dia

(A) 15 de dezembro de cada ano.

(B) 10 de janeiro do ano subsequente.

(C) 20 de dezembro de cada ano.

(D) 30 de novembro.

(E) que for mais conveniente para o empregador, pois é ele quem assume os riscos da atividade.

A gratificação natalina encontra previsão constitucional no art. 7º, VIII, da CF. A Lei 4.749/65 determina em seu art. 1º que deverá ser paga pelo empregador até o dia 20 de dezembro de cada ano, compensada a importância que, a título de adiantamento, o empregado houver recebido.

Gabarito "C".

(Técnico Judiciário – TRT9 – 2012 – FCC) Com fundamento na CLT – Consolidação das Leis do Trabalho e na CF – Constituição Federal, as horas extraordinárias NÃO podem exceder de

(A) três e devem ser pagas com adicional de, no mínimo, 50% superior à hora normal.

(B) duas e devem ser pagas com adicional de, no mínimo, 25% superior à hora normal.

(C) três e devem ser pagas com adicional de, no mínimo, 25% superior à hora normal.

(D) duas e devem ser pagas com adicional de, no mínimo, 50% superior à hora normal.

(E) seis e devem ser pagas com adicional de, no mínimo, 50% superior à hora normal.

"D" é a opção correta, pois nos termos do art. 59 da CLT a duração diária do trabalho poderá ser acrescida de horas extras, em número não excedente de duas, por acordo individual, convenção coletiva ou acordo coletivo de trabalho.

Gabarito "D".

(Técnico Judiciário – TRT/4ª – 2011 – FCC) Considere as seguintes assertivas a respeito do 13º salário:

I. O 13º salário proporcional incide nas rescisões indiretas do contrato de trabalho, bem como nos pedidos de demissão.

II. Entre os meses de fevereiro e novembro de cada ano, o empregador pagará, como adiantamento do 13º salário, de uma só vez, metade do salário recebido pelo respectivo empregado no mês anterior.

III. O empregador estará obrigado a pagar o adiantamento referente ao 13º salário, no mesmo mês, a todos os seus empregados.

IV. O adiantamento será pago ao ensejo das férias do empregado, sempre que este o requerer no mês de janeiro do correspondente ano.

Está correto o que se afirma SOMENTE em:

(A) I e II.

(B) I, III e IV.

(C) II, III e IV.

(D) I, II e IV.

(E) I e IV.

I: correta, art. 7º do Decreto n. 57.155/1965; II: correta, art. 2º, *caput*, da Lei n. 4.749/1965; III: incorreta, art. 2º, § 1º, da Lei 4.749/1965; IV: correta, art. 2º, § 2º, da Lei n. 4.749/1965.
Gabarito "D".

(Técnico – TRT/6ª – 2012 – FCC) O pagamento dos salários até o 5º dia útil do mês subsequente ao vencido não está sujeito à correção monetária. Se essa data limite for ultrapassada, incidirá o índice da correção monetária do mês

(A) da prestação dos serviços, a partir do 1º dia útil.

(B) da prestação dos serviços, a partir do dia 1º.

(C) da prestação dos serviços, a partir do 5º dia útil.

(D) subsequente ao da prestação dos serviços, a partir do 5º dia útil.

(E) subsequente ao da prestação dos serviços, a partir do dia 1º.

Súmula 381 do TST.
Gabarito "E".

(Técnico Judiciário – TRT/8ª – 2010 – FCC) Segundo as normas preconizadas na Consolidação das Leis do Trabalho, o pagamento do salário,

(A) na modalidade de contrato individual de trabalho por prazo indeterminado, não deve ser estipulado por período superior a um mês, inclusive no que concerne a comissões, percentagens e gratificações.

(B) qualquer que seja a modalidade do trabalho, não deve ser estipulado por período superior a um mês, inclusive no que concerne a comissões, percentagens e gratificações.

(C) qualquer que seja a modalidade do trabalho, não deve ser estipulado por período superior a um mês, salvo no que concerne a comissões, percentagens e gratificações.

(D) na modalidade de contrato individual de trabalho por prazo determinado, pode ser estipulado por período superior a um mês, exceto no que concerne a comissões e percentagens.

(E) na modalidade de contrato individual de trabalho por prazo indeterminado, pode ser estipulado por período superior a um mês, exceto no que concerne as gratificações.

Art. 459 da CLT.
Gabarito "C".

(Técnico Judiciário – TRT/8ª – 2010 – FCC) Por força de contrato de trabalho, Mário recebe vale refeição, Mirela recebe vale transporte e Lindalva recebe assistência médica mediante seguro-saúde. Nestes casos, possui caráter salarial o benefício recebido por

(A) Mário, Mirela e Lindalva.

(B) Mário e Mirela, apenas.

(C) Lindalva, apenas.

(D) Mirela, apenas.

(E) Mário, apenas.

Art. 458, *caput* e § 2º, da CLT.
Gabarito "E".

(Técnico Judiciário – TRT/20ª – 2011 – FCC) Considere:

I. Aviso-prévio.

II. Repouso semanal remunerado.

III. Horas extras.

De acordo com entendimento Sumulado do Tribunal Superior do Trabalho, as gorjetas, cobradas pelo empregador na nota de serviço ou oferecidas espontaneamente pelos clientes, integram a remuneração do empregado, não servindo de base de cálculo para os itens

(A) I e II, apenas.

(B) I e III, apenas.

(C) II e III, apenas.

(D) III, apenas.

(E) I, II e III.

Súmula 354 do TST.
Gabarito "E".

(Técnico Judiciário – TRT/22ª – 2010 – FCC) O 13º salário é parte obrigatória a ser paga

(A) a todos os empregados em uma única parcela até o dia 20 de dezembro. O empregado também tem direito a perceber a primeira parcela juntamente com as férias, se assim o requerer no mês de janeiro.

(B) somente aos empregados que estiverem trabalhando no período mínimo de doze meses, em uma única parcela até o dia 20 de dezembro. O empregado pode receber a primeira parcela juntamente com as férias, se assim o requerer no mês de fevereiro.

(C) a todos os empregados em duas parcelas. A primeira até o dia 30 de novembro, e a segunda até o dia 20 de dezembro. O empregado também tem direito a perceber a primeira parcela juntamente com as férias, se assim o requerer no mês de janeiro.

(D) somente aos empregados que estiverem trabalhando no período mínimo de doze meses, em duas parcelas, sendo a primeira até o dia 30 de novembro, e a segunda até o dia 20 de dezembro. O empregado pode perceber a primeira parcela juntamente com as férias, se assim o requerer no mês de janeiro.

(E) a todos os empregados em duas parcelas. A primeira até o dia 30 de novembro, e a segunda até o dia 20 de dezembro. O empregado não pode perceber nenhuma das parcelas juntamente com as férias, mesmo se assim o requerer.

Arts. 1º e 2º da Lei n. 4.749/1965.
Gabarito "C".

(Técnico Judiciário – TRT/24ª – 2011 – FCC) Joana labora na empresa Cerveja e Cia. Tendo em vista que tal empresa é responsável pela produção, armazenamento e venda de cervejas, entrega mensalmente aos seus funcionários dez engradados de latas da cerveja escolhida pelo empregado. Estes engradados fornecidos mensalmente

(A) só podem ser considerados como salários-utilidade se previstos em Norma Coletiva da categoria do empregado.

(B) podem ser considerados como salários-utilidade, desde que isto esteja previsto contratualmente e não ultrapassem a 10% da remuneração total do empregado.

(C) não podem ser considerados como salários-utilidade, uma vez que se trata de bebidas alcoólicas.

(D) podem ser considerados como salários-utilidade, desde que isto esteja previsto contratualmente e não ultrapassem a 30% da remuneração total do empregado.

(E) podem ser considerados como salários-utilidade, independentemente de previsão contratual, desde que não ultrapassem a 10% da remuneração total do empregado.

Art. 458, *caput*, da CLT.
„C„ ojneqeS

(FCC – 2014) Jussara é empregada da empresa X exercendo o cargo de vendedora externa de produtos, visitando todos os dias diversos clientes, em suas residências, escritórios e consultórios. Para o desempenho de suas atividades, Jussara utiliza-se de um veículo fornecido pelo empregador. Considerando que Jussara, além de utilizar-se do veículo para a realização de seu trabalho também o faz em atividades particulares, neste caso, o veículo fornecido

(A) possui natureza salarial, incorporando-se na sua remuneração apenas para alguns efeitos.

(B) possui natureza salarial, incorporando-se na sua remuneração para todos os efeitos.

(C) não tem natureza salarial.

(D) somente não terá natureza salarial se a empresa fornecer o combustível como ajuda de custo.

(E) somente terá natureza salarial se utilizado com habitualidade e exclusivamente pela empregada.

"C" é a opção correta. Isso porque o veículo é utilizado como ferramenta de trabalho, ou seja, é usado PARA o desempenho de suas atividades laborais. Desta forma, ainda que o veículo seja utilizado em atividades particulares não será considerado salário *in natura*, nos termos da súmula 367, I, do TST.
„C„ ojueqeS

(FCC – 2015) Quanto à remuneração a ser paga no período de férias,

(A) o empregado não receberá salário, pois nesse período houve o afastamento do exercício de sua atividade laboral.

(B) no salário pago por tarefa, para fins de apuração do valor das férias, toma-se a média da produção no período aquisitivo, aplicando-se o valor da tarefa do mês imediatamente anterior à concessão das férias.

(C) para o salário pago por porcentagem, a remuneração das férias será apurada pela média do que foi percebido nos doze meses que precederem à concessão das férias.

(D) no salário pago por hora, com jornadas variáveis, a remuneração das férias será a média dos últimos seis meses, aplicando-se o valor do salário vigente na data da sua apuração.

(E) a parte do salário paga em utilidades não será computada no valor das férias.

A: incorreta, pois o período de férias é remunerado, em conformidade com os arts. 129 e 142 da CLT. Veja art. 7º, XVII, CF. **B:** incorreta, pois nos termos do art. 142, § 2º, da CLT no salário pago por tarefa terá por base a média da produção no período aquisitivo do direito a férias, aplicando-se o valor da remuneração da tarefa na data da concessão das férias. **C:** correta, pois reflete o disposto no art. 142, § 3º, da CLT. **D:** incorreta, pois no salário pago por hora apurar-se-á a média do período aquisitivo, aplicando-se o valor do salário na data da concessão das férias. **E:** incorreta, pois a parte do salário paga em utilidades será computada no valor das férias, nos termos do art. 142, § 4º, da CLT.
„C„ ojueqeS

(FGV – 2015) Hugo, José e Luiz são colegas de trabalho na mesma empresa. Hugo trabalha diretamente com o transporte de material inflamável, de modo permanente, nas dependências da empresa. José faz a rendição de Hugo durante o intervalo para alimentação e, no restante do tempo, exerce a função de teleoperador. Luiz também exerce a função de teleoperador. Acontece que, no intervalo para a alimentação, Luiz pega carona com José no transporte de inflamáveis, cujo trajeto dura cerca de dois minutos.

Diante dessa situação, assinale a afirmativa correta.

(A) Como Hugo, José e Luiz têm contato com inflamáveis, os três têm direito ao adicional de periculosidade.

(B) Apenas Hugo, que lida diretamente com os inflamáveis em toda a jornada, tem direito ao adicional de periculosidade.

(C) Hugo faz jus ao adicional de periculosidade integral; José, ao proporcional ao tempo de exposição ao inflamável; e Luiz não tem direito ao adicional, sendo certo que a empresa não exerce qualquer atividade na área de eletricidade.

(D) Hugo e José têm direito ao adicional de periculosidade. Luiz não faz jus ao direito respectivo.

A: incorreta, pois Luiz não faz jus ao adicional de periculosidade, tendo em vista que, por pegar carona, seu contato é extremamente reduzido, ainda que habitual, Súmula 364 TST. **B:** incorreta, pois não apenas Hugo terá direito ao adicional, mas também José na medida em que ao render seu colega de trabalho exerce contato intermitente sujeitando-se à condição de risco, súmula 364 do TST. **C:** incorreta, pois não há previsão de pagamento proporcional ao tempo de exposição, Súmula 364 TST. **D:** correta, pois nos termos da súmula 364 do TST Hugo terá direito ao adicional de periculosidade, na medida em que é exposto permanentemente à condições de riscos; José também terá direito ao adicional, tendo em vista que de forma intermitente, sujeita-se a condições de risco. No entanto, Luiz não fará jus ao adicional, visto que o contato, ainda que habitual, dá-se por tempo extremamente reduzido.
„D„ ojueqeS

10. JORNADA DE TRABALHO

(Técnico – TRT/15 – FCC – 2018) Com relação à jornada de trabalho, considere:

I. A duração diária do trabalho poderá ser acrescida de horas extras, em número não excedente de duas, por acordo individual, convenção coletiva ou acordo coletivo de trabalho. Se for celebrado o banco de horas por acordo individual escrito, a compensação ocorrerá no período máximo de seis meses.

II. Os empregados sujeitos ao regime de tempo parcial, sob qualquer duração, são proibidos de prestar horas extras.

III. Os empregados em regime de teletrabalho estão excluídos do controle de jornada de trabalho, não tendo direito a horas extras, mesmo que forem prestadas.

Está correto o que consta de

(A) I, II e III.

(B) I e III, apenas.

(C) II e III, apenas.

(D) I e II, apenas.

(E) I, apenas.

I: opção correta, pois o art. 59 da CLT dispõe que a duração diária do trabalho poderá ser acrescida de horas extras, em número não excedente de duas, por acordo individual, convenção coletiva ou acordo coletivo de trabalho. Já o art. 59, § 5º, da CLT ensina que o acordo de compensação de jornada (banco de horas) poderá ser pactuado por acordo individual escrito, desde que a compensação ocorra no período máximo de seis meses. II: opção incorreta, pois previsto no art. 58-A da CLT, somente o empregado em regime de tempo parcial cuja duração não exceda a 30 horas semanais, não poderá prestar horas extras. III: opção correta, pois reflete a disposição do art. 62, III, da CLT. **HC**
Gabarito "B".

(**Técnico – TRT1 – 2018 – AOCP**) Alceu foi contratado para trabalhar como segurança no Banco Crédito Fácil S.A., permanecendo, durante toda sua jornada de trabalho, zelando pelos caixas eletrônicos e verificando a movimentação de clientes do estabelecimento, almejando, assim, evitar possíveis furtos e roubos no local. Considerando o exposto, é correto afirmar que Alceu

(A) não tem direito ao recebimento de qualquer adicional, considerando que, ao ser contratado, estava ciente das condições laborais e as assumiu expressamente ao assinar o contrato de trabalho.

(B) tem direito ao adicional de periculosidade de, respectivamente, 40% (quarenta por cento), 20% (vinte por cento) e 10% (dez por cento) do salário-mínimo da região, segundo se classifique nos graus máximo, médio e mínimo a sua exposição à violação física.

(C) tem direito ao adicional de periculosidade no importe de 30% (trinta por cento) sobre o salário, sem os acréscimos resultantes de gratificações, prêmios ou participações nos lucros da empresa.

(D) tem direito ao adicional de periculosidade no importe de 30% (trinta por cento) sobre o salário-mínimo da região.

(E) tem direito ao adicional de periculosidade no importe de 40% (quarenta por cento), 20% (vinte por cento) e 10% (dez por cento) sobre o salário, sem os acréscimos resultantes de gratificações, prêmios ou participações nos lucros da empresa.

O empregado fara jus a percepção de adicional de periculosidade no importe de 30% sobre seu salário. Isso porque, o art. 193, II, da CLT considera como atividade ou operação perigosa, na forma da regulamentação aprovada pelo Ministério do Trabalho e Emprego, aquelas que, por sua natureza ou métodos de trabalho, impliquem risco acentuado em virtude de exposição permanente do trabalhador a roubos ou outras espécies de violência física nas atividades profissionais de segurança pessoal ou patrimonial. **HC**
Gabarito "C".

(**Técnico – TRT2 – FCC – 2018**) Silvana, estudante de direito, está muito interessada nas modificações introduzidas na Consolidação das Leis do Trabalho através da Lei no 13.467/2017, lendo diariamente todas as notícias de jornais e revistas para debatê-las com o seu pai, grande empresário do ramo alimentício. Assim, ela verificou importantes mudanças relativas ao tempo de deslocamento do empregado até o seu local de trabalho, afirmando ao seu pai que, após a mudança legislativa, o tempo despendido pelo empregado desde a sua residência até a efetiva ocupação do posto de trabalho e para o seu retorno,

(A) por qualquer meio de transporte, inclusive o fornecido pelo empregador, será computado na jornada de trabalho, por ser considerado tempo à disposição do empregador, excetuando-se o tempo despendido caminhando.

(B) caminhando ou por qualquer meio de transporte, exceto o fornecido pelo empregador, não será computado na jornada de trabalho, por não ser tempo à disposição do empregador.

(C) caminhando ou por qualquer meio de transporte, inclusive o fornecido pelo empregador, será computado na jornada de trabalho, por ser considerado tempo à disposição do empregador.

(D) caminhando ou por qualquer meio de transporte, inclusive o fornecido pelo empregador, não será computado na jornada de trabalho, por não ser tempo à disposição do empregador.

(E) por qualquer meio de transporte, exceto o fornecido pelo empregador, será computado na jornada de trabalho, por ser considerado tempo à disposição do empregador, excetuando-se o tempo despendido caminhando.

"D" é a opção correta. Isso porque, nos termos do art. 58, § 2º, da CLT, o tempo despendido pelo empregado desde a sua residência até a efetiva ocupação do posto de trabalho e para o seu retorno, caminhando ou por qualquer meio de transporte, inclusive o fornecido pelo empregador, não será computado na jornada de trabalho, por não ser tempo à disposição do empregador. **HC**
Gabarito "D".

(**Técnico – TRT2 – FCC – 2018**) Cândida, Felícia e Gilberto são empregados da empresa "AL". Todos os dias, Cândida, Felícia e Gilberto chegam à empresa aproximadamente quinze minutos antes do início da jornada de trabalho. Durante esse período, Cândida alimenta-se com o seu café da manhã, Felícia estuda para o curso de alemão que está fazendo e Gilberto utiliza o tempo para colocar o uniforme, mesmo não sendo obrigatória a realização da troca na empresa, uma vez que não se sente confortável em usar o uniforme em seu trajeto. De acordo com a Consolidação das Leis do Trabalho, não se considera tempo à disposição do empregador, NÃO computando, portanto, como período extraordinário, o mencionado tempo gasto por

(A) Cândida para alimentação e Gilberto para troca de roupa, apenas.

(B) Cândida para alimentação e Felícia para estudo, apenas.

(C) Cândida para alimentação, Felícia para estudo e Gilberto para troca de roupa.

(D) Felícia para estudo e Gilberto para troca de roupa, apenas.

(E) Felícia para estudo, apenas.

"C" é a opção correta. Isso porque, nos termos do art. 4º da CLT, o tempo gasto com a alimentação (art. 4º, § 2º, V, CLT), estudo (art. 4º, § 2º, IV, CLT) e troca de roupa (art. 4º, § 2º, VIII, da CLT), por não se considerar tempo à disposição do empregador, não será computado como período extraordinário o que exceder a jornada normal, ainda que ultrapasse o limite de cinco minutos previsto no § 1º do art. 58 da CLT. HC

Gabarito "C".

(Técnico – TRT2 – FCC – 2018) Com relação à jornada de trabalho, considere:

I. O cálculo do valor das horas extras habituais, para efeito de reflexos em verbas trabalhistas, observará o número de horas efetivamente prestadas e a ele aplica-se o valor do salário-hora da época do pagamento daquelas verbas.

II. Os intervalos concedidos pelo empregador na jornada de trabalho, não previstos em lei, representam tempo à disposição da empresa, remunerados como serviço extraordinário, se acrescidos ao final da jornada.

III. O valor das horas extras habituais não integra a remuneração do trabalhador para o cálculo das gratificações semestrais.

IV. A duração diária do trabalho poderá ser acrescida de horas extras, em número não excedente de duas, por acordo individual, convenção coletiva ou acordo coletivo de trabalho.

De acordo com a Consolidação das Leis do Trabalho e com o entendimento Sumulado do Tribunal Superior do Trabalho, está correto o que se afirma APENAS em

(A) I, II e III.

(B) I, II e IV.

(C) II, III e IV.

(D) I e IV.

(E) II e III.

I: correta, pois reflete a disposição da súmula 347 do TST; II: correta, pois reflete a disposição da súmula 118 do TST; III: incorreta, pois, nos termos da súmula 115 do TST, o valor das horas extras habituais integra a remuneração do trabalhador para o cálculo das gratificações semestrais; IV: opção correta, pois, nos termos do art. 59 da CLT, a duração diária do trabalho poderá ser acrescida de horas extras, em número não excedente de duas, por acordo individual, convenção coletiva ou acordo coletivo de trabalho. HC

Gabarito "B".

(Técnico Judiciário – TRT24 – FCC – 2017) Os intervalos intrajornadas são períodos de descanso regularmente concedidos durante a jornada de trabalho, em que o empregado deixa de trabalhar e de estar à disposição do empregador. Com relação aos períodos de descanso, a legislação vigente estabelece:

(A) Em qualquer trabalho contínuo, cuja duração exceda de 6 horas, é obrigatória a concessão de um intervalo para repouso ou alimentação, o qual será, no mínimo, de uma hora e, em qualquer caso, não poderá exceder de duas horas.

(B) Todos os intervalos de descanso serão computados na duração do trabalho.

(C) Nos serviços permanentes de mecanografia (datilografia, escrituração ou cálculo), a cada período de 90 minutos de trabalho consecutivo corresponderá um repouso de 10 minutos deduzidos da duração normal de trabalho.

(D) Será considerado como trabalho efetivo o tempo em que o motorista empregado estiver à disposição do empregador, incluídos os intervalos para refeição, repouso e descanso, e o tempo de espera.

(E) Para os empregados que trabalham no interior das câmaras frigoríficas e para os que movimentam mercadorias do ambiente quente ou normal para o frio e vice-versa, depois de uma hora e 20 minutos de trabalho contínuo, será assegurado um período de 40 minutos de repouso, computado esse intervalo como de trabalho efetivo.

A: opção incorreta, pois nos termos do art. 71 da CLT havendo acordo escrito ou contrato coletivo em contrário, não poderá exceder de 2 (duas) horas. B: opção incorreta, pois nos termos do art. 71, § 2º, da CLT os intervalos de descanso não serão computados na duração do trabalho. C: opção correta, pois nos termos do art. 72 da CLT, nos serviços permanentes de mecanografia (datilografia, escrituração ou cálculo), a cada período de 90 (noventa) minutos de trabalho consecutivo corresponderá um repouso de 10 (dez) minutos não deduzidos da duração normal de trabalho. D: opção incorreta, pois nos termos do art. 235-C, § 1º, da CLT será considerado como trabalho efetivo o tempo em que o motorista empregado estiver à disposição do empregador, excluídos os intervalos para refeição, repouso e descanso e o tempo de espera. E: opção incorreta, pois nos termos do art. 253 da CLT para os empregados que trabalham no interior das câmaras frigoríficas e para os que movimentam mercadorias do ambiente quente ou normal para o frio e vice-versa, depois de 1 (uma) hora e 40 (quarenta) minutos de trabalho contínuo, será assegurado um período de 20 (vinte) minutos de repouso, computado esse intervalo como de trabalho efetivo. HC

Gabarito "C".

(Técnico – TRT/3ª – 2015 – FCC) Considerando que um empregado trabalhe sob o regime normal de jornada de trabalho de 8 horas diárias e 44 horas semanais, com 1 hora de intervalo para refeição, tendo ele laborado das 13 h até às 22 h de sábado, o primeiro horário em que ele deverá retornar ao local de trabalho será às

(A) 6 h da manhã de domingo.

(B) 10 h da manhã de segunda-feira.

(C) 7 h da manhã de domingo.

(D) 8 h da manhã de segunda-feira.

(E) 9 h da manhã de segunda-feira.

"E" é a resposta correta. Isso porque devemos somar o período de intervalo interjornada de 11 horas esculpido no art. 66 da CLT e, também, o período de 24 horas referente ao descanso semanal remunerado, que ocorrerá, preferencialmente no domingo, direitos estes devidos a todos os trabalhadores. Assim, tendo terminado sua jornada às 22 horas de sábado, deverá retornar ao local de trabalho às 9h da manhã de segunda-feira. HC

Gabarito "E".

(Técnico – TRT/6ª – 2012 – FCC) Atena é empregada da empresa "AFA", possuindo jornada diária de trabalho de 6 horas. Ela cumpre regularmente a sua jornada, não ultrapassando estas 6 horas diárias. Neste caso, prevê a Consolidação das Leis do Trabalho que Atena terá intervalo para repouso e alimentação de

(A) no mínimo trinta minutos.

(B) trinta minutos.

(C) no mínimo sessenta minutos.

(D) no máximo sessenta minutos.

(E) quinze minutos.

CLT, art. 71, § 1º.
Gabarito "E".

(Técnico – TRT/6ª – 2012 – FCC) Na hipótese de se estabelecer jornada de oito horas, por meio de regular negociação coletiva, os empregados submetidos a turnos ininterruptos de revezamento

(A) têm direito ao pagamento da 7ª e 8ª horas com acréscimo de, no mínimo, 60% sobre a hora normal.

(B) têm direito ao pagamento da 7ª e 8ª horas com acréscimo de 50% sobre a hora normal.

(C) não têm direito ao pagamento da 7ª e 8ª horas como horas extras.

(D) têm direito ao pagamento da 8ª hora com acréscimo de 30% sobre a hora normal.

(E) têm direito ao pagamento da 8ª hora com acréscimo de, no mínimo, 50% sobre a hora normal.

Súmula 423 do TST.
Gabarito "C".

(Técnico Judiciário – TRT/8ª – 2010 – FCC) Hércules trabalha na empresa H com jornada de trabalho de cinco horas diárias; César trabalha na empresa C com jornada de trabalho de oito horas diárias. Nestes casos, em regra, para Hércules será obrigatório a concessão de intervalo intrajornada de

(A) trinta minutos e para César de no mínimo uma hora, sendo computados estes intervalos na duração do trabalho.

(B) trinta minutos e para César de no mínimo uma hora, não sendo computados estes intervalos na duração do trabalho.

(C) quinze minutos e para César de no mínimo uma hora, não sendo computados estes intervalos na duração do trabalho.

(D) dez minutos e para César de no mínimo trinta minutos, sendo computados estes intervalos na duração do trabalho.

(E) sessenta minutos, assim como para César, não sendo computados estes intervalos na duração do trabalho.

Art. 71 da CLT.
Gabarito "C".

(Técnico Judiciário – TRT/9ª – 2010 – FCC) De acordo com a Consolidação das Leis do Trabalho, havendo concordância da autoridade administrativa do trabalho, quando ocorrer interrupção do trabalho resultante de causas acidentais, ou de força maior, que determinem a impossibilidade de sua realização, a duração do trabalho poderá ser prorrogada pelo tempo necessário até o máximo de

(A) 2 horas, durante o número de dias indispensáveis à recuperação do tempo perdido, desde que não exceda de 10 horas diárias, em período não superior a 60 dias por ano.

(B) 2 horas, durante o número de dias indispensáveis à recuperação do tempo perdido, desde que não exceda de 10 horas diárias, em período não superior a 30 dias por ano.

(C) 2 horas, durante o número de dias indispensáveis à recuperação do tempo perdido, desde que não exceda de 10 horas diárias, em período não superior a 45 dias por ano.

(D) 4 horas, durante o número de dias indispensáveis à recuperação do tempo perdido, desde que não exceda de 12 horas diárias, em período não superior a 30 dias por ano.

(E) 4 horas, durante o número de dias indispensáveis à recuperação do tempo perdido, desde que não exceda de 12 horas diárias, em período não superior a 60 dias por ano.

Art. 61, § 3º, da CLT.
Gabarito "C".

(Técnico – TRT/11ª – 2012 – FCC) De acordo com previsão da Constituição Federal brasileira e da CLT, em relação à duração do trabalho é correto afirmar que

(A) a duração do trabalho normal não poderá ser superior a 8 horas diárias e 40 horas semanais, não sendo facultada a compensação de horários.

(B) a duração do trabalho normal não poderá ser superior a 8 horas diárias e 48 horas semanais, sendo facultada a compensação de horários.

(C) será considerado trabalho noturno para o trabalhador urbano aquele executado entre às 22 horas de um dia e às 5 horas do dia seguinte.

(D) será considerado horário noturno para o trabalhador urbano aquele executado entre às 21 horas de um dia e às 4 horas do dia seguinte.

(E) para a jornada diária de trabalho contínuo superior a 4 horas e não excedente a 6 horas o intervalo obrigatório será de, no mínimo, uma hora e, salvo acordo escrito ou contrato coletivo em contrário, não poderá exceder de duas horas.

A e B: incorretas, CF, art. 7º, XIII; C: correta, art. 73, § 2º, da CLT; D: incorreta, art. 73, § 2º, da CLT; E: incorreta, art. 71, § 1º, da CLT.
Gabarito "C".

(Técnico Judiciário – TRT/14ª – 2011 – FCC) É obrigatória a concessão de um intervalo de 15 minutos para descanso ou alimentação quando o trabalho contínuo ultrapassar

(A) quatro horas e não exceder seis horas.

(B) quatro horas e não exceder oito horas.

(C) seis horas e não exceder oito horas.

(D) duas horas e não exceder quatro horas.

(E) duas horas e não exceder seis horas.

Art. 71, § 1º, da CLT.
Gabarito "A".

(Técnico Judiciário – TRT/20ª – 2011 – FCC) Mário, João e Adalberto são empregados da empresa CRÉDITO. Mário exerce a função externa de motorista; João é chefe do departamento de contas a pagar; e Adalberto é diretor jurídico. Neste casos, de acordo com a Consolidação das Leis do Trabalho, em regra, não estão sujeitos a jornada de trabalho regular prevista em lei, bem como ao pagamento de horas extraordinárias

(A) Mário e João, apenas.

(B) Mário, João e Adalberto.

(C) João e Adalberto apenas.

(D) Mário e Adalberto, apenas.

(E) Adalberto, apenas.

Art. 62, incisos I e II, da CLT.
Gabarito "B".

(Técnico Judiciário – TRT/22ª – 2010 – FCC) Com relação aos períodos de descanso, considere as assertivas abaixo.

I. Entre duas jornadas de trabalho haverá um período mínimo de doze horas consecutivas para descanso.

II. Para o trabalho contínuo que não exceda seis horas, mas cuja duração seja superior a quatro horas, será obrigatório um intervalo de, no mínimo, dez minutos.

III. Nos serviços permanentes de mecanografia, a cada período de noventa minutos de trabalho consecutivo corresponderá um repouso de dez minutos não deduzidos da duração normal de trabalho.

IV. Não sendo concedido o intervalo para repouso e alimentação, o empregador ficará obrigado a remunerar o período correspondente com um acréscimo de, no mínimo, 50% sobre o valor da remuneração da hora normal de trabalho.

Está correto o que se afirma APENAS em

(A) I e II.

(B) I e III.

(C) II e III.

(D) II e IV.

(E) III e IV.

I: incorreta, art. 66 da CLT; II: incorreta, art. 71, § 1º, da CLT; III: correta, art. 72 da CLT; IV: correta, art. 71, § 4º, da CLT.
Gabarito "E".

(Técnico Judiciário – TRT/23ª – 2011 – FCC) Observe as assertivas abaixo.

I. Entre duas jornadas de trabalho haverá um período mínimo de onze horas consecutivas para descanso.

II. Em qualquer trabalho contínuo, cuja duração exceda de seis horas, é obrigatória a concessão de um intervalo para repouso ou alimentação, o qual será, no mínimo, de uma hora e, salvo acordo escrito ou contrato coletivo em contrário, não poderá exceder de duas horas.

III. Não excedendo de seis horas o trabalho, será, entretanto, obrigatório um intervalo de quinze minutos quando a duração ultrapassar quatro horas.

Está correto o que se afirma em:

(A) I, apenas.

(B) I e II, apenas.

(C) II, apenas.

(D) I, II e III.

(E) II e III, apenas.

I: correto, nos termos do art. 66 da CLT entre 2 (duas) jornadas de trabalho haverá um período mínimo de 11 (onze) horas consecutivas para descanso; II: correto, nos termos do art. 71, caput, da CLT em qualquer trabalho contínuo, cuja duração exceda de 6 (seis) horas, é obrigatória a concessão de um intervalo para repouso ou alimentação, o qual será, no mínimo, de 1 (uma) hora e, salvo acordo escrito ou contrato coletivo em contrário, não poderá exceder de 2 (duas) horas.

III: correto, nos termos do art. 71, § 1º, da CLT não excedendo de 6 (seis) horas o trabalho, será, entretanto, obrigatório um intervalo de 15 (quinze) minutos quando a duração ultrapassar 4 (quatro) horas.
Gabarito "D".

(Técnico Judiciário – TRT/24ª – 2011 – FCC) Mario, professor da universidade X, leciona no período matutino e noturno de segunda-feira a sexta-feira. Assim, ministra aulas das 7:40 às 13:00 horas e das 18:00 às 23:30 horas. Neste caso, a legislação trabalhista, especificamente a Consolidação das Leis do Trabalho,

(A) não está sendo respeitada, tendo em vista que não há um período mínimo de 15 horas consecutivas para descanso entre as jornadas de trabalho.

(B) não está sendo respeitada, tendo em vista que não há um período mínimo de 11 horas consecutivas para descanso entre as jornadas de trabalho.

(C) está sendo respeitada, tendo em vista que Mario não leciona no final de semana, não sendo a Universidade obrigada a conceder descanso entre as jornadas de trabalho.

(D) não está sendo respeitada, tendo em vista que não há um período mínimo de 10 horas consecutivas para descanso entre as jornadas de trabalho.

(E) não está sendo respeitada, tendo em vista que não há um período mínimo de 9 horas consecutivas para descanso entre as jornadas de trabalho.

Nos termos do art. 66 da CLT entre 2 (duas) jornadas de trabalho haverá um período mínimo de 11 (onze) horas consecutivas para descanso.
Gabarito "B".

(Técnico Judiciário – TRT/9ª – 2007 – CESPE) Acerca dos direitos dos trabalhadores, sobretudo os considerados na Constituição Federal de 1988, julgue o seguinte item.

(1) A jornada de trabalho não poderá exceder a oito horas diárias nem a quarenta e quatro horas semanais, devendo a remuneração das horas extras ser de, no mínimo, 50% do valor da hora normal, exceto quando se tratar de hora extra laborada à noite, quando será remunerada em, pelo menos, 100% do valor da hora normal.

1: incorreta Inexiste tal distinção para o adicional de hora extra noturna; quanto à primeira assertiva, está de acordo com o art. 7º, XIII, da CF.
Gabarito "1E".

11. TRABALHO NOTURNO

(Técnico – TRT/19ª – 2015 – FCC) A remuneração do trabalho noturno é superior em 20% à do diurno, em decorrência

(A) de Convenção Coletiva de Trabalho.

(B) de Sentença Normativa.

(C) de previsão legal.

(D) do plano de cargos e salários da empresa.

(E) de negociação direta entre empregado e empregador.

A CF prevê em seu art. 7º, IX remuneração do trabalho noturno superior à do diurno. A CLT, todavia, leciona em seu art. 73 que o trabalho noturno terá remuneração superior a do diurno e, para esse efeito, sua remuneração terá um acréscimo de 20 % (vinte por cento), pelo menos, sobre a hora diurna
Gabarito "C".

(Técnico Judiciário – TRT/4ª – 2011 – FCC) Gislene é empregada da empresa V. Ontem, ela laborou das 22:00hs às 06:00hs. Neste caso, em regra, de acordo com a Consolidação das Leis do Trabalho

(A) não será devido o adicional noturno quanto às horas extras feitas por Gislene após às 05:00hs, tendo em vista o término do horário noturno legalmente previsto.

(B) não será devido o adicional noturno quanto às horas extras feitas por Gislene após às 04:00hs tendo em vista o término do horário noturno legalmente previsto.

(C) será devido o adicional noturno de 30% também quanto às horas extras feitas por Gislene, após às 04:00hs, em razão da prorrogação de sua jornada.

(D) será devido o adicional noturno de 30% também quanto à hora extra feita por Gislene, após às 05:00hs em razão da prorrogação de sua jornada.

(E) será devido o adicional noturno de 20%, também quanto à hora extra feita por Gislene, após às 05:00hs, em razão da prorrogação de sua jornada.

Art. 73 da CLT.
Gabarito "E".

(Técnico – TRT/6ª – 2012 – FCC) Héstia é empregada da Lanchonete "ABA" e trabalha como balconista, possuindo horário de trabalho no período noturno, das 22 às 5 horas. A Lanchonete "ABA" é frequentada por consumidores que normalmente voltam de outras programações noturnas, tendo em vista que a lanchonete possui horário de funcionamento até às 5 horas. Porém, a Lanchonete só encerra suas atividades após o atendimento do último cliente. Assim, Héstia frequentemente estende seu horário de trabalho até às 6 horas. Neste caso,

(A) será devido o adicional noturno também sobre a hora prorrogada uma vez que Héstia cumpre seu horário de trabalho integralmente no horário noturno.

(B) não será devido o adicional noturno sobre a hora prorrogada uma vez que, de acordo com a CLT, a hora noturna é das 22 às 5 horas, sendo considerada a hora como 52 minutos e 30 segundos.

(C) não será devido o adicional noturno sobre a hora prorrogada uma vez que, de acordo com a CLT, a hora noturna é das 22 às 5 horas, sendo considerada a hora como 55 minutos e 50 segundos.

(D) só será devido o adicional noturno também sobre a hora prorrogada, se houver expressa previsão contratual neste sentido e previsão em norma coletiva.

(E) não será devido o adicional noturno sobre a hora prorrogada, uma vez que é expressamente proibido o trabalho extraordinário para empregado que possui jornada de trabalho integral em horário noturno.

Súmula 60, II, do TST.
Gabarito "A".

(Técnico Judiciário – TRT/22ª – 2010 – FCC) Considera-se noturna, para os empregados urbanos, a jornada que compreende o período entre as

(A) 21 horas de um dia e 5 horas do dia seguinte, com adicional de 20%.

(B) 22 horas de um dia e 5 horas do dia seguinte, com adicional de, no mínimo, 15%.

(C) 20 horas de um dia e 4 horas do dia seguinte, com adicional de 15%.

(D) 22 horas de um dia e 5 horas do dia seguinte, com adicional de, no mínimo, 20%.

(E) 21 horas de um dia e 4 horas do dia seguinte, com adicional de, no mínimo, 20%.

Art. 73, § 2º, da CLT.
Gabarito "D".

(Técnico Judiciário – TRT/23ª – 2011 – FCC) Com relação ao trabalho noturno:

I. Salvo nos casos de revezamento semanal ou quinzenal, o trabalho noturno terá remuneração superior a do diurno e, para esse efeito, sua remuneração terá um acréscimo de 30% pelo menos, sobre a hora diurna.

II. A hora do trabalho noturno será computada como de cinquenta e dois minutos e trinta segundos.

III. Considera-se noturno o trabalho executado entre as vinte e uma horas de um dia e as quatro horas do dia seguinte.

Está correto o que se afirma em:

(A) II, apenas.

(B) I e II, apenas.

(C) II e III, apenas.

(D) I e III, apenas.

(E) I, II e III.

I: incorreta, art. 7º, IX, da CF e 73 da CLT; II: correta, art. 73, § 1º, da CLT; III: incorreta, art. 73, § 2º, da CLT.
Gabarito "A".

(Técnico Judiciário – TRT/1ª – 2008 – CESPE) Segundo o art. 73 da CLT, cumpre jornada de trabalho noturno o trabalhador urbano que labora no período

(A) de 20 h às 5 h.

(B) de 22 h às 6 h.

(C) de 21 h às 5 h.

(D) de 22 h às 5 h.

(E) de 23 h às 5 h.

Art. 73, § 2º, da CLT.
Gabarito "D".

12. REPOUSO SEMANAL REMUNERADO

(Técnico Judiciário – TRT9 – 2012 – FCC) De acordo com previsão constitucional, o descanso semanal remunerado deve ser concedido

(A) alternativamente aos sábados e aos domingos.

(B) exclusivamente aos domingos.

(C) preferencialmente aos domingos.

(D) preferencialmente aos sábados.

(E) preferencialmente aos domingos, salvo em semana

Nos termos do art. 7º, XV, da CF o repouso semanal remunerado será preferencialmente aos domingos. Nesse mesmo sentido, dispõe o art. 1º da Lei 605/1949. Vale lembrar, contudo, que nos termos do parágrafo único do art. 6º da Lei 11.603/2007, nas atividades do comércio em geral, observada a legislação municipal, o repouso semanal remunerado deverá coincidir, pelo menos uma vez no período máximo de três

semanas, com o domingo, respeitadas as demais normas de proteção ao trabalho e outras a serem estipuladas em negociação coletiva.
Gabarito "C".

(Técnico Judiciário – TRT/24ª – 2011 – FCC) A respeito do repouso semanal remunerado, considere:

I. É assegurado aos empregados um descanso semanal de 24 horas consecutivas, obrigatoriamente aos domingos.

II. A gratificação por tempo de serviço, paga mensalmente, não repercute no cálculo do repouso semanal remunerado.

III. As gorjetas cobradas pelo empregador na nota de serviço integram a remuneração do empregado, servindo de base de cálculo para o repouso semanal remunerado.

IV. A gratificação de produtividade paga mensalmente não repercute no cálculo do repouso semanal remunerado.

Está correto o que consta APENAS em

(A) I, II e III.

(B) I e IV.

(C) II, III e IV.

(D) II e IV.

(E) III e IV.

I: incorreta, art. 7º, XV, da Constituição e art. 1º da Lei 605/1949; II: correta, súmula 225 do TST; III: incorreta, súmula 354 do TST; IV: correta, súmula 225 do TST.
Gabarito "D".

13. FÉRIAS

(Técnico – TRT1 – 2018 – AOCP) Ana foi contratada pela empresa Mania de Confecções sob o regime de tempo integral, sendo que o contrato de trabalho já completou doze meses de vigência. No decorrer do período ora laborado, Ana teve dez faltas injustificadas ao trabalho. Assim, com base no caso citado, Ana tem direito a

(A) 20 (vinte) dias corridos de férias.

(B) 24 (vinte e quatro) dias corridos de férias.

(C) 30 (trinta) dias corridos de férias.

(D) 18 (dezoito) dias corridos de férias.

(E) 22 (vinte e dois) dias corridos de férias.

Nos termos do art. 130, II, da CLT Ana terá direito a 24 dias corridos de férias. HC
Gabarito "B".

(Técnico – TRT2 – FCC – 2018) A empresa familiar "BL" está modernizando o seu sistema de informática e pretende colocar um número limite de faltas injustificadas para cálculo dos dias que o empregado terá direito para gozo de suas férias, respeitando as normas contidas na Consolidação das Leis do Trabalho. Assim, após cada período de 12 meses de vigência do contrato de trabalho, para que o empregado tenha direito ao gozo de 30 dias corridos de férias, o número limite de faltas injustificadas será

(A) 10

(B) 7

(C) 3

(D) 2

(E) 5

"E" é a opção correta. Isso porque, nos termos do art. 130, I, da CLT, quando não houver faltado ao serviço mais de 5 (cinco) vezes, o empregado terá direito a 30 dias de férias. HC
Gabarito "E".

(Técnico – TRT2 – FCC – 2018) Com relação às férias, considere:

I. Desde que haja concordância do empregado, as férias poderão ser usufruídas em até 3 períodos, sendo que um deles não poderá ser inferior a 14 dias corridos e os demais não poderão ser inferiores a 5 dias corridos, cada um.

II. É vedado o início das férias no período de 2 dias que antecede feriado ou dia de repouso semanal remunerado.

III. A época da concessão das férias será a que melhor consulte os interesses do empregado, sendo que os membros de uma família, que trabalharem no mesmo estabelecimento ou empresa, terão direito a gozar férias no mesmo período, se assim o desejarem e se disto não resultar prejuízo para o serviço.

IV. Os empregados maiores de 60 anos de idade gozarão das férias sempre de uma só vez, assim como o empregado estudante, menor de 18 anos, terá direito a fazer coincidir suas férias com as férias escolares.

De acordo com a Consolidação das Leis do Trabalho, está correto o que se afirma APENAS em

(A) I e II.

(B) I, II e III.

(C) I, III e IV.

(D) II e IV.

(E) III e IV.

I: correta, pois, nos termos do art. 134, § 1º, da CLT, desde que haja concordância do empregado, as férias poderão ser usufruídas em até três períodos, sendo que um deles não poderá ser inferior a quatorze dias corridos e os demais não poderão ser inferiores a cinco dias corridos, cada um; II: correta, pois, nos termos do art. 134, § 3º, da CLT, é vedado o início das férias no período de dois dias que antecede feriado ou dia de repouso semanal remunerado; III: incorreta, pois, nos termos do art. 136 da CLT, a época da concessão das férias será a que melhor consulte os interesses do empregador. Ademais, os membros de uma família, que trabalharem no mesmo estabelecimento ou empresa, terão direito a gozar férias no mesmo período, se assim o desejarem e se disto não resultar prejuízo para o serviço, art. 136, § 1º, da CLT; IV: incorreta, pois o art. 134, § 2º, da CLT, que ensinava que aos menores de 18 (dezoito) anos e aos maiores de 50 (cinquenta) anos de idade as férias serão sempre concedidas de uma só vez, foi revogado pela Lei 13.467/2017 (Reforma Trabalhista). HC
Gabarito "A".

(Técnico Judiciário – TRT24 – FCC – 2017) As férias têm por objetivo a preservação da saúde e da integridade física do empregado, na medida em que o repouso a ser usufruído nesse período visa a recuperar as energias gastas e permitir que o trabalhador retorne ao serviço em melhores condições físicas e psíquicas. Segundo a legislação,

(A) na dispensa por justa causa, o empregado perde o direito de receber as férias vencidas, acrescidas de 1/3.

(B) o empregado que, no período aquisitivo, deixar o emprego e não for readmitido dentro de 60 dias subsequentes à sua saída não terá direito às férias.

(C) o tempo de trabalho anterior à apresentação do empregado para serviço militar obrigatório será computado no período aquisitivo, desde que ele compareça ao estabelecimento dentro de 60 dias da data em que se verificar a respectiva baixa.

(D) a concessão das férias será participada, por escrito, ao empregado, com antecedência de, no mínimo, 15 dias. Dessa participação o interessado dará recibo.

(E) os membros de uma família, que trabalharem no mesmo estabelecimento ou empresa, terão direito a gozar férias no mesmo período, se assim o desejarem e mesmo que isto resulte prejuízo para o serviço, vez que o empregador deve assumir os riscos do seu próprio negócio.

A: opção incorreta, pois nos termos da súmula 171 do TST em caso de demissão por justa causa o empregador perderá o direito às férias proporcionais. **B:** opção correta, pois reflete a disposição do art. 133, I, da CLT. **C:** opção incorreta, pois nos termos do art. 132 da CLT o tempo de trabalho anterior à apresentação do empregado para serviço militar obrigatório será computado no período aquisitivo, desde que ele compareça ao estabelecimento dentro de 90 (noventa) dias da data em que se verificar a respectiva baixa. **D:** opção incorreta, pois nos termos do art. 135 da CLT a comunicação será de no mínimo 30 dias. **E:** opção incorreta, pois nos termos do art. 136, § 1°, da CLT os membros de uma família, que trabalharem no mesmo estabelecimento ou empresa, terão direito a gozar férias no mesmo período, se assim o desejarem e se disto não resultar prejuízo para o serviço. **HC**
Gabarito "B".

(Técnico Judiciário – TRT8 – CESPE – 2016) Em relação ao direito às férias do empregado de empresa privada, assinale a opção correta.

(A) A escolha do período concessivo das férias é ato discricionário do empregado.

(B) Ao empregado é facultado o direito de converter parte do período de férias em abono pecuniário.

(C) Não se admitem, completado o período aquisitivo, férias proporcionais.

(D) O período de trabalho apurado antes da apresentação do empregado ao serviço militar não pode ser considerado período aquisitivo de férias.

(E) Não há relação entre a percepção de benefícios da previdência social pelo empregado e seu direito às férias.

A: opção incorreta, pois nos termos do art. 136 da CLT A época da concessão das férias será a que melhor consulte os interesses do empregador. **B:** opção correta, pois reflete a disposição do art. 143 da CLT que faculta ao empregado converter 1/3 (um terço) do período de férias a que tiver direito em abono pecuniário, no valor da remuneração que lhe seria devida nos dias correspondentes. **C:** opção incorreta, pois nos termos do art. 140 da CLT os empregados contratados há menos de 12 (doze) meses gozarão, na oportunidade, férias proporcionais, iniciando-se, então, novo período aquisitivo. **D:** opção incorreta, pois nos termos do art. 132 da CLT O tempo de trabalho anterior à apresentação do empregado para serviço militar obrigatório será computado no período aquisitivo, desde que ele compareça ao estabelecimento dentro de 90 (noventa) dias da data em que se verificar a respectiva baixa. **E:** opção incorreta, pois nos termos do art. 133, IV, da CLT o empregado perderá o direito às férias se tiver percebido da Previdência Social prestações de acidente de trabalho ou de auxílio-doença por mais de 6 (seis) meses, embora descontínuos. **HC**
Gabarito "B".

(Técnico Judiciário – TRT9 – 2012 – FCC) O empregado tem direito ao gozo de férias

(A) anuais remuneradas com, pelo menos, dois terços a mais do que o salário normal.

(B) semestrais remuneradas com, pelo menos, dois terços a mais do que o salário normal.

(C) anuais remuneradas com, pelo menos, um terço a mais do que o salário normal.

(D) anuais remuneradas com, pelo menos, metade a mais do que o salário normal.

(E) semestrais remuneradas com, pelo menos, um terço a mais do que o salário normal.

"C" é a resposta correta, pois nos termos do art. 7°, XVII, da CF é assegurado a todo empregado o gozo de férias anuais remuneradas com, pelo menos, 1/3 (um terço) a mais do que o salário normal.
Gabarito "C".

(Técnico Judiciário – TRT/20ª – 2011 – FCC) A empresa **A** pretende conceder férias coletivas a todos os seus empregados em dois períodos anuais, sendo um de dez dias corridos e outro de vinte dias corridos; A empresa **B** pretende conceder férias coletivas apenas para um setor da empresa em dois períodos anuais de quinze dias corridos cada; A empresa **C** pretende conceder férias coletivas para todos os seus empregados em dois períodos anuais, sendo um de doze dias corridos e outro de dezoito dias corridos cada. Nestes casos,

(A) apenas as empresas **B** e **C** estão agindo de acordo com a Consolidação das Leis do Trabalho.

(B) apenas as empresas **A** e **C** estão agindo de acordo com a Consolidação das Leis do Trabalho.

(C) todas as empresas estão agindo de acordo com a Consolidação das Leis do Trabalho.

(D) todas as empresas não estão agindo de acordo com a Consolidação das Leis do Trabalho, tendo em vista que as férias coletivas não poderão ser fracionadas.

(E) apenas a empresa **A** está agindo de acordo com a Consolidação das Leis do Trabalho.

Art. 139 da CLT.
Gabarito "C".

(Técnico Judiciário – TRT/22ª – 2010 – FCC) Quanto ao direito às férias, é correto afirmar:

(A) Após cada período de dez meses de vigência do contrato de trabalho, o empregado terá direito a férias de trinta dias corridos, quando não houver faltado ao serviço mais de cinco vezes.

(B) Todo empregado terá direito anualmente ao gozo de um período de férias, sem prejuízo da remuneração.

(C) Após cada período de doze meses de vigência do contrato de trabalho, o empregado terá direito a férias de 18 dias corridos quando houver tido sete faltas injustificadas.

(D) Após cada período de doze meses de vigência do contrato de trabalho, o empregado terá direito a férias de vinte dias corridos, quando não houver faltado ao serviço mais de cinco vezes.

(E) Após cada período de dez meses de vigência do contrato de trabalho, o empregado terá direito a férias de trinta dias úteis, quando não houver faltado ao serviço mais de cinco vezes.

Art. 129 da CLT (v. art. 130).
Gabarito "B".

(FCC – 2014) Considere as seguintes hipóteses:

I. Vilma deixou seu emprego, porém foi readmitida no quadragésimo quinto dia subsequente à sua saída.

II. Katia permaneceu em gozo de licença, com percepção de salários, por mais de 45 dias.

III. Manoela percebeu da Previdência Social prestações de acidente de trabalho por 45 dias contínuos.

IV. Berenice percebeu da Previdência Social prestações de auxílio-doença por 45 dias descontínuos.

Nestes casos, considerando que Vilma, Katia, Manoela e Berenice são empregadas da empresa XXX Ltda, de acordo com a Consolidação das Leis do Trabalho, terão direito a férias

(A) Vilma, Katia, Manoela e Berenice.

(B) Manoela e Berenice, apenas.

(C) Vilma, Manoela e Berenice, apenas.

(D) Katia e Manoela, apenas.

(E) Katia e Berenice, apenas.

"C" é a opção correta. Isso porque Vilma terá direito às férias. Somente perderia seu direito caso deixasse o emprego e não fosse readmitida depois de 60 dias, art. 133, I, CLT. Katia, por ter permanecido em gozo de licença, com percepção de salários, por mais de 30 dias, perderá o direito às férias, art. 133, II, da CLT. Já Manoela que percebeu da Previdência Social prestações de acidente de trabalho por 45 dias contínuos fará jus às férias. Somente perderia tal direito caso o período fosse superior a 6 meses, art. 133, IV, da CLT. Da mesma forma e pelos mesmos fundamentos legais Berenice, que recebeu da Previdência Social prestações de auxílio-doença por 45 dias descontínuos terá direito às férias.
Gabarito "C".

(FCC – 2014) Perderá o direito a férias o empregado que, no curso do período aquisitivo,

(A) deixar o emprego e não for readmitido nos 60 dias posteriores à sua saída.

(B) prestar serviço militar obrigatório por período superior a 6 meses.

(C) deixar de trabalhar, com percepção de salários, por mais de 60 dias, em virtude de paralisação parcial ou total dos serviços da empresa, desde que tal paralisação tenha decorrido de força maior.

(D) tiver percebido da Previdência Social prestações de acidente do trabalho ou de auxílio-doença por mais de 6 meses, desde que contínuos.

(E) usufruir de licença remunerada, qualquer que seja o período de duração da mesma.

A: correta, pois reflete o disposto no art. 133, I, CLT. **B:** incorreta, pois nos termos do art. 132 da CLT a prestação de serviço militar obrigatório corresponde a uma hipótese de suspensão do contrato de trabalho, não sendo devidos salários pelo empregador. No entanto, alguns efeitos do contrato são mantidos, dentre eles o cômputo do tempo de trabalho anterior à apresentação do empregado para serviço militar obrigatório no período aquisitivo para apuração das férias, desde que ele compareça ao estabelecimento dentro de 90 (noventa) dias da data em que se verificar a respectiva baixa, art. 132 da CLT. **C:** incorreta, pois de acordo com o art. 133, III, da CLT o período de paralisação superior a 30 dias não necessita ter ocorrido por motivo de força maior. **D:** incorreta, pois nos termos do art. 133, IV, da CLT o citado período pode ser descontínuo. **E:** incorreta, pois nos termos do art. 133, II, da CLT perderá o direito de férias o empregado que permanecer em gozo de licença, com percepção de salários, por mais de 30 (trinta) dias.
Gabarito "A".

14. ACIDENTE, SUSPENSÃO E INTERRUPÇÃO DO CONTRATO DE TRABALHO

(Técnico Judiciário – TRT24 – FCC – 2017) As alterações do contrato de trabalho são disciplinadas na Consolidação das Leis do Trabalho e a preocupação do legislador centrou-se nos aspectos das vontades das partes, da natureza da alteração e dos efeitos que esta gerará para determinar se será válida ou não. Em razão disso, excluem-se naturalmente da análise da legalidade as alterações obrigatórias, que são imperativamente impostas por lei ou por normas coletivas. No tocante às alterações do contrato de trabalho, estabelece a legislação vigente:

(A) Nos contratos individuais de trabalho só é lícita a alteração das respectivas condições por mútuo consentimento, mesmo que resultem, direta ou indiretamente, prejuízos ao empregado.

(B) Não se considera alteração unilateral a determinação do empregador para que o respectivo empregado reverta ao cargo efetivo, anteriormente ocupado, deixando o exercício de função de confiança.

(C) É ilícita a transferência quando ocorrer extinção do estabelecimento em que trabalhar o empregado.

(D) Mesmo que não haja necessidade de serviço o empregador poderá transferir o empregado para localidade diversa da que resultar do contrato, mas, nesse caso, ficará obrigado a um pagamento suplementar, sempre superior a 25% dos salários que o empregado percebia naquela localidade, enquanto durar essa situação.

(E) É vedada, em qualquer hipótese, a transferência de empregados que exerçam cargo de confiança.

A: opção incorreta, pois nos termos do art. 468 da CLT a alteração não será válida se resultar prejuízos diretos ou indiretos. **B:** opção correta, pois reflete a disposição do art. 468, parágrafo único, da CLT. **C:** opção incorreta, pois nos termos do art. 469, § 2º, da CLT é lícita a transferência quando ocorrer extinção do estabelecimento em que trabalhar o empregado. **D:** opção incorreta, pois somente em caso de necessidade de serviço o empregador poderá transferir o empregado para localidade diversa da que resultar do contrato, não obstante as restrições do artigo anterior, mas, nesse caso, ficará obrigado a um pagamento suplementar, nunca inferior a 25% (vinte e cinco por cento) dos salários que o empregado percebia naquela localidade, enquanto durar essa situação. **E:** opção incorreta, pois nos termos do art. 469, § 1º, da CLT permite-se a transferência de empregados que exerçam cargo de confiança.HC
Gabarito "B".

(Técnico Judiciário – TRT11 – FCC – 2017) Lucila, em razão da abertura involuntária do colo do útero, de forma prematura, comprovada por atestado médico oficial, sofreu um aborto na segunda semana de gestação. Neste caso, o contrato de trabalho de Lucila será

(A) interrompido e ela terá direito a dez dias de repouso.

(B) suspenso e ela terá direito a duas semanas de repouso.

(C) interrompido e ela terá direito a duas semanas de repouso.

(D) suspenso e ela terá direito a quinze dias de repouso.

(E) suspenso e ela terá direito a uma semana de repouso.

"C" é a opção correta. Isso porque, nos termos do art. 395 da CLT em caso de aborto não criminoso, comprovado por atestado médico oficial, a mulher terá um repouso remunerado de 2 (duas) semanas, ficando-lhe assegurado o direito de retornar à função que ocupava antes de seu afastamento. Tendo em vista o repouso ser remunerado, fala-se em interrupção do contrato de trabalho.HC

Gabarito "C".

(Técnico Judiciário – TRT20 – FCC – 2016) A empresa onde Orpheu trabalha pretende incrementar sua linha de produção, oferecendo a ele a participação em curso de qualificação profissional, com duração de quatro meses, conforme previsão contida em convenção coletiva de trabalho. Orpheu assinou documento concordando com a oferta de seu empregador. Nessa situação, preenchidos os requisitos legais previstos na Consolidação das Leis do Trabalho, o contrato de trabalho ficará

(A) suspenso, não fazendo jus ao pagamento de salários durante o período de afastamento.

(B) interrompido, fazendo jus ao pagamento de salários durante o período de afastamento.

(C) suspenso, sem o pagamento de salários durante o período de afastamento, mas com uma ajuda de custo de 50% do valor do salário, conforme previsão legal.

(D) interrompido, tendo direito legal a ajuda compensatória mensal no valor das refeições, despesas com transporte e 50% do valor do salário durante o afastamento.

(E) rescindido, sem caracterizar suspensão ou interrupção e sem qualquer consequência de ordem financeira para as partes durante o afastamento, com novação do contrato a partir do retorno ao serviço normal.

"A" é a resposta correta. Isso porque, nos termos do art. 476-A da CLT o contrato de trabalho poderá ser suspenso, por um período de dois a cinco meses, para participação do empregado em curso ou programa de qualificação profissional oferecido pelo empregador, com duração equivalente à suspensão contratual, mediante previsão em convenção ou acordo coletivo de trabalho e aquiescência formal do empregado.HC

Gabarito "A".

(Técnico Judiciário – TRT20 – FCC – 2016) A empresa Mitos S/A contratou Perseu para trabalhar como auditor fiscal na filial do município de São Paulo. Decorridos oito meses, esta filial foi extinta e Perseu foi transferido para a matriz da empresa em Brasília, mesmo sem sua anuência. Nessa situação, a transferência será considerada

(A) ilegal porque não houve anuência do empregado, sendo de plano rescindido o contrato de trabalho.

(B) lícita quando ocorrer a extinção do estabelecimento em que trabalha o empregado.

(C) regular porque não há previsão legal para esta situação, podendo assim ser exercido o poder diretivo do empregador com base no *jus variandi*.

(D) irregular porque a alteração das respectivas condições de trabalho só é possível por mútuo consentimento.

(E) legal desde que ocorra um pagamento suplementar, nunca inferior a 25% do salário do empregado.

"B" é a resposta correta. Isso porque, nos termos do art. 469, § 2º, da CLT é lícita a transferência quando ocorrer extinção do estabelecimento em que trabalhar o empregado.HC

Gabarito "B".

(Técnico Judiciário – TRT20 – FCC – 2016) São consideradas hipóteses de suspensão e interrupção do contrato de trabalho, respectivamente,

(A) férias anuais remuneradas; descansos semanais remunerados.

(B) aviso-prévio trabalhado; aposentadoria por invalidez.

(C) licença nojo de 2 dias por luto de familiar; dia de feriado religioso.

(D) aposentadoria por invalidez; doação voluntária de sangue por um dia durante o ano.

(E) férias coletivas; participação em curso ou programa de qualificação.

A: opção incorreta, pois ambas são consideradas interrupção do contrato de trabalho, na medida em que embora não estejam trabalhando, os empregados receberão seus salários. **B:** opção incorreta, pois no aviso-prévio trabalhado não há suspensão nem interrupção do contrato de trabalho. Já a aposentadoria por invalidez será considerada suspensão do contrato de trabalho, na forma do art. 475 da CLT. **C:** opção incorreta, pois a licença luto, art. 473, I, da CLT será considerada interrupção do contrato de trabalho, assim como o dia de feriado religioso, art. 8º da Lei 605/1949. **D:** opção correta, pois a aposentadoria por invalidez será considerada suspensão do contrato de trabalho, art. 475 da CLT ao passo que a doação voluntária de sangue por um dia durante o ano será causa de interrupção do contrato de trabalho, art. 473, IV, da CLT. **E:** opção incorreta, pois as férias coletivas representam interrupção do contrato de trabalho, arts. 139 a 141 da CLT ao passo que a participação em curso ou programa de qualificação representa hipótese de suspensão do contrato, na forma do art. 476-A da CLT.HC

Gabarito "D".

(Técnico Judiciário – TRT20 – FCC – 2016) Plutão, empregado da Construtora Piramidal Olímpica S/A, foi convocado e prestou o serviço militar compulsório. Nesse caso, sobre a suspensão do período aquisitivo de férias durante o período correspondente à prestação de serviço militar obrigatório, é correto afirmar:

(A) Haverá suspensão, desde que ele retorne ao emprego nos 90 dias seguintes à cessação do serviço militar obrigatório.

(B) Haverá suspensão, desde que ele compareça ao estabelecimento no prazo de 60 dias, contados da data em que se verificar sua baixa.

(C) Não haverá suspensão, porque não há previsão legal para suspensão de período aquisitivo de férias, mas apenas de interrupção.

(D) A suspensão depende de haver previsão em norma coletiva da categoria, porque não há previsão legal para esta suspensão.

(E) Haverá suspensão, desde que ele se apresente dentro do período aquisitivo de gozo relativo ao período concessivo que se pretende a suspensão.

"A" é a alternativa correta. Isso porque, nos termos do art. 132 da CLT o tempo de trabalho anterior à apresentação do empregado para serviço militar obrigatório será computado no período aquisitivo, desde que ele compareça ao estabelecimento dentro de 90 (noventa) dias da data em que se verificar a respectiva baixa.HC

Gabarito "A".

(Técnico – TRT/19ª – 2015 – FCC) O afastamento do empregado do serviço por quinze dias, em consequência de doença, configura

(A) suspensão do contrato de trabalho.

(B) interrupção do contrato de trabalho.

(C) ausência injustificada.

(D) rescisão do contrato de trabalho.

(E) alteração do contrato de trabalho.

O empregado que estiver sem condições de exercer suas funções, em razão de doença e ficar afastado por até 15 dias tem seu contrato interrompido e não suspenso, na medida em que nesse período caberá à empresa pagar a remuneração do empregado, art. 60, § 3º, da Lei 8.213/1991, o que representa típica hipótese de interrupção do contrato de trabalho. No entanto, caso persista a incapacidade, a partir do 16º dia do afastamento, o empregado passa a usufruir de auxílio-doença, em conformidade com os arts. 59 e 60, *caput*, da Lei 8.213/1991, caracterizando, nessa última hipótese, a suspensão do contrato de trabalho.
Gabarito "B".

(Técnico – TRT/16ª – 2015 – FCC) Considere as seguintes hipóteses:

I. Falta ao serviço não justificada por cinco dias corridos em razão do matrimônio.

II. Falta ao serviço não justificada por até três dias consecutivos em razão do falecimento de irmão.

III. Gozo de férias.

IV. Licença de empregado para atuação como conciliador em Comissão de Conciliação Prévia.

Caracterizam hipóteses de interrupção do contrato de trabalho, as indicadas APENAS em

(A) I e II.

(B) I, III e IV.

(C) III e IV.

(D) II e IV.

(E) I, II e III.

I: As faltas injustificadas constituem hipótese de suspensão do contrato de trabalho. Como faltas justificadas, veja o art. 473, II, da CLT. **II:** As faltas injustificadas constituem hipótese de suspensão do contrato de trabalho. Como faltas justificadas, veja o art. 473, I, da CLT. **III:** As férias representam hipótese de interrupção do contrato de trabalho, na medida em que são remuneradas pelo empregador, art. 129 da CLT. **IV:** o período de licença do empregado para atuação como conciliador em Comissão de Conciliação Prévia será computado como tempo de trabalho, devendo ser pago pelo empregador, art. 625-B, § 2º, da CLT.
Gabarito "C".

(Técnico – TRT/3ª – 2015 – FCC) Mário ausentou-se do trabalho por três dias por ter se casado, tirando suas férias vencidas em seguida, e, finalmente, deixando de retornar ao trabalho por ter acompanhado sua esposa que foi, voluntariamente, doar sangue, sem previsão de abono de falta em norma coletiva. Nos casos expostos, tem-se, respectivamente, a caracterização no contrato de trabalho de:

(A) interrupção, interrupção e suspensão, respectivamente.

(B) interrupção, suspensão e suspensão, respectivamente.

(C) suspensão, interrupção e interrupção, respectivamente.

(D) suspensão, em todos os casos.

(E) interrupção, em todos os casos.

"A" é a opção correta. Isso porque, a ausência do trabalho por 3 dias por motivo de casamento, também chamada de "licença-gala" caracteriza-se interrupção do contrato de trabalho, art. 473, II, da CLT. As férias do empregado também representam hipótese de interrupção do contrato de trabalho, art. 129 da CLT. A doação de sangue seria hipótese de interrupção do contrato de trabalho, caso fosse para o próprio empregado, art. 473, IV, da CLT. O dia que acompanhou a esposa para doação de sangue será considerada falta injustificada, o que representa hipótese de suspensão do contrato de trabalho do empregado.
Gabarito "A".

(Técnico Judiciário – TRT/8ª – 2010 – FCC) Lúcia, empregada da empresa X, recebeu hoje a notícia de que seu irmão faleceu. Mara, também empregada da empresa X, irá se casar com o seu colega de trabalho, Mário, na próxima terça-feira. Nestes casos, Lúcia e Mara, respectivamente, poderão deixar de comparecer ao serviço sem prejuízo do salário, até

(A) três e cinco dias consecutivos.

(B) dois e três dias consecutivos.

(C) dois dias consecutivos.

(D) três dias consecutivos.

(E) cinco dias consecutivos.

Art. 473 da CLT.
Gabarito "B".

(Técnico Judiciário – TRT/9ª – 2010 – FCC) Considere:

I. O dia de descanso aos domingos, tendo em vista o labor regular durante a semana.

II. Férias.

III. Duas semanas de licença médica de empregada em razão de aborto espontâneo.

IV. Suspensão disciplinar.

Trata-se de hipóteses de interrupção de contrato de trabalho as indicadas APENAS em

(A) I, II e IV.

(B) II, III e IV.

(C) I e II.

(D) I e III.

(E) I, II e III.

Considera-se suspensão contratual a sustação temporária (sem ruptura do vínculo) e recíproca dos principais efeitos do contrato de trabalho (prestação do labor, sob o ponto de vista das obrigações do empregado, e pagamento de remuneração, sob o ponto de vista das obrigações do empregador). Já na interrupção contratual, ocorre a sustação temporária da prestação de labor, mas a principal obrigação do empregador continua vigentes (pagamento da remuneração ou contagem do tempo de afastamento no período aquisitivo de férias, por exemplo). Há alguma controvérsia doutrinária quanto a se tratar de suspensão ou interrupção contratual as hipóteses em que ocorre o afastamento do empregado sem remuneração arcada pelo empregador, mas sendo o tempo de afastamento computado como tempo de efetivo serviço para fins de férias, indenizações etc. (entendemos que, também neste caso, estamos diante de hipóteses de interrupção contratual). Isto posto, no descanso aos domingos e nas férias, temos a hipótese de interrupção, pois trata-se de uma "falta" "abonada", de uma sustação da prestação de serviços com a subsistência da remuneração regular do empregado. O mesmo ocorre na licença decorrente de aborto, eis que o período é remunerado (CLT, art. 395) e computado como tempo de serviço para todos os fins. Durante uma suspensão disciplinar, contudo, há, simultaneamente, o não pagamento dos salários e a cessação da remuneração, tratando-se, como o próprio nome nos informa, de uma espécie de suspensão contratual.
Gabarito "E".

(Técnico Judiciário – TRT/14ª – 2011 – FCC) Considere as seguintes assertivas a respeito da suspensão e da interrupção do contrato de trabalho:

I. A natureza jurídica da remuneração paga na interrupção contratual é salário.

II. Durante a interrupção do contrato de trabalho o tempo de afastamento do trabalhador é considerado na contagem de tempo de serviço para os efeitos legais.

III. Na suspensão do contrato de trabalho ocorrerá a cessação temporária da prestação de serviço, mas ocorrerá o pagamento do salário.

Está correto o que se afirma APENAS em

(A) II e III.

(B) III.

(C) I.

(D) I e II.

(E) II.

I: correta, como dissemos anteriormente, considera-se suspensão contratual a sustação temporária (sem ruptura do vínculo) e recíproca dos principais efeitos do contrato de trabalho (prestação do labor, sob o ponto de vista das obrigações do empregado, e pagamento de remuneração, sob o ponto de vista das obrigações do empregador). Já na interrupção contratual, ocorre a sustação temporária da prestação de labor, mas a principal obrigação do empregador continua vigentes (pagamento da remuneração ou contagem do tempo de afastamento no período aquisitivo de férias, por exemplo). Há alguma controvérsia doutrinária quanto a se tratar de suspensão ou interrupção contratual as hipóteses em que ocorre o afastamento do empregado sem remuneração arcada pelo empregador, mas sendo o tempo de afastamento computado como tempo de efetivo serviço para fins de férias, indenizações etc. (entendemos que, também neste caso, estamos diante de hipóteses de interrupção contratual). Deste modo, durante a interrupção, como regra possuirá natureza salarial a remuneração paga ao empregado (observe-se, contudo, que entendemos que no afastamento por licença-maternidade, a hipótese será de interrupção contratual, a despeito de não haver remuneração paga pelo empregador à empregada, mas, sim, o recebimento do benefício previdenciário da licença-maternidade por esta; o tempo de afastamento, não obstante, é computado como tempo de efetivo serviço para os fins legais, daí reputarmos uma hipótese de interrupção); **II**: correta, por definição (entenda-se: em nossa opinião, é possível haver interrupção contratual sem o recebimento de salário, como no caso da licença-maternidade, mas não há interrupção contratual sem a contagem do tempo de afastamento como tempo de efetivo serviço); **III**: incorreta, pois havendo pagamento de salário durante a cessação temporária do trabalho, a hipótese será de interrupção contratual, embora não seja necessariamente verdadeiro que em não havendo o pagamento do salário a hipótese seria de suspensão).

„Gabarito "D".

(Técnico Judiciário – TRT/15ª – 2009 – FCC) Marta, Mario e Miguel são empregados da empresa TEBAS. Marta teve um aborto espontâneo permanecendo duas semanas em descanso, conforme determinação legal; Mario afastou-se de seu emprego para exercer o encargo público de senador; Miguel faltou ao serviço dois dias consecutivos para realizar seu alistamento eleitoral.

Constitui(em) hipótese(s) de interrupção do contrato de trabalho a(s) falta(s) de

(A) Marta e Miguel.

(B) Marta, Miguel e Mario.

(C) Mario e Miguel.

(D) Mário.

(E) Marta e Mario.

A concessão de licença decorrente de aborto é causa de interrupção do contrato de trabalho, eis que o tempo de afastamento é remunerado e computado para fins de aquisição de férias; já o cumprimento de encargo público (art. 472 da CLT) é causa meramente suspensiva,

eis que ausente o direito à percepção de salários ou à contagem como tempo de serviço. Quanto ao alistamento eleitoral, v. art. 473, V, da CLT.

„Gabarito "A".

(Técnico Judiciário – TRT/20ª – 2011 – FCC) Madalena é empregada da empresa V e pretende voluntariamente doar sangue na sexta-feira. De acordo com a Consolidação das Leis do Trabalho, em caso de doação voluntária de sangue devidamente comprovada, Madalena poderá deixar de comparecer ao serviço sem prejuízo do salário, por

(A) dois dias, em cada doze meses de trabalho, ocorrendo a interrupção de seu contrato.

(B) um dia, em cada doze meses de trabalho, ocorrendo a suspensão de seu contrato.

(C) um dia, em cada dez meses de trabalho, ocorrendo a suspensão de seu contrato.

(D) um dia, em cada doze meses de trabalho, ocorrendo a interrupção de seu contrato.

(E) um dia, em cada dez meses de trabalho, ocorrendo a interrupção de seu contrato.

Art. 473, IV, da CLT.

„Gabarito "D".

(Técnico Judiciário – TRT/23ª – 2011 – FCC) João está em seu emprego há mais de 12 meses. Na qualidade de representante de uma entidade sindical, deixou de comparecer ao trabalho por oito dias consecutivos durante o mês de agosto por ter participado de reunião oficial de organismo internacional do qual o Brasil é membro. João terá direito a

(A) trinta dias corridos de férias.

(B) vinte e quatro dias corridos de férias.

(C) dezoito dias corridos de férias.

(D) doze dias corridos de férias.

(E) dez dias corridos de férias.

A alternativa A é a correta, pois a hipótese é de interrupção do contrato de trabalho (a despeito de se tratar de um período de licença não remunerada, conforme art. 543, § 2º, da CLT) V. comentários anteriores, art. 473, IX da CLT.

„Gabarito "A".

(Técnico Judiciário – TRT/24ª – 2011 – FCC) De acordo com a Consolidação das Leis do Trabalho, o tempo de trabalho anterior à apresentação do empregado para serviço militar obrigatório

(A) será computado no período aquisitivo das férias, desde que ele compareça ao estabelecimento dentro de 15 dias da data em que se verificar a respectiva baixa.

(B) será computado no período aquisitivo das férias, desde que ele compareça ao estabelecimento dentro de 30 dias da data em que se verificar a respectiva baixa.

(C) será computado no período aquisitivo das férias, desde que ele compareça ao estabelecimento dentro de 90 dias da data em que se verificar a respectiva baixa.

(D) será sempre computado no período aquisitivo das férias, independentemente de prazo para o comparecimento ao estabelecimento, tratando-se de direito previsto em lei e na Carta Magna.

(E) não será computado no período aquisitivo de férias, havendo dispositivo constitucional expresso neste sentido.

Art. 132 da CLT.

Gabarito "C".

(FGV – 2015) Maria trabalha para a sociedade empresária Alfa S.A. como chefe de departamento. Então, é informada pelo empregador que será transferida de forma definitiva para uma nova unidade da empresa, localizada em outro estado da Federação. Para tanto, Maria, obrigatoriamente, terá de alterar o seu domicílio. Diante da situação retratada e do entendimento consolidado do TST, assinale a afirmativa correta.

(A) Maria receberá adicional de, no mínimo, 25%, mas tal valor, por ter natureza indenizatória, não será integrado ao salário para fim algum.

(B) A empregada não fará jus ao adicional de transferência porque a transferência é definitiva, o que afasta o direito.

(C) A obreira terá direito ao adicional de transferência, mas não à ajuda de custo, haja vista o caráter permanente da alteração.

(D) Maria receberá adicional de transferência de 25% do seu salário enquanto permanecer na outra localidade.

A: opção incorreta, pois somente a transferência provisória enseja pagamento de adicional de transferência, nos termos do art. 469, § 3º, da CLT e OJ 113 SDI 1 do TST. Veja. **B:** opção correta, pois reflete o entendimento disposto no art. 469, § 3º, da CLT que ensina ser devido o adicional de transferência de 25% somente enquanto durar a transferência, que nos leva a saber que se trata de uma transferência provisória. Nesse mesmo sentido ensina a OJ 113 da SDI 1 do TST. **C:** opção incorreta, pois por se tratar de transferência definitiva a obreira não fará jus ao adicional de transferência de 25% que somente será devido na transferência provisória. Por outro lado, que seja na transferência provisória, seja na definitiva, o empregador deverá pagar um acréscimo ao salário do obreiro visando custear as despesas dessa transferência, na medida em que representam gastos por parte do obreiro, veja súmula 29 do TST. **D:** opção incorreta, pois embora a assertiva transcreva o § 3º do art. 469 da CLT que cuida da transferência provisória do empregado, o enunciado da questão trata de transferência definitiva, o que afasta o direito à percepção do adicional.

Gabarito "B".

---

15. RESCISÃO DO CONTRATO DE TRABALHO E AVISO-PRÉVIO

(Técnico – TRT/15 – FCC – 2018) Lucia e sua empregadora, Transportadora Chega Bem Ltda., acordaram rescindir seu contrato de trabalho que já durava cinco anos. A empresa pagou à Lucia metade do aviso prévio indenizado e metade das férias proporcionais acrescidas de 1/3. O saldo de salário e o 13o salário proporcional foram pagos integralmente. Foram liberadas as guias para saque dos depósitos do FGTS, com multa de 20%, não sendo entregues as guias para percepção ao ingresso no Programa do Seguro-Desemprego, por não estar previsto este direito à empregada. Tendo em vista o narrado, segundo as normas previstas na Consolidação das Leis do Trabalho,

(A) estão incorretas as verbas pagas, fazendo jus Lucia à integralidade das férias proporcionais + 1/3.

(B) estão corretas as verbas pagas, bem como a liberação apenas das guias para saque do FGTS.

(C) Lucia faz jus ao recebimento das guias para ingresso no Programa do Seguro-Desemprego, devendo requerê-las ao seu empregador.

(D) estão incorretas as verbas pagas, fazendo jus Lucia à multa de 40% sobre o FGTS, já que não possui direito ao ingresso no Programa do Seguro-Desemprego.

(E) estão corretas as verbas pagas, entretanto esta modalidade de rescisão do contrato de trabalho deverá, obrigatoriamente, ser homologada perante o sindicato profissional de Lucia ou Ministério do Trabalho.

Previsto no art. 484-A da CLT o distrato é a forma de extinção do contrato de trabalho por comum acordo entre empregado e empregador. Caso as partes resolvam celebrar o distrato serão devidas as seguintes verbas trabalhistas: por metade: o aviso-prévio, se indenizado e a indenização sobre o saldo do FGTS; e na integralidade: as demais verbas trabalhistas, como por exemplo: 13ª salário, aviso-prévio trabalhado, férias integrais ou proporcionais entre outras. Na extinção do contrato de trabalho por distrato permite-se a movimentação da conta vinculada do trabalhador no FGTS na forma do inciso I-A do art. 20 da Lei 8.036/1990, limitada até 80% (oitenta por cento) do valor dos depósitos. No entanto, não será autorizado o ingresso do empregado no Programa de Seguro-Desemprego. **HC**

Gabarito "A".

(Técnico – TRT2 – FCC – 2018) Súmula do Tribunal Superior do Trabalho (TST) prevê que na hipótese de reconhecimento de culpa recíproca na rescisão do contrato de trabalho, as férias proporcionais

(A) não são devidas ao empregado, assim como não é devido o 13o salário proporcional, por expressa vedação legal.

(B) não são devidas ao empregado, assim como não é devido o aviso prévio, por expressa vedação legal.

(C) são devidas ao empregado na proporção de 50%, e na mesma proporção o aviso prévio e o 13o salário.

(D) são devidas ao empregado na proporção de 40%, assim como as férias vencidas.

(E) são devidas ao empregado na proporção de 60%, e na mesma proporção o 13o salário.

"C" é a opção correta. A súmula 14 do TST entende que reconhecida a culpa recíproca na rescisão do contrato de trabalho (art. 484 da CLT), o empregado tem direito a 50% (cinquenta por cento) do valor do aviso prévio, do décimo terceiro salário e das férias proporcionais. **HC**

Gabarito "C".

(Técnico – TRT2 – FCC – 2018) Henrique e Bruno são empregados da Lanchonete "R" Ltda. Em razão da prática de crimes diversos alheios ao ambiente de trabalho, ambos estão sendo processados criminalmente, mas continuam trabalhando normalmente, não faltando sem justificativa ao serviço. Esta semana a sentença penal condenatória de ambos transitou em julgado, e Henrique terá que cumprir pena em regime inicial fechado; já Bruno foi condenado à pena de reclusão mas com suspensão da execução da pena. Nesse caso, de acordo com a Consolidação das Leis do Trabalho, a empregadora

(A) poderá rescindir por justa causa ambos os contratos de trabalho em razão do trânsito em julgado das sentenças penais condenatórias.

(B) poderá rescindir por justa causa apenas o contrato de trabalho de Henrique.

(C) não poderá rescindir por justa causa nenhum dos contratos de trabalho, uma vez que não se trata de hipótese legal autorizadora da rescisão contratual nesta modalidade.

(D) poderá rescindir por justa causa o contrato de trabalho tanto de Henrique quanto de Bruno, uma vez que, por terem cometido crimes, é configurado ato de improbidade, bem como mau procedimento, condutas autorizadoras da rescisão contratual nesta modalidade.

(E) não poderá rescindir por justa causa nenhum dos contratos de trabalho, uma vez que são hipóteses específicas que caracterizam interrupção contratual.

"B" é a opção correta. Isso porque, nos termos do art. 482, *d*, da CLT, constitui justa causa para rescisão do contrato de trabalho pelo empregador a condenação criminal do empregado, passada em julgado, caso não tenha havido suspensão da execução da pena. Assim, como Henrique foi condenado e terá que cumprir pena em regime inicial fechado, seu contrato pode ser extinto. Já para Bruno, que foi condenado à pena de reclusão, mas com suspensão da execução da pena, não haverá razão para a rescisão de seu contrato. **HC**

Gabarito "B".

(Técnico – TRT2 – FCC – 2018) Com relação ao aviso prévio, considere:

I. Conta-se o prazo do aviso prévio excluindo-se o dia do começo e incluindo o do vencimento.

II. Ao aviso prévio serão acrescidos 3 dias por ano de serviço prestado na mesma empresa, até o máximo de 30 perfazendo um total de até 60 dias.

III. É possível e legal substituir o período que se reduz da jornada de trabalho no aviso prévio trabalhado, pelo pagamento das horas correspondentes.

IV. O direito ao aviso prévio é irrenunciável pelo empregado. O pedido de dispensa de cumprimento não exime o empregador de pagar o respectivo valor, salvo comprovação de haver o prestador dos serviços obtido novo emprego.

De acordo com a legislação competente, bem como com entendimento sumulado do TST, está correto o que se afirma APENAS em

(A) II e III.

(B) I, II e IV.

(C) II, III e IV.

(D) I e III.

(E) I e IV.

I: correta, pois reflete a disposição da súmula 380 do TST; II: incorreta, pois, nos termos do art. 1º, parágrafo único, da Lei 12.506/2011, ao aviso prévio serão acrescidos 3 (três) dias por ano de serviço prestado na mesma empresa, até o máximo de 60 (sessenta) dias, perfazendo um total de até 90 (noventa) dias; III: incorreta, pois, nos termos da súmula 230 do TST, é ilegal substituir o período que se reduz da jornada de trabalho, no aviso prévio, pelo pagamento das horas correspondentes; IV: correta, pois reflete a disposição da súmula 276 do TST. **HC**

Gabarito "E".

(Técnico – TRT/16ª – 2015 – FCC) Vera, empregada da empresa "A", estando atolada em dívidas, informou levianamente a seu superior hierárquico que havia mudado de residência, apresentando novo comprovante falso, visando receber maiores vantagens a título de vale-transporte. A empresa "A" descobriu a atitude de sua empregada e rescindiu o seu contrato de trabalho por justa causa, em razão da prática de falta grave caracterizada por

(A) desídia.

(B) ato de incontinência de conduta.

(C) desídia e insubordinação.

(D) ato de improbidade.

(E) ato de indisciplina.

A: incorreta, tendo em vista que desídia trata da hipótese em que o empregado deixa de prestar o serviço com zelo, interesse, empenho, passando a laborar com negligência. **B:** incorreta, tendo em vista que *incontinência de conduta mostra* comportamento desregrado ligado à vida sexual do obreiro, comportamento este que traz perturbações ao ambiente de trabalho, como, por exemplo, visitas a sites pornográficos na *internet*. **C:** incorreta, pois a insubordinação consiste no descumprimento de ordens pessoais de serviço expedidas pelo empregador. Quanto à desídia remetemos aos comentários da alternativa "*A*". **D:** correta, pois o ato de improbidade revela mau caráter, maldade, desonestidade, má-fé, por parte do empregado, capaz de causar prejuízo ou até risco à integridade do patrimônio do empregador. **E:** incorreta, pois a indisciplina consiste no descumprimento de ordens gerais de serviço, como por exemplo, o descumprimento de uma norma prevista no regulamento da empresa.

Gabarito "D".

(Técnico – TRT/3ª – 2015 – FCC) Quanto ao instituto do aviso-prévio:

(A) é a comunicação que uma parte da relação de emprego faz a outra, informando que não tem a intenção de manter o contrato de trabalho, previsto apenas para os contratos por prazo indeterminado.

(B) a falta de aviso-prévio pelo empregador dá ao empregado o direito aos salários correspondentes ao prazo respectivo, garantida sempre a integração desse período no seu tempo de serviço.

(C) seu prazo será proporcional ao tempo de serviço do empregado, desde que este receba por mês e esteja empregado há, pelo menos, um ano na empresa, acrescendo-se 3 dias a mais por ano trabalhado no seu cálculo.

(D) com o advento da lei que estipulou o aviso-prévio proporcional ao tempo de serviço, foram revogadas todas as cláusulas previstas em acordos ou convenções coletivas de trabalho, bem como em dissídios coletivos, que previam o instituto com proporcionalidade mais benéfica ao trabalhador.

(E) a falta de cumprimento pelo empregado, sem a respectiva justificativa, retira-lhe o direito ao recebimento não só do salário do prazo respectivo, como também das demais verbas rescisórias a que teria direito.

A: incorreta, pois embora o aviso-prévio seja a comunicação que uma parte da relação de emprego faz a outra, informando que não tem a intenção de manter o contrato de trabalho, pode ser previsto no contrato de trabalho com prazo determinado que contenha a cláusula assecuratória do direito recíproco de rescisão, art. 481 da CLT. **B:** correta, pois reflete o disposto no art. 487, § 1º, da CLT. **C:** incorreta, pois o aviso-prévio será proporcional ao tempo de serviço, independente da forma de remuneração do empregado, art. 1º da Lei 12.506/2011. **D:** incorreta, pois havendo cláusula estipulada em acordo ou convenção coletiva que seja mais benéfica ao trabalhador deverá ela prevalecer, em obediência ao princípio da aplicação da norma mais favorável. **E:** incorreta, pois nos termos do art. 487, § 2º, da CLT falta de aviso-prévio por parte do empregado dá ao empregador o direito de descontar os salários correspondentes ao prazo respectivo, mas não retira o direito à percepção de todas as verbas rescisórias.

Gabarito "B".

(Técnico Judiciário – TRT/4ª – 2011 – FCC) As irmãs Simone, Sinara e Soraya tiveram seus contratos de trabalho rescindidos. A dissolução do contrato de trabalho de Simone decorreu de culpa recíproca de ambas as partes; a rescisão do contrato de trabalho de Sinara foi indireta, tendo em vista que a sua empregadora praticou uma das faltas graves passíveis de rescisão contratual; e Soraya foi dispensada com justa causa. Nestes casos, o aviso-prévio

(A) será devido apenas a Simone e Sinara, sendo o seu valor integral para Sinara e de 50% para Simone.

(B) será devido apenas a Simone e Sinara, sendo para ambas em valor integral.

(C) não será devido a Simone, Sinara e Soraya, por expressa disposição legal.

(D) será devido apenas a Simone, em 50% do seu valor.

(E) será devido a Simone, Sinara e Soraya, sendo o seu valor integral para Simone e Sinara e de 50% para Soraya.

Art. 487 da CLT e súmula 14 do TST.

Gabarito "A".

(Técnico – TRT/6ª – 2012 – FCC) Considere as seguintes verbas:

I. Saldo de Salário.

II. Décimo terceiro salário proporcional.

III. Aviso-Prévio.

Na rescisão de contrato individual de trabalho por prazo indeterminado em razão da prática de falta grave, falta esta configuradora de justa causa, dentre outras verbas, o empregado NÃO terá direito a indicada APENAS em

(A) II e III.

(B) I e II.

(C) I e III.

(D) II.

(E) I.

O saldo de salários, assim como as férias vencidas (quando já transcorrido o prazo do período concessivo) e as férias simples (quando já transcorrido o período aquisitivo, mas ainda em curso o período concessivo), constituem direito adquirido e tais verbas sempre serão devidas, qualquer que seja a hipótese de extinção do contrato de trabalho. Na extinção do contrato por justa causa do emprego, não há direito a décimo terceiro salário proporcional (art. 3º da Lei 4.090/1962), férias proporcionais (CLT, art. 146. Parágrafo único), multa sobre o FGTS (por não se tratar de desligamento involuntário), nem a aviso-prévio (na medida em que este se presta a resguardar o trabalhador em face da subida extinção involuntária de seu vínculo empregatício). Ademais, o empregado não fará jus ao saque do FGTS nem do Seguro-Desemprego.

Gabarito "A".

(Técnico Judiciário – TRT/8ª – 2010 – FCC) Não é permitido fumar nas dependências da empresa "Saúde Corporal", havendo circular interna proibitiva, bem como quadros proibitivos anexados em determinados locais. Neste caso, o empregado que descumpre reiteradamente esta ordem está sujeito a rescisão do seu contrato de trabalho por justa causa em razão da prática específica de ato de

(A) desídia.

(B) insubordinação.

(C) improbidade.

(D) indisciplina.

(E) incontinência de conduta.

A desídia é o desleixo, a negligência na realização de um serviço. A insubordinação é o descumprimento de ordem direcionada diretamente ao insubordinado. A improbidade é a desonestidade. A indisciplina é o descumprimento de uma ordem geral. Finalmente, a incontinência de conduta é o mau procedimento de cunho sexual (assédio sexual, piadas obscenas).

Gabarito "D".

(Técnico Judiciário – TRT/8ª – 2010 – FCC) Joaquim cometeu delito tipificado pelo Código Penal brasileiro e sofreu condenação em primeira instância.

Seu advogado apresentou recurso cabível tempestivamente, porém, ainda não houve julgamento.

Diante desta situação, seu contrato individual de trabalho por prazo determinado

(A) não sofrerá qualquer alteração.

(B) poderá ser rescindido por justa causa obreira.

(C) será suspenso.

(D) será interrompido.

(E) será automaticamente rescindido por força maior.

Art. 482, "d", da CLT.

Gabarito "A".

(Técnico Judiciário – TRT/9ª – 2010 – FCC) De acordo com a Consolidação das Leis do Trabalho, em regra, a suspensão disciplinar do empregado por mais de trinta dias consecutivos

(A) não importa rescisão do contrato de trabalho, tendo em vista o Princípio da Proteção.

(B) importa rescisão injusta do contrato de trabalho.

(C) importa rescisão de contrato de trabalho com reconhecimento imediato de culpa recíproca entre as partes tipificada pela norma legal.

(D) importa rescisão do contrato de trabalho com justa causa.

(E) não importa rescisão do contrato de trabalho, tendo em vista o princípio da continuidade da relação de emprego.

Art. 474 da CLT.

Gabarito "B".

(Técnico Judiciário – TRT/14ª – 2011 – FCC) Tales, empregado da empresa Bom Garfo, falsificou atestado médico para justificar suas faltas e consequentemente não ter desconto em sua remuneração. Neste caso, Tales cometeu falta grave passível de demissão por justa causa, uma vez que praticou ato de

(A) indisciplina.

(B) insubordinação.

(C) desídia.

(D) incontinência de conduta.

(E) improbidade.

A indisciplina é o descumprimento de uma ordem ou orientações gerais, passada pelo empregador a seus empregados coletivamente considerados. A insubordinação é o descumprimento de ordem ou orientação direcionada pessoalmente ao insubordinado. A incontinência de conduta é o mau procedimento de cunho sexual (assédio sexual, piadas obscenas). A desídia é o desleixo, a negligência na realização de um serviço. A improbidade é a desonestidade.

(Técnico Judiciário – TRT/22ª – 2010 – FCC) Marcelo, empregado da empresa WX do Brasil Ltda., foi agredido fisicamente por seu empregador Fernando, em razão de chegar atrasado constantemente no trabalho. Inconformado, Marcelo revidou a agressão e atingiu Fernando com seu capacete, ferindo-o. Como não resolveram a questão amigavelmente, foi proposta Reclamação Trabalhista na Justiça do Trabalho. O Tribunal Regional do Trabalho da respectiva região, confirmando o entendimento de primeiro grau, concluiu que ficou demonstrada a reciprocidade no tratamento desrespeitoso e agressivo de ambas as partes, que contribuíram para a impossibilidade da continuidade do pacto laboral. O juiz foi enfático ao afirmar que a tese de legítima defesa não se aplicaria ao caso, já que houve revide imediato por parte do reclamante, que bastaria se valer da via judicial para solucionar a questão. Dessa forma, reconhecida judicialmente a culpa recíproca no incidente, é correto afirmar que Marcelo

(A) terá direito a receber 15% das verbas rescisórias referentes ao aviso-prévio, ao 13º salário e às férias proporcionais que seriam devidas em caso de culpa exclusiva do empregador.

(B) terá direito a receber 25% das verbas rescisórias referentes ao aviso-prévio, ao 13º salário e às férias proporcionais que seriam devidas em caso de culpa exclusiva do empregador.

(C) terá direito a receber 50% das verbas rescisórias referentes ao aviso-prévio, ao 13º salário e às férias proporcionais que seriam devidas em caso de culpa exclusiva do empregador.

(D) terá direito a receber 100% das verbas rescisórias em razão da culpa do empregador, tendo em vista o princípio vigente no Direito do Trabalho do *in dubio pro operário*.

(E) não terá direito a receber qualquer verba rescisória, tendo em vista tratar-se de hipótese de despedida por justa causa.

Súmula 14 do TST, culpa recíproca.

(Técnico Judiciário – TRT/23ª – 2011 – FCC) O aviso prévio

(A) é devido na despedida indireta e o valor das horas extraordinárias habituais não integra o aviso prévio indenizado.

(B) não é devido na despedida indireta e o valor das horas extraordinárias habituais integra o aviso prévio trabalhado.

(C) é devido na despedida indireta e o valor das horas extraordinárias habituais integra o aviso prévio indenizado.

(D) não é devido na despedida indireta e o valor das horas extraordinárias habituais não integra o aviso prévio indenizado.

(E) não é devido despedida indireta e o valor das horas extraordinárias habituais integra apenas o aviso prévio trabalhado.

Art. 487, §§ 4º e 5º, CLT. Veja também a súmula 376, II, TST.

(Técnico Judiciário – TRT/24ª – 2011 – FCC) Laís, empregada da empresa G, após quatro meses de contrato de trabalho, sem ter tido nenhuma falta, pediu demissão, uma vez que estava insatisfeita com o seu emprego. Neste caso, de acordo com o entendimento sumulado do Tribunal Superior do Trabalho, Laís

(A) terá direito de receber suas férias proporcionais (quatro meses) acrescidas de um terço.

(B) não terá direito de receber suas férias proporcionais e nem o décimo terceiro salário, tendo em vista que a legislação pertinente prevê o prazo mínimo de seis meses de contrato de trabalho.

(C) não terá direito de receber suas férias proporcionais, tendo em vista que não completou doze meses de serviço.

(D) terá direito de receber suas férias proporcionais (quatro meses) de forma simples, ou seja, sem o acréscimo de um terço.

(E) terá direito ao aviso-prévio de trinta dias, podendo optar em reduzir sua jornada diária em duas horas ou faltar ao serviço por sete dias corridos.

Súmula 171 do TST.

(Técnico Judiciário – TRT/24ª – 2011 – FCC) Simone, empregada da empresa Z, para justificar sua falta ao serviço, apresentou um atestado médico falso obtido em Campo Grande-MS. Neste caso, Simone praticou ato de

(A) desídia indireta.

(B) insubordinação.

(C) desídia direta.

(D) improbidade.

(E) incontinência de conduta.

A desídia é o desleixo, a negligência na realização de um serviço. A insubordinação é o descumprimento de ordem direcionada diretamente ao insubordinado. A indisciplina é o descumprimento de uma ordem geral. A improbidade é a desonestidade. Finalmente, a incontinência de conduta é o mau procedimento de cunho sexual (assédio sexual, piadas obscenas).

(Técnico Judiciário – TRT/24ª – 2011 – FCC) O aviso-prévio, quando for reconhecida a culpa recíproca na rescisão do contrato de trabalho,

(A) será devido pela metade somente se comprovada reação imediata à agressão.

(B) será devido pela metade.

(C) será devido pela sua integralidade.

(D) não será devido.

(E) será devido pela sua integralidade somente se comprovada reação imediata à agressão.

Súmula 14 do TST.

(FCC – 2014) Claudiomar, sócio-gerente da empresa "M" Ltda descobriu que Bruno, um de seus empregados do setor de montagem de peças, foi condenado em processo criminal pela prática do crime de estelionato qualificado. O referido processo encontra-se em fase de recurso e Bruno respondendo em liberdade. Neste caso, de acordo com a Consolidação das Leis do Trabalho, Claudiomar

(A) poderá rescindir imediatamente o contrato de Bruno por justa causa, havendo dispositivo legal expresso neste sentido, devendo notificar previamente o empregado.

(B) não poderá rescindir o contrato de Bruno por justa causa independentemente da aplicação de pena e do trânsito em julgado uma vez que não guarda qualquer relação com o contrato de trabalho.

(C) só poderá rescindir o contrato de Bruno por justa causa após o trânsito em julgado da sentença condenatória, caso não haja suspensão da execução da pena.

(D) só poderá rescindir o contrato de Bruno por justa causa após o trânsito em julgado da sentença condenatória e independentemente da ocorrência ou não de suspensão da execução da pena.

(E) poderá rescindir imediatamente o contrato de Bruno por justa causa, havendo dispositivo legal expresso neste sentido, independente de prévia notificação do empregado.

"C" é a resposta correta. Para a rescisão por justa causa, art. 482, *d*, da CLT exige-se a condenação do empregado, transitada em julgado, da qual decorra sua prisão, sem direito à suspensão da execução da pena. O que enseja a dispensa é a impossibilidade de comparecer ao trabalho.
Gabarito "C".

(FCC – 2014) Vera é empregada da empresa "S" Ltda e recebe seu salário na base de tarefa. Ontem, Vera teve seu contrato de trabalho rescindido. Neste caso, para recebimento de seu aviso-prévio indenizado, o cálculo será feito de acordo com

(A) a média dos últimos doze meses de serviço.

(B) a média dos últimos seis meses de serviço.

(C) a média dos últimos dois meses de serviço.

(D) o valor recebido no mês anterior ao mês da rescisão contratual.

(E) o valor recebido no mês anterior ao mês da rescisão contratual acrescido de 50%.

"A" é a resposta correta. Nos termos do art. 487, § 3º, da CLT em se tratando de salário pago na base de tarefa, o cálculo, para os efeitos dos parágrafos anteriores, será feito de acordo com a média dos últimos 12 (doze) meses de serviço.
Gabarito "A".

(FCC – 2014) Em relação às hipóteses de rescisão do contrato de trabalho por prazo indeterminado, consider**e:**

I. O pedido de demissão caracteriza-se como ato de iniciativa do empregado, praticado com a intenção de extinguir o contrato.

II. Havendo culpa recíproca no ato que determinou a rescisão do contrato, será devida a mesma indenização que seria devida em caso de culpa exclusiva do empregador.

III. No caso de prática de falta grave pelo empregador, poderá o empregado pleitear a rescisão do seu contrato e o pagamento das respectivas indenizações, sendo-lhe facultado, em qualquer hipótese, permanecer ou não no serviço até final da decisão do processo.

IV. A morte do empregador pessoa física leva à extinção do contrato de trabalho, salvo se o empregado, por ocasião do falecimento do empregador, tiver mais de dez anos de serviço para o mesmo.

Está INCORRETO o que consta APENAS em

(A) I, II e IV.

(B) II, III e IV.

(C) II e III.

(D) I e IV.

(E) III e IV.

I: correta, pois o pedido de demissão que o empregado faz ao empregador é um ato de sua iniciativa que tem por objetivo colocar fim ao contrato de trabalho. II: incorreta, pois nos termos do art. 484 da CLT havendo culpa recíproca a indenização à que seria devida em caso de culpa exclusiva do empregador, será reduzida pela metade. III: incorreta, pois caso o empregado faça o pedido de rescisão indireta por justa causa do empregador, art. 483 da CLT, poderá permanecer no emprego se o empregador não cumprir as obrigações do contrato de trabalho ou se o empregador reduzir o seu trabalho, sendo este por peça ou tarefa, de forma a afetar sensivelmente a importância dos salários, em conformidade com o art. 483, § 3º, da CLT. IV: incorreta, pois nos termos do art. 483, § 2º, da CLT no caso de morte do empregador constituído em empresa individual, é facultado ao empregado rescindir o contrato de trabalho.
Gabarito "B".

(FCC –2015) Empregador dispensa o empregado sem justa causa, dando aviso prévio ao mesmo. No 12º dia de cumprimento do aviso, o empregador arrepende-se de ter dispensado o empregado e reconsidera seu ato. Essa reconsideração

(A) não gera qualquer efeito, pois em relação ao aviso prévio o legislador prevê que, depois de ter sido dado, não há qualquer possibilidade de arrependimento eficaz.

(B) gera efeitos imediatos, sendo certo que, no caso de aviso prévio indenizado, o empregado deve voltar imediatamente ao trabalho.

(C) não gera efeitos, pois já transcorridos mais de dez dias após a dispensa do empregado.

(D) gera efeitos, se a outra parte aceitar a reconsideração.

(E) não é possível, pois o aviso prévio é irrenunciável pelo empregado, não havendo que se falar em reconsideração do mesmo, sob pena de afronta a direito previsto em norma de ordem pública.

A: incorreta, pois nos termos do art. 489 da CLT é possível a retratação do aviso prévio. **B:** incorreta, pois é facultada à parte que recebeu a ordem de aviso prévio aceitar ou não a reconsideração. **C:** incorreta, pois a reconsideração do aviso prévio pode ocorrer até expirado seu período, que será no mínimo 30 dias. **D:** correta, pois nos termos do art. 489 da CLT dado o aviso prévio, a rescisão torna-se efetiva depois de expirado o respectivo prazo, mas, se a parte notificante reconsiderar o ato, antes de seu termo, à outra parte é facultado aceitar ou não a reconsideração. Todavia, caso seja aceita a reconsideração ou continuando a prestação depois de expirado o prazo, o contrato continuará a vigorar, como se o aviso prévio não tivesse sido dado. **E:** incorreta, pois como estudamos é possível a reconsideração do aviso prévio.
Gabarito "D".

16. ESTABILIDADE E GARANTIA NO EMPREGO

(Técnico – TRT2 – FCC – 2018) Considere hipoteticamente que Camila foi admitida pela Fábrica de Colchões "T" Ltda. para trabalhar na recepção da empresa, tendo sido celebrado contrato de experiência pelo prazo de 60 dias. Após dez dias da celebração do contrato, Camila descobre que está grávida e comunica tal fato ao seu empregador. Nesse caso, de acordo com entendimento Sumulado do Tribunal Superior do Trabalho, Camila

(A) terá direito à estabilidade provisória prevista para a gestante, sendo vedada a sua dispensa arbitrária ou sem justa causa desde a confirmação da gravidez até 5 meses após o parto.

(B) não terá direito à estabilidade provisória prevista para a gestante uma vez que o contrato foi celebrado por prazo de- terminado.

(C) terá direito à estabilidade provisória prevista para a gestante, sendo vedada a sua dispensa arbitrária ou sem justa causa desde a confirmação da gravidez até os 60 dias previstos para encerramento do contrato.

(D) terá direito à estabilidade provisória prevista para a gestante, sendo vedada a sua dispensa arbitrária ou sem justa causa desde a confirmação da gravidez até o dobro do prazo do contrato, ou seja 120 dias.

(E) terá direito à estabilidade provisória prevista para a gestante, sendo vedada a sua dispensa arbitrária ou sem justa causa desde a comunicação da gravidez para seu empregador até 4 meses após o parto.

"A" é a opção correta. Isso porque, nos termos da súmula 244, III, do TST, a empregada gestante tem direito à estabilidade provisória prevista no art. 10, inciso II, alínea "b", do Ato das Disposições Constitucionais Transitórias, mesmo na hipótese de admissão mediante contrato por tempo determinado. **HC**
Gabarito "A".

(FCC – 2015) Matheus trabalha na filial da empresa X, na cidade de Juiz de Fora. Em 24 de março de 2015 foi eleito membro da CIPA. Entretanto, no dia 28 de maio de 2015, o estabelecimento em que trabalhava foi extinto e ele foi dispensado sem justa causa. Em relação a essa situação,

(A) a dispensa é inválida, pois a estabilidade de membro eleito da CIPA tem por fundamento o interesse coletivo dos trabalhadores que representa.

(B) a dispensa é válida, sendo certo que a estabilidade do cipeiro não constitui vantagem pessoal, mas garantia para as atividades dos membros da CIPA, que somente tem razão de ser quando em atividade a empresa. Extinto o estabelecimento, não se verifica a despedida arbitrária.

(C) a dispensa é inválida, pois a estabilidade do cipeiro constitui vantagem pessoal que independe da atividade da empresa.

(D) havendo membro eleito da CIPA no estabelecimento, o mesmo não pode ser extinto, sob pena de afronta à garantia fundamental de permanência no emprego assegurada ao cipeiro.

(E) a dispensa é válida, mas a empresa terá que pagar ao empregado indenização equivalente ao period faltante para o término da estabilidade, pela metade.

"B" é a resposta correta. Em conformidade com o entendimento cristalizado na súmula 339, II, do TST a estabilidade provisória do cipeiro (art. 10, II, a, ADCT) não constitui vantagem pessoal, mas garantia para as atividades dos membros da CIPA, que somente tem razão de ser quando em atividade a empresa. Extinto o estabelecimento, não se verifica a despedida arbitrária, sendo impossível a reintegração e indevida a indenização do período estabilitário.
Gabarito "B".

(FGV – 2015) Jonas é empregado da sociedade empresária Ômega. Entendendo seu empregador por romper seu contrato de trabalho, optou por promover sua imediata demissão, com pagamento do aviso-prévio na forma indenizada. Transcorridos 10 dias de pagamento das verbas rescisórias, Jonas se candidatou a dirigente do sindicato da sua categoria e foi eleito presidente na mesma data. Sobre a hipótese apresentada, de acordo com o entendimento consolidado do TST, assinale a afirmativa correta.

(A) Jonas poderá ser desligado ao término do aviso-prévio, pois não possui garantia no emprego.

(B) Jonas tem garantia no emprego por determinação legal, porque, pelo fato superveniente, o aviso-prévio perde seu efeito.

(C) Jonas passou a ser portador de garantia no emprego, não podendo ter o contrato rompido.

(D) Jonas somente poderá ser dispensado se houver concordância do sindicato de classe obreiro.

"A" é a assertiva correta, tendo em vista que reflete o entendimento disposto na súmula 369, III, do TST, que entende que o registro da candidatura do empregado a cargo de dirigente sindical durante o período de aviso-prévio, ainda que indenizado, não lhe assegura a estabilidade no emprego.
Gabarito "A".

17.   SAÚDE E SEGURANÇA NO TRABALHO

(Técnico – TRT/15 – FCC – 2018) No tocante ao adicional de insalubridade, considere:

I. Rose trabalha em uma fábrica têxtil, exposta a ruídos e utilizando protetores auriculares do tipo "plug". Restou comprovado por meio de laudo técnico que os Equipamentos de Proteção Individuais (EPI's) eliminaram a nocividade no ambiente de trabalho.

II. Silmara é repositora de iogurtes em um supermercado e fica exposta ao frio das geladeiras de forma intermitente, saindo e entrando da câmara fria durante a jornada de trabalho.

III. Vilma é auxiliar de limpeza em um prédio com 10 escritórios, trabalhando no período noturno e recolhendo o lixo de cada unidade, inclusive dos banheiros e das cozinhas dos conjuntos comerciais, que possuem cerca de 30 m2. Não é responsável pela limpeza das áreas comuns do edifício e nem do banheiro público, situado no térreo do edifício.

De acordo com o entendimento Sumulado do TST, será devido o adicional de insalubridade para

(A) Vilma, apenas.

(B) Rose, Silmara e Vilma.

(C) Rose e Silmara, apenas.

(D) Silmara, apenas.

(E) Silmara e Vilma, apenas.

I: Não será devido adicional de insalubridade para Rose tendo em vista que o uso do EPI eliminou a nocividade. Nesse sentido a súmula 80 do TST ensina que a eliminação da insalubridade mediante fornecimento de aparelhos protetores aprovados pelo órgão competente do Poder Executivo exclui a percepção do respectivo adicional. II: Será devido o adicional para Silmara, tendo em vista o entendimento solidificado na súmula 47 do TST que ensina que o trabalho executado em condições insalubres, em caráter intermitente, não afasta, só por essa circunstância, o direito à percepção do respectivo adicional. **HC**
Gabarito "D".

(Técnico Judiciário – TRT24 – FCC – 2017) A Comissão Interna de Prevenção de Acidentes – CIPA – tem como objetivo a prevenção de acidentes e doenças decorrentes do trabalho, de modo a tornar compatível permanentemente o trabalho com a preservação da vida e a promoção da saúde do trabalhador. Em relação à CIPA, segundo a legislação,

(A) os representantes dos empregadores, titulares e suplentes, serão eleitos, entre todos os empregados, em escrutínio secreto.

(B) os representantes dos empregados, titulares e suplentes, serão designados pelo sindicato.

(C) o empregador designará, anualmente, dentre os seus representantes eleitos, o Vice-Presidente da CIPA.

(D) o mandato dos membros eleitos da CIPA terá a duração de 1 ano, permitida uma reeleição.

(E) os empregados elegerão, dentre os empregados designados pelo sindicato, o Presidente da CIPA.

A: opção incorreta, pois nos termos do art. 164, § 2º, da CLT os representantes dos empregados, titulares e suplentes, serão eleitos em escrutínio secreto, do qual participem, independentemente de filiação sindical, exclusivamente os empregados interessados. **B:** opção incorreta, pois nos termos do art. 164, § 1º, da CLT os representantes dos empregadores, titulares e suplentes, serão por eles designados. **C:** opção incorreta, pois nos termos do art. 164, § 5º, da CLT o empregador designará, anualmente, dentre os seus representantes, o Presidente da CIPA e os empregados elegerão, dentre eles, o Vice-Presidente. **D:** opção correta, pois reflete a disposição do art. 164, § 3º, da CLT. **E:** opção incorreta, pois os empregados elegerão o Vice-Presidente, art. 164, § 5º, da CLT.**HC**
„Gabarito "D".

(Técnico Judiciário – TRT24 – FCC – 2017) A constatação de que o exercício de qualquer atividade profissional gera riscos à saúde e à integridade física do trabalhador fez com que, gradativamente fosse sendo construída uma estrutura de proteção ao trabalhador, passando a questão relativa à segurança e medicina do trabalho ser vista a partir de uma concepção profundamente humana. Com relação às normas de medicina e segurança do trabalho, em especial às atividades insalubres e perigosas, a legislação estabelece que

(A) o exercício de trabalho em condições insalubres, acima dos limites de tolerância, assegura a percepção de adicional respectivamente de 40% ou 20% do salário-base do empregado, segundo se classifiquem nos graus máximo e mínimo.

(B) o trabalho em condições de periculosidade assegura ao empregado um adicional de 30% sobre o salário sem os acréscimos resultantes de gratificações, prêmios ou participações nos lucros da empresa.

(C) são consideradas atividades ou operações perigosas aquelas que, por sua natureza ou métodos de trabalho, impliquem risco acentuado em virtude de exposição permanente ou eventual do trabalhador a roubos ou outras espécies de violência, física ou moral, nas atividades profissionais de bancários e de segurança pessoal ou patrimonial.

(D) não serão descontados ou compensados do adicional de insalubridade outros da mesma natureza eventualmente já concedidos ao vigilante por meio de acordo coletivo.

(E) o Ministério do Trabalho3 aprovará o quadro das atividades e operações insalubres e adotará normas sobre os critérios de caracterização da insalubridade, cabendo à Justiça do Trabalho fixar os limites de tolerância aos agentes agressivos, meios de proteção e o tempo máximo de exposição do empregado a esses agentes.

A: opção incorreta, pois nos termos do art. 192 da CLT o exercício de trabalho em condições insalubres, acima dos limites de tolerância estabelecidos pelo Ministério do Trabalho, assegura a percepção de adicional respectivamente de 40% (quarenta por cento), 20% (vinte por cento) e 10% (dez por cento) do salário-mínimo da região, segundo se classifiquem nos graus máximo, médio e mínimo. **B:** opção correta, pois reflete a disposição do art. 193, § 1º, da CLT. **C:** opção incorreta, pois nos termos do art. 193, II, da CLT são consideradas perigosas aquelas que, por sua natureza ou métodos de trabalho, impliquem risco acentuado em virtude de exposição permanente do trabalhador a roubos ou outras espécies de violência física nas atividades profissionais de segurança pessoal ou patrimonial. **D:** opção incorreta, pois nos termos do art. 193, § 3º, da CLT serão descontados ou compensados do adicional outros da mesma natureza eventualmente já concedidos ao vigilante por meio de acordo coletivo. **E:** opção incorreta, pois nos termos do art. 190 da CLT não compete à Justiça do Trabalho fixar os limites de tolerância aos agentes agressivos, meios de proteção e o tempo máximo de exposição do empregado a esses agentes. Determina referido dispositivo legal que o Ministério do Trabalho4 aprovará o quadro das atividades e operações insalubres e adotará normas sobre os critérios de caracterização da insalubridade, os limites de tolerância aos agentes agressivos, meios de proteção e o tempo máximo de exposição do empregado a esses agentes.**HC**
„Gabarito "B".

(Técnico Judiciário – TRT11 – FCC – 2017) Segundo a Consolidação das Leis do Trabalho, o mandato dos membros eleitos da Comissão Interna de Prevenção de Acidentes – CIPA terá a duração de

(A) um ano, permitida uma reeleição, exceto ao membro suplente que, durante o seu mandato, tenha participado de menos da metade do número de reuniões da CIPA.

(B) um ano, vedado a reeleição, em qualquer hipótese, havendo dispositivo legal expresso neste sentido.

(C) dois anos, vedada a reeleição, em qualquer hipótese, havendo dispositivo legal expresso neste sentido.

(D) um ano, permitida uma reeleição, exceto ao membro suplente que, durante o seu mandato, tenha participado de menos de 1/3 do número de reuniões da CIPA.

(E) dois anos, permitida uma reeleição, exceto ao membro suplente que, durante o seu mandato, tenha participado de menos de 1/3 do número de reuniões da CIPA.

"A" é a resposta correta. Isso porque, nos termos do art. 164, § 3º, da CLT o mandato dos membros eleitos da CIPA terá a duração de 1 (um) ano, permitida uma reeleição.**HC**
„Gabarito "A".

---

3. Com a extinção do Ministério do Trabalho as suas atribuições passam a ser do Ministério da Economia, Secretaria de Trabalho.

4. Com a extinção do Ministério do Trabalho as suas atribuições passam a ser do Ministério da Economia, Secretaria de Trabalho

(Técnico Judiciário – TRT8 – CESPE – 2016) No que se refere a segurança e medicina do trabalho, atividades perigosas ou insalubres, assinale a opção correta.

(A) A função de motociclista não é considerada atividade perigosa, por falta de previsão legal.

(B) Matérias relativas à insalubridade e à periculosidade não podem ser objeto de ação trabalhista.

(C) Recebida a classificação pelo órgão competente, é vedada a realização de atos que visem eliminar ou neutralizar a insalubridade do ambiente de trabalho.

(D) A Associação Nacional de Engenharia de Segurança do Trabalho é o órgão responsável pela notificação de empresas em que seja constatado o exercício de atividades insalubres.

(E) A exposição e o manuseio contínuos de artigos inflamáveis pelo empregado podem ser considerados atividades perigosas.

A: opção incorreta, pois nos termos do art. 193, § 4º, da CLT a função de motociclista é considerada perigosa. **B:** opção incorreta, pois nada obsta que as reclamações trabalhistas tragam em seu objeto matérias relativas à periculosidade e insalubridade, art. 5º, XXXV, da CF. **C:** opção incorreta, pois o art. 191 da CLT aponta hipóteses que tratam da eliminação ou neutralização do agente. **D:** opção incorreta, pois o Ministério do Trabalho e Emprego5 é o órgão responsável, veja arts. 190 e 195 da CLT. **E:** opção correta, pois reflete a disposição contida no art. 193, I, da CLT. HC

Gabarito "E".

(Técnico Judiciário – TRT20 – FCC – 2016) Medusa foi contratada como caixa do posto de combustíveis Abasteça S/A. O caixa fica localizado ao lado das bombas de abastecimento dos veículos, razão pela qual ela atua em atividade que implica risco acentuado por exposição permanente da trabalhadora a produtos inflamáveis e explosivos. Medusa ajuizou ação trabalhista postulando o pagamento de adicional, sendo verificadas as condições de risco por perícia judicial. Assim, conforme legislação aplicável, Medusa fará jus ao adicional de

(A) penosidade, no valor de 10%, 20% ou 40% do salário mínimo regional, conforme classificação de risco mínimo, médio e máximo.

(B) periculosidade, no valor de 25% sobre o valor da hora normal para cada hora trabalhada com exposição ao risco.

(C) insalubridade, no importe de 30% sobre toda a sua remuneração, incluindo prêmios e gratificações.

(D) periculosidade, no valor de 30% sobre o salário sem os acréscimos resultantes de gratificações, prêmios ou participações nos lucros da empresa.

(E) insalubridade, no importe de 10%, 20% ou 40% do salário mínimo nacional, conforme classificação de risco mínimo, médio e máximo.

"D" é a opção correta. Isso porque, nos termos do art. 193, I, da CLT são consideradas atividades ou operações perigosas, na forma da regulamentação aprovada pelo Ministério do Trabalho e Emprego, aquelas que, por sua natureza ou métodos de trabalho, impliquem risco acentuado em virtude de exposição permanente do trabalhador a inflamáveis. Nessa linha, determina o § 1º do mesmo dispositivo legal que o trabalho em condições de periculosidade assegura

ao empregado um adicional de 30% (trinta por cento) sobre o salário sem os acréscimos resultantes de gratificações, prêmios ou participações nos lucros da empresa. Vale dizer que, embora nossa Constituição Federal assegure no art. 7º, XXIII, o adicional na remuneração para o trabalho penoso, não há em nosso ordenamento jurídico regulamentação sobre o tema. HC

Gabarito "D".

(Técnico – TRT/19ª – 2015 – FCC) Se a atividade do empregado é, simultaneamente, insalubre e perigosa, o adicional devido será o

(A) de maior valor.

(B) escolhido pelo empregado.

(C) escolhido pelo empregador.

(D) da atividade preponderante.

(E) de periculosidade, sempre.

"B" é a resposta correta. Nos termos do art. 193, § 2º, da CLT, dispositivo que regula o adicional de periculosidade, ensina que o empregado poderá optar pelo adicional de insalubridade que porventura lhe seja devido.

Gabarito "B".

(Técnico – TRT/16ª – 2015 – FCC) O posto de gasolina "C" possui empregados que recebem adicional de periculosidade. Este adicional é pago na proporção de 30% (trinta por cento) sobre o salário sem os acréscimos resultantes de gratificações, prêmios ou participações nos lucros do posto. De acordo com a Consolidação das Leis do Trabalho, o adicional de periculosidade

(A) está sendo pago corretamente.

(B) deveria ser pago na base de 35% sobre o salário sem acréscimos.

(C) deveria incidir com os acréscimos resultantes de gratificações.

(D) deveria incidir com os acréscimos resultantes de prêmios.

(E) deveria incidir na base de 35% sobre o salário mínimo.

"A" é a resposta correta. Nos termos do art. 193, § 1º, da CLT o trabalho em condições de periculosidade assegura ao empregado um adicional de 30% (trinta por cento) sobre o salário sem os acréscimos resultantes de gratificações, prêmios ou participações nos lucros da empresa.

Gabarito "A".

(Técnico Judiciário – TRT9 – 2012 – FCC) O trabalho em condições de periculosidade assegura ao empregado um adicional sobre o salário sem os acréscimos resultantes de gratificações, prêmios ou participações nos lucros da empresa. O percentual do adicional de periculosidade é de

(A) 10%.

(B) 50%.

(C) 20%.

(D) 40%.

(E) 30%.

"E" é a opção correta, pois nos termos do art. 193, § 1º, da CLT o trabalho em condições de periculosidade assegura ao empregado um adicional de 30% (trinta por cento) sobre o salário sem os acréscimos resultantes de gratificações, prêmios ou participações nos lucros da empresa.

Gabarito "E".

---

5. Com a extinção do Ministério do Trabalho as suas atribuições passam a ser do Ministério da Economia, Secretaria de Trabalho

(Técnico Judiciário – TRT/8ª – 2010 – FCC) Com relação a CIPA – Comissão Interna de Prevenção de Acidentes, de acordo com a Consolidação das Leis do Trabalho, considere:

I. Os representantes dos empregados, titulares e suplentes, serão eleitos em escrutínio secreto, do qual participem, independentemente de filiação sindical, exclusivamente os empregados interessados.

II. Em regra, o mandato dos membros eleitos da CIPA terá a duração de um ano, vedada a reeleição.

III. O empregador designará, semestralmente, dentre os seus representantes, o Presidente da CIPA e os empregados elegerão, dentre eles, o Vice-Presidente.

Está correto o que se afirma APENAS em

(A) I.

(B) II.

(C) III.

(D) I e II.

(E) II e III.

I: correta, art. 164, § 2°, da CLT; II: incorreta, art. 164, § 3°, da CLT; III: art. 164, § 5°, da CLT.
Gabarito "A".

(Técnico Judiciário – TRT/20ª – 2011 – FCC) Considere as seguintes assertivas a respeito da Comissão Interna de Prevenção de Acidentes:

I. Em regra, o mandato dos membros eleitos da CIPA terá a duração de um ano, permitida uma reeleição.

II. O empregador designará, anualmente, dentre os seus representantes, o Presidente da CIPA e os empregados elegerão, dentre eles, o Vice-Presidente.

III. Os representantes dos empregados, titulares e suplentes, serão eleitos em escrutínio secreto, do qual participem, independentemente de filiação sindical, exclusivamente os empregados interessados.

IV. Os representantes dos empregadores, titulares e suplentes, serão eleitos em escrutínio secreto, mediante voto obrigatório de, no mínimo, um terço dos presentes em Assembleia Extraordinária.

De acordo com a Consolidação das Leis do Trabalho, está correto o que se afirma em

(A) I e II, apenas.

(B) I, II e III, apenas.

(C) II e III, apenas.

(D) I, III e IV, apenas.

(E) I, II, III e IV.

I: correta, art. 164, § 3°, da CLT; II: correta, art. 164, § 5°, da CLT; III: correta, art. 164, § 2°, da CLT; IV: incorreta, art. 164, § 1°, da CLT.
Gabarito "B".

(FCC – 2015) Daniel, empregado da Pizzaria Novo Sabor, trabalha como entregador de pizza, utilizando moto para tal finalidade. Em razão da condição de execução do trabalho, Daniel

(A) não tem direito de receber qualquer adicional de remuneração, pois seu trabalho não se caracteriza como atividade insalubre ou perigosa.

(B) não tem direito de receber qualquer adicional de remuneração, pois não trabalha com inflamáveis ou explosivos, as únicas situações que caracterizam

condição perigosa de trabalho para fins de percepção do adicional respectivo.

(C) tem direito de receber adicional de insalubridade, pois o trabalho com moto é prejudicial para sua saúde.

(D) tem direito de receber adicional de insalubridade, mas somente em grau mínimo, mais adicional de periculosidade, calculado em razão do tempo em que se utiliza da moto na execução do trabalho.

(E) tem direito de receber adicional de periculosidade, por expressa previsão legal.

"E" é a opção correta. O § 4° ao art. 193 da CLT garante aos profissionais que utilizam a motocicleta para trabalhar com o transporte de passageiros e mercadorias, como os motoboys, mototaxistas, motofretistas e de serviço comunitário de rua, o direito ao adicional de periculosidade de 30% sobre seus salários, descontados os acréscimos resultantes de gratificações, prêmios ou participações nos lucros da empresa. Contudo, de acordo com o Anexo 5 da NR 16 do MTE algumas atividades NÃO são consideradas perigosas para efeitos da lei. São elas: a) a utilização de motocicleta ou motoneta exclusivamente no percurso da residência para o local de trabalho ou deste para aquela; b) as atividades em veículos que não necessitem de emplacamento ou que não exijam carteira nacional de habilitação para conduzi-los; c) as atividades em motocicleta ou motoneta em locais privados; d) as atividades com uso de motocicleta ou motoneta de forma eventual, assim considerado o fortuito, ou o que, sendo habitual, dá-se por tempo extremamente reduzido.
Gabarito "E".

18. LIBERDADE SINDICAL

(Técnico – TRT/3ª – 2015 – FCC) No tocante ao Direito Coletivo do Trabalho, considere:

I. São consideradas relações coletivas de trabalho tanto aquelas que abrangem o sindicato dos empregados (categoria profissional) e o sindicato de empresas (categoria econômica), como também aquelas estabelecidas diretamente entre o sindicato dos empregados e uma ou mais empresas, sem a representação da entidade sindical patronal.

II. No Brasil vigora o princípio da liberdade sindical, onde trabalhadores e empregadores têm o direito de se agruparem e constituírem de forma livre entidades sindicais representativas, sem a interferência do Poder Público, ressalvado a necessidade do registro em órgão competente, para fins de publicidade para os outros sindicatos, para impugnação quando se tratar de mesma categoria ou mesma base territorial.

III. É vedada a dispensa do empregado sindicalizado a partir do registro da candidatura a cargo de direção ou representação sindical e, se eleito, ainda que suplente, até um ano e meio após o final do mandato, salvo se cometer falta grave nos termos da lei.

Está correto o que consta em

(A) I, II e III.

(B) I e III, apenas.

(C) II, apenas.

(D) I e II, apenas.

(E) III, apenas.

I: correta, pois as relações que abrangem o sindicato dos empregados e o sindicato das empresas constituem convenção coletiva de trabalho, art. 611 da CLT e as relações estabelecidas diretamente entre o sindicato dos empregados e uma ou mais empresas, sem a representação da entidade sindical patronal, constituem acordo coletivo de trabalho, art. 611, § 1º, da CLT ambas representam instrumentos de relações coletivas de trabalho. **II**: correta, art. 8º da CF. **III**: incorreta, pois nos termos do art. 8º, VIII, da CF e art. 543, § 3º, da CLT é vedada a dispensa do empregado sindicalizado a partir do registro da candidatura a cargo de direção ou representação sindical e, se eleito, ainda que suplente, até um ano (não um ano e meio) após o final do mandato, salvo se cometer falta grave nos termos da lei.

Gabarito "D".

(FCC – 2014) São critérios previstos pelo ordenamento jurídico para formação, respectivamente, das categorias econômicas, profissionais e profissionais diferenciadas:

(A) Similitude de condições de vida oriunda da profissão ou trabalho em comum, em situação de emprego na mesma atividade econômica ou em atividades econômicas similares ou conexas; solidariedade de interesses econômicos dos que empreendem atividades idênticas, similares ou conexas; e exercício de profissões ou funções diferenciadas por força de estatuto profissional especial ou em consequência de condições de vida singulares.

(B) Homogeneidade de representação perante as autoridades administrativas, na defesa dos interesses econômicos; solidariedade de interesses e similitude de condições de vida decorrentes de estatuto profissional próprio; e exercício de profissões ou funções diferenciadas por força de estatuto profissional especial ou em consequência de condições de vida singulares.

(C) Solidariedade de interesses econômicos dos que empreendem atividades idênticas, similares ou conexas; similitude de condições de vida oriunda da profissão ou trabalho em comum, em situação de emprego na mesma atividade econômica ou em atividades econômicas similares ou conexas; e exercício de profissões ou funções diferenciadas por força de estatuto profissional especial ou em consequência de condições de vida singulares.

(D) Exercício de profissões ou funções diferenciadas por força de estatuto profissional especial ou em consequência de condições de vida singulares; similitude de condições de vida oriunda da profissão ou trabalho em comum, em situação de emprego na mesma atividade econômica ou em atividades econômicas similares ou conexas; e solidariedade de interesses econômicos dos que empreendem atividades idênticas, similares ou conexas.

(E) Solidariedade de interesses econômicos dos que empreendem atividades idênticas, similares ou conexas; exercício de profissões ou funções diferenciadas por força de estatuto profissional especial ou em consequência de condições de vida singulares; e similitude de condições de vida oriunda da profissão ou trabalho em comum, em situação de emprego na mesma atividade econômica ou em atividades econômicas similares ou conexas.

"C" é a opção correta, pois nos termos do art. 511, § 1º, da CLT a solidariedade de interesses econômicos dos que exploram atividades idênticas, similares ou conexas, constitui o vínculo social denominado categoria econômica. Já a categoria profissional, em conformidade com o § 2º do art. 511 da CLT é caracterizada pela semelhança de condições de vida oriunda da profissão ou trabalho em comum, em

situação de emprego na mesma atividade econômica ou em atividades econômicas similares ou conexas. Por último, categoria profissional diferenciada é a que se forma dos empregados que exerçam profissões ou funções diferenciadas por força de estatuto profissional especial ou em consequência de condições de vida singulares.

Gabarito "C".

19. CONVENÇÕES E ACORDOS COLETIVOS DE TRABALHO

(Técnico – TRT/16ª – 2015 – FCC) No tocante às Convenções Coletivas de Trabalho, considere:

I. Os Sindicatos só poderão celebrar Convenções Coletivas de Trabalho por deliberação de Assembleia Geral especialmente convocada para esse fim, consoante o disposto nos respectivos Estatutos, dependendo a validade desta do comparecimento e votação, em primeira convocação, de um terço dos associados da entidade.

II. As Convenções e os Acordos entrarão em vigor dez dias após a data da entrega da documentação exigida para tal fim no órgão competente.

III. O prazo máximo para estipular duração de Convenção Coletiva é de três anos, permitida uma única renovação dentro deste período.

IV. O processo de prorrogação, revisão, denúncia ou revogação total ou parcial de Convenção ficará subordinado à aprovação de Assembleia Geral dos Sindicatos convenentes.

De acordo com a Consolidação das Leis do Trabalho, está correto o que se afirma APENAS em

(A) II e III.
(B) III.
(C) I, II e III.
(D) I e IV.
(E) IV.

I: incorreta, pois nos termos do art. 612 da CLT a validade das convenções dependerá do comparecimento e votação de 2/3 dos associados. **II**: incorreta, pois nos termos do art. 614, § 1º da CLT entrarão em vigor 3 dias após a data da entrega da documentação exigida para tal fim no Ministério do Trabalho e Emprego6. **III**: incorreta, pois nos termos do art. 614, § 3º, da CLT não será permitido estipular duração de convenção coletiva ou acordo coletivo de trabalho superior a 2 anos, sendo vedada a ultratividade.. **IV**: correta, pois reflete o disposto o art. 615 da CLT.

Gabarito "E".

(FCC – 2014) No tocante às convenções e acordos coletivos de trabalho, considere:

I. O acordo coletivo de trabalho é o instrumento normativo que decorre da negociação coletiva, sendo firmado, em regra, pelo sindicato da categoria profissional com uma ou mais empresas.

II. O acordo coletivo não é fonte do Direito do Trabalho, uma vez que estabelece normas genéricas e abstratas.

III. A cláusula de convenção coletiva de trabalho que prevê multa ao sindicato que descumprir a convenção coletiva classifica-se em obrigacional.

IV. O prazo máximo de duração de convenção coletiva

---

6. Com a extinção do Ministério do Trabalho as suas atribuições passam a ser do Ministério da Economia, Secretaria de Trabalho

de trabalho são três anos, permitida uma única prorrogação desde que dentro deste período.

Está correto o que se afirma APENAS em

(A) II e IV.

(B) I, III e IV.

(C) I, II e III.

(D) I e III.

(E) II e III.

I: correta, pois reflete o disposto no art. 611, § 1°, da CLT. **II:** incorreta, pois o acordo coletivo é considerado fonte formal autônoma do direito do trabalho. **III:** correta, pois cláusula obrigacional é aquela que cria direitos e deveres às partes que participaram do acordo. Multa para o sindicato que descumprir cláusulas desse acordo possui conteúdo obrigacional. **IV:** opção incorreta, pois nos termos do art. 614, § 3°, da CLT não será permitido estipular duração de convenção coletiva ou acordo coletivo de trabalho superior a 2 anos, sendo vedada a ultratividade.

Gabarito "D".

(FCC – 2015) Em relação às normas coletivas,

(A) os efeitos de uma convenção coletiva de trabalho só alcançam os associados dos sindicatos convenentes.

(B) o acordo coletivo de trabalho é ajustado entre um grupo de empregados e uma ou mais empresas, à revelia dos sindicatos representativos das categorias profissional e econômica.

(C) o prazo de duração do acordo coletivo de trabalho é sempre menor do que o da convenção coletiva de trabalho.

(D) as convenções e os acordos coletivos de trabalho somente têm vigência após a homologação de seu conteúdo pelo Ministério do Trabalho.

(E) as convenções e os acordos coletivos de trabalho entrarão em vigor três dias após a data de entrega dos mesmos no Ministério do Trabalho.

A: incorreta, pois os efeitos de uma convenção coletiva de trabalho alcançam a categoria profissional e econômica representadas. Veja arts. 611 e 613, III, da CLT. **B:** incorreta, pois nos termos do art. 611, § 1°, da CLT acordo coletivo de trabalho é o ajuste celebrado entre o sindicato da categoria profissional com uma ou mais empresas da mesma categoria econômica. **C:** incorreta, pois tanto o acordo coletivo de trabalho como a convenção coletiva de trabalho não poderão ter prazo de duração superior a 2 anos, sendo vedada a ultratividade, nos termos do art. 614, § 3°, da CLT. **D:** incorreta, pois entrarão em vigor 3 (três) dias após a data da sua entrega no Ministério do Trabalho e Emprego, art. 614, § 1°, CLT. **E:** correta, pois reflete o disposto no art. 614, § 1°, da CLT.

Gabarito "E".

---

20. COMISSÃO DE CONCILIAÇÃO PRÉVIA

(Técnico – TRT/16ª – 2015 – FCC) Considere a seguinte hipótese: a Comissão de Conciliação Prévia instituída no âmbito da empresa Z é composta por seis membros, possuindo mais seis suplentes. Dentre seus membros, metade foi indicada pelo empregador e a outra metade foi eleita pelos empregados, em escrutínio secreto. O mandato de seus membros é de um ano, permitida uma recondução. Neste caso, a Comissão de Conciliação Prévia instituída no âmbito da empresa Z é

(A) regular porque respeita as normas previstas na Consolidação das Leis do Trabalho.

(B) irregular porque possui um número de membros maior que o permitido pela Consolidação das Leis do Trabalho.

(C) irregular porque possui um número de membros menor que o limite mínimo previsto pela Consolidação das Leis do Trabalho.

(D) irregular porque apenas dois membros poderão ser indicados pelo empregador.

(E) irregular porque, no tocante ao mandato de seus membros, a Consolidação das Leis do Trabalho veda a recondução.

Nos termos do *caput* do art. 625-B da CLT a Comissão de Conciliação Prévia instituída no âmbito da empresa será composta de, no mínimo, dois e, no máximo, dez membros. O inciso II do citado dispositivo legal dispõe que na comissão haverá tantos suplentes quantos forem os representantes titulares. Tais requisitos foram respeitados pela Comissão instituída no caso em tela, na medida em que prevê a composição de 6 titulares e 6 suplentes. Dispõe o inciso I do mesmo art. 625-B da CLT que a metade dos membros da comissão será indicada pelo empregador e outra metade eleita pelos empregados, em escrutínio, secreto, fiscalizado pelo sindicato de categoria profissional. Ainda, determina o inciso III que o mandato dos seus membros, titulares e suplentes, será de um ano, permitida uma recondução. Uma vez cumpridas todas as exigências dispostas nos incisos do art. 625-B da CLT podemos afirmar que a Comissão de Conciliação Prévia instituída no âmbito da empresa Z é regular porque respeita as normas previstas na Consolidação das Leis do Trabalho.

Gabarito "A".

(Técnico Judiciário – TRT9 – 2012 – FCC) Com fundamento nas regras instituídas pela CLT sobre as Comissões de Conciliação Prévia, é INCORRETO afirmar:

(A) O prazo prescricional será suspenso a partir da provocação da Comissão de Conciliação Prévia, recomeçando a fluir, pelo que lhe resta, a partir da tentativa frustrada de conciliação ou do esgotamento do prazo para a realização da sessão de tentativa de conciliação.

(B) É vedada a dispensa dos representantes dos empregados membros da Comissão de Conciliação Prévia, titulares e suplentes, até um ano após o final do mandato, salvo se cometerem falta grave, nos termos da lei.

(C) O termo de conciliação é título executivo extrajudicial e terá eficácia liberatória geral, exceto quanto às parcelas expressamente ressalvadas.

(D) As Comissões de Conciliação Prévia têm prazo de 10 dias para a realização da sessão de tentativa de conciliação a partir da provocação do interessado.

(E) A Comissão instituída no âmbito da empresa será composta de no mínimo cinco e no máximo quinze membros.

A: correta, pois reflete o disposto no art. 625-G da CLT. **B:** correta, pois reflete o disposto no art. 625-B, § 1°, da CLT. **C:** correta, pois reflete o disposto no art. 625-E, parágrafo único, da CLT. **D:** correta, pois reflete o disposto no art. 625-F da CLT. **E:** incorreta, pois nos termos do art. 625-B da CLT a Comissão instituída no âmbito da empresa será composta de, no mínimo, dois e, no máximo, dez membros.

Gabarito "E".

21. COMBINADAS

(Técnico – TRT1 – 2018 – AOCP) Simão, há um mês, completou 16 anos de idade e intenciona ingressar no mercado de trabalho para auxiliar seus pais com as despesas da residência, considerando estar difícil a situação financeira da família. O pai de Simão trabalha como frentista em um Posto de Combustíveis, sendo que sua função é exercida em contato direto com as bombas de combustíveis. O pai de Simão tomou conhecimento que seu empregador está contratando novos funcionários para exercerem a mesma função que a sua, ocasião em que o pai de Simão indicou o filho para o trabalho. Por todo o exposto, é correto afirmar que Simão

(A) pode iniciar na empresa como aprendiz de seu pai na função de frentista, para, assim, adquirir experiência no abastecimento dos veículos, dentre outras peculiaridades do serviço.

(B) pode iniciar o trabalho na mesma função que seu pai, pois já completou 16 anos de idade.

(C) não pode iniciar qualquer atividade laboral, pois somente poderá fazê-lo quando completar 18 anos de idade.

(D) não pode trabalhar na empresa na mesma função que seu pai, pois a atividade de frentista, em contato direto com combustíveis, é proibida a menores de 18 anos de idade.

(E) pode iniciar seu trabalho na empresa na mesma função que seu pai, desde que concilie o trabalho com os estudos.

O frentista por ter contato direto com combustíveis exerce trabalho perigoso, que nos termos do art. 7º, XXXIII, da CF é proibido ao menor. Nesse mesmo sentido, art. 405, I, da CLT. **HC**
Gabarito "D".

(Técnico – TRT1 – 2018 – AOCP) Mário e José são funcionários da Empresa Eletrônicos Ltda. Em uma conversa, Mário contou que irá precisar ser afastado de seu cargo, pois assumirá um mandato como dirigente sindical, e José informou ao colega de trabalho que irá se casar no mês seguinte. Considerando os casos ora apresentados, em qual situação devem permanecer os contratos de trabalho de Mário e José, respectivamente?

(A) Mário tem direito à suspensão contratual e José tem direito à interrupção contratual.

(B) Ambos têm direito à suspensão contratual.

(C) Mário tem direito à interrupção contratual e José tem direito à suspensão contratual.

(D) Ambos têm direito à interrupção contratual.

(E) Mário terá seu contrato rescindido por parte do empregador, pois não é sabido o período em que o mesmo permanecerá como dirigente sindical, e José tem direito à suspensão contratual.

Mário, por assumir o mandato de dirigente sindical terá seu contrato suspenso, na forma da súmula 269 do TST o empregado eleito para ocupar cargo de diretor tem o respectivo contrato de trabalho suspenso, não se computando o tempo de serviço desse período, salvo se permanecer a subordinação jurídica inerente à relação de emprego. Já José tem a interrupção do seu contrato, na forma do art. 473, II, da CLT. **HC**
Gabarito "A".

(Técnico – TRT1 – 2018 – AOCP) Apolinário foi contratado, no dia 20 de nov. de 2017, pela empresa Terceirize Aqui Ltda. para exercer a função de operador de telemarketing. Essa empresa fornece os serviços de seus trabalhadores para outras empresas, como Telefonia Ltda. e Ligações Ilimitadas Ltda., as quais têm como função basilar a venda de planos de telefonia e atendimento às reclamações de serviços já prestados. Há cinco meses, a empresa Terceirize Aqui Ltda. realizou contrato com a empresa Telefonia Ltda., terceirizando os serviços de Apolinário na função de operador de telemarketing. Com base na Lei nº 13.429/2017, que dispõe, dentre outras peculiaridades, sobre as relações de trabalho na empresa de prestação de serviços a terceiros, e na Lei nº 13.467/2017, que alterou a Consolidação das Leis Trabalhistas, assinale a alternativa correta sobre a temática da terceirização.

(A) Caso Apolinário seja dispensado sem justa causa e não receba as verbas rescisórias devidas pela empresa Terceirize Aqui Ltda., ele terá direito de pleitear as referidas verbas junto à empresa Telefonia Ltda., pois Apolinário encontra-se laborando efetivamente nesta última, o que a torna solidariamente responsável pelas obrigações trabalhistas referentes ao período em que ocorrer a prestação de serviços, tendo respaldo na Lei que trata da organização da seguridade social no que se refere ao recolhimento das contribuições previdenciárias.

(B) Na posição das empresas contratantes Telefonia Ltda. e Ligações Ilimitadas Ltda., também poderiam estar pessoas físicas celebrando contratos com a empresa Terceirize Aqui Ltda.

(C) A empresa Telefonia Ltda. irá remunerar e dirigir o trabalho de Apolinário enquanto este estiver prestando serviços no local.

(D) Apolinário não poderia ser direcionado como empregado terceirizado para as empresas Telefonia Ltda. e Ligações Ilimitadas Ltda., pois as atividades exigidas por essas empresas do prestador de serviço é atividade principal, e a terceirização é permitida exceto para a realização da atividade principal da empresa.

(E) A empresa Telefonia Ltda. pode requisitar a Apolinário que também exerça as atividades de limpeza e higienização do ambiente de trabalho, pois trata-se de atividades-meio da empresa.

A: incorreta, pois nos termos do art. 5º-A, § 5º, da Lei 6.019/1974 a responsabilidade é subsidiária. B: correta, pois nos termos do Art. 5º-A da Lei 6.016/1974, contratante é a pessoa física ou jurídica que celebra contrato com empresa de prestação de serviços relacionados a quaisquer de suas atividades, inclusive sua atividade principal. C: incorreta, pois nos termos do art. 4º-A da Lei 6.019/74 a terceirização consiste na transferência feita pela contratante da execução de quaisquer de suas atividades, inclusive sua atividade principal. E: incorreta, pois nos termos do art. 5º-A, § 1º, da Lei 6.019/1974 é vedada à contratante a utilização dos trabalhadores em atividades distintas daquelas que foram objeto do contrato com a empresa prestadora de serviços. **HC**
Gabarito "B".

(Técnico Judiciário – TRT8 – CESPE – 2016) Acerca da alteração e da rescisão do contrato de trabalho, assinale a opção correta.

(A) No caso de ofensa, pelo empregador, da integridade física do empregado, a rescisão indireta do contrato de trabalho está condicionada ao registro de ocorrência policial.

(B) A transferência do local de trabalho é ato discricionário do empregador e, portanto, independe de consentimento do empregado.

(C) A transferência do endereço laboral não se vincula ao consentimento ou domicílio do empregado.

(D) A extinção do estabelecimento em que o empregado tiver sido inicialmente alocado enseja a aplicação de demissão por justa causa.

(E) É lícito ao empregador reverter o empregado investido em função de confiança ao cargo por ele anteriormente ocupado.

A: opção incorreta, pois nos termos do art. 483, *f*, da CLT não exige registro de Boletim de Ocorrência. **B**: opção incorreta, pois a transferência do local de trabalho está prevista no art. 469 da CLT que ensina ser vedado ao empregador transferir o empregado, sem a sua anuência, para localidade diversa da que resultar do contrato, não se considerando transferência a que não acarretar necessariamente a mudança do seu domicílio. **C**: opção incorreta, pois nos termos do art. 469 da CLT a transferência do local de trabalho requer a anuência do empregado. **D**: opção incorreta, pois nos termos do art. 469, § 2º, da CLT É lícita a transferência quando ocorrer extinção do estabelecimento em que trabalhar o empregado. **E**: opção correta, pois condiz com a disposição do art. 468, parágrafo único, da CLT.**HC**
Gabarito "E".

(Técnico Judiciário – TRT8 – CESPE – 2016) Em relação à rescisão, suspensão e interrupção do contrato de trabalho, assinale a opção correta.

(A) É permitido ao empregado deixar de comparecer ao trabalho para fins de alistamento eleitoral.

(B) A doação voluntária de sangue não pode ser utilizada pelo empregado como justificativa para a ausência no trabalho.

(C) O empregado representante de entidade sindical pode se ausentar do serviço para os fins que julgar necessários, sem prejuízo de sua remuneração trabalhista.

(D) Ao empregado afastado que retornar ao trabalho é vedada a aplicação de vantagens e benefícios concedidos a sua categoria durante sua ausência.

(E) O afastamento do empregado em decorrência de convocação para o serviço militar autoriza o empregador a rescindir o contrato de trabalho.

A: opção correta, pois reflete a disposição do art. 473, V, da CLT. **B**: opção incorreta, pois nos termos do art. 473, IV, da CLT o empregado poderá deixar de comparecer ao serviço sem prejuízo do salário, por um dia, em cada 12 (doze) meses de trabalho, em caso de doação voluntária de sangue devidamente comprovada. **C**: opção incorreta, pois nos termos do art. 473, IX, da CLT o empregado poderá deixar de comparecer ao serviço sem prejuízo do salário, pelo tempo que se fizer necessário, quando, na qualidade de representante de entidade sindical, estiver participando de reunião oficial de organismo internacional do qual o Brasil seja membro. **D**: opção incorreta, pois nos termos do art. 471 da CLT ao empregado afastado do emprego, são asseguradas, por ocasião de sua volta, todas as vantagens que, em sua ausência, tenham sido atribuídas à categoria a que pertence na empresa. **E**: opção incorreta, pois nos termos do art. 472 da CLT o afastamento do empregado em virtude das exigências do serviço militar, ou de outro encargo público, não constituirá motivo para alteração ou rescisão do contrato de trabalho por parte do empregador.**HC**
Gabarito "A".

(Técnico Judiciário – TRT20 – FCC – 2016) Dentre os direitos dos trabalhadores urbanos e rurais inseridos no artigo 7º da Constituição Federal do Brasil de 1988, com objetivo de garantir e aprimorar a sua condição social, está

(A) a assistência gratuita aos filhos e dependentes desde o nascimento até sete anos de idade em creches e pré-escolas.

(B) o salário-família pago em razão do dependente do trabalhador de baixa renda, nos termos da lei.

(C) o repouso semanal remunerado, obrigatoriamente aos domingos, salvo determinação diversa ajustada em convenção coletiva de trabalho em razão da especificidade da atividade.

(D) a participação nos lucros, ou resultados, vinculada a remuneração e, obrigatoriamente, na gestão das empresas com mais de duzentos empregados.

(E) a proibição de trabalho noturno, perigoso ou insalubre a menores de dezesseis e de qualquer trabalho a menores de quatorze anos, salvo na condição de aprendiz, a partir de doze anos.

A: opção incorreta, pois nos termos do art. 7º, XXV, da CF assegura-se assistência gratuita aos filhos e dependentes desde o nascimento até 5 (cinco) anos de idade em creches e pré-escolas. **B**: opção correta, pois reflete a disposição do art. 7º, XII, da CF. **C**: opção incorreta, pois o repouso semanal será preferencialmente aos domingos, art. 7º, XV, da CF. **D**: opção incorreta, pois nos termos do art. 7º, XI, da CF é assegurada a participação nos lucros, ou resultados, desvinculada da remuneração, e, excepcionalmente, participação na gestão da empresa. **E**: opção incorreta, pois nos termos do art. 7º, XXXIII, da CF é direito de todo trabalhador proibição de trabalho noturno, perigoso ou insalubre a menores de dezoito e de qualquer trabalho a menores de dezesseis anos, salvo na condição de aprendiz, a partir de quatorze anos.**HC**
Gabarito "B".

(Técnico Judiciário – TRT20 – FCC – 2016) Considere:

I. A obrigação de comprovar o término do contrato de trabalho quando negado o despedimento é do empregador.

II. A descaracterização de um contrato de prestação de serviços de trabalhador sob sistema de cooperativa, desde que presentes os requisitos fático-jurídicos da relação empregatícia.

III. As cláusulas regulamentares que alterem vantagens deferidas anteriormente, só atingirão os trabalhadores admitidos após a alteração do regulamento.

Os itens I, II e III correspondem, respectivamente, aos princípios do Direito do Trabalho:

(A) continuidade da relação de emprego; irrenunciabilidade; razoabilidade.

(B) razoabilidade; primazia da realidade; intangibilidade salarial.

(C) continuidade da relação de emprego; primazia da realidade; condição mais benéfica.

(D) primazia da realidade; condição mais benéfica; instrumentalidade das formas.

(E) irrenunciabilidade; continuidade da relação de emprego; prevalência do negociado sobre o legislado.

I: Princípio da continuidade da relação de emprego. Previsão da súmula 212 do TST, que assim dispõe: "O ônus de provar o término do contrato de trabalho, quando negados a prestação de serviço e o despedimento, é do empregador, pois o princípio da continuidade da relação de emprego constitui presunção favorável ao empregado." **II:** primazia da realidade. Por meio desse princípio, deve prevalecer a efetiva realidade dos fatos e não eventual forma construída em desacordo com a verdade. Havendo desacordo entre o que na verdade acontece com o que consta dos documentos, deverá prevalecer a realidade dos fatos. **III:** Princípio da condição mais benéfica. Esse princípio consagra a aplicação da teoria do direito adquirido. Tal princípio informa ao operador do direito que as vantagens adquiridas não podem ser retiradas, tampouco modificadas para pior. O TST editou a súmula 51, I, que assim dispõe: "as cláusulas regulamentares que revoguem ou alterem vantagens deferidas anteriormente, só atingirão os trabalhadores admitidos após a revogação ou alteração do regulamento". HC

Gabarito "C".

(Técnico – TRT/3ª – 2015 – FCC) Afonso, nascido em 16/01/1998, trabalhou como empregado, exercendo a função de Ajudante Geral de 31/01/2014 a 18/11/2014, tendo pedido demissão, cumprido o prazo do aviso-prévio trabalhando. Deseja ingressar com Reclamação Trabalhista logo após a sua saída contra sua ex-empregadora para requerer o registro em Carteira de Trabalho e Previdência Social – CTPS para comprovação de seu tempo de serviço, além do pagamento de diferenças de horas extras. Neste caso,

(A) não se aplica o prazo prescricional final previsto na Constituição Federal para ambos os direitos.

(B) o prazo final para Afonso ajuizar a referida ação é 18/11/2016, tendo em vista a prescrição do direito de ação, para ambos os pedidos.

(C) não se aplica o prazo prescricional final previsto na Constituição Federal para o pedido de registro em CTPS, aplicando-se somente para o pedido de diferenças de horas extras.

(D) não se aplica o prazo prescricional final previsto na Constituição Federal para as diferenças de horas extras, aplicando-se para o pedido de registro em CTPS.

(E) Afonso não poderá ingressar com Reclamação Trabalhista, pois a sua contratação é nula.

Note que a prova foi aplicada em 2015 e Afonso nasceu em 1998, portanto possui 17 anos de idade. A CLT em seu art. 402 considera menor o trabalhador de 14 até os dezoito anos. Por sua vez, o art. 440 da CLT ensina que contra os menores de 18 (dezoito) anos não corre nenhum prazo de prescrição, ou seja, os prazos de prescrição, bienal e quinquenal (art. 7º, XXIX, CF e art. 11 da CLT) ficam suspensos até que ele complete 18 anos de idade. Completados os 18 anos de idade, o prazo prescricional suspenso voltará a fluir. Vale dizer, ainda, que o fato de Afonso não ter sua CTPS assinada, não torna o contrato nulo, na medida em que o contrato de trabalho é informal, não se exigindo formalidades para sua validade, desde que seu objeto seja lícito.

Gabarito "A".

(FGV – 2015) Lúcio é enfermeiro num hospital e, após cumprir seu expediente normal de 8 horas de serviço, tratando dos pacientes enfermos, recebe solicitação para prosseguir no trabalho, realizando hora extra. Lúcio se nega, afirmando que a prorrogação não foi autorizada pelo órgão competente do Ministério do Trabalho e do Emprego7. Diante desse impasse e de acordo com a CLT, marque a afirmativa correta.

_____
7. Com a extinção do Ministério do Trabalho as suas atribuições passam a ser do Ministério da Economia, Secretaria de Trabalho

(A) Lúcio está errado, pois seu dever é de colaboração para com o empregador. A resistência injustificada à sobrejornada dá margem à ruptura por justa causa, por ato de insubordinação.

(B) Lúcio está correto, pois é pacífico e sumulado o entendimento de que nenhum empregado é obrigado a realizar horas extras.

(C) Lúcio está errado, pois a legislação em vigor não exige que eventual realização de hora extra seja antecedida de qualquer autorização de órgão governamental.

(D) Lúcio está correto, pois, tratando-se de atividade insalubre, a prorrogação de jornada precisa ser previamente autorizada pela autoridade competente.

A: opção incorreta, pois a resistência de Lúcio encontra amparo legal, não dando ensejo à justa causa do empregado por ato de insubordinação prevista no art. 482, h, da CLT. **B:** opção incorreta, pois embora Lúcio esteja correto, não há entendimento sumulado determinando que nenhum empregado é obrigado ou não à prestar horas extras. A prestação de horas suplementares depende de acordo escrito entre empregado e empregador ou mediante acordo ou convenção coletiva de trabalho, art. 59 da CLT. Por se tratar de prorrogação de jornada de trabalho em atividade insalubre é necessária inspeção prévia e permissão da autoridade competente, na forma do art. 60 da CLT, súmula 85, VI, TST. **C:** opção incorreta, pois viola diretamente o disposto no art. 60 da CLT. Ademais, nos termos da súmula 85, VI, do TST para a validade do acordo de compensação é necessária inspeção prévia e permissão da autoridade competente, na forma do art. 60 da CLT. **D:** opção correta, pois nos termos do art. 60 da CLT, é necessária a licença prévia das autoridades competentes em matéria de higiene do trabalho para que qualquer tipo prorrogação na jornada de trabalho nas atividades insalubres.No mesmo sentido, súmula 85, VI, TST. Vale dizer que, nos termos do parágrafo único do art. 60 da CLT excetuam-se da exigência de licença prévia as jornadas de 12 horas de trabalho por 36 horas ininterruptas de descanso.

Gabarito "D".

(FGV – 2015) Henrique é técnico de segurança do trabalho da sociedade empresária ALFA e irá aproveitar 20 dias de férias, pois decidiu converter 10 dias de férias em dinheiro. No seu lugar, assumindo de forma plena as tarefas, ficará Vítor, seu melhor assistente e subordinado. Nesse caso, durante o período de férias e de acordo com o entendimento do TST,

(A) Vítor não receberá o mesmo salário, porque a substituição é eventual, por apenas 20 dias.

(B) Vítor terá direito ao mesmo salário de Henrique, pois a substituição não é eventual.

(C) Vítor terá direito ao seu salário e ao de Henrique, porque há acúmulo de funções.

(D) a situação retratada é ilegal, tratando-se de desvio de função, vedado pelo ordenamento jurídico

A: opção incorreta, pois no caso em tela não se trata de uma substituição eventual, entendida como aquela feita por um período curtíssimo de tempo. Em se tratando de substituição no período de férias, o TST entende ser substituição provisória, ainda que somente por 20 dias, termos da súmula 159, I, do TST. **B:** opção correta, pois reflete o entendimento disposto na Súmula 159, I, do TST. **C:** opção incorreta, pois não há acumulo de funções, sendo que Vitor fará jus somente A percepção do mesmo salário de Henrique. **D:** opção incorreta, pois se encaixa dentro do poder de direção do empregador, sendo que o art. 450 da CLT e a súmula 159 do TST disciplinam a situação apontada na questão.

Gabarito "B".

(FGV – 2015) Determinado empregado foi contratado para criar e desenvolver programas de software, criando novas soluções para as demandas dos clientes do seu empregador. Em sua atividade normal, esse empregado inventou um programa original, muito útil e prático, para que os empresários controlassem à distância seus estoques, o que possibilitou um aumento nas vendas.

Diante da situação retratada, assinale a afirmativa correta.

(A) O empregado terá direito, conforme a Lei, a uma participação sobre o lucro obtido nessas vendas.

(B) A Lei é omissa a esse respeito, de modo que, caso não haja consenso entre as partes, será necessário o ajuizamento de ação trabalhista para resolver o impasse.

(C) Todo o lucro obtido pelo invento será do empregado.

(D) O empregado terá direito apenas ao seu salário normal, exceto se o seu contrato de trabalho tiver previsão de participação no lucro do seu invento.

A: opção incorreta, pois nesse tipo de contrato de trabalho a lei não prevê participação do empregado nos lucros obtidos na venda da invenção o empregado fará jus somente ao salário pactuado, que somente será devida se houver previsão contratual, art. 88 e § 1º da Lei 9.279/1996. **B:** opção incorreta, pois a hipótese é regulada pela Lei 9.279/1996 que dispõe sobre a propriedade industrial, especificamente nos arts. 88 a 93 da citada lei. **C:** opção incorreta, pois nesse tipo de contrato, a retribuição pelo trabalho limita-se ao salário ajustado, nos termos do art. 88, § 1º, da Lei 9.279/1996. **D:** opção correta, pois de acordo com o art. 88 da Lei 9.279/1996 a invenção e o modelo de utilidade pertencem exclusivamente ao empregador quando decorrerem de contrato de trabalho que tenha por objeto a pesquisa ou a atividade inventiva ou que resulte da natureza dos serviços para os quais foi o empregado contratado, não prevendo a lei participação nos lucros. Assim, salvo disposição contratual em outro sentido, a retribuição pelo trabalho limita-se ao salário ajustado, nos termos do § 1º do art. 88 da Lei 9.279/1996.

Gabarito "D".

17. Direito Processual do Trabalho

Hermes Cramacon e Luiz Fabre*

1. JUSTIÇA DO TRABALHO E MINISTÉRIO PÚBLICO DO TRABALHO[1]

(Técnico – TRT1 – 2018 – AOCP) Tendo como base a estrutura, a organização e a competência (EC 45/2004) da Justiça do Trabalho, assinale a alternativa correta.

(A) Compete à Justiça do Trabalho processar e julgar ações que envolvam crimes contra a organização do trabalho, como o trabalho escravo.

(B) O Tribunal Superior do Trabalho compor- se-á de vinte e sete Ministros, escolhidos dentre brasileiros com mais de trinta e cinco anos e menos de sessenta e cinco anos, de notável saber jurídico e reputação ilibada, nomeados pelo Presidente da República após aprovação de 2/3 (dois terços) do Senado Federal.

(C) O Tribunal Superior do Trabalho é composto por um quinto dentre advogados com mais de quinze anos de efetiva atividade profissional e membros do Ministério Público do Trabalho com mais de quinze anos de efetivo exercício, indicados em lista sêxtupla pelos órgãos de representação das respectivas classes.

(D) A lei criará Varas da Justiça do Trabalho, podendo, nas comarcas não abrangidas por sua jurisdição, atribuí-la aos juízes de direito, com recurso para o respectivo Tribunal Regional do Trabalho.

(E) Os Tribunais Regionais do Trabalho compõem-se de, no mínimo, nove juízes, recrutados, quando possível, na respectiva região, e nomeados pelo Presidente da República dentre brasileiros com mais de trinta e menos de sessenta e cinco anos.

A: incorreta, pois o STF em 1º de fevereiro de 2007, por unanimidade, deferiu liminar na ADI 3684-0, com efeitos *ex tunc* (retroativo), para atribuir interpretação conforme a Constituição, aos incisos I, IV e IX de seu art.114, declarando que, no âmbito da jurisdição da Justiça do Trabalho, não está incluída competência para processar e julgar ações penais. B: incorreta, pois nos termos do art. 111-A da CF o Tribunal Superior do Trabalho compor-se-á de 27 Ministros, escolhidos dentre brasileiros com mais de 35 anos e menos de 65 anos, de notável saber jurídico e reputação ilibada, nomeados pelo Presidente da República após aprovação pela maioria absoluta do Senado Federal. C: incorreta, pois nos termos do art. 111-A, I, da CF o TST será composto por um quinto dentre advogados com mais de dez anos de efetiva atividade profissional e membros do Ministério Público do Trabalho com mais de dez anos de efetivo exercício, indicados em lista sêxtupla pelos órgãos de representação das respectivas classes. D: correta, pois reflete a disposição do art. 112 da CF. E: incorreta, pois nos termos do art. 115 da CF os Tribunais Regionais do Trabalho compõem-se de, no mínimo, sete juízes, recrutados, quando possível, na respectiva região, e nomeados pelo Presidente da República dentre brasileiros com mais de trinta e menos de sessenta e cinco anos. **HC**
Gabarito "D".

---

* **Hermes Cramacon** comentou as questões dos concursos dos anos de 2016 e 2017 e de Técnico – TRT/3ª – 2015 – FCC, Técnico – TRT/16ª – 2015 – FCC, Técnico – TRT/19ª – 2015 – FCC, FGV – 2015 e FCC – 2015. **Hermes Cramacon e Luiz Fabre** comentaram as questões dos demais concursos.

(Técnico – TRT1 – 2018 – AOCP) João tem domicílio na cidade do Rio de Janeiro/RJ e foi chamado para uma entrevista de emprego pela empresa Colchões Ortopédicos Ltda., com sede na cidade de Campinas/SP, ocasião em que foi contratado no próprio local. Já no momento da contratação, a empresa informou ao novo empregado que o mesmo iria trabalhar na filial da empresa na cidade de São José do Rio Preto/ SP. Depois de três anos de trabalho na empresa em questão, João foi dispensado sem justa causa, não recebendo as verbas rescisórias, dentre outros pleitos que considera devidos, razão pela qual almeja buscar a efetivação de seus direitos na Justiça do Trabalho. Nesse seguimento, João deve pleitear seus direitos

(A) em Campinas/SP, pois é o local da sede da empresa, pressupondo, assim, o dever de ingressar com ação nesta localidade.

(B) em qualquer uma das cidades mencionadas, pois o foro de ingresso da ação trabalhista é opcional ao empregado.

(C) no Rio de Janeiro/RJ, pois é a cidade de seu domicílio, oferecendo maiores facilidades ao empregado.

(D) em São José do Rio Preto/SP, pois é o local da prestação de serviços.

(E) em Campinas/SP, pois é o local em que o empregado foi contratado.

A reclamação trabalhista deverá ser apresentada/ajuizada na cidade de São José do Rio Preto/SP, nos termos do art. 651 da CLT. **HC**
Gabarito "D".

(Técnico Judiciário – TRT24 – FCC – 2017) Com a Constituição Federal de 1988, o Poder Judiciário passa a ser o guardião da Constituição, cuja finalidade repousa, basicamente, na preservação dos valores e princípios que fundamentam o novo Estado Democrático de Direito. A Constituição Federal prevê, expressamente, que são órgãos que integram a organização da Justiça do Trabalho:

(A) Supremo Tribunal Federal, Tribunal Superior do Trabalho, Tribunais Regionais do Trabalho e Varas do Trabalho.

(B) Supremo Tribunal Federal, Tribunal Superior do Trabalho e Juízes do Trabalho.

(C) Tribunal Superior do Trabalho, Tribunais Regionais do Trabalho e Juízes do Trabalho.

(D) Tribunal Superior do Trabalho, Tribunais Regionais do Trabalho, Varas do Trabalho e Conselho Superior da Justiça do Trabalho.

(E) Tribunal Superior do Trabalho, Tribunais Estaduais do Trabalho, Varas do Trabalho, Conselho Superior da Justiça do Trabalho e Escola Nacional de Formação e Aperfeiçoamento de Magistrados do Trabalho.

"C" é a opção correta, pois nos termos do art. 111 da CF são órgãos da Justiça do Trabalho: Tribunal Superior do Trabalho; Tribunais Regionais do Trabalho e os Juízes do Trabalho. **HC**
Gabarito "C".

(Técnico Judiciário – TRT9 – 2012 – FCC) Conforme previsão constitucional, as vagas destinadas à advocacia e ao Ministério Público do Trabalho nos Tribunais Regionais do Trabalho, observado o disposto no artigo 94 da CF, serão de:

(A) um terço dentre os advogados com mais de cinco anos de efetiva atividade profissional e membros do Ministério Público do Trabalho com mais de cinco anos de efetivo exercício.

(B) um quinto dentre os advogados com mais de dez anos de efetiva atividade profissional e membros do Ministério Público do Trabalho com mais de dez anos de efetivo exercício.

(C) um quinto dentre os advogados com mais de cinco anos de efetiva atividade profissional e membros do Ministério Público do Trabalho com mais de cinco anos de efetivo exercício.

(D) um terço dentre os advogados com mais de três anos de efetiva atividade profissional e membros do Ministério Público do Trabalho com mais de três anos de efetivo exercício.

(E) um quinto dentre os advogados com mais de três anos de efetiva atividade profissional e membros do Ministério Público do Trabalho com mais de três anos de efetivo exercício.

"B" é a opção correta, pois nos termos do art. 115, I, da CF um quinto dentre advogados com mais de dez anos de efetiva atividade profissional e membros do Ministério Público do Trabalho com mais de dez anos de efetivo exercício. Os demais, mediante promoção de juízes do trabalho por antiguidade e merecimento, alternadamente.
Gabarito "B".

(Técnico – TRT/11ª – 2012 – FCC) Quanto à organização, jurisdição e competência da Justiça do Trabalho, é INCORRETO afirmar que:

(A) a Justiça do Trabalho é competente, para processar e julgar as ações entre trabalhadores portuários e os operadores portuários ou o Órgão Gestor de Mão de Obra decorrentes da relação de trabalho.

(B) a competência das Varas do Trabalho, em regra, é determinada pelo local da contratação ou domicílio do empregado, ainda que tenha sido diversa a localidade onde o empregado, reclamante ou reclamado, prestar serviços ao empregador.

(C) conforme previsão constitucional compete à Justiça do Trabalho processar e julgar as ações sobre representação sindical, entre sindicatos, entre sindicatos e trabalhadores, e entre sindicatos e empregadores.

(D) os Tribunais Regionais do Trabalho serão compostos de, no mínimo, sete juízes, sendo um quinto dentre advogados e membros do Ministério Público do Trabalho e os demais mediante promoção de Juízes do Trabalho por antiguidade e merecimento, alternadamente.

(E) nas localidades em que existir mais de uma Vara do Trabalho haverá um distribuidor, cuja principal competência é a distribuição, pela ordem rigorosa de entrada, e sucessivamente a cada Vara, dos feitos que, para esse fim, lhe forem apresentados pelos interessados.

A: correta, arts. 643, § 3º, e 652, *a*, V, da CLT; **B:** incorreta (devendo ser assinalada), pois dispõe o art. 651 da CLT que a competência será determinada pela localidade onde o empregado, reclamante ou reclamado, prestar serviços ao empregador, ainda que tenha sido contratado noutro local ou no estrangeiro; **C:** correta, art. 114, III, da CF; **D:** art. 115 da CF; **E:** correta, arts. 713 e 714, a, da CLT.
Gabarito "B".

(Técnico Judiciário – TRT/20ª – 2011 – FCC) A competência para eleger, por escrutínio secreto, o Corregedor-Geral da Justiça do Trabalho é:

(A) do Tribunal Superior do Trabalho através da Secção Especializada em Dissídios Individuais (SDI-I e SDI-II).

(B) dos Tribunais Regionais do Trabalho através de ato conjunto.

(C) dos Tribunais Regionais do Trabalho através de ato separado em data predeterminada.

(D) do Tribunal Superior do Trabalho através de seu Pleno.

(E) do Tribunal Superior do Trabalho através de suas Turmas, em ato conjunto com o seu Presidente.

Art. 30 do Regimento Interno do TST.
Gabarito "D".

(FCC – 2015) Em relação às Varas do Trabalho e aos Tribunais Regionais do Trabalho,

(A) a lei criará Varas da Justiça do Trabalho, podendo, nas comarcas não abrangidas por sua jurisdição, atribuí-la aos Juízes de Direito, com Recurso para o respectivo Tribunal Regional do Trabalho.

(B) a lei criará Varas da Justiça do Trabalho, não podendo, nas comarcas não abrangidas por sua jurisdição, atribuí-la aos Juízes de Direito, com Recurso para o respectivo Tribunal Regional do Trabalho.

(C) a lei criará Varas da Justiça do Trabalho, podendo, nas comarcas não abrangidas por sua jurisdição, atribuí-la aos Juízes de Direito, com Recurso para o respectivo Tribunal de Justiça.

(D) há, atualmente, no Brasil, 22 Tribunais Regionais do Trabalho, sendo um em cada Estado, exceto no Estado de São Paulo que possui dois Tribunais Regionais do Trabalho.

(E) compete aos Tribunais Regionais do Trabalho, julgar os recursos ordinários interpostos em face das decisões das Varas e também, originariamente, as ações envolvendo relação de trabalho.

A: correta, pois reflete o disposto no art. 112 da CF. **B:** incorreta, pois nos termos do art. 112 da CF nas comarcas onde não houver vara do Trabalho, atribuir a competência para o juiz de direito. **C:** incorreta, pois nos termos do art. 112 da CF os recursos serão dirigidos ao Tribunal Regional do Trabalho (TRT) local e não ao Tribunal de Justiça. **D:** incorreta, pois os Tribunais Regionais do Trabalho constituem a 2ª Instância da Justiça do Trabalho. Atualmente são 24 (vinte e quatro) Tribunais Regionais, que estão distribuídos pelo território nacional. O estado de São Paulo possui dois Tribunais Regionais do Trabalho: o da 2ª Região, sediado na capital do estado e o da 15ª Região, com sede em Campinas. **E:** incorreta, pois as ações envolvendo relação de trabalho são de competência das Varas do Trabalho.
Gabarito "A".

(FCC – 2015) Em relação à competência e às formas de atuação, compete ao Ministério Público do Trabalho

(A) promover ação civil pública no âmbito da Justiça do Trabalho, para defesa de interesses individuais e coletivos, quando desrespeitados os direitos sociais constitucionalmente garantidos.

(B) promover ação civil pública no âmbito da Justiça do Trabalho, para defesa de interesses coletivos, quando desrespeitados os direitos sociais constitucionalmente garantidos.

(C) promover ação civil pública no âmbito da Justiça Comum, para defesa de interesses coletivos, quando desrespeitados os direitos sociais constitucionalmente garantidos.

(D) promover ação civil pública no âmbito da Justiça do Trabalho, para defesa de interesses individuais e coletivos, quando desrespeitadas os normas previstas na Consolidação das Leis do Trabalho.

(E) instaurar instância em caso de greve, desde que provocado pelo sindicato patronal.

A: incorreta, pois o Ministério Público do Trabalho não possui competência para a defesa de interesses individuais, nos termos do art. 83 da LC 75/93. **B:** correta, pois reflete o disposto no art. 83, III, da LC 75/93. **C:** incorreta, pois nos termos do art. 83, III, da LC 75/93 a competência será para promover a ação civil pública no âmbito da Justiça do Trabalho. **D:** incorreta, pois nos termos do art. 83, III, da LC 75/93 o Ministério Público do Trabalho não possui competência para a defesa de interesses individuais. Ademais, devem ser desrespeitados os direitos sociais constitucionalmente garantidos. **E:** incorreta, pois nos termos do art. 83, VIII, da LC 75/93 a competência será para o Ministério Público do Trabalho instaurar instância em caso de greve, quando a defesa da ordem jurídica ou o interesse público assim o exigir. Gabarito "B".

2. TEORIA GERAL DO PROCESSO DO TRABALHO

(Técnico Judiciário – TRT8 – CESPE – 2016) Assinale a opção correta a respeito dos princípios gerais do processo trabalhista.

(A) Dado o princípio da oralidade aplicável ao processo laboral, o juiz deverá propor a conciliação antes da abertura da audiência.

(B) O devido processo legal é princípio aplicável ao processo trabalhista e garante a celeridade no andamento do processo.

(C) Configura hipótese de aplicação do princípio da proteção no processo do trabalho a regra de que o não comparecimento do reclamante à audiência importa no arquivamento da reclamação.

(D) Caracteriza o princípio da simplificação de procedimentos a norma que permite aos empregadores reclamar pessoalmente perante a justiça do trabalho e acompanhar as suas reclamações durante todo o processo, inclusive interpor recursos no Tribunal Superior do Trabalho (TST), independentemente de advogado.

(E) Decorre do princípio da adstrição ou congruência, aplicável ao processo do trabalho, o fato de o juiz poder determinar o pagamento de indenização a empregado estável que tiver pedido apenas reintegração, se houver incompatibilidade de retorno ao serviço.

A: opção incorreta, pois a conciliação deverá ser proposta após a abertura da audiência, antes da apresentação da defesa, art. 846 da CLT. **B:** opção incorreta, pois o princípio que garante a celeridade no andamento do processo é o princípio da celeridade processual. Como exemplo podemos lembrar da regra da irrecorribilidade imediata da

decisão interlocutória. O princípio do devido processo legal ensina que para que o ato praticado por autoridade seja considerado válido, eficaz e completo, deverá seguir os ditames da lei. **C:** opção correta, pois a regra prevista no art. 844 da CLT protege o empregado arquivando os autos caso ele não compareça à audiência inaugural. Vale lembrar que nos termos do § 2º do art. 844 da CLT (inserido pela Lei 13.467/2017) na hipótese de ausência do reclamante, este será condenado ao pagamento das custas calculadas na forma do art. 789 da CLT, ainda que beneficiário da justiça gratuita, salvo se comprovar, no prazo de quinze dias, que a ausência ocorreu por motivo legalmente justificável. Ademais, o § 3º determina que o pagamento das custas a que se refere o § 2º é condição para a propositura de nova demanda. Em se tratando de não comparecimento da reclamada a consequência será a revelia e confissão. **D:** opção incorreta, pois a regra diz respeito ao princípio do *jus postulandi* da parte, art. 791 da CLT. Contudo, vale lembrar que as partes não poderão fazer uso dessa prerrogativa para interpor recursos de competência do TST, súmula 425 do TST. **E:** opção incorreta, pois o princípio da adstrição ensina que o juiz deve julgar a lide nos limites do pedido. Veja súmula 396 TST. HC Gabarito "C".

(Técnico – TRT/19ª – 2015 – FCC) O artigo 39 da Consolidação das Leis do Trabalho permite que a Delegacia Regional do Trabalho – DRT encaminhe processo administrativo à Justiça do Trabalho, onde conste reclamação de trabalhador no tocante a recusa de anotação da CTPS pela empresa. Este é um exemplo de exceção ao princípio

(A) da eventualidade.

(B) inquisitivo.

(C) da imediação.

(D) dispositivo.

(E) da extrapetição.

A: incorreta, pois o princípio da eventualidade, art. 336 do CPC/2015, é próprio da contestação e ensina que compete ao réu alegar toda a matéria de defesa, expondo as razões de fato e de direito, com que impugna o pedido do autor e especificando as provas que pretende produzir. **B:** incorreta, pois o princípio inquisitivo consiste na iniciativa conferida ao magistrado na investigação dos fatos e determinação das provas que entende pertinentes, em busca da verdade real para formação de seu livre convencimento. **C:** incorreta, pois o princípio da imediação está disciplinado no art. 446, II, do CPC (regra não adotada pelo CPC/2015) pelo qual o juiz deve proceder direta e pessoalmente à colheita das provas na audiência. **D:** correta, pois o princípio do dispositivo ensina que a iniciativa para a propositura da ação é das partes, em regra. Portanto, a regra contida do art. 39 da CLT representa exceção ao princípio dispositivo. **E:** incorreta, pois o princípio da extrapetição ensina que o juiz pode condenar a reclamada em pedidos não contidos na petição inicial, nos casos previstos em lei, como por exemplo, a regra contida no art. 137, §2º, da CLT e, ainda, o pedido de juros e correção monetária, hipótese prevista na súmula 211 do TST. Gabarito "D".

(Técnico – TRT/3ª – 2015 – FCC) De acordo com a Súmula 422 do Tribunal Superior do Trabalho *"Não se conhece de recurso para o TST, pela ausência do requisito de admissibilidade inscrito no art. 514, II, do CPC (art. 1.010, II, CPC/2015), quando as razões do recorrente não impugnam os fundamentos da decisão recorrida, nos termos em que fora proposta"*. Neste caso, está sendo aplicado o princípio

(A) da estabilidade da lide.

(B) da lealdade processual.

(C) da delimitação recursal.

(D) do dispositivo.

(E) da dialeticidade.

A: incorreta, pois o princípio da estabilidade da lide, ensina que o pedido e a causa de pedir é que traçam e demarcam os limites objetivos da lide, o que permite à parte contrária o pleno exercício do direito do contraditório. No processo do trabalho, caso haja o aditamento da petição inicial deverá o Juiz designar nova audiência. **B**: incorreta, pois o princípio da lealdade processual tem como fim impor aos litigantes uma conduta moral, ética e de respeito mútuo para que o processo alcance seu objetivo final, qual seja a prestação jurisdicional. **C**: incorreta, pois o princípio da delimitação recursal indica que as matérias delimitadas pelo recorrente é que poderão ser apreciadas pelo órgão julgador. **D**: incorreta, pois o princípio do dispositivo ensina que pertence às partes a iniciativa das alegações e pedidos e assim limitando a atuação investigativa do juiz aos fatos narrados nos autos. **E**: correta, pois o princípio da dialeticidade ensina que deve a parte recorrente impugnar todos os fundamentos suficientes para manter o acórdão recorrido, de maneira a demonstrar que o julgamento proferido pelo Tribunal de origem merece ser modificado, ou seja, não basta que faça alegações genéricas em sentido contrário às afirmações do julgado contra o qual se insurge.
Gabarito "E".

(Técnico Judiciário – TRT9 – 2012 – FCC) Quanto ao processo judiciário do trabalho, é correto afirmar:

(A) Havendo omissão da CLT sempre serão aplicadas as regras do direito processual comum como fonte subsidiária.

(B) Aplicam-se apenas as regras contidas na CLT, não podendo ser aplicada norma prevista no direito processual comum.

(C) A CLT não possui regras processuais próprias, razão pela qual são aplicadas normas do direito processual comum.

(D) Nos casos omissos, o direito processual comum será fonte subsidiária do direito processual do trabalho, exceto naquilo em que for incompatível com as regras da CLT.

(E) O direito processual comum é fonte primária, sendo aplicadas as normas processuais contidas na CLT de forma subsidiária.

A: incorreta, pois para a aplicação subsidiária do direito processual comum, deverá haver compatibilidade com as regras celetistas, nos termos do art. 769 da CLT e art. 15 CPC/2015; **B**: incorreta, pois havendo a omissão na norma consolidada, aplicar-se-á o direito processual comum, nos termos do art. 769 da CLT e art. 15 CPC/2015; **C**: incorreta, pois a CLT prevê regras próprias, vide arts. 643 e seguintes da CLT; **D**: correta, pois reflete o disposto no art. 769 da CLT e art. 15 CPC/2015; **E**: incorreta, pois o direito processual comum é fonte subsidiária e sua aplicação se dá nos termos do art. 769 da CLT e art. 15 CPC/2015.
Gabarito "D".

(Técnico Judiciário – TRT/9º – 2010 – FCC) Mario ajuizou reclamação trabalhista em face da empresa W. A reclamação foi julgada totalmente procedente e a empresa W ainda foi condenada nas penalidades inerentes à litigância de má-fé. Neste caso, com relação à condenação por litigância de má-fé, está presente especificamente o princípio da

(A) Concentração.

(B) Lealdade Processual.

(C) Proteção.

(D) Estabilidade da Lide.

(E) Demanda ou Dispositivo.

A: o princípio da concentração diz com a vocação do processo do trabalho para que seus atos sejam realizados de forma concentrada

em audiência (apresentação de defesa, produção de provas, prolação da sentença, etc.) e em um menor número possível de audiências; **B**: o princípio da lealdade processual proíbe a má fé e os atos atentatórios à dignidade da justiça; **C**: o princípio da proteção, também chamado de protetivo, tuitivo ou tutelar, refere-se à predisposição do ordenamento jurídico trabalhista em proteger o trabalhador, que é o polo hipossuficiente da relação jurídico-trabalhista (trata-se de princípio presente no direito material do trabalho, mas cuja existência no direito processual do trabalho é controvertida, uma vez que o processo seria ditado pelo princípio da isonomia das partes); **D**: o princípio da estabilidade da lide concerne à proibição de inovação de pedido ou causa de pedir após determinado momento processual. No processo cível, após a citação do réu só é permitida a mudança do pedido ou causa de pedir com a concordância deste, sendo que em nenhuma hipótese será possível a mudança do pedido ou causa de pedir após o saneamento da lide art. 329, II, CPC/2015. No processo do trabalho, uma vez que a citação do Réu decorre de ato automático do Juízo e uma vez que inexiste expressa previsão de despacho saneador, doutrinadores debatem quanto ao momento da estabilização da demanda, prevalecendo que até o momento de apresentação da defesa o autor poderá aditar a inicial para alterar pedidos e causa de pedir; **E**: o princípio da demanda ou dispositivo, também conhecido como princípio da congruência entre a decisão e o pedido, informa que a lide deve ser julgada nos limites da ação proposta, vedando-se ao Juiz, em linha de princípio, emitir julgamentos _extra petita_ (fora do pedido), _ultra petita_ (além do pedido) ou _citra petita_ (aquém do pedido). Observe-se, no entanto, que esta regra possui diversas exceções.
Gabarito "B".

(Técnico Judiciário – TRT/14ª – 2011 – FCC) De acordo com a Consolidação das Leis do Trabalho, o Direito Processual Comum é fonte do Direito Processual do Trabalho. Neste caso, está sendo aplicado especificamente o princípio:

(A) da subsidiariedade.

(B) do protecionismo ao trabalhador.

(C) da informalidade.

(D) da celeridade.

(E) da simplicidade.

O Direito Processual Comum é fonte supletiva ou subsidiária do Direito Processual do Trabalho, aplicando-se naquilo que a legislação processual trabalhista for omissa e desde que o dispositivo subsidiariamente invocado se mostrar compatível com os princípios regentes do processo trabalhista (CLT, art. 769). Cuidado: esta regra não pode ser generalizada. Quanto ao processo de execução, de acordo com o art. 889 da CLT, a Lei de Execução Fiscal (Lei 6.830/1980) é que será a fonte subsidiária (exceto quanto à ordem de bens a serem nomeados à penhora, quando se observará o Código de Processo Civil, conforme art. 882 da CLT).
Gabarito "A".

(Técnico Judiciário – TRT/24ª – 2011 – FCC) De acordo com a Consolidação das Leis do Trabalho, os Juízos e Tribunais do Trabalho terão ampla liberdade na direção do processo e velarão pelo andamento rápido das causas, podendo determinar qualquer diligência necessária ao esclarecimento delas. Este dispositivo retrata especificamente o princípio

(A) da perpetuatio jurisdictionis.

(B) da instrumentalidade.

(C) dispositivo.

(D) da estabilidade da lide.

(E) inquisitivo.

A: pelo princípio da _perpetuation jurisdictionis_, a competência para o julgamento da lide é definida no momento do ajuizamento da ação, sendo que alterações fáticas posteriores que não sejam relevantes não implicarão em deslocamento de competência. É assim que, por exemplo, se determinado empregado laborando em Campo Grande ajuíza uma ação perante uma das varas do trabalho da capital sulmatogrossense, o fato de do local de sua prestação de serviços ser alterado para Três Lagoas no curso do processo não possui o condão de deslocar a competência territorial; **B**: o princípio da instrumentalidade está afeto às nulidades trabalhistas e informa que a nulidade do ato processual não será declarada se, a despeito de alguma irregularidade, o ato atingir sua finalidade; **C**: o princípio do dispositivo, também conhecido como princípio da demanda ou da congruência entre a decisão e o pedido, informa que a lide deve ser julgada nos limites da ação proposta, vedando-se ao Juiz, em linha de princípio, emitir julgamentos *extra petita* (fora do pedido), *ultra petita* (além do pedido) ou *citra petita* (aquém do pedido). Observe-se, no entanto, que esta regra possui diversas exceções; **D**: o princípio da estabilidade da lide concerne à proibição de inovação de pedido ou causa de pedir após determinado momento processual. No processo cível, após a citação do réu só é permitida a mudança do pedido ou causa de pedir com a concordância deste, sendo que em nenhuma hipótese será possível a mudança do pedido ou causa de pedir após o saneamento da lide, art. 329, II, CPC/2015. No processo do trabalho, uma vez que a citação do Réu decorre de ato automático do Juízo e uma vez que inexiste expressa previsão de despacho saneador, doutrinadores debatem quanto ao momento da estabilização da demanda, prevalecendo que até o momento de apresentação da defesa o autor poderá aditar a inicial para alterar pedidos e causa de pedir; **E**: de fato, o preceito legal estampado no enunciado (CLT, art. 765) é uma faceta do princípio inquisitivo, embora não se deva dizer que o processo trabalhista seja, em si, um processo inquisitivo. Ao contrário, com o advento do Estado de Direito e do princípio do devido processo legal, os processos estão submetidos ao princípio do contraditório e as decisões devem ser motivadas. Atualmente, apenas procedimentos (e não processos) possuem natureza inquisitiva ou inquisitorial, como o inquérito policial ou o inquérito civil. Gabarito "E".

3. COMPETÊNCIA

(Técnico Judiciário – TRT24 – FCC – 2017) A Constituição Federal de 1988 dispõe expressamente sobre a competência material da Justiça do Trabalho e, entre essas disposições, NÃO prevê a competência da Justiça do Trabalho para processar e julgar

(A) as ações sobre representação sindical, entre sindicatos, entre sindicatos e trabalhadores, e entre sindicatos e empregadores.

(B) os mandados de segurança, *habeas corpus* e *habeas data*, quando o ato questionado envolver matéria sujeita à sua jurisdição.

(C) as ações de indenização por dano moral ou patrimonial, decorrentes da relação de trabalho.

(D) as ações relativas às penalidades administrativas impostas aos empregadores pelos órgãos de fiscalização das relações de trabalho.

(E) os crimes contra a organização do trabalho e as causas acidentárias em face do Instituto Nacional do Seguro Social.

A: opção incorreta, pois reflete a disposição do art. 114, III, CF. **B**: opção incorreta, pois reflete o disposto no art. 114, IV, CF. **C**: opção incorreta, pois reflete o disposto no art. 114, VI, CF. **D**: opção incorreta, pois VII, CF. **E**: opção correta, pois no julgamento da ADI 3684-0 o STF determina a incompetência da Justiça do Trabalho para processar e julgar ações penais. As ações penais são de competência da Justiça Comum Estadual

ou Federal. As ações acidentárias em face do INSS são de competência da Justiça Comum Estadual, exceção disposta no art. 109, I, CF. Gabarito "E".

(Técnico Judiciário – TRT8 – CESPE – 2016) Com relação à organização e à competência da justiça do trabalho, assinale a opção correta.

(A) Compete à justiça do trabalho julgar demandas relacionadas à contratação de pessoal temporário para atender à necessidade temporária de excepcional interesse público.

(B) A competência da vara trabalhista é determinada pela localidade onde o empregado foi contratado, não importando se este prestou serviços ao empregador em outro local.

(C) Nas varas do trabalho, exercem a jurisdição um juiz presidente e um juiz auxiliar.

(D) Assim como ocorre na justiça comum, na justiça do trabalho há varas especializadas.

(E) Os oficiais de justiça desempenham atos determinados pelo juiz da vara, devendo os mandados judiciais ser cumpridos em até nove dias.

A: opção incorreta, pois o servidor público temporário é contratado sob o regime jurídico-administrativo, cuja competência será da justiça comum estadual ou federal, ADI 3395-6. **B**: opção incorreta, pois nos termos do art. 651 da CLT a competência é determinada pelo local da prestação de serviços pelo empregado. **C**: opção incorreta, pois nos termos do art. 116 da CF nas Varas do Trabalho, a jurisdição será exercida por um juiz singular. **D**: opção incorreta, pois não há na Justiça do Trabalho varas especializadas. **E**: opção correta, pois reflete o entendimento disposto no art. 721, § 2º, da CLT. Gabarito "E".

(Técnico Judiciário – TRT20 – FCC – 2016) Poseidon prestou concurso público e foi aprovado tomando posse como agente de fiscalização sanitária no combate ao "mosquito da dengue", vinculado à Secretaria de Saúde do Estado de Sergipe, pelo regime jurídico estatutário. Decorridos dezoito meses de serviço, houve atraso no pagamento de salários e a inadimplência da verba denominada adicional de insalubridade. Inconformado com a situação, Poseidon pretende ajuizar ação cobrando seus direitos, sendo competente para processar e julgar a

(A) Justiça Federal, porque embora o servidor seja estadual, a matéria envolve questão de natureza sanitária de repercussão nacional, relacionada à epidemia do "mosquito da dengue".

(B) Justiça Comum Estadual, porque envolve todo servidor público estadual, independente do seu regime jurídico de contratação.

(C) Justiça do Trabalho, porque se trata de ação oriunda da relação de trabalho, abrangido ente de direito público da Administração pública direta estadual.

(D) Justiça do Trabalho, porque independente do ente envolvido, a matéria discutida relaciona-se com salários e adicional de insalubridade, portanto direitos de natureza trabalhista.

(E) Justiça Comum Estadual, porque a relação de trabalho prevista no artigo 114, I da CF, não abrange as causas entre o Poder Público e servidor regido por relação jurídica estatutária.

"E" é a opção correta. Isso porque, a ação do servidor público aprovado em concurso público contra a administração, por possuir típica relação de ordem estatutária, será de competência da justiça comum estadual, conforme julgamento da ADI 3395-6. HC

Gabarito "E".

(Técnico Judiciário – TRT20 – FCC – 2016) Conforme normas relativas à jurisdição e competência das Varas do Trabalho e dos Tribunais Regionais do Trabalho:

(A) A EC 45/2004 previu a obrigatoriedade da criação de apenas um Tribunal Regional do Trabalho em cada Estado membro da Federação, bem como no Distrito Federal.

(B) Os Tribunais Regionais do Trabalho serão compostos de juízes nomeados pelo Presidente do Tribunal Superior do Trabalho e serão compostos, no mínimo, de oito juízes recrutados, necessariamente, dentro da própria região.

(C) Os Tribunais Regionais do Trabalho poderão funcionar descentralizadamente, constituindo Câmaras regionais, a fim de assegurar o pleno acesso dos jurisdicionados à justiça em todas as fases do processo.

(D) Nas Varas do Trabalho, a jurisdição será, necessariamente, exercida por um juiz singular titular e outro substituto, além de um membro do Ministério Público do Trabalho que atuará junto à Vara.

(E) As ações entre trabalhadores portuários e os operadores portuários ou o Órgão Gestor de Mão de Obra – OGMO decorrentes da relação de trabalho são de competência originária dos Tribunais Regionais do Trabalho.

A: opção incorreta, pois não há a obrigatoriedade. Veja art. 115 da CF. O estado de São Paulo possui dois TRTs: o da 2ª Região, sediado na capital do estado, com jurisdição sobre a Região Metropolitana de São Paulo, parte de Região Metropolitana da Baixada Santista e o município interiorano de Ibiúna, e o da 15ª Região, com sede em Campinas e jurisdição sobre os demais municípios paulistas. Não foram criados TRTs nos Estados de Tocantins, Acre, Roraima e Amapá. **B:** opção incorreta, pois nos termos do art. 115 da CF os Tribunais Regionais do Trabalho compõem-se de, no mínimo, sete juízes, recrutados, quando possível, na respectiva região, e nomeados pelo Presidente da República dentre brasileiros com mais de trinta e menos de sessenta e cinco anos. **C:** opção correta, pois reflete a disposição do art. 115, § 2º, CF. **D:** opção incorreta, pois nos termos do art. 116 da CF nas Varas do Trabalho, a jurisdição será exercida por um juiz singular. **E:** opção incorreta, pois a ação será de competência da Vara do Trabalho. As hipóteses de competência dos TRTs estão reguladas no art. 678 da CLT. HC

Gabarito "C".

(Técnico Judiciário – TRT20 – FCC – 2016) Péricles pretende ingressar com reclamação trabalhista para receber indenização por danos morais em face do Banco Horizonte S/A em razão da alegação de assédio moral. Conforme previsão legal contida na Consolidação das Leis do Trabalho, a ação deverá ser proposta na Vara do Trabalho do local

(A) da sua contratação.

(B) do seu domicílio.

(C) da matriz do Banco empregador.

(D) da prestação dos serviços.

(E) escolhido pelas partes na celebração do contrato.

"D" é a opção correta. Isso porque nos termos do art. 651 da CLT a competência será determinada pela localidade onde o empregado,

reclamante ou reclamado, prestar serviços ao empregador, ainda que tenha sido contratado noutro local ou no estrangeiro. Sobre a competência de ações por danos morais, vale lembrar da redação da súmula vinculante 22 do STF: "A Justiça do Trabalho é competente para processar e julgar as ações de indenização por danos morais e patrimoniais decorrentes de acidente de trabalho propostas por empregado contra empregador, inclusive aquelas que ainda não possuíam sentença de mérito em primeiro grau quando da promulgação da emenda constitucional 45/2004. HC

Gabarito "D".

(Técnico – TRT/19ª – 2015 – FCC) Ricardo foi contratado pela empresa "Fazenda Ltda.", para exercer a função de montador de estande em feiras agropecuárias. Considerando que Ricardo reside em Marechal Deodoro e que a sede da empresa é em Maceió, local da celebração do contrato, bem como que as feiras agropecuárias não ocorrem na referida capital e sim em diversas cidades interioranas, segundo a Consolidação das Leis do Trabalho, eventual reclamação trabalhista, no tocante à competência territorial deverá ser ajuizada

(A) obrigatoriamente em Marechal Deodoro.

(B) obrigatoriamente em Maceió.

(C) obrigatoriamente no local em que prestou serviços em último lugar.

(D) em Maceió ou Marechal Deodoro.

(E) em Maceió ou no local da prestação dos respectivos serviços.

Ensina o art. 651, § 3º, da CLT em se tratando de empregador que promova realização de atividades fora do lugar do contrato de trabalho, como no caso em estudo, é assegurado ao empregado apresentar reclamação na localidade da celebração do contrato ou no da prestação dos respectivos serviços. Assim, Ricardo poderá optar em apresentar a reclamação trabalhista em Maceió, localidade em que foi celebrado o contrato de trabalho ou então na localidade das diversas cidades interioranas.

Gabarito "E".

(FCC – 2015) Em relação à competência material da Justiça do Trabalho:

(A) As ações relativas às penalidades administrativas impostas aos empregadores pelos órgãos de fiscalização das relações de trabalho devem ser julgadas pela Justiça Federal, nos termos do artigo 109 da CF/88.

(B) Desde a promulgação da CF/88, a Justiça do Trabalho é competente para julgar ações impostas pelos órgãos de fiscalização, em matéria trabalhista, aos empregadores.

(C) A Emenda Constitucional n. 45/04, deu nova redação ao artigo 114 da CF/88, estabelecendo que cabe à Justiça do Trabalho processar e julgar as ações relativas às penalidades administrativas impostas aos empregadores pelos órgãos de fiscalização das relações de trabalho.

(D) Impõe multas administrativas ao empregador em processos trabalhistas, nos quais foi constatada a ocorrência de infração aos dispositivos da CLT.

(E) Não é competente, de ofício, para executar as contribuições previdenciárias das sentenças que proferir.

A: incorreta, pois nos termos do art. 114, VII, da CF a ação será de competência da Justiça do Trabalho. **B:** incorreta, pois a competência foi atribuída à Justiça do Trabalho por meio da EC 45/2004. **C:** correta,

pois está de acordo com o art. 114, VII, da CF. **D:** incorreta, pois a multa não será imposta pela Justiça do Trabalho, mas sim pelos órgãos de fiscalização das relações de trabalho (Ministério do Trabalho e Emprego2). **E:** incorreta, pois nos termos do art. 114, VIII, da CF a Justiça do Trabalho possui competência para de ofício, para executar as contribuições previdenciárias das sentenças que proferir.
Gabarito "C".

4. CUSTAS E EMOLUMENTOS

(Técnico – TRT2 – FCC – 2018) Márcio, advogado, teve o seu contrato de trabalho rescindido pela sua empregadora, a empresa "A". Em razão do recebimento de valor menor que o devido, Márcio ajuizou reclamação trabalhista, advogando em causa própria. Nesse caso, no tocante aos honorários de sucumbência da mencionada reclamação trabalhista, sobre o valor que resultar da liquidação da sentença do proveito econômico obtido ou, não sendo possível mensurá-lo, sobre o valor atualizado da causa,

(A) em caso de procedência total do pedido, serão devidos honorários de sucumbência a Márcio, ainda que esteja atuando em causa própria, sendo fixados entre o mínimo de 10% e o máximo de 15%.

(B) mesmo em caso de procedência total do pedido, não serão devidos honorários de sucumbência a Márcio porque o mesmo está atuando em causa própria.

(C) na hipótese de procedência parcial, o juízo arbitrará honorários de sucumbência recíproca, podendo ocorrer a compensação entre os honorários.

(D) em caso de procedência total do pedido, serão devidos honorários de sucumbência a Márcio, ainda que esteja atuando em causa própria, sendo fixados entre o mínimo de 10% e o máximo de 20%.

(E) em caso de procedência total do pedido, serão devidos honorários de sucumbência a Márcio, ainda que esteja atuando em causa própria, sendo fixados entre o mínimo de 5% e o máximo de 15%.

"E" é a opção correta. Isso porque, nos termos do art. 791-A da CLT ao advogado, ainda que atue em causa própria, serão devidos honorários de sucumbência, fixados entre o mínimo de 5% (cinco por cento) e o máximo de 15% (quinze por cento) sobre o valor que resultar da liquidação da sentença, do proveito econômico obtido ou, não sendo possível mensurá-lo, sobre o valor atualizado da causa. HC
Gabarito "E".

(Técnico – TRT2 – FCC – 2018) Na reclamação trabalhista "V" o valor da causa é R$ 100.000,00. Durante a tramitação processual, as partes celebraram um acordo no valor total de R$ 70.000,00, convencionando que as custas processuais serão pagas pela empresa reclamada. Nesse caso, as custas processuais devidas pela empresa são de

(A) 2% sobre o valor da causa.

(B) 2% sobre o valor do acordo.

(C) 1% sobre o valor do acordo.

(D) 1% sobre o valor da causa.

(E) 3% sobre o valor da causa.

"B" é a opção correta, pois reflete a disposição do art. 789, I, da CLT. HC
Gabarito "B".

---

2. Com a extinção do Ministério do Trabalho, suas atribuições passam a ser do Ministério da Economia, Secretaria de Trabalho.

(Técnico Judiciário – TRT24 – FCC – 2017) No tocante às custas processuais, a Consolidação das Leis do Trabalho estabelece que

(A) o pagamento das custas, sempre que houver acordo, caberá à Reclamada, pois deu causa ao processo.

(B) as custas serão, em qualquer caso, pagas pelo vencido, antes do trânsito em julgado da decisão.

(C) no processo de execução são devidas custas, de responsabilidade do executado ou do exequente, conforme o caso, sendo pagas após a liquidação de sentença.

(D) não sendo líquida a condenação, o juízo arbitrar-lhe-á o valor e fixará o montante das custas processuais.

(E) apenas nos dissídios individuais, no exercício da jurisdição trabalhista, as custas relativas ao processo de conhecimento incidirão à base de 1%, sem observância de importância mínima.

A: opção incorreta, pois nos termos do art. 789, § 3º, CLT sempre que houver acordo, se de outra forma não for convencionado, o pagamento das custas caberá em partes iguais aos litigantes. **B:** opção incorreta, pois nos termos do art. 789, § 1º, CLT as custas serão pagas pelo vencido, após o trânsito em julgado da decisão. No caso de recurso, as custas serão pagas e comprovado o recolhimento dentro do prazo recursal. **C:** opção incorreta, pois nos termos do art. 789-A da CLT no processo de execução são devidas custas, sempre de responsabilidade do executado e pagas ao final. **D:** opção correta, pois nos termos do art. 789, § 2º, CLT não sendo líquida a condenação, o juízo arbitrar-lhe-á o valor e fixará o montante das custas processuais. **E:** opção incorreta, pois nos termos do art. 789 da CLT nos dissídios individuais e nos dissídios coletivos do trabalho, nas ações e procedimentos de competência da Justiça do Trabalho, bem como nas demandas propostas perante a Justiça Estadual, no exercício da jurisdição trabalhista, as custas relativas ao processo de conhecimento incidirão à base de 2% (dois por cento), observado o mínimo de R$ 10,64 e o máximo de 4 vezes o limite máximo dos benefícios do Regime Geral de Previdência social. HC
Gabarito "D".

(Técnico Judiciário – TRT20 – FCC – 2016) Afrodite, empregada doméstica, ajuizou ação reclamatória trabalhista em face de sua ex-empregadora Minerva, postulando o pagamento de horas extras, férias e 13° salários não adimplidos. A ação foi julgada procedente em parte, uma vez que foram acolhidos apenas os pedidos de férias e 13° salários, sendo rejeitado o pedido de horas extras. No caso proposto, o valor, bem como a responsabilidade pelo pagamento das custas processuais, será de

(A) 2% sobre o valor da condenação a cargo da parte vencida, ou seja, da reclamada.

(B) 1% sobre o valor de cada pedido acolhido sob a responsabilidade da reclamada e 1% sobre o pedido não acolhido sob a responsabilidade da reclamante.

(C) 2% sobre o valor dos pedidos acolhidos, com redução proporcional ao pedido não acolhido, sob a responsabilidade da reclamada.

(D) 2% sobre o valor da causa, pagas pela reclamante, porque não houve procedência total dos pedidos requeridos.

(E) 1% sobre o valor da causa, a cargo da reclamada, visto que houve procedência apenas parcial.

"A" é a opção correta, pois nos termos do art. 789, I, da CLT as custas serão calculadas na base de 2% sobre o valor da condenação. Ademais, nos termos do § 1º do mesmo dispositivo legal serão pagas pelo vencido, após o trânsito em julgado da decisão. No caso de recurso, as custas serão pagas e comprovado o recolhimento dentro do prazo recursal. **HC**

(Técnico – TRT/3ª – 2015 – FCC) Gilda ajuizou reclamação trabalhista em face da empresa "G" tendo sido a referida reclamação julgada totalmente improcedente. Sabendo-se que o valor atribuído à causa foi de R$ 200.000,00, e que Gilda não é beneficiária da justiça gratuita, para ajuizar Recurso Ordinário, Gilda

(A) terá que pagar o valor de R$ 2.000,00 dentro do prazo recursal sob pena de deserção.

(B) terá que pagar o valor de R$ 4.000,00 dentro do prazo recursal sob pena de deserção.

(C) terá que pagar o valor de R$ 1.000,00 dentro do prazo recursal sob pena de deserção.

(D) está isenta do pagamento das custas, uma vez que estas não são devidas ao reclamante quando da interposição de recurso, sendo devidas apenas com o trânsito em julgado.

(E) está isenta do pagamento das custas, uma vez que estas não são devidas ao reclamante na Justiça do Trabalho.

A alternativa "B" é a correta, tendo em vista que nos termos do art. 789, *caput* e inciso I, da CLT o reclamante pagará as custas sempre que os pedidos forem julgados totalmente improcedentes ou o processo for extinto sem resolução do mérito e serão calculadas a base de 2% do valor da causa. Ademais, ensina o § 1º do art. 789 da CLT, bem como a súmula 245 do TST que ensinam que as custas deverão ser pagas no prazo alusivo ao recurso. As hipóteses de isenção de custas estão elencadas no art. 790-A da CLT, as quais Gilda não se enquadra.

(Técnico Judiciário – TRT/4ª – 2011 – FCC) Determinada reclamação trabalhista foi julgada parcialmente procedente e a empresa Leão condenada ao pagamento de R$ 400.000,00 ao reclamante. Neste caso, com relação às custas processuais, em regra, de acordo com a Consolidação das Leis do Trabalho, a empresa reclamada:

(A) não está obrigada a recolher qualquer valor a título de custas, tendo em vista que a reclamação trabalhista foi julgada parcialmente procedente.

(B) deverá efetuar o recolhimento de R$ 8.000,00 dentro do prazo recursal a título de custas.

(C) deverá efetuar o recolhimento de R$ 4.000,00 dentro do prazo recursal a título de custas.

(D) não está obrigada a recolher qualquer valor a título de custas, tendo em vista que estas são pagas pelo vencido após o trânsito em julgado da condenação.

(E) não está obrigada a recolher qualquer valor a título de custas, tendo em vista que estas são pagas pelo reclamante no momento da proposítura da ação.

Art. 789 da CLT.

(Técnico – TRT/6ª – 2012 – FCC) Com relação às custas no processo trabalhista, é INCORRETO afirmar:

(A) São isentos do pagamento de custas, a União, os Estados, o Distrito Federal, os Municípios e respectivas autarquias e as fundações públicas federais, estaduais ou municipais que não explorem atividade econômica.

(B) No caso de recurso, as custas serão pagas e comprovado o recolhimento dentro do prazo recursal.

(C) Não sendo líquida a condenação, o juízo arbitrar-lhe-á o valor e fixará o montante das custas processuais.

(D) Sempre que houver acordo, se de outra forma não for convencionado, o pagamento das custas caberá em partes iguais aos litigantes.

(E) Nos dissídios coletivos do trabalho, as custas relativas ao processo de conhecimento incidirão à base de 1% e serão calculadas, quando houver acordo ou condenação, sobre o respectivo valor.

A: correta, art. 790-A, I, da CLT; **B:** correta, art. 789, § 1º, da CLT; **C:** correta, art. 789, § 2º, da CLT; **D:** correta, art. 789, § 3º, da CLT; **E:** incorreta (devendo ser assinalada), pois, de acordo com o art. 789, *caput*, da CLT, as custas relativas ao processo de conhecimento incidirão à base de 2% (dois por cento).

(Técnico Judiciário – TRT/9º – 2010 – FCC) Marta, empregada da empresa X, ajuizou reclamação trabalhista tendo em vista a sua demissão sem justa causa. A mencionada demanda foi julgada totalmente improcedente em primeiro grau. Marta pretende ingressar com recurso ordinário. Considerando que Marta ocupava cargo de direção, bem como que o valor da causa fornecido na reclamação trabalhista foi de R$ 100.000,00, para interpor tal recurso ela:

(A) terá que efetuar o recolhimento das custas judiciais no importe de R$ 1.000,00.

(B) terá que efetuar o recolhimento das custas judiciais no importe de R$ 2.000,00.

(C) terá que efetuar o recolhimento das custas judiciais no importe de R$ 500,00.

(D) está desobrigada a efetuar o pagamento das custas judiciais, tendo em vista que a reclamação trabalhista foi julgada totalmente improcedente.

(E) está desobrigada a efetuar o pagamento das custas judiciais, tendo em vista que exercia na empresa cargo de direção.

Art. 789 da CLT.

(Técnico Judiciário – TRT/14ª – 2011 – FCC) Fernanda ajuizou reclamação trabalhista em face da empresa "Amiga" que foi julgada parcialmente procedente. Neste caso, em regra, as custas processuais caberão à:

(A) empresa Amiga, no importe de 1% sobre o valor da condenação.

(B) Fernanda no importe de 1% sobre o valor da condenação.

(C) empresa Amiga e a Fernanda, em 0,5% para cada uma.

(D) empresa Amiga e a Fernanda, em 1% para cada uma.

(E) empresa Amiga, no importe de 2% sobre o valor da condenação.

Art. 789, I, da CLT.

(Técnico Judiciário – TRT/22ª – 2010 – FCC) Na Justiça do Trabalho as custas serão pagas pelo:

(A) reclamante quando da proposítura da Reclamação Trabalhista.

(B) vencido, após o trânsito em julgado da decisão. No caso de recurso, as custas serão pagas dentro do prazo recursal.

(C) reclamante, cinco dias após a audiência inicial ou UNA, caso não haja acordo entre as partes.

(D) reclamado quando da apresentação da Contestação.

(E) vencido, em até cinco dias após a prolação da sentença pelo juiz de primeiro grau.

Art. 789, § 1º, da CLT.

Gabarito "B".

(Técnico Judiciário – TRT/24ª – 2011 – FCC) Manoela, alta executiva, ajuizou reclamação trabalhista em face de sua ex-empregadora. A mencionada reclamação foi julgada totalmente improcedente. Neste caso, com relação ao processo de conhecimento, em regra,

(A) as custas processuais incidiram na base de 1% sobre o valor total dos pedidos, deduzidas as parcelas que não possuam natureza trabalhista direta.

(B) as custas processuais incidiram na base de 0,5% sobre o valor total dos pedidos, deduzidas as parcelas que não possuam natureza trabalhista direta.

(C) as custas processuais incidiram na base de 1% sobre o valor da causa e serão devidas por Manoela.

(D) as custas processuais incidiram na base de 2% sobre o valor da causa e serão devidas por Manoela.

(E) não haverá condenação ao pagamento de custas tendo em vista que a ação foi julgada improcedente.

Art. 789 da CLT.

Gabarito "D".

(Técnico Judiciário – TRT/24ª – 2011 – FCC) Para a Consolidação das Leis do Trabalho, NÃO há isenção do pagamento de custas para:

(A) o Ministério Público do Trabalho.

(B) o sindicato dos empregados.

(C) os Municípios.

(D) as fundações públicas federais que não explorem atividade econômica.

(E) as fundações públicas municipais que não explorem atividade econômica.

Art. 790-A da CLT.

Gabarito "B".

(FCC – 2015) No Processo do Trabalho, na fase de conhecimento, as custas serão sempre pagas

(A) no momento da propositura da ação e incidirão no percentual de 2% sobre o valor atribuído à causa.

(B) ao final do processo e incidirão no percentual de 2% sobre o valor da causa, em caso de procedência ou procedência em parte do pedido, e sobre o valor do acordo, em caso de conciliação.

(C) ao final do processo e incidirão no percentual de 2% sobre o valor da condenação, em caso de procedência e procedência em parte do pedido, e sobre o valor do acordo, em caso de conciliação.

(D) ao final do processo e incidirão no percentual de 5% sobre o valor da condenação, em caso de procedência, procedência em parte do pedido e sobre o valor do acordo, em caso de conciliação.

(E) ao final do processo e incidirão no percentual de 5% sobre o valor da condenação, apurado em liquidação de sentença, em caso de procedência, procedência em parte do pedido, e sobre o valor do acordo, em caso de conciliação.

Nos dissídios individuais, ainda que propostos perante a Justiça Estadual no exercício da jurisdição trabalhista (art. 112 da CF), as custas relativas ao processo de conhecimento sempre serão no importe de 2% (dois por cento) e serão calculadas da seguinte maneira: **a)** Em caso de acordo ou condenação, as custas serão calculadas sobre o respectivo valor. Vale lembrar que, sempre que houver acordo, o pagamento das custas caberá em partes iguais aos litigantes se outra forma não for convencionada; **b)** caso o processo seja extinto sem julgamento do mérito ou julgado totalmente improcedente, as custas serão calculadas sobre o valor da causa; **c)** Nas ações declaratórias e constitutivas, também serão calculadas sobre o valor da causa; **d)** Para as ações que o valor da condenação for indeterminado, deverá o magistrado fixar um valor. As custas serão pagas pelo vencido após o trânsito em julgado da decisão. No caso de recurso, serão pagas e comprovado o recolhimento dentro do prazo recursal, em conformidade com a súmula 245 do TST.

Gabarito "C".

5. PARTES E ADVOGADOS

(Técnico – TRT/15 – FCC – 2018) Osmar, advogado, pretende ingressar com reclamação trabalhista em causa própria contra sua empregadora a Construtora MG Ltda., pleiteando horas extras e danos morais que entende devidos. No tocante aos honorários advocatícios,

(A) no caso de sucesso da demanda, serão devidos honorários de sucumbência a Osmar, fixados entre o mínimo de 5% e o máximo de 15% sobre o valor que resultar a liquidação da sentença.

(B) mesmo que seja julgada totalmente procedente a demanda, não serão devidos honorários de sucumbência a Osmar, uma vez que está atuando em causa própria, já sendo beneficiário da condenação.

(C) somente no caso de procedência total da demanda, fará jus Osmar a honorários de sucumbência.

(D) no caso de sucesso da demanda, serão devidos honorários de sucumbência a Osmar, fixados entre o mínimo de 10% e o máximo de 20% sobre o valor que resultar a liquidação da sentença.

(E) não são devidos honorários de sucumbência nas ações trabalhistas, exceto se Osmar estivesse assistido por advogado de seu sindicato de classe, quando este teria este direito.

Nos termos do art. 791-A da CLT, ainda que atue em causa própria, serão devidos ao advogado honorários de sucumbência, fixados entre o mínimo de 5% (cinco por cento) e o máximo de 15% (quinze por cento) sobre o valor que resultar da liquidação da sentença, do proveito econômico obtido ou, não sendo possível mensurá-lo, sobre o valor atualizado da causa. **HC**

Gabarito "A".

(Técnico – TRT/15 – FCC – 2018) Samara, responsável pelo Departamento de Recursos Humanos da Tecelagem Pato Branco Ltda., foi testemunha da empresa reclamada em reclamação trabalhista movida pelo ex-empregado João, tendo prestado compromisso de dizer a verdade. Durante a instrução, ela intencionalmente alterou a verdade dos fatos, alegando que João nunca prestou horas extras. O Juiz, na sentença, condenou a empresa ao pagamento de horas extras prestadas, conforme jornada de trabalho narrada na inicial, tendo em vista o depoimento das testemunhas do Autor, bem como condenou Samara por litigância de má-fé no valor de 10% do valor corrigido da causa, a favor do reclamante. Nesse caso hipotético,

(A) é possível a condenação de Samara, uma vez que a pena de litigância de má-fé também é prevista à testemunha que intencionalmente alterar a verdade dos fatos, entretanto, o valor máximo é de 1% do valor corrigido da causa, a favor do reclamante.

(B) não é possível a condenação de Samara por litigância de má-fé, uma vez que tal cominação apenas é prevista para o reclamante, reclamado ou interveniente.

(C) é possível a condenação de Samara, uma vez que a pena de litigância de má-fé também é prevista à testemunha que intencionalmente alterar a verdade dos fatos.

(D) não é possível a condenação de Samara, sendo obrigatória a acareação de testemunhas na audiência para a penalização por litigância de má-fé, comprovando que houve intenção em alterar a verdade dos fatos.

(E) é possível a condenação de Samara, uma vez que a pena de litigância de má-fé também é prevista à testemunha que intencionalmente alterar a verdade dos fatos, entretanto, o valor máximo é de um salário mínimo, a favor do reclamante.

Nos termos do art. 793-D da CLT, à testemunha que intencionalmente alterar a verdade dos fatos ou omitir fatos essenciais ao julgamento da causa, o Juiz poderá aplicar multa que deverá ser superior a 1% (um por cento) e inferior a 10% (dez por cento) do valor corrigido da causa, a indenizar a parte contrária pelos prejuízos que esta sofreu e a arcar com os honorários advocatícios e com todas as despesas que efetuou. **HC**
Gabarito "C."

(Técnico Judiciário – TRT24 – FCC – 2017) Quanto às partes e procuradores que figuram no Processo do Trabalho, a Consolidação das Leis do Trabalho estabelece:

(A) A constituição de procurador com poderes para o foro em geral poderá ser efetivada, mediante simples registro em ata de audiência, a requerimento verbal do advogado interessado, com anuência da parte representada.

(B) Nos dissídios coletivos, é obrigatória aos interessados a assistência por advogado.

(C) No processo do trabalho não é admitida a acumulação de várias reclamações em um mesmo processo, ainda que haja identidade de matéria e se tratem de empregados da mesma empresa ou estabelecimento.

(D) Os empregadores não poderão reclamar pessoalmente perante a Justiça do Trabalho e acompanhar as suas reclamações até o final.

(E) A reclamação trabalhista do menor de 21 anos será feita por seus representantes legais e, na falta destes, apenas pelo sindicato ou curador nomeado em juízo.

A: opção correta, pois trata-se do mandato tácito (*apud acta*) disposto no art. 791, § 3º, CLT. **B:** opção incorreta, pois na Justiça do Trabalho, ainda que em dissídios coletivos, a assistência por advogado não é obrigatória. Ademais, nos termos do art. 857 da CLT a representação para instaurar a instância em dissídio coletivo constitui prerrogativa das

associações sindicais. **C:** opção incorreta, pois admite-se a reclamação trabalhista plúrima. Ademais, o art. 842 da CLT ensina que sendo várias as reclamações e havendo identidade de matéria, poderão ser acumuladas num só processo, se tratar de empregados da mesma empresa ou estabelecimento. **D:** opção incorreta, pois nos termos do art. 791 da CLT que prevê o *jus postulandi* das partes, tanto os empregados quanto os empregadores poderão reclamar pessoalmente perante a Justiça do Trabalho e acompanhar as suas reclamações até o final. O *jus postulandi* encontra seus limites nas orientações da súmula 425 do TST. **E:** opção incorreta, pois nos termos do art. 793 da CLT a reclamação trabalhista do menor de 18 anos será feita por seus representantes legais e, na falta destes, pela Procuradoria da Justiça do Trabalho, pelo sindicato, pelo Ministério Público estadual ou curador nomeado em juízo. **HC**
Gabarito "A."

(Técnico Judiciário – TRT20 – FCC – 2016) Em relação às capacidades de postular e de estar em juízo, conforme normas contidas na Consolidação das Leis do Trabalho,

(A) nos dissídios individuais os empregados e empregadores somente poderão estar em juízo se estiverem representados por advogado particular ou de entidade sindical.

(B) nos dissídios coletivos trabalhistas, as partes representadas pelos entes sindicais, deverão ter a necessária assistência por advogado.

(C) a constituição de procurador com poderes para o foro em geral poderá ser efetivada, mediante simples registro em ata de audiência, a requerimento verbal do advogado interessado, com anuência da parte representada.

(D) a reclamação trabalhista do menor de 18 anos somente será acolhida se feita por órgão do Ministério Público do Trabalho.

(E) os maiores de 18 e menores de 21 anos poderão pleitear perante a Justiça do Trabalho sem a assistência de seus pais ou tutores, desde que assistidos por advogado.

A: opção incorreta, pois o advogado é dispensável na Justiça do Trabalho, na medida em que as partes poderão fazer uso do *jus postulandi* – capacidade de acompanhar pessoalmente seus processos, art. 791 da CLT. **B:** opção incorreta, pois nos dissídios coletivos não há necessidade da presença de advogado. Nos termos do art. 857 da CLT a representação para instaurar a instância em dissídio coletivo constitui prerrogativa das associações sindicais. **C:** opção correta, pois reflete a disposição do art. 791, § 3º, da CLT. **D:** opção incorreta, pois nos termos do art. 793 da CLT a reclamação trabalhista do menor de 18 anos será feita por seus representantes legais e, na falta destes, pela Procuradoria da Justiça do Trabalho, pelo sindicato, pelo Ministério Público estadual ou curador nomeado em juízo. **E:** opção incorreta, pois não é necessária a assistência por advogado, art. 791 CLT. **HC**
Gabarito "C."

(Técnico – TRT/3ª – 2015 – FCC) Considere:

I. Interposição de Recurso Ordinário para Tribunal Regional do Trabalho.

II. Interposição de Recurso de Revista para o Tribunal Superior do Trabalho.

III. Agravo de Petição contra decisão em Embargos à Execução proferida por juiz de Vara do Trabalho.

IV. Agravo de Instrumento proposto em face de decisão reconhecendo a deserção de Recurso Ordinário proferida por juiz de Vara do Trabalho.

O jus postulandi das partes, estabelecido no artigo 791 da Consolidação das Leis do Trabalho abrange as hipóteses indicadas APENAS em

(A) I e III.

(B) I, III e IV.

(C) II, III e IV.

(D) I, II e IV.

(E) I, II e III.

I: correta, pois nos termos do art. 791 da CLT e súmula 425 do TST o recurso ordinário para o TRT pode ser interposto pela parte fazendo uso do *jus postulandi*. **II**: incorreta, pois a competência para apreciação do recurso de revista é de uma das Turmas do TST e por essa razão, tendo em vista o entendimento disposto na súmula 425 do TST, não é permitido à parte fazer uso do *jus postulandi* nos recursos de competência do TST. **III**: correta, pois como a competência para a apreciação do agravo de petição é do TRT, nos termos do art. 791 da CLT e súmula 425 do TST pode ser interposto pela parte fazendo uso do *jus postulandi*. **IV**: correta, pois como a competência para a apreciação do agravo de instrumento em tela será do TRT, nos termos do art. 791 da CLT e súmula 425 do TST poderá ser interposto pela parte fazendo uso do *jus postulandi*.
Gabarito "B".

(Técnico Judiciário – TRT/4ª – 2011 – FCC) Maria, 17 anos de idade, laborava registrada para a empresa Z, quando foi dispensada sem justa causa. Maria pretende ajuizar reclamação trabalhista. Neste caso, em regra, Maria:

(A) poderá ajuizar a reclamação independentemente de assistência ou representação, não sendo obrigatória a constituição de advogado em razão do princípio do *jus postulandi*.

(B) não poderá ajuizar a reclamação, tendo em vista que ela não poderia ter celebrado contrato de trabalho por ter 17 anos de idade.

(C) poderá ajuizar a reclamação, mas deverá ser assistida pelos seus representantes legais.

(D) poderá ajuizar a reclamação, mas deverá ser assistida obrigatoriamente pela Procuradoria da Justiça do Trabalho.

(E) poderá ajuizar a reclamação independentemente de assistência ou representação, necessitando apenas de um advogado constituído em razão da sua idade.

Art. 793 da CLT.
Gabarito "C".

(Técnico Judiciário – TRT/24ª – 2011 – FCC) A União, Estados, Municípios e Distrito Federal, suas autarquias e fundações públicas, quando representados em juízo, ativa e passivamente, por seus procuradores,

(A) devem juntar aos autos instrumento de mandato, sendo, porém, concedido pela legislação prazo de quinze dias a contar da intimação pessoal.

(B) devem juntar aos autos instrumento de mandato, sendo, porém, concedido pela legislação prazo de quinze dias a contar da prática do primeiro ato processual.

(C) devem juntar aos autos instrumento de mandato, sendo, porém, concedido pela legislação prazo de trinta dias a contar da prática do primeiro ato processual.

(D) estão dispensados da juntada de instrumento de mandato.

(E) estão dispensados da juntada de instrumento de mandato, se juntarem obrigatoriamente documento

público oficial de comprovação do exercício do cargo público.

Súmula 436, I, do TST que assim dispõe: "A União, Estados, Municípios e Distrito Federal, suas autarquias e fundações públicas, quando representadas em juízo, ativa e passivamente, por seus procuradores, estão dispensadas da juntada de instrumento de mandato e de comprovação do ato de nomeação." Para isso, é essencial que o signatário ao menos declare-se exercente do cargo de procurador, não bastando a indicação do número de inscrição na Ordem dos Advogados do Brasil, súmula 436, II, TST.
Gabarito "D".

(FCC – 2015) Em relação à capacidade postulatória na Justiça do Trabalho,

(A) no processo do Trabalho aplica-se, subsidiariamente, o artigo 36 do CPC, que dispõe que *a parte* clamar pessoalmente perante a Justiça do Trabalho e acompanhar as suas reclamações até o final, em todas as esferas recursais.

(B) os empregados e os empregadores poderão reclamar pessoalmente perante a Justiça do Trabalho e acompanhar as suas reclamações até o final, em todas as esferas recursais.

(C) somente os empregados, em razão de sua hipossuficiência, poderão reclamar pessoalmente perante a Justiça do Trabalho e acompanhar as suas reclamações até o final.

(D) para a jurisprudência trabalhista o direito de postular em juízo, pessoalmente, alcança os recursos de competência do Tribunal Superior do Trabalho e Supremo Tribunal Federal.

(E) para a jurisprudência trabalhista o direito de postular em juízo, pessoalmente, não alcança a ação rescisória, a ação cautelar, o mandado de segurança e os recursos de competência do Tribunal Superior do Trabalho.

A: incorreta, pois o *jus postulandi* disposto no art. 791 da CLT é limitado nos termos da súmula 425 do TST. **B**: incorreta, art. 791 da CLT e Súmula 425 do TST. **C**: incorreta, pois nos termos do art. 791 da CLT empregados e empregadores poderão reclamar pessoalmente perante a Justiça do Trabalho e acompanhar as suas reclamações até o final. **D**: incorreta, pois em conformidade com o entendimento cristalizado na súmula 425 do TST o *jus postulandi* não alcança os recursos de competência do TST. Também não alcança os recursos de competência do STF, pois esse órgão não pertence à Justiça do Trabalho. **E**: correta, pois reflete o entendimento cristalizado na súmula 425 do TST que entende que o *jus postulandi* das partes, estabelecido no art. 791 da CLT, limita-se às Varas do Trabalho e aos Tribunais Regionais do Trabalho, não alcançando a ação rescisória, a ação cautelar, o mandado de segurança e os recursos de competência do Tribunal Superior do Trabalho.
Gabarito "E".

6. NULIDADES

(Técnico – TRT/19ª – 2015 – FCC) Marta ajuizou reclamação trabalhista em face de sua empregadora doméstica Tatiana. A referida reclamação foi distribuída para a primeira Vara Trabalhista de Maceió. Marta descobriu que, Mônica, esposa do Magistrado da referida Vara, é credora de Tatiana, já que esta deve valores locatícios de imóvel de propriedade de Mônica. Neste caso,

(A) não há suspeição e nem impedimento do Magistrado.

(B) há impedimento do Magistrado, podendo ser arguida mediante exceção.

(C) há suspeição e impedimento do Magistrado, podendo ser arguida mediante exceção.

(D) há suspeição do Magistrado, podendo ser arguida mediante exceção.

(E) há incompetência funcional absoluta, que deve ser arguida em preliminar de contestação.

A: incorreta, pois embora não exista impedimento do magistrado (art. 144 CPC/2015) há sua suspeição, art. 145, II, CPC/2015 **B**: incorreta, pois não se trata de hipótese de impedimento do magistrado. As hipóteses de impedimento estão elencadas no art. 144 CPC/2015. **C**: incorreta, pois há apenas suspeição do magistrado, art. 145, II, CPC/2015. **D**: correta, pois nos termos do art. 145, II, CPC/2015 há suspeição do magistrado sempre que alguma das partes for credor ou devedor do juiz, de seu cônjuge ou de parentes destes, em linha reta ou na colateral até o terceiro grau, que deve ser alegada em exceção de suspeição **E**: incorreta, pois não há incompetência funcional absoluta, ou seja, incompetência do juiz de 1º grau para apreciar a demanda. Gabarito "D".

(FCC – 2015) Em relação à sentença no Processo do Trabalho, a decisão

(A) *citra* ou *infra petita* é a que decide além do pedido, ou seja, defere verbas além das postuladas na inicial.

(B) *ultra petita* contém julgamento fora do pedido, ou seja, o provimento jurisdicional sobre o pedido é diverso do postulado.

(C) *extra petita* é a que decide aquém do pedido, contendo omissão do julgado.

(D) *citra* ou *infra petita* ocorre quando, por exemplo, o reclamante pede horas extras, adicional de insalubridade e danos morais, mas a sentença não aprecia o pedido de horas extras.

(E) *ultra petita* ocorre quando, por exemplo, o reclamante postula horas extras e a sentença defere horas pela não concessão de intervalo intrajornada.

Sentença *extra petita* é aquela em que juiz concede algo distinto do que foi pedido na petição inicial. Por sua vez, a **sentença *ultra petita*** é aquela em que o juiz ultrapassa o que foi pedido, ou seja, vai além dos limites do pedido. Já a **sentença *infra ou citra petita*** é aquela em que o magistrado concede menos do pedido. Gabarito "D".

7. PROVAS

(Técnico – TRT2 – FCC – 2018) Na reclamação trabalhista "X", Ronaldo alega que prestou serviços na qualidade de empregado para a empresa "L" requerendo, dentre diversos pedidos, o reconhecimento do vínculo de emprego. Já na reclamação "Y", Frederica alega que teve o seu contrato de trabalho celebrado com a empresa "B" rescindido sem justa causa, não tendo recebido as verbas rescisórias a que tinha direito. Em sede de contestação, a empresa "L" negou a prestação de serviços e a empresa "B" negou o despedimento. Nesses casos, o ônus de provar o término do contrato de trabalho nas reclamações trabalhistas "X" e "Y", de acordo com o entendimento Sumulado do Tribunal Superior do Trabalho

(A) é, respectivamente, de Ronaldo e da empresa "B".

(B) é, respectivamente, da empresa "L" e de Frederica.

(C) é, respectivamente, da empresa "L" e da empresa "B".

(D) é, respectivamente, de Ronaldo e de Frederica.

(E) dependerá do rito processual a ser seguido.

"C" é a opção correta. Isso porque o ônus de provar o término do contrato de trabalho, quando negados a prestação de serviço e o despedimento, é do empregador, pois o princípio da continuidade da relação de emprego constitui presunção favorável ao empregado. **HC** Gabarito "C".

(Técnico Judiciário – TRT24 – FCC – 2017) O ônus da prova pode ser assim problematizado: quem deve provar. Em princípio, as partes têm o ônus de provar os fatos jurídicos narrados na petição inicial ou na peça de resistência, bem como os que se sucederem no envolver da relação processual. Quanto às provas no Processo do Trabalho, a Consolidação das Leis do Trabalho estabelece:

(A) Qualquer que seja o procedimento, não é permitida a arguição dos peritos compromissados ou dos técnicos, uma vez que o laudo que apresentam já é suficiente como prova.

(B) As testemunhas devem, necessariamente, ser previamente intimadas para depor.

(C) Toda testemunha, antes de prestar o compromisso legal, será qualificada, indicando o nome, nacionalidade, profissão, idade, residência, e, quando empregada, o tempo de serviço prestado ao empregador, ficando sujeita, em caso de falsidade, às leis penais.

(D) Cada uma das partes, no procedimento ordinário e também quando se tratar de inquérito para apuração de falta grave, não poderá indicar mais de 3 testemunhas.

(E) A testemunha que for parente até o segundo grau civil, amigo íntimo ou inimigo de qualquer das partes, prestará compromisso, mas o seu depoimento valerá como simples informação.

A: Opção incorreta, pois nos termos do art. 827 da CLT o juiz ou presidente poderá arguir os peritos compromissados ou os técnicos, e rubricará, para ser junto ao processo, o laudo que os primeiros tiverem apresentado. **B**: opção incorreta, pois nos termos do art. 825 da CLT as testemunhas comparecerão a audiência independentemente de notificação ou intimação. **C**: opção correta, pois reflete a disposição do art. 828 da CLT. **D**: opção incorreta, pois nos termos do art. 821 da CLT no procedimento ordinário, cada uma das partes não poderá indicar mais de 3 (três) testemunhas, salvo quando se tratar de inquérito, caso em que esse número poderá ser elevado a 6 (seis). Vale dizer que no procedimento sumaríssimo esse número é de 2 testemunhas para cada parte, art. 852-H, § 2º, CLT. **E**: opção incorreta, pois nos termos do art. 829 da CLT a testemunha que for parente até o **terceiro grau** civil, amigo íntimo ou inimigo de qualquer das partes, não prestará compromisso, e seu depoimento valerá como simples informação. **HC** Gabarito "C".

(Técnico Judiciário – TRT20 – FCC – 2016) Hercules ajuizou reclamação trabalhista em face da empresa Deuses da Paixão S/A, pretendendo o pagamento de indenização por dano moral e adicional de insalubridade. O valor da somatória dos dois pedidos não ultrapassa 40 vezes o salário-mínimo na data do ajuizamento. Para tentar provar suas alegações, o reclamante pretende ouvir cinco testemunhas, bem como requerer a prova pericial. Nessa situação, em relação à matéria de provas,

(A) poderá ouvir somente duas testemunhas e deve ser realizada a prova pericial.

(B) poderá ouvir três testemunhas e a prova pericial não pode ser realizada em razão do rito processual.

(C) todas as cinco testemunhas podem ser ouvidas e deve ser realizada a prova pericial.

(D) somente poderá ouvir duas testemunhas e a prova pericial não pode ser realizada em razão do rito processual.

(E) poderá ouvir três testemunhas desde que a reclamada também traga três testemunhas e deve ser realizada a prova pericial.

"A" é a resposta correta. Isso porque a demanda cujo valor não ultrapasse 40 salários-mínios serão submetidas ao procedimento sumaríssimo. Nesse procedimento determina o art. 852-H, § 2º, da CLT dispõe que cada parte poderá levar somente 2 testemunhas. Já com relação à prova pericial, determina o art. 852-H, § 4º, da CLT que somente quando a prova do fato o exigir, ou for legalmente imposta, será deferida prova técnica, incumbindo ao juiz, desde logo, fixar o prazo, o objeto da perícia e nomear perito. **HC**
Gabarito "A".

(Técnico – TRT/16ª – 2015 – FCC) No tocante à produção de provas no processo do trabalho, é correto afirmar que:

(A) Somente no rito ordinário, e não no sumaríssimo, existe a possibilidade de requerimento pelas partes, se for o caso, de condução coercitiva de suas testemunhas.

(B) Com a revelia da reclamada e aplicação da confissão quanto à matéria de fato, o pedido de insalubridade requerido na inicial será julgado procedente, dispensando obrigatoriamente o Juiz a realização de prova pericial para sua apuração.

(C) No rito ordinário é facultado a cada uma das partes a indicação de até três testemunhas; já no inquérito para apuração de falta grave, o número de testemunhas será de seis para cada parte.

(D) As testemunhas, que forem depor em Juízo e apresentarem o devido Atestado de Comparecimento à empresa em que trabalham, poderão sofrer desconto do dia.

(E) No rito sumaríssimo, tendo em vista a celeridade processual, é proibida a produção de prova técnica, sendo que a parte deverá escolher o rito ordinário se tiver intenção de produzi-la para embasar seus pedidos.

A: incorreta, pois assim como no rito ordinário, art. 840, § 1º, da CLT e art. 319, IV, CPC/2015, no procedimento sumaríssimo também se admite o requerimento pelas partes de condução coercitiva das testemunhas, nos termos do art. 852-H, § 3º, da CLT sempre que a testemunha convidada, comprovadamente, deixar de comparecer à audiência. **B**: incorreta, pois o pedido de insalubridade ou periculosidade exige a produção de prova pericial/técnica, nos termos do art. 195 da CLT. Por ser uma matéria exclusivamente de direito não se aplicam os efeitos da revelia, ou seja, confissão quanto a matéria de fato. **C**: correta, pois nos termos do art. 821 da CLT cada uma das partes não poderá indicar mais de 3 (três) testemunhas, salvo quando se tratar de inquérito, caso em que esse número poderá ser elevado a 6 (seis). **D**: incorreta, pois nos termos do art. 822 da CLT, as testemunhas não poderão sofrer qualquer desconto pelas faltas ao serviço, ocasionadas pelo seu comparecimento para depor, quando devidamente arroladas ou convocadas. **E**: incorreta, pois nos termos do art. 852-H, § 4º, da CLT no procedimento sumaríssimo sempre que a prova do fato o exigir, ou for legalmente imposta, será deferida prova técnica, incumbindo ao juiz, desde logo, fixar o prazo, o objeto da perícia e nomear perito.
Gabarito "C".

(Técnico Judiciário – TRT/20ª – 2011 – FCC) Considere as seguintes assertivas a respeito das provas:

I. As anotações apostas pelo empregador na carteira profissional do empregado não geram presunção *juris et de jure*, mas apenas *juris tantum*.

II. Presume-se recebida a notificação quarenta e oito horas depois de sua postagem. O seu não recebimento ou a entrega após o decurso desse prazo constitui ônus de prova do destinatário.

III. Não torna suspeita a testemunha o simples fato de estar litigando ou de ter litigado contra o mesmo empregador.

IV. A prova documental poderá, em regra, ser produzida em qualquer oportunidade, inclusive na fase recursal. A juntada de documentos com o recurso é perfeitamente possível não importando se referente a fato anterior ou posterior à sentença.

Está correto o que se afirma APENAS em:

(A) I e II.

(B) I, II e III.

(C) I e III.

(D) II, III e IV.

(E) II e IV.

I: correta, Súmula 12 do TST; **II**: correta, Súmula 16 do TST; **III**: correta, Súmula 357 do TST; **IV**: incorreta, de acordo com a Súmula 8 do TST "a juntada de documentos na fase recursal só se justifica quando provado o justo impedimento para sua oportuna apresentação ou se referir a fato posterior à sentença".
Gabarito "B".

(FCC – 2015) Em relação à prova documental no Processo do Trabalho,

(A) o pagamento de salário deverá ser efetuado contra recibo, assinado pelo empregado; em se tratando de analfabeto, deve ser assinado por seu representante legal.

(B) terá força de recibo o comprovante de depósito em conta bancária, aberta para esse fim em nome do empregado, com o consentimento deste, em estabelecimento de crédito próximo ao local de trabalho.

(C) terá força de recibo o comprovante de depósito em conta bancária, aberta para esse fim em nome do empregado, independentemente do consentimento deste, em estabelecimento de crédito definido pelo empregador.

(D) no recibo de pagamento é possível adotar o denominado "salário complessivo", que engloba o pagamento de todas as parcelas em uma única, indiscriminadamente.

(E) na esfera trabalhista, em razão do princípio da primazia da realidade, prevalece o entendimento de que o recibo de pagamento pode ser escrito, verbal ou tácito, podendo a empresa comprovar o pagamento dos salários por todos os meios de prova em direito admitidos.

A: incorreta, pois nos termos do art. 464 da CLT o pagamento do salário deverá ser efetuado contra recibo, assinado pelo empregado; em se tratando de analfabeto, mediante sua impressão digital, ou, não sendo esta possível, a seu rogo. **B**: correta, pois reflete o disposto no art. 464, parágrafo único, da CLT. **C**: incorreta, pois nos termos do art. 464, parágrafo único, da CLT será necessário o consentimento do empregado. Ademais, deverá o estabelecimento bancário ser próximo ao local de trabalho. **D**: incorreta, pois não se admite o salário complessivo, nos termos da súmula 91 do TST. **E**: incorreta, pois não se admite a comprovação tácita de pagamento. As formas legais relacionadas a prova documental do pagamento dos salários estão dispostas no art. 464 da CLT. Com relação aos menores de idade ver art. 439 da CLT.

Gabarito "B".

8. PROCEDIMENTOS E ATOS PROCESSUAIS

(Técnico – TRT1 – 2018 – AOCP) O Juiz da Vara do Trabalho do Rio de Janeiro agendou uma audiência para o dia 11 de abr. de 2018 às 15h30. Manoela, reclamante na ação trabalhista, e a empresa Gotas de Água S.A., em face de quem Manoela ingressou com o pleito, compareceram à audiência com seus respectivos advogados no horário agendado. O juiz, por sua vez, somente chegou à audiência na referida data às 16h. Assinale a alternativa que apresenta como as partes devem proceder nessa situação.

(A) Ao Juiz é permitido chegar a qualquer tempo, considerando ser o mesmo quem irá presidir a audiência, devendo as partes aguardar sua chegada.

(B) Se o Juiz não houver comparecido até 20 (vinte) minutos após a hora marcada, os presentes poderão retirar-se, devendo o ocorrido constar do livro de registro das audiências.

(C) Se o Juiz comparecer à audiência com até 30 (trinta) minutos de atraso após a hora marcada, as partes têm o dever de estarem aguardando o juiz para o início da audiência, devendo o atraso constar do livro de registro das audiências.

(D) Se o Juiz não houver comparecido até 15 (quinze) minutos após a hora marcada, os presentes poderão retirar-se, devendo o ocorrido constar do livro de registro das audiências.

(E) Se o Juiz não houver comparecido até 60 (sessenta) minutos após a hora marcada, os presentes poderão retirar-se, devendo o ocorrido constar do livro de registro das audiências.

Nos termos do art. 815, parágrafo único, da CLT se, até 15 (quinze) minutos após a hora marcada, o juiz ou presidente não houver comparecido, os presentes poderão retirar-se, devendo o ocorrido constar do livro de registro das audiências. HC

Gabarito "D".

(Técnico – TRT1 – 2018 – AOCP) Carolina ingressou com ação em face da empresa Supermercados Boas Compras Ltda., na qual pleiteou direitos trabalhistas que entendera terem sido violados no decorrer do contrato de trabalho findo há quatro meses, quando houve a dispensa sem justa causa da reclamante. O advogado de Carolina, no dia 22 de fev. de 2018, ingressou com a reclamação trabalhista, anexando o cálculo atualizado do débito pleiteado, que totalizou R$ 28.000,00 (vinte e oito mil reais). Foi agendada a audiência para o dia 20 de abr. de 2018. Nessa audiência, Carolina intenciona levar suas testemunhas. Com base nos dados ora apresentados, assinale a alternativa correta, que contenha o procedimento a ser seguido, a característica da audiência e as peculiaridades sobre as testemunhas, respectivamente.

(A) Ordinário; a audiência agendada será única e as partes poderão comparecer com até o máximo de três testemunhas cada, independente de intimação.

(B) Sumaríssimo; a audiência agendada será única e as partes poderão comparecer com até o máximo de três testemunhas cada, independente de intimação.

(C) Ordinário; a audiência agendada será única e as partes poderão comparecer com até o máximo de duas testemunhas cada, dependendo de intimação.

(D) Sumaríssimo; a audiência agendada será única e as partes poderão comparecer com até o máximo de duas testemunhas cada, independente de intimação.

(E) Ordinário; a audiência agendada não será obrigatoriamente única e as partes poderão comparecer com até o máximo de três testemunhas cada, independente de intimação.

Por conta do valor da reclamação, poderá ela tramitar pelo rito sumaríssimo, arts. 852-A a 852-I da CLT. Tal procedimento é previsto para as causas que não superem o valor de 40 salários-mínimos no momento da ajuizamento (art. 852-A da CLT). Nesse procedimento cada parte poderá arrolar no máximo 2 testemunhas, art. 852-H, § 2º, da CLT. HC

Gabarito "D".

(Técnico – TRT1 – 2018 – AOCP) Com base nos atos e prazos processuais estabelecidos na Consolidação das Leis Trabalhistas e pautados na Lei nº 13.467/2017, assinale a alternativa correta.

(A) Os atos processuais serão públicos, salvo quando o contrário determinar o interesse social, e realizar-se-ão nos dias úteis das 8 (oito) às 18 (dezoito) horas.

(B) Os prazos serão contados em dias úteis, com exclusão do dia do começo e inclusão do dia do vencimento.

(C) Os atos processuais serão públicos, salvo quando o contrário determinar o interesse social, e realizar-se-ão nos dias úteis das 6 (seis) às 18 (dezoito) horas.

(D) Os prazos serão contados em dias úteis, com inclusão do dia do começo e exclusão do dia do vencimento.

(E) Os prazos são contínuos, contados com a exclusão do dia do começo e inclusão do dia do vencimento.

A: incorreta, pois nos termos do art. 770 da CLT os atos processuais realizar-se-ão nos dias úteis das 6 (seis) às 20 (vinte) horas. B: correta, pois reflete a disposição do art. 775 do CPC. C: incorreta, pois nos termos do art. 770 da CLT os atos processuais realizar-se-ão nos dias úteis das 6 (seis) às 20 (vinte) horas. D: incorreta, pois nos termos do art. 775 da CLT os prazos serão contados em dias úteis, com exclusão do dia do começo e inclusão do dia do vencimento. E: incorreta, pois nos termos do art. 775 da CLT os prazos são computados em dias úteis, não sendo, portanto, contínuos. HC

Gabarito "B".

(Técnico – TRT/15 – FCC – 2018) Cibele ajuizou reclamação trabalhista escrita requerendo a condenação da Empresa X em horas extras, equiparação salarial e adicional de insalubridade. Na petição inicial constou a designação do juízo, a qualificação das partes, mas sem indicação do CNPJ da Reclamada, a breve exposição dos fatos de que resulte o dissídio, o pedido a ser liquidado em fase de execução, uma vez que o valor depende da produção de provas, a data e a assinatura do advogado de Cibele. Deu o valor da causa de R$ 60.000,00. Nesse caso, e de acordo com a legislação vigente, a petição inicial

(A) não atende aos requisitos legais, uma vez que é obrigatória a indicação da qualificação das partes, inclusive com o número de seu Cadastro Nacional da Pessoa Jurídica.

(B) atende aos requisitos legais, uma vez que somente no procedimento sumaríssimo os pedidos devem ser certos e determinados.

(C) não atende aos requisitos legais, uma vez que o pedido deve ser certo, determinado e com indicação de seu valor.

(D) atende aos requisitos legais somente no tocante às horas extras e equiparação salarial, uma vez que o adicional de insalubridade para ser deferido e fixado, depende de produção de prova pericial, não podendo ser liquidado de imediato.

(E) atende aos requisitos legais somente no tocante à equiparação salarial, uma vez que as horas extras dependem de prova a ser produzida em instrução processual para delimitar o seu montante, não podendo liquidadas de imediato, e o adicional de insalubridade, igualmente, depende de prova pericial para fixação do grau em que se enquadra, se deferido.

Nos termos do art. 840, § 1º, da CLT sendo escrita, a reclamação deverá conter a designação do juízo, a qualificação das partes, a breve exposição dos fatos de que resulte o dissídio, o pedido, que deverá ser certo, determinado e com indicação de seu valor, a data e a assinatura do reclamante ou de seu representante. Importante lembrar que nos termos do art. 15 da Lei 11.419/2006 salvo impossibilidade que comprometa o acesso à justiça, a parte deverá informar, ao distribuir a petição inicial de qualquer ação judicial, o número no cadastro de pessoas físicas ou jurídicas, conforme o caso, perante a Secretaria da Receita Federal. No entanto, por aplicação do princípio razoabilidade e para evitar obstáculo ao acesso à justiça, caso o reclamante tenha dificuldade em fornecer o CNPJ ou CPF da reclamada, o juiz poderá determinar o prosseguimento normal do processo, desde que não se constate prejuízo ao direito de defesa. **HC**
Gabarito "C"

(Técnico – TRT2 – FCC – 2018) De acordo com a Consolidação das Leis do Trabalho, o curso do prazo processual nos dias compreendidos entre 20 de dezembro e 20 de janeiro,

(A) não incluso esse último dia, suspende-se, sendo permitida a realização de audiências e sessões de julgamento durante tal lapso de tempo.

(B) inclusive, interrompe-se, sendo que, durante tal lapso de tempo, não se realizarão audiências nem sessões de julgamento.

(C) inclusive, interrompe-se, sendo que, durante tal lapso de tempo, é permitido que sejam realizadas audiências e sessões de julgamento.

(D) inclusive, suspende-se, sendo que, durante tal lapso de tempo, não se realizarão audiências nem sessões de julgamento.

(E) não incluso esse último dia, interrompe-se, sendo vedada a realização de audiências e sessões de julgamento durante o prazo suspenso.

"D" é a opção correta. Isso porque, nos termos do art. 775-A da CLT, suspende-se o curso do prazo processual nos dias compreendidos entre 20 de dezembro e 20 de janeiro, inclusive. Ademais, nos termos do § 2º do mesmo dispositivo legal, durante a suspensão do prazo, não se realizarão audiências nem sessões de julgamento. **HC**
Gabarito "D"

(Técnico – TRT2 – FCC – 2018) Com relação à audiência de julgamento, considere:

I. É facultado ao empregador fazer-se substituir pelo gerente, ou qualquer outro preposto que tenha conhecimento do fato, e cujas declarações obrigarão o proponente, sendo que o preposto não precisa ser empregado da parte reclamada.

II. Se por doença ou qualquer outro motivo poderoso, devidamente comprovado, não for possível ao empregado comparecer pessoalmente, poderá fazer-se representar por outro empregado que pertença à mesma profissão, ou pelo seu sindicato.

III. Ainda que ausente o reclamado, presente o advogado na audiência, serão aceitos a contestação e os documentos eventualmente apresentados.

IV. O não comparecimento do reclamante à audiência importa o arquivamento da reclamação além da condenação em multa variável entre 1% e 3% sobre o valor da causa, e o não comparecimento do reclamado importa revelia, além de confissão quanto à matéria de fato.

De acordo com a Consolidação das Leis do Trabalho, está correto o que se afirma APENAS em

(A) I, II e III.

(B) I, II e IV.

(C) III e IV.

(D) I e II.

(E) I, III e IV.

I: correta, pois reflete a disposição do art. 843, §§ 1º e 3º, da CLT; II: correta, pois reflete a disposição do art. 843, § 2º, da CLT; III: correta, pois reflete a disposição do art. 844, § 5º, da CLT; IV: opção incorreta, pois, embora o não comparecimento do reclamante à audiência importe o arquivamento da reclamação, não há previsão legal para pagamento de multa, art. 844 da CLT. **HC**
Gabarito "A"

(Técnico Judiciário – TRT24 – FCC – 2017) Em relação às audiências no Processo do Trabalho, a Consolidação das Leis do Trabalho estabelece:

(A) Terminada a instrução, poderão as partes aduzir razões finais, em prazo não excedente de 10 minutos para cada uma. Em seguida, o juiz ou presidente renovará a proposta de conciliação e, não se realizando esta, será proferida a decisão.

(B) Se, até 30 minutos após a hora marcada, o juiz ou presidente não houver comparecido, os presentes poderão retirar-se, devendo o ocorrido constar do livro de registro das audiências.

(C) O juiz do trabalho deve manter a ordem nas audiências, mas não poderá mandar retirar do recinto os assistentes que a perturbarem, pois a sala de audiência é local público.

(D) A audiência de julgamento será contínua, não se admitindo, em nenhum caso, concluí-la em outro dia.

(E) As audiências dos órgãos da Justiça do Trabalho serão públicas e realizar-se-ão apenas na sede do Juízo, em dias úteis previamente fixados, entre 8 e 17 horas, não podendo ultrapassar 5 horas seguidas, salvo quando houver matéria urgente.

A: opção correta, pois reflete o disposto no art. 850 da CLT. **B:** opção incorreta, pois nos termos do art. 815, parágrafo único, CLT se, até 15 (quinze) minutos após a hora marcada, o juiz ou presidente não houver comparecido, os presentes poderão retirar-se, devendo o ocorrido constar do livro de registro das audiências. **C**: opção incorreta, pois nos termos do art. 816 da CLT o juiz ou presidente manterá a ordem nas audiências, podendo mandar retirar do recinto os assistentes que a perturbarem. **D**: opção incorreta, pois nos termos do art. 849 da CLT a audiência de julgamento será contínua; mas, se não for possível, por motivo de força maior, concluí-la no mesmo dia, o juiz ou presidente marcará a sua continuação para a primeira desimpedida, independentemente de nova notificação. **E**: opção incorreta, pois nos termos do art. 813 da CLT as audiências dos órgãos da Justiça do Trabalho serão públicas e realizar-se-ão na sede do Juízo ou Tribunal em dias úteis previamente fixados, entre 8 (oito) e 18 (dezoito) horas, não podendo ultrapassar 5 (cinco) horas seguidas, salvo quando houver matéria urgente. **HC**

Gabarito "A".

(Técnico Judiciário – TRT24 – FCC – 2017) A sentença é um dos atos processuais praticados pelo juiz, por meio do qual entrega às partes a tutela jurisdicional. Uma vez não sujeita a recurso, opera-se a denominada coisa julgada. Com relação à sentença e à coisa julgada, a Consolidação das Leis do Trabalho estabelece:

(A) As decisões cognitivas ou homologatórias não precisam indicar a natureza jurídica das parcelas constantes da condenação ou do acordo homologado, nem mesmo o limite de responsabilidade de cada parte pelo recolhimento da contribuição previdenciária, se for o caso.

(B) Existindo na decisão evidentes erros ou equívocos de escrita, de datilografia ou de cálculo, não poderão os mesmos, em nenhuma hipótese, ser corrigidos.

(C) No caso de conciliação, o termo que for lavrado valerá como decisão irrecorrível, salvo para a Previdência Social quanto às contribuições que lhe forem devidas.

(D) O acordo celebrado após o trânsito em julgado da sentença ou após a execução da mesma prejudicará os créditos da União.

(E) Na decisão não será necessário mencionar as custas que devam ser pagas pela parte vencida, uma vez que se tratam de taxas automaticamente impostas pelo Poder Judiciário.

A: opção incorreta, pois nos termos do art. 832, § 3º, da CLT as decisões cognitivas ou homologatórias deverão sempre indicar a natureza jurídica das parcelas constantes da condenação ou do acordo homologado, inclusive o limite de responsabilidade de cada parte pelo recolhimento da contribuição previdenciária, se for o caso. **B**: opção incorreta, pois nos termos do art. 833 da CLT existindo na decisão evidentes erros ou enganos de escrita, de datilografia ou de cálculo, poderão os mesmos, antes da execução, ser corrigidos, *ex officio*, ou a requerimento dos interessados ou da Procuradoria da Justiça do Trabalho. **C**: opção correta, pois reflete o disposto no art. 831, parágrafo único, CLT. **D**: opção incorreta, pois nos termos do art. 832, § 6º, CLT acordo celebrado após o trânsito em julgado da sentença ou após a elaboração dos cálculos de liquidação de sentença não prejudicará os créditos da União. **E**: opção incorreta, pois nos termos do art. 832, § 2º, da CLT a decisão mencionará sempre as custas que devam ser pagas pela parte vencida. **HC**

Gabarito "C".

(Técnico Judiciário – TRT8 – CESPE – 2016) Acerca de partes, proteção do trabalho do menor, procuradores, representação processual e assistência judiciária no processo do trabalho, assinale a opção correta.

(A) Aos dezesseis anos de idade, o menor não assistido por seus pais pode firmar contrato de trabalho, receber salário e dar quitação ao empregador na rescisão do contrato de trabalho.

(B) Para regular representação da União em juízo, o advogado da União precisa juntar instrumento de mandato.

(C) É vedado aos juízes do trabalho conceder, de ofício, o benefício da justiça gratuita àqueles que percebem salário inferior ao dobro do mínimo legal.

(D) A capacidade postulatória diz respeito à possibilidade de a pessoa se apresentar em juízo como autor e réu, ocupando um dos polos do processo.

(E) No processo do trabalho, é facultado à parte se fazer representar em juízo; o empregador pode se fazer representar por preposto, tanto no dissídio individual quanto no coletivo.

A: opção incorreta, pois nos termos do art. 439 da CLT é lícito ao menor firmar recibo pelo pagamento dos salários. Tratando-se, porém, de rescisão do contrato de trabalho, é vedado ao menor de 18 (dezoito) anos dar, sem assistência dos seus responsáveis legais, quitação ao empregador pelo recebimento da indenização que lhe for devida. **B**: opção incorreta, pois nos termos da súmula 436, I, do TST a União, Estados, Municípios e Distrito Federal, suas autarquias e fundações públicas, quando representadas em juízo, ativa e passivamente, por seus procuradores, estão dispensadas da juntada de instrumento de mandato e de comprovação do ato de nomeação. **C**: opção incorreta, pois nos termos do art. 790, § 3º, da CLT (de acordo com a Lei 13.467/2017) é facultado aos juízes, órgãos julgadores e presidentes dos tribunais do trabalho de qualquer instância conceder, a requerimento ou de ofício, o benefício da justiça gratuita, inclusive quanto a traslados e instrumentos, àqueles que perceberem salário igual ou inferior a 40% (quarenta por cento) do limite máximo dos benefícios do Regime Geral de Previdência Social. **D**: opção incorreta, pois a capacidade postulatória diz respeito a capacidade de poder defender suas próprias pretensões ou pretensões de outrem em juízo. **E**: opção correta, pois nos termos do art. 843, § 1º, da CLT é facultado ao empregador fazer-se substituir pelo gerente, ou qualquer outro preposto que tenha conhecimento do fato, e cujas declarações obrigarão o proponente. Vale dizer que, nos termos do § 3º do mesmo art. 843 da CLT (de acordo com a Lei 13.467/2017) o preposto não precisa ser empregado da parte reclamada. **HC**

Gabarito "E".

(Técnico Judiciário – TRT8 – CESPE – 2016) Com relação a exceções e audiências no processo do trabalho, assinale a opção correta.

(A) As audiências devem ser realizadas em dias úteis previamente fixados, não podendo ultrapassar cinco horas seguidas, salvo quando houver matéria urgente.

(B) Exceção é defesa contra vícios do processo que impedem seu desenvolvimento normal e, portanto, discute o mérito da questão.

(C) Em decorrência do objetivo da celeridade processual, é vedada a realização de audiência em processos que sigam o procedimento sumaríssimo.

(D) O juiz, as partes e as testemunhas deverão comparecer à audiência designada pelo juízo, havendo tolerância de quinze minutos para que as partes e testemunhas compareçam.

(E) O não comparecimento do reclamado à audiência de conciliação resultará em extinção do processo sem resolução de mérito.

A: opção correta, pois reflete o disposto no art. 813 da CLT. **B:** opção incorreta, pois nas exceções as defesas são dirigidas contra o processo e não contra o mérito da causa. Elas não visam a improcedência dos pedidos. **C:** opção incorreta, pois nos termos do art. 764 da CLT os dissídios individuais ou coletivos submetidos à apreciação da Justiça do Trabalho serão sempre sujeitos à conciliação. **D:** opção incorreta, pois não há tolerância para comparecimento das partes ou testemunhas, que deverão chegar no dia e horários designados. Contudo, informa o art. 815, parágrafo único, da CLT que se, até 15 (quinze) minutos após a hora marcada, o juiz ou presidente não houver comparecido, os presentes poderão retirar-se, devendo o ocorrido constar do livro de registro das audiências. **E:** opção incorreta, pois nos termos do art. 844 da CLT o não comparecimento do reclamado importa revelia, além de confissão quanto à matéria de fato. HC

Gabarito "A".

(Técnico Judiciário – TRT8 – CESPE – 2016) A respeito do procedimento sumaríssimo aplicado à justiça trabalhista, assinale a opção correta.

(A) Depois de intimadas, as testemunhas de cada parte, no máximo três, deverão comparecer à audiência de instrução e julgamento.

(B) Dado o princípio da celeridade, não se admite prova técnica pericial no procedimento sumaríssimo.

(C) Em procedimento sumaríssimo, não se admite recurso de revista que invoque contrariedade a orientação jurisprudencial do TST.

(D) Submetem-se ao procedimento sumaríssimo os dissídios individuais e coletivos cujo valor não exceda a quarenta vezes o salário-mínimo vigente na data do ajuizamento da reclamação.

(E) Empresa pública não pode ser parte em demanda submetida a procedimento sumaríssimo perante a justiça do trabalho.

A: opção incorreta, pois nos termos do art. 852-H, § 2º, da CLT as testemunhas, até o máximo de duas para cada parte, comparecerão à audiência de instrução e julgamento independentemente de intimação. **B:** opção incorreta, pois nos termos do art. 852-H, § 4º, da CLT quando a prova do fato o exigir, ou for legalmente imposta, será deferida prova técnica, incumbindo ao juiz, desde logo, fixar o prazo, o objeto da perícia e nomear perito. **C:** opção correta, pois nos termos da súmula 442 do TST nas causas sujeitas ao procedimento sumaríssimo, a admissibilidade de recurso de revista está limitada à demonstração de violação direta a dispositivo da Constituição Federal ou contrariedade a Súmula do Tribunal Superior do Trabalho, não se admitindo o recurso por contrariedade à Orientação Jurisprudencial deste Tribunal (Livro II, Título II, Capítulo III, do RITST), ante a ausência de previsão no art. 896,§ 9º da CLT. **D:** opção incorreta, pois a regra se aplica somente aos dissídios individuais e não aos coletivos, art. 852-A da CLT. **E:** opção incorreta, pois a restrição ao procedimento sumaríssimo é somente em relação as demandas em que é parte a Administração Pública direta, autárquica e fundacional, art. 852-A, parágrafo único, da CLT. HC

Gabarito "C".

(Técnico Judiciário – TRT8 – CESPE – 2016) No que diz respeito ao dissídio individual trabalhista, assinale a opção correta.

(A) É inadmissível que o juiz indefira pleito liminar contido na petição inicial antes da expedição da notificação do reclamado pela secretaria da vara.

(B) Na petição inicial da reclamação trabalhista, é necessário que o reclamante requeira a citação do reclamado.

(C) Após a distribuição da reclamação verbal, o reclamante que desejar reduzi-la a termo deverá apresentar-se, no prazo de cinco dias, ao cartório ou à secretaria, sob pena de perda, pelo prazo de seis meses, do direito de reclamar perante a justiça do trabalho.

(D) Nas causas submetidas ao procedimento sumaríssimo, é facultado ao reclamante não indicar o valor da causa.

(E) É inadmissível o aditamento da petição inicial antes da apresentação da defesa do reclamado.

A: opção correta, pois o primeiro contato que o Juiz do Trabalho tem com a reclamação trabalhista é em audiência, ou seja, após a notificação da reclamada. **B:** opção incorreta, pois a citação/notificação é ato da secretaria. Ademais, a citação não consta na lista de requisitos exigidos para a reclamação trabalhista disposta no art. 840, § 1º, da CLT. **C:** opção incorreta, pois nos termos do art. 731 da CLT aquele que apresentou reclamação trabalhista verbal, deverá comparecer no prazo de 5 dias para reduzi-la à termo, sob pena de perder por 6 meses o direito de reclamar perante a Justiça do Trabalho. **D:** opção incorreta, pois nos termos do art. 852-B da CLT o pedido deverá ser certo e determinado e indicará o valor correspondente. **E:** opção incorreta, pois admite-se que o aditamento da petição inicial seja feito até a audiência, antes da apresentação de resposta do réu. Veja art. 329, I, CPC/2015. No entanto, apresentada resposta pelo réu, não será possível o aditamento, salvo com o consentimento daquele, em conformidade com o art. 329, II, do CPC/2015. HC

Gabarito "A".

(Técnico Judiciário – TRT20 – FCC – 2016) Na reclamatória movida por Hércules em face da empresa Delírios Artísticos e Produções Culturais, o Juiz designou audiência trabalhista UNA para sexta-feira às 18h30min, intimando as partes para o comparecimento, sob as penalidades legais cabíveis em caso de ausência. Conforme previsão contida na Consolidação das Leis do Trabalho, o horário para realização do referido ato processual e o tempo máximo de duração será, respectivamente, das

(A) 8 às 20 horas, com cinco horas seguidas, exceto quando houver matéria urgente.

(B) 8 às 18 horas, com cinco horas seguidas, salvo quando houver matéria urgente.

(C) 6 às 18 horas, com três horas seguidas, mesmo quando houver matéria urgente.

(D) 9 às 18 horas, com três horas seguidas, independente da urgência da matéria.

(E) 11 às 19 horas, com duas horas seguidas, ainda quando houver matéria urgente.

"B" é a opção correta. Isso porque, nos termos do art. 813 da CLT As audiências dos órgãos da Justiça do Trabalho serão públicas e realizar-se-ão na sede do Juízo ou Tribunal em dias úteis previamente fixados, entre 8 (oito) e 18 (dezoito) horas, não podendo ultrapassar 5 (cinco) horas seguidas, salvo quando houver matéria urgente. HC

Gabarito "B".

(Técnico Judiciário – TRT20 – FCC – 2016) O reclamante Perseu e seu advogado compareceram na audiência designada em reclamação trabalhista para às 13h00min. Naquele dia, o juiz iniciou a pauta de audiências pontualmente, mas, em razão da complexidade das audiências anteriores, a audiência de Perseu somente foi apregoada às 13h20min. Adentraram à sala de audiência a reclamada e o advogado do reclamante, informando ao Juiz que seu cliente Perseu já tinha ido embora, em razão do atraso no pregão. Nessa situação,

(A) será decretada a revelia na própria audiência, porque o atraso não foi superior a 30 minutos e o reclamante deveria ter esperado.

(B) independente do tempo do atraso não haverá consequência processual ao reclamante porque o seu advogado estava presente e o representará, sendo realizada normalmente a audiência.

(C) a audiência não deve ser adiada e o processo será arquivado diante da ausência do reclamante.

(D) o juiz deverá designar outra audiência porque seu atraso foi superior a 15 minutos, saindo intimados sobre a data da nova audiência a reclamada e o reclamante, este por seu advogado presente.

(E) se o atraso fosse superior a 30 minutos a audiência deveria ser adiada, mas como foi de apenas 20 minutos o processo deverá ser arquivado.

"C" é a resposta correta. Isso porque, nos termos do art. 815, parágrafo único, da CLT as partes presentes poderão somente se, até 15 (quinze) minutos após a hora marcada, o juiz ou presidente não houver comparecido, devendo o ocorrido constar do livro de registro das audiências. Atraso na pauta de audiência não autoriza as partes se retirarem. Tendo em vista a ausência do autor na audiência, deverá ser aplicada a regra do art. 844 da CLT que ensina que o não comparecimento do reclamante à audiência importa o arquivamento da reclamação. HC

Gabarito "C".

(Técnico – TRT/19ª – 2015 – FCC) Viviane compareceu ao distribuidor da Justiça Trabalhista objetivando a propositura de uma reclamação trabalhista verbal. Após a sua distribuição, Viviane foi advertida de que deveria comparecer na secretaria da Vara competente no prazo de cinco dias para que a reclamação trabalhista fosse reduzida a termo. De acordo com a Consolidação das Leis do Trabalho, se Viviane não comparecer na referida secretaria, sem justo motivo, dentro do respectivo prazo,

(A) incorrerá na pena de perda, pelo prazo de 6 (seis) meses, do direito de reclamar perante a Justiça do Trabalho.

(B) incorrerá na pena de perda, pelo prazo de 12 (doze) meses, do direito de reclamar perante a Justiça do Trabalho.

(C) não ocorrerá a redução a termo da reclamação verbal e Viviane somente poderá ajuizar ação escrita através de advogado ou do sindicato da categoria.

(D) não ocorrerá a redução a termo da reclamação verbal e Viviane poderá ajuizar novamente reclamação verbal após dez dias do arquivamento da distribuição anterior.

(E) não ocorrerá a redução a termo da reclamação verbal e Viviane poderá ajuizar novamente reclamação verbal após trinta dias do arquivamento da distribuição anterior.

Nos termos do art. 731 da CLT aquele que, tendo apresentado ao distribuidor reclamação verbal, não se apresentar, no prazo de 5 dias estabelecido no parágrafo único do art. 786 da CLT, comparecer na secretaria da Vara competente para que a reclamação trabalhista seja reduzida a termo, incorrerá na pena de perda, pelo prazo de 6 (seis) meses, do direito de reclamar perante a Justiça do Trabalho, fenômeno processual conhecido como "perempção provisória".

Gabarito "A".

(Técnico – TRT/19ª – 2015 – FCC) No tocante aos prazos processuais, considere:

I. Quanto à origem da fixação, o prazo estabelecido na Consolidação das Leis do Trabalho para o executado pagar ou garantir a execução em 48 horas classifica-se como um prazo judicial.

II. Os prazos dilatórios não admitem a prorrogação pelo juiz, inclusive quando solicitado pela parte.

III. Os prazos fixados pelo ordenamento jurídico e destinados aos juízes e servidores do Poder Judiciário, não sujeitos a preclusão, classificam-se, quanto aos destinatários, em impróprios.

Está correto o que consta APENAS em

(A) I e III.

(B) I.

(C) I e II.

(D) II e III.

(E) III.

I: incorreta, pois por ser fixado em lei, especificamente no art. 880 da CLT, possui natureza de prazo legal. II: incorreta, pois nos termos do art. 190 CPC/2015 podem as partes, de comum acordo, reduzir ou prorrogar o prazo dilatório; a convenção, porém, só tem eficácia se, requerida antes do vencimento do prazo, se fundar em motivo legítimo. III: correta, pois os prazos impróprios não acarretam preclusão e são estabelecidos para o juiz, auxiliares e o MP quando atua como fiscal da lei.

Gabarito "E".

(Técnico – TRT/19ª – 2015 – FCC) Considere hipoteticamente as seguintes reclamações trabalhistas:

I. Reclamação trabalhista A: partes: Maria das Graças e Empresa Casa Ltda.; valor da causa: R$ 26.000,00.

II. Reclamação trabalhista B: partes: Simone Silva e Empresa Flores Ltda.; valor da causa: R$ 13.560,00.

III. Reclamação trabalhista C: partes: Gabriela Sousa e Fundação Pública S; valor da causa: R$ 11.000,00.

IV. Reclamação trabalhista D: partes: Felícia Campos e Autarquia Estadual Z; valor da causa: R$ 19.000,00.

De acordo com a Consolidação das Leis do Trabalho, obedecerão o procedimento sumaríssimo, as demandas que constam em

(A) I e II, apenas.

(B) I, II, III e IV.

(C) III e IV, apenas.

(D) II e IV, apenas.

(E) I e III, apenas.

Inicialmente cumpre salientar que em 2015 o salário mínimo nacional era de R$ 788,00 (setecentos e oitenta e oito reais). I: correta, a reclamação tramitará pelo procedimento sumaríssimo, tendo em vista que o valor da causa é inferior a 40 vezes o valor do salário mínimo, ou seja, abaixo de R$ 31.520,00 Trinta e um mil, quinhentos e vinte reais). II: correta, a reclamação tramitará pelo procedimento sumaríssimo, tendo em vista que o valor da causa é inferior a 40 vezes o valor do salário mínimo, ou seja, abaixo de R$ 31.520,00 Trinta e um mil, quinhentos e vinte reais). III: incorreta, embora a reclamação trabalhista tenha valor da causa inferior a 40 salários-mínimos, a ação foi proposta contra Fundação Pública, o que nos termos do art. 852-A, parágrafo único, da CLT impede que a reclamação trabalhista tramite pelo procedimento sumaríssimo. IV: incorreta, embora a reclamação trabalhista tenha valor da causa inferior a 40 salários-mínimos, a ação foi proposta contra Autarquia Estadual, o que nos termos do art. 852-A, parágrafo único, da CLT impede que a reclamação trabalhista tramite pelo procedimento sumaríssimo.

Gabarito "A".

(Técnico – TRT/16ª – 2015 – FCC) Determinado trabalhador ajuizou reclamação trabalhista, mas deixou de comparecer à audiência designada, injustificadamente, tendo o processo sido arquivado. Seu advogado solicitou o desentranhamento dos documentos e, após três meses, ingressou com nova ação. Novamente, deixou o reclamante de comparecer à audiência, sem motivo justificado, tendo o processo sido novamente arquivado. Seu advogado, de igual forma, requereu o desentranhamento dos documentos. Caso queira ajuizar uma nova ação, o trabalhador

(A) terá que aguardar o prazo de um ano.

(B) terá que aguardar o prazo de seis meses.

(C) poderá ajuizar a nova ação de imediato, contanto que pague o valor de uma multa que será arbitrada pelo juiz.

(D) poderá ajuizar a nova ação de imediato, desde que autorizado pelo juiz.

(E) perderá seu direito de ajuizar nova ação, tendo em vista suas faltas injustificadas às audiências, como penalidade por desrespeito ao Poder Judiciário.

Determina o art. 732 da CLT que o reclamante que, por 2 (duas) vezes seguidas, der causa ao arquivamento por não comparecimento à audiência inaugural, perderá o direito de apresentar nova reclamação trabalhista por 6 (seis) meses. Esse fenômeno processual é denominado "perempção provisória". Após o transcurso desse período e respeitado o prazo prescricional, o reclamante poderá apresentar nova reclamação trabalhista.

Gabarito "B".

(Técnico – TRT/3ª – 2015 – FCC) Nas causas sujeitas ao procedimento sumaríssimo, somente será admitido Recurso de Revista

(A) quando derem ao mesmo dispositivo de Convenção Coletiva de Trabalho, Acordo Coletivo e sentença normativa interpretação divergente, da que lhe houver dado outro Tribunal Regional do Trabalho, no seu Pleno ou Turma.

(B) na hipótese exclusiva de contrariedade à súmula de jurisprudência uniforme do Tribunal Superior do Trabalho ou à súmula vinculante do Supremo Tribunal Federal.

(C) quando derem ao mesmo dispositivo de Lei Federal interpretação diversa da que lhe houver dado outro Tribunal Regional do Trabalho, no seu Pleno ou Turma.

(D) por contrariedade à súmula de jurisprudência uniforme do Tribunal Superior do Trabalho ou à súmula vinculante do Supremo Tribunal Federal e por violação direta da Constituição Federal.

(E) quando derem ao mesmo dispositivo de Lei Federal interpretação diversa da que lhe houver dado a Seção de Dissídios Individuais do Tribunal Superior do Trabalho.

"D" é a opção correta. Isso porque, nos termos do art. 896, § 9º, da CLT nas causas sujeitas ao procedimento sumaríssimo, somente será admitido recurso de revista por contrariedade a súmula de jurisprudência uniforme do Tribunal Superior do Trabalho ou a súmula vinculante do Supremo Tribunal Federal e por violação direta da Constituição Federal.

Gabarito "D".

(Técnico – TRT/3ª – 2015 – FCC) Gabriela ajuizou reclamação trabalhista em face de sua ex-empregadora a empresa "S" dando à causa o valor de R$ 27.800,00. Gabriela convidou Bruna, Soraya e Janine para prestarem depoimento testemunhal. Neste caso,

(A) as três testemunhas poderão prestar depoimento testemunhal, sendo que comparecerão à audiência de instrução e julgamento mediante prévia intimação pessoal.

(B) as três testemunhas poderão prestar depoimento testemunhal, sendo que comparecerão à audiência de instrução e julgamento independentemente de intimação.

(C) Gabriela terá que escolher duas das três testemunhas, que comparecerão à audiência de instrução e julgamento mediante prévia intimação pessoal.

(D) Gabriela terá que escolher duas das três testemunhas, que comparecerão à audiência de instrução e julgamento independentemente de intimação.

(E) o magistrado escolherá apenas duas das três testemunhas de Gabriela, desde que todas estejam presentes na audiência de instrução e julgamento.

Inicialmente cumpre salientar que o valor do salário mínimo em 2015 era de R$ 788,00 (setecentos e oitenta e oito reais). Como Gabriela atribuiu à causa o valor de R$ 27.800,00, ou seja, valor abaixo de 40 salários mínimos, a ação tramitará pelo procedimento sumaríssimo, art. 852-A a 852-I da CLT. Nesse tipo de procedimento explica o art. 852-H, § 2º, da CLT que cada parte poderá levar, no máximo, 2 testemunhas que comparecerão à audiência de instrução e julgamento independentemente de intimação, ou seja, a testemunha será convidada a comparecer na audiência. Somente será deferida intimação de testemunha que, comprovadamente convidada, deixar de comparecer. Não comparecendo a testemunha intimada, o juiz poderá determinar sua imediata condução coercitiva.

Gabarito "D".

(Técnico Judiciário – TRT9 – 2012 – FCC) Os dissídios individuais trabalhistas podem seguir o procedimento ordinário e sumaríssimo. Sobre esse último (sumaríssimo) é INCORRETO:

(A) Estão excluídas desse procedimento as demandas em que é parte a Administração pública direta, autárquica e fundacional.

(B) Esse procedimento é determinado pelo valor dos dissídios individuais, que não exceda a 20 (vinte) vezes o salário mínimo vigente na data do ajuizamento da reclamação.

(C) Nas reclamações enquadradas nesse procedimento, o pedido deverá ser certo ou determinado e indicará o valor correspondente, sob pena de arquivamento da reclamação.

(D) As testemunhas, até o máximo de duas para cada parte, comparecerão à audiência de instrução e julgamento independentemente de intimação.

(E) Todas as provas serão produzidas em audiência única, sendo que sobre os documentos apresentados por uma das partes manifestar-se-á imediatamente a parte contrária, sem interrupção da audiência, salvo absoluta impossibilidade, a critério do juiz.

A: correta, pois reflete o disposto no art. 852-A, parágrafo único, da CLT. **B:** incorreta, pois nos termos do art. 852-A da CLT o procedimento

sumaríssimo é determinado pelo valor dos dissídios individuais, que não exceda a 40 (quarenta) vezes o salário mínimo vigente na data do ajuizamento da reclamação. **C:** correta, pois reflete o disposto no art. 852-B, I e § 1º, da CLT. **D:** correta, pois reflete o disposto no art. 852-H, § 2º, da CLT. **E:** correta, pois reflete o disposto no art. 852-H, *caput* e § 1º, da CLT.
Gabarito "B".

(Técnico Judiciário – TRT/4ª – 2011 – FCC) Em determinada reclamação trabalhista a empresa reclamada apresentou defesa em audiência. Após a apresentação da defesa, o advogado do reclamante pretende aditar seu pedido. Neste caso, o aditamento

(A) será possível se a parte reclamada for novamente intimada em obediência ao princípio do contraditório.

(B) será possível independentemente de nova intimação da parte reclamada, em obediência ao princípio da verdade real.

(C) não será mais possível, em atenção ao princípio da *perpetuatio jurisdictionis*.

(D) não será mais possível, em decorrência do princípio da estabilidade da lide.

(E) não será mais possível, obedecendo-se ao princípio da instrumentalidade.

O princípio da estabilidade da lide informa a proibição de inovação de pedido ou causa de pedir após determinado momento processual. No processo cível, após a citação do réu só é permitida a mudança do pedido ou causa de pedir com a concordância deste, sendo que em nenhuma hipótese será possível a mudança do pedido ou causa de pedir após o saneamento da lide (art. 329, II, CPC/2015). No processo do trabalho, uma vez que a citação do Réu decorre de ato automático do Juízo e uma vez que inexiste expressa previsão de despacho saneador, doutrinadores debatem quanto ao momento da estabilização da demanda, prevalecendo que até o momento de apresentação da defesa o autor poderá aditar a inicial para alterar pedidos e causa de pedir.
Gabarito "D".

(Técnico Judiciário – TRT/4ª – 2011 – FCC) Em novembro de 2010, Gustavo ajuizou reclamação trabalhista em face de sua ex-empregadora, a empresa GUGA, com valor da causa de R$ 15.000,00. Marcada a audiência, Gustavo enviou telegrama para as suas três testemunhas, com aviso de recebimento, convidando-as para depor na referida audiência, mas nenhuma delas compareceu espontaneamente. Neste caso, o M.M. juiz deverá:

(A) suspender o processo por quinze dias, marcar audiência necessariamente dentro de sessenta dias e determinar a condução coercitiva das testemunhas através de força policial.

(B) suspender o processo por trinta dias, marcar audiência necessariamente dentro desse prazo, e determinar a condução coercitiva das testemunhas através de força policial.

(C) dar andamento à audiência, tendo em vista que Gustavo possuía a obrigação legal de levar as suas testemunhas independentemente de intimação, tendo ocorrido a preclusão.

(D) marcar nova audiência e deferir a intimação das três testemunhas comprovadamente convidadas a depor.

(E) marcar nova audiência e deferir a intimação de apenas duas das três testemunhas.

Art. 852-H, §§ 2º e 3º, da CLT.
Gabarito "E".

(Técnico Judiciário – TRT/4ª – 2011 – FCC) Considere as seguintes assertivas a respeito do arquivamento do processo na Justiça do Trabalho:

I. A ausência do reclamante, quando adiada a instrução após contestada a ação em audiência, não importa arquivamento do processo.

II. Se por doença, devidamente comprovada, não for possível ao empregado comparecer pessoalmente à audiência UNA, não poderá fazer-se representar por outro empregado que pertença à mesma profissão.

III. Aquele que por duas vezes seguidas der causa ao arquivamento de reclamação trabalhista pelo não comparecimento na audiência UNA ficará impossibilitado de ajuizar reclamação trabalhista pelo período de três meses contados do último arquivamento.

Está correto o que se afirma SOMENTE em:

(A) II e III.

(B) I e III.

(C) I.

(D) III.

(E) I e II.

I: correta, Súmula 9 do TST; **II:** incorreta, pois "se por doença ou qualquer outro motivo poderoso, devidamente comprovado, não for possível ao empregado comparecer pessoalmente, poderá fazer-se representar por outro empregado que pertença à mesma profissão, ou pelo seu sindicato" (art. 843, § 2º, da CLT); **III:** incorreta, pois o período estipulado pelos arts. 731 e 732 da CLT é de 6 (seis) meses.
Gabarito "C".

(Técnico Judiciário – TRT/4ª – 2011 – FCC) Termo Processual é a:

(A) assinatura digital do magistrado em determinados atos processuais.

(B) assinatura dos serventuários e magistrados nos atos processuais.

(C) documentação jurídica que acompanha as iniciais, defesas e recursos.

(D) publicação em diário oficial dos atos processuais.

(E) reprodução gráfica dos atos processuais.

E: correta, por definição.
Gabarito "E".

(Técnico – TRT/6ª – 2012 – FCC) Hefesta ajuizou reclamação em face da Fundação Pública "Zeus", possuindo a causa o valor de R$ 7.000,00. Perséfone ajuizou reclamação trabalhista em face da Autarquia municipal "LL", possuindo a causa o valor de R$ 24.800,00. Héstia ajuizou reclamação trabalhista em face da empresa "CD Ltda.", possuindo a causa o valor de R$ 23.257,00. Nestes casos, o procedimento Sumaríssimo será aplicado na reclamação trabalhista proposta APENAS por:

(A) Perséfone e por Héstia.

(B) Héstia.

(C) Zeus e por Perséfone.

(D) Zeus.

(E) Zeus e por Héstia.

Art. 852-A da CLT (observe-se que, segundo o parágrafo único do dispositivo citado, estão excluídas do procedimento sumaríssimo as demandas em que é parte a Administração Pública direta, autárquica e fundacional).
Gabarito "B".

(Técnico Judiciário – TRT/9º – 2010 – FCC) De acordo com a Consolidação das Leis do Trabalho, com relação às demandas sujeitas ao procedimento sumaríssimo, é INCORRETO afirmar:

(A) Os dissídios individuais, cujos valores não excedam a quarenta vezes o salário mínimo vigente na data do ajuizamento da reclamação, ficam submetidos ao procedimento sumaríssimo.

(B) Estão excluídas do procedimento sumaríssimo as demandas em que é parte a Administração Pública direta, autárquica e fundacional.

(C) O recurso ordinário, uma vez recebido no Tribunal, deve ser liberado pelo relator no prazo máximo de quinze dias, e a Secretaria do Tribunal ou Turma deve colocá-lo imediatamente em pauta para julgamento, após apreciação do revisor.

(D) Deferida a prova técnica, incumbirá ao juiz, desde logo, fixar o prazo, o objeto da perícia e nomear perito, sendo que as partes serão intimadas a manifestar-se sobre o laudo, no prazo comum de cinco dias.

(E) Em regra, as testemunhas, até o máximo de duas para cada parte, comparecerão à audiência de instrução e julgamento, independentemente de intimação.

A: correta, art. 852-A, da CLT; **B:** correta, art. 852-A, parágrafo único da CLT; **C:** incorreta (devendo ser assinalada), pois o recurso ordinário será imediatamente distribuído, uma vez recebido no Tribunal, devendo o relator liberá-lo no prazo máximo de dez dias, e a Secretaria do Tribunal ou Turma colocá-lo imediatamente em pauta para julgamento, sem revisor (art. 895, § 1º, da CLT); **D:** correta, art. 852-H, §§ 4º e 6º, da CLT; **E:** correta, art. 852-H, § 2º, da CLT.
Gabarito "C".

(Técnico – TRT/11ª – 2012 – FCC) De acordo com a CLT, em regra, os atos processuais praticados no Processo Trabalhista serão:

(A) sempre públicos e realizar-se-ão nos dias úteis das 8 às 18 horas.

(B) públicos salvo quando as partes estabelecerem o contrário e realizar-se-ão nos dias úteis das 6 às 20 horas.

(C) públicos salvo quando o contrário determinar o juiz e realizar-se-ão nos dias úteis das 6 às 18 horas.

(D) públicos salvo quando envolver pessoa pública de notoriedade social e a penhora poderá realizar-se em domingo ou dia de feriado, independente de autorização expressa do juiz.

(E) públicos salvo quando o contrário determinar o interesse social e realizar-se-ão nos dias úteis das 6 às 20 horas.

Art. 770 da CLT.
Gabarito "E".

(Técnico – TRT/11ª – 2012 – FCC) Nas audiências realizadas nos processos trabalhistas pelos órgãos da Justiça do Trabalho é INCORRETO afirmar que:

(A) é facultado ao empregador fazer-se substituir pelo gerente, ou qualquer outro preposto que tenha conhecimento do fato, e cujas declarações obrigarão o proponente.

(B) se por doença ou qualquer outro motivo poderoso, devidamente comprovado, não for possível ao empregado comparecer pessoalmente, poderá fazer-se representar por outro empregado que pertença à mesma profissão, ou pelo seu sindicato.

(C) o não comparecimento do reclamante à audiência importa em revelia, além de confissão quanto à matéria de fato.

(D) as testemunhas, em regra, comparecerão à audiência independentemente de notificação ou intimação.

(E) as testemunhas que forem intimadas para comparecimento em audiência e, sem motivo justificado, não atendam à intimação, estarão sujeitas a condução coercitiva, além do pagamento de multa.

A: correta, art. 843, § 1º, da CLT; **B:** correta, art. 843, § 2º, da CLT; **C:** incorreta (devendo ser assinalada), estabelece o art. 844 da CLT que "o não comparecimento do reclamante à audiência importa o arquivamento da reclamação, e o não comparecimento do reclamado importa revelia, além de confissão quanto à matéria de fato"; **D:** correta, art. 825 da CLT; **E:** correta, art. 825, parágrafo único, da CLT.
Gabarito "C".

(Técnico Judiciário – TRT/14ª – 2011 – FCC) Considere as seguintes assertivas a respeito dos atos e termos processuais:

I. Os atos processuais serão públicos, salvo quando o contrário determinar o interesse social, e realizar-se-ão nos dias úteis das seis às vinte horas.

II. O vencimento dos prazos será certificado nos processos pelos escrivães ou diretores de secretaria.

III. Os documentos juntos aos autos poderão ser desentranhados a qualquer momento, desde que antes do trânsito em julgado da sentença.

De acordo com a Consolidação das Leis do Trabalho está correto o que se afirma APENAS em:

(A) II.

(B) II e III.

(C) I.

(D) I e II.

(E) I e III.

I: correta, art. 770 da CLT; **II:** correta, art. 776 da CLT; **III:** incorreta, pois "os documentos juntos aos autos poderão ser desentranhados somente depois de findo o processo, ficando traslado" (art. 780 da CLT).
Gabarito "D".

(Técnico Judiciário – TRT/20ª – 2011 – FCC) Carol ajuizou no início do ano de 2011 reclamação trabalhista em face de sua ex-empregadora a empresa EFGH. A presente reclamação possui o valor da causa de R$ 19.739,00. Tendo em vista que a audiência UNA foi marcada para o dia 10 de Agosto de 2011, Carol enviou telegrama com aviso de recebimento para suas três testemunhas convidando-as para depor no dia e hora em que a audiência foi designada porém, nenhuma das três testemunhas compareceu. Neste caso, de acordo com a Consolidação das Leis do Trabalho, o M.M. juiz deverá:

(A) suspender o processo por vinte dias e marcar nova audiência para no máximo 90 dias, porém Carol deverá levar as testemunhas nesta nova audiência independentemente de intimação.

(B) suspender o processo por quinze dias e marcar nova audiência para no máximo 60 dias, porém Carol deverá levar as testemunhas nesta nova audiência independentemente de intimação.

(C) marcar nova data para a realização da audiência e deferir a intimação das três testemunhas.

(D) marcar nova data para a realização da audiência e deferir a intimação de duas das três testemunhas, devendo Carol desistir do depoimento de uma delas.

(E) proferir sentença na mesma audiência uma vez que Carol possuía a obrigação de levar as testemunhas independentemente de intimação.

Art. 852-H, §§ 2º e 3º, da CLT.
Gabarito "D".

(Técnico Judiciário – TRT/22ª – 2010 – FCC) A respeito do prazo para contestação no Processo do Trabalho, é correto afirmar que:

(A) Inexiste prazo para apresentar contestação na Secretaria da Vara na Reclamação Trabalhista, devendo ser a ação contestada na audiência inicial ou UNA.

(B) O prazo para apresentar contestação na Secretaria da Vara na Reclamação Trabalhista é de dez dias a contar da citação do reclamado.

(C) O prazo para apresentar contestação na Secretaria da Vara na Reclamação Trabalhista é de vinte dias a contar da citação do reclamado quando este se tratar de órgão da Administração Pública.

(D) O prazo para apresentar contestação na Secretaria da Vara na Reclamação Trabalhista é de dez dias a contar da audiência inicial ou UNA.

(E) O prazo para apresentar contestação na Secretaria da Vara na Reclamação Trabalhista é de vinte dias a contar da audiência inicial ou UNA, quando se tratar o reclamado de órgão da Administração Pública.

Art. 847 da CLT.
Gabarito "A".

(Técnico Judiciário – TRT/22ª – 2010 – FCC) Sobre a revelia, considere:

I. A ausência do reclamado em audiência, apesar de regularmente intimado, configura revelia.

II. A revelia importa na confissão do reclamado quanto à matéria de fato.

III. Havendo revelia, mas ocorrendo, entretanto, motivo relevante, poderá o juiz suspender o julgamento, designando nova audiência.

IV. A revelia pode ser aplicada tanto ao reclamante quanto ao reclamado.

Está correto o que se afirma APENAS em:

(A) I e IV.

(B) II e III.

(C) III e IV.

(D) I, II e III.

(E) I, III e IV.

I, II, III: corretas, art. 844 da CLT; IV: incorreta, pois a revelia aplica-se apenas ao reclamado (art. 844 da CLT).
Gabarito "D".

(Técnico Judiciário – TRT/23ª – 2011 – FCC) Estão submetidos ao procedimento sumaríssimo os dissídios individuais cujo valor NÃO exceda a:

(A) sessenta vezes o salário-mínimo vigente na data do ajuizamento da reclamação, estando excluídas desse procedimento as demandas em que é parte a Administração Pública direta, autárquica e fundacional.

(B) quarenta vezes o salário-mínimo vigente na data do ajuizamento da reclamação, estando excluídas desse procedimento as demandas em que é parte a Administração Pública direta, autárquica e fundacional.

(C) quarenta vezes o salário-mínimo vigente na data do ajuizamento da reclamação, sendo, inclusive, submetidas a esse procedimento as demandas em que é parte a Administração Pública direta, autárquica e fundacional.

(D) sessenta vezes o salário-mínimo vigente na data do ajuizamento da reclamação, sendo, inclusive, submetidas a esse procedimento as demandas em que é parte a Administração Pública direta, autárquica e fundacional.

(E) setenta vezes o salário-mínimo vigente na data do ajuizamento da reclamação, estando excluídas desse procedimento somente as demandas em que é parte a Administração Pública autárquica.

Art. 852-A da CLT.
Gabarito "B".

(Técnico Judiciário – TRT/24ª – 2011 – FCC) Margarida ajuizou reclamação trabalhista em face de sua ex-empregadora, a empresa X. Na audiência inaugural, apesar de regularmente intimada, não compareceu nenhum representante legal da reclamada, tendo sido declarada a sua revelia. Neste caso, de acordo com a Consolidação das Leis do Trabalho, a empresa X:

(A) será penalizada com multa administrativa de 20% sobre o valor da causa, revertida para o Fundo de Assistência ao Trabalhador gerido pelo Governo Federal.

(B) deverá ser intimada da sentença apenas se tiver advogado constituído nos autos.

(C) deverá ser intimada da sentença, ainda que não tenha advogado constituído nos autos.

(D) não será intimada da sentença, uma vez que está legalmente declarada revel, podendo ingressar no processo até a publicação da sentença.

(E) não será intimada da sentença, uma vez que está legalmente declarada revel, bem como não poderá ingressar no processo para interpor recursos.

Art. 852 da CLT.
Gabarito "C".

(Técnico Judiciário – TRT/24ª – 2011 – FCC) De acordo com a Consolidação das Leis do Trabalho, ficam submetidos ao procedimento sumaríssimo os dissídios individuais cujo valor NÃO exceda a:

(A) sessenta vezes o salário mínimo vigente na data do ajuizamento da reclamação.

(B) quarenta vezes o salário mínimo vigente na data do ajuizamento da reclamação.

(C) quarenta vezes o salário mínimo vigente na data da extinção do contrato de trabalho.

(D) vinte vezes o salário mínimo vigente na data do ajuizamento da reclamação.

(E) vinte vezes o salário mínimo vigente na data da extinção do contrato de trabalho.

Art. 852-A da CLT.
Gabarito "B".

(Técnico Judiciário – TRT/24ª – 2011 – FCC) De acordo com a Consolidação das Leis do Trabalho, a reclamação trabalhista verbal será distribuída:

(A) dentro do prazo de cinco dias após a sua redução a termo.

(B) em vinte e quatro horas após a sua redução a termo.

(C) em quarenta e oito horas após a sua redução a termo.

(D) dentro do prazo de quinze dias após a sua redução a termo.

(E) antes de sua redução a termo.

Art. 786 da CLT.
Gabarito "E".

(FCC – 2015) Em relação à audiência trabalhista e à presença das partes na audiência:

(A) A CLT exige o comparecimento pessoal das partes em audiência, não podendo o empregador fazer-se substituir por outra pessoa que não o representante legal da empresa.

(B) Ao empregador é facultado fazer-se substituir pelo gerente, ou qualquer outro preposto que tenha conhecimento do fato, e cujas declarações obrigarão o preponente.

(C) O reclamante poderá fazer-se substituir, em audiência, por qualquer pessoa, desde que outorgue poderes para tanto, através de procuração por instrumento público.

(D) O não comparecimento do reclamante à audiência importa em improcedência da ação.

(E) O não comparecimento da reclamada à audiência importa em arquivamento da reclamação.

A: incorreta, pois o empregador poderá fazer-se substituir pelo gerente, ou qualquer outro preposto que tenha conhecimento do fato, e cujas declarações obrigarão o proponente. Vale dizer que nos termos da súmula 377 do TST o preposto deve, necessariamente, ser empregado, exceto quanto à reclamação de empregado doméstico, ou contra micro ou pequeno empresário. **B:** correta, pois reflete o disposto no art. 843, § 1º, da CLT. **C:** incorreta, pois independentemente da presença dos advogados as partes (reclamante e reclamado) devem comparecer na audiência. Contudo, nos termos do art. 843, § 2º, da CLT se por doença ou qualquer outro motivo poderoso, devidamente comprovado, não for possível ao empregado comparecer pessoalmente, poderá fazer-se representar por outro empregado que pertença à mesma profissão, ou pelo seu sindicato. **D:** incorreta, pois nos termos do art. 844 da CLT o não comparecimento do reclamante importará no arquivamento da reclamação. **E:** incorreta, pois nos termos do art. 844 da CLT o não comparecimento da reclamada na audiência importará na aplicação dos efeitos da revelia a confissão ficta.
Gabarito "B".

(FCC –2015) A reclamação trabalhista

(A) poderá ser escrita ou verbal. Se for escrita deverá conter a designação do Presidente da Vara, a qualificação das partes, uma breve exposição dos fatos de que resulte o dissídio, o pedido, a data e a assinatura do advogado.

(B) poderá ser escrita ou verbal. Se for escrita deverá conter a designação do Presidente da Vara, a qualificação das partes, o pedido, as provas com que o autor pretende demonstrar a verdade dos fatos alegados, a data e a assinatura do reclamante ou de seu representante.

(C) poderá ser escrita ou verbal. Se for escrita deverá conter a designação do Presidente da Vara, a

qualificação das partes, uma breve exposição dos fatos, o pedido, o requerimento para a citação do réu, a data e a assinatura do reclamante ou de seu representante.

(D) poderá ser escrita ou verbal. Se for escrita deverá conter a designação do Presidente da Vara, a qualificação das partes, uma breve exposição dos fatos de que resulte o dissídio, o pedido, a data e a assinatura do reclamante ou de seu representante.

(E) para a jurisprudência majoritária não é mais possível ser ajuizada verbalmente.

A: incorreta, pois nos termos do art. 840, § 1º, da CLT não se exige a assinatura por advogado, podendo a reclamação estar subscrita pelo próprio reclamante fazendo uso do *jus postulandi*, previsto no art. 791 da CLT. **B:** incorreta, pois nos termos do art. 840, § 1º, da CLT em razão do princípio da informalidade o autor não necessita apontar as provas que pretende produzir. **C:** incorreta, pois nos termos do art. 840, § 1º, da CLT o pedido de citação da reclamada não é obrigatório, dada a informalidade do processo do trabalho. A notificação será expedida pela secretaria da Vara a que foi distribuída a reclamação, art. 841 da CLT. **D:** correta, pois nos termos do art. 840, § 1º, da CLT de acordo com a redação dada pela Lei 13.467/2017 sendo escrita, a reclamação deverá conter a designação do juízo, a qualificação das partes, a breve exposição dos fatos de que resulte o dissídio, **o pedido, que deverá ser certo, determinado e com indicação de seu valor**, a data e a assinatura do reclamante ou de seu representante. **E:** incorreta, pois admite a reclamação trabalhista verbal, em conformidade com o art. 840, *caput* e § 2º, da CLT.
Gabarito "D".

(FCC –2015) Em relação ao procedimento sumaríssimo:

(A) As testemunhas, até o máximo de duas para cada parte, comparecerão à audiência de instrução e julgamento independentemente de intimação.

(B) As testemunhas, até o máximo de três para cada parte, comparecerão à audiência de instrução e julgamento independentemente de intimação.

(C) As testemunhas, até o máximo de três para cada parte, comparecerão à audiência de instrução e julgamento mediante intimação.

(D) Sobre os documentos apresentados por uma das partes, manifestar-se-á, no prazo de 5 dias, a parte contrária.

(E) A testemunha que não comparecer à audiência será intimada, determinando o Juiz sua imediata condução coercitiva.

A: correta, pois reflete o disposto no art. 852-H, § 2º, da CLT. **B:** incorreta, pois nos termos do art. 852-H, § 2º, da CLT o número máximo de testemunhas no procedimento sumaríssimo é de duas. Esse número é elevado para três nas causas submetidas ao procedimento ordinário. **C:** incorreta, pois nos termos do art. 852-H, § 2º, da CLT o número máximo é de duas testemunhas que comparecerão independentemente de intimação. **D:** incorreta, pois nos termos do art. 852-H, § 1º, da CLT sobre os documentos apresentados por uma das partes manifestar-se-á imediatamente a parte contrária, sem interrupção da audiência, salvo absoluta impossibilidade, a critério do juiz. **E:** incorreta, pois nos termos do art. 852-H, § 3º, da CLT somente será deferida intimação de testemunha que, comprovadamente convidada, deixar de comparecer. Não comparecendo a testemunha intimada, o juiz poderá determinar sua imediata condução coercitiva.
Gabarito "A".

(FGV – 2015) Brenda aufere um salário mínimo e meio e ajuizou reclamação trabalhista contra o empregador, postulando diversas verbas que entende fazer jus. Na petição inicial, não houve requerimento de gratuidade de justiça nem declaração de miserabilidade jurídica. O pedido foi julgado improcedente, mas, na sentença, o juiz concedeu, de ofício, a gratuidade de justiça. Diante da situação e do comando legal, assinale a afirmativa correta.

(A) Houve julgamento extra petita no tocante à gratuidade, atraindo a nulidade do julgado, já que isso não foi requerido na petição inicial.

(B) A Lei é omissa a respeito, daí porque o juiz, invocando o princípio da proteção, poderia conceder espontaneamente a gratuidade de justiça.

(C) A sociedade empresária poderia recorrer para ver reformada a sentença, no tocante à concessão espontânea da gratuidade de justiça, tratando-se de julgamento ultra petita.

(D) O juiz agiu dentro do padrão legal, pois é possível a concessão da gratuidade de justiça de ofício, desde que presentes os requisitos legais, como era o caso.

A: incorreta, pois não há nulidade no julgado por julgamento *extra petita* (sentença decide fora do pedido do autor), tendo em vista que o Juiz do Trabalho poderá conceder de ofício o benefício da justiça gratuita, nos termos do art. 790, § 3º, da CLT. **B:** incorreta, pois não existe omissão legislativa sobre o tema, sendo ele tratado no art. 790, § 3º, da CLT. Ademais, não poderá conceder o benefício espontaneamente, mas sim se verificar o estado de miserabilidade da parte. **C:** incorreta, pois não se trata de julgamento *ultra petita* (sentença concede algo a mais do que foi pedido), pois é permitido ao juiz do Trabalho a concessão do benefício *ex officio*, art. 790, § 3º, da CLT. **D:** correta, conforme comentários anteriores.
Gabarito "D".

(FGV – 2015) Antônio é assistente administrativo na sociedade empresária Setler Conservação Ltda., que presta serviços terceirizados à União. Ele está com o seu contrato em vigor, mas não recebeu o ticket refeição dos últimos doze meses, o que alcança o valor de R$ 2.400,00 (R$ 200,00 em cada mês). Em razão dessa irregularidade, estimulada pela ausência de fiscalização por parte da União, Antônio pretende cobrar o ticket por meio de reclamação trabalhista contra a empregadora e o tomador dos serviços, objetivando garantir deste a responsabilidade subsidiária, na forma da Súmula 331 do TST.

Diante da hipótese, assinale a afirmativa correta.

(A) A ação deverá seguir o procedimento ordinário, vez que há litisconsórcio passivo, sendo, em razão disso, obrigatório o rito comum.

(B) A ação deverá seguir o procedimento sumaríssimo, uma vez que o valor do pedido é inferior a 40 salários mínimos.

(C) A ação tramitará pelo rito ordinário porque um dos réus é ente público.

(D) O autor poderá optar pelo procedimento que lhe seja mais vantajoso.

A: incorreta, pois será obrigatório o rito comum, tendo em vista que órgãos da administração pública direta estão excluídos do procedimento sumaríssimo, nos termos do art. 852-A, parágrafo único, da CLT. **B:** incorreta, pois embora a ação tenha valor abaixo de 40 salários mínimos, os órgãos da administração pública direta estão excluídos do procedi-mento sumaríssimo, art. 852-A, parágrafo único, da CLT. **C:** correta, pois por não ser possível a submissão da causa pelo procedimento sumaríssimo, a ação deverá tramitar pelo rito comum ordinário. **D:** incorreta, pois tendo em vista a proibição da submissão da ação ao rito sumaríssimo, art. 852-A, parágrafo único, da CLT, não há opção por parte do autor, devendo a ação ser submetida ao procedimento comum ordinário.
Gabarito "C".

9. LIQUIDAÇÃO E EXECUÇÃO

(Técnico – TRT1 – 2018 – AOCP) Rita trabalhou para uma joalheria, denominada Joias Raras, de 10 de maio de 2012 até 10 de jun. de 2016, ocasião em que foi dispensada sem justa causa. Considerando que Rita, por meio de seu advogado Mário, ingressou com a ação no dia 10 de maio de 2018, para pleitear alguns direitos violados na relação de trabalho, assinale a alternativa correta tendo ainda como base a Lei nº 13.467/2017.

(A) Rita terá prazo de prescrição intercorrente de cinco anos, a partir da data do ingresso com a reclamação trabalhista.

(B) Caso Mário tenha ajuizado a ação em um juízo incompetente, não haverá interrupção da prescrição, pois ainda que a ação venha a ser extinta sem resolução do mérito, não produzirá efeitos a qualquer dos pedidos.

(C) O prazo para Rita ingressar com ação é de dois anos após a extinção do contrato de trabalho, podendo Rita, se tivesse trabalhado por mais tempo na empresa, pleitear até os últimos 30 (trinta) anos de Fundo de Garantia do Tempo de Serviço.

(D) A declaração da prescrição intercorrente somente poderá ser requerida pela parte no momento da contestação ou declarada de ofício pelo juiz de primeiro grau de jurisdição.

(E) Caso Rita tenha seus pleitos reconhecidos em sentença, no curso da execução desta, a fluência do prazo prescricional intercorrente inicia-se quando Rita deixa de cumprir determinação judicial.

A: incorreta, pois o prazo de prescrição intercorrente é de 2 anos. **B:** opção incorreta, pois nos termos do art. 202, I, do Código Civil, por aplicação do art. 8º, § 1º, da CLT, ainda que ajuizada em juízo incompetente a prescrição será interrompida. **C:** incorreta, pois no caso em tela, nos termos da súmula 362 do TST a prescrição seria quinquenal. **D:** incorreta, pois embora a declaração da prescrição intercorrente possa ser requerida ou declarada de ofício em qualquer grau de jurisdição não há obrigatoriedade de ser requerida na contestação, podendo ser arguida na instância ordinária, súmula 153 do TST. **E:** correta, pois nos termos do art. 11-A, § 1º, da CLT a fluência do prazo prescricional intercorrente inicia-se quando o exequente deixa de cumprir determinação judicial no curso da execução. HC
Gabarito "E".

(Técnico Judiciário – TRT24 – FCC – 2017) Em relação à liquidação da sentença e à execução no Processo do Trabalho, a Consolidação das Leis do Trabalho estabelece:

(A) Na liquidação, não se poderá modificar, ou inovar, a sentença liquidanda nem discutir matéria pertinente à causa principal.

(B) Somente as decisões passadas em julgado e os acordos, quando não cumpridos, poderão ser executados na Justiça do Trabalho.

(C) Elaborada a conta pela parte ou pelos órgãos auxiliares da Justiça do Trabalho, o juiz procederá à intimação da União para manifestação, no prazo de 8 dias, sob pena de preclusão.

(D) Requerida a execução, o juiz ou Presidente do Tribunal mandará expedir mandado de citação do executado, a fim de que cumpra a decisão ou o acordo, ou, quando se tratar de pagamento em dinheiro, exceto de contribuições sociais devidas à União, para que o faça em 72 horas ou garanta a execução.

(E) Não pagando o executado, nem garantindo a execução, seguir-se-á a penhora dos bens, tantos quantos bastem ao pagamento da condenação, sem os acréscimos de custas e juros de mora.

A: opção correta, pois reflete o disposto no art. 879, § 1º, da CLT. **B:** opção incorreta, pois nos termos do art. 876 da CLT as decisões passadas em julgado ou das quais não tenha havido recurso com efeito suspensivo; os acordos, quando não cumpridos; os termos de ajuste de conduta firmados perante o Ministério Público do Trabalho e os termos de conciliação firmados perante as Comissões de Conciliação Prévia serão executados na Justiça do Trabalho. Ademais, nos termos do art. 13 da IN 39 do TST por aplicação supletiva do art. 784, I (art. 15 do CPC), o cheque e a nota promissória emitidos em reconhecimento de dívida inequivocamente de natureza trabalhista também são títulos extrajudiciais para efeito de execução perante a Justiça do Trabalho, na forma do art. 876 e seguintes da CLT. **C:** opção incorreta, pois nos termos do art. 879, § 3º, da CLT elaborada a conta pela parte ou pelos órgãos auxiliares da Justiça do Trabalho, o juiz procederá à intimação da União para manifestação, no prazo de 10 (dez) dias, sob pena de preclusão. **D:** opção incorreta, pois nos termos do art. 880 da CLT o prazo será de 48 horas. **E:** opção incorreta, pois nos termos do art. 883 da CLT não pagando o executado, nem garantindo a execução, seguir-se-á penhora dos bens, tantos quantos bastem ao pagamento da importância da condenação, acrescida de custas e juros de mora, sendo estes, em qualquer caso, devidos a partir da data em que for ajuizada a reclamação inicial. **HC** Gabarito "A".

(Técnico Judiciário – TRT11 – FCC – 2017) De acordo com entendimento Sumulado do TST, em face de decisão homologatória de adjudicação ou arrematação

(A) só caberá ação rescisória se fundamentada em nulidade absoluta relacionada ao vício de consentimento e se alegada no prazo decadencial de cinco anos contados da decisão homologatória.

(B) caberá ação rescisória no prazo decadencial de dois anos, a contar do trânsito em julgado da decisão.

(C) caberá ação rescisória no prazo prescricional de um ano, a contar do trânsito em julgado da decisão.

(D) só caberá ação rescisória se fundamentada em nulidade absoluta relacionada ao vício de consentimento e se alegada no prazo decadencial de três anos contados da decisão homologatória.

(E) é incabível ação rescisória.

"E" é a opção correta. Isso porque o TST firmou entendimento consubstanciado na súmula 399, item I em que é incabível ação rescisória para impugnar decisão homologatória de adjudicação ou arrematação.**HC** Gabarito "E".

(Técnico Judiciário – TRT11 – FCC – 2017) Considere os seguintes créditos:

I. Crédito trabalhista decorrente de reclamação trabalhista ajuizada por empregado doméstico relativo ao trabalho exercido para a família empregadora.

II. Crédito trabalhista decorrente de reclamação trabalhista ajuizada pelo Rito Sumaríssimo em face da empresa AA Ltda.

III. Crédito relativo a contribuição previdenciária decorrente de empregado doméstico.

De acordo com a Lei 8.009/1990, a impenhorabilidade do bem de família é oponível em processo de execução relativo ao crédito indicado em

(A) I, II e III.

(B) I e II, apenas.

(C) II e III, apenas.

(D) I, apenas.

(E) III, apenas.

Todas as assertivas estão corretas. Isso porque, nos termos do art. 1º da Lei 8.009/1990 o imóvel residencial próprio do casal, ou da entidade familiar, é impenhorável e não responderá por qualquer tipo de dívida civil, comercial, fiscal, previdenciária ou de outra natureza, contraída pelos cônjuges ou pelos pais ou filhos que sejam seus proprietários e nele residam. A impenhorabilidade compreende o imóvel sobre o qual se assentam a construção, as plantações, as benfeitorias de qualquer natureza e todos os equipamentos, inclusive os de uso profissional, ou móveis que guarnecem a casa, desde que quitados. Vale lembrar que o art. 3º da mesma lei determina as hipóteses em que a impenhorabilidade retratada não poderá ser oponível. **HC** Gabarito "A".

(Técnico Judiciário – TRT8 – CESPE – 2016) Acerca de execução trabalhista, assinale a opção correta.

(A) É possível a penhora de salário, desde que não ultrapasse quarenta por cento do seu valor bruto.

(B) O mandado de citação do executado, a ser cumprido pelo oficial de justiça, deverá conter a decisão exequenda ou o termo de acordo não cumprido.

(C) Se, depois de procurado por duas vezes, o executado não for encontrado, o curso da execução deverá ser suspenso e, decorrido o prazo máximo de um ano, sem que seja localizado o devedor, o juiz deverá ordenar o arquivamento dos autos.

(D) O executado que não pagar a importância reclamada poderá garantir a execução mediante prestação de serviços à comunidade.

(E) Realizada a penhora de determinado bem para satisfazer a execução, não cabe à parte executada requerer a substituição da penhora.

A: opção incorreta, pois nos termos do art. 833, IV, do CPC/2015 o salário é impenhorável. No entanto, nos termos do § 2º do mesmo dispositivo legal a regra da impenhorabilidade não se aplica à hipótese de penhora para pagamento de prestação alimentícia, independentemente de sua origem, bem como às importâncias excedentes a 50 (cinquenta) salários-mínimos mensais. **B:** opção correta, pois reflete a disposição contida nos §§ 1º e 2º do art. 880 da CLT. **C:** opção incorreta, pois nos termos do art. 880, § 3º, da CLT se o executado, procurado por 2 (duas) vezes no espaço de 48 (quarenta e oito) horas, não for encontrado, far-se-á citação por edital, publicado no jornal oficial ou, na falta deste, afixado na sede da Junta ou Juízo, durante 5 (cinco) dias. **D:** opção incorreta, pois a execução não pode ser garantida com prestação de serviços à comunidade. A execução poderá ser garantida mediante depósito do valor cobrado em execução, atualizado e acrescido das despesas processuais, ou nomeando bens à penhora, observada a ordem preferencial estabelecida no art. 840 do CPC/2015. **E:** opção incorreta, pois nos termos do art. 847 do CPC/2015 o executado pode, no prazo de 10 (dez) dias contado da intimação da penhora, requerer a substituição do bem penhorado, desde que comprove que lhe será menos onerosa e não trará prejuízo ao exequente. **HC**

Gabarito "B".

(Técnico Judiciário – TRT8 – CESPE – 2016) Acerca dos embargos à execução no processo do trabalho, assinale a opção correta.

(A) Não se admite prova testemunhal nos embargos à execução.

(B) O oferecimento dos embargos por um dos devedores suspende a execução contra os que não embargaram, mesmo que o fato e o fundamento refiram-se exclusivamente ao embargante.

(C) Os embargos à execução têm natureza jurídica de defesa do devedor contra a constrição de seus bens.

(D) Não se admite alegação de compensação nos embargos à execução.

(E) A admissão dos embargos à execução está condicionada à garantia do juízo pelo embargante, seja este pessoa jurídica de direito público ou privado.

A: opção incorreta, pois admite-se a prova testemunhal nos embargos à execução. Veja art. 884, § 2º, da CLT. **B:** opção incorreta, pois a norma que previa a possibilidade tratada na assertiva foi revogada pela Lei 11.382/2006. **C:** opção incorreta, pois os embargos à execução possuem natureza jurídica de ação e não de defesa. Nesse sentido, Humberto Theodoro Junior. Curso de Direito processual Civil **D:** opção correta, pois compensação deverá ser alegada em matéria de defesa, em contestação, art. 767 da CLT e súmula 48 do TST. Veja também súmula 18 do TST. **E:** opção incorreta, pois as pessoas de direito público estão dispensadas da garantia do juízo para apresentação de embargos à execução. Veja art. 910 CPC/2015. **HC**

Gabarito "D".

(Técnico Judiciário – TRT20 – FCC – 2016) O reclamado Netuno foi condenado a pagar horas extras e indenização por dano moral e material em razão de agressões verbais e físicas a seu empregado, que exercia as funções de motorista particular. Não recorreu da sentença e se iniciou a execução. Nessa hipótese, conforme regras contidas na Consolidação das Leis do Trabalho,

(A) elaborada a conta e tornada líquida a sentença exequenda, o juiz deverá abrir às partes prazo comum de 5 dias para impugnação fundamentada com a indicação dos itens e valores objeto da discordância, sob pena de preclusão.

(B) requerida a execução, o juiz mandará expedir mandado de citação do executado, a fim de que pague o valor da condenação, acrescido de contribuições sociais devidas à União, em 5 dias, ou garanta a execução nesse prazo, sob pena de penhora.

(C) garantida a execução ou penhorados os bens, terá o executado 15 dias para apresentar embargos, cabendo o prazo de 5 dias ao exequente para impugnação.

(D) a matéria de defesa dos embargos à execução será restrita às alegações de cumprimento da decisão ou do acordo, quitação, não cabendo, nesta fase, arguição de prescrição da dívida e prova testemunhal.

(E) julgada subsistente a penhora, o juiz mandará proceder à avaliação dos bens penhorados e, concluída esta, ocorrerá a arrematação que será que fará em dia, hora e lugar anunciados e os bens serão vendidos pelo maior lance, tendo o exequente a preferência para adjudicação.

A: opção incorreta, pois nos termos do art. 879, § 2º, da CLT (de acordo com a Lei 13.467/2017) o prazo será de 8 dias. **B:** opção incorreta, pois nos termos do art. 880 da CLT o prazo é de 48 horas. **C:** opção incorreta, pois nos termos do art. 884 da CLT terá o executado 5 (cinco) dias para apresentar embargos, cabendo igual prazo ao exequente para impugnação. **D:** opção incorreta, pois nos termos do art. 884, §§ 1º e 2º, da CLT é permitida a alegação de prescrição e a prova testemunhal. **E:** opção correta, pois reflete as disposições do art. 886, § 2º, e art. 888, *caput* e § 1º, da CLT. **HC**

Gabarito "E".

(Técnico – TRT/16ª – 2015 – FCC) Tendo em vista a execução trabalhista, segundo a Consolidação das Leis do Trabalho, é INCORRETO afirmar:

(A) Não há citação para execução, uma vez que a fase executiva pode ser iniciada de ofício pelo juiz.

(B) A citação na execução será realizada por mandado, mas, se o executado não for encontrado após duas tentativas, caberá a citação por edital.

(C) A citação na execução poderá ser feita pelos oficiais de justiça.

(D) A citação na execução será realizada por mandado, determinando o cumprimento da decisão ou do acordo no prazo e com as cominações ali estabelecidas.

(E) No mandado de citação na execução, quando se tratar de pagamento em dinheiro, constarão igualmente as contribuições previdenciárias devidas.

A: incorreta, pois embora a fase executiva possa ser iniciada de ofício pelo juiz, nos termos do art. 878 da CLT, deve haver a citação do executado para que cumpra a decisão, nos moldes do art. 880 da CLT. **B:** correta, pois reflete o disposto nos §§ 1º, 2º e 3º do art. 880 da CLT. **C:** correta, pois reflete o disposto no § 2º do art. 880 da CLT. **D:** correta, pois reflete o disposto no art. 880, *caput*, da CLT. **E:** correta, pois reflete a disposição contida no art. 880 *caput*, da CLT.

Gabarito "A".

(Técnico – TRT/3ª – 2015 – FCC) Simon arrematou uma casa em leilão judicial no qual os bens da empresa "X" foram leiloados para pagamento de diversas reclamações trabalhistas. O lance de Simon foi de R$ 500.000,00. Neste caso, de acordo com a Consolidação das Leis do Trabalho, Simon deverá garantir o lance com

(A) sinal de R$ 100.000,00 e pagar o preço da arrematação dentro de 24 horas.

(B) o seu preço integral no ato da arrematação no leilão judicial.

(C) sinal de R$ 50.000,00 e pagar o preço da arrematação dentro de 24 horas.

(D) sinal de R$ 100.000,00 e pagar o preço da arrematação dentro de 48 horas.

(E) sinal de R$ 50.000,00 e pagar o preço da arrematação dentro de cinco dias.

"A" é a opção correta, pois nos termos do art. 888, § 2º, da CLT o arrematante deverá garantir o lance com o sinal correspondente a 20% (vinte por cento) do seu valor. Ademais, ensina o § 4º do mesmo dispositivo legal que se o arrematante, ou seu fiador, não pagar dentro de 24 (vinte e quatro) horas o preço da arrematação, perderá, em benefício da execução, o sinal de que trata o § 2º deste artigo, voltando à praça os bens executados.

Gabarito "A".

(Técnico – TRT/6ª – 2012 – FCC) Em determinada execução trabalhista por carta precatória, foi penhorado bem imóvel de Samuel, irmão gêmeo de Davi, proprietário da empresa executada. Samuel pretende ajuizar Embargos de Terceiro. Neste caso, como regra geral, Samuel:

(A) deverá oferecer os referidos embargos no juízo deprecado, sob pena de não conhecimento.

(B) poderá oferecer os referidos embargos no juízo deprecante ou no juízo deprecado, sendo que a competência para julgá-los é do juízo deprecado.

(C) deverá oferecer os referidos embargos no juízo deprecante, sob pena de não conhecimento.

(D) poderá oferecer os referidos embargos no juízo deprecante ou no juízo deprecado, sendo que a competência para julgá-los é do juízo deprecante.

(E) não poderá oferecer Embargos de Terceiros, uma vez que não há tipificação legal para o ajuizamento destes embargos na hipótese mencionada.

Nos termos da Súmula 419 do TST na execução por carta precatória, os embargos de terceiro serão oferecidos no juízo deprecado, salvo se indicado pelo juízo deprecante o bem constrito ou se já devolvida a carta (art. 676, parágrafo único, do CPC de 2015).
Gabarito "A".

(Técnico – TRT/6ª – 2012 – FCC) Na reclamação Trabalhista "M", em fase de execução de sentença, o Juiz da "W" Vara do Trabalho de Recife não homologou acordo celebrado entre as partes em razão do valor acordado tratar-se de apenas 5% do débito que estava sendo executado. Neste caso,

(A) a homologação do acordo constitui faculdade do juiz, inexistindo direito líquido e certo tutelável pela via do mandado de segurança.

(B) as partes poderão impetrar mandado de segurança no prazo de 120 dias da não homologação judicial.

(C) as partes poderão impetrar mandado de segurança no prazo de 90 dias da não homologação judicial.

(D) as partes deverão interpor agravo de petição no prazo de 8 dias da não homologação judicial.

(E) as partes poderão impetrar mandado de segurança no prazo de 60 dias da não homologação judicial.

Nos termos da Súmula 418 do TST a homologação de acordo constitui faculdade do juiz, inexistindo direito líquido e certo tutelável pela via do mandado de segurança.
Gabarito "A".

(Técnico – TRT/6ª – 2012 – FCC) Salomão e David são irmãos e pretendem arrematar um imóvel no leilão judicial de bens penhorados em reclamações trabalhistas para moradia de sua mãe. Em determinado leilão judicial, Salomão conseguiu arrematar uma casa pelo valor de R$ 100.000,00. Neste caso, Salomão deverá garantir o seu lance com um sinal correspondente a:

(A) R$ 10.000,00 e efetuar o pagamento do restante em 48 horas da arrematação.

(B) R$ 10.000,00 e efetuar o pagamento do restante em 24 horas da arrematação.

(C) R$ 20.000,00 e efetuar o pagamento do restante em 48 horas da arrematação.

(D) R$ 20.000,00 e efetuar o pagamento do restante em 24 horas da arrematação.

(E) R$ 15.000,00 e efetuar o pagamento do restante em 24 horas da arrematação.

Art. 888, §§ 2º e 4º, da CLT.
Gabarito "D".

(Técnico Judiciário – TRT/22ª – 2010 – FCC) Considere:

I. Sentenças transitadas em julgado.
II. Acordos cumpridos na sua integralidade.
III. Custas.
IV. Multas.
A execução compreende APENAS os itens:

(A) I e III.
(B) II e III.
(C) I e IV.
(D) III e IV.
(E) I, III e IV.

Art. 876 da CLT.
Gabarito "E".

(Técnico Judiciário – TRT/23ª – 2011 – FCC) A respeito da execução na Justiça do Trabalho, considere:

I. O juiz ou presidente do tribunal, requerida a execução, mandará expedir mandado de citação ao executado, para que pague em até 30 dias, ou garanta a execução, sob pena de penhora, quando se tratar de pagamento em dinheiro, incluídas as contribuições sociais devidas ao INSS.

II. Se o executado, procurado por 3 vezes no espaço de 72 horas, não for encontrado, far-se-á a citação por edital.

III. O mandado de citação deverá conter a decisão exequenda ou o termo de acordo não cumprido.
De acordo com a Consolidação das Leis de Trabalho (CLT), está correto o que se afirma APENAS em:

(A) III.
(B) II e III.
(C) I e III.
(D) I. **(E)** I e II.

I: incorreta, estabelece o art. 880, *caput*, da CLT que "requerida a execução, o juiz ou presidente do tribunal mandará expedir mandado de citação do executado, a fim de que cumpra a decisão ou o acordo no prazo, pelo modo e sob as cominações estabelecidas ou, quando se tratar de pagamento em dinheiro, inclusive de contribuições sociais devidas à União, para que o faça em 48 (quarenta e oito) horas ou garanta a execução, sob pena de penhora"; II: incorreta, pois o executado será procurado por 2 (duas) vezes no espaço de 48 (quarenta e oito) horas (art. 880, § 3º, da CLT); III: correta, art. 880, § 1º, da CLT.
Gabarito "A".

(Técnico Judiciário – TRT/23ª – 2011 – FCC) A respeito da arrematação é correto afirmar que os bens serão vendidos pelo maior lance,

(A) não possuindo o exequente preferência para a adjudicação. O arrematante deverá garantir o lance com um sinal correspondente a 10% do seu valor.

(B) tendo o exequente preferência para a adjudicação. O arrematante deverá garantir o lance com um sinal correspondente a 15% do seu valor.

(C) tendo o exequente preferência para a adjudicação. O arrematante deverá garantir o lance com um sinal correspondente a 20% do seu valor.

(D) tendo o exequente preferência para a adjudicação. O arrematante deverá garantir o lance com um sinal correspondente a 5% do seu valor. **(E)** não possuindo o exequente preferência para a adjudicação. O arrematante deverá garantir o lance com um sinal correspondente a 15% do seu valor.

Art. 888, § 2º, da CLT.

Gabarito "C".

(FGV – 2015) No bojo de uma execução trabalhista, a sociedade empresária executada apresentou uma exceção de pré-executividade, alegando não ter sido citada para a fase de conhecimento. Em razão disso, requereu a nulidade de todo o processo, desde a citação inicial. O juiz conferiu vista à parte contrária para manifestação e, em seguida, determinou a conclusão dos autos. Após analisar as razões da parte e as provas produzidas, convenceu-se de que a alegação da sociedade empresária era correta e, assim, anulou todo o feito desde o início. Diante desse quadro, assinale a afirmativa correta.

(A) Contra essa decisão caberá agravo de petição.

(B) Trata-se de decisão interlocutória e, portanto, não passível de recurso imediato.

(C) Caberá a interposição de recurso ordinário.

(D) Caberá a interposição de agravo de instrumento.

A: correta, pois nos termos do art. 897, *a*, da CLT agravo de petição é o recurso cabível contra as decisões do juiz da fase de execução. **B:** incorreta, pois não se trata de decisão interlocutória, mas sim uma sentença, cujo conceito está disposto no art. art. 203, § 1º, do CPC/2015 **C:** incorreta, pois na fase de execução de sentença não é cabível o recurso ordinário, recurso cabível de decisões terminativas ou definitivas da vara do Trabalho, no processo de conhecimento, art. 895 da CLT. **D:** incorreta pois o agravo de instrumento é o recurso cabível contra as decisões que não admitirem recurso, nos termos do art. 897, *b*, da CLT.

Gabarito "A".

(FGV – 2015) A sociedade empresária Beta S.A. teve a falência decretada durante a tramitação de uma reclamação trabalhista, fato devidamente informado ao juízo. Depois de julgado procedente em parte o pedido de diferenças de horas extras e de parcelas rescisórias, nenhuma das partes recorreu da sentença, que transitou em julgado dessa forma. Teve, então, início a execução, com a apresentação dos cálculos pelo autor e posterior homologação pelo juiz. Diante da situação, assinale a afirmativa correta.

(A) Há equívoco, pois, a partir da decretação da falência, a ação trabalhista passa a ser da competência do juízo falimentar, que deve proferir a sentença.

(B) O pagamento do valor homologado deverá ser feito no juízo da falência, que é universal.

(C) A execução será feita diretamente na Justiça do Trabalho, porque o título executivo foi criado pelo Juiz do Trabalho.

(D) Essa é a única hipótese de competência concorrente, ou seja, poderá ser executado tanto na Justiça do Trabalho quanto na Justiça comum.

A: incorreta, pois o processo em face da massa falida tramitará na Justiça do Trabalho até a fixação do crédito do reclamante em definitivo (julgamento final da liquidação de sentença). Após deverá ser expedida certidão para habilitação no juízo falimentar. **B:** correta, pois reflete o entendimento disposto no art. 6º, § 2º, da Lei 11.101/2005. **C:** incorreta, pois em razão do disposto no art. 6º, § 2º, da Lei 11.101/2005 a execução não poderá ser efetivada a Justiça do Trabalho, mas sim perante o juízo universal da falência. **D:** incorreta, pois como estudamos não se trata de competência concorrente, devendo a parte interessada requerer a execução no juízo falimentar universal.

Gabarito "B".

10. RECURSOS

(Técnico – TRT1 – 2018 – AOCP) Arthur ingressou com reclamação trabalhista no dia 10 de out. de 2017, em face da empresa Publicidade e Bons Negócios Ltda., e obteve sentença favorável aos seus pleitos de pagamento de horas extras, adicional noturno e verbas rescisórias. Contudo, a reclamada encontra-se insatisfeita com a sentença prolatada, pois acredita não possuir débito algum com o reclamante, e intenciona, através do recurso cabível, pleitear a efetivação de seus direitos. Dessa forma, assinale a alternativa que demonstra qual o recurso e o prazo adequados às intenções da reclamada.

(A) Embargos de declaração no prazo de 10 (dez) dias.

(B) Recurso ordinário no prazo de 15 (quinze) dias.

(C) Agravo no prazo de 8 (oito) dias.

(D) Embargos de declaração no prazo de 5 (cinco) dias.

(E) Recurso ordinário no prazo de 8 (oito) dias.

Nos termos do art. 895, I, da CLT deverá ser interposto Recurso Ordinário no prazo de 8 dias. **HC**

Gabarito "E".

(Técnico – TRT/15 – FCC – 2018 – adaptada) Ajuizada reclamação trabalhista por Antonio, ainda sendo processo físico, foi julgada IMPROCEDENTE, de cuja ciência foi dada às partes no dia 15/12, uma quarta-feira, por meio de publicação no Diário Oficial. Entretanto, houve omissão do julgado no tocante à concessão ou não dos benefícios da Justiça Gratuita, requerida na inicial. Assim, tendo em vista o recesso forense compreendido entre os dias 20/12 a 20/01 de cada ano e a intenção de Antonio em ingressar com Embargos de Declaração, o último dia de prazo a observar em janeiro será dia

(A) 13.

(B) 11.

(C) 25.

(D) 24.

(E) 07.

O prazo para oposição de Embargos de Declaração é de 5 dias, nos termos do art. 897-A da CLT. Importante lembrar que nos termos do art. 775 da CLT os prazos são contados em dias úteis com exclusão do dia do começo e inclusão do dia do vencimento. Assim, o prazo iniciou sua contagem no dia 16/12, uma quinta-feira, contando-se, portanto como o primeiro dia do prazo e o dia 17/12 (sexta-feira) o segundo dia do prazo. Na segunda-feira, que seria o terceiro dia, por conta do recesso forense (dias 20/12 a 20/01 – art.. 775-A da CLT) houve a suspensão do prazo processual, súmula 262, II, do TST, que voltou a ser contado no dia 21/01 (sexta-feira) o terceiro dia; 24/01 (segunda-feira) o quarto dia e 25/01 o quinto e último dia do prazo para oposição de embargos de Declaração. A questão teve como adaptação a data considerada como recesso forense. A questão original considerou recesso forense o período de 20/12 a 06/01. **HC**

Gabarito "C".

(Técnico – TRT/15 – FCC – 2018) Artur é empregado temporário da empresa Gestão de Negócios Ltda. e prestou serviços temporários para Abóbora com Coco Doces Ltda. como empacotador. Moveu ação trabalhista contra ambas as empresas pleiteando diferenças salariais e pagamento de Plano de Participação nos Lucros, as quais se defenderam por meio de advogados distintos. A Reclamação foi julgada procedente, condenando a Gestão de Negócios Ltda. ao pagamento dos pedidos e a Abóbora com Coco Doces Ltda. de forma subsidiária, por ser a tomadora dos serviços temporários. Ambas pretendem ingressar com recurso ordinário, sendo que a empregadora temporária se insurgirá contra a condenação e a tomadora de serviços pedira sua exclusão da lide, por não ter sido a empregadora de Artur. O prazo, contado da intimação da sentença e não sendo interpostos Embargos de Declaração, será:

(A) 8 dias úteis para ambas as reclamadas.

(B) 16 dias úteis para ambas as reclamadas, pelo litisconsórcio passivo, independentemente de possuírem advogados distintos.

(C) os primeiros 8 dias para Gestão de Negócios Ltda. e os 8 dias subsequentes para a Abóbora com Coco Doces Ltda.

(D) os primeiros 8 dias para a Abóbora com Coco Doces Ltda. e os 8 dias subsequentes para Gestão de Negócios Ltda., tendo em vista que a matéria se trata de exclusão da lide.

(E) 16 dias úteis para ambas as reclamadas, uma vez que possuem advogados distintos, única hipótese em que é permitida a dobra do prazo processual.

Nos termos do art. 6º da Lei 5.584/1970 será de 8 (oito) dias o prazo para interpor e contra-arrazoar qualquer recurso. No mesmo sentido, aponta o art. 895, I, da CLT. Importante ressaltar que nos termos da OJ 310 da SDI 1 do TST é inaplicável ao processo do trabalho a norma contida no art. 229, *caput* e §§ 1º e 2º, do CPC de 2015, em razão de incompatibilidade com a celeridade que lhe é inerente. **HC**
Gabarito "A".

(Técnico – TRT2 – FCC – 2018) Considere as seguintes hipóteses:

I. Recurso de revista com fundamento em violação literal a dispositivo da Constituição Federal.

II. Recurso de revista com fundamento em contrariedade à Súmula do Tribunal Superior do Trabalho.

III. Recurso de revista com fundamento em contrariedade à Orientação Jurisprudencial do Tribunal Superior do Trabalho.

De acordo com o entendimento Sumulado do Tribunal Superior do Trabalho, nas causas sujeitas ao procedimento sumaríssimo será admissível o recurso de revista nas hipóteses indicadas em

(A) I, apenas.

(B) I, II e III.

(C) II e III, apenas.

(D) I e II, apenas.

(E) I e III, apenas.

I: opção correta, pois reflete a disposição do art. 896, § 9º, da CLT e súmula 442 do TST; II: opção correta, pois nos termos do art. 896, § 9º, da CLT e súmula 442 do TST admite-se o recurso de revista por contrariedade à Súmula do TST; III: opção incorreta, pois nos termos da súmula 442 do TST não se admite recurso de revista por contrariedade à orientação jurisprudencial. **JH**
Gabarito "D".

(Técnico – TRT2 – FCC – 2018) Em determinada reclamação trabalhista a empresa reclamada "S" foi condenada em R$ 15.000,00 a título de reparação de dano moral sofrido por Bruna, sendo este o único pedido da referida reclamação. A empresa "S", inconformada, interpôs recurso ordinário, depositando regularmente o depósito recursal de R$ 9.189,00. O recurso ordinário foi recebido mas negado provimento. A empresa "S" pretende interpor recurso de revista. Nesse caso, considerando que o valor do depósito recursal pertinente a este recurso é de R$ 18.378,00, ultrapassando o valor da condenação, de acordo com entendimento Sumulado do Tribunal Superior do Trabalho, para interposição do recurso de revista, a empresa "S"

(A) está obrigada a depositar o valor integral do depósito recursal referente ao recurso de revista dentro dos 8 dias de prazo para a sua interposição.

(B) não está obrigada a depositar o valor integral do depósito recursal referente ao recurso de revista, devendo, no entanto, depositar o valor restante para atingir o valor da condenação.

(C) não está obrigada a depositar mais nenhum valor a título de depósito recursal, ainda que não tenha atingido o valor da condenação, obedecendo-se o princípio da menor onerosidade recursal.

(D) não está obrigada a depositar mais nenhum valor a título de depósito recursal, ainda que não tenha atingido o valor da condenação, obedecendo-se o princípio do duplo grau de jurisdição e da vedação ao enriquecimento ilícito.

(E) está obrigada a depositar o valor integral do depósito recursal referente ao recurso de revista em até 3 dias após a sua interposição.

"B" é a opção correta. Isso porque, nos termos da súmula 128 do TST é ônus da parte recorrente efetuar o depósito legal, integralmente, em relação a cada novo recurso interposto, sob pena de deserção. Atingido o valor da condenação, nenhum depósito mais é exigido para qualquer recurso. **HC**
Gabarito "B".

(Técnico – TRT2 – FCC – 2018) Na hipótese da disponibilização de sentença na sexta-feira, com publicação na segunda-feira e não havendo qualquer feriado ou ausência de expediente durante o prazo recursal, o último dia de prazo para a interposição de Recurso Ordinário será:

(A) sexta-feira da semana da publicação.

(B) quarta-feira da semana seguinte à da publicação.

(C) terça-feira da semana seguinte à da publicação.

(D) segunda-feira da semana seguinte à da publicação.

(E) quinta-feira da semana seguinte à da publicação.

"E" é a opção correta. Isso porque, nos termos do art. 775 da CLT, os prazos processuais serão contados em dias úteis, com exclusão do dia do começo e inclusão do dia do vencimento. Nos termos do art. 224, § 2º, do CPC considera-se como data de publicação o primeiro dia útil seguinte ao da disponibilização da informação no Diário da Justiça eletrônico. Já o § 3º do mesmo dispositivo legal determina que a contagem do prazo terá início no primeiro dia útil que seguir ao da publicação. No caso em tela, a contagem do prazo de 8 dias úteis se iniciará na terça-feira e se encerrará na quinta-feira da semana seguinte à da publicação. **HC**
Gabarito "E".

(Técnico – TRT2 – FCC – 2018) Considere as seguintes decisões interlocutórias proferidas em reclamações trabalhistas:

I. Decisão interlocutória de Tribunal Regional do Trabalho contrária à Súmula ou Orientação Jurisprudencial do Tribunal Superior do Trabalho.
II. Decisão interlocutória que acolhe exceção de incompetência territorial, com a remessa dos autos para Tribunal Regional distinto daquele a que se vincula o juízo excepcionado.

De acordo com o entendimento Sumulado do Tribunal Superior do Trabalho,

(A) ambas as decisões, apesar de interlocutórias, ensejam recurso imediato.
(B) nenhuma das decisões enseja recurso imediato em razão do princípio da irrecorribilidade das decisões interlocutórias vigente no Direito Processual do Trabalho.
(C) somente a decisão interlocutória descrita no item "I" enseja recurso imediato.
(D) somente a decisão interlocutória descrita no item "II" enseja recurso imediato.
(E) as referidas decisões interlocutórias somente ensejariam recurso imediato se proferidas em reclamações trabalhistas em que uma das partes é Sindicato.

I: correta, pois, nos termos da súmula 214, a, do TST, as decisões interlocutórias que contrariam Súmula ou Orientação Jurisprudencial do Tribunal Superior do Trabalho, admitem recurso imediato; **II:** opção correta, pois nos termos da súmula 214, c, do TST, a decisão interlocutória que acolhe exceção de incompetência territorial, com a remessa dos autos para Tribunal Regional distinto daquele a que se vincula o juízo excepcionado, consoante o disposto no art. 799, § 2º, da CLT, admite a interposição de recurso imediato. HC
Gabarito "A".

(Técnico Judiciário – TRT11 – FCC – 2017) De acordo com a Consolidação das Leis do Trabalho, no tocante ao Recurso Ordinário, considere:

I. Nas reclamações trabalhistas sujeitas ao procedimento sumaríssimo, o recurso ordinário terá parecer oral do representante do Ministério Público presente à sessão de julgamento, se este entender necessário o parecer, com registro na certidão.
II. Os Tribunais Regionais, divididos em Turmas, não poderão designar Turma para o julgamento dos recursos ordinários interpostos das sentenças prolatadas nas demandas sujeitas ao procedimento sumaríssimo, devendo o julgamento ocorrer simultâneo com os demais Recursos.
III. Terá acórdão consistente unicamente na certidão de julgamento, com a indicação suficiente do processo e parte dispositiva, e das razões de decidir do voto prevalente.
IV. Se a sentença for confirmada pelos próprios fundamentos, a certidão de julgamento, registrando tal circunstância, servirá de acórdão.

Está correto o que se afirma APENAS em

(A) II e III.
(B) I, II e IV.
(C) III e IV.
(D) I e II.
(E) I, III e IV.

I: opção correta, pois reflete o disposto no art. 895, § 1º, III, da CLT.
II: opção incorreta, pois nos termos do art. 895, § 2º, da CLT os Tribunais Regionais, divididos em Turmas, poderão designar Turma para o julgamento dos recursos ordinários interpostos das sentenças prolatadas nas demandas sujeitas ao procedimento sumaríssimo. **III:** opção correta, pois reflete o disposto no art. 895, § 1º, IV, da CLT. **IV:** opção correta, pois nos termos do art. 895, § 1º, IV, parte final se a sentença for confirmada pelos próprios fundamentos, a certidão de julgamento, registrando tal circunstância, servirá de acórdão. HC
Gabarito "E".

(Técnico Judiciário – TRT11 – FCC – 2017) De acordo com a Consolidação das Leis do Trabalho e entendimento Sumulado do TST, no ato de interposição do agravo de instrumento, em regra, e desde que não atingido o valor da condenação,

(A) não é exigido depósito recursal.
(B) o depósito recursal corresponderá a 50% do valor do depósito do recurso ao qual se pretende destrancar.
(C) o depósito recursal corresponderá a 30% do valor do depósito do recurso ao qual se pretende destrancar.
(D) o depósito recursal corresponderá a 60% do valor do depósito do recurso ao qual se pretende destrancar.
(E) somente será devido o depósito recursal se tratar de procedimento ordinário, sendo este correspondente a 25% do valor do depósito do recurso ao qual se pretende destrancar.

"B" é a opção correta. Isso porque, nos termos do art. 899, § 7º, da CLT no ato de interposição do agravo de instrumento, o depósito recursal corresponderá a 50% (cinquenta por cento) do valor do depósito do recurso ao qual se pretende destrancar. No entanto, quando o agravo de instrumento tem a finalidade de destrancar recurso de revista que se insurge contra decisão que contraria a jurisprudência uniforme do Tribunal Superior do Trabalho, consubstanciada nas suas súmulas ou em orientação jurisprudencial, não haverá obrigatoriedade de se efetuar o referido depósito. HC
Gabarito "B".

(Técnico – TRT/19ª – 2015 – FCC) Constitui pressuposto intrínseco do recurso de revista

(A) a tempestividade.
(B) a sucumbência.
(C) a divergência jurisprudencial.
(D) a regularidade de representação.
(E) o preparo.

A: incorreta, pois a tempestividade é um pressuposto extrínseco do recurso. **B:** incorreta, pois a sucumbência não é pressuposto recursal O que constitui, também, verdadeiro pressuposto intrínseco do recurso é o interesse recursal. **C:** correta, pois por pressuposto intrínseco podemos entender como aquele próprio do recurso de revista. Assim, a divergência jurisprudencial é um pressuposto intrínseco do recurso de revista pautado nas alíneas "a" e "b", do art. 896 da CLT. **D:** incorreta, pois a regularidade de representação é um pressuposto extrínseco do recurso. **E:** incorreta, pois o preparo (recolhimento de custas e depósito recursal, este último apenas em se tratando de empregador) constitui pressuposto extrínseco do recurso.
Gabarito "C".

(Técnico – TRT/16ª – 2015 – FCC) Considere a seguinte hipótese: Reclamação trabalhista ajuizada perante o Juiz de Direito, tendo em vista que aquela localidade não estava abrangida por jurisdição de Vara do Trabalho, sendo pelo mesmo processada e julgada. Inconformadas as partes com o teor da sentença, devem interpor recurso

(A) de apelação para o Tribunal de Justiça do Estado.

(B) de apelação para o Tribunal Regional do Trabalho.

(C) ordinário para o Tribunal de Justiça do Estado.

(D) ordinário para o Tribunal Regional do Trabalho.

(E) especial para o Superior Tribunal de Justiça.

Nos termos do art. 112 da CF nas localidades não abrangidas por jurisdição de Vara do Trabalho, ou seja, nas localidades onde não haja Vara do Trabalho, a competência para apreciação das demandas de natureza trabalhista será atribuída aos juízes de direito, com recurso para o respectivo Tribunal Regional do Trabalho.
„Gabarito "D".

(Técnico – TRT/3ª – 2015 – FCC) Considere as seguintes hipóteses:

I. Indeferimento da petição inicial.

II. Indeferimento do requerimento da realização de perícia para apuração de periculosidade.

III. Juiz acolhe alegação de litispendência.

IV. Juiz acolhe alegação de coisa julgada.

Caberá Recurso Ordinário nas hipóteses indicadas APENAS em

(A) I e III.

(B) I e II.

(C) I, III e IV.

(D) II, III e IV.

(E) II e IV.

I: correta, pois decisão que indefere a petição inicial extingue o processo sem resolução do mérito (485 CPC/2015) e por isso possui natureza jurídica de sentença, nos termos do art. 203, § 1º CPC/2015. **II**: incorreta, pois a decisão que indefere o requerimento de perícia possui natureza de decisão interlocutória, em conformidade com o art. 203, § 2º, CPC/2015, não desafiando a interposição de recurso ordinário, art. 893, § 1º, da CLT. **III**: correta, pois em conformidade com o art. 203, § 1º, CPC/2015 a decisão que acata a litispendência possui natureza de sentença e extingue o processo sem resolução de mérito (485 CPC/2015). **IV**: correta, pois em conformidade com o art. 203, § 1º, CPC/2015 a decisão que acolhe a alegação de coisa julgada possui natureza de sentença e extingue o processo sem resolução de mérito (art. 485 CPC/2015).
„Gabarito "C".

(Técnico – TRT/3ª – 2015 – FCC) Na execução de sentença proferida em reclamação trabalhista, contra as decisões dos Tribunais Regionais do Trabalho

(A) não caberá Recurso de Revista, salvo na hipótese de ofensa direta e literal de norma estadual ou federal.

(B) caberá, em qualquer hipótese, Recurso de Revista, no prazo de oito dias.

(C) não caberá Recurso de Revista, salvo na hipótese de ofensa à súmula ou jurisprudência consolidada do Tribunal Superior do Trabalho.

(D) caberá, em qualquer hipótese, Recurso de Revista, no prazo de quinze dias.

(E) não caberá Recurso de Revista, exceto quando ocorrer ofensa direta e literal de norma da Constituição Federal.

A: incorreta, pois na fase de execução não caberá recurso de revista por ofensa direta e literal de norma estadual ou federal. Veja art. 896, § 2º, da CLT. **B**: incorreta, pois na fase de execução o recurso de revista está restrito a hipótese de ofensa direta e literal de norma da Constituição Federal. Ademais, caberá recurso de revista por violação a lei federal,

por divergência jurisprudencial e por ofensa à Constituição Federal nas execuções fiscais e nas controvérsias da fase de execução que envolvam a Certidão Negativa de Débitos Trabalhistas (CNDT). **C**: incorreta, pois o recurso de revista na hipótese de ofensa à súmula ou jurisprudência consolidada do TST é prevista para a fase de conhecimento no procedimento ordinário. **D**: incorreta, pois as hipóteses de cabimento de recurso de revista estão previstas no § 2º do art. 896 da CLT e seu prazo será de 8 dias, art. 6º da Lei 5.584/1970 **E**: opção correta, pois reflete o disposto no art. 896, § 2º, da CLT.
„Gabarito "E".

(Técnico Judiciário – TRT9 – 2012 – FCC) Vênus foi dispensada da empresa Néctar dos Deuses S/A por justa causa. Ajuizou reclamação trabalhista para questionar o motivo da rescisão e postular indenização por dispensa imotivada. Ocorre que a ação foi julgada improcedente pelo Juiz da Vara do Trabalho. Inconformada, Vênus resolveu recorrer da sentença. Nessa situação, é cabível interpor:

(A) recurso ordinário, no prazo de 05 dias.

(B) embargos de declaração, no prazo de 05 dias.

(C) recurso de revista, no prazo de 08 dias.

(D) apelação, no prazo de 15 dias.

(E) recurso ordinário, no prazo de 08 dias.

A: incorreta, pois o prazo para o recurso ordinário é de 8 dias, nos termos do art. 895, I, da CLT; **B**: incorreta, pois os embargos de declaração são cabíveis das sentenças que contenham omissão, contradição ou obscuridade, nos termos do art. 897-A da CLT; **C**: incorreta, pois o recurso de revista é o recurso cabível das decisões proferidas pelo TRT, nos termos do art. 896 da CLT; **D**: incorreta, pois no processo do trabalho não existe o recurso de apelação. Nesse caso, tendo em vista a existência de recursos próprios, não se aplica o CPC de forma subsidiária (art. 769 da CLT.); **E**: correta, pois reflete o disposto no art. 895, I, da CLT.
„Gabarito "E".

(Técnico – TRT/6ª – 2012 – FCC) Considere:

I. Recurso Ordinário.

II. Embargos de Declaração em Recurso Ordinário.

III. Ação Rescisória.

IV. Recurso de Revista.

V. Agravo de Petição de decisão proferida por Vara do Trabalho.

O jus postulandi das partes NÃO alcança as hipóteses indicadas APENAS em:

(A) I, II e V.

(B) III, IV e V.

(C) III e IV.

(D) II, III e IV.

(E) I, II e IV.

Nos termos da Súmula 425 do TST o jus postulandi das partes, estabelecido no art. 791 da CLT, limitase às Varas do Trabalho e aos Tribunais Regionais do Trabalho, não alcançando a ação rescisória, a ação cautelar, o mandado de seguran- ça e os recursos de competência do Tribunal Superior do Trabalho.
„Gabarito "C".

(Técnico – TRT/6ª – 2012 – FCC) De decisão não unânime do Tribunal Superior do Trabalho que estender sentença normativa e das decisões definitivas dos Tribunais Regionais do Trabalho em processos de sua competência originária, ainda não transitados em julgados, caberá:

(A) Embargos e Agravo de Petição, respectivamente.

(B) Embargos e Recurso Ordinário, respectivamente.

(C) Recurso de Revista e Recurso Ordinário, respectivamente.

(D) Embargos.

(E) Recurso de Revista.

Arts. 894, I, *a*, e 895, II, da CLT.
Gabarito "B".

(Técnico Judiciário – TRT/9º – 2010 – FCC) Joana e Gabriela, empregadas da empresa Z, ajuizaram reclamações trabalhistas distintas tendo em vista a demissão sem justa causa de ambas as empregadas. A petição inicial da reclamação trabalhista de Joana foi indeferida em razão da sua inépcia e a reclamação trabalhista de Gabriela foi arquivada em razão do seu não comparecimento à audiência. Ambas pretendem recorrer destas decisões. Nestes casos,

(A) não caberá recurso em ambas as reclamações.

(B) caberá agravo de petição em ambas as reclamações.

(C) caberá agravo de instrumento em ambas as reclamações.

(D) caberá recurso ordinário em ambas as reclamações.

(E) caberá recurso ordinário somente na reclamação trabalhista de Joana.

Art. 895, I, da CLT.
Gabarito "D".

(Técnico Judiciário – TRT/9º – 2010 – FCC) Em uma execução de reclamação trabalhista, foi proferida decisão em agravo de petição por Turma de Tribunal Regional do Trabalho, que ofendeu direta e literalmente norma da Constituição Federal. Neste caso,

(A) caberá Embargos de divergência para o Tribunal Superior do Trabalho.

(B) não caberá recurso por expressa disposição legal.

(C) caberá agravo de instrumento.

(D) caberá recurso de revista.

(E) caberá Embargos de divergência para o próprio Tribunal que proferiu a decisão.

Art. 896, § 2º, da CLT.
Gabarito "D".

(Técnico Judiciário – TRT/20ª – 2011 – FCC) Joana ajuizou reclamação trabalhista em face da sua ex-empregadora, a empresa ABCD. A reclamação trabalhista foi julgada procedente e a empresa interpôs recurso ordinário. O referido recurso foi considerado intempestivo pelo juiz *a quo* que lhe negou seguimento. A empresa interpôs agravo de instrumento demonstrando que o recurso era tempestivo em razão da ocorrência de um feriado local. No agravo de Instrumento, o juiz *a quo*, verificando a existência real do feriado, reconsiderou a sua decisão e conheceu do recurso principal. Neste caso,

(A) ocorreu o efeito regressivo do recurso de Agravo de Instrumento.

(B) o juiz *a quo* não agiu corretamente porque só o Tribunal competente é que poderia reformar a decisão, não havendo juízo de retratação em Agravo de Instrumento.

(C) Joana deverá interpor agravo de instrumento no prazo de oito dias em face desta decisão que admitiu o recurso ordinário através de reconsideração.

(D) ocorreu o efeito extensivo do recurso de Agravo de Instrumento.

(E) Joana deverá interpor Agravo de Petição no prazo de oito dias em face desta decisão que admitiu o recurso ordinário através de reconsideração.

Efeito regressivo dos recursos é aquele que permite ao juiz prolator da decisão atacada revê sua decisão (trata-se do chamado juízo de retratação). O efeito regressivo está sempre presente no recurso de Agravo de Instrumento. No Recurso Ordinário, em regra inexiste tal efeito. Excepcionalmente, no entanto, em hipóteses de sentença liminar de improcedência da demanda ou de indeferimento da inicial, é defensável a tese da possibilidade do juiz cassar a própria sentença diante de um Recurso Ordinário, com fundamento nos arts. 332, § 3º e 331 CPC/2015.
Gabarito "A".

(Técnico Judiciário – TRT/20ª – 2011 – FCC) Na Justiça do Trabalho, os Embargos de Declaração são cabíveis no prazo de

(A) três dias, havendo omissão, contradição ou obscuridade no julgado.

(B) cinco dias, havendo omissão, contradição ou obscuridade no julgado.

(C) 48 horas em atenção ao princípio da celeridade processual.

(D) oito dias, havendo omissão, contradição ou obscuridade no julgado.

(E) 24 horas em atenção ao princípio da celeridade processual.

Art. 897-A, *caput*, da CLT.
Gabarito "B".

(Técnico Judiciário – TRT/22ª – 2010 – FCC) Com relação aos recursos na Justiça do Trabalho:

(A) Cabe agravo de instrumento, no prazo de dez dias, dos despachos que denegarem a interposição de recursos.

(B) Cabe recurso ordinário para a instância superior das decisões definitivas ou terminativas das Varas e Juízos, no prazo de dez dias.

(C) Cabe recurso ordinário para a instância superior das decisões definitivas ou terminativas das Varas e Juízos, no prazo de oito dias.

(D) O agravo de instrumento interposto contra o despacho que não receber agravo de petição suspende a execução da sentença.

(E) Caberão embargos de declaração da sentença ou acórdão, no prazo de oito dias, devendo seu julgamento ocorrer na primeira audiência ou sessão subsequente a sua apresentação.

Art. 895, I, da CLT.
Gabarito "C".

(FCC – 2015) Em relação à execução provisória os recursos serão interpostos por simples petição e terão efeito meramente

(A) suspensivo, salvo as exceções previstas em lei, permitida a execução provisória até a penhora.

(B) suspensivo, salvo as exceções previstas em lei, permitida a execução definitiva.

(C) devolutivo, salvo as exceções previstas em lei, permitida a execução definitiva.

(D) meramente suspensivo, salvo as exceções previstas em lei, permitida a execução provisória até o leilão e a praça.

(E) devolutivo, salvo as exceções previstas em lei, permitida a execução provisória até a penhora.

De acordo com o art. 899 da CLT os recursos serão interpostos por simples petição e terão efeito meramente devolutivo, salvo as exceções previstas em lei, permitida a execução provisória até a penhora. Como exceção à regra podemos indicar a possibilidade de efeito suspensivo ao recurso ordinário interposto em dissídio coletivo, em conformidade com o art. 14 da Lei 10.192/2001. Da mesma forma, poderá ser atribuído efeito suspensivo às decisões das Turmas dos Tribunais do Trabalho no julgamento de processos coletivos, em conformidade com o art. 9º da Lei 7.701/1988.

Gabarito "E".

(FGV – 2015) A papelaria Monte Fino Ltda. foi condenada numa reclamação trabalhista movida pelo ex-empregado Sérgio Silva. Uma das parcelas reivindicadas e deferidas foi o 13º salário, que a sociedade empresária insistia haver pago, mas não tinha o recibo em mãos porque houve um assalto na sociedade empresária, quando os bandidos levaram o cofre, as matérias primas e todos os arquivos com a contabilidade e os documentos da sociedade empresária. Recuperados os arquivos pela polícia, agora, no momento do recurso, a Monte Fino Ltda. pretende juntar o recibo provando o pagamento, inclusive porque a sentença nada mencionou acerca da possível dedução de valores pagos sob o mesmo título. De acordo com o caso apresentado e o entendimento jurisprudencial consolidado, assinale a afirmativa correta.

(A) É possível a juntada do documento no caso concreto, porque provado o justo impedimento para sua oportuna apresentação.

(B) O momento de apresentação da prova documental já se esgotou, não sendo possível fazê-lo em sede de recurso.

(C) Pelo princípio da primazia da realidade, qualquer documento pode ser apresentado com sucesso em qualquer grau de jurisdição, inclusive na fase de execução, independentemente de justificativa.

(D) Há preclusão, e o juiz não pode aceitar a produção da prova em razão do princípio da proteção, pois isso diminuiria a condenação.

Tendo em vista o entendimento disposto na súmula 8 do TST, a juntada de documentos na fase recursal só se justifica quando provado o justo impedimento para sua oportuna apresentação ou se referir a fato posterior à sentença. Veja também art. 1.014 do CPC/2015.

Gabarito "A".

(FGV – 2015) O Desembargador Relator de um recurso ordinário, ao verificar que a matéria posta em debate já era sumulada pelo TRT do qual é integrante, resolveu julgar, monocraticamente, o recurso.

Diante do caso e da jurisprudência consolidada do TST, assinale a afirmativa correta.

(A) A atitude está equivocada, pois, na Justiça do Trabalho, não cabe julgamento monocrático pelo TRT.

(B) O julgamento monocrático está correto e dessa decisão não caberá recurso, com o objetivo de abreviar o trânsito em julgado.

(C) É possível o uso subsidiário do Art. 557 do CPC, de modo que a decisão monocrática é válida na hipótese, e caberá recurso contra a decisão.

(D) A única possibilidade de julgamento monocrático válido é aquele feito pelo TST.

A: incorreta, pois a regra disposta no art. 932, IV, a, do CPC/2015 é aplicável ao processo do trabalho por força do art. 769 da CLT, em conformidade com a Súmula 435 do TST. B: incorreta, pois embora a decisão esteja correta, por se tratar de decisão monocrática, a parte poderá interpor agravo regimental, recurso previsto no regimento interno de cada TRT. C: correta, pois reflete o entendimento disposto na Súmula 435 do TST. D: incorreta, pois os TRTs também podem realizar o julgamento monocrático, sendo aplicável a regra do art. 932, IV, a, do CPC/2015 ao processo do trabalho.

Gabarito "C".

11. QUESTÕES COMBINADAS

(Técnico – TRT1 – 2018 – AOCP) Considerando os temas: citação, nomeação de bens, mandado e penhora, bens penhoráveis e impenhoráveis, no Direito Processual do Trabalho, pautados na Lei nº 13.467/2017, assinale a alternativa correta.

(A) A Consolidação das Leis Trabalhistas faz menção expressa sobre o artigo de lei do Código de Processo Civil que traz a ordem preferencial de penhora, tendo como primeira opção o dinheiro, em espécie ou em depósito ou aplicação em instituição financeira.

(B) Requerida a execução, o juiz do tribunal mandará expedir mandado de citação do executado, a fim de que cumpra a decisão ou o acordo no prazo pelo modo e sob as cominações estabelecidas ou, quando se tratar de pagamento em dinheiro, inclusive de contribuições sociais devidas à União, para que o faça em 72 (setenta e duas) horas ou garanta a execução, sob pena de penhora.

(C) Não pagando o executado, nem garantindo a execução, seguir-se-á penhora dos bens, tantos quantos bastem ao pagamento da importância da condenação, sem custas e juros de mora.

(D) São impenhoráveis os móveis pertences e utilidades domésticas que guarnecem a residência do executado, inclusive os de elevado valor ou os que ultrapassem as necessidades comuns correspondentes a um médio padrão de vida.

(E) O executado que não pagar a importância reclamada perderá o direito de garantir a execução mediante depósito da quantia correspondente atualizada e sem as despesas processuais.

A: correta, pois reflete a disposição do art. 882 da CLT. B: incorreta, pois nos termos do art. 880 da CLT o prazo será de 48 horas. C: incorreta, pois nos termos do art. 883 da CLT serão acrescidas à dívida as custas e juros de mora, sendo estes, em qualquer caso, devidos a partir da data em que for ajuizada a reclamação inicial. D: incorreta, pois nos termos do art. 833, II do CPC os bens que são de elevado valor ou os que ultrapassem as necessidades comuns correspondentes a um médio padrão de vida, são excepcionados pela regra da impenhorabilidade, podendo ser penhorados. E: incorreta, pois nos termos do art. 882 da CLT o executado que não pagar a importância reclamada poderá garantir a execução mediante depósito da quantia correspondente, atualizada e acrescida das despesas processuais, apresentação de seguro-garantia judicial ou nomeação de bens à penhora, observada a ordem preferencial estabelecida no art. 835 do CPC/2015. HC

Gabarito "A"

(Técnico – TRT/15 – FCC – 2018) A empresa Céu Azul Alimentos Ltda. foi condenada a pagar verbas rescisórias a Armando em reclamação trabalhista com decisão transitada em julgado. Após citação da referida empresa para pagamento da execução e deixando de pagar, oferecer bens à penhora ou garantir o juízo, de acordo com a Consolidação das Leis do Trabalho, respeitada a legislação pertinente, a decisão

(A) poderá, após 30 dias, ser levada a protesto, gerar inscrição do nome do executado em órgãos de proteção ao crédito ou no Banco Nacional de Devedores Trabalhistas (BNDT).

(B) poderá, após 15 dias, ser levada a protesto, gerar inscrição do nome do executado em órgãos de proteção ao crédito ou no Banco Nacional de Devedores Trabalhistas (BNDT).

(C) somente lançará, após 45 dias, o nome do executado no Banco Nacional de Devedores Trabalhistas (BNDT), sendo vedado o protesto.

(D) somente lançará, após 90 dias, o nome do executado no Banco Nacional de Devedores Trabalhistas (BNDT), sendo vedado o protesto.

(E) poderá, após 45 dias, ser levada a protesto, gerar inscrição do nome do executado em órgãos de proteção ao crédito ou no Banco Nacional de Devedores Trabalhistas (BNDT).

Nos termos do art. 883-A da CLT a decisão judicial transitada em julgado somente poderá ser levada a protesto, gerar inscrição do nome do executado em órgãos de proteção ao crédito ou no Banco Nacional de Devedores Trabalhistas (BNDT), nos termos da lei, depois de transcorrido o prazo de 45 dias a contar da citação do executado, se não houver garantia do juízo. HC

Gabarito "E"

(Técnico – TRT2 – FCC – 2018) A Lei no 11.419/2006, que regulamenta a informatização do Processo Judicial, dispõe que

(A) se consideram realizados os atos processuais por meio eletrônico às 23 horas e 59 minutos do dia do seu envio ao sistema do Poder Judiciário, do que não deverá ser fornecido protocolo eletrônico.

(B) se considera meio eletrônico, para fins específicos da referida lei, toda forma de comunicação a distância com a utilização de redes de comunicação, preferencialmente a rede mundial de computadores.

(C) os documentos cuja digitalização seja tecnicamente inviável devido ao grande volume ou por motivo de ilegibilidade deverão ser apresentados ao cartório ou secretaria no prazo de 10 dias contados do envio de petição eletrônica comunicando o fato, os quais serão devolvidos à parte após o trânsito em julgado.

(D) no processo eletrônico, todas as citações, intimações e notificações, exceto da Fazenda Pública, serão feitas por meio eletrônico, na forma da referida Lei.

(E) quando, por motivo técnico, for inviável o uso do meio eletrônico para a realização de citação, intimação ou notificação, esses atos processuais poderão ser praticados segundo as regras ordinárias, digitalizando-se o documento físico, sendo, porém, vedada posteriormente sua destruição.

A: incorreta, pois, nos termos do art. 3º da Lei 11.419/2006, consideram-se realizados os atos processuais por meio eletrônico no dia e hora do seu envio ao sistema do Poder Judiciário, do que deverá ser fornecido protocolo eletrônico; **B:** incorreta, pois "meios eletrônicos" para a lei é qualquer forma de armazenamento ou tráfego de documentos e arquivos digitais (art. 1º, § 2º, I, da Lei 11.419/2006). Atenção, não confunda meio eletrônico com transmissão eletrônica. Veja art. 1º, § 2º, II, da Lei 11.419/2006; **C:** correta, pois reflete a disposição contida no art. 11, § 5º, da Lei 11.419/2006; **D:** incorreta, pois, nos termos do art. 9º da Lei 11.419/2006, no processo eletrônico, todas as citações, intimações e notificações, inclusive da Fazenda Pública, serão feitas por meio eletrônico; **E:** incorreta, pois, nos termos do art. 9º, § 2º, da Lei 11.419/2006, quando, por motivo técnico, for inviável o uso do meio eletrônico para a realização de citação, intimação ou notificação, esses atos processuais poderão ser praticados segundo as regras ordinárias, digitalizando-se o documento físico, que deverá ser posteriormente destruído. HC

Gabarito "C"

(FGV – 2015) José é empregado da sociedade empresária Bicicletas Ltda. Necessitando de dinheiro, ele vendeu seu automóvel para seu patrão, sócio da sociedade empresária. Para sua surpresa, foi dispensado imotivadamente 4 meses depois. Para garantir o pagamento de horas extras trabalhadas e não pagas, Jonas ajuizou ação trabalhista contra a sociedade empresária Bicicletas Ltda. A defesa da ré aduziu que não devia nenhuma hora extra a Jonas, pois o automóvel vendido ao sócio da ré apresentou defeito no motor, o que gerou prejuízo enorme para ele, razão pela qual tudo deveria ser compensado. Diante disso, assinale a afirmativa correta.

(A) Descabe a condenação em horas extras, dado o prejuízo causado, tendo em vista a vedação ao enriquecimento sem causa.

(B) Descabe a arguição de compensação de qualquer natureza na Justiça do Trabalho, pois contrária ao princípio de proteção ao hipossuficiente.

(C) Descabe a compensação, porque a dívida imputada a José não é trabalhista, devidas assim as horas extras na integralidade.

(D) Cabe a compensação, desde que arguida em ação própria.

A: incorreta, pois a condenação em horas extras será devida, independente do prejuízo causado ao empregador pela venda do automóvel. **B:** incorreta, pois a compensação é permitida no processo do trabalho, art. 477, § 5º, da CLT, porém para serem compensadas as dívidas devem possuir natureza trabalhista. O negócio jurídico avençado (compra e venda de automóvel) possui natureza civil, portanto não pode ser compensada em um processo trabalhista, em conformidade com a súmula 18 do TST. **C:** correta, pois a dívida imputada a José é de natureza civil, não podendo ser compensada na Justiça do Trabalho, nos termos da súmula 18 do TST. **D:** incorreta, pois a compensação, quando cabível, deve ser arguida em contestação, nos termos da Súmula 48 do TST.

Gabarito "C"

(FGV – 2015) Julgado dissídio coletivo entre uma categoria profissional e a patronal, em que foram concedidas algumas vantagens econômicas à categoria dos empregados, estas não foram cumpridas de imediato pela empresa Alfa Ltda.. Diante disso, o sindicato profissional decidiu ajuizar ação de cumprimento em face da empresa. Sobre o caso apresentado, assinale a afirmativa correta.

(A) Deverá aguardar o trânsito em julgado da decisão, para ajuizar a referida ação.

(B) Poderá ajuizar a ação, pois o trânsito em julgado da sentença normativa é dispensável.

(C) Não juntada a certidão de trânsito em julgado da sentença normativa, o feito será extinto sem resolução de mérito.

(D) Incabível a ação de cumprimento, no caso.

De acordo com o entendimento consubstanciado na súmula 246, o TST entende ser dispensável o trânsito em julgado da sentença normativa para a propositura da ação de cumprimento.

Gabarito "B".

18. Direito Previdenciário

Henrique Subi

Henrique Subi

(**Técnico – TRF/4 – FCC – 2019**) Sobre o Sistema de Seguridade Social no Brasil, é correto afirmar:

(A) É um sistema de gestão bipartite entre governo e sociedade nas políticas de Previdência, Assistência e Saúde.

(B) São princípios para os benefícios da Seguridade Social: a universalidade da cobertura de atendimento, a uniformidade e equivalência dos benefícios e serviços às populações urbanas e rurais; a seletividade e distributividade na prestação dos benefícios e serviços e a irredutibilidade do valor dos benefícios.

(C) A Saúde é um sistema não contributivo, mas a Previdência e a Assistência Social são contributivas por ocasião dos benefícios previdenciários e do amparo assistencial ao idoso e ao deficiente.

(D) Há diversidade na base de financiamento da Previdência Social e seu custeio é realizado pelas contribuições do empregador, da empresa e da entidade a ela equiparada na forma da lei, do trabalhador e dos demais segurados da previdência social, não incidindo contribuição sobre aposentadoria e pensão concedidas pelo Regime Geral da Previdência Social (RGPS), bem como do importador de bens ou serviços do exterior, ou de quem a lei a ele equiparar.

(E) O benefício ou serviço da seguridade social pode ser criado, majorado ou estendido sem a correspondente fonte de custeio.

A: incorreta. A seguridade social é gerida por órgão quadripartite, com participação do governo, dos trabalhadores, dos aposentados e dos empregadores (art. 194, parágrafo único, VII, da Constituição Federal); **B:** correta, nos termos do art. 194, parágrafo único, I, II, III e IV, da CF; **C:** incorreta. A assistência social também não é contributiva, sendo prestada a quem dela necessitar independente do pagamento de tributos (art. 203 da CF); **D:** incorreta. Faltou mencionar as receitas decorrentes dos concursos de prognósticos (art. 195, III, da CF); **E:** incorreta. É obrigatória previsão da fonte de custeio nesses casos (art. 195, § 5º, da CF). HS
Gabarito "B".

(**Técnico – TRF/4 – FCC – 2019**) Sobre os benefícios por incapacidade é INCORRETO afirmar:

(A) Para os empregados e para os empregados domésticos, o empregador ficará obrigado a pagar os 15 primeiros dias de afastamento da licença-saúde, e só a partir do décimo sexto dia o segurado afastado receberá do INSS.

(B) A carência para o auxílio-doença é de 12 meses, salvo nos casos de acidente de trabalho e de qualquer natureza, bem como no caso de doenças e afecções especificadas em lista elaborada pelos Ministérios da Saúde e da Previdência Social.

(C) Não haverá direito ao auxílio-doença nos casos de doença preexistente, salvo quando a incapacidade sobrevier por motivo de progressão ou agravamento da doença ou da lesão.

(D) Será pago um adicional de 25% no valor da aposentadoria por invalidez para aqueles que necessitam de ajuda permanente de terceiros.

(E) O auxílio acidente é um benefício por incapacidade que será pago ao segurado no término do auxílio-doença decorrente de acidentes de trabalho ou de qualquer natureza. Deverá ser comprovada a redução da capacidade laboral para que haja direito ao benefício.

A: incorreta, devendo ser assinalada. O benefício pago ao empregado doméstico será de responsabilidade do INSS desde o primeiro dia de afastamento (art. 72 do RPS); **B:** correta, nos termos dos arts. 25, I, e 26, II, do PBPS; **C:** correta, nos termos do art. 59, § 1º, do PBPS; **D:** correta, nos termos do art. 45 do PBPS; **E:** correta, nos termos do art. 86 do PBPS. HS
Gabarito "A".

(**Técnico – TRF/4 – FCC – 2019**) Os benefícios previdenciários são uma forma de indenização sobre a eclosão do risco social previdenciário. Sobre esses benefícios é correto afirmar:

(A) Poderá ser concedido o salário-maternidade a mais de um segurado, decorrente do mesmo processo de adoção ou guarda, ainda que os cônjuges ou companheiros estejam submetidos a Regime Próprio de Previdência Social, ressalvado o pagamento do salário-maternidade à mãe biológica.

(B) De acordo com a legislação atual, a aposentadoria especial será devida pela profissão que o segurado possui ou pela exposição aos agentes químicos, físicos e biológicos ou associação de agentes.

(C) O professor ou a professora da educação infantil, fundamental e ensino médio, bem como o do superior terão direito a se aposentar com 25 anos de contribuição, se mulher, e 30 anos de contribuição, se homem.

(D) O valor do auxílio-acidente poderá ser integrado ao salário de contribuição para fins de cálculo da futura aposentadoria. Por essa razão atualmente a aposentadoria e o auxílio-acidente não se cumulam.

(E) Haverá obrigatoriedade da incidência legal do fator previdenciário nas aposentadorias especial e por idade.

A: incorreta. O art. 71-A, § 2º, do PBPS proíbe o pagamento de salário-maternidade a mais de um segurado decorrente do mesmo processo de adoção ou guarda, ressalvado o direito da mãe biológica; **B:** incorreta. A aposentadoria especial é concedida somente aos trabalhadores que comprovem a exposição a agentes químicos, físicos ou biológicos, ou associação destes, que lhe prejudiquem a saúde ou a integridade física (arts. 57 e 58 do PBPS); **C:** incorreta. O professor de ensino superior não é abrangido pela redução de tempo de contribuição (art. 201, § 8º, da CF); **D:** correta, nos termos do art. 86, § 1º, do PBPS; **E:** incorreta. Na aposentadoria por idade, o fator previdenciário é utilizado somente se for benéfico ao segurado (art. 7º da Lei 9.876/1999); na aposentadoria especial, o fator previdenciário não incide em nenhuma hipótese (art. 29, II, do PBPS). HS
Gabarito "D".

(Técnico Judiciário – TRF2 – Consulplan – 2017) "Sandra conseguiu o seu primeiro emprego na empresa Calçados Perfeitos Ltda., lá permanecendo por dois anos, vindo a ser dispensada por justa causa porque praticou ato de improbidade. Quando da dispensa, Sandra encontrava-se grávida de dois meses. Sete meses depois Sandra teve o seu bebê." Considerando a situação retratada e a legislação previdenciária em vigor, assinale a alternativa correta.

(A) Não se cogitará de salário-maternidade no caso concreto porque o período de graça é de seis meses e já havia escoado quando ocorreu o parto.

(B) Diante da falta grave praticada pela segurada, que conduziu à dispensa por justa causa do seu emprego, ela não fará jus ao salário-maternidade.

(C) Sandra não poderia ser dispensada porque estava grávida; assim, será reintegrada pelo INSS, cabendo ao empregador conceder a licença-maternidade.

(D) Sandra receberá salário-maternidade, pago diretamente pela Previdência Social, pois encontra-se no denominado período de graça.

A: incorreta. O período de graça, nesse caso, é de 12 meses, nos termos do art. 15, II, da Lei 8.213/91; **B:** incorreta. A dispensa por justa causa não obsta o recebimento do benefício; **C:** incorreta. A estabilidade não protege o trabalhador da demissão por justa causa e não há hipótese de concessão de benefício previdenciário por qualquer outro órgão ou pessoa que não o INSS; **D:** correta, nos termos do comentário à alternativa "A". **HS**

Gabarito "D".

(Técnico Judiciário – TRF2 – Consulplan – 2017) "Daniel é cuidador de um idoso, ganha dois salários mínimos mensais, teve a carteira profissional assinada pelo empregador e trabalhou nesta condição pelo tempo necessário para se aposentar. Ao dirigir-se a um posto do INSS, e após consultado o CNIS (Cadastro Nacional de Informações Sociais), Daniel verificou que o empregador doméstico não efetuara qualquer recolhimento previdenciário durante o longevo tempo trabalhado." Diante da situação retratada e da legislação previdenciária em vigor, assinale a alternativa correta.

(A) Sem o recolhimento previdenciário não será possível o cômputo do tempo de serviço para a aposentadoria do segurado, pois o sistema é contributivo.

(B) É irrelevante para Daniel que não tenha havido contribuição, pois a fiscalização é responsabilidade do Estado, razão pela qual ele terá acesso à aposentadoria pelo valor integral.

(C) Daniel terá o cômputo do tempo de serviço, mas receberá o benefício na razão de um salário mínimo,

a ser recalculado se e quando provado o recolhimento.

(D) O segurado em questão terá direito, por força de Lei, ao cômputo isento de metade do período, devendo recolher as contribuições da outra metade e cobrá-las em seguida do empregador.

A questão merece críticas, porque não deixa claro no enunciado se a remuneração de Daniel constava da CTPS (é de se pressupor que sim, dada a relevância da informação para o contrato de trabalho). Nesta hipótese, ainda que a legislação afirme que a alteração dos dados constantes do CNIS deve vir acompanhada de documentos, sob pena de prevalecer o cadastro (art. 29-A, § 2º, da Lei 8.213/1991 – fundamento do gabarito oficial), a jurisprudência é uníssona no sentido de que a CTPS faz prova suficiente do que nela consta: "A Carteira de Trabalho e Previdência Social (CTPS) em relação à qual não se aponta defeito formal que lhe comprometa a fidedignidade goza de presunção relativa de veracidade, formando prova suficiente de tempo de serviço para fins previdenciários, ainda que a anotação de vínculo de emprego não conste no Cadastro Nacional de Informações Sociais (CNIS)" (Súmula 75 da TNU). Logo, também a remuneração deve ser considerada comprovada. **HS**

Gabarito "C".

(Técnico Judiciário – TRF2 – Consulplan – 2017) "Reinaldo é aposentado por idade e nesta condição recebe do INSS 2,5 salários mínimos mensais. Porém, Reinaldo continua trabalhando e recebe do seu empregador 1,5 salário mínimo por mês. Em dezembro de 2016, Reinaldo foi acometido por uma doença grave, que o impossibilitou de trabalhar por 50 dias." Diante da situação retratada e da legislação previdenciária em vigor, assinale a alternativa correta.

(A) A Previdência Social pagará 100% do salário de benefício a partir do 30º dia de afastamento.

(B) Não haverá pagamento de auxílio-doença porque Reinaldo já é aposentado.

(C) O INSS pagará auxílio-doença a partir do 15º dia de afastamento, na razão de 91% do salário de benefício.

(D) Considerando que o período de doença foi inferior a 60 dias, não se cogita do pagamento de benefício previdenciário.

A: incorreta. A renda mensal inicial do auxílio-doença equivale a 91% do salário de benefício e é pago a partir do 16º dia de afastamento (arts. 59 e 61 da Lei 8.213/9191); **B:** correta, nos termos do art. 124, I, da Lei 8.213/1991; **C:** incorreta. O pagamento é feito pelo INSS a partir do 16º dia de afastamento (art. 60 da Lei 8.213/1991); **D:** incorreta. O auxílio-doença é devido quando a impossibilidade para as ocupações habituais superar 15 dias (art. 59 da Lei 8.213/1991). **HS**

Gabarito "B".

19. Direito Ambiental

Fabiano Melo e Fernanda Camargo Penteado

(Técnico Judiciário – TRE/PE – CESPE – 2017) Acerca da sustentabilidade nos tribunais eleitorais, assinale a opção correta.

(A) Os pedidos de material e o planejamento anual das unidades dos tribunais eleitorais, embasados na real necessidade de consumo, devem ser feitos considerando-se como parâmetro único os anos eleitorais.

(B) Compete a cada órgão judicial instituir os indicadores mínimos de avaliação do seu desempenho ambiental, os quais devem ser condizentes com o Plano de Logística Sustentável do Poder Judiciário.

(C) É vedada a subdivisão do Plano de Logística Sustentável do Poder Judiciário, que deve ser uniforme e homogêneo para os diversos órgãos do Poder Judiciário.

(D) A adoção de modelos de gestão organizacional e de processos estruturados na promoção da sustentabilidade ambiental, econômica e social é obrigatória tanto para os órgãos quanto para os conselhos do Poder Judiciário.

(E) A Comissão Interministerial de Sustentabilidade na Administração é órgão de natureza deliberativa quanto à implementação de critérios, práticas e ações de logística sustentável no âmbito da administração direta.

A: incorreta, uma vez que, nos termos do art. 6º, § 4º, IV, da Resolução 23.474/2016, do Tribunal Superior Eleitoral, "dentre os critérios de consumo consciente, o pedido de material e/ou planejamento anual de aquisições deverão ser baseados na real necessidade de consumo até que a unidade possa atingir o ponto de equilíbrio, considerando os anos eleitorais e não eleitorais."; **B:** incorreta, pois os indicadores mínimos para avaliação do desempenho ambiental e econômico do Plano de Logística Sustentável da Justiça Eleitoral, que devem ser aplicados aos Tribunais Eleitorais, vêm estabelecidos no Anexo I, da Resolução 23.474/2016 do Tribunal Superior Eleitoral, não sendo, portanto, de competência de cada órgão judicial a sua instituição (art. 11, da Resolução 23.474/2016 do Tribunal Superior Eleitoral); **C:** incorreta, pois o Plano de Logística Sustentável do Poder Judiciário poderá ser subdividido, a critério de cada órgão, em razão da complexidade de sua estrutura (art. 13, parágrafo único, da Resolução 23.474/2016, do Tribunal Superior Eleitoral); **D:** correta, neste sentido dispõe o art. 2º, da Resolução 23.474/2016, do Tribunal Superior Eleitoral; **E:** incorreta, pois a Comissão Interministerial de Sustentabilidade na Administração Pública (CISAP), vinculada à Secretaria de Logística e Tecnologia da Informação, tem natureza consultiva e caráter permanente, e a finalidade de propor a implementação de critérios, práticas e ações de logística sustentável no âmbito da administração pública federal direta, autárquica e fundacional e das empresas estatais dependentes (art. 9º, do Decreto 7.746/2012). **FM/FP**
Gabarito "D."

(Técnico Judiciário – TRE/PE – CESPE – 2017) A respeito da Agenda Ambiental da Administração Pública (A3P) e das políticas relacionadas ao clima e aos resíduos sólidos, assinale a opção correta.

(A) Visando alcançar os objetivos traçados na Política Nacional sobre Mudança do Clima, o Brasil adotou voluntariamente o compromisso de promover ações de mitigação das emissões de gases de efeito estufa.

(B) A lei que institui a Política Nacional de Resíduos Sólidos não alcança as pessoas de direito privado, mas aplica-se a todas as pessoas jurídicas de direito público responsáveis pela geração de resíduos sólidos.

(C) A utilização de tecnologias para a recuperação energética dos resíduos sólidos urbanos independe de comprovação de viabilidade técnica e ambiental.

(D) A gestão e o gerenciamento de resíduos sólidos compreendem a não geração e a redução, mas não a reutilização, dadas a natureza e a composição desses resíduos.

(E) A A3P deve ser obrigatoriamente observada na elaboração do Plano de Logística Sustentável da Justiça Eleitoral.

A: correta, conforme o art. 12 da Lei 12.187/2009; **B:** incorreta, pois nos termos do art. 1º, § 1º, da Lei 12.305/2010: "Estão sujeitas à observância desta Lei as pessoas físicas ou jurídicas, de direito público ou privado, responsáveis, direta ou indiretamente, pela geração de resíduos sólidos e as que desenvolvam ações relacionadas à gestão integrada ou ao gerenciamento de resíduos sólidos"; **C:** incorreta, pois a utilização de tecnologias para a recuperação energética dos resíduos sólidos urbanos, depende da comprovação de sua viabilidade técnica e ambiental e da implantação de programa de monitoramento de emissão de gases tóxicos aprovado pelo órgão ambiental (art. 9º, § 1º, da Lei 12.305/2010; **D:** incorreta, "Na gestão e gerenciamento de resíduos sólidos, deve ser observada a seguinte ordem de prioridade: não geração, redução, reutilização, reciclagem, tratamento dos resíduos sólidos e disposição final ambientalmente adequada dos rejeitos" (art. 9º, da Lei 12.305/2010); **E:** incorreta, pois nos termos do art. 20, III, da Resolução 23.474/2016 do Tribunal Superior Eleitoral, a Agenda Ambiental na Administração Pública (A3P) poderá ser observada na elaboração do Plano de Logística Sustentável da Justiça Eleitoral (PLS-JE). **FM/FP**
Gabarito "A."

(Técnico Judiciário – TRE/PE – CESPE – 2017) À luz das disposições da Lei nº 12.305/2010, que trata da Política Nacional de Resíduos Sólidos, assinale a opção correta.

(A) A lei considera resíduos perigosos aqueles que apresentem significativo risco à saúde pública, mas não os que apresentem risco à qualidade ambiental.

(B) Os planos de gerenciamento de resíduos sólidos elaborados pela União e pelos estados têm vigência indeterminada, mas devem ser atualizados anualmente.

(C) Estarão sujeitos à elaboração de plano de gerenciamento de resíduos sólidos os estabelecimentos comerciais e os prestadores de serviços que gerarem resíduos perigosos ou resíduos que, por suas características, não possam ser equiparados aos resíduos domiciliares.

(D) Os prestadores de serviços públicos de limpeza urbana são os principais responsáveis pela implementação de sistemas de logística reversa para o retorno, aos fabricantes, de produtos usados que tenham potencial poluente, como os artigos eletroeletrônicos.

(E) Cabe à União fornecer ao Sistema Nacional de Informações sobre a Gestão dos Resíduos Sólidos as informações referentes aos resíduos na esfera de competência de todos os entes federativos.

A: incorreta, nos termos do art. 13, II, "a", da Lei 12.305/2010, a saber: "resíduos perigosos: aqueles que, em razão de suas características de inflamabilidade, corrosividade, reatividade, toxicidade, patogenicidade, carcinogenicidade, teratogenicidade e mutagenicidade, apresentam significativo risco à saúde pública ou à qualidade ambiental, de acordo com lei, regulamento ou norma técnica"; **B:** incorreta, tendo em vista que o Plano Nacional e Esta-

dual de Resíduos Sólidos têm vigência por prazo indeterminado e horizonte de atuação de 20 (vinte) anos, a serem atualizados a cada 4 (quatro) anos (art. 15, *caput* e art. 17, *caput*, da Lei 12.305/2010); **C:** correta (art. 20, II, "b", da Lei 12.305/2010); **D:** incorreta, os fabricantes, importadores, distribuidores e comerciantes de produtos eletroeletrônicos e seus componentes, são obrigados a estruturar e implementar sistemas de logística reversa, mediante retorno dos produtos após o uso pelo consumidor, de forma independente do serviço público de limpeza urbana e de manejo dos resíduos sólidos (art. 33, VI, da Lei 12.305/2010); **E:** incorreta, "A União, os Estados, o Distrito Federal e os Municípios organizarão e manterão, de forma conjunta, o Sistema Nacional de Informações sobre a Gestão dos Resíduos Sólidos (Sinir), articulado com o Sinisa e o Sinima" (art. 12, *caput*, da Lei 12.305/2010). **FM/FP**

Gabarito "C".

20. Direito Eleitoral

Flavia Barros e Savio Chalita*

1. FONTES E PRINCÍPIOS DE DIREITO ELEITORAL

(**Técnico Judiciário – TRE/SP – FCC – 2017**) Acerca das fontes de Direito Eleitoral,

(**A**) a função normativa da Justiça Eleitoral autoriza que sejam editadas Resoluções Normativas pelo Tribunal Superior Eleitoral com a finalidade de criar direitos e estabelecer sanções, possibilitando a revogação de leis anteriores que disponham sobre o mesmo objeto da Resolução Normativa.

(**B**) as normas eleitorais devem ser interpretadas em conjunto com o restante do sistema normativo brasileiro, admitindo-se a celebração de termos de ajustamento de conduta, previstos na Lei 7.345/85, que disciplina a Ação Civil Pública, desde que os partidos políticos transijam, exclusivamente, sobre as prerrogativas que lhes sejam asseguradas.

(**C**) o Código Eleitoral define a organização e a competência da Justiça Eleitoral, podendo ser aplicado apesar de a Constituição Federal prever a necessidade de lei complementar para tanto.

(**D**) as Resoluções Normativas do TSE, as respostas às Consultas e as decisões do Tribunal Superior Eleitoral são fontes de Direito Eleitoral de natureza exclusivamente jurisdicional e aplicáveis apenas ao caso concreto dos quais emanam.

(**E**) o Código Eleitoral, a Lei de Inelegibilidades, a Lei dos Partidos Políticos, a Lei das Eleições, as Resoluções Normativas do TSE e as respostas a Consultas são fontes de Direito Eleitoral de mesma estatura, hierarquia e abrangência, podendo ser revogadas umas pelas outras.

A: Incorreta, uma vez que a função atípica (legislativa) da justiça eleitoral encerra importância na regulamentação das eleições, sem a possibilidade de inovar quanto a direitos e sanções, tampouco revogação de leis; **B:** Incorreta, pois de acordo com o art. 105-A, Lei das Eleições, em matéria eleitoral não são aplicáveis os procedimentos previstos na Lei 7.347/1985; **C:** Correta, uma vez que o Código Eleitoral foi recepcionado como lei complementar na parte que disciplina a organização e a competência da Justiça Eleitoral, considerando que no instituto da recepção constitucional de normas anteriores é analisado o aspecto material, não importando o formal. Vide art. 121 da CF. **D:** Incorreta. Uma vez que as consultas respondidas pelo TSE são de natureza doutrinária (não jurisprudencial), não vinculando o judiciário. **E:** Incorreta, já que o Código Eleitoral, a Lei de Inelegibilidades, a Lei dos Partidos Políticos, a Lei das Eleições, as Resoluções Normativas do TSE, são fontes primárias. Respostas às consultas, fontes secundárias.▨
Gabarito "C."

(**Técnico Judiciário – TRE/AC – 2010 – FCC**) Adotar-se-á o princípio majoritário, dentre outras, na eleição direta para

(**A**) a Câmara dos Deputados e Assembleias Legislativas.

(**B**) o Senado Federal, para Prefeito e Vice-Prefeito.

(**C**) as Assembleias Legislativas e Câmaras Municipais.

(**D**) o Senado Federal e para a Câmara dos Deputados.

(**E**) as Câmaras Municipais, para Prefeito e Vice-Prefeito.

Art. 83 da Lei 4.737/1965.
Gabarito "B."

(**Técnico Judiciário – TRE/AC – 2010 – FCC**) Serão realizadas simultaneamente as eleições para

(**A**) Prefeito, Vice-Prefeito e Vereador.

(**B**) Senador, Deputado Federal, Deputado Estadual e Vereador.

(**C**) Governador e Vice-Governador de Estado e do Distrito Federal, Prefeito e Vice-Prefeito.

(**D**) Presidente e Vice-Presidente da República, Governador e Vice-Governador de Estado e do Distrito Federal, Prefeito e Vice-Prefeito.

(**E**) Senador, Deputado Federal, Deputado Estadual, Prefeito, Vice-Prefeito e Vereador.

A eleição do Prefeito, Vice-Prefeito e dos Vereadores, para mandato de quatro anos, realiza-se mediante pleito direto e simultâneo realizado em todo País – art. 29, I, CF/1988.
Gabarito "A."

(**Técnico – TRE/CE – 2012 – FCC**) Serão realizadas, simultaneamente, as eleições para

(**A**) Prefeito, Vice-Prefeito e Vereador.

(**B**) Presidente e Vice-Presidente da República, Prefeito e Vice-Prefeito.

(**C**) Deputado Federal, Deputado Estadual e Vereador.

(**D**) Senador, Deputado Federal, Deputado Estadual e Vereador.

(**E**) Governador e Vice-Governador de Estado, Deputado Estadual e Vereador.

Art. 29, I, CF/1988
Gabarito "A."

(**Técnico Judiciário – TRE/MS – 2007 – FCC**) É certo que as eleições para o Senado Federal, para as Assembleias Legislativas e para as Câmaras Municipais obedecerão

(**A**) o princípio da representação proporcional, majoritário e da representação proporcional, respectivamente.

(**B**) o princípio majoritário, da representação proporcional e da representação proporcional, respectivamente.

---

* **Savio Chalita** comentou as questões do concurso de CESPE – 2015 e dos concursos de 2016 e 2017. **Flavia Barros** comentou as demais questões.

(C) o princípio da representação proporcional, da representação proporcional e majoritário, respectivamente.

(D) o princípio majoritário.

(E) o princípio da representação proporcional.

Arts. 83 e 84 do CE.
Gabarito "B".

(Técnico Judiciário – TRE/RS – 2008 – CONSULPLAN) Marque a alternativa INCORRETA:

(A) São brasileiros natos os nascidos na República Federativa do Brasil, ainda que de pais estrangeiros, desde que não estejam a serviço de seu país.

(B) São brasileiros natos os nascidos no estrangeiro, de pai brasileiro ou mãe brasileira, desde que qualquer deles esteja a serviço da República Federativa do Brasil.

(C) São brasileiros natos os nascidos no estrangeiro de pai brasileiro ou mãe brasileira, desde que sejam registrados em repartição brasileira competente ou venham a residir na República Federativa do Brasil e optem, em qualquer tempo, depois de atingida a maioridade, pela nacionalidade brasileira.

(D) São brasileiros naturalizados os estrangeiros de qualquer nacionalidade, residentes na República Federativa do Brasil há mais de quinze anos ininterruptos e sem condenação penal, desde que requeiram a nacionalidade brasileira.

(E) Aos originários de países de língua estrangeira com residência permanente no País, se houver reciprocidade em favor de brasileiros, serão atribuídos os direitos inerentes ao brasileiro, salvo os casos previstos na Constituição da República.

A: correta – art. 12, I, *a*, da CF/1988; B: correta – art. 12, I, *b*, da CF/1988; C: correta – art. 12, I, *c*, da CF/1988; D: correta – art. 12, I, *b*, da CF/1988; E: incorreta, devendo ser assinalada, – a previsão constitucional é referente apenas aos portugueses – art. 12, § 1º, da CF/1988.
Gabarito "E".

(Técnico Judiciário – TRE/RS – 2008 – CONSULPLAN) São privativos de brasileiro nato os seguintes cargos, EXCETO:

(A) Presidente e Vice-Presidente da República.

(B) Ministro das Relações Exteriores.

(C) Ministro do Supremo Tribunal Federal.

(D) Oficial das Forças Armadas.

(E) Presidente da Câmara dos Deputados.

A: correta – art. 12, § 3º, I, da CF/1988; B: incorreta – sem previsão legal; C: correta – art. 12, § 3º, IV, da CF/1988; D: correta – art. 12, § 3º, VI, da CF/1988; E: correta – art. 12, § 3º, II, da CF/1988.
Gabarito "B".

2. DIREITOS POLÍTICOS, ELEGIBILIDADE E ALISTAMENTO ELEITORAL

(Técnico Judiciário – TRE/PE – CESPE – 2017) Com base no Código Eleitoral, assinale a opção correta relativamente a juízes, juntas e alistamento eleitoral.

(A) Caberá a aplicação de multa ao juiz que deixar de anexar ao processo eleitoral o recibo do eleitor quanto ao título e documento que instruiu o requerimento de alistamento eleitoral.

(B) A suspensão dos direitos políticos implica a suspensão do direito de voto, mas não o cancelamento do alistamento eleitoral.

(C) Durante o processo de cancelamento do alistamento e até a exclusão, o eleitor não poderá votar.

(D) Para o efeito da inscrição, é tido como domicílio eleitoral o lugar de residência do requerente, e, verificado ter este mais de uma, considerar-se-á domicílio a mais antiga.

(E) As juntas eleitorais são compostas por um juiz de direito e dois ou quatro cidadãos de notório saber jurídico.

A: Correta, conforme art. 45, § 4º, Código Eleitoral, ao estabelecer que "O recibo será obrigatoriamente anexado ao processo eleitoral, incorrendo o Juiz que não o fizer na multa de um a cinco salários mínimos regionais, na qual incorrerão ainda o Escrivão, funcionário ou Preparador, se responsáveis, bem como qualquer deles, se entregarem ao eleitor o título cuja assinatura não for idêntica à do requerimento de inscrição e do recibo ou o fizerem a pessoa não autorizada por escrito". B: Incorreta, uma vez que o art. 71, Código Eleitoral, estabelece que são causas de cancelamento, de modo especial o inciso II " a suspensão ou perda dos direitos políticos". C: Incorreta, uma vez que o art. 72, Código Eleitoral, estabelece que durante o processo e até a exclusão pode o eleitor votar validamente. D: Incorreta, já que o parágrafo único, art. 42, Código Eleitoral, dispõe que para o efeito da inscrição, é domicílio eleitoral o lugar de residência ou moradia do requerente, e, verificado ter o alistando mais de uma, considerar-se-á domicílio qualquer delas. E: Incorreta, pois o art. 36, Código Eleitoral, estabelece que "Compor-se-ão as Juntas Eleitorais de um Juiz de Direito, que será o Presidente, e de 2 (dois) ou 4 (quatro) cidadãos de notória idoneidade.SC
Gabarito "A".

(Técnico Judiciário – TRE/PI – CESPE – 2016) Considerando as normas que regem o processo eleitoral, assinale a opção correta.

(A) Por ocasião do alistamento, é indispensável a definição do domicílio do eleitor, faculdade pertencente à justiça eleitoral quando o cidadão informar mais de um endereço residencial. Nesse caso, a justiça eleitoral atribuirá ao eleitor o domicílio eleitoral cujo imóvel represente maior valor venal.

(B) O alistamento eleitoral não pode ser objeto de indeferimento, devendo o técnico judiciário, a quem compete expedi-lo, requerer ao analista judiciário ou à autoridade superior da justiça eleitoral a utilização do instituto da diligência em casos de dúvidas materiais.

(C) Embora o alistamento eleitoral seja facultativo para os menores de dezoito anos de idade e maiores de dezesseis anos de idade, no caso dos menores emancipados em razão do exercício de atividade empresarial ou de casamento civil, a faculdade transmuta-se em obrigação perante a justiça eleitoral.

(D) Constitui causa para o cancelamento do título eleitoral de cidadãos maiores de dezoito anos de idade e menores de setenta anos de idade a situação de irregularidade perante a justiça eleitoral, decorrente de inadimplência relativa a pagamento de multa por não terem votado nem justificado a ausência em três eleições consecutivas.

(E) Cancelado o título eleitoral, o cidadão deve aguardar o prazo mínimo de cinco anos para requerer nova inscrição à justiça eleitoral, ainda que cessadas as causas que geraram o respectivo cancelamento.

A: Incorreta, já que no momento da formalização do pedido, o requerente manifestará sua preferência sobre o local de votação entre os estabelecidos para a zona eleitoral (art. 9º, § 2º, Resolução TSE 21.538/2003). Cabe destacar que o conceito de domicílio eleitoral é mais flexível e amplo do que o civil, podendo compreender vínculos de natureza política, econômica, social e familiar. **B:** Incorreta, pois com fundamento no art. 17, § 1º, Resolução TSE 21.538/2003, "Do despacho que indeferir o requerimento de inscrição, caberá recurso interposto pelo alistando no prazo de cinco dias e, do que o deferir, poderá recorrer qualquer delegado de partido político no prazo de dez dias, contados da colocação da respectiva listagem à disposição dos partidos, o que deverá ocorrer nos dias 1º e 15 de cada mês, ou no primeiro dia útil seguinte, ainda que tenham sido exibidas ao alistando antes dessas datas e mesmo que os partidos não as consultem (Lei 6.996/1982, art. 7º)". **C:** Incorreta, pois assim dispõe o art. 14, § 1º, CF: "O alistamento eleitoral e o voto são: I – obrigatórios para os maiores de dezoito anos; II – facultativos para: *a)* os analfabetos; *b)* os maiores de setenta anos; *c)* os maiores de dezesseis e menores de dezoito anos". **D:** Correta, pois de acordo com o Art. 7º, § 3º Código Eleitoral: "Realizado o alistamento eleitoral pelo processo eletrônico de dados, será cancelada a inscrição do eleitor que não votar em 3 (três) eleições consecutivas, não pagar a multa ou não se justificar no prazo de 6 (seis) meses, a contar da data da última eleição a que deveria ter comparecido". **E:** Incorreta, já que o art. 4º, Resolução TSE 21.538/2003 assim estabelece: "Deve ser consignada OPERAÇÃO 1 – ALISTAMENTO quando o alistando requerer inscrição e quando em seu nome não for identificada inscrição em nenhuma zona eleitoral do país ou exterior, ou a única inscrição localizada estiver cancelada por determinação de autoridade judiciária (FASE 450)."SC
Gabarito "D".

(Técnico Judiciário – TRE/PI – CESPE – 2016) Com base no disposto na Resolução 21.538/2003, assinale a opção correta.

(A) Em caso de perda ou extravio de título eleitoral, o eleitor deve registrar ocorrência policial para que a autoridade policial comunique o fato à respectiva junta eleitoral, a qual, automaticamente, enviará nova via do documento ao endereço cadastrado pelo eleitor no sistema eletrônico.

(B) O alistamento eleitoral por meio do sistema eletrônico de dados restringe-se às capitais brasileiras.

(C) Eleitor facultativo, com mais de oitenta e cinco anos de idade, que tenha permanecido regularmente inscrito perante a justiça eleitoral, durante o prazo legal, poderá exercer o seu direito ao sufrágio universal.

(D) No momento do pedido de alistamento, caberá à justiça eleitoral definir, por meio do sistema eletrônico de processamento de dados, o local definitivo de votação do eleitor.

(E) É autorizada a transferência informatizada do número de inscrição eleitoral de qualquer pessoa natural interessada.

A: Incorreta, já que o art. 19, Resolução TSE 21.538/2003 dispõe que no caso de perda ou extravio do título, bem como no caso de sua inutilização ou dilaceração, o eleitor deverá requerer pessoalmente ao juiz de seu domicílio eleitoral que lhe expeça segunda via. **B:** Incorreta, pois o art. 1º Resolução TSE 21.538/2003, estabelece que o **alistamento eleitoral, mediante processamento eletrônico de dados**, implantado nos termos da Lei 7.444/1985, **será efetuado, em todo o território nacional**, na conformidade do referido diploma legal e desta resolução. **C:** Correta, pois não há qualquer impedimento ao regular exercício do voto. **D:** Incorreta, pois conforme o art. 9º, Resolução TSE 21.538/2003, no cartório eleitoral ou no posto de alistamento, o servidor da Justiça Eleitoral preencherá o RAE ou digitará as informações no sistema de acordo com os dados constantes do documento apresentado pelo eleitor,

complementados com suas informações pessoais, de conformidade com as exigências do processamento de dados, destas instruções e das orientações específicas. Também, dispõe o § 2º, do mesmo dispositivo, que no momento da formalização do pedido, **o requerente manifestará sua preferência sobre local de votação**, entre os estabelecidos para a zona eleitoral. **E:** Incorreta, pois o art. 5º, Resolução TSE 21.538/03, assim dispõe: "Deve ser consignada OPERAÇÃO 3 – TRANSFERÊNCIA **sempre que o eleitor desejar alterar seu domicílio e for encontrado em seu nome número de inscrição em qualquer município ou zona, unidade da Federação ou país, em conjunto ou não com eventual retificação de dados**. § 1º Na hipótese do *caput*, **o eleitor permanecerá com o número originário da inscrição** e deverá ser, obrigatoriamente, **consignada no campo próprio a sigla da UF anterior**."SC
Gabarito "C".

(Técnico Judiciário – TRE/SP – FCC – 2017) Com relação à obrigatoriedade do voto no Brasil,

(A) os maiores de 18 anos são obrigados a votar, podendo ser impedidos de obter empréstimos em estabelecimentos de crédito mantidos pelo governo caso não apresentem a prova de votação na última eleição.

(B) a ausência de comprovação do cumprimento da obrigação de votar implica a suspensão imediata de aluno de instituição de ensino oficial.

(C) o eleitor que deixar de votar deverá justificar sua ausência perante o Juiz Eleitoral no prazo de 60 dias e ainda efetuar o pagamento de multa, em qualquer hipótese.

(D) a ausência de votação, por pelo menos 3 eleições consecutivas ou a falta de alistamento eleitoral dos maiores de 18 anos, implicarão o cancelamento do alistamento ou a proibição de sua realização.

(E) os maiores de 16 anos e menores de 18 anos, que não comprovarem a votação na última eleição, não poderão obter passaporte ou carteira de identidade.

A: Correta, uma vez que o art. 7º, § 1º, IV, Código Eleitoral dispõe que sem a prova de que votou na última eleição, pagou a respectiva multa ou de que se justificou devidamente, não poderá o eleitor obter empréstimos em estabelecimentos de crédito mantidos pelo governo. **B:** Incorreta, já que a ausência de comprovação do cumprimento da obrigação de votar impede a renovação de matrícula conforme prevê o art. 7º, § 1º, VI, do CE. A suspensão não é imediata. **C:** Incorreta, pois se o eleitor deixar de votar, deverá justificar sua ausência perante o Juiz Eleitoral no prazo de 60 dias. A multa somente será aplicada se não justificar. **D:** Incorreta, pois a ausência de votação em 3 eleições consecutivas por aquele que é obrigado a votar não o impedirá da regularização e futuro alistamento. **E:** Incorreta, pois os maiores de 16 anos e menores de 18 anos são votantes facultativos, logo, não sofrem as consequências do art. 7º.SC
Gabarito "A".

(Técnico Judiciário – TRE/SP – FCC – 2017) A Albino, brasileiro nato, residente e domiciliado atualmente em Portugal, foi outorgado o gozo dos direitos políticos no país em que vive no momento, outorga esta devidamente comunicada ao Tribunal Superior Eleitoral. Referido gozo dos direitos políticos em Portugal, em conformidade com a Resolução 21.538/2003,

(A) importará a suspensão desses mesmos direitos de Albino no Brasil.

(B) importará a perda desses mesmo direitos de Albino no Brasil.

(C) não implicará a perda ou suspensão desses mesmos direitos de Albino no Brasil.

(D) implicará, no Brasil, a inelegibilidade de Albino, mantendo-se obrigatório, porém, o exercício do voto.

(E) implicará, no Brasil, o impedimento do exercício de voto de Albino, permitindo-se, porém, que seja eleito.

Em regra, estrangeiros não exercem direitos políticos no Brasil. No entanto, se tratando de portugueses residentes no Brasil há mais de 3 anos ininterruptos, em razão do TRATADO DA AMIZADE, será possível o exercício de direitos políticos no Brasil, por portugueses, desde que haja reciprocidade de tratamento. Quanto a esta reciprocidade, a mesma circunstância a ser obedecida em Portugal, em favor de brasileiros. Neste caso, os direitos políticos do brasileiro, no Brasil, ficarão suspensos, não se permitindo o exercício dos direitos políticos em ambos países simultaneamente (ou em um, ou em outro). Destaca-se, por oportuno, que o Tratado da Amizade não se sobrepõe às situações constitucionalmente indicadas como "cargos privativos de brasileiro nato", cabendo aos portugueses (nas condições ditas acima) exercer direitos políticos sob a limitação de um "brasileiro naturalizado". Vide Dec. 3.927/2001 (Tratado da Amizade). SC
Gabarito "A".

(Técnico Judiciário – TRE/SP – FCC – 2017) Considere as situações hipotéticas abaixo:

I. Tício é Governador e deseja se candidatar ao cargo de Presidente da República.

II. Graça, eleita Vice-Prefeita, sucedeu o Prefeito falecido três meses antes do pleito e deseja se candidatar ao cargo de Governadora.

Nesses casos, e considerando apenas os dados fornecidos, Tício

(A) deverá renunciar ao mandato seis meses antes do pleito para se candidatar ao cargo pretendido e Graça deverá renunciar ao mandato quatro meses antes do pleito para se candidatar ao cargo pretendido.

(B) e Graça deverão renunciar aos respectivos mandatos até seis meses antes do pleito, para se candidatarem a esses cargos.

(C) e Graça são inelegíveis, não podendo candidatar-se a qualquer cargo até o final do mandato, sob pena de suspensão dos direitos políticos, salvo os casos de reeleição.

(D) e Graça deverão renunciar aos respectivos mandatos até três meses antes do pleito, para se candidatarem a esses cargos.

(E) deverá renunciar ao mandato quatro meses antes do pleito para se candidatar ao cargo pretendido e Graça não precisará se desincompatibilizar para se candidatar ao cargo pretendido.

A única alternativa correta vem representada pela assertiva B. Isto porque conforme o § 1º do artigo 1º da LC 64/1990, para concorrência a outros cargos, o Presidente da República; os Governadores de Estado e do DF e os Prefeitos devem renunciar aos respectivos mandatos até 6 meses antes do pleito. No caso em questão Graça sucedeu ao Prefeito. Neste passo, a situação de ter sido titular do cargo impõe a desincompatibilização 6 meses antes do pleito. SC
Gabarito "B".

(Técnico Judiciário – TRE/SP – FCC – 2017) Lineu completará dezesseis anos um dia antes da realização das eleições. Preenchidos os demais requisitos, de acordo com a Resolução 21.538/2003 do Tribunal Superior Eleitoral, o alistamento eleitoral de Lineu é

(A) facultativo, podendo ser solicitado até o encerramento do prazo fixado para requerimento de inscrição eleito-

ral ou transferência, sendo que o título surtirá efeitos na data do pedido, mesmo não tendo completado dezesseis anos.

(B) obrigatório, devendo ser solicitado até o encerramento do prazo fixado para requerimento de inscrição eleitoral ou transferência, sendo que o título somente surtirá efeitos com o implemento da idade de dezesseis anos.

(C) proibido, sendo considerado inalistável em razão da idade inferior a dezesseis anos.

(D) facultativo, podendo ser solicitado até o encerramento do prazo fixado para requerimento de inscrição eleitoral ou transferência, sendo que o título somente surtirá efeitos com o implemento da idade de dezesseis anos.

(E) obrigatório, podendo ser solicitado até o encerramento do prazo fixado para requerimento de inscrição eleitoral ou transferência, sendo que o título surtirá efeitos na data do pedido, mesmo não tendo completado dezesseis anos.

De fato, a alternativa D é a única correta, isto porque o art. 14, § 1º, Res. TSE 21.538/2003, dispõe que: "Art. 14. É facultado o alistamento, no ano em que se realizarem eleições, do menor que completar 16 anos até a data do pleito, inclusive. § 1º O alistamento de que trata o *caput* poderá ser solicitado até o encerramento do prazo fixado para requerimento de inscrição eleitoral ou transferência." SC
Gabarito "D".

(Técnico Judiciário – TRE/SP – FCC – 2017) Considere as situações hipotéticas abaixo.

I. Leon é analfabeto e deseja se candidatar a Vereador.

II. Fidalgo foi condenado, por decisão transitada em julgado, à pena privativa de liberdade por crime contra a saúde pública e, tendo se passado cinco anos após o cumprimento da pena, deseja se candidatar a Governador.

III. Mustafá é Ministro do Estado e se afastou de suas funções quatro meses antes do pleito com intenção de se candidatar à Vice-Presidência da República.

De acordo com a Lei Complementar nº 64/1990,

(A) apenas Leon e Fidalgo são inelegíveis.

(B) apenas Leon é inelegível.

(C) apenas Fidalgo é inelegível.

(D) Leon, Fidalgo e Mustafá são inelegíveis.

(E) apenas Fidalgo e Mustafá são inelegíveis.

A única alternativa correta vem tratada na assertiva D, indicando que todos os cidadãos indicados são inelegíveis. I – Leon é inelegível pela circunstância de analfabetismo (Art. 1º, I, a, LC 64/1990), no entanto, se vier a ser alfabetizado passa a cumprir tal condição. II – Fidalgo é inelegível em razão da condenação transitada em julgada, a contar de sua condenação e até o transcurso de 8 anos (Art. 1º, I, e, 3, LC 64/1990). III – Mustafá é inelegível em razão de ser Ministro de Estado e buscar se candidatar ao cargo de Presidente da República. Para isso, é necessário que proceda com a desincompatibilização (inciso II, a, 1, art. 1º, LC 64/1990). SC
Gabarito "D".

(Técnico Judiciário – TRE/PE – CESPE – 2017) Considerando as regras do TSE para o alistamento eleitoral e a transferência de domicílio eleitoral, assinale a opção correta.

(A) Para comprovar o tempo de residência no novo local, o eleitor deve instruir o pedido de transferência de domicílio eleitoral com contas de luz ou outro documento equivalente.

(B) Em ano de eleição, o menor que completar dezesseis anos de idade até a data do pleito poderá optar por alistar-se.

(C) Estará sujeito a multa eleitoral o brasileiro naturalizado que não se alistar até um ano antes da data prevista para eleição.

(D) O alistamento do analfabeto é facultativo, mas, uma vez que ele se aliste, seu voto será obrigatório.

(E) Qualquer delegado de partido político pode recorrer do despacho que indeferir a transferência de determinado eleitor.

A: Incorreta. Muito embora seja admitida a juntada do documento indicado (ou outro equivalente), exige-se declaração pelo próprio eleitor (art. 18, III, Resolução TSE 21.538/2003); **B:** Correta, art. 14 da Res. 21.538/2003; **C:** Incorreta, uma vez que o brasileiro naturalizado será punido com pagamento de multa se não se alistar até um ano após adquirida a nacionalidade brasileira (art. 15 Resolução TSE 21.538/2003); **D:** Incorreta, pois mesmo com o alistamento do analfabeto o exercício do voto permanecerá como facultativo (art. 14, § 1º, II, "a", CF); **E:** Incorreta. A legitimidade recursal do delegado de partido está limitada à situação onde a decisão do juiz eleitoral seja no sentido de deferir a transferência (será no prazo de 10 dias, a contar da colocação da listagem à disposição dos partidos (art. 18, § 5º, Res. TSE 21.538/2003, c.c art. 57, § 2º, Código Eleitoral).**SC**
Gabarito "B".

(Técnico Judiciário – TRE/PE – CESPE – 2017) Considerando as regras do TSE para a administração e a manutenção do cadastro eleitoral e assuntos correlatos, assinale a opção correta.

(A) Via de regra, a revisão de eleitorado ocorre em ano eleitoral.

(B) As relações de eleitores constantes do cadastro eleitoral, com dados como filiação e estado civil, serão acessíveis às instituições públicas e privadas, ressalvada a privacidade quanto ao endereço e telefone.

(C) A outorga a brasileiro do gozo de direitos políticos em Portugal importará a perda desses mesmos direitos no Brasil.

(D) Comunicada a perda de direitos políticos pelo Ministério da Justiça, a corregedoria-regional atualizará a situação das inscrições na Base de Perda e Suspensão de Direitos Políticos.

(E) A regularização da situação eleitoral de pessoa com restrição de direitos políticos não ocorre simultaneamente à cessação do impedimento.

A: Incorreta, uma vez que o art. 58, § 2º, Res. TSE 21.538/2003 estabelece que em ano eleitoral não haverá realização de revisão do eleitoral, salvo quando em situações excepcionais e autorizadas pelo TSE. **B:** Incorreta, vez que o art. 29 e parágrafos da Res. TSE 21.538/2003 determina que *As informações constantes do cadastro eleitoral serão acessíveis às instituições públicas e privadas e às pessoas físicas, nos termos desta revolução. § 1º.O tratamento das informações pessoais assegurará a preservação da intimidade, da vida privada, da honra e da imagem do cidadão, restringindo-se o acesso a seu conteúdo na forma deste artigo. (...) § 3º O acesso de outros órgãos ou agentes públicos não indicados nas alíneas b e c do § 2º não incluirá informações pessoais relativas à intimidade, à vida privada, à honra e à imagem, aí considerados ocupação, estado civil, escolaridade, telefone, impressões digitais, fotografia, assinatura digitalizada e endereço".* **C:** Incorreta, uma vez que o art. 51, § 4º da Res. 21.538/2003 estabelece que "A outorga a brasileiros do gozo dos direitos políticos em Portugal, devidamente comunicada ao Tribunal Superior Eleitoral, importará suspensão desses mesmos direitos no Brasil". **D:** Incorreta, pois o art. 51, § 3º da Res.

TSE 21.538/2003 do TSE dispõe que "Comunicada a perda de direitos políticos pelo Ministério da Justiça, a Corregedoria-Geral providenciará a imediata atualização da situação das inscrições no cadastro e na base de perda e suspensão de direitos políticos". **E:** Correta, com fundamento no art. 52 da Res. TSE 21.538/2003.**SC**
Gabarito "E".

3. COMPETÊNCIA E ORGANIZAÇÃO DA JUSTIÇA ELEITORAL

(Técnico Judiciário – TRE/PI – CESPE – 2016) Um técnico judiciário do TRE/PI assinou e encaminhou para publicação uma portaria de concessão de licença para capacitação de um analista judiciário pertencente ao quadro de servidores do tribunal. O ato de concessão da licença é de competência não exclusiva do presidente do tribunal.

A partir dessa situação hipotética, assinale a opção correta.

(A) O ato deve ser cassado, pois os requisitos para a sua prática não foram atendidos.

(B) Dado o vício insanável de competência, o ato deve ser revogado.

(C) O ato não possui vícios, razão por que não há providências a serem tomadas.

(D) O ato deve ser anulado com efeitos *ex-nunc*, por vício insanável de forma.

(E) Caso não seja verificada lesão ao interesse público nem prejuízo a terceiros, o ato deverá ser convalidado.

De fato a única alternativa correta vem representada pela letra E. Segundo a professora Maria Sylvia Di Pietro. 25ª Ed. São Paulo: Atlas. p.169): "A convalidação é ato discricionário, porque cabe à Administração, diante do caso concreto, verificar o que atende melhor ao interesse público: a convalidação, para assegurar validade aos efeitos já produzidos, ou a decretação de sua nulidade, quando os efeitos produzidos sejam contrários ao interesse público. No entanto, ela não poderáconvalidar um ato que cause prejuízo a terceiros ou que tenha sido produzido de má-fé. Além disso, nem sempre é possível a convalidação. Depende do tipo de vício que atinge o ato. O exame do assunto tem que ser feito a partir da análise dos cinco elementos do ato administrativo: sujeito, objeto, forma, motivo e finalidade. Quanto ao sujeito, se o ato for praticado com **vício de incompetência**, admite-se a **convalidação**, que nesse caso recebe o nome de **ratificação, desde que não se trate de competência outorgada com exclusividade**, hipótese em que se exclui a possibilidade de delegação ou de avocação; por exemplo, o artigo 84 da Constituição Federal define as matérias de competência privativa do Presidente da República e, no parágrafo único, permite que ele delegue as atribuições mencionadas nos incisos VI, XII e XXV aos Ministros de Estado, ao Procurador-geral da República ou ao Advogado Geral da União; se estas autoridades praticarem um desses atos, sem que haja delegação, o Presidente da República poderá ratificá-los; nas outras hipóteses, não terá essa faculdade."**SC**
Gabarito "E".

(Técnico Judiciário – TRE/SP – FCC – 2017) Considere as situações hipotéticas abaixo.

I. Marileide foi candidata à Presidência da República.
II. Joel foi candidato a Senador.
III. Mévio foi candidato a Vice-Prefeito.

Contra todos eles houve alegações de inelegibilidade. As arguições de inelegibilidade foram corretamente feitas perante o Tribunal

(A) Superior Eleitoral nos casos de Marileide e de Joel e o Juiz Eleitoral competente no caso de Mévio.

(B) Superior Eleitoral nos casos de Marileide e de Joel e o Tribunal Regional Eleitoral competente no caso de Mévio.

(C) Superior Eleitoral no caso de Marileide, o Tribunal Regional Eleitoral competente no caso de Joel e o Juiz Eleitoral competente no caso de Mévio.

(D) Regional Eleitoral competente nos casos de Marileide, de Joel e de Mévio.

(E) Superior Eleitoral nos casos de Marileide, de Joel e de Mévio.

Considerando as competências estabelecidas no art. 2º, parágrafo único, da LC 64/1990 (*Art. 2º Compete à Justiça Eleitoral conhecer e decidir as arguições de inelegibilidade. Parágrafo único. A arguição de inelegibilidade será feita perante: I – o Tribunal Superior Eleitoral, quando se tratar de candidato a Presidente ou Vice-Presidente da República; II – os Tribunais Regionais Eleitorais, quando se tratar de candidato a Senador, Governador e Vice-Governador de Estado e do Distrito Federal, Deputado Federal, Deputado Estadual e Deputado Distrital; III – os Juízes Eleitorais, quando se tratar de candidato a Prefeito, Vice-Prefeito e Vereador.*), a alternativa C é a única que traz afirmação correta. Assim, no caso de Marileide, competência do TSE. No de Joel, o TRE. E, no caso de Mévio, Juiz Eleitoral.SC
Gabarito "C".

(Técnico Judiciário – TRE/PI – CESPE – 2016) O Tribunal Regional Eleitoral do Piauí (TRE/PI), cuja sede se encontra na capital do estado, integra a administração

(A) direta federal.

(B) direta fundacional federal.

(C) indireta estadual.

(D) autárquica indireta federal.

(E) indireta autárquica estadual.

A única alternativa correta vem descrita na assertiva A. O Tribunal Regional Eleitoral do Piauí (TRE/PI) é um órgão pertencente ao Poder Judiciário da União Federal, desta forma, inclui-se como integrante da Administração Direta Federal.SC
Gabarito "A".

(Técnico Judiciário – TRE/PI – CESPE – 2016) No que se refere ao voto, ao alistamento eleitoral, aos órgãos da justiça eleitoral, bem como à composição desses órgãos, assinale a opção correta.

(A) O voto para a escolha dos indicados pelo Supremo Tribunal Federal para compor o Tribunal Superior Eleitoral é direto e aberto, dado o princípio da publicidade eleitoral, que veda a adoção de medidas sigilosas.

(B) O Tribunal Superior Eleitoral é composto por seis magistrados de notório saber jurídico indicados pelo Supremo Tribunal Federal.

(C) Os juízes eleitorais são considerados órgãos da justiça eleitoral.

(D) O eleitor que, por qualquer motivo, extraviar a via do seu título eleitoral poderá requerer às juntas eleitorais a expedição de novo documento, desde que o faça até quarenta e oito horas antes do pleito.

(E) É obrigatório o alistamento eleitoral dos analfabetos, visto que todos são iguais perante a lei, conforme a Constituição Federal de 1988.

A: Incorreta, uma vez que o art. 119, I, CF, estabelece o voto secreto.
B: Incorreta, uma vez que a composição com origem no STF é de 3 juízes, conforme art. 119, I, *a*, CF. **C:** Correta, conforme art. 118, CF.

D: Incorreta, pois o prazo indicado é de 10 dias antes das eleições, conforme redação do art. 52, CE. **E:** Incorreta, já que aos analfabetos o voto e o alistamento são facultativos, conforme art. 14, § 1º, II, CF.SC
Gabarito "C".

(Técnico Judiciário – TRE/SP – FCC – 2017) A Justiça Eleitoral é *sui generis*, na medida em que, além do exercício da função jurisdicional, é dotada da função administrativa, da função normativa e da função consultiva. Sobre as funções da Justiça Eleitoral,

(A) a função normativa permite a edição de atos normativos de caráter geral e abstrato com vistas a dar execução ao Código Eleitoral.

(B) a função administrativa autoriza que a Justiça Eleitoral atue apenas na gestão de seu corpo de funcionários e defina suas regras de funcionamento, tais como atendimento ao público nas zonas eleitorais.

(C) a função consultiva permite que a Justiça Eleitoral responda, em caráter abstrato e fora do período eleitoral, a perguntas formuladas por qualquer interessado relacionadas à aplicação da lei eleitoral.

(D) as respostas a Consultas formuladas perante o Tribunal Superior Eleitoral – TSE resultam em ato normativo, em tese, sem efeitos concretos, podendo ser invocadas, em reclamação, no caso de uma decisão de juiz eleitoral de primeira instância estar em desacordo com o teor da resposta à Consulta.

(E) a função normativa autoriza o juiz eleitoral a promover o alistamento dos eleitores, a expedição de títulos eleitorais e a designação dos locais de votação.

A: Correta, pelos próprios fundamentos da assertiva. Trata-se de função atípica da Justiça Eleitoral prevista no art. 1º, parágrafo único e art. 23, IX, ambos do Código Eleitoral e que lhe permite expedir instruções para a execução das leis eleitorais, entre elas o Código Eleitoral (Resoluções). **B:** Incorreta, pois em relação a função administrativa, caberá ao juiz administrar todo o processo eleitoral, tal como exemplo o alistamento eleitoral, transferência de domicílio eleitoral e medidas para impedir a prática de propaganda eleitoral irregular. **C:** Incorreta, pois a função consultiva permite o pronunciamento dessa Justiça especializada sempre em tese (situações abstratas e impessoais). **D:** Incorreta, pois não há natureza judicial. Assemelha-se à natureza doutrinária, informativa. **E:** Incorreta, pois trata-se, tal exemplificação, da função administrativa.SC
Gabarito "A".

(Técnico Judiciário – TRE/SP – FCC – 2017) O Tribunal Regional Eleitoral – TRE

(A) é competente para julgar, como órgão de segunda instância, os recursos contra as decisões dos juízes eleitorais, exceto as discussões criminais a si correlatas e as decisões que impliquem inelegibilidade.

(B) é composto de 7 membros, sendo 2 desembargadores do Tribunal de Justiça, 2 juízes federais, 1 juiz do Tribunal Regional Federal e 2 advogados.

(C) é composto de 7 membros, sendo 2 desembargadores do Tribunal de Justiça, 2 juízes do Tribunal Regional Federal, 1 promotor e 2 advogados.

(D) é competente para julgar, como instância originária, as questões relacionadas às eleições para Governador e Vice-Governador, Senador, Deputado Federal e Deputado Estadual, salvo as discussões criminais a si correlatas.

(E) garante a todos os seus membros julgadores, todas as prerrogativas dos integrantes da magistratura relacionadas à independência, inamovibilidade e vitaliciedade.

A: Incorreta, cabe ao TRE julgar recurso contra qualquer decisão do juiz eleitoral (art. 29, II, "a", CE), incluindo recursos a respeito de decisões que impliquem inelegibilidade. Assertiva errada, uma vez que criou uma exceção (quanto às inelegibilidades). **B e C:** Incorretas, pois o art. 120, § 1º, CF, estabelece que os Tribunais Regionais Eleitorais serão compostos por 2 juízes dentre os desembargadores do Tribunal de Justiça, 2 Juízes dentre juízes de direito, escolhidos pelo Tribunal de Justiça, 1 Juiz do TRF com sede na capital do estado ou no DF (se não houver, de um juiz federal escolhido pelo TRF respectivo), 2 juízes dentre 6 advogados de notável saber jurídico e idoneidade moral (indicados pelo Tribunal de Justiça e nomeados pelo Presidente da República). **D:** Correta, com fundamento no art. 29, I, *a*, Código Eleitoral. **E:** Incorreta, pois dentre as garantias aplicáveis à magistratura, são asseguradas ao juiz eleitoral a independência e a inamovibilidade durante o período que exercerem a função eleitoral. Não se aplica, entretanto, a garantia da vitaliciedade, uma vez que o exercício da função eleitoral é por tempo determinado, não vitalício (2 anos, com possibilidade de uma recondução). SC

"Gabarito "D".

(Técnico Judiciário – TRE/PE – CESPE – 2017) Quanto aos tribunais regionais eleitorais (TREs), assinale a opção correta.

(A) Os TREs não têm competência para responder às consultas em tese sobre matéria eleitoral feitas por partido político.

(B) Compete aos TREs requisitar diretamente força federal, se isso for necessário ao cumprimento de suas decisões.

(C) As decisões dos TREs sobre ações que importem cassação de registro, anulação geral de eleições ou perda de diplomas somente serão tomadas com a presença de todos os seus membros.

(D) As atribuições do corregedor-regional serão fixadas pelo TRE perante o qual servir e, supletivamente, pelo TSE.

(E) Os TREs deliberam por maioria de votos, em sessão pública, com a presença de dois terços de seus membros.

A: Incorreta, uma vez que tal competência vem tratada no art. 30, VIII, Código Eleitoral. Destaca-se que tais consultas não terão natureza vinculativa, mas sim informativa (força doutrinária). **B:** Incorreta, com fundamento no art. 30, XII, Código Eleitoral, que estabelece ser competência dos TREs "requisitar a força necessária ao cumprimento de suas decisões solicitar ao Tribunal Superior a requisição de força federal. **C:** Correta, com fundamento no art. 28, § 4º, Código Eleitoral; **D:** Incorreta, pois o art. 26, § 1º estabelece que as atribuições do Corregedor Regional serão fixadas pelo Tribunal Superior Eleitoral e, em caráter supletivo ou complementar, pelo Tribunal Regional Eleitoral perante o qual servir. **E:** Incorreta, uma vez que o art. 28, Código Eleitoral, dispõe que os Tribunais Regionais deliberam por maioria de votos, em sessão pública, com a presença da maioria de seus membros. SC

"Gabarito "C".

(Técnico Judiciário – TRE/PE – CESPE – 2017) Acerca da organização e das competências da justiça eleitoral e das regras para alistamento, assinale a opção correta.

(A) Cabe ao juiz eleitoral indicar os demais integrantes da junta eleitoral, vedada a escolha de agentes policiais para esse fim.

(B) Compete ao tribunal regional eleitoral expedir diploma aos eleitos para cargos municipais.

(C) O Supremo Tribunal Federal não integra a justiça eleitoral.

(D) O presidente e o vice-presidente do Tribunal Superior Eleitoral (TSE) são, respectivamente, um ministro do Supremo Tribunal Federal e um ministro do Superior Tribunal de Justiça.

(E) Durante o período do serviço militar obrigatório, aos conscritos é facultativo o alistamento como eleitor.

A: Correta, conforme se depreende do disposto pelo art. 36, § 3º, CE. **B:** Incorreta, uma vez que o art. 40, CE, estabelece ser competência da Junta Eleitoral, entre outras, a expedição de diplomas a eleitos para cargos municipais (inciso IV). **C:** Falha na elaboração da questão. Resultou na anulação da questão pela Banca. **D:** Incorreta, conforme art. 119, parágrafo único, CF "Art. 119. O Tribunal Superior Eleitoral compor-se-á, no mínimo, de sete membros, escolhidos: Parágrafo único. O Tribunal Superior Eleitoral elegerá seu Presidente e o Vice-Presidente dentre os Ministros do Supremo Tribunal Federal, e o Corregedor Eleitoral dentre os Ministros do Superior Tribunal de Justiça". **E:** Incorreta, pois o art. 14, § 2º, CF dispõe que não podem alistar-se como eleitores os estrangeiros e, durante o período do serviço militar obrigatório, os conscritos. SC

"Gabarito "Anulada".

(Técnico Judiciário – TRE/AC – 2010 – FCC) Integram os Tribunais Regionais Eleitorais, dentre outros membros, dois

(A) Desembargadores do Tribunal da Justiça escolhidos mediante eleição e pelo voto secreto.

(B) cidadãos de notória idoneidade escolhidos livremente pelo Presidente da República.

(C) representantes do Ministério Público Eleitoral, escolhidos pelo Tribunal de Justiça do respectivo Estado.

(D) juízes do Tribunal Regional Federal do respectivo Estado, escolhidos pelo Tribunal de Justiça do respectivo Estado.

(E) juízes federais, escolhidos, mediante eleição e pelo voto secreto, pelo Superior Tribunal de Justiça.

A: correta: art. 120, § 1º, I, A CF/1988; **B:** incorreta: o Presidente da República nomeia dois juízes dentre seis advogados de notável saber jurídico e idoneidade moral, indicados pelo Tribunal de Justiça – art. 120, § 1º, III CF/1988; **C:** incorreta: representantes do Ministério Público Eleitoral não **integram** os Tribunais Eleitorais: eles atuam **junto aos** Tribunais Eleitorais na defesa da ordem jurídica, do regime democrático e dos interesses sociais e individuais indisponíveis (art. 127 CF/1988); **D:** incorreta: art. 120, § 1º, II CF/1988; **E:** incorreta: art. 120, § 1º, I e II CF/1988.

"Gabarito "A".

(Técnico Judiciário – TRE/AC – 2010 – FCC) Compete ao Tribunal Superior Eleitoral, dentre outras atribuições, processar e julgar originariamente

(A) os impedimentos ao Procurador Regional, bem como aos Juízes e Escrivães Eleitorais.

(B) a suspeição ao Procurador Regional, bem como aos Juízes e Escrivães Eleitorais.

(C) as impugnações à apuração do resultado geral, proclamação dos eleitos e expedição de diploma na eleição de Presidente da República e Vice-Presidente da República.

(D) o registro de candidatos a Governador, Vice-Governador, membros do Congresso Nacional e das Assembleias Legislativas.

(E) o cancelamento do registro de candidatos a Governador, Vice-Governador, membros do Congresso Nacional e das Assembleias Legislativas.

A: incorreta: trata-se de competência dos Tribunais Regionais Eleitorais – art. 29, I, *c*, do CE; **B:** incorreta: idem item anterior – competência dos TRE´s – art. 29, I, *c*, do CE; **C:** correta: art. 22, I, *g*, do CE; **D:** incorreta: competência dos TRE´s – art. 29, I, *a*, do CE; **E:** incorreta – idem item anterior – competência dos TRE´s – art. 29, I, *a*, do CE.
Gabarito "C".

(Técnico – TRE/CE – 2012 – FCC) Paulo é Desembargador do Tribunal de Justiça de um dos Estados da Federação. Em razão de seu cargo, Paulo poderá vir a integrar o Tribunal

(A) Superior Eleitoral, apenas.

(B) Regional Eleitoral do respectivo Estado, apenas.

(C) Superior Eleitoral e o Tribunal Regional Eleitoral do respectivo Estado.

(D) Superior Eleitoral e os Tribunais Regionais Eleitorais de qualquer Estado da Federação.

(E) Superior Eleitoral, os Tribunais Regionais Eleitorais e as Juntas Eleitorais de qualquer Estado da Federação.

A: incorreta – o TSE será composto por três juízes dentre Ministros do STF e dois dentre Ministros do STJ – art. 119, *a* e *b*, da CF/1988; **B:** correta – art. 120, § 1º, I, *a*, da CF/1988; **C:** incorreta – desembargador de Tribunal de Justiça não pode integrar TSE – art. 119 da CF/1988; **D:** incorreta – desembargador de Tribunal de Justiça não pode integrar TSE – art. 119 da CF/1988; **E:** incorreta – desembargador de Tribunal de Justiça não pode integrar TSE – art. 119 da CF/1988.
Gabarito "B".

(Técnico – TRE/CE – 2012 – FCC) Responder, sobre matéria eleitoral, às consultas que lhe forem feitas, em tese, por autoridade com jurisdição federal ou órgão nacional de partido político e aprovar a divisão dos Estados em Zonas Eleitorais incluem-se dentre as atribuições

(A) dos Tribunais Regionais Eleitorais e do Tribunal Superior Eleitoral, respectivamente.

(B) dos Tribunais Regionais Eleitorais.

(C) do Tribunal Superior Eleitoral e dos Tribunais Regionais Eleitorais, respectivamente.

(D) do Tribunal Superior Eleitoral.

(E) dos Tribunais Regionais Eleitorais e das Juntas Eleitorais, respectivamente.

Art. 23, VIII e XII, do CE.
Gabarito "D".

(Técnico – TRE/CE – 2012 – FCC) Ângelo é escrivão de polícia, Pedro é técnico judiciário do Tribunal Regional Eleitoral do Estado do Ceará, Lúcio é professor da rede estadual de ensino aposentado e Maria é professora efetiva da rede municipal de ensino. Preenchidos os demais requisitos legais, poderão ser nomeados membro das Juntas Eleitorais, escrutinador ou auxiliar:

(A) Pedro e Maria.

(B) Ângelo e Pedro.

(C) Ângelo e Maria.

(D) Pedro e Lúcio.

(E) Lúcio e Maria.

A: incorreta – não poderão ser nomeados membros das Juntas Eleitorais os que pertencerem ao serviço eleitoral – art. 36 § 2º, IV, do CE; **B:** incorreta – art. 36, § 3º, III e IV, do CE; **C:** incorreta – art. 36, § 3º, III, do CE; **D:** incorreta – art. 36, § 3º, IV, do CE; **E:** correta – não há qualquer impedimento previsto em lei.
Gabarito "E".

(Técnico Judiciário – TRE/PI – 2009 – FCC) Os juízes de Direito que integram o Tribunal Regional Eleitoral devem ser

(A) indicados pelo Ministério Público Federal e nomeados pelo Presidente da República.

(B) nomeados pelo Governador do respectivo Estado.

(C) escolhidos por nomeação do Presidente da República.

(D) escolhidos, mediante eleição e pelo voto secreto, pelo Tribunal de Justiça do respectivo Estado.

(E) escolhidos pelo Congresso Nacional e nomeados pelo Presidente da República.

Art. 120, § 1º, I, *b*, da CF/1988.
Gabarito "D".

(Técnico – TRE/PR – 2012 – FCC) Considere:

I.   Expedir diploma aos eleitos para cargos municipais.

II. Processar e julgar originariamente os crimes eleitorais cometidos pelos Juízes Eleitorais.

III. Processar e julgar os *habeas corpus* em matéria eleitoral relativos a atos dos Ministros de Estado.

Inclui-se na competência dos Tribunais Regionais Eleitorais a situação indicada APENAS em

(A) II.

(B) III.

(C) I e II.

(D) I e III.

(E) II e III.

I: incorreta – a competência, nesse caso, é das Juntas Eleitorais – art. 40, IV, do CE; **II:** correta – art. 29, I, *d*, do CE; **III:** incorreta – trata-se de competência do TSE – art. 22, I, do CE
Gabarito "A".

(Técnico – TRE/PR – 2012 – FCC) A respeito dos órgãos da Justiça Eleitoral, é correto afirmar que

(A) o Supremo Tribunal Federal é um dos órgãos da Justiça Eleitoral.

(B) integram os Tribunais Regionais Eleitorais dois advogados de notável saber jurídico e idoneidade moral escolhidos pelo Presidente da Ordem dos Advogados do Brasil.

(C) os juízes dos Tribunais Eleitorais, salvo motivo justificado, servirão por dois anos no mínimo.

(D) os ministros do Superior Tribunal de Justiça que integram o Tribunal Superior Eleitoral são escolhidos pelo Presidente da República.

(E) o Corregedor-Geral Eleitoral será escolhido pelo Presidente da República dentre os membros do Ministério Público Federal.

A: incorreta – art. 118 da CF/1988; **B:** incorreta – a escolha de dois advogados dentre seis constantes em lista é feita pelo Presidente da República – art. 120, III, da CF/1988; **C:** correta – art. 14 CE; **D:** incorreta – são escolhidos mediante eleição, pelo voto secreto de seus membros – art. 119, I, *b*, da CF/1988; **E:** incorreta – o corregedor eleitoral será escolhido dentre membros do STJ – art. 119, parágrafo único, da CF/1988.
Gabarito "C".

(Técnico – TRE/PR – 2012 – FCC) Compete às Juntas Eleitorais

(A) dirigir os processos eleitorais e determinar a inscrição e a exclusão de eleitores.

(B) resolver as impugnações e demais incidentes verificados durante os trabalhos da contagem e da apuração.

(C) providenciar a solução para as ocorrências que se verificarem nas Mesas Receptoras.

(D) dividir a Zona em Seções Eleitorais, expedir títulos eleitorais e conceder transferência de eleitores.

(E) fornecer aos que não votaram por motivo justificado um certificado que os isente das sanções legais.

A: incorreta – trata-se de competência dos juízes eleitorais – art. 35, VIII, do CE; **B:** correta – art. 40, II, do CE; **C:** incorreta – trata-se de competência dos juízes eleitorais – art. 35, XVI, do CE; **D:** incorreta – trata-se de competência dos juízes eleitorais – art. 35, IX e X, do CE; **E:** incorreta – trata-se de competência dos juízes eleitorais – art. 35, XVIII, do CE.

Gabarito "B".

(Técnico – TRE/PR – 2012 – FCC) Considere:

I. Conflitos de jurisdição entre Juízes Eleitorais de um mesmo Estado.

II. Conflitos de jurisdição entre Tribunais Regionais Eleitorais.

III. Conflitos de jurisdição entre Juízes Eleitorais de Estados diferentes.

Compete ao Tribunal Superior Eleitoral processar e julgar originariamente os conflitos de jurisdição indicados APENAS em

(A) I.

(B) II.

(C) I e II.

(D) I e III.

(E) II e III.

I: incorreta – compete ao TRE do respectivo Estado – art. 29, I, *b*, do CE; **II:** correta – art. 22, I, *b*, do CE; **III** – correta – art. 22, I, *b*, do CE

Gabarito "E".

(Técnico – TRE/PR – 2012 – FCC) Compete ao Tribunal Superior Eleitoral

(A) julgar os recursos interpostos das decisões dos Juízes Eleitorais que concederem ou negarem *habeas corpus*.

(B) elaborar o regimento interno dos Tribunais Regionais Eleitorais.

(C) expedir instruções aos órgãos do Ministério Público junto aos Tribunais Regionais Eleitorais.

(D) processar e julgar originariamente a suspeição ou impedimento aos seus próprios membros.

(E) constituir as Juntas Eleitorais bem como designar a respectiva sede e jurisdição.

A: incorreta – trata-se de competência do TRE – art. 29, I, *e*, do CE; **B:** incorreta – trata-se de competência do TRE – art. 30, I, do CE; **C:** trata-se de competência do Procurador-Geral – art. 24, VIII, do CE; **D:** correta – art. 22, I, *c*, do CE; **E:** incorreta – trata-se de competência do TRE – art. 30, V, do CE.

Gabarito "D".

(Técnico – TRE/PR – 2012 – FCC) Processar e julgar originariamente o registro e a cassação de registro de candidato a Senador, Deputado Federal e Deputado Estadual compete

(A) aos Tribunais Regionais Eleitorais.

(B) ao Tribunal Superior Eleitoral, ao Tribunal Superior Eleitoral e aos Tribunais Regionais Eleitorais, respectivamente.

(C) ao Tribunal Superior Eleitoral, aos Tribunais Regionais Eleitorais e ao Tribunal Superior Eleitoral, respectivamente.

(D) ao Tribunal Superior Eleitoral.

(E) aos Tribunais Regionais Eleitorais, ao Tribunal Superior Eleitoral e aos Tribunais Regionais Eleitorais, respectivamente.

Art. 29, I, *a*, do CE

Gabarito "A".

(Técnico – TRE/PR – 2012 – FCC) O órgão de direção Estadual do Partido Político Beta tem fundadas dúvidas a respeito de matéria eleitoral. Nesse caso, poderá formular consulta, em tese, que será respondida

(A) pelo Juiz Eleitoral da Zona Eleitoral em que estiver localizado o órgão de direção do Partido.

(B) pelo Tribunal Regional Eleitoral do respectivo Estado ou pelo Tribunal Superior Eleitoral.

(C) pelo Tribunal Superior Eleitoral.

(D) pelo Tribunal Regional Eleitoral do respectivo Estado.

(E) por qualquer Juiz Eleitoral em exercício no respectivo Estado.

Art. 30, VIII, do CE

Gabarito "D".

(Técnico Judiciário – TRE/RS – 2010 – FCC) A respeito das Juntas Eleitorais, é correto afirmar:

(A) Podem ser nomeados membros das Juntas Eleitorais autoridades e agentes policiais.

(B) Os nomes dos membros das Juntas Eleitorais serão publicados no órgão oficial do Estado, sendo vedado aos partidos políticos impugnar as indicações.

(C) Podem ser nomeados escrutinadores ou auxiliares os parentes em segundo grau de candidatos.

(D) Compor-se-ão as juntas eleitorais de um Juiz de Direito, que será o Presidente, e de dois ou quatro cidadãos de notória idoneidade.

(E) Podem ser nomeados escrutinadores ou auxiliares os que pertencerem ao serviço eleitoral.

A: incorreta: art. 36, § 3º, III, do CE; **B:** incorreta: qualquer partido pode, no prazo de três dias e mediante petição fundamentada, impugnar as indicações – art. 36, § 2º, do CE; **C:** incorreta: art. 36, § 3º, I, do CE; **D:** correta: art. 36 do CE; **E:** incorreta: art. 36, § 3º, IV, do CE.

Gabarito "D".

(Técnico Judiciário – TRE/BA – 2010 – CESPE) Acerca da composição, da competência e das atribuições dos órgãos que compõem a justiça eleitoral, julgue os itens a seguir.

(1) É matéria de competência do corregedor-geral e dos corregedores regionais eleitorais a realização de investigação jurisdicional para apurar transgressões pertinentes à origem de valores pecuniários e a abuso de poder econômico ou político, em detrimento da liberdade de voto.

(2) A legislação brasileira prevê que o TSE, composto de sete membros, pode ter sua composição aumentada, ao passo que os TREs, também compostos de sete membros cada um deles, não podem ter a sua composição aumentada.

(3) Compete, privativamente, aos TREs fixar a data das eleições para governador e vice-governador, deputados estaduais, prefeitos, vice-prefeitos, vereadores e juízes de paz.

(4) Podem ser nomeados para compor uma mesma junta eleitoral servidores de uma mesma repartição pública ou empregados de uma mesma empresa privada.

1: correta – art. 19 da LC 64/1990, **2:** correta – O art. 119 da CF/1988 diz em seu caput que o Tribunal Superior Eleitoral será composto de, no mínimo, sete membros, de modo que há uma autorização constitucional para eventual aumento no número de membros desse Tribunal, visto que a Carta Maior só fixou seu patamar mínimo. Diversamente, todavia, o artigo 120 da CF/1988 dispõe de forma expressa qual a composição dos Tribunais Regionais Eleitorais, não abrindo a possibilidade de aumento no número de seus membros; **3:** correta: art. 30, IV, do CE; **4:** incorreta – é vedada a participação de parentes em qualquer grau ou de servidores da mesma repartição pública ou empresa privada na mesma Mesa, Turma ou Junta Eleitoral – art. 64 da Lei 9.504/1997. Gabarito 1C, 2C, 3C, 4E

4. ALISTAMENTO ELEITORAL

(Técnico Judiciário – TRE/AC – 2010 – FCC) A respeito do alistamento eleitoral, considere:

I. Os estrangeiros.
II. Os maiores de setenta anos.
III. Os maiores de 16 e menores de 18 anos.
IV. Os maiores de 14 e menores de 16 anos.
Podem alistar-se como eleitores os indicados APENAS nos itens

(A) I e II.
(B) I, III e IV.
(C) I, II e IV.
(D) II e III.
(E) II, III e IV.

I: incorreta: os estrangeiros não podem alistar-se como eleitores – art. 14, § 2º CF/1988; **II:** correta: o alistamento eleitoral e o voto são facultativos para os maiores de 70 (setenta) anos – art. 14, § 1º, II, *b*, da CF/1988; **III:** correta: o alistamento eleitoral e o voto são facultativos para os maiores de 70 (setenta) anos – art. 14, § 1º, II, *c*, da CF/1988; **IV:** incorreta – os maiores de 14 e os menores de 16 anos não podem votar. Gabarito "D".

(Técnico Judiciário – TRE/AL – 2010 – FCC) O alistamento eleitoral e o voto são facultativos para os

(A) maiores de dezoito anos.
(B) funcionários da Justiça Eleitoral.
(C) candidatos a cargos eletivos nas eleições majoritárias.
(D) candidatos a cargos eletivos nas eleições proporcionais.
(E) analfabetos.

Art. 14, § 1º, II, *a*, da CF/1988.
Gabarito "E".

(Técnico Judiciário – TRE/BA – 2010 – CESPE) Acerca do alistamento eleitoral e de demais matérias inerentes à Resolução TSE n. 21.538/2003, julgue os itens que seguem.

(1) Mesmo que o alistamento eleitoral se dê por processamento eletrônico, o alistando está obrigado a apresentar em cartório, ou local previamente designado, o requerimento de alistamento acompanhado de três fotografias.
(2) É facultado o alistamento, no ano em que se realizarem eleições, do menor que completar dezesseis anos até a data do pleito, inclusive, sendo certo que o título

eleitoral emitido em tais condições somente surtirá efeitos com o implemento da idade de dezesseis anos.
(3) Não se aplicará a pena de multa ao brasileiro nato, não analfabeto e não alistado, que requerer sua inscrição eleitoral até o centésimo primeiro dia anterior à eleição subsequente à data em que completar dezenove anos de idade.
(4) O analfabeto que deixa de sê-lo não fica sujeito a multa quando requer sua inscrição eleitoral.
(5) Em caso de mudança de domicílio, configura exigência para transferência de inscrição de eleitor a observância do prazo de entrada do requerimento no cartório eleitoral do novo domicílio no prazo de até cem dias antes da data da eleição.
(6) No caso de perda ou extravio de seu título eleitoral, o eleitor que se encontre fora de seu domicílio eleitoral pode requerer a expedição da segunda via do título a juiz de outra zona até sessenta dias antes da eleição, esclarecendo se vai recebê-la na sua zona de origem ou na em que a requereu.
(7) É garantido a toda instituição pública o acesso às informações constantes do cadastro eleitoral inerentes a relações de eleitores acompanhadas de dados como filiação do eleitor bem como sua data de nascimento.
(8) O batimento ou cruzamento das informações constantes do cadastro eleitoral configura-se como pressuposto para operações de alistamento, transferência e revisão de inscrições de eleitores.
(9) O formulário de atualização da situação do eleitor, cuja tabela de códigos é estabelecida pela corregedoria-geral, é a ferramenta para registro de informações no histórico de inscrição no cadastro.
(10) A competência para decidir a respeito das duplicidades e pluralidades de inscrições, na esfera penal, será sempre do juiz criminal com atuação na circunscrição da zona onde foi efetuada a inscrição mais recente.
(11) A certidão do juízo criminal é documento comprobatório apto a possibilitar o restabelecimento de direitos políticos de indivíduo condenado criminalmente junto à justiça eleitoral.

1: incorreta: o RAE (Requerimento de Alistamento Eleitoral) passou a ser realizado eletronicamente em razão das disposições da Lei 7.444/1985 e agora já não se tem necessidade de apresentação de 03 (três) retratos, tal como exige o art. 44 do CE. Segundo o que dispõe o art. 5º, § 2º, da Lei 7.444/1985, são documentos necessários para o requerimento de alistamento: a) carteira de identidade, expedida por órgão oficial competente; b) certificado de quitação do serviço militar; c) carteira emitida pelos órgãos criados por lei federal, controladores do exercício profissional; d) certidão de idade, extraída do registro civil; e) instrumento público do qual se infira, por direito, ter o requerente a idade mínima de 16 anos, e do qual constem, também, os demais elementos necessários à sua qualificação; f) documento do qual se infira a nacionalidade brasileira, originária ou adquirida, do requerente. A Resolução/TSE 21.538/2003, por sua vez, regulamentando a questão, dispõe em seu art. 13 que para o alistamento, o requerente apresentará um dos seguintes documentos do qual se infira a nacionalidade brasileira: a) carteira de identidade ou carteira emitida pelos órgãos criados por lei federal, controladores do exercício profissional; b) certificado de quitação do serviço militar; c) certidão de nascimento ou casamento, extraída do Registro Civil; d) instrumento público do qual se infira, por direito, ter o requerente a idade mínima de 16 anos e do qual constem, também, os demais elementos necessários à sua qualificação. Acrescenta, ainda, seu parágrafo único que a apresentação do documento a que se refere a alínea *b* é obrigatória para maiores de 18 anos, do sexo masculino; **2:** correta: art. 14, *caput* e § 2º da Res. 21.538/2003; **3:** incorreta: a multa não será aplicada se o não alistado requerer sua inscrição eleitoral até o centésimo quinquagésimo primeiro dia anterior à eleição subsequente à data em que completar 19 anos – art. 15, parágrafo único da Res. 21.538/2003; **4:** correta – art. 16 parágrafo único da Res. 21.538/2003; **5:** correta – art. 53 CE; **6:** incorreta – em resguardo da privacidade do cidadão, não se fornecerão informações de caráter personalizado constantes do cadastro eleitoral, assim consideradas as relações de eleitoras acompanhadas de dados pessoais (filiação, data de nascimento, profissão, estado civil, escolaridade, telefone e endereço) – art. 29 da Res. 21.538/2003; **7:** correta – tendo em vista que o batimento ou cruzamento das informações constantes no cadastro eleitoral visa a expurgar possíveis duplicidades ou pluralidades de inscrições eleitorais e identificar situações que exijam averiguação, as operações de alistamento, transferência e revisão somente serão incluídas no cadastro ou efetivadas após o devido batimento – art. 33 da Res. 21.538/2003; **8:** correta: art. 21 da Res. 21.538/2003; **9:** incorreta – a competência para decidir a respeito das duplicidades e pluralidades na esfera penal será sempre do juiz eleitoral onde foi efetuada a inscrição mais recente – art. 44 da Res. 21.538/2003; **10:** correta – art. 53, II, a da Res. 21.538/2003; **11:** incorreta: o prazo para apresentação da justificativa perante o juiz eleitoral é de até 60 dias após a realização da eleição – art. 80 da Res. 21.538/2003.

Gabarito 1E, 2C, 3E, 4C, 5C, 6E, 7C, 8C, 9E, 10C, 11E

(Técnico Judiciário – TRE/MA – 2009 – CESPE) Raimundo, servidor público estadual removido para a capital do estado, é eleitor alistado em cidade do interior. Ao requerer a transferência do título, Raimundo deve

(A) comprovar o alistamento eleitoral primário, realizado na cidade do interior há mais de um ano.

(B) pedir novo alistamento, até seis meses antes da eleição subsequente.

(C) apresentar ao cartório eleitoral o título e a prova de quitação eleitoral.

(D) comprovar a residência no novo domicílio por pelo menos três meses.

(E) apresentar termo de autorização expressa do superior hierárquico na administração pública.

Art. 18, § 1º, da Res. 21.538/2003.
Gabarito "C".

(Técnico Judiciário – TRE/MA – 2009 – CESPE) No que concerne às informações que constam do cadastro dos eleitores na justiça eleitoral, assinale a opção correta.

(A) As informações do cadastro eleitoral são reservadas, acessíveis aos juízes eleitorais ou ao interessado, mediante decisão judicial fundamentada.

(B) O eleitor quite com a justiça eleitoral pode requerer certidão de quitação em sua zona eleitoral, sendo vedada sua expedição em zona eleitoral diversa.

(C) Ao juiz eleitoral é defeso fornecer informações do cadastro senão ao próprio eleitor.

(D) A divulgação de estatísticas do eleitorado é admitida, desde que estejam disponíveis em meio magnético.

(E) Informações de caráter pessoal dos eleitores somente são disponíveis aos partidos políticos.

A: incorreta – as informações constantes do cadastro eleitoral serão acessíveis às instituições públicas e privadas e as pessoas físicas nos termos da Res. 21.538/2003 – art. 9º da Res. 21.538/2003; **B:** incorreta – art. 82, § 4º, da Res. 21.538/2003; **C:** incorreta – art. 30 da Res.

21.538/2003; **D:** correta – art. 30 da Res. 21.538/2003; **E:** incorreta – art. 29, § 1º, da Res. 21.538/2003.
Gabarito "D".

(Técnico Judiciário – TRE/MA – 2009 – CESPE) Com o propósito de coibir fraudes, o TSE pode determinar a revisão do eleitorado de uma zona eleitoral ou mesmo de um município inteiro. A respeito desse assunto, assinale a opção correta.

(A) Na situação em apreço, o Poder Judiciário somente age mediante provocação, em razão do princípio da inércia do juiz.

(B) Cabe exclusivamente ao Ministério Público Eleitoral provocar a ação judicial que determine a revisão do eleitorado.

(C) É vedado ao tribunal eleitoral cancelar inscrição de eleitor que não se apresente à revisão, em face do princípio da presunção de inocência.

(D) É descabida a revisão eleitoral em razão de transferência de eleitores.

(E) O TSE deve determinar a revisão ou a correição, de ofício, quando o eleitorado for superior a 65% da população projetada para aquele ano pelo IBGE.

A: incorreta – o TSE pode determinar a revisão do eleitorado de ofício ou mediante denúncia fundamentada – art. 58, § 1º, da Res. 21.538/2003; **B:** incorreta – qualquer um pode, mediante denúncia fundamentada de fraude no alistamento de uma zona ou município, "provocar" a ação judicial que determine a revisão do eleitorado – art. 58 da Res. 21.538/2003; **C:** incorreta – art. 58 da Res. 21.538/2003; **D:** incorreta – art. 58, § 1º, da Res. 21.538/2003; **E:** correta – art. 58, § 1º, III, da Res. 21.538/2003.
Gabarito "E".

(Técnico Judiciário – TRE/MA – 2009 – CESPE) Josué teve os seus direitos políticos suspensos mediante decisão judicial. Posteriormente, sua condição foi alterada e ele pretendeu novo alistamento eleitoral. Diante dessa situação hipotética, assinale a opção correta.

(A) A regularização da situação de Josué deve ser procedida, de ofício, pelo órgão judicial que decretou a perda.

(B) Caso se tratasse de perda de direitos políticos, e não de suspensão, competiria ao juiz eleitoral comunicar acerca da reaquisição ou do restabelecimento dos direitos políticos do eleitor.

(C) Cabe ao Ministério da Justiça comunicar acerca da reaquisição ou do restabelecimento dos direitos políticos de Josué.

(D) A sentença judicial presta-se para comprovar o restabelecimento dos direitos políticos de Josué.

(E) Caso Josué tivesse se recusado a prestar o serviço militar obrigatório, então seria vedada a reaquisição de seus direitos políticos.

A: incorreta – a regularização da situação eleitoral de quem tem seus direitos políticos perdidos ou suspensos não ocorre de ofício, mas mediante o preenchimento da Declaração de Situação de Direitos Políticos e apresentação de documentação comprobatória de sua alegação – art. 52, § 2º, da Res. 21.538/2003; **B:** incorreta – art. 52, § 2º, da Res. 21.538/2003; **C:** incorreta – art. 52, § 2º, da Res. 21.538/2003; **D:** correta – art. 53, II, da Res. 21.538/2003; **E:** incorreta – em caso de recusa em cumprir o serviço militar, é dada a possibilidade de prestação de serviço alternativa. Somente a recusa em cumprir essa prestação poderia ensejar a perda dos direitos políticos – art. 15, IV, da CF/1988.
Gabarito "D".

(Técnico Judiciário – TRE/MA – 2009 – CESPE) Em face do princípio constitucional da obrigatoriedade do voto, o TSE disciplina, em resolução, a justificação do não comparecimento à eleição. Acerca desse assunto, assinale a opção correta.

(A) A cobrança de multa deve levar em conta a condição econômica do eleitor, de forma que o pagamento pode ser dispensado aos comprovadamente pobres.

(B) O eleitor que se encontra no exterior é isento de penalidade.

(C) O pedido de justificação de não votação é feito perante o TRE.

(D) A inscrição de eleitor que se abstiver de votar, sem justificação, em duas eleições subsequentes deve ser cancelada.

(E) A justificação de não votação não é exigida de portador de necessidade especial.

A: correta – art. 82. § 3º, da Res. 21.538/2003 c/c art. 367, § 3º, da Lei 4.737/1965, também chamada de Código Eleitoral (CE); **B:** incorreta – art. 80, § 1º, da Res. 21.538/2003; **C:** incorreta – o pedido de justificação será sempre dirigido ao juiz da zona de inscrição, podendo ser formalizado na zona eleitoral em que se encontrar o eleitor, a qual providenciará sua remessa ao juízo competente – art. 80, § 2º, da Res. 21.538/2003; **D:** incorreta – a lei prevê o cancelamento de inscrição no caso de abstenção sem justificativa por três eleições consecutivas – art. 80, § 6º, da Res. 21.538/2003; **E:** incorreta – não há, salvo melhor juízo, qualquer previsão legal excepcionando da necessidade de justificativa o portador de necessidades especiais. O que há é a não sujeição à sanção da pessoa portadora de deficiência quando impossível ou demasiadamente oneroso o cumprimento das obrigações eleitorais, relativas ao alistamento e ao exercício do voto.
Gabarito "A".

(Técnico Judiciário – TRE/MA – 2009 – CESPE) O eleitor que não votar nem justificar a sua ausência não poderá

(A) ausentar-se do domicílio eleitoral sem autorização do juiz.

(B) obter empréstimo da Caixa Econômica Federal.

(C) receber tratamento em hospitais do Sistema Único de Saúde.

(D) ajuizar ações judiciais contra o Estado.

(E) receber recursos de precatórios judiciais.

Art. 7º, IV, da Lei 4.737/1965, também chamada de Código Eleitoral (CE).
Gabarito "B".

5. INELEGIBILIDADE

(Técnico Judiciário – TRE/AP – 2011 – FCC) As arguições de inelegibilidade, relativas a candidatos a Senador, Deputado Federal e Prefeito Municipal serão feitas, perante

(A) o Tribunal Superior Eleitoral, o Tribunal Superior Eleitoral e os Tribunais Regionais Eleitorais, respectivamente.

(B) o Tribunal Superior Eleitoral, os Tribunais Regionais Eleitorais e os Juízes Eleitorais, respectivamente.

(C) os Tribunais Regionais Eleitorais, os Tribunais Regionais Eleitorais e os Juízes Eleitorais, respectivamente.

(D) o Tribunal Superior Eleitoral.

(E) os Tribunais Regionais Eleitorais.

Art. 2º, II e III, da LC 64/1990.
Gabarito "C".

(Técnico – TRE/SP – 2012 – FCC) Um partido político pretende pedir a instauração de investigação judicial para apurar uso indevido do poder econômico em benefício de candidato a Vereador. A representação nesse sentido deverá ser dirigida ao

(A) Corregedor Regional Eleitoral.

(B) Tribunal Regional Eleitoral.

(C) Tribunal Superior Eleitoral.

(D) Corregedor Geral Eleitoral.

(E) Juiz Eleitoral.

Art. 24 da LC 64/1990
Gabarito "E".

6. PARTIDOS POLÍTICOS E REGISTRO DE CANDIDATURAS

ATENÇÃO!

Nota de atualização a ser considerada nas questões deste capítulo: Reforma Eleitoral 2017 e 2019 (Lei 13877/2019 e Lei 13878/2019)

Atualização importante: por ocasião da promulgação da EC 97/17, o disposto no art. 17, §3º, CF, foi alterado. A partir desta atualização (chamada Reforma Eleitoral de 2017), temos a proibição de que sejam feitas coligações partidárias em âmbito das eleições proporcionais (veja comentário abaixo), apenas prevalecendo a autorização para a situação das eleições majoritárias.

Eleições Proporcionais e Majoritárias: muito embora sejam assim denominadas, trata-se do sistema eleitoral utilizado na apuração dos votos e declaração dos eleitos. Nas eleições majoritárias privilegia-se (e portanto considerando eleito) aquele que obtiver a maioria dos votos válidos colhidos no pleito eleitoral (observada a necessidade de 1 ou 2 turnos, o que não altera a lógica de apuração). Nas eleições chamada proporcionais, é feito o cálculo de análise do Quociente Eleitoral e Quociente Partidário, e assim, verificados quem são os eleitos.

Eleições Proporcionais: Deputado Federal, Deputado Estadual, Deputado Distrital, Vereadores

Eleições Majoritárias: Presidente da República, Governador e Prefeito, com seus respectivos vices. Senador da República e suplente.

Fusão de Partidos: na hipótese de fusão, a existência legal do novo partido tem início com o registro, no Ofício Civil competente da sede do novo partido, do e

(Técnico Judiciário – TRE/PE – CESPE – 2017) Com base na legislação que rege as eleições, assinale a opção correta.

(A) As normas para a escolha dos candidatos e para a formação de coligações estão estabelecidas taxativamente na lei, em *numerus clausus*.

(B) O requisito de idade mínima de dezoito anos como condição de elegibilidade é verificado tendo por referência a data da posse no cargo pretendido.

(C) Os partidos políticos dentro da mesma circunscrição podem celebrar coligações para eleição majoritária, para eleição proporcional ou para ambas.

(D) Nas eleições majoritárias, consideram-se válidos apenas os votos dados a candidatos regularmente

inscritos e às legendas partidárias.
(E) Candidatos filiados a qualquer partido podem inscrever-se nas chapas de coligação.

A: Incorreta. O art. 7º, Lei das Eleições dispõe que as normas para a escolha e substituição dos candidatos e para a formação de coligações serão estabelecidas no estatuto do partido, observadas as disposições desta Lei. **B:** Incorreta, pois o art. 11, § 2º da Lei das Eleições estabelece que a regra de verificação é ter como referência a data de posse. No entanto, quando o cargo for aquele onde a idade mínima seja de 18 anos, análise se dará considerando a data limite para o pedido de registro (19h do dia 15 de Agosto do ano em que se derem as eleições). Atentem-se! A nova orientação quanto a mudança da referência se dá tão somente para o cargo onde a idade mínima estabelecida seja de 18 anos, que atualmente é apenas o de vereador. **C:** Correta, uma vez que o Art. 6º, Lei das Eleições, dispõe que "É facultado aos partidos políticos, dentro da mesma circunscrição, celebrar coligações para eleição majoritária, proporcional, ou para ambas, podendo, neste último caso, formar-se mais de uma coligação para a eleição proporcional dentre os partidos que integram a coligação para o pleito majoritário.". **D:** Incorreta, pois o art. 5º dispõe que nas eleições *proporcionais*, contam-se como válidos apenas os votos dados a candidatos regularmente inscritos e às legendas partidárias. **E:** Incorreta, pois dispõe o art. 6º § 3º, Lei das Eleições, que " Na formação de coligações, devem ser observadas, ainda, as seguintes normas: I – na chapa da coligação, podem inscrever-se candidatos filiados a qualquer partido político dela integrante". Gabarito "C".

(Técnico Judiciário – TRE/SP – FCC – 2017) Os partidos políticos X, Y e Z, dentro da mesma circunscrição, celebraram coligações para eleição majoritária e proporcional, observadas todas as normas legais para sua formação. Chegado o momento próprio, descobriram que, na realização de propaganda na televisão para eleição majoritária, a coligação usará,

(A) facultativamente, sob sua denominação, as legendas de todos os partidos que a integram, e, na propaganda para eleição proporcional, cada partido usará apenas sua legenda sob o nome da coligação.
(B) obrigatoriamente, sob sua denominação, as legendas de todos os partidos que a integram, e, na propaganda para eleição proporcional, cada partido usará apenas sua legenda sob o nome da coligação.
(C) obrigatoriamente, apenas a legenda do partido ao qual o candidato é filiado, sob o nome da coligação, e, na propaganda para eleição proporcional, usará, também obrigatoriamente, sob sua denominação, as legendas de todos os partidos que a integram.
(D) facultativamente, sob sua denominação, as legendas de todos os partidos que a integram, aplicando-se a mesma regra na propaganda para eleição proporcional.
(E) obrigatoriamente, como denominação, a junção de todas as siglas dos partidos que a integram, e, na propaganda para eleição proporcional, cada partido poderá usar, facultativamente, sua legenda sob o nome da coligação.

De fato, a única alternativa correta está exposta na assertiva de letra B. Relaciona-se com o que dispõe o art. 6º, § 2º, Lei das Eleições, ao tratar que na propaganda para eleição majoritária, a coligação usará, obrigatoriamente, sob sua denominação, as legendas de todos os partidos que a integram; na propaganda para eleição proporcional, cada partido usará apenas sua legenda sob o nome da coligação. Gabarito "B".

(Técnico Judiciário – TRE/PE – CESPE – 2017) Quanto a registros de candidatos, assinale a opção correta.

(A) As causas de inelegibilidade são aferidas no momento do pedido de registro da candidatura, sendo vedada a alteração da decisão por alterações fáticas ou jurídicas supervenientes.
(B) É vedado ao partido substituir candidato que for considerado inelegível após o termo final do prazo do registro.
(C) Para solicitar à justiça eleitoral o registro de seus candidatos, os partidos políticos terão até as dezenove horas do dia trinta de agosto do ano em que se realizarem as eleições.
(D) Entre outros documentos, o pedido de registro de candidato à justiça eleitoral deve ser instruído com declaração de bens assinada pelo candidato.
(E) Apenas partidos políticos podem solicitar registro de candidatos.

A: Incorreta, já que o art. 11, § 10, Lei das Eleições, estabelece que as condições de elegibilidade e as causas de inelegibilidade devem ser aferidas no momento da formalização do pedido de registro da candidatura, ressalvadas as alterações, fáticas ou jurídicas, supervenientes ao registro que afastem a inelegibilidade. **B:** Incorreta, já que o art. 13, Lei das Eleições dispõe que é facultado ao partido ou coligação substituir candidato que for considerado inelegível, renunciar ou falecer após o termo final do prazo do registro ou, ainda, tiver seu registro indeferido ou cancelado. **C:** Incorreta, pois o art. 11, Lei das Eleições, dispõe que os partidos e coligações solicitarão à Justiça Eleitoral o registro de seus candidatos até as dezenove horas do dia 15 de agosto do ano em que se realizarem as eleições. **D:** Correta, por força do que estabelece o art. 11, § 1º, Lei das Eleições, "O pedido de registro deve ser instruído com os seguintes documentos: IV – declaração de bens, assinada pelo candidato". **E:** Incorreta, pois o art. 11, § 4º, Lei das Eleições, dispõe que na hipótese de o partido ou coligação não requerer o registro de seus candidatos, estes poderão fazê-lo perante a Justiça Eleitoral, observado o prazo máximo de quarenta e oito horas seguintes à publicação da lista dos candidatos pela Justiça Eleitoral. Gabarito "D".

(Técnico Judiciário – TRE/PI – CESPE – 2016) Considerando as disposições preliminares da Lei 9.096/1995, assinale a opção correta.

(A) Para desligar-se de seu partido político, o filiado deve comunicar expressamente sua intenção ao órgão partidário e ao juiz competentes.
(B) O partido político pode aceitar como filiado qualquer pessoa natural, independentemente do estado em que ela se encontre, já que todos têm iguais direitos e deveres perante a lei.
(C) Os prazos de filiação partidária não podem ser objeto do estatuto dos partidos políticos.
(D) A personalidade jurídica de um partido político é constituída mediante cadastro do seu estatuto em cartório de registro civil de pessoas jurídicas de direito público.
(E) Registrado o partido político, cabe ao Tribunal Superior Eleitoral determinar sua estrutura interna e sua organização administrativa, uma vez que as verbas do fundo partidário são oriundas da União.

A: Correta, pois conforme o art. 21, Lei dos Partidos Políticos, para desligar-se de seu partido político, o filiado deve comunicar expressamente sua intenção ao órgão partidário e ao juiz competentes (fazendo prova da primeira comunicação). **B:** Incorreta, pois de acordo com o art. 16, LPP (Lei dos Partidos Políticos), é necessário que o cidadão esteja em pleno gozo de seus direitos políticos. **C:** Incorreta, já que os prazos de filiação podem ser aumentados pelo partido político (não podem diminuir), exceto quando durante ano eleitoral. **D:** Incorreta, uma vez que com base no art. 8º, LPP, Partidos Políticos são pessoas jurídicas de direito privado (não público). **E:** Incorreta, uma vez que o TSE tem competência para proceder com o registro definitivo do partido político (segundo registro, após aquisição de personalidade jurídica no registro junto ao Cartório de Registro de Pessoas Jurídicas da Capital Federal). A organização interna do partido cabe tão somente à própria agremiação (art. 17, § 1º, CF).**SC**

Gabarito "A".

(Técnico Judiciário – TRE/SP – FCC – 2017) Ieda foi orientada a estudar a Lei 9.096/95 para o concurso que irá prestar. Descobriu que, destinando-se a assegurar, no interesse do regime democrático, a autenticidade do sistema representativo e a defender os direitos fundamentais definidos na Constituição Federal, o partido político é pessoa jurídica de direito

(A) privado, sendo livre a criação, fusão, incorporação e extinção de partidos políticos cujos programas respeitem a soberania nacional, o regime democrático, o pluripartidarismo e os direitos fundamentais da pessoa humana.

(B) público interno, sendo livre a criação, fusão, incorporação e extinção de partidos políticos cujos programas respeitem a soberania nacional, o regime democrático, o pluripartidarismo e os direitos fundamentais da pessoa humana.

(C) público externo, sendo livre a criação, fusão, incorporação e extinção de partidos políticos cujos programas respeitem a soberania nacional, o regime democrático, o pluripartidarismo e os direitos fundamentais da pessoa humana.

(D) público, interno ou externo, dependendo do seu estatuto, sendo livre a criação, fusão, incorporação e extinção de partidos políticos cujos programas respeitem a soberania nacional, o regime democrático, o pluripartidarismo e os direitos fundamentais da pessoa humana.

(E) privado ou de direito público interno, dependendo do seu estatuto, sendo livre a criação, fusão, incorporação e extinção de partidos políticos cujos programas respeitem a soberania nacional, o regime democrático, o pluripartidarismo e os direitos fundamentais da pessoa humana.

De fato, a única alternativa correta corresponde à assertiva tratada na letra A, pois em perfeita consonância com o art. 44, V, Código Civil. Também, e de modo mais específico, os artigos 1º e 2º da Lei dos Partidos Políticos, que assim dispõe: "Art. 1º O partido político, pessoa jurídica de direito privado, destina-se a assegurar, no interesse do regime democrático, a autenticidade do sistema representativo e a defender os direitos fundamentais definidos na Constituição Federal. Art. 2º É livre a criação, fusão, incorporação e extinção de partidos políticos cujos programas respeitem a soberania nacional, o regime democrático, o pluripartidarismo e os direitos fundamentais da pessoa humana."**SC**

Gabarito "A".

(Técnico Judiciário – TRE/SP – FCC – 2017) Clodoaldo é detentor do mandato de Vereador, tendo sido eleito pelo partido político A, ao qual era filiado. Ocorre que, em razão de ter sofrido grave discriminação política pessoal, desfiliou-se do referido partido. Clodoaldo,

(A) perderá o mandato apenas se a desfiliação partidária ocorrer durante os dois primeiros anos de seu mandato.

(B) perderá o mandato, pois o motivo referido não caracteriza justa causa para a desfiliação partidária.

(C) não perderá o mandato, pois a desfiliação partidária independe de justa causa para ocorrer.

(D) perderá o mandato, ainda que caracterizada a justa causa para a desfiliação partidária.

(E) não perderá o mandato, pois o motivo referido caracteriza justa causa para a desfiliação partidária.

De fato, a única alternativa correta é apresentada pelo art. 22-A, Lei dos Partidos Políticos. Isto porque dispõe que perderá o mandato o detentor de cargo eletivo que se desfiliar, sem justa causa, do partido pelo qual foi eleito. No entanto, a Lei 13.165, de 2015, alterou o dispositivo, especialmente quanto às chamadas justas causas à desfiliação partidária (sem que isso resulte em infidelidade partidária). O parágrafo único, do mesmo dispositivo, considera como justa causa, atualmente, apenas: I – mudança substancial ou desvio reiterado do programa partidário; II – grave discriminação política pessoal; e, III – mudança de partido efetuada durante o período de trinta dias que antecede o prazo de filiação (6 meses) exigido em lei para concorrer à eleição, majoritária ou proporcional, ao término do mandato vigente.**SC**

Gabarito "E".

(Técnico Judiciário – TRE/PE – CESPE – 2017) Acerca de partidos políticos, assinale a opção correta.

(A) O partido político tem soberania para definir sua estrutura interna.

(B) Filiados mais antigos podem ter mais direitos que os recentes, desde que assim seja previsto no estatuto do partido político.

(C) Os órgãos de direção nacional dos partidos políticos terão pleno acesso às informações de seus filiados constantes do cadastro eleitoral.

(D) A ação do partido é exercida de acordo com seu estatuto e programa, podendo haver subordinação da agremiação a entidade estrangeira, desde que expressamente consignado em referidos documentos.

(E) É vedada a fusão de partidos políticos.

A: Incorreta, uma vez que o art. 3º, Lei dos Partidos Políticos dispõe que é assegurada, ao partido político, *autonomia* para definir sua estrutura interna, organização e funcionamento. **B:** Incorreta, já que o art. 4º, Lei dos Partidos Políticos, estabelece que os filiados de um partido político têm iguais direitos e deveres. **C:** Correta, com fundamento no art. 19, § 3º, Lei dos Partidos Políticos "os órgãos de direção nacional dos partidos políticos terão pleno acesso às informações de seus filiados constantes do cadastro eleitoral.". **D:** Incorreta, uma vez que a ação dos partidos têm caráter nacional e é exercida de acordo com seu estatuto e programa, sem subordinação a entidades ou governos estrangeiros (art. 5º Lei dos Partidos Políticos). **E:** Incorreta, já que o art. 29, Lei dos Partidos Políticos, estabelece que por decisão de seus órgãos nacionais de deliberação, dois ou mais partidos poderão fundir-se num só ou incorporar-se um ao outro. Cabe destacar que o § 9º, art. 29, LPP, dispõe ainda que "Somente será admitida a fusão ou incorporação de partidos políticos que hajam obtido o registro definitivo do Tribunal Superior Eleitoral há, pelo menos, 5 (cinco) anos". Uma tentativa, tomada pelo legislador, para evitar os chamados "partidos a venda", que são fundados com o propósito único de serem fundidos ou incorporados.**SC**

Gabarito "C".

(Técnico Judiciário – TRE/PE – CESPE – 2017) Com relação a partidos políticos, assinale a opção correta.

(A) O partido político é pessoa jurídica de direto público destinada a assegurar a autenticidade do sistema representativo e a defesa dos direitos fundamentais.

(B) Em ano de eleição, é facultado ao partido político alterar, em seu estatuto, os prazos de filiação partidária.

(C) Apenas o eleitor em pleno gozo de seus direitos políticos pode filiar-se a partido.

(D) Para desligar-se do partido, o filiado tem de fazer comunicação escrita ao órgão de direção regional desse partido e ao tribunal regional eleitoral.

(E) Com o registro do estatuto do partido no registro civil das pessoas jurídicas fica-lhe assegurada a exclusividade de uso dos seguintes elementos identificatórios: denominação, sigla, símbolos e uniforme.

A: Incorreta, pois a assertiva afirma que partido político é pessoa jurídica de direito público. No entanto, a redação do art. 1º, Lei dos Partidos Políticos (Lei 9.096/1995) estabelece se tratar de pessoa jurídica de direito privado; **B:** Incorreta. Ainda que seja possível o partido político estabelecer prazo superior ao tratado na legislação, não poderá alterar as regras (tal como o prazo de filiação) em ano eleitoral. Redação do art. 20, Lei dos Partidos Políticos; **C:** Correta, conforme estabelece o art. 16, Lei dos Partidos Políticos. Vale destacar que a Resolução TSE 23.117/2009 dispõe, em seu art. 1º, que "a inelegibilidade não impede a filiação partidária."; **D:** Incorreta, já que o procedimento de desligamento da agremiação, previsto no art. 21, Lei dos Partidos Políticos, estabelece que Para desligar-se do partido, o filiado faz comunicação escrita ao órgão de direção municipal e ao Juiz Eleitoral da Zona em que for inscrito; **E:** Incorreta, pois para tal situação é necessário o registro definitivo, qual seja, junto ao TSE (§ 3º, art. 7º, Lei dos Partidos Políticos).**SC**
„C". Gabarito

(Técnico Judiciário – TRE/AC – 2010 – FCC) O partido político

(A) pode adotar uniforme para seus membros, desde que não utilize as cores da bandeira do Brasil.

(B) pode ter caráter municipal ou estadual, dependendo da área da sua atuação e funcionamento.

(C) só pode ministrar instrução militar ou paramilitar sob a supervisão do Exército.

(D) só pode registrar seus estatutos no Tribunal Superior Eleitoral após ter adquirido personalidade jurídica na forma da lei civil.

(E) é pessoa jurídica de direito público e a sua organização só pode ser feita pela Justiça Eleitoral.

A: incorreta: é vedado a partido político adotar uniforme para seus membros – art. 6º da Lei 9.096/1995; **B:** incorreta: deve ter caráter nacional – art. 7º, § 1º, da Lei 9.096/1995; **C:** incorreta – é vedado ao partido político ministrar instrução militar ou paramilitar – art. 6º da Lei 9.096/1995; **D:** correta: art. 7º da Lei 9.096/1995; **E:** incorreta: é pessoa jurídica de direito privado e possui autonomia para definir sua estrutura interna, organização e funcionamento – arts. 1º e 2º da Lei 9.096/1995.
„D". Gabarito

(Técnico Judiciário – TRE/AL – 2010 – FCC) Os partidos políticos

(A) podem não ter caráter nacional, sendo lícita a subordinação a entidades ou governos estrangeiros.

(B) não têm autonomia para definir sua estrutura interna, organização e funcionamento.

(C) adquirem personalidade jurídica com o registro de seu estatuto no Tribunal Superior Eleitoral.

(D) com registro no Tribunal Superior Eleitoral poderão credenciar delegados perante o Juiz Eleitoral, o Tribunal Regional Eleitoral e o Tribunal Superior Eleitoral.

(E) não podem ser incorporados uns pelos outros, situação que leva à extinção de ambos.

A: incorreta: os partidos políticos devem ter caráter nacional e sua ação é exercida de acordo com seu estatuto e programa, sem subordinação a entidades ou governos estrangeiros – art. 5º da Lei 9.096/1995; **B:** incorreta: art. 3º da Lei 9.096/1995; **C:** incorreta: só depois de adquirida sua personalidade jurídica na forma da lei civil é que pode registrar seu estatuto no Tribunal Superior Eleitoral – art. 7º da Lei 9.096/1995; **D:** correta: art. 11 da Lei 9.096/1995; **E:** incorreta: é livre a criação, fusão, incorporação e extinção de partidos políticos – art. 2º da Lei 9.096/1995.
„D". Gabarito

(Técnico Judiciário – TRE/AL – 2010 – FCC) Para concorrer a cargo eletivo, o eleitor deverá estar filiado ao respectivo partido, pelo menos,

(A) no primeiro dia útil do ano em que se realizarem as eleições.

(B) seis meses antes da data fixada para as eleições majoritárias.

(C) um ano antes da data fixada para as eleições, majoritárias ou proporcionais.

(D) três meses antes da data fixada para as eleições proporcionais.

(E) até o dia da convenção para escolha de candidatos.

Questão desatualizada. Ver comentários.

Muito embora a questão esteja desatualizada à luz das alterações trazidas pelas reformas de 2015 e 2017, vale mantê-la neste acervo com o fito de alerta aos nossos estimados leitores. A redação do enunciado está desatualizado pois, anteriormente à legislação a Lei 13.165/2015 e Lei 13488/2017, o prazo era o previsto no art. 18 da Lei 9.096/1995 e trazido no corpo da assertiva "C". A reforma eleitoral de 2017 alterou a disposição no sentido de que a redação dada ao art. 9º da Lei das Eleições dispõe que " Para concorrer às eleições, o candidato deverá possuir domicílio eleitoral na respectiva circunscrição pelo prazo de seis meses e estar com a filiação deferida pelo partido no mesmo prazo.". Na presente questão, caso a alternativa B não tivesse limitado, em sua disposição final "para as eleições majoritárias", poderia ser assinalada como correta. Lembrando que no Brasil as eleições majoritárias e proporcionais coincidem em data de realização.
„C". Gabarito

(Técnico Judiciário – TRE/AP – 2011 – FCC) José, apesar de não ser filiado a partido político, deseja candidatar-se a Vereador nas eleições municipais da cidade em que possui domicílio eleitoral há muitos anos e trabalha como vendedor autônomo. Nesse caso

(A) só poderá candidatar-se sem filiação a partido político, como candidato avulso e independente, se os partidos não tiverem preenchido todas as vagas.

(B) poderá candidatar-se sem filiação a partido político, como candidato avulso e independente.

(C) deverá obter o apoio, através de documento assinado, de pelo menos cem eleitores da mesma circunscrição eleitoral.

(D) deverá filiar-se a partido político pelo menos um ano antes da data fixada para as eleições.

(E) deverá obter o apoio, através de documento assinado, de pelo menos dez por cento dos eleitores da mesma circunscrição eleitoral.

A questão está desatualizada em razão do novo regramento estabelecido pela Lei 13.165/2015. Com a reforma eleitoral indicada, o prazo para filiação aos partidos políticos, tornando possível a participação de José às eleições municipais (como elucida o enunciado) será de 6 meses anteriores ao pleito eleitoral, como se verifica no art. 9º da Lei das Eleições. Sendo assim, inexiste assertiva capaz de apontar uma resposta correta, muito embora seja válida a reflexão acerca do assunto. Cabe dizer, ainda, que a Lei 13.488/17 ainda alterou o prazo de domicílio eleitoral, antes de 1 ano, para 6 meses. Agora, tanto a filiação deferida quanto o domicílio eleitoral na circunscrição são condições a serem satisfeitas com antecedência de 6 meses ao pleito. Destaca-se, ainda que a Lei 13.488/2017 trouxe a inclusão do §14, art. 11, Lei das Eleições, a fim de estabelecer objetivamente que "é vedado o registro de candidatura avulsa, ainda que o requerente tenha filiação partidária". Assim, permanece a obrigatoriedade de que o candidato seja escolhido em convenção partidária para que seja possível concorrer as eleições (e é claro, quando satisfeitas as demais condições de elegibilidade).
Gabarito "D".

(Técnico Judiciário – TRE/AP – 2011 – FCC) A incorporação de um partido a outro

(A) é vedada pela legislação eleitoral vigente.

(B) só poderá ser feita por decisão dos respectivos órgãos nacionais de deliberação.

(C) pode ser determinada, de ofício, pelo Tribunal Superior Eleitoral.

(D) pode ocorrer por deliberação dos órgãos de direção do partido incorporando, sem necessidade de anuência do partido incorporador.

(E) pode ser determinada, de ofício, pelos Tribunais Regionais Eleitorais.

A: Incorreta: é livre a criação, fusão, incorporação e extinção de partidos políticos – art. 2º da Lei 9.096/1995. **B:** correta – art. 47 da Lei 9.096/1995; **C:** incorreta: art. 47 da Lei 9.096/1995; **D:** incorreta: a decisão deve ser tomadas pelos órgãos nacionais de deliberação dos dois ou mais partidos que decidam incorporar-se um ao outro – art. 47 da Lei 9.096/1995; **E:** trata-se de ato de vontade dos partidos envolvidos, não podendo ser decretada de ofício pelo Poder Judiciário – art. 2º e 47 da Lei 9.096/1995.
Nota: Em razão de recentes alterações acerca do tema pela Lei 13.107/2015, sobretudo a incorporação e fusão de partidos políticos, válidos os seguintes comentários: na situação de incorporação o instrumento que venha dispor a respeito deverá ser registrado junto ao ofício civil, de forma a cancelar o registro do partido incorporado (ou seja, haverá averbação do registro às margens do partido incorporador e cancelamento do incorporado).
Após o registro no ofício civil, obedecendo à sistemática do registro dos partidos políticos (art. 8º e seguintes da Lei dos Partidos Políticos) deverá ser levado à registro junto ao Tribunal Superior Eleitoral.
Cabe destacar que apenas poderão sofrer incorporação ou mesmo buscar a fusão os partidos políticos que tenham obtido o registro definitivo junto ao TSE há pelo menos 5 anos (resta clara a intenção do legislador em acabar com os partidos que nascem com o intuito de serem negociados por outros partidos menores).
Por fim, no caso da incorporação (e também da fusão) os votos dos partidos "fundidos" obtidos na última eleição geral (eleição para a Câmara dos Deputados) deverão ser somados para fins do quanto necessário à distribuição de recursos do Fundo Partidário e do acesso ao rádio e televisão.
Gabarito "B".

(Técnico – TRE/CE – 2012 – FCC) A criação de partidos políticos é livre, inclusive se os respectivos programas não respeitarem

(A) a soberania nacional.

(B) a posição dominante no Congresso Nacional.

(C) o regime democrático.

(D) o pluripartidarismo.

(E) os direitos fundamentais da pessoa humana.

Art. 2º da Lei 9.096/1995
Gabarito "B".

(Técnico – TRE/CE – 2012 – FCC) João resolveu desligar-se do partido político ao qual estava filiado e fez comunicação escrita ao órgão de direção municipal e ao Juiz Eleitoral da Zona em que estava inscrito. O vínculo torna-se extinto, para todos os efeitos, quando

(A) lhe for comunicado o deferimento do desligamento pelo órgão municipal do partido.

(B) for publicado o deferimento do pedido pelo Juiz Eleitoral.

(C) for deferido o desligamento pelo órgão de direção municipal do partido.

(D) ocorrer o trânsito em julgado da decisão judicial que deferir o desligamento.

(E) se escoar o prazo de dois dias contados da data da entrega da comunicação.

A única alternativa correta é apresentada pela assertiva E, uma vez que o art. 21, parágrafo único, da Lei 9.096/1995 estabelece que para o desligamento basta a comunicação escrita ao órgão de direção municipal e posterior comunicação ao juiz. Na prática observa-se a necessidade de fazer comprovar ao juiz eleitoral a comunicação de desligamento junto ao diretório ou órgão municipal partidário.
Gabarito "E".

(Técnico Judiciário – TRE/RS – 2010 – FCC) Os partidos políticos

(A) que ministrarem instrução militar ou paramilitar, deverão obter prévia autorização da Justiça Eleitoral e adotar uniforme para seus membros com o intuito de distingui-los dos demais.

(B) poderão ser criados através de requerimento de, no mínimo, cinquenta eleitores com domicílio eleitoral em pelo menos dois Estados da Federação.

(C) poderão fundir-se num só ou incorporar-se um ao outro por decisão de seus órgãos regionais, com validade apenas no âmbito estadual ou municipal.

(D) são pessoas jurídicas de direito privado e destinam-se a assegurar, no interesse do regime democrático, a autenticidade do sistema representativo e a defender os direitos fundamentais definidos na Constituição Federal.

(E) que não tiverem caráter nacional deverão aprovar estatuto e programa que atenda às peculiaridades e interesses do Estado ou Município em que desenvolverem as suas atividades.

A: incorreta: é vedado ao partido político ministrar instrução militar ou paramilitar, utilizar-se de organização da mesma natureza e adotar uniforme para seus membros – art. 6º da Lei 9.096/1995; **B:** incorreta – só é admitido o registro do estatuto de partido político que tenha caráter nacional, considerando-se como tal aquele que comprove o apoiamento de eleitores correspondente a, pelo menos, meio por cento dos votos dados na última eleição geral para a Câmara dos Deputados, não computados os votos em branco e os nulos, distribuídos por um terço, ou mais, dos Estados, com um mínimo de um décimo por cento do eleitorado que haja votado em cada um deles – art. 7º, § 1º, da Lei 9.096/1995; **C:** incorreta: por decisão de seus órgãos nacionais de deliberação, dois ou mais partidos poderão fundir-se num só ou incorporar-se um ao outro – art. 29 da Lei 9.096/1995; **D:** correta – art. 1º da Lei 9.096/1995; **E:** incorreta: só é admitido o registro de partido político que tenha caráter nacional – art. 5º e 7º da Lei 9.096/1995. Gabarito "D".

(Técnico – TRE/SP – 2012 – FCC) Sete partidos políticos decidiram, por seus órgãos nacionais de deliberação, fundir-se em um só. Essa fusão

(A) é ilegal porque viola o princípio do pluripartidarismo.

(B) não depende de prévia autorização da Justiça Eleitoral.

(C) depende de prévia autorização do Tribunal Superior Eleitoral.

(D) deve, previamente, ser submetida ao Ministério Público Eleitoral.

(E) só pode ser efetivada se houver prévia aprovação da Câmara dos Deputados.

Considerando o princípio da autonomia e liberdade garantidos aos partidos políticos (§1º do art. 17, CF) também reproduzido pelo art. 2º da Lei dos Partidos políticos, combinado com o art. 29 da mesma lei poderão os partidos políticos, por decisão de seus órgãos nacionais de deliberação, dois ou mais partidos poderão fundir-se num só ou incorporar-se um ao outro.
Gabarito "B".

(Técnico – TRE/SP – 2012 – FCC) O partido político Alpha, durante o horário de propaganda partidária gratuita no rádio e na televisão, divulgou propaganda de seu pré-candidato a Presidente da República, com pedido de votos nas futuras eleições. O Tribunal Superior Eleitoral, julgando procedente representação de outro partido,

(A) ordenará a prisão por até trinta dias do responsável pelo programa.

(B) determinará prévia censura aos futuros programas do partido Alpha.

(C) aplicará ao partido Alpha a pena de multa de cinco a cem salários mínimos.

(D) cassará o direito de transmissão a que o partido Alpha faria jus, no semestre seguinte.

(E) submeterá previamente ao Ministério Público Eleitoral os futuros programas do partido Alpha.

Art. 45, §§ 1º e 2º, I, da Lei 9.096/1995.
Gabarito "D".

(Técnico Judiciário – TRE/BA – 2010 – CESPE) A respeito da filiação partidária e do registro de estatuto de partido político, julgue os itens a seguir.

(1) Os servidores de quaisquer órgãos da justiça eleitoral não podem pertencer a diretório de partido político ou exercer qualquer atividade partidária, sob pena de demissão.

(2) Só será admitido o registro do estatuto de partido político que tenha caráter nacional, isto é, daquele que comprove o apoiamento de eleitores correspondente a, pelo menos, 1% dos votos dados na última eleição geral para a Câmara dos Deputados, não computados os votos brancos e os nulos, distribuídos por um terço, ou mais, dos estados, com um mínimo de 0,1% do eleitorado que haja votado em cada um deles.

1: correta: art. 366 CE; **2:** incorreta: só é admitido o registro do estatuto de partido político que tenha caráter nacional, considerando-se como

tal aquele que comprove o apoiamento de eleitores correspondente *a*, pelo menos, meio por cento dos votos dados na última eleição geral para a Câmara dos Deputados, não computados os votos em branco e os nulos, distribuídos por um terço, ou mais, dos Estados, com um mínimo de um décimo por cento do eleitorado que haja votado em cada um deles – art. 7º, § 1º, da Lei 9.096/1995.
Gabarito 1C, 2E

(Técnico Judiciário – TRE/MA – 2009 – CESPE) Considerando que seis partidos políticos, PMDB, DEM, PTB, PDT, PT e PPS participem de uma eleição municipal na qual PMDB, DEM e PSB estejam coligados nas eleições para prefeito, e PDT, PT e PPS componham outra coligação também para prefeito, assinale a opção correta quanto à situação legal das eleições para vereador.

(A) PMDB, DEM e PT poderão se coligar nas eleições para a câmara municipal.

(B) As coligações para vereador deverão ser idênticas àquelas para prefeito.

(C) Serão admitidas coligações para vereador entre os partidos coligados nas eleições para prefeito.

(D) Cada partido deverá escolher, entre quaisquer dos demais, o aliado na eleição para vereador, devido ao fim da verticalização.

(E) O partido do candidato a prefeito não poderá coligar-se para vereador, em face da fidelidade partidária.

O art. 17, § 1º, da CF/1988, com a redação dada pela EC 52/2006, estabeleceu ser assegurada aos partidos políticos autonomia para adotar os critérios de escolha e os regimes de suas coligações eleitorais, sem obrigatoriedade de vinculação entre as candidaturas em âmbito nacional, estadual, distrital ou municipal. Foi o fim da verticalização, o que não significa que possam ser formadas para eleições municipais coligações diferentes para prefeito e vereador – art. 17, § 1º, da CF/1988. Sobre o tema, ver a EC 91/2016, que faculta ao detentor de mandato eletivo desligar-se do partido pelo qual foi eleito nos trinta dias seguintes à promulgação desta Emenda Constitucional, sem prejuízo do mandato, não sendo essa desfiliação considerada para fins de distribuição dos recursos do Fundo Partidário e de acesso gratuito ao tempo de rádio e televisão.
ATENÇÃO: Conforme indicado no início deste capítulo, relevante a análise do §1º, art. 17, CF, ao dispor que "§ 1º É assegurada aos partidos políticos autonomia para definir sua estrutura interna e estabelecer regras sobre escolha, formação e duração de seus órgãos permanentes e provisórios e sobre sua organização e funcionamento e para adotar os critérios de escolha e o regime de suas coligações nas eleições majoritárias, vedada a sua celebração nas eleições proporcionais, sem obrigatoriedade de vinculação entre as candidaturas em âmbito nacional, estadual, distrital ou municipal, devendo seus estatutos estabelecer normas de disciplina e fidelidade partidária.". "
Desta forma, com a alteração do dispositivo transcrito pela EC 97/17, houve a supressão, a contar das eleições de 2020, para as coligações em eleições proporcionais. Apenas será possível, portanto, para as eleições em que o critério utilizado para apuração dos votos seja o majoritário (quais sejam: chefes do executivo e senador.)
Gabarito "C".

7. ELEIÇÕES

7.1. Coligações, Convenções e Registro de Candidaturas

NOTA IMPORTANTE: ATUALIZAÇÃO

Em razão da Promulgação da EC 97/2017, o §1º, art. 17, CF, passa a vigorar com a seguinte redação: *"§ 1º É* assegurada aos partidos políticos autonomia para definir sua estrutura interna e estabelecer regras sobre escolha, formação e duração de seus órgãos permanentes e provisórios e sobre sua organização e funcionamento e para adotar os critérios de escolha e o regime de suas coligações nas eleições majoritárias, vedada a sua celebração nas eleições proporcionais, sem obrigatoriedade de vinculação entre as candidaturas em âmbito nacional, estadual, distrital ou municipal, devendo seus estatutos estabelecer normas de disciplina e fidelidade partidária. ".

Desta forma, as questões que versarem sobre COLIGAÇÃO PARTIDÁRIA, deverão ser analisadas sob este novo paradigma, qual seja a vedação de coligações partidárias para eleições proporcionais (cargos de Deputados Federais, Distritais e Estaduais e Vereadores) e a possibilidade tão somente para eleições majoritárias (Presidente, Governador, Prefeito e seus respectivos vices. Também para Senador e respectivo suplente).

(Técnico Judiciário – TRE/PI – CESPE – 2016) No que se refere ao registro de candidatos, assinale a opção correta.

(A) A apresentação da declaração de bens assinada pelo requerente é facultativa para o candidato servidor público militar.

(B) Para fins de registro de candidato a cargo do Poder Legislativo municipal, é indispensável a apresentação, no momento do requerimento de registro, de proposta e plano de aperfeiçoamento da legislação pelo candidato.

(C) A não concessão de registro de candidatura por inércia do candidato possibilita que o partido ou a coligação faça a sua devida inscrição em até trinta dias antes do pleito.

(D) Os partidos e as coligações devem obedecer a data e hora limites, determinadas pela legislação, para requerer o registro de seus candidatos.

(E) Não há limitação quantitativa para o registro de candidatos, por partido político, para a disputa de pleito eleitoral a cargos do Poder Legislativo.

A: Incorreta, já que o art. 11, § 1º, Lei das Eleições dispõe que o pedido de registro deverá ser instruído, dentre outros documentos, com a declaração de bens, assinada pelo candidato. **B:** Incorreta, já que o art. 11, § 1º, Lei das Eleições dispõe sobre a necessidade de instrução do pedido de registro com: IX – propostas defendidas pelo candidato a Prefeito, a Governador de Estado e a Presidente da República. **C:** Incorreta, conforme art. 13, Lei das Eleições, que estabelece ser facultado ao partido ou coligação substituir candidato que for considerado inelegível, renunciar ou falecer após o termo final do prazo do registro ou, ainda, tiver seu registro indeferido ou cancelado. Dispõe ainda que "§ 1º A escolha do substituto far-se-á na forma estabelecida no estatuto do partido a que pertencer o substituído, e o registro deverá ser requerido até 10 (dez) dias contados do fato ou da notificação do partido da decisão judicial que deu origem à substituição. (...) § 3º Tanto nas eleições majoritárias como nas proporcionais, a substituição só se efetivará se o novo pedido for apresentado até 20 (vinte) dias antes do pleito, exceto em caso de falecimento de candidato, quando a substituição poderá ser efetivada após esse prazo.". **D:** Correta, por força do art. 11, Lei das Eleições, ao dispor que "Os partidos e coligações solicitarão à Justiça Eleitoral o registro de seus candidatos até as dezenove horas do dia 15 de agosto do ano em que se realizarem as eleições. (Redação dada pela Lei nº 13.165, de 2015)". **E:** Incorreta, pois o art. 10, Lei das Eleições, dispõe que "cada partido ou coligação poderá registrar candidatos

para a Câmara dos Deputados, a Câmara Legislativa, as Assembleias Legislativas e as Câmaras Municipais no total de até 150% (cento e cinquenta por cento) do número de lugares a preencher, salvo: (Redação dada pela Lei 13.165, de 2015). I – nas unidades da Federação em que o número de lugares a preencher para a Câmara dos Deputados não exceder a doze, nas quais cada partido ou coligação poderá registrar candidatos a Deputado Federal e a Deputado Estadual ou Distrital no total de até 200% (duzentos por cento) das respectivas vagas; (Incluído pela Lei 13.165, de 2015). II – nos Municípios de até mil eleitores, nos quais cada coligação poderá registrar candidatos no total de até 200% (duzentos por cento) do número de lugares a preencher. (Incluído pela Lei 13.165, de 2015)".**SC**
Gabarito "D".

(Técnico Judiciário – TRE/PI – CESPE – 2016) Considerando a Lei 13.165/2015, que promoveu alterações na legislação eleitoral, assinale a opção correta.

(A) A lei em questão alterou o prazo para os partidos políticos e as suas coligações solicitarem à justiça eleitoral o registro de seus candidatos.

(B) A referida lei veda a individualização, pelos partidos e pelos candidatos, da contabilização dos gastos de campanha.

(C) Com a nova lei, o candidato passou a ter o direito de utilizar, de forma ilimitada, suas próprias verbas para a promoção da campanha a que se lançar candidato.

(D) A referida lei alterou a data para a escolha dos candidatos, mas manteve o prazo para a deliberação a respeito das coligações.

(E) Relativamente à filiação partidária do candidato, o novo texto legal alterou a condição de prazo para concorrer às eleições para, no mínimo, dois anos antes do pleito.

A: Correta, pois o art. 11, Lei das Eleições, estabelece que os partidos e coligações solicitarão à Justiça Eleitoral o registro de seus candidatos até as dezenove horas do dia 15 de agosto do ano em que se realizarem as eleições. O antigo prazo era até 5 de julho, também às 19 horas. **B:** Incorreta, uma vez que o art. 18-A, Lei das Eleições, estabelece que serão contabilizadas nos limites de gastos de cada campanha as despesas efetuadas pelos candidatos e as efetuadas pelos partidos que puderem ser individualizadas. **C:** Incorreta, o art. 23, § 2º-A, o candidato poderá usar recursos próprios em sua campanha até o total de 10% (dez por cento) dos limites previstos para gastos de campanha no cargo em que concorrer.. **D:** Incorreta, pois o art. 8º, Lei das Eleições, estabelece que a **escolha** dos candidatos pelos partidos **e a deliberação sobre coligações** deverão ser feitas **no período de 20 de julho a 5 de agosto** do ano em que se realizarem as eleições, lavrando-se a respectiva ata em livro aberto, rubricado pela Justiça Eleitoral, publicada em vinte e quatro horas em qualquer meio de comunicação. **E:** Incorreta, de acordo com o art. 9º Lei das Eleições, para concorrer às eleições, o candidato deverá possuir domicílio eleitoral na respectiva circunscrição pelo prazo de, pelo menos, um ano antes do pleito, e estar com a **filiação** deferida pelo partido **no mínimo seis meses antes da data da eleição.SC**
Gabarito "A".

Atenção – Alteração legislativa – Lei 13878/2019

A reforma eleitoral de 2019, especificamente a Lei 13878/2019, inseriu o art. 18-C à Lei 9504/97 para estabelecer que o limite de gastos em campanhas dos candidatos às eleições para prefeito e vereador na respectiva circunscrição, será equivalente ao limite para os respectivos cargos nas eleições de 2016, atualizado pelo Índice Nacional de Preços ao Consumidor Amplo (IPCA), aferido pela Fundação Instituto Brasileiro de Geografia e Estatística (IBGE), ou por índice que o substituir. Estabelece ainda que, para os municípios onde ocorrerem o segundo turno, deverá ser considerado o correspondente a 40% deste cálculo anterior.

Limite de gastos em campanha para PREFEITO e VEREADOR (1º. Turno)	Limite de gastos em campanha para prefeito (2º turno)
Limite das eleições de 2016 + atualização pelo IPCA (ou índice substituto)	40% do previsto para o 1º turno (box anterior)

PARA LEMBRAR:

-Nas eleições para prefeito (apuradas pelo sistema majoritário) será considerado eleito o candidato que obtiver maioria simples de votos (um voto é o suficiente). No entanto, se o município possuir mais de 200 mil eleitores, será necessário que o primeiro colocado obtenha maioria absoluta dos votos válidos (50%+1). Não sendo alcançado este patamar, será realizado o segundo turno de votação (no último domingo de outubro) com os dois candidatos mais bem votados – art. 2º e 3º, Lei 9504/97

(**Técnico Judiciário – TRE/AC – 2010 – FCC**) A respeito das coligações, é correto afirmar que

(**A**) os partidos políticos poderão celebrar coligações em circunscrições diferentes.

(**B**) não podem coligar-se, nas eleições proporcionais, mais de dois partidos políticos.

(**C**) a sua denominação não poderá ser a junção das siglas dos partidos que a integram.

(**D**) a sua denominação poderá coincidir, incluir ou fazer referência a nome ou número de candidato

(**E**) cada partido, na propaganda para a eleição proporcional, usará apenas sua legenda sob o nome da coligação da qual for integrante.

Atenção: Vide comentários no início do capítulo: A: incorreta: as coligações podem ser celebradas dentro de uma mesma circunscrição – art. 6º da Lei 9.504/1997; **B:** incorreta: art. 6º da Lei 9.504/1997; **C:** incorreta: na propaganda para eleição majoritária, a coligação usará, obrigatoriamente, sob sua denominação, as legendas de todos os partidos que a integram; na propaganda para eleição proporcional, cada partido usará apenas sua legenda sob o nome da coligação – art. 6º, § 2º, da Lei 9.504/1997; **D:** incorreta: A Lei 12.034/2009 incluiu o § 1º-A ao artigo 6º da Lei 9.504/1997 para estabelecer que a denominação da coligação não poderá coincidir, incluir ou fazer referência a nome ou número de candidato, nem conter pedido de voto para partido político; **E:** correta – art. 6º, § 2º da Lei 9.504/1997. Atenção: Caro leitor, esta questão está desatualizada! No entanto, considerando a pertinência de abordagem do tema, optamos por mantê-la e abordar a temática tratada. A EC 97/17, entre outras alterações feitas no art. 17, CF, trouxe a disposição de que a contar das eleições de 2020 não haverá mais possibilidade da realização de coligações em eleições apuradas pelo critério proporcional (deputados federais, estaduais, distritais e vereadores). Portanto, referida emenda apenas manteve a possibilidade das coligações majoritárias (chefes do executivo e senador)

Gabarito "E"

(**Técnico Judiciário – TRE/AC – 2010 – FCC**) A respeito das convenções para a escolha de candidatos, considere:

I. Se a convenção partidária de nível inferior se opuser, na deliberação sobre coligações, às diretrizes legitimamente estabelecidas pelo órgão de direção nacional, nos termos do respectivo estatuto, poderá esse órgão anular a deliberação e os atos dela decorrentes.

II. Para concorrer às eleições o candidato deverá possuir domicílio eleitoral na respectiva circunscrição pelo prazo de, pelo menos, seis meses antes do pleito.

III. A escolha dos candidatos pelos partidos e a deliberação sobre coligações deverão ser feitas no período de 10 a 30 de junho do ano em que se realizarem eleições.

Está correto o que se afirma APENAS em

(**A**) I.

(**B**) I e II.

(**C**) I e III.

(**D**) II.

(**E**) II e III.

I: correta: art. 7º, § 2º da Lei 9.504/1997; **II:** incorreta: para concorrer às eleições o candidato deverá possui domicílio eleitoral na respectiva circunscrição há, pelo menos, um ano antes do pleito – art. 9º da Lei 9.504/1997; **III:** correta, à época em que foi elaborada. Atualmente, estaria incorreta. O art. 8º foi inicialmente alterado pela Lei 12.891/2013, que estabeleceu o prazo entre os dias 12 a 30 de junho do ano em que se realizarem as eleições, lavrando-se a respectiva ata em livro aberto, rubricado pela Justiça Eleitoral, publicada em 24 (vinte e quatro) horas em qualquer meio de comunicação. No entanto, a nova reforma eleitoral, Lei 13.165/15, alterou mais uma vez sendo que o período de escolha de candidatos pelas convenções deverá ocorrer entre os dias 20 de julho a 5 de agosto do ano em que se realizarem as eleições, mantendo-se a obrigatoriedade de lavrar a respectiva ata em livro aberto, rubricado pela Justiça Eleitoral, publicada em vinte e quatro horas em qualquer meio de comunicação.

Gabarito "C"

(**Técnico Judiciário – TRE/AC – 2010 – FCC**) A respeito do registro de candidatos, é INCORRETO afirmar que

(**A**) o pedido de registro deve ser instruído, dentre outros documentos, com declaração de bens, assinada pelo candidato.

(**B**) cada partido ou coligação, preencherá o mínimo de 30% e o máximo de 70% para candidaturas de cada sexo, do número de vagas a que têm direito na forma da lei.

(**C**) a idade mínima constitucionalmente estabelecida como condição de elegibilidade é verificada tendo por referência a data da posse.

(**D**) os partidos e coligações solicitarão à Justiça Eleitoral o registro de seus candidatos até as dezenove horas do dia 5 de julho do ano em que se realizarem as eleições.

(**E**) as propostas defendidas pelo candidato a Prefeito, Governador de Estado e Presidente da República não devem instruir o pedido de registro de sua candidatura a esses cargos.

A: correta: art. 11, § 1º, IV, da Lei 9.504/1997; **B:** correta: art. 10, § 3º, da Lei 9.504/1997; **C:** correta: art. 11, § 2º, da Lei 9.504/1997; **D:** correta: art. 11 da Lei 9.504/1997; **E:** incorreta: art. 11, § 1º, IX, da Lei 9.504/1997.

Gabarito "E"

(Técnico Judiciário – TRE/AL – 2010 – FCC) A respeito do registro de candidatos é correto afirmar que

(A) a idade mínima constitucionalmente estabelecida como condição de elegibilidade é verificada tendo por referência a data da posse.

(B) os partidos políticos ou coligações não poderão substituir candidatos registrados que, posteriormente ao registro, forem considerados inelegíveis.

(C) os partidos políticos não poderão solicitar à Justiça Eleitoral o cancelamento do registro de candidatos que dele tiverem sido expulsos.

(D) o requerimento de registro de candidatos é atribuição exclusiva dos partidos políticos e coligações, não podendo os candidatos fazê-lo diretamente em nenhuma hipótese.

(E) os candidatos aos cargos majoritários concorrerão com o número identificador do partido ao qual estiverem filiados, acrescido de dois algarismos à direita.

A: correta à época em que a questão foi elaborada, atualmente incorreta, uma vez que a Lei 13.165/2015 alterou a redação do §2°, art. 11 da Lei das Eleições, passando a dispor que a idade mínima constitucionalmente estabelecida como condição de elegibilidade é verificada tendo por referência a data da posse, **salvo quando fixada em dezoito anos** (cargo de vereador), hipótese em que será aferida na data-limite para o pedido de registro; **B:** incorreta: É facultado ao partido ou coligação substituir candidato que for considerado inelegível, renunciar ou falecer após o termo final do prazo do registro ou, ainda, tiver seu registro indeferido ou cancelado – art. 13 da Lei 9.504/1997; **C:** incorreta: art. 14 da Lei 9.504/1997; **D:** incorreta: na hipótese de o partido ou coligação não requerer o registro de seus candidatos, estes poderão fazê-lo perante a Justiça Eleitoral, observado o prazo máximo de quarenta e oito horas seguintes à publicação da lista dos candidatos pela Justiça Eleitoral – art. 11, § 4°, da Lei 9.504/1997; **E:** incorreta: os candidatos aos cargos majoritários concorrerão com o número identificador do partido ao qual estiverem filiados – art. 15, I, da Lei 9.504/1997.

Gabarito "A".

(Técnico Judiciário – TRE/AL – 2010 – FCC) As convenções para a escolha de candidatos

(A) serão presididas pelo Juiz Eleitoral competente.

(B) deverão ser feitas de 10 a 30 de junho do ano em que se realizarem as eleições.

(C) só poderão ser realizadas em prédios particulares, vedada a utilização de prédios públicos.

(D) que causarem danos aos prédios públicos serão anuladas, arcando a Justiça Eleitoral com a respectiva indenização.

(E) serão presididas pelo Ministério Público Eleitoral.

A letra B estava correta, à época em que foi elaborada. Atualmente, estaria incorreta. O art. 8° foi inicialmente alterado pela Lei 12.891/2013, que estabeleceu o prazo entre os dias 12 a 30 de junho do ano em que se realizarem as eleições, lavrando-se a respectiva ata em livro aberto, rubricado pela Justiça Eleitoral, publicada em 24 (vinte e quatro) horas em qualquer meio de comunicação. No entanto, a nova reforma eleitoral, Lei 13.165/15, alterou mais uma vez sendo que o período de escolha de candidatos pelas convenções deverá ocorrer entre os dias 20 de julho a 5 de agosto do ano em que se realizarem as eleições, mantendo-se a obrigatoriedade de lavrar a respectiva ata em livro aberto, rubricado pela Justiça Eleitoral, publicada em vinte e quatro horas em qualquer meio de comunicação.

Gabarito "B".

(Técnico Judiciário – TRE/AP – 2011 – FCC) NÃO se inclui dentre os documentos que devem instruir o pedido de registro de candidatos:

(A) certidão de quitação eleitoral.

(B) autorização do candidato, por escrito.

(C) declaração de bens, assinada pelo candidato.

(D) propostas defendidas pelo candidato a Deputado Federal.

(E) certidões criminais fornecidas pelos órgãos de distribuição da Justiça Eleitoral, Federal e Estadual.

A: correta: art. 11, § 1°, VI, da Lei 9.504/1997; **B:** correta: art. 11, § 1°, II, da Lei 9.504/1997; **C:** correta: art. 11, § 1°, IV, da Lei 9.504/1997; **D:** incorreta: somente são exigidas as propostas defendidas pelos candidatos a Prefeito, Governador de Estado e Presidente da República – art. 11, § 1°, IX, da Lei 9.504/1997; **E:** correta: art. 11, § 1°, VII, da Lei 9.504/1997.

Gabarito "D".

(Técnico – TRE/CE – 2012 – FCC) Augustus é candidato a Prefeito Municipal pela coligação integrada pelos partidos Alpha, Beta e Gama, com a denominação *"Augustus para o bem de todos"*. Os partidos Alpha e Beta celebraram coligação para Vereador, com a denominação *"Vote só nos candidatos dos partidos Alpha e Beta"*, sendo que o partido Gama preferiu lançar candidatos próprios para a eleição proporcional. Nesse caso,

(A) as duas coligações podem ser formadas, mas não podem ter as denominações que lhes foram dadas.

(B) as duas coligações podem ser formadas e podem ter as denominações que lhes foram dadas.

(C) a coligação para a eleição proporcional não pode ser formada, porque não inclui todos os partidos que compõem a coligação para a eleição majoritária.

(D) a coligação para as eleições majoritárias não pode ser formada, porque inclui mais partidos do que os que compõem a coligação para a eleição proporcional.

(E) a coligação para a eleição majoritária pode ser formada e ter a denominação que lhe foi dada, sendo que a coligação para a eleição proporcional pode ser formada, mas não pode ter a denominação que lhe foi dada.

A denominação da coligação não poderá coincidir, incluir ou fazer referência a nome ou número de candidato, nem conter pedido de voto para partido político – art. 6°, § 1°-A, da Lei 9.504/1997.

Gabarito "A".

(Técnico – TRE/CE – 2012 – FCC) As convenções partidárias para escolha de candidatos

(A) não poderão, por falta de atribuição legal, deliberar sobre coligações.

(B) poderão ser realizadas gratuitamente em prédios públicos, responsabilizando-se os partidos políticos pelos danos causados com a realização do evento.

(C) poderão ser substituídas por indicações do órgão de direção nacional.

(D) deverão ser feitas no período de 02 a 12 de julho do ano em que se realizarem as eleições.

(E) não terão suas deliberações lançadas em ata em livro aberto e rubricado pela Justiça Eleitoral, em razão do princípio da autonomia partidária.

A: incorreta – art. 7º da Lei 9.504/1997; **B:** correta – art. 8º, § 2º, da Lei 9.504/1997; **C:** incorreta – art. 7º, § 2º, da Lei 9.504/1997; **D:** incorreta. O art. 8º foi inicialmente alterado pela Lei 12.891/2013, que estabeleceu o prazo entre os dias 12 a 30 de junho do ano em que se realizarem as eleições, lavrando-se a respectiva ata em livro aberto, rubricado pela Justiça Eleitoral, publicada em 24 (vinte e quatro) horas em qualquer meio de comunicação. No entanto, a nova reforma eleitoral, Lei 13.165/15, alterou mais uma vez sendo que o período de escolha de candidatos pelas convenções deverá ocorrer entre os dias 20 de julho a 5 de agosto do ano em que se realizarem as eleições, mantendo-se a obrigatoriedade de lavrar a respectiva ata em livro aberto, rubricado pela Justiça Eleitoral, publicada em vinte e quatro horas em qualquer meio de comunicação.; **C:** incorreta – art. 8º, § 2º, da Lei 9.504/1997; **E:** incorreta – art. 8º da Lei 9.504/1997.
Gabarito "B".

(Técnico – TRE/CE – 2012 – FCC) Numa unidade da federação, o número de vagas a preencher para a Câmara dos Deputados não excede de vinte. Formaram-se duas coligações, uma com dois e outra com três partidos políticos. Essas coligações poderão registrar candidatos a Deputado Federal e a Deputado Estadual até o

(A) número das respectivas vagas.

(B) dobro das respectivas vagas.

(C) dobro e o triplo das vagas, respectivamente.

(D) dobro das respectivas vagas, com acréscimo de até mais cinquenta por cento.

(E) quíntuplo das respectivas vagas.

Questão desatualizada em razão de alterações trazidas pela Lei 13.165/2015. Anteriormente à vigência da lei indicada, o Art. 10, § 2º, da Lei 9.504/1997 dispunha que nas unidades federativas onde o número de lugares a preencher não ultrapassasse 20, cada partido ou coligação poderia registrar até o dobro das vagas. Com a nova lei, o referido dispositivo passou a estabelecer que cada partido ou coligação poderá registrar candidatos para a Câmara dos Deputados, a Câmara Legislativa, as Assembleias Legislativas e as Câmaras Municipais no total de até 150% (cento e cinquenta por cento) do número de lugares a preencher, salvo: I – nas unidades da Federação em que o número de lugares a preencher para a Câmara dos Deputados não exceder a doze, nas quais cada partido ou coligação poderá registrar candidatos a Deputado Federal e a Deputado Estadual ou Distrital no total de até 200% (duzentos por cento) das respectivas vagas; II – nos Municípios de até cem mil eleitores, nos quais cada coligação poderá registrar candidatos no total de até 200% (duzentos por cento) do número de lugares a preencher.
Gabarito "D".

(Técnico Judiciário – TRE/PI – 2009 – FCC) O registro de candidatos a membro do Congresso Nacional, a Governador do Estado e a Prefeito Municipal compete, respectivamente, ao

(A) Tribunal Superior Eleitoral, ao Tribunal Regional Eleitoral e ao Tribunal Regional Eleitoral.

(B) Tribunal Superior Eleitoral, ao Tribunal Regional Eleitoral e ao Juiz Eleitoral.

(C) Tribunal Regional Eleitoral, ao Tribunal Regional Eleitoral e ao Juiz Eleitoral.

(D) Tribunal Regional Eleitoral, ao Tribunal Superior Eleitoral e ao Tribunal Regional Eleitoral.

(E) Tribunal Regional Eleitoral, ao Tribunal Superior Eleitoral e ao Juiz Eleitoral.

Art. 89, II e III, da Lei 4.737/1965, também chamada de Código Eleitoral (CE).
Gabarito "C".

(Técnico Judiciário – TRE/RS – 2010 – FCC) A respeito das convenções para a escolha de candidatos, considere:

I. A escolha dos candidatos pelos partidos e a deliberação sobre coligações deverão ser feitas no período de 10 a 30 de junho do ano em que se realizarem as eleições, lavrando-se a respectiva ata em livro aberto e rubricado pela Justiça Eleitoral.

II. Para realização das convenções de escolha de candidatos, os partidos políticos poderão utilizar gratuitamente prédios públicos, responsabilizando-se por danos causados com a realização do evento.

III. Para concorrer às eleições, o candidato deverá possuir domicílio eleitoral na respectiva circunscrição pelo prazo de pelo menos 6 meses antes do pleito e estar com a filiação deferida pelo partido no mesmo prazo.

Está correto o que se afirma SOMENTE em

(A) I e II.

(B) I e III.

(C) II e III.

(D) I.

(E) III.

I: Correta, à época em que foi elaborada. Atualmente, estaria incorreta. O art. 8º foi inicialmente alterado pela Lei 12.891/2013, que estabeleceu o prazo entre os dias 12 a 30 de junho do ano em que se realizarem as eleições, lavrando-se a respectiva ata em livro aberto, rubricado pela Justiça Eleitoral, publicada em 24 (vinte e quatro) horas em qualquer meio de comunicação. No entanto, a nova reforma eleitoral, Lei 13.165/2015, alterou mais uma vez sendo que o período de escolha de candidatos pelas convenções deverá ocorrer entre os dias 20 de julho a 5 de agosto do ano em que se realizarem as eleições, mantendo-se a obrigatoriedade de lavrar a respectiva ata em livro aberto, rubricado pela Justiça Eleitoral, publicada em vinte e quatro horas em qualquer meio de comunicação; II: correta: art. 8º, § 2º, da Lei 9.504/1997; III: Incorreta, uma vez que a Lei 13.165/2015 manteve o prazo de um ano de domicílio eleitoral na circunscrição eleitoral, mas alterou o prazo de filiação partidária, impondo que para concorrer às eleições o candidato deverá ter deferido seu pedido de filiação pelo partido político 6 meses anteriores às eleições, art. 9º da Lei 9.504/1997.
Gabarito "A".

(Técnico Judiciário – TRE/RS – 2010 – FCC) Na hipótese do partido ou coligação não requerer o registro de seus candidatos aprovados em convenção,

(A) os candidatos escolhidos em convenção pelo partido ou coligação omissa não poderão concorrer às eleições.

(B) estes poderão interpor recurso para o órgão da Justiça Eleitoral competente, no prazo de cinco dias.

(C) o registro dos candidatos será promovido pelo órgão do Ministério Público Eleitoral.

(D) estes poderão requerer a anulação da lista dos candidatos divulgada pela Justiça Eleitoral.

(E) estes poderão fazê-lo perante a Justiça Eleitoral, observado o prazo máximo de quarenta e oito horas seguintes à publicação da lista dos candidatos pela Justiça Eleitoral.

Art. 11, § 4º, da Lei 9.504/1997.
Gabarito "E".

(Técnico – TRE/SP – 2012 – FCC) Dois candidatos a Vereador indicaram, no pedido de registro, além do nome completo, as variações nominais com que desejavam ser registrados, mencionando em primeiro lugar na ordem de preferência, o mesmo apelido. Verificou-se que ambos eram conhecidos com esse apelido em sua vida social e profissional sendo que, anteriormente, nunca foram candidatos a nenhum cargo eletivo. Foram notificados para chegar a um acordo em dois dias, o que não ocorreu. Em vista disso, a Justiça Eleitoral

(A) registrará cada candidato com o nome e o sobrenome constantes do pedido de registro, observada a ordem de preferência ali definida.

(B) realizará sorteio entre os dois candidatos, em local público, com a presença destes e de representantes dos respectivos partidos.

(C) registrará os dois candidatos com o apelido indicado, acrescido dos algarismos 1 e 2.

(D) indeferirá o registro dos dois candidatos, porque a identidade de nomes poderá confundir o eleitor.

(E) deferirá o registro do apelido ao candidato cujo partido político tiver maior número de filiados.

Art. 12, V, da Lei 9.504/1997.
Gabarito "A".

7.2. Substituição de Candidatos

(Técnico Judiciário – TRE/MS – 2007 – FCC) Nelson era candidato a Deputado Federal e renunciou à sua candidatura. Nesse caso, o partido a que pertencia

(A) poderá substitui-lo até cinco dias contados do fato que deu origem à substituição e até noventa dias antes do pleito.

(B) poderá substitui-lo até trinta dias contados do fato que deu origem à substituição e até trinta dias antes do pleito.

(C) poderá substitui-lo até dez dias contados do fato que deu origem à substituição e até sessenta dias antes do pleito.

(D) não poderá substitui-lo, pois a substituição de candidato só é admissível em caso de falecimento.

(E) poderá substitui-lo até trinta dias contados do fato que deu origem à substituição e até dez dias antes do pleito.

À época em que a questão foi elaborada, a alternativa correta era a "C". A Lei 12.891/2013 alterou a redação do § 3º do art. 13 da Lei 9.504/1997, que assim dispõe: Tanto nas eleições majoritárias como nas proporcionais, a substituição só se efetivará se o novo pedido for apresentado até 20 (vinte) dias antes do pleito, exceto em caso de falecimento de candidato, quando a substituição poderá ser efetivada após esse prazo.
Gabarito "C".

7.3. Propaganda Eleitoral

(Técnico Judiciário – TRE/SP – FCC – 2017) No período permitido por lei, em ano eleitoral, o candidato Joel deseja realizar propaganda eleitoral em postes de iluminação pública, enquanto que seu adversário, Jaime, no mesmo período, deseja colocar mesas para distribuição de material de campanha e utilizar bandeiras ao longo de vias públicas. A veiculação da propaganda pretendida por Joel é

(A) permitida, desde que autorizada pela Justiça Eleitoral e pela Prefeitura, e a pretendida por Jaime é permitida, independentemente de serem móveis os meios de propaganda utilizados e que não dificultem o bom andamento do trânsito de pessoas e veículos.

(B) permitida, desde que não dificulte o bom andamento do trânsito de pessoas e veículos, e a pretendida por Jaime é vedada.

(C) permitida, assim como a veiculação da propaganda pretendida por Jaime, porque a propaganda eleitoral não se sujeita à censura.

(D) vedada, assim como a veiculação da propaganda pretendida por Jaime, ainda que os meios de propaganda sejam móveis e não dificultem o bom andamento do trânsito de pessoas e veículos.

(E) vedada e a pretendida por Jaime é permitida, desde que os meios de propaganda sejam colocados e retirados entre às 6h e às 22h e que não dificultem o bom andamento do trânsito de pessoas e veículos.

De acordo com o art. 37, *caput*, Lei das Eleições, não é possível a realização de propaganda eleitoral em postes de iluminação pública (quanto a Joel). Quanto a Jaime, a autorização de sua publicidade encontra guarida no art. 37, §§ 6º e 7º da Lei das Eleições. **SC**
Gabarito "E".

(Técnico Judiciário – TRE/AP – 2011 – FCC) A respeito dos debates transmitidos por emissora de rádio ou televisão, considere:

I. Nas eleições proporcionais, os debates deverão ser organizados de modo que assegurem a presença de número equivalente de candidatos de todos os partidos e coligações a um mesmo cargo eletivo, podendo desdobrar-se em mais de um dia.

II. Será admitida a realização de debate sem a presença de candidato de algum partido, desde que o veículo de comunicação responsável comprove havê-lo convidado com a antecedência mínima de setenta e duas horas da realização do debate.

III. É permitida a presença de um mesmo candidato a eleição proporcional em mais de um debate da mesma emissora.

Está correto o que se afirma SOMENTE em

(A) I e II.

(B) I e III.

(C) II e III.

(D) I.

(E) III.

I: correta: art. 46, II, da Lei 9.504/1997; II: correta: art. 46, § 1º, da Lei 9.504/1997; III: incorreta: é vedada a presença de um mesmo candidato a eleição proporcional em mais de um debate da mesma emissora.
Gabarito "A".

(Técnico Judiciário – TRE/RS – 2010 – FCC) É permitida a veiculação de propaganda na internet,

(A) em sítios oficiais.

(B) em sítios de pessoas jurídicas, com fins lucrativos.

(C) por meio de mensagem eletrônica para endereços cadastrados gratuitamente pelo candidato, partido ou coligação.

(D) em sítios hospedados por órgãos ou entidades da administração pública direta ou indireta da União.

(E) em sítios de pessoas jurídicas, sem fins lucrativos.

A: incorreta: art. 57-C, § 1°, II, da Lei 9.504/1997; **B:** incorreta: art. 57-C, § 1°, I, da Lei 9.504/1997; **C:** correta: art. 57-B, III, da Lei 9.504/1997; **D:** incorreta: 57-C, § 1°, II, da Lei 9.504/1997; **E:** incorreta: 57-C, § 1°, I, da Lei 9.504/1997. Cabe destacar, em caráter de atualização, a alteração do art. 57-C, Lei das Eleições, que passou a autorizar a ferramenta chamada "impulsionamento" de conteúdo, desde que seja feito de forma inequívoca como tal e contratado exclusivamente por partidos, coligações e candidatos e seus representantes (não pode o eleitor proceder nesta forma de publicidade). A regra é de extrema relevância uma vez que é indicada, pelo próprio dispositivo, como uma exceção à vedação de propaganda paga na internet. Veja: "Art. 57-C. É vedada a veiculação de qualquer tipo de propaganda eleitoral paga na internet, excetuado o impulsionamento de conteúdos, desde que identificado de forma inequívoca como tal e contratado exclusivamente por partidos, coligações e candidatos e seus representantes. (Redação dada pela Lei n° 13.488, de 2017)"
Gabarito "C".

(Técnico Judiciário – TRE/RS – 2010 – FCC) A veiculação de propaganda eleitoral em bens particulares

(A) deve ser espontânea, mas não gratuita, podendo ser paga pelos partidos políticos, desde que incluída nas suas prestações de contas.

(B) é expressamente vedada por lei, por prejudicar a igualdade entre os candidatos.

(C) deve ser espontânea e gratuita, sendo vedado qualquer tipo de pagamento em troca de espaço para essa finalidade.

(D) deve ser espontânea, mas não gratuita, podendo ser paga pelos candidatos, desde que incluída nas suas prestações de contas.

(E) é permitida livremente, com ou sem pagamento, de forma espontânea ou provocada, em virtude do direito de propriedade.

Art. 37, § 8°, da Lei 9.504/1997. Cabe ainda, em caráter de atualização a estes comentários, indicar que por ocasião da Lei 13.488/2017, o §2°, art. 37, Lei das Eleições, passa a dispor que "§ 2° Não é permitida a veiculação de material de propaganda eleitoral em bens públicos ou particulares, exceto de; I – bandeiras ao longo de vias públicas, desde que móveis e que não dificultem o bom andamento do trânsito de pessoas e veículos; II – adesivo plástico em automóveis, caminhões, bicicletas, motocicletas e janelas residenciais, desde que não exceda a 0,5 m² (meio metro quadrado).".
Gabarito "C".

(Técnico – TRE/SP – 2012 – FCC) Considere, dentre outras, as seguintes formas de propaganda eleitoral:

I. Caminhada.
II. Fixação de *outdoors* com fotos de candidatos.
III. Distribuição pelos candidatos de cestas básicas.
IV. Distribuição por comitê de material gráfico.

Até as vinte e duas horas do dia que antecede a eleição serão vedadas as formas de propaganda indicadas SOMENTE em

(A) I e III.
(B) I e IV.
(C) II e III.
(D) II e IV.
(E) III e IV.

I: incorreta – art. 39, § 9°, da Lei 9.504/1997; II: correta – art. 39, § 8°, da Lei 9.504/1997; III: correta – art. 39, § 6°, da Lei 9.504/1997; IV: incorreta – art. 39, § 9°, da Lei 9.504/1997.
Gabarito "C".

(Técnico – TRE/SP – 2012 – FCC) Para a transmissão de debates de candidatos a Governador do Estado por emissora de televisão, no primeiro turno das eleições, não foi obtido consenso quanto às regras a serem observadas. Nesse caso,

(A) as regras serão estabelecidas pelo Ministério Público Eleitoral.

(B) os debates não poderão ser realizados, nem transmitidos pela emissora de televisão.

(C) as regras serão estabelecidas pela direção da emissora de televisão, com prévia comunicação ao Tribunal Superior Eleitoral.

(D) as regras serão estabelecidas pelo Tribunal Regional Eleitoral.

(E) serão consideradas aprovadas as regras que obtiverem a concordância de pelo menos dois terços dos candidatos aptos ao referido pleito eleitoral.

Art. 46, § 5°, da Lei 9.504/1997.
Em caráter de atualização, vale a reprodução dos dispositivos constantes no art. 46, Lei das Eleições, especificamente quanto a tratativa dos debates em períodos de campanha eleitoral. Vejamos:
Art. 46. Independentemente da veiculação de propaganda eleitoral gratuita no horário definido nesta Lei, é facultada a transmissão por emissora de rádio ou televisão de debates sobre as eleições majoritária ou proporcional, assegurada a participação de candidatos dos partidos com representação no Congresso Nacional, de, no mínimo, cinco parlamentares, e facultada a dos demais, observado o seguinte: (Redação dada pela Lei n° 13.488, de 2017)
I – nas eleições majoritárias, a apresentação dos debates poderá ser feita:
a) em conjunto, estando presentes todos os candidatos a um mesmo cargo eletivo;
b) em grupos, estando presentes, no mínimo, três candidatos;
II – nas eleições proporcionais, os debates deverão ser organizados de modo que assegurem a presença de número equivalente de candidatos de todos os partidos e coligações a um mesmo cargo eletivo, podendo desdobrar-se em mais de um dia;
III – os debates deverão ser parte de programação previamente estabelecida e divulgada pela emissora, fazendo-se mediante sorteio a escolha do dia e da ordem de fala de cada candidato, salvo se celebrado acordo em outro sentido entre os partidos e coligações interessados.
§ 1° Será admitida a realização de debate sem a presença de candidato de algum partido, desde que o veículo de comunicação responsável comprove havê-lo convidado com a antecedência mínima de setenta e duas horas da realização do debate.
§ 2° É vedada a presença de um mesmo candidato a eleição proporcional em mais de um debate da mesma emissora.
§ 3° O descumprimento do disposto neste artigo sujeita a empresa infratora às penalidades previstas no art. 56.
§ 4° O debate será realizado segundo as regras estabelecidas em acordo celebrado entre os partidos políticos e a pessoa jurídica interessada na realização do evento, dando-se ciência à Justiça Eleitoral. (Incluído pela Lei n° 12.034, de 2009)
§ 5° Para os debates que se realizarem no primeiro turno das eleições, serão consideradas aprovadas as regras, inclusive as que definam o número de participantes, que obtiverem a concordância de pelo menos 2/3 (dois terços) dos candidatos aptos, no caso de eleição majoritária, e de pelo menos 2/3 (dois terços) dos partidos ou coligações com candidatos aptos, no caso de eleição proporcional. (Redação dada pela Lei n° 13.165, de 2015)
Gabarito "E".

(CESPE – 2015) Julgue os itens a seguir, a respeito da propaganda eleitoral e das condutas vedadas aos agentes públicos.

(1) No período compreendido entre os três meses que antecedem o pleito e a posse dos eleitos, é vedado aos agentes públicos nomear ou exonerar de ofício servidor público na circunscrição do pleito, mesmo que ele seja ocupante de cargo em comissão.

(2) Como regra geral, considera-se propaganda eleitoral extemporânea a manifestação veiculada nos três meses anteriores ao pleito que divulgue a candidatura e os motivos pelos quais o candidato seria o mais apto para o exercício da função pública. Contudo, não se considera propaganda antecipada a manifestação e o posicionamento pessoal sobre questões políticas nas redes sociais.

1: incorreta, uma vez que a proibição do art. 73, V, *a*, da Lei das Eleições, dispõe que são proibidas aos agentes públicos, servidores ou não, as seguintes condutas tendentes a afetar a igualdade de oportunidades entre candidatos nos pleitos eleitorais nomear, contratar ou de qualquer forma admitir, demitir sem justa causa, suprimir ou readaptar vantagens ou por outros meios dificultar ou impedir o exercício funcional e, ainda, *ex officio*, remover, transferir **ou exonerar servidor público**, na circunscrição do pleito, nos três meses que o antecedem e até a posse dos eleitos, sob pena de nulidade de pleno direito, **ressalvados**, dentre outros, a **nomeação ou exoneração de cargos em comissão e designação ou dispensa de funções de confiança; 2:** incorreta, neste ponto merece atenção especial a nova dicção legislativa inaugurada pela Reforma Eleitoral de 2015, o art. 36 estabelece que a propaganda eleitoral será permitida, somente, após o dia 15 de agosto do ano da eleição (Reforma Eleitoral de 2015, Lei 13.165/2015).

Gabarito 1E, 2E

7.4. Arrecadação e Aplicação de Recursos nas Campanhas Eleitorais

ATENÇÃO: Atualização Reforma Eleitoral de 2017

A reforma de 2017 (Lei 13.488/2017), trouxe duas grandes novidades quanto a temática deste capítulo. Uma primeira a ser indicada é a possibilidade de que "Desde o dia 15 de maio do ano eleitoral, é facultada aos pré-candidatos a arrecadação prévia de recursos na modalidade prevista no inciso IV do § 4o do art. 23 desta Lei, mas a liberação de recursos por parte das entidades arrecadadoras fica condicionada ao registro da candidatura, e a realização de despesas de campanha deverá observar o calendário eleitoral" (art. 22-A, §2°, Lei das Eleições).

Outra relevante novidade é a possibilidade de que esta arrecadação seja feita pela modalidade conhecida por "*crowdfunding*"Por este sistema, também conhecido como "vaquinha on line", é possível que adeptos do então pré candidato passe a contribuir com quantias diretamente por determinado site a ser criado com esta intenção. É uma importante e recorrente ferramenta utilizada por empreendedores que buscam um financiamento coletivo de seus projetos empresariais. Agora, com a possibilidade de sua utilização em Âmbito do processo de escolha, para financiamento de campanhas. Mais uma alternativa que a reforma de 2017 buscou para minimizar a diminuição de recursos oriundos da proibição de financiamento de campanha/partidos por pessoas jurídicas.

No entanto, importante notar que:

1 – A utilização do dinheiro obtido pelo crowdfunding está adstrito à escolha do pré candidato pelo partido (e então, tornar-se candidato). Caso não seja escolhido, as quantias serão devolvidas aos seus doadores.

2- As instituições que venham a realizar e promover técnicas e serviços de financiamento coletivo deverão obedecer e atender aos seguintes requisitos (art. 22-A, §4°, IV, Lei das Eleições):

a) cadastro prévio na Justiça Eleitoral, que estabelecerá regulamentação para prestação de contas, fiscalização instantânea das doações, contas intermediárias, se houver, e repasses aos candidatos;

b) identificação obrigatória, com o nome completo e o número de inscrição no Cadastro de Pessoas Físicas (CPF) de cada um dos doadores e das quantias doadas;

c) disponibilização em sítio eletrônico de lista com identificação dos doadores e das respectivas quantias doadas, a ser atualizada instantaneamente a cada nova doação;

d) emissão obrigatória de recibo para o doador, relativo a cada doação realizada, sob a responsabilidade da entidade arrecadadora, com envio imediato para a Justiça Eleitoral e para o candidato de todas as informações relativas à doação;

e) ampla ciência a candidatos e eleitores acerca das taxas administrativas a serem cobradas pela realização do serviço;

f) não incidência em quaisquer das hipóteses listadas no art. 24 desta Lei;

g) observância do calendário eleitoral, especialmente no que diz respeito ao início do período de arrecadação financeira, nos termos dispostos no § 2° do art. 22-A desta Lei;

h) observância dos dispositivos desta Lei relacionados à propaganda na internet;

(Técnico Judiciário – TRE/SP – FCC – 2017) Sebastião, eleitor, e a entidade esportiva J desejam fazer doação em dinheiro para utilização nas campanhas eleitorais para o partido político K. Obedecido o disposto em lei, Sebastião

(A) e a entidade esportiva J poderão fazer a doação, desde que limitada a 10% dos rendimentos brutos auferidos por cada um deles no ano anterior à eleição.

(B) e a entidade esportiva J não poderão fazer doação de qualquer quantia em dinheiro ou estimável em dinheiro.

(C) poderá fazer a doação, desde que limitada a 10% dos rendimentos brutos auferidos por ele no ano anterior à eleição, sendo vedada a doação pela entidade esportiva J.

(D) poderá fazer a doação de qualquer quantia, sem limitação, sendo vedada a doação pela entidade esportiva J.

(E) poderá fazer a doação, desde que limitada a 20% dos rendimentos brutos auferidos por ele no ano anterior à eleição, sendo vedada a doação pela entidade esportiva J.

De fato, a única alternativa correta é a apresentada na assertiva C. Isto por duas razões. A primeira é que às pessoas físicas podem doar, havendo tão somente a limitação de 10% da renda auferida no ano anterior (§ 1º, art. 23, Lei das Eleições). No entanto, relativamente à entidade esportiva, encontramos vedação à doação a candidato e partido (art. 24, IX, Lei das Eleições), bem como qualquer doação feita por pessoa jurídica.SC

Gabarito "C".

(Técnico Judiciário – TRE/AP – 2011 – FCC) A respeito da arrecadação e aplicação de recursos nas campanhas eleitorais, é correto afirmar:

(A) As pessoas físicas poderão fazer, livremente e sem qualquer limitação, doações em dinheiro ou estimáveis em dinheiro para as campanhas eleitorais.

(B) Se o candidato a cargo eletivo designar pessoa para a administração financeira de sua campanha, somente esta será responsável pela veracidade das informações financeiras e contábeis de sua campanha.

(C) As doações em dinheiro ou estimáveis em dinheiro recebidas de entidade de classe ou sindical estão sujeitas ao limite de R$ 50.000,00.

(D) A abertura de conta bancária específica para registrar todo o movimento financeiro da campanha não é obrigatória para os candidatos, mas apenas para os comitês financeiros.

(E) Os candidatos e comitês financeiros estão obrigados à inscrição no Cadastro Nacional de Pessoa Jurídica – CNPJ.

A: incorreta: no caso de pessoas físicas, as doações em dinheiro ou estimáveis em dinheiro ficam limitadas a 10% (dez por cento) dos rendimentos brutos auferidos no ano anterior à eleição – art. 23, § 1º, I, da Lei 9.504/1997; **B:** incorreta: o candidato é solidariamente responsável, isto é, responde juntamente com a pessoa designada para a administração financeira de sua campanha – art. 21 da Lei 9.504/1997; **C:** incorreta: é vedado, a partido ou candidato, receber direta ou indiretamente, doação em dinheiro ou estimável em dinheiro de entidade de classe ou sindical – art. 24, VI, da Lei 9.504/1997; **D:** incorreta: art. 22 da Lei 9.50/1997; **E:** correta: art. 22-A da Lei 9.504/1997.

Gabarito "E".

(Técnico Judiciário – TRE/SE – 2007 – FCC) As sobras de recursos financeiros de campanha serão

(A) obrigatoriamente, recolhidas aos cofres públicos, como renda da União, para custeio da Justiça Eleitoral.

(B) utilizadas pelos partidos políticos, no todo ou em parte, para financiar a propaganda partidária paga no rádio e na televisão.

(C) destinadas pelos partidos políticos, de forma integral e exclusiva a entidades beneficentes ou campanhas de combate à fome.

(D) utilizadas pelos partidos políticos, no todo ou em parte, para custear a respectiva organização e funcionamento.

(E) utilizadas pelos partidos políticos, de forma integral e exclusiva, na criação e manutenção de instituto ou fundação de pesquisa e de doutrinação e educação política.

Art. 31, parágrafo único, da Lei 9.504/1997.

Gabarito "E".

7.5. Prestação de Contas

> **Importante!**
>
> A Lei 13877/2019 alterou o dispositivo contido no art. 34 da Lei 9096/95 estabelecendo o seguinte (§§4º ao 6, art. 34):
>
> - Para o exame das prestações de contas dos partidos políticos, o sistema de contabilidade deve gerar e disponibilizar os relatórios para conhecimento da origem das receitas e das despesas.
>
> - Os relatórios emitidos pelas áreas técnicas dos tribunais eleitorais devem ser fundamentados estritamente com base na legislação eleitoral e nas normas de contabilidade, vedado opinar sobre sanções aplicadas aos partidos políticos, cabendo aos magistrados emitir juízo de valor.
>
> - A Justiça Eleitoral não pode exigir dos partidos políticos apresentação de certidão ou documentos expedidos por outro órgão da administração pública ou por entidade bancária e do sistema financeiro que mantêm convênio ou integração de sistemas eletrônicos que realizam o envio direto de documentos para a própria Justiça Eleitoral

(Técnico Judiciário – TRE/PI – CESPE – 2016) Poderá ser considerada facultativa a apresentação à justiça eleitoral das despesas de campanha relativas a

(A) pagamento de multas por infração de candidato ou de partido político.

(B) montante percebido pelo candidato, em razão de sua atividade trabalhista, para fazer face às despesas familiares.

(C) aluguel de locais para comícios.

(D) programas e ações que visem promover propagandas em rádio e televisão.

(E) pesquisas efetuadas antes do pleito eleitoral para a verificação das intenções de voto.

Para responder a esta questão é necessário que o leitor conheça o conteúdo do art. 26, Leis das Eleições, que relaciona todas as despesas consideradas gastos eleitorais, sujeitas a registro e aos limites fixados na legislação. **A:** Incorreta, art. 26, XVI, Lei das Eleições; **B:** Correta, pois tal hipótese não vem relacionada no dispositivo em comento. **C:** Incorreta, art. 26, III, Lei das Eleições. **D:** Incorreta, art. 26, X, Lei das Eleições. **E:** Incorreta, art. 26, XII, Lei das Eleições.SC

Gabarito "B".

(Técnico Judiciário – TRE/PI – CESPE – 2016) Com relação às doações e às prestações de contas em campanhas eleitorais, assinale a opção correta.

(A) Quaisquer erros encontrados na prestação de contas, mesmo os materiais ou formais posteriormente corrigidos, podem resultar em sanção ao candidato e ao partido, bem como ensejar a reprovação das contas pela justiça eleitoral.

(B) A prestação de contas, no caso das eleições proporcionais, deve ser efetivada pelo próprio candidato.

(C) Em decorrência do direito constitucional ao sigilo bancário, não se pode exigir que candidatos às eleições majoritárias apresentem extratos e cheques relativos à movimentação financeira dos gastos efetivados em prol de sua campanha.

(D) Dispensa-se a prestação de contas das cessões de bens móveis de cada cedente até o limite de R$ 40.000.

(E) As pessoas naturais ou jurídicas podem fazer doações pecuniárias anônimas a partidos políticos até o valor de R$ 25.000.

A: Incorreta. Erros identificados na prestação de contas (formais ou materiais) que forem posteriormente corrigidos não poderão acarretar a sanção a partido ou candidato (Art. 37, § 12, LPP. **B:** Correta, com fundamento no art. 28, § 2°, Lei das Eleições. **C:** Incorreta, e uma vez que não se trata de uma quebra ativa pela justiça eleitoral, mas impõe-se ao candidato, na prestação de contas, que apresente os extratos bancários que comprovem as movimentações (Art. 28, § 1°, Lei das Eleições). **D:** Incorreta, uma vez que o valor considerado para a dispensa de prestação de contas (art. 28, § 6°, I, Lei das Eleições) é de R$ 4.000,00 por pessoa cedente. **E:** Incorreta, vez que nosso atual ordenamento não autoriza tanto a doação oculta como a realizada por pessoa jurídica (vide ADI 5394).[SC]
Gabarito "B".

(Técnico Judiciário – TRE/PE – CESPE – 2017) Assinale a opção correta a respeito da prestação de contas de campanha eleitoral e da prestação de contas partidárias.

(A) Em eleição majoritária, a prestação de contas de candidato terá de ser feita pelo próprio candidato.

(B) A prestação de contas de candidato participante de eleição proporcional deverá ser feita pelo comitê financeiro do partido.

(C) Caso esteja pendente processo judicial relativo às contas de candidato vitorioso, a documentação quanto a elas só poderá ser destruída depois de cento e oitenta dias da diplomação.

(D) Nas eleições para prefeito de municípios com menos de cinquenta mil eleitores, a prestação de contas será feita por sistema simplificado, desde que os gastos sejam inferiores a vinte e cinco mil reais.

(E) Eventual sobra de valores ao final de campanha eleitoral deve ser declarada na prestação de contas e, após julgados todos os recursos, devolvida ao candidato.

A: Correta, conforme art. 28, § 1°, Lei 9.504/1997. Nas eleições majoritárias, a prestação de contas será feita diretamente pelo candidato, acompanhada de extratos das contas referentes às movimentações bancárias; **B:** Incorreta, já que o art. 28, § 2°, Lei 9.504/1997, estabelece que nestes casos a prestação de contas será realizada pelo próprio candidato; **C:** Incorreta. O art. 32, parágrafo único, Lei das Eleições dispõe que "Estando pendente de julgamento qualquer processo judicial relativo às contas, a documentação a elas concernente deverá ser conservada até a decisão final.". **D:** Incorreta, pois o § 11, art. 28, Lei das Eleições não condiciona a situação de prestação de contas no Sistema simplificado a um valor fixo de gasto. Basta que se observe um número inferior a cinquenta mil eleitores para que se imponha o Sistema simplificado; **E:** Incorreta, pois eventuais sobras são destinadas ao partido político e não ao candidato, segundo regra estabelecida no art. 31 da Lei 9.504/1997.[SC]
Gabarito "A".

7.6. Mesas Receptoras

(Técnico Judiciário – TRE/PI – 2009 – FCC) Pelas Mesas Receptoras serão admitidos a fiscalizar a votação, formular protestos e fazer impugnações, inclusive sobre a identidade do eleitor,

(A) somente os candidatos registrados.

(B) os candidatos registrados, os delegados e os fiscais dos partidos políticos.

(C) somente os delegados e fiscais dos partidos políticos.

(D) somente os fiscais dos partidos políticos.

(E) qualquer cidadão que esteja portando seu título eleitoral.

Serão admitidos a fiscalizar a votação pelas mesas receptoras, formular protestos e fazer impugnações, inclusive sobre a identidade do eleitor, os candidatos registrados, os Delegados e os Fiscais dos partidos – art. 132 da Lei 4.737/1965, também chamada de Código Eleitoral (CE).
Gabarito "B".

(Técnico Judiciário – TRE/PI – 2009 – FCC) Na composição das Mesas Receptoras de votos, NÃO poderão, dentre outros, ser nomeados mesários

(A) os serventuários da Justiça.

(B) os eleitores da própria Seção Eleitoral.

(C) os diplomados em escola superior.

(D) os professores.

(E) as autoridades policiais.

A: incorreta – os serventuários da justiça serão **preferencialmente** nomeados como mesários – art. 120, § 2°, do CE; **B:** incorreta – os eleitores da própria seção serão **preferencialmente** nomeados como mesários – art. 120, § 2°, do CE; **C:** incorreta – os diplomados em escola superior serão **preferencialmente** nomeados como mesários – art. 120, § 2°, do CE; **D:** incorreta – os professores serão **preferencialmente** nomeados como mesários – art. 120, § 2°, do CE; **E:** correta – art. 120, § 1°, III, do CE.
Gabarito "E".

7.7. Seções Eleitorais

(Técnico Judiciário – TRE/PI – 2009 – FCC) A respeito das Seções Eleitorais, é certo que

(A) cada Seção Eleitoral terá uma Mesa Receptora para cada 300 eleitores.

(B) cada Seção Eleitoral terá no mínimo 300 eleitores.

(C) a cada Seção Eleitoral corresponde uma Mesa Receptora de votos.

(D) cada Seção Eleitoral terá no máximo 1.500 eleitores e 5 Mesas Receptoras.

(E) não haverá, nas capitais, limite mínimo nem máximo de eleitores integrantes de cada Seção Eleitoral.

Art. 119 da Lei 4.737/1965, também chamada de Código Eleitoral (CE).
Gabarito "C".

7.8. Fiscalização

(Técnico Judiciário – TRE/MS – 2007 – FCC) A respeito da fiscalização das eleições, considere:

I. A escolha de fiscais e delegados, pelos partidos e coligações, poderá recair em quem já faça parte de Mesa Receptora.

II. As credenciais de fiscais e delegados serão expedidas, exclusivamente, pelos partidos ou coligações, por expressa disposição legal.

III. O fiscal poderá ser nomeado para fiscalizar mais de uma Seção Eleitoral, no mesmo local de votação.

É correto o que se afirma APENAS em

(A) I.

(B) I e II.

(C) I e III.

(D) III.

(E) II e III.

I: incorreta – art. 65 da Lei 9.504/1997; **II**: correta – art. 65, § 2°, da Lei 9.504/1997; **III**: correta – art. 65, § 1°, da Lei 9.504/1997.
Gabarito "E".

(Técnico Judiciário – TRE/SE – 2007 – FCC) A respeito da fiscalização perante as Mesas Receptoras, é certo que podem permanecer na cabina de votação

(A) os candidatos e um fiscal de cada partido.

(B) os candidatos, um fiscal e um delegado de cada partido.

(C) o eleitor, durante o tempo necessário à votação.

(D) os candidatos e um delegado de cada partido.

(E) um fiscal e um delegado de cada partido.

Art. 138 da Lei 4.737/1965, também chamada de Código Eleitoral (CE).
Gabarito "C".

7.9. Polícia dos Trabalhos Eleitorais

(Técnico Judiciário – TRE/PI – 2009 – FCC) A respeito da polícia dos trabalhos eleitorais, é INCORRETO afirmar que

(A) o Presidente da Mesa Receptora fará retirar do recinto ou do edifício quem estiver praticando qualquer ato atentatório da liberdade eleitoral.

(B) ao Presidente da Mesa Receptora e ao Juiz Eleitoral cabe a polícia dos trabalhos eleitorais.

(C) o Presidente da Mesa Receptora fará retirar do recinto ou do edifício quem não guardar ordem e compostura devidas.

(D) o Secretário da Segurança Pública pode intervir nos trabalhos eleitorais das Mesas Receptoras, quando suspeitar de qualquer procedimento fraudulento.

(E) o eleitor somente poderá permanecer no recinto da Mesa Receptora durante o tempo necessário à votação.

A: correta – art. 140, § 1°, da Lei 4.737/1965, também chamada de Código Eleitoral (CE); **B**: correta – art. 139 do CE; **C**: correta – art. 140, § 1°, do CE; **D**: incorreta – a força armada não poderá aproximar-se do lugar de votação sem ordem do presidente da mesa – art.141 do CE; **E**: correta – art. 140 do CE.
Gabarito "D".

7.10. Garantias Eleitorais

(Técnico Judiciário – TRE/SP – FCC – 2017) Com relação às garantias eleitorais e proibições de condutas com vistas a impedir ou comprometer o exercício do direito de sufrágio e a sinceridade do voto,

(A) no período de 10 dias antes da eleição, os candidatos não poderão ser presos ou detidos salvo flagrante delito.

(B) no período de 5 dias antes e até 48 horas depois do encerramento da eleição, não é permitida a realização de prisão ou detenção de eleitores, salvo em flagrante delito ou em virtude de sentença criminal condenatória por crime inafiançável ou, ainda, por desrespeito a salvo-conduto.

(C) é permitido o transporte de eleitores residentes na zona rural ou urbana, por qualquer pessoa, mesmo

que haja expresso pedido de votos, desde que não seja feita ameaça quanto ao voto para que se realize a locomoção.

(D) os moradores de zona rural, para os quais a Justiça Eleitoral não fornecer transporte no dia da eleição, estarão desobrigados do dever de votar.

(E) o abuso de poder político sobre a liberdade de escolha do voto é coibido, não prevendo a legislação eleitoral, porém, punição para as interferências do poder econômico nas eleições.

A: Incorreta, pois o art. 236, § 1°, Código Eleitoral, dispõe que os membros das Mesas Receptoras e os Fiscais de partido, durante o exercício de suas funções, não poderão ser, detidos ou presos, salvo o caso de flagrante delito; da mesma garantia gozarão os candidatos desde 15 (quinze) dias antes da eleição. **B**: Correta, já que o art. 236, Código Eleitoral, estabelece que nenhuma autoridade poderá, desde 5 (cinco) dias antes e até 48 (quarenta e oito) horas depois do encerramento da eleição, prender ou deter qualquer eleitor, salvo em flagrante delito ou em virtude de sentença criminal condenatória por crime inafiançável, ou, ainda, por desrespeito a salvo-conduto. **C**: Incorreta, já que o art. 5°, Lei 6.091/1974, nenhum veículo ou embarcação poderá fazer transporte de eleitores desde o dia anterior até o posterior à eleição, salvo: I – a serviço da Justiça Eleitoral; II – coletivos de linhas regulares e não fretados; III – de uso individual do proprietário, para o exercício do próprio voto e dos membros da sua família; IV – o serviço normal, sem finalidade eleitoral, de veículos de aluguel não atingidos pela requisição de que trata o art. 2°". **D**: Incorreta, já que o art. 6°, Lei 6.091/1974, dispõe que a indisponibilidade ou as deficiências do transporte de que trata esta Lei não eximem o eleitor do dever de votar. **E**: Incorreta, pois o próprio art. 237, Código Eleitoral, dispõe que a interferência do poder econômico e o desvio ou abuso do poder de autoridade, em desfavor da liberdade do voto, serão coibidos e punidos. SC
Gabarito "B".

(Técnico Judiciário – TRE/PI – 2009 – FCC) A respeito das garantias eleitorais, é correto afirmar que

(A) os candidatos não poderão ser presos, salvo caso de flagrante delito, desde quinze dias antes das eleições.

(B) os partidos políticos não gozam de prioridade postal nos sessenta dias anteriores à votação, para remessa de material de propaganda de seus candidatos registrados.

(C) os membros das Mesas Receptoras não poderão ser detidos ou presos, salvo caso de flagrante delito, nos trinta dias anteriores à data da eleição.

(D) a força pública poderá policiar o interior do edifício em que funciona a Mesa Receptora, mas não poderá ingressar na cabine de votação.

(E) a denúncia ao Corregedor-Geral ou Regional de interferência do poder econômico e de desvio ou abuso de poder de autoridade, em desfavor da liberdade do voto, é prerrogativa exclusiva dos partidos políticos e dos candidatos.

A: correta – art. 236, § 1°, Lei 4.737/1965, também chamada de Código Eleitoral (CE); **B**: incorreta – aos partidos políticos é assegurada a prioridade postal durante os 60 (sessenta) dias anteriores à realização das eleições, para remessa de material de propaganda de seus candidatos registrados – art. 239 do CE; **C**: incorreta – os membros das mesas receptoras não poderão ser presos ou detidos, salvo no caso de flagrante delito, nos quinze dias anteriores à data da eleição – art. 236, § 1°, do CE; **D**: incorreta – a proibida, durante o ato eleitoral, a presença de força pública no edifício em que funcionar mesa receptora, ou nas imediações – art. 238 do CE; **E:** incorreta – art. 237, § 2°, do CE c/c art. 22 da Lei Complementar 64/1990.

Gabarito "A".

(Técnico Judiciário – TRE/SE – 2007 – FCC) A respeito das garantias eleitorais, considere:

I. Os membros das Mesas Receptoras e os fiscais de partido, durante o exercício de suas funções, não poderão ser detidos ou presos, salvo no caso de flagrante delito.

II. O eleitor não é parte legítima para pedir a abertura de investigação para apurar uso indevido do poder econômico, desvio ou abuso do poder de autoridade, em benefício de candidato ou de partido político.

III. Aos partidos políticos é assegurada a prioridade postal durante os 60 (sessenta) dias anteriores à realização das eleições, para remessa de material de propaganda de seus candidatos registrados.

É correto o que se afirma APENAS em

(A) I.

(B) III.

(C) I e II.

(D) I e III.

(E) II e III.

I: correta – art. 236, § 1°, do CE; **II:** incorreta – art. 237, § 2°, do CE c/c art. 22 da Lei Complementar 64/1990; **III:** correta – art. 239 do CE.

Gabarito "D".

7.11. Votação, Apuração e Contagem dos Votos

(Técnico Judiciário – TRE/PI – 2009 – FCC) Após às 17 horas do dia marcado para a eleição só poderão votar

(A) os eleitores que apresentarem documento que justifique o atraso.

(B) os eleitores que tenham recebido senha e entregue seu título ao Presidente da Mesa Receptora.

(C) os candidatos e os fiscais de partido político.

(D) as autoridades regularmente constituídas.

(E) os que apresentarem dificuldade de locomoção.

Art. 153 da Lei 4.737/1965, também chamada de Código Eleitoral (CE).

Gabarito "B".

(Técnico Judiciário – TRE/PI – 2009 – FCC) O eleitor que tiver perdido o título eleitoral

(A) somente poderá votar no Cartório Eleitoral correspondente ao seu domicílio.

(B) não poderá votar.

(C) poderá votar em qualquer Seção da circunscrição eleitoral.

(D) somente poderá votar no Tribunal Regional Eleitoral.

(E) será admitido a votar, desde que seja inscrito na Seção e conste da respectiva pasta a sua folha individual de votação.

Art. 146, VI, do CE.

Gabarito "E".

(Técnico Judiciário – TRE/PI – 2009 – FCC) A respeito dos lugares de votação, considere:

I. Funcionarão as Mesas Receptoras nos lugares destinados pelos Juízes Eleitorais 60 dias antes da eleição, publicando-se a designação.

II. As propriedades particulares poderão ser cedidas para lugar de votação, mediante contrato de locação, precedido de concorrência pública.

III. A decisão do Juiz Eleitoral a respeito da designação dos lugares de votação é irrecorrível, por basear-se em prévia instrução do respectivo Tribunal Regional Eleitoral.

Está correto o que se afirma APENAS em

(A) I.

(B) I e II.

(C) I e III.

(D) II.

(E) II e III.

I: correta – art. 135 do CE; **II:** incorreta – a propriedade particular será obrigatória e gratuitamente cedida como lugar para votação – art. 135, § 3°, do CE; **III:** incorreta – da decisão do juiz eleitoral acerca da designação dos locais de votação caberá recurso para o Tribunal Regional Eleitoral no prazo do 3 dias – art. 135, § 8°, do CE.

Gabarito "A".

(Técnico Judiciário – TRE/RS – 2010 – FCC) A respeito do ato de votar, é correto afirmar que

(A) é permitido portar máquinas fotográficas dentro da cabina de votação.

(B) no momento da votação, basta a exibição do título eleitoral pelo eleitor.

(C) é permitido portar aparelho de telefonia celular dentro da cabina de votação.

(D) no momento da votação, além da exibição do respectivo título, o eleitor deverá apresentar documento de identificação com fotografia.

(E) é permitido portar filmadoras dentro da cabina de votação.

A: incorreta: art. 91-A, parágrafo único, da Lei 9.504/1997; **B:** incorreta: no momento da votação, além da exibição do respectivo título, o eleitor deverá apresentar documento de identificação com fotografia – art. 91-A da Lei 9.504/1997; **C:** incorreta: art. 91-A, parágrafo único, da Lei 9.504/1997; **D:** correta: art. 91-A da Lei 9.504/1997; **E:** incorreta: art. 91-A, parágrafo único, da Lei 9.504/1997.

Gabarito "D".

(Técnico Judiciário – TRE/SE – 2007 – FCC) A apuração das eleições para Senador, Deputado Federal e Deputado Estadual compete

(A) ao Tribunal Superior Eleitoral, Tribunais Regionais Eleitorais e Tribunais Regionais Eleitorais, respectivamente.

(B) ao Tribunal Superior Eleitoral.

(C) aos Tribunais Regionais Eleitorais.

(D) aos Tribunais Regionais Eleitorais, Tribunal Superior Eleitoral, e Tribunais Regionais Eleitorais, respectivamente.

(E) aos Tribunais Regionais Eleitorais, Tribunais Regionais Eleitorais e Tribunal Superior Eleitoral, respectivamente.

Art. 158, II, do CE.

Gabarito "C".

8. SISTEMA ELETRÔNICO DE VOTAÇÃO

(Técnico Judiciário – TRE/AC – 2010 – FCC) A respeito do sistema eletrônico de votação e totalização dos votos, considere:

I. Nas seções em que for adotada a urna eletrônica, somente poderão votar eleitores cujos nomes estiverem nas respectivas folhas de votação.

II. A urna eletrônica disporá de recursos que, mediante assinatura digital, permitam o registro digital de cada voto, da urna em que for registrado, bem como do nome e do número do titulo do eleitor.

III. No sistema eletrônico de votação considerar-se-á voto de legenda quando o eleitor assinalar o número do partido no momento de votar para determinado cargo e somente para este será computado.

IV. A urna eletrônica exibirá para o eleitor, primeiramente, os painéis referentes às eleições proporcionais e, em seguida, os referentes às eleições majoritárias.

Está correto o que se afirma APENAS em

(A) I e II.

(B) I, III e IV.

(C) I e IV.

(D) II e III.

(E) II, III e IV.

I: correta: art. 62 da lei 9.504/1997; II: incorreta: a urna eletrônica disporá de recursos que, mediante assinatura digital, permitam o registro digital de cada voto e a identificação da urna em que foi registrado, resguardado o anonimato do eleitor – art. 59, § 4°, da Lei 9.504/1997; III: correta: art. 60 da Lei 9.504/1997; IV: correta: art. 59, § 3°, da Lei 9.504/1997. A Lei 12.976/2014 alterou a redação do § 3° do art. 59, que assim dispõe: Art. 59, § 3°: A urna eletrônica exibirá para o eleitor os painéis na seguinte ordem: I – para as eleições de que trata o inciso I do parágrafo único do art. 1°, Deputado Federal, Deputado Estadual ou Distrital, Senador, Governador e Vice-Governador de Estado ou do Distrito Federal, Presidente e Vice-Presidente da República; II – para as eleições de que trata o inciso II do parágrafo único do art. 1°, Vereador, Prefeito e Vice-Prefeito.
Nota: caro leitor, recentemente a Lei 13.165/2015 introduziu o art. 59-A à Lei das Eleições, dispondo que no sistema das urnas eletrônicas, a urna imprimirá o registro de cada voto, que será depositado, de forma automática e sem contato manual do eleitor, em local previamente lacrado, sendo que o processo de votação não será concluído até que o eleitor confirme a correspondência entre o teor de seu voto e o registro impresso e exibido pela urna eletrônica.
Gabarito "B".

(Técnico Judiciário – TRE/MA – 2009 – CESPE) O sistema eleitoral brasileiro contempla o voto em urna eletrônica, na forma disciplinada na Lei Eleitoral. A esse respeito, assinale a opção correta.

(A) Na urna eletrônica, em uma eleição municipal, vota-se inicialmente para o cargo de prefeito.

(B) O voto em trânsito é permitido apenas aos candidatos e militares em serviço.

(C) O voto em trânsito é permitido aos eleitores portadores de necessidades especiais.

(D) No regime legal da urna eletrônica, não se admite o voto em trânsito.

(E) A urna eletrônica impede o voto em legenda partidária.

A: incorreta – vota-se inicialmente para o cargo de vereador – art. 59, § 3°, da Lei 9.504/1997; B: incorreta – art. 145 do CE; C: incorreta – art. 145 do CE; D: correta – art. 62 da Lei 9.504/1997; E: incorreta art. 59, § 2°, da Lei 9.504/1997.
Gabarito "D".

9. PROCESSO ELEITORAL

(Técnico Judiciário – TRE/SP – FCC – 2017) Ajuizado pedido de direito de resposta pelo candidato X contra o candidato Y, ambos disputando o cargo de Prefeito, em razão de ofensa veiculada em propaganda eleitoral, foi concedida liminar para a publicação imediata de resposta. Apresentada defesa, foi proferida sentença de procedência do pedido. Considerando a jurisprudência do TSE, nesse caso,

(A) contra a decisão que concedeu a medida liminar caberá agravo, que deverá ser reiterado quando da interposição do recurso contra a sentença.

(B) contra a sentença de procedência caberá recurso eleitoral, interposto no prazo de 24 horas, a ser julgado pelo Tribunal Regional Eleitoral.

(C) a decisão interlocutória concessiva da liminar poderá, via de regra, ser impugnada a partir da impetração de mandado de segurança.

(D) interposto o recurso pelo candidato Y, será exercido o juízo de admissibilidade e, se houver o recebimento pelo juiz eleitoral, será aberto prazo para a oferta de contrarrazões pelo candidato X.

(E) o recurso eleitoral será recebido sempre no efeito suspensivo.

A: Incorreta, uma vez que não cabe agravo de instrumento para impugnação de decisões interlocutórias na Justiça Eleitoral. B: Correta, com fundamento no art. 96, § 8°, Lei da Eleições, cabe recurso no prazo de 24h. C: Incorreta, uma vez que, em regra, as decisões interlocutórias proferidas pela Justiça Eleitoral são irrecorríveis. D: Incorreta, uma vez que não há juízo de admissibilidade em sede de recurso eleitoral. Recebido o recurso, o juiz eleitoral intima a parte contrária para contrarrazões e encaminha o recurso ao TRE para julgamento. E: Incorreta, pois nos termos do que dispõe o art. 257, Código Eleitoral, os recursos eleitorais não possuem efeito suspensivo. SC
Gabarito "B".

(Técnico Judiciário – TRE/SP – FCC – 2017) Proposta a Ação de Investigação Judicial contra candidato a Deputado Federal, que se sagrou vencedor nas urnas, para apurar a prática de abuso de poder econômico, foi proferido acórdão em 22/11, publicado em 24/11, reconhecendo a procedência do pedido, com declaração de inelegibilidade do candidato e a cassação do respectivo registro. Considerando a jurisprudência do TSE, nesse caso,

(A) decorrido o prazo recursal sem impugnação, será possível o ajuizamento de ação rescisória perante o Tribunal Superior Eleitoral, no prazo de dois anos do trânsito em julgado.

(B) contra o acórdão do TRE poderá ser interposto recurso ordinário, ao TSE, para impugnar a violação à legislação eleitoral e recurso extraordinário, ao STF, para impugnar a violação à Constituição Federal.

(C) interposto o recurso ordinário, este será recebido apenas no efeito devolutivo.

(D) contra o acórdão do TRE o candidato poderá interpor recurso no dia 23/11.

(E) o recurso cabível para impugnar o acórdão será o Recurso Especial Eleitoral, que poderá veicular matéria legal e constitucional, não se admitindo a oposição de embargos de declaração.

A: Incorreta, a ação rescisória em matéria eleitoral obedece ao prazo de 120 dias (art. 22, I, *j*, do Código Eleitoral). **B:** Incorreta, pois da decisão proferida pelo TRE não é possível recorrer diretamente ao STF. Somente caberá recurso ao STF se, após decisão do TSE, existir contrariedade ao Texto Constitucional. **C:** Incorreta, pois das decisões que resultar cassação de registro, afastamento do titular ou perda de mandato eletivo será recebido pelo Tribunal com efeito suspensivo. **D:** Correta, Súmula 65 TSE: Considera-se tempestivo o recurso interposto antes da publicação da decisão recorrida. **E:** Incorreta, pois no caso ilustrado caberá embargos declaratórios, recurso ordinário para o TSE (pois envolve causa de inelegibilidade, anulação e perda de diploma ou mandato eletivo federal ou estadual – CF, art. 121, § 4º, III e IV). Gabarito "D".

(Técnico Judiciário – TRE/RS – 2010 – FCC) A respeito dos recursos eleitorais, é correto afirmar que

(A) terão sempre efeito devolutivo e suspensivo, motivo porque a execução de qualquer acórdão só poderá ser feita após o respectivo trânsito em julgado.

(B) sempre que a lei não fixar prazo especial, deverão ser interpostos em 5 dias da publicação do ato, resolução ou despacho.

(C) a distribuição do primeiro recurso que chegar ao Tribunal Regional Eleitoral ou Tribunal Superior Eleitoral prevenirá a competência do relator para todos os demais casos do mesmo Município ou Estado.

(D) em nenhuma hipótese caberá recurso contra expedição de diploma pelos Tribunais Regionais Eleitorais.

(E) não caberá recurso para os Tribunais Regionais Eleitorais e para o Tribunal Superior Eleitoral dos atos, resoluções ou despachos dos respectivos presidentes.

A: incorreta: os recursos eleitorais não terão efeito suspensivo – art. 257 do CE; **B:** incorreta: sempre que a lei não fixar prazo especial, o recurso deverá ser interposto em três dias da publicação do ato, resolução ou despacho – art. 258 do CE; **C:** correta: art. 260 do CE; **D:** incorreta: caberá recurso contra expedição de diploma nos seguintes casos: inelegibilidade ou incompatibilidade de candidato; errônea interpretação da lei quanto à aplicação do sistema de representação proporcional; erro de direito ou de fato na apuração final, quanto à determinação do quociente eleitoral ou partidário, contagem de votos e classificação de candidato, ou a sua contemplação sob determinada legenda; concessão ou denegação do diploma em manifesta contradição com a prova dos autos, nas hipóteses do art. 222 desta Lei, e do art. 41-A da Lei 9.504, de 30 de setembro de 1997; **E:** incorreta: para os Tribunais Regionais e para o Tribunal Superior caberá, dentro de 3 (três) dias, recurso dos atos, resoluções ou despachos dos respectivos presidentes – art. 264 do CE. Gabarito "C".

(Técnico Judiciário – TRE/RS – 2010 – FCC) O conhecimento e decisão da arguição de inelegibilidade de candidato a Senador, a Governador de Estado e a Deputado Estadual, formulada perante a Justiça Eleitoral, será feita perante o Tribunal

(A) Regional Eleitoral do Estado correspondente.

(B) Superior Eleitoral.

(C) Superior Eleitoral, o Tribunal Regional Eleitoral do Estado correspondente e o Tribunal Regional Eleitoral do Estado correspondente, respectivamente.

(D) Superior Eleitoral, o Tribunal Regional Eleitoral do Estado correspondente e o Juiz Eleitoral, respectivamente.

(E) Regional Eleitoral do Estado correspondente, o Juiz Eleitoral e o Juiz Eleitoral, respectivamente.

Art. 2º, II, da LC 64/1990. Gabarito "A".

(Técnico Judiciário – TRE/RS – 2010 – FCC) A investigação judicial para apurar uso indevido, desvio ou abuso do poder econômico ou do poder de autoridade, ou utilização indevida de veículos ou meios de comunicação social, em benefício de candidato ou partido político,

(A) será processada pelo Tribunal Regional Eleitoral que, após a oitiva do Corregedor-Geral, enviará os autos ao Ministério Público para que este aplique as sanções previstas em lei.

(B) será feita pela Polícia Judiciária, mediante inquérito policial, que, afinal, será encaminhado ao Ministério Público para oferecimento de eventual denúncia.

(C) será objeto de investigação pelo Ministério Público eleitoral que, afinal, declarará a inelegibilidade do investigado, aplicando-lhe as sanções previstas em lei.

(D) será processada internamente por qualquer partido político, coligação ou candidato que, afinal, encaminhará as suas conclusões ao Tribunal competente que, após a oitiva do Corregedor-Geral, aplicará as sanções previstas em lei.

(E) terá início por representação de qualquer partido político, coligação, candidato ou Ministério Público feita diretamente ao Corregedor-Geral.

Art. 237, § 2º, do CE. Gabarito "E".

---

10. CRIMES ELEITORAIS E PROCESSO PENAL ELEITORAL

(Técnico Judiciário – TRE/SP – FCC – 2017) Sobre os crimes eleitorais, é correto afirmar que o

(A) crime de recusar ou abandonar serviço eleitoral exige a comprovação do prejuízo concreto causado aos serviços eleitorais e dolo de causar este prejuízo.

(B) crime de violação de sigilo do voto somente pode ser praticado por funcionário da Justiça Eleitoral.

(C) crime de retardar a publicação de atos da Justiça Eleitoral comporta a figura culposa.

(D) desatendimento, por particular, de requisição de veículos para transporte de eleitores da zona rural mesmo quando inexistam veículos de aluguel para requisição, constitui infração eleitoral, sem a tipificação criminal.

(E) crime de impedir ou embaraçar o exercício do sufrágio configura-se mesmo quando não haja prejuízo ao eleitor impedido de votar.

A: Incorreta, já que o crime em questão, previsto no art. 344, CE, não é um "crime formal". Ou seja, não se exige, para sua configuração, o resultado ou comprovação de efetivo prejuízo. **B:** Incorreta, pois o art. 312, CE ("violar ou tentar violar o sigilo do voto") é crime comum (qualquer um pode cometê-lo, não dependendo de qualidade especial do sujeito). **C:** Incorreta, uma vez que somente irá admitir forma culposa se houver previsão expressa (o que não ocorre no caso do art. 341, CE, referido na assertiva em questão). **D:** Incorreta, vez que a tipificação encontra-se encampada no art. 11, II, c.c art. 2º, Lei 6.091/1974. **E:** Correta, uma vez que o art. 297, CE, é um crime formal, não havendo necessidade de que se verifique o resultado ou comprovação de efetivo prejuízo para a sua configuração.SC

„E" otinabeӘ

(Técnico Judiciário – TRE/SP – FCC – 2017) O candidato a governador A alega que candidato a governador B, em sua propaganda eleitoral, acusou-o de ter praticado o crime de estelionato, o que afirma não ser verdadeiro. Ambos os candidatos não são exercentes de função pública no momento da disputa eleitoral. Diante dessa situação

(A) a ação penal deverá ser proposta perante o Tribunal Regional Eleitoral, necessariamente, não importando o cargo que exerça o candidato.

(B) o Ministério Público Eleitoral deverá ajuizar a respectiva ação penal pela prática do crime de injúria, apenas.

(C) caso o Ministério Público Eleitoral não proponha a ação penal, o candidato A poderá fazê-lo, cumpridos os requisitos legais.

(D) o candidato A deverá propor ação penal privada contra o candidato B, uma vez que não se trata de ação penal pública.

(E) caso o Ministério Público Eleitoral entender pelo não oferecimento da denúncia, deverá requerer o arquivamento ao juiz, que, se considerar improcedentes os motivos para tanto, fará a remessa da comunicação ao Procurador-Geral de Justiça, na Justiça Comum Estadual.

A: Incorreta, uma vez que existindo o foro de prerrogativa de funções, deve ser observado. No entanto, no caso em questão, ambos candidatos não são ocupantes de cargos públicos eletivos, sendo que a ação deverá ser proposta perante o juiz eleitoral e não o TRE. **B:** Incorreta, com fundamento no art. 324, CE, já que o crime em tela refere-se ao tipo indicado como "calúnia eleitoral". Considerando que em âmbito dos crimes tratados no CE a natureza será sempre de Ação Penal Pública Incondicionada (inclusive para os crimes contra a honra. E isso em razão da tutela objetivada e o fim indicado pelo próprio tipo como "na propaganda eleitoral, ou visando fins de propaganda"). Assim, cabe ao MPE denunciar o sujeito. **C:** Correta, por força do art. 5º, LIX, CF. Nas situações onde se observar a omissão do MPE (no caso, quanto ao oferecimento da denúncia) é admitida a ação penal privada subsidiária da pública. **D:** Incorreta, conforme art. 355, CE. Ou seja, os crimes eleitorais tratados pelo Código Eleitoral são de Ação Penal Pública Incondicionada (mesmo os contra a honra, conforme já tratado nas assertivas anteriores). **E:** Incorreta, conforme art. 357, § 1º, CE. Quando o promotor eleitoral requerer o arquivamento do IP, não havendo concordância do juiz eleitoral, este encaminhará os autos ao PRE (Procurador Regional Eleitoral) e não ao PGJ (Procurador Geral de Justiça).SC

„C" otinabeӘ

(CESPE – 2015) No que concerne a crimes eleitorais e processo penal eleitoral, julgue os itens que se seguem.

(1) No processo eleitoral, ao contrário do que ocorre no rito ordinário, é inadmissível o oferecimento de queixa-crime em ação penal privada subsidiária, ainda que o Ministério Público não tenha oferecido denúncia, requerido diligências ou solicitado o arquivamento do inquérito policial.

(2) O crime de corrupção eleitoral configura-se com a mera promessa de vantagem, mesmo que de caráter geral e posta como um benefício à coletividade, não se exigindo, portanto, dolo específico consistente na obtenção de voto de determinados eleitores ou na promessa de abstenção.

1: incorreta. A ação penal privada subsidiária vem tratada na Constituição Federal, especificamente no art. 5º, LIX. Considerando, portanto, se tratar de um direito fundamental (e assim dizemos, de eficácia plena), não caberá à legislação infraconstitucional (no caso qualquer que venha a regular o processo eleitoral, como sugere a assertiva) limitar o quanto disposto. Interessante Jurisprudência àqueles que intentem aprofundamento: Ac. de 14.8.2003, no REsp 21295, rel. Min. Fernando Neves e, mais recente, Ac. de 24.2.2011 no ED-AI 181917, rel. Min. Arnaldo Versiani; **2:** incorreta, uma vez que o crime de corrupção eleitoral, tipificado no art. 299 do CE, demanda dolo específico, qual seja o de obter ou dar voto, ou ainda prometer abstenção do ato. No mesmo segmento, Jurisprudência do TSE: "para a configuração do crime descrito no art. 299 do CE, é necessário o dolo específico que exige o tipo penal, qual seja, a finalidade de obter ou dar voto ou prometer abstenção" (REsp 25.388).

Ʒ2 'Ǝ1 otinabeӘ

11. TRANSPORTE DE ELEITORES

(Técnico – TRE/SP – 2012 – FCC) A Justiça Eleitoral requisitou veículos particulares para transporte de eleitores em zonas rurais no dia da eleição. Esse transporte será

(A) gratuito, por tratar-se de múnus público.

(B) pago pela Justiça Eleitoral, com recursos do Fundo Partidário.

(C) pago diretamente pelos partidos políticos.

(D) rateado entre os candidatos às eleições majoritárias.

(E) rateado entre todos os candidatos.

Art. 2º, parágrafo único, da Lei 6.091/1974.

„B" otinabeӘ

12. COMBINADAS

(Técnico Judiciário – TRE/SP – FCC – 2017) A explicação do Tribunal Superior Eleitoral – TSE sobre o funcionamento desse sistema é a seguinte: *Os votos computados são os de cada partido ou coligação e, em uma segunda etapa, os de cada candidato. Eis a grande diferença. Em outras palavras, para conhecer os deputados e vereadores que vão compor o Poder Legislativo, deve-se, antes, saber quais foram os partidos políticos vitoriosos para, depois, dentro de cada agremiação partidária que conseguiu um número mínimo de votos, observar quais são os mais votados. Encontram-se, então, os eleitos. Esse, inclusive, é um dos motivos de se atribuir o mandato ao partido e não ao político.* – Agência Câmara Notícias.

O sistema eleitoral descrito no texto é o

(A) misto.

(B) distrital.

(C) majoritário simples.

(D) majoritário de dois turnos.

(E) proporcional.

De fato, a única alternativa correta é representada pela assertiva E, uma vez que o sistema proporcional dá-se de forma a apurar a votação tendo-se como foco a análise do quociente eleitoral e partidária, nos termos dos artigos 105 e seguintes do Código Eleitoral.SC

„E" otinabeӘ

(Técnico Judiciário – TRE/PI – CESPE – 2016) Com base no disposto na Lei 4.737/1965, assinale a opção correta.

(A) A guarda da urna eleitoral é da competência exclusiva, pessoal, intransferível e indelegável do presidente da junta eleitoral.

(B) Havendo uma única junta eleitoral no município, esta será responsável pela expedição dos diplomas dos vereadores.

(C) Compete às juntas eleitorais a apuração das eleições, que deve ser processada até o primeiro dia útil posterior à realização do pleito eleitoral.

(D) Cabe ao TRE a expedição dos diplomas aos eleitos no pleito de chefe do Poder Executivo municipal.

(E) As juntas eleitorais compõem-se por um juiz de direito e por quantos cidadãos de notória idoneidade o juiz desejar convocar para a sua formação.

A: Incorreta. Pois o art. 155, § 2º, CE, estabelece que a urna ficará permanentemente à vista dos interessados e sob a guarda de pessoa designada pelo presidente da junta, diferentemente do que assevera o enunciado. **B:** Correta, em plena harmonia com o que dispõe o art. 40, IV e parágrafo único, CE (Compete à **Junta Eleitoral**; IV – **expedir diploma** aos **eleitos** para **cargos municipais**. Parágrafo único: Nos municípios **onde houver mais de uma junta eleitoral** a expedição **dos diplomas será feita pelo que for presidida pelo juiz eleitoral mais antigo**, à qual as demais enviarão os documentos da eleição. **C:** Incorreta, nos termos do que dispõe o art. 40, I, CE, o prazo é de 10 dias. **D:** Incorreta, vez que o art. 40, IV, CE, estabelece a competência à junta eleitoral a expedição de diploma aos eleitos para cargos municipais. **E:** Incorreta, já que o art. 36, CE, estabelece que as juntas eleitorais serão compostas por um juiz de direito, que será o presidente, **e de 2 (dois) ou 4 (quatro) cidadãos de notória idoneidade.** SC

Gabarito "B"

21. DIREITO TRIBUTÁRIO

1. COMPETÊNCIA TRIBUTÁRIA

(Técnico – TRF/4 – FCC – 2019) A Constituição Federal de 1988 estabelece que o Brasil é uma república federativa formada pela união indissolúvel dos estados e municípios e do distrito federal, e na parte que trata DA TRIBUTAÇÃO E DO ORÇAMENTO, determina as competências tributárias da União, Estados, Distrito Federal e Municípios. Conforme a referida Constituição, são tributos que podem ser instituídos pela União:

(A) imposto sobre operações de crédito, contribuição de melhoria, contribuição para o custeio da iluminação pública e imposto sobre serviços.

(B) imposto sobre a renda, imposto sobre importação de produtos estrangeiros e imposto sobre grandes fortunas.

(C) contribuição de intervenção no domínio econômico, contribuição de melhoria, imposto sobre propriedades territoriais urbanas e taxa de fiscalização de portos e ferrovias.

(D) taxa de serviço de polícia de fronteira, contribuição previdenciária, imposto sobre a renda, e imposto sobre a propriedade de veículos automotores terrestres e aquáticos.

(E) taxa de expedição de certidões, taxa de vigilância sanitária, imposto sobre produtos industrializados destinados ao exterior e imposto sobre propriedade territorial urbana.

A: incorreta, pois a contribuição para custeio do serviço de iluminação pública e o imposto sobre serviços de qualquer natureza são da competência exclusiva dos Municípios e do Distrito Federal – arts. 149-A e 156, III, da CF; B: correta – art. 153, I, III e VII, da CF; C: incorreta, pois o IPTU é imposto da competência dos municípios e do Distrito Federal – art. 156, I, da CF; D: incorreta, pois o IPVA é imposto da competência dos Estados e do Distrito Federal – art. 155, III, da CF; E: incorreta, pois há imunidade de IPI na exportação, de modo que inexiste competência tributária federal para isso – art. 153, § 3º, III, da CF.
Gabarito "B".

2. SUJEIÇÃO PASSIVA, RESPONSABILIDADE, CAPACIDADE E DOMICÍLIO

(Técnico Judiciário – TRF2 – Consulplan – 2017) Quanto ao sujeito passivo tributário e suas características, pode-se afirmar que responsável tributário é

(A) pessoa jurídica que tem relação pessoal e direta com a situação que constitui o fato gerador do tributo.

(B) terceiro a quem a lei atribui o dever de pagar o tributo, por motivos de facilidade de cobrança e de fiscalização do recolhimento.

(C) pessoa física ou jurídica que, em decorrência do fenômeno da repercussão, fica obrigada a quitar o tributo.

(D) pessoa física ou jurídica obrigada por lei ao cumprimento da prestação tributária principal, por ter com esta relação direta e pessoal.

A: incorreta, pois essa é a definição de contribuinte pessoa jurídica, não de responsável tributário – art. 121, parágrafo único, I, do CTN; B: correta, lembrando que o responsável deve ter vinculação, ainda que indireta, com o fato gerador – arts. 121, parágrafo único, II, e 128 do CTN; C: incorreta, pois repercussão é fenômeno econômico, pelo qual o adquirente de uma mercadoria, por exemplo, acaba suportando o ônus econômico do ICMS recolhido pelo contribuinte-vendedor e repassado no preço – ver art. 166 do CTN; D: incorreta, pois define o contribuinte – art. 121, parágrafo único, I, do CTN. **RB**
Gabarito "B".

3. FATO GERADOR, OBRIGAÇÃO TRIBUTÁRIA, LANÇAMENTO E CRÉDITO

(Técnico – TRF/4 – FCC – 2019) Conforme o Código Tributário Nacional (CTN), a obrigação tributária

(A) depende, na essência, de o contribuinte, pessoa natural ou jurídica, estar sujeito a medidas que importem privação ou limitação do exercício de atividades civis, comerciais ou profissionais, ou da administração direta de seus bens ou negócios.

(B) decorre da legislação tributária e tem por objeto as prestações, positivas, de pagar, ou negativas, de receber, tributos, decorrentes da utilização, ou não utilização, dos serviços públicos federais, estaduais ou municipais, pelo cidadão residente no país.

(C) tem como fato gerador a conduta ativa ou omissiva do sujeito ativo face ao sujeito passivo, abrangendo os serviços prestados ou não prestados, pelo município ao munícipe, tais como segurança e proteção à vida, à liberdade, à intervenção externa, à educação de nível superior e ao patrimônio.

(D) depende, para ser cobrada coativamente, da capacidade civil passiva das pessoas naturais e da existência de responsável que tenha relação pessoal e direta com a situação que constitua o respectivo fato gerador.

(E) principal surge com a ocorrência do fato gerador, tem por objeto o pagamento de tributo ou penalidade pecuniária e extingue-se juntamente com o crédito dela decorrente.

A: incorreta, pois a capacidade tributária independe da capacidade civil, nem é prejudicada por medidas que importem privação ou limitação do exercício de atividades civis, comerciais ou profissionais, ou da administração direta de seus bens ou negócios – art. 126 do CTN; **B:**

incorreta, pois a obrigação tributária não se restringe a pagar tributos, envolvendo também pagamento de outras prestações pecuniárias (multas, sanções), além de deveres instrumentais (= obrigações acessórias, não pecuniárias) – art. 133 do CTN. Ademais, não se restringe à tributação sobre prestação de serviços; **C**: incorreta, pois não são todos os tributos que apresentam fato gerador relacionado a atividade estatal. A rigor, os impostos são tributos caracterizados exatamente por seu fato gerador desvinculado de qualquer atividade estatal específica voltada ao contribuinte – arts. 114 e 16 do CTN; **D**: incorreta, pois a capacidade tributária independe da capacidade civil – art. 126 do CTN. Ademais, o responsável tributário, distinto do contribuinte, não tem relação pessoal e direta com o fato gerador – art. 121, parágrafo único, II, do CTN; **E**: correta – art. 113, § 1º, do CTN.

Gabarito "E".

(**Técnico – TRF/4 – FCC – 2019**) O crédito tributário tem características distintas do crédito civil e, conforme o Código Tributário Nacional (CTN),

(**A**) compete privativamente à autoridade administrativa constituir o crédito tributário pelo lançamento, assim entendido o procedimento administrativo tendente a verificar a ocorrência do fato gerador da obrigação correspondente, determinar a matéria tributável, calcular o montante do tributo devido, identificar o sujeito passivo e, sendo o caso, propor a aplicação da penalidade cabível.

(**B**) compete ao contribuinte, responsável ou coobrigado pelo valor devido, constituir o crédito tributário pelo pagamento do imposto devido, após o prévio exame da autoridade administrativa, no chamado alto lançamento, na hipótese de tributo relativo a operações no mercado financeiro, grandes heranças ou grandes fortunas, por exemplo.

(**C**) será suspensa a exigibilidade do crédito tributário na hipótese de moratória, depósito do montante parcial ou integral, ou de reclamações nos órgãos de defesa da cidadania e igualdade.

(**D**) o crédito tributário será extinto apenas pelo pagamento, parcelamento, decisão judicial ou morte do devedor.

(**E**) existindo simultaneamente dois ou mais débitos vencidos, do mesmo sujeito passivo, para com o mesmo ou diferentes credores, relativos ao mesmo ou a diferentes tributos, a autoridade administrativa que receber o pagamento determinará a respectiva imputação, obedecidas as seguintes regras: primeiro os créditos da União, e depois os dos estados e municípios, em conjunto e proporcionalmente.

A: correta, nos termos do art. 142 do CTN; **B**: incorreta. No autolançamento (não alto) não há exame prévio da autoridade administrativa – art. 150 do CTN. Ademais, não existe imposto sobre grandes heranças (existe apenas o ITCMD estadual). Quanto ao imposto sobre grandes fortunas, ele nunca foi instituído no país; **C**: incorreta, pois reclamação nos órgãos de defesa não é modalidade de suspensão da exigibilidade do crédito tributário – art. 151 do CTN; **D**: incorreta, pois há diversas outras modalidades de extinção do crédito – art. 156 do CTN; **E**: incorreta, pois a imputação ao pagamento ocorre quando os diversos débitos vencidos se referem ao mesmo credor, pessoa jurídica de direito público – art. 163 do CTN. O concurso entre diversos credores, pessoas jurídicas de direito público, é regulado pelo art. 187, parágrafo único, do CTN.

Gabarito "A".

4. AÇÕES TRIBUTÁRIAS

(**Técnico Judiciário – TRF2 – Consulplan – 2017**) Em determinada ação de anulação de débito fiscal é apresentada carta de fiança bancária para suspender a exigibilidade do crédito tributário, que a Fazenda está cobrando e, ao mesmo tempo, obter certidão fiscal positiva com efeitos de negativa. Neste caso, a fiança bancária é:

(**A**) Obstáculo para que a Fazenda proponha a execução fiscal, permitindo, ainda, a obtenção da certidão negativa.

(**B**) Autorizadora da suspensão da exigibilidade do crédito tributário desde que abranja todo o valor envolvido na execução fiscal.

(**C**) Insuficiente para a obtenção da suspensão da exigibilidade do crédito tributário, porém hábil à obtenção da certidão positiva com efeitos de negativa.

(**D**) Necessária para a suspensão da exigibilidade do crédito tributário, mas não permite a obtenção de outra certidão que não a positiva.

A: incorreta, pois a fiança apenas garante o juízo da execução, não suspendendo a exigibilidade do crédito, embora viabilize a emissão de certidão positiva com efeito de negativa – art. 206 do CTN; **B**: incorreta, pois não se trata de modalidade de suspensão da exigibilidade do crédito – art. 151 do CTN; **C**: correta, conforme comentário à primeira alternativa; **D**: incorreta, pois permite a emissão de certidão positiva com efeito de negativa – art. 206 do CTN. [RB]

Gabarito "C".

(**Técnico Judiciário – TRF2 – Consulplan – 2017**) "Em certa execução fiscal, uma parcela do valor executado estava fundada em lançamento baseado em lei, que foi posteriormente declarada inconstitucional, através de controle difuso. Nos embargos, o devedor afirma que o título seria ilíquido e, portanto, incapaz de subsidiar a execução fiscal, devendo ser declarado nulo e a execução extinta." Aponte a única alternativa que dá solução correta à questão posta em Juízo.

(**A**) Os embargos devem ser parcialmente acolhidos para que a execução fiscal prossiga pelo valor remanescente não atingido pela legislação declarada inconstitucional.

(**B**) Os embargos devem ser acolhidos e a execução tornada insubsistente, uma vez que o lançamento fundou-se em lei inconstitucional.

(**C**) Os embargos devem ser acolhidos, visto que a Fazenda deveria ter efetivado o acertamento posterior do título executivo, o que deixou de fazer.

(**D**) Os embargos devem ser rejeitados, pois qualquer valor inscrito na Dívida Ativa, não pago no vencimento, será cobrado através de execução fiscal.

A: correta, sendo viável o prosseguimento da execução pela parcela remanescente, como reconhecido pelo STJ – ver REsp 1.115.501/SP-repetitivo; **B**: incorreta, pois é possível a continuidade da execução pelo valor remanescente; **C**: incorreta, sendo viável o prosseguimento da execução pela parcela remanescente, conforme comentários anteriores; **D**: incorreta, pois, presumindo que o juiz da execução vá seguir o precedente citado, deverá extinguir a cobrança em relação à parcela correspondente à lei declarada inconstitucional. [RB]

Gabarito "A".

22. Redação

Robinson Barreirinhas

1. REDAÇÃO OFICIAL

1.1. Introdução

De acordo com o Manual de Redação da Presidência (www.planalto.gov.br), a redação oficial é a maneira pela qual o Poder Público redige atos normativos e comunicações.

As comunicações oficiais devem sempre permitir uma única interpretação e ser estritamente impessoais e uniformes. O que se comunica é sempre algo relacionado às atribuições do órgão que comunica.

Essas comunicações são necessariamente uniformes, pois há sempre um único comunicador (o Serviço Público – Ministério, Secretaria, Departamento, Divisão, Serviço, Seção) e o receptor dessas comunicações ou é o próprio Serviço Público (no caso de expedientes dirigidos por um órgão a outro) – ou é o conjunto dos cidadãos ou instituições tratados de forma homogênea (o público).

1.2. Características da redação oficial

A redação oficial se caracteriza pela impessoalidade, uso do padrão culto de linguagem, clareza, concisão, formalidade e uniformidade.

1. Impessoalidade: a redação oficial deve ser isenta da interferência da individualidade (o servidor em nome do Serviço Público) de quem a elabora. A impessoalidade evita a duplicidade de interpretações que poderia decorrer de um tratamento personalista dado ao texto.

2. Linguagem: pela finalidade dos textos oficiais de informar com o máximo de clareza, precisão e concisão, esses textos requerem o uso do padrão culto da língua. Há consenso de que o padrão culto é aquele em que a) se observam as regras da gramática formal, e b) se emprega um vocabulário comum ao conjunto dos usuários do idioma. O uso do padrão culto de linguagem é em princípio, de entendimento geral e, por definição, avesso a vocábulos de circulação restrita, como a gíria e o jargão.

3. Formalidade e Padronização: as comunicações oficiais devem ser sempre formais, isto é, obedecem a certas regras de forma: além das já mencionadas exigências de impessoalidade e uso do padrão culto de linguagem, é imperativo, ainda, certa formalidade de tratamento. A formalidade diz respeito à polidez, à civilidade no próprio enfoque dado ao assunto do qual cuida a comunicação. A formalidade e a padronização, que possibilitam a imprescindível uniformidade dos textos.

4. Concisão e Clareza: a concisão é antes uma qualidade do que uma característica do texto oficial. Conciso

é o texto que consegue transmitir um máximo de informações com um mínimo de palavras. Para que se redija com essa qualidade, é fundamental que se tenha, além de conhecimento do assunto sobre o qual se escreve, o necessário tempo para revisar o texto depois de pronto. É nessa releitura que muitas vezes se percebem eventuais redundâncias ou repetições desnecessárias de ideias. A concisão faz desaparecer do texto os excessos linguísticos que nada lhe acrescentam.

A clareza deve ser a qualidade básica de todo texto oficial. Pode-se definir como claro aquele texto que possibilita imediata compreensão pelo leitor.

1.3. Concordância com os Pronomes de Tratamento

Os pronomes de tratamento apresentam certas peculiaridades quanto à concordância verbal, nominal e pronominal. Embora se refiram à segunda pessoa gramatical (à pessoa com quem se fala, ou a quem se dirige a comunicação), levam a concordância para a *terceira pessoa*.

Os pronomes possessivos referidos a pronomes de tratamento são sempre os da terceira pessoa: "*Vossa Senhoria* nomeará *seu* substituto" ("*seu... sua*" e não "*Vossa... vosso...*").

Já quanto aos adjetivos referidos a esses pronomes, o gênero gramatical deve coincidir com o sexo da pessoa a que se refere, e não com o substantivo que compõe a locução. Assim, se o interlocutor for homem, o correto é "*Vossa Excelência está atarefado*", "*Vossa Senhoria deve estar satisfeito*"; se for mulher, "*Vossa Excelência está atarefada*", "*Vossa Senhoria deve estar satisfeita*".

1.4. Emprego dos Pronomes de Tratamento

Emprega-se: *Vossa Excelência*, para as autoridades do Poder Executivo, Legislativo e Judiciário.

O vocativo a ser empregado em comunicações dirigidas aos Chefes de Poder é *Excelentíssimo Senhor*, seguido do cargo respectivo:

Excelentíssimo Senhor Presidente da República,

Excelentíssimo Senhor Presidente do Congresso Nacional,

Excelentíssimo Senhor Presidente do Supremo Tribunal Federal.

As demais autoridades serão tratadas com o vocativo Senhor, seguido do cargo respectivo:

Senhor Senador,

Senhor Juiz,

Senhor Ministro,

Senhor Governador,

1.5. Tipos de expedientes

Aviso e ofício são modalidades de comunicação oficial praticamente idênticas. A única diferença entre eles é que o aviso é expedido exclusivamente por Ministros de Estado, para autoridades de mesma hierarquia, já o ofício é uma comunicação que tem como finalidade o tratamento de assuntos oficiais pelos órgãos da Administração Pública entre si e com particulares.

O memorando é a modalidade de comunicação entre unidades administrativas de um mesmo órgão, que podem estar hierarquicamente em mesmo nível ou em nível diferente. Trata-se, portanto, de uma forma de comunicação eminentemente interna.

Partes do documento no **Padrão Ofício**

O *aviso*, o *ofício* e o *memorando* devem conter as seguintes partes:

a) tipo e número do expediente, seguido da sigla do órgão que o expede:

Exemplos: Mem. 123/2002-MF, Aviso 123/2002-SG, Of. 123/2002-MME

b) local e data em que foi assinado, por extenso, com alinhamento à direita;

c) assunto: resumo do teor do documento;

d) destinatário: o nome e o cargo da pessoa a quem é dirigida a comunicação. No caso do ofício deve ser incluído também o *endereço*;

e) texto: nos casos em que não for de mero encaminhamento de documentos, o expediente deve conter a estrutura: 1) introdução (apresenta-se o assunto que motiva a comunicação); 2) desenvolvimento (o assunto é detalhado); 3) conclusão (é reafirmada ou reapresentada a posição recomendada sobre o assunto).

Os parágrafos do texto devem ser numerados, exceto nos casos em que estes estejam organizados em itens ou títulos e subtítulos.

f) fecho: estabeleceu-se o emprego de somente dois fechos diferentes para todas as modalidades de comunicação oficial:

1) para autoridades superiores, inclusive o Presidente da República: *Respeitosamente,*

2) para autoridades de mesma hierarquia ou de hierarquia inferior: *Atenciosamente,*

g) assinatura do autor da comunicação; e

h) identificação do signatário: excluídas as comunicações assinadas pelo Presidente da República, todas as demais comunicações oficiais devem trazer o nome e o cargo da autoridade que as expede, abaixo do local de sua assinatura.

1.6. Redações e questões comentadas e resolvidas

(Técnico – TRT1 – 2018 – AOCP) Referente aos aspectos gerais da redação oficial, assinale a alternativa correta.

(A) A diagramação do texto não é um fator essencial para a padronização dos textos oficiais, pois o mais importante é a padronização da linguagem.

(B) A clareza deve ser a qualidade básica de todo texto oficial, possibilitando a imediata compreensão por parte do leitor.

(C) De acordo com o Manual de Redação da Presidência da República, há um consenso de que o padrão culto da língua, o qual deve ser utilizado na redação oficial, é aquele em que se emprega um vocabulário específico da área da administração pública.

(D) Em determinadas situações, é permitida a ininteligibilidade de um texto oficial em favor de uma maior impessoalidade e de um uso mais acurado do padrão culto da linguagem.

(E) As comunicações oficiais não são uniformes, pois há diversos comunicadores e diversos receptores dessas comunicações.

A: incorreta, pois a diagramação do texto é indispensável para a padronização, além da digitação sem erros, o uso de papéis uniformes para o texto definitivo, nas exceções em que se fizer necessária a impressão, conforme o Manual de Redação da Presidência da República; B: correta, conforme o Manual de Redação da Presidência da República; C: incorreta, pois o padrão culto do idioma acata os preceitos da gramática formal e emprega um léxico compartilhado pelo conjunto dos usuários da língua; D: incorreta, pois a clareza e inteligibilidade são qualidades básicas de qualquer comunicação oficial, conforme o Manual de Redação da Presidência da República; E: incorreta, pois a uniformidade é uma diretriz das comunicações oficiais, conforme o Manual de Redação da Presidência da República. Gabarito "B".

(Técnico – TRT1 – 2018 – AOCP) Em relação à finalidade dos expedientes oficiais, assinale a alternativa correta.

(A) Tanto o Aviso quanto o Ofício têm como finalidade o tratamento de assuntos oficiais pelos órgãos da Administração Pública entre si e, no caso do Aviso, também com particulares.

(B) O Memorando é utilizado para comunicação entre unidades administrativas de órgãos diferentes, sendo uma forma de comunicação eminentemente externa.

(C) O Memorando não tem caráter administrativo.

(D) Uma das finalidades da Exposição de Motivos é informar o Presidente da República ou o Vice-Presidente sobre determinado assunto.

(E) A Mensagem e o Correio eletrônico possuem a mesma finalidade, sendo que este está progressivamente substituindo o uso daquela.

A: incorreta. Atualmente, o Manual de Redação da Presidência da República não faz distinção entre aviso, ofício e memorando. Antes, o aviso era expedido exclusivamente por Ministros de Estado para autoridades de mesma hierarquia, enquanto o ofício era expedido para e pelas demais autoridades e o memorando era expedido entre unidades administrativas de um mesmo órgão – item 5 do Manual de Redação da Presidência da República; B: incorreta, pois o memorando era expedido entre unidades administrativas de um mesmo órgão – item 5 do Manual de Redação da Presidência da República; C: incorreta, conforme comentário anterior; D: correta, conforme o item 6.2.1 do Manual de Redação da Presidência da República; E: incorreta. Mensagem é o instrumento de comunicação oficial entre os Chefes dos Poderes Públicos, notadamente as mensagens enviadas pelo Chefe do Poder Executivo ao Poder Legislativo para informar sobre fato da administração pública; para expor o plano de governo por ocasião da abertura de sessão legislativa; para submeter ao Congresso Nacional matérias que dependem de deliberação de suas Casas; para apresentar veto; enfim, fazer comunicações do que seja de interesse dos Poderes Públicos e da Nação – item 6.3.1 do Manual de Redação da Presidência da República.

(Técnico Judiciário – TRE/PI – CESPE – 2016) De acordo com o **Manual de Redação da Presidência da República** (MRPR), na redação de expedientes oficiais, é necessário

(A) evitar qualquer uso de linguagem técnica.

(B) empregar um padrão próprio de linguagem, denominado padrão oficial.

(C) empregar uma forma específica da linguagem administrativa, burocrática.

(D) observar as recomendações do padrão culto da língua portuguesa.

(E) obedecer a certa tradição no emprego das formas sintáticas, optando-se pelo rebuscamento.

A: incorreta, pois a linguagem técnica deve ser empregada nas situações que a exijam, mas apenas nelas, devendo ser evitado o uso indiscriminado; **B:** incorreta, pois o Manual é expresso ao reconhecer que não existe propriamente um padrão oficial de linguagem, devendo ser adotado o padrão culto; **C:** incorreta, conforme comentário anterior; **D:** correta, sendo essa a diretriz do Manual; **E:** incorreta, pois o padrão culto não se confunde com rebuscamento, que deve ser evitado, buscando-se clareza na comunicação. RB

(Técnico Judiciário – TRE/PI – CESPE – 2016) Acerca das características formais e linguísticas dos fechos empregados nas comunicações oficiais, assinale a opção correta conforme o MRPR.

(A) Formalmente, não se deve inserir vírgula após fechos de comunicações oficiais.

(B) O fecho é o último elemento da estrutura formal de um expediente oficial, daí uma de suas finalidades ser marcar o fim de um texto.

(C) O fecho constitui expressão com a qual o destinatário se saúda.

(D) O MRPR disciplina o uso dos fechos para todas as autoridades, inclusive as estrangeiras que se encontrem em território nacional.

(E) O emprego adequado do fecho da comunicação depende da observação das relações hierárquicas entre os interlocutores.

A: incorreta, pois se insere vírgula após o fecho ("Respeitosamente," ou "Atenciosamente,"); **B:** incorreta, pois o fecho vem antes da identificação do signatário; **C:** incorreta, pois o fecho é saudação ao destinatário pelo signatário (não pelo próprio destinatário); **D:** incorreta, pois as comunicações a autoridades estrangeiras demandam respeito a rito e tradição próprios, disciplinados pelo Manual de Redação do Ministério das Relações Exteriores; **E:** correta, adotando-se "Respeitosamente," para autoridades superiores e "Atenciosamente," para as de mesma hierarquia ou inferior. RB

(Técnico Judiciário – TRE/PI – CESPE – 2016) Entre outras, as ações que conferem clareza a um texto oficial incluem o(a)

(A) revisão detalhada do texto pronto.

(B) seleção de um estilo de linguagem mais próximo do coloquial.

(C) uso de todos os padrões de ordem de palavras na oração permitidos pela língua.

(D) emprego de terminologia específica de determinadas áreas do saber.

(E) eliminação de passagens do texto com redução das informações apresentadas e de espaço.

A: correta, pois evita erros e garante observância às características dos textos claros; **B:** incorreta, pois o uso do padrão culto promove a clareza; **C:** incorreta, pois a ordem direta tende a ser mais clara; **D:** incorreta, pois os termos técnicos e específicos devem ser utilizados apenas quando estritamente necessários; **E:** incorreta, pois o que se deve buscar é a concisão (transmissão da mensagem com o mínimo de palavras), não a supressão indiscriminada de trechos. RB

(Técnico Judiciário – TRE/PI – CESPE – 2016) O chefe do setor de compras de um órgão público recebeu, em 3/12/2015, o Memorando n. 21, em que eram solicitadas cópias dos documentos referentes às compras efetuadas por esse setor no primeiro semestre do ano.

Levando em consideração essa situação hipotética e as disposições do MRPR acerca da linguagem dos textos oficiais, assinale a opção que apresenta uma maneira correta, clara e coesa de se introduzir o texto do memorando de resposta a ser elaborado pelo funcionário responsável pelo referido setor.

(A) Em observância à solicitação encaminhada a este setor, encaminho em anexo todos os extratos de compras efetuadas por este setor no primeiro semestre do corrente ano. Em tempo: o documento que solicitou a remessa dos documentos foi o Memorando n. 21, de 3/12/2015.

(B) Atendendo ao pedido feito, anexa-se a esta mensagem todos os extratos de compras feitos por este setor no período de janeiro a junho do presente ano.

(C) Em resposta ao Memorando n. 21, de 3/12/2015, encaminho anexas todas as cópias relativas aos documentos de compras efetuadas por este setor no primeiro semestre do referido ano.

(D) Em atenção ao documento enviado a este setor, envio, em anexo, cópias dos documentos solicitados. Vide anexos para maiores detalhes.

(E) Informo que, anexo a este documento que ora se envia todas as cópias dos documentos de compras efetuadas no primeiro semestre deste ano solicitadas seguem para apreciação.

A: incorreta, pois a indicação do expediente que solicitou o encaminhamento deve constar da introdução. Ademais, não é texto conciso, já que repete a informação relativa ao atendimento ao pedido feito, referido na primeira oração (mas sem a indicação do número) e novamente ao final do parágrafo. Finalmente, não esclarece se os extratos de compras atendem ao pedido, que foi de cópia dos documentos referentes às compras; **B:** incorreta, também não esclarecendo se os extratos de compras atendem ao pedido, além de não indicar os dados do expediente que solicitou o encaminhamento, que devem constar da introdução; **C:** correta, pois indica o expediente que solicitou o encaminhamento na introdução, exigência do Manual, e presta a informação de forma clara e concisa; **D e E:** incorretas, pois, além da falta de clareza, não indicam o expediente que solicitou o encaminhamento. RB

23. DIREITO DAS PESSOAS COM DEFICIÊNCIA

Ana Paula Garcia e Leni Mouzinho Soares

1. TRIBUNAIS REGIONAIS DO TRABALHO

(Técnico – TRT1 – 2018 – AOCP) Um Técnico Judiciário, no exercício de suas atividades, pratica discriminação contra um colega de serviço em razão de sua deficiência física. Nesse sentido, de acordo com a Lei n. 13.146/2016, o Técnico Judiciário comete crime punível com pena de

(A) reclusão, de 1 (um) a 3 (três) anos, e multa.

(B) reclusão, de 2 (dois) a 4 (quatro) anos, e multa.

(C) reclusão, de 2 (dois) a 8 (oito) anos, e multa.

(D) reclusão, de 6 (seis) meses a 1 (um) ano, e multa.

(E) reclusão, de 1 (um) a 4 (quatro) anos, e multa.

De acordo com previsão constante do art. 88 da Lei nº 13.146/2015, a pena por praticar, induzir ou incitar discriminação de pessoa em razão de sua deficiência é de um a três anos de reclusão e multa. Sendo, portanto, correta a alternativa A. **LM**
Gabarito "A".

(Técnico – TRT1 – 2018 – AOCP) O Decreto n. 5.296/2004 determina que os órgãos da administração pública direta, indireta e fundacional, as empresas prestadoras de serviços públicos e as instituições financeiras devem dispensar atendimento prioritário às pessoas portadoras de deficiência ou com mobilidade reduzida. Nesse sentido, com base no diploma legal citado, assinale a alternativa correta.

(A) Considera-se como deficiente auditivo apenas os indivíduos que tenham perda total e bilateral de sua audição.

(B) O atendimento prioritário deverá ser proporcionado, também, à pessoa que, mesmo sem se enquadrar nos conceitos de deficiência, esteja, permanentemente ou temporariamente, com a mobilidade reduzida.

(C) O atendimento à pessoa com deficiência deve ser diferenciado e imediato, entendendo-se por imediato o atendimento realizado antes de qualquer outra pessoa, inclusive devendo se interromper o atendimento que estiver em curso.

(D) O atendimento prioritário inclui o atendimento diferenciado, não se enquadrando, nesse último conceito, a disponibilização de intérpretes ou pessoas capacitadas em Língua Brasileira de Sinais – LIBRAS – às pessoas com deficiência auditiva.

(E) O atendimento prioritário se refere apenas à capacitação do pessoal lotado nos órgãos públicos, não se incluindo, nesse conceito, as adaptações necessárias dos mobiliários das repartições públicas.

A: Incorreta – Prevê o art. 5º, § 1º, "b", do Decreto nº 5.296/2004 que "a deficiência auditiva: perda bilateral, parcial ou total, de quarenta e um decibéis (dB) ou mais, aferida por audiograma nas frequências de 500Hz, 1.000Hz, 2.000Hz e 3.000Hz"; **B:** Correta – Art. 5º, § 1º, *caput*, do referido Decreto, enquanto que o inciso II do mesmo dispositivo prevê

que "pessoa com mobilidade reduzida, aquela que, não se enquadrando no conceito de pessoa portadora de deficiência, tenha, por qualquer motivo, dificuldade de movimentar-se, permanente ou temporariamente, gerando redução efetiva da mobilidade, flexibilidade, coordenação motora e percepção"; **C:** Incorreta – Entende-se por imediato o atendimento prestado às pessoas referidas no art. 5º, antes de qualquer outra, depois de concluído o atendimento que estiver em andamento, observado o disposto no inciso I do parágrafo único do art. 3º da Lei 10.741, de 1º de outubro de 2003 (Estatuto do Idoso) (art. 6º, § 2º); **D:** Incorreta – O atendimento prioritário compreende o serviço prestado por intérpretes ou pessoas capacitadas em Língua Brasileira de Sinais (art. 6º, § 1º, III); **E:** Incorreta – O tratamento diferenciado inclui mobiliário de recepção e atendimento obrigatoriamente adaptado à altura e à condição física de pessoas em cadeira de rodas, conforme estabelecido nas normas técnicas de acessibilidade da ABNT (art. 6º, § 1º, II). **LM**
Gabarito "B".

(Técnico – TRT1 – 2018 – AOCP) O Decreto n. 3.298/1999 regulamenta a Política Nacional para a Integração da Pessoa Portadora de Deficiência, trazendo diretrizes a serem seguidas na consecução desse objetivo. Nesse sentido, assinale a alternativa que NÃO corresponde a uma dessas diretrizes.

(A) Estabelecer mecanismos que acelerem e favoreçam a inclusão social da pessoa portadora de deficiência.

(B) Garantir o efetivo atendimento das necessidades da pessoa portadora de deficiência, sempre com o cunho assistencialista.

(C) Adotar estratégias de articulação com órgãos e entidades públicos e privados, bem como com organismos internacionais e estrangeiros, para a implantação da Política Nacional para a Integração da Pessoa Portadora de Deficiência.

(D) Ampliar as alternativas de inserção econômica da pessoa portadora de deficiência, proporcionando a ela qualificação profissional e incorporação no mercado de trabalho.

(E) Viabilizar, por intermédio de suas entidades representativas, a participação da pessoa portadora de deficiência em todas as fases de implementação da Política Nacional para a Integração da Pessoa Portadora de Deficiência.

O artigo 6º do Decreto mencionado no enunciado prevê que são diretrizes da Política Nacional para a Integração da Pessoa Portadora de Deficiência: I – estabelecer mecanismos que acelerem e favoreçam a inclusão social da pessoa portadora de deficiência; II – adotar estratégias de articulação com órgãos e entidades públicos e privados, bem assim com organismos internacionais e estrangeiros para a implantação desta Política; III – incluir a pessoa portadora de deficiência, respeitadas as suas peculiaridades, em todas as iniciativas governamentais relacionadas à educação, à saúde, ao trabalho, à edificação pública, à previdência social, à assistência social, ao transporte, à habitação, à cultura, ao esporte e ao lazer; IV – viabilizar a participação da pessoa portadora de deficiência em todas as fases de implementação dessa Política, por intermédio de suas entidades representativas; V – ampliar as alternativas de inserção econômica da pessoa portadora de deficiência, proporcionando a ela qualificação profissional e incorporação no mercado de trabalho; e VI – garantir o efetivo atendimento das necessidades da pessoa portadora de deficiência, sem o cunho assistencialista. Dessa forma, pode-se concluir que a alternativa "B" está incorreta. **LM**

Gabarito "B".

(Técnico – TRT1 – 2018 – AOCP) Joaquim é servidor de órgão do Poder Judiciário e, em razão de deficiência física, possui horário especial, nos termos do art. 98, § 2º, da Lei n. 8.112/1990. Nesse sentido, de acordo com os ditames da Resolução n. 230/2016 do CNJ, caso Joaquim queira pleitear função de confiança ou cargo em comissão no órgão do qual é servidor,

(A) ele poderá exercer função de confiança ou cargo em comissão, desde que abdique do horário especial e assim fique em condição de igualdade com os demais servidores.

(B) ele não poderá exercer função de confiança ou cargo em comissão devido à incompatibilidade destes com o horário especial.

(C) não poderá lhe ser negado ou dificultado, colocando-o em situação de desigualdade com os demais servidores, o exercício de função de confiança ou de cargo em comissão.

(D) ele poderá exercer cargo em comissão, porém não poderá exercer função de confiança em razão da exigência de disponibilidade total de horário desta.

(E) ele poderá exercer função de confiança ou cargo em comissão, desde que não haja outros servidores interessados que desempenhem suas funções em horário normal.

Nos termos do art. 29, § 2º, da Resolução nº 230/2016, "ao servidor a quem se tenha concedido horário especial não poderá ser negado ou dificultado, colocando-o em situação de desigualdade com os demais servidores, o exercício de função de confiança ou de cargo em comissão". **LM**

Gabarito "C".

(Técnico – TRT2 – FCC – 2018) Segundo expressamente previsto na Constituição Federal, constitui direito social da pessoa com deficiência:

(A) ter garantida cadeira de rodas ou outro veículo motorizado ou não para circulação em espaços públicos.

(B) proibição de discriminação na participação comunitária.

(C) ter garantida meia entrada em espaços culturais de acesso pago.

(D) proibição de qualquer discriminação no tocante a salário.

(E) proibição de identificação ostensiva de sua deficiência em espaços de concentração de pessoas.

A: **Incorreta –** O art. 12-A da Lei nº 10.098/2000 estabelece que "os centros comerciais e os estabelecimentos congêneres devem fornecer carros e cadeiras de rodas, motorizados ou não, para o atendimento da pessoa com deficiência ou com mobilidade reduzida". Contudo, além de a previsão não estar inserida na Constituição Federal, o dispositivo se refere a centros comerciais e estabelecimentos congêneres; B: **Incorreta –** Não existe na Constituição Federal previsão expressa relacionada à proibição de qualquer discriminação comunitária. Ao contrário, o art. 203, IV, da Constituição Federal, traz como um dos objetivos da assistência social a inclusão comunitária da pessoa por-

tadora de deficiência; C: **Incorreta –** As pessoas com deficiência farão jus à meia-entrada, assim como seu acompanhante quando necessário, sendo que este terá idêntico benefício no evento em que comprove estar nesta condição, na forma do regulamento (art. 1º, § 8º, da Lei nº 12.933/2013); D: **Correta –** O art. 7º, XXXI, da CF estabelece que é vedada a "proibição de qualquer discriminação no tocante a salário e critérios de admissão do trabalhador portador de deficiência"; E: **Incorreta –** A identificação ostensiva das pessoas com deficiência não foi tratada na Constituição Federal. **LM**

Gabarito "D".

(Técnico – TRT2 – FCC – 2018) O Decreto no 5.296/2004, ao regulamentar a Lei no 10.098/2000, previu que os semáforos para pedestres, instalados nas vias públicas com intenso fluxo de veículos, de pessoas ou que apresentem periculosidade, deverão estar equipados com mecanismo que sirva de guia ou orientação para travessias de pessoas com mobilidade reduzida ou deficiência

(A) auditiva.

(B) visual.

(C) mental.

(D) física.

(E) intelectual.

A, C, D e E: **Incorretas; B:** Correta – O art. 17 do referido Decreto estabelece que: "os semáforos para pedestres instalados nas vias públicas deverão estar equipados com mecanismo que sirva de guia ou orientação para a travessia de pessoa portadora de deficiência visual ou com mobilidade reduzida em todos os locais onde a intensidade do fluxo de veículos, de pessoas ou a periculosidade na via assim determinarem, bem como mediante solicitação dos interessados". **LM**

Gabarito "B".

(Técnico Judiciário – TRT11 – FCC – 2017) Ao estabelecer as categorias de deficiência, o Decreto 5.296/2004 dispõe que

(A) paraparesia e monoparesia são formas de deficiência mental.

(B) lazer não é considerado área de habilidade adaptativa para fins de caracterização da deficiência mental.

(C) a pessoa pode ser considerada portadora de mobilidade reduzida desde que causada por fatores temporários apenas.

(D) a pessoa é considerada deficiente mental se possuir limitações associadas a todas as áreas de habilidades adaptativas.

(E) o funcionamento intelectual significativamente inferior à média deve se manifestar até os 18 anos para que seja caracterizada a deficiência mental.

A: incorreta, pois a paraparesia e a monoparesia são formas de deficiência física (art. 5º, § 1º, I, a, do Decreto 5.296/2004); B: incorreta, pois lazer é considerado área de habilidade adaptativa para fins de caracterização de deficiência mental (art. 5º, § 1º, I, d, 7, do Decreto 5.296/2004); C: incorreta, pois a mobilidade reduzida pode ser também permanente (art. 5º, § 1º, II, do Decreto 5.296/2004); D: incorreta, pois basta que seja associada a duas ou mais áreas de habilidades adaptativas (art. 5º, § 1º, I, d, do Decreto 5.296/2004); E: correta, nos termos do art. 5º, § 1º, I, d, do Decreto 5.296/2004. **AG**

Gabarito "E".

(Técnico Judiciário – TRT11 – FCC – 2017) O Decreto 3.298/1999, que regulamenta normas relativas à Política Nacional para a Integração da Pessoa Portadora de Deficiência, no que se refere ao acesso ao trabalho, estabelece que

(A) a inserção da pessoa portadora de deficiência no mercado de trabalho ou sua incorporação ao sistema produtivo através de regime especial de trabalho protegido não pode ser feita através da contratação das cooperativas sociais.

(B) as entidades beneficentes de assistência social, na forma da lei, poderão intermediar a colocação competitiva.

(C) a oficina protegida de produção é caracterizada pela relação de dependência com entidade pública ou beneficente de assistência social.

(D) a inserção laboral da pessoa portadora de deficiência por meio do processo de contratação regular, nos termos da legislação trabalhista e previdenciária, que independe da adoção de procedimentos especiais para sua concretização, não sendo excluída a possibilidade de utilização de apoios especiais, é denominada colocação seletiva.

(E) a inserção laboral da pessoa portadora de deficiência não pode ser feita por meio de promoção do trabalho por conta própria.

A: incorreta, pois a inserção, nos casos de deficiência grave ou severa, pode ser efetivada mediante a contratação das cooperativas sociais (art. 34, parágrafo único, do Decreto 3.298/1999); **B:** incorreta, pois as entidades beneficentes de assistência social só poderão intermediar a modalidade de inserção laboral pela colocação seletiva ou por promoção do trabalho por conta própria (art. 35, § 1º, do Decreto 3.298/1999); **C:** correta, pois reflete o disposto no art. 35, § 4º, do Decreto 3.298/1999: "considera-se oficina protegida de produção a unidade que funciona em relação de dependência com entidade pública ou beneficente de assistência social, que tem por objetivo desenvolver programa de habilitação profissional para adolescente e adulto portador de deficiência, provendo-o com trabalho remunerado, com vista à emancipação econômica e pessoal relativa."; **D:** incorreta, pois a colocação seletiva depende da adoção de procedimentos e apoios especiais para sua concretização (art. 35, II, do Decreto 3.298/1999); **E:** incorreta, pois a inserção pode ser feita pela promoção do trabalho por conta própria (art. 35, III, do Decreto 3.298/1999). Gabarito "C".

(**Técnico – TRT/15 – FCC – 2018**) Com relação às medidas judiciais destinadas à proteção de interesses coletivos, difusos, individuais homogêneos e individuais indisponíveis da pessoa com deficiência, considere:

I. Em caso de desistência ou abandono da ação, qualquer dos colegitimados pode assumir a titularidade ativa.

II. A sentença terá eficácia de coisa julgada oponível *erga omnes*, exceto no caso de haver sido a ação julgada improcedente por deficiência de prova, hipótese em que qualquer legitimado poderá intentar outra ação com idêntico fundamento, valendo-se de nova prova.

III. A sentença que concluir pela carência ou pela improcedência da ação não fica sujeita ao duplo grau de jurisdição, produzindo, portanto, efeitos imediatos.

IV. Das sentenças e decisões proferidas contra o autor da ação e suscetíveis de recurso, poderá recorrer qualquer legitimado ativo, inclusive o Ministério Público.

De acordo com a Lei n. 7.853/1989, está correto o que consta em

(A) I, II e III, apenas.

(B) I, II e IV, apenas.

(C) I, II, III e IV.

(D) III e IV, apenas.

(E) I e II, apenas.

I: Correta – Em caso de desistência ou abandono da ação por associação legitimada, o Ministério Público ou outro legitimado poderá assumir a titularidade ativa (art. 3º, § 6º, da Lei nº 7.853/1989, que dispõe sobre o apoio às pessoas portadoras de deficiência, sua integração social, sobre a Coordenadoria Nacional para Integração da Pessoa Portadora de Deficiência – Corde, institui a tutela jurisdicional de interesses coletivos ou difusos dessas pessoas, disciplina a atuação do Ministério Público, define crimes, e dá outras providências); **II:** Correta – Art. 4º da Lei n. 7.853/1989 **III:** Incorreta – A sentença que concluir pela carência ou pela improcedência da ação fica sujeita ao duplo grau de jurisdição, não produzindo efeito senão depois de confirmada pelo tribunal (art. 4º, § 1º); **IV:** Correta – Art. 4º, § 2º, da Lei nº 7.853/1989. Desse modo, deve ser assinalada a alternativa B, que afirma que as alternativas corretas são apenas a I, II e IV. Gabarito "B". LM

(**Técnico – TRT/15 – FCC – 2018**) Claudiomir é proprietário de uma escola particular de ensino médio. De acordo com a Lei n. 13.146/2015, a instituição de Claudiomir, deve assegurar, criar, desenvolver, implementar, incentivar, acompanhar e avaliar,

(A) facultativamente, a adoção de medidas de apoio que favoreçam o desenvolvimento dos aspectos linguísticos, culturais, vocacionais e profissionais, levando-se em conta o talento, a criatividade, as habilidades e os interesses do estudante com deficiência.

(B) obrigatoriamente, a oferta de educação bilíngue, em Libras como primeira língua e na modalidade escrita da língua portuguesa como segunda língua, em escolas e classes bilíngues e em escolas inclusivas.

(C) obrigatoriamente, as pesquisas voltadas para o desenvolvimento de novos métodos e técnicas pedagógicas, de materiais didáticos, de equipamentos e de recursos de tecnologia assistiva.

(D) obrigatoriamente, a formação e disponibilização de professores para o atendimento educacional especializado, de tradutores e intérpretes da Libras, de guias intérpretes e de profissionais de apoio.

(E) facultativamente, a oferta de ensino da Libras, do Sistema Braille e de uso de recursos de tecnologia assistiva, de forma a ampliar habilidades funcionais dos estudantes, promovendo sua autonomia e participação.

Será obrigatória a formação e disponibilização de professores para o atendimento educacional especializado de tradutores e intérpretes de libras, de guias intérpretes e profissionais de apoio, de acordo com o previsto no art. 28, § 1º, c/c o art. 28, XI, da Lei Brasileira de Inclusão da Pessoa com Deficiência – Lei 13.146/2015. Gabarito "D". LM

(**Técnico – TRT/15 – FCC – 2018**) A Prefeitura Municipal "X" está construindo um prédio visando novas instalações da Procuradoria Municipal, para melhoria do atendimento ao Público. De acordo com o Decreto n. 5.296/2004, nessa construção, deverá ser garantido, livre de barreiras e de obstáculos que impeçam ou dificultem a sua acessibilidade:

(A) pelo menos, três acessos ao seu interior, com comunicação com todas as suas dependências e serviços, incluindo garagens e dependências de veículos.

(B) pelo menos, dois acessos ao seu interior, com comunicação com todas as suas dependências e serviços.

(C) todos os acessos ao seu interior, com comunicação com todas as suas dependências e serviços.

(D) todos os acessos ao seu interior, com comunicação com as principais dependências e serviços.

(E) pelo menos, um dos acessos ao seu interior, com comunicação com todas as suas dependências e serviços.

O Decreto 5.296/2004, em seu art. 19, *caput*, exige que "a construção, ampliação ou reforma de edificações de uso público deve garantir, pelo menos, um dos acessos ao seu interior, com comunicação com todas as suas dependências e serviços, livre de barreiras e de obstáculos que impeçam ou dificultem a sua acessibilidade". Sendo assim, a alternativa "E" está correta. LM

Gabarito "E".

(Técnico Judiciário – TRT20 – FCC – 2016) De acordo com os conceitos previstos no Estatuto da Pessoa com Deficiência – Lei13.146/2015, é correto afirmar:

(A) Considera-se pessoa com deficiência aquela que tem impedimento de longo prazo de natureza física, mental ou sensorial, excluídos os impedimentos de ordem intelectual.

(B) Acompanhante é aquele que acompanha a pessoa com deficiência, podendo ou não desempenhar as funções de atendente pessoal.

(C) Tecnologia assistiva ou ajuda técnica são aquelas que dificultam ou impedem o acesso da pessoa com deficiência às tecnologias.

(D) Residências inclusivas são moradias com estruturas adequadas capazes de proporcionar serviços de apoio coletivos e individualizados que respeitem e ampliem o grau de autonomia de jovens e adultos com deficiência.

(E) Barreiras arquitetônicas são aquelas existentes nas vias e nos espaços públicos e privados abertos ao público ou de uso coletivo.

A: incorreta, pois de acordo com o disposto no art. 2º da Lei 13.146/2015: "Considera-se pessoa com deficiência aquela que tem impedimento de longo prazo de natureza física, mental, intelectual ou sensorial, o qual, em interação com uma ou mais barreiras, pode obstruir sua participação plena e efetiva na sociedade em igualdade de condições com as demais pessoas."; **B:** correta, pois a assertiva descreve literalmente o art. 3º, inciso XIV, da Lei 13.146/2015, que dispõe que acompanhante é aquele que acompanha a pessoa com deficiência, podendo ou não desempenhar as funções de atendente pessoal; **C:** incorreta, pois dispõe o art. 3º, inciso III, da Lei 13.146/2015, que "tecnologia assistiva ou ajuda técnica: produtos, equipamentos, dispositivos, recursos, metodologias, estratégias, práticas e serviços que objetivem promover a funcionalidade, relacionada à atividade e à participação da pessoa com deficiência ou com mobilidade reduzida, visando à sua autonomia, independência, qualidade de vida e inclusão social; **D:** incorreta, pois dispõe o art. 3º, inciso X, da Lei 13.146/2015, que "residências inclusivas: unidades de oferta do Serviço de Acolhimento do Sistema Único de Assistência Social (Suas) localizadas em áreas residenciais da comunidade, com estruturas adequadas, que possam contar com apoio psicossocial para o atendimento das necessidades da pessoa acolhida, destinadas a jovens e adultos com deficiência, em situação de dependência, que não dispõem de condições de autossustentabilidade e com vínculos familiares fragilizados ou rompidos; **E:** incorreta, pois as barreiras arquitetônicas são aquelas existentes nos edifícios públicos e **privados** (art. 3º, IV, *b*, da Lei 13.146/2015). AG

Gabarito "B".

(Técnico Judiciário – TRT20 – FCC – 2016) De acordo com a Lei 10.098/2000 que estabelece normas gerais e critérios básicos para a promoção da acessibilidade das pessoas portadoras de deficiência ou com mobilidade reduzida, e dá outras providências, é correto afirmar:

(A) Todos os sanitários e lavatórios de uso público existentes ou a construir em parques, jardins e espaços livres públicos, deverão ser acessíveis e atender às especificações das normas técnicas da ABNT.

(B) Os centros comerciais e estabelecimentos congêneres devem fornecer carros e cadeiras de rodas, necessariamente motorizados, para o atendimento da pessoa com deficiência ou com mobilidade reduzida.

(C) Não cabe ao Poder Público implementar a formação de profissionais intérpretes em escrita braile, linguagem de sinais e guias-intérpretes para facilitar a comunicação direta à pessoa com deficiência sensorial e com dificuldade de comunicação.

(D) Em edifícios públicos, todos os acessos ao interior da edificação devem estar livres de barreiras arquitetônicas e de obstáculos que impeçam ou dificultem a acessibilidade de pessoa portadora de deficiência ou com mobilidade reduzida.

(E) As regras de acessibilidade se aplicam aos edifícios públicos e de uso coletivo, mas também existem regras impostas aos edifícios de uso privado em que seja obrigatória a instalação de elevadores ou edifícios com mais de um pavimento.

A: incorreta, pois a Lei não exige que todos os sanitários e lavatórios sejam acessíveis, mas exige pelo menos **UM** sanitário e lavatório acessíveis (art. 6º da Lei 10.098/2000). Cabe salientar que, com a edição da Lei nº 13.825/2019, foram incluídos dois parágrafos ao dispositivo, que dispõem que os eventos organizados em espaços públicos e privados em que haja instalação de banheiros químicos deverão contar com unidades acessíveis a pessoas com deficiência ou com mobilidade reduzida, determinando, também, que o número mínimo de banheiros químicos acessíveis corresponderá a 10% (dez por cento) do total, garantindo-se pelo menos 1 (uma) unidade acessível caso a aplicação do percentual resulte em fração inferior a 1 (um); **B:** incorreta, pois os carros e cadeiras de rodas exigíveis **podem ou não ser motorizados** (art. 12-A da Lei 10.098/2000); **C:** incorreta, pois essa providência CABE ao Poder Público, nos termos do art. 18 da Lei 10.098/2000; **D:** incorreta, pois há necessidade de apenas **UM** acesso ao interior estar livre, nos termos do art. 11, parágrafo único, II, da Lei 10.098/2000; **E:** correta, nos termos do art. 13 da Lei 10.098/2000. AG

Gabarito "E".

(Técnico Judiciário – TRT20 – FCC – 2016) Carlos Eduardo tem deficiência mental e deseja se deslocar de Aracaju-SE para João Pessoa-PB. De acordo com a Lei 8.899/1994, Carlos Eduardo

(A) não tem assegurado o passe livre previsto pela lei mencionada, pois este se limita à pessoa com deficiência física.

(B) tem assegurado o passe livre no sistema de transporte coletivo interestadual, independente de comprovação de sua carência.

(C) tem assegurado o passe livre no sistema de transporte coletivo interestadual, desde que comprove a sua carência.

(D) não tem assegurado o passe livre previsto pela lei mencionada, pois este se limita ao sistema de transporte coletivo intermunicipal.

(E) tem assegurado o passe livre no sistema de transporte individual privado ou coletivo interestadual, desde que comprove a sua carência.

A alternativa C está correta pois o art. 1º da Lei 8.899/1994 dispões que: "É concedido passe livre às pessoas portadoras de deficiência, comprovadamente carentes, no sistema de transporte coletivo interestadual". AG
Gabarito "C".

(Técnico Judiciário – TRT24 – FCC – 2017) Em 2015 foi aprovada lei que prevê diversos direitos para pessoas que tenham "impedimento de longo prazo de natureza física, mental, intelectual ou sensorial, o qual, em interação com uma ou mais barreiras, pode obstruir sua participação plena e efetiva na sociedade em igualdade de condições com as demais pessoas". O enunciado se refere à

(A) Lei 10.048, que dá prioridade de atendimento às pessoas com deficiência.

(B) Lei 11.126, que dispõe sobre o direito do portador de deficiência visual de ingressar e permanecer em ambientes de uso coletivo acompanhado de cão-guia.

(C) Lei 10.098, que estabelece normas gerais e critérios básicos para a promoção da acessibilidade das pessoas com deficiência ou com mobilidade reduzida.

(D) Constituição da República Federativa do Brasil.

(E) Lei 13.146, que institui o Estatuto da Pessoa com Deficiência.

O enunciado refere-se à Lei 13.146, de 06 de julho de 2015, que dispõe em seu art. 2º: "Art. 2º Considera-se pessoa com deficiência aquela que tem impedimento de longo prazo de natureza física, mental, intelectual ou sensorial, o qual, em interação com uma ou mais barreiras, pode obstruir sua participação plena e efetiva na sociedade em igualdade de condições com as demais pessoas." AG
Gabarito "E".

(Técnico Judiciário – TRT24 – FCC – 2017) Sobre o "Símbolo Internacional de Surdez", a legislação brasileira determina que

(A) é permitido modificar ou adicionar ao símbolo outros elementos além do desenho reproduzido pela lei, a depender de seu local de fixação.

(B) o símbolo deverá ser colocado, obrigatoriamente, em todos os locais que possibilitem acesso, circulação e utilização por pessoas com deficiência auditiva.

(C) é lícita a utilização do símbolo para outras finalidades para além dos interesses do deficiente auditivo.

(D) é vedado o uso do símbolo para identificar veículos conduzidos por deficiente auditivo, pois tal conduta é discriminatória.

(E) é proibida a reprodução do símbolo em publicações e outros meios de comunicação relevantes para os interesses do deficiente auditivo.

A: incorreta, pois NÃO é permitida a modificação ou adição ao desenho, nos termos do art. 2º da Lei 8.160/1991; **B:** correta, pois a assertiva descreve o disposto no art. 1º da Lei 8.160/1991; **C:** incorreta, pois é proibida a utilização do símbolo para outras finalidades (art. 3º da Lei 8.160/1991); **D:** incorreta, pois a utilização de adesivos no carro com o símbolo internacional de surdez não é proibida, nos termos do art. 3º, parágrafo único, da Lei 8.160/1991; **E:** incorreta, pois não é proibida

a reprodução do símbolo para o interesse do deficiente auditivo, nos termos da legislação já mencionada. AG
Gabarito "B".

(Técnico Judiciário – TRT24 – FCC – 2017) Contempla todas as pessoas que têm assegurado por lei o direito ao atendimento prioritário em uma repartição pública:

(A) pessoas com deficiência, idosos com idade igual ou superior a 60 anos, as gestantes, as lactantes, as pessoas com crianças de colo e os obesos.

(B) pessoas com deficiência, idosos com idade igual ou superior a 70 anos, as gestantes, as lactantes, as pessoas com crianças de colo e os obesos.

(C) pessoas com deficiência, idosos com idade igual ou superior a 60 anos, as gestantes, as lactantes e as pessoas com crianças de colo.

(D) pessoas com deficiência e idosos com idade igual ou superior a 70 anos.

(E) pessoas com deficiência, idosos com idade igual ou superior a 60 anos e as gestantes.

De acordo com o art. 1º da Lei 10.048/2000, "as pessoas com deficiência, os idosos com idade igual ou superior a 60 (sessenta) anos, as gestantes, as lactantes, as pessoas com crianças de colo e os obesos terão atendimento prioritário", que traduz o disposto na assertiva A, e por isso deve ser assinalada como correta. AG
Gabarito "A".

2. TRIBUNAIS REGIONAIS FEDERAIS

(Técnico – TRF/4 – FCC – 2019) Nos termos da Lei n. 10.098/2000, o passeio público

(A) não faz parte da via pública.

(B) está sempre no mesmo nível da via pública.

(C) destina-se exclusivamente à circulação de pedestres, não podendo ter qualquer outra destinação.

(D) é elemento obrigatório de urbanização.

(E) é considerado um mobiliário urbano.

O passeio público é elemento obrigatório de urbanização e parte da via pública, de acordo com previsão constante do art. 3º, parágrafo único, da Lei nº 10.098/2000, de acordo com as previsões trazidas pelo art. 112, parágrafo único, da Lei 13.146/2015, sendo correta a alternativa "D". LM
Gabarito "D".

(Técnico – TRF/4 – FCC – 2019) João é pessoa com deficiência e pretende passar férias com seus amigos em um bonito hotel localizado no estado do Paraná. Referido hotel foi construído em 2010 e possui 150 dormitórios. Nos termos da Lei n. 13.146/2015, o hotel deverá disponibilizar, pelo menos,

(A) 2 dormitórios acessíveis.

(B) 10 dormitórios acessíveis.

(C) 15 dormitórios acessíveis.

(D) 5 dormitórios acessíveis.

(E) 7 dormitórios acessíveis.

Conforme previsão do art. 45, § 1º, da Lei 13.146/2015, os hotéis existentes antes de sua edição deverão disponibilizar, pelo menos, 10% (dez por cento) de seus dormitórios acessíveis, garantida, no mínimo, 1 (uma) unidade acessível. Desse modo, com total de 150 dormitórios, o hotel deverá disponibilizar 15 deles com acessibilidade. LM
Gabarito "C".

3. TRIBUNAIS ESTADUAIS

(Técnico – TJ/MA – FCC – 2019) A respeito do acesso à informação e à comunicação da pessoa com deficiência, é correto afirmar que, segundo o Estatuto da Pessoa com Deficiência,

(A) telecentros comunitários que receberem recursos públicos federais para seu custeio ou sua instalação devem possuir equipamentos e instalações acessíveis, não se estendendo tal obrigação legal às *lan houses*.

(B) os fornecedores devem disponibilizar, mediante solicitação, exemplares de bulas, prospectos, textos ou qualquer outro tipo de material de divulgação em formato acessível.

(C) considera-se barreira atitudinal formato não acessível de arquivos digitais, ou seja, que não podem ser reconhecidos e acessados por *softwares* leitores de telas ou outras tecnologias assistivas.

(D) por expressa disposição legal, cabe à iniciativa privada incentivar a oferta de aparelhos de telefonia fixa e móvel com acessibilidade que permita a indicação e ampliação sonoras de todas as operações e funções disponíveis.

(E) é obrigatória a acessibilidade nos sítios da internet mantidos por empresas com sede ou representação comercial no País ou no exterior ou por órgãos de governo, para uso da pessoa com deficiência.

A: Incorreta – A exigência atinge, inclusive, as *lan houses* (art. 63, § 2º, Lei 13.146/2015; **B**: Correta – Art. 69, § 2º; **C**: Incorreta – Conforme previsto no art. 3º, IV, "e", do Estatuto da Pessoa com Deficiência, as barreiras atitudinais são as atitudes ou comportamentos que visam a impedir ou prejudicar a participação social da pessoa com deficiência em igualdade de condições e oportunidades com as demais pessoas; **D**: Incorreta – Cabe ao poder público a oferta dos aparelhos mencionados na assertiva e não à iniciativa privada (art. 66); **E**: Incorreta – É obrigatória a acessibilidade nos sítios da internet mantidos por empresas com sede ou representação comercial no País ou por órgãos de governo, para uso da pessoa com deficiência, garantindo-lhe acesso às informações disponíveis, conforme as melhores práticas e diretrizes de acessibilidade adotadas internacionalmente. Como é de se notar, a obrigação abrange apenas as empresas com sede no País, sem atingir as que têm sede no exterior (art. 63). **LM**
Gabarito "B".

(Técnico – TJ/MA – FCC – 2019) A tecnologia assistiva é aquela que

(A) combate formas de tratamento pelo Poder Público que causem manutenção ou agravamento da dependência da pessoa com deficiência exclusivamente na área da educação.

(B) garante à pessoa com deficiência profissional que a assista em situações de dependência severa.

(C) engloba recursos, metodologias, estratégias, práticas e serviços com o objetivo de ampliar a participação de pessoas com deficiência.

(D) garante à pessoa com deficiência o recebimento de restituição do imposto de renda com prioridade.

(E) engloba a proteção e socorro às pessoas com deficiência, em qualquer circunstância.

Prevê o art. 3º, III, da Lei 13.146/2015 (Estatuto da Pessoa com Deficiência) que tecnologia assistiva ou ajuda técnica são os produtos, equipamentos, dispositivos, recursos, metodologias, estratégias, práticas e serviços que objetivem promover a funcionalidade, relacionada à atividade e à participação da pessoa com deficiência ou com mobilidade reduzida, visando à sua autonomia, independência, qualidade de vida e inclusão social. Desse modo, a alternativa C está correta. **LM**
Gabarito "C".

(Técnico – TJ/AL – 2018 – FGV) A Lei nº 13.146/2015 institui a Lei Brasileira de Inclusão da Pessoa com Deficiência destinada a assegurar e a promover, em condições de igualdade, o exercício dos direitos e das liberdades fundamentais por pessoa com deficiência, visando à sua inclusão social e cidadania.

O citado estatuto legal estabelece que a pessoa com deficiência tem direito a:

(A) receber atendimento prioritário, sobretudo com a finalidade de tramitação processual e procedimentos judiciais e administrativos em que for parte ou interessada, em todos os atos e diligências;

(B) ser beneficiada com isenções fiscais que compensem as limitações decorrentes de sua deficiência, mas não tem prioridade no recebimento de restituição de imposto de renda;

(C) utilizar, de forma privativa, 10% (dez por cento) das vagas para automóveis em áreas de estacionamento aberto ao público, de uso público ou privado de uso coletivo e em vias públicas;

(D) frequentar os prédios públicos, mediante utilização de rampas ou elevadores que serão obrigatoriamente instalados nos órgãos públicos, que facultativamente podem proporcionar a acessibilidade nos seus sítios da internet;

(E) ser livremente incluída no trabalho, vedada a sua colocação competitiva, em igualdade de oportunidades com as demais pessoas, nos termos da legislação trabalhista e previdenciária.

A: Correta – A assertiva está de acordo com o art. 9º, VII, da Lei nº 13.146/2015; **B**: Incorreta – O atendimento prioritário inclui o recebimento da restituição (art. 9º, VI); **C**: Incorreta – Em todas as áreas de estacionamento aberto ao público, de uso público ou privado de uso coletivo e em vias públicas, devem ser reservadas vagas próximas aos acessos de circulação de pedestres, devidamente sinalizadas, para veículos que transportem pessoa com deficiência com comprometimento de mobilidade, desde que devidamente identificados, sendo que as vagas a que se refere o *caput* do artigo 47 devem equivaler a 2% (dois por cento) do total, garantida, no mínimo, 1 (uma) vaga devidamente sinalizada e com as especificações de desenho e traçado de acordo com as normas técnicas vigentes de acessibilidade; **D**: Incorreta – É obrigatória a acessibilidade nos sítios da internet mantidos por empresas com sede ou representação comercial no País ou por órgãos de governo, para uso da pessoa com deficiência, garantindo-lhe acesso às informações disponíveis, conforme as melhores práticas e diretrizes de acessibilidade adotadas internacionalmente (art. 63); **E**: Incorreta – A pessoa com deficiência tem direito ao trabalho de sua livre escolha e aceitação, em ambiente acessível e inclusivo, em igualdade de oportunidades com as demais pessoas (art. 34). **LM**
Gabarito "A".

(Escrevente Técnico Judiciário – TJSP – VUNESP – 2017) Nos termos da Lei Federal 13.146/2015, a pessoa com deficiência

(A) em situação de curatela, não terá participação na obtenção de consentimento para a prática dos atos da vida civil, pois, em tal circunstância, não possui qualquer capacidade civil.

(B) somente será atendida sem seu consentimento prévio, livre e esclarecido em casos de risco de morte e de emergência em saúde, resguardado seu superior interesse e adotadas as salvaguardas legais cabíveis.

(C) e seu acompanhante ou atendente pessoal têm direito à prioridade na tramitação processual e nos procedimentos judiciais em que forem partes ou interessados.

(D) está obrigada à fruição de benefícios decorrentes de ação afirmativa, a fim de que sejam construídos ambientes de trabalho acessíveis e inclusivos.

(E) poderá ser obrigada a se submeter a intervenção clínica ou cirúrgica, tratamento ou institucionalização forçada, mediante prévia avaliação biopsicossocial, realizada por equipe multiprofissional e interdisciplinar.

A: incorreta, pois de acordo com o disposto no art. 12, § 1º, da Lei 13.146/2015, "em caso de pessoa com deficiência em situação de curatela, deve ser assegurada sua participação, no maior grau possível, para a obtenção de consentimento"; **B:** correta, conforme disposto literalmente pelo art. 13 da Lei 13.146/2015: "A pessoa com deficiência somente será atendida sem seu consentimento prévio, livre e esclarecido em casos de risco de morte e de emergência em saúde, resguardado seu superior interesse e adotadas as salvaguardas legais cabíveis."; **C:** incorreta, pois os direitos previstos são extensíveis ao acompanhante ou atendente pessoal da pessoa com deficiência, com exceção à prioridade na tramitação processual e nos procedimentos judiciais em que forem partes ou interessados (art. 9º, § 1º, da Lei 13.146/2015); **D:** incorreta, pois de acordo com o disposto no art. 4º, § 2º, da Lei 13.146/2015, "A pessoa com deficiência **não** está obrigada à fruição de benefícios decorrentes de ação afirmativa." (g.n.); **E:** incorreta, pois o art. 11 da Lei 13.146/2015 dispõe que NÃO poderá ser forçada. AG
„.„B" oʇᴉɹɐqꓱ

(Escrevente Técnico Judiciário – TJSP – VUNESP – 2017) A Resolução 230/2016 do Conselho Nacional de Justiça prevê, para a inclusão da pessoa com deficiência no serviço público,

(A) a restrição ao trabalho da pessoa com deficiência em razão de sua condição, inclusive nas etapas de recrutamento, seleção, contratação, admissão, exames admissional e periódico, permanência no emprego, ascensão profissional e reabilitação profissional, sendo possível a exigência de aptidão plena.

(B) a colocação competitiva, em igualdade de oportunidades com as demais pessoas, nos termos da legislação trabalhista e previdenciária, na qual devem ser atendidas as regras de acessibilidade, o fornecimento de recursos de tecnologia assistiva e a adaptação razoável no ambiente de trabalho.

(C) a possibilidade de a Administração obrigar o servidor com mobilidade comprometida a utilizar o sistema *home office,* se comprovada a existência de muitos custos para a promoção da acessibilidade do servidor em seu local de trabalho.

(D) a criação de um banco de dados nacional, com cadastro de todos os servidores, serventuários extrajudiciais e terceirizados com deficiência que trabalham nos quadros do Poder Judiciário, contendo especificações sobre suas deficiências e necessidades particulares e mantido pelo Conselho Nacional de Justiça.

(E) a não extensão a servidor com deficiência de qualquer diminuição de jornada de trabalho, por liberalidade do órgão, se a esse servidor já tenha sido concedido horário especial, nos termos da legislação aplicável.

A: incorreta, pois o art. 23, § 3º, da Resolução 230/2016 do CNJ prevê a VEDAÇÃO da restrição descrita na alternativa; **B:** correta, pois a alternativa descreve exatamente o disposto no art. 22 da Resolução 230/2016 do CNJ; **C:** incorreta, pois o sistema de trabalho "home office" não pode ser imposto pela Administração, sendo facultativo ao servidor na possibilidade de ser implantado (art. 30 da Resolução 230/2016 do CNJ); **D:** incorreta, pois a Resolução 230/2016 do CNJ não prevê a criação e banco de dados nacional dos servidores portadores de deficiência; **E:** incorreta, pois conforme disposto no art. 29, § 4º, da Resolução 230/2016 do CNJ, estende-se ao servidor com deficiência diminuição de jornada de trabalho de forma proporcional. AG
„.„B" oʇᴉɹɐqꓱ

4. TRIBUNAIS REGIONAIS ELEITORAIS

(Técnico Judiciário – TRE/PE – CESPE – 2017) A respeito dos direitos das pessoas com deficiência e dos conceitos estabelecidos pela legislação de regência, assinale a opção correta.

(A) A prioridade na aquisição de imóvel de programa habitacional público é deferida à pessoa com deficiência sempre que signifique melhora de moradia, sem limite de vezes.

(B) O serventuário da justiça que, no exercício de suas funções, tomar conhecimento de violação aos direitos de pessoa com deficiência deve remeter peças ao Ministério Público para as providências cabíveis.

(C) O conceito de atendente pessoal abarca a prestação, por enfermeiro, de serviço de enfermagem a pessoas com deficiência.

(D) As ações e os serviços de saúde pública destinados à pessoa com deficiência devem assegurar atendimento psicológico também a seus familiares.

(E) A isenção do imposto de renda é um dos benefícios reservados à pessoa com deficiência, não se estendendo a seu acompanhante.

A: incorreta, pois dispõe o § 1º do art. 32 da Lei 13.146/2015 que "O direito à prioridade, previsto no **caput** deste artigo, será reconhecido à pessoa com deficiência beneficiária apenas uma vez"; **B:** incorreta, pois tal dever é dos juízes e tribunais, e não dos serventuários da justiça (art. 7º, parágrafo único, da Lei 13.146/2015); **C:** incorreta, pois atendente pessoal, segundo dispõe o art. 3º, XII, da Lei 13.146/2015, é a "...pessoa, membro ou não da família, que, com ou sem remuneração, assiste ou presta cuidados básicos e essenciais à pessoa com deficiência no exercício de suas atividades diárias, excluídas as técnicas ou os procedimentos identificados com profissões legalmente estabelecidas"; **D:** correta, conforme previsto no art. 18, § 4º, V, da Lei 13.146/2015; **E:** incorreta, pois a isenção do imposto de renda não é benefício reservado à pessoa com deficiência. AG
„.„D" oʇᴉɹɐqꓱ

Atenção: Para responder às questões abaixo, considere a Lei 13.146/2015 – Estatuto da Pessoa com Deficiência.

(Técnico Judiciário – TRE/SP – FCC – 2017) Os direitos relacionados ao atendimento prioritário da pessoa com deficiência, são extensivos ao acompanhante da pessoa com deficiência ou ao seu atendente pessoal, EXCETO, dentre outra hipótese, quanto

(A) à proteção e socorro em quaisquer circunstâncias.

(B) ao atendimento em todas as instituições e serviços de atendimento ao público.

(C) ao recebimento de restituição de imposto de renda.

(D) à disponibilização de pontos de parada, estações e terminais acessíveis de transporte coletivo de passageiros e garantia de segurança no embarque e no desembarque.

(E) ao acesso a informações e disponibilização de recursos de comunicação acessíveis.

A alternativa C deve ser assinalada, pois os direitos previstos são extensíveis ao acompanhante ou atendente pessoal da pessoa com deficiência, com **exceção** à prioridade na tramitação processual e nos procedimentos judiciais em que forem partes ou interessados e **recebimento de restituição de imposto de renda** (art. 9º, § 1º, da Lei 13.146/2015). AG

Gabarito "C"

(Técnico Judiciário – TRE/SP – FCC – 2017) A habilitação profissional pode ocorrer em empresas por meio de prévia formalização do contrato de emprego da pessoa com deficiência, que será considerada para o cumprimento

da reserva de vagas prevista em lei, desde que, observado o disposto em regulamento, seja por tempo

(A) indeterminado e concomitante à inclusão profissional na empresa.

(B) determinado e anterior à inclusão profissional na empresa.

(C) determinado e concomitante à inclusão profissional na empresa.

(D) indeterminado e anterior à inclusão profissional na empresa.

(E) determinado e posterior à inclusão profissional na empresa.

A alternativa C está correta, pois reflete literalmente o disposto no art. 36, § 6º, do Estatuto da pessoa com Deficiência (Lei 13.146/2015): "A habilitação profissional pode ocorrer em empresas por meio de prévia formalização do contrato de emprego da pessoa com deficiência, que será considerada para o cumprimento da reserva de vagas prevista em lei, desde que por tempo **determinado e concomitante com a inclusão profissional na empresa**, observado o disposto em regulamento." AG

Gabarito "C"

24. Arquivologia

Elson Garcia

As questões deste capítulo devem ser resolvidas pela leitura da NOBRADE – Norma Brasileira de Descrição Arquivística, que deve ser lida pelo candidato. Acesse a norma no seguinte *link*:

http://www.conarq.arquivonacional.gov.br/Media/publicacoes/nobrade.pdf

Outro documento de leitura importante é a Consolidação da Legislação Arquivística Brasileira – CLAB, que pode ser encontrada no seguinte *link*:

http://www.conarq.arquivonacional.gov.br/cgi/cgilua.exe/sys/start.htm?sid=48

De acordo com o tema perguntado, também devem ser acessados os documentos contidos nas Publicações Digitais – PD, que podem ser encontradas na seguinte página:

http://www.conarq.arquivonacional.gov.br/cgi/cgilua.exe/sys/start.htm

1. CONCEITOS FUNDAMENTAIS DE ARQUIVOLOGIA

(Técnico – TRE/CE – 2012 – FCC) Relatórios, programas e projetos são exemplos de

(A) suportes físicos.

(B) fundos arquivísticos.

(C) espécies documentais.

(D) técnicas de registro.

(E) gêneros documentais.

A: Errado, pois o suporte físico é o material sobre o qual as informações são registradas. Ex.: fita magnética, filme, papel, pergaminho, madeira, tela etc.
B: Errado, pois o fundo arquivístico é o conjunto de documentos que possui a mesma proveniência.
C: Correto, pois as espécies documentais são definidas tanto em razão da natureza dos atos que lhes deram origem quanto em relação à forma de registro de fatos. São exemplos de espécies documentais: cartas, memorandos, decretos, relatórios etc.
D: Errado, pois as técnicas de registro se referem aos procedimentos para registro de documentos.
E: Errado, pois os gêneros documentais são: documentos textuais, documentos impressos e manuscritos; cartográficos, com representações geográficas; iconográficos, documentos que contêm imagens estáticas; filmográficos, documentos audiovisuais; sonoros, contendo registros fonográficos; micrográficos, microfilme, microficha e informáticos: HD, CD etc.
Gabarito "C".

(Técnico – TRE/PR – 2012 – FCC) A classificação arquivística prioriza, como critério de arranjo,

(A) as funções e atividades do órgão de origem.

(B) as patentes e os títulos dos signatários dos documentos.

(C) o grau de sigilo imposto pelas autoridades do órgão.

(D) o estado de conservação dos suportes físicos.

(E) as dimensões e os formatos dos documentos.

Em arquivologia entende-se por arranjo a ordenação dos documentos em fundos, a ordenação das séries dentro dos fundos e, se necessário, dos itens documentais dentro das séries. Nesta atividade se prioriza as funções e atividades do órgão de origem.
Gabarito "A".

(Técnico – TRE/PR – 2012 – FCC) Acórdãos e resoluções, documentos típicos dos tribunais brasileiros, constituem exemplos de

(A) formato.

(B) espécie.

(C) fundo.

(D) invólucro.

(E) suporte.

As espécies documentais são definidas tanto em razão da natureza dos atos que lhes deram origem quanto à forma de registro de fatos. Acórdãos e resoluções, documentos típicos dos tribunais brasileiros, constituem exemplos de atos normativos, que são uma das espécies documentais.
Gabarito "B".

(Técnico – TRE/SP – 2012 – FCC) De acordo com o gênero, os documentos de arquivo podem ser identificados como

(A) técnicos, administrativos, culturais e históricos.

(B) masculinos, femininos e neutros.

(C) pessoais, institucionais, públicos e privados.

(D) textuais, iconográficos, sonoros e audiovisuais.

(E) correntes, centrais, intermediários e permanentes.

Letra "D", pois os gêneros documentais são: documentos textuais, documentos impressos e manuscritos; cartográficos, com representações geográficas; iconográficos, documentos que contêm imagens estáticas; filmográficos, documentos audiovisuais; sonoros, contendo registros fonográficos; micrográficos, microfilme, microficha e informáticos: HD, CD etc.
Gabarito "D".

(Técnico – TRE/SP – 2012 – FCC) Quando se reúnem documentos de natureza diversa em razão das imposições de determinada ação administrativa ou judicial, forma-se conjunto materialmente indivisível conhecido por

(A) maço.

(B) dossiê.

(C) caixa-arquivo.

(D) pasta.

(E) processo.

Quando se reúnem documentos de natureza diversa em razão das imposições de determinada ação administrativa ou judicial, forma-se conjunto materialmente indivisível conhecido por processo.
Gabarito "E".

(Técnico – STM – 2011 – CESPE) Julgue os itens a seguir, relativos a conceitos fundamentais de arquivo.

(1) Os arquivos setoriais têm o mesmo papel dos arquivos intermediários, visto que recebem documentos provenientes dos diversos órgãos que integram a estrutura de uma organização.

(2) O agrupamento sistemático dos documentos de um fundo deve ser feito de forma que os documentos não se misturem com os demais fundos.

(3) A fase permanente corresponde à fase em que os documentos são abrigados durante seu uso jurídico e sua tramitação legal.

(4) Denominam-se documentos de arquivo os documentos produzidos por uma entidade, pública ou privada, ou por uma família ou pessoa, no transcurso das funções que justificam sua existência como tal, guardando esses documentos relações orgânicas entre si.

(5) Entre as características dos documentos de arquivo, incluem-se a tridimensionalidade e a existência de diversos tipos, naturezas, formas e dimensões.

(6) Caso haja documentos que não sejam frequentemente consultados, eles devem, por questões econômicas, ser transferidos a outro espaço, que é conhecido como arquivo intermediário.

1: está errado, pois os arquivos setoriais são unidades responsáveis pelas atividades de Arquivos Corrente (ativos) e Intermediário (semiativos). Arquivo Intermediário (Segunda idade): "Conjunto de documentos originários de arquivos correntes, com uso pouco frequente, que aguarda destinação." (D.T.A-2.005, p. 32: Dicionário brasileiro de terminologia arquivística. Rio de Janeiro: Arquivo Nacional, 2005); **2:** está certo, pois documentos de um fundo que é um conjunto de documentos de uma mesma proveniência, não podem se misturar a documentos de outro fundo; **3:** está errado, pois os documentos *permanentes* (3ª idade) são aqueles que devem ser conservados definitivamente; **4:** está certo, pois documentos de arquivo são conjunto de documentos, organicamente acumulados, produzidos ou recebidos por pessoas físicas e instituições públicas ou privadas em decorrência do exercício de atividade específica, qualquer que seja o suporte da informação ou a natureza do documento; **5:** está errado, pois os Documentos de Arquivo podem ser classificados de acordo com seus diversos elementos, formas e conteúdos, os documentos podem ser caracterizados segundo o gênero (textuais, cartográficos etc.) a espécie (atos normativos, atos enunciativos etc) e a natureza do assunto (ostensivos ou sigilosos); **6:** está certo, pois arquivos intermediários ou de 2ª idade são constituído de documentos que deixaram de ser frequentemente consultados, mas que ainda podem ser solicitados para embasar assuntos idênticos. A permanência dos documentos em arquivos intermediários é temporária.
Gabarito 1E, 2C, 3E, 4C, 5E, 6C

(Técnico – STM – 2011 – CESPE) Com base no código de classificação e na tabela de temporalidade, julgue os itens seguintes.

(1) A destinação final dos documentos indicada na tabela de temporalidade consiste na eliminação ou na guarda permanente.

(2) Nos arquivos: corrente e intermediário, os prazos de guarda dos documentos devem ser expressos em anos ou pela indicação da vigência dos documentos.

(3) A tabela de temporalidade deve ser aplicada, periodicamente, no arquivo permanente.

(4) Aplica-se o código de classificação exclusivamente em arquivos permanentes, pois somente nesse tipo

de arquivo essa classificação facilita o acesso aos documentos.

1: está certo, pois a tabela de temporalidade documental (TTD) estabelece critérios para a eliminação ou recolhimento dos documentos ao arquivo permanente; **2:** está certo, pois os prazos de guarda que se referem ao tempo necessário para arquivamento dos documentos, nas fases corrente e intermediária, visando atender exclusivamente às necessidades da administração que os gerou, são mencionados preferencialmente, em anos. Excepcionalmente pode ser expresso a partir de uma ação concreta que deverá necessariamente ocorrer em relação a um determinado conjunto documental; **3:** está errado, pois a TTD é o instrumento de gestão arquivística que determina os prazos em que os documentos devem ser mantidos no arquivo corrente (setorial); quando devem ser transferidos ao arquivo intermediário (central) e por quanto tempo devem ali permanecer; **4:** está errado, pois o código de classificação de documentos de arquivo é um instrumento de trabalho utilizado para classificar todo e qualquer documento produzido ou recebido por um órgão no exercício de suas funções e atividades.
Gabarito 1C, 2C, 3E, 4E

(Técnico – TRE/AC – 2010 – FCC) Os arquivos originários de uma instituição ou pessoa devem manter sua individualidade, não sendo misturados aos de origem diversa. Este é o enunciado do princípio da

(A) equivalência.

(B) territorialidade.

(C) pertinência.

(D) destinação.

(E) proveniência.

Os documentos de arquivo apresentam-se sob inúmeras formas e nos mais variados suportes materiais. Não é o tipo, nem a forma, nem o conteúdo informativo, que caracterizam um documento de arquivo, mas sim a sua origem, ou seja, o modo como ele foi produzido, em função e no decurso, da atividade de uma pessoa física ou coletiva. A proveniência é, portanto, o elemento mais importante a identificar num conjunto de documentos, pois é com base nela que se estruturam e organizam os fundos arquivísticos.
Gabarito "E".

(Técnico – TRE/AP – 2011 – FCC) Quando os arquivos originários de uma instituição mantêm sua individualidade, não sendo misturados aos de origem diversa, diz-se que foi respeitado o princípio

(A) das três idades.

(B) da ordem original.

(C) do arranjo.

(D) da temporalidade.

(E) da proveniência.

A proveniência, ou origem é o elemento mais importante a identificar num conjunto de documentos, pois é com base nela que se estruturam e organizam os fundos arquivísticos.
Gabarito "E".

(Técnico – TRE/AP – 2011 – FCC) Em seu ciclo vital, os arquivos passam por fases sucessivas a que se convencionou chamar de corrente, intermediária e permanente. O ingresso de documentos nesta última etapa é conhecido como

(A) recolhimento.

(B) encaminhamento.

(C) passagem.

(D) remessa.

(E) transferência.

Esta etapa é regida pela Resolução do Conarq-número 24 de 03 de agosto de 2.006, que estabelece diretrizes para a transferência e recolhimento de documentos arquivísticos digitais para instituições arquivísticas públicas.Os documentos arquivísticos digitais a serem transferidos ou recolhidos às instituições arquivísticas públicas, deverão: ser previamente identificados, classificados, avaliados e destinados, incluindo os documentos não digitais que façam parte do conjunto a ser transferido ou recolhido, conforme o previsto em tabela de temporalidade e destinação de documentos, ou plano de destinação aprovados pelas instituições arquivísticas na sua esfera de competência e de acordo com a legislação vigente.
Gabarito "A".

(Técnico – TRE/AP – 2006 – FCC) Devem receber tratamento global que resulte no aumento das possibilidades do uso da informação registrada para tomada de decisões. O enunciado se refere a

(A) documentos.

(B) ementas.

(C) arquivos.

(D) normas.

(E) planos.

Documento é toda informação existente em um algum suporte material, que pode ser utilizada para consulta, estudo, prova e pesquisa, pois tem aptidão para comprovar fatos, fenômenos, formas de vida e pensamentos do homem numa determinada época ou lugar. Portanto, dadas as finalidades do documento, a afirmativa trazida no enunciado está correta.
Gabarito "A".

(Técnico – TRE/AP – 2006 – FCC) A definição da política nacional de arquivos públicos e privados, bem como a orientação normativa visando à gestão documental e à proteção especial aos documentos do arquivo são atribuições do

(A) Arquivo Federal Brasileiro.

(B) Sistema de Gestão de Documentos de Arquivos.

(C) Conselho Nacional de Arquivos.

(D) Conselho Federal de Arquivologia.

(E) Sistema Nacional de Arquivos.

Art. 26 da Lei 8.159/91.
Gabarito "C".

(Técnico – TRE/BA – 2010 – CESPE) Acerca de arquivologia, julgue os itens a seguir.

(1) Os documentos de arquivo devem ser organizados a partir dos mesmos princípios aplicados na organização das bibliotecas, principalmente no que se refere aos métodos de classificação.

(2) A vinculação que se estabelece entre os documentos de arquivo, no momento em que são criados ou recebidos, é chamada de orgânica.

(3) O estágio de evolução dos arquivos é conhecido como princípio de respeito aos fundos, que é o principal fundamento da arquivologia.

(4) O arquivo é constituído de documentos em variados suportes, entre outros: papel; papel fotográfico; película fotográfica; mídias digitais.

1: está errado, pois: embora arquivo e biblioteca tenham a mesma finalidade (guardar documentos), seus objetivos são diferentes, tendo

em vista os tipos documentais de que cada instituição trata. Assim, pode ser definida cada instituição:
Arquivo – É o conjunto de documentos, criados ou recebidos por uma instituição ou pessoa, no exercício de sua atividade, preservados para garantir a consecução de seus objetivos.
Biblioteca – É o conjunto de material, em sua maioria impresso e não produzido pela instituição em que está inserida, de forma ordenada para estudo, pesquisa e consulta. Normalmente é constituída de coleções temáticas e seus documentos são adquiridos através de compra ou doação, diferentemente dos arquivos, cujos documentos são produzidos ou recebidos pela própria instituição.
Como os objetivos e tipos documentais de arquivos e bibliotecas são diferentes, seus métodos de organização especialmente de classificação são diferenciados; **2:** está certo, pois a relação orgânica refere-se aos vínculos que os documentos arquivísticos guardam entre si; **3:** está errado, pois o estágio de evolução dos arquivos são: Corrente, Intermediário e Permanente, o que nada tem a ver com princípio de respeito aos fundos que são os conjuntos de documentos de uma mesma proveniência; **4:** está certo, pois o suporte é o material sobre o qual as informações são registradas. Ex.: fita magnética, filme de nitrato, papel, pergaminho, "bytes", madeira, tela etc.
Gabarito 1E, 2C, 3E, 4C

(Técnico – TRE/MG – 2005 – FCC) A política arquivística brasileira reconhece a gestão de documentos como um dos principais instrumentos de apoio à administração, à cultura e ao desenvolvimento científico. A respeito da gestão de documentos, assinale a opção correta.

(A) A criação, o arquivamento e a eliminação de documentos são as três fases básicas da gestão de documentos.

(B) A gestão de documentos é o conjunto de procedimentos e operações técnicas referentes à produção, à tramitação, ao uso e ao arquivamento de documentos em fase corrente e intermediária.

(C) A elaboração dos documentos decorrente das atividades de um órgão ou setor, apesar da sua relevância, não se inclui entre as atribuições da gestão de documentos.

(D) Na avaliação dos documentos, aplica-se o código de classificação de documentos de arquivo.

(E) Com a gestão eficaz de documentos, impede-se que os documentos com valor secundário sejam conservados permanentemente.

A: incorreta, pois as três fases básicas da gestão de documentos são: produção, utilização e destinação; **B:** correta, pois traz justamente o conceito de gestão de documentos; **C:** incorreta, pois, como se viu no item A acima, a gestão de documentos inclui a produção destes; **D:** incorreta, pois o processo de avaliação segue procedimentos que visam alcançar resultados mais amplos com a elaboração de uma Tabela de Temporalidade de Documentos, elaborada a partir do desenvolvimento de uma série de atividades, sendo uma delas o código de classificação de documentos de arquivo; **E:** incorreta, pois o valor secundário refere-se à possibilidade de uso dos documentos para fins diferentes daqueles para os quais foram originalmente criados; o documento passa a ser fonte de pesquisa e informação para o próprio serviço e para terceiros, de modo que há interesse em conservá-los permanentemente.
Gabarito "B".

(Técnico – TRE/MS – 2007 – FCC) Quando o arquivo de uma entidade passa a conviver com o de outras, nas instituições de guarda permanente de documentos, recebe o nome de

(A) série.

(B) setor.

(C) grupo.

(D) seção.

(E) fundo.

De fato, a alternativa "e" traz o nome adequado da situação transcrita no enunciado da questão.
Gabarito "E".

(Técnico – TRE/MS – 2007 – FCC) No processo de análise dos arquivos, com vistas à sua destinação final, levam-se em conta, entre outros,

(A) valores administrativos, isto é, qualidades pelas quais os documentos demonstram a aquisição, manutenção, transferência, modificação ou extinção de direitos.

(B) valores fiscais, isto é, qualidades inerentes aos documentos a partir da presença de sinais de validação.

(C) valores probatórios, isto é, qualidades pelas quais os documentos permitem conhecer a estrutura e o funcionamento da instituição que os acumulou.

(D) valores históricos, isto é, referências a grandes personagens da vida política, econômica e social de uma nação.

(E) valores jurídicos, isto é, qualidades pelas quais os documentos servem ao desempenho das atividades--meio e das atividades-fim de uma instituição.

A destinação final consistirá na eliminação ou recolhimento do documento para guarda permanente. Nesse sentido, há de se verificar o valor probatório do bem, pois bens dessa natureza, relativos a direitos de pessoas físicas ou jurídicas, ou da coletividade, devem ter guarda permanente.
Gabarito "C".

(Técnico – TRE/PI – 2009 – FCC) A determinação segundo a qual os arquivos originários de uma instituição devem manter sua individualidade, sem misturar-se aos de origem diversa, é conhecida como princípio

(A) do respeito à ordem original.

(B) da classificação.

(C) da destinação.

(D) do isolamento.

(E) da proveniência.

O princípio da proveniência é princípio básico da arquivologia segundo o qual o arquivo produzido por uma entidade coletiva, pessoa ou família não deve ser misturado aos de outras entidades produtoras. Também chamado princípio do respeito aos fundos.
Gabarito "E".

(Técnico – TRE/RN – 2005 – FCC) O ciclo vital dos documentos administrativos compreende três fases. Identifique a ordem correta.

(A) Permanentes, correntes, temporários.

(B) Temporários, intermediários, correntes.

(C) Correntes, temporários, intermediários.

(D) Intermediários, correntes, temporários.

(E) Correntes, intermediários, permanentes.

Documento corrente é o necessário ao desenvolvimento das atividades rotineiras de uma instituição; os procedimentos realizados para a sua classificação, registro, autuação, controle da tramitação, expedição e arquivamento tem por objetivo facilitar o acesso às informações presentes no documento. Com o fim do período de arquivamento na fase corrente, alguns documentos podem ser eliminados imediatamente. Porém parte destes poderá ser conservada por um período mais longo em função de razões legais ou administrativas. A fase de armazenagem temporária tem por objetivo principal a minimização do custo público da guarda de documentos intermediários, racionalizando espaço físico, equipamentos e a recuperação da informação. Por fim, os documentos permanentes são aqueles que devem ser conservados definitivamente. Essas são as três fases do ciclo vital dos documentos administrativos.
Gabarito "E".

(Técnico – TRE/RN – 2005 – FCC) Um conjunto de diversos documentos referentes a um mesmo assunto chama-se

(A) expurgo.

(B) indexação.

(C) inventário.

(D) dossiê.

(E) guia.

Dossiê é a "unidade de arquivamento constituída de documentos relacionados entre si por assunto (ação, evento, pessoa, lugar, projeto)". NOBRADE, p. 15.
Gabarito "D".

(Técnico – TRE/RN – 2005 – FCC) A colocação correta das pastas e guias nas gavetas do arquivo, onde cada documento deve ocupar um único e exclusivo lugar, é chamada de

(A) arranjo.

(B) notação.

(C) etiquetas.

(D) projeções.

(E) classificados.

O arranjo consiste em colocar corretamente as pastas e guias nas gavetas do arquivo. Para isso há sistemas de arranjo.
Gabarito "A".

(Técnico – TRE/SE – 2007 – FCC) Considerando as características dos arquivos em cada etapa de seu ciclo vital, pode-se afirmar que

(A) os documentos da fase intermediária correspondem aos que foram gerados no desempenho das atividades--fim da instituição de origem.

(B) a frequência de uso e a validade das disposições contidas nos documentos constituem critérios para a configuração dos depósitos de primeira e segunda idades.

(C) o processo de avaliação decorre da transferência, isto é, da passagem dos documentos da fase intermediária para a permanente, depois de cumpridos os prazos estabelecidos nas tabelas de temporalidade.

(D) o instrumento de pesquisa típico da fase corrente é o guia, por oferecer uma visão panorâmica das principais séries documentais que integram o acervo.

(E) os critérios de classificação dos documentos correntes devem ser substituídos, nas instituições de custódia permanente, por aqueles que privilegiam temas ligados à pesquisa histórica.

Vide o comentário feito na questão acima, no qual há referência aos arquivos corrente, intermediário e permanente. Eles correspondem aos arquivos de 1º, 2º e 3º idade, respectivamente.
Gabarito "B".

(Técnico – TRE/GO – 2008 – CESPE) A respeito da prática arquivística em esfera pública no Brasil, assinale a opção correta.

(A) A legislação brasileira define arquivo como sendo o conjunto formado exclusivamente por documentos textuais oficiais, produzidos e recebidos por órgãos públicos de âmbito federal, estadual, do Distrito Federal e municipal, em suas funções administrativas, legislativas e judiciárias, ou por instituições de caráter público, ou ainda por entidades privadas, encarregadas da gestão de serviços públicos.

(B) Chama-se gestão de documentos o conjunto de procedimentos e operações técnicas realizados na fase corrente e na intermediária e que abrangem produção, tramitação, uso, avaliação e arquivamento de documentos, estabelecendo sua destinação, isto é, determinando a eliminação ou recolhimento para guarda permanente.

(C) O cidadão brasileiro tem o direito de receber dos órgãos públicos informações relativas a seus direitos e deveres, exclusivamente particulares, contidas em documentos de arquivo, quando autorizado pelo judiciário. Outras informações são originariamente consideradas sigilosas, a fim de garantir a segurança do Estado e a inviolabilidade da intimidade, da honra e da imagem de outras pessoas.

(D) A gestão da informação é o conjunto de procedimentos automatizados por meio dos quais é feita a indexação e o armazenamento dos documentos eletrônicos, obedecendo a princípios específicos, uma vez que tais documentos não são regidos pela legislação arquivística.

Apenas a alternativa "b" traz definição correta.
Gabarito "B".

(Técnico – TRE/GO – 2008 – CESPE) É correto afirmar que o princípio teórico-metodológico fundamental da teoria arquivística é o(a)

(A) respeito à pertinência territorial.

(B) gestão de documentos.

(C) arranjo estrutural funcional.

(D) respeito à proveniência.

O princípio da proveniência é princípio básico da arquivologia segundo o qual o arquivo produzido por uma entidade coletiva, pessoa ou família não deve ser misturado aos de outras entidades produtoras. Também chamado princípio do respeito aos fundos.
Gabarito "D".

(Técnico – TRE/GO – 2008 – CESPE) Os processos de passagem de documentos do arquivo corrente para o intermediário e deste para o permanente são denominados, respectivamente,

(A) arranjo e classificação.

(B) arquivamento e acondicionamento.

(C) avaliação e seleção.

(D) transferência e recolhimento.

De fato os conceitos trazidos no enunciado coincidem com os institutos mencionados na alternativa "d".
Gabarito "D".

(Técnico – TRE/GO – 2008 – CESPE) Assinale a opção que apresenta corretamente a definição de documento de arquivo.

(A) Toda informação gerada por atividades de órgãos públicos, fixada em suportes e reunida intencionalmente por características culturais comuns.

(B) Qualquer documento considerado autêntico e preservado em velino por causa dos fatos sociais ou históricos registrados por seu conteúdo.

(C) Qualquer documento produzido ou recebido por pessoa física ou jurídica, acumulado naturalmente ao longo das atividades e preservado como prova de tais atividades.

(D) A informação textual gerada oficialmente no decurso de ação administrativa ou judicial de órgão público, fixada ou não em suporte.

Documentos de arquivo são todos os que produzidos e/ou recebidos por uma pessoa física ou jurídica, pública ou privada, no exercício de suas atividades, constituem elementos de prova ou de informação. Já *documentos públicos* são todos os documentos de qualquer suporte ou formato, produzidos e/ou recebidos por um órgão governamental na condução de suas atividades, ou também aqueles produzidos e/ou recebidos por instituições de caráter público e por entidades privadas responsáveis pela execução de serviços públicos.
Gabarito "C".

(Técnico – TRE/MA – 2009 – CESPE) A respeito dos arquivos intermediários, assinale a opção correta.

(A) O acesso aos documentos no arquivo intermediário é aberto ao público.

(B) As características provisórias do arquivamento intermediário impedem a aplicação da tabela de temporalidade.

(C) Os arquivos intermediários são constituídos, fundamentalmente, por documentos com valor informativo.

(D) Os documentos do arquivo intermediário são mantidos por conta dos prazos prescricionais e precaucionais e aguardam a destinação final: eliminação ou guarda permanente.

(E) Os arquivos intermediários são formados por documentos que perderam a vigência administrativa, mas são providos de valor histórico-cultural.

A alternativa "d" está correta, conforme a definição de arquivos intermediários, já mencionada em comentários anteriores.
Gabarito "D".

(Técnico – TRE/MA – 2009 – CESPE) Com relação ao arquivo permanente, assinale a opção correta.

(A) A função de um arquivo permanente é reunir, conservar, arranjar, descrever e facilitar a consulta aos documentos.

(B) Os documentos do arquivo permanente têm valor primário decrescente.

(C) O acesso aos documentos do arquivo permanente é feito com a autorização do órgão acumulador.

(D) As atividades intelectuais no arranjo de documentos estão relacionadas ao acondicionamento e à fixação de etiquetas de identificação nas unidades de armazenamento.

(E) O tratamento da documentação permanente deve ser feito a partir da aplicação do princípio da territorialidade, um dos princípios fundamentais da arquivologia.

A alternativa "a" está correta, conforme a definição de arquivos permanentes, já mencionada em comentários anteriores.

Gabarito "A".

(Técnico – TJ/MA – 2009 – IESES) Sobre os estágios de evolução por que passam os arquivos, pode-se afirmar:

(A) Os arquivos de primeira idade ou corrente são constituídos por documentos que perderam o valor de natureza administrativa, mas ainda conservam valor histórico.

(B) Os arquivos de segunda idade ou intermediários são constituídos por documentos ainda frequentemente requisitados.

(C) Os arquivos de terceira idade ou permanentes são constituídos por documentos que perderam o valor de natureza administrativa e são conservados por seu valor histórico ou documental.

(D) Os arquivos de segunda idade ou permanentes são solicitados diariamente e por isso devem ser arquivados nos escritórios ou nas repartições que os receberam.

Documento *corrente* (1° idade) é o necessário ao desenvolvimento das atividades rotineiras de uma instituição; os procedimentos realizados para a sua classificação, registro, autuação, controle da tramitação, expedição e arquivamento tem por objetivo facilitar o acesso às informações presentes no documento. Com o fim do período de arquivamento na fase corrente, alguns documentos podem ser eliminados imediatamente. Porém parte destes poderá ser conservada por um período mais longo em função de razões legais ou administrativas. A fase de armazenagem *temporária* (2ª idade) tem por objetivo principal a minimização do custo público da guarda de documentos intermediários, racionalizando espaço físico, equipamentos e a recuperação da informação. Por fim, os documentos *permanentes* (3ª idade) são aqueles que devem ser conservados definitivamente. Essas são as três fases do ciclo vital dos documentos administrativos.

Gabarito "C".

(Técnico – MPU – 2010 – CESPE) Acerca de conceitos fundamentais de arquivologia, julgue os itens a seguir.

(1) Um arquivo documental tem por objetivo servir como prova ou testemunho da ação de pessoas jurídicas ou físicas.

(2) Em regra, a inclusão de documentos em um arquivo ocorre por compra ou permuta de fontes múltiplas.

1: está certo, pois a informação contida nos arquivos possui valor testemunhal, administrativo e funcional; **2:** está errado, pois os documentos são arquivados, normalmente, conforme são produzidos ou recebidos por uma instituição. Em bibliotecas, via de regra, os documentos são arquivados após compra ou permuta.

Gabarito 1C, 2E

(Técnico – MPU – 2010 – CESPE) No que diz respeito aos arquivos do tipo corrente, intermediário e permanente, julgue os itens de 1 a 5.

(1) Dada a importância da preservação dos documentos que compõem o arquivo corrente de determinado setor de trabalho, recomenda-se o arquivamento desses documentos em local afastado do referido setor.

(2) A ênfase ao valor primário é característica marcante dos documentos de um arquivo corrente, condição não verificada nas outras idades documentais.

(3) A função do arquivo intermediário é possibilitar o armazenamento de documentos que, embora usados com pouca frequência, devem ser mantidos, por questões legais, fiscais, técnicas ou administrativas.

(4) O arquivo permanente é uma extensão do arquivo intermediário, tendo este último a única função de evitar a transferência prematura de documentos do arquivo corrente para o arquivo permanente.

(5) A descrição, uma das atividades desenvolvidas no arquivo permanente, é concretizada com a elaboração de instrumentos de pesquisa.

1: está errado, pois não há nenhuma restrição quanto ao local para guarda dos arquivos correntes, desde que o local escolhido seja adequado para a conservação e integridade física dos documentos; **2:** está errado, pois em arquivística o valor primário dos documentos define-se, segundo Rousseau e Couture (1998, p. 117-118)- COUTURE, Carol; ROUSSEAU, Jean-Yves. *Os Fundamentos da Disciplina Arquivística*. Lisboa: Dom Quixote, 1998. 357 p., como sendo a qualidade de um documento baseado nas utilizações imediatas e administrativas que lhe deram os seus criadores, por outras palavras, nas razões para as quais o documento foi criado. A noção de valor primário está diretamente ligada à razão de ser de documentos e exatamente a utilização dos documentos para fins administrativos. BELLOTTO (2004, p. 25)-BELLOTTO, Heloísa L. *Arquivos Permanentes:* tratamento documental. 2ª ed. Rio de Janeiro: FGV, 2004. p. 25, destaca que o valor primário é o valor que o documento apresenta para a consecução dos fins explícitos a que se propõe, ou seja, está ligado ao interesse administrativo, fiscal e jurídico que o documento apresenta para a instituição. Observa-se, portanto, que a ênfase do valor primário do documento não é exclusiva da fase corrente, como o item afirma, mas também da fase intermediária, onde os documentos ainda são armazenados para fins administrativos, legais e fiscais; **3:** está certo, pois o arquivo intermediário ou de 2ª idade é constituído de documentos que deixaram de ser frequentemente consultados, mas que ainda podem ser solicitados para embasar assuntos idênticos; **4:** está errado, pois o arquivo permanente ou de 3ª idade é constituído de documentos que já cumpriram as finalidades de sua criação, mas são preservados em razão de seu valor probatório, informativo, cultural, de pesquisa por parte da entidade que o produziu ou por terceiros (valor secundário); **5:** está certo, pois o trabalho de um arquivo só se completa com a elaboração de instrumentos de pesquisa, que consistem na descrição e na localização dos documentos no acervo, e se destinam a orientar os usuários nas diversas modalidades de abordagem a um acervo documental. Além de tornar o acervo acessível, os instrumentos de pesquisa objetivam divulgar o conteúdo e as características dos documentos.

Gabarito 1E, 2E, 3C, 4E, 5C

(Técnico – MPU – 2010 – CESPE) Acerca da avaliação de documentos, julgue os itens subsequentes.

(1) A destinação final dos documentos deve ser a eliminação, a guarda temporária no arquivo intermediário, a guarda permanente ou a eliminação por amostragem.

(2) O processo de avaliação de um documento tem como resultado a elaboração da tabela de temporalidade do documento.

(3) Os prazos de guarda dos documentos nos arquivos do tipo corrente e intermediário devem ser definidos com base na legislação pertinente e nas necessidades administrativas.

1: está errado, pois a destinação final dos documentos deve ser a eliminação, a guarda temporária no arquivo intermediário, ou a guarda permanente, não existindo a hipótese de eliminação por amostragem; **2:** está certo, pois realmente, o processo de avaliação segue procedimentos que visam a alcançar resultados mais amplos com a elaboração de uma tabela de temporalidade de documentos; **3:** está certo, pois os prazos de guarda dos documentos nos arquivos do tipo corrente e intermediário têm de ser aprovados por dirigente do órgão e pela instituição arquivística pública na sua esfera de competência; seguido de publicação do Edital de Ciência de Eliminação de Documentos, no Diário Oficial da União.

Gabarito 1E, 2C, 3C

2. O GERENCIAMENTO DA INFORMAÇÃO E A GESTÃO DE DOCUMENTOS: DIAGNÓSTICOS; ARQUIVOS CORRENTES E INTERMEDIÁRIO; PROTOCOLOS; AVALIAÇÃO DE DOCUMENTOS; ARQUIVOS PERMANENTES

(Técnico – TRE/CE – 2012 – FCC) A tabela de temporalidade é instrumento utilizado

(A) no controle da expedição de documentos.

(B) na organização dos documentos em estantes e prateleiras.

(C) na restauração de documentos deteriorados.

(D) no processo de destinação dos documentos.

(E) na distribuição dos documentos por assunto.

A tabela de temporalidade é instrumento utilizado no processo de destinação dos documentos.
Ele é que determina o prazo de guarda dos documentos nas fases correntes e intermediárias bem como em sua destinação final.
Gabarito "D".

(Técnico – TRE/CE – 2012 – FCC) No Departamento de Recursos Humanos de uma instituição, há pastas correspondentes aos seguintes funcionários:

a. João Manuel de Souza

b. Luiz Alberto de Sousa

c. Maria Regina da Silva

d. José Dias Silva

e. Doroti Silveira

f. Sérgio Sampaio

g. Carlos Souza Silva

Se tais pastas forem submetidas a ordenação alfabética, sua disposição correta será

(A) f, g, d, c, e, b, a.

(B) f, c, b, d, a, c, g.

(C) b, d, a, c, f, e, g.

(D) g, e, f, c, a, d, b.

(E) g, b, a, d, c, e, f.

As fichas e pastas são dispostas na ordem alfabética, respeitando as regras gerais de alfabetação e ordenação. Nos nomes de pessoas físicas, considera-se o último sobrenome e depois o prenome. Quando houver sobrenomes iguais, prevalece a ordem alfabética do prenome. Portanto a ordem dos nomes será:
f – Sérgio Sampaio, g – Carlos Souza Silva, d – José Dias Silva, c – Maria Regina da Silva, e – Doroti Silveira, b – Luiz Alberto de Sousa, a – João Manuel de Souza.
Gabarito "A".

(Técnico – TRE/PR – 2012 – FCC) Receber, registrar, distribuir e controlar a tramitação de documentos são encargos do

(A) arquivo corrente.

(B) setor de reprografia.

(C) setor de protocolo.

(D) centro de processamento de dados.

(E) arquivo intermediário.

De acordo com o Dicionário de Terminologia Arquivística do Conarq, ao setor de protocolo cabe encarregar-se de recebimento, registro, classificação, distribuição, controle da tramitação e expedição de documentos.
Gabarito "C".

(Técnico – TRE/PR – 2012 – FCC) No processo de avaliação, o instrumento que determina prazos para transferência, recolhimento, eliminação e mudança de suporte de documentos chama-se

(A) quadro de arranjo.

(B) organograma.

(C) princípio da proveniência.

(D) tabela de temporalidade.

(E) teoria das três idades.

A tabela de temporalidade é instrumento utilizado no processo de destinação dos documentos.
Ele é que determina o prazo de guarda dos documentos nas fases correntes e intermediárias bem como sua destinação final.
Gabarito "D".

(Técnico – TRE/SP – 2012 – FCC) Numa instituição de custódia destinada a recolher arquivos de diferentes entidades, a cada um desses conjuntos de documentos dá-se o nome de

(A) fundo.

(B) organograma.

(C) setor.

(D) divisão.

(E) núcleo de memória.

O conjunto de documentos que possui a mesma proveniência é denominado fundo arquivístico.
Gabarito "A".

(Técnico – TRE/SP – 2012 – FCC) Receber, registrar e distribuir documentos, cuidando de sua tramitação, são atividades rotineiras do setor de

(A) embalagens.

(B) compras.

(C) transporte.

(D) reprografia.

(E) protocolo.

De acordo com o Dicionário de Terminologia Arquivística do Conarq, ao setor de protocolo cabe encarregar-se de recebimento, registro, classificação, distribuição, controle da tramitação e expedição de documentos.
Gabarito "E".

(Técnico – TRE/SP – 2012 – FCC) A fim de facilitar sua consulta, os prontuários dos servidores de um órgão público são armazenados em pastas suspensas e ordenados pelo método alfabético. Considere os nomes dos funcionários abaixo relacionados e indique a sequência em que devem ficar seus respectivos prontuários.

I.   Jair de Moraes Neto

II.   Odair de Morais

III. José de Morais Filho

IV. Antônio de Moraes Carvalho

V.   Joaquim da Silva Moreira

VI. Carlos Moura
VII. Beatriz Moreira
VIII. Ana Beatriz Moreira de Morais
(A) VIII, VII, VI, I, II, IV, III, V.
(B) IV, I, VIII, III, II, VII, V, VI.
(C) VI, IV, III, VIII, I, VII, V, II.
(D) II, I, IV, III, VI, V, VIII, VII.
(E) I, III, V, II, VIII, VII, VI, IV.

As fichas e pastas são dispostas na ordem alfabética, respeitando as regras gerais de alfabetação e ordenação. Nos nomes de pessoas físicas, considera-se o último sobrenome e depois o prenome. Quando houver sobrenomes iguais, prevalece a ordem alfabética do prenome. Os sobrenomes que exprimem grau de parentesco como Filho, Júnior, Neto, Sobrinho são considerados parte integrante do último sobrenome, mas não são considerados na ordenação alfabética.
Portanto a ordem dos nomes será:
IV – Antônio de Moraes Carvalho, I – Jair de Moraes Neto, VIII – Ana Beatriz Moreira de Morais, III – José de Morais Filho, II – Odair de Morais, VII – Beatriz Moreira, V – Joaquim da Silva Moreira, VI – Carlos Moura.
Gabarito "B".

(Técnico – TRE/SP – 2012 – FCC) No processo de avaliação de documentos de arquivo, constitui instrumento de destinação
(A) a tabela de temporalidade.
(B) o termo de eliminação.
(C) o quadro de arranjo.
(D) a lista de descarte.
(E) o guia de fontes.

A tabela de temporalidade é instrumento utilizado no processo de destinação dos documentos.
Ele é que determina o prazo de guarda dos documentos nas fases correntes e intermediárias bem como sua destinação final.
Gabarito "A".

(Técnico – TRE/SP – 2012 – FCC) Os documentos da fase permanente demandam a elaboração de
(A) projetos de organização e métodos (O&M).
(B) planos de destinação.
(C) relações de remessa.
(D) instrumentos de pesquisa.
(E) fluxogramas de tramitação.

A descrição é uma das atividades desenvolvidas no arquivo permanente e é concretizada com a elaboração de instrumentos de pesquisa.
Gabarito "D".

(Técnico – STM – 2011 – CESPE) Com relação à pesquisa na Internet e aos métodos de arquivamento, julgue os itens subsecutivos.
(1) Por meio do método Variadex, atribui-se um número ao documento, em ordem crescente, de acordo com a entrada deste no arquivo.
(2) No método numérico simples, um método de arquivamento do tipo direto, não se faz necessário consultar um índice para localizar o documento.

1: está errado, pois o método VARIADEX é uma variante do método alfabético que aplica cores. A grande vantagem é que o trabalho se reduz em até 80%, evitando-se, desta forma, arquivamentos errôneos, agilizando dessa forma a pesquisa; **2:** está errado, pois o método numérico simples constitui-se na atribuição de um número a cada correspondente,

onde é obedecida a ordem de entrada, sem preocupação com a ordem alfabética. Além do registro das pastas ocupadas, em livro ou fichas, é indispensável o índice alfabético-remissivo, em fichas, sem o qual é impossível localizar os documentos.
Gabarito 1E, 2E.

(Técnico – TRE/AC – 2010 – FCC) Entende-se por notação
(A) a atribuição de código de localização aos documentos do arquivo.
(B) o conjunto dos documentos produzidos pelos tabeliães de notas.
(C) a primeira idade dos documentos, de acordo com seu ciclo vital.
(D) o preenchimento das planilhas referentes à tabela de temporalidade.
(E) o material sobre o qual as informações são registradas.

A notação é a identificação das unidades de arquivamento, feita através de números, letras ou combinação de números e letras, para permitir sua localização.
Gabarito "A".

(Técnico – TRE/AC – 2010 – FCC) No processo de avaliação, quando um documento demonstra a aquisição, manutenção, transferência, modificação ou extinção de direitos, diz-se que ele possui valor
(A) intrínseco.
(B) secundário.
(C) administrativo.
(D) legal.
(E) fiscal.

Como se refere a direitos, o documento possui obviamente valor legal.
Gabarito "D".

(Técnico – TRE/AC – 2010 – FCC) Como instrumento de pesquisa, o inventário toma por unidade de descrição
(A) o fundo.
(B) a série documental.
(C) descritores e palavras-chave.
(D) o acervo como um todo.
(E) a peça documental.

INVENTÁRIO: Instrumento de pesquisa que fornece uma enumeração descritiva dos itens documentais ou dossiês que compõem um ou mais fundos ou séries. Normalmente inclui um histórico da instituição produtora dos documentos, uma breve explicação dos critérios utilizados em seu arranjo e um índice. De acordo com o nível de detalhamento da descrição dada, o inventário pode ser sumário ou analítico.
Gabarito "B".

(Técnico – TRE/AL – 2010 – FCC) Sobre o ciclo vital dos arquivos de instituições públicas é correto afirmar:
(A) Os documentos correntes se destinam à consulta de agentes internos e externos, graças à divulgação de seu conteúdo em instrumentos de pesquisa.
(B) A avaliação deve ocorrer na fase permanente, quando os documentos não mais interessam ao órgão produtor e podem ser facilmente descartados.
(C) Os depósitos intermediários servem para armazenar documentos com mais de cinco anos, quando deixam de ter qualquer valor probatório.

(D) As ações de conservação e restauração de documentos, com vistas à sua longa duração, são típicas da primeira idade.

(E) A vigência e a frequência de uso determinam a permanência dos arquivos correntes junto aos órgãos produtores.

O arquivo corrente é um conjunto de documentos estritamente vinculados aos objetivos imediatos para os quais foram produzidos e recebidos no cumprimento de atividades fim e meio e que se conservam junto aos órgãos produtores em razão de sua vigência e da frequência com que são por eles consultados.

„Ǝ„ oʇᴉɹɐqɐꝽ

(Técnico – TRE/AL – 2010 – FCC) Aos serviços de protocolo cabe, entre outras atividades,

(A) acondicionar documentos de valor histórico.

(B) cuidar da tramitação dos documentos.

(C) armazenar documentos em fase intermediária.

(D) estabelecer regras de acesso aos documentos.

(E) aprovar tabelas de temporalidade de documentos.

De acordo com o Dicionário de Terminologia Arquivística do Conarq, .” (D.T.A-2.005, p. 140:Dicionário brasileiro de terminologia arquivística. Rio de Janeiro: Arquivo Nacional, 2005), ao serviço de protocolo cabe encarregar-se do recebimento, registro, classificação, distribuição, controle da tramitação e expedição de documentos.

„B„ oʇᴉɹɐqɐꝽ

(Técnico – TRE/AL – 2010 –FCC) Relatório, relatório de viagem, rascunho, filme e livro são, respectivamente, exemplos de

(A) gênero, formato, suporte, espécie e tipo.

(B) forma, formato, gênero, tipo e espécie.

(C) suporte, formato, espécie, gênero e tipo.

(D) espécie, tipo, forma, suporte e formato.

(E) tipo, espécie, formato, suporte e gênero.

Espécie: Os documentos podem ser caracterizados segundo seu aspecto formal, ou seja, as espécies documentais são definidas tanto em razão da natureza dos atos que lhes deram origem, quanto à forma de registro de fatos.

• atos normativos: são as regras e normas expedidas por autoridades administrativas.

• Exemplo: medida provisória, decreto, estatuto, regimento, regulamento, resolução, portaria, instrução normativa, ordem de serviço, decisão, acórdão, despacho decisório;

• atos enunciativos: são os opinativos, que esclarecem os assuntos, visando a fundamentar uma solução. Exemplos: parecer, relatório, voto, despacho interlocutório;

• atos de assentamento: são os configurados por registros, consubstanciando assentamento sobre fatos ou ocorrências. Exemplo: apostila, ata, termo, auto de infração;

• atos comprobatórios: são os que comprovam assentamentos, decisões etc. Exemplos: traslado, certidão, atestado, cópia autêntica ou idêntica;

• atos de ajuste: são representados por acordos em que a administração pública (federal, estadual, do Distrito Federal ou municipal) é parte. Exemplos: tratado, convênio, contrato, termos (transação, ajuste etc.);

• atos de correspondência: objetivam a execução dos atos normativos, em sentido amplo. Exemplos: aviso, ofício, carta, memorando, mensagem, edital, intimação, exposição de motivos, notificação, telegrama, telex, telefax, alvará, circular.

Tipo: Configuração que assume uma espécie documental, de acordo com a atividade que a gerou. Ex.: Boletim (de ocorrência; de frequência); Certidão (de óbito; de nascimento); Declaração (de bens;

imposto de renda; amor); Relatório (de atividades; de estágio; de viagem; fiscalização).

Forma: Estágio de preparação e transmissão dos documentos (original, cópia, minuta, rascunho).

Suporte: Material sobre o qual as informações são registradas. Ex.: fita magnética, filme de nitrato, papel, pergaminho, “bytes”, madeira, tela etc.

Formato: Configuração física de um suporte, de acordo com a natureza e o modo como foi confeccionado. Ex.: caderno, cartaz, diapositivo, folha, livro, mapa, planta, rolo de filme etc.

„ᗡ„ oʇᴉɹɐqɐꝽ

(Técnico – TRE/AL – 2010 – FCC) O lugar exato ocupado pelas unidades de arquivamento, num acervo, é controlado

(A) pelo registro topográfico.

(B) pela relação de recolhimento.

(C) pelo inventário analítico.

(D) pelo guia de fontes.

(E) pela relação de transferência.

O registro topográfico é um instrumento de controle ou gestão de depósito destinado a indicar a localização física das unidades de arquivamento nos depósitos. É usado para encontrar o lugar exato ocupado pela unidade de arquivamento num acervo.

„∀„ oʇᴉɹɐqɐꝽ

(Técnico – TRE/AP – 2011 – FCC) Guia, inventário e catálogo são instrumentos de

(A) ordenação.

(B) notação.

(C) pesquisa.

(D) destinação.

(E) organização.

De acordo com o Dicionário de Terminologia Arquivística, pesquisa é o meio que permite a identificação, localização ou consulta a documentos ou a informações neles contidas. É uma expressão normalmente empregada em arquivos permanentes. O guia é o instrumento de pesquisa que oferece informações gerais sobre fundos e coleções existentes em um ou mais arquivos. O inventário é o instrumento de pesquisa que descreve, sumária ou analiticamente, as unidades de arquivamento de um fundo ou parte dele, cuja apresentação obedece a uma ordenação lógica que poderá refletir ou não a disposição física dos documentos. O catálogo é o instrumento de pesquisa organizado segundo critérios temáticos, cronológicos, onomásticos ou toponímicos, reunindo a descrição individualizada de documentos pertencentes a um ou mais fundos, deforma sumária ou analítica.

„Ɔ„ oʇᴉɹɐqɐꝽ

(Técnico – TRE/AP – 2011 – FCC) Petição, ficha, papel e cópia são, respectivamente, exemplos de

(A) tipo, gênero, formato e espécie.

(B) suporte, técnica de registro, forma e tipo.

(C) formato, espécie, tipo e gênero.

(D) espécie, formato, suporte e forma.

(E) forma, suporte, gênero e formato.

Espécie: Os documentos podem ser caracterizados segundo seu aspecto formal, ou seja, as espécies documentais são definidas tanto em razão da natureza dos atos que lhes deram origem, quanto à forma de registro de fatos.

• atos normativos: são as regras e normas expedidas por autoridades administrativas.

Exemplo: medida provisória, decreto, estatuto, regimento, regulamento, resolução, portaria, instrução normativa, ordem de serviço, decisão, acórdão, despacho decisório;

• atos enunciativos: são os opinativos, que esclarecem os assuntos, visando a fundamentar uma solução. Exemplos: parecer, relatório, voto, despacho interlocutório;

• atos de assentamento: são os configurados por registros, consubstanciando assentamento sobre fatos ou ocorrências. Exemplo: apostila, ata, termo, auto de infração;

• atos comprobatórios: são os que comprovam assentamentos, decisões etc. Exemplos: traslado, certidão, atestado, cópia autêntica ou idêntica;

• atos de ajuste: são representados por acordos em que a administração pública (federal, estadual, do Distrito Federal ou municipal) é parte. Exemplos: tratado, convênio, contrato, termos (transação, ajuste etc.);

• atos de correspondência: objetivam a execução dos atos normativos, em sentido amplo. Exemplos: aviso, ofício, carta, memorando, mensagem, edital, intimação, exposição de motivos, notificação, telegrama, telex, telefax, alvará, circular.

Formato: Configuração física de um suporte, de acordo com a natureza e o modo como foi confeccionado. Ex.: caderno, cartaz, diapositivo, folha, livro, mapa, planta, rolo de filme etc.

Suporte: Material sobre o qual as informações são registradas. Ex.: fita magnética, filme de nitrato, papel, pergaminho, "bytes", madeira, tela etc.

Forma: Estágio de preparação e transmissão dos documentos (original, cópia, minuta, rascunho).

Gabarito "D".

(Técnico – TRE/AP – 2006 – FCC) Os critérios de prazo utilizados na elaboração de uma Tabela de Temporalidade de Documentos baseiam-se

(A) no arquivamento sequencial numérico.

(B) na legislação em vigor.

(C) no tipo de documento.

(D) na disponibilidade de espaço.

(E) no interesse público.

A Tabela de Temporalidade Documental é o registro esquemático do ciclo de vida documental do órgão. A tabela é criada após a análise da documentação, com aprovação pela autoridade competente, segundo o disposto na legislação. O objetivo é determinar o prazo de guarda dos documentos no arquivo corrente, sua transferência ao arquivo intermediário, os critérios para a microfilmagem, a eliminação ou o recolhimento ao arquivo permanente.

Gabarito "B".

(Técnico – TRE/BA – 2010 – CESPE) Com relação à gestão de documentos, julgue os itens que se seguem.

(1) A gestão de documentos visa ao tratamento do documento desde o momento de sua criação ou recepção em um serviço de protocolo até a sua destinação final, que pode ser a eliminação ou a guarda permanente.

(2) Os documentos que não apresentam mais valor primário, mesmo que tenham valor secundário, podem ser eliminados, pois não são mais necessários como prova de uma atividade desenvolvida pela organização.

(3) A fase de destinação de documentos, em um programa de gestão de documentos, é mais complexa que as fases anteriores, por envolver a avaliação de documentos que devem ser encaminhados para o arquivo ou o descarte.

(4) Os ofícios datilografados ou impressos, os mapas e as plantas fazem parte do gênero de documentos escritos ou textuais e são muito comuns nos arquivos permanentes.

1: está certo, pois corresponde à definição de gestão de documentos, que é um conjunto de medidas e rotinas que garante o efetivo controle de todos os documentos de qualquer idade desde sua produção até sua destinação final (eliminação ou guarda permanente), com vistas à racionalização e eficiência administrativas, bem como à preservação do patrimônio documental de interesse histórico-cultural; **2: está errado,** pois o documento de valor secundário tem valor histórico e jamais poderá ser eliminado. O documento que possuir valor secundário poderá ser recolhido ao arquivo permanente; **3: está certo,** por ser uma operação intelectual e que exige bastante experiência do responsável; **4: está errado,** pois conforme Marilena Leite Paes página 29 Arquivo: teoria e prática – FVG Editora (2007), os documentos podem ser classificados de acordo com o gênero entre outros como: escritos ou textuais (documentos manuscritos, datilografados ou impressos); cartográficos em formatos e dimensões variáveis, contendo representações geográficas, arquitetônicas ou de engenharia (mapas, plantas, perfis). Portanto como mapas e plantas não são documentos escritos ou textuais, a afirmação acima está errada.

Gabarito 1C, 2E, 3C, 4E

(Técnico Judiciário – TRE/MG – 2005 – FCC) Acerca do gerenciamento da informação e das três idades documentais, assinale a opção correta.

(A) O arquivo corrente é constituído de documentos com grande possibilidade de uso e com valor primário.

(B) Os documentos de idade intermediária são os que são consultados frequentemente e aos quais se tem livre acesso.

(C) O arquivo permanente é formado por documentos de valor administrativo, legal ou fiscal.

(D) O arquivo intermediário, conhecido também como arquivo inativo, é resultante da transferência de documentos do arquivo corrente.

(E) O recolhimento de documentos no arquivo intermediário deve ser feito após o encerramento do valor probatório desses documentos.

Documento *corrente* (1º idade) é o necessário ao desenvolvimento das atividades rotineiras de uma instituição; os procedimentos realizados para a sua classificação, registro, autuação, controle da tramitação, expedição e arquivamento tem por objetivo facilitar o acesso às informações presentes no documento. Com o fim do período de arquivamento na fase corrente, alguns documentos podem ser eliminados imediatamente. Porém parte destes poderá ser conservada por um período mais longo em função de razões legais ou administrativas. A fase de armazenagem *temporária* (2ª idade) tem por objetivo principal a minimização do custo público da guarda de documentos intermediários, racionalizando espaço físico, equipamentos e a recuperação da informação. Por fim, os documentos *permanentes* (3ª idade) são aqueles que devem ser conservados definitivamente. Essas são as três fases do ciclo vital dos documentos administrativos.

Gabarito "A".

(Técnico – TRE/PI – 2009 – FCC) Os arquivos permanentes, em seu programa descritivo, devem priorizar

(A) a edição de textos e os catálogos seletivos.

(B) os catálogos e inventários.

(C) os guias e inventários.

(D) os catálogos seletivos e guias.

(E) os índices e catálogos.

Como tais documentos são de valor probatório e de valor informativo sobre pessoas, fatos e fenômenos, considerados cientificamente relevantes, tais arquivos devem priorizar os guias e inventários.

Gabarito "C".

(Técnico – TRE/RN – 2005 – FCC) Na administração de documentos correntes tem-se a preocupação de conservá-los de maneira ordenada e acessível. Para atingir esses objetivos torna-se necessário que os documentos sejam bem

(A) classificados e manuseados.

(B) classificados e arquivados.

(C) selecionados e arquivados.

(D) selecionados e classificados.

(E) selecionados e manuseados.

Já que o objetivo, nessa fase, é conservar os bens de maneira ordenada e acessível, torna-se necessária boa classificação e bom arquivamento destes.
Gabarito "B".

(Técnico – TRE/RN – 2005 – FCC) Para definir os prazos de retenção e ter um instrumento norteador do destino dos documentos na empresa é necessária a Tabela

(A) Cronológica.

(B) PHA.

(C) de Temporalidade Documental.

(D) de Temporalidade Assessoral.

(E) CUTTER.

A Tabela de Temporalidade Documental é o registro esquemático do ciclo de vida documental do órgão. A tabela é criada após a análise da documentação, com aprovação pela autoridade competente. O objetivo é determinar o prazo de guarda dos documentos no arquivo corrente, sua transferência ao arquivo intermediário, os critérios para a microfilmagem, a eliminação ou o recolhimento ao arquivo permanente.
Gabarito "C".

(Técnico – TRE/RN – 2005 – FCC) A colocação correta das pastas e guias nas gavetas do arquivo, onde cada documento deve ocupar um único e exclusivo lugar, é chamada de

(A) arranjo.

(B) notação.

(C) etiquetas.

(D) projeções.

(E) classificados.

O arranjo consiste em colocar corretamente as pastas e guias nas gavetas do arquivo. Para isso há sistemas de arranjo.
Gabarito "A".

(Técnico – TRE/GO – 2008 – CESPE) A destinação dos documentos é indicada

(A) pelo plano de classificação.

(B) pelos instrumentos de pesquisa.

(C) pela tabela de temporalidade.

(D) pela tipologia documental.

A alternativa "c" está correta, conforme definição já mencionada em outras questões a respeito da tabela de temporalidade.
Gabarito "C".

(Técnico – TRE/GO – 2008 – CESPE) Acerca das rotinas de tratamento documental em arquivos, assinale a opção correta.

(A) As atividades que compõem as rotinas de classificação são as seguintes: receber o documento; ler o conteúdo do documento identificando a data, o(s) responsável(is) pela assinatura e o assunto; localizar o(s) assunto(s) no Índice de classificação bibliográfica;

anotar o código no verso do documento; preencher a(s) folha(s) de identificação com a data e o(s) nome(s) do(s) responsável(is).

(B) As rotinas de arquivamento consistem em: inspeção do documento para verificar se está assinado e se é original; formação de dossiê, agrupando os documentos emitidos na mesma data, que devem ser acondicionados em pasta suspensa com prendedor; na pasta, deve-se registrar o dia ou o mês em que foram emitidos os documentos e os números de protocolo, para facilitar sua localização; dentro do dossiê, os documentos devem ser ordenados alfabeticamente pelo nome das pessoas que os assinam.

(C) As atividades a seguir são rotinas de protocolo: receber documentos enviados por outras instituições; despachar documentos enviados por setores do órgão; armazenar os documentos em fase corrente; emprestar os documentos aos setores que os solicitarem; fazer o controle de retirada; controlar o prazo para devolução do documento; prestar informações contidas nos documentos; estabelecer procedimentos de conduta dos arquivistas com relação à prática e à ética profissional.

(D) Fazem parte das rotinas para destinação de documentos na fase corrente as seguintes atividades: verificar se os documentos a serem destinados estão organizados de acordo com os conjuntos definidos na tabela de temporalidade; verificar se cumpriram o prazo de guarda estabelecido; registrar os documentos a serem eliminados; proceder à eliminação; elaborar termo de eliminação; elaborar lista de documentos destinados à fase intermediária; operacionalizar a passagem ao arquivo intermediário.

A alternativa "d" traz, corretamente, elementos da rotina de destinação de documentos na fase corrente.
Gabarito "D".

(Técnico – TRE/MA – 2009 – CESPE) Acerca da gestão de documentos, assinale a opção correta.

(A) Não é objetivo da gestão de documentos racionalizar a produção dos documentos, mas, sim, eliminar os documentos de valor secundário.

(B) As atividades de protocolo fazem parte da fase de destinação na gestão de documentos.

(C) Os principais instrumentos de gestão arquivística são o plano de classificação e a tabela de temporalidade.

(D) A preservação é a função arquivística que permite a agilização do acesso aos documentos.

(E) A avaliação de documentos de arquivo é executada com a aplicação do código de classificação.

A alternativa "c" é a única que condiz com a gestão de documentos.
Gabarito "C".

(Técnico – TRE/MA – 2009 – CESPE) Os arquivos correntes são

(A) formados por documentos com valor secundário.

(B) armazenados em depósitos centralizados, localizados distantes dos setores de trabalho onde foram acumulados.

(C) transferidos, após o final de sua utilização, aos arquivos permanentes, onde aguardam a destinação final.

(D) formados por documentos com prazos precaucionais esgotados.

(E) alocados perto dos seus usuários diretos, devido à grande possibilidade de uso que apresentam, e são conhecidos também como arquivos ativos.

A alternativa "e" está correta, conforme a definição de arquivos correntes, já mencionada em comentários anteriores.
Gabarito "E".

(Técnico – TRE/MT – 2005 – CESPE) Acerca dos métodos de arquivamento adotados nas instituições arquivísticas, assinale a opção correta.

(A) O método de arquivamento numérico decimal possibilita a criação de mais de 10 classes.

(B) No método de arquivamento enciclopédico, os temas criados são relacionados obedecendo a uma ordem alfabética.

(C) O método de arquivamento duplex apresenta como desvantagem a definição de apenas dez classes.

(D) Uma das desvantagens do método de arquivamento alfabético é a utilização de instrumentos auxiliares para a recuperação das informações.

(E) O método de arquivamento dígito-terminal apresenta como desvantagem a lentidão na recuperação da informação.

Os métodos básicos de arquivamento mais utilizados são os seguintes:
• alfabético: quando o elemento principal para a recuperação da informação for o nome;
• geográfico: quando o elemento principal para a recuperação da informação for o local (cidade, estado e país);
• numérico simples: quando o elemento principal para a recuperação da informação for o número do documento;
• numérico-cronológico: quando ao número do documento vier associado a data;
• ideográfico: quando o elemento principal para a recuperação da informação for o assunto. A ordenação dos assuntos deverá seguir a modalidade alfabética (dicionária ou enciclopédica) ou numérica (decimal ou duplex).
Gabarito "B".

(Técnico – TRE/PA – 2005 – CESPE) Quanto ao gerenciamento da informação, assinale a opção em que todas as atividades apresentadas, referentes a documentos e processos, são de responsabilidade do setor de protocolo.

(A) autuação, encaminhamento e arquivamento

(B) recebimento, classificação, controle da tramitação e expedição

(C) classificação, descrição, arquivamento e expedição

(D) registro, classificação, destinação e avaliação

(E) autuação, registro, organização e descrição

As atividades de protocolo consistem no conjunto de operações visando o **controle** dos documentos que ainda tramitam no órgão, de modo a assegurar sua imediata localização, garantindo, assim, o acesso à informação. Tais operações envolvem *recebimento* e *classificação* dos documentos; registro, autuação e *controle* da tramitação; e *expedição*.
Gabarito "B".

(Técnico – MPU – 2010 – CESPE) A respeito da gestão de documentos, julgue os itens seguintes.

(1) A produção, uma das fases básicas da gestão de documentos, engloba as seguintes atividades de protocolo: recebimento, classificação, registro, distribuição e tramitação dos documentos.

(2) A análise e a avaliação dos documentos para o estabelecimento dos prazos de guarda fazem parte da fase de destinação.

(3) Na fase de produção de documentos, o arquivista deve evitar a duplicação e a emissão de vias desnecessárias, além de poder sugerir a criação ou extinção de modelos e formulários.

(4) Considera-se gestão de documentos o conjunto de procedimentos e operações técnicas referentes a produção, tramitação, uso, avaliação e arquivamento de documentos.

1: está errado, pois a produção de documentos refere-se ao ato de elaborar documentos em razão das atividades específicas de um órgão ou setor. Nesta fase deve-se otimizar a criação de documentos, evitando-se a produção daqueles não essenciais, diminuindo o volume a ser manuseado, controlado, armazenado e eliminado, garantindo assim o uso adequado de recursos. Esta fase é composta pelos seguintes elementos: elaboração e gestão de fichas, formulários e correspondência; controle da produção e da difusão de documentos normativos; utilização de processadores de palavras e textos; **2: está certo,** realmente a destinação de documentos envolve as atividades de análise, seleção e fixação de prazos de guarda de documentos a serem eliminados e quais serão preservados permanentemente; **3: está certo,** pois na fase de produção de documentos deve-se otimizar a criação de documentos, evitando-se a produção daqueles não essenciais, diminuindo o volume a ser manuseado, controlado, armazenado e eliminado, garantindo assim o uso adequado de recursos de reprografia e de automação; **4: está certo,** pois a gestão de documentos envolve as etapas de produção, utilização e destinação de documentos.
Gabarito 1E, 2C, 3C, 4C.

3. TIPOLOGIAS DOCUMENTAIS E SUPORTES FÍSICOS: MICROFILMAGEM; AUTOMAÇÃO; PRESERVAÇÃO, CONSERVAÇÃO E RESTAURAÇÃO DE DOCUMENTOS

(Técnico – TRE/PR – 2012 – FCC) Quando os documentos repousam em posição perpendicular à da prateleira de uma estante, tem-se o chamado armazenamento

(A) descontínuo.

(B) proporcional.

(C) transversal.

(D) compacto.

(E) vertical.

No armazenamento vertical os documentos são colocados em posição perpendicular à da prateleira de uma estante.
Gabarito "E".

(Técnico – TRE/SP – 2012 – FCC) Original, cópia, minuta e rascunho – diferentes estágios de preparação e transmissão de documentos – correspondem ao conceito de

(A) espécie.

(B) formato.

(C) forma.

(D) suporte.

(E) tipo.

A forma corresponde ao estágio de preparação e transmissão de documentos, apresentando-se como: rascunho, minuta, original e cópia.
Gabarito "C".

(**Técnico – TRE/SP – 2012 – FCC**) A remoção temporária de um documento é assinalada, no arquivo, por meio de

(A) jaqueta.

(B) microficha.

(C) guia-fora.

(D) etiqueta.

(E) clipe.

É finalidade do guia-fora indicar os documentos que foram retirados do arquivo. Ele também serve para facilitar o rearquivamento dos documentos.
Gabarito "C".

(**Técnico – TRE/SP – 2012 – FCC**) Para proteger os documentos de valor permanente, impedindo seu uso e manuseio constantes, utiliza-se a microfilmagem de

(A) substituição.

(B) preservação.

(C) complemento.

(D) referência.

(E) distribuição.

Muitas vezes, para proteger os documentos de valor permanente, evitando seu uso e manuseio constante, utiliza-se da microfilmagem. Dessa forma se preserva os documentos, mantendo-os o mais próximo possível do estado físico em que foram criados.
Gabarito "B".

(**Técnico – STM – 2011 – CESPE**) Julgue os itens que se seguem, referentes a noções básicas de conservação e preservação de documentos.

(1) A luz, o ar seco, a umidade, o mofo, a poeira e os gases são, a médio e longo prazo, altamente prejudiciais à conservação do acervo documental.

(2) O alisamento consiste no processo em que são introduzidos documentos em uma câmara, onde é aplicado um produto para fumigação.

1: está certo, portanto a **luz do dia** deve ser **abolida** na área de armazenamento, porque não só **acelera o desaparecimento das tintas**, como **enfraquece o papel**. A própria luz artificial deve ser usada com parcimônia. O **ar seco** é outro fator de **enfraquecimento do papel**. A temperatura não deve sofrer oscilações, mantendo-se **entre 20 e 22º C**. O **calor constante destrói as fibras do papel**. O ideal é a utilização ininterrupta de **aparelhos de ar condicionado e de desumidificadores**, a fim de climatizar as áreas de armazenamento e filtrar as impurezas do ar. Não sendo viável tal prática, deve-se empregar **sílica-gel**; **2: está errado**, pois o alisamento consiste em colocar os documentos em bandejas de aço inoxidável, expondo-os à ação do ar com forte percentagem de umidade, 90 a 95%, durante uma hora, em uma câmara de umidificação. Em seguida, são passados a ferro, folha por folha, em máquinas elétricas. Caso existam documentos em estado de fragilidade, recomenda-se o emprego de prensa manual sob pressão moderada. Na falta de equipamento adequado, aconselha-se usar ferro de engomar caseiro.
Gabarito 1C, 2E

(**Técnico – TRE/AC – 2010 – FCC**) Fita magnética, relatório de apuração, minuta e folha são, respectivamente, exemplos de

(A) tipo, gênero, formato e suporte.

(B) forma, espécie, gênero e tipo.

(C) suporte, tipo, forma e formato.

(D) gênero, forma, espécie e suporte.

(E) formato, suporte, tipo e espécie.

Suporte: Material sobre o qual as informações são registradas. Ex.: **fita magnética**, filme de nitrato, papel, pergaminho, "bytes", madeira, tela etc.
Tipo: Configuração que assume uma espécie documental, de acordo com a atividade que a gerou. Ex.: Boletim (de ocorrência; de frequência); Certidão (de óbito; de nascimento); Declaração (de bens; imposto de renda; amor); **Relatório** (de atividades; de estágio; fiscalização).
Forma: Estágio de preparação e transmissão dos documentos (original, cópia, **minuta**, rascunho).
Formato: Configuração física de um suporte, de acordo com a natureza e o modo como foi confeccionado. Ex.: caderno, cartaz, diapositivo, **folha**, livro, mapa, planta, rolo de filme etc.
Gabarito "C."

(**Técnico – TRE/AL – 2010 – FCC**) O grau de concentração de íons de hidrogênio (pH) num suporte permite defini-lo como

(A) opaco ou transparente.

(B) claro ou escuro.

(C) ácido ou alcalino.

(D) seco ou úmido.

(E) velho ou novo.

O pH de uma solução aquosa é definido pela sua concentração de íons hidrogênio, variando de 0 (muito ácido) a 14 (muito alcalino). Portanto, o grau de concentração de íons de hidrogênio (pH) num suporte permite defini-lo como ácido ou alcalino.
Gabarito "C."

(**Técnico – TRE/AP – 2011 – FCC**) Dentre os procedimentos a serem observados para assegurar a preservação de documentos nos arquivos, recomenda-se mantê-los

(A) em subsolos e porões, sobretudo quando próximos de lençóis freáticos, a fim de evitar sobrecarga nos pisos superiores do edifício.

(B) separados das áreas de consulta, observando as temperaturas e graus de umidade relativa adequados a cada suporte.

(C) sob insolação permanente, para que não proliferem fungos e outros micro-organismos nocivos aos seus diferentes suportes.

(D) em ambientes iluminados por lâmpadas fluorescentes desprovidas de filtros bloqueadores.

(E) em áreas de depósito amplas, acima de 200 m2, de preferência sem compartimentos internos.

Quanto às condições climáticas, as áreas de pesquisa e de trabalho devem receber tratamento diferenciado das áreas dos depósitos, as quais, por sua vez, também devem se diferenciar entre si, considerando-se as necessidades específicas de preservação para cada tipo de suporte. Recomenda-se um estudo prévio das condições climáticas da região nos casos de se elaborar um projeto de construção ou reforma, com vistas a obter os melhores benefícios com baixo custo em favor da preservação dos acervos. A deterioração natural dos suportes dos documentos ao longo do tempo ocorre por reações químicas, que são aceleradas por flutuações e extremos de temperatura e umidade relativa do ar.
Gabarito "B."

(**Técnico – TRE/MG – 2005 – FCC**) A respeito da preservação, conservação e restauração de documentos, assinale a opção correta.

(A) Todos os documentos transferidos ao arquivo intermediário devem ser higienizados e restaurados.

(B) A laminação é uma das técnicas de higienização mais utilizada na conservação de documentos.

(C) A umidade mais alta e a baixa temperatura são condições ideais para a preservação dos documentos arquivísticos em papel.

(D) As principais operações de conservação dos documentos são: desinfestação, limpeza, alisamento e restauração.

(E) A luz solar é menos nociva que a luz artificial na conservação e na preservação dos documentos de arquivo.

Apenas a alternativa "d" traz afirmação correta quanto à preservação, conservação e restauração de documentos.
Gabarito "D".

(Técnico – TRE/MS – 2007 – FCC) A longevidade de documentos em suporte-papel supõe ações preventivas, como

(A) o emprego de tintas ferrogálicas.

(B) a exposição à luz natural do sol.

(C) o uso constante de fungicidas.

(D) a manutenção do pH neutro.

(E) a reenfibragem e a laminação.

De fato, apenas a alternativa "d" traz exemplo de ação preventiva adequada.
Gabarito "D".

(Técnico – TRE/MS – 2007 – FCC) No mundo dos documentos eletrônicos,

(A) o princípio da proveniência é substituído pelo da pertinência.

(B) há densidade máxima de informação em um mínimo de suporte.

(C) a descrição deve privilegiar os instrumentos seletivos.

(D) não há necessidade de proceder à avaliação.

(E) a classificação por assunto é preferível à abordagem funcional.

De fato, é objetivo do arquivamento dos documentos eletrônicos o enunciado na alternativa "b".
Gabarito "B".

(Técnico – TRE/PI – 2009 – FCC) Para que a avaliação seja coerente com os princípios arquivísticos, é preciso que os documentos se submetam, primeiramente, a um

(A) processo de microfilmagem.

(B) registro topográfico.

(C) processo de digitalização.

(D) plano de classificação.

(E) quadro de equivalência.

São pré-requisitos para realizar a avaliação, entre outros, reunião de informações sobre o sistema de classificação adotado, os tipos de documentos e assuntos neles contidos, tudo com vistas a se fazer um plano de classificação que atenda aos princípios arquivísticos.
Gabarito "D".

(Técnico – TRE/GO – 2008 – CESPE) A respeito da preservação da integridade dos documentos, assinale a opção correta.

(A) Preservação é o nome dado ao processo de exposição de uma peça documental a vapores químicos, dentro de câmaras especiais a vácuo, para destruição de insetos e fungos, resultando na polimerização do documento.

(B) Denomina-se conservação o conjunto de atividades que visam à preservação dos documentos, isto é, ações realizadas com o objetivo de desacelerar os processos de degradação por meio de controle ambiental e de tratamentos específicos, como higienização, acondicionamento, reparos e outros.

(C) A limpeza do depósito do arquivo deve ser rigorosa para evitar a proliferação de fungos e insetos; o chão deve ser limpo com pano umedecido em uma mistura de água, solventes, cera e substâncias bactericidas. Uma vez por mês, pelo menos, as estantes devem ser limpas com a mesma mistura.

(D) A luz natural e o calor são prejudiciais aos documentos. Recomenda-se, para o local de armazenamento, a utilização de lâmpadas fluorescentes, por não produzirem calor nem radiação ultravioleta (UV), e o uso de condicionadores de ar para manter a temperatura abaixo de 5 graus durante o dia. Durante a noite, os aparelhos podem ser desligados, para reduzir os custos e o risco de incêndio.

A alternativa "B" traz o exato conceito de conservação.
Gabarito "B".

(Técnico – TRE/MA – 2009 – CESPE) Quanto à preservação, à conservação e à restauração de documentos, assinale a opção correta.

(A) A conservação compreende os cuidados prestados aos documentos e não se refere ao local de guarda.

(B) A luz do dia e a umidade são prejudiciais à conservação do acervo documental.

(C) A desinfestação e o alisamento são técnicas de restauração de documentos.

(D) A higienização dos documentos consiste em mergulhar o documento em banho de gelatina.

(E) O silking é um método de desinfestação que combate os insetos e apresenta maior eficiência que a fumigação.

De fato, a luz do dia e a umidade são prejudiciais à conservação do acervo documental.
Gabarito "B".

(Técnico – MPU – 2010 – CESPE) Quanto às tipologias documentais e aos suportes físicos, julgue os próximos itens.

(1) Os documentos originais considerados de guarda permanente somente poderão ser eliminados depois de microfilmados e digitalizados.

(2) O problema relacionado à obsolescência dos equipamentos e dos programas de informática, que compromete a preservação de documentos digitais, pode ser resolvido com o uso de laminação.

(3) Os documentos do gênero iconográfico têm suporte sintético, em papel emulsionado ou não, e contêm imagens estáticas, tais como ampliações fotográficas, slides, diapositivos e gravuras

(4) O alisamento é uma das operações de restauração de documentos mais utilizadas em países tropicais.

1: **está errado,** pois os documentos originais considerados de guarda permanente não poderão ser eliminados; 2: **está errado,** pois o processo de laminação se aplica à restauração de documentos escritos em papel. O processo consiste em **envolver o documento, nas duas faces, com uma folha de papel de seda e outra de acetato de celulose,** colocando-o numa prensa hidráulica. O acetato de celulose, por ser termoplástico, adere ao documento, juntamente com o papel de seda. A durabilidade e as qualidades permanentes do papel são asseguradas sem perda da legibilidade e da flexibilidade, tornando-o **imune à ação de fungos e pragas;** 3: **está certo,** pois os documentos iconográficos pertencem ao gênero documental integrado por documentos que contêm imagens fixas, impressas, desenhadas ou fotografadas, como fotografias e gravuras; 4: **está errado,** pois o alisamento não é uma operação de restauração e de sim de conservação. Das operações de conservação de documentos a mais utilizada em países tropicais é a **climatização,** que é **controle de temperatura, de umidade relativa e de poluentes, por meio de instrumentos,** com o objetivo de criar uma atmosfera favorável à conservação dos documentos.

A luz, a temperatura, a umidade, a poluição ácida do ar e as impurezas no papel são os principais agentes de deterioração. Os agentes externos mais responsáveis pela deterioração são os gases ácidos da atmosfera e particularmente o dióxido sulfúrico ($H2SO5$). A poluição ácida do ar, bem como outros fatores externos de deterioração, temperatura e umidade desfavoráveis, somente podem ser tratados pelo uso de aparelhos de ar-condicionado. Nas áreas onde se observa elevada poluição atmosférica, os prédios destinados a arquivos devem ser equipados com aparelhos de ar-condicionado.

Gabarito 1E, 2E, 3C, 4E